20.01

D1735913

Zugeeignet
von

Ministerpräsident des Landes
Baden-Württemberg

Martin Gerbert / Adalbert Weh
Geschichte des Schwarzwaldes
Siedlungsgebiet des Ordens
des heiligen Benedikt

HISTORIA
NIGRÆ
SILVÆ
ORDINIS SANCTI BENEDICTI
COLONIÆ

OPERA ET STUDIO

MARTINI GERBERTI

MONASTERII ET CONGREG. S. BLASII IN EADEM
SILVA ABBATIS S. Q. R. I. P.

COLLECTA ET ILLUSTRATA.

TOMUS I.

CUM PERMISSIONE SUPERIORUM.

Typis eiusdem monasterii 1783.

GESCHICHTE
DES
SCHWARZWALDES

Siedlungsgebiet des Ordens
des heiligen Benedikt

Zusammengestellt und bebildert von

MARTIN GERBERT

Abt des Klosters und der Kongregation St. Blasien in demselben
Walde und Fürst des Heiligen Römischen Reiches

Aus dem lateinischen Originaltext übersetzt von
Adalbert Weh
– Studienausgabe –

BAND I

Auf dem Umschlag:
Martin Gerbert von Hornau, Fürstabt von St. Blasien,
Augustinermuseum Freiburg, Inv. Nr. 6536

© 1993, Rombach GmbH Druck- und Verlagshaus,
Freiburg im Breisgau
2. Auflage (¹1993). Alle Rechte vorbehalten
Lektorin: Dr. Edelgard Spaude
Umschlagentwurf: Barbara Wiesinger
Herstellung: Rombach GmbH Druck- und Verlagshaus
Freiburg im Breisgau
Printed in Germany
ISBN 3-7930-0680-8

MAXIMILIAN
DEM FÜRSTBISCHOF VON KONSTANZ
DEM VORZÜGLICHEN HIERARCHEN
DES SCHWARZWALDES,
DA ER EBEN DIESEN WALD,
DAS SIEDLUNGSGEBIET DES ORDENS DES
HEILIGEN BENEDIKT, AUFSUCHTE UND DIE
NEUE KIRCHE DES HEILIGEN BLASIUS,
NACHDEM DIE ALTE KIRCHE MIT DEN
KLOSTERGEBÄUDEN IM JAHRE 1768
ZU ASCHE GEWORDEN WAR,
GOTT, DEM ALLGUTEN UND
ALLMÄCHTIGEN, UND ZU EHREN DER
JUNGFRÄULICHEN GOTTESGEBÄRERIN
UND DES PATRONS, DES HEILIGEN BISCHOFS
UND MÄRTYRERS BLASIUS,
IM JAHRE DES HEILS 1783 AM 21. SEPTEMBER
IN FEIERLICHEM RITUS GEWEIHT HAT,
NACHDEM FAST ZWANZIG JAHRE ZUVOR
IM JAHRE 1764 AM 11. NOVEMBER KONRAD,
DER LEIBLICHE BRUDER MAXIMILIANS
AUS DER ERLAUCHTEN FAMILIE VON RODT
UND DESSEN VORGÄNGER IN PURPUR
AUF DEM BISCHOFSSTUHL VON KONSTANZ,
MARTIN ALS ABT VON ST. BLASIEN
IN SEIN AMT EINFÜHRTE, DER MIT
DEN SEINEN IN DEMÜTIGEM UND
DANKBAREN SINNE DIESES BAUWERK
VOLLENDET HAT.

Meiner lieben Frau Ingeborg
zum Dank für ihr Verständnis
und die große Geduld

Zu dieser Übersetzung

führte ein langwieriger und beschwerlicher Weg, dessen einzelne Stationen darzustellen hier zu weit führen würde. Von Anfang an jedoch lag es in meiner Absicht, allen, die mit dem schwer zu durchschauenden Stil Martin Gerberts ihre Mühe haben, ein Instrument in die Hand zu geben, das zu der Geschichte der Regio im Dreiländereck und unserer gesamten süddeutschen Heimat einen Zugang gewinnen läßt. Wer sich mit solcher Geschichte befaßt, kommt an der »Geschichte des Schwarzwaldes« des Fürstabtes nicht vorbei – eines klugen, weitschauenden und unglaublich belesenen Mannes, der nicht zuletzt im Zusammenhang mit einer projektierten universalen Kirchengeschichte Deutschlands stets das Ganze im Auge hatte.

Gedacht ist diese Übersetzung vor allem für Kirchen- und Profanhistoriker, Theologen und Ordensangehörige, aber auch für die vielen, die Heimatgeschichte unter den verschiedensten Aspekten als Hobby oder mit hingebungsvoller Leidenschaft betreiben, doch bisher durch den schwierigen Zugang zu den Texten und sprachliche Barrieren an einer intensiven Beschäftigung mit Gerbert gehindert waren. Ich habe den vorliegenden Band »Studienausgabe« genannt. Dazu gehört das Bemühen, dem Original möglichst nahe zu bleiben, was selbstverständlich eine weitgehend wörtliche Übersetzung erfordert, die dann aber nicht unbedingt einem »modernen« Deutsch entspricht; dennoch sollte das Werk gut lesbar sein. Weiterhin sind sämtliche Zitate und Literaturangaben unverändert übernommen worden. Die Kursivschrift gibt fast immer wörtliche Zitate wieder, manchmal dient sie auch der Hervorhebung oder zur Kennzeichnung von Buchtiteln. Um den Umgang mit dem vorliegenden Band zu erleichtern, habe ich eine Inhaltsübersicht gegeben, die den Kapitelnotationen entspricht und die Seitenzahlen der Originalausgabe enthält. – Fernerhin könnte diese Übersetzung als Grundlage für eine in späterer Zukunft zu erarbeitende kritisch-wissenschaftliche Ausgabe dienen, die aber von einem größeren Kreis von Fachwissenschaftlern zu erstellen wäre.

Schließlich ist es mir ein Anliegen, allen zu danken, die in irgendeiner Weise zum Erscheinen dieses Werkes beigetragen haben, insbesondere Frau Dr. Edelgard Spaude vom Verlagshaus Rombach für die engagierte verlegerische Betreuung sowie Herrn Peter Potzelt und seinen Mitarbeitern für die drucktechnische Gestaltung.

Ich wünsche den Benutzern der vorliegenden Übersetzung den erhofften Gewinn.

Titisee-Neustadt, im August 1993

Adalbert Weh

Vorwort

Als gewisse Hilfe für eine Geschichte des Vaterlandes, vor allem für eine Kirchengeschichte Deutschlands – ein zweifellos schon längst schmerzlich vermißtes Werk –, habe ich es unternommen, diese Geschichte des Schwarzwaldes zu gestalten, beseelt auch durch das Vorbild meiner Mitbrüder im Benediktinerorden aus der Kongregation des heiligen Maurus in Frankreich. Diese nämlich – das habe ich schon im Jahre 1759 im »Iter Gallicum« angemerkt – arbeiten sich mit großem Einsatz und bis auf den heutigen Tag damit ab und teilen, von hier aus über das französische Königreich verstreut, unter sich ihre Bemühungen, je ein Stück eines Geschichtswerkes über die einzelnen Provinzen in diesem unermeßlich weiten Königreich abzufassen: eine solche Teilgeschichte kann nur begrüßt werden, da sie besonders genau und durch sichere und authentische Dokumente belegt ist. Hinzu kommt noch die Arbeit und das Bemühen um Sicherheit und Genauigkeit, um mit der Zeit ein solch hervorragendes und vollständiges Werk einer Universalgeschichte zu schaffen.

Wer sich vielleicht über den Titel wundert, weil ich in der Überschrift den *Schwarzwald* als Siedlungsgebiet des *Ordens des heiligen Benedikt* bezeichnet habe, wird, wie ich hoffe, durchaus nicht darüber in Zorn entflammen, wenn er nach aufmerksamer Lektüre dieser Geschichte sich vor Augen geführt hat, daß dieser Schwarze Wald, ein Teil des weit durch das alte Germanien verlaufenden herzynischen, ein schreckenerregender Wald gewesen ist, der kaum jemals irgendeine Pflege erfahren hatte, bevor die Benediktiner als Siedler hierher kamen und ihn, der vorher fast unzugänglich war, betraten und ihn nach und nach durch ihre Anstrengungen kultivierten und bewohnbar machten.

Die Benediktiner waren im Westen die ersten, die nach dem Vorbild der orientalischen Mönche, vor allem in Ägypten, die verlassenen Einöden aufsuchten. Dies stellt der überaus sorgfältig arbeitende Lud. Muratorius in *T. V. Antiq. Ital. medii aevi, dissert. XXV. p. 400* für Italien, ein hochkultiviertes Gebiet, fest und fügt hinzu: *Zu den Wohltaten, die von den Mönchsorden dem Staat zugute kamen, zählt nicht zuletzt die, daß ungastliche, öde und den wilden Tieren als Lager dienende Orte entweder von ihnen ausge-*

*sucht oder ihnen recht häufig zum Aufenthalt abgetreten wurden;
diese kultivierten sie selbst allmählich sowohl durch ihrer eigenen
Hände Arbeit, wie auch mit Hilfe von dafür gewonnenen Siedlern
und in ungeheurer Anstrengung, so daß sich das vorher schauerliche
Gebiet in fruchtbares und mitunter sogar liebliches Ackerland verwandelte. Denn man muß zugeben, wie ich schon vor kurzem
feststellte, daß die Mönche in ganz alter Zeit die Einsamkeit
bevorzugt haben und der Meinung waren, sie sei dem Aufenthalt in
Städten vorzuziehen, in denen sie sich vor den vielen Gefahren für
ihre Tugend und dem allzu leichten Zugang zu Versuchungen
fürchten mußten.*

Diesen Ort und diese günstige Lage, wenn überhaupt anderswo
sonst, bot in ganz besonderer Weise den Benediktinern der Herzynische, und hier vor allem der Schwarze Wald, der sich gewiß
sehr weit in unserem Germanien ausdehnte, wo sie sich ganz tief
im Inneren verbergen konnten. Kaiser, Herzöge, Fürsten, Grafen
und benachbarte Adelshäuser schenkten diesen dann später im
Laufe der Zeit Grund und Boden und Besitzungen, die inmitten
von finsteren und schrecklichen Wäldern, Gehölz und unzugäng-
lichem Gebiet lagen: diese rodeten sie nach und nach aus eigener
Kraft oder mit Hilfe von herbeigeholten Siedlern, die sie sogar
unter Anrufung des Namens Gottes oder auch der Heiligen, die
sich diese zum Schutzpatron erwählt hatten, verpflichteten.

Durch diese außerordentlich glücklich verlaufende Entwicklung
des Mönchtums und auch der Geistesbildung kam es soweit, daß
der Schwarzwald bei der Annahme jener Segnungen, von denen
Pater Mabillon in seiner *Praef. P. I. sec. III. actor. Ord. S. Bened.
§ II. p. XIV.* gesprochen hat, durch welche sich der Benediktinerorden um das Vaterland verdient gemacht hat, diese insgesamt
und in einzigartiger Weise eben diesem heiligen Orden wieder
zurückgibt: die Kultivierung des vorher zweifellos unbewohnba-
ren Bodens, die Verbreitung und Erhaltung der christlichen Religion und die Kenntnis der Wissenschaften.

Wenn irgendwann sonst, ist es sicherlich gerade zu dieser unserer
Zeit in besonderer Weise der Mühe wert, sich dies in Erinnerung
zurückzurufen, und es rundet die jüngste Geschichte des
Schwarzwaldes ab: so wurde jener anfänglich schauerliche und
verwilderte Schwarzwald von Gottesmännern beider Stände allmählich bewohnbar gemacht, nachdem Wälder gerodet, Felsen

zertrümmert, das Land urbar gemacht, der Boden gelockert, die Ackerscholle umgepflügt und fruchtbar gemacht worden war: in die Landschaft wurde Schönheit gebracht: Gehöfte wurden erbaut, Dörfer und Städte errichtet; gerade in der tiefsten Einsamkeit des Schwarzwalds wurden Gaue geschaffen, und in diesen befestigte Lager, Burgen als Wohnsitz von Edlen, die man Ritter nannte, auch von Adelsfamilien, Grafen und schließlich Fürsten: damit beschäftigt sich unsere Geschichte hinsichtlich des politischen Standes. In bezug auf den kirchlichen aber sind gerade die Klöster am ehesten Teil des kirchlichen Adels, indem ihre Angehörigen zum Geistlichenstand erhoben worden sind: im Priesteramt Christi konnte und kann ihnen auch heute nichts am Dienst für Gott fernstehend sein.

Aus dem Gesagten wird der Umfang einer Geschichte des Mönchtums innerhalb einer allumfassenden kirchlichen und weltlichen Geschichte deutlich, was weitgehend schon von all jenen durch ihr Werk selbst genau dargelegt worden ist, die entweder allgemeine Jahrbücher der Ordensgemeinschaften in aller Welt oder den Provinzen, oder aber Teiljahrbücher von einzelnen Klöstern geschaffen haben. Nicht nur die Mönche selbst und die Ordensangehörigen waren der Meinung, daß eine solche Universalgeschichte zu schreiben sei, sondern auch die berühmtesten katholischen und nichtkatholischen Historiker.

Unter diese ist der Engländer Marsham in dem ›Propylaion Monastici Anglicani‹ zu rechnen, das, im letzten Jahrhundert von Roger Dodsworth und William Dugdale niedergeschrieben und im Jahre 1655 in London herausgegeben, besonders herausragt. *Dieses wohlgelungene Werk*, sagt Marsham, *das in unermüdlicher Arbeit und mit einem Aufwand von 30 Jahren vorbereitet wurde, wird seine Kraft erst im Lauf der Zeit entfalten, wenn es nämlich mit allen um die Wissenschaft Bemühten und den Wissenschaften selbst zusammengetroffen ist. Von welcher Bedeutung es aber für die Welt der Wissenschaft ist, diese bruchstückhaften Urkunden zusammengestellt zu haben, wird der nur beurteilen können, der sich hinreichend darüber im klaren ist, welchen Verlust es bedeutet hätte, wenn jene verschwunden wären... Wie sehr auch fromme Vorfahren, hochherzige Könige und andere bei der Errichtung von Kirchen, Gründung, Ausstattung und Bereicherung von Klöstern und der Verleihung von Vorrechten bis zum Wunderbaren hin großartig gewesen sein mögen: gerade den Mönchen darf man das Lob nicht vorenthalten, daß sie in frommer Fürsorge und in strebsamer Uneigennützigkeit geeint die ihnen erwiesenen Wohltaten an die Wissenschaft weitergegeben haben; und so haben sie sich um die Geschlechter, die sich verdient gemacht haben, selbst verdient gemacht.* Nachdem dann Marsham erklärt hatte, nur durch Dokumente dieser Art könne für einen Nutzen sowohl im privaten wie auch im öffentlichen Bereich gesorgt werden, sagt er schließlich: *ohne die Mönche wären wir in der Geschichtsschreibung des Vaterlandes für immer kleine Kinder geblieben.* Mit Schweigen halte ich hier zurück, was er dann weiterhin zum Lob und zur Rechtfertigung der Mönche und der Klöster anfügt. Was nun unser Anliegen betrifft: der geneigte Leser möge selbst sein Urteil über die Ansiedlung ›Schwarzwald‹ des Ordens des heiligen Benedikt treffen: in diesem ersten Band davon breiten wir die graue Vorzeit und die erste Blüte aus; das übrige werden wir dann im folgenden ausführen und uns auch in einem Einzelband von Nachweisen und mit Hilfe von alten, bislang noch unveröffentlichten Chroniken darüber verlässigen.

Indem wir meist auf deren Spuren bleiben, geben wir ein einfaches und ursprüngliches Geschichtsbild fernab von all jenen Verkrustungen, durch die schon die alte Geschichtsschreibung weithin verdunkelt wird, so daß nicht wenige Schriftsteller viel eher ihre eigenen Weisheiten, um nicht etwas Härteres zu sagen, darbieten, als daß sie die unverfälschten Tatsachen aus alter Zeit genau beschreiben. Im übrigen haben wir keine Mühe gescheut, uns von überall her sichere Dokumente zu verschaffen; ein wenig mehr haben wir uns dann mit der alten Geschichte St. Blasiens beschäftigt und dabei das schon von unseren Mitbrüdern, vor allem von den schon verstorbenen Patres Marquard Herrgott und Stanislaus Wülperz in ihren Kommentaren unterbreitete Material verwendet und die hilfreiche Mitarbeit des Bibliothekars Pater Aemilian Ussermann in Anspruch genommen. Wir wünschen, daß die Leser diese unsere Arbeit, wie auch immer sie ausgefallen ist, mit Gewinn nutzen und genießen mögen, auch bitten wir sie, das noch Fehlende durch ihre Beiträge nach Kräften beisteuern zu wollen.

Inhaltsübersicht.

[Die erste Zahl bezeichnet die Seiten der Originalausgabe Gerberts,
die zweite die der vorliegenden Übersetzung]

Der Schwarzwald.
Siedlungsgebiet des Ordens des heiligen Benedikt.

FÜNFTES BUCH: *Der Schwarzwald im 10. christlichen Jahrhundert,
dem 5. Jahrhundert des Ordens des heiligen Benedikt.*

SECHSTES BUCH: *Der Schwarzwald im 11. Jahrhundert nach Christus,
im 6. Jahrhundert des Ordens des heiligen Benedikt.*

F. Xav. Kaiser delin..   Petrus Mayer Sculpsit.

Der Schwarzwald.
Siedlungsgebiet des Ordens
des heiligen Benedikt.

Erstes Buch. Vorgeschichte.

Das Gebiet und die Beschaffenheit des Herzynischen, Marzianischen oder Schwarzen Waldes in den ersten fünf Jahrhunderten der Kirche.

Die Ausdehnung des Herzynischen Waldes.

ilvae Hercyniae tractus, quem hic describendum sumimus, diversis apud ...

I. Der Gebirgszug des herzynischen Waldes, den zu beschreiben wir hier unternehmen, taucht bei den griechischen und lateinischen Autoren des Altertums unter verschiedenen Namen auf. Zu nennen sind[1] die bekannten *arkynischen* Berge und Wälder des Aristoteles, die damals über das gesamte germanische Gebiet, soweit es sich hinerstreckte, verteilt waren[a]. Dieser Wald wird bei den *Griechen* an anderer Stelle mit einem Wort, das sich mehr von der Sache her ableitet, nämlich ›horos‹, *Berg*, ›orkynisch‹ genannt. Nach dem Zeugnis des Iulius Caesar[2] sagt er an der Stelle, wo er den herzynischen Wald beschreibt: *Ich sehe, daß dieser dem Eratosthenes und bestimmten Griechen nur gerüchteweise bekannt ist, den sie den ›orzynischen‹ nennen.* Es scheint, daß auch Ptolemaeus auf ihn hinweist[3], wenn er von einem ›orkynischen‹ Gebirgszug spricht, den Dionysius Periegetes[4] ›herkynisches Waldgebirge‹ nennt. Unter den *Lateinern* erwähnt Livius[5] die *germanischen*

1 Meteor. I. c. 13
2 De bello gallico lib. VI. n. 14
3 Ptol. lib. II. c. 11
4 Dion. v. 286
5 Liv. lib. IX. c. 36., L. V. c. 34.

Waldgebirge und die *hercynischen Waldgebirge*, die auch Plinius erwähnt[6] und irgendwo *hercynischer Bergrücken* nennt.

> a) Im übrigen fließen die meisten der Flüsse nach Norden zu aus den herzynischen Bergen hervor, die sowohl aufgrund ihrer Höhe wie auch ihrer Vielzahl für die größten in dieser Gegend gehalten werden. (Aristot. l. c.)

Diesen Wald beschreibt uns Caesar[7] anhand eines Berichtes, den er erhalten hatte, als er sich am *Rhein* im zweiten *Germanien* bei den Ubiern aufhielt. Er hatte diese als Kundschafter eingesetzt und von ihnen erfahren, daß sich die Sueben in die Wälder zurückgezogen hätten. Dazu sagt Caesar: *Die Breite dieses Waldes, auf den wir schon hingewiesen haben, beträgt für einen Fußgänger ohne Gepäck neun Tagesmärsche.* So viel zur Breite dieses Waldgebietes. Später aber erwähnt Caesar noch folgendes: *Und hier in Germanien gibt es gewiß niemanden, der von sich sagen könnte, daß er bis zum Anfang dieses Waldgebirges vorgedrungen sei, selbst dann nicht, wenn er 60 Tage hindurch marschiert wäre. Auch hat bisher niemand in Erfahrung bringen können, wo es beginnt.* So viel zu seiner Länge. Auch Mela[8] stimmt Caesar zu: *Von den Waldgebieten Germaniens ist der herzynische Wald bekannt. Dazu gibt es noch einige andere, die einen Namen haben. Doch dieser hat eine Länge von 60 Tagesmärschen und ist damit größer als die anderen und somit auch bekannter.*

Dem Gesagten fügt nun Caesar hinzu: *Jener Wald beginnt in dem Gebiet der Helvetier, der Nemeter und Rauraker und erstreckt sich rechts der Donau bis zu dem Gebiet der Daker und Anartier.* Dies hat jedoch Rhenanus[9] falsch verstanden, wo er anstelle von *Rauraker*, was sich in allen gedruckten Ausgaben Caesars findet, *Tauraker* liest, zweifellos durch eine verderbte Handschrift getäuscht. Es gibt nämlich überhaupt keinen Zweifel daran, daß den *Nemetern* und den *Helvetiern* nicht irgendwelche unbekannte *Tauraker*, sondern die *Rauraker* benachbart waren, von deren Gebiet aus der *herzynische* Wald beginnt. Er erstreckt sich rechts der *Donau* bis zum Gebiet der *Daker und Anartier*, nämlich bis nach *Pannonien*.

---

6   Plin. histor. nat. lib. IV. c. 25. & c. 28
7   Caes. l. c. n. 34.
8   De situ orbis lib. III.
9   Rer. Germ. lib. III.

Die Ursprünge des Schwarzwaldes.

II. Hieron. Surita behauptet in seinen ›Emendationes ad Itine-
rarium Antonini Aug.‹, daß in den alten Handschriften der
Kommentare Caesars nicht einfach *Rauraker* gelesen werden
darf, sondern vielmehr *Stadt der Rauraker,* (nämlich *Augusta
Rauracorum,* einer Stadt am *Rhein,* zwischen *Basel* und den
Waldstädten gelegen). Dieser Zweifel könnte freilich ausgeräumt
werden, da von *Munatius Plancus* auf der Inschrift eines Steines
von Gaieta ausgesagt wird, daß er zur Zeit des Kaisers Augustus,
also weitaus später als Caesar, als erster die *colonia Raurica*
gegründet habe. Ich möchte allerdings nicht mit dem Mann
streiten, der behauptet hat, daß es eben dort zur Zeit des *Iulius
Caesar* eine Befestigung gegeben habe, die dann später, unter
Augustus zur Kolonie gemacht, sich zur Stadt entwickelt hätte.
Doch weil dies alles vor der Zeit des Christentums liegt, berührt es
uns nicht sehr. Es geht nur um die Beschreibung dieser Gegend,
die sich auf den herzynischen Wald bezieht und heute noch so
besteht, die wir *Schwarzwald* nennen, und die nach *Caesar* im
Gebiet der *Helvetier, Nemeter und Rauraker* ihren Anfang nimmt.
Und nur dieses Gebiet zu beleuchten haben wir uns in diesem
Kommentar vorgenommen.

Dieser Wald heißt bei den Römern der *Marzianische.*

III. Auf der *Peutingerschen* Karte oder auch der Tafel des
Theodosius erhebt sich auf der rechten Seite zwischen *Alamannia*
und dem *Rhein* der *Marzianische* Wald, ein Gebiet, das wir auf
diesem Stich hier deutlich erkennen können:

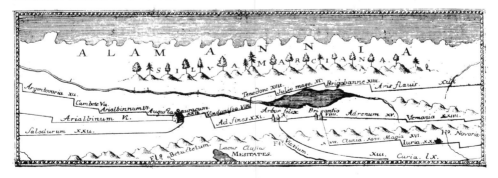

Zur rechten Seite oder dem – von uns aus gesehen – diesseitigen
Rheinufer begegnet uns auf der Karte zuerst der Ort *Tenedone,* wo

eine Straße über den *Rhein von Vindonissa her* aufgezeichnet ist, das wir gesichert in *Windisch* haben. Es liegt ungefähr eine Leuge vom Zusammenfluß von *Aare und Rhein* entfernt. Eine gewisse Spur dieses Ausdrucks *Tenedone* könnte noch erhalten scheinen in *Thiengen* in *schwäbischem* Dialekt, in dem der Vokal *e* mit dem *i* entweder verbunden oder ausgetauscht zu werden pflegt. *Thiengen* aber ist eine Befestigung oder eine alte Burg der Grafen von *Sulz* an dem Bergbach *Wutach* im Gau *Cleggovia*, nicht weit vom *Rhein* entfernt, gegenüber von *Zurzachium*; wir haben schon in unserem *Iter Alemannicum* darauf verwiesen, daß man dort am *Rhein*ufer einige Überreste von Brücken gefunden hat, wenn diese auch vermutlich späteren Zeiten zuzuordnen sind. Dennoch wollen wir in keiner Weise ein vorschnelles Urteil abgeben und auch nicht in Widerspruch zu Cluverius[10] geraten, dem *Tenedone Dengen* oder *Tengen* zu sein scheint, eine andere Stadt mit einer Burg im *Hegau* und in der Grafschaft *Nellenburg*, die bis zum *lacus Acronianus* reicht. Näher an eben diesem See ist in der *theodosianischen* Karte *Iuliomagum* notiert, was nach der Meinung von Rhenanus mehr der Stadt *Pfullendorf* entspricht als *Dutlinga*, wie Cluverius annimmt. Für diesen ist sogar *Brigobanne* auf derselben Karte mit der Stadt *Beyren* am *Donau*ufer in *Suevia* identisch. Es folgen *Arae flaviae*, für Cluverius die Stadt *Auracum* in *Wirtembergium*, andere Autoren halten es jedoch für *Nordlinga* oder *Ulma*.

Der *marzianische* Wald erstreckt sich auf der so oft genannten *theodosianischen* Karte weiterhin von der Gegend von *Vemania* aus, das man für *Wangen* hält, einer Stadt des rhätischen oder *vindelizischen* Schwaben (gegen die Zuverlässigkeit der theodosianischen Tafel, auf welcher *Vemania* in Richtung Osten und keineswegs in Richtung Norden geht, wie es bei *Wangen* der Fall wäre), sondern eher etwas südlich zum Bodensee hin bis zu den rhätischen Alpen, wo die Stadt *Veldkirch* liegt. Von dort wendet er sich rückwärts und geht *in Richtung Rhein*. Der Name ist auf der Karte an der Quelle dieses Flusses notiert. Von da aus verläuft er zum acronianischen oder brigantinischen See, an dem die Stadt der Brigantier, *Bregenz*, auftaucht, dann Felix arbor oder *Arbon*, Ad fines oder *Pfin*, dann Vindonissa, *Windisch*, Augusta Rauracorum, *Augst* zwischen Rheinfelden und Basel, soweit sich der

10   German. antiq. lib. III. c. 4.

marzianische Wald nach Westen von der Gegend von *Arialbinum* aus hinerstreckt, das Schöpflin[11], ein hervorragender Kenner dieses Gebietes, in die Basler Vorstadt Binningen legt, weil der neuere Name noch Spuren der alten Bezeichnung aufweist: *Wenn man nämlich*, sagt er, *die deutsche Endung wegnimmt, bleibt der mittlere Teil des Wortes Arialbinum noch in der heutigen Sprache bestehen.*

Als feste Grenze des marzianischen Waldes nach Westen hin haben wir nun das Gebiet am Rhein. Nicht in gleichem Maße gesichert gilt dies für den Osten, wo jenseits des Bereichs unseres Schwarzwaldes auch die Schwäbische Alb zwischen Rhein und Donau dazuzugehören scheint. Nach dem Zeugnis des Ammianus Marcellus[12] zog nämlich Iulianus nach einer Niederlage durch Constantius weg und marschierte *von den Raurakern aus durch die marzianischen Wälder und auf den mit dem Ister verbundene Straßen.*

Manche behaupten, der marzianische Wald sei nach Mars benannt; uns kommt es wahrscheinlicher vor, daß marzianisch sich von den Markomannen ableitet, die bekanntlich ihren Wohnsitz an den Quellen des Rheins und der Donau hatten, bevor sie sich in Böhmen niederließen. Ihnen folgten die Alemannen nach, die von dem Kaiser Gratian besiegt und von der anderen Seite des Flusses *Nicrus* vertrieben worden waren. So jedenfalls schreibt Ausonius in seinem Gedicht *Mosella*. Richtig interpretiert Rhenanus[13] die Abgeschiedenheit des marzianischen Waldgebiets als *unzugängliche Einöden*; in diese seien die Alemannen von Theodosius zusammengetrieben worden, wie sein Panegryst erwähnt.

Sein von den Helvetiern verlassener Teil nach Süden zu.

IV. So nämlich muß man den *Helvetiorum eremus* auffassen, den Ptolemaeus als einziger der alten Schriftsteller bei einer Beschreibung Germaniens erwähnt[14]: *Oberhalb des Donauursprungs*, sagt er, *gibt es Berge, die den gleichen Namen wie die Alpen*

11 Alsat. illustr. T. I. p. 187.
12 Lib. XXI. c. 15.
13 lib. I. Rer. Germ.
14 Ptol. lib. II. tab. c. 11.

haben, und er fügt hinzu, daß sich die *Einöde der Helvetier* bis zu den genannten Alpenbergen hinziehe. Caesar sagt[15], die Helvetier hätten die benachbarten Rauraker, Tulinger und Latobriger überredet, zusammen mit ihnen auszuwandern, und dazu auch noch die Boier, die auf der anderen Seite des Rheins gesiedelt hätten. Sie hätten diese als Bundesgenossen aufgenommen und für sich gewonnen. Verschiedene Autoren sind der Meinung und halten daran fest, daß die *Tulinger* verstreut zwischen Rhein und Donau auf dem Gebiet von Nellenburg und Fürstenberg gelebt hätten, die *Latobriger* aber im angrenzenden Klettgau und der Einöde der Helvetier. Bevor der Name *alemannisch* entstand, hießen diese Siedler Helvetier, wie man meiner Meinung nach auch Tacitus interpretieren muß, wenn er sagt[16]: *Also wohnten zwischen dem Herzynischen Wald und den Flüssen Rhein und Main die Helvetier, und weiter entfernt die Boier; beides sind gallische Völker.* Allerdings darf man die Einöde der Helvetier nicht danach abmessen, wie es auch Autoren gibt, die sie allzu weit ausdehnen. Ptolemaeus nämlich gibt für sie als Grenze die Berghöhen oberhalb der Donauquellen an. Noch viel weniger darf man sich die Einöde in dieser Gegend als durch die Verwüstungen der Römer entstanden denken, welche die Wälder und die unwirtlichen Berge auf ganz natürlichem Wege von selbst wieder ausgeglichen haben, so daß man sagen könnte, daß sich diese Einöde jenseits des Rheins auch nach Süden in die heutige Schweiz hinein erstreckt hat, natürlich auch bis dahin, wo später die Heilige Einöde, nämlich das berühmte Kloster des Ordens des Heiligen Benedikt, errichtet worden ist, das in alten Urkunden oft mit dem Namen Schwarzwald belegt wird.

Das Abnobagebirge mit den Alpen gegen Osten hin.

V. Uns geht es nun aber um den Schwarzwald auf der deutschen Seite des Rheins und die Berge oberhalb des Donauursprungs, die den gleichen Namen wie die Alpen tragen und die Einöde der Helvetier, soweit sie sich nach dem Zeugnis des Ptolemaeus nach Osten hin erstreckt. *Die Donau nämlich*, bezeugt Tacitus[17], *fließt von einem sanft und milde geschwungenen Bergrücken des Waldes*

---

15   Caes. lib. I. de bello Gall. n. 5.
16   Lib. de mor. Germ. c. 28.
17   De moribus Germ. c. 1.

der Abnoba. Auch Plinius beschreibt[18] den Ursprung der Donau in den Bergen der Abnoba gegenüber einer gallischen Stadt der Rauracer. Dasselbe bestätigt Rufus Avienus in seiner Schrift ›descript. orb.‹ vers. 437: *Das Abnoba-Gebirge ist der Vater des Ister; der Fluß stürzt durch eine Schlucht der Abnoba hinab.*

Daß aber Martianus Capella korrigiert werden müsse, meint Rhenanus, wenn er schreibt[19], der Donauursprung liege auf dem Berggipfel *ad novem*; auch ist er der Ansicht, daß es keinen Unterschied mache, ob man *Abnoba* oder *Abnova* schreibe. Mit beiden Lesarten ist Aeg. Tschudius[20] nicht einverstanden, der in seinem Tacitus *Arbona* gelesen hatte und daher zu der Meinung gekommen war, man müsse auch bei Plinius das Wort *Albona* ersetzen, als sei es nach den Alpen benannt worden, da ja auch schon im 4. Buch der Geographie Strabos *Alb* und *Alp* das gleiche bezeichnet. Wie es heute für niemanden einen Zweifel daran gibt, daß verschiedene Gebiete Deutschlands, vor allem Alemanniens, Bergrücken und auch Wildbäche von eben diesen Alpen den Namen *Algeu* und *Alb* haben, wie auch jene Alpen, die von den Donauquellen her an ihrem Ufer entlang nach Schwaben verlaufen, und zwar auf der Linie des alten herzynischen Waldes; und so werden auch in der Medea des Seneca *die edlen Sueven im herzynischen Wald* genannt.

Pater Marq. Herrgott hat auf seiner Landkarte des alten Burgund und Alemanniens, die er der Vorrede zu Bd. I der ›Geneal. Habsb.‹ auf Seite 40 angefügt hat, den Alpgau mit der Schwäbischen Alb, von der wir noch reden werden, verbunden. (Als Grenzen des Alpgaus sieht man an: nach Westen hin bis zum Breisgau, nach Süden von den Quellen der Alb auf dem Feldberg durch das Klostergebiet von St. Blasien bis zum Rhein, und vom Norden und Osten her das Wildwasser Wutach.) Was den Verlauf des alten herzynischen Waldes angeht, der der Donau in Richtung Bayern und Rhätien folgt, kann dieser mit Recht so behauptet werden, denn nach Claudian[21] *ragt das dem herzynischen Wald benachbarte Rhätien vor allen heraus, durch ihn brüstet es sich als den Erzeuger der Donau und des Rhein*s, und es verhält sich auch so in dem Maße, wie wir es kurz vorher bei der Erklärung der

18   lib. IV. c. 24.
19   Lib. III. rer. Germ.
20   Gallia com. I. P. 5. Th. 1. c.
21   De bello Getico v. 330

theodosianischen Karte dargelegt haben. Plinius aber bezeichnet[22] darüber hinaus *die höher gelegenen Gebiete zwischen der Donau und dem herzynischen Wald bis hin zum Winterlager in Pannonien als Grenzgebiet zwischen Carnuntum und den Germanen*; das gleiche gilt auch nach der ›Polyhistor. de Germania‹ des Iul. Solinus, und zwar mit einer germanischen Bezeichnung: *Es erstreckt sich zwischen dem herzynischen Wald und dem Felsgebirge der Samartarer; wo es beginnt, wird es von der Donau durchflossen, wo es aufhört, vom Rhein[23].*

Andere Gebiete in Richtung Norden.

VI. Uns gehen nunmehr beide Flüsse an, die wir die Geschichte des alten marzianischen und des Schwarzwaldes verfolgen. Wenn wir uns ganz dicht an dessen Spuren heften, müssen wir uns von der Donau, die nach Sonnenaufgang fließt, zum Lauf des Neckar wenden und zum Gau Perachtoltespara nach Norden hin, durch den Bereich der Nagold und der Würm, der unter württembergischer Oberhoheit steht, und zum anderen Albgau, der seinen Namen von dem Bergbach Alb hat, der in den Rhein mündet, bis zu der Stadt Pforzheim, sozusagen der Pforte des marzianischen Waldes (diese etymologische Ableitung scheint mir sehr wahrscheinlich). Hier nämlich verlief am Ende des zweiten und zu Beginn des dritten Jahrhunderts eine Römerstraße vom Rhein bzw. von Straßburg her durch Aurelia Aquensis (die Markgrafschaft Baden) bis zur Donau. Davon zeugen die Meilensteine, die wir im ›Iter Alemann.‹ genannt haben[24], und die Dan. Schoepflin in der römischen Epoche seiner ›Alsatia illustrata‹ ausführlich erklärt[25]. Später hat er auch die *Pforzheimer* Inschrift wiederhergestellt, indem er zur 4. Kohorte die 8. Legion ergänzte, in der ein Paternus als Soldat gedient hat. Auch hat er anderswo vor kurzem aufgezeigt, daß die 8. Legion in Straßburg und an benachbarten linksrheinischen Orten stationiert gewesen war: dergleichen kann man in den entlegenen und unzugänglichen Gebieten des marzianischen Waldes nirgendwo finden. Zeuge hierfür ist sogar Caesar in seinem ›Bellum Gallicum‹[26]: Als nämlich die Römer durch die

22 Liber III.
23 c. 32.
24 T. I. p. 254.
25 pag. 474
26 lib. I. c. 39.

Gallier von jener ungeheuren Körpergröße der Germanen gehört
hätten, hätten sie teils begonnen, ihr Heer zu verlassen, teils das
Unglück ihres Daseins zu beweinen, zumal dann, als sie unmittelbar dahin kamen, wo später die Alemannen, der Schrecken der
Römer, an den abgelegensten Stellen des Schwarzwaldes hervor-
gestürzt waren. Nach dem Zeugnis des Florus[27] errichtete Drusus
zur Zeit des Augustus auf gallischem Gebiet dem Rheinufer
entlang 50 Kastelle, um die häufigen Überfälle der Germanen auf
gallisches Gebiet zu verhindern, und *öffnete damit zu dieser Zeit
das noch nie betretene und unzugängliche herzynische Waldgebirge.*
Freilich hatte nach demselben Zeugen[28] Caesar schon früher
einmal nach seiner Rheinüberquerung den Feind im herzynischen
Wald aufgesucht, wenn auch vergeblich, da sich das ganze Volk in
die Schluchten und Sümpfe geflüchtet hatte. Dennoch darf man
dies offensichtlich nicht so auffassen, als ob dieser Wald dann für
die Römer von der Zeit des Drusus oder Augustus an insgesamt
zugänglich gewesen wäre. Denn Claudius Mamertinus[29] hob in
seiner Hymne auf den Kaiser Maximinianus Hercules seinen
Helden unter anderem dadurch besonders hervor, daß dieser *als
erster von allen Kaisern* Erfolg gehabt habe, nachdem er eine
Brücke über den Rhein erstellt und diese mit seinem Heer
überquert habe; die Alemannen seien durch seine ständigen Siege
in unserem Schwarzwald bis zum Ursprung der Donau hin
geschwächt worden, und es gebe für das Römische Reich keine
Grenze mehr, die nicht mit Waffengewalt überwunden werden
könne.

Dennoch scheint dies in bezug auf Maximinianus mehr aus dem
Überschwang einer Lobrede gesagt zu sein als der Wahrheit
entsprechend. Es gibt aber in diesem Gebiet einige Spuren der
Römer, die noch älter sind als jener Lobgesang. Darunter ist
vielleicht als besonders wichtig ein Stein anzusehen, der vor
kurzem auf *den Bergen Germaniens, dem Abnoba-Gebirge,* wie
Plinius sagt[30], entdeckt worden ist: Im Jahre 1778, am 27. des
Monats Oktober, der viel Verderben bringender war als alle
anderen, überflutete eine Überschwemmung verschiedene andere
Gebiete Deutschlands, vor allem aber unseren Schwarzwald.

27 lib. IV. c. 12.
28 lib. III. c. 10.
29 cap. 7.
30 Hist. nat. lib. IV. c. 24.

Dabei wurde der Stein durch die tosenden Wasserwirbel aus dem Erdreich gespült, nicht weit von den Pfarrgebäuden Mühlbachs entfernt. Diesen Stein zeichnete der Augustinerpater Engelbert Klupfelius[31], Theologieprofessor an der Universität Freiburg, und beschrieb die Stelle, an der man ihn fand, folgendermaßen: *Es gibt im Schwarzwald ein Gebiet, das sich aus weit verstreuten Gehöften von Bauern zusammensetzt. Es untersteht der Herrschaft des Fürsten von Fürstenberg und liegt in der Diözese Straßburg, nicht weit vom Kinzigtal entfernt. Die Entfernung zu der Stadt Haßlach beträgt etwa eine Wegstunde, zu Freiburg im Breisgau vier Meilensteine.* Er vermutet auf Grund einer Mulde, die sich im oberen Teil befindet, daß es sich dabei um einen Altar gehandelt habe. Die in den Stein eingemeißelte Inschrift erklärt er so: *Zur Ehre der Deana Abnoba weihten ihn Cassianus, der Sohn des Cassatus* (vielleicht: des Cassatianus) *nach Einlösung ihres Versprechens mit großer Freude gemäß ihrem Verdienst und sein Bruder Attianus, zur Konsulatszeit des Falco und des Clarus.* Aus Baronius und anderen stellt er fest, daß diese gegen Ende des zweiten Jahrhunderts Konsul waren, und er schließt daraus, daß sich die Römer im Inneren des Schwarzwaldes eine Zeitlang niedergelassen haben, doch sicherlich nicht weit weg vom Rhein und dem benachbarten Gebiet des Breisgau und der Ortenau.

IN. H.onorem D.omus D.ivinae
D E A N A E.   A B N-
O B A E.   C A S S I A-
N V S.   C A S A T I. us
V.otum S.olvit L.ubentissime M.erito[a]
E T.   A T T I A N V S.
F R A T E R. F A L -
C O N.e E T.   C L A R O.
COnSulibus.

a) *Vel:* Lubentissimo Munere.

Dieses kostbare und vielleicht älteste Denkmal unseres Schwarzwaldes aus Sandstein ist als sozusagen außerordentlich liebens-
würdige Gabe des Durchlauchtigsten Fürsten von Fürstenberg,
Joseph II., vor ganz kurzer Zeit zu unserem Kloster St. Blasien
gebracht worden. Wir haben den Stein abgezeichnet, und seine
Abmessung ist aus dem beigefügten Fußmaß ersichtlich.

Wir glauben, daß man die Inschrift so lesen muß: *Zur Ehre des
göttlichen Hauses der Deana Abnoba löste Cassianus, der Sohn des
Casattus* (vielleicht Cassatianus), *sein Gelübde mit großer Freude –
seinem Verdienst gemäß – ein und sein Bruder Attianus, zur
Konsulatszeit des Falco und des Clarus.* Im übrigen ist dieser Stein
einem Altar außerordentlich ähnlich, den wir – im ›Iter Alemannicum‹ auf Tafel VII wiedergegeben – ganz in der Nähe des
Klosters Zwiefalten gefunden haben, und einen gleichen können
wir bei Schöpflin sehen[32], der aus den Ruinen einer alten Burg an
der Lauter stammt, die ihren Namen von dem heiligen Remigius
hat. Dieser Altar wurde bei der Stadt Weißenburg im Elsaß
ausfindig gemacht. Schöpflin fügt Beispiele an[33], bei denen die
ersten Buchstaben ›In H.D.D.‹ in ganzen Wörtern ausgeschrieben
sind: *In honorem domus divinae*, wie sie auch verstreut bei
Gruterus auf gallisch/germanischen Steinen auftauchen. Sogar
bei Montfaucon sind sie bekannt[34], vor allem in den Inschriften,
die im Gebiet um den Rhein ausgegraben werden und im Gebiet
um Metz. Zugleich zeigen sie auch heilige Gebäude, die hier
zusammen mit einem Altar der Deana eingeweiht worden sind
(Deana liest man überall bei Gruterus und Moratorius, weil sie
nach schwäbischer Sitte gewohnt sind, das Wort falsch auszusprechen). Es geht vielmehr um ›Diana‹ beim Gebirge Abnoba,
das bei den Alten durch den Ursprung der Donau hochgerühmt
ist, von welcher Strabo bezeugt, daß sie auf der rechten Seite des
Rheins von Norden nach Süden fließt. Den Namen ›Donau‹
erhält sie aber erst beim Schloß des Fürsten von Fürstenberg in
Donaueschingen.

Diesen unseren Altar errichteten auf Grund eines Gelübdes
Cassianus Cassatius und sein Bruder Attianus. Attianus liest man
auch auf dem von Schöpflin erwähnten Stein. Und derselbe
Name wird auch bei Gruterus festgehalten. Die Konsuln Falco

32 T. I. Alsatiae ill. tab. III. n. 3.
33 p. 437. & c.
34 Antiq. Explic. T. I. p. 100.

und Clarus, die man auf unserem Stein lesen kann, tauchen in den Konsularkalendern im Jahr 193 auf. Zu dieser Zeit wurde ganz nach der damaligen Gewohnheit mit Sicherheit und überall das Wort ›Consules‹ mit nur einem ›S‹, nämlich ›Cos.‹ geschrieben, was auch durch die Regel des Fabrettus festzustehen scheint, der festgestellt hat, daß die Schreibweise *Coß.* und *Cons.* etwa um die Zeit des Gallus und des Volusianus nach der Mitte des zweiten Jahrhunderts eingeführt worden ist. Dennoch haben andere bemängelt, daß diese Regel in die Irre führen kann, auch wenn sie im allgemeinen stimmt. Doch war die Art und Weise, ein einziges Zeichen zu verwenden, zu späterer Zeit das Übliche. Man muß deshalb hier nicht an einen Fehler oder an einen Irrtum des Steinmetzen glauben[a].

[a] Ich möchte hier die Gelegenheit ergreifen, noch einen zweiten römischen Stein zu erwähnen, der ebenfalls jetzt erst in unsere Kirchenschatzkammer gekommen ist, und zwar durch die Großzügigkeit des erlauchtesten Fürstabts des Kloster Muri, wohin der Stein im Jahre 1754 unter Benedikt XIV. von Rom überführt worden ist; er wurde aus dem Friedhof der heiligen Helena zusammen mit einem mit Blut besprengten gläsernen Gefäß und den Reliquien dessen herausgeholt, der dort bestattet worden war, nämlich URSULO CAT. Q.uod BENEMERENTI, wie die Inschrift lautet, wobei das Monogramm Christi angefügt war, das von Konstantin d. Gr. auf den Feldzeichen zum ersten Mal angebracht worden war und anderswo auch Chrismon genannt wird. Nicht selten war bei den Römern und auch in unserem Germanien der Name ›Ursulus‹. Ausonius betitelt unter Valentian I. seinen 18. Brief mit *Ursulo grammatico Trevirorum.* Schöpflin zeigt in der ›Alsatia illustrata‹ Tom. I. tab. VII. num. 8 das Fragment einer steinernen Säule, die die Aufschrift aufweist: I. O. M. AVGUST. URSULUS TAVG, und notiert aus Gruterus und Muratorius p. 473 *M. Aurelius URSULUS* als Benefiziar des Konsuls, der eben diesem Iuppiter Optimus Maximus und dem Schutzgeist dieses Ortes einen Votivaltar bei Colonia Agrippina unter den Konsuln Tuscus II. und Dextrus im Jahre 225 nach Christi Geburt errichtet hat.: auch habe auf einem Stein aus Narbo ein Valerius Ursus, anderswo aber in Dakien Ursulus Iunianus DEM BRUDER URSULUS ein Denkmal errichtet, was aber einige für christlich halten, weil der Stein D. O. M. geweiht ist.

Bei demselben Schöpflin[35] begegnet uns noch ein anderer beschrifteter Stein, der ebenfalls zu unserem Thema gehört. Er trägt das Bild des Neptun und kann heute noch am Eingang der Stadt Ettlingen in der Markgrafschaft Baden bei der Brücke über die Alb besichtigt werden, ein Fluß, der von unserem Schwarzwald dorthin hinunterfließt und im Rhein mündet. Die Inschrift dieses Steins lautet: »In Honorem Domus Divinae Deo NEPTUNO pro CONTVBERNIO NAUTARUM CORNELIUS ALIQUANDUS

35   l. c. Tab. IX. n. 11

De Suo Dicat«. Schöpflin vermutet aber[36], daß der Spender ein
Gallo-Römer gewesen ist und von Leuten abstammt, die von
Gallien aus in das Zehnland oder in das römische Grenzgebiet
jenseits des Rheins gewechselt waren, und daß er wahrscheinlich
ein Schiffereigeselle oder -meister am Rhein gewesen war, in den
ja die Alb mündet, auf der mit Flößen und Booten der Transport
von Waren leicht bewerkstelligt werden konnte. Von daher muß
man auch die Wohngemeinschaft und die Gesellschaft der Alb-
schiffer verstehen, als deren Angehöriger dieser ALIQUANDUS
im Gebiet von Ettlingen irgendwo an der Alb wohnte und dem
Neptun diese Weihetafel widmete.

Schließlich werden in unserem marzianischen Wald als Spuren
des Römertums mit Recht auch die römischen Münzen angesehen, die bei der Brücke über die Alb (Albbrugg), einem Fluß
gleichen Namens, aber im südlichen Schwarzwald gelegen, geschlagen wurden. Es ist nicht weit weg von der Mündung, wo sie
zwischen den Waldstädten Laufenburg und Waldshut in den
Rhein fließt und in der Nachbarschaft der alten römischen
Kolonien Augst und Windisch, das nur wenige Meilen vom
Zusammenfluß von Aare und Rhein entfernt liegt, zwischen
Waldshut und Zurzach, einem in unserer Zeit außerordentlich
wichtigen Handelsplatz.

Und der Westen.

VII. Der genannte Schöpflin hat weiterhin beobachtet[37], daß die
Römer am Westrand des marzianischen Waldes an günstiger
Stelle der Ortenau und der Gemarkung der Stadt Gengenbach
Standlager unterhalten hatten. Diese befanden sich bei den
Schluchten des Kinzigtals, das seinen Namen von eben diesem
Fluß hat, der den Rhein und die Ortenau mit dem Suebenland
verbindet. Dort, so vermutet er, sei ein christlicher Bau, nämlich
eine Kalvarienkapelle, an die Stelle eines heidnischen Kastells
getreten. Davon kommt bis auf den heutigen Tag der Name
›Kastelberg‹. Daß dieses Kastell römischen Ursprungs gewesen
ist, bezeugen die dort gefundenen Münzen. Eine römische Säule
oder einen beschrifteten Stein auf dieser Kastelburg, der heute

36   pag. 490. seq.
37   T. I. p. 474.

noch vorhanden ist, hatte Schöpflin schon auf der Seite vorher (S. 473) beschrieben. Dieser Stein war von Baibius und seinen Söhnen dem Iuppiter geweiht worden. Schöpflin schreibt dazu: *Die Standlager waren auf diesem Berg zum Schutz und gleichzeitig als Beobachtungsposten errichtet worden. Die Römer bewachten nämlich den marzianischen Wald nicht weniger als die Vogesen. Der marzianische Wald, der heute Schwarzwald heißt, wurde einst als Teil des großen herzynischen Walds angesehen, wie wir von Caesar erfahren. Da dieser Wald aber an mehreren Stellen zugänglich war, mußten seine Täler durch Posten abgesichert werden, vor allem aber diejenigen, die für die Straße nach Pforzheim wichtig waren. Auf der Gemarkung von Ettenheim, wo ein Zugang zu dem sogenannten Münstertal besteht, ragt ein Berg über das Kloster herein, auf dessen Gipfel Spuren eines weitläufigen Kastells anzutreffen sind. Diese werden von den Anwohnern ›Heidenkeller‹ genannt. Da dort ausgegrabene römische Münzen eine römische Siedlung anzeigen, werde ich nicht widersprechen, wenn jemand die Vermutung äußern will, daß es damals dort eine Bewachung der Schwarzwaldtäler gegeben hat.*

In einer sehr alten Evangelienhandschrift des Klosters von Ettenheim findet sich zwischen einigen Urkunden, die im 11. Jahrhundert von Hand am Anfang der Handschrift eingefügt sind, eine Notiz, die von Pater Herrgott aus dem ›cod. Vindob.‹ im ›cod. prob. Geneal. Habsb.‹ auf Seite 70 veröffentlicht worden ist, *im Jahre der Menschwerdung unseres Herrn Jesus Christus 926, zur Zeit der 5. Indiktion, unter dem verehrungswürdigen Bischof Richwin und dem Abt Wolfhard.* Dieser zufolge haben sich Studenten der Volkskunde große Mühe gemacht, das Gebiet des früheren Alemannien gegen Frankreich hin abzugrenzen. Dabei werden nach Süden hin folgende Grenzorte des Waldgebiets in einer Liste aufgeführt: *Ringchinunach rida. Uuartle. Steine. bancenle. buruc egilolfes. ad fontem buruchbaci. Von dort zur Straße hin: Snette Stephanesvirst. Uuezistein. Stoufinberc. ad rubrum volutabrum. Seleberc. Luisboldisrode. Zur Markgenossenschaft der Alemannen hin nach Norden: tieffin gruoba. dabsbah.Smiebah. Otensneita. Seranna. Zur Gemarkung Sulzbah. badesmareschneu. milimutisstei. Wolferisbah. Uuolemuotishus. Cambach. Braitenuurt. Am Grenzgebiet der Alemannen.* Hier ist vor allem der Mittelpunkt zwischen der *Markgenossenschaft der*

Alemannen von Süden her und *Grenzgebiet der Alemannen* von
Norden her bemerkenswert, da sie die Grenzorte des Gebietes des
Klosters von Ettenheim markieren. Davon machen uns die
überaus fleißigen Studenten dieses Klosters nicht wenige
bekannt. In deren ausgezeichneter Landkarte des Schwarzwaldes
haben wir etliche Ortsnamen übersetzt, wobei wir einige weniger
bekannte weggelassen haben. Zum Beispiel heißt nach Süden hin
›Rida‹ heute *Ried,* ›Wartle‹ *Wartelberg,* ›Steine‹ *Steinlinsberg,*
und am Ursprung der Bleiche ist heute noch der Name *Wezistein*
erhalten. Was heute *Rothlach* heißt, deuten wir als *ad rubrum*
volutabrum.

Von dort kommen wir zu der Mark der Alemannen, einen Ort, an
den von Norden her Bretinuurt stößt, das heutige *Breitebene;* von
hier wenden wir uns rückwärts nach *Cambach,* einer Stadt, die
heute noch so heißt. Nicht schwieriger ist der Name Wolfe-
risbach, heute *Wolfersbach* an dem Fluß Schutter. Dies grenzt an
das Dorf *Wittelsbach* an, das bei P. Herrgott auf der Karte 222 und
247 unter den Gütern des Kloster St. Trudpert in der Ortenau
aufgeführt wird[38] und durch Johannes von Geroldseck an das
Kloster Ettenheim kam. Von da kommt man gegen Süden zu dem
Weiler *Sulzbach,* nicht weit weg von den Quellen des gleichnamigen Bergbachs: so ist es auch mit dem *Schmiebach,* von dem es
in Richtung Kloster durch *Tieffengruoba* geht, heute *Tieffenloch,*
von Norden in südliche Richtung. Durch die *Grenzpunkte des*
Wäldchens, in dem das Kloster dem Brauch entsprechend
gegründet worden ist, wie wir da und dort noch darlegen werden,
kommt man von beiden Seiten zur ›Markgenossenschaft oder
dem Grenzgebiet der Alemannen‹. Es grenzt an den Breisgau und
an die Ortenau, weiterhin an die Diözese von Konstanz und an
die von Straßburg und liegt im Herrschaftsbereich des fürstenber-
gischen Geschlechts, nicht weit weg von Mühlebach, wo, wie wir
schon oben dargelegt haben, der römische Altar gefunden worden
ist. Wir gehen nun aber weiter von dem Fluß Oos weg, der, von
den Bergen des Schwarzwalds kommend, die Diözesen Straßburg
und Speyer von einander trennt, wie man es in dem Buch ›Alsatia
illustrata‹ von D. Schöpflin nachlesen kann[39], der an dieser Stelle
diesseits und jenseits des Rheins die Grenze des alemannischen

---

38 Cod. Probat. Geneal. Habsburg. T. I. p. 169. & 197.
39 T. I. p. 675.

Herrschaftsbereichs ansetzt. Davon hat er allerdings nicht alle überzeugt, wie es zum Beispiel sogar seine eigenen Kollegen von der Akademie der Wissenschaften in Heidelberg im Vorwort zum 2. Teil der ›Alsatia diplomatica‹ zum Ausdruck brachten. Genauso äußern sich auch andere, darunter Georg. Crollius[40] in seiner Antwort zu der Frage: *Ob und wie beschaffen die Herrschaft des Frankenreiches, insbesondere des rheinischen, gewesen sei.* Dabei zeigt er an Dokumenten aus Hirsau auf, daß sich das deutsche Frankenreich durch den Murggau weit über seine Grenze hinaus bis in den Schwarzwald hinein erstreckt habe. Niemand hat aber jemals das alemannische Gebiet bis zur Nachbarschaft von Breisgau und Ortenau, nämlich der Diözese Straßburg und Konstanz, ausgedehnt, wie es auf unserer Karte der Fall ist. Freilich werden in einer Urkunde Kaiser Friedrichs I. über die Grenzen der Diözese Konstanz nach Pistorius[41] die Grenzen dieses Episkopats *nach Norden hin zwischen den Episkopaten von Würzburg und Speyer bis zum Frankenreich hin* festgesetzt. Diese Abweichung ist auf das unterschiedliche Besitzverhältnis von Grafen und Herzögen über Alemannien und Franken zurückzuführen, und zwar in der Zeit nach den Marschällen, die – nach Aufweis des erwähnten Crollius – im ausgehenden 9. Jahrhundert das deutsche bzw. alemannische Frankenland beherrschten und denen dann Herzöge nachgefolgt seien. Erwähnt werden dann zu Beginn des 10. Jahrhunderts die mächtigen Grafen von Würzburg und Bamberg, die gegenseitig Kriege führten. So war es sehr leicht, daß sie ihr Gebiet weiter nach Osten hin ausdehnen konnten. Es steht sogar fest, daß das gesamte Land der Sueben zusammen mit anderen, weiter nach Osten hin gelegenen Provinzen zu diesem Zeitpunkt zum ostfränkischen Reich gehört hat. Was folgt daraus? Daß die Grafschaften und Herzogtümer einst unter der Oberherrschaft eines höchsten Fürsten zusammengefaßt waren.

Was nun unseren Schwarzwald anbetrifft, das Siedlungsgebiet des Ordens des heiligen Benedikt, muß man auch besonders auf ein zusammenhängendes Waldgebiet achten, das durch die Ortenau in Richtung Gengenbach geht. In dieses eingebettet ist das Kloster des Offo an der Schutter, das bis auf den heutigen Tag

40   Acta acad. histor. Palat. T. III. p. 355. & c.
41   Script. T. III.

durch seinen überaus fruchtbaren Boden und seine liebliche Lage die Menschen erfreut, nachdem durch die Benediktiner die Wälder und Waldgebiete gerodet worden waren. Wir sind der Meinung, daß man es dem Schwarzwald zurechnen muß. Über dieses und die ihm benachbarten uralten Klöster Gengenbach und Ettenheim zu sprechen, werden wir noch Gelegenheit haben; sie liegen im Westen des Schwarzwaldes. Ortenau und Breisgau begrenzen ihr Gebiet nach Westen hin und berühren es östlich.

So liegen die Ortenau und der Breisgau zwischen Rhein und Schwarzwald; im Süden aber, wo sich der Rhein bei der Stadt Basel gleichsam in einem rechten Winkel nach Norden wendet, verbindet sich das alte Raurakergebiet mit dem Schwarzwald und bildet die südliche Zone eben dieses Waldes in Richtung Alpgau, wie der Breisgau gleichzeitig das Westgebiet des Alpgaus wie auch des Prechtals darstellt. Ein Vorsprung des Schwarzwaldes, der bis zum Rhein hin reicht, trennt aber das Land der Rauraker und den Breisgau voneinander, nicht eben weit weg vom Baselland. In der Landessprache heißt er *Cranzacherhorn, Horn vom Schwarzwald.*

Dies betrifft die Landschaft, durch die in der Mitte hindurch-fließend der Rhein jene Gebirgsrücken voneinander trennt, die den Römern einstmals in unserer Gegend am meisten bekannt waren. Von diesen stößt der Jura, vom Zusammenfluß von Rhein und Aare nach Süden verlaufend, im Westen an die Vogesen. Nordöstlich vom Jura liegt aber der marzianische Wald, in dessen Mitte sich beim Donauursprung gegen den Breisgau hin, der wiederum an die Ortenau angrenzt, das Abnoba-Gebirge befindet. Der Schwarzwald erstreckt sich in diesem Gebiet bis zu dem Fluß Bleicha im Grenzbereich der Diözesen Konstanz und Straßburg.

Wenn wir aber diesen Schwarzwald lieber in bezug auf seine kirchliche Geographie betrachten wollen, so unterteilt ihn am besten eine Urkunde des Kaisers Friedrich I. aus dem Jahre 1155, die von dem Gebiet der Diözese Konstanz gemäß den von König Dagobert festgelegten Grenzlinien handelt[42]. Hier heißt es: *Nach Westen hin durch den Wald Schwarzwald im Gebiet Brisgow in der Mitte des Episkopats von Straßburg bis zu dem Fluß Bleichach hin. Von dort aus dem Verlauf eben dieses Flusses entlang bis zum*

---

42 Apud Pistor. T. III. p. 695

Rhein... und so zwischen dem Ufer des Rheins und dem eben erwähnten Schwarzwald entlang bis zu dem Fluß Aare, wo die Diözese Basel an den Südrand stößt, im Norden aber die Diözese Speyer mit dem noch weiter entfernten Würzburg, wie es in derselben Urkunde steht: *nach Norden hin bis zum Episkopat von Würzburg und Speyer, bis zum Grenzgebiet der Franken und Alemannen hin.* Was aber hier vom Schwarzwald erwähnt wird, erhellt das, was wir aus dem Kloster Ettenheim über das Grenzgebiet und die Gemarkung der Alemannen weiter oben angeführt haben. Uns scheint, daß diese Darstellung es wert ist, daß aus der Beschreibung der dort erwähnten Örtlichkeiten die gelehrten Siedler dieser Gegend sich die größtmögliche Mühe geben, sie noch ausführlicher zu schildern. Das gilt vor allem für die Benediktiner.

Der marzianische Wald als Zufluchtsort und Schutzwehr der Alemannen.

VIII. Aus dem bisher Gesagten wird ganz deutlich, daß der marzianische Wald von den Alemannen gleichsam ringsum eingeschlossen war, wobei Ostfranken nach Norden hin die Grenze bildete. Und so ist es kaum verwunderlich, daß die Alemannen, die möglicherweise von den Römern vertrieben worden waren, sich in diese Wälder zurückzogen, weil ja diese damals von den ursprünglichen Siedlern verlassen waren. Die Kastelle, von denen wir schon gesagt haben, daß sie an den Tälern des marzianischen Waldes errichtet worden waren, sind ein Zeichen dafür, daß die Alemannen von hier gleichsam wie aus Schlupfwinkeln einen Hinterhalt aufgebaut haben, von wo aus sie mitunter einen Ausfall gegen den römischen Feind unternahmen. Um sich gegen diese schützen zu können, erbauten die Römer, zum ersten Mal unter Drusus, dem gesamten Rheinufer entlang ebenfalls Kastelle[43]. Dem Valentianus aber werden die meisten Kastelle dieser Art zugeschrieben, die auf der anderen Seite des Rheins und am Rhein selbst errichtet worden sind; zu diesen ist *Robur* bei den Raurakern in der Nähe von Basel zu rechnen. Wenige Leugen von hier entfernt sind am Zugang zu dem Dorf *Mumpf* auf der rechten Seite noch heute die Überreste eines Kastells oder einer

---

43 Florus lib. IV. c. 12.

Befestigungsanlage erkennbar, die zum Bereich des Schwarzwaldes gehörte. Die Ruine liegt in der Nähe der Stadt Säckingen
und unserem Alpgau. Man liest auch noch von einer Reihe
weiterer Kastelle, die nach der Zerstörung des römischen Grenz-
walles wieder aufgebaut worden sind, nachdem Valentinian nach
dem Zeugnis des Ammianus Marcellus[44] die Alemannen bis nach
Solicinium gejagt hatte. Diese Stadt hält Cluverius[45] für *Sulz* am
Neckar in eben diesem marzianischen Wald; das aber ist um so
wahrscheinlicher, als Ammianus an der angegebenen Stelle
schreibt, die Germanen seien durch eine Niederlage zerstreut
worden und hätten sich dann aus ihren Schlupfwinkeln in den
Wäldern entfernt. Noch genauer bezeichnet diesen Ort Ausonius
in seiner Mosella im Vers 423: ... *nachdem die Feinde über den
Neckar und Lupodunum hinaus getrieben worden waren und über
den Donauursprung, der den Annalen Latiums unbekannt ist.*

Diese Worte vom ehemaligen *Lupodunum* bezeichnen nun damit
offensichtlich eine entgegengesezte Lage. Vor kurzer Zeit
bemühte sich Casimir Haeffelin in einer Spezialuntersuchung[46],
in der er gleichzeitig die ursprüngliche Lage von *Solicium* untersucht, den Namen *Lupodunum* für *Ladenburg* in Anspruch zu
nehmen, einer Stadt am Neckar in der Pfalz, nicht weit weg von
Heidelberg. Im übrigen hatten die Schluchten und die Einsamkeit
des Schwarzwaldes oder auch marzianischen Waldes ein vorzügliches Bollwerk der Alemannen gegen die Römer abgegeben, und
dies ist auch zugleich der Grund dafür, daß sie von diesen niemals
vollständig unterworfen und in die römische Provinz verschleppt
werden konnten.

Für das Christentum vom Osten her
fast unzugänglich.

IX. Aber es geht uns nicht nur darum, die wir doch bemüht sind,
das Christentum bei uns zu untersuchen. Das Christentum konnte
es in unserem Schwarzwald zur Römerzeit überhaupt nicht geben,
da er damals noch unbebaut, ja sogar unbewohnt war. Vom
übrigen Alemannien haben wir schon an anderer Stelle, nämlich

44 Lib. XXVII. c. 10. & lib. XXX.
45 Cluver. germ. ant. lib. III. c. 4.
46 Act. acad. Palat. T. III. hist. p. 185. seqq.

in der 1. Untersuchung zur ›vetus Liturgia Alemannica‹[47], aufgezeigt, daß seine Bewohner wie auch die Römer eine Entwicklung
des christlichen Glaubens verhinderten. Gewisse Fünkchen
davon hätten schon im der ersten Zeit des entstehenden Glaubens
aufblitzen können –, und wären es wegen ihrer schrecklichen
Barbarei und vor allem wegen ihres äußerst hartnäckigen Fest-
haltens an dem eingewurzelten Aberglauben auch nur sehr
wenige gewesen, bevor sich die Germanen im dritten Jahrhundert
zu größeren Völkern und zu einem eigenen Staat zusammenschlossen. Zu dieser Zeit vernahm man auch zum ersten Mal den
Begriff »alemannisch«.

Daß es im zweiten Jahrhundert in Germanien Gemeinden
gegeben hat, wenn es auch nur sehr wenige gewesen sein mögen,
macht das Zeugnis des heiligen Irenäus unzweifelhaft[48], der als
Bischof von Lyon Nachbar Germaniens war und von daher mit
den religiösen Verhältnissen in diesem Gebiet bestens vertraut
gewesen ist. Hier gründete er zu Beginn des dritten Jahrhunderts
in der Verfolgungszeit des Severus durch sein eigenes Martyrium
und das des fast gesamten christlichen Volkes eben diese
berühmte Gemeinde, die die *Sequaner und die Rauraker* dann als
ihre Mutter verehrten. Auch wenn man feststellen kann, daß bei
diesen und den späteren Verfolgungen, welchen vor allem die
Gemeinden in Gallien allüberall ausgesetzt waren, es einige
Christen gegeben hat, die sich in dem Teil des marzianischen
Waldes versteckten, der *das von den Helvetiern verlassene Land*
genannt wird und an das Gebiet der Rauraker angrenzt, woran die
mittelalterliche Tradition festhält, muß man sagen, daß sich das
Christentum in diesem Gebiet nur ganz wenig weiterentwickelt
hat: Es gab nämlich überhaupt nichts Beständiges, und wenn es
doch etwas gab, so wurde es von dem Volk, das damals den
Namen ›alemannisch‹ erhielt und dem heidnischen Aberglauben
ganz und gar ergeben war, vollständig zugrunde gerichtet und
ausgelöscht; von Gallien selbst schreibt ein alter Verfasser[49] der
Heiligengeschichte des Bischofs und Mönchs Saturninus, daß
durch den Tod des heiligen Irenäus zu Lyon die Religion einen
derartigen Niedergang erfahren habe, daß es in der Mitte des
dritten Jahrhunderts, als es nur noch ganz wenige Gemeinden mit

---

47   T. I. n. VI. p. 10. & seqq.
48   Lib. I. contra haeres. c. 10.
49   Ap. Ruinart. act. Mart.

sehr wenigen Christen gegeben habe, neuer Apostel bedurfte, um sie wieder zum Leben zu erwecken.

Bis zum Ende des 5. Jahrhunderts.

X. Es wuchs aber in den folgenden zwei Jahrhunderten diese grauenvolle Barbarei und verbreitete sich sogar weithin im Gebiet auf der anderen Seite des Rheins, bedingt durch die Wechsel und Zufälligkeiten des Schicksals, bis hin zum vierten Jahrhundert unter den christlichen Kaisern Constantius, Iulianus, Iovianus, Valentinianus und Gratianus, von denen die beiden letzteren durch ihre persönliche Anwesenheit den Einfällen der Alemannen an Rhein und Donau Einhalt geboten. Als aber die Kräfte des römischen Reiches dahinschwanden, verbündeten sich zu Beginn des fünften Jahrhunderts die Alemannen mit den Vandalen und einigen anderen barbarischen Völkern, die der heilige Hieronymus in einem Brief an Ageruchias erwähnt[50]. In diesem Brief beklagt er neben der Unterwerfung der einst vornehmen Stadt Mainz den Mord an vielen Tausenden von Menschen in der Diözese[a)] und berichtet, daß außer den Nemetern auch die Bevölkerung um Straßburg nach Germanien verschleppt worden, das heißt, in die Gewalt der Germanen bzw. Alemannen geraten sei. In der zweiten Hälfte desselben Jahrhunderts entstand sodann eine Fülle von Übeln durch den Hunneneinfall des Attila von Pannonien aus bis zur Donau und sogar bis zum Rhein hin, bei dessen Überquerung er das Gebiet um unser Waldgebirge völlig verwüstete: die Festung der Rauraker, die von Windisch und auch die von Straßburg, nachdem er aus unserem Wald das Holz für die Rheinüberquerung geschlagen hatte, wie Sidonius Apollinaris in einem Gedicht sagt[51]: *»... von der Axt schnell geschlagen fiel der Schwarzwald in die Flöße und bedeckte den Rhein mit dem Kahn.«*

[a)] Also wies damals die Diözese Mainz dennoch eine ansehnliche Bevölkerungszahl auf.

Und nachdem auf diese Weise die Gemeinden vernichtet worden waren, durch die die christliche Religion aufrechterhalten und in unser Gebiet weiterverbreitet werden konnte, sah es so aus, als seien in Richtung Donau die Kaiserstadt Augsburg und noch

50 T. IV. opp. ed. Maur. classe VI. col. 748.
51 Carm. VII. v. 325.

mehr in Richtung Rhein, Main und Neckar die Städte Windisch, Augst, Straßburg Speyer und vor allem Mainz zugrunde gegangen, das nach den Bestimmungen von Nizäa sowohl politische wie auch kirchliche Metropole hätte sein sollen. Wie diese Städte, sage ich, schien auch die ganze Hoffnung auf die heilbringende Lehre zerschlagen zu sein. Damals gab es noch nicht einmal die Zuflucht in irgendwelchen Schlupfwinkeln oder Hoffnung auf ein zeitweiliges Versteck, wo die Hunnen die Wälder und Lichtungen abgeholzt hatten; dennoch begann dadurch in der Folgezeit das Gebiet den Menschen zugänglich zu werden, zumindest ab der Zeit, als die Alemannen gegen Ende des fünften Jahrhunderts durch Chlodwig bei Zülpich eine Niederlage erlitten und ihre Gesinnung milde wurde. Auch gewöhnten sie sich mit der Zeit daran, die Lichtungen und Haine zu verlassen, in denen sie bis dahin gehaust hatten.

Zweites Buch

Entwicklung und Zustand der christlichen Religion und des Mönchtums im sechsten und siebten Jahrhundert im Schwarzwald, und die Bemühungen des heiligen Fridolin um beides.

Der heidnische Aberglaube bei unseren Vorfahren im 6. Jahrhundert, der aber allmählich abgelegt wurde.

I. Dieser Niedergang war in gleicher Weise besonders heilbringend für die siegreichen Franken, die nach der Konversion ihres Königs Chlodwig zum christlichen Glauben, die aus diesem Anlaß erfolgte, selbst diesen Glauben annahmen, wie auch für die besiegten Alemannen, die nach der Schlacht bei Zülpich in der Gegend der Ubier unter die fränkische Herrschaft gelangten und sich so der christlichen Religion immer mehr annäherten. Aufgrund ihrer altüberlieferten abergläubischen Vorstellungen nahmen sie jedoch die frohe Botschaft nur mit Schwierigkeiten auf. Sie verharrten noch lange hartnäckig in diesem Aberglauben und lehnten es ab, mit den Franken in Dingen der Religion übereinzustimmen. Als Zeugen hierfür haben wir den Scholastikus Agathias, der über die Alemannen, die zu dem Gotenkönig Theoderich übergelaufen waren und später von König Theodebert, der seinem Großvater im Jahre 534 im Amt folgte, in das Reich aufgenommen wurden, folgendes schreibt[1]: *Sie haben insgeheim auch ganz eigene Einrichtungen: nach außen hin lassen sie sich nach fränkischem Recht und gemäß deren Sitten regieren: im religiösen Bereich aber weichen sie davon ab. Sie verehren Bäume und Flüsse, Hügel und Täler: Diese Gottheiten besänftigen sie mit Pferden und anderen Tieren, deren abgeschnittene Köpfe sie als Opfer darbringen.* Dasselbe gilt auch für ihre Gewohnheit, ihr Leben in Wäldern und Lichtungen zu verbringen, ganz besonders aber in dem durch Alemannien weit hingezogenen marzianischen

---

1 L. I. de imperio Iustiniani Imp. T. III. script. hist. Byz. et apud Murat. script. Rer. Ital. T. I. p. 383

Wald. Danach aber ergab sich noch etwas anderes, nämlich daß
die germanischen Völker, die Alemannen und andere am herzynischen Wald Ansässige in einer ganz allmählichen Fortentwicklung die Städte wieder aufbauten, die durch Einfälle barbari-
scher Völker, wie oben erwähnt, zerstört worden waren, obwohl
sie nicht nur die Menschenmenge der Städte, sondern sogar das
Bewohnen von Häusern zutiefst verabscheuten, bis sie allmählich
durch den Umgang mit den Franken weicher wurden und sich
Vernünftigeres lehren ließen.

Und es wurden Diözesen eingerichtet.

II. Als erstes erstand zu Beginn des sechsten Jahrhunderts aus den
Ruinen des alten Argentoratum Straßburg, und dort wurde der
Bischofssitz errichtet. Man kennt ab dem Jahre 510 die Aufeinan-
derfolge der Bischöfe, die der Abt Grandidier in seiner gerade
eben in französischer Sprache herausgegebenen *Geschichte der
Diözese Straßburg* beschreibt[2]; dazu entnahm er eine große
Anzahl von Bischöfen aus einer Auflistung von Liedgut, die
Erchanbald gegen Ende des zehnten Jahrhunderts angefertigt
hatte; er konnte sogar für das gesamte sechste Jahrhundert die
Amtszeit eines jeden Bischofs feststellen und über dessen
Tätigkeit berichten; und auch zu Beginn des siebten Jahrhunderts
bis hin zum heiligen Amandus, dem zweiten dieses Namens, der
etwa um das Jahr 628 Vorsteher jener Diözese gewesen war.
Diesen bringen manche Autoren fälschlicherweise mit einem
anderen Namen und dem ersten Bischof von Argentoratum in
Verbindung[3], der im vierten Jahrhundert im Jahre 346 am Kölner
Konzil teilgenommen hatte, wo der Bischof *Amandus Argenti-
nensium* unter anderen Bischöfen namentlich genannt wird. Auch
in einem Schreiben des Konzils von Sardis an alle Bischöfe[4] liest
man unter den Bischöfen Galliens, die unterschrieben hatten, den
Namen ›Amantus‹[5], der ganz zweifellos derselbe Amandus
gewesen ist, auch wenn sein Sitz, wie auch der der anderen, nicht
ausdrücklich genannt wird. Über Iustus oder Iustinus und seine
Nachfolger siehe die *Gall. christ.* und die Zitate bei *Grandidier*.

2 T. I. p. 185
3 Grandidier l. c. p. 126
4 Conc. Labb. T. II. p. 615
5 Ibid. p. 679 ad a. 347

Diesen und die anderen Bischofssitze nennen wir hier deshalb, weil in der Folgezeit die Fürsorge für die christliche Religion im Schwarzwald unter ihnen aufgeteilt gewesen ist, worauf wir an der entsprechenden Stelle noch hinweisen werden, doch so, daß sein bedeutendster Teil der Diözese *Konstanz* zugesprochen wurde, wie der Bischofssitz ja auch schon im ausgehenden sechsten Jahrhundert von der zerstörten Stadt *Vindonissa* aus ins Burgund auf die andere Seite des Jura verlegt worden war: Die Inhaber dieses Bischofssitzes haben häufig auf den Konzilien des 6. Jahrhunderts unterschrieben, wie z.B. Bubulcus als *Bischof der Stadt Windisch* auf dem Konzil von Epaon im Jahre 517, Grammatius als *Bischof der Diözese Windisch* auf dem Konzil in der Auvergne vom Jahr 535, dem 4. Konzil von Orléans im Jahre 541 und dem 5. von Orléans im Jahr 549.

Ein *raurakischer* und ein *nemetensischer* oder *Speyrer* Bischof wird im gesamten 6. Jahrhundert nicht erwähnt. Bei Baronius begegnet[6] uns gegen das Jahr 615 Ragonacharius, ein Schüler des heiligen Eustasius, der in der Lebensbeschreibung eben dieses heiligen Eustasius, die von seinem Zeitgenossen Ionas Bobiensis verfaßt worden war, Bischof von *Augustana*, nämlich *Augusta Rauracorum* genannt wurde, wie es bei Mabillon[7] heißt, oder Bischof von *Augustana, der bei Basel gelegenen damaligen Bischofsstadt, und von Basel.*[8] Für die Angabe des Bischofssitzes wurde hier die spätere Stadt durch die frühere ersetzt, wie das auch bei *Windisch für Konstanz* der Fall war.

Die Autoren der ›Gallia christiana‹ vermerken[9], daß auf dem Bischofssitz von *Nemetum* oder *Speyer* – nach Cointius im Jahre 602, nach Demochar gegen 610 – Athanasius eingesetzt wurde, unter dem der Frankenkönig Dagobert außerhalb der Stadtmauern von *Nemetum* das großartige Kloster des heiligen German errichtet hat, wo früher ein Götzenbild des Merkur gestanden hatte. Cointius berichtet[10] zum Jahr 614 sogar, eben dieser *Nemeter* Athanasius habe an der Synode von *Konstanz* teilgenommen, wo die Nachbarbischöfe zusammengekommen waren, um für Gaudentius, den vor kurzem verstorbenen Bischof

---

6 Apud Mabill. Act. SS. O. S. B. sec. II. p. 118.
7 Annal. Bened. T. I. ad an. 594 p. 235
8 Ibid. ad an. 614 p. 306
9 Gallia christ. T. V. p. 716
10 Annal. eccl. Franc. T. II. p. 663

dieser Stadt, einen Nachfolger zu wählen. Dennoch widerspricht
Cointius ebenda denjenigen, die *behaupten, weil es keine Akten
und Namen der Bischöfe von Speyer mehr gebe, sei wohl der
Episkopat von Nemetum nach dem Tode des Iessa untergegangen.*
(Iessa soll[11] an der Synode von Agrippina zusammen mit
Iustinian, dem Bischof der Rauraker, im Jahre 346 teilgenommen
haben). Mag dies auch für dessen Nachfolger bis zu dem besagten
Athanasius hin zutreffen, so haben doch weder Cointius selbst
noch andere Autoren darüber etwas Genaues beibringen können;
dasselbe gilt auch für den Episkopat der Rauraker.

Auch Mönche wurden nach einem Brauch der alten Kirche von Anfang an an der Seelsorge beteiligt.

III. Auf dem weiter oben schon genannten 4. Konzil von Orléans,
an dem Grammatius, der Bischof von Windisch, teilnahm, findet
sich das erste Beispiel, daß anstelle eines Bischofs ein Abt die
Unterschrift geleistet hat. Bei dem 5. Konzil von Orléans im Jahre
549 kann man nachlesen, daß an der Stelle von Bischöfen zwei
Äbte gemeinschaftlich unterschrieben haben. Auf dem Konzil
von Autisiodor im Jahre 578 unterschreiben nach dem Bischof in
direktem Anschluß sieben Äbte vor den Priestern, wie auch
zweifellos auf dem Konzil von Turo festgesetzt wird[12], daß, wenn
Bischöfe am Konzil nicht teilnehmen könnten, sie Äbte oder
Priester in ihrem Namen entsenden sollten. Dies macht offenkundig, daß schon damals, nämlich im 6. Jahrhundert, die
Einrichtung des Mönchtums teilweise mit der Hierarchie der
Kirche verbunden und die Mönche zum Teil zur Seelsorge
zugelassen waren, wie es ja auch schon seit langer Zeit so geregelt
war[13]. Der Papst Siricius wünschte und verlangte schon im
4. Jahrhundert in einem Schreiben (ep. I., n. 13), *daß auch
Mönche, die allerdings die Ernsthaftigkeit ihrer Sitten sowie eine
heiligmäßige Einrichtung ihres Lebens und Glaubens empfiehlt, sich
den Pflichten der Kleriker anschließen* sollen. Innozenz I. erteilte
den Mönchen den dringenden Rat[14], *daß sie, wenn sie nach langem*

11 Conc. Labb. T. II. p. 615
12 Conc. Labb. T. V. p. 962
13 Conc. Labb. T. II. pag. 1021
14 Epist. 2. n. 10 l. c. p. 1252

Aufenthalt in den Klöstern später in den Klerikerstand eingetreten seien, nicht von ihrem früheren Gelübde abkommen dürften.

Wir haben treffliche Beispiele dafür, daß auch widerspenstige, ja sogar unwissende Mönche die heiligen Weihen empfangen haben. Und auch der heilige Pachomius glaubte, dies keinem seiner Mönche verweigern zu dürfen, auch dann nicht, wenn dieser das Amt eines Kleriker anstrebte. So jedenfalls lesen wir bei Rosweid in der Lebensgeschichte des Heiligen. Nach dem Zeugnis des Cassianus[15] wollte der heilige Paphnutius, der selbst Priester war, daß sein Diakon Daniel, den er für sich als Nachfolger ausersehen hatte, Priester werde. Derselbe Cassian – selbst Mönch, Abt und Priester – erzählt[16], daß mehrere Mönche aus der skythischen Wüste Priester gewesen seien. Dazu gehören auch die Beispiele von Anachoreten und Mönchen des heiligen Antonius und anderer unzähliger, die, wenn es die Lage der Religion und des Glaubens erforderte, es nicht ablehnten, aus der Wüste in das Gewühle der Menschen oder Städte hinauszugehen. Besonders lesenswert ist bei Rosweid[17] eine Erzählung aus der ›historia religiosa‹ des Theodoret[18] und eine Rede des heiligen Akazius, mit der er den heiligen Iulian überredete, durch seine Anwesenheit in Antiochien ein Zeugnis des katholischen Glaubens gegen die Arianer abzulegen, nachdem er zeitweilig die Wüste verlassen habe. Daß dieser Weg der vorzüglichere sei, belegte er mit der Frage Christi an Petrus[19]: *Simon, Sohn des Johannes, liebst du mich mehr als diese?* Ein weiteres, ganz ähnliches Beispiel berichtet derselbe Theodoret[20] vom heiligen Eusebius, der sich durch dieselben Worte Christi und durch weitere Vernunftsgründe überzeugen ließ, seine Zelle aufgab und die Sorge für seine Herde auf sich nahm.

Dazu schrieb der heilige Athanasius einen bedeutsamen Brief[21] an den Mönch Dracontius, der die Lasten des Bischofsamtes ablehnte, um ihn mit ernsthaftesten Worten und Beispielen von hochverehrten Heiligen zur Annahme des Amtes zu bewegen und zu veranlassen. Nachdem er ihm die Schuld der Flucht vorge-

15 Collat. VI. c. 1.
16 Collat. X. c. 2
17 Vita Patr. lib. IX c. 2
18 Theodoret. Opp. T. III. p. 781
19 Ioan. 11,15
20 Theod. l. c. p. 795 seq.
21 T. I. Opp. p. 263 seqq.

worfen hatte, durch die dieser für viele zum Ärgernis geworden sei, sagt er: *Und dies nicht deshalb, weil du eben so handelst, sondern weil du so handelst, obwohl du die schwierige Zeit und die der Kirche drohenden Verhängnisse vorhersiehst. Und ich fürchte, daß, indem du um deinetwillen fliehst, du um der anderen willen beim Herrn in Gefahr gerätst.* Nachdem er dies in einer langen Ermahnung dargelegt hat, kommt er dann mit folgenden Worten zu den Beispielen: *Schließlich bist du nicht als einziger aus dem Mönchsstand in das Amt berufen worden; auch warst nicht nur du Vorsteher eines Klosters oder wurdest als einziger Mönch auserwählt; du weißt, daß Serapio Mönch war und so vielen Mönchen vorstand. Und es ist dir nicht unbekannt, wie vieler Mönche Vater Apollos gewesen ist. Du kennst Agathon und Ariston und erinnerst dich an Ammonius, der mit Serapion ins Ausland gegangen ist. Vielleicht erreichte dich auch die Kunde von Muitus, der sich in der oberen Thebais aufhielt, und konntest in Erfahrung bringen, was Paulus getan hat, der in Latium lebte; und gleichermaßen all die vielen, die sich nicht widersetzten, wenn sie ins Bischofsamt eingesetzt waren. Vom Beispiel des Elisäus geleitet und in genauer Kenntnis dessen, was Elias getan hatte und im Bewußtsein der Taten der Apostel, nahmen sie dieses Amt auf sich und wiesen den Dienst nicht zurück, auch wenn sie sich dadurch sich selbst unterwerfen mußten.*

Häufig hielt sich der heilige Athanasius in einer Mönchsgemeinschaft auf, vor allem der des heiligen Antonius. Und wenn es ihm erlaubt gewesen wäre, hätte er selbst – den dem Dracontius erteilten Ratschlägen entsprechend – ihre Lebensweise angenommen. Dies taten die hochheiligen Vorbilder Basilius, Amphilochius, Gregor von Nanzianz, Chrysostomus, der Priester Hieronymus und andere im Orient. Im westlichen Teil aber verband als erster der heilige Eusebius aus Vercellae, aus seinem östlichen Exil zurückkehrend, wo er diese Sitte kennengelernt hatte, das monastische mit dem klerikalen Leben, nachdem er in seiner Heimatstadt in das Bischofsamt eingesetzt worden war: In Vercellae berief er Mönche, die den Klerus seiner Kirche bilden sollten; und auf diese Weise berief er in seine Diözese *ebenso Mönche wie auch Kleriker* (was der heilige Ambrosius über denselben bezeugt[22]) und hebt diese Einrichtung besonders

---

22 Epist. ad eccl. Vercell. et serm. in natali S. Euseb.

lobend hervor. Ambrosius selbst folgte dessen Beispiel und hatte in einer Vorstadt von Mailand ein Kloster unter seiner Disziplin. In Mailand hatte schon früher der heilige Martin ein Kloster errichtet, von wo er aber auf Betreiben der Arianer vertrieben wurde und dann bei den Pictonen in Gallien ein zweites erbaute und sich dem Klerus des heiligen Hilarius anschloß: Als er dann später Erzbischof von Tours geworden war, gründete er in einiger Entfernung von der Stadt ein weiteres, größeres Kloster aus Stein, das heute noch steht.

Diesen Beispielen und dieser Einrichtung folgend hielt der heilige Augustinus[23] daran beständig fest, sowohl in der Zeit, bevor er sich dem Klerus anschloß, wie auch später, als er Priester und Bischof wurde, und er verteidigte den Ordensstand entschlossen gegen die sarkastischen Bemerkungen des Petilian, dem donatistischen Bischof von Cirta[24]. *Mit üblem Maul,* sagt Augustinus, *gelangte er zum Tadel an Klöstern und Mönchen und griff sogar mich an, weil ich diese Lebensform begründet habe.* Es ist der Mühe wert, diese ganze Angelegenheit aus seinem eigenen Munde zu vernehmen. Folgendermaßen erklärt er sich über das Leben und die Sitten seiner Geistlichen[25]: »Ich, den ihr durch die Güte Gottes als euren Bischof seht, kam als junger Mann in diese Bischofsstadt, wie viele von euch wissen. Ich suchte danach, wo ich ein Kloster gründen und mit meinen Brüdern leben könnte. Ich hatte nämlich die gesamte Hoffnung auf die Welt aufgegeben, und, was ich hätte sein können, wollte ich nicht sein; dennoch habe ich nicht danach getrachtet, das zu sein, was ich jetzt bin. *Ich habe es vorgezogen, im Hause meines Gottes in Abgeschiedenheit zu leben, als in den Behausungen der Sünder zu wohnen*[26]. Von denen, die die Welt lieben, habe ich mich abgesondert: Denen, die die Völker beherrschen, habe ich mich nicht gleichgestellt. Im Zusammenleben mit meinem Herrn habe ich mir keinen höheren Platz ausgesucht, sondern den niedrigeren und abgelegenen: Und es gefiel ihm, mir zu befehlen: rücke weiter hinauf. Bis dahin fürchtete ich mich vor dem Bischofsamt so sehr, daß, als ich irgendwann einmal bei den Dienern Gottes in einem guten Ruf zu stehen begann, ich auf keinen Fall den verwaisten Bischofssitz

23 Liber III.
24 contra eumdem c. 40. T. IX. opp. n. 48.
25 Serm. I. T. V. Opp. p. 1380 ed. Paris.
26 Ps. 83,11

einnehmen wollte. Ich hütete mich davor und tat, was ich konnte,
um auf einer niedrigen Stufe geheiligt zu werden, um nicht auf
einer hohen in das Verderben zu geraten. Doch darf der Diener,
wie ich schon sagte, seinem Herrn nicht widersprechen. Ich kam
in diese Bischofsstadt, um einen Freund zu besuchen, von dem ich
glaubte, ich könne ihn für Gott gewinnen, nämlich daß er
zusammen mit uns im Kloster lebe; ich kam ganz sorglos, weil ja
diese Gegend bereits einen Bischof hatte. Ich wurde ergriffen und
zum Priester geweiht, und durch diese Stellung kam ich ins
Bischofsamt. Dazu habe ich gar nichts beigetragen, und ich kam
nur mit den Kleidern in diese Gemeinde, die ich damals gerade
anhatte. Und weil ich vorhatte, mit den Brüdern im Kloster zu
leben – in voller Kenntnis dieser Einrichtung und nach eigenem
Willen – schenkte mir der greise Valerius seligen Angedenkens
diesen Garten, in dem heute das Kloster steht. Ich begann guten
Mutes, Brüder zu sammeln, die mir gleichgestellt waren und
nichts besaßen, wie auch ich nichts besaß, und die es mir gleich-
taten: so, wie ich meinen Plunder verkaufte und den Erlös an die
Armen verschenkte, machten es auch die anderen, die mit mir
zusammen sein wollten, damit wir aus der Gemeinsamkeit heraus
leben könnten, uns aber auch der große und überreiche Lohn
gemeinsam zuteil werde, nämlich Gott selbst; ich habe gesehen,
daß es notwendig ist, daß ein Bischof für alle menschliches
Verständnis aufbringen muß, mögen sie kommen oder weiter-
gehen; täte dies ein Bischof nicht, würde er unmenschlich
genannt werden. Wenn aber im Kloster diese Gewohnheit erlaubt
wäre, wäre dies unpassend. Und deshalb wollte ich in diesem
Haus des Bischofs eine Klostergemeinschaft von Klerikern bei
mir haben«. Unter den Werken eben dieses heiligen Augustinus
folgt bald darauf eine zweite Predigt[27] mit der gleichen Argumen-
tation, nämlich *über das Leben und die Sitten seiner Kleriker,* die
von dem Abt Petrus auf dem Konzil von Karthago im Jahre 525
als beispielhaft bezeichnet wurde[28]. Wie die Marianerpatres
bemerken, wird von hier aus, versehen mit der vollen Autorität
eben dieser Synode, dieselbe Stelle in der Privilegsurkunde des
Pariser Bischofs Landerus an die Mönche des Dionysius erwähnt
sowie in einer anderen des Bertefried von Ambs an die Mönche

27 l. c. p. 1384
28 T. IV. Conc. Labb. pag. 1647.

von Corbie: Dort erscheinen allerdings eben diese beiden Predigten unter dem Titel der Bücher *de gradibus ecclesiasticis.*

Wenn wir nun das alles sehr ausführlich dargestellt haben, sollte trotzdem niemand glauben, wir kämen von dem von uns vorgenommenen Weg ab: Wir wollen nämlich darlegen, daß der Schwarzwald eine Siedlung der Mönche des Ordens des heiligen Benedikt ist. Das gilt vor allem aber in dem Bereich, der sich auf die Pflicht bezieht, die christliche Religion und den Glauben hier einzupflanzen und zu bewahren. Keineswegs nämlich war das Bemühen um diese Dinge ihrem Orden wesensfremd; daran hielten schon zu den frühesten Zeiten des monastischen Lebens hochheilige Männer fest, daß nämlich die Mönche nicht nur für sich allein leben sollten, sondern auch dem öffentlichen Wohl der Kirche innerhalb der kirchlichen Hierarchie zu dienen hätten: Wenn sie das nicht getan, sondern sich in Schlupfwinkeln und in der Abgeschiedenheit versteckt hätten – welch schreckliches Aussehen hätten viele Gebiete gleichermaßen in bezug auf die Pflege des Ackerbodens wie auch der Religion bis heute noch geboten und würden es, vor allem bei uns in Deutschland, noch bieten. Die Mönche tun dies aber auch zugleich, um dabei die Spottlust derer festzustellen, die ganz besonders zu dieser Zeit nichts anderes treiben, als diese Einrichtung des religiösen Lebens oder auch der Öffentlichkeit, bald, wenn zwar nicht gerade als gefährlich, doch zumindest als unnütz anzusehen, bald aber im Gegensatz dazu als eine Einrichtung, die auf eine kirchliche Ehrenstellung aus sei, die ihr gar nicht zukomme; und sie wünschen, daß das Mönchtum von der Seelsorge ausgeschlossen und auf die Abgeschiedenheit beschränkt werden solle. Doch daß die Mönche entweder nur für sich selbst leben oder aber nur anderen Menschen dienen sollen, kann für keine der beiden Teile befriedigend sein.

Befürworter des monastischen Lebens werden aber diejenigen nicht besser überzeugen können, die als Gegner entweder die Ruhe oder aber die Arbeit der Mönche nicht dulden wollen, als es die Ermahnungen des heiligen Augustinus vermögen, die er in einem Brief[29] an den Abt Exodius den Mönchen erteilt hat, die auf der Insel Capri in klösterlicher Abgeschiedenheit lebten. In der Einleitung freut er sich mit ihnen über ihre Ruhe und sagt dann:

---

29 Opp. T. II. p. 113 epist. 48 n. 81

Wenn wir eure Ruhe bedenken, die ihr in Christus habt, ruhen auch wir uns in eurer Liebe aus, wie sehr wir uns auch mit verschiedenartigen und harten Arbeiten beschäftigen. Später ermuntert er sie zur Arbeit, damit sie die Ruhe, die ihnen zur Frömmigkeit zugestanden werde, nicht zur Trägheit verkommen ließen. So wie seine eigene Arbeit für die Kirche nützlich sein könne, sollten auch sie sie nicht ablehnen. Darum bat er sie inständig mit folgenden Worten: »Euch aber, Brüder, ermahnen wir im Herrn, daß ihr euer Gelübde bewahrt und bis ans Ende daran festhaltet; und wenn die Mutter Kirche von euch irgendeine Arbeit verlangt, nehmt sie weder mit hochmütigem Stolz auf euch, noch weist sie mit trügerischer Nachlässigkeit ab, sondern gehorcht milden Herzens Gott; tragt ihn in Sanftmut bei euch, der euch regiert, der euch beim letzten Gericht milde beurteilen wird und die Milden seine Wege lehrt. Stellt eure Muße nicht den Bedrängnissen der Kirche voran. Wenn es sonst keine Guten gibt, die dienen wollen, tritt sie an euch heran. Ihr wäret für sie geschaffen, doch ihr verweigert euch. So, wie man den Weg in der Mitte zwischen Feuer und Wasser einhalten muß, damit der Mensch weder verbrennt noch ertrinkt, müssen wir unseren Lebensweg zwischen dem Gipfel des Stolzes und dem Abgrund der Trägheit einrichten, wie es geschrieben steht: *Sie wichen weder nach rechts noch nach links ab*[30]. Es gibt nämlich solche, die aus lauter Furcht, nach rechts gerissen und erhöht zu werden, nach links abgleiten und versinken. Und es gibt wiederum andere, die sich allzu weit von der linken Seite fernhalten, um nicht von der betörenden Süße des Müßigganges verschlungen zu werden, dann aber von der anderen Seite ergriffen werden und, vom Hochmut verdorben und aufgesogen, zu Asche und Rauch vergehen. Liebt also, geliebte Brüder, die Muße in der Weise, daß ihr jede irdische Vergnügung im Zaume haltet. Denkt daran, daß es keinen Ort gibt, wo der nicht Fallstricke auslegen könnte, der Furcht davor hat, daß wir uns zu Gott hinwenden; und wir wollen den Feind alles Guten, dessen Gefangene wir gewesen sind, besiegen und bedenken, daß es für uns keine vollkommene Ruhe gibt, bis die Ungerechtigkeit beseitigt ist und die Gerechtigkeit sich zum Recht verwandelt.«

30 Deut. 17,11

... vor allem des Ordens und des Instituts des heiligen Benedikt.

IV. Und so waren die Einwohner auch der ödesten Einsiedeleien immer von dem Gedanken beseelt, wenn es schwierige Umstände erforderten, unverzüglich voranzuschreiten und für den Nutzen der Kirche und das Wohl des Nächsten zu sorgen. Dies zu tun war in den Mönchsgemeinschaften auch in der tiefsten Einsamkeit und in der Abgeschiedenheit von allen Menschen erlaubt, als es vom 4. Jahrhundert an im Osten eine riesige Anzahl von Mönchen gab, später dann, vor allem ab dem 6. Jahrhundert, auch im Westen, nachdem sich das Mönchtum durch den heiligen Benedikt und seine Schüler verbreitet hatte. Daher brauchte es bei einer so reichen Aussaat und einer so großen Ernte Arbeiter im Weinberg des Herrn, und die Vorsteher von so vielen Tausenden von Mönchen hatten ein weites und ungeheures Betätigungsfeld, ihre Schafe zu weiden, und die Anstrengung, die ihnen Anvertrauten auf den Weg des Heils zu führen. Für die Einsetzung des Abtes legte daher der heilige Benedikt fest[31], daß man diesen gemäß dem Verdienst seines Lebens und seiner Gelehrsamkeit auswählen müsse. Und wenig später sagt er: *Dieser muß also im göttlichen Gesetz gut ausgebildet sein, damit er die Kenntnis hat und dazu in der Lage ist, hieraus Neues und Altes hervorzuholen.*

In eben dieser Regel finden sich zwei fast miteinander zusammenhängende Kapitel, nämlich das 60. *Über die Priester, die im Kloster leben wollen* und das 62. *Über die Priester des Klosters.* Zu Beginn dieses Kapitels heißt es: *Wenn ein Abt vorhat, für sich einen Priester oder einen Diakon weihen zu lassen, möge er aus seinen eigenen Reihen einen auswählen, der würdig ist, das Priesteramt auszuüben.* Das Kloster selbst war also die Schule der Wissenschaft und der heiligen Ausbildung, in der die Mönche zu den kirchlichen Amtspflichten hinerzogen wurden, so daß der Abt unter denen eine Auswahl treffen konnte, die nach seiner Meinung würdig waren, das Priesteramt auszuüben; die Mönche mußten also selbst die Unterscheidung treffen, wer von ihnen durch Würdigkeit des Lebens und wissenschaftlicher Gelehrsamkeit herausragte, um ihn zum Abt zu bestimmen, der, wie es die Ordensregel im 2. Kapitel vorschreibt, *seinen Schülern in*

---

31 Reg. cap. 64.

doppelter Hinsicht vorstehen muß, nämlich durch das Wort und durch das Beispiel seines Lebens. Ob aber der heilige Benedikt selbst mit dem Priesteramt ausgezeichnet gewesen ist oder nur mit dem Diakonat, was die Grabinschrift für seinen Schüler, den heiligen Maurus, bezeugt, untersucht Mabillon in den ›Annales Benedictini‹. Daß er mit Tatkraft das Amt ausgeübt hat, das Evangelium zu verkündigen, legt der heilige Gregor der Große in dessen Lebensbeschreibung nicht nur an einer Stelle dar: Denn als er zum Cassinum kam, wo bis dahin noch ein verödetes Heiligtum des Apollo stand, über das bereits schon das Gebüsch gewachsen war, *zerbrach er das Götzenbild, stürzte den Altar um, brannte den heiligen Hain ab und errichtete an der Stelle des Apollotempels eine Kirche zu Ehren des seligen Martin, und da, wo der Altar eben dieses Apoll gestanden hatte, baute er eine Kapelle zu Ehren des heiligen Johannes und rief in einer langen Predigt die umstehende Menschenmenge zum Glauben auf[32].* Später[33] erwähnt derselbe heilige Doctor, daß es nicht weit weg vom Kloster ein Dorf gegeben habe, *in dem eine große Menschenmenge sich aufgrund der Predigt des heiligen Benedikt von der Götzenverehrung zum Glauben an Gott bekehrt habe.*

Mit dem Glauben selbst verbreiteten sie sich, vor allem bei uns, im ganzen Westen.

V. Wenn man diese Darstellung weiterverfolgt, wird offenkundig, daß dieser brennende Eifer, den christlichen Glauben oder doch zumindest ein wesentliches Stück dieses Erbes zu mehren, von dem hochwürdigsten Vater auf seine Schüler übergegangen ist, die sich in kurzer Zeit gleichsam über die ganze Welt verstreut haben. Es gibt für unsere Gegner keinen Grund, hier das Beispiel einer Erstgründung von Einsiedeleien und Mönchsgemeinschaften im Orient, Ägypten, der Thebais und Syrien entgegenzuhalten, da ja, wie wir gesehen haben, im Westen der Mönchsstand von der Wiege an von den hochheiligen Vätern mit dem Klerikerstand verbunden worden ist, wie zum Beispiel auch der Benediktinerorden mit dem Apostolat im Frankenreich und unserem Germanien betraut war, wo die Mönche bei ihrem Eintritt ins Kloster schon Kleriker der Kirche waren, nachdem sie vom

32 Lib. II. dial. c. 8.
33 opp. T. II. p. 229. ep. 19.

Heiligen Stuhl den Missionsauftrag und die heilige Weihe empfangen hatten. Diesen Auftrag übergaben sie sodann ausgewählten Männern aus dem Volk, das sich durch ihre Tätigkeit zum Glauben bekehrt hatte. Es waren dies zum Teil Mönche, die sozusagen im Klerikerstande geboren sind, zum Teil auch andere, von denen die gesamte Nachfolge der Seelsorger aus dem geistlichen und hierarchischen Stande in der Kirche erhalten geblieben ist. Nicht ganz zu Unrecht beneiden heutzutage die späten Nachzöglinge diese ihre Vorväter, denen sie doch alles verdanken, was sie an kirchlichem Dienst übertragen bekommen. Denn diese waren in verschiedenen Gebieten die ersten Gründer von Gemeinden und Verkünder des christlichen Glaubens, den sie zum Teil sogar mit ihrem Blut als Märtyrer bekannt haben.

Diesen strahlenden Lorbeerkranz des Martyriums weist als erste die Niederlassung der Benediktiner auf, die der heilige Benedikt persönlich dem heiligen Placidus anvertraute, damit er sie nach Sizilien hinunterführe. In seinen ›Annales Benedictini‹[34] nennt Mabillonius dafür das Jahr 534. In diesem Werk untersucht[35] er auch die Weiterverbreitung der Ordensregel in Spanien, wobei er versichert, daß darüber nichts Genaues feststeht. Allerdings rechnet er diese Regel den Dialogbüchern Gregors des Großen zu, in welchen Gregor die Regel des heiligen Benedikt mit großem Nachdruck empfahl und sie gleichsam für die gesamte lateinischen Kirche anerkannte. Und das scheint der Wahrheit nahezukommen, da Gregor diese Bücher noch zu Lebzeiten des mit ihm eng befreundeten Spaniers Leander geschrieben hatte, für den er sie ganz zweifellos ins Spanische übersetzte, wie er schon früher auf dessen Bitte hin die ›libri Moralium in Iob‹ verfaßt hatte: vor allem aber deshalb, weil Leander selbst, wie die spanischen Autoren in voller Übereinstimmung bezeugen, sich zur benediktinischen Ordensregel bekannt hat.

Bekannter ist jene Aussendung nach Gallien durch die Ankunft des heiligen Maurus, der ein hervorragender Schüler des heiligen Benedikt war und von diesem dahin entsandt wurde. Um ihn gibt es überhaupt keine Meinungsverschiedenheit, lediglich wird von einigen Autoren ein späteres Jahr als 543 angesetzt, während andere den Zeitpunkt seiner Ankunft überhaupt nicht erwähnen.

34 T. I. p. 65
35 p. 74.

Gegen diese fügte Mabillon[36], nach dessen Aussage Maurus im Jahr 543 ins Frankenreich gekommen war, im ersten Anhang zu demselben Band[37] eine von Theod. Ruinart ausgearbeitete Apologie dieser Missionsreise ein; dieser schloß er eine Untersuchung über *Die Ordensgründung des Gregor des Großen* gegen Baronius an[38]; darin legt er gleichzeitig dar[39], daß die Regel des heiligen Benedikt durch den heiligen Augustinus und seine Ordensbrüder nach England gebracht wurde, die von eben diesem Gregor dem Großen ungefähr gegen Ende des 6. Jahrhunderts dorthin ausgesandt worden waren.

Gregor wollte gemäß dem eben zitierten Kapitel aus der Regel des heiligen Benedikt *Über die Priester, die im Kloster zu leben beabsichtigen,* daß sich die Bischöfe in dieser Sache nicht nur wohlwollend verhielten, sondern ermahnte sie sogar, persönlich zu diesem so heilbringenden Gelübde anzuspornen. An Desiderius von Vienne schreibt er[40]: *Wir ermahnen euch, daß nach dessen vollzogener Weihe* (nämlich seines Diakons, der Mönch geworden war) *wie auch bei seinem Bemühen, an dem heiligen Gelübde festzuhalten, ihm eure Brüderlichkeit in keiner Weise hinderlich sei. Folgt vielmehr zu eurem Nutzen den Mahnungen, die euch durch geistlichen Zuspruch zuteil wird.* In bezug auf das andere Kapitel derselben Regel *Über die Priester des Klosters: Wenn ein Abt wünscht, daß ihm ein Priester oder ein Diakon geweiht wird,* schreibt derselbe Papst an Victor Panormitanus zurück[41], daß er ohne Zögern aus der Zahl der Mönche einen zum Priester weihen solle, wenn dies der Abt aus Rom verlange. Während er jedoch an einer anderen Stelle[42] will, daß man sich davor hüten müsse, gegen den Willen des Abtes Klöster in den Weltdienst zu stellen oder Mönche zum Zweck der Weihe oder zur Aufnahme von Pflichten des Klerus den Klöstern wegzunehmen, fügt er gleich darauf hinzu: *Doch wenn sie* (die Mönche im Kloster) *in übergroßer Zahl vorhanden sind und sie ausreichen, das Lob Gottes zu feiern oder die Bedürfnisse der Klöster zu erfüllen, soll er mit Ehrerbietung über die Überzähligen verfügen, die er vor*

---

36 T. I. lib. V. p. 112
37 p. 629
38 p. 655
39 p. 661
40 Opp. T. II. lib. XII. epist. 35.
41 l. c. lib. VI. ep. 42 pag. 824
42 lib. VIII. ep. 15. l. c. p. 906

Gott als würdig hat erkennen können. Wenn er aber niemanden zur Verfügung stellen will, obwohl er genügend hat, dann soll der Bischof die Überzähligen zur Weihe wegnehmen. Dies alles ist aber von Priestern zu verstehen, die für ihre eigenen Klöster geweiht werden. Daß von jenen jedoch Mönche auch für weltliche Gemeinden und Pfarreien zu Hilfe genommen werden können, geht aus dem hervor, was der heilige Doctor weiter unten anfügt: *Zum kirchlichen Dienst jedoch* (nämlich außerhalb des Klosters) *soll niemand von dort weggeführt werden, es sei denn, er wäre vom Ortsabt ermahnt worden und habe diesen Dienst aus eigenem und freien Willen auf sich genommen.* Und genauso erklärt diesen Text auch die Glosse 58 zu den Dekreten des Gratian Kap. 1.

Und nicht nur zu den niedrigeren, sondern auch zu den höheren und sogar bischöflichen Ämtern wurden bald darauf Ordensleute berufen, als sich der Orden des heiligen Benedikt in verschiedene Länder zu verbreiten begann. Mit Bischofsämtern betraute so z.B. derselbe Gregor Mönche, die er aus seinem Kloster des heiligen Andreas in Rom abgezogen hatte; von diesen erwähnt der Diakon Johannes den Maximinianus in dessen Lebensbeschreibung[43], den Abt desselben Klosters, der später Bischof von Syrakus wurde; den Marianus, der dann Bischof der Kirche von Ravenna gewesen ist; und den Sabinus, den Bischof von Gallipoli; *doch er verfügte auch, daß von den fränkischen Bischöfen Augustinus bei den Anglen ordiniert werde, durch den dann in demselben Volk zu verschiedenen Zeiten Mönche ins Bischofsamt aufgestiegen sind, als Gregor Papst war: Mellitus, Iustus, Laurentius und Paulinus.* Dafür, daß Mönche schon fast von Anfang an sogar bis ins höchste Papstamt erhoben worden sind, ist der heilige Gregor selbst ein leuchtendes Beispiel. Es ist merkwürdig, wie sehr die Jüngeren heutzutage sich bemühen, die Anhänger eines monastischen Lebens sogar von den niedrigeren Diensten fernzuhalten, wo doch die Alten der Meinung waren, daß gerade sie der höchsten priesterlichen Ämter würdig seien.

---

43 lib. II. c. 11

Der heilige Fridolin, der erste unter den Aposteln der Rauraker.

VI. Oft erinnerte der heilige Gregor an die erwähnte Aussendung nach England und war über deren glücklichen und heilbringenden Verlauf hoch erfreut; in seinen Briefen setzte er davon auch die Hierarchen der Ostkirche in Kenntnis; diese Briefe geben ein leuchtendes Zeugnis dafür, welche Mühe und geistliche Sorgfalt er für die gesamte Kirche auf dem Erdkreis aufwandte. Dennoch liest man in dem über so viele Bücher und Bände seiner Briefe ausgebreiteten Verzeichnis überhaupt nichts, was einen Bezug auf die Umgebung des Schwarzwaldes und seine Gemeinden hätte, auf welche doch von da an die Seelsorge und die heilige Rechtsprechung ausgedehnt worden ist. Als erster Apostel der Rauraker, der mit Gewißheit feststeht, wird der heilige Fridolin genannt. Wie man gemeinhin glaubt, ist er im 6. Jahrhundert unter dem Frankenkönig Chlodwig besonders in Erscheinung getreten, der gegen Ende des 5. Jahrhunderts den christlichen Glauben angenommen hatte und im Jahre 514 gestorben ist. Von Geschichtsschreibern wird er mit verschiedenen Namen bezeichnet: Fridolinus, Fridelinus, Tridolinus, Tredelinus oder Tudelinus, wie Cointius bemerkt, oder eben auch Fridolinus – so jedenfalls bei Mabillon[44]. Auch wenn man über die genaue Namensbezeichnung nicht allzu sehr streiten sollte, war er jedenfalls dem Namen nach ein Germane oder ein Schotte oder, wie man damals allgemein sagte, ein Hiberner.

Die Mühen dieses heiligen Mannes bei der Glaubensverkündigung, die er sowohl in Gallien wie auch ganz besonders in Germanien und in der Nähe des *Schwarzwalds* auf sich nahm, beschreibt unter anderen auch Baltherus in dessen Lebensbeschreibung, welche die Bollandianer[45] einem Manuskript aus *St. Gallen* entnehmen. Balther war ein *Säckinger Mönch* gewesen, wie es in dem erwähnten Manuskript auf der Titelseite vorbemerkt wird, der das Leben des heiligen Fridolin zu zwei Bänden zusammenfaßte und diese dem Mönch Notker aus St. Gallen, seinem früheren Lehrmeister, widmete: daß dieser Baltherus – gegen die Bollandianer – später gelebt habe als *Notker der Stammler*,

---

44 Annal. T. I. p. 255 n. 40
45 T. I. Mart. ad diem 6. p. 430 seqq.

begründet Mabillon[46] damit, daß dieser in seiner Erzählung einen Einfall von Heiden (nämlich der Hunnen im Jahr 938) erwähnt, der *schon vor langer Zeit* erfolgt sei und durch den das Säckinger Kloster zerstört und die Aufzeichnungen über den heiligen Fridolin vernichtet worden seien. Um die Schilderung dennoch in die gleiche Zeit verlegen zu können, sagt er, daß zu seiner Zeit noch viele gelebt hätten, die jene Aufzeichnungen vor ihrer Vernichtung *nicht nur gesehen, sondern sogar recht häufig gelesen haben*: Daraus schließen wir, daß unser Schriftsteller nur wenig später nach diesem Einfall gelebt hat. Er fand dies von einer älteren Hand aufgezeichnet im Kloster *Helera* an der Mosel, das ebenfalls vom heiligen Fridolin gegründet worden war. Von dieser Quelle schrieb er nach dem Gedächtnis das auf, was der heilige Fridolin in Gallien und Alemannien getan hatte, bis er vom König das Besitzrecht auf die Insel *Secania* erhalten hatte, nämlich das 1. Buch. Das übrige aber, das 2. Buch, hielt er nach dem Bericht anderer fest, die auf dieser Insel ihr Leben verbrachten, wie er selbst im 1. Buch Nr. 31 aussagt. Hieraus geben wir nunmehr den Gang der Erzählung wieder.

Von Irland aus zunächst in Frankreich angekommen.

VII. Wir zitieren also die Worte des Baltherus: *Zweifellos stammt der heilige Fridolin aus dem entlegensten Gebiet des Unteren Schottland; dies heißt freilich bei den Schotten selbst Irland.* Später erzählt er, daß er, der sich dem Drang nach Bildung und Wissenschaft hingegeben habe, *vor den Sophisten zurückgeschreckt sei. Damit tue er kund, daß er der allerhöchsten Weisheit die innige Freundschaft nicht versagt habe, geschweige denn als später Erbe der pythagoreischen und platonischen Philosophie erscheinen wolle – gemäß dem Schriftwort: Alle Weisheit ist von Gott, dem Herrn*[47]. *Dann*, fährt er fort, *wollte er lieber, durch die Gnade des heiligen Geistes vom Himmel her angehaucht, sich im geistlichen Amte Gott als treuer Diener erweisen, als, von den Geschäften dieser Welt in Anspruch genommen, dem Satan nach weltlichem Rechte dienen: und so hob er den Blick seines Geistes vom Irdischen zum Himmlischen empor und nahm sich diesen Vers als Warnung: Ein Freund*

---

46 T. I. Annal. p. 221
47 Eccli 1,1

dieser Welt erweist sich als der Feind Gottes[48]. *Als er somit aus Liebe
zu einem himmlischen Leben die Unsicherheit der weltlichen Dinge
hinter sich gelassen und den Glanz der ganzen Welt verschmäht und
sich als eifriger Diener der Pflicht gegen Gott geöffnet hatte,
unternahm er es, fast alle Städte seines Vaterlandes und alle
umliegenden Gebiete aufzusuchen, um den katholische Glauben, wo
er sich von den heidnischen Sitten schon getrennt hatte, durch seine
Predigttätigkeit ganz fest für Gott zu verankern.* Weiterhin
berichtet er: Als Fridolin bemerkte, daß er durch diese Predigttätigkeit berühmt wurde und bei allen Schottenfürsten in hohen
Ehren stand, verschenkte er seinen ganzen Besitz an die Armen
und faßte dann den Entschluß, sein Vaterland zu verlassen.

Nachdem er das Meer überquert hatte, erreichte er das Gebiet der
Gallier. Als er diese Gegend wandernd überall durchstreift und
den katholischen Glauben an die Heilige Dreifaltigkeit verkündigt hatte, wo dieser durch die arianischen Goten verdorben
worden war *geschah es, daß er unter anderem auch die Stadt der
Pictavier betrat und sich dort für eine lange Zeit in der Stadt des
heiligen Hilarius aufhielt, und zwar aus keinem anderen Grunde,
als mit der Gnade Gottes und der Empfehlung seiner Verdienste um
den heiligen Hilarius ein winziges Stückchen dessen Leichnams zur
Ermutigung für seine Pilgerfahrt zu erhalten.* Danach folgt die
Erneuerung der Kirche und die Überführung der Reliquien des
heiligen Hilarius, die der heilige Fridolin vornahm, nachdem er
zum Abt dieses Klosters gewählt worden war, sowie seine
Audienz bei dem König Chlodwig. Nachdem er dies alles durchgeführt hatte, was sicherlich von der ersten Ankunft des heiligen
Fridolin in Aquitanien an mehrere Jahre erforderte, erhielt er vom
heiligen Hilarius die Mahnung, *er solle es nicht länger aufschieben,
den Lauf seines Weges auf eine bestimmte Insel Alemanniens zu
lenken, die von allen Seiten von den Armen eines bestimmten
Flusses namens Rhein umgeben sei: die Reliquien des heiligen
Hilarius mit sich führend wurde er ein zweites Mal bei dem König
Chlodwig vorstellig. Diesem eröffnete er alles, was ihm von Gott her
aufgetragen worden war, und erhielt von dem König die Vollmacht,
wo immer er auch die vorher genannte Insel finden sollte, die ihm
selbst allerdings bisher unbekannt geblieben sei, dort alles, was er
wolle, im Namen Gottes und mit seinem Einverständnis zu tun.*

48 Iac. 4,4

Von dort ging er eilends nach Alemannien und gelangte schließlich nach Säckingen.

VIII. *Nachdem er diese Vollmacht erhalten hatte,* fährt Baltherus fort, *ging er frohen Herzens vom König weg und erbaute an der Mosel, im Vogesengebirge und der Stadt Argentum* Klöster und Kirchen zu Ehren des heiligen Hilarius. Als er diese Stadt wieder verlassen hatte, begab er sich über die Klöster des Burgunderreiches ins kurische Rhätien, um den dortigen Bischof aufzusuchen[a]; hier[b] hielt er sich so lange auf, bis er eine dem heiligen Hilarius geweihte Kirche erbaut hatte. Dann aber lernte er erstmals die Insel kennen, die er suchte, *von dem Flußbett des Rheins umgeben und von menschlichen Bewohnern bisher ungenutzt und unbebaut.* Als er endlich dahin gekommen war und einen geeigneten Platz zum Bau einer Kirche suchte, schlugen ihn *die Einwohner der Insel und alle, die dort ringsumher wohnten[c],* mit Peitschenhieben nieder und jagten ihn fort, weil sie ihn für einen Spion und Viehdieb hielten.

[a] Nach den Bollandisten *(T. I. Martii p. 438)* ragten unter diesen Klöstern jene heraus, die auf dem Juragebirge zu erbauen die heiligen Brüder Romanus und Lupicinus im 5. Jahrhundert begonnen hatten: folgende drei in den Bergen des Jura werden vor allem bei Mabillon *(Annal. T. I. ad a. 510, p.10)* erwähnt: das *monasterium Condatescense et Lauconnense* für Männer, und das *Balmense seu S. Romani des Rupe* für Jungfrauen; über diese Klöster schreibt Mabillon sehr viel (l. c. p.23 et seqq.). Das *Contatescense* erhielt später nach Augendus, dem ersten Schüler des heiligen Romanus, den Namen *St. Eugendus Iurensis.* Als sich aber nach seiner Amtsenthebung der heilige Erzbischof Claudius Vesuntius hierher zurückgezogen hatte, wurde es dann wegen der häufigen Wunder nach dessen Tod *St. Claudius* genannt *(Mabill. l. c. ad an. 681. p. 559).*

[b] Die Bollandianer glauben, daß jener Bischof Puritius oder Pruritius gewesen sei, den Bruschius und andere als Nachfolger des heiligen Asimon um das Jahr 452 ansetzen, eine Vermutung, die wohl deshalb sehr schwach zu begründen ist, weil nach der Geschichtsschreibung der heilige Fridolin gar nicht vor dem 6. Jahrhundert hierher hatte gelangen können, auch wenn man all dies auf Chlodwig I. beziehen wollte.

[c] Wie in dieser Erzählung Balther mit sich selbst übereinstimmt, können wir überhaupt nicht sehen. denn er sagt, daß jene Insel *Secania* oder *Seckinga* zunächst von Menschen *unbebaut* gewesen sei; dann aber wird von den *Bürgern* und *Einwohnern* gesagt, sie hätten ihren neuen Gast vertrieben. Selbst wenn man annehmen könnte, daß dies nicht durch die Einwohner *der Insel selbst,* sondern von denen, *die dort ringsumher wohnten,* geschehen sei, steht das dann Folgende dazu im Widerspruch. Wir glauben daher feststellen zu müssen, daß man Balther nicht in allem eine zweifelsfreie Zuverlässigkeit zuerkennen darf.

Er erhält diese Insel vom König als Geschenk und errichtet auf ihr ein Kloster.

IX. Balther berichtet sodann, daß Fridolin, der auf so üble Weise behandelt worden war, den König noch einmal aufsuchte. *Von diesem erhielt er eben diesen Ort, von dem kurz vorher flüchtend er kaum sein Leben retten konnte, für sich und seine Nachfahren als eigene Wohnstätte und als dauernden Besitz. Der König bestätigte dies in einer Urkunde mit dem Abdruck seiner Hand.* Balther nennt den Namen dieses Königs nicht ausdrücklich, doch kann man aus dem Zusammenhang erkennen, daß er ihn weiter oben im Text mehrere Male Chlodwig genannt hatte. Von diesem weiter unten mehr. Diese nunmehr eigene Insel betrat der Heilige, während er einen Platz für den Bau einer Kirche und für sich selbst als Unterkunft suchte. Und wieder wurde anfangs übel behandelt. Dennoch bat sein freundlicher Gastgeber *Wacherus,* den Fridolin als einen Mann von *hoher Würde* bezeichnete, ihn für den nächsten Tag darum, *ob er nicht* seine Tochter, die ihm in dieser Nacht geboren worden war, *taufen und sie mit dem Quell des heiligen Taufsakraments von ihren Sünden erlösen wolle.* Darüber hinaus schenkte er dem Heiligen einen großen Teil seines Erbes und Eigentums. Seine Frau aber war zunächst über den Fremdling empört. *Dennoch wurde ihr aber die rühmenswerte Frömmigkeit des Heiligen später offenbar, und sie selbst vertraute ihm sogar ihre Tochter an, die er durch die Taufe erlöst hatte; er weihte sie in das heilige Studium der Schrift ein, und sie verblieb, geheiligt durch das göttliche Gewand, auf der genannten Insel im Dienst an Gott. Sie wurde, wie berichtet wird, als erste Nonne angesehen. Ihr Vater und ihre Mutter und alle übrigen Verwandten aber erwiesen dem Heiligen ihre große Liebe. Unterdessen aber, nach einer ganz kurzen Zeitspanne, war der erwähnte König gestorben. Und als der Heilige das Buschwerk der Insel einebnete und den Wald mit dichtem Baumbestand und auch das unbrauchbare Dickicht von Dornsträuchern von der Wurzel her abholzte,* mußte er zum zweiten Mal die gegen ihn aufgebrachten Anwohner erdulden. Diese behaupteten nämlich, daß ihnen nach dem Erbrecht das Land zustehe. Nach einer Absprache wurde die strittige Angelegenheit schließlich beigelegt: Durch das Gebet und die Arbeit des Heiligen wurde schließlich das Flußbett auf die andere Seite verlegt, nämlich nach Süden, und so kam das

Land an unseren Alpgau. Heute noch kann man hier den früheren
Verlauf des Flusses sehen; eine Brücke führt darüber. Der heilige
Fridolin aber *lobte den allmächtigen Gott,* weil er fern von Streit
mit irgendjemandem an eben dieser Stelle eine Kirche hatte
errichten können und begründete hier das Klosterleben nach
kirchlichem Recht. Mabillon nennt[49] hierzu Baltherus, der
entsprechend den Verhältnissen seiner Zeit oder des 10. Jahrhunderts angenommen hat, daß Mädchen aus Säckingen von Anfang
an ein Klosterleben nach kanonischem Recht geführt hätten. Er
fügt an[50]: *Tatsächlich hat es zur Zeit des Abtes Fridolin in den
Klöstern keine Mädchen außer den Nonnen gegeben; daß diese Art
der Lebensführung erst unter der Herrschaft Karls des Großen
eingeführt worden ist, werden wir an der entsprechenden Stelle
nachweisen.* Und tatsächlich konnte hier das Mönchtum nicht von
Anfang an in Blüte gestanden haben, wenn die Recht haben, die
das alles erst auf die Zeit des Chlodwig I. beziehen. Diesem muß
sich deshalb unsere Untersuchung zuwenden.

Dieser König war sehr wahrscheinlich Chlodwig II.

X. Oben haben wir in der genannten Legende Balthers daran
erinnert, wie oft ein König erwähnt wird, den er wiederholt
Chlodwig nennt, ohne aber auch nur mit einem Wort oder einem
Hinweis die Unterscheidung zu treffen, ob es sich um den Ersten
handelt, der zu Beginn des 6. Jahrhunderts gestorben ist, oder um
den Zweiten, der in der Mitte des 7. Jahrhunderts verstarb.
Wohlan denn, wir wollen die Zweifelsfrage aus dem Wortlaut der
Legende selbst klären:

Nachdem Chlodwig I. im ausgehenden 5. Jahrhundert die Alemannen im Jahre 495 bei Zülpich vernichtend geschlagen hatte,
unterwarf er Alemannien, das bis dahin noch niemandem
untertan gewesen war. Diesem weist Balther die Insel Säckingen
zu, wobei er allerdings von seiner eigenen Zeit schreibt, zu der die
Insel nach der Änderung des Rheinlaufs ein Anhängsel zu
Alemannien bildete. Vor jenem berühmten Wunder des heiligen
Fridolin gehörte sie zu dem Königreich Burgund, weil ja das
Gebiet der Rauraker ein Teil Burgunds gewesen ist, das dem

49 Annal. T. I. p. 222
50 Ibid. p. 399 seq.

Frankenreich zum ersten Mal unter den Nachkommen Chlodwigs
I. etwa um das Jahr 534 zufiel. Unter Chlodwig I. hätte Balther
sicher nicht schreiben können: *es bestand kein Zweifel daran, daß
dieser Ort* (nämlich Säckingen) *VON ALTERS HER zum könig-
lichen Machtbereich gehörte.* Dies ist somit in bezug auf Chlodwig
I. ganz falsch, denn entweder gehörte es zu Alemannien, das der
König gerade 15 Jahre vorher unterworfen hatte, oder aber zum
Burgund, auf das ihm niemals irgend ein Recht zustand.

Dies ist vielleicht der Grund gewesen, warum Mabillon, der diese
und andere Schwierigkeiten sorgfältig durchdachte, sagt[51], daß
sich Balther getäuscht habe, *wenn er erwähnt, daß all dies mit der
Billigung des Frankenkönigs Chlodwigs I. geschehen sei, was jedoch
nur unter den ihm nachfolgenden Königen eintraf.* Doch wird hier
Balther in allzu unangemessener Weise belastet, der nur
Chlodwig nennt, ohne hinzuzufügen, ob es sich um den Ersten
handelt oder um den Zweiten. Mabillon selbst aber scheint dies
am ehesten auf die Zeit Sigberts I. (er starb im Jahre 575)
zurückzubeziehen, oder auch auf das 15. Regierungsjahr des
Königs Chlodwig oder das 29. Jahr des Königs Guntram, indem
er für das Jahr 590 christlicher Zeitrechnung die Errichtung des
Klosters *Helera* oder des heiligen Hilarius an der *Mosel*[a)] ansetzt,
welches das erste der von dem heiligen Fridolin in Deutschland
erbauten Klöster gewesen ist.

> [a)] Mabillon erinnert a.a.O. daran, daß man sehr wohl dieses Kloster Helera von
> dem des Hilarius oder der Neuen Zelle unterscheiden muß, das, im Gebiet von
> Metz gelegen, jetzt St. Nabor heiße. Von dieser seiner Meinung rückt er an
> einer anderen Stelle *(T. II. Annal. p. 756)* aber wieder ab und behauptet, daß
> jenes mit diesem identisch sei und an der *Roselle* liege. Die Herausgeber der
> Akten hätten, durch den Gleichklang der Namen getäuscht, an Stelle von
> Roselle mit *Mosel* übersetzt.

Zu dieser Aussage veranlaßte den geistvollen Historiker auch ein
Brief des Gogus[52], eines hervorragenden Ministers am Hof des
Königs Sigibert, an den Metzer Bischof Petrus, an dessen Schluß
er einen gewissen Abt grüßt, *durch dessen Schritte die Gräber der
Heiligen unablässig besucht werden* (daher wurde der heilige
Fridolin auch Wanderer genannt) *und von dem man heute noch auf
den Höhen über dem Moselufer die von ihm erbauten hochragenden
Dachgiebel einer Kirche sehen kann.* Mabillon glaubt, daß unter
diesem Ort Abt Fridolin und das von eben diesem erbaute Kloster

---

51 Annal. T. I. p. 221
52 Du Chesne T. I. p. 864 et T. I. annal. l. c.

Helera an der Mosel zu verstehen sei. In diesem Punkt[53] hat er
Calmetus zum Gegner, der in der *Historia Lotharingia* daran
zweifelt, ob dieser Petrus wirklich jener Metzer Bischof ist, der
sein Amt vom Jahr 568 bis 578 innehatte; diese Jahre stimmen
freilich mit jenen des Sigibert überein; und er erklärt auch jene
Briefstelle nicht mit dem heiligen Fridolin, sondern mit dem
Trierer Erzbischof, dem heiligen Nicetius, der nach Mabillon[54] im
Jahre 566 gestorben sein soll. Dennoch kann er davon seine Leser
wohl kaum überzeugen, und auch bei Venantius Fortunatus[55] ist
von dem heiligen Nicetius zu lesen, daß er am Moselufer keineswegs eine Kirche erbaut hat, sondern nur eine Burg oder eine
Festungsanlage.

Gerne würden wir uns hier der Meinung Mabillons anschließen,
wenn nicht in der Darstellung Balthers die wiederholte Erwähnung *Chlodwigs* entgegenstünde, die kaum zuläßt, daß sich die
Taten des heiligen Fridolin auf andere Zeiten beziehen als auf die
eines der der beiden Chlodwigs oder doch zumindest auf die
ihnen naheliegende Zeit. Hier haben wir schon in unseren Untersuchungen zur ›Vetus Liturgia Alemannica‹[56] die Ankunft des
heiligen Fridolin in Frankreich und im Gebiet von Poitiers für das
7. Jahrhundert und die Zeit Chlodwigs II. zurückgewiesen, der
das Königreich Neustrien, zu dem Aquitanien und Pictavien
gehörte, zugleich mit dem Burgund im Jahre 638 übernahm und
später seinem Bruder Sigebert nach dessen Tod auch in Austrien
und im ganzen Frankenreich etwa um das Jahr 653 im Amt
nachfolgte; mit dieser Zeit haben wir die hervorragenden Taten
des heiligen Fridolin in Frankreich und in Deutschland für die
christliche Religion verbunden. Dieser Zeitraum scheint mit der
Darstellung Balthers besser übereinzustimmen; von ihm allein
haben wir, was immer uns alte Dokumente über den heiligen
Fridolin überliefert haben. Dennoch kann man nicht bestreiten,
daß uns dort so manches begegnet, was nach dem Geist des
zehnten Jahrhunderts schmeckt und wenig glaubhaft scheint und
nach den Regeln der Kritik nicht hinreichend bewiesen werden
kann; ja, sogar die Hauptstücke der Geschichte können einer
unzureichenden Glaubwürdigkeit beschuldigt werden, da die füh-

---

53 T. I. lib. VIII. n. 44 p. 361
54 Annal. T. I. p. 153
55 Hontheim, Hist. Trev. T. I. p. 28 et 45
56 T. I. n. 6 p. 29

renden kritischen Geschichtsschreiber Mabillon und Cointius ihre Aussagen von hier geschöpft haben, auch wenn sie an gewissen Umständen ihre Zweifel gehabt haben mögen: Freilich dürften einem Geschichtsschreiber, der nach Jahrhunderten und das allermeiste nur nach dem Gedächtnis schreibt, manche Gedächtnislücken wohl gerne verziehen werden.

Also muß man die Reihenfolge der Taten des heiligen Fridolin etwa folgendermaßen ordnen: Etwa um das Jahr 638, mit dem die Regierungszeit Chlodwigs II. in Neustrien begann, kam Fridolin nach Poitiers, wo er sich *lange Zeit* aufhielt und all das tat, was Balther ihm zugeschrieben hat, nämlich die Übernahme der Abtswürde im Kloster des heiligen Hilarius, die Wiederherstellung dieses Klosters und die Überführung der Reliquien des heiligen Hilarius an einen würdigeren Ort[a].

> [a] Von dieser Überführung handelt eine Predigt des seligen Petrus Damiani *(Serm. II. innerhalb seines Werks)*, die mit Anmerkungen auch die Bollandianer anführen *(T. I. Ian. p. 799)*. Darin wird einiges vom heiligen Fridolin gesagt, aber wieder nur aus einem mündlichen Bericht.

All das hätte er nicht innerhalb eines kurzen Zeitraums tun können. Dann verabschiedete er sich von Gallien und seinem König und begab sich an die Mosel auf germanisches Gebiet; an deren Ufer errichtete er ein Kloster des heiligen Hilarius. Von dort aus zog er weiter in die Vogesen und erbaute dann bei Straßburg[b] eine Kirche.

> [b] Diese Stadt nennt Balther, wenn sie auch unter Chlodwig I. noch nicht bestand, weil sie sich ja noch nicht aus den Ruinen des alten, von Attila zerstörten Argentoratum erhoben hatte; aus der Geschichte ist klar, daß ihr dies erst unter dessen Söhnen zugekommen ist.

Dieses Gebiet scheint aber nicht zu Neustrien unter seinem König Chlodwig, sondern zu Austrien unter dessen Bruder Sigebert gehört zu haben; von ihm, der auch andere Klöster förderte, konnte Fridolin mit Leichtigkeit die notwendige Erlaubnis und Unterstützung erhalten. Von Straßburg aus ging er ins Burgund, das Chlodwig unterworfen war, und gelangte auf dem Weg über die dortigen Klöster nach *Chur* in Rhätien und *Glarus* in der Schweiz, wo er zur gleichen Zeit Kirchen errichtete, die alle dem heiligen Hilarius, seinem Schutzpatron, geweiht waren. Nachdem er all das erreicht hatte, was sicherlich mehrere Jahre erforderte, kam er schließlich zu der Insel ›Secania‹ oder Säckingen, die vom Rhein umflossen wird. Als ihn aber die Einwohner vertrieben hatten, suchte er den König zum zweiten Male auf und erhielt von diesem das Besitzrecht für diese Insel. Die Bollandianer treten dafür ein[57], daß dieser König Theoderich, der Sohn Chlodwigs I., der König der Austrasier sei. Wenn wir dies aber Chlodwig II. zuschreiben, hindert nichts, daß wir dies auf die letzten Lebensjahre eben dieses Königs selbst beziehen, als er sich schon des ganzen Königreichs bemächtigt hatte. Nach dem Zeugnis Mabillons[58] starb er im Jahre 656, im 9. Jahr seiner Herrschaft und im 33. Jahr seines Lebens: dies stimmt hervorragend mit der Darstellung Balthers überein, der schreibt, daß der *vorher genannte König* nach einer sehr kurzen Zeitspanne, nachdem er diese Insel geschenkt hatte, verstorben sei.

Von da an steht für Balther und den Wortlaut seines gesamten historischen Werks die Zuverlässigkeit fest, so daß es unnötig ist, mit Cointius den Text selbst zu ändern, *der,* wie er sagt[59], *bisher* schon viele getäuscht hat, und der seiner Meinung nach nicht in bezug auf den Frankenkönig zu erklären ist, sondern auf den Monarchen der Burgunder, dessen Machtbereich sich bis zur Insel Säckingen erstreckte. Ferner fügt er an, daß zur Regierungszeit Theoderichs in Ostfranken zwei Burgunderkönige ihr Leben beschlossen hätten: Gundobad, der von der arianischen Irrlehre angesteckt war, im Jahre 516, und sein Sohn, der heilige Sigismund, im Jahre 524, der sich Klerikern und Mönchen gegenüber außerordentlich entgegenkommend zeigte. Und er glaubt, daß es eben dieser war, von dem der heilige Fridolin viel geliebt wurde und von dem er das Besitzrecht auf die Insel von Säckingen erhielt, den er jedoch nicht allzu lange überlebte. Zweifellos hatte Cointius gesehen, daß diese Insel, die er dem Burgunderreich zurechnet, niemals Chlodwig untertan war und deshalb von ihm oder seinem Sohn nicht hatte geschenkt werden können. Um sich also aus diesem Knoten zu wickeln, wollte er den Irrtum bezüglich des Namens lieber bei Balther suchen, als diese Sache auf Chlodwig II. beziehen. Doch wer sieht nicht, daß ich die gesamte Verwicklung der Baltherschen Darstellung auf diese Weise entwirrt habe? Einerseits – mag sich auch der ganze Kontext Balthers dagegen sträuben – erfindet Cointius etwas, wodurch er sich der Schwierigkeiten, die sich in bezug auf die Umstände hinsichtlich

---

57 T. I. Martii p. 437
58 Annal. T. I. p. 437
59 T. I. Annal. ad an. 509 p. 274

der Zeiten Chlodwigs I. ergeben, entledigt, und andererseits knüpft er einen neuen und nunmehr völlig unentwirrbaren Knoten, was die Piktaver und Aquitanien betrifft, das damals demselben König untertan war, den Balther Chlodwig nennt, und wo der heilige Fridolin ankam. Entweder möge also Cointius die Lesart Balthers vom König Clodoveus beibehalten und damit notwendigerweise auch die Lesart in bezug auf die Säckinger Insel; oder aber, wenn er diese ablehnt, soll er zugeben, daß auch Aquitanien den Königen der Burgunder untertan gewesen ist; in beiden Fällen nämlich handelt es sich um denselben König: Wenn es nämlich ein anderer wäre, würde kaum gesagt werden, er habe *den König ein zweites Mal aufgesucht,* um die Insel zu erhalten, jenen König nämlich, von dem er vorher schon die Erlaubnis erhalten hatte, auf der Insel nach freiem Ermessen handeln zu dürfen. Doch dieser war nach Balther Chlodwig; also muß unter diesem ein und derselbe zu verstehen sein: Doch war es nicht der Erste, weil dieser nicht verschenken konnte, was er nicht besaß; so bleibt also nur übrig, daß wir jenen als Chlodwig II. bezeichnen, wodurch alles eben und glatt wird.

Wir wollen dennoch nicht verschweigen, daß es für diese unsere Meinung offensichtlich einige Schwierigkeit gibt, die wir darlegen wollen. Die erste betrifft die Jugendlichkeit Chlodwigs II., der mit vier Jahren die Herrschaft antrat und als 23jähriger junger Mann starb, mit dem und unter dem Fridolin kaum damit hervortreten konnte, was ihm Balther als Taten zuschrieb. Doch was der König selbst nicht vermochte, konnte sehr wohl durch die Reichsverwalter geschehen. Tatsächlich bezeugen die meisten Dokumente, daß Chlodwig II. genauso wie sein etwa drei Jahre älterer Bruder Sigebert gegenüber den Kirchen und Klöstern außerordentlich freigebig gewesen ist. Jenem erkennt nämlich Mabillon[60] das Privileg zu, das auf dessen Bitten hin von Papst Johannes IV. dem Frauenkloster St. Columba zugestanden wurde, und ein anderes für das Kloster von Luxeuil; wieder ein anderes wurde von ihm dem Kloster St. Dionysius verliehen, um mehrere andere Schenkungen zu übergehen[61], die ebenfalls von ihm verschiedenen Klöster gemacht wurden, welche Cointius[62] schon ab dem Jahr

60 Annal. T. I. ad an. 642 p. 382
61 l. c. p. 422
62 Annal. T. III.

640 bis 654 aufzählt. Cointius bezeugt[63], daß er das Konzil von Chalon s. S. einberufen hat, das nur aus Bischöfen seines Reiches bestand. Auch wurde er nicht auf Grund seines Alters daran gehindert[64], den heiligen Fridolin in gleicher Weise zu fördern wie andere Verkünder des Glaubens.

Mehr könnte dem entgegenstehen, was Balther von einem Wunder des heiligen Fridolin bezeugt, das dieser vollbrachte, als er zusammen mit dem Bischof von Poitiers an der Tafel des Königs Chlodwig saß. Er wirkte es auf die Bitten Chlodwigs hin, *damit bestimmte Leute, die mit zu Tische lagen und noch immer nach heidnischem Brauch ihren Götzen dienten, nachdem sie den Glauben an die Dreifaltigkeit zurückgewiesen hatten, dies sehen und daraufhin nicht zögern sollten, mit uns zusammen an den allmächtigen Gott zu glauben.* Das bezieht sich wohl eher auf die Zeiten Chlodwigs I., der ja nicht gleich von Anfang an den Glauben an Christus angenommen hatte, als auf die des Chlodwig II., unter dem es im Reich, geschweige denn am Königshof, wohl kaum noch Heiden gegeben hat. Doch ich fürchte, daß Balther aufgrund seiner Voreingenommenheit mehr Heiden gesehen hat als es tatsächlich gab. Freilich läßt die Barbarei des 7. Jahrhunderts keinen Zweifel daran, daß es zumindest in der ersten Hälfte, worauf sich dieser Vorfall bezieht, etliche Heiden selbst unter den Franken gegeben hat, für deren Bekehrung Chlodwig II. mit diesem Wunder sorgen wollte. Gibt es doch auch bis in unsere Gegenwart hinein noch allüberall heidnische abergläubische Vorstellungen!

Noch mehr Mühe zu bereiten scheint jene berühmte Überführung des Leichnams des heiligen Hilarius aus Poitiers in das bei Paris gelegene Kloster des heiligen Dionysius, welche man ganz allgemein Dagobert I., dem Vater Chlodwigs II., zuschreibt. Man macht ihm einen schweren Vorwurf daraus[65], daß er zur Ausschmückung dieses von ihm erbauten Klosters andere gallische Kirchen geplündert habe. Bei den *St. Marthanern*[66] und bei Cointius[67] ist zu lesen, daß sich dies ereignet habe, nachdem derselbe König, über einen Aufstand des Grafen von Poitiers

63 Ibid. ad an. 644 n.2
64 Ibid. p. 182
65 Mabill. Annal. T. I. p. 370
66 Gall. christ. T. II. pag. 1141
67 Coint. T. III. annal. p. 46

aufgebracht, jene Stadt erobert und bis auf den Grund zerstört habe; über eine Zerstörung herrscht allerdings bei den Alten tiefes Schweigen; so haben Mezeraius[68] und der zitierte Cointius diese mit Recht als Märchen abgelehnt; der erstere[69] zieht zugleich mit Recht das in Zweifel, was andere Dagobert bezüglich der Ausraubung der Kirchen von heiligen Reliquien und Schmuckgegenständen vorgeworfen haben; der zweite nimmt eben diesen gegen ein solches Verbrechen ausdrücklich mit folgenden Worten in Schutz[70]: *König Dagobert bereicherte die Kirche des Dionysius mit Großgrundbesitz und stattete sie mit Reliquien von Heiligen in reichem Maße aus, aber nahm den anderen gallischen Basiliken nichts in verbrecherischer Weise weg: Diese Heiligenreliquien ließ er im Kloster St. Dionysius aufbewahren, und er hatte sie entweder geschenkt bekommen oder auf seine Bitten hin erhalten.* Und er hatte vorher schon folgenden Schluß gezogen[71]: *Du wirst mit Recht erkennen, daß der Leichnam des heiligen Hilarius, des einstmaligen Bischofs von Poitiers, auf Befehl des Königs Dagobert in die Basilika des Dionysius bei Paris überführt worden ist.* Ob aber gewisse Reliquien eben dieses Heiligen zu einer anderen Zeit hierhin überführt wurden, untersucht er an dieser Stelle nicht; und auch wir machen den Streit, der zwischen den Piktaviern und unseren Ordensbrüdern von St. Dionys schon längst beigelegt worden ist, nicht zu dem unseren; darüber handeln die Mauriner Herausgeber in der Lebensgeschichte Dagoberts an mehreren Stellen, wobei sie als seine Verteidiger auftreten[72]; und Tillemunt[73] wie auch die Bollandisten[74] lassen die Frage dieser Überführung unentschieden, da es ihnen nicht leicht fällt, klar auszusprechen, welcher Seite sie zustimmen sollen. Diesen nähern auch wir uns an, wobei wir freilich gleichzeitig beachten, daß irgendein Teil des Leichnams des heiligen Hilarius, sei es auf Grund eines Befehls oder sei es auf Bitten des Königs hin, vielleicht noch zusätzlich zugestanden worden ist, wobei der übrige Körper in Poitiers verblieb; nichts kommt nämlich zu jener Zeit häufiger vor als die Benennung des Ganzen für einen Teil.

---

68 Mezer. Histor. Franc. T. I. ad an. 635 p. 234
69 l. c. p. 230
70 l. c. ad an. 638 p. 50
71 l. c. p. 47
72 Praef. opp. S. Hilarii n. 123 fol. CXXIV.
73 Tillemont. memoires à l'hist. eccl. T. VII. not. 20 ad S. Hilar. ed. Ven. p. 757
74 Bolland. T. I. Ian. ad diem 13. p. 801

Die Sache ist viel zu bekannt, als daß sie vieler Beispiele bedürfte. Es konnte also Dagobert durchaus besitzen, was von dem Leichnam des heiligen Hilarius er den Dionysianern schenkte, und der heilige Fridolin, was er später unter dessen Sohn Chlodwig im Kloster Poitiers aufbewahrte, beziehungsweise überführte. Und so ist sehr wahrscheinlich, daß der heilige Fridolin unter Chlodwig II., und nicht unter Chlodwig I., durch seine Ankunft bei den Raurakern unserem Schwarzwald das erste Licht des christlichen Glaubens und des Mönchtums gebracht hat. Wir haben dies bis hierher erörtert und werden nunmehr zu Gewisserem kommen, wenn es sich nur beibringen läßt. Der Grund für unser Vorgehen liegt in der anderen Autoren selbstverständlichen Sitte, die Ereignisse vor dem heiligen Kolumban zuerst zu behandeln, obwohl unserer Überzeugung nach der heilige Fridolin später als dieser gelebt hat: Das übrige darüber werden wir noch verfolgen.

Er errichtet auch noch andere Männerklöster nach der alten Ordensregel.

XI. *Nachdem er auf eben dieser Insel eine Gemeinschaft von geistlichen Frauen gegründet, weitere hervorragende und ausgezeichnete Taten der Tugend gewirkt und noch viele Jahre lang glücklich in Gott gelebt hatte, entschlief er am 6. März im Herrn*[a].

> [a] Das Todesjahr sucht man bei einer so großen Vielfalt von Meinungen vergebens: bei Cointius wird das Jahr 514 oder 560 genannt, er selbst meint um das Jahr 536. Nach unserer Annahme hat sich dieser so kostbare Tod kaum vor dem Jahre 660 ereignen können, eher vielleicht noch später.

Mit diesen Worten beschließt Balther die Lebensgeschichte des heiligen Fridolin, nachdem er vorher noch von jener berühmten und bekannten Schenkung an Glarus berichtet hatte, die mit einem Wunder verbunden war, obgleich er selbst über die dort von Fridolin erbaute Kirche nichts erwähnt, weil er insgesamt nur vier solcher Kirchen nennt. Cointius zitiert[75] aus den Heiligenakten Irlands des Johannes Colganus (die im Jahre 1645 in folio erschienen sind) die Lebengeschichte des heiligen Fridolin, die anders lautet als die des Balther und seiner Meinung nach sehr viel älter ist. Darin werden acht Klöster oder klösterliche Gemeinschaften aufgezählt, die der heilige Fridolin an verschiedenen Orten errichtete: das erste in Poitiers, das zweite am Ufer der

---

75 T. I. Annal. p. 272

Mosel, nämlich das Hilariuskloster, das dritte auf den Höhen der Vogesen, das vierte in Straßburg, das fünfte und sechste in Chur in Rhätien, das siebte in Glarus und das achte in Säckingen auf der Rheininsel. Hier steht nichts von einem Kloster *schottischer Mönche in Konstanz,* dessen Ursprung Gregor Mangold ebenfalls auf den heiligen Fridolin zurückführt[76]. Doch scheint dem der Name beizupflichten, nämlich der Ausdruck *schottisch,* wie verschiedentlich die Klöster Germaniens genannt wurden, die von Glaubensboten – von jenseits des Meeres hierher gekommen – zum ersten Male errichtet worden sind. Bruschius berichtet[77], daß der heilige Fridolin dieses Säckinger Kloster für acht geistliche Frauen und vier Kleriker gegründet habe. Vielleicht war es ein Doppelkloster, nämlich eines für Männer und eines für Jungfrauen. ›Doppelt‹ muß man es sich aber in der Weise vorstellen, daß beide Geschlechter in von einander getrennten Häusern gewohnt haben, weil die Mönche sowohl in geistlichen wie auch in zeitlichen Dingen ihrem niedrigen Geschlechtstrieb unterworfen waren, wie Mabillon[78] aussagt. Daß es ebendort auch noch nach dem Hunneneinfall im 10. Jahrhundert Mönche gegeben hat, scheint der Verfasser der Lebensgeschichte des heiligen Fridolin deutlich zu machen. Dieser wird nämlich in der Handschrift aus *St. Gallen,* aus der die Lebensgeschichte entnommen ist, ganz klar als *Mönch von Säckingen* bezeichnet; und er selbst bezeugt im Vorwort[79], daß der Vater des Klosters *Helera,* wo er durch diesen selbst *die Sicherheit des Gelübdes* erfahren hatte und nunmehr ein *Erbsklave* des heiligen Hilarius und des heiligen Fridolin sei, ihm aufgetragen habe, die Lebensgeschichte beider zu lesen; und er errötet nicht darüber, daß er *nach Sklavenrecht* zum Kloster von Säckingen gehört: wie auch heute noch die Kanoniker und Kapläne einer sogenannten Stiftskirche mit Hilfsdiensten für dieselbe beauftragt sind, die vielleicht den dort von Anfang eingesetzten Mönchen nachstanden, wie auch die Kanonissen den Nonnen. Dem scheint Cointius zuzustimmen, der schreibt[80], daß das Kloster von Säckingen *anfangs Mönche gehabt habe, dann Nonnen* und schließlich Stiftsdamen.

---

76 In chron. MS Episc. Constant. ad an. 529 p. 49
77 Brusch. in Chronol. monast. German. v. Secanis
78 T. I. Annal. p. 315
79 Lib. I. vit. S. Fridol. n. 2
80 Annal. T. V. p. 212

Schon von ganz alten Zeiten an bestand eine solche Ordnung von Doppelklöstern für beide Geschlechter, wobei ein Abt das Doppelkloster leitete. Daß dies eine sehr alte Einrichtung ist, sehen wir schon beim heiligen Pachomius im Osten und bei dem heiligen Benedikt im Westen, z.B. in Frankreich, England und Spanien. Ein Beispiel dafür bietet uns das Habendensische Kloster, das unseren Tälern gegenüber auf dem Vogesengebirge schon zu Beginn des 7. Jahrhunderts errichtet worden war. Dieses war zunächst von dem heiligen Amatus auf dem Gipfel eines Berges erbaut worden, doch im Laufe der Zeit wurde ein zweites für Jungfrauen an den Fuß eines Berges jenseits der Mosel angelegt und erhielt seinen Namen nach dem heiligen Romarich, dem zweiten Abt des habdensischen Klosters. Daß jenes von seinem Ursprung her monastischen Charakter hatte, behauptet Mabillon[81], wie er eben dies auch in bezug auf die Gründung anderer Frauenklöster von gleicher Bedeutung nachweist, vor allem von St. Amandus in Belgien.

Daß Klöster für Mädchen damals im Frankenreich des 6. und 7. Jahrhunderts sehr zahlreich und alteingesessen waren, verraten die Konzilsdekrete dieser Zeit, und diese gab es für Nonnen häufiger als für Mönche. Auf Grund derer war vor allem darauf zu achten, daß der wandelbare Geschlechtstrieb in dem einmal abgelegten Gelübde unwandelbar aufgehoben würde. Und dies stand unter der Strafe des Ausschlusses von der Kommunion bis zum Lebensende, *wenn irgendein Mönch oder eine Nonne sich im Interesse der Eltern oder zugunsten irgendeines eigenen Besitztums von eben dieser Kongregation gelöst hat*, wie es der Kanon 12 des Konzils von Paris vom Jahre 615 festgesetzt hat[82]. Dies wurde auch durch eine Verordnung des Königs Lothar bekräftigt und auf einer nachfolgenden Synode unsicheren Ortes und Jahres bestätigt, wo im Kanon 4 festgesetzt wird, *daß die Mönche gemäß der Regel leben müssen*. Dies interpretiert Mabillon zum Jahre 614 folgendermaßen[83], daß entweder *die Regel des heiligen Benedikt* anzunehmen sei, *die nicht selten einfach ›die Regel‹ genannt wird*, oder *die Mönchsregel, das heißt die Lebensform, die bei bewährten Mönchen die übliche ist, sei es daß sie aus einer Regel besteht, sei es daß sie aus mehreren zusammengemischt ist.*

81 T. I. Annal. p. 315 ad a. 620
82 Labb. T. V. p. 1652
83 Mabillonius T. I. Annal. p. 308

Dies betrifft vor allem die Zeiten des Frankenreiches und die Orte, wo es im 6. Jahrhundert ganz verschiedene Ordensregeln gab, wie z.B. die des Cassianus, des Caesarius in Frankreich und des Fructuosus in Spanien, die für beide Geschlechter ähnliche Vorschriften vorsahen; in unserem Germanien gibt es dafür aber keinerlei Spuren. Was nun die Regel des heiligen Kolumban angeht, der im 7. Jahrhundert in unser Gebiet kam, müssen wir sehr genau vorgehen, weil man in den Urkunden des 6., 7., 8. und sogar des 9. Jahrhunderts beide Vorschriften zugleich finden kann: nämlich die des Benedikt und die des Kolumban. Und dann wird auch offenkundig, daß es zwischen beiden gar keinen wesentlichen Unterschied gibt.

Der heilige Fridolin jedenfalls kam nach seiner Überfahrt über das Meer später als der heilige Kolumban nach Frankreich und von da aus in unsere Heimat. Dort hielt er sich bei den *Raurakern, den Nachbarn des Schwarzwaldes,* auf und führte als erster zugleich mit der Religion auch das Mönchtum in der Nähe unseres Schwarzwalds ein, und zwar nach unserer Meinung das benediktinische, welches damals um die Mitte des siebten Jahrhunderts überall Fuß zu fassen begann; es gibt nämlich nirgendwo irgendeine Spur eines Einzelklosters oder einer Ordensregel des heiligen Fridolin, wie wir sie z.B. vom heiligen Kolumban haben.

Drittes Buch

Der Schwarzwald, Siedlungsgebiet des Ordens des heiligen Benedikt, im 7. und 8. Jahrhundert.

Der heilige Kolumban mit seinen Gefährten in der Nachbarschaft des Schwarzwaldes.

I. Der heilige Kolumban[a] stammte aus der Provinz Lagenia in Irland, die heute Leicester heißt, wo er in den freien Wissenschaften und der Theologie eine hervorragende Ausbildung erhielt. Im Kloster von Banchor führte er viele Jahre lang in tiefer Religiosität ein Leben als Mönch. Von dort fuhr er gegen Ende des 6. Jahrhunderts mit zwölf Gefährten über das Meer nach Gallien und kam in die öde Einsamkeit des *Vogesengebirges,* nachdem er zunächst das Kloster von *Anagret* und später das von *Luxeuil* errichtet hatte. Dort versammelte er eine überaus große Anzahl von Mönchen um sich und begründete so das fortwährende Lob Gottes. Als er aber etwa 20 Jahre hindurch dort das Amt des Abtes ausgeübt hatte, wurde er auf die Hetze der Brunichild hin von dem Burgunderkönig Theoderich, den er oftmals wegen seines ehebrecherischen Lebens gerügt hatte, wieder vertrieben, dann aber von dem austrasischen König Theodebert aufgenommen. Als dieser ihm seinen Wunsch erfüllt hatte, sich seinen Aufenthaltsort selbst wählen zu können, suchte er sich als Wohnsitz die Stadt *Bregenz* am *Konstanzer* See aus, um dort das Evangelium zu verkündigen. Als er nun diese apostolische Tätigkeit vom Burgund nach Alemannien verlegte, nahm er sie mit großem Eifer auf sich, und zwar sowohl in der Nachbarschaft des Schwarzwalds, als er mit seinen Gefährten den *Thurgau* durchquerte, als auch bei der eben genannten Stadt und deren umliegenden Einwohnern, die noch dem Heidentum angehörten.

> [a] Die Lebensgeschichte dieses Heiligen, die von Ionas von Bobbio, seinem ehemaligen Schüler, verfaßt worden ist, findet sich durch eigene Beobachtungen ergänzt bei Mabillon in den Acta SS. Ord. S. Bened. sec. II. p. 5.

All dies gleich zu Beginn des 7. Jahrhunderts pflegt von unseren Geschichtsschreibern des Mittelalters berichtet zu werden. Unter

diesen vermerkt ein *St. Blasianer,* dessen Handschrift in den
Bibliotheken von Muri und Engelberg aufbewahrt wird, zum Jahr
611: *Der selige Kolumban, der als Abt zusammen mit seinen
Schülern, dem heiligen Gallus und anderen, zur Zeit des Königs
Sigebert von Irland kam, erbaute im Glanz vieler Tugenden das
Kloster von Luxeuil und wurde von dort nach kurzer Zeit vom König
Theoderich vertrieben.* Auch Jonas nennt[1] in seiner Lebensbe-
schreibung des heiligen Kolumban den Sigebert: Dennoch stimmt
die Zeitangabe für keinen der drei austrasischen Könige des
Namens Sigebert. Es ist somit Childebert II. zu ergänzen, der
Sohn Sigeberts I., der schon im Jahre 575 gestorben ist, während
die Anfänge des Klosters von Luxeuil, das von Kolumban sofort
nach seiner Ankunft erbaut worden war, für das Jahr 590 berichtet
werden. Dieser Childebert II. war der Vater von Theodebert und
Theoderich, unter die er sein Reich im Jahre 575 in der Weise
aufteilte, daß der Oberrhein, nämlich der den Quellen näherlie-
gende, die Herrschaftsbereiche voneinander trennte. Die *elsati-
sche, sugintensische und turensische* Grafschaft, nämlich das Elsaß, der Sundgau und der Thurgau in der Schweiz, gehörte dem
Burgunderkönig Theoderich; dennoch entriß diese Gebiete später Theobert dem Theoderich, wie es Cointius[2] aus Fredegarius
und Aimoinus für das Jahr 610 glänzend belegt. Von daher wird
klar, warum der heilige Kolumban nach seiner Vertreibung aus
dem Burgund durch den König Theoderich die entfernteste dieser
Grafschaften am Anfang des Bodensees aufsuchte. Doch als diese
beiden Könige miteinander Krieg führten und Theodebert im
Jahre 612 geschlagen und gefangengenommen worden war, nahm
Theoderich dessen Reich mit den oben erwähnten Grafschaften
in Besitz, worauf Kolumban zum Teil freiwillig, zum Teil gezwun-
genermaßen auch Bregenz verließ und sich nach Italien begab.
Diesen Sachverhalt schildert auch die Handschrift des erwähnten
Chronisten zum Jahr 613[3]: *Der heilige Gallus begann, seine ein-
same Zelle zu bewohnen; Theoderich und Theodebert kämpften mit
feindlichen Heeren in einer heftigen Schlacht im Gebiet von Tulle,
und nachdem es auf beiden Seiten ein schreckliches Blutbad gegeben hatte, floh der besiegte Theodebert nach Köln. In diesen Tagen
wurde der heilige Kolumban aus Bregenz vertrieben und ließ dort*

1   l. c. p. 14
2   T. II. Annal. p. 602
3   Cointius l. c. p. 626

Gallus zurück, der an Fieber erkrankt war. Ein Geschichtswerk des Klosters von St. Georgen, dessen Handschrift aus etwa dem 12. oder 13. Jahrhundert bei dem Brand des Klosters St. Blasien im Jahre 1768 verlorenging und die drei Jahre 613, 614 und 615 umfaßt hatte, enthält folgendes: *Heraklios war Kaiser. Augustinus, der Erzbischof der Anglen, ging zum Herrn heim. Der heilige Kolumban wurde aus Luxeuil vertrieben und hielt sich für drei Jahre in Bregenz auf.* Dieser Zeitraum von drei Jahren ist nach der oben aufgestellten Berechnung nach dem Jahre 610 anzusetzen.

Die Akten seines Schülers, des heiligen Gallus.

II. Daß Gallus schon Priester gewesen war, bevor er mit seinem Lehrmeister, dem heiligen Kolumban, von Irland aus nach Gallien übers Meer fuhr, bezeugt Walafried[4] in dessen Lebensbeschreibung. Doch war ihm von dem heiligen Kolumban die Ausübung des priesterlichen Amtes untersagt worden, weil er, vom Fieber abgehalten, diesem nicht nach Italien folgen wollte. Gallus selbst erklärte dies dem Herzog Gunzo, dessen Tochter er von einem bösen Geist befreit hatte und der ihm neben anderen Ehrengaben auch das nach dem Tode des Gaudentius freigewordene Bischofsamt von Konstanz anbot, mit folgenden Worten: *Zu Lebzeiten meines Herrn und Vaters Kolumban werde ich den mir verbotenen Altardienst nicht versehen, es sei denn, daß dieser es erlaubt hätte;* so berichtet Walafried in seinem Lebensbild. Derselbe erzählt dann[5], aus welchem Grund Gallus dafür gesorgt hatte, daß das von ihm zurückgewiesene Bischofsamt in der Vollversammlung des Konstanzer Konzils[a] auf seinen Schüler, den Diakon Johannes, übertragen wurde, den er drei Jahre lang in der Wissenschaft der heiligen Schriften mit Eifer unterrichtet hatte[6]. Danach nämlich hatte Gallus auf dem genannten Konzil das Bischofsamt auch deshalb abgelehnt[7], weil *es nach den Rechtsvorschriften verboten* sei, *daß irgendwelche, die aus ihrer Heimat weggezogen sind, anderenorts mit Leichtigkeit ein Amt erhalten:* daher schlug er seinen Schüler Johannes für eben diese Würde vor, weil *er ein Einwohner des benachbarten Gebietes sei;* er stammte nämlich aus dem kurischen Rhätien. Es gibt bei

4 In vita apud Mabillon. acta SS. T. II. p. 230 c. 1.
5 Mabill. T. II. acta SS. p. 241
6 l.c. c. 24. et 25.
7 Ibid. c. 20.

Canisius und anderswo in den Schriftsammlungen der Väter[8] eine
Predigt des heiligen Gallus, die er anläßlich der Feierlichkeiten zu
dessen Amtseinführung hielt, als er für das Volk das geistliche
Mahl feierte. Einen Auszug davon gibt Walafried wieder[9] und
schließt: *Die Hirten der Kirche* (nämlich die Konzilsteilnehmer),
*die dies hörten, vergossen zusammen mit der Volksmenge überreich-
liche Tränen und sagten zueinander: Wahrhaftig hat heute der
Heilige Geist durch den Mund dieses Mannes gesprochen... Alle
Anwesenden aber wurden von frohem Jubel des Herzens erfüllt,
priesen Gott und kehrten mit Freude in ihre Heimat zurück. Der
verehrungswürdige Lehrer aber (Gallus) blieb bei dem Bischof
Johannes sieben Tage lang und schärfte ihm unter vielen heilbringenden Worten des Trostes immer wieder ein: Wen Gott auserwählt
hat, den wird der Mensch nicht verachten, sondern es wird der durch
die Verehrung aller hocherhaben sein, den das göttliche Urteil
empfohlen hat. Nachdem er von diesem den Segen erhalten hatte,
kehrte er in seine Zelle zurück.*

Dieses Konzil ist in unserer Heimat und in unserer Diözese
Konstanz das erste,[a] und es ist gleichzeitig ganz gewiß das erste
Beispiel aus der Vergangenheit, daß ein Mönch – und dazu noch
ein Ausländer – von einem zahlreich besuchten Konzil für würdig
befunden worden ist, einstimmig für das Bischofsamt ausersehen
zu werden. Eben dieser Alemannenherzog Gunzo hatte nämlich
außer den Bischöfen von Augsburg, Würzburg und Speyer mit
ihren Geistlichen auch die Priester, Diakone und Geistlichen ganz
Alemanniens herbeigerufen, wobei *auch der Herzog selbst mit
seinen Fürsten und Grafen an dieser Zusammenkunft teilnahm*[10].
Und obwohl Gallus das ihm angebotene Amt abgelehnt hatte,
erlangte er einen nicht geringeren Ruhm, weil er unter seinen
Schülern einen Mann besaß, der dieses Bischofssitzes würdig war,
den auch nach ihm noch sehr viele Mönche, die sogar aus dem
Schwarzwald herbeigerufen worden waren, mit größtem Erfolg
innehatten.

a) Dieses Konzil bezieht Fr. Schannat *(T. I. Conc. Germ. p. 24)* auf das Jahr 616,
andere aber auf das Jahr 622 oder sogar auf das Jahr 650; Cointius schließlich
(T. II. Annal. p. 663 et 65) wie auch Mabillon *(T. I. Annal. p. 303)* sind der
Meinung, es habe im Jahr 614 stattgefunden; dies zu diskutieren ist jedoch
nicht die Aufgabe unseres Vorhabens.

8   Lect. antiq. edit. Basnag. T. I. p. 783
9   l. c. c. 25 p. 245
10 Mabill. l. c. Actor. T. II. cap. 24 pag. 243

Orden und Regel des heiligen Kolumban.

III. *In der folgenden Zeit,* fährt Walafried im 26. Kapitel fort, *begann der überragende Förderer der Tugenden, Gallus, ein Kloster zu gründen. Er stellte kleine Häuser in Kreisform auf, damit die Brüder sich dort aufhalten könnten, von denen er schon zwölf, gestärkt durch die Heiligkeit des Mönchsgelübdes, durch sein eigenes Beispiel und durch seine Gelehrsamkeit mit dem Verlangen nach dem ewigen Leben hatte erfüllen können.* Es sind dies die Anfänge jenes überaus bedeutenden Klosters, das nach seinem heiligen Begründer *Zelle des Gallus* genannt wurde und auch unserem Schwarzwald, in dem allmählich das Christentum heranwuchs, so viele heilige Bischöfe schenkte, und das heute das blühendste Kloster des Ordens des heiligen Benedikt ist. Was von den Anfängen her den Klöstern des heiligen Kolumban vom heiligen Gallus oder durch eine Regel eingeprägt worden ist, läßt sich heute nicht mehr leicht entscheiden. Der heilige Gallus jedenfalls verließ zusammen mit dem heiligen Kolumban Irland, noch bevor der Benediktinerorden nach Britannien und von da aus nach Irland gelangt war. Mabillon stellt das nicht in Abrede und behauptet[11] auch gegen die meisten, daß der Orden des heiligen Kolumban in seinen Anfängen von dem des Benedikt unterschieden gewesen ist, und sich auch seine Regel von der unseren ganz und gar unterschied, so daß sich in der unseren fast keine Spur mehr davon finden läßt. Was er aber im Vorwort zum 2. Jahrhundert[12] nur angedeutet hatte, machte er im Vorwort zum 4. Jahrhundert gegen Cointius deutlich[13]: Demgemäß reiste der heilige Kolumban nach Italien, wo er sich den römischen Sitten anpaßte, und die Ordensregel des heiligen Benedikt in seinem Kloster Bobbio zuließ. Im Verlauf des 7. Jahrhunderts wurde sie überall in Gallien und auch in Luxeuil von den ersten Schülern des heiligen Kolumban übernommen.

Wäre es nun unverschämt oder unpassend zu behaupten, daß der heilige Gallus dem Beispiel dieses seines Meisters gefolgt sei, dem er auch während seiner Abwesenheit, wie wir eben gesehen haben, einen fortdauernden Gehorsam entgegenbrachte? Zumal, wie bei Holsten zu sehen ist[14], die Regel des heiligen Kolumban so

---

11 In praefat. Act. O. S. B. sec II. et III.
12 Ibid. n. 14
13 Act. SS. sec IV. n. 128 seqq.
14 Cod. Regular. T. I. p. 170

kurz ist und nur ganz wenige Kapitel umfaßt oder wenigstens der
Teil, der seinem Bußbuch vorangestellt ist. In der Folgezeit wurde
dieses Buch als eine gewisse Ergänzung der Regel des heiligen
Benedikt aufgefaßt. Die Regel des heiligen Kolumban hat sogar
sowohl der heilige Eustasius selbst, wie vor allem auch die Synode
von Matiscon[15] im Jahre 624 gegen die ungerechtfertigte Eifersucht des Agrestius in Schutz genommen, eines unruhigen und
flüchtigen Mönches aus Luxeuil: Dadurch kamen auch andere
Neider aus Furcht vor der göttlichen Strafe wieder zur Besinnung,
wie bei Jonas in der Lebensbeschreibung des heiligen Eustasius
nachzulesen ist[16].

Zusammen mit der Regel des
heiligen Benedikt und anderer.

IV. Doch wie es in menschlichen Dingen zuzugehen beliebt: Eben
dieser erste Anlauf der Regel des heiligen Kolumban machte sie
in allererster Linie dort hochberühmt, wo sie verleumdet wurde,
nämlich in der gallischen Provinz Burgund, wohin der heilige
Kolumban zuerst gekommen war, um sich an unzugänglichen
Stellen der Berge zu verstecken; ja, sogar dort, wo es ihm
aufgrund der Nachstellungen des Königs Theoderich erlaubt war,
sich in Alemannien einen Wohnsitz zu errichten. Als er nach
Italien ging, wurde sein Orden und seine Regel dort in keiner
Weise weiterverbreitet, obwohl er sowohl in seinem Leben wie
auch nach seinem Tode dort gleichermaßen denkbar berühmt
war. In Gallien aber wuchs sie im 7. Jahrhundert, wie verschiedentlich von Geschichtsschreibern erwähnt wird, nicht nur gerade
in dem Kloster von Luxeuil mit der Regel des heiligen Benedikt
zusammen, sondern es wurde auch in öffentlichen Urkunden
festgelegt, daß sich in dem genannten Jahrhundert Mönchsgemeinschaften unter der Regel des heiligen Benedikt und des
heiligen Kolumban zusammenfinden sollten.

Von da her gesehen ist es reichlich ungefällig, was Cointius in
seinen ›Annales Francici‹ nicht nur an einer Stelle behauptet, daß
nämlich der Name des heiligen Benedikt getilgt werden müsse,
wenn er in dergleichen Dokumenten mit dem Namen des heiligen

---

15 Labb. Conc. T. V. p. 1686
16 Mabill. Act. SS. sec. II. p. 118 seqq.

Kolumban verbunden auftritt. Diesen aber belehrte Mabillon sowohl in den früheren Schriften der ›annales Benedictorum‹ als auch in seinen Vorreden zu den Heiligenakten vor allem des 2.[17] und 4. Jahrhunderts[18] derart eines besseren, daß sich Cointius und andere der frechen – um nicht einen schärferen Ausdruck zu gebrauchen – Behauptung schämen müßten, durch den sie die Mönche zu Angeklagten eines Bestrebens machen, das zum Teil zu einem früheren Zeitpunkt als dem 7. und den später nachfolgenden Jahrhunderten noch völlig unbekannt gewesen war, sich nämlich im Streit gegenseitig der Häresie zu beschuldigen und zu sagen: Ich gehöre zu Paulus, ich zu Petrus, ich aber zu Apollo. Sie sollten sich doch lieber darum bemühen, sich gegenseitig in ihren Anstrengungen zu helfen und das Ordenswesen zu vervollkommnen, und wie die Bienen den Ertrag ihrer Arbeit in denselben Bienenstock einbringen, sollten sie aufspüren, was immer es an gutem Saft und Wohlgeschmack auch in anderen als den Regeln des heiligen Benedikt und Kolumban gibt. Für Mabillon selbst hat diese ganze Kontroverse kein so großes Gewicht[19], wie sie gewissen anderen erschien, daß er sie in einer längeren Untersuchung behandeln müßte. *Sicher ist allerdings,* sagt er, *wie ich schon dargestellt habe – und es ist hilfreich, dies recht häufig zu wiederholen –, daß der Orden und die Regel nicht nur des Benedikt und Kolumban, sondern auch aller Mönche zu jener Zeit einzigartig gewesen ist, auch wenn sie verschiedene Regeln und manchmal auch andersartige Riten gehabt haben. Denn diese hatten alle dasselbe gesteckte Ziel und dieselbe Absicht, nämlich den Rückzug von dem Lärm und der Verderbnis der Welt; es war zusammen mit den anderen Mönchsgelübden dieselbe Absage an alle Dinge: und niemals wurde ein Mönchsorden andersartig genannt, es sei denn, daß man dieses Wort dazu verwendete, um damit eine strengere oder mildere Einhaltung der Ordensregel zu bezeichnen.*

Dies stimmt vor allem mit dem letzten Kapitel der Regel des heiligen Benedikt überein, das den Titel trägt: *Darüber, daß in dieser Regel nicht die gesamte Beobachtung der Gerechtigkeit festgelegt ist.* Nachdem er nämlich dort die Lehren der heiligen Väter im allgemeinen empfohlen hatte, berief er sich auch auf die

---

17 n. 9 seqq.
18 n. 68, 122 et seqq.
19 Lib. VIII. Annal. n. 17 T. I. p. 215

Regeln anderer und fügte dann an: *Doch die Schriftensammlungen
der Väter, ihre Einrichtungen und ihr Leben, aber auch die Regel
unseres heiligen Vaters Basilius: Was sind sie anderes als Beispiele
für sinnerfülltes Leben, gehorsamer Mönche und Zeugnisse der
Tugend?* Er war von einem Ausschluß der Regeln anderer soweit
entfernt, daß er mit Rücksicht auf deren Regeln seine eigene *einen
winzigen Beginn* nannte und seine Schüler dazu ermahnte, *höhere
Gipfel der Gelehrsamkeit und der Tugenden zu erklimmen.*
Dasselbe Gelübde darf man auch in der Regel des heiligen
Donatus feststellen, der vom einfachen Mönch aus Luxeuil zum
Erzbischof von Besançon ernannt wurde. In seinem Vorwort zu
der Regel für Nonnen sprach er diese folgendermaßen an[20]: *Sehr
oft bürdet ihr mir auf, daß ich nach Erforschung der Regel des
heiligen Caesar, des Bischofs von Arles, die ja ganz besonders den
Jungfrauen Christi gewidmet ist, euch diese zusammen mit den
Spruchsammlungen der allerseligsten Äbte Benedikt und Kolumban
und auch anderer nach Art eines Handbuchs auswählen und zusam-
menfassen müsse.* So lesen wir bei Mabillon[21] in einer Lebensbeschreibung des heiligen Praeiectus oder Proiectus, eines Bischofs
aus der Auvergne, die von einem Zeitgenossen verfaßt worden ist:
Die Nonnen des Camelarius sollen sich zusammengeschlossen
haben, *und zwar nach der Regel heiliger Männer, nämlich des
heiligen Benedikt, des heiligen Caesar und des Kolumban.* Die
Mitglieder auch des Benediktinerordens wählten einst freiwillig
die Regel des heiligen Kolumban, wobei dennoch ihre eigene
erhalten blieb, vor allem des Bußbuchs wegen, das den größeren
Teil eben dieser Regel ausmacht. Als Belege dafür fand
Mabillon[22] Anhänge an bestimmte Handschriften der Regel des
heiligen Benedikt mit der Aufschrift: *Ordensregel der Väter von
Irland.* Mit diesem Titel versehen gab es jenes handgeschriebene
Buch gesondert in unserer Bibliothek von St. Blasien und wurde
mit ihr zusammen in dem Brand von 1768 vernichtet. Ich erinnere
mich, dieses Buch auch in anderen benediktinischen Bibliotheken
über ganz Deutschland hinweg gefunden zu haben. Als Anhang
oder gleichsam als Nachtrag der Regel des heiligen Benedikt ist es
von dieser getrennt. Es unterscheidet mit kurzen Worten die
Stufen der Strafe, die Strafzumessung überläßt es dem Urteil des

20   Holstenii cod. Regular. T. I. p. 377
21   Sec. II. act. SS. p. 641
22   Analect. vet. observ. VIII. pag. 19

Abts. Es ist also anders als das Bußbuch des heiligen Kolumban, in dem in etwa die Arten der Strafen für die Mönche festgelegt werden. Dieses Bußbuch bespricht Mabillon in den Aufsatzsammlungen nach einer uralten Handschrift aus dem Kloster von St. Gallen, wo er im Vorwort bemerkt, daß dieses verfaßt worden sei, um das je unterschiedliche Strafmaß zu vervollständigen. *Holsten hat es in seinem Verzeichnis der Ordensregeln (Band I) herausgegeben.*

Die Auseinandersetzung des heiligen Kolumban um das Osterfest und die Tonsur.

V. Wie Mabillon bemerkt[23], waren allerdings in mancher Hinsicht die Bräuche des Kolumban und seiner Schüler von den Riten der lateinischen Mönche verschieden, welche sich zu der Regel des heiligen Benedikt mit Hingabe bekannten. *Doch,* fährt er fort, *wenn man gewisse von daher entstandene Meinungsverschiedenheiten außer acht läßt, verletzte diese Unterschiedlichkeit die Einheit des einen Ordens nicht mehr, als die unterschiedlichen Betrachtensweisen zu unserer Regel von heute.* Zu diesen Gegensätzen darf man auf keinen Fall jenen berühmten Streit um das Osterfest rechnen, wodurch die Briten oder Schotten und die Iren von den römischen Sitten abwichen, indem sie ein recht verhängnisvolles Schisma um den Vierzehnten Nisan verursachten. Sie feierten nämlich das Osterfest zusammen mit den Juden, wenn der 14. Nisan auf einen Sonntag gefallen war. Dies wollte in ganz besonderer Weise der heilige Augustinus, der Apostel der Angeln, und seine Gefährten als Mißbrauch abschaffen, wie wir aus der ›Historia gentis Anglorum‹ des Beda Venerabilis[24] erfahren. Der heilige Kolumban aber beharrte entschieden darauf. Von geringerer Bedeutung war der andere Streit um die Tonsur, wodurch die Scoten von den Römern abwichen, indem sie den vorderen Teil des Hauptes von Ohr zu Ohr vollständig rasierten, während der hintere Teil des Hauptes oder der Hinterkopf ungeschnitten blieb: Die Römer dagegen rasierten den Kopf oben und trugen weiter unten ein Rund von Haaren nach Art eines Kranzes, nämlich nach dem Beispiel des heiligen Petrus, wie man glaubte: Von da her stammt auch die Tonsur der Weltgeistlichen, die sich

---

23 Mabill. Praefat. I. ad acta SS. sec. IV. n. 68.
24 Lib. II. cap. 2. et 4.

von der der Mönche unterscheidet, die sich in ihrem Aussehen und Ursprung auf den Orient bezieht: Hier nämlich gehörte es zum Mönchsstand, daß der Kopf vollständig rasiert war. Als schließlich die Regel des heiligen Benedikt bei den Scoten einge-führt war, verschwand allmählich zusammen mit anderen Riten auch diese Verschiedenheit der Tonsur, und Mönche und Weltgeistliche ließen sich leicht davon überzeugen, daß nicht das Gewand und die Tonsur den Mönch oder den Weltgeistlichen ausmachen.

Die Mönchskleidung.

VI. Dennoch bewirkten das Gewand und die Tonsur, daß sich von den Klerikern die Mönche unterscheiden ließen, die jedenfalls früher als ›Christliche Weise‹ einen Gürtel und einen Mantel trugen. Papst Coelestin tadelt dies in einem Schreiben[25] an die Bischöfe von Vienne und der Provinz von Narbo aus dem Jahre 428 als gekünsteltes Getue der gallikanischen Bischöfe. Aus diesem auf der Vorderseite geschneiderten Pallium ging allmählich die Mönchskutte hervor, die der heilige Benedikt in seiner Regel[26] den Mönchen mit der Tunika zusammen vorschreibt und dazu noch wegen der täglichen Arbeit ein *scapulare*. Die alte Form dieser Tracht aber beschreibt Papst Bonifatius IV. in mystischer Weise, als er auf dem Konzil von Rom im Jahre 610 Mönche gegen eifersüchtige Verleumder in Schutz nahm[27]: *Priester also, Mönche wie Kanoniker, die täglich die heiligen Gebote Gottes verkündigen, werden Engel genannt, und das ist auch aus Vernunftsgründen nicht unangemessen. Eine jede Engelschar ist nämlich um so höher an Würde anzusehen, je näher sie die Herrlichkeit Gottes schaut. Denn wie die Cherubim werden die Mönche von sechs Flügeln verhüllt: zwei nämlich in der Kapuze, durch die das Haupt bedeckt wird; sie zeigen sich in einander entsprechenden Meinungen. Dann sagen wir, daß die Tunika zwei Flügel aufweist, wenn man die Arme ausbreitet, und schließlich das Gewand, das den Körper bekleidet. Damit ist die Zahl sechs voll. Für die aber, die darum kämpfen, daß Priester aus einem Mönchs-orden von der vollen priesterlichen Gewalt ferngehalten werden*

25 Labb. Concil. T. II. pag. 1681
26 Reg. c. 55.
27 Labb. Conc. T. V. p. 1618

sollten, bestimmen wir, daß sie in Zukunft an schändlichen Versuchen dieser Art gehindert werden. Denn je höher jemand steht, um so mächtiger ist er auch.

Die Zulassung von Mönchen zur Seelsorge.

VII. Von hier aus erklärt sich auch das Ziel und der Grund dieses Schreibens der Synode bzw. der Verfügung von Bonifatius IV. gegen die Neider dieser Mönche[28], die damals darum kämpfen mußten, in den geistlichen und kirchlichen Stand aufgenommen zu werden. Dem aber widersetzten sich jene mit Nachdruck, obwohl sie sich dabei auf kein Dogma stützen konnten. Sie gingen dabei geradezu unverschämt vor, wobei sie mehr vom Eifer der Erbitterung als von der Liebe entflammt waren ... Weil die Mönche für die Welt gestorben sind und für Gott leben, hielten sie sie der priesterlichen Amtsgewalt für unwürdig: Sie könnten keine Buße und kein christliches Leben auferlegen und auch nicht aufgrund der Gewalt, die dem Priesteramt von Gott selbst verliehen sei, die Lossprechung von den Sünden gewähren. Nachdem er diese an den Beispielen hochheiliger Vorsteher der Kirche, Gregor dem Großen, dessen Schüler Augustinus, den Apostel der Angeln, und den heiligen Martin von Tours über ihren Irrtum belehrt hatte, fährt er fort, *daß es auch eine ungeheuer große Zahl von verehrungswürdigen Männern gegeben habe, die in dem überaus kostbaren Gewand der Mönche erstrahlt seien. Keineswegs sei es mit dem päpstlichen Siegelring unterzeichnet worden, wenn sie nur deshalb daran gehindert würden, die vorher genannten Ämter auszuüben, weil sie Mönche seien. Auch Benedikt, der segensreiche Lehrer der Mönche, hat in keiner Weise dafür ein Verbot ausgesprochen. Er hat lediglich angeordnet, daß Mönche sich nicht an weltlichen Geschäften beteiligen dürften. Das aber wird in apostolischen Dokumenten und Urkunden aller hochheiliger Väter nicht nur den Mönchen, sondern auch und vor allem den Klerikern auferlegt.* Niemand nämlich, der für Gott streitet, verwickelt sich in weltliche Geschäfte[29]. *Beiden wird auch durch die klaren Beispiele der eben genannten Väter aus diesem ganz und gar einleuchtenden Grund in jeder Hinsicht vorgeschrieben, daß sie für die Welt gestorben sein müssen. Angeleitet also durch die*

---

28 l. c.
29 *2 Tim.* 2,1

Beispiele so vieler Väter, zu denen im Widerspruch zu stehen äußerst gefährlich ist, glauben wir, daß nach dem Willen Gottes die Priestermönche das Amt des Bindens und des Lösens nicht unwürdig ausüben, wenn es in würdiger Weise geschehen ist, daß sie zu diesem Dienst auserwählt wurden.

Welchen Segen dieses Dekret aus dem Jahr 610 im Verlauf des 7. Jahrhunderts der Kirche gebracht hat, bezeugen die Bischofssitze, die durch hochverdiente Vorsteher, die man aus den Verstecken der Klöster geholt hatte, besetzt und ausgeschmückt wurden, in reichem Maße. Kurz vorher gab es schon Gelegenheit, von *Konstanz* zu sprechen, wo im Jahre 614 Johannes aus dem Schülerkreis des heiligen Gallus den Bischofssitz übernahm. Diesem Gallus aber bürdete der heiligen Kolumban *die Pflicht auf, das Volk durch seine heilbringende Mahnung vom götzendienerischen Irrtum zur Verehrung Gottes zurückzurufen, weil er vom Herrn die Gnade empfangen habe, nicht nur die lateinische Sprache zu verstehen, sondern auch eine genaue Kenntnis der barbarischen Landessprache habe;* das bezeugt Walafried in dessen Lebensbeschreibung. Dieser Mühe bedurften damals die Waldgebiete in ganz Germanien in besonderer Weise; und ich zweifle nicht daran, daß die Synode von Nantes[30] ungefähr im Jahr 659 in Austrien bzw. im östlichen Frankenland, die nach Eckhard[31] als allgemeines Konzil abgehalten wurde, auf den Schwarzwald Bezug nimmt, wenn sie im letzten Kanon bzw. im 20. folgendes äußert: *Mit größtem Eifer müssen sich die Bischöfe und ihre Diener dafür einsetzen, daß die den Dämonen geweihten Bäume, die das Volk verehrt und so sehr anbetet, daß es nicht einmal einen Ast oder einen Zweig abzuschneiden wagt, mit der Wurzel ausgerissen und verbrannt werden*[32]. *Auch die Felsen, die sie – getäuscht durch die Hirngespinste von Dämonen – an verfallenden oder waldigen Stellen verehren und wo sie Gelübde ablegen, sollen von Grund auf ausgegraben und dahin geschafft werden, wo sie von ihren Anbetern niemals mehr gefunden werden können. Und allen soll verkündet werden, wie groß das Verbrechen der Götzendienerei ist, ... und allen soll untersagt werden, ein Gelübde abzulegen oder irgendwo eine Wachskerze oder sonst eine Weihegabe darzubringen, um für sein Wohl zu beten, außer er bringt es zur Kirche für Gott, seinen*

---

30   c. 6 apud Mabill. act. SS. sec. II. pag. 233
31   Eccardus Franc. or. T. I. p. 240 seqq.
32   l. c. p. 243

Herrn. Von da aus gesehen hat Eckhard recht, wenn er an der gegebenen Stelle sagt, daß es damals in den Frankenreichen, vor allem auf dem Gebiet diesseits des Rheins, Heiden gegeben habe, die die Germanenapostel noch lange Zeit danach nicht von ihrem altüberlieferten Aberglauben restlos abbringen konnten.

Was nun unseren Schwarzwald anbetrifft, strahlte ihm von der Ferne aus den angrenzenden Nachbardiözesen ein helles Licht entgegen: aus Konstanz vom Osten her, vom Süden und vom Westen her aus Basel und Straßburg, solange nämlich Ragnachar, ein Schüler des heiligen Eustasius aus Luxeuil, diese Diözese leitete: Von ihm wissen wir, daß er der erste Bischof von Augst gewesen ist, als es wieder aus den Ruinen neu erstand: Diesen Bischofssitz von Straßburg hatten damals nach dem heiligen Amandus II. die heiligen Arbogast und Florentius inne; beides waren Gefährten des heiligen Deodat, des Ordensgründers von Median, im apostolischen Amt und im monastischen Leben: Von Norden her entzündeten nach Athanasius die Speyrer Bischöfe Principius und Tragebodo von den Weißenburger Äbten unserem Waldgebiet das nachbarliche Licht.

Im Schwarzwald errichtete Klöster.

VIII. Diese Waldgebiete durchdrangen und bebauten schließlich die Klöster, die in der ganzen Gegend errichtet wurden. Von diesen aus wurden bis in die dichtesten Wälder hinein Niederlassungen geschaffen. Diese verliehen allmählich dem Land ein neues Gesicht. Nachdem Baumstämme gefällt und Felsen zertrümmert worden waren, verwandelte sich die Landschaft in grünende Wiesen und gepflegte Äcker: Dies war in erster Linie der unermüdlichen Arbeit und Mühe der Mönche zu verdanken, die hierher kamen, so daß schließlich aus der unzugänglichen Wildnis nicht nur Felder und Dörfer entstanden, sondern auch große Gemeinden und Städte. Hier bietet vielleicht das erste Beispiel die schreckliche Einöde, in die sich der heilige Gallus begab. Walafried, der Verfasser seiner Lebensgeschichte, beschreibt[33] sie *als von ständig laufendem Wasser übergossen, schrecklich kalt, voll von schroffen Felsen, von engen Schluchten gekrümmt und bewohnt von wilden Tieren. Denn außer Hirschen*

---

33 cap. 10. T. II. act. SS. Mabill. p. 235

und Herden unschädlicher Tiere bringt sie überaus viele Bären hervor, zahllose Eber und unzählbar viele Wölfe, die in ihrer blinden Wut einzigartig sind. Im Verlauf unserer Geschichtsdarstellung werden wir noch mehr von dieser Art antreffen.

Das Kloster Schuttern.

IX. Schon vor dem heiligen Gallus wird die Zelle des *Offo* an der Schutter im Jahre 603 erwähnt. Sie liegt nicht weit weg von den Westgrenzen der Schwarzwaldberge in der *Mortenau,* die allein schon mit ihrem Namen ein schauriges und wildes Gebiet zu beschreiben scheint. Waldgebiet reichte bis dahin, wo heute eine herrliche Ebene und fruchtbares Land die Augen aller hinreißt. In der Nähe davon verrät die Stadt *Offonisburgum,* oder *Offenburg* hinreichend, daß sie ihren Ursprung eben diesem Offo verdankt. Teilweise behauptet man auch noch anderswo in Germanien, daß dieser Offo ein König gewesen sei, oder daß er doch wenigstens einem königlichen Geschlecht der Angeln entstammte[34]. *Daß es einstmals in dieser Gegend einen Fürsten Offo gegeben hat, der ein Kloster unter seinem Namen erbaut hat,* scheint uns mit Mabillon sehr wahrscheinlich[35]. Wir stimmen mit ihm auch darin überein, daß man den Namen des Angelnkönigs Offa gelesen hat und meinte, er sei eben der Fürst, der zur selben Zeit wie Karl der Große lebte. Bei Venerabilis Beda[36] wird auch ein Offa genannt, ein Sohn des Ostsachsenkönigs Siger, der seine Frau und sein Reich verließ und dann im Jahre 707 nach Rom kam und das Mönchsgewand anzog; dieser aber ist viel später als unser Offo.

Es bestand[37] aber einmal jenseits des Rheins und der Vogesen in Lothringen ein Kloster gleichen Namens, und es ist ungewiß, ob es von demselben Offo errichtet worden ist, der im Jahre 603 dieses auch heute noch außerordentlich bedeutende Schutteraner Kloster gegründet hat. Das Kloster ist später nach dem Wildbach *Schutteren* benannt, der aus den Bergen des Schwarzwaldes hervorströmt. Einen jüngeren Ursprung rechnet diesem Kloster jedoch Trithemius zu, der in einem Brief an den Abt von Amorbach, den vor kurzem Kollarius aus der kaiserlichen

---

34 Gall. christ. T. V. p. 852
35 T. I. Annal. p. 533 n. 64
36 Hist. Angl. lib. V. c. 20
37 Calmet hist. de Lorraine T. II. p. 454 ad an. 707

Bibliothek zu Wien als erster veröffentlicht hat[38], eine Klostergründung durch Offo völlig ablehnt und der Meinung ist, diese sei
dem heiligen Pirmin um das Jahr 734 zuzuschreiben. Dem folgten
auch andere Autoren. Diesen widersprach aber ein Anonymus in
einer Chronik, die um das Jahr 1537 herausgegeben worden war
und die Schannat in seinen *Vindemiae litterariae* wieder zum
Vorschein brachte[39]. Er schreibt: *Da sich viele in der Person des
ersten Gründers und dem Ursprung des Klosters an der Schutter
geirrt haben, weil sie die alten Schriften des Klosters nicht gesehen
hatten, schien es mir richtig, diese Angelegenheit allein aus den
Archiven genau zu klären ... Nach sicheren Dokumenten steht
nunmehr fest, daß unser Kloster 603, im 6. Indiktionsjahr des
Frankenkönigs Lothar II., von einem Anglen aus königlichem
Geschlecht namens Offo zur Zeit des großen und ersten heiligen
Gregor, der kurz vorher Anglien zum christlichen Glauben bekehrt
hatte, von den Grundmauern her errichtet worden ist.* Und hier
stimmt alles mit dem Jahr 603 überein, nämlich das 6. Indiktionsjahr des Ponitifikats des heiligen Gregor und die Glaubensboten, die von ihm etwa gegen Ende des vergangenen Jahrhunderts nach Anglien gesandt wurden. Und wenn man zu Lothar die
Zahl II. hinzunimmt, stimmt das Datum genau; denn der zweite
dieses Namens regierte im Jahre 603 schon im 20. Jahr; allerdings
ist das Jahr seiner Herrschaft in dem wiedergegeben Text außer
acht gelassen worden.

Nicht so genau aber entsprechen die Jahreszahlen dieser Chronik
denen, die Grandidier[40] aus Wimpfeling, Coccius und Böckler
entnimmt. Die Chronik fügt nämlich folgendes an: *Dieses Kloster
nannte der Frankenkönig Dagobert in seinem amtlichen Schreiben,
mit dem er auf Drängen des Straßburger Bischofs Arbogast sein
Hofgut und seinen Grundbesitz im Bezirk Herlisheim unserem
Kloster im Jahre 630 zum Geschenk machte, ausdrücklich >Zelle des
Offo<. Wir haben dieses Hofgut bis zum Jahre 1289 in Frieden im
Besitz gehabt.* Doch ist diese widersprüchliche Zeitangabe aus der
Unkenntnis über drei verschiedene Dagoberts und die Zeit des
Arbogast entstanden; das Jahr 630 trifft zwar für Dagobert I. zu,
aber überhaupt nicht für Arbogast, der den Straßburger
Bischofssitz erst im Jahr 673 von Dagobert II. erhielt. Von daher

38 T. I. analect. monum. Vindob. p. 717
39 Collect. I. p. 17
40 Hist. de l'église de Strasbourg T. I. p. 338

bezieht Grandidier[41] jene Schenkung auf das Jahr 674 und beruft
sich dabei zugleich auf die ›Alsatia illustrata‹ Schöpflins[42], wo das
Fragment einer Urkunde zitiert wird, in der Dagobert II. dem
Kloster an der Schutter im Dorf Herlisheim die Hofhaltung
zugestanden hat. Daraus ergäbe sich dann aber, daß jenes Kloster,
das man in der Bulle Leos VIII. als ›wieder hergestellt‹ lesen
kann, vor dem heiligen Pirmin schon im 7. Jahrhundert bestanden
hätte, das als *Zelle des Offo* bezeichnet wurde. Dies gegen
Trithemius zu beweisen war das Anliegen jenes Anonymus, den
andere Paul Volz nennen; ich aber lese bei Schannat von jenem
Anonymus als ›Volz‹ Genannten[43] so, wie ich nach einer Berichtigung auch im Martyrologium einen anderen als den Genannten
erkenne.

Die Schutterer wissen, daß sie über jene ersten 23 Äbte keine
genaue Kenntnis haben, die nach dem Beispiel anderer, älterer
Klöster nur global genannt werden. Wir haben schon an anderer
Stelle vermutet, daß die Namen dieser Äbte aus den alten Totentafeln fehlerfrei hätten gesammelt werden können, auch wenn in
sie die Äbte auch anderer Klöster vermischt eingefügt worden
sind. Ja, man hätte sogar daraus die Reihenfolge der Äbte ohne
irgendwelche andere Hilfsmittel mit einiger Sicherheit feststellen
können. Überhaupt berührt es in bezug auf die Schutterer Äbte
schmerzlich, wenn das wahr sein sollte, was die Angehörigen
dieses Klosters von dem Abt Friedrich I. meinen: Danach sei
unter seiner Leitung das Klosterwesen vom heiligen Pirmin in
eine bessere Ordnung gebracht worden. Wie aber kann man
glauben, daß es von der genannten Klostergründung im Jahre 603
bis zum Jahre 734, in dem es vom heiligen Pirmin erneuert wurde,
dort 23 Äbte gegeben hat, von denen Friedrich I. als letzter diese
Erneuerung durchführen ließ, wo er doch nach den Autoren der
Gallia christiana dem Kloster erst im 13. Jahrhundert vorstand[44]?

---

41 loc. cit.
42 T. I. p. 708
43 l. c. p. 20
44 T. V. pag. 854

Die Anfänge der Klöster Hirsau und St. Georgen in diesem Jahrhundert als Hilfe für den noch schwachen Glauben.

X. Die Autoren, welche Crusius zitiert[45], beziehen die ersten Anfänge des weitberühmten Klosters von Hirsau auf das Jahr 645. In der Tat veröffentlicht auch Pregizer in seiner *Suevia et Wirtembergia sacra* bzw. in der umfangreicheren Geschichte von Sankt Aurelius und dem Kloster Hirsau ein Schriftstück, das im Jahre 1534 im Archiv des Speyrer Doms aufgefunden wurde. Wir fügen es hier an:

»Im Jahr 645 lebte eine reiche Witwe namens Helisena, die einer Calwer Familie ehemals leibeigener, vornehmer Leute entstammte. Als sie etliche Jahre ihrer Witwenschaft verbracht hatte, wollte sie nur noch Gott angehören. Täglich und vertrauensvoll betete sie zu Gott, dem Herrn, weil er ihr keinen Erben geschenkt habe und sie eine alleinstehende Frau sei, daß er sie einer Eingebung würdigen möge, wie sie ihren Besitz nach seinem göttlichen Wohlgefallen verwenden könne, wodurch sein Name verherrlicht und sein Lobpreis gemehrt werde. Eines Nachts hörte sie im Traum eine laute Stimme, die sagte: Helisena, hör gut zu! Gott war geneigt, dich in deinem Gebet zu erhören. Dir zum Zeichen wirst du eine Ebene erblicken, die mit drei Fichten an einem einzigen Stamm und mit herrlichen Büschen geschmückt ist. Dort sollst du zur Ehre Gottes eine Kirche bauen, in der sein Name verherrlicht und sein Lobpreis gemehrt wird. Als sie aber erwacht war, behielt sie alles, was sie gesehen und gehört hatte, so in ihrem Gedächtnis fest, wie wenn sie es beim Wachen erlebt und sich das alles vor ihren Augen ereignet hätte. Obwohl ihr noch nie etwas derartiges begegnet war, behielt sie das alles insgeheim für sich und verriet niemandem etwas davon. Am Morgen zog sie zu Ehren Gottes ihr Feier- und Festtagsgewand an und nahm eine Magd und zwei Knechte mit sich. Wie bei einem Spaziergang richtete sie ihren Weg auf die Landgüter hin. Als sie auf eine Anhöhe gestiegen war, erblickte sie dort von weitem die Ebene, wie sie sie im Traum gesehen hatte. Hocherfreut und eilig schritt sie weiter aus und fand bei der lieblichen Ebene drei schöne Fichten, die aus einem einzigen Stamm hervorwuchsen. Tränenüberströmt warf sie sich zu Boden und legte dann ihr Festtagsgewand neben den Fichten nieder – zum Zeichen dafür, daß sie ihr ganzes Hab und Gut zum Lobpreis und zur Ehre Gottes gegen diesen Ort eintauschen wolle. Und sowie sie gleich darauf mit ihrem Gesinde nach Hause zurückgekehrt war, rief sie alle ihre Freunde zusammen, nämlich Edward und Leopold, einstmals leibeigene Edle, die ihre Onkel waren und damals die Stadt Calw regierten, und auch den Bürgermeister mit seiner ganzen Familie, offenbarte ihnen alles und bat sie dringend, weil sie das Recht auf diesen Grund und Boden besaßen, daß sie doch damit einverstanden sein wollten: sie antworteten, daß sie ihr nicht nur das Grundstück für das Bauwerk überlassen wollten, sondern auch das gesamte Gelände mit seinen Weiden und Feldern, das zu der Berghöhe und dem Landgut gehörte. Bald darauf ließ Helisena ihr Festtagsgewand, ihre Ringe und den gesamten Schmuck in die Kapelle des heiligen Nikolaus bringen und gelobte Gott dem Herrn, daß sie von nun an keinen weltlichen Schmuck mehr an ihren Kleidern und keine Halsketten am Körper tragen werde. Täglich und fortwährend dachte sie darüber nach, wie sie den Willen Gottes sogleich erfüllen könne, und begann,

45 In Paralip. Suev. Annal. c. 13

zur Ehre Gottes die Kirche zu bauen, die sie dann auch nach drei Jahren vollendete. Nachdem diese errichtet worden war, betete sie wieder zu dem allmächtigen Gott, daß er ihr zeigen möge, wie sie ihm zu Ehren dieses Gotteshaus einrichten solle, damit in ihm sein Name verherrlicht und sein Lobpreis gemehrt werde. Es sei ihr eine Pflicht, es seinem Willen gemäß zu vollenden. Noch einmal hörte sie im Schlaf die Stimme, die sie anwies, in dieser Kirche Personen zu sammeln, die den Namen Gottes rühmen und seinen Lobpreis mehren sollten. Daraufhin ließ sie an die Kirche ein Haus anbauen, in welches sie vier Personen einwies, die der Welt entsagt hatten und für die sie mit ausreichender Nahrung sorgte: sie sollten sich ausschließlich mit Eifer dem Lobpreis Gottes widmen. Auch erreichte sie es, daß dieses ihr Kloster sowohl von der kirchlichen wie auch von der weltlichen Gewalt bestätigt wurde. Die Kirche aber besuchte täglich eine ungeheuer große Volksmenge in tiefer Demut zum Lob und zur Ehre Gottes. Und nach der Vollendung und der Bestätigung all dessen rief sie Gott aus dieser Welt, auch wenn das Gotteshaus noch nicht geweiht worden war, und sie wurde in Tübingen bestattet. Und ich, Bruno, habe als Notar der Edlen Edward und Leopold an diesem Geschehen teilgenommen.«

Wir überlassen es aber zur genaueren Überprüfung anderen, die sich darauf verlegen, die Geschichte Württembergs weitgehender zu erhellen. Trithemius, der dieses Schriftstück nicht kannte, erwähnt[46] eine Kapelle, die auf einer Bergkuppe zu Ehren des heiligen Nazarius erbaut worden war. Der Calwer Graf Erlafrid bewahrte in dieser Kapelle, wie wir noch hören werden, später im 9. Jahrhundert den Leichnam des heiligen Aurelius auf, den er von Italien nach Deutschland gebracht hatte, bis eine Kirche mit Kloster errichtet war. Dabei kann einem leicht in den Sinn kommen, daß die Verehrung des heiligen Nazarius später in unserem Gebiet stark zugenommen hat, nachdem der Metzer Bischof Rodegang etwa um das Jahr 765 den Leichnam dieses Heiligen in das Kloster Lauresheim nicht weit weg von Hirsau gebracht hatte: Daher wird auch das Kloster des heiligen Nazarius mit dem Namen des heiligen Aurelius vermischt genannt. Darüber schreibt Cointius in den ›Annales Ecclesiastici Francorum‹[47].

Auf einen ebenso unsicheren Zufall stützt sich auch das, was man als Anfügung in der Chronik von St. Georgen lesen kann. Diese wurde im 14. Jahrhundert von einer jüngeren Hand zum Jahr 682 hinzugeschrieben: *In diesem Jahr begann das Kloster des heiligen Georg in seinen Anfängen erbaut zu werden.* Und zum Jahr 700: *Hainricus war der erste Abt von St. Georgen;* und zum Jahr 727 sein Tod. Im Jahr 737 die Wahl Wilhelms zum Abt von St. Georgen,

---

46 Trithem. Annal. Hirsaug. T. I. p. 2
47 ad an. 765 T. V. p. 681 seqq.

sein Tod im Jahr 760. Die Wahl aber des Theoger zum Abt wird zum Jahr 772 mit folgenden Worten festgehalten: *Theoger wird zum Abt gewählt, dieser war auch ein Heiliger.* Und zum Jahr 801 heißt es: *Der heilige Abt Theoger, Bischof von Metz und Abt von St. Georgen, ist gestorben.* Mit diesem Abt von St. Georgen und Bischof von Metz werden wir uns an der entsprechenden Stelle zum 11. und 12. Jahrhundert noch beschäftigen.

Die Taten des heiligen Trudpert.

XI. Gesicherter und strahlender ist ein Gestirn, das schon damals an der Westseite unseres Schwarzwaldes aufgeleuchtet war: der heilige Trudpert. Sein Leben und seine Taten wurden in verschiedener Schreibart im Vertrauen auf alte Handschriften von den Bollandisten[48] zum 26. April herausgegeben. Dies entspricht einer alten Handschrift des Klosters St. Trudpert, die mit noch älteren Akten des heiligen Märtyrers ausgeschmückt worden war, so daß ihr Verfasser Erchanbald im Vorwort bekennen kann, *er habe nichts von sich aus hinzugefügt oder mit dem Rauch lügnerischer Worte verdunkelt, was das zuverlässige Alter nicht schon vorher überliefert hatte. Wir haben uns,* fährt er fort[49], *lediglich darum bemüht, in einem gefälligeren Stil neu darzustellen, was wir mit recht grober Feder zusammengeschrieben aufgefunden haben.* Dies wird offenkundig, wenn man dieses Schriftstück mit den Akten des heiligen Märtyrers vergleicht, die später Bern. Pez nach der Zwiefaltener Handschrift herausgegeben hat. Eben diese Akten aber hat Pater Marq. Herrgott zusammen mit anderen Abschriften und natürlich auch mit der ältesten Akte des heiligen Gallus aus dem 9. Jahrhundert, mit der ein jüngerer Kodex aus Basel fast wörtlich übereinstimmt, wiederhergestellt[50]. Vor ganz kurzer Zeit erschien eine neue Ausgabe dieser Akten nach einem handgeschriebenen Kodex aus Straßburg, dessen Bedeutung der berühmte Herausgeber Johannes M. Lorenz P.P. im Vorwort herausstellte. Weil diese freilich, wenn das kupfergestochene Inhaltsverzeichnis nicht trügt, von der handgeschriebenen Vorlage gänzlich abweicht, halte ich ihre Schreibweise für um ganze Jahrhunderte jünger, als Lorenz meint, der diese seine

---

48 Boll. T. III. April.
49 l. c. p. 427
50 T. I. Geneal. dipl. Habsb. p. 285

Handschrift ungefähr zeitgleich zu dem Kodex von St. Gallen
ansetzt. Dennoch verdanken wir seiner Sorgfalt, daß beide Texte –
der aus dem Kodex von St. Gallen und der von Straßburg – beim
Vergleich ganz klar ergeben, daß die Akten oder, wie der Titel auf
dem Zwiefaltener und Sankt Gallener Kodex heißt, die *Passio S.
Trudperti Martyris* in der Straßburger Handschrift weitaus
einfacher und knapper gefaßt sind. Von diesem Titel her ist aber
auch klar, daß es schon im 9. Jahrhundert überall in Deutschland
einen Feiertag für den heiligen Trudpert gegeben hat, an dem
nach der uralten Sitte der Kirche seine Taten vorgelesen wurden.
Diesen heiligen Brauch erklärt die Straßburger Handschrift
deutlich mit den Worten: *Wir feiern heute sein Geburtstagsfest.*

Und sein Schicksal.

XII. Darin stimmen alle vier Handschriften überein, daß Rupert
und Trudpert leibliche Brüder waren, die von der Insel Irland
stammten und nach dem Gebot des Evangeliums ihr Vaterhaus
und ihre Heimat verließen. Sie suchten die Wohnstätte der
Apostel auf, um durch die Offenbarung des seligen Petrus in
Erfahrung zu bringen, in welchen Teilen der Welt sie den Dienst
für Gott beginnen sollten. In der Lebensbeschreibung des heiligen
Rupert, die Canisius[51] nach einer Handschrift aus St. Peter in
Salzburg herausgegeben hat, wird noch ihre Schwester oder ihre
Nichte Erindrudis als Reisegefährtin hinzugefügt. In dieser
Handschrift wird im 4. Kapitel kurz erzählt, daß Trudpert, als sich
die Brüder gegenseitig Lebewohl gesagt hatten, *gleich nach der
Trennung von seinem Bruder nach langer Wanderung durch das
Land Italien seinen Weg bis zum Rhein hin gerichtet habe. Als er
einige Teile Alemanniens durchquerte, begann er in einer
bestimmten Richtung ... ein Tal im Gau Prysgaugia zu suchen, so
wie wenn es ihm auf Grund göttlicher Fügung als Bleibe bestimmt
wäre. Dieses noch verwilderte Tal begann er mit eigenen Händen
anzubauen, das Gebüsch zu roden, das Gesträuch zu säubern, die
Hügel mit Ackerboden auszugleichen und eine Ebene zu schaffen,
wie wenn er nicht als Fürstensohn, sondern als Sohn eines Bauern
zum Arbeiten geboren wäre. Er vergaß sein Volk und sein Vaterhaus
und gönnte sich keinerlei Ruhe oder Muße. In den Nächten saß er*

51   Lect. antiq. T. III. P. II. p. 319 ed. Basn.

mit Maria zu Füßen des Herrn und benetzte sie unter Schluchzen mit Weinen und Tränen, an den Tagen aber sorgte er sich mit Martha unermüdlich um seine vielfältige Arbeit. Erschöpft aber von der Arbeit um die Mittagszeit, nachdem er fast drei Jahre nach seiner Ankunft die Last und die Hitze des Tages ertragen hatte und seine Stunde gekommen war, aus dieser Welt zum Vater zu kommen und er von dem wahren Familienvater den Denar des ewigen Lohnes empfangen sollte, legte er sich aus allzu großer Ermattung ein wenig auf eine Bank, um sich im Schlaf zu erholen. Und so, wie einer sein Haupt dem Beil des Scharfrichters darbietet, hauchte er seinen letzten Lebensatem aus. Der Verfasser der Lebensgeschichte des heiligen Rupert sagt aus, daß er dies alles aus sehr alten Taten und Schriften erfahren habe.

Übergenug wird daraus deutlich, welcher Art die Arbeit der ersten Siedler des heiligen Benedikt in unserem Schwarzwald in der Hauptsache gewesen ist: Sie sollten ihn nämlich unter aller nur denkbaren Mühe bewohnbar machen und bebauen. Deutlicher noch wird dies in den Akten des heiligen Trudpert, denen zufolge der Heilige das Land von seinem Besitzer Otbert zur Bebauung erhielt; dazu bekam er noch sechs weitere Siedler, die ihm ihre Dienste anboten. Aber wie es mit diesem Menschengeschlecht eben ist, das bald harter Arbeit überdrüssig wird: Zwei von ihnen töteten den, dem zu helfen sie sich verpflichtet hatten. Vielleicht war er ihnen allzu arbeitsam. Sobald aber Otbert erfahren hatte, daß der Ermordete ein Gottesmann gewesen war, ließ er, um für die Grablegung des Märtyrers Christi ohne Gefahr sorgen zu können, die gefaßten Mörder *mit hinter dem Rücken gefesselten Händen vor den damaligen Grafen Bobo schleifen, damit sie durch sein Urteil mit dem Tode bestraft würden. Der Leichnam des Heiligen aber wurde in einem steinernen Sarkophag unter würdigen Lobgesängen der Priester und des christlichen Volkes in eine Kirche getragen. Diese hatte Otbert auf Grund seiner Verehrung für diesen Heiligen errichtet und bestattete ihn auch dort. Nach einigen Jahren aber,* fahren die Akten des Straßburger Kodex fort, *als an dessen Grab viele Wunder geschahen, erschien einem Diener Gottes der selige Trudpert, der ihm auftrug, daß der untere Teil seines Leichnams mit Wasser benetzt werden solle. Als der Diener Gottes seine Erscheinung offenbarte, kamen die Priester dieser Gegend –* Otbert lebte noch *– zusammen und beratschlagten, was in dieser*

Angelegenheit zu tun sei. Dann aber schien es nach dem Willen Gottes allen richtig, durch die Öffnung des Sarkophages in Erfahrung zu bringen, was es mit dieser Sache auf sich habe. Nachdem aber das Grab geöffnet worden war, war der Leichnam des Heiligen Gottes noch so unversehrt und wurde so vollständig unverwest aufgefunden, wie wenn er gerade eben bestattet worden wäre. Daraufhin wurde er aus dem Grab gehoben, nach dem Brauch gerade Gestorbener gewaschen, in saubere Leintücher eingewickelt und unter großen Lobpreisungen der Priester an einem würdigeren Orte wieder zur Ruhe gelegt.

Die Zeit des heiligen Trudpert.

XIII. Wenn man nun die Epoche des heiligen Trudpert zeitlich bestimmen will, muß einiges aus den Akten über ihn genauer untersucht werden. Allein in den Zwiefaltener Akten steht, daß Trudpert im Jahre 607 unter Bonifaz III. und dem Kaiser Phoca aus dem irdischen Leben gegangen sei, während andere über das Jahr schweigen und nur den Tag, nämlich den 6. Mai, anführen. Jakob Keraslit, ein Priester am Bodensee, erwähnt in seinem ›Chronicon Monachii‹, das er im Jahre 1590 verfaßte, genauso wie auch das Konstanzer Brevier, daß Trudpert erst 640 nach Rom gereist sei und nach seiner Rückkehr im Breisgau eine von ihm kultivierte Wildnis drei Jahre lang bewohnt habe, bis er von Meuchelmördern dahingerafft worden sei, was das genannte Brevier auf das Jahr 643 bezieht, das zitierte Chronicon aber auf das Jahr 644. Bei den Bollandisten liest man, daß Trudpert schon 642 ein Kloster zu Ehren der seligen Peter und Paul auf Kosten und mit Zustimmung des Grafen Otbert vorbereitet habe. In dem soeben erwähnten Brevier wird angegeben, daß Bischof Martin von Konstanz dieses Kloster geweiht habe. Dieser, auch Martian oder Marian genannt, hatte den Bischofssitz zu Konstanz inne, und zwar zu der Zeit des Frankenkönigs Dagobert I., unter dem, wie es nach Cointius[52] das Konstanzer Chronicon angibt, *etwa um das Jahr des Herrn 635 die Diözese Konstanz durch den großen Frankenkönig Dagobert abgegrenzt worden ist.* Und tatsächlich wird bei Pistorius[53] in der Goldenen Bulle Friedrichs I. vermerkt, daß der König Dagobert dies zur Zeit des Konstanzer Bischofs

---

52 Annal. T. III. p. 4
53 T. III. p. 695

Martian getan habe, der leicht noch nach dem Jahr 643 am Leben gewesen sein und das genannte Kloster geweiht haben konnte. Dazu paßt auch, was der Verfasser der Lebensgeschichte aus dem zu Ende gehenden 13. Jahrhundert im 1. Buch, 6. Kapitel, über sein Kloster des heiligen Trudpert schreibt, daß nämlich dessen Fortbestehen, das durch des Heiligen Schweiß gepflanzt, mit seinem Blut getränkt und durch sein Gebet erhalten wurde, schon fast 600 Jahre in der Blüte der heiligen Religion verharre: Dies weist mühelos auf die Mitte des 7. Jahrhunderts zurück. Wenn wir uns auch vielleicht noch überzeugendere Dokumente zu dieser Epoche wünschten, wollen wir uns dennoch unterdessen damit begnügen, weil es doch sehr alt und durch fortdauernde Überlieferung gestützt ist. Das gleiche läßt sich ja auch in dem Konstanzer Brevier nachlesen, nachdem diese Stellen durch Pistorius einer kritischen Untersuchung unterzogen worden sind, und damit die Zuverlässigkeit der Dokumente hinreichend bewiesen ist[54].

Nicht besser erforscht ist auch die Zeit des Otbert, von dem der heilige Trudpert jenen Ort und die dazugehörigen Ländereien als Geschenk erhielt. Bern. Pez datierte die Schenkung zwar auf das Jahr 605 und folgte damit ohne Zweifel den Zwiefaltener Akten, in denen der Tod von Trudpert für das Jahr 607 angesetzt wird. Bei Keraslit aber wird in der Chronik dieser Tod, wie wir gesehen haben, auf das Jahr 644 bezogen. Zu den Gründern dieses Klosters werden Otbert, Reynbert oder Rambert, und Luitfrid gerechnet: Als Gründungsjahr wird das Jahr 642 genannt, was aus dem oben Gesagten der Erstgründung durch Otbert entspräche, dann das Jahr 750 als Zweitgründung durch Rambert, und schließlich als Drittgründung das Jahr 890 durch Luitfried.

Keraslit schloß nicht aus, daß Otbert und seine Nachfahren die Oberherrschaft über das Elsaß ausgeübt haben. Auch wenn man den Ursprung des Habsburger Geschlechts auf Otbert zurückführt, ergeben sich dennoch heute verschiedene Ahnentafeln. Der Urkunde entsprechend hat vor allem P. Marquard Herrgott in seiner ›Genealogia diplomatica‹ herausgestellt, daß er dennoch zugleich eine Verbindung des linksrheinischen Habsburger Zweiges mit dem rechtsrheinischen erkenne, und diese in der Familie des Otbert begründet sei. Da er aber in dieser für seinen

---

54 Vid. nova bibl. eccles. Frib. Vol. III. fasc. III. p. 487

Stammbaum der ›Genealogia diplomatica‹ nur ganz wenige
Generationen fand und die Epoche Ramberts mit dem Zeitalter
Ludwigs des Deutschen verband, mußte er notwendigerweise in
seiner Behauptung Otbert, den Großvater Ramberts, schließlich
dem 8. Jahrhundert zurechnen. Dies galt dann natürlich auch für
den heiligen Trudpert: Ob das aber richtig ist, wollen wir sehen.

In der Kodexhandschrift von Straßburg wird *ein paar wenige
Jahre* nach dem Tod des heiligen Trudpert dessen erste
Überführung erwähnt, *als Otbert noch am Leben war.* Dieser hätte
somit leicht bis in die zweite Hälfte des 7. Jahrhunderts noch
leben können. Dann folgt in demselben Kodex: *Als aber nach dem
Ablauf vieler Jahre eben der Ort, an dem der heilige Trudpert ruhte,
aufgrund von Streitigkeiten unter den Erben fast wieder in den
Zustand einer Wildnis gekommen war, baute der Ururenkel des
Otbert namens Rambert das Zerstörte wieder auf und veranlaßte
eine neuerliche und feierliche Überführung des heiligen Leichnams,
die im 816. Jahre nach der Geburt des Herrn zur Zeit der Herrschaft
Ludwigs in seinem zweiten Regierungsjahr am 26. April erfolgte.* Da
aber in dem Basler Kodex das Jahr der Geburt des Herrn nicht
angeführt ist, bezog dies P. Herrgott auf das 2. Jahr Ludwigs des
Deutschen, nämlich das Jahr 835. Hier aber wird ganz klar das
Jahr 816 genannt. Dies ist aber das zweite Regierungsjahr von
Ludwig dem Frommen, wenn es auch zu diesem Zeitpunkt schon
beendet war, da dieser nach dem Tod seines Vaters Karl am 28.
Januar 814 diesem in der Regierung nachfolgte. In seiner Lebens-
beschreibung lesen wir bei den Bollandianern[55]: *Diese Grablegung
des Heiligen erfolgte im 833. Jahr nach der Geburt des Herrn, als
Ludwig, der Sohn des heiligen Karl, regierte, im zweiten
Krönungsjahr;* wie man mit Recht beanstandet, müßte eigentlich
im Jahr 815 zu lesen sein. So urteilt auch Lorenz in bezug auf die
Straßburger Handschrift bzw. legt dies als ein Versehen des
Schreibers aus, der nur die Jahre der Regentschaft Ludwigs, nicht
aber auch die übrigen Monate berechnet hat.

Diesen Fehler bemerkte Mabillon nicht[56], wenn er schreibt, daß
Rambert *nach dem Tode Otberts nach einer langen Reihe seiner
Enkel als Erbe anstelle des verwahrlosten Klosters eine bedeutende
Basilika zum Gedächtnis der seligen Apostel Petrus und Paulus*

---

55   T. III. April p. 434
56   Annal. T. III. p. 317

errichtet und dafür gesorgt habe, daß in ihr der aus seinem Grab genommene Leichnam des heiligen Trudpert wiederbestattet werde, und zwar im 833. Jahr nach der Geburt des Herrn. Dennoch bevorzugte er dort die andere, von Herrgott beseitigte Schwierigkeit, daß Rambert in den älteren Handschriften von St. Gallen und Zwiefalten als Enkel des Otbert bezeichnet wird, während in dem Basler und Straßburger Kodex *Ururenkel* zu lesen ist. Die Bollandisten aber zitieren[57] die Reichenauer Handschrift, in der er Urenkel genannt wird. Hier ist es hilfreich, deren vollständigen Text anzufügen: *Der besagte Otbert wird auch Sohn des Otbert genannt; doch darf Rampert nicht über diesen als dessen Enkel bezeichnet werden, der noch nach dem Jahre 815 nach Ablauf einer nicht geringen Zeitspanne gelebt haben soll, das heißt, nach der Ankunft des heiligen Trudpert bei Otbert über 174 Jahre. In der Reichenauer Handschrift wird er nicht Enkel genannt, sondern er ist als Urenkel zu bezeichnen, vielleicht sogar als Ururenkel.* Das stimmt fast mit der ›langen Reihe von Enkeln‹ des Mabillon überein, zumal der Begriff ›Enkel‹ sehr allgemein gehalten ist und auch mehrere spätere Generationen umfassen kann. So scheint nichts entgegenzustehen, daß nach den Aussagen über den heiligen Trudpert ebenso wie über Otbert, der diesen noch eine längere Zeit überlebte, der Zeitraum um etwa das Jahr 644 gemeint sein kann.

Allerdings wäre es wünschenswert gewesen, daß die Bollandisten ausführlicher und genauer untersucht hätten, was sie in dem genannten Text festgestellt haben, nämlich daß der Sohn des eben genannten Otbert ebenfalls Otbert hieß. Damit hätten wir, jedenfalls nach unserer Meinung, einen Otbert den Jüngeren. Als P. Herrgott diesen in einer Urkunde aus dem Jahr 758 gefunden hatte, glaubte er, daß dieser Otbert vielleicht mit jenem identisch sei, der den heiligen Trudpert aufgenommen hatte, und verlegte daher seine Lebenszeit bis weit in das 8. Jahrhundert hinein, obwohl er doch nach den Straßburger Akten ganz gewiß im 7. Jahrhundert gelebt haben mußte, weil nämlich dessen Ururenkel Rampert schon zu Beginn des 9. Jahrhunderts diesem Heiligen eine Kirche hatte erbauen lassen. Durch entsprechende Beispiele werden wir allüberall belehrt, daß bei geschichtlichen Untersuchungen und durch urkundliche Bestätigungen der frühere Tag

---

57 T. III. April p. 434 not. 4

den späteren klug macht. Und sehr häufig werden neue Dokumente aus alter Zeit ans Tageslicht gebracht, durch die man erkennt, daß sich das ganz anders verhält, was vorher für ausreichend geklärt und erforscht gehalten wurde, oder daß ehemals Dunkles durch sie das volle Licht empfängt.

Auch des heiligen Rupert aus Salzburg.

XIV. In der Lebensbeschreibung des heiligen Rupert muß man ganz besonders beachten, daß ihn die Akten als Bruder des heiligen Trudpert bezeichnen. Seine Epoche vom Jahre 577 bis zum Jahr 623 beschreibt Cointius[58] in der Weise, daß er im Jahre 577 bzw. im zweiten Regierungsjahr des Hildebert II. aus Worms vertrieben wurde und, nachdem er zwei Jahre mit verschiedenen Pilgerfahrten verbracht hatte, von dem Herzog Theodo III. im Jahre 579 in Bayern aufgenommen wurde. Im 44. Jahr des Bestehens der Diözese Salzburg bzw. im Jahre 623 christlicher Zeitrechnung ist er dann verstorben. Dies war die einhellige Meinung der alten Autoren, die die Brüder von St. Peter in Salzburg bis heute noch in der neuen Chronik ihres Klosters heftig verteidigen, indem sie alles, was bei Canisius[59] über Rupert in dessen Lebensbeschreibung erwähnt wird, auf den Frankenkönig Hildebert II. beziehen. Als erster zog Mabillon[60] diese Zeitrechnung in Zweifel, indem er Hildebert III. einsetzte und dafür stritt, daß der heilige Rupert erst im Jahre 696 in Bayern angekommen und schließlich im Jahre 718 gestorben sei; ihm folgten dann in dieser Meinung auch Pagius, Meichelbeck, Hansiz und verschiedentlich auch andere. Das Hauptargument dieser Autoren ist, daß sich unter Hildebert II. kein Herzog Theodo von Bayern finden läßt, der doch Rupert hierher gerufen hat und sich von ihm taufen ließ. Denn nach dem 3. Buch des Paul Warnefrid ›Die Taten der Langobarden‹, Kap. 10 und 31, steht fest, daß schon seit Beginn der Regierungszeit von Hildebert II. in Bayern Garibald bis zum Jahre 590 geherrscht hat, der von demselben König durch Tassilo ersetzt wurde[61]. Dieser starb etwa um das Jahr 610 und hinterließ einen Sohn, Garibald II., so daß nach deren Berechnung es in der gesamten Regierungszeit Hilde-

---

58   Coint. Annal. T. II. ad hos annos
59   T. III. lect. antiq. P. II. ed. Basnag.
60   Sec. III. Bened. P. I. pag. 339
61   Ibid. l. 4. cap. 7 et 41

berts II. keinen Bayernherzog Theodo gegeben hat. Zwei
Theodones lassen sie aber selbstverständlich gelten: der erste zur
Zeit des heiligen Emmeranus etwa um das Jahr 649, dem nach
dem Zeugnis[62] des Arnolf, eines Mönches des heiligen Emmeran,
keine Söhne in der Herrschaft nachgefolgt waren, und einen
anderen Theodo, wie ihn derselbe Arnolf[63] verbürgt, *unter dem der
hochberühmte Bekenner Christi Rupert mit anderen Dienern Gottes
nach Salzburg kam. Dieser hatte in seiner Herrschaft zwei Söhne als
Nachfolger, nämlich Diotpert und Grimald. Nach diesen übernahm
Hubertus das Herzogtum über dieses Volk, zu dessen Zeiten der
allerseligste Bischof Bonifatius Bayern betrat. Als dieser ins
Frankenland zurückgekehrt und der genannte Herzog verstorben
war, hat unter der Oberhoheit Pipins Udilo die Herzogswürde für
dieses Volk erlangt.* Eben diese Nachfolge der Herzöge nennt
Arno, der Erzbischof von Salzburg und Zeitgenosse Karls des
Großen, in einem kleinen Verzeichnis der Besitztümer seines
Bistums[64]. Theodo II. hatte schon im Jahre 705 sein Reich unter
seine Söhne aufgeteilt. Dies ist aber für Paulus Diakonus das erste
Jahr des Herzogs Theodebert. Von diesem Autor erfahren wir
zugleich auch, daß der Herzog Theodo nach Rom gepilgert ist,
was der Bibliothekar Anastasius auf das Jahr 716 bezieht[65], seinen
Tod aber stellen sie für das nachfolgende Jahr oder für das Jahr
718 fest[66], als der heilige Rupert noch lebte, den er seinem Sohn
Theodebert noch auf dem Sterbelager ans Herz legte. Dessen
Sohn, der Herzog Hubert, regierte schon im Jahre 725 und nahm
den heiligen Bonifatius im Jahre 732 in Bayern auf.

Daraus nun scheint die Berechnung der Lebensjahre Ruperts
folgendermaßen angestellt werden zu müssen: Im zweiten Jahr
des Königs Hildebert wurde der heilige Rupert von Theodo nach
Bayern geholt; doch wird nach dem Gesagten unter Hildebert II.
kein Theodo erwähnt: Also muß dies auf das zweite Jahr Hildeberts III. bezogen werden, nämlich 696 nach Christi Geburt. Als
Theodo im Jahre 717 oder 718 gestorben war, lebte Rupert noch
und erbaute erst dann mit Einverständnis und Zustimmung des
Herzogs Theodebert ein Kloster für heilige Jungfrauen und

---

62 Canis. lect. antiq. T. III. P. I. p. 105
63 L. I. de mirac. S. Emmer. c. 1.
64 Canis. lect. ant. T. III. P. II. p. 452 ed. Bas.
65 L. 6. c. 21
66 l. c . cap. 44

weihte die Kirche. Dies alles erfordert aber einen Zeitraum von etlichen Jahren und hätte vom Tod Theodos bis zum Heimgang des heiligen Rupert, wenn dieser im Jahre 718 eingetreten wäre, nicht geleistet werden können. Dieses Jahr halten Mabillon und auch andere Befürworter dieser neuen Theorie für das Todesjahr des heiligen Rupert, während andere meinen, es sei das Jahr 623 oder 628 gewesen. Beide Parteien aber wurden dazu dadurch veranlaßt, daß Rupert der Überlieferung nach *am Tag der Auferstehung des Herrn* an den 6. Kalenden des April, d.h. am 27. März, gestorben ist, was in Widerspruch mit dem eben Gesagten nur für drei Jahre innerhalb des Jahrhunderts zutrifft. Doch scheint dies auch kein gesichertes Datum zu sein, weil nämlich in alten Martyrologien und Kalendern die Auferstehung des Herrn immer auf den 27. März festgelegt ist, wie auch sein Leiden und seine Kreuzigung am 25. März begangen wird. Natürlich stammt dieser Glaube aus der altkirchlichen Überlieferung, der zufolge unser Herr am 25. März gelitten hat und am 27. März von den Toten auferstanden ist. Diese Auffassung kann man verschiedentlich in sehr alten kirchlichen Kalendern finden, wie zum Beispiel im Martyrologium von Hieronymus, Adamus, Rhabanus und Wandelbert und in anderen, die die Bollandianer im 7. Band zum Abschnitt Juni anführen. Auch wir selbst haben das gleiche in den ›Monumenta Veteris Liturgiae Alemannicae‹ veröffentlicht[67]. Da diejenigen, die die Lebensbeschreibung nach diesem Kalender verfaßt haben, dies nicht bedachten, glaubten sie, daß Rupert am 27. März gestorben sei, der als Tag der Auferstehung des Herrn festgehalten war, er also am Osterfest selbst heimgegangen sei. Noch deutlicher machen dies verschiedene deutsche Martyrologien, wie wir es für das 11. Jahrhundert nachgewiesen haben[68], und noch besser kann man es bei Hansiz[69] sehen, wo für den 27. März zugleich die Auferstehung des Herrn wie auch das Fest des Bischofs Ruotbert aufgeführt wird. Ein ähnliches Beispiel begegnet uns in der ›Italia sacra‹ des Ughellus[70], wo über Altemanus, einen Bischof aus Trient, zu lesen ist: *Er verließ die Lebenden am Tag der Auferstehung des Herrn, an den 6. Kalenden des April im Jahre 1130.* Das meint aber nicht das Osterfest, weil

67 T. I. p. 459, 472, 485 seq.
68 l. c. pag. 494
69 Germ. sac. T. II. p. 921
70 T. V. p. 596

dies in jenem Jahr auf den 30. März fiel. Es geht vielmehr um die 6. Kalenden des April oder den 27. März – dem Brauch der alten Kirchenschriftsteller entsprechend, bei denen die 6. Kalenden des April oder der 27. März der *festgelegte Tag der Auferstehung des Herrn* ist, während im Gegensatz dazu das Osterfest selbst je nach den einzelnen Jahren ein *bewegliches Fest* ist. Der Tod des heiligen Rupert, der am Tag der Auferstehung des Herrn bzw. am 27. März eintrat, gibt keiner der beiden Meinungen den Vorzug: Vielleicht fiel das Osterfest in jenem Jahr auf den 27. März, vielleicht lag es aber auch an irgendeinem anderen Tag. Es möge genügen, noch das eine angemerkt zu haben, daß in der allerersten Lebensbeschreibung des heiligen Rupert bei Mabillon[71] erwähnt wird, daß der heilige Rupert im zweiten Jahr des Frankenkönigs Hildebert Bischof von Worms gewesen ist; auf keinen Fall aber, daß er unter demselben Hildebert vom Herzog Theodo nach Bayern gerufen worden sei. Es war nämlich vollkommen unmöglich, daß der heilige Rupert unter Hildebert Wormser Bischof war, aber gleichzeitig unter dessen Nachfolgern nach Bayern geholt wurde. Dennoch wird man dabei vor die Entscheidung gestellt, daß der Tod des heiligen Rupert entweder – nach der ersten Meinung – der ersten Hälfte des siebten Jahrhunderts, oder aber – nach der zweiten Meinung – dem achten Jahrhundert zuzuordnen ist.

Der leibliche Bruder des heiligen Trudpert.

XV. Aus dem Gesagten wäre nunmehr zu entscheiden, ob Trudpert und Rupert, was ja aus ihren Lebensbeschreibungen hervorgeht, als leibliche Brüder angesehen werden können. Die Bollandisten bezeichnen dies als Märchen[72], und zwar vor allem deshalb, weil deren Lebenszeiten es nicht zulassen, daß ihre Taten miteinander verbunden werden könnten. In ihren Akten wird erzählt, daß beide zur gleichen Zeit nach Rom gereist seien, was die Akten des heiligen Trudpert auf das Jahr 640 beziehen, in dem Rupert entsprechend der ersten Meinung schon 12 oder sogar schon 17 Jahre tot war. Nach der zweiten Meinung aber wäre Rupert 74 Jahre nach dem Tod des heiligen Trudpert gestorben. Diese gewiß große zeitliche Differenz macht ein Bruderverhältnis nahezu unmöglich, wenn man anderen Akten über sie

---

71   Sec. III. Bened. P. I. p. 339
72   T. III. April. p. 425 n. 6

Glauben schenken will. Metzger stellt in seiner ›Historia Salisburg.‹ viele Überlegungen über dieses Argument an[73]. Hier weist er in seiner Ahnentafel, der zufolge Rupert im Jahre 623 gestorben ist, ein zumindest mögliches Bruderverhältnis auf, doch so, daß er in vielen wesentlichen Punkten der Lebensbeschreibung die Glaubwürdigkeit der Akten bezweifelt: Unter dieser Voraussetzung ist es dann klar, daß die 21 oder 17 Jahre, die der heilige Trudpert länger gelebt hätte, für ein Bruderverhältnis kein großes Hindernis darstellen. Für ihn ist es überaus wahrscheinlich, daß Plagiatoren das Wesentliche an deren Akten an sich gerissen hätten. Kaum nämlich hätte man jene sonst ›leibliche Brüder‹ genannt, wenn man geglaubt hätte, daß sie gegenseitig zeitlich so weit auseinandergelegen seien. Des weiteren wundern wir uns über Hansitz, der folgendes[74] schreibt: *Trudpert lebte etwa um das Jahr 640. Diese Zeitangabe steht nicht im Widerspruch zu unserer Meinung, die wir Rupert auf die Zeiten Hildeberts III. ansetzen.* Wie nämlich sollte ein zeitlicher Abstand von mindestens 74 Jahren im Widerspruch zu einem Bruderverhältnis stehen, der nach dessen Meinung vom Tod des heiligen Trudpert, den er im jugendlichen Alter im Jahre 643 erlitten hat, bis zum Todesjahr Ruperts 718 eingetreten ist? Eine von so großen Schwierigkeiten getrübte Angelegenheit kann kaum völlig geklärt werden, wenn nicht irgendwann einmal zuverlässigere und zweifelsfreiere Dokumente ans Tageslicht gebracht werden.

Das Kloster des heiligen Trudpert.

XVI. Otbert, der den heiligen Trudpert als Gastfreund aufnahm, gilt nach der Berechnung aller als Gründer des Klosters, das auch jetzt noch unter dem Namen ›St. Trudpert‹ in einem Talgrund des Schwarzwaldes besteht, wo man die überaus liebliche Landschaft des Breisgaus erblickt. In den Akten des heiligen Trudpert wird *Bobo,* oder auch Bobbo, erwähnt, zu dem als dem *damaligen Grafen der Gegend* Otbert die Mörder des Heiligen führen ließ, *damit sie durch dessen Richterspruch verurteilt würden.* Diesen Bobo nennt Keraslith in seiner schon genannten Chronik *Sohn des Otger, Landgraf des Elsaß:* Dies würden die Bollandianer gerne mit uns als erwiesen ansehen. Es gibt nämlich Autoren, die

73 L. I. c. 4 p. 32 seqq.
74 Germ. sacra T. II. p. 36

die Grafschaft Neumagen bzw. die Provinz Neumagen als davon getrennt auffassen, die ihren Namen von dem Flüßchen Neumagen hat, das jenes Kloster bespült, wie es Keraslith in Teil I seiner Chronik immer wieder nennt. Dann aber in Teil II Kap. 1 preist er jenen Ort des heiligen Trudpert *unter den übrigen dieser Provinz zu jenen allerersten Zeiten als gleichsam die Metropole und Hauptstadt. Dies belegen hinreichend, sagt er, außer den alten Geschichtsschreibern vor allem die Überreste der ältesten Festung von allen innerhalb des Klostergebiets, deren Rechte bis auf den heutigen Tag erhalten geblieben sind. Schließlich gibt es noch die Ruinen von zwei Burgen, nämlich die der Rottelsburg und der Burg des ›scharfen Steins‹, genannt Scharfenstein. Die eine von diesen erbaute Rottbert auf einem benachbarten Berg oberhalb der Klostermühle im Jahre 750, die andere errichteten die Habsburger Grafen Guntram, Luithard und Beczo auf dem Berg oberhalb des Klosters, wo heute die Glashütten stehen.*

Von einer Veränderung dieser Burgen handelt P. Herrgott[75]; es gab nämlich Leute, die die erste, ältere mit dem Namen ›Habsburg‹ und die andere mit dem Namen ›Altenburg‹ bezeichneten, wobei sie freilich davon überzeugt waren, daß die Vorfahren der Habsburger ›Grafen von Altenburg‹ genannt worden waren. Weiterhin wies Herrgott nach, daß jene Burgen Scharffenstein und Kegelsburg zu den Adelsfamilien derer von Staufen gehören. Die letztere erhielt nach Keraslith genau um die Mitte des achten Jahrhunderts den von seinem Gründer Rottbert abweichenden Namen. In diesem ganzen Jahrhundert und auch zum größten Teil im 9. Jahrhundert ist über das Zeitgeschehen um das Kloster St. Trudpert nichts schriftlich festgehalten, außer den Namen der Vorgesetzten dieses Klosters. Es ist eine große Zahl, nämlich 26, die der genannte Keraslith der Reihe nach bis zu Rambert zurück-verfolgt, dem er das Jahr 872 zuordnet. Unserer Meinung nach sind diese Namen aus alten Verzeichnissen von Todestagen zusammengestellt worden, da sie uns im Jahreskreis an feststehenden Tagen ohne Jahresangabe begegnen: In sie waren auch Namen von Mönchen sowie auch von Äbten anderer Klöster ohne Ortsangabe eingefügt. Da aber nun einmal ältere Dokumente dieser Art verlorengegangen sind, konnten auch die Klosterbrüder von St. Trudpert nicht mehr und nichts Gewisseres

---

75 Geneal. dipl. Habsb. lib. I. c. 2. p. 13

in ihrer Reihenfolge der Äbte bis Walderich hin anfügen, die sie
mir freundlicherweise überlassen haben. Dieser Walderich wird
in der Gründungs- und Bestätigungsurkunde des Luitfrid
genannt, und Bucelin bezeichnet ihn in seiner ›Germania sacra‹[76]
als den ersten Abt im dritten Regierungsjahr Ludwigs, des Sohnes
des Arnulf, der noch ein Kind war, zu Beginn des 10. Jahrhunderts. Weiterhin werden noch andere Klöster des Schwarzwaldes
genannt, sofern über diese in den alten Dokumenten irgend etwas
Sicheres aufzufinden ist. Aus all dem wird deutlich, inwieweit
man für wahr halten muß, was Cointius behauptet[77], daß nämlich
heute die Namen der Äbte, die im achten Jahrhundert das Kloster
von St. Trudpert regierten, verloren sind. Und wo er für das Jahr
748 dazu seine erste Bemerkung macht[78], bezeichnet er das
Verzeichnis der Äbte als unvollständig. Andere Dokumente dieses
Klosters fehlen bis zu Beginn des 10. Jahrhunderts.

Die Vorfahren des kaiserlichen Hauses von Habsburg waren seine Gründer.

XVII. Seine Erstgründer Otbert und Rambert werden in einer
Urkunde des elsässischen Grafen Luitfried aus dem Jahr 902
erwähnt, die Lazius, Bucelinus und Guillimannus nach
Dokumenten aus St. Trudpert herausgegeben haben. Ihre Wider-
sprüchlichkeit hat die Gelehrten allerdings durcheinander
gebracht und ließ diese an der Echtheit zweifeln, bis P. Herrgott
eben dasselbe Dokument in seiner ursprünglichen Form aus dem
Archiv von St. Trudpert hervorholte[79], nämlich so, wie Albert I.,
Landgraf des Elsaß, der Vater Rudolfs des Älteren, der Großvater
Alberts des Weisen und der Urgroßvater Rudolfs I., des
Habsburger römischen Königs, diese seiner Urkunde vom Jahre
1186 eingefügt hatte. Gleichzeitig machte er dabei auch Angaben
über seine Vorfahren, von denen wir gerade reden, indem er
bestätigte, *daß ein besonderer Anlaß gegeben sei, in überaus glück-*
licher Weise unserer Vorvorgänger und Urahnen zu gedenken,
nämlich des Grafen Luitfrid und des Otbert und Rambert, der
Gründer des Klosters des Märtyrers und heiligen Trudpert im

76　T. II. p. 293 col. 3
77　Annal. eccl. T. V. p. 385
78　Ibid. p. 213
79　P. Herrgott T. II. Geneal. n. 24 p. 197

Schwarzwald in der Diözese Konstanz. Die eigenhändig geschriebene Urkunde Luitfrids aber fehlt, in der er an seine Vorgänger Otbert und Rambert erinnert: Daher gab es solche, die diese aus der Habsburger Genealogie streichen wollten, weil sie nur als *Vorgänger,* nicht aber als *Ahnen* bezeichnet wurden[80]. Doch Herrgott nahm sie aufgrund des albertinischen Dokuments wieder in diese Genealogie auf, weil sie hier, wie wir gesehen haben, in gleichem Sinne Urahnen wie auch Vorgänger genannt werden. Und so auch Luitfrid, auch wenn diese im Stammbaum Luitfrids nur einer Seitenlinie zuzuordnen sind.

Die Mönchszelle von Ettenheim.

XVIII. Diesem hochberühmten Geschlecht, das sich zu unserer Zeit durch die feierliche Hochzeit des Franz von Lothringen und der Maria Theresia von Habsburg wieder zu einem einheitlichen Ganzen zusammenfand, ebenso wie auch zwei Zweige des Badener Stammes: Diesem Geschlecht, sage ich, verdankte zu Beginn des achten Jahrhunderts das bedeutende Kloster des Ordens des heiligen Benedikt *Ettenheimmünster* sein Wachstum; es liegt im Bereich des Schwarzwaldes zwischen dem Breisgau und der Mortenau nicht weit vom Rhein entfernt; es wurde vom Berg in eine wüste Einöde verlegt, und man nannte es am Anfang ›Zelle‹ der Mönche. Seinen Ursprung aber verdankt es der Verehrung des heiligen Landelin, der aus dem Scotenland oder Irland zu Beginn des 7. Jahrhunderts hierhergekommen war; er lebte als Einsiedler und begann, mit ganz wenigen Siedlern das wegen der Wälder unzugängliche Gebiet zu bebauen, wie Grandidier in seiner Geschichte der Diözese Straßburg ausführlich darlegt. Dort erzählt er weiterhin[81], daß aus den Einsiedeleien allmählich eine Zelle zusammengewachsen sei, die der Straßburger Bischof Widegern für die Mönche zu Ehren der seligen Jungfrau Maria eingeweiht und der er Zuwendungen aus den Gütern der Bischofskirche gemacht habe[82]. Damit stimmt auch ein Dokument des Straßburger Bischofs Heddo aus dem Jahr 763 überein, das früher schon einmal Schöpflin in seiner ›Alsatia diplomatica‹ nach einer Abschrift aus dem Jahre 1121

---

80 T. I. p. 170 seq.
81 T. I. p. 249 seq.
82 T. II. pag. XCI.

herausgegeben hat[83], in dem gesagt wird, *der Bischof Wicgerinus habe im Schwarzwald auf der Gemarkung Etinheim anstelle der sogenannten Mönchszelle oberhalb des Flüßchens Undussa ein kleines Kloster durch sein Bemühen neu errichtet.* Dabei sagt das Wort *neu,* daß dort schon früher Mönche oder Einsiedler gelebt haben, die aber noch keiner bestimmten Regel und keinem Orden zugehörten. Von daher vermuten wir, daß Heddo in dem genannten Dokument die Mönche meint, die Wiggerin dort zusammengeführt hat.

Im Lebensbuch der Reichenau, in dem nämlich die Namen der Lebenden und Toten aus jenen Klöstern enthalten sind, die im 9. und den folgenden Jahrhunderten mit dem Kloster Reichenau eine Gebetsgemeinschaft hatten, ist unter den Namen der Brüder des Klosters, das *Etinheim* genannt wird, unter den Lebenden an erster Stelle der *Bischof oder Abt Uto* zu lesen. Mabillon[84] hält diesen für keinen anderen als Heddo, der ebenda unter den Toten als erster aufgeführt ist: *Herr und Bischof Eddo.* Ich vermute, um ihn zu ehren, oder weil er das Kloster erneuert hat. Grandidier versteht[85] unter diesem *Utho* einen bestimmten Bischof und Abt aus dem Kloster Ettenheim, der gegen das Jahr 830 gelebt hat. Nach vielen Namen von Verstorbenen aber taucht mit derselben ursprünglichen Handschrift wieder *Bischof Uto* auf. Es hat also zwei Straßburger Bischöfe mit Namen Uto gegeben. Der erste aber lebte zu einer ungewissen Zeit im 7. Jahrhundert, wie bei Grandidier[86] und den Sammarthanern[87] zu sehen ist. Von ihm kann man mit Recht sagen, daß er nach dem Tod des heiligen Landelin zur Zeit jener ersten Besiedler dieser Wildnis so viel getan hat, daß er es verdiente, den Aufgeführten zugerechnet zu werden.

Ihr erster Abt.

XIX. Den ersten Platz aber erhält seinem Verdienst entsprechend dieser *Herr und Bischof Eddo,* der mit Heddo, Heddanus, Eddanus, wie er sich auf dem Concilium Germanicum vom Jahre 743 unterschreibt, Etho, Ethico oder Athico identisch ist. Cointius

83 T. I. p. 37
84 Annal. T. II. p. 146
85 T. II. pag. XCII n. I.
86 T. I. p. 189
87 Gall. christ. T. V. p. 864

bestreitet[88], daß dieser von seinem Amt als Abt des Klosters Gregoriental zur Leitung des Reichenauer Klosters vom heiligen Pirmin berufen worden sei, nachdem dieser von der Reichenau vertrieben worden war. Schöpflin[89] dagegen hält in seiner ›Alsatia diplomatica‹ in einer Anmerkung zur Schenkungsurkunde für das Kloster Arnulfsaue oder Schwarzach daran fest. Auch in der ältesten Chronik des Klosters Gregoriental ist von ihm als Abt zu lesen. Heddo wurde also vom heiligen Pirmin an seiner Stelle im Jahre 727 zum Abt der Reichenau bestimmt, dann wurde er von dem Alemannenherzog Theobald im Jahre 732 vertrieben, bald darauf von Karl Martell wieder eingesetzt und wenig später im Jahre 734 von eben diesem als Bischof von Straßburg ausgerufen. Er erneuerte und vergrößerte die schon genannte, von seinen Vorgängern völlig vernachlässigte *Mönchszelle*[90], wie er selbst in seinem Testament schreibt: *Und wir haben später eben dieses kleine Kloster gefunden, das durch die Nachlässigkeit unserer Vorgänger völlig heruntergekommen war. Daher haben wir aufgrund des Entgegenkommens unseres Herrn, des glorreichen Königs Pipin, beschlossen, dort Mönche zusammenzuführen, die nach der Regel des heiligen Benedikt leben sollten: Und dies habe ich auch getan und dort einen hochverehrungswürdigen Mann namens Hildolf als Abt eingesetzt.* In dem genannten Reichenauer Lebensbuch wird unter den Namen der Verstorbenen nach dem Bischof Eddo ein Helidulf aufgeführt, doch ohne die Bezeichnung ›Abt‹, die in diesem Verzeichnis der Brüder von Etinheim auch sonst nicht zu lesen ist. Somit läßt sich auch nichts über Lichold oder Luitolf und Reginbold feststellen, die nach der Auffassung von Bucelin und Bruschius dem Hildolf unmittelbar nachfolgten, während die Sammarthiner behaupten[91], daß die Genannten erst nach dem Jahre 926 zu einer ungewissen Zeit gelebt hätten. Eben diese machen auch den Bischof Heddo zum ersten Abt des von ihm erneuerten Klosters, obwohl er doch in seinem Testament sagt, daß er dort den Hildolf als Abt eingesetzt habe.

---

88 Annal. Franc. T. IV. p. 772
89 T. I. p. 19
90 Grandidier hist. eccl. Argent. T. I. p. 268 seqq.
91 Gall. christ. T. V. p. 865

Nach welchem Etho oder Ethico
ist das Kloster benannt?

XX. Aus dem Vorhergehenden wird deutlich, daß es ein Irrtum
war, anzunehmen, das Kloster Ettenheim habe seinen Namen von
dem genannten Eddo erhalten. Es bestand nämlich schon vorher
ein von Wigger im Schwarzwald auf der *Gemarkung Etinheim*
gegründetes kleines Kloster, das *Mönchszelle* genannt wurde. Auf
diese Bezeichnung scheint sich der St. Blasier Anonymus in einer
Handschrift des 12. Jahrhunderts mit folgenden Worten bezogen
zu haben: *Etho, vorher Abt der Reichenau und danach von Karl
auch zum Bischof der Straßburger Diözese erhoben, erneuerte selbst
nicht lange danach ein Kloster seines Namens, nämlich Ethenheim,
das schon lange vor seiner Zeit und unter einem anderen Namen
errichtet worden war, dann aber fast verfiel.* Dennoch bin ich der
festen Überzeugung, daß die *Gemarkung Etinheim* schon früher
nach dem Geschlechts- und Familiennamen *Ethico* benannt
worden ist. Aus dem Fragment Pistors über das Leben der
heiligen Odilia ist dazu nämlich ganz deutlich zu erkennen, daß
dieser Name dem Namen *Eddo* entspricht. In diesem Fragment
findet sich über den jüngeren Ethico, den Sohn des Vaters der
heiligen Odilia mit dem Beinamen Ethico, folgendes: *Seine Söhne
waren der gleichnamige Bischof von Straßburg und der Graf
Alberich.* Es diente also zur Unterscheidung, daß er ›Eddo‹
genannt wurde, oder ›Eddanus‹, wie er sich selbst nannte, und in
den Schreiben an die Päpste Gregor III. und Zacharias sogar
›Addas‹ und ›Hatto‹; auch sein Großvater, der hochberühmte
Herzog des Elsaß und Vater der heiligen Odilia, in dem damals als
gemeinsamer Wurzel die berühmtesten Familien Deutschlands
ihren Ursprung hatten, wurde zur Unterscheidung von seinem
Sohn Ethico ›Attico‹ oder ›Atticus‹ genannt. Aus dem Testament
unseres Eddo wird deutlich, daß er aus dem väterlichen Erbe
mehrere Besitzungen im Breisgau, dem Elsaß, dem Aargau und
auch in Lothringen gehabt hat. Obwohl er älter als sein Bruder
Alberich war, hatte er dennoch schon in frühester Jugend der Welt
entsagt und in Gregoriental die Mönchskutte angezogen.

Welcher stammte aus dem Geschlecht der Herzöge des Elsaß?

XXI. Damals war schon das Herzogtum zwischen den Onkeln Adelbert und Ethico II. aufgeteilt. Es handelt sich aber nicht um das Herzogtum Alemannien, wie viele meinen, sondern um das Elsaß mit seinen rechtsrheinischen Besitzungen, die zusammen mit dem Herzogstitel und den Gütern im Oberelsaß und dem Jura an die Nachkommen Adalberts fielen: Die Nachkommen des Ethico aber erhielten mit dem Titel nur eines Grafen die Güter im Unterelsaß, wie bei Schöpflin im 1. Band der ›Alsatia illustrata‹ zu sehen ist. Ohne einen Gewährsmann zu nennen behauptet Cointius[92], daß bei der Teilung, die Ethico und Adalbert vorgenommen hatten, der erstere seinen Amtssitz in einer Stadt gehabt habe, die seitdem nach seinem Namen *Ettenheim* genannt wurde; Adalbert aber habe sich in dem Städtchen *Königshoven,* lateinisch *curia regia,* niedergelassen, das sich in so unmittelbarer Nähe zu Straßburg befand, daß es heute zum inneren Bereich dieser Stadt gehört. Dennoch gibt es solche, die, nach Grandidier, noch immer der Meinung sind, die Stadt Ettenheim sei nach Ethico, dem Vater unseres Eddo, benannt. Mit Recht aber stellt Cointius fest[93], daß sich diejenigen gründlich täuschen, die das Herzogtum, dessen sich Athicus oder Ethico erfreute, mit dem alemannischen gleichsetzen, das sich weit in das Elsaß, Schwaben und Obergermanien erstreckte. Da nämlich die aus dem Gebiet des Elsaß stammenden rechtsrheinischen Nachkommen des Ethico einen größeren Teil Alemanniens besaßen als nur das linksrheinische Alemannien bzw. Elsaß, konnten sie unter dieser Rücksicht auch ›Herzog in Alemannien‹ genannt werden, wobei freilich ihr Herrschaftsgebiet diesseits und jenseits des Rheins von hohen Bergen eingeschlossen wurde: Dort durch das Gebirge der Vogesen und hier durch den marzianischen Wald, der auch damals noch fast nicht betreten und bewohnt werden konnte. Kurz vorher haben wir bei dem heiligen Trudpert gesehen und sehen es jetzt bei dem heiligen Landelin, daß sich die Mönche sozusagen im Vorgebirge dieses Waldes niederzulassen begannen und anfingen, es zu roden und zu bebauen. Hier im Bereich des Neumagen entstand das Kloster St. Trudpert, dort aber auf dem Gebiet von Etinheim die

92 Annal. Franc. ad an. 693 T. IV. p. 296
93 T. I. p. 279

›Mönchszelle‹, welche von dem Straßburger Bischof Eddo ebenso wiederhergestellt wurde, wie jenes Kloster des heiligen Trudpert von Otbert oder Rambert, den Vorfahren des Habsburger Geschlechts.

Die wieder zur Ordnung gebrachten Alemannenherzöge.

XXII. In einer ganz anderen Situation befanden sich die eigentlichen Herzöge Alemanniens, die im Vertrauen auf die Weitläufigkeit ihrer Herrschaftsbereiche und ihre beträchtliche Entfernung vom Frankenreich ebenso gegen diese immer wieder Krieg führten, wie sie diejenigen verfolgten, die auf der Seite der Frankenkönige standen. Da der Alemannenherzog Theobald unter diese zunächst Pirmin, dann auch dessen Nachfolger Eddo gerechnet hatte, vertrieb er beide von der Reichenau. Dieser Theobald versuchte, wie das auch schon seine Vorgänger Gothefrid, Wilehar und Lantfrid getan hatten, in der Folgezeit immer wieder Umsturz; sie lehnten sich ständig gegen die Frankenkönige auf: Daher ist auch in den Chroniken zu dieser Zeit mit Beginn des 8. Jahrhunderts von so vielen Feldzügen der Alemannen zu lesen[94]. Solche Feldzüge gab es in den letzten Jahren Hildeberts und den ersten des Dagobert III. gegen Wilehar im Jahre 722 und in den folgenden Jahren im Gegenzug gegen Lantfrid und in den Jahren 732, 746 und den folgenden gegen Theobald[95]. Als die Alemannen freilich aus den Unruhen und Einfällen der Aquitanier und Saxonen ihren Nutzen zogen und sich daher sicher glaubten, wurden sie von Karl Martell, Pipin und Karlmann vernichtend geschlagen und zur Ordnung gebracht; nachdem Alemannien schon zu Beginn des 7. Jahrhunderts in verschiedene Herzogtümer aufgeteilt worden war, wurde nun auch das Elsaß am Rheinufer von dem rechtsrheinischen Gebiet des Breisgau und der Mortenau, dem nordwestlichen Bereich des marzianischen oder Schwarzen Waldes, losgetrennt.

Als der Hausmeier Pipin, der den Zorn und die Auflehnung der Alemannen schon oft zu spüren bekommen hatte, sich in der Reichsversammlung von Soissons vom Jahre 751 die Königs-

94 Coint. Annal. T. IV. pag. 498
95 Ibid. p. 506

würde angeeignet hatte, ernannte er nach Lantfrid II. keinen
Herzog von Alemannien mehr; zwar beließ er noch den Titel
›Herzog‹, doch Macht und Besitzungen wurden eingezogen[96]. Als
ein solcher Herzog wird noch Gunzo II. in den Provinzen Augst
und Rhätien erwähnt, und Ernustus oder Ernestus in dem
genannten Testament des Straßburger Erzbischofs Eddo. Im
Elsaß gab es zu dieser Zeit noch nicht einmal mehr diesen Titel.
Damals ließ Pipin Alemannien von Boten oder *Gesandten der
königlichen Kammer* verwalten, von denen als erste Ruthard und
Warin erwähnt werden, die durch die Verfolgung des heiligen
Othmar berüchtigt sind.

Der Orden des heiligen Benedikt weitet sich aus.

XXIII. Laut Hermann dem Lahmen[97] wird *der heilige Othmar im
Jahre 720 in der Zelle des heiligen Gallus zum Abt bestellt.* In der
Chronik des St. Blasier Anonymus, die als Handschrift im Kloster
von Muri aufbewahrt wird, soll *der heilige Othmar als erster
gewählter Abt der Zelle des heiligen Gallus ebendort das Mönchs-
leben eingerichtet haben.* Diese Worte aus Walafried werden auch
bei Mabillon[98] vermerkt. Derselbe Walafrid erzählt im 2. Buch
›Über die Wunder des heiligen Gallus‹ im 11. Kapitel[99]: Als
Karlmann nach Rom reiste, habe er einen Abstecher zum heiligen
Gallus gemacht, um dort zu beten. Weil ihn die Armseligkeit des
Wohnsitzes beelendete, habe er seinem Bruder Pipin geschrieben,
er möge sich doch angesichts seiner Liebe zu ihm herablassen, die
Hilfe einer königlichen Freigebigkeit zu gewähren. Othmar aber
habe aus diesem Grund Pipin aufgesucht, der nach Erhalt des
brüderlichen Briefes *ihm als Abt ein Büchlein überreichte, das
Vater Benedikt über die Lebensführung der Mönche geschrieben
hatte.* Wie bei Grandidier[100] in einer allerdings gefälschten Schenkungsurkunde des Frankenkönigs Theoderich IV. mit dem
Beinamen ›der Kahle‹ für das Kloster Muri aus dem Jahr 724 zu
lesen ist, wurden die Mönche etwa um diese Zeit angewiesen, ihr
Leben *nach der Regel der Väter, des Herren Benedikt und des
Herren Kolumban einzurichten.* Eben dies wird noch ausführlicher

---

96 Mab. annal. T. II. pag. 153
97 Pistor. Script. T. I. p. 212
98 Act. SS. sec. III. P. II. p. 156 not. a.
99 Goldast. Script. T. I. p. 166
100 Hist. Argent. eccles. T. I. append. pag. LVIII.

in einer Urkunde des Straßburger Bischofs Heddo für das Kloster
Arnulfsaue oder Schwarzach aus dem Jahre 758 dargelegt[101], wo
vom Osten bis auch zum Westen hin im Frankenlande die vielen,
unter einer heiligen Regel stehenden Klöster rühmend genannt
werden, vor allem Lyre, Agaune und Luxeuil, *und die in aller Welt*
verstreuten Klöster, die nach der Regel der heiligen Väter, vor allem
des seligen Benedikt und des heiligen Kolumban, eingerichtet sind.
Nichtsdestoweniger wurde in der Folgezeit in dem Kloster, das
von dem Grafen Ruthard gegründet worden war, die Regel des
heiligen Benedikt als die einzig zu befolgende vorgeschrieben.

Der Graf Ruthard.

XXIV. Als diesen Ruthard hat man verschiedentlich den
angenommen, der zusammen mit Warin in Alemannien als Bote
oder Abgeordneter der Kammer eingesetzt worden war: Dies
zieht aber Grandidier[102] mit Schöpflin in Zweifel, weil jener
Ruthard und Warin die erbittertsten Verfolger des heiligen
Othmar und Todfeinde der Klöster gewesen seien. Schöpflin
glaubt daher[103], dieser Chrodhard, Ruthard oder Ruthar sei ein
anderer gewesen, nämlich der Graf einer königlichen Domäne
und ein mächtiger Herrscher über das Elsaß, die Mortenau und
den Brisigau, der auch in verschiedenen Urkunden genannt wird,
die Schöpflin zitiert und die auch Grandidier wiedergibt[104].
Andere aber, die jenen Klostergründer für eben diesen Kammerboten halten, glauben, daß er mit dieser Tat die Verbrechen habe
sühnen wollen, die er zusammen mit seinem Kumpanen Warin
auf Anstiftung des Konstanzer Bischofs Sidonius, der dann später
als Abt Nachfolger des heiligen Othmar in St. Gallen wurde,
gegen eben diesen Heiligen ins Werk gesetzt hatte. Das scheinen
die Worte zu bestätigen, mit denen die Gründungsurkunde des
Schwarzacher Klosters beginnt[105]: *Ich, im Namen Gottes, Ruthard*
und meine Gattin Hyrmesinda bedenken, welche Sündenlast wir uns
aufgebürdet haben und erinnern uns an die Güte Gottes, der sagt:
Gebt Almosen, und alles ist euch getilgt usw. Bei P. Herrgott[106] – im

---

101 Ibid. pag. LXXIII.
102 Grand. T. I. p. 421 seq.
103 Alsat. ill. T. I. p. 668
104 Hist. eccl. Arg. T. II. append. pag. XCVI.
105 Apud Grandidier T. II. p. LXXXV.
106 T. II. P. I. p. 70 n. 122

Verzeichnis der Beweisführung zur ›Genealogia Habsburgica‹ – haben Ruthar und seine Gattin Wisegard in einem ungewissen Jahr ihre Erbschaft als Eigentum der Diözese Straßburg an die ›marcha Ettenheim‹, (fehlerhaft: Stenheim) vermacht; ihn hält Schöpflin für vielleicht denjenigen, der im Testament des Eddo im Jahre 762 für das Kloster Ettenheim unterschrieben hat.

Das Kloster Gengenbach.

XXV. Ruthard soll zusammen mit seiner Gattin Hyrmesinda im Gengenbacher Kloster gestorben und bestattet sein, welches an einer Schlucht des Schwarzwalds und an dem Tal und dem Fluß Kinzig gelegen ist. In den Gengenbacher Jahrbüchern bei Lunigius[107] wird gesagt, daß es von Ruthard gegründet, von dem König Hilperich aber bestätigt worden sei, und zwar ungefähr, wie einige berichten, im Jahre 712. Hilperich II. regierte in Austrasien von 715 bis 720. Diese Jahreszahlen stimmen jedoch weder mit dem eben angegebenen Datum, noch mit der Zeit des heiligen Pirmin überein, der doch nach allgemeiner Überzeugung als Förderer dieses Klosters gilt, während Ruthard es gegründet hat. Pirmin wurde erst im Jahre 727 von der Reichenau vertrieben und kam dann in das Elsaß, um noch andere Klöster einzurichten, unter denen vor allem das Gengenbacher Kloster genannt wird, wie bei Warmann in der Lebensgeschichte des heiligen Pirmin[108] und bei Urstisius[109] zu lesen ist; daher denkt auch Mabillon[110] erst für die Zeit nach 727 an die Errichtung solcher Klöster. Ganz folgerichtig schreiben die Sammarthiner[111] auf Grund der Aussage von Willmann, daß dieses Kloster etwa um das Jahr 740 gegründet worden sei; diesen Zeitraum zwischen den Jahren 730 und 740 setzt auch Grandidier an der Stelle an, wo er gleichzeitig auch eine ausführliche Untersuchung des Stammbaums des Gründers Ruthard anstellt, von dem er für seine Person sagt, er sei gegen Ende des 8. Jahrhunderts gestorben, während bei Lunigius von dessen Tod um das Jahr 756 zu lesen ist. Doch wie es scheint, haben beide Unrecht: Das Ende des 8. Jahrhunderts stimmt

107 Spicil. Eccles. T. IV. p. 289
108 Mabill. sec. III. Bened. P. II. p. 132
109 Germ. Hist. P. II. p. 76
110 Mabill. Annal. T. II. p. 78
111 Gall. christ. T. V. p. 869

nämlich nicht mit dem Lebensalter des heiligen Pirmin überein[112], der ja im Jahre 754 gestorben ist, und auch nicht mit dem Gründungsjahr 740[113]. Der zweite geht aber völlig in die Irre[114], wenn die Schenkungsurkunde Ruthards für das Kloster Schwarzach zwei Jahre später, also erst im Jahre 758 ausgestellt worden ist. Weiterhin wird in der Gengenbacher Totentafel als Gründer des Klosters der Herzog Ruthard von Zaringen genannt, nach dem Vorhergehenden in der genannten Chronik vielleicht in dem Sinne, wie er bei Lunigius in der zitierten Chronik zum Ausdruck kommt, daß nämlich nach dieser Lesart die Herzöge von Zaringen ihren Ursprung von dessen mütterlicher Seite her gehabt hätten; darüber hinaus wird hier behauptet, er sei nach dem Tode seiner Eltern Herzog von Alemannien und des Elsaß geworden, was mit der Geschichte jener Zeit überhaupt nicht übereinstimmt. Dieselbe Chronik berichtet auch durchgängig, er habe sich voll und ganz der Verbreitung des christlichen Glaubens gewidmet, und zwar zu dem Zweck, Gott höher zu preisen und die Jugend sowohl in der Wissenschaft als auch in der Frömmigkeit zu erziehen. Nach dieser Darstellung habe er daher zusammen mit seiner frommen Gattin Kirchen und Schulen gebaut. Eine davon liege im Grenzgebiet der Mortenau und des Kinzigtals und heiße ›Heilige Maria‹, in der er mehrere hochgelehrte Männer zur Ausbildung adliger Knaben versammelt und die er mit vielen Einkünften ausgestattet habe. Dies seien die ersten Anfänge der auch heute noch berühmten und herrscherlichen Abtei von Gengenbach gewesen.

Es folgt dann bei Lunigius[115] das alte Verzeichnis der Verstorbenen dieses Klosters oder die Totentafel, in der freilich, wie ich zum Teil anderswo herausgefunden habe, die Namen der Äbte miteinander vermischt aufgeführt werden, doch so, daß entweder die Reihe der Nachfolge oder ihre Jahr angegeben wird: Diese sind aber zum größten Teil als Äbte oder Mönche auch anderer Klöster anzusehen. In dieser Art sind zwei sehr alte ›Bücher des Lebens oder der Gemeinschaften‹ erhalten, aus St. Gallen und von der Reichenau, in deren Quodlibet uns das Gengenbacher Kloster begegnet: Von daher gibt es keinen Zweifel, daß die

112 Grandidier T. I. p. 421
113 l. c. p. 290
114 Lunig. l. c. p. 290
115 l. c. p. 290

Gengenbacher entsprechend den wechselseitig engen Beziehungen gerade zu jenen beiden Klöstern vielleicht auch die Toten anderer in ihre Totentafel aufgenommen haben, wobei sie Rangordnung und Würde nicht immer beachteten. Es stimmen nämlich die Namen der ersten Äbte, die aus dem ältesten Gengenbacher Totenbuch bei Lunigius wiedergegeben werden, nicht mit jenen überein, die in den ältesten Büchern der in St. Gallen und auf der Reichenau verzeichneten Brüder vermerkt sind. Wenn es auch im St. Gallener nur zwei gibt, nämlich *Emilo abb. Alfram abb.*, werden doch noch zwei hinzugefügt: *Germunt mon. Thomas mon.*, die in der Reichenauer Handschrift bei der Reihenfolge der Äbte auftreten, und hier an erster Stelle *Germunt abb.*, später aber zu Beginn der vierten Kolumne *Alframnus abba. Ammilo, Ligido* oder *Laudo, Lando abba.* In der Mitte dieser Kolumne schließlich steht *Thomas abba:* In der dritten Kolumne, aber von jüngerer Hand als das 9. Jahrhundert, ist als Fälschung der *Abt Adalhelm* zu erkennen, der bei Lunigius nicht erscheint, wie auch die übrigen oben Erwähnten mit der einen Ausnahme des Thomas und des Germund oder Gerward: Und es kann aus jener Totentafel des Lunigius für die Reihe der Äbte überhaupt nichts Sicheres erhoben werden, weil die ersten 42 dort nicht nach der zeitlichen Reihenfolge, sondern nach dem Alphabet aufgeführt werden. Danach aber sind sie sich ganz gewiß nicht nachgefolgt. Nur *Rusterno* steht an erster Stelle, den auch Grandidier[116] für den ersten Abt am Ort hält. Und als dessen Nachfolger nennt er Burcard, Leutfrid, Cosmann, Anselm Walter I. Volmar, Otho, Benno, Rado und Gerward oder Germund, der um das Jahr 830 gelebt hat.

Nach Crusius legt nun Franz. Petri in der ›Suevia sacra‹ eine Urkunde Karls des Großen vor[117], in der folgendes gesagt wird: *Das Kloster namens Gengenbach, das in der Mortenau am Fluß Kinzig liegt, wurde von einem gewissen Herzog Ruthard erbaut, einem Mann, der aufgrund seiner freigebigen Hand und seiner großzügigen Schenkungen in guter Erinnerung ist. Das Kloster ist Gott und seiner Gottesgebärerin Maria geweiht.* Genau dieselbe Urkunde nennt auch Grandidier[118], wobei er aber richtig bemerkt, daß sich Crusius in diesem Punkt geirrt hat, wenn er die Urkunde

---

116 T. I. p. 422
117 Annal. Suev. T. I. P. I. lib. II cap. 4 pag. 347
118 T. II. append. pag. CCLXXVIII.

Karl dem Großen zuschreibt: Bischof Luitward von Vercelli, auf dessen Veranlassung die Urkunde herausgegeben wurde, war nämlich niemals Erzkanzler Karls des Großen, wohl aber Karls des Dicken, wie bei Ughellus[119] zu ersehen ist; ihm also ist diese Urkunde zuzuschreiben. Grandidier[120] beruft sich dabei auf die Schutterer Totentafel, in der gleichfalls der *berühmte Herzog Ruthard als Gründer vieler Kirchen* bezeichnet wird, und vermutet, daß dieser ein Sohn Luitfrids I., des Herzogs des Elsaß und Grafen des Unterelsaß, gewesen sei; dennoch gibt er in bezug auf dessen Stammbaum auch die Meinungen verschiedener anderer Autoren wieder.

Stammen die Gründer Ruthard und Warin aus dem Geschlecht der Welfen und Ghibellinen?

XXVI. Von nirgendwo anders her konnte unter den berühmtesten Gelehrten, die sich mit großem Eifer um die Erforschung der Genealogie für unsere Zeit bemühen, eine derart heftige Meinungsverschiedenheit ausbrechen, als von da, wo nur für reine Vermutungen Raum ist. Nirgendwo nämlich blitzt irgendein helles Licht auf, und die sogar in deutscher Sprache verfaßten Dokumente, auch wenn sie überaus eifrig und mit viel Mühe durchforscht und ans Licht der Öffentlichkeit gebracht sind, lassen uns im Stich, wenn es um das Geschlecht und die Familie der beiden Kammerboten Warin und Ruthard in Alemannien selbst geht. Das war wohl auch der Grund dafür, ihre Vorfahren außerhalb Alemanniens zu suchen. Hinzu kam noch die politische Erwägung, daß nämlich Pipin, der damals schon Frankenkönig war, den Alemannen mißtraute, die ständig den Umsturz versuchten und immer wieder rebellierten, und Leute aus anderen Völkerschaften auswählte, denen er die Sorge für das Alemannenreich anvertrauen konnte.

Die meisten vor Eckhard glaubten, daß Warin und Ruthard Brüder gewesen seien. Diesen pflichtete vor kurzem auch Scheid im Vorwort zum Werk Eckhards[121] über den ›Ursprung der Welfen‹ bei, wo er gegen den neuesten Olenschlagerschen Stammbaum hinsichtlich der Vorfahren Warins, und in seiner

119 T. IV. Ital. sacr. p. 767
120 Grandid. T. I. p. 224
121 T. II. p. 15 seqq.

These sogar in bezug auf die Abstammung Ruthards aus Alemannien bzw. das Geschlecht der elsässischen Herzöge mit Namen Ethico Stellung nahm; auch wandte er sich gegen diejenigen, die Warin eine fränkische Abstammung zuweisen, und ordnete ihn nach Bucelin[122] dem Geschlecht der Welfen zu. Dies läßt später Eckhard[123] in seinem eigenen Werk nur für Ruthard allein gelten, indem er schreibt, dieser stamme zweifellos aus dem bayrischen Geschlecht der Welfenfamilie, Warin oder Werinher aber sei Franke gewesen, der mit Sicherheit von dem Verfasser der Lebensgeschichte des heiligen Pirmin[124] als *Abkömmling aus dem fränkischen Hochadel* bezeichnet wird. Das freilich kann man zugestehen, daß er gleichzeitig auch zur Welfenfamilie gehörte, wenn man einen gemeinsamen Ursprung des Geschlechts der Agilolfen und der Welfen feststellen sollte, was wir bald sehen werden. Wenn der fränkische Ursprung des Welfengeschlechts erwiesen sein sollte, wäre es auch leicht zu verstehen, wie es den Parteigängern der Frankenkönige möglich war, ihre Macht in einer derartigen Weise zu mehren. Doch für den Augenblick wollen wir nicht weiter erörtern, was ringsum Geschichtsschreiber über die Vorfahren Ruthards untersuchen, und was Freherus[125] über Wegenlenzo, den Vater Warins, sagt und auch Eckhard in der Ahnentafel der Ghibellinen.

Das ist aber in der Tat an dieser Hypothese bemerkenswert, derzufolge Warin und Ruthard verschiedenen Zweigen angehören sollen, weil sie als Vertreter von Familien angesehen werden, die sich später im deutschen Reich gegenseitig so heftig bekämpften, nämlich das Geschlecht der Welfen und das der Ghibellinen. Von ihnen sagt Otto von Freising in den ›Taten Friedrichs I.‹ bei Urstisius[126]: *Im römischen Weltreich gab es im Gebiet Galliens und Germaniens bis auf den heutigen Tag zwei berühmte Familien; die eine ist die des Heinrich von Geibeling, die andere die der Guelfen von Altorf.* Beide aber unterscheidet Eckhard der Jüngere bei Goldast[127] nach ihren Vorfahren Warin und Ruthard. So sagt er über einen Besuch Kaiser Konrads I. in St. Gallen im Jahre 916: *Der König aber ließ die dem heiligen Othmar wegen des so schreck-*

122 Hist. Agilolph. P. II.
123 Orig. Guelph. T. II. lib. IV cap. 1 p. 6
124 Mabill. sec. III. Ben. P. II. p. 145
125 Origin. Palat. p. 48 seq.
126 Lib.II. c. 2
127 T. I. p. 19

lichen Übels verhaßte Burg (Bodman, in der Othmar zum ersten
Male als Gefangener festgehalten wurde) *niederreißen und
schickte in jedem seiner Lebensjahre den Zins aus seinem Kapital-
vermögen in Wachs an dessen Grab, da er sich als Nachkomme
jener Henkersknechte fühlte, und leistete damit gegenüber dem
Heiligen sozusagen persönlich Sühne: Das gleiche tat später auch
Rudolf, der Vater des Grafen Wolfhard, weil er derselben Familie
angehörte, mit dem Mietzins in Metall aus den julischen Tälern.*
Was dieser von dem Welfen Rudolf, dem Vater Wolfhards, sagt,
nämlich daß er aus demselben Geschlecht stamme, ist auf die
Familie Ruthards zu beziehen, die demnach zu den Welfen
gehören mußte und von der Familie des Kaisers Konrad I. als
einem Franken unterschieden ist. Daher finden wir in diesem
einen Zeugnis Eckhards eine verschiedene Familienzugehörigkeit
der beiden Verfolger des heiligen Othmar, des Warin und des
Ruthard: die eine ist fränkisch-ghibellinisch, die andere
bayerisch-welfisch. Von letzterer bezieht der Trierer Bischof
Theganus, der als Zeitgenosse die Taten Ludwigs des Frommen
aufzeichnete, folgendes auf das Jahr 819: *Er erhielt die Tochter
eines Welfenherzogs, der einem sehr vornehmen Geschlecht der
Bavaren entstammt.*

Diesen Stamm beschreibt uns unter anderen ein Mönch aus
Weingarten[128], wobei dieser jedoch gleich in der Einleitung
bekennt, daß er sich trotz aller Sorgfalt nicht über die Zeit Karls
des Großen hinweg habe erheben können, d.h. bis zu dem
welfischen Grafen, als dessen Vater im allgemeinen Ruthard, bei
anderen auch Warin ›in Alemannien‹ angesehen wird. Seit ganz
kurzer Zeit aber vertritt P. Gerhard Hess in einer vorläufigen
Untersuchung zu den ›Monumenta Guelphica‹ die Meinung,
man müsse dies durch ›in Bayern‹ ersetzen, wo zu Beginn des 8.
Jahrhunderts der selige Alto gelebt hat. Wie in dessen Lebensgeschichte bei Mabillon in den Akten der heiligen Benediktiner[129] zu
lesen ist, *begann dieser* in der Diözese Augsburg, dann in der
Diözese Freising in Oberbayern *dort Siedler zu werden, nachdem
er ein gewisses Waldgebiet betreten hatte.* Er errichtete zunächst
eine ärmliche Zelle und stand dieser bis ins hohe Alter als Abt vor.
Unterstützt wurde er dabei durch die Freigebigkeit Pipins und der

---

128 Apud Leibniz. Script. rer. Brunsvic.
129 Sec. III. P. II. p. 217

Gläubigen Alemanniens und Bayerns, *in deren Nähe eben dieser Ort gelegen war. Nach dem Tod des seligen Alto aber,* folgt bei Mabillon[130], *kam ein überaus mächtiger Herrscher aus Alemannien, nämlich der Vater jenes Grafen, der im Volksmund einen bestimmten Namen erhielt, der auf lateinisch mit ›Catulus‹ ausgedrückt wird.*[a] *Ich weiß nicht, auf Grund welcher Überlieferungsgeschichte oder durch welches Gesetz sie sich dieses Klosters bemächtigten und nach dem Erbrecht alles besaßen, was dazu gehörte.* Wir haben hier die Welfen des gleichen Geschlechts, sowohl in Bayern wie auch in Alemannien, wenn man jenen ›Catulus‹ nicht für nach allen Regeln der Kunst gefälscht halten will. Daß dies aber kaum anzunehmen ist, ergibt sich aus einer wahrscheinlichen Ortsveränderung, die im 11. Jahrhundert vorgenommen worden ist[131]. Aus der Chronik Hermanns des Lahmen[132] für das Jahr 1036 geht hervor, daß damals nämlich die Altorfer Nonnen in das Kloster des heiligen Alto oder *Altenmünster,* und dafür die Mönche von hier aus in das *Altorfer* Kloster übergewechselt sind: *die heiligen Frauen und ihre Herrin Irmengard, die Witwe eines Welfengrafen, wurden bei Altorf anstelle der Mönche versammelt,* d.h., nach der Meinung Mabillons wurden sie zugunsten der Mönche weggebracht[133]. Kurz zusammengefaßt: Der Stamm der Welfen in Bayern und Alemannien war derselbe, und es war, wie wir gesagt haben und es auch die Meinung von vielen ist, der Stamm des Ruthard.

> [a] Die Jungen von Hunden, Wölfen und Füchsen heißen auf deutsch Guelfen oder Welfen. Von da her erhielt die hochvornehme Familie der Guelfen aufgrund ihrer militärischen Befehlsgewalt ihren Namen, da die genannten Tiere dem Mars geweiht sind. (Mabill. l. c. not. a). Vergl. dazu auch Schilters ›thesaurus antiquitatum teutonicarum‹ T. III. p. 844 *Welphe, Welffe, Welpe, catulus, canicula.*

Daß aber ihr Vermögen in ganz Deutschland so ungeheuer angewachsen ist, darf niemanden verwundern. Nach Walafried – in der Lebensgeschichte des heiligen Othmar – steht nämlich fest, daß Ruthard geradezu darauf versessen war, seinen Familienbesitz zu vergrößern. Hier[134] ist zu lesen: *Warin und Ruthard, die zu dieser Zeit ganz Alemannien verwalteten, brachten auf Einflüsterung des entsetzlichen Teufels hin in krankhafter Habsucht und*

130 Ibid. p. 218
131 Gall. christ. T. V. p. 1090
132 Pist. script. Germ. T. I. p. 279
133 Annal. T. IV. p. 408
134 Apud Goldast. T. I. p. 177 cap. 4.

gewaltsam das Vermögen der Kirchen, das ihnen anvertraut war, zum großen Teil in ihren herrscherlichen Besitz. Als nun diese versuchten, die gleiche Gewalt anzuwenden, um sich in den Besitz vieler der Besitzungen des heiligen Gallus zu bringen, suchte der Gottesmann Othmar, der nicht an irdischen Gütern hing, aber den Verlust des monastischen Lebens fürchtete, den König Pipin auf und legte ihm persönlich deren tyrannisches Vorhaben dar.

Von daher ist auch der Grund offenkundig, warum Ruthard und seine Nachkommen mehrere Besitzungen in Gebieten Helvetiens hatten, die an das Kloster des heiligen Gallus angrenzten, nämlich im Thurgau und im Bereich von Zürich; dieser gilt auch als Erstgründer der Festung Kyburg. Dazu erzählt Ratpert[135] über das Geschick des Kloster des heiligen Gallus, daß der Konstanzer Bischof Sidonius, der begehrlich auf dasselbe Kloster schielte, der Urheber der Verfolgung gegen den heiligen Othmar gewesen sei und Warin und Ruthard Geschenke versprochen und gemacht habe, damit *sie ihm Zuflucht* und Hilfe seien: *Warin erhielt nämlich Vina, Turinga und Engi; Ruthard aber Antolvinga und Uzibaha.* Nach dem Weingartener Mönch steht fest, daß Antolvinga, das namentlich unter den welfischen Erbgütern aufgeführt wird, dem heiligen Konrad, dem Bischof von Konstanz, zugefallen ist: *Nachdem der heilige Konrad,* sagt er[136], *in das Bischofsamt gelangt war, übereignete er das ihm von seinem Vater vermachte Vermögen, Altorf, Wolpteswende, Berge, Fronhoven mit dem dazugehörigen Gebiet und alles, was auf der anderen Seite unseres Flusses Stutzina liegt, so wie es noch heute daliegt, als Tauschgeschäft seinem Bruder Rudolf; und er selbst erhielt von diesem das weiter entfernt Liegende, d. h. Eisilingen, Andilvingen mit all seinen Anhängseln und im Elsaß Colmir, und unterhalb des kurischen Rhätien Lugenetz am Fluß Amis.* Dies muß zu dem bereits Gesagten hinzugefügt werden, und noch viel mehr ist es bei der Verfolgung unserer Geschichte des weiteren immer wieder ins Gedächtnis zurückzurufen, damit niemand glaubt, dies liege außerhalb unseres Vorhabens.

---

135 Apud Goldast. l. c. p. 3
136 Apud Leibnit. script. rer. Brunsuic. T. I. p. 782

Die Welfen in den Nachbarländern
des Schwarzwaldes.

XXVII. Schöpflins ›Alsatia diplomatica‹ enthält[137] eine Schenkungsurkunde Richbalds an das Kloster Murbach im Elsaß aus dem Jahr 761 *für die Seele,* wie er sagt, *meines Bruders Welponus.* Mag die Urkunde auch unvollständig sein, so scheint doch der Wortzusammenhang darauf hinzuweisen, daß bestimmte Güter in *Bavaria* ebenfalls dem genannten Kloster übergeben worden sind. Der Wortlaut ist der: *Ich, Richbald, will meinen Besitz, der in Alemannien ... in einem Dorf namens Cachinga oberhalb der Donau liegt, diesem Gotteshaus zu eigen und zum Geschenk machen. Ihm schenke ich auch in dem Dorf namens Zozihuhus und in Chresinga das, was mir an den genannten Orten zu besitzen beliebte bzw. was ich besitze.* Wenn die Donau Alemannien verlassen hat, fließt sie nach Bayern hinein: Indem Richbald also außer seinen Besitztümern in Alemannien auch noch andere zu kennzeichnen scheint, die oberhalb der Donau liegen, darf man vermuten, daß diese zu Bayern gehören. Dennoch möchte ich mit niemanden über den Sinn dieser Urkunde streiten oder mich zum Interpreten des Stils jener Zeit machen. Nur das alleine stelle ich fest, daß mit *Welpe* von einem anonymen Astrologen derselbe bezeichnet wird, den Theganus, wie wir vor kurzem gehört haben, *Welfe* nennt, nämlich den Vater der Judith, der zweiten Frau des Kaisers Ludwig des Frommen. Dieser – das sind die Worte des Astronomen – *heiratete die Tochter eines Welpengrafen namens Judith, nachdem er die meisten Töchter der Adligen prüfend betrachtet hatte.* Der Wortlaut der zitierten Urkunde *für die Seele meines Bruders* legt nahe, daß dieser Welpus oder Welpo im Jahre 761 schon tot war; dieses Alter stimmt freilich mit der Meinung Eckhards[138] überein, derzufolge der Welfenstamm, nämlich der aus bayrischem Ursprung, sich schon früh im 8. Jahrhundert in zwei Zweige aufgespalten hat. In der Tat ist Eckhard der Meinung, daß das Geschlecht der Markgrafen der Toskana und der Grafen von Luca gegen das Jahr 747 durch Adalbert, den Grafen von Bayern und Gründer des Klosters Tegernsee, entstanden sei; Ruthard aber sei der jüngere Bruder Adalberts gewesen und habe als Graf über das Herzogtum Alemannien

---

137 T. I. p. 36 seqq.
138 In Orig. Guelph.

geherrscht; er sei der Stammvater des Welfengeschlechts in Schwaben und der Könige beider Burgunderreiche gewesen.

Der von Leibniz edierte Anonymus aus Weingarten[139] hat anhand von Dokumenten die Geschichte der welfischen Fürsten verfolgt. Dennoch bekennt er gleich am Anfang, daß er, *obwohl er mit größter Sorgfalt die Ursprünge eben dieser Fürsten aufgespürt und dabei vieles in verschiedenen Chroniken, Geschichtsbüchern oder alten Urkunden durchforscht habe, dennoch niemanden namentlich vor einem Welfengrafen habe finden können, der zur Zeit Karls des Großen gelebt hatte. Allerdings*, fügt er hinzu, *gehe aus sehr vielen Umständen klar hervor, daß es auch vor diesem noch andere gegeben habe, die dieses Geschlecht noch vor der Annahme des christlichen Glaubens mit großem Reichtum und in Ehren anführten. Sie verbreiteten mit großem Fleiß ihren Namen in verschiedenen Provinzen, wobei über lange Zeiten hinweg der eine die Nachfolge des anderen antrat.* Ich schweige davon, was er über die Abstammung der Welfen von jenen Franken anfügt, *die einstmals nach ihrer Auswanderung aus Troja unter den Königen Francio und Thurcus oberhalb der Donauufer sich bei Thrakien niederließen, dort eine Stadt namens Sicambria erbauten und da blieben bis zu den Zeiten des Kaisers Valentinian,* nämlich des III.: Das letztere erweckt durch Idatius[140] Vertrauen, der in seiner Chronik zum siebten Regierungsjahr Valentinians, nämlich 431 n. Chr., schreibt, daß Aetius als Führer zweier Feldzüge die aufständischen Norer bezwungen habe.

Von dort also kamen die Welfen nach ihrer Vertreibung, wie aus der Chronik des genannten Weingarteners hervorgeht, *und wohnten am Rheinufer im Grenzbereich des östlichen Frankenreiches, in Germanien und Gallien.* Diese Worte dienen dazu, die alten Geschichtsschreiber miteinander zu versöhnen, von denen die einen die Welfen auf die Alemannen zurückführen, während die anderen sich darum bemühen, die Welfen bavarischen Ursprungs sein zu lassen. Zu diesen zählt Theganus, der, wie wir schon oben erwähnt haben, von dem Welfen sagt, er sei *ein Sproß aus vornehmstem Geschlecht der Bavaren.* Dieses Zeugnis eines zeitgenössischen Geschichtsschreibers aber, der sich damals am

---

139 T. I. script. rer. Brunsuic. p. 781
140 Gallandii Biblioth. PP. T. X. p. 326

Hof des Kaisers Ludwig des Frommen aufhielt, muß als hervorragende Autorität gewertet werden.

Dem aber widersprechen keineswegs diejenigen, die die Welfen zu Alemannen machen, da Otto von Freising[141] unter Berufung auf den eben genannten Weingartener Anonymus aussagt, diese hätten sich *am Grenzgebiet von Gallien und Germanien niedergelassen.* Mit ihm scheint der oben erwähnte Verfasser[142] der Lebensgeschichte des heiligen Alto übereinzustimmen, wenn er von der Gründung des Klosters Altmünster in Bayern handelt, wo der Vater Wolfhards *als mächtiger Mann in Alemannien* bezeichnet wird. Wie weiter oben schon berichtet, nahm der Welfe Heinrich eine Verlegung der Mönche von Altmünster in Bayern nach Altorf in Schwaben vor, und umgekehrt der Nonnen von hier aus in jenes Kloster. Es wird dabei deutlich, daß sich die Welfen in beiden Fällen des jeweiligen Vermögens bemächtigt haben: wie wir nach demselben Anonymus von der Auswanderung der Welfen aus dem Noricum oder Bayern nach Alemannien geschrieben haben, wo wenig später eben dieser Anonymus fortfährt: *Sie bemächtigten sich des Landes und einer jeden Behausung; sie waren stark genug, ihre Macht überall hin auszudehnen und begannen in verschiedenen Provinzen, sich Güter und Ehrenstellungen anzuhäufen.*

Daraus wird klar, daß die Welfen von den alten Geschichtsschreibern auch Alemannen genannt worden sind, zumal zu der Zeit, als sie von den bavarischen Agilolphingern getrennt waren. So nennt[143] Hermann der Lahme, Graf von Veringen, der vielleicht selbst aus dieser Familie stammt, die Welfen ganz allgemein und im besonderen die, die in gerader Linie auf Welfus I. folgen, sehr häufig *Schwabenstämmige.* Dem steht nicht entgegen, daß sie in früheren Jahrhunderten ursprünglich bayerischer Abkunft gewesen wären; so hat zum Beispiel soeben I. N. Mederer[144] die Meinung von Bucelin[145] in der ›historia Agilolphica‹ wieder neu ins Leben gerufen: Beide stellen fest, daß es sich um die ein und dieselbe Familie der alten Welfen handle. Dieses Geschlecht hält P. Mederer[146] gemäß der Aussage des

---

141 De gestis Friderici I. lib. II. c. 2
142 Apud Bolland. T. II. Febr. p. 360 n. 6.
143 Ad an. 1025 in Henr. Canis. Lect. ant. T. III. P. I. p. 264 seq.
144 P. Mederers Beyträge zur Geschichte von Bayern.
145 Hist. Agilol. T. II. Opp. p. 347 seq.
146 Neue hist. Abhandlungen der Bayerischen Academie T. I. p. 25 seq.

Weingartener Anonymus für fränkischen Ursprungs; diese Meinung fand jedoch nicht bei allen Mitgliedern der Bayerischen Akademie der Wissenschaften Zustimmung, wie es bei P. Roman Zierngibl, dem Bibliothekar von St. Emmeran, in seiner Abhandlung über ›die Herzöge Bayerns vor Karl dem Großen‹ deutlich wird. Hier weist er nach, daß es schon Agilolfen gegeben hat, als die Boier in Abhängigkeit zu den Franken kamen: Auch veröffentlicht er hier verschiedene Meinungen über die Herkunft des Namens ›Agilolfinger‹, während P. Mederer annimmt, daß die Bezeichnung ›Agilolfinger‹ aus ›Guelphinger‹, daraus ›Welfinger‹ und von hier aus schließlich ›Welfen‹ entstanden sei. Agilulf begegnet uns im Vorwort zu den ›Leg. Baioar.‹ unter den vier berühmten Männern, mit deren Hilfe Dagobert jene Gesetze erneuerte. Hier werden in Kap. XX. n. 1 über ›das Geschlecht Hodidra usw.‹ sozusagen als erste nach den Agilolfingern die genannt, die *von herzoglichem Geschlecht* sind. Der genannte P. Zierngibl zeigt[147] uns auch für das 7. Jahrhundert die langobardischen Könige als Nachkommen agilolfischen Ursprungs in gerader Linie von dem Bayernherzog Garibald I., dessen Tochter Theodelinde, berühmt durch die Briefe des heiligen Gregor des Großen und auch durch die Bekehrung ihres Gatten zum katholischen Glauben, mit dem Langobardenkönig Agilulph in der Ehe vereint war. Von den Besitzungen der Guelphen in Italien betrifft uns zwar im Augenblick nichts, doch werden wir später noch einmal Gelegenheit haben, davon zu sprechen.

Den Fürsten bayerischen Geschlechts lag außerordentlich viel daran, die Namensbezeichnung ›Agilolphen‹ in ihrem Stammbaum zu erhalten; dies wurde sogar durch ein Gesetz der Bavaren sichergestellt: *Der Fürst, der das Volk regiert, war schon immer aus dem Geschlecht der Agilolphinger und muß es auch bleiben.* Dies ist der Grund dafür, warum in dieser Familie lange Zeit hindurch, bevor man häufig andere Adelsnamen verwendete, eben dieser Name erhalten blieb, auch wenn er in unterschiedlicher Weise ausgedrückt und gleichsam sozusagen in den Schmutz gezogen wurde.

In früheren Zeiten gab es bei ihnen auch den Geschlechternamen ›Ethico‹. Die Vermutung geht dahin, daß die Fürsten Bayerns und des Elsaß ursprünglich dieselbe fränkische Abstammung hatten.

147 *l. c. p. 36*

Gabriel Bucelin[148] leitet die Guelphen, die Begründer seines
Klosters Weingarten, aus dem Elsaß und dem Stamme Ethicos I.,
eines elsässischen Herzogs, ab. In dem Punkte aber stimmt ihm
Schöpflin nicht zu[149] (dieser erforschte nach dem Dreierkollegium
von Hier. Vignerius, Iac. Chifletius und Dav. Blondellus in seiner
›Alsatia illustrata‹ am scharfsinnigsten und wirkungsvollsten von
allen die ethiconische Abstammung der elsässischen Herzöge),
daß er den Vater von Welfus I. und den Großvater des Welfen
Ethico I. Isenbart nennt und diesem Warin als Vater zuordnet,
einen Grafen Eberhard vom Elsaß, der Sohn des Gründers der
Abtei Murbach, weil jener Eberhard ohne Nachkommen
gestorben ist. Dennoch muß das Welfengeschlecht nach der
Meinung Schöpflins auf eine andere Art und Weise an den
elsässischen Stamm angefügt werden, oder vielmehr ist der elsässische Zweig aus dem alemannisch-welfischen Stamm abzuleiten.
Er glaubt, es sei leichter, Ethico von den Welfen, als die Anfänge
der Welfen aus dem Blut des Ethico herzuleiten. Den Beweisgrund dafür nimmt er nämlich von dem Namen ›Ethico‹ selbst,
der bei den Welfen häufig vorkommt: *Ethico, der Herzog des
Elsaß, das im 7. Jahrhundert vom Herzogtum Alemannien
abgetrennt worden war, habe seine Abstammung von einem
mächtigen alemannischen Welfenstamm. Aus guelphischem Blut,*
sagt er, *konnten der elsässische Herzog Ethico und der alemannische Herzog Leutharius durchaus stammen; doch darf man bei
ihnen nur eine Verwandtschaft, aber keine Sohnschaft suchen.
Weiterhin sehe ich kein Hindernis, warum ich den Erzeuger unseres
Ethico mit dem odilianischen Biologen und dem urstisianischen
Anonymus nicht Luithericus oder Leuthericus nennen sollte,
allerdings so, daß dieser meiner Meinung nach weder als Herzog
von Alemannien, noch als Pfalzgraf noch als Sohn des Erchinoald
gelebt hat. Die Namen Luitherich und Ethico gibt es bei den
Alemannen häufig. Judith, die Ludwig den Frommen geheiratet
hatte und alemannischer Abstammung war, hatte einen Bruder
namens Ethico aus welfischem Blut. Dessen Enkel Ethico aus
seinem Bruder Heinrich starb unverheiratet in Konstanz. Als sein
Bruder, der Konstanzer Bischof Konrad, den ihm zugesprochenen
Anteil am väterlichen Erbe mit seinem dritten Bruder Rudolf
getauscht hatte, erhielt er von diesem Colmir im Elsaß. Aus diesem*

---

148 Germ. T. I. p. 31
149 T. I. p. 760 seq.

gewiß nicht unzuverlässigen Dokument geht hervor, daß die Welfen im Elsaß Besitzungen gehabt haben.

Dasselbe Argument verwenden auch die Brüder von Rheinau, um ihre Begründer dem Welfenstamm anzureihen, nämlich daß nach der vorhin von uns herangezogenen Stelle des Weingartener Anonymus der heilige Konrad von seinem Bruder Rudolf die weiter entfernt liegenden Gebiete erhalten haben soll, d. h., Eüslingen und Adilfingen, das im Thurgau liegt, sind durchaus entfernter liegende Gebiete als die bei Weingarten in Schwaben. Von diesen hat soeben P. Gerhard Heß in seinem Vorwort zu den ›Monumenta Guelphicorum‹[150] in einer vorläufigen Untersuchung ein Dokument des Bayernherzogs Tassilo aus dem Jahr 778 veröffentlicht, in dem unter den Zeugen ein Graf Utich aufgeführt wird. Von diesem vermutet er, daß es sich um denselben Ethico handle, der als Gründer des Klosters des heiligen Alto oder Altenmünster gilt, oder doch wenigstens um seinen Sohn, der es gegründet hat, und daher ganz gewiß um einen Mann aus welfischem Geschlecht. *Vielleicht würde dieser Ethico,* fügt er hinzu, *sogar mit größerem Recht als Vater von Welfo I. bestimmt werden, als die so oft heruntergeleierten Warin, Ruthard oder Isambert, zumal da, wie ja alle wissen, die ältesten Geschichtsschreiber bezeugen, daß Welfo I. aus bavarischem Stamm hervorgegangen ist.* Dies haben wir nach der Erklärung des Weingartener Anonymus wiedergegeben, der die Auswanderung des Welfengeschlechts vom Noricum oder dem Ufergebiet der Donau aus an das Rheinufer beschreibt, an dem ebenso der Thurgau liegt (hier befindet sich auch das Kloster Rheinau), wie auch das Elsaß. Unter Berücksichtigung der folgenden Worte des Weingartener Anonymus unterscheiden sich beide aber doch so, daß sie eine Auswanderung der Welfen vom Rheinufer nach Schwaben nahelegen. *Während jene,* sagt er, *jene Gebiete besetzten, trennten sich diese wegen ihrer allzu geringen Zahl von diesen ab und begannen, dieses fast unbewohnbare und, wie man glaubt, noch heute waldreiche Land mit vielen ihrer Angehörigen zu besiedeln.* Genauso sah früher die Landschaft um das Kloster Weingarten aus, das ja auch heute noch von Wäldern umgeben ist, und als Grenznachbarn hat es die Grafen von Truchseß; auch ist die Schwäbische Alb nicht weit weg davon, an die sich das hochadlige

---

150 pag. 5

Geschlecht der Zollern anschließt, das den Welfen zuzuordnen ist.

Wie aber verhält es sich mit jenem Wolfehard, der im Testament des weithin berühmten Fulrad, des Abtes von St. Dionys, aus dem Jahr 778 unter den Zeugen auftritt, auf welches selbe Jahr und auf den als Urheber oder Gründer die Rheinauer ihre ersten Anfänge beziehen? Nach dem vorhin angelegten Maßstab, der durch die Aussagen der alten Geschichtsschreiber bestätigt wird, wobei allerdings der eine ihn Welfo nennt, während er bei einem anderen Wolfhard genannt wird, handelt es sich dabei um denselben, der mit seinen alemannischen Truppen Karl dem Großen Hilfsdienste leistete, als dieser sein Heer gegen die Sachsen führte: Ob dieser aber auch (von der Zeit her gesehen hätte es auch eben der gewesen sein können, dessen Tochter Judith im Jahre 819 Ludwig den Frommen geheiratet hat) der Sohn des Ruthard gewesen ist, erörtern wir nicht mehr.

Die Besitzungen des heiligen Fulrad aus dem Elsaß, des Abtes von St. Dionysius.

XXVIII. In dem genannten Testament von Fulrad wird auch der Graf Rodhard erwähnt, von dem Fulrad wie auch von Wido viele Güter gekauft hatte, die zum Teil im Grenzgebiet zu unserem Schwarzwald, nämlich im Breisgau und der Mortenau, liegen. Von ihm glaubt man ganz allgemein, daß er, wie schon oben erwähnt, der Gründer des Klosters Gengenbach und Schwarzach gewesen sei. Die Urkunde des Grafen Rodhard, mit der er seine im Breisgau gelegenen Güter an Fulrad verkaufte, hat Grandidier[151] in seiner Geschichte der Diözese Straßburg zusammen mit anderen Schriftstücken veröffentlicht, aus denen die außergewöhnliche Frömmigkeit des Fulrad sichtbar wird. Daraus und in Verbindung mit einem noch kürzeren Dokument erhellt dessen Bemühen, in seiner Heimat Zellen und Klöster zu gründen. Dank dieser Tatsache erhielt er im Jahr 757 ein Schreiben des Papstes Stephan, dem er durch eine Gesandtschaft bekannt geworden war. Wortreich verteidigt ihn Cointius[152] gegen Eginhard und dessen Abschreiber, der angibt, Fulrad sei

---

151 Append. T. II. p. XCVI.
152 T. V. Annal. p. 322 seqq.

zusammen mit anderen in der Mitte des 8. Jahrhunderts von Pipin
zu Papst Zacharias geschickt worden, um vom Papst die
Vollmacht zu erhalten, Pipin nach der Entmachtung Hilderichs
zum König zu erheben. Es war leicht, diese Gesandtschaft mit
anderen Aufgaben Fulrads zu verwechseln: Er wurde im Jahr 753
zu Papst Stephan gesandt und erhielt im darauffolgenden Jahr
den Auftrag, als Begleiter zusammen mit dem Herzog Ruthard,
wie er bei Anastasius in der Lebensgeschichte der Päpste genannt
wird, nach Italien zurückzukehren und hielt sich bis zum Jahr 756
in Rom auf, wobei er auch zu den päpstlichen Gesandtschaften an
die Langobardenkönige Aistulph und Desiderius hinzugezogen
wurde. Ruthard nennen die einen den Begleiter bei der ersten
Gesandtschaft, andere Rodbert. Eckhard aber glaubt[153], daß
dieser der Rheinauer Graf Rupert ist, dessen Witwe Willesuinda,
die Paul Diakonus Chillisvindis nennt, und dessen Sohn Cancor,
ein berühmter Graf der Rheinau, nach dem Zeugnis der Laures-
hamer Chronik im Jahre 762 begannen, nach dem Plan des mit
ihm blutsverwandten Metzer Bischofs Rodegang das Kloster
Lauresham zu errichten.

Im übrigen werden jene Güter, die Fulrad vom Grafen Rodard im
Oberen Breisgau gekauft hatte, aufgezählt[154]: *im Gebiet oder in der
Gemarkung Binubhaime Romaninchova.* Für Schöpflin, der dort
alle Stämme mit großem Fleiß für seine zähringisch-badische
Geschichte aufsuchte, ist das *Rümigen:* und *an anderer Stelle
Tobtarinchova* (Thumringen), *Gotonesvilare* (Kutz, früher Kutzen-
weiler), *Walahpach* (Wollbach), *Haultingas* (Hauingen), *Ägomo-
tingas* (Aimeldingen), *Binushaim* (Binzen), *Eppalinchova*
(Ötlingen). Alle diese Orte bestehen auch heute noch fast in einer
Linie zwischen der Wiese und dem Rhein in Richtung
Schwarzwald und Alpgau. In manchen davon erhebt das Kloster
St. Blasien heute noch bestimmte Steuern. Am Schwarzwald
selbst liegt auch das Dorf *Marcell,* das Schöpflin a.a.O. notiert,
während im Anhang zu der genannten Urkunde zu lesen ist:
geschehen in einem Dorf, das allgemein Mareleia genannt wird. Die
Namensgebung ist allerdings dem Dorf *Marley* oder *Marlen* eher
verwandt. Zwei Dörfer dieses Namens stellte Grandidier[155] fest,
eines im Elsaß, vier Leugen von Straßburg entfernt, das andere ist

153 T. I. Rer. Franc. p. 579
154 Alsat. diplom. T. I. p. 36 etc.
155 Grandidier l. c.

ein Dorf der Ortenau am Rhein. Es gibt in dieser Gegend aber auch Ortschaften, die im Testament des Straßburger Bischofs Eddo für das Kloster in Ettenheim oder die Mönchszelle im *Brisgav* genannt werden, den der Fluß Bleicha, der in den Rhein mündet, von der Ortenau abtrennt.

Die Güter des Klosters St. Gallen im Schwarzwald.

XXIX. Zu unserem Schwarzwald gehört auch, was in demselben 8. Jahrhundert schon früher im Breisgau dem Kloster St. Gallen geschenkt worden war; ob durch das Verdienst des seligen Othmar, der ja aus Alemannien stammt, alles oder nur manches, weiß ich nicht. Bei Herrgott[156] ist von einer im Jahr 758 vorgenommenen Übergabe von Gütern in bestimmten Dörfern des Breisgau an die hochheilige Kirche im Kloster des heiligen Gallo im Durgau zu lesen, wo *Autmaris* (Othmar) Abt zu sein scheint. Später gibt es dann aber auch noch einiges insofern von Drutpert, als er demselben Kloster Grundstücke in *Zarduna* schenkt[157]; *Zarden* ist aber ein Dorf des Schwarzwaldes: dann auch noch[158] als Schenkung des Witerich das Dorf *Wizia* im Alpgau, ein Fürstenbergisches Dorf nicht weit weg von dem Wildwasser Wutach, *unter dem Grafen Uoldaricus,* der der erste und einzige Graf des 8. Jahrhunderts im Alpgau ist, und den der in diesen Dingen so überaus geschickte P. Herrgott[159] in einem Verzeichnis von Grafen und Herzögen ausfindig machen konnte. Zugleich scheint es auch derselbe zu sein, den Herrgott als Grafen des Breisgaus an dritter Stelle nach Canchor und Allart mit Oaldarich gleichsetzt. Als vierten aber gegen Ende des 8. Jahrhunderts nennt er Bertold, der aber nicht mit dem Grafen Piritilo identisch ist, dem Grafen in Bertoldesbara, einem zum Schwarzwald gehörenden Gebiet; es findet[160] sich nämlich deutlich von einander unterschieden *die Unterschrift des Grafen Birtilo und die Unterschrift des Grafen Bertold.* Es folgt dann ebenda[161] die in demselben Jahre vorgenommene Schenkung an das Kloster St. Gallen unter dem Grafen Piritilo, so wie auch in dem Bereich des

---

156 Cod. probat. Geneal. Habsburg. T. I. p. 5
157 Ibid. n. X. p. 6
158 n. XVI.
159 T. I. Geneal. dipl. proleg. IV. p. 50
160 Ib. T. II. P. I. n. XVIII. ad an. 786
161 n. XIX.

Piritelo im Elsaß, von wo aus die Piritelonen ungefähr um diese Zeit in den Breisgau und in den Schwarzwald übergesiedelt sind, wobei in der Folgezeit der Gau Bertoldespara den hochberühmten Namen der Pertiloniden erhielt.

Die bei uns im 9. Jahrhundert wiederhergestellte Hierarchie.

XXX. Im 8. Jahrhundert blühte bei uns die Stellung und die hierarchische Ordnung der Kirche auf, und neues Licht erhellte von überall her unsere dunklen Wälder. Fast alle kirchlichen Oberen des Schwarzwaldes bekannten sich entweder selbst zur Regel und zum Orden des heiligen Benedikt oder waren seine hervorragenden Beschützer und Verkündiger in ihren Diözesen Konstanz, Speyer und Straßburg und sogar im erzbischöflichen Bistum Mainz. Dies geschah vor allem deswegen, weil ihm das ehrwürdige, altüberlieferte Metropolitanrecht über Deutschland zurückgegeben wurde. Es verdankt dies dem heiligen Bonifatius, dem Apostel der Germanen, der, wie wir noch sehen werden, auch in Alemannien, und damit auch im Schwarzwald, der neuen Niederlassung des Ordens des heiligen Benedikt, glänzende Erfolge hatte. Zu dieser Zeit wurde jene Diözese auf der deutschen Synode vom Jahr 746 nach Otlons Lebensgeschichte des heiligen Bonifatius zur Metropole aller in Deutschland gelegenen Bistümer bestimmt. Basel gehörte allerdings, wie früher Vindonissa, zur burgundischen Metropole Besançon; von hier war der Bischofssitz schon vor langer Zeit nach Konstanz verlegt worden und wurde nunmehr unter Erenfrid oder dem Bischof Anastedius, dem vorherigen Mönch und Abt der Reichenau, dem heiligen Bonifatius und dem Mainzer Bischofssitz unterstellt.

Die Chronik des Konstanzer Bischofs Erenfrid über St. Blasien.

XXXI. Wie Manlius[162] auf Grund des St. Gallener Totenverzeichnisses oder Martyrologiums in der Chronik von Konstanz feststellt und nach ihm allüberall die meisten, die über die Geschichte von Konstanz geschrieben haben, hat dieser Erenfrid

---

162 Apud Pistor. Script. rer. Germ. T. III. p. 702

eine *Chronik des Klosters St. Blasien geschrieben*. Diese Bezeichnung muß allerdings im Sinne einer Vorwegnahme aufgefaßt werden, da nämlich feststeht, daß dieses Kloster erst im 9. Jahrhundert die Reliquien und die Schutzherrschaft und im 10. Jahrhundert schließlich den Namen St. Blasien erhalten hat; vorher hieß es *cella alba*. Wenn aber dieser Manlius die Chronik von St. Blasien dann auch in bezug auf das 8., 9. und 10. Jahrhundert zitiert, ist dies nur für den Gesamtzusammenhang der Chronik zu rechtfertigen; oder aber hat Manlius eine andere Chronik benutzt, die in einem handschriftlichen Kodex der Reichenauer Bibliothek aus dem 9. Jahrhundert genannt wird, wenn nämlich die karolingische Abkunft des heiligen Arnulf aus der *Chronik von St. Blasien* erklärt wird: *Arnolf zeugte Angisus usw.* Das hätte dann aber seine Richtigkeit, selbst wenn diese Chronik nur von einem Mönch aus St. Blasien geschrieben oder sogar lediglich abgeschrieben worden wäre, ohne die Geschichte dieses Klosters abzuhandeln. Ganz anders aber verhielte es sich, wenn man Erenfrid, den Bischof von Konstanz und Abt und Mönch der Reichenau, als Verfasser der Chronik von St. Blasien ansehen würde. Diese hätte dann auf jeden Fall ihren Namen nicht von einem Verfasser oder Abschreiber aus St. Blasien, sondern von der Geschichte dieses Ortes selbst, die sie umfaßt. Wir wollen jedoch bekennen, was Tatsache ist: Es ist nirgendwo in anderen alten und auch nicht in den klostereigenen Dokumenten eine Nachricht über diese Chronik erhalten, von der Abt Caspar I. im 16. Jahrhundert in dem Manuskript seiner *Origines San-Blasianae* beklagt, daß sie bei dem Klosterbrand im Jahre 1323 verlorengegangen sei. In diesem Werk handelt er ebenso wie ein Anonymus des 14. Jahrhundert in den gleichfalls als Handschriften erhalteten *libri Constructionum* von den ersten Einwohnern dieser verlassenen Einöde: Diese hätten sich schon seit den Zeiten, als die heidnischen Kaiser Christenverfolgungen veranlaßt hätten, hier versteckt, und eine sehr alte Überlieferung besagt, daß sie ein Einsiedlerdasein gefristet hätten. Solche Berichte, wie sie auch in anderen Klöstern allenthalben feilgeboten werden, finden freilich bei modernen Kritikern nur Spott.[a]

---

[a] Irgend etwas Gewisseres gäbe es zweifellos, wenn das Manuskript zur Verfügung stünde, das nach der Aussage von Chifletius vieles über die ersten Väter des Klosters von St. Blasien enthält. Seine Anmerkungen hierzu machte Chifletius, der das genannte Manuskript vor Augen hatte, im Vorwort seiner Ausgabe zu den Verfassern von ›de haeresi Berengarii‹.

Der erste Konvent von Brüdern an der Alb
unter der Regel des heiligen Benedikt.

XXXII. Wie wenige Schriftsteller des Mittelalters gibt es doch,
die nicht immer wieder auf Abwegiges dieser Art verfallen! So
waren sie der Meinung, wenn sie einen Streifzug in weiter zurückliegende Zeiten unternahmen und dabei hinreichend sichere
Dokumente fehlten oder sogar übersehen worden waren, sie
müßten ihr Thema in der Weise behandeln, daß sie mündliche
Überlieferungen der Vorfahren aufgriffen und sie über eine Reihe
von meist mehreren Jahrhunderten hinweg fortsetzten. Natürlich
darf man solche Überlieferungen sehr genau danach befragen,
welcher wahre Kern in ihnen verborgen ist, und man sollte sie
nicht allzu leichtfertig als völlig falsch beurteilen. In der Tat
weicht es von den Gewohnheiten der Zeit, die wir behandeln,
nicht ab, daß fromme Männer in einsamen Gegenden und an
verlassenen Orten Verstecke aufsuchten, um dort, abgeschieden
von der menschlichen Gemeinschaft, ihr Leben zu verbringen;
und dafür, daß sie unbebautes Land kultivierten, braucht man
Beispiele nicht von weit her zu holen. Das von uns Angeführte
möge genügen! Was nämlich im Nordwesten des Schwarzwalds
geschehen konnte, wie wir weiter oben bei dem Kloster von
Ettenheim gesehen haben, nämlich daß sich zumindest im 7. und
8. Jahrhundert die Hände und Helfer regten, das Waldgebiet zu
bearbeiten, Gestrüpp zu roden, Steine wegzuräumen, Felsen zu
zerkleinern und den Boden einzuebnen: Warum hätte dies nicht
auch schon früher im Südteil unseres Schwarzwaldes gelingen
können, wo selbst die Hunnen unter der Führung von Attila schon
in der Mitte des 5. Jahrhunderts damit begannen, die Wälder
abzuhauen und die Baumstämme so zuzurichten, daß man sie mit
einem unzählbaren Heer aus den nahegelegenen Wäldern an den
Rhein bei Augst bringen konnte? Daß dies weithin auch in
anderen Teilen der Welt geschehen ist, verraten geschichtliche
Dokumente z. B. über Paul den Eremiten und andere ägyptische
Mönche und Einsiedler, die den heidnischen Verfolgungen aus
dem Wege gingen und sich weg von römischem Gebiet in Wüsten
und unzivilisierte Einsiedeleien zurückzogen: Aus diesen
wuchsen dann später, als der Kirche wieder Frieden gegeben
wurde, überaus zahlreiche Mönchsgemeinschaften zusammen. Es
hätte also auch und gerade in unseren Wäldern geschehen

können, daß es im Zuge der aufwallenden Verfolgung in unserer Nachbarschaft jenseits des Rheins im Gebiet von Windisch und Augst, das damals noch den Römern gehorchte, irgendwelche Leute gab, die sich zeitweise in diese Wälder zurückzogen, die den Römern bis dahin noch unzugänglich waren. Allerdings kann keine Weiterverbreitung von Einsiedeleien über so viele Jahrhunderte hinweg festgestellt werden, es sei denn, daß damals aus reinem Zufall unser leeres Gebiet bewohnt zu werden begann. Wahrscheinlicher aber könnte dies, wenn schon die Überlieferung von Eremiten offenbar zugelassen werden muß, auf die Mitte des 5. Jahrhunderts bezogen werden, als Attila nach seiner Rheinüberquerung Windisch, Augst und andere Städte völlig zerstörte und die ganze Gegend dort mit Feuer und Schwert verwüstete: Dabei war es vorteilhaft, ja sogar notwendig, daß jene Anwohner am Rhein in den benachbarten Schlupfwinkeln des Schwarzwalds Zuflucht suchten.

Wie aber auch dem immer sei, stimmt es doch wenigstens damit überein, was unser Anonymus sagt, daß es anfangs Vereinzelte gewesen sind, die diese Einöde bewohnten, bis dann später mehrere im Alpgau ihren Schweiß bei dem Werk vergossen, nämlich das Waldgebiet urbar zu machen. Schließlich aber, fügt er an, *strömten von den verschiedenen Berggipfeln herab Leute zusammen, um in brüderlichem Vertrauen und in Freundschaft geeint sich gegenseitig einträchtig beizustehen.... Sie wählten also unter sich einen Mann von gutem Lebenszeugnis und von heiligmäßigem Leben aus, der Gott fürchtete, vorausschauend war, brüderliche Liebe verströmte und in allen Lebenslagen zu jeder Aufgabe fähig war, dem sie sich in bereitem Gehorsam unterordneten und den sie Vater nannten. Diesem unterwarfen sie sich durch die unermüdliche und unsagbare Pflicht des Gehorsams und strebten danach, ihr Leben nach einer Regel zu ordnen und einzurichten.* Als dann später die Anzahl der Brüder an der Alb wuchs, errichteten sie ein Haus aus Holz, das sie in verschiedene Zellen unterteilten. Dann erstellten sie eine Ordnung für den Gottesdienst, das Theologiestudium, die handwerkliche Arbeit und die für den Körper notwendige Ruhezeit, wie sie nachweislich auch anderswo erhalten ist. *Acht Stunden nämlich,* sagt er, *verwandten sie für den Gottesdienst; diese hielten sie für das Gebet frei und widmeten sich dem Studium. Es gab auch weitere acht Stunden, an denen sie das*

Werk ihrer Hände verrichteten, und ein jeder erfüllte die Pflicht, die ihm auferlegt war. An nochmals acht Stunden gaben sie sich der körperlichen Ruhe hin usw. An den Feiertagen aber ordneten sie die acht Stunden, die sonst dem Werk der Hände vorbehalten waren, dem Gebet und dem Studium zu und widmeten sich somit an den Feiertagen 16 Stunden lang dem Gebet und dem Studium und verblieben damit zu Hause. Wenn sie aber aus einer zwingenden Notwendigkeit heraus von der Gemeinschaft der Brüder irgendwohin gesandt worden waren, feierten sie nach Möglichkeit dort auch den Gottesdienst. Wie ich gleich zu Beginn erwähnt hatte, bezieht der Anonymus dies alles auf weit zurückliegende Zeiten, zu denen der Orden des heiligen Benedikt hierzulande noch nicht bekannt war, wobei er freilich sagt, er wisse nicht, *wie viele Jahre und welche Zeiträume verflossen seien, seit dieser Ort besiedelt wurde, der damals noch wüst und schrecklich war.* Dem ist weiter nichts hinzuzufügen, auch nicht das, was derselbe über eine Ankündigung des Ordens des heiligen Benedikt durch einen Specht erzählt[163]. Er fügt nämlich kurz darauf an, hier an der Alb hätten die Brüder getan, was nach der Sachlage zu tun war: Sie hätten nämlich aus ihren Reihen besonders kluge Männer ausgewählt und sie zu einem Diözesanen geschickt, damit *er ihnen kraft seines Amtes die Regel und die Mönchskutte des heiligen Benedikt überreiche.* Dies aber war kein anderer als der Bischof von Konstanz: Daher kam es, daß die Lebensweise dieser Brüder an der Alb berühmt wurde und für so bedeutend gehalten werden konnte, daß der Bischof Erenfrid glaubte, sie in seine Jahrbücher aufnehmen zu müssen. Auch wenn man, wie es scheint, nicht ganz genau an den Worten des Anonymus festhalten muß, haben doch die Brüder an der Alb die Regel des heiligen Benedikt, bevor sie sich hier in der Gegend weiterverbreitete, mit dem Willen Gottes von irgendeinem der Vorgänger Erenfrids erhalten.

Die vom heiligen Pirmin gegründeten Klöster.

XXXIII. Erenfrid war der vierte Abt des Klosters Reichenau nach dem heiligen Pirmin. Diejenigen von uns stehen unter einem besseren Vorzeichen, als es die Weissagung eines Spechts sein kann, die glauben, daß der Orden des heiligen Benedikt von ihm

---

163 Vide Gallia christ. T. V. p. 1022

der Albzelle gebracht worden ist. Dieser heilige Pirmin war in der Nachbarschaft zu Beginn des 8. Jahrhunderts schon mit dem bischöflichen Siegel bezeichnet worden. Er war zwar nicht Bischof einer Diözese, sondern Abt des neuen, von ihm eingerichteten Klosters Reichenau. Vor allem aber pflanzte er den Orden des heiligen Benedikt ein: wie hier in Schwaben, so auch in Bayern, Franken, der Schweiz und ganz besonders in Alemannien und in der dem Breisgau benachbarten Ortenau. Doch zählt der Verfasser seiner Lebensgeschichte, Waremann, nicht alles genau auf; dieser war im 11. Jahrhundert vom Reichenauer Mönch dann zum Bischof von Konstanz geworden. Sein Werk wurde von Mabillon in den Akten des Ordens des heiligen Benedikt veröffentlicht[164], der behauptet, daß er den Bischofssitz des *Kastells Meltes* innegehabt habe und zwar zu der Zeit, als der Frankenkönig Theoderich IV. herrschte, nämlich von 721 bis 727. Mit Sicherheit wurde er in einer Urkunde eben dieses Königs vom Jahr 727 mit dem Titel eines Bischofs ausgezeichnet. Hermann der Lahme[165] erkennt ihm allerdings nur die Bezeichnung Chorbischof oder Regionalbischof zu. Wir meinten in unserer 1. Untersuchung zur alten alemannischen Liturgie[166], seinen Bischofssitz im Kastell *Meltis* in Richtung *Melteshem* oder *Metlesheim* im Herzogtum Zweibrücken deuten zu müssen, das zwei Leugen von Gmünd entfernt ist, wo sich nach der Errichtung des Klosters Hornbach der heilige Pirmin niederließ und dort auch verstarb.

Allerdings gab es dort keinen Bischofssitz, doch der Heilige, der mit dem bischöflichen Zeichen geehrt worden war, schuf ihn sich, nachdem er ungeheure Mühen im apostolischen Dienst auf sich genommen hatte: Dennoch hatte er es nicht gewagt, sich der Aufgabe der Verkündigung zu widmen, bevor er vom Papst in Rom dazu die Vollmacht erhalten hätte. Diese wurde ihm durch ein Schreiben Gregors II. an die Bischöfe Alemanniens und Frankens erteilt. Weil dieser Brief aber nicht mehr existiert, verweist ihn Cointius vorschnell in das Reich der Märchen[167]. Der Papst vertraute das Schreiben zur Weitergabe an König Theoderich der Adelsfamilie des Sintlach auf der Reichenau an, nach welchem sie die Owa des Sintlach oder Augia heißt. Er

164 Sec. III. P. II. p. 136
165 In chronico ad an. 724
166 T. I. p. 37
167 Annal. T. IV. p. 665

übergab sie dem heiligen Pirmin, *der von ihr eine Brut an giftigem Getier vertrieb, sowie er sie betreten hatte und dafür sorgte, daß, nachdem sich eine kleine Gemeinschaft von Gläubigen gebildet hatte, unnützes Wurzelwerk, Disteln, Dorngestrüpp und verwildertes Gesträuch ausgerissen wurde.* In der Chronikhandschrift des St. Blasianischen Mönches aus dem 12. Jahrhundert ist für das Jahr 724 folgendes zu lesen[168]: *Der heilige Abt und Bischof Pirmin, der von den Fürsten Ertolfus[a) und Netus vor Karl (Martell) gebracht und von diesem zum Verwalter der Insel Reichenau eingesetzt worden war, vertrieb von dort die Schlangen und begründete eben dort innerhalb von drei Jahren das Klosterleben.*

a) Dies ist fast bis aufs Wort genau der Chronik Hermanns entnommen, der allerdings sagt, Pirmin sei *von den Fürsten Berchtoldus und Vehius vor Karl* gebracht worden. Wenn aber Trithemius schreibt *(T. I. Annal. Hirsaug., p. 151),* der heilige Pirmin sei ein Schüler des seligen Abtes Maurus gewesen, so ist dies nicht für den berühmten Maurus, den Schüler des heiligen Benedikt, anzunehmen, sondern für einen anderen Abt gleichen Namens in Maurismünster oder Maursmünster im Elsaß, das möglicherweise von einem anderen Schüler des heiligen Benedikt, dem heiligen Leobard, gegründet worden ist. Allerdings hat es seinen Namen vom heiligen Maurus, seinem fünften Abt, auf dessen Bitten hin König Theoderich im Jahre 724 die Urkunde ausstellte, die Grandidier in seiner Kirchengeschichte von Straßburg T. I. p. LVI. n. 34 erscheinen läßt und ebendort unsere Behauptung bestätigt, indem er dazu Crusius, *Annal. Suev. T. I. P. I. p. 288,* und Cointius *Annal. T. IV. p. 789* zitiert.

Später wurde er auf Grund von Unruhen in Alemannien, von Machenschaften der schwäbischen oder alemannischen Herzöge und durch einen Aufstand gegen die Frankenkönige von dem Herzog Theobald, dem Nachfolger Lantfrids, im Jahre 727 von der Reichenau vertrieben. Daraufhin begab er sich ins Elsaß und an andere Orte, um ebenda Klöster zu gründen, die Waremann a.a.O. in dieser Reihenfolge aufzählt: *Altaha, Schuttera, Gengenbach, Suarzaha, Murbach, Moresmünster, Novumvillare:* diesen fügt ein altes Fragment bei Urstisius[169] noch hinzu: *Phevers, Wissenburc et Horenbach;* diese beiden letzten sind von ihm selbst gegründet worden. Diesen von Pirmin entweder errichteten oder ausgebauten Klöstern fügt Hundius in der Erzdiözese Salzburg *Lunaelacense* oder *Monsee* und *Pfaffenmünster* in Bayern hinzu; und Trithemius im Compendium Annal. lib. I. *Amorbacense.* Pirmin selbst aber, der sich nach Hornbach zurückgezogen hatte, *lockte sogar den heiligen Bonifatius durch den Wohlgeruch seines guten Rufes dorthin; dieser herausragende Schutzpatron,* wie der

168 Mabill. l. c. p. 145
169 P. II. p. 76

Verfasser seiner Lebensgeschichte erzählt, *erglühte noch feuriger im heiligen Dienst, nachdem ihn Bonifatius wieder verlassen hatte; und wie wenn er vorher nichts getan hätte, vergaß er alles, was hinter ihm lag, und richtete sich mit voller Wachsamkeit und mit allem Eifer ganz nach vorne hin aus. Und als er in vorgerücktem Alter die Ordnung und die Sicherheit der von ihm errichteten Klöster und seine Söhne, von denen er eine überaus große Zahl erworben hatte, wohlgefällig angeschaut hatte, und für sich bedacht hatte, die Früchte seines Lebenswerkes zu genießen, glaubte er, daß es nunmehr Zeit sei, von den Mühen des tätigen Lebens abzulassen, und richtete die ganze Schärfe seines Geistes auf das beschauliche Leben: Und er mied die geschwätzige Unruhe der Lea und entbrannte in voller Glut des Herzens in Liebe zu Rachel.* Ausführlicher über die Versuche des heiligen Pirmin, Klöster zu errichten oder zu ordnen, handelt Grandidier[170] in seiner Geschichte der Diözese Straßburg, der den Tod Pirmin für das Jahr 754 angibt.

In Hornbach ruhte er nach seinem Tode dem Leibe nach bis zu den unseligen Wirren, die aus Glaubensgründen in Deutschland in den folgenden Jahrhunderten entstanden waren. Dadurch kam es, daß er auf Grund der Bemühungen des Grafen Schwickard von Helffenstein im 17. Jahrhundert von hier aus nach Innsbruck in Tirol überführt wurde. Von da aus aber wurde ein bedeutender Teil seiner sterblichen Überreste durch einen Gnadenakt Ihrer Majestät, der Kaiserin Maria Theresia, im Jahre 1776 der neuen Kirche als Geschenk zur Verehrung überlassen, die nach dem Brand der früheren im Jahre 1768 als Blasiusdom im Schwarzwald ausgestattet wurde. Von sich aus hatte jedoch Ihre Königliche Majestät den vollständigen Körper gewährt; doch da sich in Innsbruck und in der ganzen dortigen Gegend eine übergroße Trauer von Menschen verbreitete, die der Verlust eines so großen Schatzes zutiefst bekümmerte, und als mich auch die Vornehmsten darum baten, glaubte ich selbst, den frommen Wünschen der Gläubigen nachgeben zu müssen und begnügte mich mit einem, wie schon oben gesagt, bedeutenden Teil.

170 T. I. p. 251. 266. et 298.

Seminarien für die Hirten der Kirche.

XXXIV. In den Gründungsurkunden der Klöster nach der
Ordnung des heiligen Pirmin wird die Einhaltung der Regel des
heiligen Benedikt vorgeschrieben; diese hat jedoch der Apostel so
verfaßt, daß die Klöster Seminarien seien, aus denen nach Bedarf
die Leiter der Diözesen genommen werden könnten. Unter denen
werden wir nur auf jene Bischofssitze eingehen, die ihre heiligen
Rechte im Bereich des Schwarzwalds wahrnehmen, vor allem
Konstanz, das im 8. Jahrhundert sozusagen der Reihe nach seine
Bischöfe von den Klöstern erhalten hatte. Von jenen haben wir
Erenfrid schon gewürdigt, der vom Abt der Reichenau zum
Bischof von Konstanz erhoben wurde, wie dann auch Sidonius
und Johannes III. Von Eddo, dem Straßburger Bischof und
vorherigen Abt der Reichenau, dem Nachfolger des heiligen
Pirmin, haben wir weiter oben ausführlich gesprochen; auch
haben wir die Speyrer Bischöfe erwähnt, die schon im 7.
Jahrhundert aus den Äbten von Weißenburg hervorgingen, denen
nach der Ordnung des heiligen Pirmin auch David aus demselben
Kloster im 7. Jahrhundert zuzurechnen ist; von der Reichenau
aber stammte der Basler Bischof Heitto, um nicht von Baldebert
oder Waldebert zu sprechen, dem Nachfolger des Walanus[a], der
nach der Meinung Mabillons[171] in der Abtei Murbach dem
heiligen Pirmin nachfolgte; später aber wurde ihm der
Bischofssitz von Basel übertragen. Mit Sicherheit nennt er sich
selbst in einem kleinen Verzeichnis von Bischöfen und Äbten, das
auf dem Konvent in Attigny[172] vom Jahre 765 erstellt worden war,
Baldebert, Bischof der Stadt Basel, was Mabillon[173] in bezug auf
jenen Abt von Murbach auffaßt.

> [a] Walanus wird in einem handschriftlichen Katalog der Bischöfe von Basel
> irrtümlich erst im 15. Jahrhundert vermerkt: in den veröffentlichten Katalogen
> bei Imhoff Not. procer. Imp. p. 181 und Iselin Lex T. I. begegnet er zum Jahr
> 741, ebenso sein Nachfolger Waldebertus zum Jahr 770.

Andere unterscheiden zur selben Zeit im 8. Jahrhundert drei
Baldeberts, nämlich den schon erwähnten Bischof von Basel,
einen zweiten von Chur, ebenfalls aus dem Orden des heiligen

---

171 Annal. T. II. p. 78
172 Labb. Conc. T. VI. col. 1702
173 Mabillonius l. c. p. 207

Pirmin und aus dem Kloster Pfäfers, von dem Mabillon[174] überliefert, daß er im Jahre 754 gestorben sei; der dritte war gleichzeitig Abt von Murbach und Bischof desselben Klosters; dies war damals durchaus nicht unüblich und wurde schon lange vorher in der Ostkirche so gehandhabt, wie Sozomenus[175] bezeugt. *Es wurden,* sagt er, *Bischöfe nicht irgendeiner Stadt gewählt, sondern Bischöfe ehrenhalber; eine solche Ehrenstellung wurde in den eigenen Klöstern jenen sozusagen als Ausgleich für ein in Frömmigkeit zuvor gelebtes Leben zuteil.* Im Hornbacher Kloster geschah dies gewissermaßen in der Nachfolge des heiligen Pirmin, wie auch bei dem erwähnten Konzil von Attigny im Jahre 765 der Abt von Hornbach mit *Jakob, Bischof des Klosters Gmünd* unterschrieben hat. Es ist dies anscheinend derselbe, der auf der Synode von Compiègne vom Jahre 757 mit der Unterschrift *Jakob, Sünder, Bischof* zu lesen ist[176], und zwar nach dem Abt Rabigandus, der mitten unter den Bischöfen als Mit-Vater zweifellos sogar mit dem bischöflichen Siegel bezeichnet gewesen ist. Auf der Synode von Attigny werden mit Sicherheit mehrere Bischöfe *aus Klöstern* von Bischöfen *aus Städten* unterschieden, wie auch von einfachen Äbten, die auf derselben Synode in großer Anzahl unterschrieben haben. Daß dies in Murbacher Urkunden sehr häufig vorzufinden ist, stellte anhand Schöpflins ›Alsatia diplomatica‹ Grandidier in seiner Geschichte der Diözese Straßburg[177] fest. Das gleiche findet sich auch im Kloster Honau, worüber Mabillon[178] in mehreren Jahrbüchern und in den Heiligenakten[179] des Ordens des heiligen Benedikt handelt. Derselbe Grandidier[180] vermerkt auch noch die andere Art von Chorbischöfen in der Diözese Straßburg, die die Pflichten der Bischöfe versahen, wie sie heute die Titular- oder Suffraganbischöfe wahrzunehmen pflegen. In einem anderen Sinne aber wird der heilige Pirmin von Hermann dem Lahmen Chorbischof genannt, nämlich wie ein Regionalbischof, da er im apostolischen Dienste Mühen über Regionen oder Klöster hinweg auf sich genommen hat: damals kam ebenfalls in

174 Annal. T. II. p. 170
175 Hist. lib. IV. c. 34
176 Conc. Labb. T. VI. col. 1700
177 T. I. p. 174 seq.
178 T. II. p. 59
179 Sec. III. P. I. in praef. p. XX. seq.
180 l. c. p. 175

Gebrauch, daß einer der Mönche in verschiedenen Zellen und Klöstern bischöfliche Funktionen ausübte.

Auch um die Überreste des Heidentums zu vertreiben.

XXXV. Obwohl aber in jenen Bereichen gegen den Rheinursprung und die rhätischen Alpen hin der heilige Kolumban mit seinen Gefährten Gallus, Magnus und Theodor die apostolische Aufgabe auf sich genommen hatte, das Evangelium zu verkündigen, und obwohl gerade Alemannien von den Franken völlig unterworfen worden war, nahm es nach jenen anderen als erster unter den deutschen Stämmen den erleuchtenden Glauben an; freilich war das Heidentum noch nicht überall völlig überwunden, vor allem nicht an den abgelegenen Orten. Ganz sicher waren verstreut noch gewisse Überreste heidnischen Aberglaubens übriggeblieben, die apostolischen Eifer dringend erforderlich machten. So ordnete der heilige Pirmin an, nachdem er auf der Rückreise von Rom und dem Papst von Sintlach angefleht und dem König Theoderich anempfohlen worden war, *angesichts einer solch günstigen Gelegenheit,* wie Waremann schreibt[181], *zuerst den Stamm der Alemannen aufzusuchen: Als er dort angelangt war, vereinigte er wie ein vom Himmel strömender Regen die Herzen aller, die zu ihm kamen, mit dem segenspendenden Tau seines heilbringenden Wortes: Er verweilte an dem Ort, der ›Sintlachs Aue‹ genannt wird, und bereitete dem kommenden Herrn den Weg, machte das Krumme gerade und das Unebene zu ebenen Wegen, und erschuf aus harten und rauhen Steinen Söhne Abrahams.*

Aus dem sehr alten Codex Vaticanus oder Palatinus ist ein *kleines Verzeichnis von abergläubischen und heidnischen Vorstellungen* veröffentlicht worden[182], das Eckhard mit Anmerkungen versehen hat[183]. Er erörtert ausführlich vor allem die *Waldheiligtümer,* die sie *Nimiden* nennen oder *Niunnhiden* – wie er selbst glaubt, lesen zu müssen – wie wenn es ein Opfer von *neun Köpfen* wäre, was dem schwäbischen Dialekt entspricht, um ein ›novenarium‹ zu bezeichnen, und wie auch das, was danach genannt wird, nämlich *Eisfeuer,* d.h. *Nodfyr.* Noch gegen Ende dieses 8. Jahrhunderts

181 Mabill. sec III. Bened. P. II. p. 144
182 T. I. Concil. Germ. p. 51
183 Eccardus Rer. Franc. orient. T. I. p. 405 seqq.

war es auf dem Konzil von Frankfurt[184] im Jahre 794 notwendig, durch den Kanon 43 zu verordnen, daß *bei der Zerstörung von Bäumen und heiligen Hainen der kirchlichen Autorität zu gehorchen sei.* Darüber[185] haben wir im 1. Buch dieser Geschichte gehandelt, und wir haben uns auch unter Berufung auf *de moribus Germanorum* des Tacitus in Erinnerung gerufen, daß sie gewohnt waren, Bäumen, Wäldern und Lichtungen göttliche Verehrung entgegenzubringen. Darüber dichtet Claudian in seinem 1. Buch über die Lobpreisungen des Stilico zum vorliegenden Thema passend: »*Wäre es auch vergönnt, fern von hier gefahrlos im einsamen Schweigen des Herzynischen Waldes zu jagen: unsere Äxte würden straflos die Haine, starrend von Aberglaube, und die Eichen als eine Gottheit der Barbaren treffen.*«

Die Werke vor allem des heiligen Bonifatius und des heiligen Pirmin.

XXXVI. Verschiedene abergläubische Vorstellungen dieser Art werden in gegenseitigen Briefen zwischen dem heiligen Bonifatius, dem Germanenapostel, und den Päpsten Gregor III. und Zacharias erwähnt, dann aber auch auf deutschen Konzilien, die von demselben heiligen Bonifatius einberufen worden waren. An welchem Ort, ob in Bayern oder in Alemannien, das erste davon abgehalten wurde, steht bis jetzt noch nicht fest. Dieses hatte der heilige Bonifatius anzukündigen, und Gregor III. lud die im Land Bayern und Alemannien ansässigen Bischöfe in einem an diese persönlich gerichteten Schreiben ein, nämlich Wiggo, Luido, Rydolt und Wivil oder Adda[186]: Diesen haben wir nach Mabillon und Eckhard schon in unserer ›Disquisitio I. Veteris Liturgiae Alemannicae‹[187] folgende Sitze zugeordnet: Dem Luido Speyer, Rydolt oder Rudolt Konstanz und Adda oder Eddo Straßburg, die unseren Schwarzwald umgeben und fast ganz Alemannien umfassen, wenn man noch Basel hinzunimmt, dem Wiggo vorstand. So bestand keine dringende Notwendigkeit, hier neue Diözesen zu errichten, wie es in Bayern (wo Wivil von Passau als einziger in dem erwähnten Schreiben genannt wird)

184 l. c. p. 424
185 Conc. Germ. T. I. p. 328
186 Concil. Germ. T. I. p. 39
187 T. I. p. 40

und in Franken durch den heiligen Bonifatius erfolgt ist, wobei dies die Päpste in jeder Hinsicht lobten und auch bestätigten. Von jenen werden einige bereits in der Vorrede der 2. Germanischen Synode vom Jahre 742 genannt und zwar zusammen mit etlichen Bischöfen aus unserer Heimat, denen, wie schon gesagt, die Seelsorge für unseren Schwarzwald oblag. Vor allem darauf mußte Bezug genommen werden, daß man auf jener Synode durch den Kanon 2 *den Dienern Gottes Jagden und das Umherziehen mit Hunden im Wald* verbot[188], und daß sie *keine Adler und Falken besitzen dürften.* Auf dem Konzil von Leipzig im darauffolgenden Jahr beschlossen sie mit Zustimmung des Hausmeiers Karlmann, der nach dem Beispiel seines Vaters Karl Martell dafür eine Strafe festsetzte, durch den Kanon 4, daß, *wer in irgendeiner Weise heidnischen Vorstellungen unterliege, dafür geprügelt und zu 15 Solidi verurteilt werde.*

Dies bezieht sich auf das, was an heidnischen Überresten in der Nachbarschaft des Schwarzwalds der heilige Pirminin[a)] in Deutschland vertrieben hat, das die Päpste insgesamt den apostolischen Bemühungen des heiligen Bonifatius anvertrauten, was aus dem ersten unter den bonifatianischen Briefen Gregors III. an Karl Martell vom Jahre 723 hervorgeht, und bald darauf aus einem zweiten, der an alle in Deutschland ansässigen Christen gerichtet war. Daher war es notwendig, Brüder zur Mithilfe aus England zu rufen: *Unter diesen,* bezeugt Othlo in dessen Lebensbeschreibung bei Mabillon[189], *befanden sich so hervorragende Männer wie Burkhard und Lullus, Willibalt und sein Bruder Wunnibalt, Witta und Gregor; es gab dabei aber auch fromme Frauen, nämlich die Tante des heiligen Lullus mit Namen Kunibilt und ihre Tochter Berathgit, Kunidrut und Tecla, Lioba und Waltpurgis, die Schwester des Willibald und Wunnibald. Doch Kunihilt und ihre Tochter Berathgit, bestens in der freien Wissenschaft ausgebildet, wurden in dem Land Thüringen zu Äbtissinnen bestellt; Kunitrud wurde für Bayern bestimmt, damit sie eben dort den Samen des göttlichen Wortes aussäe; Tecla aber siedelte er in der Nähe des Flusses Main an in den Orten mit dem Namen Kihhingen (Kitzingen) und Ochsnofrutt, auch setzte er Lioba nach*

---

188 Ibid. p. 51
189 Sec. III. Bened. P. II. p. 41

Biscofesehein, damit sie dort einer großen Gemeinschaft von Jungfrauen vorstehe.

a) Verschiedenes dazu bringt der heilige Pirmin in einem Büchlein in Erinnerung, das schon bei Mabillon in den Analecta fol. 69 zitiert worden ist.

Wir lesen von keinem von all diesen, daß er vom heiligen Bonifatius für Alemannien bestimmt worden wäre, und dies hätten die schwäbischen Herzöge auch ganz gewiß nicht geduldet, oder sie hätten sie aus Haß oder Eifersucht gegenüber den Frankenkönigen wieder vertrieben, wie es zum Beispiel dem heiligen Pirmin und Eddo ergangen ist, wie wir oben gesehen haben. Dennoch wurde ab dieser Zeit der Aufgabenbereich des heiligen Bonifatius in dieser Gegend noch mehr ausgeweitet, weil der Diözese Mainz das Metropolitanrecht wiedergegeben wurde. Dank dem heiligen Bonifatius wurde es vergrößert und auf all jene Gebiete ausgedehnt, die der heilige Bonifatius durch seine Predigt das Licht Christi hatte erkennen lassen. Dies sind die Worte des Papstes Zacharias, indem er mit der Autorität des seligen Apostels Petrus feierlich bestimmt[190], *daß die oben genannte Diözese Mainz für ewige Zeiten dir und deinen Nachfolgern als Erzbistum bestätigt sei, das folgende Bischofsstädte unter sich hat, nämlich Tongern, Köln, Worms, Speyer und Utrecht usw.* Von diesen ist die Diözese Speyer die einzige, die irgend einen Teil des Schwarzwalds unter ihrer kirchlichen Jurisdiktion hat. Cointius[191] bezieht dies auf das Jahr 748, da nach dem Zeugnis des Othlo nach der Amtsenthebung des Gervilius, der den Mainzer Sitz mit dem Titel eines Bischofs innegehabt hatte, *sofort der heilige Bonifatius von den Fürsten Karlmann und seinem Bruder Pipin der Diözese Mainz vorangestellt wurde. Und damit seine Ehrenstellung noch hervorgehobener sei, beschlossen eben diese Fürsten, daß die Diözese Mainz, die vorher einer anderen* (nämlich Worms) *unterstellt war, zur Metropole aller in Deutschland gelegenen Diözese werde; nachdem sie bald darauf eine Gesandtschaft unternommen hatten, erreichten sie dies auch von dem apostolischen Papst.* Dies berichtet Cointius[192] für das Jahr 746 und beschreibt dabei auch die verschiedenen Geschicke dieser Diözese und zählt 13 Bischofssitze auf, die dieser unterstellt waren, unter denen auch die von Konstanz, Augst, Straßburg und Chur auftreten; zu diesen kommen noch

190 Epist. 14 ad Bonifac. apud Mabill. l. c. p. 79 seq.
191 Annal. T. V. p. 201
192 l. c. p. 165

vier andere, die von dem heiligen Bonifatius soeben in Franken und Thüringen gegründet worden waren[193]: Diese alle bilden, zusammen mit den fünf oben Aufgezählten, dreizehn Diözesen, die dieser Metropole unterstellt waren. Heute umfaßt sie übrigens nur noch zehn.

Es wurden auch Klöster für Nonnen errichtet.

XXXVII. Wir haben oben das Frauenkloster erwähnt, das vom heiligen Fridolin zu Säckingen im Grenzgebiet von Raurakien und Alpgau in unserem Schwarzwald unter Chlodwig (wie wir meinen) II. im 7. Jahrhundert eingerichtet worden ist: Gleich darauf haben wir vernommen, daß auch vom heiligen Bonifatius Abordnungen frommer Frauen von England her nach Deutschland geholt wurden, die er selbst, wie Willibald in dessen Lebensgeschichte bezeugt[194], schon in England mit heiligen Regeln ausgestattet hatte, und welche *beharrlich das Himmlische zu ergründen trachteten, indem sie die Heilige Schrift durchforschten und die Geheimnisse der Sakramente und die verborgenen Urgründe der Mysterien ständig meditierten.* Wir haben gesehen, daß einige von diesen, die in der freien Wissenschaft ausgebildet waren, in Thüringen als Äbtissinnen eingesetzt oder anderswo für Bayern bestimmt wurden, um den Samen des göttlichen Wortes auszusäen, und daß auch Lioba in Bischofsheim einer großen Anzahl von heiligen Frauen vorangestellt wurde. Deren Leben, das von dem Fuldaer Mönch Rudolph im 9. Jahrhundert beschrieben wurde, veröffentlichte Mabillon in den Akten der Heiligen des Ordens des heiligen Benedikt[195]. Darin stellt er dar, daß der Allerseligste, als er die Kirche Gottes wachsen und sich in eifrigem Bemühen bis zu dem Verlangen nach Vollendung steigern sah, einen zweifachen Weg zum Fortkommen des Glaubens beschritten und damit begonnen habe, Klöster zu errichten, damit *die Volksmengen zum katholischen Glauben nicht nur durch das Ansehen der Kirche, sondern mehr noch durch Gemeinschaften von Mönchen und Jungfrauen hingezogen würden*[196]. Daß schon zu seiner Zeit vom Kloster Bischofsheim nichts mehr übrig war, bezeugt Trithemius in seiner kurzgefaßten

---

193 Videatur Gallia christiana, T. V. p. 429 et Serrarius Rer. Mogunt. T. I. p. 364 seq.
194 Mabill. sec. III. Bened. P. II. p. 8
195 Sec. III. P. II. p. 245
196 Ibid. p. 251

Geschichte, dennoch ist in dieser Stadt mit dem Beinamen Tauber die Erinnerung daran erhalten geblieben, wie Mabillon[197] nach Brower anmerkt. Noch berühmter bis auf den heutigen Tag war die heilige Walpurgis, deren Leben Mabillon[198] beschreibt, die als Vorsteherin des Frauenklosters von Heidenheim Deutschland durch ihre Tugenden im Leben und durch ihre Wunder nach dem Tode erhellte. Und dies waren die Anfänge der Klöster für beide Geschlechter, die zunächst gemäß der Ordnung der Ostkirche durch den noch jungen heiligen Benedikt und das Vorbild seiner Schwester, der heiligen Scholastika, nach Italien kamen, dann nach Frankreich, von da aus auch nach England und schließlich nach Deutschland, wie wir im weiteren Verlauf unserer Geschichte noch sehen werden. Über das Heiligtum für Frauen bei uns aber in Säckingen, in welchem nach der Meinung einiger Autoren Mönche zumindest zeitweilig gelebt haben sollen, ist uns im Verlauf dieses 8. Jahrhunderts nichts weiter bekannt.

Die Regel des heiligen Benedikt wird überall beobachtet.

XXXVIII. In bezug auf die Regel aber und die monastische Einrichtung des Ordens des heiligen Benedikt bleibt kein Raum für irgendeinen Zweifel oder einen Streit darüber, daß diese im 8. Jahrhundert allüberall und auf wunderbare Weise weiterverbreitet und gefestigt worden ist, wobei der heilige Bonifatius mit ganzem Einsatz das in Deutschland tat, was der heilige Pirmin in Alemannien und überall in den benachbarten Gegenden leistete. Auf dem Deutschen Konzil, das auf Veranlassung des heiligen Bonifatius im Jahre 742 abgehalten wurde, wird durch Kanon 7 für Mönche und Nonnen jeweils gesondert festgesetzt[199], *daß die Mönche und die Dienerinnen Gottes im Ordensstande sich darum bemühen sollen, ihre Klöster und Hospitäler nach der Regel des heiligen Benedikt zu ordnen, zu verwalten und am Leben zu erhalten; und sie sollten sorgfältig darauf achten, daß sie auch ihr eigenes Leben gemäß der Anordnung des vorgenannten Vaters führten.* Obwohl auf dem Konzil von Leipzig im darauffolgenden Jahr ganz allgemein alles gebilligt wurde, was auf der Deutschen

---

197 Antiq. Fuld. lib. 2. c. 10.
198 l. c. p. 287
199 T. I. Conc. Germ. p. 50

Synode des Vorjahres beschlossen worden war, wird gleich in
Kanon 1 ausdrücklich bemerkt, daß die Äbte und Mönche *die
Regel des heiligen Vaters Benedikt erhalten hätten, um die Ordnung
des Ordenslebens wiederherzustellen.*

Es gab kaum noch irgendeine Spur anderer Orden oder Regeln,
nicht einmal mehr die des heiligen Kolumban, von der wir
irgendwo weiter oben festgestellt haben, daß sie sich der Regel
des heiligen Benedikt angeschlossen hat. Grandidier veröffentlicht im Anhang zu seiner ›historia ecclesiae Argentoratensis‹[200]
eine Schenkungsurkunde des Frankenkönigs Theoderich IV. mit
dem Beinamen ›der Kahle‹ für das Kloster Maursmünster vom
1. Mai 724 und ebenso eine Urkunde des Straßburger Bischofs
Widegern[201] vom Jahre 728, mit der er die Gründung des neuen
Klosters Murbach bestätigt, und gleichfalls eine Urkunde des
Straßburger Bischofs Heddo[202] für das Kloster Arnulfsaue oder
Schwarzach vom 27. September 748, in welchen festgestellt wird,
daß unter anderen Klostereinrichtungen in ganz besonderer
Weise das Gemeinschaftsleben nach dem seligen Abt Benedikt
und dem heiligen Abt Kolumban am besten geordnet sei, doch
wird die Ordnung beider Klosterformen unter der einen Regel des
Benedikt hervorgehoben. So heißt es in der ersten Urkunde des
Widegern für das Kloster Murbach, daß hier der heilige Bischof
Pirmin *mit seinen ausländischen Mönchen zusammen im Kloster
und im heiligen Orden unter der Regel des seligen Benedikt durch
Gottes Gnade und mit unserer Hilfe ihr Leben verbringen* sollten;
dies wird in gleicher Weise für das Kloster Schwarzach festgestellt, und zwar an verschiedenen Stellen. Wir haben schon
erwähnt, daß Pipin dem heiligen Othmar sogleich *ein Büchlein
übergeben hat, das Vater Benedikt über die Lebensführung von
Mönchen verfaßt hatte.* Doch ist es nach Mabillon und Bastidius
nicht notwendig, bei denen zu verweilen, die, speziell gegen
Cointius gerichtet, ausführlich dargelegt haben[203], daß die *heilige
Regel,* die allgemein auf der Synode von Soissons vorgeschrieben
wird, keine andere als die Regel des heiligen Benedikt ist.
Warum? Weil eben diese Regel des Rodegang für Kanoniker von
der Regel des heiligen Bendikt fast bis aufs Wort genau

---

200 T. I. n. 34 p. LVIII.
201 Ibid. n. 39. p. LXIII.
202 Ib. n. 43 p. LXXII.
203 Praef. in acta SS. sec. III. & IV.

abgeschrieben ist, ebenso die Sätze und Kapitel, wobei lediglich der Name des Mönches geändert, der des Klosters aber verschwiegen wurde. *Dieser nämlich,* um die Worte des Paulus Diakonus[204] zu gebrauchen, *vereinigte den Klerus und hielt ihn dazu an, sich wie in einem Kloster innerhalb der Mauern aufzuhalten, und gab ihnen eine Anleitung, wie sie innerhalb der Kirche Dienst leisten müßten.* Dieser Rodegang war sogar der Begründer des Klosters Gorze *nach der Ordnung und der Regel des Ordens unseres heiligen Vaters Benedikt,* wie er selbst in der Privilegsurkunde sagt, die in dem fränkischen Generalkonvent oder der Synode von Compiègne vom Jahre 756 nachzulesen ist[205]. Zu beiden Einrichtungen aber konnte Rodegang durch den Kanon 1 des Konzils von Leipzig[206] vom Jahre 743 veranlaßt werden, mit dem *sämtliche Kleriker kirchlichen Standes, Bischöfe, Priester und Diakone zusammen mit den übrigen Klerikern, die die Kanones der alten Väter übernahmen, das Versprechen ablegten, sie wollten durch Sitten, Lehre und Dienst die kirchlichen Rechte wieder erlangen. Die Äbte aber und die Mönche erhielten die Regel des heiligen Vaters Benedikt, um die Ordnung des Ordenslebens wiederherzustellen.*

So wurden im Jahre 744 auf der außerordentlich gut besuchten Synode von Soissons die Beschlüsse auch für das Mönchtum mit denen der Kirche verknüpft[207], wie zum Beispiel in dem in drei Teile gegliederten Kanon 3; nachdem im ersten Teil die Weihe von Bischöfen und Erzbischöfen behandelt worden war, wird gleich darauf angefügt, daß *die Ordnung für Mönche oder Dienerinnen Gottes gemäß der Regel dauerhaft bleiben solle.* Dann wird genauso wie auf der Leipziger Synode hinsichtlich der zu den Klöstern gehörenden Güter, wie auch für die Äbte und die Kleriker, Fürsorge getroffen, in der Folge auch für die Priester, Bischöfe usw. So gab es nämlich bei derartigen Zusammenkünften im Frankenreich, zumal unter den Karolingern, die außerordentlich segensreiche Einrichtung, daß aus beiden Ständen, dem der Kleriker und dem der Mönche, deren Vorsteher Überlegungen zum gemeinsamen Nutzen und zum Vorteil des einzelnen einbrachten, und die anwesenden Fürsten für jeden

204 Lib. de episc. Metens. apud Freher corp. hist. Franc. P. I. p. 177
205 Conc. Labb. T. VI. col. 1698.
206 T. I. Conc. Germ. p. 50
207 Ibid. p. 58

Stand durch Erlasse deren Gewicht und Durchführung gewährleisteten. Daher kommt der Begriff *Capitularium der Frankenkönige,* unter welchem eine große Menge außerordentlich segensbringender Beschlüsse zu verstehen ist, die zu verschiedenen Zeiten bekanntgegeben worden sind. Unter diesen sind für beide Stände und für jede Ordnung von Laien, Klerikern und Mönchen die Verhältnisse geregelt, vor allem im 8. Jahrhundert. Dabei aber sind diese, was den Mönchsstand anbetrifft, so nach der Regel des heiligen Benedikt ausgeformt, daß die Statuten fast bis auf das Wort genau von jener her genommen zu sein scheint: Dies wird an jenen 16 Kapiteln deutlich, die sich nur auf die Mönche beziehen und die auf dem Capitulare Karls des Großen zu Aachen[208] im Jahre 789 angenommen wurden, abgesehen von denen, die auf eben diesem Capitulare sich mit dem Mönchswesen in verschiedener Form befassen, wie zum Beispiel auch auf der Synode von Frankfurt[209] des Jahres 794 im 11. Kanon und anderen.

Die Ordensdisziplin gemäß den Cassiner Sitten von frühester Kindheit an.

XXXIX. Nachdem der heilige Bonifatius das Kloster von Fulda (wir werden sehen, daß sich von hier aus seine Ordnung und Denkrichtung bis zu unserem Wald hin ausgebreitet hat) gegründet und ihm den heiligen Sturmius als Abt vorangestellt hatte, und *als die Brüder,* wie der heilige Eigil, der vierte Abt, in der Lebensgeschichte des heiligen Sturmius bei Mabillon[210] erzählt, *begierig danach verlangt hatten, die Regel des heiligen Benedikt zu befolgen, und ihren Leib und ihre Seele von ganzem Herzen auf diesen Maßstab monastischer Ordnung hingerichtet hatten, faßten sie den nützlichen Entschluß, soweit welche von ihnen irgendwohin zu großen Klöstern entsandt werden könnten, dort die Eintracht der Brüder und ihr geordnetes Zusammenleben vollständig kennenzulernen. Als sie dies ihrem heiligen Bischof (Bonifatius) angekündigt hatten, lobte er in kluger Weise ihren Plan und beauftragte mit dieser Gesandtschaft den eifrigen Sturmius. Dieser bereitete für die Reise das Notwendige vor, nahm noch zwei Brüder mit sich und brach im vierten Jahr seines Eintritts in das*

208 T. I. Conc. Germ. p. 285
209 Ibid. p. 326
210 Acta SS. Ord. sec. III. P. II. p. 276

genannte Kloster nach Rom auf. Nachdem er in jenem Land alle Klöster durchwandert hatte und dabei die Sitten aller dort lebenden Brüder und die Traditionen der Klöster in reichem Maße kennenlernte, verbrachte er bei jenen Klöstern ein volles Jahr und kehrte dann im zweiten Jahr von dort wieder zurück, erfüllt von all den Tugenden, die er gesehen hatte.

Indem aber von der Reise des heiligen Sturmius nach Rom gesprochen wird, um die Ordnung und Lebensweise der Schüler des Herren Bendedikt zu erforschen, werden auch die Satzungen der Mönche von Cassinum näher beschrieben. Die Cassiner waren nämlich nach der völligen Zerstörung ihres Klosters durch die Langobarden nach Rom gezogen und wurden von Pelagius II. in das Patriarchat des Lateran aufgenommen. Von dort wurde nach einem langen Zeitraum die neue Niederlassung wieder in das Kloster zurückgeführt, das durch den Brixener Adligen Petronax unter Gregor II. wiedererneuert worden war, und zwar schon lange, bevor der heilige Sturmius nach Italien kam; damit niemand daran zweifelt, daß dieser sich auf dem Monte Cassino aufgehalten hat, sei als Zeuge der Fuldaer Mönch Rudolph aus dem 9. Jahrhundert angeführt, der in der Lebensgeschichte der heiligen Lioba[211] schreibt, der heilige Sturmius sei von dem heiligen Bonifatius zum Monte Cassino entsandt worden. Von dort also erhielt er die ursprünglichen Sitten unseres Ordens und den Maßstab eines Lebens als Mönch: diese Regel kam etwa um die Mitte des 8. Jahrhunderts nach Deutschland und wurde von Fulda aus auch auf andere Klöster übertragen und weiterverbreitet.

Dazu veröffentlichte nach Mabillon Pater Marquard Herrgott[212] zwei Fragmente des heiligen Sturmius: Im ersten ist eine *Ordnung des Gottesdienstes in der Kirche des heiligen Benedikt vor Ostern*[213] enthalten. Daraus geht hervor, daß sich unser Orden für jene drei heiligen Tage vor Ostern den römischen Gottesdienst schon vor dem Konzil von Aachen angeeignet hatte, wie P. Herrgott angemerkt hat[214]: Und es ist sehr wahrscheinlich, daß die Mönche von Cassinum bei der Rückkehr aus dem Lateraner Patriarchat jenes Brauchtum mit sich geführt haben.

---

211 Mabill. Act. SS. sec. III. P. II. p. 251
212 Analect. p. 151
213 Vet. discipl. monast. p. 5
214 l. c. p. 6 not. a.

Darauf bezieht sich auch das zweite Fragment[215], das *eine Ordens-regel bei denen* enthält, *die auf der Ordensburg Macht ausüben,* wobei mit dem Begriff Ordensburg das Kloster Cassinum oder das Ursprungskloster unseres Ordens gemeint ist. In jenem Fragment werden nach der Regel und der Zeiteinteilung des Tages auch noch gewisse andere Regeln angeführt, die in der Ordnung von Cassinum Geltung hatten, wie zum Beispiel die über *die erwachseneren Brüder*. Diesen Komparativ muß man offenbar so verstehen, wie wenn man mit einem Jüngeren einen an Alter *Jüngeren* bezeichnet, oder wie wenn, wie das 30. Kapitel der Regel überschrieben ist: *über die Jungen geringeren Alters,* es sich dabei um eine Anweisung handelt, die die Jungen oder eben die Erwachseneren einzuhalten haben. So zum Beispiel wird in Kapitel 63 der Regel vorgeschrieben: *Die Regel ist von allen Knaben unter allen Umständen einzuhalten.* Und darunter: *Die Knaben oder Heranwachsenden sollen im Oratorium oder bei Tisch ihre Pflichten mit Sorgfalt erfüllen: Außerhalb aber oder wo auch immer sollen sie eine Aufsicht und eine Hausordnung haben, bis sie zum Gebrauch der Vernunft gelangen.* Darüber aber, was im 59. Kapitel der Regel festgelegt ist, nämlich daß, *wenn ein Knabe minderjährig ist, seine Eltern einen Aufnahmeantrag stellen sollen,* ließ der heilige Bonifatius beim Papst einen bestehenden Zweifel klären. Die Frage lautete, ob es den Jungen erlaubt sei, nach Beendigung ihrer Reifezeit aus dem Kloster auszutreten und sich in der Ehe zu vereinigen. Darauf antwortete[216] Gregor II., es sei *Sünde, die Zügel der Wollust zu lösen, nachdem doch die Eltern ihre Söhne Gott dargebracht hätten.* Damit wurde das damals gehand-habte Gelübde von Kindern für rechtsgültig erklärt, und auch der heilige Sturmius glaubte nicht, dazu noch irgendetwas bemerken zu müssen, außer einer Vorschrift, die auf die Altersstufe der Heranwachsenden anzuwenden war. Weiterhin fügt er noch etwas über das Strafmaß an, weil es nämlich damals einige gab, die in bezug auf diese Frage meinten, die Regel des heiligen Benedikt ließe zu wünschen übrig und deshalb das Fehlende aus der Regel des heiligen Kolumban ergänzten. Hervorragend sind aber die Vorbilder der Zucht und des vollkommenen Lebens, die er anfügt, da sie doch zu späterer Zeit für unseren Schwarzwald so segens-reich gewesen sind.

215 Ibid. p. 7
216 Epist. 126. Bibl. P. P. Colon. T. VIII. p. 120

Das gleiche ist auch von einem Brief des Cassiner Abtes Theodemar[217] an Karl den Großen zu sagen. Da nämlich dieser überaus fromme König fürchtete, die Mönche des heiligen Gallus könnten von der Ordensregel des heiligen Benedikt immer weiter abweichen, erbat er etwa um das Jahr 790 durch Vermittlung des Bischofs Aldegarius von dem genannten Abt Auskünfte über Sitten und Gewohnheiten der Cassiner Mönche und erhielt vor allem ein Exemplar der Regel *des seligen Vaters selbst, das von dem Kodex abgeschrieben worden war, den jener mit seinen heiligen Händen verfaßt hatte,* wie in jenem Brief bei Herrgott vermerkt ist, und der heute noch in St. Gallen aufbewahrt wird. Am Ende eben dieser Regel sind Hymnen angefügt, die *gemäß den Anweisungen unseres seligen Vaters an den einzelnen Gottesdiensten und Feiertagen gesungen werden müssen.* In jenem Brief des Theodemar ist auch eine Verordnung angefügt, nach der in den Nachtgottesdiensten der gewöhnlichen Tage drei Lesungen aus der Heiligen Schrift auch den Sommer hindurch aufeinander folgen müssen, obwohl doch der heilige Benedikt zu dieser Zeit *wegen der Kürze der Nächte*[218] nur eine einzige, kurze Lesung vorschreibt. Wenn die Cluniazenser und die San-Vitonianer den Brauch dreier Lesungen aus der Heiligen Schrift den Sommer hindurch in ihren korrigierten Brevieren wieder aufgenommen haben, zeigt dies, daß sie das getan haben, was tausend Jahre vorher bei den Cassinern üblich war. Als Grund hierfür nennt Theodemar einen Brauch der römischen Kirche, der erst nach der Zeit des heiligen Benedikt entstanden sei: Denn *zu dieser Zeit war es in der römischen Kirche noch nicht Brauch, die Heiligen Schriften zu lesen, wie es heute üblich ist; aber einige Zeit später wurde dies angeordnet, sei es von dem seligen Papst Gregor, sei es, wie von anderen behauptet wird, von Honorius. Unsere Vorväter haben aus dem Grunde angeordnet, daß hier in unserem Kloster, das neben seinem heiligen Leichnam errichtet worden ist, an den gewöhnlichen Werktagen zur Sommerszeit drei Lesungen aus dem alten Testament in der Bibel gehalten werden, damit es nicht scheine, sie befänden sich in einem Widerspruch zur heiligen, römischen Kirche. Auch darf man nicht glauben, daß dies dem seligen Vater Benedikt mißfalle, sondern daß es ihm eher wohlgefällig sei, wenn jemand über das hinaus, was jener zum Lobpreis Gottes angeordnet hatte, aus Liebe zu Gott für*

217 Herrgott l. c. p. 10
218 Reg. c. 10

eine Erweiterung besorgt war. Darunter fügt er ein anderes Schriftstück über die Aufteilung des Psalmenbuches an.

Was die Nahrung und die Kleidung anbetrifft.

XL. Darauf behandelt er die Bedeutung von Brot und Wein, von
Trank und Speise, den Genuß von Geflügel, die nur acht Tage
dauernden Festtage ab dem Geburtstag des Herrn und an Ostern
und schließlich die Bekleidung nach ihrer Anzahl und Beschaffenheit. Zuerst spricht er von der Mönchskutte, *die wir,* wie er
sagt, *mit einer anderen Bezeichnung ›Kasel‹ nennen. Und von daher
kommt es, daß der selige Vater im Winter eine rauhe, und im
Sommer eine glatte oder abgetragene Kukulle vorgeschrieben hat,
weil nämlich diese Art von Kleidung mit Haaren verwoben zu
werden pflegt. Jenes Gewand aber, das von den gallikanischen
Mönchen mit ›cuculla‹ bezeichnet wird, und das wir ›cappa‹ nennen,
weil es im eigentlichen Sinne das Mönchsgewand darstellt, müssen
wir ›melotes‹ nennen.* Wir haben hier den Ursprung der Mönchskutte, die im Laufe der Zeit bei den Mönchen immer weniger im
Klosterhof getragen wurde, aber sehr wohl als ›cappa‹ oder
›casula‹ innerhalb der Kirche. Nachdem er von der Tunika
gehandelt hatte, welche in früherer Zeit ein Unterkleid von weißer
Farbe war, fügt er weiter unten an: *Wir haben aber deshalb keine
Kutten, weil sie zu teuer sind, und weil uns unser Vater an einer
anderen Stelle vorgeschrieben hat, nur solche Kleider zu haben, wie
man sie auf dem Lande recht billig kaufen kann. Unsere Brüder
aber besitzen zwei Paar Beinkleider: dennoch begnügen sich viele
Brüder mit Gottes Hilfe damit, weder Beinkleider zu haben noch
mehr als zwei Kleidungsstücke, wie es der Wortlaut der Regel
vorschreibt. Der verehrungswürdige Vater aber setzte fest, daß die
Mönche wegen der Arbeiten ein Schulterkleid haben sollten. Der
Name ›scapulare‹ kommt daher, weil es vor allem die Schultern und
das Haupt bedeckt, ein Kleidungsstück, das hierzulande fast alle
Bauern benutzen. Anstelle dieser Bedeckung verwenden wir einen
Übermantel aus gröberem Tuch nach Art einer Kutte, nur daß darin
Ärmel stecken, die bis zu den Händen reichen.*

Dies wird klar, wenn man dazu die Bilder vergleicht, die
Mabillon[219] darbietet. Auf dem ersten zeigt er jenes Mittelding

219 T. I. et II. annal.

zwischen Kapuzenmantel und Schulterkleid. Im Vorwort aber zum 2. Band deutet er eine Kleidung in zweifacher Ausführung an: zweifellos ist die eine für die Arbeit gefertigt; sie hat das Aussehen eines Schulterkleides, das aber weit von der bei uns üblichen Form entfernt ist; die andere[220] mit einer Kapuzenkutte nach Art einer ›cappa‹ oder einer ›casula‹, wie er sie auch als Chor- oder Feiertagsgewand darstellt. Daß unter den Karolingerkönigen der Begriff ›cappa‹ ohne Unterschied verwendet worden ist, um sowohl das Mönchsgewand wie auch das des Klerus zu bezeichnen, weist derselbe Mabillon[221] gegen Cointius nach. Daß die Tunika aber in Deutschland in beiden Ständen Verwendung fand, entnehmen wir der Lebensgeschichte des heiligen Othmar[222], von dem erzählt wird, daß, *wenn er irgendeinen Armen sah, der auf Grund seiner erbärmlichen Nacktheit zitterte, er sich zumeist seiner Kleider entledigte und damit die Gliedmaßen des Elenden bedeckte, so daß er mitunter ohne Tunika und nur mit dem Mantel bedeckt zum Kloster zurückkehrte.* Das Gelübde der Armut verbot aber, wie wir gesehen haben, den Cassinern den Besitz dieses Gewandes oder Mantels. Auf der Deutschen Synode wurde den Dienern Gottes von Bonifatius verboten, *ein prächtiges Gewand oder Trachten oder Waffen zu benutzen[223].* Wohl konnte das Verbot eines prächtigen Gewandes eingehalten werden und zwar sowohl in der Verwendung der Kutte oder des Mantels, wie auch in seinem Aussehen: was aber in bezug auf Trachten oder Waffen angeführt ist, konnte dies leicht eintreffen – ich möchte sagen: nach Sitte und Unrecht jener Zeiten. Diener Gottes werden aber auch die Kleriker und nicht nur die Mönche genannt. Kleriker war mit Sicherheit ein Schüler Alkuins, den dieser seiner prächtigen Kleider wegen tadelt[224].

Klöster in abgelegenen Gegenden, die durch die Arbeit der Mönche erschlossen wurden.

XLI. Der heilige Bonifatius sorgte auch bei anderer Gelegenheit mit außerordentlich großem Eifer dafür, all das einzudämmen, wodurch das Mönchtum in Verwirrung gebracht werden könnte;

220 T. II. p. 254 et 378
221 Ibid. p. 283
222 Acta SS. sec. III. P. II. p. 156
223 T. I. Conc. Germ. p. 68
224 Epist. 141. T. I. opp. p. 203

daher errichtete er sein Kloster Fulda in der waldreichen Landschaft und der menschenleeren Einsamkeit des Buchenwaldes, das allerdings mitten im Gebiet seiner Heidenmission gelegen war: So hatte auch der heilige Benedikt in abgelegenen Gegenden und auf hohen Bergen seine Klöster erbaut, und in seiner Nachfolge taten andere dasselbe. Die dazu gehörenden Vorbilder des heiligen Gallus mitten in den Bergen Rhätiens und des heiligen Pirmin auf der früher unbewohnten Insel Reichenau haben wir schon genannt; die offensichtlichen Tatsachen über die Klöster des Schwarzwaldes wollen wir jedoch an geeigneter Stelle ausführlich besprechen. Pater Sturmius Brun hat in der vor ganz kurzem veröffentlichten Lebensgeschichte des heiligen Sturmius, des ersten Fuldaer Abtes, die Zellen eben dieses Klosters im Hinblick auf den Buchenwald erwähnt, der mit Hilfe von Siedlern sorgfältig bearbeitet und nicht nur mit Fulda, sondern auch mit anderen großen und kleinen Städten ausgestattet wurde. Deren Anfänge sollen die Klöster selbst wiedergeben, so wie auch wir ausführlich von anderen Klöstern sprechen und anhand der Quellen den *Schwarzwald als Siedlungsgebiet des Ordens des heiligen Benedikt* beschreiben.

Es ist bei Mabillon[225] in der Lebensgeschichte des heiligen Sturmius wahrhaft ergötzlich zu lesen, wie dieser, auf einem Esel sitzend, die Einöde umritt und *in der schrecklichen Einsamkeit umherirrte,* bis er einen dem heiligen Bonifatius genehmen Ort fand. Dieser sandte sogar den heiligen Lullus zu Papst Zacharias, um diesen Platz durch ein Privileg des Heiligen Stuhles zu schützen. Der Papst schrieb zurück[226]: *Also hast du verlangt, daß wir das Kloster, das du in der verlassensten Einsamkeit und mitten unter den Heiden, denen du predigst, geschaffen und gegründet und zur Ehre des Göttlichen Erlösers geweiht hast, und wo du auch anordnetest, daß die Mönche unter der Regel des heiligen Benedikt leben, – daß wir jenes verehrungswürdige Kloster deinem Namen durch ein Privileg des apostolischen Stuhles zum Schutze übergeben sollten. Dies haben wir entsprechend deinem Verlangen und deiner Bitte in Zustimmung zu deinen Wünschen angeordnet. Es ist nämlich richtig so, daß der Verkünder des Dienstes an Gott und der beste Diener das Ersehnte auch erhält und das begonnene gute*

225 Acta SS. sec. III. P. II. p. 273
226 T. I. Conc. Germ. p. 88

Werk bis zu Ende führt. In einem wie schnellen Verlauf und Fortschritt dies unter dem heiligen Sturmius glückte, erfahren wir von dem heiligen Liudger in der Lebensgeschichte des heiligen Gregor[227], des Abtes und Bischofs der Diözese Utrecht, der Schüler und unzertrennlicher Begleiter des heiligen Bonifatius war. Er schreibt: *Welche Erfolge aber der verehrungswürdige Abt Sturmius, der nur einer aus der Zahl der Auserwählten Gottes gewesen ist, in seiner Einöde nach dem Martyrium des heiligen Meisters gehabt hat, bezeugt der Buchenwald: Dieser war früher in jeder Hinsicht ungepflegt und eine Wildnis, jetzt aber ist er vom Osten bis zum Westen, von Norden bis zum Süden von den Kirchen Gottes und auserlesenen Schößlingen der Mönche erfüllt.*

Die wissenschaftliche Tätigkeit wurde ausgebaut.

XLII. Dieser heilige Liudger war Schüler des Cassinermönchs Paulus Diakonus gewesen, der der Geheimsekretär des letzten Langobardenkönigs Desiderius war. Von diesem wurde der oben genannte Brief unter dem Namen Theodemar an Karl den Großen geschrieben. Auch steht auf Grund der Chronik des Johannes Diakonus über die Bischöfe Neapels bei Muratorius[228] fest, daß der Bischof Stephan II. von Neapel die Kleriker im Cassiner Kloster des heiligen Benedikt dem Paul Levita zur Erziehung anvertraut hat: *Einer aber von diesen,* so fügt er an, *mit Namen Johannes, der später als Diakon ordiniert worden ist, erstrahlte in ganz besonderer Weise an Bildung.* Da aber im Cassiner Kloster wie auch in anderen die Knaben schon von frühester Kindheit an vom heiligen Benedikt selbst erzogen wurden, waren damit notwendigerweise auch Unterricht und Schulstunden verbunden: Daß diese gleich nach dem Wiederaufbau des Cassiner Klosters dort beständig in Blüte standen, macht das offenkundig, was wir oben vom heiligen Sturmius erfahren haben, nämlich daß der heilige Bonifatius ihn zum Kloster Cassinum und anderen Klöstern Italiens geschickt habe, um bei denen, *die in der Ordensburg Macht haben, die Ordensregel* kennenzulernen und diese dem Fuldaer Kloster zu überbringen. Dem heiligen Bonifatius selbst stellte in einem Schreiben Papst Gregor II. das Zeugnis aus, er wisse, daß *er von Kindheit an die*

---

227 Acta SS. sec. III. P. II. p. 326
228 Script. rer. Ital. T. I. P. II. p. 310

heiligen Schriften kennengelernt habe und daß er erfolgreich seine Begabung zur Vermehrung des ihm vom Himmel anvertrauten Talents im Angesicht der Gottesfurcht entfalten lasse, nämlich in der Weise, daß er die Gnade der Erkenntnis himmlischer Prophezeiung auf die Mühe heilbringender Predigt verwende. Mit Sicherheit unterhielt er nach dem Zeugnis des heiligen Willibald[229] in seiner Lebensgeschichte schon in England Schulen und ließ nach der Aussage Othlos[230] von dort mehrere Mönche und Nonnen nach Deutschland kommen, *die von verschiedenen Wissenschaften erfüllt waren,* und bevor er das Kloster von Fulda gründete[231], hatte er schon in Fritzlar und anderen Klöstern *Lehrer für Knaben* angestellt, wie er sie im 17. Brief nennt[232], und später in Utrecht.

Die Bischofsheimer Äbtissin Lioba haben wir nicht nur einmal erwähnt, die *sich dem Studium der Bibel mit so großer Sorgfalt hingab,* wie Rudolph in ihrer Lebensgeschichte[233] bei Mabillon bezeugt, *daß, wenn sie sich dem Gebet widmete, niemals auch nur eine Seite des göttlichen Wortes ihren Händen entglitt. Denn da sie von den ersten Anfängen ihrer Kindheit an in der Grammatik und den übrigen Studien der freien Künste unterrichtet worden war, versuchte sie mit einer solchen Beharrlichkeit in der Besinnung die Vollkommenheit der geistlichen Wissenschaft zu erreichen, daß sie, da die Bibel mit ihrem Verstand in Einklang stand, durch das zweifache Gut ihrer natürlichen Begabung und ihres Fleißes überaus gebildet war. Mit wachem Geist durchstreifte sie die Bücher des Alten und des Neuen Testamentes und nahm dabei die Gebote Gottes in ihr Gedächtnis auf. Doch fügte sie auch die Lehren der hochheiligen Väter, die Verfügungen der Canones und die Rechte der gesamten kirchlichen Ordnung der Fülle ihrer Vollkommenheit hinzu.* Nachdem einige aus demselben Kloster dem guten Beispiel und der Bildung nachgefolgt waren, *sammelte sich eine nicht geringe Anzahl von Dienerinnen Gottes, welche sich nach dem Beispiel ihrer seligen Äbtissin den Studien der himmlischen Wissenschaft widmeten und durch deren Gelehrsamkeit so weit voranschritten, daß mehrere von ihnen später Lehrmeisterinnen anderer wurden: so gab es in diesem Gebiet keine oder doch nur sehr*

---

229 Act. SS. sec. III. P. II. p. 34
230 l. c. p. 8
231 Ibid. p. 42
232 T. VIII. bibl. PP. Col. p. 73
233 Act. SS. sec. III. P. II. p. 252

wenige Frauenklöster, die nicht ihre Lehrtätigkeit in diesen Diszi-
plinen ersehnten. Dies und anderes ist von Mabillon[234] angemerkt,
wenn er im Vorwort zum 3. Jahrhundert des Ordens des heiligen
Benedikt mit Eifer *über die wissenschaftlichen Studien, die durch*
die Benediktiner in Deutschland betrieben wurden, handelt.

Dazu gehört, was wir oben von den ersten Anfängen des Gengenbacher Klosters gesagt haben. Doch wird es im folgenden
zunächst unsere Aufgabe sein, auszuführen, inwieweit durch das
Bemühen des heiligen Bonifatius und die Einrichtung vor allem
der Fuldaer Schule die Wissenschaft im Schwarzwald Fortschritte
erzielt hat. Diese Schule trug schließlich im darauffolgenden
Jahrhundert jene Frucht, daß der heilige Bonifatius, der außerordentlich darüber besorgt war, seine Schüler könnten sich nach
seinem Tode zerstreuen, diese seine Furcht dem König mitteilte
und Fulrad, den Abt von St. Dionys, in einem Brief[235] bat, *daß er*
jetzt, wie er schreibt, *solange ich noch lebe, geruhen möge, mir*
bezüglich meiner Schüler anzuzeigen und zu bestimmen, welche
Gnade er ihnen später zukommen lassen wolle. Es sind nämlich fast
alle Ausländer, einige sind Priester, die an vielen Orten zum Dienst
an der Kirche und an den Völkern bestimmt sind. Einige sind
aufgrund unserer Zellen Mönche; auch gibt es kleine Kinder, die auf
das Lesenlernen ausgerichtet sind: auch einige ältere Menschen,
die, lange Zeit mit mir lebend, sich gemüht haben und mich
unterstützen. Über all diese bin ich in Sorge, daß sie nach meinem
Tode verlorengehen.

Vor allem Karl der Große förderte sie.

XLIII. Der Wille Gottes war gnädig und entsprach diesen
frommen Wünschen und der Sehnsucht nach einem glücklichen
Ausgang, am allermeisten aber dann, als Karl der Große König
war, der der Kirche Glanz und Schmuck verlieh, vor allem durch
die Pflege der Wissenschaft; er schüttelte endlich die Dunkelheit
und Finsternis des vorhergehenden Jahrhunderts ab und vertrieb
sie: dies stellte Ionas von Orléans seinem 1. Buch ›de cultu
imaginum‹[236] in bezug auf die Häresie des Felix von Urgelis
deutlich fest: *Mit Hilfe der göttlichen Gnade konnte dessen Irrtum*

234 Ibid. p. 251
235 Mabill. Annal. T. II. p. 158
236 Biblioth. PP. Col. T. IX. P. I. p. 91

*in Gallien und in Germanien keinen Raum finden, weil nicht nur in
Germanien das Bemühen um die Wissenschaft und die Liebe zu den
heiligen Schriften, sondern auch ebenso in Gallien durch das
äußerst geschickte Bestreben eines derart bemerkenswerten Mannes*
(Karls des Großen) *und durch glühendsten Wunsch geschehen ist,
daß mit der Hilfe Gottes in den Söhnen der ihm anvertrauten Kirche
und in der hervorragenden Lehre der freien Künste auch die
Einsicht in die göttlichen Schriften vollkommene Macht gewann.*

Besonders beachtenswert für das, was gleich zu den ersten
Schulen des Schwarzwalds im darauffolgenden 9. Jahrhundert zu
sagen sein wird, ist ein Brief Karls des Großen an Baugulf[237], der
dem heiligen Sturmius in der Abtei Fulda im Amt nachfolgte, wo
er gleich am Anfang sein Herzensanliegen vorbringt, *daß die
Bistümer und Klöster, die uns durch den gnädigen Christus zur
Verwaltung anvertraut sind, neben der Ordnung des Mönchslebens
und der Lebensführung nach der heiligen Religion auch in der
Besinnung auf die Wissenschaften denen, die durch die Gabe des
Herrn zu lernen vermögen, die Last der Lehre entsprechend der
Fähigkeit eines jeden einzelnen auferlegen müssen: So wie die
Vorschrift der Regel die Würde der Sittlichkeit ordnet und schmückt,
soll sie dies auch durch Beharrlichkeit des Lehrens und Lernens bei
der Darstellung von Worten tun: So daß die, die danach streben,
durch eine richtige Lebensführung Gott zu gefallen, es nicht
versäumen, ihm auch durch eine richtige Redeweise zu gefallen.*

Wer sich in der Literatur und in der Urkundenforschung
auskennt, macht die Erfahrung, wie weit und bis wohin die
Barbarei von den Wissenschaften Besitz ergriffen hat; sie reicht
bis in die ersten Grundkenntnisse des Schreibens, so daß es
notwendig war, sogar durch die Autorität des Königs den Glanz
der Wissenschaft wiederherzustellen. Dieser bestimmte, *daß
Schulen zum Lesenlernen für Knaben eingerichtet werden, und daß
sie Psalmen, Noten, Lieder, Rechnen und Grammatik in jedem
einzelnen Kloster oder Bistum lernen, aber daß sie auch gut herge-
stellte katholische Bücher besitzen sollten,* wie es auf dem Aachener
Kapitulare vom Jahre 789 im 72. Kapitel vorgeschrieben wird[238].
In dem genannten Schreiben Karls des Großen an den Fuldaer
Abt Baugulf wird der Niedergang der Wissenschaften, den wir an

---

237 Mabill. Annal. T. II. p. 278
238 T. I. Conc. Germ. p. 282

den Handschriften dieser Zeit beobachten können, mit folgenden Worten festgehalten: *Denn da uns in diesen Jahren von einigen Klöstern öfters Schriftstücke zugeleitet wurden, in denen genau bezeichnet war, was die dort in heiligen und frommen Gebeten weilenden Brüder vor uns zur Entscheidung bringen wollten, haben wir bei den meisten der eben genannten Schriften festgestellt, daß zwar ihr Sinn richtig, die Sprache aber verwildert ist: Denn was die fromme Demut von innen heraus im Glauben verfaßt hat, konnte wegen der Vernachlässigung der Lernens nach außen hin in ungebildeter Sprache nicht tadelsfrei ausgedrückt werden. Daher kam es, daß wir zu fürchten begannen, es könnte, wie es schon beim Schreiben eine recht geringe Fertigkeit gab, auch noch eine viel geringere Weisheit, als es richtigerweise hätte sein müssen, zum Verständnis der heiligen Schriften vorhanden sein. Und wir haben alle Schriftsätze gut studiert, denn, mögen die Irrtümer von den Worten her gefährlich sein, Irrtümer dem Sinn nach sind noch viel gefährlicher. Deshalb ermahnen wir euch, das Studium der Wissenschaften nicht nur nicht zu vernachlässigen, sondern auch in demütigstem und Gott wohlgefälligem Streben ganz entschieden daraufhin zu lernen, daß ihr leichter und richtiger in die Geheimnisse der heiligen Schriften einzudringen vermögt. Da aber in der heiligen Schrift verblümte Redewendungen, bildliche Ausdrucksweisen und dergleichen anderes eingestreut zu finden sind, gibt es für niemanden einen Zweifel, daß jeder einzelne Leser dies um so schneller vom Geist her versteht, wenn er vorher in wissenschaftlichem Unterricht in größerem Umfang unterwiesen worden ist. Zu dieser Aufgabe sollen solche Männer ausgewählt werden, die sowohl guten Willen wie auch Lernfähigkeit und das Verlangen danach haben, andere zu unterweisen. Und dies soll nur in der Absicht geschehen, wie es von uns in Ehrerbietung vorgeschrieben wird. Wir hätten euch gerne so, wie es sich für Streiter der Kirche gehört: nach innen gerichtet fromm, nach außen hin gebildet, rein durch eine gute Lebensführung, gelehrt in guter Rede, so daß, wer auch immer euch im Namen Gottes und um den Adel eures heiligen Lebenswandels zu schauen, mit Bitten angeht, er, wie seine Sehkraft von eurem Anblick geistlich aufgerichtet wird, so auch in Kenntnis eurer Weisheit, die er beim Lesen oder Singen aufgenommen hat, in Freude und dem allmächtigen Gott Dank sagend nach Hause zurückkehrt.*

Wenn doch nur die Religiosen dasselbe vor Augen hätten, was der gottesfürchtige Kaiser mit so harten Worten einschärft! Sie würden sich sowohl für die Kirche wie für den Staat durch ihre Anstrengungen als nützlich erweisen, und sie selbst würden ausführen, was eigentlich ihres Amtes ist. Wem im übrigen der Grund, warum zu der damaligen Zeit Gesang gelernt und gelehrt werden mußte, bekannt ist, wird sich nicht wundern, daß auch diese Wissenschaft von Karl dem Großen mit so großem Eifer eingeschärft worden ist. Sie war in der Tat hinreichend vielen Gefahren des Irrtums unterworfen. Doch das sittliche Empfinden drängte sich mit ungeheurer Anstrengung danach, sie zu betreiben und täglich in der Kirche auszuüben. Dies mußte insgesamt sowohl in den Kathedralschulen der Bistümer als auch in den Ordensschulen der Klöster geleistet werden, die zu dieser Zeit als einzige in Lebenskraft standen. Diesen aber fügte Karl der Große durch die Tätigkeit Alkuins, den er zum zweiten Male aus England hatte holen lassen, eine dritte Gattung der *Hofschule* hinzu, an der Alkuin Karl selbst und dessen Söhne als Schüler hatte. Des Hofes schließlich überdrüssig, *weil er sich durch Alter und eine Krankheit mehr als gewohnt geschwächt fühlte, bedeutete er Karl, er wolle, wie er schon lange bei sich bedacht habe, die Welt verlassen und bat den heiligen Bonifatius* (nämlich Fulda) *um die Erlaubnis, ein Leben als Mönch nach der Regel des heiligen Benedikt führen zu dürfen,* wie in dessen Lebensgeschichte bei Mabillon[239] zu lesen ist: Dieser freilich nimmt diesen Weggang nicht für das Kloster Fulda an, sondern meint, darunter sei das Kloster von Tours zu verstehen, was er selbst in dem Brief 101 aus dem Jahre 801 anzuzeigen scheint[240], wenn er an seinen David oder Karl folgendes schreibt: *Unter den Brüder zu leben und in Frieden zu ruhen, die in der Gemeinde des heiligen Martin Gott treu dienen, ist beim barmherzigen Gott ohne irgendeinen Zweifel mein Verlangen.* Dem hochberühmten Herausgeber der Werke Alkuins aber, Frobenius Forster, scheint in dem Kommentar zu dessen Lebensgeschichte[241], daß das, was gegensätzlich aussieht, in der Weise miteinander in Einklang gebracht werden könne, *wenn die Darstellung des Verfassers auf jene Zeit bezogen wird, zu der sich Alkuin noch am königlichen Hofe aufhielt und noch nicht Vorsteher*

---

239 Act. SS. sec. IV. P. I. p. 154
240 Annal. T. II. p. 320
241 T. I. Opp. p. XXXIX. c. 9.

der Abtei Tours war: Die Worte Alkuins selbst gälten für einen
späteren Zeitpunkt, zu dem er, nachdem die Ordensregel in jenem
Kloster wiederhergestellt worden war, und die Abteien mit Erlaubnis
des Königs unter die Schüler verteilt waren, nicht mehr anderswohin
gehen wollte, sondern im Sinne hatte, bei den Brüdern der Gemein-
schaft des heiligen Martin ihres lobenswerten Lebenswandels wegen
zu leben und zu sterben usw. Daß aber Alkuin mit Sicherheit
irgendwann einmal im Fuldaer Kloster gewesen ist, belegt der
Anfang des Briefes 192 an die Brüder in Fulda[242], der gerade eben
in einer ganz neuen Ausgabe ans Licht gebracht worden ist: *Ich*
denke an eure überaus süße Liebe, mit der ihr mich so gütig und mit
aller Freude aufgenommen habt; und wie sehr ich damals in eurer
Gegenwart erfreut war, so sehr quält mich nun mein Herz, da ihr
abwesend seid, und es sucht die zu sehen, die es liebt, und gegen-
wärtig zu haben, die es lieb hat. Von hier aus floß der Ertrag
sowohl aus dem Fuldaer Kloster wie auch aus der Lehrtätigkeit
Alkuins, die er im Frankenreiche ausübte, in unseren
Schwarzwald zurück; dessen Schule folgend richteten auch
andere überall in den Klöstern Bildungsstätten ein, schließlich
auch im Schwarzwald selbst, wie wir sehen werden.

Das im westlichen Karolingerstamm
wiederhergestellte Reich, und das auf
Erden aufgerichtete Königreich Christi.

XLIV. Im übrigen kann nicht genug gesagt und hervorgehoben
werden, wieviel beide Gemeinwesen auch noch in diesem
8. Jahrhundert den karolingischen Königen verdanken. Die
bilderzerstörenden Kaiser des Ostens entfachten die letzte
Verfolgung gegen die Kirche, die gleich zu Beginn des 8. Jahrhunderts angefangen hatte. Es war Philippicus, auch mit dem
Beinamen Bardanes, am schlimmsten aber danach Leo von
Isaurien, der nach den Worten des Paul Diakonus[243] *die bei*
Konstantinopel aufbewahrten Heiligenbilder in Brand steckte. Er
empfahl dem Papst von Rom, das gleiche zu tun, wenn er die Gunst
des Kaisers genießen wolle: Der Papst jedoch verweigerte das. Auch
das gesamte Heer aus Ravenna und Venedig widersetzte sich
einmütig solchen Befehlen, und wenn der Papst sie nicht daran

242 Opp. T. I. p. 254
243 Lib. VI. hist. Langobard. c. 14

gehindert hätte, hätten sie den Kaiser darum gebeten, über sie zu bestimmen. Später geschah es, daß sogar die der römischen Kirche feindlich gesinnten Langobardenkönige gedemütigt wurden und ihr Reich durch den Feldzug Karls des Großen nach Italien im Jahre 774 völlig zugrunde ging. Daß dies sein Ende gewesen ist, bezeugt Eginhard in der Lebensgeschichte Karls des Großen: *Italien war unterworfen, der König Desiderius auf Lebenszeit verbannt, sein Sohn aus Italien verjagt, und das von den Langobardenkönigen geraubte Vermögen wurde durch Hadrian dem Bischof der römischen Kirche wieder zurückerstattet.*

So blühte in der folgenden Zeit die Kirche des Westens und auch das im Westen wieder errichtete Kaisertum auf, während allmählich mit der Ostkirche zusammen, die durch das unheilvolle Schisma vom Westen getrennt war, auch die Kaiserherrschaft im Osten ins Wanken geriet, die vom Islam zerbrochen und schließlich völlig zum Erlöschen gebracht wurde. Dagegen entfaltete damals die Kirche des Westens ihre Kraft aus der wohl höchsten Autorität und Machtvollkommenheit, die sie seit der Geburt Christi erhalten hatte und wandte frei und wohlgeordnet ihr Recht und ihre eigene Rechtsprechung an. Diese hatte sie nämlich schon zu Beginn ihrer Stiftung und auf Grund ihrer ursprünglichen Entstehung und ihrer Zustandes erhalten, die doch Christus durch seine Apostel gegen die Synagoge und das Heidentum völlig selbständig gegründet hatte, und sich in jenen ersten Jahrhunderten auf wunderbare Weise ausbreitete, auch wenn alle Mächte der Welt tobten. Sie wuchs aber, gleichermaßen durch die Umstände wie durch die Möglichkeiten gefördert, vor allem unter der Frankenherrschaft, wobei die karolingischen Könige und Kaiser die Freigebigkeit der Merowinger im 7. und 8. Jahrhundert bei weitem übertrafen. Diese nahmen nämlich auch die Bischöfe zum ersten Mal in ihre Gefolgschaft oder als königliche Gesandte auf, dann auch zusammen mit den übrigen Grafen und Fürsten in die Regierungsgemeinschaft und zeichneten sie mit dem gleichen Titel und Rang wie jene aus. Weiterhin erfreuten sie sich eines von anderen ungeschmälerten Herrschaftsgebiets, das durch Amt und Würde des Erzkanzlers des Heiligen Römischen Reichs, das im Westen wiederhergestellt worden war, in der Erzdiözese unseres Schwarzwalds mit Sitz in Mainz bestätigt wurde. Die Reichskrone setzte zum ersten Mal Leo III.

im Jahrhundertjahr 800 Karl dem Großen in Rom auf, nachdem
fast ein halbes Jahrhundert vorher, durch einen Beschluß des
Papstes Zacharias Pipin, der Vater Karls von dem heiligen
Mainzer Erzbischof Bonifatius zum ersten Mal im Jahre 752 in
Soissons und zum zweiten Mal im Jahre 754 von Papst Stephan II.
zum König der Franken gesalbt und gekrönt und sogar mit dem
Ehrentitel eines Schutzherrn Roms ausgezeichnet worden war,
nachdem der Papst um die Hilfe Pipins gegen den Langobardenkönig Aistulph gefleht hatte[244]. Wie sich damals aber Pipin dafür
erkenntlich zeigte, so hielten es dann auch seine Nachfolger, und
als die Macht der Franken verfallen war, *hoben* andere fromme
Fürsten und einflußreiche Männer auch andernorts die Kirchen
und Klöster *in großartiger Weise hervor* – dies sind Worte des
Stephanus von Lüttich in der Lebensgeschichte des heiligen
Modoald bei den Bollandisten[245] – *so daß die heilige Kirche Gottes
nicht den Mächtigen dieser Welt unterworfen war oder sich
aufgrund deren Tyrannei ängstigen mußte, ja sogar die Häupter der
Stolzen beugte, da sie doch durch die Kraft Gottes stärker war.* Die
Vergünstigungen der Kirche wurden in der Folgezeit sowohl in
personaler wie auch in sächlicher Hinsicht eher erweitert als
vermindert, womit alle christliche Fürsten die Kirche und die
Personen in kirchlichem Amt wie auch die Ordensmitglieder
schon seit der Zeit Kaiser Konstantins des Großen geradezu
überhäuften, in der die Kirche sich zum ersten Male aus dem
bedrückenden Zustand der Verfolgungen erhob und ihr die
Freiheit wiedergegeben wurde, und sie in Frieden ihre Rechte und
ihren Einfluß nutzen und genießen konnte; und die Priester
Gottes und Christi begannen gemäß dem Wort des heiligen
Johannes[246] tausend Jahre im Osten vom 4. Jahrhundert bis zu
seinem Niedergang im 15. Jahrhundert mit ihm zusammen zu
herrschen. Im Westen aber geschah dies vor allem von den Zeiten
der Karolinger und des wiederhergestellten Reichs ab, im
8. Jahrhundert und in den folgenden Jahren, bis dieses tausendjährige Reich Christi gewissermaßen einen Zustand der Vollkommenheit erhalten hatte; und so, wie es wuchs, geht es auch

244 Mabillon Annal. T. II. p. 153 et 166
245 T. III. Maii die XII. Maii p. 54
246 Apocal. XX. 6.

allmählich nieder, bis nach Vollendung der tausend Jahre zu den Zeiten gekommen ist, in denen nach der Prophezeihung des Johannes dem Satan die Fesseln zu lösen sind.

Viertes Buch

Der Schwarzwald im 9. Jahrhundert christlicher Zeit – Das 4. Jahrhundert des Ordens des heiligen Benedikt.

Der glückliche Zustand des Staates zur Zeit des Kaisers Karl des Großen.

I. Obwohl das 9. Jahrhundert außerordentlich verheißungsvoll begann, weil der Frankenkönig Karl der Große genau im Jahre 800 in Rom von Leo III. zum Kaiser gekrönt worden war, wäre er dennoch für die Fortdauer des neuen Reiches besser beraten gewesen, wenn er nicht seinen Erben das schlechte Beispiel einer Reichsteilung gegeben hätte, indem er im Jahre 806 die Herrschaftsbereiche unter seine Söhne Ludwig, Pipin, und Karl aufteilte. Die Urkunde dieser Teilung zitiert Cointius[1], derzufolge – soweit es jedenfalls uns betrifft – Karl d. Gr. das Land Alemannien unter Pipin, dem Italien zufiel, und Karl in der Weise aufteilte, daß er *unserem geliebten Sohn Pipin den Teil* Alemanniens zusprach, *der auf der südlichen Seite der Donau liegt, und von der Donau selbst in gerader Linie bis zum Rhein auf der Grenzscheide von Klettgau und Hegau zu einem Ort hinreicht, der Enge genannt wird, und von dort über den Rhein hinweg bis hinauf an die Alpen, was auch immer sich innerhalb dieser Grenzen befinden mag, und das Gebiet nach Südosten hin zusammen mit dem Herzogtum Chur und dem Thurgau miteinbezieht. Was von unserem Reich aber außerhalb dieser Grenzen liegt, nämlich Franken und das Burgund – jenen Teil ausgenommen, den wir Ludwig vermacht haben –, sowie Alemannien – jenes Stück ausgenommen, das wir Pipin zugeschrieben haben –, Austrien, Neustrien, Thüringen, Sachsen, Friesland und den Teil Bayerns, der Nordgau genannt wird, haben wir unserem geliebten Sohn Karl zuerkannt,* wie das Testament Karls d. Gr. lautet, *gegeben zu Theodonisvilla.*

---

1 Annal. T. VII. p. 60

Der Hegau und der Klettgau sind unserem Schwarzwald unmittelbar benachbarte Gaue; zwischen diesen wurde die Teilung in der Nähe einer Ortschaft namens *Enge* vorgenommen. Es gibt aber in jenem Grenzland zwei Orte dieses Namens, nämlich die Stadt *Engen,* von der Eckhard[2] glaubt, daß sie bei dieser Teilung gemeint sei. Das andere hat seinen Namen *Enge* bis heute noch von der Sache selbst her, nämlich als der *Enge –* Paß zwischen den Bergen bei der Stadt *Schafhusa,* wo der Hegau in der Tat vom Klettgau geschieden wird, so daß beide Orte *Enge –* auf derselben geraden Linie gelegen – Karl den Schwarzwald zuweisen, der bei Goldast[3] in einer St. Gallener Urkunde unter dem Abt Grimoald *saltus Suarzwald* genannt wird. Diese Urkunde ist vom 7. April des 27. Regierungsjahrs Ludwigs im Ostfrankenreich datiert, als Karl, der Sohn eben dieses Ludwig, die Herrschaft innehatte.

Seit dieser Zeit stürmisch bewegt und für das Karolingergeschlecht unheilvoll.

II. Es ist dies Ludwig der Deutsche, der Sohn Ludwigs des Frommen, an den später – noch zu Lebzeiten seines Vaters Karl d. Gr. und nach dem Tod seiner Brüder Pipin und Karl – das gesamte fränkische Königreich und das Westreich gefallen war. Dieser machte Lothar nicht lange nach dem Tod des Vaters im Jahre 817 zum Mitregenten und verlieh sodann Ludwig die Herrschaft über Bayern, Pipin aber über Aquitanien. So jedenfalls schildert Cointius[4] den Sachverhalt unter Berufung auf den Lauresheimer Annalisten zu diesem Jahr, obwohl er selbst behauptet[5], Ludwig sei erst im Jahre 825 von seinem Vater nach Bayern geschickt worden. Als aber Kaiser Ludwig der Fromme im Jahre 819 Judith geheiratet hatte, *die Tochter eines Welfenherzogs, der einem hochadligen Bayerngeschlecht und mütterlicherseits einem hochadligen Sachsengeschlecht entstammte,* wie derselbe Cointius nach Theganus aussagt[6], und nachdem er ihren Sohn Karl im Jahre 823 anerkannt hatte[7], der später unter dem Namen Karl der Kahle Kaiser war, entstanden zu Beginn dieses neunten

2   T. II. Rer. Franc. orient. p. 45
3   T. II. Rer. Alem. P. I. p. 31
4   l.c. p. 457
5   l.c. p. 740 n. 40
6   l.c. p. 510 n. 8
7   ibid. p. 667 n. 7

Jahrhunderts zwischen dem Vater und den oben genannten Söhnen aus erster Ehe Streitigkeiten und Kriege.

Zweifellos hatte Judith bei ihrem Gatten Ludwig daraufhin gearbeitet, daß auch ihrem Sohn Karl ein Teil der Reiche zufiele, was dann auch im Jahre 829 erfolgte. Cointius gibt dies nach Theganus folgendermaßen wieder[8]: *Der Kaiser* (Ludwig der Fromme) *kam nach Worms, wo er seinem Sohn Karl, der von der Kaiserin Judith abstammte, in Gegenwart seiner Söhne Lothar und dem namensgleichen Ludwig die Länder Alemannien, Rhätien und einen Teil des Burgund übergab; und aus diesem Grunde empörten sich jene gemeinsam mit ihrem leiblichen Bruder Pipin* (aus erster Ehe nämlich) und hüllten Judith nach ihrer Gefangennahme im Jahr darauf (830) in den Nonnenschleier ein, als sich der Vater Ludwig in Compiègne aufhielt; die Brüder Judiths aber, Konrad und Rudolf, schickten sie mit einer Tonsur versehen zur Bewachung nach Aquitanien. Nachdem kurz darauf die Macht Ludwigs wieder hergestellt war, sorgte Lothar aus Herrschsucht von neuem für Unruhen und zog die Brüder auf seine Seite. Papst Gregor IV. eilte sogar höchstpersönlich zur Schlichtung ins Elsaß, wo sich gerade der Vater und seine Söhne mit ihren Heeren auf einem großen Felde zwischen Straßburg und Basel zur Schlacht gegeneinander aufgestellt hatten. Der Vater aber, der von seinen Leuten im Stich gelassen worden war, fiel in die Hände seiner Söhne. Dies geschah im Bereich unseres Schwarzwalds; vor ganz kurzer Zeit hat Grandidier[9] diesen Ort in der Nachbarschaft Colmars ausgemacht.

Darüber hinaus bleibt es weiterhin noch offen, inwieweit diese und die folgenden innerfamiliären Kriege, die Judiths Sohn Karl wegen geführt worden sind, sich für Alemannien und unseren Schwarzwald und damit auch für das Mönchtum und die Kirche verhängnisvoll ausgewirkt haben, wie es bei alten und auch bei neueren Geschichtsschreibern Frankreichs zu lesen ist. Hugo Flaviniacensis berührt in seiner Chronik von Verdun nur kurz die Übel, die aus der Teilung von Verdun unter die Brüder Lothar, Ludwig und Karl im Todesjahr Judiths 843 entstanden, und die andere mit vielen Worten beweinen. Er beklagt vor allem die Tatsache, daß sie fremden Ländern Gelegenheit geboten haben,

8 Annal. T. VIII p. 103 n. 184
9 T. II. hist. eccl. Argent. p. 141

aufständisch zu werden: *Beim Eindringen der Normannen, Daker (Dänen) und Briten nämlich gibt es Morde an Christen, Plünderungen, Verwüstungen und Brandstiftungen.* Schon Karl d. Gr. hat Einfälle der Normannen vorhergesehen, die im 9. Jahrhundert bis zum Rhein und dem Schwarzwald eingedrungen sind. Deshalb, so bezeugt Trithemius[10], *baute der Hirsauer Abt Harderad nach dem weisen Rat seiner Mitbrüder innerhalb der Kirche eine unterirdische Schutzhalle, um dort den Leichnam des heiligen Aurelius zu bergen, weil er hörte, daß die Normannen Gewalt angewandt hätten. Auch fürchtete er, wie es später dann auch eintraf, daß sie ins Rheingebiet vordringen würden, und er hatte Angst, sie könnten auch den Ort Hirsau des heiligen Aurelius zerstören, wie sie es mit vielen anderen Klöstern gemacht hatten.*

Tödlich aber waren diese Reichsteilungen für das Karolingergeschlecht selbst, das allmählich zusammenbrach, nachdem es schon unter Karl dem Dicken eine Schwächung erlitten hatte, den die Fürsten seiner Trägheit wegen auf dem Konvent von Frankfurt absetzten und *Arnolf, den Sohn seines Bruders Karlmann, über sich zum König erhoben, der nicht von einer rechtmäßigen Ehefrau, aber doch wenigstens von einer Adligen abstammte, nämlich den Herzog von Kärnten. Als Karl gesehen hatte, daß er von restlos allen Ministern und Hofbeamten verlassen wurde und nur noch in dem Mainzer Bischof Luitpert eine Stütze fand, sandte er sogleich bittflehend Geschenke an Arnolf und suchte dringend nach, von diesem bis zu seinem Tode einige wenige Hofgüter in Alemannien zu erhalten.*

Ich habe dies genau mit den gleichen Worten des St. Blasianischen Mönches in der Chronikhandschrift des 12. Jahrhunderts wiedergegeben, wie sie auch bei dem umfassenderen Hermann dem Lahmen zum Jahr 888 zu lesen sind, der dessen Todesort im Schwarzwald, im Gau Betholdespara, genauer mit diesen Worten angibt: *Karl, seiner Herrschaft schon beraubt und Gott demütig dienend, erkrankte in einem Dorf namens Neudingen und wurde, wie manche behaupten, von seinen eigenen Leuten erwürgt. Am 13. Januar schied er aus seinem sterblichen Leben und wurde, wie manche gesehen haben wollen, auf die Reichenau entrückt und dort beigesetzt, wobei der Himmel offen stand und in der Höhe ein helles*

---

10 Chron. Hirsaug. ad an. 891 T. I. p. 42

Licht erschien. Hatto errichtete eine Zelle und die Basilika des heiligen Georg auf der Insel Reichenau.

Der Zustand der Hierarchie rings um den Schwarzwald.

III. Diesen Hatto verwechseln manche leider mit Hatto oder Heito, der im Jahre 806 dem Waldo im Amte des Abts nachfolgte. Nachdem er aber im Jahre 811 Bischof von Basel geworden war, *fuhr er über das Meer*, denn er war nach Konstantinopel entsandt worden. In Schöpflins *Alsatia diplomatica*[11] ist eine Privilegsurkunde zu lesen, die Ludwig der Fromme Heito, dem Bischof von Basel und Abt des Klosters *Sintleuzesavia*, für dieses Kloster Reichenau gewährte. Er starb im Jahre 836, entsprechend den Einzelangaben in der Handschrift des Klosters von Weingarten.

Hatto aber, von dem der umfassendere Hermann sagt, daß er im Jahre 888 dem Reichenauer Abt Rudolph im Amte nachgefolgt sei, es 25 Jahre lang bekleidet habe und Nachfolger des Mainzer Erzbischofs Sindero geworden sei, behielt diese Abtei mit mehreren anderen zusammen bei. Eckhard bezeugt, daß es zwölf gewesen seien. Dieser Umstand war in diesem Jahrhundert für die vornehmeren Abteien in besonderem Maße schädlich; daher erwirkten die Mönche von St. Gallen im Jahre 818 auf dem Ulmer Konvent gegen den Konstanzer Bischof Wolfeo die Möglichkeit der Abtswahl und andere Vorrechte. Eben in dieser Stadt wurde im Jahre 843 auch der Streit zwischen dem Konstanzer Bischof und dem Kloster St. Gallen über eine jährliche Zinsleistung an die Bischöfe beigelegt, wobei Bischof und Abt die Entscheidung dem Urteil des Königs anheimstellten[12]. Dies ereignete sich unter Bischof Salomon I., dem Nachfolger Wolfeos, von dem der Leichnam des heiligen Othmar in feierlichem Ritus bestattet worden war. Von Othmar haben wir oben schon gesagt, daß er von den Kammerboten Warin und Ruthard und auf Betreiben des Bischofs Sidonius aus denselben Gründen auf die Insel Stein verbannt worden ist, wo er auch starb. Dem Salomon I. folgten nach Bathego und Gebhard zwei gleichnamige Konstanzer Bischöfe, nämlich um das Jahr 885 Salomon II., dem nach sechs

11 T. I. p. 63 n. 78
12 Gall. chr. a. 841. T. II. Conc. Germ. p. 10

Jahren der St. Gallener Mönch Salomon III. nachfolgte. Über diesen und den genannten Hatto schreibt Eckhard[13]: *Noch war zu jener Zeit Schwaben nicht zum Herzogtum erhoben worden, sondern unterlag geldmäßig der königlichen Steuer, wie auch heute noch Franken. Beide Länder verwalteten sogenannte Kammerboten; für Franken bis zu den Alpen hin war dies damals Werinhere, für Schwaben aber die Brüder Pertolt und Erchinger. Vieles wurde dem Machtbereich dieser beiden durch königliche Schenkungen an die beiden Bischöfe weggenommen. Es entstand Neid und Haß der beiden Brüder gegen beide Bischöfe, die Verbrechen nicht gerechnet, die sie sogar gegen die Könige selbst in Gang setzten.* Festzuhalten ist hier der Name Pertolt oder Perachtold oder Perchtold, von dem in unserem Schwarzwald die Bezeichnung des Gaues Bertholdespara abzuleiten ist. Häufig kommt auch schon hier im 8. Jahrhundert der Begriff ›Grafen‹ im Breisgau und im Schwarzwald vor, wie sich im folgenden mehr und mehr erhellen wird[a].

a) Bei Goldast *Antiq. Alem. T. II. p.45* in der Urkunde vom Jahre 760 wird der Ort Boasinheim notiert, der in einem Gau liegt, der Bertoldisbara genannt wird, und in Vildira usw., *verhandelt in dem Ort Heidinhova.* Boasinheim oder Biesingen oder Asenheim bezeichnet er als Orte, die etwas von Heidenhoven entfernt liegen, nicht weit weg von den Donauquellen im Abnobagebirge. Derselbe Goldast schreibt in *T. I. p.141,* daß die Urkunde von Duodo auf Anweisung geschrieben sei und zwar im 18. Königsjahr Karls d. Gr., in welchem er dem Kloster St. Gallen seinen Anteil zukommen läßt *in einem Ort, der Mark Sitinga genannt wird* (wie die sehr alte Frankfurter Ausgabe vom Jahre 1660 richtig aufweist) *im Gau Bertoldesbara, was immer es eben dort in der Mark Sitinga selbst sowohl von dem Allod unserer Vorfahren als auch durch sonst irgendeinen Zuerwerb zu besitzen scheint.* Gleich in dem darauffolgenden Jahrhundertjahr 800 schenkt nach P. Herrgott *Cod. prob. Geneal. Habsb. p.48* Chadaloh, der Sohn des Grafen Perachthold, dem Kloster St. Gallen alles, was er in dem Ort Wanga aus dem väterlichen Erbe besaß: Und bald darauf im Jahre 803 schenkte der Baaremer Graf Berthold zusammen mit seiner Mutter Rasigind alles, was er im Gau Bertholdibara besaß und in dem Ort namens Asolvinga und in dem so genannten Ort Munolvinga (Mundelfingen). Bei demselben *ibid. p.32* zum Jahr 854 wird im Gau Berachtoldespara der Ort Paldinga notiert; und in einer Notiz über die Kirche Leffinga in dem Gau, der Para genannt wird, ein Ort namens Durreheim (Dürheim) und Leffingen. Leffingen wird zusammen mit anderen Orten im Gau Albenespara, zweifellos in der Nachbarschaft des Alpgau, in einer Urkunde genannt, aufgrund deren Udalrich, Abt der Reichenau, mit Abt Werner von St. Georgen all das tauschte, *was in dem Wald gelegen ist, der Schwarzwald genannt wird. Es übergab nämlich der Abt von St. Georgen alles, was er offenbar im Gau Albenespara in der Grafschaft des Cunrad besaß, nämlich in den Orten Teggingen und Hufen: Er erhielt dafür von dem Reichenauer Abt alles, was er offenbar in dem vorgenannten Gau und in der Grafschaft des eben erwähnten Grafen in dem Ort namens*

13 De Casibus monast. S. Galli c. 1. apud Goldast. T. I. P. I. p. 15

Fridenvillare und in Leffingen besaß. Diese Urkunde werden wir im Codex probat. darbieten.

Derselbe Salomon III. hat die unheilvollen Geschehnisse seiner Zeiten in einem Gedicht beschrieben, das Canisius veröffentlichte[14]. Darin ist auch ein Gedankenaustausch zwischen ihm selbst und dem Straßburger Bischof Baldram enthalten; sie waren nämlich miteinander in tiefer Freundschaft verbunden. Es existiert auch in einer elsässischen Gesetzessammlung ein Brief Salomons[15], der um das Jahr 886 an Reginhard, den Vorgänger Baldrams im Straßburger Bischofsamt, geschrieben worden ist, in dem er sich als einen vom König Karl dem Dicken zum Kloster Luxeuil Gesandten bezeichnet, sozusagen als Botschafter, wie Grandidier[16] vermutet. Doch ist dieser Vorgang auf Salomon II. zu beziehen, der zu jener Zeit den Konstanzer Bischofssitz innehatte und an einer anderen Stelle in der Urkunde bei Goldast[17] *Botschafter des Kaisers* genannt wird.

Von den Speyrer Bischöfen aus Weißenburgischen Äbten oder Mönchen haben wir schon in der Geschichte des 8. Jahrhunderts gesprochen, zu denen zu Beginn des 9. Jahrhunderts Freydo, zum Ende aber Amalrich und Bernhard aus demselben Kloster in Anrechnung zu bringen sind[18]. Unter den Straßburger Bischöfen haben wir gerade eben Reginhard und Baldram erwähnt, denen zu Beginn dieses 9. Jahrhunderts Rachio oder Ratho, der frühere Abt des Klosters des heiligen Gregor, voranging: Und diesem folgten Utho II., Erlehard oder Herlevald, Adaloch und Bernald, der vom Kloster Reichenau auf diesen Sitz gebracht wurde, zu dem bei Grandidier[19] eine ›epistola formata‹, wie man sagt, des Konstanzer Bischofs Wolfeo vom Jahre 832 existiert. Dieser erneuerte auch das Kloster Schwarzach und hatte Ratald oder Ratold zum Nachfolger: Darüber handelt Grandidier[20] ausführlich.

14 Lect. antiq. T. II. P. III. p. 239 etc.
15 Grandidier T. II. hist. eccl. Arg. p. 260 etc.
16 Grand. l.c. in append. p. CCLXXX.
17 Rer. Alem. T. II. P. I. p. 32
18 Gall. Christ. T. V. p. 718
19 T. II. append. p. CC.
20 T. I. et II. hist. eccl. Argent.

Kanoniker als Ordensangehörige oder Mönche.

IV. Daß damals Kanoniker sehr häufig Ordensangehörige oder Mönche gewesen sind, steht fest. Von den Speyrern bezeugt dies Trithemius[21] für das Jahr 858 in bezug auf Gebhard, den Nachfolger Hertins, wenn er schreibt: *Zu dessen Zeit waren in Speyer die Kanoniker Ordensleute, und ihnen war nach der Sitte der ursprünglichen Kirche alles gemeinsam, wie aus der Schenkung Hildeberts, des Bruders des genannten Bischofs und aus der königlichen Privilegsurkunde ersichtlich ist.* Auf dem Konzil von Aachen im Jahre 816 wurde ein rechtliche Grundlage oder eine Ordnung der Einrichtung von Kanonikern verabschiedet[22], die in den ›Concilia Germaniae‹ vollständig erhalten ist. Es folgt ebendort ein zweiter Abschnitt[23] über die Einrichtung von Nonnen. Ebenfalls hier wurden auf dem Konvent der in überaus großer Zahl teilnehmenden Äbte und Mönche Kapitel beschlossen, die nach gemeinsamer Beschlußfassung und mit gleicher Zustimmung unverletzlich von allen Ordensangehörigen beizubehalten sind. Weiterhin ist zu lesen, daß es zu diesem Zeitpunkt unter den Mönchen selbst auch Kanoniker gegeben hat, auf welche bezogen werden kann, was auf dem Kapitulare vom Jahre 823 den Äbten und Laienbrüdern im 8. Kapitel vorgeschrieben wird[24]: *Sie sollen leben wie in den Klöstern, die durch unsere (königliche) Freigebigkeit nach Beschluß und Urkunde der Bischöfe das haben, was zur Lebensweise von Kanonikern, Mönchen und Nonnen gehört und damit auch deren heilsame Mahnung gerne hören und ihr gehorsam sein.* Mabillon vermerkt aber in den ›annales Benedictini‹[25], daß Papst Gregor IV. der Basilika Santa Maria di Trastevere ein Kloster angeschlossen habe, in das er *Mönchs-Geistliche* aufnahm, *die nämlich,* wie er anfügt, *entschieden gemäß der Vorschrift der Canones und der Ordensregel leben und ihre Pflicht gegenüber Gott erfüllen sollen;* und gleichzeitig führt er die Worte des Christian Drutmar im 43. Kapitel zu Matthäus an: *Denn die, die Mönch genannt werden, weil sie nach der Mönchsregel leben, heißen auch Regularen, und das bedeutet mit einem griechischen Ausdruck Kanoniker.*

---

21 Annal. Hirsaug. T. I. p. 32
22 T. I. p. 430 seqq.
23 p. 514
24 Conc. Germ. T. II. p. 29
25 T. II. p. 646

Mönche als Kleriker, Bischöfe und Apostel im 9. Jahrhundert.

V. Nach den Listen der mit erster Hand verzeichneten Brüder aus den Klöstern St. Gallen und Reichenau auch des 9. Jahrhunderts steht fest, daß der größte Teil der Mönche mit dem priesterlichen oder doch zumindest mit einem geistlichen Zeichen bezeichnet waren. Dies weist auch Mabillon[26] zum Jahr 838 für das Kloster St. Dionysius anhand einer alten Urkunde nach, die eine Gemeinschaft mit den Mönchen von Reims bezeugt; und von 30 Mönchen aus Rouen, die nach einer Überlieferung des Ingulf der Raserei der Normannen entkommen waren, waren zehn Priester, die übrigen aber Mönche niedrigerer Rangordnung. Dasselbe weist er auch an anderer Stelle nach, vor allem aber im Vorwort zum 4. Jahrhundert des Benedikt zeigt er dies an naheliegenden Beispielen. Vom Kloster St. Gallen bezeugt Eckhard, daß *es unter dem Abt Salomo gleichzeitig 42 Priester gab, 24 Diakone, 15 Subdiakone und 20 Knaben.* Nach Mabillons Lebensgeschichte des Rhabanus Maurus aber steht fest[27], daß das Kloster Fulda in verschiedenen Gegenden Güter hatte, *von denen er die einen durch Verwalter in Ordnung hielt; andere aber, und vor allem diejenigen, auf denen es Kirchen gab, vertraute er Priestern an, die für sie zu sorgen und sie in Ordnung zu bringen hatten.* Nach einer Anmerkung Mabillons gab es aber auch jene übergeordneten Priestermönche, die verpflichtet waren, zu festgesetzten Zeiten für das für die Brüder Notwendige zu sorgen. Von den einfachen Mönchen werden später einige sogar Priester genannt. Nach dem 14. Kapitel des Mainzer Konzildekrets vom Jahre 847 unter eben diesem Rhabanus[28] *soll keiner der Mönche ohne Einverständnis des Bischofs Pfarrgemeinden übernehmen. Hinsichtlich der Titel aber, nach denen sie in das Amt eingesetzt sind, sollen sie ihrem Bischof oder seinem Stellvertreter Rechenschaft ablegen, und sie sollen zur Synode kommen, wenn sie dazu gerufen worden sind.*

Auf dem Konzil von Rom im Jahre 826 unter Papst Eugen I. wird im Kanon 27[29] eigens angeordnet, daß Äbte *auch die Ehrenstellung eines Priesters erlangen sollen.* Karl der Große stellte weiterhin die Äbte den Erzbischöfen und Bischöfen gleich, als er zu Beginn des

26 T. II. Annal. p. 608
27 Act. SS. sec. IV. P. II. p. 4
28 Conc. Germ. T. II. p. 157
29 Labb. T. VIII. col. 110

9. Jahrhunderts im November des Jahres 801 in der Pfalz zu Aachen die erste Synode einberief, um Bischöfe und Kleriker einer Überprüfung zu unterziehen, wie Eckhard[30] auf Grund einer Würzburger Chronikhandschrift angemerkt hat. So waren auch zunächst *alle Bischöfe, Äbte und die ehrwürdigeren Kleriker* gewohnt, in jährlichen Versammlungen zusammenzukommen, dann aber auch, für sich getrennt, die Grafen und die übrigen Fürsten. Die Äbte waren unter Karl dem Großen und vor allem unter Ludwig dem Frommen bei den Konzilien meist mit einer großen Zahl vertreten und äußerten nach den Bischöfen ihre Meinung[31]. Warum aber? Weil die Bischöfe selbst meist Mönche gewesen sind oder wenigstens in Klosterschulen ausgebildet worden waren. Dies haben wir bisher in bezug auf verschiedene Diözesen hinreichend dargelegt – was freilich nunmehr auch uns betrifft, die wir den Schwarzwald behandeln –, denen die benachbarten Klöster zu allen Zeiten hervorragende Hirten geschenkt haben. So hat auch für andere volle Gültigkeit, was der junge Eckhard hinsichtlich seines eigenen Klosters St. Gallen bezeugt: *Wie viele Male haben wir außer Klerikern, die oft bei uns groß geworden sind, verschiedenen Diözesen auch hochberühmte Bischöfe geschenkt*: Dies hätte das Kloster Fulda über das Erzbistum Mainz, zu dem ja unser Schwarzwald gehörte, mit gleichem Recht sagen können, wie auch im 9. Jahrhundert das Kloster Weißenburg über eben dasselbe sowie auch über den Bischofssitz Speyer.

Auch fehlten in diesem Jahrhundert missionarische Bemühungen nicht, die Ungläubige zum christlichen Glauben zu bekehren. Um freilich die heiligen Bischöfe Cyrill und Methodius zu übergehen, die die Chazaren, Bulgaren, Mähren und Böhmen in das Heilige des Christentums eingeführt haben, wurde auf einer Zusammenkunft von Fürsten und Priestern in Anwesenheit Ludwigs des Frommen in Ingelheim im Jahre 826 eine erste Missionsreise des Mönches Ansgar aus Corbie nach Dänemark beschlossen[32], um dort das Evangelium zu verkündigen. Harald, der einen Teil dieser Provinz als König regierte, war kurz vorher von anderen Königen dieses Landes aus seinem Reich vertrieben worden, nachdem er feierlich die Taufe erhalten hatte, wobei die Kaiserin

---

30   T. II. Rer. Franc. Orient. p. 10
31   Ib. p. 99
32   Mabill. Annal. T. II. p. 500

Judith zusammen mit ihrem Sohn Karl die Patenschaft übernahm. Als Gefährten hatte er auf dieser ersten Missionsreise Autbert, ebenfalls ein Mönch aus dem neuen Corbie, nach dessen Tod im Jahre 829 er wieder nach Corbie zurückkehrte. In demselben Jahr aber wurde er von Ludwig dem Frommen mit dem Mönch Witmar zu den Suenonen oder Schweden gesandt, dann wurde er im darauffolgenden Jahr von Papst Gregor IV. zum Missionar der Slaven und anderer südlicher Völker[33] und zunächst zum Erzbischof von Hamburg und später von Bremen[34] bestimmt. Dem Ansgar folgte im Amt des Erzbischofs von Bremen der heilige Rembert, ebenfalls ein Mönch aus Corvey, der dann, obwohl er schon ordiniert war, gemäß seinem Gelübde die Mönchskutte *in vollem Umfang* anzog. Das Gelübde bei jenem Übertritt ins Kloster legte er in dem Sinne ab, daß *er den Gehorsam, die Umkehr in seinem sittlichen Verhalten und die Beständigkeit gemäß der Regel des heiligen Benedikt beobachten wolle, soweit es die Arbeit und die übernommenen Pflichten des Bischofsamtes zuließen.* Gegen Ende des 9. Jahrhunderts wird der heilige Bischof Radbod von Maastricht erwähnt[35], der schließlich im Gehorsam gegenüber seiner Auserwählung *sein Gewand wechselt, den engen Pfad beschreitet und ganz und gar Mönch nach der Ordensregel wird. Den Bischöfen von Maastricht nämlich,* fügt Mabillon an[36], *oder doch zumindest denen, die dem Mönchtum recht nahe standen, schien es ein Unrecht zu sein, fernab vom Mönchsgewand und -gelübde jener Diözese vorzustehen, in der es doch von Anfang an Mönche gegeben hat.* Dieser bekehrte schließlich auch die friesischen Mörder des heiligen Bonifatius zum Glauben. Bei Bruschius tritt in einem Verzeichnis der Bischöfe von Augsburg für das Jahr 888 Widegar in Erscheinung, der vom Abt des Klosters Ottobeuren in Schwaben zum Bischof von Augsburg gemacht worden war. Dieser reiste zehn Jahre später in die Schweiz und beseitigte die Überreste des Heidentums; dort verstarb er im Jahre 902 im missionarischen Dienst. Wir werden etwas später die neuen Siedlungen in unserem Schwarzwald in Augenschein nehmen, und zwar in dem Gebiet, in das sich die einstige *Einöde der Helvetier* des Ptolemäus erstreckte, und damit

33 Ibid. p. 524
34 Ibid. p. 528
35 Mabill. Annal. T. III. p. 117
36 l. c. p. 304

auch die Kultur des Landes und die landschaffenden Gaben des christlichen Glaubens.

Glaubensstreitigkeiten.

VI. Unter den Angehörigen der christlichen Kirche sorgte dann im 9. Jahrhundert Photius für Unruhe, der sich nach der Amtsenthebung des heiligen Ignatius auf den Bischofssitz von Konstantinopel gedrängt hatte. Dieser riß die Ostkirche von der Westkirche völlig los, nachdem aus diesem Grunde schon acht Synoden einberufen worden waren. Neben anderen wurde dem Mönch Ratramnus von Corbie die Aufgabe übertragen, dessen Irrlehre über den Hervorgang des Heiligen Geistes zu widerlegen. In der Westkirche selbst aber widerlegten neben Jonas von Orléans unsere Ordensangehörige, nämlich der Abt Theodemir und der Mönch Dungal aus St. Dionysius am wirkungsvollsten den Felix von Urgelis und Claudius von Turin[37], der sich darum bemühte, den auf der siebten Synode verurteilten Wahn der östlichen Bilderstürmer wieder ins Leben zu rufen. Im eigentlichen Sinne benediktinisch können aber jene Streitigkeiten um die Eucharistie genannt werden[38], die auf Grund des Buches *Der Leib und das Blut des Herrn* des Abtes Paschasius Ratbert von Corbie entstanden waren; allerdings verdunkelte eine gewisse Neugier des menschlichen Geistes und die Freizügigkeit des Philosophierens die althergebrachte Abendmahlslehre, und es waren der Heiligkeit des Mysteriums unwürdige Begriffe zu hören wie *Sterkoranismus und Sputinismus.* Dies aber zu untersuchen, ist nicht Aufgabe des vorliegenden Werkes, und es ist auch nicht der Mühe wert, zumal sich Mabillon im 2. Vorwort zum 4. benediktinischen Jahrhundert damit ausführlich auseinandergesetzt hat. Ebendort überschreibt er das zweite Kapitel mit *Das Schicksal des Gottschalk und die von diesem aufgehetzten Volksmassen.* Gottschalk durchwanderte unter anderen Landschaften auch Alemannien oder Schwaben und betrat frech Mainz, wo Rhabanus den Bischofssitz innehatte. Gegen dessen Willen hatte ihn im Jahre 829 sein Vorgänger Otgar von seinem benediktinischen Gelübde entbunden. Rhabanus schrieb aus diesem Anlaß das Buch ›*de oblatione puerorum*‹, worauf wir später noch

37 Mabill. Annal. T. III. p. 138
38 Mabill. Annal. T. II. p. 507. 485 seq.

eingehen werden. Später führte Gottschalk mit dem Veroneser Bischof Nothingus ein Streitgespräch über die doppelte Vorherbestimmung Gottes. Der Bischof versetzte auch Rhabanus in solche Unruhe, daß dieser sich genötigt sah, Gottschalk mit einem kurzen Büchlein zu widerlegen. Als dieser davon hörte, scheute er sich nicht, im Jahre 848 nach Mainz zu eilen, um Rhabanus aufzusuchen. Dort aber wurde er auf einer stark besuchten Versammlung von Bischöfen und Äbten, die Trithemius aufzählt[39] und unter denen sich auch Luthbert, der erste Abt von Hirsau aus unserem Schwarzwald befand, verurteilt und mit einem Schreiben der Synodalen mit der Unterschrift von Rhabanus zu dem Reimser Erzbischof Hinkmar geschickt. In diesem Schreiben wird Gottschalk die verderbliche Lehre zur Last gelegt, *daß, wie eine Vorherbestimmung Gottes im Guten erfolge, so auch im Bösen: Und es gibt auf dieser Welt Menschen, die auf Grund der Vorherbestimmung Gottes, die sie zu sterben zwingt, sich nicht von Irrtum und Sünde zu reinigen vermögen, gerade so, als ob Gott sie dazu geschaffen hätte, von Anfang an unverbesserbar zu sein und der Strafe ausgesetzt zu sterben*[40].

Damals ist auch geschehen, was wir seit jeher bis auf den heutigen Tag bedauern, wenn das Geheimnis der Vorherbestimmung und der Gnade sehr sorgfältig und genau behandelt wird. Es gab für Gottschalk keine so zwingende Notwendigkeit, dieses Thema zu erörtern, wie sie die Irrlehre der Pelagianer und Semipelagianer dem heiligen Augustinus abverlangte. Dazu kam für ihn die Auseinandersetzung mit geistesstarken und redegewandten Feinden, die er sich zugezogen hatte, und die er mit so vielen Schriften überschütten mußte; und alle Angriffe waren abzuwehren und gerade auch solche, die schon Augustinus mit seinem wachen und scharfen Geist vorhergesehen hatte. Daher wurden schon zu seiner Zeit auch einige von denen, die sich mit frommem Eifer und gelehrigen Sinne mit seinen Schriften beschäftigten, ins Verderben gestürzt, so daß er selbst den Entschluß faßte, in einem Buch über die Gabe der Beharrlichkeit im 22. Kapitel[41] zu lehren, auf welche Weise dem Volk das Geheimnis der Vorherbestimmung zu predigen sei, oder welche Formulierungen bei ihrer Erklärung Anstoß erregend oder

---

39 Annal. Hirsaug. T. I. p. 20
40 Conc. Germ. T. II.
41 Opp. T. X. p. 853

überhaupt zu vermeiden seien. Am allermeisten trifft dies für eine Erörterung der doppelten Vorherbestimmung zu, wobei es gefährlich ist, wenn man zu weit geht, die Vorherbestimmung auf die Schuld und die Sünde auszuweiten. Dies traf bei der Verhandlung gegen Gottschalk zu. Freilich klingt sein doppeltes Glaubensbekenntnis sowohl in der kürzeren wie auch in der längeren Fassung anders, als seine Lehre in dem Brief des Rhabanus dargestellt worden war, so daß es so aussieht, als habe Gottschalk die Vorherbestimmung Gottes gleichermaßen für die Sünde wie auch für die Verdammnis angenommen. Dennoch haben bei Gottschalk nicht alle etwas Verkehrtes vermutet und auch heute vermuten es viele nicht, und jetzt endlich nach Jahrhunderten findet er Verteidiger. Einen solchen hatte er unter anderen zu seinen Lebzeiten in dem hochgelehrten Abt Lupus von Ferrières, der sein besonderer Gönner war. Dem stand freilich nicht entgegen, daß er von Hinkmar bis zu seinem Tode gequält wurde. Er selbst beharrte auf seiner Lehrmeinung und starb, ohne die Sterbesakramente erhalten zu haben, im Bann, mit dem ihn die Mainzer Synode belegt hatte. Dies war die zweite Synode unter Rhabanus.

In der ersten aber, die im vorhergehenden Jahr 847 stattfand, wurde eine gewisse Frau aus dem Bereich Alemannien, eine Pseudo-Prophetin mit dem Namen Thiota, zurechtgewiesen, die, wie ausführlich in den Annalen[42] vermerkt ist, *die Gemeinde des Konstanzer Bischofs Salomon mit ihren Weissagungen völlig durcheinander gebracht hatte; sie behauptete nämlich, sie kenne den genauen Tag des Weltuntergangs und habe sehr viele andere Kenntnisse, die nur Gott allein bekannt sein konnten, sozusagen als göttliche Offenbarungen erhalten, und sie sagte voraus, daß der letzte Tag der Welt noch in demselben Jahr bevorstehe. Daher wurden viele einfache Leute beiderlei Geschlechts von Furcht geschüttelt, strömten bei ihr zusammen, brachten ihr Geschenke und vertrauten sich ihren Gebeten an. Und was noch schlimmer ist: Männer geistlichen Standes setzten die Lehren der Kirche hintan und folgten ihr nach, wie wenn der Himmel ihnen diese Frau zur Lehrmeisterin bestimmt hätte. Als diese in Anwesenheit der Bischöfe bei St. Alban in Mainz vorgeführt worden war, und nachdem man sehr sorgfältig ihre Behauptungen einer Untersuchung unterzogen*

42 Conc. Germ. T. II. p. 160

hatte, gestand sie, ein bestimmter Priester habe ihr das eingeredet, und sie habe das alles erzählt, um damit Geld zu verdienen.

Unter anderem wurden auf den Synoden und Generalkonventen auch Angelegenheiten der Mönche behandelt.

VII. Auftauchende leichtere Streitfälle dieser Art wurden auf Partikularkonzilien abgehandelt, gewichtigere aber waren allgemeineren Konventen vorbehalten, und sie waren nach der Rangordnung, die wir oben beschrieben haben, im riesigen Frankenreich auf verschiedene Konzilien zu verteilen, von denen sich jene Mainzer Synoden auf unser Gebiet erstrecken. Bei jenen aber wurde besondere Sorgfalt darauf verwendet, eine Ordnung für den kirchlichen und den monastischen Stand aufzustellen, wie zum Beispiel auf dem Kapitulare Karls des Großen vom Jahre 811 die Hauptpunkte der Fragen zusammengefaßt sind, die jeweils gesondert den Bischöfen, den Äbten und den Fürsten vorgelegt wurden. So wird im 4. Kapitel vorgeschrieben[43], *daß diese noch einmal daraufhin befragt werden müssen, um uns wahrheitsgemäß Auskunft zu geben, was das bedeute, was bei ihnen ›die Welt verlassen‹ genannt wird, oder unter diesen solche, die ›die Welt verlassen‹, von denen unterschieden werden könnten, ›die noch der Welt angehören‹; oder ob sie sich nur in dem einen Punkt unterscheiden, daß sie keine Waffen tragen und nicht öffentlich verheiratet sind*; damit befassen sich dann auch die nächsten vier Kapitel.

Es ist aber nützlich, eine gewisse Skizzierung solcher Generalversammlungen vorzunehmen, wie zum Beispiel in der Vorrede zum Mainzer Konzil vom Jahr 813 folgendermaßen eingeteilt wird[44]: *In der ersten Gruppe aber saßen die Bischöfe mit ihren Schreibern, lasen und überdachten das heilige Evangelium, die Apostelgeschichte und -briefe, auch die kirchlichen Rechtsbestimmungen und verschiedene kleine Werke der Kirchenväter und das Pastoralbuch Gregors zusammen mit den übrigen heiligen Dogmen; sie forschten in sorgsamem Studium nach, auf welche Weise sie den Stand der Kirche Gottes und den Fortschritt des christlichen Volkes, der durch*

43 Conc. Germ. T. I. p. 398
44 Ibid. p. 405

*heilbringende Lehre und Beispiele der Gerechtigkeit unerschüt-
terlich geworden war, durch die schenkende Gnade Gottes hätten
vervollkommnen und bewahren können. In einer anderen Gruppe
saßen die Äbte und bewährte Mönche, lasen die Regel des heiligen
Benedikt und dachten sorgfältig darüber nach, wie sie das Leben
der Mönche zu einem besseren Zustand und mit Gottes Gnade zum
Wachstum hätten bringen können. In einer dritten Gruppe saßen
schließlich die Fürsten und die Richter, die nach weltlichen Gesetzen
urteilen; sie dachten über die Gerechtigkeit gegenüber dem Volk
nach, prüften sorgfältig die Streitpunkte aller, die zu ihnen kamen,
und sprachen Recht nach dem Maß, das ihnen zur Verfügung stand.*
Es folgen dann vermischt Rechtsbestimmungen, die sich auf beide
Stände beziehen. In demselben Jahr 813 nach all jenen fünf
Synoden des Frankenreichs wurde auf dem fränkischen Generalkonvent zu Aachen in Anwesenheit Karls des Großen selbst eine
königliche Satzung herausgegeben *über das, was die an einem Ort
versammelten Bischöfe zur Befolgung und zur Belehrung
beschlossen haben.* In jenem aber, was den Mönchsstand
anbetrifft, ist nur das enthalten[45], was sie für den Frieden und die
Versöhnung mit den anderen Ständen tun.

Die Kirchenprovinz Mainz und vor allem das, was uns im einzelnen anbetrifft.

VIII. Daß auf dem Konvent von Aachen im Jahre 817 eine Regel
für Kanoniker und Kanonissen von Bischöfen und Klerikern
veröffentlicht worden ist, steht fest. Dort taten auch die Äbte und
die Mönche für sich gesondert das gleiche: Sie beschlossen
nämlich eine einheitliche Form der Ordensregel und stellten die
genauere Befolgung der benediktinischen Regel wieder her. Dies
vermerkte kurzgefaßt Lambert von Schafnaburg in seiner ›Hist.
Germ.‹ für die Jahre 816 und 817[46]. *Der Kaiser Ludwig hielt in
Aachen eine Synode ab und ordnete daselbst das Leben der
Mönche.* Den Sachverhalt nennt in Kürze folgende Vorrede: *Im
818. Jahr nach der Menschwerdung Unseres Herrn Jesus Christus
und des 4. Regierungsjahres des ruhmreichen Kaisers Ludwig, am
10. Juli, als sich in der Pfalz zu Aachen, welche auch Lateran
genannt wird, mehrere Äbte zusammen mit ihren Mönchen nieder-*

---

45 Ibid. p. 413
46 Pistor. Script. Alem. T. I. p. 311

gelassen hatten, beschlossen sie nach gemeinsamer Beratung und in einmütiger Zustimmung, daß die nachstehenden Kapitel unverletzlich von den Ordensangehörigen einzuhalten sind[47]. Ein anderes Kapitulare vom Jahre 828 zu Aachen legte für das folgende Jahr fest: *Es soll eine Zusammenkunft der Ortsbischöfe stattfinden, und zwar in Mainz, wo folgende Erzbischöfe mit ihren Suffraganbischöfen zusammenzutreten haben: Autgar, Hadebald, Hetti und Beruinus*[48]. Die hier vermerkten Erzbischöfe aber sind Otgar von Mainz, Hadebald oder Hagebald von Köln, Hetti von Trier und Berruin von Besançon. Von diesen Erzbischofssitzen zählt das frühere Mainzer Erzbistum die Diözesen auf, die die Seelsorge auf unseren Schwarzwald erstrecken, nämlich Konstanz, Straßburg und Speyer. Von diesen wird freilich an dieser Stelle namentlich keiner aufgeführt, und es wird in dem Rundschreiben auch nichts gesondert vermerkt, was den Mönchsstand angeht, auch beispielsweise nicht im letzten Kapitel, in dem vorgeschrieben wird, was von den Abgesandten des Herrn sorgfältig zu beobachten ist.

Auf dem Konzil von Aachen, das am 6. Februar 836 abgehalten wurde[49], geht es im ersten Kapitel um die Lebensführung der Bischöfe, im zweiten um die Lehre der Bischöfe; dann, in einem späteren Teil eben dieses Kapitels, gibt es eigene Kanones über Äbte sowohl von Klerikern wie auch von Mönchen, über Chorbischöfe, Erzpriester, Erzdiakone, Priester, Kleriker, Äbtissinen und Männer- und Frauenklöster. Das dritte Kapitel befaßt sich mit der Person des Königs, seiner Söhne und Minister. Auf dem Provinzialkonzil zu Mainz im Jahre 847 unter Rhabanus, den wir schon genannt haben, und für welches gleich zu Beginn nach anderen die anwesenden Bischöfe *Salomo,* nämlich der erste Konstanzer dieses Namens, *und Gebhard* aus Speyer *zusammen mit unseren übrigen Amtskollegen, Chorbischöfen, Äbten, Mönchen, Priestern und den anderen kirchlichen Ständen* genannt werden[50]. Sodann beschloß man eindeutig ein Gebet für den König, seine Gattin und seinen hochwohlgeborenen Sohn. Dann aber kam man unter den Konzilsvätern darin überein, gemäß der überlieferten Ordnung zwei Gruppen zu bilden, in deren erster sich die

---

47 Conc. Germ. T. II. p. 3
48 Ibid. p. 43
49 Ibid. p. 73
50 Ibid. p. 152

Bischöfe mit bestimmten Schreibern niederlassen sollten, in der anderen Gruppe aber die Äbte und bewährte Mönche usw.

Von dem bestehenden Brauch weicht auch das Mainzer Konzil des Jahres 852 nicht ab, das von Rhabanus einberufen worden war und dessen erste Sitzung durch eine Urkunde des Königs Ludwig des Deutschen zeitlich feststeht. Auf diesem Konzil wurde Gochbert als Abt des Klosters Rheinau bestätigt, wobei der Konstanzer Bischof Salomo und der Reichenauer Abt Folkwin anwesend waren; diese Urkunde ist unter den Dokumenten der ›Gallia christiana‹ veröffentlicht[51]. Anwesend war damals auch *Wolvene,* ein Edler aus Alemannien, der jenes Kloster Rheinau wieder erneuert hatte, und mit dessen Zustimmung, wie wir später noch sehen werden, wenige Jahre später die *Alba Cella,* die heute St. Blasien heißt, dem genannten Kloster Rheinau überstellt wurde, *um ebenda den Dienst für die heilige Maria sicherzustellen;* dies geschah im ersten Regierungsjahr des Papstes Nikolaus, dem Jahre 858. Es gibt einen Brief dieses Papstes aus dem Jahr 860 an die Konzilsväter von Mainz und auch an die Äbte, die in der Folgezeit überall auf den Nationalkonzilien vermerkt sind, wo in bezug auf das Mönchtum viele überaus heilbringende Beschlüsse gefaßt worden sind, nämlich das zu Worms im Jahre 868, zu Köln im Jahre 887 und zu Forchheim im Jahre 890. Weitaus herausragender aber war die Synode von Tribur vom Jahre 895, auf welchem am Ende der Kanones von unseren einheimischen Bischöfen als anwesend erwähnt werden[52]: Salomo III. von Konstanz, Iring von Basel, Baldram von Straßburg und Lotechaneus von Speyer, den Trithemius und andere Bernhard nennen; von den Äbten aber nennt derselbe Trithemius als ersten den Hugo von Fulda, der auch Heriger genannt wird, und Harderad von Hirsau aus unserem Schwarzwald.

Die Regel des heiligen Benedikt für Kanoniker und Mönche.

IX. Wir haben schon festgestellt, daß auf den Konventen des Frankenreiches drei oder zwei Gruppen voneinander unterschieden worden sind, in denen jeweils für sich behandelt wurde,

51 T. V. p. 507
52 Annal. Hirsaug. T. I. p. 49

was den kirchlichen, den monastischen und weltlichen Stand angeht. Weiterhin haben wir auch zunächst die Ordnung des Rodegang für Kanoniker erwähnt, die dann später verworfen wurde, wie Mabillon zum Jahr 817 notiert[53], in dem nach seiner Feststellung die Kanoniker eine eigene Regel erhielten, den Mönchen aber die Regel des heiligen Benedikt verbindlich vorgeschrieben wurde: Jene Regel für Kanoniker aber weist er Amalarius von Metz zu; diese wurde jedoch auf der römischen Synode unter Nikolaus II. nicht gebilligt. Zu dem aber, was wir erwähnt haben, liefern die Annalen von Lambach ein Beispiel, doch in der Weise, daß sie, indem sie von Karl dem Großen sprechen, die ganze Angelegenheit auf das Jahr 802 bezogen haben: *Zugleich reihte er in eben diese Synode* (der Aachener) *alle Äbte und Mönche ein, die gerade dort anwesend waren, und sie hielten miteinander eben diesen Konvent ab und lasen die Regel des heiligen Vaters Benedikt und gaben sie in weisem Maße unter den Augen der Äbte und Mönche einander weiter; dann aber wurde auf seine Anordnung hin ganz allgemein für alle Bischöfe, Äbte, Priester, Diakone und den gesamten Klerus verbindlich gemacht, daß ein jeder in seiner Stellung, sei es im Bischofsamt, sei es im Amt eines Abtes oder auch in allen Diözesen, gemäß der Anordnung der heiligen Väter wie Kanoniker nach den kirchlichen Rechtsvorschriften leben solle und, was immer auch entweder im Klerus oder im Volk an Schuld oder Versäumnis in Erscheinung getreten sei, sie nach den Kanones* (den Vorschriften) *wieder gutzumachen hätten, und so sei auch das zu sühnen, was in den Klöstern oder bei den Mönchen gegen die Regel des heiligen Benedikt geschehen sei.* Von einer anderen Ordensregel aber als der des Benedikt war im 9. Jahrhundert überhaupt keine Rede mehr, wie das Befragungskapitulare deutlich macht, das Karl d. Gr. zum gemeinsamen Nutzen aller im Jahre 811 einberief. Es gibt aber die Frage oder das folgende Kapitel 12[54]: *Nach welcher Regel die Mönche in Gallien gelebt hätten, bevor die Regel des heiligen Benedikt hierhin gebracht worden sei, da wir doch lesen, daß es den Heiligen und Mönch Martinus gegeben habe, und daß er Mönche unter sich gehabt habe, der doch schon lange vor dem heiligen Bendikt gelebt habe.*

---

53   Annal. T. II. p. 429
54   T. I. Concil. Germ. p. 399

In bezug auf Deutschland und vor allem auf Alemannien und unseren Schwarzwald konnte es eine solche Fragestellung überhaupt nicht geben, da hier die Regel des heiligen Benedikt schon immer Geltung hatte. Als in dieser Angelegenheit zwei Jahre später jene im ganzen Frankenreich angesetzten Synoden abgehalten wurden, lautete auf der Mainzer Synode vom Jahre 813 der 11. Kanon *Über das Leben der Mönche* folgendermaßen[55]: *Wir haben aber beschlossen, daß die Äbte in vollem Umfange mit ihren Mönchen zusammenleben, so wie sie selbst, die an der gegenwärtigen Synode teilnahmen, es uns versprochen haben, nämlich gemäß der Vorschrift der heiligen Regel des Benedikt, soweit dies die menschliche Schwäche zuläßt. Und weiterhin haben wir beschlossen, so wie es die heilige Regel sagt, daß das Kloster, wo es möglich ist, durch Dekane geordnet werden soll, weil die diesem Vorgesetzten oft in Überheblichkeit verfallen und damit in die Schlingen des Satans;* dieses Gesetz und seine Begründung entstammt der Regel des heiligen Benedikt. Allgemein verbindlich gemacht wurde dies auf der Synode von Chalon s. S. in demselben Jahr 813 im Kanon 22 mit folgenden Worten[56]: *Über die Äbte aber und die Mönche schreiben wir hier nur deshalb so wenig, weil fast alle Ordensklöster, die in dieser Gegend hier gegründet worden sind, sich dazu bekennen, nach der Regel des heiligen Benedikt zu leben: Diese Lehren des seligen Benedikt zeigten insgesamt auf, auf welche Weise sie ihr Leben zu gestalten hätten. Es möge also sorgsam untersucht werden, wo man nach der Regel des heiligen Benedikt lebt und wo man von eben dieser Ordnung abgegangen ist, damit sich diejenigen darum bemühen könnten, nach der Ordnung eben dieses Heiligen zu leben, die mit Bezeugnis ihr Gelübde abgelegt hätten, auf diese Weise leben zu wollen.*

Hieraus wird offensichtlich, daß zwar überall Mönche das Gelübde gemäß der Regel des heiligen Benedikt abgelegt haben, aber nicht alle ihr entsprechend lebten. Auf dem Generalkonvent vom Jahre 817 wurde jene gleichmäßige Beobachtung für alle Klöster Deutschlands und Frankreichs ein weiteres Mal gefestigt; dazu schreibt er gleich zu Beginn der 80 Kapitel vor[57], *daß die Äbte gleich nach ihrer Rückkehr in ihr Kloster die Regel Wort für*

---

55 Ibid. p. 408
56 Conc. Labb. T. VII. p. 1277
57 Conc. Germ. T. II. p. 3

Wort erörtern und vollständig lesen sollen; wenn sie sie mit Gottes Hilfe verstünden, sollen sie danach trachten, diese Regel zusammen mit ihren Mönchen zu erfüllen. Und in Kapitel 2[58], *daß alle Mönche, die dazu in der Lage sind, die Regel auswendig lernen sollen.* Ein weiteres Mal geschah dies auf dem Konzil von Aachen vom Jahre 836, nachdem den Kanonikern eingeschärft worden war, ein Leben als Religiose zu führen *gemäß dem, was in dem Buch enthalten ist, das über ihre Lebensführung geschrieben worden ist;* gleich danach wird ergänzt: *die Mönche aber sollen nach der von dem seligen Benedikt überlieferten Regel einmütig, soweit dies möglich ist, und ein Leben nach seiner Ordnung in allen Dingen anstreben. Die heiligen Frauen schließlich mögen sich entsprechend dem, was der Schwäche ihres Geschlechts entspricht, mit aller Liebe dem Leben im Kloster unterordnen.*

Weiterhin verdient eine Aussprache und Erörterung von Klosterschülern über Ereignisse des Klosters St. Gallen in Kapitel 1 bei Eckhard[59] festgehalten zu werden: *Es werden,* sagt er, *nach einer Zeit der Klosterschule dem Marcellus zusammen mit Notker, der später den Beinamen Balbulus hatte, und den übrigen Knaben die klösterlichen Sitten beigebracht; dem Iso zusammen mit Salomo und den ihm Gleichgestellten, aber auch die außerhalb liegenden, d. h. kanonischen Lebensweisen.* Daß es aber gerade auch in den Klöstern eine solche Unterscheidung gegeben hat, erfahren wir aus einem Brief Karls des Großen an Alkuin, den Mabillon wiedergibt[60], in welchem die Mönche des heiligen Martin von Tours erwähnt werden, *die sich manchmal Mönche und manchmal Kanoniker nannten.* Überall aber beobachtet Mabillon, daß Mönche, die von der doch recht strengen Disziplin abgefallen waren, Kanoniker genannt wurden. Daß in Klöstern aber zusammen mit Mönchen auch Kanoniker gelebt haben, zeigt eine Urkunde von Rheinau aus dem Jahr 815, die wir veröffentlicht haben, durch die ein Winithere außer dem Satz für Verpflegung und Kleidung für zwei Brüder vereinbart, *daß darüber hinaus ihm ein dritter Verpflegungs- und Kleidungssatz für einen Kanoniker hinzugegeben werde.*

58   Ibid. p. 83
59   Goldast. rer. Alem. T. I. p. 12
60   Annal. T. II. ad 802 p. 362

Einzelregelungen für bestimmte Klöster.

X. Ferner ragen gewisse außerordentliche Beschlüsse zur Regel zugunsten von bedeutenderen Klöstern heraus, wie zum Beispiel jene für Murbach *durch die heilige Synode, die in Franken auf Befehl Karls des Großen, des Schutzherrn und Königs der Römer, zusammengetreten war. Diese Dekrete wurden in Anwesenheit der Klosterbrüder von Murbach durch Simpert, den Abt dieser Stätte und Bischof von Augst, der an dieser Synode persönlich teilnahm, zur Erinnerung in Wort und Schrift öffentlich gemacht.* Diese wurden zum ersten Mal von den Brüdern des Pez im ›Thesaurus Anecdotorum‹[61] veröffentlicht, – in der neuesten Ausgabe der ›Concilia Germaniae‹[62] werden sie auf das Jahr‹ 803 bezogen – sowie auch eine Bittschrift der Mönche von Fulda[63], die Karl dem Großen im Jahr 812 überreicht worden war, weil die Mönche von Ratgarius, dem dritten Abt dieses Klosters, der auf die Errichtung von Prachtbauten bedacht war, allzu stark belastet wurden; er hatte ihnen das Notwendige fast weggenommen und sie über das Maß hinaus zu handwerklichen Arbeiten gezwungen, sie dafür aber nicht von den gewohnten Gebeten, dem Besuch der Messen und den nicht wenigen Feiertagen entpflichtet. Die Angelegenheit wurde freilich später durch die Einschaltung des Mainzers Richolf und andere, die er nach Fulda mitgebracht hatte, als erfunden angesehen; allerdings wurde sie unter Ludwig dem Frommen wieder neu aufgerollt, *der schließlich*, wie Mabillon[64] sagt, *als er den unverbesserlichen Sinn des Ratger erkannte, ihn wegjagen und anderswo hinschicken ließ und anordnete, daß an seiner Stelle ein anderer Abt eingesetzt werde.* In der zitierten Schrift der Fuldaer aber sind die meisten derartigen Einzelbestimmungen für die Fuldaer einzusehen[65], die zu würdigen hier viel zu weit führen würde. In dieser Angelegenheit ist auch P. Herrgott in seinem Vorwort zur *Vetus disciplina monastica* zu Rate zu ziehen, in dem auch *Kapitel über Mönche, an die Reichenau gerichtet*[66], enthalten sind, und auch *Kapitel für die Mönche von St. Gallen*[67], welche alle auf dieselbe Zeit zu beziehen sind. Und dies sind auch

61 T. II. P. III.
62 T. I. p. 378
63 Ibid. p. 402
64 T. II. Annal p. 393
65 l. c. p. 392 et T. I. Conc. Germ. p. 402
66 p. 18
67 pag. 33

die drei wichtigsten Klöster, nach deren Ordnung und Disziplin jene Klöster des Schwarzwaldes eingerichtet worden sind.

Den Kapiteln über die Mönche von St. Gallen wird ein Brief des Grimald und des Tatto, zweier Mönche der Reichenau, an Reginbert, den Lehrmeister der Schüler des St. Gallus, wie P. Herrgott vermutet, vorausgeschickt, in dem sie erklären, sie schickten die Regel des heiligen Benedikt, die von jener Abschrift abgeschrieben sei, *die ihrerseits wieder von der Handschrift selbst abgeschrieben worden sei, die der selige Vater mit seinen eigenen heiligen Händen zum Heil von vielen Seelen verfaßt habe.* Im ersten dieser Kapitel wird gleich zu Beginn darauf verwiesen, was nach dem Gesagten offensichtlich damals die vordringlichste Hauptsorge gewesen ist, *daß es in allen Angelegenheiten unter den Angehörigen dieses Gelübdes in seinem gesamten Herrschaftsbereich keinerlei Verschiedenheit geben dürfe außer da, wo ein gewichtiges Hindernis dies nicht zuließe. Die zu diesem Zwecke abgeordneten Abgesandten bemühen sich mit größtem Eifer, die Beschaffenheit eines solchen Hindernisses zu untersuchen.*

Die dem heiligen Benedikt von Aniane anvertraute Sorge für die Klöster.

XI. Demselben P. Herrgott schien es, daß Grimaldus und Tatto vielleicht dieselben Reichenauer Mönche gewesen seien, die zur Erforschung der Ordenszucht nach Gallien geschickt worden waren und dabei einem Auftrag Ludwigs des Frommen zuvorkamen, wie der den ›Kapiteln über die Mönche, an die Reichenau gerichtet‹ vorangestellte Brief aufweist[68], *damit, wenn die Ordensmönche gekommen sind, die auf Befehl des Kaisers die gesamten Klöster unseres Volkes nach Notwendigkeit gemäß der Regel unterweisen werden, sie euch nicht allzu unvorbereitet antreffen werden, darüber Auskunft zu geben, wovon die folgenden Kapitel einen gewissen Teil enthalten.* Es war dies aber der heilige Abt Benedikt von Aniane, den Ludwig der Fromme für diese Aufgabe bestimmt hatte[69], *und mit diesem,* um die Worte des Astronomus zu gebrauchen, *Mönche eines strebsamen Lebens, die durch alle Mönchsklöster gingen und wieder dorthin zurückkehrten, um allen*

68 l. c. p. 33
69 Mabill. Annal. T. II. p. 428

Klöstern, sowohl solchen für Männer wie auch für heilige Frauen, eine gleichförmige Lebensart gemäß der unveränderlichen Regel des heiligen Benedikt zu überbringen. Zu diesem Vorgang gibt es bei Sirmondus[70] ein Rundschreiben Ludwigs des Frommen, in dem Benedikt und Arnulph dazu bestimmt werden, *im gesamten Reich, das von Gott verwaltet und erhalten werden möge, sich dieser Aufgabe fleißig und mit Eifer zu widmen.* Dieser Arnulph scheint Mabillon[71] der Abt des Klosters Glonne oder des heiligen Florentius an der Loire in der Diözese Angers und vielleicht sogar der Abt von Heri zu sein.

Benedikt aber gründete die Zelle oder das Kloster von Aniane in seiner Heimat Septimanien oder Gothien, und seine Klosterordnung wurde von da aus in andere Klöster dieses Gebietes weiterverbreitet. Von dort aber wurde er von Ludwig dem Frommen weggerufen, als dieser nach Deutschland gehen sollte, um seinem Vater im Amt nachzufolgen. Er reformierte Mauersmünster im Elsaß und andere Klöster, die dem Schwarzwald auf der anderen Seite des Rheins gegenüber liegen, nachdem er aus seinem Kloster Aniane Mönche strengerer Lebensführung hinzugezogen hatte. Um aber dem Kaiser besser zur Seite stehen zu können, äußerte er diesem gegenüber den Wunsch, einen näher an der Aachener Pfalz gelegenen Ort auszuwählen, um im Tal von Inde oder dem Ardennenwald ein Kloster gründen zu können. *Auch stellte ihn,* wie Ardo oder Smaragdus in seiner Lebensgeschichte bei Mabillon[72] erzählt, *der Kaiser in seinem ganzen Reich an die Spitze aller Klöster, damit er so, wie er ja auch schon Aquitanien und Gothien durch seine Regel des Heils eingerichtet hatte, auch Franken mit seinem segensreichen Beispiel erfülle. Es gab schließlich viele Klöster, die einstmals nach der Regel eingerichtet worden waren, aber allmählich bei nachlassender Lebenskraft die Ordensregel fast verloren hatten. Damit aber, wie es nur ein einziges Gelübde für alle gab, auch nur eine einzige Lebensform für alle Klöster entstehe, hielt er sich dort mehrere Tage lang auf, nachdem sich auf Befehl des Kaisers die Äbte der Klöster zusammen mit möglichst vielen Mönchen versammelt hatten. Und so wurde das Werk vollbracht und weiter verbreitet, und es wird eine für alle festgelegte Regel ganz allgemein beobachtet, und alle*

---

70 T. II. Conc. Gall.
71 Act. SS. sec IV. P. I. p. 218
72 l. c. p. 233

Klöster wurden somit zu einer einheitlichen Lebensform gebracht,
auch wenn sie nur von einem einzigen Lehrmeister und nur an einem
einzigen Ort damit vertraut gemacht wurden. Dies alles erläutert
Ardo an Beispielen.

Freilich darf hier nicht mit Stillschweigen übergangen werden,
was Leo von Ostia in seiner Chronik von Cassinum[73] als eine im
9. Jahrhundert dort feststehende Sitte berichtet, nämlich *daß am*
30. August (wie es bis dahin auch in unserer Gemeinschaft des
heiligen Blasius ungefähr um dieselbe Zeit geschehen ist) *eine*
Zusammenkunft an diesem Ort zusammen mit den Vorstehern aller
Mönche im Umkreis dieses Klosters hier stattfinden solle, die
darüber zu belehren waren, was zu tun, was zu meiden und was zu
verbessern sei, oder wie sie unter der Anwesenheit und der Furcht
Gottes in Gehorsam gegen die Regel leben müßten. Am folgenden
Tag aber wurden sie je nach Erfordernis einzeln für die unterge-
benen Provinzen abgeordnet, aufgeteilt und bestimmt. Daher
kommt auch, – darüber berichtet Schannat in der Geschichte von
Fulda[74] –, was in demselben 9. Jahrhundert Rhabanus Maurus
eingerichtet und besorgt hat; damit nämlich nichts den unter den
Seinen einmal gefestigten Frieden und die Eintracht später leichtfertig stören könne, habe er die allgemeinen Grundsätze
vorgelegt, die dann zunächst nach der gemeinsamen Übereinstimmung aller beschlossen wurden, doch in folgender Art und
Weise: *Wir haben festgelegt, daß wir in dreifachem Wechsel*
innerhalb eines Jahres eine Zusammenkunft abhalten wollen, um
unsere dringlichen Angelegenheiten miteinander zu besprechen, das
heißt: am Tag zu Beginn der Fastenzeit, am 6. Juni und am
2. November.

Der Zusammenschluß von Klöstern.

XII. Aus dem Gesagten darf gefolgert werden, daß Mabillon[75] zu
Recht als erster hier eine gewisse Art von Gemeinschaft unter der
Regel des heiligen Benedikt entdeckt hat und zwar eine Gemeinschaft, die in jenem Orden am weitesten verbreitet war, durch den
so viele Klöster des Frankenreichs der Führung, der Verbesserung
und Zurechtweisung dieses einen heiligen Benedikt von Aniane

73 T. I. c. 32 apud Murat. Script. rer. Ital. T. IV p. 309
74 p. 8
75 In I. praefatione ad sec. IV. Benedict.

unterstellt waren. Dies ereignete sich etwa zu der Zeit, als das Wort *Cluniaci* zum ersten Mal Erwähnung fand, an welchem Ort ganz gegen Ende des 9. Jahrhunderts – nach Trithemius[76] im Jahre 894 – ein Mönchsorden begründet wurde, und zum ersten Mal jene später so hochberühmte Gemeinschaft eine Führungsrolle erhielt, die sich bis in den Schwarzwald hinein erstreckte und diesem eine Verfassung und Ordnung vermittelte, die aber auch, wie wir an der entsprechenden Stelle noch sehen werden, aus dem »Obstgarten« des heiligen Benedikt von Aniane abgeleitet ist. Es entstand aber durch eben diesen heiligen Zweiten Benedikt (wie er von Theodulph von Orléans genannt wird; und in der Tat wird er dem hochheiligen Gesetzgeber gleichgestellt) eine Einheit und eine Gemeinschaft von Klöstern, die von da an bald reiche Früchte trug, in gegenseitiger Liebe, im Zusammenschluß der heiligen Opfer und der Gemeinsamkeit der Gebete. Die Zeit der Klöster von St. Gallen und der Reichenau erbrachte dafür in diesem 9. Jahrhundert berühmte Denkmäler in Form von Listen der sowohl noch lebenden wie auch der toten verzeichneten Brüder.

Mabillon notierte[77] für das Jahr 841 das Beispiel einer solchen Einheit von Klöstern auch in weit voneinander liegenden Gebieten, auch wenn sie durch keinerlei Band einer gemeinsamen Leitung miteinander verknüpft waren, wie es zum Beispiel einst auch im Orient den gegenseitigen Umgang von Mönchen und Anachoreten gegeben hat. Davon ausgehend sagt Lupus von Ferrières im Brief 116 an die Mönche von St. German bei Autisiodor: *Schon immer stand bei den Bewohnern unserer Klöster echte Liebe in Lebenskraft: doch niemals äußerte sie ihre Größe durch so gewisse Anzeichen wie in unserer Zeit.* An einer anderen Stelle[78] nennt der besagte Mabillon anhand eines Verzeichnisses der eingetragenen Brüder des heiligen Gallus Dokumente einer eben begonnenen Gemeinschaft der Klöster Murbach und Rheinau mit dem Kloster St. Gallen aus dem Jahr 885; aus einer sehr großen Anzahl hat Goldast einige wenige davon beschrieben[79], und wir haben in unserem ›Iter Alemannicum‹ wenigstens die Namen der Klöster festgehalten, die in der Reiche-

76   Annal. Hirsaug. T. I. p. 47
77   Annal. T. II. p. 630
78   T. III. annal. p. 251
79   T. II. Antiq. Alem. P. II. p. 155

nauer Handschrift enthalten sind, und unter ihnen auch die Klöster Gengenbach und Ettenheimmünster in unserem Schwarzwald.

Segensreiche Stiftungen aber, vor allem zum Beistand für die Verstorbenen, sind in einer Urkunde zum Zusammenschluß des Klosters St. Gallen mit dem von Rheinau erhalten, so daß jedesmal, wenn die Namen der verstorbenen Brüder von dem einen dieser Klöster zum anderen gelangt waren, ein vollständiges Gedächtnis mit Messen, Vigilien, Psalmen und Opfern begangen wurde, so wie sie es auf beiden Seiten für ihren eigenen Bruder abzuhalten pflegten. Weiterhin gab es folgende Hilfeleistungen: An demselben Tag, an dem der Verstorbene gemeldet wurde, hielt jeder einzelne Priester drei Messen, während die übrigen Brüder das Psalterium sangen und die Vigilfeier begingen, und von allen wurde das gemeinsame Opfer dargebracht. Am siebten Tag wurden 30 Psalmen rezitiert, beim 30. aber feierten alle Priester eine Messe, und die übrigen sangen weitere 50 Psalmen; schließlich wurde an 30 aufeinanderfolgenden Tagen wie für einen der Brüder anstelle des verstorbenen Bruders dessen Tagesnahrung an die Armen verteilt.

Der Gottesdienst und andere Tätigkeiten.

XIII. Bei einer so großen Anzahl von Klöstern und Mönchen oder auch eingeschriebenen Brüdern ergab sich zwangsläufig, daß sich der Aufwand an Gebeten und Psalmen für die Toten auf eine erstaunliche Weise vermehrte, zumal ja noch täglich andere Psalmen und Gebete hinzukamen. Davon handelt das erste Kapitel der Bittschrift der Fuldaer Mönche gegen Rathgar, wobei es offenbar um die besonderen Gebete die Woche hindurch für den Kaiser selbst und seine Familie, für die Wohltäter und die lebenden und verstorbenen Brüder geht: *Am Ersten eines jeden Monats aber eine Vigil und 50 Psalmen. Auch für den Abt Sturmius und die Gründer dieses Klosters am Jahrestag ihres Todes eine Vigil und ein Psalterium in jedem Jahr.* Darüber spricht auch Ardo anhand der Ordnung des heiligen Benedikt von Aniane in dessen Lebensbeschreibung[80]. Die entsprechende Stelle wollen wir von ganz vorne wiedergeben, damit ganz klar vor Augen steht, was

80 Mabill. annal. T. II. p. 394

ausgesagt wird: Und diese stimmt mit dem 50. Kanon des Aachener Konzils vom Jahre 817 überein, als dessen hauptsächlicher Autor dieser angesehen wird. Die Überschrift lautet also folgendermaßen: *Über die besonderen Psalmen, die für Wohltäter und Verstorbene zu singen sind*; das heißt, daß gewisse Teile des Psalteriums ausgelassen worden sind und für Wohltäter und Verstorbene besondere Psalmen gesungen werden.

Bevor freilich das Glockenzeichen für die nächtlichen Gebetszeiten geschlagen wurde, ließ er im Schlafsaal der Brüder ein Glöckchen läuten, damit sie, bevor sich die Mönche versammelten, sich im Gebet in ihren eigenen Räumlichkeiten aufhielten, dann ihnen aber endlich nach Öffnung der Kirchentüren der Zutritt offenstehe. Sogleich sollen sich die Brüder erheben, wie ihnen die Regel vorschreibt, sich mit geweihtem Wasser besprengen und an allen Altären in Demut und mit Ehrerbietung vorbeieilen; so mögen sie schließlich die vorgesehenen Räumlichkeiten betreten und bereit sein, wenn das dritte Glockenzeichen ertönt, und sich ohne Verzug erheben und mit gespitzten Ohren den Priester erwarten, der dazu ausersehen ist, den Gottesdienst zu beginnen. Und keinem soll während dieser Zeit erlaubt sein, sich in irgendwelchen Kirchenwinkeln aufzuhalten, jedenfalls keinem von denen, die zu dem Eintritt verpflichtet sind, sondern sie sollen im Chorraum sitzend still die vorgeschriebenen Psalmen mitsingen. Er hat aber angeordnet, daß für alle Gläubigen des Erdkreises fünf Psalmen zu singen seien, ebenfalls fünf für die verstorbenen Gläubigen, und auch für die, die vor kurzer Zeit verstorben sind; auch wenn die Nachricht davon die einzelnen noch nicht erreicht habe, ordnete er dennoch fünf an, damit sie sofort gesungen werden könnten. Mabillon vermerkte a. a. O. 15 Psalmen als Stufengebet, und auch zu seiner Zeit noch seien diese in der Fastenzeit üblich. Nachdem aber das tägliche Opfer gemäß der Römischen Meßordnung mit dem 118. Psalm abgeschlossen war, wird in derselben Lebensbeschreibung für die Zeit nach der Komplet angeordnet, *daß niemand nach eigenem Gutdünken die Kirche entweder verlassen oder sich in ihr aufhalten dürfe, sondern sie seien gehalten, vorher zur Winterszeit zehn Psalmen, im Sommer aber fünf zu singen: Und so sollten auf ein Glockenzeichen hin alle gemeinsam auf die vorher bezeichnete Weise um alle Altäre herumgehen, und so sollte jeder einzelne sein Bett aufsuchen, um dort zu ruhen.*

Der heilige Benedikt von Aniane selbst feierte außer dem täglichen römischen Meßopfer auch für sich privat eine *Messe nach der Regel.* Auch wenn er der Verfasser der Kanones oder Kapitel über das Leben und die Lebensweise der Mönche auf dem Konzil von Aachen des Jahres 817 gewesen ist, wollte er, daß wenigstens auf privater Ebene genau das von den Mönchen erfüllt werde, was gleich zu Beginn des 3. Kapitels festgesetzt ist[81]: *daß von den Mönchen die Messe demgemäß gefeiert wird, was in der Regel des heiligen Benedikt enthalten ist.* Dasselbe haben wir oben bei Lambert von Schafnaburg festgestellt, der, nachdem er für die Jahre 816 und 817 die Synode von Aachen, auf der das Leben der Mönche geordnet worden war, erwähnt und dabei vom Tode des Fuldaer Abtes Baugulf im vorhergehenden Jahre 815 berichtet hatte, sagte, es sei vorgeschrieben worden, *daß alle Mönche den Gottesdienst des heiligen Benedikt feiern sollten.* Vielleicht kamen auch wieder die Unruhen in Erinnerung, die damals in Fulda entstanden waren, als der Abt Rathgar die Seinen zu allzu harter körperlicher Arbeit zwang, sie dabei aber nicht von den gewohnten Gebeten, der häufigen Meßfeier und den nicht wenigen Feiertagen entpflichtete; dies alles verhinderte gewiß zum größten Teil andere körperliche und vor allem geistige Arbeiten der Mönche. Die Auswirkungen, die aus solchen allzu großen Pflichten und Gebeten in stärkerem Maße entstanden, als es manchen gut schien, beschreibt Pater Herrgott in seiner ›vetus disciplina monastica‹[82]. Dennoch drängte Rathgar die Seinen nicht zu wissenschaftlichen Studien, sondern zu aufwendigen Bauten, deren Errichtung er sich vorgenommen hatte. In diesem Punkte wäre er freilich nicht zu beschuldigen, wenn er nur das richtige Maß eingehalten hätte, denn es gilt überall als feststehende Tatsache, daß die Mönche ihre Hände nicht nur zur Bearbeitung des Ackerbodens, sondern auch zur Errichtung von Gebäuden gerührt haben, wie wir zum Beispiel in bezug auf den Bau der herrlichen Basilika des heiligen Gallus lesen, deren Aufriß Mabillon darbietet[83]. Zugleich zitiert er dazu die Verse Notkers des Stammlers nach Hepidannus und auch das Zeugnis des Reichenauer Mönchs Ermenrich über die in jeglicher Kunst und Fertigkeit herausragenden Männer jenes Klosters, was nicht

---

81 Conc. Germ. T. II. p. 3
82 Praefat. § V. p. LI.
83 T. II. Annal. p. 571

verwunderlich ist, weil dessen Mönche das als ihnen angewiesen
ansahen und mit Fleiß ausführten, was in den Kapiteln über sie
aus dem 48. Kapitel der Regel des heiligen Benedikt allen
Mönchen vorgeschrieben wird, *daß sie sich zu bestimmten Zeiten
mit der Arbeit ihrer Hände beschäftigen sollten und zu bestimmten
Zeiten mit dem Lesen der Heiligen Schrift.* Wenn aber Rathgar bei
der allzu großen Ausweitung der körperlichen Arbeit über das
Ziel hinausschoß[84], verfehlte er sich noch mehr dadurch, daß er
seinen Mitarbeitern die notwendige Zeit für Studien verkürzte; so
nämlich beklagt Rhabanus in einem tränenreichen Gedicht an
eben diesen seinen Abt, daß ihm von diesem sein geringer
Bestand an Büchern geraubt worden sei, was bei Mabillon[85] in der
Spruchsammlung eben dieses Rhabanus zu lesen ist. Dennoch
konnte dieser Rathger, der dann schließlich aus seinem Amt
entfernt wurde, die wissenschaftliche Blüte in seinem Kloster
Fulda nicht derart zu Grunde richten, daß nicht später bedeutende Erträge aus jener berühmten Schule in diesen Schwarzwald
übergeflossen wären, wie an den entsprechenden Stellen deutlich
werden wird.

Die Nahrung der Mönche.

XIV. Unter den übrigen Hauptanklagepunkten, die die Fuldaer
Mönche im Jahre 811 Karl dem Großen überbrachten, stand an
fünfter Stelle der über die Ärmlichkeit des Essens, der Kleidung
und auch der Krankenversorgung. Andererseits gab es damals
nicht nur Klagen gegen Äbte, sondern auch gegen Bischöfe, wie
aus den Kapiteln des Konzils von Reims im Jahre 813 hervorgeht.
Einige davon wurden in die Kapitularien eingebracht, wie zum
Beispiel der Kanon 17, *daß die Bischöfe und Äbte nicht dulden
dürften, daß vor ihnen schändliche Spiele getrieben würden;
vielmehr sollten sie Arme und Bedürftige bei sich zu Tische haben,
und es sollte dort eine Lesung aus der heiligen Schrift zu hören sein,
und sie sollten die Speise zu sich nehmen mit dem Segen und dem
Lobpreis des Herrn gemäß dem Apostelwort: Wenn ihr eßt oder
trinkt, so tut dies alles zum Lobe Gottes.* Im Kanon 23[86] aber wird
dafür Sorge getragen, *daß in Nahrung, Kleidung und Lebensweise*

---

84   Vet. Discipl. mon. p. 35 cap. 24.
85   Acta SS. T. IV. P. II. p. 25
86   Conc. Labb.T. VII. col. 1256

der Äbte, die sich dazu entscheiden, Mönche zu haben, der Wille Gottes und des kaiserlichen Herrn erfüllt werde: Dies wird wenig später in Kanon 33 auch für die Nonnen festgesetzt. Anlässe für Beschwerden entstanden zwangsläufig dadurch, daß die Einkünfte von Diözesen und Klöstern aus den Gütern der Bischöfe und Äbte überall in Frankreich und Deutschland zu den Zeiten Ludwigs des Frommen und seiner Söhne aufgeteilt wurden, wenn wegen der zweifellos fortdauernden Wirren die Bischöfe und Äbte ständig an den Hof oder anderswohin abgezogen wurden. Von da her gesehen war es auch notwendig, daß gemäß der heiligen Regel des heiligen Benedikt für die Mönche eine bestimmte Essensportion festgesetzt wurde; diese wurde irgendwann einmal sogar verdoppelt, wie aus einer Rheinauer Urkunde aus dem Jahr 875 hervorgeht, die wir veröffentlicht haben. Nach dieser übergab ein Winithere jenem Kloster gewisse Güter unter folgender Bedingung: *Da ich mich entschlossen habe*, sagt er, *eine Zeitlang in der Welt zuzubringen, ich aber mein gesamtes Vermögen in meiner Verfügungsgewalt behalten möchte, und wenn ich einmal durch die eingebungsvolle Güte Gottes die Welt wieder verlassen und im Kloster bleiben möchte, dann sollen mir in eben diesem Kloster die Essensportionen für zwei Brüder und dazu auch die Kleidung, wie sie zwei Brüder pro Jahr zu erhalten pflegen, zugeteilt werden. Darüber hinaus soll mir auch eine dritte Essensportion für einen Kanoniker und auch die Kleidung für diesen hinzugegeben werden.* Dieser scheint für sich gut vorgesorgt zu haben, wobei er das Beispiel des vor noch nicht allzu langer Zeit verstorbenen heiligen Fintanus nachahmte, der das gleiche allerdings zu Gunsten der Armen getan hatte. So haben nach Goldast[87] auch die St. Gallener eine tägliche Essensration zugesichert, als der heilige Konrad in die Brüdergemeinschaft aufgenommen wurde.

Damals wurde bei den Benediktinermönchen eine Meinungsverschiedenheit über den Verzehr von Geflügel ausgetragen, den die Cassiner zu dieser Zeit auf 14 Tage beschränkten, nämlich acht am Geburtsfest des Herrn und ebenso viele an Ostern; das Konzil von Aachen aber verkürzte die Zeitspanne auf vier Tage. Auf dem Konzil von Aachen im Jahre 817 wird in Kap. 8 hinsichtlich des

---

87 Rer. Alem. T. II. p. 1

Lebens und der Lebensweise der Mönche vorgeschrieben[88], *daß Geflügel außer im Falle von Krankheit weder innerhalb des Klosters noch außerhalb zu irgendeiner Zeit gegessen werden darf*; und gleich darauf in Kap. 9, *daß kein Bischof den Mönchen vorschreiben darf, Geflügel zu essen.* Dennoch wird in Kap. 77 zugestanden, *daß die Brüder irgendetwas an Fett in ihrer täglichen Nahrung haben sollten, ausgenommen am Freitag und acht Tage vor dem Geburtsfest des Herrn und von Beginn der Fastenzeit an bis Ostern.* Den Grund für diese Milde gibt ein geschichtliches Fragment über das Konzil von Aachen an, das von Mabillon[89] veröffentlicht worden ist: *Und da die Franken kein Olivenöl haben, wollten die Bischöfe, daß die Mönche zerlassenen Speck verwendeten.* Es kann zu Rate gezogen werden, was P. Herrgott hierüber festgestellt[90] und ausführlich in bezug auf die in der Regel des heiligen Benedikt erlaubte Verwendung von Geflügel erörtert hat, nämlich wen die Praxis und die Gewohnheit des Ordens und die Autorität der maßgeblichen Schriftsteller dabei begünstigte. Und in der Tat unterschied schon der heilige Epiphanius in seinem dritten Buch über die Häresien[91] bei der Darstellung des Glaubens folgende Gradabstufungen der Enthaltsamkeit: *Es gibt solche, die sich all jenes enthalten, andere enthalten sich nur der Vierfüßler, ernähren sich aber von Vögeln und anderem.* Was aber davon und ähnlichem im Laufe der Zeiten unserem Schwarzwald gestattet wurde, werden wir an den entsprechenden Stellen sagen.

Und die Kleidung

XV. Was nun die Bekleidung anbetrifft, so erfordern unsere schrecklichen Wälder und Berge für sich das Zugeständnis – vor allem gemäß Kap. 55 der Regel des heiligen Benedikt –, *daß die Kleidung der Brüder der landschaftlichen Beschaffenheit ihres Wohnsitzes und der gegebenen Lufttemperatur zu entsprechen hat, weil man in kalten Gegenden mehr braucht, in warmen aber weniger.* Auf dem Kapitulare von Aachen im Jahre 817 wird in Kap. 22[92], *Von der Macht des Abtes*, ausgesagt, *es stehe in seinem Ermessen, innerhalb des festgelegten Maßes etwas Besonderes*

---

88 Conc. Germ. T. II. p. 4
89 Vet. Analect. p. 149
90 Vet. Discipl. monast. praef. p. XII seq.
91 Opp. T. I. p. 1106 n. 23
92 Conc. Germ. T. II. p. 4

hinzuzufügen. Es werden aber dort viel mehr Arten von Kleidungsstücken aufgezählt, als in der heiligen Regel enthalten sind. Der Abt aber ist gehalten, in vollem Umfang für folgendes Sorge zu tragen, *daß ein jeder Mönch zwei Unterkleider, zwei Kutten, zwei Kapuzen und zwei Mäntel habe; wer es aber notwendig brauche, dem solle noch ein drittes Stück hinzugegeben werden; weiterhin vier Paar Strümpfe, zwei Paar Beinkleider, einen Umhang, zwei knöchellange Pelzmäntel, zwei Gamaschen; wer es aber zum Reisen braucht, noch zwei dazu; Fausthandschuhe im Sommer, Fäustlinge aus Hammelpelz im Winter, zwei Paar Schuhe für den täglichen Gebrauch, zwei Paar Sandalen im Sommer für die Nacht, im Winter aber zwei Paar niedrige Schuhe, dazu genügend Seife und Fettsalbe.* Diese letzteren dienen zum Waschen und zum Einreiben der Pelzmäntel. *Rocium* [Umhang] aber leitet P. Herrgott[93] aus dem deutschen Wort *Rock* ab, *Wantos* [Fausthandschuhe] aus dem Italienischen *quanti* für Handschuhe, *muffulas* [Fäustlinge aus Hammelpelz] schließlich aus dem Französischen *mouffles* für Pelzhandschuhe im Winter. Dies alles brauchten die Mönche in Italien nicht.

Sie hatten aber, worauf wir im vorherigen Buch hingewiesen haben, auch kürzere Kapuzenkleider oder Skapuliere, von denen uns Mabillon[94] ein Bild wiedergibt, worauf sich meiner Meinung nach Kap. 21 des Aachener Kapitulare bezieht, *daß die Abmessung einer ›cuculla‹ zwei Ellen betragen soll*[95]. In derselben Zeichnung beschreibt Mabillon die Farbe der Mönchskleidung als schwärzlich am Skapulier, weiß aber am Obergewand; dazu scheinen aber im 9. Jahrhundert noch Übertuniken oder Übergewänder gekommen zu sein, welche Ardo in der Lebensbeschreibung des heiligen Benedikt von Aniane[96] *stamineae* nennt, oder Übergewänder aus Leinen, wie Mabillon erklärt. Früher aber mußten die Tuniken wegen des Waschens von weißer oder grauer Farbe sein, nämlich von der Farbe des natürlichen Leinens, die die Zisterzienser genauso wie die Kamaldulenser auch heute noch beibehalten haben. In deren letzten Jahrbüchern[97] aber werden viele Dokumente der Alten hierzu veröffent-

---

93 P. Herrgott vet. Discipl. mon. p. 26
94 T. I. Annal. p. 548
95 Conc. Germ. T. II. C. XXI. p. 4
96 Acta SS. sec. IV. P. I. p. 213
97 Annal. Camald. T. III. p. 121

licht. Auch Calmet hat aus der Evangelienhandschrift von Luxeuil in seinem Kommentar zur Regel des heiligen Benedikt einiges hierzu geäußert, und ebenfalls Mabillon in seinem ›Musaeum Italicum‹. Dort fügt P. Paulus Paciaudi unter anderem in seinem *de sacris christianorum balneis* die Abbildungen zweier Mönche an, deren Glaubwürdigkeit sich auf ein altes Bild in einer Handschrift der Bibliothek des heiligen Paulus zu Neapel stützt, in zweifarbiger Ordenstracht der Mäntel, nämlich einer weißen Tunika oder Kutte, aber einem dunklen oder schwärzlichen Skapulier oder Schultertuch. Es gibt auch das weitere Beispiel aus Georgius vom Bischofssitz Setina des Abtes Lindanus, dessen Tunika, fast an der Haut anliegend und durch zusammenge-bundene Ärmel die Arme bis zu den Händen hin bedeckend, weiß ist, das Schultertuch aber und die Kapuze schwarz.

Die abgeschaffte schottische Tonsur; das für gültig angesehene Gelübde von Kindern.

XVI. Auch sehen wir überall bei den alten Ordenstrachten jenes 9. Jahrhunderts, daß die schottische Tonsur, von der wir in einem früheren Buch im Zusammenhang mit dem heiligen Kolumban einiges zur Sprache gebracht haben, abgeschafft worden ist; dies geht auf jene Zeiten zurück, als nach der zuverlässigen Aussage der Annalen im Jahre 818 die Bretonen von Ludwig dem Frommen zu Ruhe und Ordnung gebracht wurden, und die Mönche sich nach Ablehnung der schottischen Tonsur dem Orden des heiligen Benedikt anschlossen. Und auf dem Konzil von Mainz, das im Jahre 813 abgehalten wurde, wird im Kanon 23[98] für die Kanoniker festgesetzt, *daß diejenigen, die jetzt noch, sei es in der kanonischen, sei es in der monastischen Regel, ohne ihr Einverständnis zur Tonsur bestimmt sind, wenn sie Freie sind, dabei bleiben müßten; weiterhin ist darauf zu achten, daß niemand ohne das gesetzlich vorgeschriebene Alter und eigene Willenserklärung oder nur mit der Erlaubnis seines Herrn zur Tonsur gebracht werde.* Dennoch glaubt Mabillon[99] bei der Abhandlung über die Darbringung von Knaben nicht, daß durch dieses Dekret die von den Eltern gewohnte Darbringung von minderjährigen Knaben berührt wird, die gemäß der Regel des heiligen Benedikt in Kapitel

---

98 T. I. Conc. Germ. p. 410
99 Praef. ad sec. IV. Bened. P. II. p. CVI.

59 erfolgt, weil diese, nicht anders als vorher, auch noch nach diesem Konzil Gültigkeit besaß; sondern es war lediglich darauf zu achten, daß nicht diejenigen, die sich des Verstandes erfreuten, gegen ihren Willen die Tonsur erhielten, wie zum Beispiel damals in der Bittschrift der Fuldaer Mönche an Karl den Großen enthalten war, *daß niemand mit Gewalt dazu gebracht werden darf, Mönch zu werden oder die Tonsur als Kleriker zu erhalten, sei es als Freier oder als Unfreier.* Auf dem Konzil von Aachen im Jahre 817 wird in Kapitel 36 entsprechend der Regel des heiligen Benedikt entschieden[100], *daß Vater und Mutter den Knaben zur Zeit der Darbringung dem Altar entgegenbringen und einen Bittantrag für ihn in Anwesenheit von Zeugen aus dem Laienstand stellen, den der Knabe im Alter der Vernunft bestätigt.* Weil später Gottschalk, der *von den frühesten Anfängen seiner Kindheit an in einem Mönchskloster,* wie Hinkmar[101] sagt, *entsprechend der Regel dargebracht und tonsuriert war,* dies ablehnte, wurde er durch einen Gnadenerweis des Mainzer Erzbischofs Otgar von den Gelübden entbunden.

Bei dieser Gelegenheit schrieb der Fuldaer Abt Rhabanus, der der Lehrer Gottschalks gewesen war, ein Buch an die Adresse des Kaisers Ludwig *Gegen die, die die Darbringung von Knaben gemäß der Regel des heiligen Benedikt abschaffen wollten,* das Mabillon aus einer Handschrift von Melk veröffentlicht hat[102]. Dies wurde später auf dem Konzil von Worms vom Jahre 868 aus einem gewichtigen Grund in Kanon 22 bestätigt[103]: *Wenn ein Vater oder eine Mutter ihren Sohn und ihre Tochter in den Jahren der Kindheit in die Klostermauern unter die Ordenszucht gestellt haben, soll es diesen nicht erlaubt sein, wenn sie die Reifejahre erlangt haben, auszutreten und sich in der Ehe zu binden. Dies also muß auf jeden Fall vermieden werden, weil es Sünde ist, daß den von ihren Eltern Gott dargebrachten Kindern die Zügel der Lust freigegeben werden; wenn ihnen aber dargelegt worden ist, daß sie einmal bei der Ausübung des Glaubens Tonsur und Mönchsgewand gehabt hätten, sollen sie dazu gezwungen werden, dabei zu bleiben, ob sie wollen oder nicht.* Und in Kanon 23: *Einen Mönch macht also entweder die väterliche Darbringung oder das eigene Gelübde. Was*

---

100 T. II. Conc. Germ. p. 5
101 De non trina Deitate sect. 12. apud Mabill. annal. T. II. p. 523
102 Append. T. II. annal. p. 726
103 T. II. Conc. Germ. p. 313

immer auch davon in Betracht kommt, wird es Gültigkeit haben: wie
wir diesem die Erlaubnis versagen, zur Welt zurückzukehren, so
verbieten wir auch insgesamt allen die Rückkehr in die Welt. Daß
dieser Brauch auch in unserem Schwarzwald bis zur Zeit des
Konzils von Trient Bestand hatte, wo er auf der 25. Session in
Kapitel 17 aus mehreren Gründen verworfen wurde, wird der
weitere Text unserer Geschichte zeigen.

Die Schulen.

XVII. Auf dem Aachener Konzil vom Jahre 817 wird in Kapitel 45
entschieden[104], *daß eine Schule im Kloster nicht geführt werden soll,*
außer für solche, die dargebracht worden sind. Dies ist hinsichtlich
des Klausurbereichs des Klosters zu verstehen; denn die Mönche,
die fürchteten, es könne auf Grund der Zahl der Schüler eines
jeden Standes und Alters irgendetwas für die Klosterzucht verlorengehen, was ja leicht eintreten konnte, unterschieden zwischen
internen und externen Schulen, wie aus Eckhard ›de casibus
monasterii St. Galli‹ Kap. I.[105] hervorgeht. In diesen wurden alle,
sowohl Laien wie auch Kleriker, aufgenommen; in jenen aber nur
Oblaten und solche, die von ihrer frühesten Kindheit an, wie wir
gesehen haben, dem Mönchsstand zugesprochen worden waren.
An dieser Einrichtung hielt aber der Benediktinerorden von
Anfang an fest, daß sie von Kindesbeinen an nicht nur in den
Grundelementen der Wissenschaft, sondern auch in denen des
Glaubens unterwiesen wurden; und Karl der Große hatte gleich
beim 1. Kapitulare vom Jahre 789 in Kapitel 72 dafür Sorge
getragen, daß dies überall so gehandhabt werde, daß *sie sich nicht*
nur Kinder aus unfreiem Stande, sondern auch Kinder von Freien
zugesellen und ihnen anschließen sollten, und er legte fest[106], *daß*
Leseschulen für Knaben eingerichtet werden sollten, und diese
Kinder in jedem einzelnen Kloster oder Bistum Psalmen, Noten,
Lieder, Rechnen und Grammatik lernen sollten.

Und Hedio berichtet in der ›historia ecclesiae‹[107], daß aus
Griechenland Gelehrte nach Frankreich gekommen seien, und
Pipin und Karl der Große sie in die Klöster geschickt habe, um

104 Conc. Germ. T. II. p. 6
105 Apud Goldast antiq. Alem. T. I. p. 20.
106 Conc. Germ. T. I. p. 282.
107 T. VI. c. 9.

die Mönche die griechische Sprache zu lehren; und so sei
Aegidius in Frankreich, Apollonius in Regensburg im Kloster des
Emmeran und Virgilius in Salzburg berühmt geworden. Auch
bezeugt Jonas von Orléans in Buch I von ›de Cultu imaginum‹,
daß nicht nur in Deutschland die Beschäftigung mit den Wissenschaften und die Liebe zu den heiligen Schriften, sondern sie auch
in Frankreich *durch das überaus kluge Bemühen und das*
glühendste Verlangen eines bemerkenswerten Mannes (Karls des
Großen) *vorangetrieben wurde, so daß bei den ihnen anvertrauten*
Söhnen der Kirche sowohl die Kenntnis der freien Künste als auch
das Verständnis der heiligen Schriften in vollkommener Weise
ausgebildet war. Wer mehr darüber wissen will, inwieweit Sohn
Ludwig und die Enkel dem Vater Karl nacheiferten, möge dazu
Io. Launoius in ›de scholis celebrioribus a Carolo M. erectis‹[108]
befragen.

Die Schulen von St. Gallen, der Reichenau und anderen.

XVIII. Unter diesen hochberühmten Schulen aber, aus denen das
Licht in unseren Schwarzwald überströmte, waren im Verlauf
dieses neunten Jahrhunderts auf Grund ihrer Größe die bedeutendsten die von St. Gallen, die, der diesem benachbarten,
Reichenau und auch Fulda mit seiner ersten wichtigen Niederlassung in Hirsau; zwar später, aber mit großem Erfolg, die
Schule von Aniane, über dessen Gründer, den heiligen Abt
Benedikt, in dessen Lebensbeschreibung[109] Ardo oder Smaragdus
folgendes ausführt: *Er unterrichtete die Kantoren, lehrte die*
Lektoren, unterhielt Grammatiker und scharte in der Wissenschaft
von den heiligen Schriften Kundige um sich, von denen dann später
einige sogar Bischöfe waren. Er sammelte mit außerordentlich
großem Eifer eine Menge Bücher an, erwarb kostbare Kirchenge-
wänder, schwere silberne Kelche, silberne Opferschalen und was
immer er für den Gottesdienst als notwendig ansah. Dadurch wurde
er allen bekannt, und der Ruf seiner Heiligkeit drang bis an die
königlichen und kaiserlichen Ohren.

Wenn man die Erfolge der Schule von St. Gallen von diesem
9. Jahrhundert an aufzählen will, muß man sie in allererster Linie

108 Opp. T. IV. P. I. p. 1 seqq.
109 Act. SS. sec. IV. Bened. P. I. p. 201.

dem Abt Grimaldus zuerkennen, der im Jahre 842 aus seiner
Stellung als Erzkaplan des Königs Ludwig zum Abt ernannt
wurde und, wenn man dem Reichenauer Io. Egon[110] Glauben
schenken darf, aus dem Stand eines Reichenauer Mönchs und
Schülers kommt, wobei freilich *sein sozusagen Vor-Abt Hartmut*
fast die gesamte Angelegenheit in die Wege leitete. Diese Schule
machte von da ab vor allem im 9. Jahrhundert der selige Notker[111]
mit dem Beinamen ›der Stotterer‹ berühmt, der Marcellus und Iso
als Lehrer, als Mitschüler aber Ratpert und Tutilo hatte und als
Schüler aber Salomo, den späteren Konstanzer Bischof, von dem
Trithemius zum Jahre 851 folgendes schreibt[112]: *Salomo, vom
Mönch des heiligen Gallus zum Bischof in Suevien geworden,
zeichnete sich gerade zu dieser Zeit aus; er war noch Hörer und
Schüler des Mönches Notker gewesen, er galt als Mann hoher
Gelehrsamkeit und profunden Wissens, der über die sieben freien
Wissenschaften ein gelehrtes Werk schrieb und noch einige andere,
deren Titel wir bei den Schriftstellern oder den Leuchten Deutsch-
lands genannt haben.* Fälschlicherweise verwechselt er Notker den
Stammler, den Lehrer Salomos I. aus dem 9. Jahrhundert, mit
einem anderen Notker oder Notger, einem Vorgesetzten von St.
Gallen, der im 10. Jahrhundert Bischof in Lüttich war, wenn er die
Schriften eben dieses Notker des Stammlers aufzählt, den er einen
gelehrten und verehrungswürdigen Mann nennt, *der vor
Wandelbert an eben diesem Ort als Lehrer vieler gelebt hatte, die er
in jeglicher Wissenschaft edel erzog.* Über die Reichenauer Schule
bietet uns Berno, gleichfalls ein Reichenauer des 11. Jahrhunderts, in der Lebensbeschreibung des heiligen Meginrad bei
Mabillon[113] ein hervorragendes Zeugnis: *Als dieser das Alter
erreicht hatte, in dem er sich dem Studium der Wissenschaften
widmen konnte, wurde er vom Vater zu einer Insel geführt, die die
Alten nach dem Namen eines gewissen Priesters[a)] Sindlochesaugia
nannten, der Sindloch (oder Sintlaz) hieß. Dieser errichtete am
Anfang auf dieser Insel Wohnstätten für Mönche und führte Pirmin
zusammen mit seinen Gefährten mit sich, damit sie dort wohnen
könnten. Er tat dies auf Befehl des hochadligen Alemannenfürsten
Berthold, zu den Zeiten des Frankenkönigs Pipin, und verlieh der*

---

110 Annal. T. II. p. 625 seq.
111 Mabill. act. SS. sec. V. p. 12
112 Annal. Hirsaug. T. I. p. 22.
113 Acta SS. sec. IV. P. II. p. 64.

Insel seinen Namen. Nachdem der vorhin genannte Knabe von seinem Vater also hierher geführt worden war, wurde er einem allüberall hoch angesehenen Mann, nämlich dem Mönch Erlebald, anvertraut, der zudem sogar noch mit dem genannten Knaben durch Blutsverwandtschaft verbunden war. Als dieser den begabten kleinen Knaben erblickte, nahm er ihn gerne auf, um ihn zu erziehen, lehrte ihn mit Eifer und brachte ihn durch seinen Unterricht soweit, daß er ihn in die Wissenschaft von den heiligen Schriften vollkommen eingeführt hatte. Denn der Knabe mied von frühester Kindheit an die üblen Scherze und die Irrtümer, in die das zarte Alter verwickelt zu sein pflegt, und richtete seinen Geist darauf, all das aufzunehmen, was der Meister ihn gelehrt hatte. Als er aber das 25. Lebensjahr erreicht hatte, wurde er in das Amt des Diakonats und wenig später in den Rang eines Priesters erhoben, wozu ihn eben dieser sein Lehrer machte. Es gab aber zu dieser Zeit, als Kaiser Ludwig, der Sohn Karls, herrschte, auf eben dieser Insel einen Abt mit Namen Hatto, ein Mann, der in Gelehrsamkeit und in seinen Werken und durch den Adel seiner Sitten in hellem Glanz erstrahlte; dieser war auch zugleich Bischof der Diözese Basel.

a) Es war doch wohl eher ein Graf, wie Mabillon notiert, und auch gemäß dem, was wir oben in Buch III. num. XXXIII. von Pirmin gesagt haben, steht dies sogar völlig fest.

Dieser Hatto[b], auch Hetto oder Heito, von dem es auch ein Kapitulare gibt[114], wodurch er seine Diözese ordnete, führte die Schule der Reichenau so weit an die oberste Spitze aller Künste und Wissenschaften, daß von überallher die Söhne des Hochadels, wie zum Beispiel von Herzögen und Grafen zur Reichenau zusammeneilten, um in die Wissenschaft und in die guten Sitten eingeführt zu werden und dort dazu fähig gemacht wurden, später Diözesen und Herzogtümer zu leiten; dies bezeugt Iohannes Egon in ›de Viris illustribus Augiae‹ P. II. c. 5[115].

b) Dieser hatte, wie aus Hermann hervorgeht, nach seinem Verzicht auf die Abtswürde Erlebald zum Nachfolger, so daß Meinrad sich schon zu Beginn des 9. Jahrhunderts in der Reichenauer Schule den Wissenschaften widmete; da Meinrad selbst in dieser Schule Lehrer des heiligen Meinrad und Schüler des genannten Hatto gewesen ist, läßt sich leicht schließen, daß dieser früher als der von St. Gallen anzusetzen ist, und dessen Anfänge schon auf das 8. Jahrhundert zurückzuführen sind.

114 T. II. Conc. Germ. p. 17.
115 Apud P. Bern. Pezium Thes. Anecd. novis. T. I. p. 3.

Den übrigen Abkömmlingen der Reichenau voran aber wurde der genannte heilige Meinrad berühmt, der unter Erlebald Mönch geworden war; *und von diesem wurde er,* wie der Verfasser seiner Lebensgeschichte fortfährt, *zu einer bestimmten kleinen Zelle abgeordnet, die zu dem schon genannten Kloster gehörte, in der Nähe des Zürichsees gelegen, den der Fluß Limmat durchströmt, um dort der Schule vorzustehen und das Talent, mit dem er reich ausgestattet war, zum Nutzen des Herrn auf sehr viele auszustreuen. Ein klein wenig Zeit war verstrichen, in der er sich unter diesen aufgehalten hatte; eines Tages nahm er die Schüler mit sich, die er erzogen hatte und ging nach der Überfahrt über den See in die Einöde.* Obwohl er in Verlangen nach der Einsamkeit ergriffen war, kehrte er für kurze Zeit zu der Zelle zurück, wobei er unter Fasten und im Gebet Gott diesen seinen Wunsch vorgetragen hatte, daß, was immer auch hinsichtlich dieser seiner Tätigkeit Ihm wohlgefalle, er ihn würdige, dies in seinem Herzen zu festigen; und als er von einer göttlichen Eingebung aufgerichtet worden war, verließ er die Zelle und die Schule, der er vorgestanden war, für immer. Dann aber errichtete er für sich in jenem Schwarzwald (worauf sich vielleicht einmal, entsprechend unserem Beinamen ›Wald‹, *das von den Helvetiern verlassene Land* bezogen hatte) eine Zelle, in der er sich für sieben Jahre verbarg. Als aber bald sein Ruf wuchs und er die Menge der zu ihm Kommenden nicht mehr ertrug, wechselte er seinen Aufenthaltsort und versteckte sich in einer von Bergen umgebenen Hochebene und gab der berühmten Zelle den Namen ›Meginrad‹ oder ›Kloster Einsiedeln‹, das bis auf den heutigen Tag der katholischen Welt der Seligen Jungfrau von Einsiedeln wegen verehrungswürdig geblieben ist.

Unter die ersten Lehrer der Schule der Reichenau im 9. Jahrhundert ist auch Wetinus zu zählen, über dessen Erscheinung ein Büchlein existiert, das als Prosa von dem oben erwähnten Heito verfaßt ist, wie Wetinus selbst berichtet, als ein Heldenlied aber von Walafried Strabo, wo er in Kap. 5 folgendermaßen dichtet[116]:

»Denn Wetinus war ein Lehrer von hohem Rang, gebildet in den sieben Wissenschaften nach Sitte der Alten. Seine Bestimmung war es, den Schulen anzugehören, deren sich die schmucke und fröhliche Jugend freut. Und doch, soweit wir es von außen her beurteilen

---

116 Act. SS. sec. IV. P. I. p. 265 et 276

können, führte er ein gottesfürchtiges und genügsames Leben; sein Lob aus dem Munde der Menschen ist an die Ohren vieler gedrungen.«

Und später an Grimaldus Capellanus über den Tod von Wetinus[a]:

»Als erster hat dieser den unbebauten Furchen Samenkörner anvertraut, damit die gesammelte Ernte in die Kornkammern Christi gebracht werde; möge der berühmte Pflüger auch eigenen Lohn ernten. Dies war sein Bestreben, dies sein Wunsch, dies auch sein eigener Wille.«

[a] Zweifellos hat jener, der später Abt von St. Gallen wurde, dafür gesorgt, daß dort wissenschaftliche Studien betrieben werden, wie wir schon kurz zuvor erwähnt haben. Mit diesen Versen aber sagt Walafried aus, daß Wetinus auf der Reichenau Wissenschaft gelehrt hat.

Eben dieser war es aber, der dies dichtete: Walafrid Strabo, die herausragende Zierde der Reichenau, Hörer des Rhabanus Maurus in der Schule von Fulda. Den Namen ›Maurus‹ verlieh Alkuin dem Rhabanus nach der Sitte jener Zeit, wie er selbst den Namen ›Albinus Flaccus‹ erhalten hatte. Dafür gibt es in seinen Briefen auf allen Seiten Beispiele. Daß Alkuin sich irgendwann einmal von Fulda getrennt hat, haben wir oben schon erwähnt.

Die Schule von Fulda.

XIX. Ferner steht fest, daß Rhabanus Maurus in Tours der Hörer Alkuins gewesen ist, von dem Johannes Trithemius in dessen Lebensgeschichte folgendes schreibt[117]: *Der denkwürdige Abt Rathgar, den danach verlangte, für das Wohl sehr vieler Menschen zu sorgen, richtete auf Grund eines Entschlusses seiner Brüder im Kloster von Fulda eine öffentliche Schule ein, deren Leitung er dem Rhabanus anvertraute. Daher wurde Rhabanus im Jahre 813 nach der Geburt des Herrn zur Zeit der 6. römischen Indiktion im Alter von 25 Jahren der Schule für Mönche des Klosters vorangestellt[a]. Und er wurde angewiesen, daß er die Lehrweise, die er soeben von Albinus gelernt hatte, auch bei den Mönchen von Fulda unversehrt beibehalte. Sobald dieser seine Lehrtätigkeit aufgenommen hatte, war er auf allen Gebieten darum bemüht, seinem Lehrer Albinus zu folgen und nachzueifern, nämlich die jungen Mönche in der*

117 Boll. T. I. Febr. die IV. p. 527 n. 17.

Grammatik zu unterrichten, und wenn sie für Höheres geeignet schienen, sie auch in schwierigeren Stoffgebieten zu festigen. Und als bei den Deutschen der Ruf dieser neuen Institution in die Öffentlichkeit gedrungen war, lobten viele Vorsteher von Klöstern diese Form des Lehrens, und die einen schickten ihre Mönche nach Fulda, um sie dort unter der Rute des Rhabanus in der heiligen Wissenschaft unterrichten zu lassen, während andere in ihren eigenen Klöstern Schulen errichteten, denen sie als Lehrer vor allem Gelehrte aus dem eben genannten Kloster voranstellten. Doch in kurzer Zeit wuchs die Zahl der Schüler des Rhabanus außerordentlich an, und seine bewundernswerte Erziehung verbreitete sich überall in Deutschland und Frankreich. Daher kam es, daß nicht nur die Äbte ihre Mönche, sondern auch die Vornehmen der Welt ihre Söhne dem Lehramt des Rhabanus zur Ausbildung unterstellten.

[a] Rathgar folgte im Jahre 802 dem Baugolf im Amte nach; folglich konnte Rhabanus nicht vor diesem Jahr zu Alkuin geschickt werden, den er, wenn auch nur für kurze Zeit, gehört haben muß, da Alkuin schon im Monat Mai des Jahres 804 gestorben ist, nachdem er vorher einen Brief an Rhabanus geschrieben hatte (früher 55, jetzt 111 Opp. T. I. Vol. I p. 162), in welchem er ihn anweist, *mit seinen Knaben in Glück wohl zu leben.* Daraus schließt Mabillon (Annal. T. II. p.359 seq.), daß dieser schon damals an die Schule von Fulda gekommen sei; dies ist aber für einen Jüngling von 15 oder 16 Jahren kaum glaubhaft. Daher glaube ich, daß man Alkuin so verstehen muß, daß er eher *die Knaben,* die mit jenem zusammenlebten, gemeint hat als solche, die ihm unterstellt waren.

Wir haben oben den Brief Karls des Großen an Baugulf, den Nachfolger des Sturmius im Abtsamte von Fulda, erwähnt, in dem er ihn zur Einrichtung der Wissenschaft auffordert. Doch als dieser im Jahre 802 Rathgarius den Hirtenstab übergeben hatte, räumte dieser, um den Wünschen Karls des Großen zu entsprechen, jeden Stein zur Seite, wenn nicht der Ausspruch des Browerus als übertrieben scheinen mag, wie Mabillon meint, wenn er in Erinnerung ruft, was wir oben über diesen berichtet haben. Wie auch immer: Mit Sicherheit *hat er Rhabanus und Hatto in Tours zu dem Lehrer Albinus geschickt, damit sie die freien Künste erlernen sollten; den Bruno zu Eimardus, der ein in den verschiedenen Künsten überaus gebildeter Gelehrter gewesen ist; und den Modestus und Candidus mit anderen zusammen zu Clemens Scotus, um sich der Grammatik zu widmen.*

Angemessen beschrieb Candidus die Lebensgeschichte[118] des heiligen Fuldaer Abtes Eigil, die er auf das Zureden des damaligen Abtes Rhabanus verfaßt hatte, und in der er erzählt[119], *Eigil sei noch als kleiner Knabe aus seiner Heimat weggebracht und von seinen Eltern ihrem Blutsverwandten Sturmius unter Ehrenbezeugungen überreicht worden; dieser verfügte aus Familiensinn, daß Eigil, der mit Leckereien beruhigt worden war, in die Schulgemeinschaft aufgenommen werde, wo man lernt, das göttliche Gesetz mit Übungen zu verbinden, und wo mit größtem Eifer unterrichtet wird, um sich wissenschaftlich betätigen zu können. Dieser machte unter göttlicher Mitwirkung Tag für Tag beim Studium der heiligen Schriften so große Fortschritte, daß er sogar den Bienen nachzueifern schien, die während der Blütenlese Hunger leiden.* Über diesen aber bezeugt derselbe Verfasser[120] seiner Lebensgeschichte, als er schon Abt war, im folgenden: *Er liebte also seine Brüder, wie es die Regel vorschreibt, und am meisten jene, von denen er erkannt hatte, daß sie im Dienst an Gott und beim Lesen der heiligen Schrift besonders eifrig bemüht waren. In der Tat erlaubte er unter anderen auch mir selbst, wie sehr ich auch nur ein unwürdiger und der letzte der Diener Gottes war, dennoch durch seine liebende Hinwendung eines Vaters, in seine Freundschaft und Freude einzutreten. Auch nahm er sehr oft eine Disputation mit seinem Lehrer Rhabanus auf, der mit ihm in einer ganz engen Freundschaft verbunden war, und häufig munterte er uns in dessen Gegenwart dazu auf, nur zu dem Zweck zu disputieren, daß gemäß dem Satz Salomos ein weiser Mensch beim Hören noch weiser werde.*

Diesem heiligen Abt folgte Rhabanus nach, von dem der Verfasser seiner Lebensgeschichte sagt, er sei ein so aufrichtiger Verehrer der monastischen Frömmigkeit gewesen, *daß er niemanden in seine Zuhörerschaft aufnahm, dessen Gesinnung er nicht vorher sorgfältigst in bezug auf die Integrität der Einhaltung der Regel erforscht hätte.* Und er zögerte nicht, diejenigen unreine Tiere zu nennen, die er als geistig oder körperlich flatterhaft und zur Einhaltung der Klosterzucht völlig ungeeignet befunden hatte und die von der Besteigung des Berges der göttlichen Schriften abgehalten werden müssen – gemäß dem, was geschrieben steht: *Das Tier, das den Berg bestiegen hat, wird von Felsen verschüttet*

118 Mabill. annal. T. II. p. 472
119 Acta SS. sec. IV. P. I. p. 226
120 l. c. p. 239 n. 23

werden. Deshalb sagte er: *Brüder, geht hin und lernt zuerst, euch im Geiste aufzubauen, damit ihr durch geläuterte Sitten würdig seid, mit Mose die Reden Gottes auf dem Berggipfel zu hören usw.* Jenes berühmte Wort des Psalmisten prägte er besonders ein: *Der Beginn der Weisheit ist die Furcht vor dem Herrn;* ebenso die Ehrfurcht und Liebe zu Gott und dem Nächsten. Doch man soll das Ganze lesen, und Schüler und Lehrer mögen mit Eifer befolgen, was derselbe Schreiber der Lebensgeschichte im 1. Buch, Kap. 4, dazu noch weiter sagt.

Darin erwies sich gewiß der Rhabanusschüler Strabus, der Leiter einer öffentlichen Schule war, als Vorbild; dieser hatte nach dem Zeugnis des Trithemius[121] Gerungus, den späteren zweiten Abt von Hirsau, noch als jungen Mann in der Schule von Fulda zum Schüler. *Es war nämlich zu diesen Zeiten im Kloster von Fulda Sitte,* fährt er fort, *die Mönche nicht nur in den heiligen Schriften zu unterweisen, sondern sie auch in jeglicher wissenschaftlicher Bildung der weltlichen Gelehrsamkeit umfassend zu erziehen[122]; richtig nämlich urteilten die hochheiligen Männer, daß niemand die göttlichen Schriften verstehen könne, der das Schicksal habe, die Bildung der weltlichen Wissenschaft nicht zu kennen.* Doch gab es bei den Mönchen über die Studien im Kloster keine einhellige Meinung, wenn es wahr ist, was in der Chronik von Hildesheim[123] und des Lambert von Schafnaburg[124] zum Jahr 842 zu lesen ist, daß Rhabanus von den Seinen aus der Abtei vertrieben wurde, was auch nach einer alten Handschrift aus Serre[125] notiert ist. Trithemius aber sagt in seinen Büchern ›de Scriptoribus ecclesiasticis‹, nachdem er dasselbe Schicksal erfahren hatte wie die Äbte, die bei den Ihren die Wissenschaft vorantrieben, daß Rhabanus durch die Bosheit seiner Mönche, die behaupteten, er habe über seiner allzu großen Hinwendung zu den Schriften und Wissenschaften die zeitlichen Dinge mißachtet, verletzt gewesen und an einem weit entfernten Orte gestorben sei.

Wenn dies wahr sein sollte, haben dennoch dieselben Fuldaer Mönche nach Berichtigung ihres Irrtums sich später Lob verdient, indem sie Hatto, den Begleiter seines Studiums, im Jahre 842 an

---

121 Annal. Hirsaug. T. I. p. 24
122 Ib. p. 11
123 Pistor. script. T. I. p. 312.
124 Rer. Mogunt. lib. IV. T. I. p. 401.
125 Miraei Biblioth. eccles. p. 72 n. 267.

seine Stelle wählten[126], der nach anderen Bonnosus und nach Trithemius[127] Waldo heißt. Als dieser im Jahre 856 starb, hatte er als Nachfolger den Theoto[128], in dessen Amtszeit, wie Hermann der Lahme zum Jahr 865 ausführt[129], *Riddosus von Fulda, Priester und Mönch, Gelehrter, Dichter und voll ausgebildeter Historiker, am 8. Mai verstarb.*

Nach Trithemius[130] soll gegen das Jahr 871 im 74. Lebensjahr *Strabus* gestorben sein, *Mönch und Lehrer des Klosters Fulda, ein Mann, der ewige Erinnerung verdient, der durch sein Wort und Beispiel viele zur Gerechtigkeit erzogen hat.* Derselbe Trithemius nennt in ›de Scriptoribus ecclesiast.‹ n. 269, Strabus einen Mann, *der in den göttlichen Schriften gebildet und in den Studien der weltlichen Wissenschaften hochgelehrt war, von scharfsinnigem Geist und glanzvoller Beredsamkeit;* dieser sei im Jahre 840 berühmt geworden, wie er schreibt. Miraeus[131] hielt jedoch einen Irrtum des Trithemius und solcher, die ihm darin nachfolgten, nämlich des Surius und Bellarmin, fest. Diese waren nämlich der Meinung, Walafried von der Reichenau und Strabus oder Strabo, der Lehrer von Fulda, seien verschiedene Personen, obwohl der Fuldaer Lehrer Strabus und der Abt der Reichenau, der vorher Dekan von St. Gallen gewesen war, ein und derselbe sind, und nach Miraeus[132] und Mabillon[133] im Jahre 849 gestorben ist. Trithemius fügt noch an[134], Strabo *sei dem Mönch Bernward nach der Sitte mit ungefähr 14 Jahren in der Mönchsschule nachgefolgt, der seinerseits ebenfalls in jeder Form von Wissenschaft hochgebildet gewesen sei.*

Allerdings bestand schließlich die Gefahr, daß das Kloster von Fulda von seinen Lehrern verlassen wurde und geeignete Lehrer fehlten, auch andere zu unterrichten, *die unter der Leitung des Rhabanus Maurus,* wie Trithemius bezeugt[135], *an Gelehrsamkeit und Heiligkeit unter allen Mönchen des Abendlandes mühelos die oberste Stellung einnahmen. Viele von diesen nämlich,* fügt er an,

---

126 Mabill. annal. T. II. p. 632 seq.
127 Trith. Annal. Hirsaug. T. I. a. 848 p. 21.
128 Gall. christ. T. V. p. 607
129 Pistor. script. Rer. Germ. T. I. p. 237
130 Annal. Hirs. T. I. p. 31
131 Miraei Bibl. eccl. p. 73.
132 Auctaria de Script. eccl. num. 261.
133 Annal. T. II. p. 604.
134 l. c.
135 Annal. Hirsaug. T. I. p. 4.

gelangten in den verschiedenen christlichen Ortskirchen auf Grund ihrer Gelehrsamkeit in den heiligen Schriften und ihres Verdienstes der Heiligkeit in die Ehrenstellung eines Bischofs. Er berichtet sodann unter Bezug auf die Fuldaer Chronik des Mönches und Lehrers Meginfrid etwa um die Mitte des 10. Jahrhunderts, daß damals in jenem Kloster mehr als 270 Mönche gelebt haben, unter denen es entsprechend der Zahl der Apostel 12 Männer gab, *die in jeder Art von Wissenschaft vor allen anderen ausgezeichnete, hochgebildete Lehrer gewesen sind.* Als es nun darum ging, im Jahre 837 eine Niederlassung als Kloster von Hirsau zu gründen, rief Rhabanus all diese zusammen. *Diese wählten aus den Brüdern fünfzehn aus und bestellten für jene Lutbertus zum Abt; er war einer von diesen zwölf vorzüglichen Gelehrten, ein Mann vorgerückten Alters, auf Grund seiner Bildung und seiner Sittlichkeit höchst bemerkenswert und leiblicher Bruder des Verehrungswürdigsten Fürstabtes Bruno vom Kloster Hersfeld.*

Die von hier aus zu dem Kloster Hirsau überführte Niederlassung.

XX. Und so wandern wir schließlich aus dieser öden Einsamkeit des Buchenwaldes, der durch die Mühe und die Bildung der Mönche immer weiter verfeinert worden war, in unseren schrecklichen Schwarzwald ein, um auch diesen dann mit Hilfe neuer Siedler zu erschließen, damit er eine echte Niederlassung des Ordens des heiligen Bendikt werden würde. Hier beginnen wir mit dem damals gerade neu errichteten, hochberühmten Kloster Hirsau, in dem der im Jahre 838 zum Abt geweihte Lutbertus gleich im darauffolgenden Jahr 839 den Mönch Hildulph aus der Zahl jener, die er aus Fulda mitgebracht hatte, einen in jeder Art von Wissenschaften hochgebildeten Mann, zum Vorsteher der Schule von Hirsau machte. *Die Hirsauer nämlich,* fügt Trithemius an[136], *befolgten viele Jahre hindurch eine hochwohllöbliche Sitte der Fuldaer, daß der Klosterschule einer vorangestellt wurde, der gelehrter als die übrigen im Kloster war, und der die Brüder nicht nur in der Theologie sondern auch in den weltlichen Wissenschaften bis zur Vollkommenheit hin unterrichten konnte. Heute sind die öffentlichen Gymnasien zwar für alle da, doch zu dieser Zeit waren*

---

136 loc. cit. p. 12.

die Klosterschulen allein den Mönchen vorbehalten, wenn die zum Studium geeigneten Mönche in ausgesuchte Klöster geschickt wurden, um ihre Bildung in jeder Art von Wissenschaft auszuweiten. In allen alten Klöstern unseres Ordens nämlich wurden in ganz Deutschland und den anderen Völkern hochgelehrte Mönche als Lehrer aus dem Mönchsstand genommen, durch deren Kenntnis die jüngeren begabten Brüder in jeder Art von Wissenschaft unterwiesen wurden. Und obwohl es in jedem einzelnen Kloster nach sittlicher Lebensführung und Wissen ganz vorzügliche Lehrer gab, durch deren Unterweisung die Jüngeren zum Allerbesten voranschritten, wurden dennoch in ganz bestimmten, bedeutenden Klöstern, wo es einerseits eine sehr große Anzahl von Mönchen, und andererseits eine größere Fülle von zeitlichen Gütern gab, allgemeine Gymnasien für Mönche geführt, zu denen die Äbte Mönche schickten, von denen sie wollten, daß sie in den höheren Wissenschaften unterrichtet würden. Und wer von diesen sich den Ruf dieser höheren Bildung erworben hatte, hatte dann auch selbst sehr viele Schüler.

Es gab aber folgende Klöster, wie er sie der Reihe nach aufzählt: Fulda, Weißenburg, St. Alban in Mainz, St. Gallen, Reichenau, Hersfeld, St. Matthias in Trier, Mettlach in Lothringen, St. Mauritius in Tholey ebenda, Prüm, Stavelo, Corbie, St. Maximinus in Trier und Hirsau. Den ersten Lehrer dieser Schule, Hildulph, nennt er immer wieder und zählt seine Schriften auf; seinen Tod gibt er für das Jahr 869 an[137]. Diesem folgte in der Leitung des Schulamtes der genau so hochgelehrte Mönch Ruthard nach, und eben dieser war einer von den ersten fünfzehn Mönchen, die der Fuldaer Abt Rhabanus nach Hirsau abgeordnet hatte. Er gibt ebenda aus deren Chronik des Megenfridus einen bemerkenswerten Ausspruch eben dieses Ruthard wieder, der das ihm vom Kaiser angebotene Bischofsamt ausschlug: *Er möge das Bischofsamt einem anderen geben, der dafür würdig sei; ich für meinen Teil zögere nicht, die Ruhe des Mönchslebens und das Studium der Wissenschaften allen Ehren und Reichtümern der Welt bei weitem vorzuziehen.* Als er später dessen Werke aufzählte, sagte er, daß dieser von allen, die er gelesen habe, der erste gewesen sei, der *es gewagt hat, in Deutschland die Regel unseres hochheiligen Vaters Benedikt durch Kommentare zu erläutern.* Diesen schließlich hält er unter Berufung auf die Fuldaer Chronik

---

137 Ibid. p. 14, 22, 26.

des Meginfrid für so gelehrt, *daß nicht nur Mönche aus verschiedenen Klöstern nach Hirsau geschickt wurden, um ihn zu hören, sondern es unterstellten sich auch sehr viele Laien seinem Lehramt. Nirgendwo sonst nämlich blühten die wissenschaftlichen Studien zu jener Zeit in Italien, Frankreich und Deutschland mehr als in den Mönchsklöstern.*

Schließlich verstarb jener Ruthard im Jahre 865, *ein Mann, ewigen Gedenkens würdig, denn er hinterließ viele Mönche als hochgebildete Schüler,* wie Trithemius[138] zu diesem Jahr über ihn schreibt, wobei er gleichzeitig die Grabinschrift für ihn hervorhebt, die ihm sein Nachfolger in dieser Klosterschule, Richbodo, der 24 Jahre lang im Amt war, gewidmet hatte: *Ein Mann, der gelehrteste von allen, der nicht weniger durch das Vorbild eines heiligmäßen Lebens als durch die Gelehrsamkeit der Bildung die ihm anvertrauten jungen Mönche erzogen hat.* Diesem folgte im Jahre 889 in der Klosterschule Harderadus nach, der dann im darauffolgenden Jahr 890 als Abt ausgerufen wurde. *Sobald dieser[139] zum Abt bestellt worden war, ernannte er, damit im Kloster den Schülern der so notwendige Lehrer nicht fehle, auf den Rat der Brüder hin Luthelmus zum Schulvorsteher, einen in jeglicher Wissenschaft hochgelehrten Mönch, der aus dem Schwabenland stammte, allerdings aus niedrigem Stande, aber zu Recht auf Grund seiner Kenntnisse der Wissenschaft damals allen Brüdern verehrungswürdig. Er besaß einen hervorragenden Ruf hinsichtlich seiner Bildung, und war Lehrer vieler Mönche.* Ich verweise den Leser auf Trithemius, der in seiner Chronik von Hirsau überall von noch anderen gelehrten Mönchen dieses Klosters spricht, die durch ihre Schriften der Welt bekannt wurden, wie zum Beispiel Helfrid, ein Schüler des Ruthard, zum Jahr 878 und Rudolph zum Jahr 888. Zum Jahr 894 aber zählt er mehrere auf, die zur Lehr- und Abtszeit des Harderad in Blüte standen, wie Sigismund, Kunzigo, Herderich und andere.

Die ersten Äbte dieses Klosters.

XXI. Harderad war der vierte Abt von Hirsau bis zum 14. Jahr des 10. Jahrhunderts, von wo es nicht mehr sehr lange bis zur Vollendung des ersten Jahrhunderts dieses Klosters dauert, das

138 loc. cit. p. 29.
139 l. c. p. 39, 42.

mit Lutbert begann, von dem wir gesagt haben, daß er im Jahre 838 vom Kloster Fulda aus zum ersten Abt berufen worden ist, wo er nach dem Zeugnis des Trithemius[140] *von guten Lehrern bestmöglich unterrichtet als großer und im ganzen Land als der berühmteste Gelehrte wegging; den Königen war er lieb und am liebsten seinen Brüdern, hervorragend zugleich durch sein Leben wie durch seine Bildung: man sagt von ihm, daß er kleine Werke verfaßt habe, die zu lesen man nicht unterlassen dürfe. Unter seinem Namen ist ein Traktat zum Hohelied des Salomo zu lesen, in welchem die gläubige Seele, nach Gott dürstend, in verschiedener Übung der Liebe gegenüber dem Schöpfer ihr frommes Verlangen nach Liebe zum Ausdruck bringt.* Dieser nahm auch an dem im Jahre 848 abgehaltenen Konzil von Mainz gegen Gottschalk teil. Sein Nachfolger in der Abtei Hirsau wurde im Jahre 853 Gerungus, ein Schüler des Strabus im Kloster Fulda unter Rhabanus, *und unter den zwölf Gelehrten nicht der letzte.* Als er schon Abt war, widmete ihm Strabus das Büchlein ›de arithmeticis dimensionibus‹, wie Trithemius zum Jahr 853 berichtet. Von diesem Jahr ab bis zum Jahr 884 bekleidete er für 33 Jahre das Amt des Abtes, *ein Mann, in allem Gott ergeben, und nicht weniger zur Leitung in geistlichen Dingen geeignet wie auch umsichtig bei der Verwaltung der zeitlichen Güter.*

Mit diesen Worten schließt Trithemius die Epoche des Gerungus ab und wendet sich sodann seinem Nachfolger Regenbodo zu[141]: Dieser, *der Abstammung nach Bayer und aus vornehmem Geschlecht,* kam als ehemaliger Konstanzer Kanoniker von recht freizügiger Lebensart schließlich zum Eintritt in das Kloster von Hirsau und wurde unter dem Abt Gerungus Mönch *und war bis zu seinem Tode in aller Lauterkeit eifrig um ein monastisches Leben bemüht. Er lebte auch in tiefer Frömmigkeit und Barmherzigkeit gegenüber den Armen. So verteilte er häufig die ihm zustehenden Speisen an die Armen, selbst aber blieb er nüchtern und hungrig.* Damals wurde nämlich das Essen sowohl den Mönchen als auch dem Abt in den ihnen zustehenden Portionen zugeteilt, eine Sitte, die auch heute noch nicht völlig verschwunden ist. Überall aber begegnen wir auch noch anderen Beispielen für seine überaus große und unglaubliche Sparsamkeit und Enthaltsamkeit, die wir

140 l. cit. p. 11.
141 Ib. p. 36

bei Regenbodo bemerkt haben, damit den Armen geholfen werden könne. Als er schon von seinem Greisenalter belastet war und nach sechs Jahren der Abtswürde entsagt hatte, wurde er wieder sich selbst geschenkt und lebte nunmehr in der Reinheit des Ordenslebens und in außerodentlicher Strenge und verharrte Tag und Nacht im Gebet und Fasten, ausgenommen einen Tag, nämlich den Sonntag. Als er aber einmal von den Brüdern gefragt wurde, warum er sich durch ein so großes Fasten schwäche, der er doch sein ganzes Leben lang seit seinem Eintritt ins Kloster ein untadeliges Leben ohne Sünde verbracht habe, gab er nach dem Bericht des Trithemius zum Jahr 890 folgende Antwort: *Auch wenn ich mit Hilfe der Gnade Gottes bis zu diesem meinem hohen Alter hin ein Leben ohne Verfehlung verbracht habe, habe ich dennoch viele Werke des Guten unterlassen, vor allem von der Zeit an, als ihr mich Unwürdigen euch als Abt vorangestellt habt. Denn die Prälatur führt schwache Menschen gewöhnlich mehr zu Versäumnissen als zu Tugenden. Daher müssen wir, so lange wir leben, Buße tun und dürfen niemals von guten Werken ablassen.*

Die Reliquien des heiligen Aurelius.

XXII. Harderad, der Nachfolger des Regenbodo, unterzeichnete mit anderen Äbten zusammen auf dem Konzil von Tribur vom Jahre 895. Dieser sorgte in der ersten Zeit seines Leitungsamtes, als die Normannen noch einmal ihre Kräfte gesammelt hatten und begannen, das Reich zu verwüsten, aus Furcht, sie würden Hirsau wie viele andere Klöster zuvor zerstören, für den Bau eines unter der Kirche gelegenen Schutzdaches, in welchem er den Leib des heiligen Aurelius, des Bischofs der Redizianer, beisetzte. Dieser brachte gegen Ende des 4. Jahrhunderts den Leichnam des heiligen Mailänder Bischofs Dionysius, der, unter dem Kaiser Konstantin hierhin verbannt, in der Fremde gestorben war, nach Mailand zum heiligen Ambrosius, dem Nachfolger des Dionysius, zurück[142].

Und dort[a)] gestorben und begraben verblieb er bis zum Jahr 814, in dem die Reliquien eben dieses heiligen Aurelius durch Nottingus, den Bischof von Vercelli, die er auf dringliche Bitten hin erhalten hatte, von Mailand nach Vercelli überführt wurden.

142 Ughell. Ital. sac. T. IV. p. 43.

Dieser Nottingus, den Trithemius Nottungus nennt, war der Sohn des Calwer Grafen Erlebald oder des Grafen in Calba, *eines Freundes von Karl dem Großen, unter dessen Regierung er wegen seiner hervorragenden Bildung und Gelehrsamkeit den Bischofssitz von Vercelli erhielt,* wie Ughellus schreibt[143]. Als dieser seinen Vater und seine Heimat einmal wiedersehen wollte, nahm er den Leichnam des heiligen Aurelius heimlich von Vercelli weg und führte ihn mit sich nach Alemannien oder in den Schwarzwald; seinen Vater Erlafrid brachte er dazu, daß dieser zu Ehren des Apostelfürsten, des seligen Petrus, und des heiligen Bischofs Aurelius ein Kloster für die Diener Gottes nach der Regel des heiligen Bendikt errichtete, wie Trithemius am Anfang seiner Chronik von Hirsau[144] ausführlich schildert.

a) Verschiedene Fragen zu diesem heiligen Aurelius bewegen die Antwerpener Hagiographen in der Vita des heiligen Dionysius von Mailand *T. VI. Maii Bolland. p. 41,* die wir hier jedoch nicht erörtern wollen. Wir glauben, nur das feststellen zu müssen, daß der heilige Dionysius in Armenien in der Verbannung gelebt hat und in einer bestimmten Stadt gestorben ist, deren Bischof namens Aurelius, weil er von dem Heiligen auf dem Sterbebett darum gebeten worden war, seinen heiligen Leichnam dem damaligen Bischof Ambrosius nach Mailand zurückbrachte, wo der heilige Aurelius genau am Jahrestag des heiligen Dionysius verstarb und vom heiligen Ambrosius in dessen Nähe bestattet wurde. Nach dem Zeugnis des Trithemius, der eine kurze Zusammenfassung seines Lebens verfaßt hat (Annal. T. I. p. 7), hielt Ambrosius bei den Exequien für ihn *eine bedeutsame Predigt an das Volk, die folgendermaßen begann:* »Wir haben einen überaus liebenswürdigen Bruder und Hirten verloren, jedoch einen frommen Beistand vorangehen lassen«. Daß diese aber in den Werken des Ambrosius fehlt, bedauern die Bollandisten zu Recht, denn aus ihr hätten wir vieles erfahren, was die beiden heiligen Dionysius und Aurelius angeht. Sehr viele halten daran fest, daß Aurelius Bischof der Redicianer oder Redicia in Armenien gewesen ist, dennoch findet er in der ›Geographia sacra‹ oder in anderen kirchlichen Dokumenten keinerlei Erwähnung. Daher glauben die Bollandianer nach Mailänder Handschriften und Mombritius, besser *Arreicium* lesen zu müssen, ein Name, der mehr an *Ariaratia* anklingt oder *Ararasthia* oder *Araratha* oder auch *Ararathia,* eine Bischofsstadt im Zweiten oder im Kleinen Armenien; davon war Accius auch Bischof, der auf dem Konzil von Chalcedon im Jahre 451 Akakios Ariarathías deutéras Armeñas (Ariarathiae Armeniae secundae) in *Concil. Labb. T. IV. p. 118* genannt wird, siehe auch P. Le Quien *Oriens Christianus T. I. p. 452* und Giulini Memor. di Milano *T. III. p. 177.* Bei Tillemontius halten wir uns nicht auf, der in seinen *Mémoires à la hist. eccles. T. VII. p. 776* seinen Ausführungen diese ganze Translation und den Bericht des Trithemius hierzu anfügt.

Im 830. Jahr der Geburt des Herrn zur Zeit der 8. Indiktion, so erzählt Trithemius die Geschichte, *nachdem der hochwürdigste Bischof Notungus von Vercelli nach zwei Monaten wieder zu seiner*

143 Ital. sacr. T. IV. p. 764.
144 T. I. p. 1. 2. etc.

Diözese zurückgekehrt war, begann der Graf Erlafrid eingedenk eines Gott abgelegten Gelübdes das Kloster von Hirsau am Fuße eines Berghanges, wo er als Blinder bei der Anrufung des heiligen Aurelius sehend geworden war, nach seinen Möglichkeiten zu errichten, das er schnell innerhalb von sieben Jahren glücklich vollendete ... Als aber 837 der Bau des Klosters und der Kirche vollendet und fertiggestellt war, kam am 27. Mai des folgenden Jahres der Abt Ludbertus mit 15 Mönchen aus dem Kloster Fulda dorthin, wenn auch der Leichnam des heiligen Aurelius bis dahin noch in der Kapelle des heiligen Nazarius aufbewahrt wurde, bis noch in demselben Jahr am 11. September die Kirche mit vier Altären von dem Mainzer Erzbischof Otgar in Anwesenheit von Fürsten, Bischöfen, Äbten und Grafen, die Trithemius aufzählt, feierlich eingeweiht und der Leichnam des heiligen Aurelius unter dem Hochaltar mit großer Ehrfurcht und Frömmigkeit beigesetzt wurde.

Trithemius fährt fort: *Nachdem so die Reliquien des heiligen Bischofs Aurelius durch den hier oft genannten Erzbischof beigesetzt waren, empfing Lutbert auf Drängen des Grafen Erlafrid aus der Hand des Mainzer Erzbischofs den Hirtenstab und nahm vor allen Anwesenden in feierlicher Inthronisation das Kloster in seinen tatsächlichen Besitz. Sodann trat der Graf Erlafrid zusammen mit seinem Sohn vor dem Erzbischof im Pontifikalornat und einer Vielzahl von Fürsten an das Heiligengrab heran, entließ dieses neue Kloster, das er errichtet hatte, in feierlicher Übergabe aus seinem Besitz und übergab es dem allmächtigen Gott, dem Apostelfürsten Petrus und dem heiligen Aurelius zusammen mit den Dörfern, Weiden, Wäldern, Quellen, Wasserläufen, Jagden, Fischgewässern, Feldern, Wiesen und Mühlen, mit allen Erträgen und Gewinnen, gemäß dem Wortlaut der Schenkung. Dies alles legte er auf den heiligen Altar.*

Einen Teil dieser Urkunde zitiert Trithemius an derselben Stelle und fügt hinzu, daß zum Vogt für das von Otgar geweihte Kloster der Graf Erlafrid selbst bis zu seinem Lebensende unter der Bedingung bestellt wurde, daß nach seinem Tod ihm sein Sohn in der Vogtei nur dann nachfolgen dürfe, wenn er durch den Abt und die Brüder aus deren eigenem Willen hierzu herangezogen werde. *Der tiefgläubige Graf fürchtete nämlich,* fügt er hinzu, *daß das Kloster nach seinem Tode durch einen Sohn oder die Enkel später*

*einmal (wie es ja vorkommt) irgend ein Unrecht erleiden könne;
deshalb wollte er, daß es in die Entscheidung des Abtes gestellt sei,
sich je nach den Umständen einen geeigneten Vogt selbst zu suchen.*
Derselbe führt aus, daß dieser Graf Erlafrid von Calw als Gründer ebenda Mönch wurde, und, nachdem er die restliche Zeit
seines Lebens in Heiligkeit verbracht hatte, im Jahre 850 gestorben ist.

Die Berühmtheit von Hirsau.

XXIII. So also stand das einst berühmteste Kloster Hirsau in
Blüte, gelegen in der Grafschaft Ingrisheim und im Gau
Wiringova an dem Schwarzwaldfluß Nagold, in einem Tal, das
von beiden Seiten von vielen Bergen umgeben ist und am Fuß der
Höhe von Ottenbrunn. Von ihm konnte P. Gabriel Bucelin[145] mit
Recht behaupten: was für Italien Cassino, für Frankreich Cluny
und Cîteaux, das sei für ganz Deutschland Hirsau gewesen, *da es
ganz gewiß*, fährt er fort, *keine einzige Provinz gab, um die sich
jenes Kloster nicht bedeutende Verdienste erworben hätte, weil es
den berühmtesten Diözesen nicht nur heiligmäßige Bischöfe und
Oberhirten zukommen ließ, sondern seit dieser Zeit auch für viele
Jahrhunderte die Beschäftigung mit der Wissenschaft pflegte und
weiter verbreitete.*

Derselbe nennt[146], ausgehend von einem alten Verzeichnis eben
dieses Klosters, insgesamt 99 Namen von Klöstern, die durch die
Hirsauer Mönche entweder neu eingerichtet oder reformiert
worden sind. Dieser Katalog weicht nur unwesentlich von jenem
ab, der vorne in der Chronik von Hirsau nachzulesen ist, und in
den auch die Namen der Äbte eingefügt sind, die vom Kloster
Hirsau aus entsandt wurden, um andere Klöster entweder neu zu
gründen oder zu reformieren. Zu diesen kommt bei Bucelin und
Crusius in dem Nachtragsband zu den ›annales Suevici‹ aus den
Schriften von Hirsau eine Liste von Bischöfen hinzu, die dem
Kloster Hirsau entstammen, und es werden auch Hirsauer
Mönche aufgeführt, die durch ihren Ruf der Heiligkeit berühmt
und durch ihre Gelehrsamkeit bekannt geworden sind, sowie die
Lehrer der Mönche.

145 Germ. topo- chrono-stemmatograph. T. I. p. 5.
146 Ibid. T. II. p. 191.

Der unklare Ursprung des Klosters St. Georgen.

XXIV. Noch nicht hinreichend geklärt sind die Anfänge des nach Hirsau in Württemberg einstmals berühmtesten Klosters des heiligen Georgius. Darüber, was wir schon im vorherigen Buch behandelt haben, unterrichtet mich in einem an mich gerichteten Schreiben der Hochwürdigste Abt dieses Klosters, Anselmus: Es befänden sich in einigen Handschriften seines Archives Hinweise, daß das Kloster St. Georgen schon im Jahre 682 gegründet worden sei, als Bischof Agathon regierte und Konstantin der Bärtige Kaiser war. Allerdings versichert er, daß in jenen alles durcheinandergebracht werde und sie sich gegenseitig durcheinanderbringen, wenn sie zum Beispiel behaupten, der erste Abt sei Heinrich, der zweite Wilhelm und der dritte Theoger gewesen, der, zum Bischof von Metz erhoben, nach einer nur kurzen Regierungszeit im Jahre 800 gestorben und in der Kirche von Cluny beigesetzt worden sei: Dies ist ganz offensichtlich falsch. Hieran kann ermessen werden – was die Handschriften auch hinzufügen –, daß das Kloster später durch unselige Schicksalsschläge derart heimgesucht worden ist, daß es weder eine Reihenfolge der Äbte noch Klosterakten gibt, die weiteren Aufschluß geben könnten, bis eben dieses Kloster im Jahre 1083 von seinen Neugründern Hezilo und Hesso restauriert worden ist. Das stimmt mit der handschriftliche Chronik des Klosters St. Georgen überein, wie wir im vorhergehenden Buch schon bemerkt haben. Diese aber berichtet von Beginn des 9. Jahrhunderts an, zu dem sie irrtümlich den Tod des heiligen Theoger, *des Bischofs von Metz und Abtes von St. Georgen*, notiert, von diesem Kloster nichts weiter bis zum Jahr 1084 hin. Andere Handschriften desselben Klosters bezeichnen die Gründung für das Jahr 813. Und schließlich gibt es noch einen Pergamentkodex, der das Jahr 823 festhält; doch diesen schenken selbst die Brüder von St. Georgen keine große Beachtung.

Es ist hilfreich, wenigstens die verschiedenen Meinungen zu verfolgen. So sagt Bucelin[147]: *Das bedeutende Kloster begann, wenn man sich auf die älteste Handschrift verläßt, im Jahre 813 bei dem Dorf ›Neharteskirchung‹ von den berühmten Männern Hezilo und Hesso in dem dazugehörigen Freigut gegründet zu werden; vollendet wurde es gegen das Jahr 824 zunächst als grobes Bauwerk,*

147 Germ. sacr. P. II.

*bis es sich allmählich zu großem Glanz entwickelte und schließlich
durch hochheilige Männer überaus fruchtbar wurde, die den von
Natur aus tiefdunklen Herzynischen Wald so hell erleuchteten wie
das Firmament.* Mart. Crusius berichtet[148] dasselbe ausführlicher
aus einer Handschrift, die er von vielen Fehlern gereinigt hatte: Er
führt ebenfalls Hezilo an, der nach dem Beispiel seiner Vorfahren
den heiligen Mönch Georg so einzigartig und hingebungsvoll
verehrt habe, *daß ihn danach verlangte, diesem in seinem Dorf mit
Namen ›Walda‹ ein kleines Kloster zu errichten, weil ihm von seinen
geliebten Vorfahren dort ein größeres Stück Land überlassen
worden war, die hier demselben Märtyrer eine Kapelle errichtet
hatten – wohl angemessen und gut eingerichtet, wie es in einem Dorf
üblich ist: ausgestattet mit Reliquien von Heiligen, Büchern und
anderen Gebrauchsgegenständen und auch mit Gütern und
Vermögen. Als er mit dem ganzen Verlangen seines Geistes nach
einem solchen Kloster lechzte, gewann er Hesso für sich, einen
Hofbeamten, mächtig und mit Gütern wohl ausgestattet, der in
seinem Herzen das gleiche Verlangen trug, auch von seinem
Vermögen etwas zur Ehre Gottes beizutragen. Nachdem sie
nunmehr sich diesen gemeinsamen Willen mitgeteilt hatten, legten
sie gegenseitig sehr sorgfältig die heilsamsten Pläne dar: der eine
nämlich, was er über das Dorf Walda gedacht hatte, der andere
aber, was er von seiner Erbschaft mit einzubringen gedachte. Daher
trafen sie untereinander insgeheim die Übereinkunft, die sie durch
einträchtige Vereinbarung und den Entschluß beider bekräftigten,
daß zu Ehren des heiligen Georg in Walda ein Kloster entstehen
solle, in dem man nach der Regel des heiligen Benedikt leben sollte,
die mit einer anderen Regel zu tauschen niemandem jemals erlaubt
sein dürfe usw.*

Später wird das Jahr 813 zur Zeit der 6. Indiktion im Januar
bezeichnet, als bei einem Dorf namens *Neharteskirchung* Hezelo
dem Grafen Manegold *Walda* mit all seinen Anhängseln zu
treuen Händen übergab, damit dort ein Kloster gegründet werden
könne. Im Gegenzug aber hierzu übergab bald darauf Hesso fast
alle seine ererbten Besitztümer in die Hände von Hezelo, und
zwar unter der Bedingung, *daß sie eben diesem Kloster in jegliche
Verfügungsgewalt übereignet würden. Daß dasselbe in bezug auf
sein Allod geschehe, verlangte ein gewisser Ritter namens Eduart*

---

148 Annal. Suev. P. II. T. II. c. 2.

von Adelbert von Oceleswan; mit dessen Erlaubnis übereigneten er und der Graf Menegold, um die getroffene Entscheidung auch auszuführen, Gott und dem heiligen Georg zu ewigem Besitz: der Graf Walda *mit allen Anhängseln, beide oben genannten Stifter aber die Besitzungen des Hesso und des Eduard in die Dienstbarkeit der Mönche, die künftig in dem oben genannten, noch zu errichtenden Kloster leben sollten.*

Diesen nennt Crusius hier Eduard, die Urkunden von St. Georgen Konrad, wovon mich der genannte Abt Anselm unterrichtet hat. Er berichtet auch, daß Landold als Vorfahr des Hezilo und Herr in Walda die Kirche in *Walda auf der Baar* zu Ehren des heiligen Georg etwa um das Jahr 960 oder 970 gebaut habe, die von dem Konstanzer Bischof Konrad konsekriert wurde. Der Ort Walda aber liegt zwischen Schramberg und Villingen. Was aber Bucelin von *Neharteskirchung* erwähnt, gilt nicht für das dort errichtete Kloster, wie es die Verfasser der ›Gallia christiana‹ verstanden haben[149], sondern von der in diesem Dorf getroffenen Vereinbarung, in der Hezelo seine Besitzungen dem Grafen Manegold übergab, wie es auch die Dokumente von St. Georgen nachweisen. Übrigens erscheint in der Bulle des Papstes Alexanders III. die Pfarrgemeinde *Furtwangen*, die er gegen Ende des 12. Jahrhunderts mit dem Kloster St. Georgen vereinigt hat und die heute noch besteht.

Von dem bedeutenden Kloster *Fruchelinwanc* oder *Fructinwang* in *Alemannia* ist in einer Konstitution Ludwigs des Frommen aus dem Jahr 817 als einem Kloster in der zweiten Klasse zu lesen[150], *das nur Abgaben ohne Kriegsdienst zu leisten hat*; jene Klöster in der ersten Klasse mußten *Abgaben und Kriegsdienst* leisten, die in der dritten Klasse vermerkten jedoch hatten *nur Gebete* zu verrichten. Von da an nahm im Mittelalter beim Mönchs- und Klerikerstand die unziemliche Sitte und Gewohnheit zu, daß Bischöfe und Äbte, die verpflichtet waren, den Kaisern Kriegsdienst zu leisten, nicht selten persönlich ihre Soldaten in Feldlagern hielten, so wie es auch jene vornehmen Adelsgeschlechter und Lehnsherren zu tun pflegten, die seit dieser Zeit für viele Jahrhunderte schlicht Soldaten oder Ritter genannt wurden; und dies zweifellos in demselben Sinne, nach dem auf

149 T. V. p. 1001
150 Mabill. annal. T. II. p. 436

einem Kapitulare Karls[151] des Großen *allgemein allen Berittenen* zusammen mit den Grafen und Vasallen, *die ein Lehen zu besitzen scheinen,* befohlen wird, vor dem königlichen Gericht *gut ausgerüstet* zu erscheinen. Daher kommt das Wort *chevalier, seigneur* aber von *senior,* wie zur Karolingerzeit die Angehörigen eben dieses bedeutenden Standes und Stammes genannt wurden. Sie werden aber von den gewöhnlichen Soldaten unterschieden, wie auch von den niedrigen Leuten und den Leibeigenen die freien und vornehmen Soldaten aus dem Krieger- oder Ritterstande unterschieden werden. Dies wurde auch in den folgenden Jahrhunderten beachtet; so nämlich gab bei Gudenius Kaiser Ludwig von Bayern im Jahre 1314 dem Mainzer Erzbischof Petrus die Macht, *Bischöfe, Fürsten, Äbte, Grafen, adlige Ritter und andere Waffenträger aus Adligem- und Ritterstande* in seine Abhängigkeit zu bringen, nämlich nach eben dieser Sitte, nach der, wie wir gesagt haben, zur Karolingerzeit Kriegsdienst zu leisten war, und zwar auch von den Klöstern, die in die ersten Klasse eingeordnet waren.

Zu dieser aber gehörte aus unserem Deutschland das Kloster *Stabulaus* oder Stablo, das Kloster des *heiligen Nazarius* von Lauresheim, *Manauser* oder Lunaelacense oder Mondsee, *Tegnauser* oder Tegernsee, beide in Bayern, auch *Offunwilarii* oder das Kloster Schuttern, auf das sich unsere Aufmerksamkeit später noch lenken wird. In der zweiten der eben genannten Klassen werden folgende vier Klöster in Alemannien aufgeführt (freilich sind die genauen Namensbezeichnungen sehr verderbt), nämlich das Kloster *Clehenwanc,* von dem Eckhard glaubt[152], es als *Elchenwang* lesen zu müssen und es als das Kloster Ellwangen bestimmte; ebenfalls *Fruheliwanc,* Fruetinwanc, Furtwang, das im Reichenauer Totenverzeichnis in der Liste der Mönche und auch mit dem Abt Gozbert als *Fiuchtwanga* geführt wird. Dies aber versteht Eckhard[153] als die Stadt *Feichtwanga* oder *Pinopolis,* das seinen Namen den dort zahlreich vorkommenden Fichten verdankt und am Fluß *Werniza* in Franken und der Markgrafschaft Onold liegt, von der auch Franc. Petr. in der ›Suevia ecclesiastica‹[154] handelt. Daß aber in jener Stadt ein von Karl dem

151 Lib. III. c. 5. p. 767
152 Rer. Franc. Orient. T. II. p. 143
153 p. 35 loc. cit.
154 p. 332

Großen schon im Jahr 810 gegründetes berühmtes Benediktiner-
kloster der Diözese Augsburg existiert hat, wie es auch das von
Ellwangen gewesen ist, und daß es dann um das Jahr 1224 in ein
Kolleg für Kanoniker umgewandelt worden ist, steht nach einer
Urkunde des Kaisers Otto IV. vom Jahre 1208 und auch nach
einer zweiten des Rudolph von Habsburg aus dem Jahre 1284
fest[155]. Dies aber war ohne jeden Zweifel jenes in der genannten
Konstitution erwähnte Kloster in dem Alemannien benachbarten
Frankenland, auf das sich auch ein anderes dort genanntes
Kloster bezieht[156], das früher *Nazaruda* oder Hararada hieß, heute
Herrieden, das einst auch zum Benediktinerorden gehörte und
ebenfalls von Karl dem Großen gestiftet worden war und nun
gleichermaßen zu einem Kolleg für Kanoniker in der Diözese
Eichstätt geworden ist, während zwei andere zur Diözese
Augsburg gehören, die früher zu Alemannien gezählt wurden.
Diese konnten also unter dem Titel der Nachbarschaft leicht auf
Alemannien bezogen werden, in das als viertes Kloster zweiter
Klasse Campita oder Kempten einzubeziehen ist.

Ganz verschieden von der fränkischen Stadt *Fruhelinwanc* ist die
Stadt *Furtwangen* im Schwarzwald in der Nähe des Klosters St.
Georgen, von dem wir gerade handeln; in dieser ist keinerlei Spur
irgendeines Klosters mehr aufzufinden. Wenn man der Schilderung bei Crusius Glauben schenken wollte, wäre das Kloster St.
Georgen allerdings schon im Jahre 824 an seinen Standort
gebracht worden und zwar auf päpstliche Weisung hin und auf
Grund des Entschlusses des Hochwürdigsten Abtes Wilhelm, wie
er dort genannt wird, *den Gott der Herr seinem Volke als ein*
Vorbild echten Glaubens vorangestellt und den er als den
glühendsten Arbeiter in seinen Weinberg geführt hatte. Auf wen
anderen könnte dies tatsächlich zutreffen als auf den heiligen
Wilhelm, den Begründer des Klosters Hirsau, allerdings erst im
11. Jahrhundert? Auch Trithemius und Mabillon führen[157] die
Gründung des Klosters St. Georgen auf diese Zeit zurück. Sie
vermuten, daß die Verfasser der ›Gallia christiana‹ hinsichtlich
der Gründung dieses Klosters so zu verstehen sind, wobei Bucelin
die erste und unfertige Gründung gemeint hat, die anderen aber

---

155 Neue Europäische Staatsgeographie T. V. p. 1105
156 Ibid. p. 1119
157 T. V. p. 1001

die zweite, daß es durch die Fürsorge des seligen Abtes Wilhelm von Hirsau später zu großem Glanz emporgewachsen ist.

Von hier, sagen eben diese, *ist jenes Kloster zu dem Gau Bara gebracht worden*, in der Grafschaft *Ascheim*, auf eine kleine Anhöhe des Schwarzwalds, ein Ort, der, wie der Geschichtsschreiber Crusius fortfährt, *wegen seiner landschaftlichen Lage genannt werden kann und es auch ist: der Gipfel Alemanniens. Dieses Grundstück erstreckt sich von Osten her von dem Gemeinbesitz der heiligen Alaria, vom Westen her aber von den Quellen der Brichenia (der Brigach, wo der Ursprung der Donau angenommen wird), von Süden aber vom Rand eines langen Berges und vom Norden bis zu den Besitzungen der Transilvaner selbst.* So bestimmt er auch ganz klar wiederholt seine eigene Epoche mit folgenden Worten: *Im Jahr der Geburt des Herrn 824 an den 2. Indiktionen, am 22. April, kamen Hesso und Eduard (schon als Bettler Christi) mit einer unbestimmten Anzahl von Brüdern auf die genannte Berghöhe, die mit Bäumen dicht bestanden und durch den Schrecken des Waldes entsetzlich anzuschauen war und wo es noch nicht einmal eine einzige Wohnstätte gab. Es kamen auch noch etwa 54 vom Herren Abt entsandte Brüder hinzu; sie alle fällten die Bäume, rodeten und pflanzten an. Und nachdem sie einige Hütten errichtet hatten, wo sie sich zwischendurch erholen konnten, erbauten sie von hier aus sofort eine hölzerne Kapelle und fügten dieser ein Kloster an. Sie beschlossen, diese Stätte Zelle des heiligen Georg zu nennen, weil sie diesem dort vor den anderen Heiligen den Vorzug gaben: Auch der Herr Abt ließ zu, daß dies so geschehe.* Wir werden im Verlauf der Jahrhunderte noch mehr darüber ausführen: Wir glaubten jedoch, hier an dieser Stelle wenigstens so viel erwähnen zu müssen.

Das Kloster von Säckingen.

XXV. Es liegt gewiß für frühere Jahrhunderte ein naturgegebenes Dunkel auf der ersten Einpflanzung von Klöstern, wie wir sie zum Beispiel vom 7. Jahrhundert ab für das Kloster von Säckingen beschrieben haben, als dort der heilige Fridolin siedelte. Freilich herrscht über diese Zeit in den alten Dokumenten tiefes Schweigen bis hin zum Ende dieses 9. Jahrhunderts, in dem uns

Bruschius und Bucelin die Äbtissin Bertha, die Schwester des Kaisers Karl des Dicken, vor Augen stellen: *Nicht*, sagt Bucelin in der ›Germania sacra‹, *weil sie die erste Vorsteherin oder Äbtissin an diesem Ort wäre, sondern weil die Erinnerung und die Namen aller früheren in Vergessenheit geraten sind.* Als zweite nennt er dann Richardis, die jungfräuliche Gattin desselben Kaisers Karl, *ein Abbild herausragender Heiligkeit.* Bertha, die Tochter des deutschen Königs Ludwig und der Königin Hemma und Schwester Karls des Dicken, war nach ihrer leiblichen Schwester Hildegard Äbtissin auch des Klosters Zürich, wie aus einer Urkunde eben dieser Bertha, einem Autograph aus dem Zürcher Archiv, hervorgeht, die Grandidier in seiner ›historia ecclesiae Argentoratensis‹ veröffentlicht hat[158], in der sie ihrer Abtei Zürich die im Elsaß gelegenen Güter zusprach. Eben dort folgt[159] eine Urkunde Karls des Dicken, durch die er seiner Gemahlin beide Abteien, Säckingen und Zürich, bis ans Lebensende überließ.

Nach einer anderen Urkunde desselben Kaisers[160] steht fest, daß *ein Kloster für Mädchen, das Eleon genannt wird*, später Andlau, von derselben Richardis *in ihrem väterlichen Besitz* im Elsaß im Jahre 880 gegründet worden ist. Weiterhin wird eine Urkunde derselben Richardis zitiert[161], mit der sie die Güter und Besitzungen der Abtei Stivag bestätigt, die ihr von ihrem Gatten Karl dem Dicken übertragen worden waren. Daniel Bruckner führt in den ›de memorabilibus urbis et ditionis Basiliensis‹ eine Urkunde an[162], mit der Nandher die Güter im Dorf Sickinga im Jahre 833 dem Kloster von St. Gallen schenkt, als Kerold Graf im Gau *Aragoe* war, der sich vom alten Augst oder Augustogavia aus über Säckingen erstreckte. Säckingen war also damals noch ein Dorf und wuchs allmählich, wie sich überall die Ansiedlungen der Klöster schließlich zu kleineren und größeren Städten entwickelten.

Das Kloster Ettenheim.

XXVI. Es geschah aber, daß das im Lauf der Zeit sorgfältig gepflegte Land, das zuerst noch von Wäldern und Felsen ganz

158 T. II. Append. p. CCLXII.
159 p. CCLXVI.
160 Ibidem p. CCLXXII.
161 loc. cit. p. CCLXXIII.
162 Merkwürdigkeiten der Landschaft Basel cap. XXIII. p. 2684

bedeckt und unergiebig den Mönchen überlassen worden war,
später das Verlangen derer erweckte, die es übergeben hatten.
Dieses Schicksal mußte das Kloster Ettenheim von Anfang an
gleichermaßen durch die Straßburger Bischöfe wie auch durch
Äbte leidvoll erfahren. Unter ihnen wird zu dieser Zeit im Buch
der Brüderschaften der Reichenau vor allem ein Abt genannt, der
Bischof Uto, der um das Jahr 830 gelebt haben soll: Freilich
scheint dies nicht für den Bischofssitz von Straßburg gelten zu
dürfen, den damals keiner diesen Namens innegehabt hat. Es
möge zu Rate gezogen werden, was wir im vorigen Buch darüber
ausgeführt haben. Allerdings wird dieses Kloster bei Goldast[163]
unter den dem Kloster St. Gallen im 9. Jahrundert angeschlossenen Klöstern aufgeführt. Doch in dem uralten Buch des Lebens
oder der eingeschriebenen Brüder ist darüber überhaupt nichts zu
lesen.

Das Kloster Schuttern oder Offenweiler.

XXVII. Das Kloster *Offenvillare* begegnet uns in dem erwähnten
Reichenauer Buch; notiert werden *Domnus abb. Beretrich,
Wenibertus abb. Malabertus abb. Petrus abb.* Von diesen stammen
die zwei zuerst Genannten aus erster Hand des 9. Jahrhunderts,
die übrigen sind von etwas jüngerer Hand hinzugeschrieben; zum
Ende der zweiten Kolumne aber ist jenen noch *Erchanpertus abb.*
hinzuzuzählen. Diese vier Äbte wollte Calmet in seiner ›notitia
Lotharingiae‹ dem Kloster des Weilers Offos in Lothringen
zuordnen[164]: Doch Grandidier ist der Meinung[165], daß dies falsch
sei, weil in jenem Buch Offenwillare als in der Mitte zwischen
Ettenheim und Gengenbach gelegen bezeichnet wird, und somit
dort das Kloster Schuttern gemeint sei. Wir haben schon bei der
weiter oben zitierten Konstitution Ludwigs des Frommen aus dem
Jahre 817 das Kloster *Offunwilarii* als eines der Klöster der ersten
Klasse festgestellt, *die Abgaben und Kriegsdienst leisten müssen.*

In der Totentafel wird bei Schannat[166] unter den Schutterer Äbten,
die sehr zahlreich aufgeführt sind bis hin zu Eberhard, der in der
Mitte des 10 Jahrhunderts Abt war, ein *Erkenbertus Kal. Iulii*

---

163 Script. Rer. Alem. T. II. P. II.
164 T. II. p. 170
165 Hist. eccl. Arg. T. I. p. 339
166 Vindem. litter. p. 18

genannt, von dem wir nur in dem Reichenauer Kodex lesen. Grandidier glaubt[167], daß er derselbe sei wie Egibert, dessen Tauschgeschäft, das er mit dem Lauresheimer Abt Babo getätigt hatte, im ›Codex traditionum Laureshamensium‹ für das Jahr 881 festgehalten wird[168]. Derselbe stellt das Kloster *Scuturense*, wie es genannt wird, als vertraglich mit dem St. Gallener Kloster verbrüdert dar[169]: Dies tritt allerdings im ältesten Buch der eingeschriebenen Brüder bzw. im Nekrolog nicht auf.

Es ist aber zu bemerken, daß keiner der oben erwähnten Äbte unter den ersten Äbten des Klosters aufgezählt wird – weder bei Schannat, noch in dem Verzeichnis eben dieser, das gegen Ende der bekannten ›Austria sacra‹ gerade eben erst veröffentlicht worden ist[170]: Dies macht den Anfang mit dem ersten Abt Folkner I., dem Simon folgt, und diesem an dritter Stelle Diepold, über den wir lieber von seiner Person als von seinem Beinamen im nächsten Buch sprechen werden. Wir sind aber der Meinung, daß der Zusammensteller dieses Katalogs aus den Totentafeln die Namen der Äbte herausgepflückt hat, ohne irgendeine Zeit zu berücksichtigen; wie gerade bei Schannat in bezug auf dieses Kloster, sind auch bei anderen Autoren jeweils andere Verzeichnisse dieser Art in bezug auf verschiedene andere Klöster zu lesen.

Das Kloster Gengenbach.

XXVIII. In dem oben erwähnten Totenbuch von St. Gallen taucht zum ersten Mal ein Kloster von *Ghanginnpach* auf, das wir in unsere Aufzählung einbeziehen würden, wenn nicht später von einer großen Anzahl von Brüdern von *Kengingbach* zu lesen wäre, unter denen als erste *Emilo abb. Alfram abb.* genannt werden. Im Reichenauer Verzeichnis schließlich steht in der vierten Kolumne *Alframus abbas, Ammilo. Ligido abbas.* Im vorhergehenden Buch schon haben wir eine große Zahl von Äbten des Klosters Gengenbach in der Ortenau an den Schluchten des Schwarzwaldes vermerkt, die aus der Chronik und der Totentafel bei Lunigius entnommen ist[171] und bis zu Reginbold hinreicht, der im

167 l. c. p. 340
168 T. II. p. 538
169 T. II. append. n. 177. p. CCLXXVI.
170 P. I. Vol. II. p. 176.
171 Spicil. Eccles. T. IV. p. 190

Jahre 1028 gestorben ist. Am Rande der Liste der Brüderschaften
mit dem Kloster Reichenau wird fälschlicherweise mit neuerer
Hand das Kloster Gengenbach als im Jahre 855 gegründet
angemerkt. Dort aber erscheint in der ursprünglichen Handschrift
als erster *Germunt abb.*, ein Name, unter dem ein Mönch in dem
St. Gallener Verzeichnis lange Zeit nach den Äbten Emilo und
Alfram zu lesen ist, von denen Mabillon schreibt[172], sie hätten alle
vor dem Ende des 9. Jahrhunderts gelebt. Doch bei Lunigius
stimmen die Namen mit diesen kaum überein, was jedoch wegen
der zahlreichen Veränderungen von Buchstaben und Silben, die in
ihnen früher vorgenommen wurden, kaum verwunderlich ist.
Daher gibt es vielleicht sogar von den vielen Äbten, die bei
Schöpflin[173] in der Urkunde Ludwigs des Deutschen vom Jahre
845 als Unterzeichnete festgehalten werden, solche, die eigentlich
zu unserer Aufzählung hinzugehören.

Doch es gibt keinen Zweifel, daß *Amilo* in dem Reichenauer
Verzeichnis der Brüderschaften derselbe ist wie *Emilo* in dem von
St. Gallen: So ist auch *Gerwardus* bei Lunigius kein anderer
gewesen als *Germunt*, von dem Grandidier aus dem Reichenauer
Verzeichnis entnommen hat[174], daß er um das Jahr 830 gelebt hat:
dieser weist auch das Fragment einer Urkunde nach[175], in dem
Karl der Dicke im Jahre 885 auf die Bitten Luitwards, des
Bischofs von Vercellae und Erzkanzlers, die Privilegien dieses
Klosters Gengenbach bestätigte und eine freie Abtswahl
zugestand. Weiterhin führen Bucelin und Willmann[176] an, daß
dieses Kloster von den Habsburgern[177] Luitfrid und Luithard in
der Mitte des 9. Jahrhunderts durch viele Besitzungen erweitert
worden ist.

Das Kloster St. Trudpert.

XXIX. Was immer auch darum sein mag: So viel ist schon außer
allen Zweifel gestellt worden, daß zwar die Namensbezeichnung
›Habsburgisch‹ noch recht jung ist, der Stamm aber sich ganz
legitim durch die Luitfrids von dem elsässischen Fürsten Ethico

---

172 Annal. T. II. p. 78
173 Alsat. diplom. T. I. p. 108
174 Hist. eccl. Arg. T. I. p. 422
175 T. II. append. p. CCLXXIII. n. 152
176 Germ. sacr. T. I. p. 38
177 Habsb. L. III. c. 6. p. 120

vom 7. Jahrhundert an ableiten läßt: von Otbert, Rampert und Luitfrid, den Gründern des Klosters St. Trudpert und seinen Erhaltern, die mit diesem Geschlecht verbunden waren. Das, was somit hier festzuhalten ist, nämlich daß die Berechnung der Gründer des Klosters St. Trudpert bis zu den Anfängen aus dem 10. Jahrhundert feststeht, aus welchem ein aufschlußreiches Dokument Luitfrids erhalten ist, wurde glücklicherweise von Pater Marquard aus den Archiven jenes Klosters hervorgeholt[178]. Die Anfänge dieses Klosters haben wir in einem früheren Buch aus den Akten von St. Trudpert erhoben, in denen sein wechselhaftes Schicksal bis ins 9. Jahrhundert dargestellt wird. Folgendes aber sagen die Straßburger Akten von St. Trudpert: *Als aber nach dem Ablauf von vielen Jahren derselbe Ort, an welchem der heilige Trudpert ruhte, auf Grund von Erbstreitigkeiten fast wieder zu einer Einöde geworden war, begann ein Mann namens Rampertus, ein Nachkomme des Otbert, der nach einer göttlichen Mahnung von Gewissensbissen gequält wurde, mit vollem Einsatz das Zerstörte wieder aufzubauen, die Wildnis zu roden und das Niedergerissene wieder aufzurichten. Und als jenem mit Gottes Hilfe alles nach Wunsch gelang, nämlich alles, wenn auch nur unter größten Mühen, in den ursprünglichen Zustand zurückzuversetzen und ein Basilika mit reich an Gold ausgestatteten Altären und aus neuem, geziemenden Material zu errichten, holte man endlich den hochheiligen Leib des Märtyrers Christi aus dem Grab, nachdem der Bischof, zu dessen Diözese eben diese Stätte gehört, hinzugerufen worden war, wobei eine unzählbare Volksmenge zusammenströmte. Dann wurde von dem Bischof und seinem Klerus, aber auch von Rampert und den übrigen Gläubigen, die des Zuschauens als würdig befunden wurden, der Leib des heiligen Trudpert nach der Zurschaustellung und Verehrung wieder in ein neues Tuch gehüllt und an einer höher gelegenen Stelle der soeben erbauten Kirche zur Ruhe gebettet, wo die Wohltaten Gottes bis auf den heutigen Tag sichtbar gemacht werden. Diese Überführung erfolgte aber im 816. Jahr der Menschwerdung des Herrn.*

Diese Epoche des Straßburger Kodex, der im Jahre 1707 zum ersten Mal an die Öffentlichkeit gebracht worden ist, haben wir im vorherigen Buch im Zusammenhang mit Ludwig dem Frommen betrachtet. Das Schicksal dieses Kaisers aber selbst, das

---

178 Geneal. Habs. T. II. P. I. p. 197

wir zu Beginn dieses Buches beschrieben haben, konnte Anlaß für nicht unähnliche Klagen gegeben haben, die wir dann aus den Akten des heiligen Trudpert vernommen haben. Da sich nämlich Kaiser Lothar, der Gemahl Ermingards, der Tochter des elsässischen Grafen Hugo, auf dessen Betreiben hin gegen seinen Vater Ludwig den Frommen und seine Brüder erhoben hatte, entstanden hieraus jene unglückseligen Kriege und Mißgeschicke, die am meisten die Provinzen auf beiden Seiten des Rheins bedrohten, wo die Grenzen der Reiche lagen, um die die Brüder Lothar, Ludwig und Karl mit Waffengewalt wechselseitig kämpften.

Was aber dieses Kloster näherhin betrifft, so haben mir die Brüder von St. Trudpert eine Urkunde zukommen lassen, derzufolge der Abt Humbert im 18. Regierungsjahr des Königs Ludwig eine Schenkung annahm, die dem Kloster von Immo, Wolfin und Woluroh gemacht worden war sowie einen Katalog von Vorstehern und Äbten ohne genaue zeitliche Bestimmung bis hin zu dem 26. in der Reihenfolge, nämlich Rampert, dem nach Keraslith das Jahr 872 zugeordnet wird[179], seinem Nachfolger Hundpert aber das Jahr 878, womit freilich das 18. Regierungsjahr des Königs Ludwig, wer immer auch damit gemeint sein mag, nicht übereinstimmt. Bucelin, der in der ›chronol. Constant.‹ und in der ›Germania sacra‹[180] sagt, das Kloster St. Trudpert sei im Jahre 882 zur Ehre einer Abtei erhoben worden, nimmt Walderich als den ersten Abt an, der in einer Urkunde des Grafen Luitfrid namentlich genannt wird, doch nicht der vom Jahre 890, wie Keraslith annimt, sondern der vom Jahre 903, wie bei P. Herrott zu sehen ist[181], so daß er dennoch auf das 9. Jahrhundert zurückgeführt werden kann, wie auch Luitfrid, der Walderich als ersten Abt bezeichnet hat. Wenn daher die oben erwähnte Urkunde Ludwigs auf die Zeiten Ludwigs des Deutschen zurückgeführt würde, in welcher der Abt Hundpert namentlich genannt wird, könnte Walderich sein Nachfolger sein.

Zur Zeit Walderichs folgte Ludwig das Kind seinem Vater Arnulph zu Beginn des 10. Jahrhunderts im Amte nach. Vorher aber hatte Ludwig der Stammler, der Sohn Karls des Kahlen, im

179 Chron. Apog. c. 4.
180 P. II. p. 293.
181 loc. cit.

Jahre 878 die Herrschaft angetreten und gab sie durch seinen Tod gleich im nächsten Jahr wieder ab. Ludwig aber, der Sohn Lothars, der nach dem Tode seines Vaters im Jahre 855 zum König über Italien und zum Kaiser ausgerufen worden war, unterschrieb die Urkunden, die er zu Gunsten von Bischöfen und Klöstern Italiens erlassen hatte, niemals anders als mit ›König Italiens‹; diese Urkunden sind bei Ughellus in der ›Italia sacra‹ veröffentlicht. Ludwig schließlich, der jüngste Sohn des Deutschen, brachte es ab dem Tode seines Vaters im Jahre 876 nur auf sechs Jahre Regierungszeit[a].

[a] Für diesen Ludwig den Deutschen gibt es verschiedene Zählungen seiner Regierungszeit. Mabillon setzte in ›de re diplomatica‹ lib. II. c. 27. p. 206 für ihn zuerst das Jahr 833 an, in dem er die Herrschaft über Ostfranken antrat. Im Supplementband aber cap. IX. p. 57. unterschied er drei Epochen: *eine ab dem Jahr 826, eine zweite ab 833 oder dem darauffolgenden Jahr, als Kaiser Ludwig – von den Seinen verraten und im Stich gelassen – in die Gewalt seiner Söhne kam; die dritte ab dem Tode seines Vaters, d. h. im Jahre 840.* Die Freunde Mabillons aus der Kongregation des heiligen Maurus beziehen in dem höchst nützlichen Werk *L'art de verifier les dates, nov. edit. p. 433* die erste Epoche auf das Ende des Jahres 825, nach der zweiten vom Jahre 833 oder 834 schieben sie eine dritte im Jahre 838 oder 839 ein und die vierte schließlich ab dem Tode des Vaters im Jahr 840. In den Auszügen aus Urkunden bei Petr. Georgisch *Regest. chron. T. I. p. 77 seq.* wird das Jahr 821 als sein drittes Regierungsjahr notiert, das Jahr 822 als sein viertes und somit das Jahr 824 als das sechste. Von daher gesehen bricht eine neue Epoche ab dem Jahr 817 auf, in welchem Ludwig der Fromme die Reiche unter seine Söhne aufteilte. In einer anderen Urkunde bei demselben Herausgeber wird das Jahr 831 gleichfalls als das siebte Regierungsjahr gerechnet, wobei allerdings die Berechnung ab dem Jahr 814 geführt wurde, von dem her das erwähnte 18. Regierungsjahr mit dem Jahr 843 übereinstimmt, in welchem der Sabbattag und der 6. Januar zusammenfallen, die in einer Urkunde von St. Trudpert so notiert sind. Doch dieselben geschichtlichen Daten stimmen auch für das Jahr 860, wenn auf eben dieses Jahr das 19. Regierungsjahr Ludwigs des Deutschen ab dem Jahre 840 bezogen wird. Es gibt bei P. Herrgott *Cod. Prob. Geneal. Habsb. T. II. P. I. p. 36* eine Landleihurkunde des Abtes Grimaldus von St. Gallen mit dem Datum *IV. Non. Iun. anno XIX. Hludovici regis.* Herrgott versetzt dies in das Jahr 859 zurück, indem er die Berechnung vom Monat Juni des Jahres 840 an beginnen läßt, da am 20. Tag dieses Monats Ludwig der Fromme gestorben war. Die Urkunde von St. Trudpert aber kann dazu passend auf das Jahr 860 bezogen werden; es gibt nämlich deutliche Beispiele von Monaten und Tagen, die in den Urkunden nicht sehr genau bestimmt worden sind. Wenn aber jene Urkunde auf das 19. Regierungsjahr Ludwigs des Frommen scheint bezogen werden zu müssen, wäre dies ab dem Jahre 814, in dem er nach dem Tode Karls des Großen zu regieren begann, das Jahr 831, in dem allerdings die 8. Iden oder der 6. Januar nicht auf einen Samstag, sondern auf einen Montag fallen; darüber hinaus weisen die Urkunden Ludwigs des Frommen die Titel *imperator* oder *Augustus* auf. Doch Ludwig der Deutsche führt immer den Titel *Rex* und meist noch zusätzlich *serenissimus*, mitunter auch *Franciae orientalis*, dessen Herrschaft er im Jahr 833 antrat; der Verfasser der ›praefat. ad T. I. Cod. Lauresh.‹ fügt an, daß die Herrschaft Ludwigs in Ostfranken als dauerhaft zu betrachten sei; und er schließt anhand einer Urkunde des Codex

Lauresh. aus dem Jahr 858 auf eine weitere Epoche *in Ostfranken,* wo sich Ludwig innerhalb kürzester Zeit der Herrschaft bemächtigt hat.

Die Besitzungen des Klosters St. Gallen im Schwarzwald.

XXX. Unter den Dokumenten aus St. Gallen ist ein Briefwechsel bei Goldast[182] zu lesen mit dem Datum vom 4. April des 27. Regierungsjahres Ludwigs in Ostfranken unter Kaiser Karl, dem Sohn des Königs Ludwig. Es ist dies Karl der Dicke, der Sohn Ludwigs, von dem wir schon gesprochen haben, und der nach der wiederholt vorgenommenen Reichsteilung sich immer wieder in Deutschland sehr umfangreiche Gebiete verschaffte, weswegen er *der Deutsche* genannt wurde. Auch eröffnete er einen neuen und ersten Zeitabschnitt öffentlichen deutschen Rechts; wir glaubten deswegen, diese Epoche sehr sorgsam zeitlich bestimmen zu müssen.

In dem genannten Briefwechsel ist weiterhin bei den Zeugen von einem *Wolfinus* zu lesen, wie in dem von St. Trudpert: unter diesem Namen begegnen uns bei P. Herrgott mehrere Grafen im *Breisgau* ab Anfang des 9. Jahrhunderts, wie wir später noch sehen werden. Hier aber ist für unsere gegenwärtige Darstellung ganz besonders erwähnenswert ein Gebietstausch zwischen dem St. Gallener Abt Grimaldus und Toto, vielleicht demselben, der im Jahr 856, als Albrich Graf des Breisgau war, einen Teil seines Erbes in der Nähe der Ortschaft *Zartuna* (Zarten) dem Kloster St. Gallen bestätigt. Bei jenem Gebietsaustausch aber überließ Toto seine im Gau *Brisingnove* gelegenen Besitzungen Grimald, Grimald dagegen dem Toto alles, was die Äbte des Klosters im Gebirge *Swarzwald* am Fluß *Melia*[a] zu jener Zeit an gerodetem und bebauten Land besaßen.

> [a] Dieser Fluß oder Bach *Melia* heißt heute *Melibach* und fließt zwischen Lauffenburg und Säckingen in den Rhein, in einem Bezirk, der allgemein *Hardt* genannt wird und sich von da aus nach Basel hin erstreckt.

Auch hieran ist wieder die ungeheure Mühe der Benediktiner zu erkennen, den Schwarzwald zu roden und zu bebauen, nachdem hierfür von dem sehr weit entfernt gelegenen Kloster St. Gallen Leiter bestimmt worden waren, die sich dieser Tätigkeit ganz widmeten und große Aufmerksamkeit auf deren Durchführung verwendeten. Dies aber ist ganz besonders der Beachtung wert, daß vor allem in diesem 9. Jahrhundert die gläubigen Siedler von den benachbarten, besser entwickelten Landgebieten allmählich sozusagen in die innersten Eingeweide und abgelegen Stellen des Schwarzwaldes vorgedrungen sind: dies werden wir gleich sehen.

Gleich zu Beginn des 9. Jahrhunderts, nämlich für das 18. Jahr, ist bei Herrgott von einer Übergabe der Güter des *Chadalohus* zu lesen[183], eines Sohnes des Grafen *Perahtoldus*, nach dem der Gau *Pertoldesbara* im östlichen Schwarzwald benannt ist, der bei demselben Herrgott in einer Urkunde Ludwigs des Deutschen aus dem Jahr 854 Gau *Perachtoldespara in der Grafschaft des Grafen Uto* heißt[184], in dem jene Übergabe des Erbes in einer Ortschaft desselben Gaues *Wanga* an das Kloster St. Gallen vollzogen wurde. Es folgt ebendort[185] gleich noch eine zweite, außerordentlich umfassende Schenkung aus dem Jahr 802, die demselben Kloster von den Söhnen des *Peratholdus, Wago und Chadalohus,* gemacht wurde; mag auch die Überlieferung davon unvollständig sein, so gibt es doch keinen Zweifel daran, daß sie tatsächlich erfolgte.

Auch für den westlichen Bereich des Schwarzwalds wird von einer weiteren Übereignung von Grundbesitz berichtet[186], die von den Töchtern des *Scherilo* an das Kloster St. Gallen vorgenommen wurde, in welcher sie jenem *den gesamten Besitz ihres Vaters* schenken, den er *offenbar in der Mark Prisigaugis und Selidon und in der Mark Autparinga hat. Autparinga* aber ist das heutige *Amringen* in der Ebene des Breisgau gegen das Gebirge unseres Schwarzwalds hin, an dessen Fuß *Selidon* oder *Selden* in Richtung Alpgau liegt. Ein nicht geringer Teil dieses Gaus fiel demselben Kloster im Jahre 868 zu, als unter dem Alpgaugrafen *Hudolrich* ein gewisser *Chadolt* aus dem Gau *Albekewe* (Alpgau) die Rechte auf sein Erbe übergab[187]. Vor allem aber war das Jahr 884 von Bedeutung, als Reccho demselben Kloster alles schenkte[188], was er im Gau *Alpegove* und in der *Mark Chuchelebacharro* besaß, was P. Herrgott als *Kuchelbach* in der Dynastie *Hauenstein* interpretiert, zumal nämlich später in derselben Urkunde sehr deutlich

183 Cod. prob. Geneal. Habsb. T. II. P. I. p. 15
184 Ibid. p. 31
185 l. c. p. 16
186 Ib. charta 32.
187 Ibid. charta 68. p. 41
188 Ibid. charta 84. p. 50

Chuchilebach zu lesen ist. Diese Herrschaft muß sich aber sehr weit in das Kulturland hineinerstreckt haben, da gesagt wird, daß auch Weinberge zusammen mit einem in dieser Gegend gelegenen Wäldchen geschenkt worden seien. Dazu kam noch Ackerland und Wiese, in *Alolfum* gelegen, was heute *Alpfen* heißt; doch darüber später mehr. Diese Schenkung wurde unter der Bedingung gemacht, daß im Gegenzug ein Hufe in *Biridorf*, heute *Birdorf*, dem Reccho zu Lehen gegeben werde, ein Gebiet, das mit dem *Araberge* oder *Arberg* auf der anderen Seite des Rheins in der Gegend von *Churtwila* oder *Gurtweil* benachbart ist, wo jene Urkunde ausgefertigt wurde: *geschehen in Curtwila auf der öffentlichen Gerichtsversammlung in Anwesenheit des Grafen Adalbert.* Eben dort wurde auch im Jahre 890 eine andere Urkunde ausgestellt[189], in welcher *Sigimunt* dem Kloster St. Gallen die Güter übergibt, die er in *Puoch* und in *Ansirichisperge* hatte, was heute *Buoch und Aysberg* im Gau *Alpgau* in der Nähe von *Gurtweil* ist; dort wird am Ende ein Graf Chalalohus im Alpgau genannt. Schließlich ist in der folgenden Urkunde[190] zum selben Jahr von einem Grafen *Wolwine* im Gau Brisgoiae zu lesen, derselbe nämlich, der in der Urkunde 103 vom Jahr 898 unter dem Namen Graf *Wolfunus* in *Brisighowe* erwähnt wird.

Die Besitzungen des Klosters Rheinau im Schwarzwald.

XXXI. Ein anderer Graf *Wolwinus* vom Breisgau wird ebenfalls in einer älteren Urkunde vom Jahre 805 bei Herrgott[191] genannt: Hier erwähnt Herrgott auch, daß gerade um diese Zeit ein Graf *Wolvinus* oder Wolwilinus vom Thurgau in den Dokumenten von Rheinau auftaucht. Die Brüder von Rheinau behaupten nun, daß der, den die genannte Urkunde hervorhebt, ein und derselbe sei wie Wolfardus oder Welfo, der Gründer ihres Klosters und Sohn des Kammerboten Ruthard, von dem wir in einem der vorhergehenden Bücher sehr ausführlich gehandelt haben, und der durch Besitzungen im Breisgau von seinem Vater reich ausgestattet worden war, wenn es sich um den handelt, der unter dem Namen *Chrodardus* im Testament des Abtes Fulrad von St. Dionys

---

189 l. c. charta 92. p. 55
190 l. c. charta 93 p. 62
191 l. c. charta 32. p. 17

vorkommt. Daß aber damals die Namen *Wolfinus, Welfo und Wolfardus* in dem zu dieser Zeit mächtigsten Adelsgeschlecht der Welfen ohne Unterscheidung verwendet worden sind, ist unzweifelhaft. Die Rheinauer schreiben diesem Geschlecht ihre Gründung zu, und unter den Gründern nennen sie an erster Stelle jenen Welfo, von dessen Tochter Judith, die mit Ludwig dem Frommen verheiratet war, wir am Anfang dieses Buches geäußert haben, sie sei die Ursache jener Unruhen gewesen, was sich, wie für so viele andere, so auch für das Kloster Rheinau so unheilvoll ausgewirkt hat. Dies wird in der Erneuerungsurkunde vom Jahre 858 durch *Welfo*, den dritten der Gründer, mit folgenden Worten zusammengefaßt: *Wie von meinen Vorgängern an dem Ort, der Rheinau genannt wird, ein Mönchskloster erbaut worden ist, so habe ich, weil eben dieser Ort durch die Streitigkeiten meiner Eltern und durch ihre Verwüstungen fast dem Boden gleichgemacht wurde, den von mir eben genannten Ort zur Sühne für mein Seelenheil und das meiner Eltern zur Ehre der heiligen Jungfrau Maria und des Apostelfürsten Petrus und der übrigen Heiligen wiederhergestellt und meinem Herrn und dem glorreichen König Ludwig zum Geschenk gemacht.* Jene Urkunde Ludwigs des Deutschen findet sich unter anderen Dokumenten der Diözese Konstanz im Anhang der ›Gallia christiana‹[192], deren gewisse Beweiskraft wir aus einem Reichenauer Autographen erheben. In diesem wird Rheinau *locellus* genannt, woraus man schließen kann, daß seine Bedeutung vor der Restaurierung ziemlich gering gewesen sein dürfte. Die Urkunde aber wurde auf der ersten Verhandlung des Konzils von Mainz im Jahre 852 unter dem Vorsitz von Rhabanus ausgestellt[193], wobei die Bischöfe und Äbte des östlichen Sachsen, Frankens und Bayerns anwesend waren und *vor vielen Fürsten auf dem Generalkonzil.* Ein Allgemeines Konzil Deutschlands notiert Pagius nach dem Fuldaer Annalisten für das Jahr 852. Diesem Jahr entspricht auch die 15. Indiktion; das zehnte Jahr aber der Herrschaft des Königs Ludwig ist ab dem Vertrag von Verdun vom August 843 zu rechnen, durch den demselben die Gebiete am Rhein zufielen. Dieser bestätigt in derselben Urkunde auch die Wahl des Abtes Gozbert und räumt diesem das Recht ein, sich einen Rechtsbeistand und Verteidiger auszusuchen und stellte das Kloster unter den königlichen Schutz.

192 T. V. p. 507
193 T. II. Conc. Germ. p. 165

Mehr betrifft uns eine Tauschurkunde aus dem Jahr 844, die bei P. Herrgott zu finden ist[194], durch die Rinloz alles an dasselbe Kloster übergibt, was er im Gau *Chleggowe* in dem Dorf *Louchiringa* und in jenem Bezirk an Eigentum besessen hat, *damit ich, wie er sagt, von dem Vermögen eben dieses Klosters durch Abtretung des Grafen Gozpert und mit Zustimmung der Brüder alles erhalte, was es im Gau Alpgau in dem Weiler namens Tezzilnheim* (heute Tözelen) *nach dem Erbrecht besitzt.* Dazu gehört auch eine Urkunde des Priesters Meginhart aus dem Jahre 855, *ausgefertigt bei Mettingen,* bezüglich der im Gebiet *Mettingen* übereigneten Güter; auch eine andere aus dem Jahr 860 in bezug auf eine Schenkung eines Drittels in ihrem Waldgebiet des Nanger und seiner Ehefrau Adalnui in zwei Gemarkungen bei *Alafin* oder *Alpfen.* Auch eine Urkunde des Priesters Swab, die etwa um dieselbe Zeit gefertigt worden ist und bei Herrgott folgendermaßen wiedergegeben wird[195]: *Alles, was ich in dem Dorf und in dem Gebiet im Gau Alpgau bei Waltchilchum* (Waldkirch) *sowohl an Ländereien wie auch an Gebäuden und Eigentumsrechten besitze, übergebe und übertrage ich usw. dem Kloster Rheinau, das zu Ehren des seligen Apostels Petrus erbaut worden ist. Geschehen bei Töingen* (Thiengen) *vor der Bevölkerung des Alpgau und vor meinem Advokaten Rutherius am 22. Juni, zur Regierungszeit des Königs Hludovicus unter dem Papst Nikolaus.* Auf dieselbe Zeit bezieht sich nach dem Rheinauer Archiv eine Schenkung der Güter des *Lantfrith* in dem Dorf *Alaffin* oder *Alpfen* im Gau *Alpegowe,* die im darauffolgenden Jahr die frommen Eheleute Nanger und Adalnui erweiterten, wie wir aus demselben Archiv veröffentlicht haben. Bei Herrgott[196] wird für das Jahr 871 das Dokument eines Tauschs von Besitzungen angeführt, der im Gau Chlegowe von Wolvenus, dem Vogt und Abt dieses Ortes, vorgenommen wurde, durch die er auf jenes Kloster alles überträgt, *was er im Gau Alpegovia im Dorf Wizzia besaß, nämlich auch das kirchliche Vermögen und alles, was dazu gehört. Und auch alles, was er im Dorf* Mettingen besaß *und was er in Balinholz* (Bannholz) besaß. Dort wird auch das Geld erwähnt, das der Graf Adilbert anstelle des Erbes ausbezahlte, das im Gau *Tartonense* gelegen war, ein Gau, der auch für das Jahr 873 in der Schen-

---

194 Cod. prob. Geneal. Habsb. T. II. P. I. p. 25
195 l. c. p. 39
196 l. c. p. 44

kungsurkunde des Grafen Adilbrecht erwähnt wird, durch die er
seine Güter in dem Dorf *Gurtwila* im Gau *Alpegovia* dem Kloster
Rheinau schenkt und dafür andere seiner Güter in Italien im Gau
Tartonense erhält: Dies bestätigt die Stiftung, die von den dort in
diesem Gebiet herrschenden Guelphen gemacht wurde.

Die Albzelle.

XXXII. Damals schon war dem Kloster Rheinau die *Cella alba*
übergeben, die nach dem Namen eines Flusses so hieß, der durch
den Alpgau hindurchfließt. Zu diesen Zeiten gibt es überall
Beispiele dafür, daß mehrere Zellen irgendwann einmal einem
einzigen Kloster angeschlossen waren. Auf dem Konzil von
Aachen im Jahre 817 wird in Kap. 44 erlaubt[197], *daß die Äbte
Zellen haben dürfen, in denen entweder Mönche oder Kanoniker
leben. Und der Abt soll darauf achten, nicht zu erlauben, daß dort
weniger als sechs Mönche wohnen.* Im Testament des Abtes Fulrad
vom Kloster St. Dionysius vom Jahre 778 werden bei Mabillon
mehrere Zellen dieser Art, und zwar in dem uns benachbarten
Elsaß, aufgezählt[198], die mit dem Kloster des St. Dionysius
vereinigt waren. Gegebene Verordnungen Ludwigs des Frommen
aus dem Jahr 823 und des Königs Arnulf aus dem Jahr 889 haben
auch die Namen der Zellen und Kirchen erhalten, die der neuen
Diözese Würzburg angeschlossen waren; diese können bei
Eckhard[199] eingesehen werden. In der Urkunde desselben Arnulf
vom 13. Oktober 898 für die Stiftung einer Kirche des heiligen
Magnus oberhalb des Flusses *Nigra aqua* ist bei Herrgott[200]
folgendes zu lesen: *er hat beschlossen, bestimmte Güter um eben
diese Abtei* (St. Gallen) *zum Dienst an Gott und dem heiligen
Magnus mit Zustimmung der Mönche eben diesem Ort hizuzu-
fügen.*

Dasselbe Ergebnis kommt in den Dokumenten von Rheinau zum
Ausdruck, wenn von der Übergabe der *Albzelle* die Rede ist, die
von dem Edlen Sigemar für sich und seinen Sohn Luither vorgenommen wurde, wobei der Erbschaftsvormund dieses Gutes
Wulfo seine Einwillung erteilte; dazu haben wir es für der Mühe

197 T. II. Conc. Germ. p. 6
198 Acta SS. sec. III. P. II. p. 341
199 Rer. Franc. Orient. T. I. Lib. XXIII. p. 391
200 Geneal. Habs. T. II. P. I. p. 62

wert gehalten, die Nummern 1, 2 und 3 hervorgehoben wiederzugeben und haben die alten Handschriften um das 11. Jahrhundert und die alte Dokumentensammlung von Rheinau benutzt, in der die Urkunde der Übergabe enthalten ist, die unter dem König Ludwig und im ersten Jahr des Papstes Nikolaus erfolgte, d. h. im Jahre 858. Wir fügen im Cod. prob. auch eine Urkunde Ludwigs des Deutschen an, durch die mit anderen Besitzungen zusammen eben diese *Cella Alba* für das Kloster Rheinau im 26. Regierungsjahr bestätigt wird.

Wenn man die Regierungszeit Ludwigs des Deutschen im Jahre 833 beginnen läßt, in dem er seinem Vater die Herrschaft über Deutschland entriß und selbst einnahm, fällt das 26. Regierungsjahr auf das Jahr 859, oder, wenn das Jahr 833 schon eingerechnet ist, auf das Jahr 858, dem dann die 6. Indiktion entspricht, die ab September läuft; die Urkunde ist aber vom 12. April datiert: am 24. dieses Monats aber wurde Nikolaus I. zum Papst gewählt, so daß das Jahr der Urkunde hervorragend und ganz genau mit dem 26. Regierungsjahr Ludwigs übereinstimmt, wenn dieses auf das Jahr 859 bezogen wird. Doch wer wollte bei jener Berechnung eine so große Sorgfalt erwarten? Da doch auch die Verfasser originaler Urkunden Irrtümern unterworfen waren und sich oftmals als solche erwiesen haben, wie bei Sachkundigen zu erfahren ist! Das Übergabedokument ist nur eine Abschrift, die man nach etlichen Jahrhunderten wieder ausgegraben hat: Sie scheint nach den Worten unterhalb der Zusicherung als die Bestätigung einer von Ludwig schon erfolgten Übergabe aufgefaßt werden zu müssen, von dem die Fuldaer Annalen aussagen, er sei im Februar des Jahres 858 in Ulm gewesen, habe sich dann aber in der Mitte der Fastenzeit nach Frankfurt begeben. Daß er sich in Ulm aufgehalten hat, sagt der König in der Urkunde, die er später in Frankfurt als Testament bestätigen ließ, wie das Dokument des Grafen Wolfenus zu Gunsten des Klosters genannt wurde. Es wurde im Jahre 857 auf dem Konzil von Mainz bestätigt, von König Ludwig anerkannt und bei dem genannten Aufenthalt in Ulm unterschrieben.

Von Luithere ist anzunehmen, daß er schon damals, als sein Vater Sigemar zu seinen Gunsten die Übergabe der *Cella alba* vorgenommen hatte, Mönch gewesen ist, wie auch in den erwähnten Handschriften festgehalten wird und in dem Verzeichnis der

eingeschriebenen Brüder von St. Gallen aus dem Kloster Rheinau
zu lesen ist. Vielleicht folgte Vater Sigemar seinem Sohne nach,
wie es auch dessen Erbschaftsvormund Wolfene tat; dieser wurde
noch im gleichen Jahr 858 Abt von Rheinau und damit auch der
Albzelle: Seine Nachfolger waren in diesem 9. Jahrhundert
Wichramnus und Gozbert II. Derselbe Wolfene hatte noch als
Laie in seiner Eigenschaft als *Erbschaftsvormund dieses Gutes* die
Reliquien des heiligen Blasius im Jahre 856 von Rom nach seinem
Rheinau gebracht, nach welchen dann später dem Kloster der
Name *St. Blasien* verliehen wurde; bei welcher Gelegenheit aber
dies geschah, erklärt die Lebensgeschichte des heiligen Fintanus
bei Goldast[201] und Mabillon, die von einem schottischen Mönchs-
bruder in Rheinau verfaßt wurde, oder, wie Mabillon vermutet[202],
im Kloster Pfäfers.

Fintanus stammte aus Schottland oder – Io. Pontius hat in einem
eigenen Buch aufgezeigt, daß dies dasselbe sei – Irland und der
Provinz Lagenia. Nachdem er seine Heimat nach verschiedenen
Schicksalsschlägen verlassen hatte, unternahm er weite Wande-
rungen in Frankreich, Italien und Deutschland. Schließlich *kam
er zu einem Edlen in Alemannien, mit dem er vier Jahre im
geistlichen Stand verbrachte, sich von Tag zu Tag in der Tugend der
Enthaltsamkeit steigerte und immer neue Beispiele eines vorbild-
lichen Lebens aufwies. Sodann veranlaßte ihn der Ältere* (Herr), *in
dem eigentlichen Kloster namens Rheinau Mönch zu werden*, wie es
dort heißt, *und zwar im 800. Jahr der Fleischwerdung des Herrn, als
er selbst 60 Jahre alt war*, eine Altersangabe, die sich zwar in den
edierten und auch sonst in den handgeschriebenen Kodizes
findet, in der ältesten Handschrift von Rheinau aber fehlt, in
welcher lediglich erwähnt wird, der heilige Fintanus habe *über
fünf Jahre hinweg* die einzelnen Gradstufen der Tugend
erklommen und schließlich, als er schon sehr weit gekommen war,
in Liebe entflammt, sich in einem überaus engen Raum eingeschlossen und in unerhörter Enthaltsamkeit seinen Körper völlig
unterworfen habe. Aus Rom waren damals die Reliquien des
heiligen Blasius herbeigebracht worden, durch dessen Eingebung
er erkannte, als er einmal im Gebet die Nacht durchwachte, daß
ihm seine Sünden vergeben worden waren. *Als er aber*, wie der

---

201 Antiq. Alem. T. I. P. II. p. 10
202 Act. SS. sec. IV. P. I. p. 378

Verfasser seiner Lebensgeschichte fortfährt, *in diesem engen Raum eingeschlossen eine zweite Eingebung hatte, nämlich daß die Reliquien des so oft genannten Märtyrers in der Frühe des nächsten Tages von eben diesem Ort weg IN DAS BENACHBARTE WALDGEBIRGE gebracht werden müßten, entbrannte der Diener Gottes in einem so großen Verlangen, daß er sich das Verdienst erwarb, die Reliquien eben dieses Märtyrers auf seinen eigenen Schultern wegzubringen, obwohl er, der schon sehr lange an diesem Ort weilte, sich durch ein Gelübde verpflichtet hatte, niemals von dort wegzugehen. Der Herr aber erhörte den Ruf des Armen, wie der Prophet sagt, und stillte sein Verlangen und erließ seinem ergebensten Diener die Erfüllung des Gelübdes dadurch, daß dieser noch in derselben Nacht ein Gesicht hatte, nach welchem er die Rheinbrücke, über die man das Kloster selbst verläßt, mit einer großen Menschenmenge überschritten habe und daß sich auch eine Taube auf seinen Schultern niedergelassen habe usw.*

Wir glauben, daß dies der glückverheißende Beginn einer neuen Namensgebung ist, wenn unser Kloster seinen Namen auf Grund der Übertragung seiner Reliquien in dieses *benachbarte Waldge-birge* von eben diesem Heiligen erhalten hat. Ohne Schwierigkeit aber darf man vermuten, daß Wolfenus aus dem Bemühen, diese soeben mit seinem Kloster vereinigte Albzelle auch mit den Reliquien von Heiligen auszustatten, eben dieser einen Teil des Körpers des heiligen Blasius, der kurze Zeit vorher herbeige-bracht worden war, zu überlassen, wenn doch diese Reliquien noch zu Lebzeiten des heiligen Fintanus in eben diese Zelle oder in das Rheinau *benachbarte Waldgebirge* überführt worden sind. Mit dem Begriff *Waldgebirge* aber werden auch in den Akten von St. Trudpert bei Herrgott[203] die abgelegenen Stellen des Schwarz-waldes bezeichnet, die in einem anderen zeitgenössischen Dokument von St. Gallen *saltus Swarzwald*, von römischen Geschichtsschreibern aber *Hercinii saltus* genannt werden. Schon die Antwerpener Hagiographen haben zum 3. Februar einmal zu erkennen gegeben[204], sie vermuteten, daß die Zelle des heiligen Blasius gemeint sei, wenn in der Lebensgeschichte des heiligen Fintanus von Rheinau gesagt wird, die Reliquien des heiligen Blasius seien am 15. November vom Rheinauer Kloster aus in das

---

203 Geneal. Habs. T. I. p. 288
204 T. I. Febr. Boll. p. 333

benachbarte Waldgebirge gebracht worden. Wir glauben, daß auch Bucelin hierauf Bezug genommen hat, der in der ›chronol. Constant.‹ schon zum Jahr 801 eine blühende Ordenszucht und asketisches Leben in der Albzelle rühmt. Was er aber anfügt, nämlich daß die Benediktregel den St. Blasianern von den Asketen des heiligen Trudpert überbracht worden sei, wird von daher widerlegt, was wir in einem früheren Buch aus den kloster-eigenen Dokumenten dargelegt haben, daß diese von dem Konstanzer Bischof zu den Bewohnern der Albzelle gelangt ist, wenngleich sie vielleicht aus dem benachbarten Kloster St. Trudpert noch andere Mönche gehabt haben könnten, von denen sie in der Anwendung der von dem Bischof erhaltenen Benedikt-regel unterwiesen wurden. Daß mit Gewißheit eine Zelle oder eine Vereinigung von Mönchen schon an der Alb bestanden hat, noch bevor sie im Jahr 858 von Sigemar mit dem Rheinauer Kloster vereinigt wurde, wird aus dem so oft zitierten Übergabe-dokument deutlich, auch aus der Urkunde des König Ludwig, durch die die Vereinigung bestätigt wurde, die ohne Schwierig-keiten vonstatten gehen konnte, da schon damals beiderseits das Bekenntnis zur derselben Benediktregel bestand. Eben dadurch wird auch die Zeit des eingeschlossenen heiligen Fintanus zum ersten Mal für die Mitte des 9. Jahrhunderts gegen die allgemeine Auffassung bestimmt, nach der auch Mabillon dessen Todesjahr für 827 angibt[205], wobei er natürlich jener Berechnung folgte, von der wir oben gesehen haben, daß sie in mehreren schriftlichen Aufzeichnungen über dessen Leben zu finden ist.

Verschiedene Hinweise zu den welfischen Gründern von Rheinau.

XXXIII. Im Vorhergehenden haben wir gesehen, daß Wolfard oder Welfo aus welfischem Geschlecht von den Rheinauern als Erstgründer ihres Klosters angesehen wird, den sie mit dem Schwiegervater Ludwigs des Frommen gleichsetzen, den Großvater des *Wolfinus* oder *Wolvene*, des dritten Stifters und späteren Abtes dieses Klosters, die alle in der Urkunde Ludwigs des Deutschen erwähnt werden. Ganz und gar erwiesen ist dies aber nicht für den hochgelehrten Prior P. Gerhard Heß vom

---

205 Annal. T. II. p. 512

Kloster Weingarten, das seinen Ursprung gleichfalls den Welfen verdankt; daß dieser von dem bisher gewohnten Pfad bei der Bestimmung der Vorfahren des Welfengeschlechts in dem von ihm herausgegebenen Vorwort zu den ›monumenta Guelphica‹ deutlich abgewichen ist, haben wir weiter oben schon festgestellt[206]. Als ich diesen in der Erforschung der Geschichte der Welfen hervorragenden Fachmann darüber um seine Meinung bat, weil ich angesichts der harrenden Druckerpresse keine Möglichkeit mehr hatte, das Erscheinen seiner ›monumenta‹ abzuwarten, bedeutete er mir in einem an mich gerichteten Schreiben, daß allerdings seiner Meinung nach der Welfe, der zur Zeit Karls des Großen lebte, nur mit Mühe als Gründer von Rheinau in Betracht gezogen werden könne; inzwischen zweifle er kaum daran, daß Wolfard, der dem heiligen Fintanus Gastfreundschaft gewährte, auch aus welfischem Geschlecht stamme, wobei er aber heftig Bedenken trage, daß dieser mit den Altorfern einen gemeinsamen Ursprung habe.

Darüber herrscht in den Dokumenten von Weingarten tiefes Schweigen, und auch der Anonymus von Weingarten sagt darüber nichts, von dem wir weiter oben gesehen haben, daß er bis hin zum 9. Jahrhundert uns über alles Auskunft gibt, was die welfisch-alemannischen Ursprünge anbetrifft. Dieser setzt uns nach Welfo I. oder Wolfard — was bei dem Welfengeschlecht austauschbare Namen sind — Ethico fest, der selbst auch in zeitgenössischen Dokumenten Wolfenus genannt wird. Dies ist der Beiname für den, der in den Dokumenten von Rheinau und St. Blasien die Lücke des Weingartener Anonymus füllt und etwa um die Mitte des 9. Jahrhunderts den heiligen Fintanus aufnahm, der Erneuerer des Klosters Rheinau, nachdem er im Jahre 852 auf dem stark besuchten Konzil in Mainz unter Rhabanus Maurus die Bestätigung Ludwigs des Deutschen mit der Zustimmung der Reichsfürsten erhalten hatte, wie wir weiter oben[207] sehr ausführlich dargelegt haben. In jenem Dokument aber beruft sich Wolfene auf seinen *Vater und Großvater*, die Gründer des Klosters Rheinau, so daß, wenn sich dieser Wolfene oder Wolfardus selbst als zum Welfengeschlecht gehörend bezeichnet, über seine Vorfahren in gerader Linie kein Zweifel mehr übrig bleibt.

---

206 N. XXXI.
207 N. XXXI.

Eine solche welfische Abstammung der Gründer von Rheinau scheinen die harten Schicksalsschläge selbst zu bestätigen, die das Kloster Rheinau unter dem Vater des Wolfenus durchlitten hat, *fast dem Erdboden gleichgemacht*, wie das genannte Dokument aussagt[208], *da die Eltern* des Wolfenus *miteinander im Streit lagen und Verwüstungen anrichteten*. Wir sind allerdings der Meinung, daß dies auf die Zeiten zu beziehen ist, in denen die Söhne Ludwigs des Deutschen aus erster Ehe sich gegen ihren Vater erhoben, da jener einen Teil des Reiches Karl dem Kahlen zusprach, der aus der zweiten Ehe Ludwigs des Frommen mit Judith stammte, der Tochter des Welfo und der Schwester des Ethico, den wir für den Vater unseres Wolfenus halten. Gegen die welfischen Brüder ihrer Stiefmutter Judith also, die sie für die Hauptverursacher dieses Sinneswandels hielten, erhoben sich die älteren Söhne Ludwigs, nachdem sie deren Besitzungen zerstört und die Klöster vernichtet hatten. Daß dies in Alemannien Ludwig der Deutsche getan hat, scheint Ratpert von St. Gallen bei Goldast[209] mit folgenden Worten anzuzeigen: *Daher kam es, daß, wie die Reiche, so auch die Klöster durch verschiedene Irrungen und Leiden erschüttert wurden.*

Nachdem nach jenen Unruhen unter den Brüdern beiderseits endlich wieder Frieden und Ruhe hergestellt war, erneuerte Wolfenus das Kloster Rheinau, das ein so unheilvolles Schicksal erfahren hatte, und setzte dort Gozbert als ersten Abt ein, dem er selbst, endlich mit einer Mönchskutte angetan, nach Antwart an dritter Stelle nachfolgte und sich nunmehr Wolvinus nannte, wie noch zum Jahr 870 in der Urkunde Ludwigs des Deutschen in der ›Gallia Christiana‹ unter den Dokumenten zu lesen ist[210].

Vielleicht waren die ›Sigemare‹ sogar Welfen.

XXXIV. Günstig für diese Wiederherstellung des Klosters Rheinau war die Hilfe der *Cella alba*, welche, wie wir gesagt haben – mit dem Einverständnis des für diesen Ort verantwortlichen Erbschaftsvormunds Welfo –, der Edle *Sigemar* übergab, von dem jedermann glaubt, daß er eben diesem hochadligen Geschlecht der Welfen zuzurechnen ist; daß auf dieses wiederum

208 L. c.
209 Antiq. Alem. T. I. p. 6
210 T. V. p. 509

das Geschlecht der *Zollern* zurückzuführen ist, das in Alemannien
in den Grafen von *Vehringen* und den Fürsten von *Sigmaringen*
und *Hechingen* bekannt geworden ist, bezweifeln wir nicht im
geringsten. Zwar vermutet Goldast[211] in seinen Anmerkungen
zum 7. Kapitel von ›de casibus monasterii S. Galli‹ Eckhards, wo
die Burg *Sigmarien* erwähnt wird, daß dieser Name nicht von den
Cimbri oder der Schwarzwälder Adelsfamilie von *Zimberen*,
sondern von einem gewissen *Sigemar*, deren Begründer,
abzuleiten ist, der allerdings älter ist als dieser *Sigemar*, von dem
wir gerade handeln. Das nämlich steht in der Tat fest, daß,
nachdem das Geschlecht *von Zimberen* zur Bedeutungslosigkeit
herabgesunken war, die Stadt und die Dynastie *Sigmaringen* in
der nächsten Generation an das Hochadelsgeschlecht von
Zolleren gefallen ist, wobei es unsicher ist, ob dies nach dem
Erbrecht der Familie erfolgte. Und auch der Bericht über die
Gründung des Klosters St. Georgen zum Jahr 813, wie wir oben
nach Crusius wiedergegeben haben, wo unter anderen Zeugen
Manegoldus und Ludovicus von *Sigmaringen* angeführt werden,
bringt keine zuverlässige Aussage. Wir meinen aber, nicht
bestreiten zu dürfen, daß die Welfen auch in jenem Landstrich des
Schwarzwaldes Besitzungen gehabt haben. Ein solcher Schluß
wäre sogar zwingend notwendig, wenn nach der oben wiedergege-
benen Meinung *Sigemar* selbst, der die Albzelle übereignet hat,
welfischen Ursprungs gewesen wäre. Dazu kann aber auch unter
Berufung auf den Krieg nichts Genaues gesagt oder vermutet
werden, den Otto von St. Blasien bei Urstisius beschreibt und der
im Jahre 1163 geführt wurde zwischen Welfus und Hugo von der
Pfalz, einem Tübinger Grafen, wegen der Gefangennahme von
Räubern bei der Ortschaft *Möringen,* die an der Donau und ihren
Quellen gegen das Abnobagebirge hin gelegen ist. Hierzu beachte
man auch die ›origines Guelphicae‹, wo ebenfalls ein königliches
Hofgut gleichen Namens erwähnt wird[212], von dem Gruber
anmerkt, es sei bei Augsburg und Fridberg in Bayern gelegen,
wenn du nicht ein anderes vorziehen willst, wie er hinzufügt[213], *das
an der Donau zwischen Geisingen und Dutlingen liegt; denn daß
dieses im Besitz der Welfen gewesen ist, geht aus der Geschichte des
Krieges mit dem Tübinger Grafen* hervor. Im übrigen findet man

211 Antiq. Alem. T. I. P. I. p. 135
212 T. II. p. 376
213 Ibid. p. 222 § 6.

über welfische Besitzungen in Alemannien überall in den Archiven sehr zuverlässige Dokumente, deren Herausgabe wir begierig erwarten.

Was die Brüder von Rheinau betrifft, ist für sie unzweifelhaft, daß ihre Gründer Wolfenus, dessen Großvater Wolfard und sein Vater Ethico welfischen Geschlechts gewesen sind; diese selbst hätten damals die Burg Kyburg in Besitz gehabt und seien später Grafen von *Kyburg und von Dillingen* genannt worden, die einen am Lauf der Donau, die anderen am Rhein, wobei sich ihr Geschlecht von diesem ihrem ersten Ursprung aus weithin ausgebreitet habe. Dieses Geschlecht führt der anonyme Weingartener Mönch auf älteste Zeiten zurück, wie es damals Brauch war, sozusagen bis auf das trojanische Pferd, und verfiel gar auf den römischen Adel und die Merowinger. Bei Leibniz[214] sagt er: *Von dort sind sie unter ihren Herzögen Marchomirus, Luno und Genesaldus weggegangen und kamen an die Gegend um den Rhein und wohnten da im Grenzgebiet von Ostfranken, Germanien und Gallien. Als jene also jenes Gebiet besetzten, zogen sich diese wegen deren allzu großer Anzahl aus ihnen zurück und begannen, diese Ländereien* (um Altorf in Schwaben), *die fast unbewohnbar und, wie man glaubt, damals noch waldbestanden waren, mit vielen ihrer Angehörigen zu bewohnen.* Doch wer wollte sich einem so unermeßlichen Ozean anvertrauen?

Doch deshalb soll der Geist nicht verzagen und die Mühe darf nicht so weit verringert werden, daß, nachdem die Gründer von Rheinau in himmlische Lüfte entschwebt und bereits dem Welfengeschlecht zugesprochen worden sind, man dann mit Fleiß darauf verfällt, sich überhaupt keine Mühe mehr zu geben, wodurch doch Löcher, die bei dem Weingartener Anonymus aufgetreten sind, bei nicht so weit entfernten Verwandtschaftsgraden des welfischen Adelsgeschlechts wieder gestopft werden könnten. Dies taten auf mein dringendes Ersuchen hin und tun es noch heute die Rheinauer, und unter ihnen der überaus kluge *P. Mauritius Hohenbaum van der Meer* mit der Veröffentlichung einer kurzen Geschichte zur Tausendjahrfeier der Gründung ihres freien und exempten Klosters in heimischer Sprache; diese schmückte er aber damit aus, was er dazu schon zur Verfügung hatte, auch Widersprüche, die von ihm in sorgfältigem Studium

---

214 Script. rerum Brunsw. T. I. p. 781

und mit scharfem Geist erforscht worden waren. Wenn dem
gleiche Bemühungen vor allem der Brüder von Weingarten hinzu-
kämen, denen die Welfen als Gründer gelten, und der Brüder von
Zwiefalten, deren Schutzherren sie waren, wobei hierin P.
Gerhard Heß von Weingarten und P. Bernhard Näher von
Zwiefalten sorgfältig zusammenarbeiteten, nachdem die Bruch-
stücke zusammengefügt und die Meinungen ausgetauscht worden
wären, dann wird ein neues Licht aufstrahlen: nicht nur für die
Sache der Welfen und für die Geschichte vor allem der deutschen
Provinzen, in denen das Welfengeschlecht, soweit es bisher
bekannt ist, eine ganz bedeutende Vorrangstellung innegehabt
hat, sondern auch für die Nationen im Ausland, auf die sich ihr
Machtbereich einst erstreckt hat, und den sie auch heute noch auf
den entfernten Inseln Britanniens innehat und auch für die
Welfenkönige aus dem Hause Braunschweig; zwar ist ein Zweig
dieses Geschlechts der Familie von Atestina oder Este der
Herzöge von Modena im männlichen Stamm ausgestorben, doch
wuchs ihr ein neuer Zweig aus dem kaiserlichen Hause von
Lothringen-Habsburg zu.

Fünftes Buch

**Der Schwarzwald im 10. Christlichen Jahrhundert,
dem 5. Jahrhundert des Ordens
des heiligen Benedikt.**

Die Raubzüge der Ungarn
im 10. Jahrhundert, auch im Schwarzwald.

I. Die Kriegslust der Normannen, die im 9. Jahrhundert von überallher durch das Frankenreich ihre Raubzüge unternahmen, ließ im 10. Jahrhundert die blinde Wut der Hunnen oder Ungarn in weitem Abstand hinter sich, so daß diese damals von vielen für Gog und Magog der Abschlachtung des Menschengeschlechts gehalten wurden. Wie wenn er eine solche Auffassung abmildern wollte, sagt ein Anonymus, dessen Handschrift im Kloster von Rheinau aufbewahrt wird, die *Hungaren* seien nach dem deutschen Wort *Hunger* so benannt worden.

Diese waren schon im vorangegangenen Jahrhundert in feindseliger Absicht im Jahre 899 in Italien eingedrungen, wie der Abt von Ursperg und der Weingartener Anonymus in einer Handschrift aus dieser Zeit bezeugen[1], und schickten, nachdem sie die Langobarden im Krieg völlig besiegt hatten, zu Beginn des 10. Jahrhunderts Gesandte nach Bayern unter dem Vorwand, sie wollten um Frieden bitten; tatsächlich handelte es sich um Kundschafter, die die Straßen und Zugangswege erforschen sollten: *Dies, welch Schmerz!* rufen die Annalen von Freher aus, *brachte das erste Unglück und, wenn man an sich die vergangenen Zeiten von Anfang an vorüberziehen läßt, den schrecklichen Verlust des Königreiches von Bayern.*

Nach dem Tode des Kaisers Arnolf im Jahre 900 unternahmen sie zuerst in Bayern und Mähren ihre Raubzüge und im Jahre 902, wie Trithemius[2] aussagt, in Kärnten: Doch als sie im Jahre 906 durch das ganze Kaiserreich tobten, erlitten sie eine Niederlage

---

1 Chron. p. 197
2 Annal. Hirsaug. T. I. ad hos annos.

und wurden gezwungen, sich wieder zurückzuziehen; nachdem sie aber ihre Kräfte neu gesammelt hatten, erhoben sie sich danach noch gewaltiger und verwüsteten im Jahre 909 Alemannien bzw. Suebien völlig: dies bezeugen das kurze Chronikon von St. Gallen, Hepidannus, der Nachfolger des Regino, Hermann der Lahme, der Annalist von Sachsen und Marianus Scotus. Dies geschah kurz nachdem sie im vorhergehenden Jahre den Herzog von Thüringen Luitbold, wie er bei Lambert von Schafnaburg[3] genannt wird, oder nach Otto von Freisingen richtiger: Leopold, den Vater des bayerischen Herzogs Arnolf, getötet hatten; *und von da ergossen sie sich über das ganze Reich und durchquerten Alemannien, Franken, Sachsen und Thüringen*[4]: von den Bayern und den Alemannen wurden sie am Ine oder Inn niedergeworfen, wie Hermann der Lahme zum Jahr 912 berichtet. Später, im Jahr 915, *kamen sie*, wie Lambert von Schafnaburg bezeugt[5], *unter Verwüstungen bis nach Fulda* und hausten in Alemannien, Thüringen und Sachsen mit Schwert und Feuer, wie der Nachfolger des Regino und der Annalist von Sachsen übereinstimmend darlegen. Der zeitgenössische Verfasser der Reihenfolge der Äbte in Fulda schreibt bei Eckhart[6] über den Abt Huoggi, der in diesem Jahr am 9. Juni starb, folgendes: *Vor ganz kurzem, als die Heiden über das Kloster herstürzten, widersetzte er sich, mutig durch die Verdienste des heiligen Bonifatius, wie er ja überhaupt sehr mutig und klug war, dank der ihn schützenden Hilfe Gottes und vertrieb sie mannhaft aus eben dieser Gegend.* Doch gleich in den folgenden Jahren 916 und 917, wie die genannten Chronographien überall bestätigen, kehrten sie zurück und *kamen durch Alemannien bis in das Elsaß*, wie die Chronikhandschrift von St. Blasien zum Jahr 918 aufweist, in dem auch, oder vielleicht schon im Jahr zuvor 917, Basel von eben diesen zerstört worden ist, wie bei Hermann dem Lahmen zu lesen ist; von diesem erfahren wir auch, daß die Ungarn im Jahre 918 über Alemannien und das Elsaß auch in Lothringen eingefallen sind. Derselbe schreibt aber zum Jahr 925[7]: *Als die Ungarn auch Alemannien verwüsteten und zum Kloster St. Gallen kamen, wurde die Klosterfrau Wiborada von*

---

3 Apud Pistor. Script. Rer. Germ. T. I. p. 313
4 Apud Urstisium Scr. Ger. P. I. p. 125
5 Pist. T. I. p. 255
6 Rer. Franc. Orient. T. II. p. 842
7 Pist. T. I. p. 257

einem von ihnen getötet, und es wurde ihr die Märtyrerkrone zuteil;
ihre Hausgenossin Rachildis blieb durch göttliche Fügung unver-
sehrt.

Wir glauben hier übergehen zu sollen, was die schon oben
genannten Annalisten über diese vielfältigen Einfälle der Ungarn
in unser Gebiet auch bis in die nächsten Jahre hinein berichten.
Freilich gibt zur Verwunderung Anlaß, daß gerade bei Hermann
von der Reichenau fehlt, was Eckhard der Jüngere bei Goldast[8]
über diese wilden Feinde berichtet, *die auch an der Reichenau ihre*
Schiffe an Land zogen und das blühende Land mit vielen Bewaff-
neten durchzogen und an beiden Ufern des Rheins unter Morden
und Brennen eindrangen. Dort erwähnt er auch namentlich den
Ort des Heiligen Kreuzes *Seckingen*, den sie angriffen, und wo sie
sich auf beiden Seiten des Rheins niedergelassen hatten. Ganz
besonders aber rühmt er in dem Gau, den man *Fricowe* nennt,
einen nicht sonderlich mächtigen, doch mit Hand und Arm
starken Mann namens Herminger, der jenen Trupp diesseits des
Rheins, der von den Kampfgefährten auf der anderen Seite des
Rheins getrennt war, in einer stürmischen Nacht angriff und fast
alle, ausgenommen die, die diesen Fluß auf der Flucht durch-
schwommen hatten, entweder tötete oder im Wasser versenkte,
wobei die Feinde auf der anderen Seite des Flusses dem Tod ihrer
Gefährten zusehen mußten. *Als sie nun hier in Schwierigkeiten*
gerieten, fügt er an, *verlegten die Ungarn mit vielen ausgerüsteten*
Schiffen ihre Truppen vom Schwarzwald ins Elsaß; nachdem sie
somit gegen einen gewissen Luitfrid, den mächtigsten Mann dieses
Landes, den Krieg aufgenommen hatten, errangen sie nach außer-
ordentlichen eigenen Verlusten einen blutigen Sieg. Auf diesen
Luitfrid, der im Jahre 925 von den Ungarn vertrieben worden war,
wird die Rede noch kommen, wenn wir das Kloster St. Trudpert
behandeln.

Wir glaubten, dies vorausschicken zu müssen, da es auf das ein
Licht werfen wird, was wir im folgenden der Reihe nach jeweils
einzeln über das Geschick der Klöster gerade des Schwarzwald
weiterverfolgen werden, da die Geschichtsschreiber aufgrund
einer solch allgemeinen Verwüstung und Verheerung des Gebietes
nicht alles gesondert darstellen konnten. Auch auf der anderen
Seite geht den Schwarzwald eigentlich nur an, was die Chronik-

---

8   Antiq. Alem. T. I. P. I. p. 35

handschrift der San-Blasianer zum Jahr 931 wiedergibt: *Nachdem die Ungarn im östlichen Franken und Alemannien viele Städte mit Feuer und Schwert vernichtet hatten, verwüsteten sie Frankreich nach dem Rheinübertritt bei Worms bis zum Ozean hin und kamen über Italien wieder zurück. Dann wurden sowohl das Kloster des heiligen Bonifatius wie auch das des heiligen Gallus und viele andere durch Feuer zerstört.* Das hat Trithemius[9] genauso für das Jahr 938 berichtet, und er fügt der Zahl der niedergebrannten Klöster auch noch das von Schuttern hinzu. Obwohl sie aber nach anderen Kriegen und Einfällen schließlich von Otto dem Großen am Lechfeld, nicht weit von Augsburg entfernt, im Jahre 956 bis zur Vernichtung hin geschlagen wurden, hörten sie dennoch nicht mit Angriffen auf, bis sie gegen Ende des 10. Jahrhunderts durch den Glauben an Christus gesitteter wurden. In der Lebensgeschichte[10] des heiligen Udalrich, dessen Gebeten jener Sieg vor allem zugeschrieben wurde, ist zum Jahr 955 zu lesen, daß eine so große Menge an Ungarn einen Ausfall unternommen habe, *wie offenbar noch nie jemand zur damaligen Zeit eine Anzahl von lebenden Menschen vorher in irgendeiner Gegend gesehen habe, die das Gebiet der Noriker von der Donau aus bis zum Schwarzwald hin, der bis zu den Bergen reicht, bei gleichzeitiger Plünderung besetzte.*

Die Kriege im Inneren.

II. Angeführt worden waren damals die Ungarn vom lothringischen Herzog Konrad, wie der genannte Trithemius zum Jahr 954 ausführt, einem Überläufer nach Ungarn, der sich schon früher mit dem gegen seinen Vater Otto rebellierenden Sohn Ludolf verbündet hatte und, durch einen früheren Feldzug Ottos gegen Lothringen unter dem Herzog Giselbert gereizt, zum König Ludwig von Frankreich abgefallen war; Otto rückte nämlich bis zu dem Kastell Bocksberg vor und vernichtete das gesamte Gebiet ringsum mit Feuer und Schwert, nachdem Giselbert durch Flucht entkommen war. *Doch*, fährt Trithemius zum Jahr 940 fort, *als die Besetzung durch die schwierige geographische Lage allzu wenig vorankam, verwüstete König Otto die Gegend ringsum und kehrte mit den Seinen nach Sachsen zurück. Es gibt im Grenzland des*

---

9   Annal. Hirsaug. T. I. p. 75
10 Mabill. act. SS. Sec. V. p. 439

Elsaß ein Kastell mit Namen Brisach, nach dem der gesamte dazugehörige Gau, vielleicht auch nach dem Fluß Brus, Brusgavium genannt wird, was der Überlieferung nach denen gehörte, die Harelingi genannt wurden; zu dieser Zeit aber stand es unter der Herrschaft des Grafen Eberhard von der Pfalz, und hier hatte er selbst eine große Anzahl seiner Soldaten aufgestellt; durch deren Schreckensherrschaft verschaffte er sich nicht nur einen großen Teil der eben genannten Provinz, sondern zerfleischte sogar auf entsetzliche Weise die Königstreuen ringsum.

Vieles hierzu ist in der Chronikhandschrift des Klosters St. Georgen ab dem Jahr 940 zu lesen, von dem notiert ist: *König Otho am Bocksberg. 941. Ludwig marschiert im Elsaß ein, der König kehrt schnell zurück und besetzt Brisach; Ludwig zieht ab. 943. Herzog Eberhard inzwischen verstorben, und Giselbert im Rhein versenkt. 945. der König rückte gegen Lothringen vor und brachte alle wegen des Bischofs von Metz unter seinen Oberbefehl: sogar sein Bruder Heinrich kommt mit gestreckten Waffen zu ihm. 948. König Otto gegen die Bayern, und sein Bruder Heinrich von Eberhard gefangengenommen. 950. nach dessen Befreiung rückte er nochmals in Bayern ein und unterwarf sich alle. Den Rebellen Heberhardus, den Sohn des Arnolph, schickte er in die Verbannung.* Und später zum Jahr 960: *Liutolph marschierte in Italien ein. Der Streit zwischen Kaiser Otto wegen seines Bruders Heinrich, des Führers der Noriker, und seinem Sohn Liutolph durch den seligen Udalrich geschlichtet.*

Unheil für den reichen Guntramnus, den Förderer der Habsburger und Zähringer.

III. Durch diese Gefahren konnte zum Abfall von Otto der reiche Guntramnus im Breisgau verleitet werden, der sich sogar mit dem aufrührerischen Ludolph, dem Sohn Ottos, verbündet hatte, und dem damals die Grafschaft Breisgau gehörte. Dies wird an einer Urkunde Ottos aus dem Jahre 952 deutlich[11], durch die er der *Zelle des Meginrates* einen gewissen Ort namens *Lielahe* im Breisgau schenkte, der heute den Baronen von Baden gehört. *Dieser kam uns,* sagt Otto, *vom Vermögen des Gundramnus nach öffentlicher Gerichtsbarkeit in königliche und rechtmäßige*

---

11 Herrg. Geneal. Dipl. T. II. P. I. p. 76

*Belehnung zu, mit allen beweglichen und unbeweglichen Gewerken
zusammen, die zu dem genannten Ort gehören, mit den erworbenen
Gütern und deren Nutznießung, den Feldern, Wiesen, Weinbergen
und Eigentumsrechten. Dies freilich nach der Maßgabe, daß die
Diener Gottes, die an dem genannten Ort leben, das eben erwähnte
Gut, das sich bekanntlich im Gau Brisachgouue in der Grafschaft
unseres Sohnes Liutolf befindet, für die kommenden Zeiten ohne
Sorge und in Ruhe nutzen können.*

Im Kloster Einsiedeln wird ein etwa um das Ende des 10.
Jahrhunderts geschriebener Kodex aufbewahrt, in welchem die
Weihen der zum Teil im Breisgau gelegenen Kirchen dieses
Kloster *Endingen, Riegel, Burgheim, Liel usw.* vermerkt sind, wie
z. B. am 23. Januar die Weihe der Basilika St. Clemens in *Endinga*,
18. November des Erzengels St. Michael in *Regale*, des Bekenners
St. Martin in *Regale*, der heiligen Gottesgebärerin Maria in
Regale, 1. Juni des Protomärtyrers St. Stephan in *Regale*, des
heiligen Apostels Petrus in *Burgheim*, des heiligen Johannes des
Täufers in *Lilaha*, des Märtyrers St. Vitus in *Ascenzaha*, des
Bekenners St. Othmar in *Ascenzaha*, des Märtyrers St. Pancratius
in *Lielaha*, am 1. September St. Bartholomäus in *Quadravedes*, St.
Sebastian in *Campi*, des Märtyrers St. Georg in *Chaltebrunna*, des
Bekenners St. Martin in *Utenuouua*, des Apostels St. Petrus in
Utenuouua, der Märtyrerin St. Verena in *Steveia*, des Bekenners
St. Martin in Mailand usw. Zu bemerken ist das Dorf *Ascenzaha*
im Thurgau, das aus den konfiszierten Gütern eben dieses
Guntram derselbe Kaiser Otto I. der Zelle des heiligen Meginrad,
bekannt als *Einsidlen*, im Jahre 959 zuschrieb *im Dukat
Alemannien, in einer Grafschaft des Herzogs Burchard namens
Turgouue, im Dorf Ashinza zu solchem Eigentum, wie sie der Graf
Gundramnus in diesem Ort selbst innehatte, das ihm wegen seiner
Untreue durch ein gerechtes, öffentlich geführtes Gerichtsverfahren
als Sühne entzogen und in königliches Recht überführt wurde,* wie
bei P. Herrgott[12] und Hartmann[13] zu lesen ist. Daraus geht hervor,
daß Guntramnus ›Graf‹ genannt wird, obwohl seine Güter,
aufgrund deren Umfang er ›reich‹ genannt worden war, im
Breisgau in der Grafschaft des Liutolf, im Thurgau aber in der
Grafschaft des Herzogs Burchard gelegen waren. Etwa gegen

12   L. c. p. 78
13   Annal. Eremi p. 56

Ende des 10. Jahrhunderts wurden durch die Enkel des Guntramnus Radepoto und Berthold die hochadligen Geschlechter in Alemannien, aus denen die Ethiconen hervorgegangen waren, voneinander getrennt, nämlich in die *Habsburg-Österreichische* und die *Zähringer-Badische*, die später im Schwarzwald die Vorherrschaft errang.

Bertholdespara.

IV. Die Birtilonen aber und die Bertholdi setzt Schöpflin in seiner ›historia Badensis‹[14] als Grafen im Breisgau und im Schwarzwald schon für das 8. Jahrhundert an. Was er aber von der Urkunde berichtet[15], durch die Kaiser Otto III. im Jahre 999 am 29. März *auf Bitten des Herzogs Hermann von Schwaben seinem Grafen B. das Recht gewährte, in einem gewissen Ort seines Eigentums namens Villingen öffentlich Handel zu betreiben, zusammen mit einer Münze, einer Zollstelle und der Gerichtsbarkeit für sämtliche öffentlichen Angelegenheiten,* bezieht sich auf jenen Gau, von dem wir schon im vorhergehenden Buch gesehen haben, daß er nach den Bertholds *Bertholdespara* genannt wurde; der bedeutendere Teil davon ist einem Zweig der Fürstenberger, des schon genannten hochadligen Geschlechts, von mütterlicher Seite her untertan. Freilich erscheint er in diesem Jahrhundert sogar mit der einfachen Bezeichnung *Para* bei P. Herrgott[16] zum Jahr 948 und 985. Im ersten dieser Diplome übereignete Otto I. dem Kloster St. Gallen eine Pfalz namens *Sueninga,* im Gau *Alpegowe* gelegen, und eine andere im Gau *Para* namens *Oberepfendorf* (am Neckar) zusammen mit einer Taufkirche, von der wir glauben, daß sie die Pfarrkirche gewesen ist. Aus der Petershauser Chronikhandschrift haben wir eine Schenkung veröffentlicht, die von Gebhard, dem späteren Bischof von Konstanz, dem zweiten dieses Namens, der Kirche der hl. Maria von Konstanz zur Zeit des hl. Konrad gemacht wurde; es ging dabei um Grundbesitz in *Hoberndorf bei dem genannten heiligen Kloster der Diözese Konstanz, wo sich ständig Brüder aufhalten, um Gott zu dienen:* diesen rechnet er auch sich selbst zu. Im zweiten der genannten Diplome bei Herrgott[17] gibt es einen Tauschhandel desselben

14 T. I. p. 32 etc.
15 Ibid. p. 34
16 Geneal. diplomat. T. II. P. I. p. 74 et 88
17 l. c. p. 88

Gebhard aus gräflichem Geschlecht von Bregenz, der nunmehr Bischof von Konstanz war, mit dem Abt Pezelinus von Petershausen über Güter in *Togginga* und in dem Dorf *Epfendorf* im Gau *Para*. Der heilige Gebhard nennt in dieser Urkunde seinen Vertreter Chuzo Udalricus, von dem auch in einer Tauschurkunde mit dem Reichenauer Abt Alwich zugunsten der Gründung des Klosters Petershausen zu lesen ist, die wir aus dessen uralter Kirchengeschichte veröffentlicht haben.

In der eben genannten Petershausener Handschrift, aus der die Urkunde bei P. Herrgott entnommen ist, wird berichtet, Hadwich, die Hinterbliebene des Herzogs Burchard, habe ihrem Enkel, dem seligen Gebhard, das *Epfindorf* genannte Landgut geschenkt zum *Unterhalt der Gott dienenden Brüder in seinem Kloster namens Petershausen, welches er selbst durch die Autorität und eine Privilegsurkunde des Kaisers Otto bis zum gegenwärtigen Zeitpunkt innehabe; den vierten Teil eben dieses Dorfes jedoch erhält das Kloster von Stein.* Wir haben diese Privilegsurkunde Ottos III. veröffentlicht, in der auch noch andere Orte des Gaues *Para* in der Grafschaft des Grafen Hildibold aufgeführt werden. Die Ortschaft *Lutwang* im Gau *Albegow* aber, die in jener ersten Urkunde bei Herrgott erwähnt wird, mag sich meinetwegen auf den Gau *Algovia* in Schwaben beziehen, der, wie ja auch unser Schwarzwald, nach den steilen Bergen der Alpen benannt ist und einst dicht und eng von Wäldern bestanden war; auch unsere Brüder bemühten sich darum, diese zu roden und das unfruchtbare Land zu kultivieren, nachdem Siedlungen und Lohnarbeiter der uralten Klöster des heiligen Magnus von Füssen, Kempten und Isny hierhergebracht worden waren; diesen müssen Ottobeuren und andere Rhätien benachbarte Klöster aus der letzten Zeit hinzugerechnet werden.

Auf unseren *Alpgau* aber bezieht sich die Urkunde bei dem genannten P. Herrgott[18] zum Jahr 929, derzufolge der Vorsteher von St. Gallen Ruadpertus einen Tausch mit *Engilbold in Wihlheim* vornahm, *das im Alpegewe liegt, ein Hofgut, welches er seiner Ehefrau überließ: Und jener genannte Engilbold erhielt dafür in Aloupha eine Hufe, nämlich eine Hufe von fünf Joch an Äckern und Wiesen. Erfolgt und ausgelöst im Gau Alpegowe in dem Dorf*

---

18   L. c. p. 72

namens Eperolfuigga (Eberfingen) *in Anwesenheit des Grafen Liutho ... im 10. Regierungsjahr des Königs Heinrich.*

Das Geschick des Dukats
Alemannien im 10. Jahrhundert.

V. Hier wird der Graf des Alpgaus Liutho genannt, wie ja überall, vor allem aber in Alemannien, Grafen und Herzöge wieder ihr Haupt erhoben, während das Karolingergeschlecht seinen Niedergang erfuhr, das diese in den vergangenenen Jahrhunderten zu Ruhe und Ordnung gezwungen und unterdrückt hatte. Schon König Konrad, der als übriggebliebener Sproß eben dieses Stammes angesehen werden kann, hatte, nachdem er seine Oberherrschaft Ostfranken und Alemannien gefestigt hatte, eben diesem Burchard aus den Grafen von Buchhorn am Bodensee als Herzog vorangestellt, der unter anderen den Klöstern St. Gallen und Reichenau gegenüber feindselig gesinnt war; wie Hermann der Lahme bezeugt[19], wurde er auf seinem Konvent im Jahre 913 ermordet. Für ihn trat Erchanger den Dukat an, der sich mit dem König Konrad im Jahre 913 versöhnte und ihm seine Schwester Kunegunde zur Frau gab; doch bald darauf im folgenden Jahr plante er wiederum einen Umsturz und nahm Bischof Salomo von Konstanz gefangen; doch nachdem er selbst gefangengenommen worden war, wurde er von Konrad in die Verbannung geschickt. Doch als er von dort wieder zurückgekehrt war, wollte er zusammen mit seinem Bruder Berthold von neuem den Dukat erringen; Eckhard nennt sie Kammerboten: Doch beide wurden am 21. Januar des Jahres 917 als Rebellen geköpft, wie Hermann der Lahme bezeugt. Nachdem der Herzog Burchard den Grundbesitz der Verurteilten zu Lehen genommen hatte, zeigte sich später der Herzog Alemanniens, und damit auch des Schwarzwalds, Liutolf gegenüber dem König Heinrich als aufständisch, wie ja auch selbst der Sohn Ottos I., wie wir ausgeführt haben.

Die Benediktinermissionare im 10. Jahrhundert.

VI. Was den Zustand der Kirche im 10. Jahrhundert angeht, so haben ihn die besten Fürsten selbst, Heinrich und vor allem Otto,

---

19 Urstis. Script. Germ. p. 311

erhaben gemacht, indem sie so viele neue Kirchen errichteten und sie großzügigst und reich ausstatteten; ja sie haben sogar die Randgebiete der katholischen Kirche selbst vergrößert. Hierzu geben wir die Worte des Lambert von Schafnaburg zum Jahre 960 wieder, der folgendermaßen schreibt[20]: *Es kamen Gesandte des russischen Volkes zu König Otto und baten darum, daß er irgendeinen seiner Bischöfe überstelle, der ihnen den Weg der Wahrheit zeigen könne. Dieser entsprach ihrer Bitte und schickte Bischof Adelbert, einen wahren Katholiken, der soeben gerade noch ihren Händen entkommen war.* Dieser Adelbert war zunächst Abt von Weißenburg und wurde von hier aus der erste Erzbischof von Magdeburg; allerdings war er zu der Zeit, als er nach Rußland geschickt wurde, noch Mönch von St. Maximus in Trier: über diese Entsendung stellt Mabillon[21] zum Jahr 960 eine umfassende Erörterung an. Nachdem Adelbert aus Rußland vertrieben worden war, predigte er den Böhmen, Polen, Preußen und Ungarn das Evangelium, wobei er in Gaudentius einen Gefährten bei der Verkündigung und einen Nachfolger auf dem Bischofssitz von Magdeburg hatte.

Der andere Adelbert, ein Schüler des vorherigen und Bruder des genannten Gaudentius von böhmischer Abstammung, dessen Jugend der vorher genannte Adelbert in der Schule von Magdeburg maßgeblich bestimmte[22], war der Apostel der Slawen und später Bischof von Prag. Nachdem er dieses im Jahr 989 verlassen hatte, weil er feststellte, daß seine Verkündigung bei den verwilderten Böhmen keine Wirkung hatte, legte er das Mönchsgewand von Cassinum an und wurde schließlich in Preußen im Jahre 997 mit dem Martyrium gekrönt[23]. Einen anderen Apostel desselben Volkes fügt Trithemius zum Jahr 983 hinzu[24], nämlich den heiligen Lybacius, ein Mönch aus unserem Orden im Kloster des heiligen Alban in der Nähe von Mainz, *den Papst Benedikt VII. wegen seiner unvergleichlichen Gelehrsamkeit in den heiligen Schriften und seines Eifers für den christlichen Glauben gleich nach dem Bischof und Märtyrer Adelbert einordnete und ihn mit vielen anderen Mönchen zusammen dazu bestimmte, den katholischen*

20   Pistor. Script. Germ. T. I. p. 314
21   Annal. T. III. p. 551
22   Ibid. p. 636
23   Mab. annal. T. IV. p. 66. 114 etc.
24   Annal. Hirs. T. I. p. 125

Glauben den Völkern in Rußland zu predigen. Fünf Mönche unseres Ordens, nämlich Benedikt, Nathanael, Johannes, Isaak und Christian, Schüler und Brüder des erwähnten heiligen Adalbert, der vom Mönch zum Erzbischof und Märtyrer der Ruthenen geworden war, bekehrten zu dieser Zeit in Ungarn, Polen und Rußland durch Wort und Beispiel viele der Heiden zum rechten Glauben an Christus und wurden schließlich am 23. April von den ungläubigen Ruthenen mit dem glorreichen Martyrium gekrönt. Daß nicht wenige Ungarn von dem heiligen Mönch Gilbert von Gorze und Begründer des Klosters Gemblach zum Glauben an Christus bekehrt worden sind, überliefert Sigebert in dessen Lebensbeschreibung. Doch eine viel umfassendere Bekehrung desselben Volkes weist Hundius[25] dem Bischof Pelegrinus von Padua zu, *der, wie er sagt, den Ungarn gepredigt hat, die zwar schon vorher zu Gott bekehrt worden waren, aber in die häßlichsten Irrtümer zurückfielen; für diese wandte er, um sie auf den wahren Weg der Frömmigkeit zurückzuführen, bei der Belehrung besondere Mühe auf und auch darin, daß er der Kirche geeignete Hirten voranstellte. Von Zeit zu Zeit pflegte er für das wieder neu zum Christentum gekommene Volk aus den Reihen der Mönche und Kleriker solche Männer zu überstellen, die das Evangelium weiter verbreiten sollten. Durch diese fromme und echt bischöfliche innere Haltung gewann er, vor allem aber auch durch die Hilfe des heiligen Bischofs Wolfgang von Regensburg, bei den Vornehmeren beiden Geschlechts 5000 Ungarn für Christus.* Dieser heilige Wolfgang war Mönch von Einsiedeln gewesen, wo er von dem heiligen Bischof Udalrich von Augsburg, der in der Schule von St. Gallen groß geworden war, zum Priester geweiht wurde und, nachdem er mit Erlaubnis seines Abtes das Kloster verlassen hatte, im Noricum und in Pannonien den Glauben verkündigte; von dort aber zum Bischof von Regensburg berufen, erstrahlte sein hell leuchtendes Gestirn nicht nur für Bayern, sondern auch für unser Alemannien.

Die Bischöfe des Schwarzwalds.

VII. Aus eben dieser Schule von St. Gallen ging Bischof Salomon III. von Konstanz schon seit dem ausgehenden 9. Jahrhundert

25 Metr. Salisb. T. I. p. 200

hervor, der in seinen Liedern, die von Canisius[26] herausgegeben worden sind, das unheilvolle Geschehen seiner Zeit beschrieben hat. Er hinterließ seine Diözese, die den bedeutendsten Teil des Schwarzwaldes umfaßt, in blühendstem Zustande seinem Nachfolger Noting aus dem Geschlecht der Grafen von *Vehringen*, den Trithemius und ebenso Bucelin als Mönch von St. Gallen ansehen. Dieser erzog den heiligen Konrad, einen Sohn des Grafen Rudolph von Altorf aus dem mit ihm verwandten Welfengeschlecht von frühester Jugend an nach der Ordensregel des heiligen Benedikt; diesen hatte er auch im Jahre 934 zum Nachfolger – ein unvergleichlicher Bischof! Auf dessen Verdienste gegenüber dem Schwarzwald werden wir später noch im einzelnen zu sprechen kommen, wie auch auf seinen Nachfolger Gaminold und den heiligen Gebhard, den Gründer des Klosters Petershausen bei Konstanz, aus dem gegen Ende dieses 10. Jahrhunderts der Mönch Lambert eben diesem Gebhard auf den Konstanzer Bischofsstuhl nachfolgte, den er gleichermaßen klug wie auch geschickt verwaltete.

Und so zählte er für dieses gesamte Jahrhundert Bischöfe auf, die der so ungemein bedeutenden Diözese Konstanz würdig waren, die die ›Gallia christiana‹ rühmend erwähnt[27]: weiterhin auch jene des Bistums Straßburg, wie etwa Bischof Alewich von Straßburg[28], der vorher Abt des Klosters Reichenau gewesen war; natürlich auch Otbert, von dem manche aufgrund der Meinung Richwins, seines Nachfolgers im Bischofsamt nach Godefrid, fälschlicherweise berichten, er sei ermordet worden; Grandidier[29] weist in seiner ›Historia Ecclesiae Argentinensis‹ anhand einer Inschrift nach, daß dieser jenem nur ganz kurze Zeit danach im Amt nachfolgte, und nach Ruthard und Utto III. war Erchembald sein Nachfolger. Dieser ist von allen in diesem Jahrhundert der berühmteste Bischof von Straßburg gewesen und ein Lobredner auf seine Vorgänger, deren Verzeichnis er in Versen darstellte wie auch die bürgerlichen Rechte und Gesetze der Stadt Straßburg, die dem eben genannten Geschichtswerk eingefügt sind[30].

---

26   T. II. P. III. Lect. antiq. p. 235
27   T. V. p. 901 seqq.
28   Ibid. p. 791
29   T. II. p. 276
30   Ibid. p. 42 seq.

Auf derselben Synode von Altheim im Jahre 916, auf der der Fall des ermordeten Bischofs Otbert von Straßburg erörtert wurde, wurde auch die Blendung des Bischofs Einhard oder Everhard von Speyer behandelt, der zum Bischofsamt aus dem Kloster Weißenburg genommen worden war, wie ja auch seine Vorgänger etwa gegen Ende des 9. Jahrhunderts Amalrich und Bernard und im 10. Jahrhundert nach Amalrich II. und Reginobald, einem Hirsauer Mönch aus unserem Schwarzwald, Godefrid und wiederum nach Odegarius, der vorher Mönch in Hornbach gewesen war und nach Balderich Rupert, wie in der ›Gallia christiana‹ vermerkt wird[31]. Ebenda[32] kann mit sozusagen einem Blick erkannt werden, daß die meisten Metropoliten des Schwarzwaldes und die Erzbischöfe von Mainz in diesem 10. Jahrhundert aus dem Kloster Fulda geholt wurden, und im folgenden 11. Jahrhundert noch viel mehr.

Das Ordensleben in den Diözesen.

VIII. Im vorherigen Buch haben wir anhand der Aussagen des Trithemius in der Diözese Speyer die Einrichtung der Regularkleriker in einem gemeinschaftlichen Leben rühmend erwähnt, die durch öffentliche Urkunden gesichert und bestätigt worden ist. Für nicht unähnlich wird das Beispiel des seligen Gebhard, des Gründers des Klosters Petershausen, angesehen. Dieser stellte jene Urkunde, die wir veröffentlicht haben, zu Gunsten des Klosters bzw. der Diözese Konstanz aus, als dessen *Bruder* unter dem damaligen heiligen Bischof Konrad er sich bezeichnet, und er tätigte die Schenkung für die Brüder an diesem heiligen Kloster der genannten Diözese Konstanz, die ebendort Gott ständig dienen. Derselbe selige Gebhard, schon Bischof von Konstanz, teilte die Besitzung, die er sich in der Nähe von Konstanz für ein Landgut erworben hatte, das er *aus elterlichem Erbe in einem Dorf* namens *Zurzach* besaß, im Jahre 983 in drei Teile, deren *einen freilich*, wie er selbst in der genannten Urkunde verfügt, *ich für mich und meine bischöflichen Nachfolger der Diözese Konstanz, den zweiten aber für die Brüder der Diözese bestimmt habe: im dritten aber habe ich das Kloster des heiligen Papstes Gregor erbaut.* Von dieser Gründung handeln auch die Autoren der ›Gallia

31 T. V. p. 718
32 p. 452 seqq.

christiana‹[33] und ebenfalls Mabillon in den Annalen unseres Ordens zum Jahr 983[34]. Übrigens sieht der Petershausener Abt Eberhard die Brüder der Diözese Konstanz in einer Urkunde des Jahres 1205, die wir herausgeben werden, vielleicht noch als dieselben an, die in einer Notiz desselben Klosters *Kanoniker* genannt werden.

Daß im 7. und 8. Jahrhundert weithin die Diözesen in Deutschland genauso wie in England von Mönchsgemeinschaften geleitet worden sind, bestätigte nach Mabillon auch Hansiz in der *Germania sacra* und P. Meichelbeck in seiner *historia Frisingensis.* Die Regel, die der heilige Bischof Rodegang von Metz für seine Klerikalkanoniker geschrieben hatte, ist außer den Texten der heiligen Schrift und der Kanones fast vollständig nach jener Regel des heiligen Benedikt verfaßt, zu der er sich selbst bekannt hatte, ebenso auch Amalarius. Von diesem wurde, wie Mabillon bezeugt[35], eine weitere Regel für Kanoniker geschaffen, die auf dem Konzil von Aachen im Jahre 817 an die Stelle der veralteten Regel des Rodegang trat und im Frankenreich für das gemeinsame Leben von Klerikern vorgeschrieben wurde. Daher kam es, daß sogar eben solche Diözesen unter Leitung eines Bischofs oder eines Kollegiums ›Kloster‹ genannt wurden, nämlich nach den ihnen angeschlossenen Klöstern für Kanoniker oder Mönche, von denen wir schon erwähnt haben, daß diese selbst wegen ihres Lebens nach einer Regel oder einem Kanon auch Kanoniker genannt wurden. Beide Stände aber hatten die Väter des Konzils von Mainz im Jahre 813 voneinander getrennt; zu dieser Zeit hatte man sich die allergrößte Mühe gegeben, das Leben in Gemeinschaft und entsprechend einer Regel für Mönche und Kanoniker zu ordnen, und in Kanon 21 wurde vorgeschrieben[36], *daß ein jeder Bischof über die einzelnen Klöster Bescheid weiß, wieviele Kanoniker jeder Abt in seinem Kloster hat: Und darin sollen beide in gleicher Weise insgesamt Sorge tragen, daß, wenn jemand hatte Mönch werden wollen, er nach der Regel leben muß; wenn aber nicht, er ganz nach dem Kanon zu leben hat.*

---

33   T. V. p. 904 et 1032
34   T. IV. p. 14
35   Annal. T. II. p. 429
36   Conc. Germ. T. I. p. 410

Die Wahl zwischen diesen beiden Ständen stand also frei, und von den Bischöfen war den einzelnen Klöster ihrer Diözesen eine freie Entscheidung zu gewähren, ob sie ein Ordensleben nach der kanonischen oder nach der monastischen des heiligen Benedikt hochhalten wollten. Dies ist, auf dem 13. Kapitulare desselben Jahres noch deutlicher erklärt und empfohlen, in der Sammlung des Balluzius Kap. 438 nachzulesen, wo angeordnet wird, daß auch sogar die Vögte so beschaffen sein sollten, *wie es die Kanoniker- oder die Ordensregel von ihnen verlangt, nämlich dem Willen Gottes untertan zu sein und immer bereit, jegliche Gerechtigkeit zum Ziel zu führen, das Gesetz ohne hinterhältigen Betrug in vollem Umfang zu beobachten und immer ein gerechtes Urteil zu fällen: eure Vorgesetzten sollen so sein, wie es die heilige Regel vorschreibt. Und sie mögen vor allem dies beachten, daß sie in keinem Stück von der Richtschnur des Kanons oder der Regel abweichen, sondern in allem Demut haben. Wenn sie aber andere Vorstellungen haben sollten, sollen sie die Ordenszucht zu spüren bekommen; und wenn sie sich weigern sollten, sich zu bessern, sollen sie von ihrem Vorgesetzten abberufen werden und und an ihre Stelle solche gesetzt werden, die würdig sind.* Hierhin gehören des weiteren die Kapitel 21 und 22 bei demselben Balluzius, durch die Kanoniker eigens dazu verpflichtet werden, das Leben nach dem Kanon in vollem Umfang zu beobachten und sich in einem bischöflichen Hause oder sogar in einem Kloster mit aller Sorgfalt gemäß der kanonischen Ordnung ausbilden zu lassen. Darüber wird aber ebendort folgendes festgesetzt: *Auf keinen Fall darf zugelassen werden, daß sie draußen herumstreunen, sondern sie sollen unter stetiger Bewachung leben, und nicht gierig sein nach schmutzigem Gewinn, nicht Ehebrecher, Diebe, Mörder, Räuber, streitsüchtig, jähzornig, aufgeblasen, betrunken sein, sondern keusch an Herz und Leib, demütig, bescheiden, enthaltsam, sanft und friedfertig, damit sie als Söhne Gottes würdig seien, zu den heiligen Weihen vorgelassen zu werden. Weder in den Dörfern noch in den Weilern soll es solche in Nachbarschaft oder Nähe zur Kirche ohne Lehramt oder Zucht geben, die auf Grund ihres luxuriösen Lebens oder durch Unzucht oder auch durch andere Übeltaten Sarabaiten genannt werden, dem zuzustimmen abwegig wäre.* Dieser letzte Satz ist nach den Worten des ersten Kapitels der Regel des heiligen Benedikt *Über die Arten der Mönche* formuliert, der sich auf die dritte Art der Sarabaiten bezieht.

Jene Ordnung eines Lebens nach dem Kanon hatte solange Bestand, bis sie nach dem Zusammenbruch des Karolingerge- schlechts und des Frankenreichs im 10. Jahrhundert allmählich zu vergehen begann, wofür Trithemius zum Jahr 973 einige Beispiele notiert[37]: *Zu dieser Zeit folgte dem verstorbenen Erzbischof Heinrich von Trier Theoderich von Mainz im Amte nach, unter dem die Kanoniker der Hauptkirche St. Peter, die von der ersten Zeit ihrer Gründung an unter einer gewissen Regel bis zum vorgeschrie- benen Zeitpunkt hin in Gemeinschaft miteinander gelebt hatten, die Ordnung der alten Lebensweise ablegten und sodann aufhörten, Regularen zu sein, nachdem sie untereinander die Pfründe aufge- teilt hatten; und sie, die vorher nach Art der Apostel alles mitein- ander gemeinsam hatten, begannen gleich darauf, als einzelne Eigentum zu besitzen. Deren Beispiel folgten später viele Kanoniker, wie zum Beispiel die des heiligen Paulinus in Trier, des heiligen Castor in Koblenz und der heiligen Martin und Victor in Mainz: Auch in Worms und Speyer stiegen sie zu einer eigenen Lebensweise ab; dies konnte deshalb geschehen, weil sich in einer langen Zeit- spanne vieles verändert.* In unserem Alemannien und anderswo, wo die Bischöfe, die wir kurz vorher aufgezählt haben, von Eifer für die Ordnung und Heiligkeit ihres Lebens erstrahlten, wurde die Einrichtung eines Lebens nach der Regel in Gemeinschaft mit sehr großem Einsatz aufrecht erhalten. Franc. Guillemannus, der *Über die Bischöfe von Straßburg* eine Abhandlung verfaßt hat, verwendete[38] das Zeugnis des Trithemius, der bestätigt, daß diese Form der Kanoniker bis zu den Zeiten Ottos III. bestanden habe, in denen *sie schließlich dem Beispiel der Trierer folgten und aufhörten, Regularen zu sein und der Sache und dem Namen nach Laien wurden.* Guillemannus bezeugt nun, daß dies bei den Straßburgern erst recht spät erfolgt sei und nur unter Heinrich IV. oder um diese Zeit.

Die monastische Disziplin im 10. Jahrhundert.

IX. Auf der Augsburger Synode des Jahres 952 kamen viele von jenen bedeutenden Hirten der Kirche zusammen, die wir oben genannt haben, Udalrich von Augsburg, Konrad von Konstanz, Godefrid von Nemetum oder Speyer und Voto oder Uto von

37 Annal. Hirsaug. T. I. p. 116
38 p. 417

Straßburg mit sehr vielen anderen, die unter anderem auch grundsätzliche Beschlüsse zur kirchlichen Disziplin faßten[39] und auch verschiedene andere in bezug auf das monastische Leben, um dieses in den Klöstern für beide Geschlechter zu festigen. Nachdem dann von Otto d. Gr. alle Bischöfe Deutschlands und gleichzeitig auch die Äbte zum Konzil von Mainz des Jahres 963 einberufen worden waren, um eine Erneuerung des kirchlichen Zustandes herbeizuführen, werden von Trithemius[40] außer den heiligen Udalrich, Konrad und Otger von Straßburg und anderen Bischöfen auch die anwesenden Äbte zu demselben Jahr erwähnt und unter diesen als erste Hatto von Fulda und Siger von Hirsau in unserem Schwarzwald und die diesem benachbarten Äbte in Schuttern, St. Gallen und der Oberreichenau. Wie derselbe bezeugt, *dauerte dieses Konzil fast drei Monate lang ohne Unterbrechung vom Osterfest an, und es wurde dort unter dem Vorsitz des großen Kaisers vieles zur Erneuerung des kirchlichen und monastischen Standes abgehandelt: Obwohl dies dem Wortlaut nach schriftlich vorliegt, führen wir es aus Platzgründen nicht auf.* Woher Trithemius dies geschöpft hat, wissen wir nicht; es gibt nämlich keinerlei Spur eines solchen Konzils, weder bei den zeitgenössischen Autoren, noch ist es in den Sammlungen der Konzilien nach dem Konzil von Ingelheim in der Nähe von Mainz vom Jahre 958 zu finden; der wichtigste Umstand ist aber, daß Otto schon im Jahr zuvor in Rom war und sich somit gar nicht in Deutschland aufhielt.

Es ist hier nützlich, darauf zu verweisen, was zu Beginn des 10. Jahrhunderts das Konzil von Trosly im Jahre 909 anführt, wenn es den Zustand der fränkischen Klöster wegen der Normanneneinfälle beklagt; die gleichen Gefahren und noch größere gab es wegen der Ungarneinfälle andernorts auch in Alemannien bis hin in die Einsamkeit des Schwarzwaldes. Die Väter aber sagten[41] dort in Kap. 3: *Wir sind uns beinahe schon unschlüssig darüber, was wir nicht über den Zustand, sondern über den Niedergang der Klöster sagen oder abhandeln sollen. Die Schwere der Anklagen nämlich fordert das Gericht, und es nimmt seinen Anfang vom Hause des Herrn, da einige der Klöster von den Heiden in Brand gesteckt oder zerstört und andere ihres Vermögens beraubt und fast an den Rand*

---

39 Conc. Germ. T. II. p. 622
40 Annal. Hirsaug. T. I. p. 108
41 Conc. Labb. T. IX p. 527

des Abgrunds gebracht worden sind, wenn freilich auch jetzt noch Spuren von etlichen übriggeblieben zu sein scheinen, und es gibt in ihnen keine Einrichtung einer Lebensform nach der Regel mehr. Es fehlen ihnen eigene und nach eigenem Recht zustehende Vorsteher sowohl für Mönche, als auch für Kanoniker und Nonnen, während sie gegen alle Autorität der Kirche fremde Prälaten in Anspruch nehmen. In diesen teils unter Not, teils unter Bosheit und vor allem unter der Unfähigkeit untauglicher Vorgesetzter ihre Tage verbringend leben sie nach ungeordneten Sitten: Und sie, die nach Heiligkeit und himmlischem Glauben hätten streben sollen, verwandten ihre Zeit für irdische Geschäfte, wie wenn sie nicht mehr an ihr Gelübde dächten. Manche verließen sogar, durch Not gezwungen, die Einfriedungen der Klöster, verbanden sich wider Willen mit der Welt und tätigten weltliche Geschäfte, obwohl doch im Gegensatz dazu der Apostel sagt[42]: Kein Soldat, der in den Krieg zieht, läßt sich in Alltagsgeschäfte verwickeln. Und wenig später: Jetzt halten sich in den Gott geweihten Klöstern von Mönchen, Kanonikern und Nonnen Laienäbte auf mit ihren Frauen, Söhnen und Töchtern, mit Soldaten und Hunden.

Doch durch den gnädigen Gott und den Glauben unserer Könige und Kaiser ist Deutschland von so großen Übeln bewahrt worden. Nach dem vorzüglichen Abt Konrad von Ursberg erzählt Trithemius[43] von einer Tat Ottos des Großen. Als dieser nämlich im Breisgau Breisach besetzte und von dem König der Franken, dem Herzog von Lothringen, dem Grafen von der Pfalz und anderen Feinden bedrängt wurde, bat ihn ein gewisser Graf, dessen große Zahl Soldaten das königliche Heer nicht wenig zierte, und der den Abfall der meisten vom König bemerkte und die günstige Gelegenheit wahrnahm, ihm zu seinem und seiner Leute Nutzen die hochedle und bedeutende Abtei Laurisheim abzutreten, die damals noch zu unserem Orden gehörte. »Als König Otto erkannte, was jene Bitte zu bedeuten hatte, antwortete er dem Grafen vor allem Volk: *Man muß Gott mehr gehorchen, als den Menschen: Welcher Mensch von gesundem Verstand weiß nämlich nicht, daß du dies nicht aus dem Streben nach Demut verlangt hast, sondern um mit deiner Macht drohen zu wollen? Es ist geschrieben: Werft das Heilige nicht den Hunden vor: Auch wenn*

---

42   2 Tim. 2
43   Annal. Hirsaug. T. I. p. 78 ad an. 940

*man dies in geistigem Sinne verstehen muß, glaube ich doch, das
Heilige den Hunden vorgeworfen zu haben, wenn ich dir die Güter
der Klöster, die den Streitern für Gott von gläubigen Männern
übergeben worden sind, überlassen und den Streitern für die Welt
geschenkt habe. Dir aber, der du so frech Unrechtes forderst,
schwöre ich unter dem Zeugnis des ganzes Volkes und bekräftige,
daß du weder dies noch sonst irgend etwas von mir erhalten wirst.
Wenn es dir am Herzen liegt, mit den anderen Ungläubigen hinweg-
zueilen, dann geh, je schneller, desto besser, wohin auch immer du
willst: Ich werden dir zuliebe kein Unrecht tun.«*

Vergeblich auch, wie derselbe Trithemius zum vorhergehenden
Jahr 939 berichtet[44], bemühte sich Erzbischof Friedrich von
Mainz darum, Otto zu überreden, die große Anzahl der Mönche
zu verringern, indem er sagte, es sei wohl besser, daß wenige und
nach Leben und Bildung hervorragende Mönche in den Klöstern
lebten als sehr viele ungebildete und dumme; es sei daher
notwendig, den Lebenswandel in den einzelnen Klöstern
sorgfältig zu durchleuchten und diejenigen, die sich nicht wohl
verhielten, aus den Klöstern zu entfernen. *Allerdings*, fügt er
hinzu, *hatte er sogar etliche der Bischöfe dazu überredet, in dieser
Weise zu verfahren. Durch deren Strenge zutiefst erschreckt und sich
ihrer eigenen Schwäche bewußt, entzogen sich sehr viele Mönche der
schweren Belastung durch die Bischöfe, legten das Mönchsgewand
ab und verließen die Klöster.* Doch jene sorgten habsüchtig nur für
sich selbst und waren zudem noch mit mehreren Abteien bereichert, von denen Hatto von Mainz insgesamt zwölf besaß, den
Bischof Salomo III. von Konstanz mit Gedichten feierte, der doch
selbst mit ebenso vielen Abteien ausgestattet war, obwohl er sich
nicht nur geweigert hatte, Mönch zu sein, sondern auch nach
seiner Zulassung zum Studium der Wissenschaft am Kloster St.
Gallen sich geweigert hatte, im Mönchsgewand aufzutreten: aus
diesem Grunde war er Notker, Rapert und Tutilo verhaßt.

Die wissenschaftlichen Studien in den Klöstern.

X. Eben diese selbst waren es, die zusammen mit Iso und anderen
jenes Kloster und seine Schule in diesem 10. Jahrhundert und den
folgenden so außerordentlich berühmt machten, vor allem die

44 L. cit. p. 76

beiden Notkers, die Kapläne Ottos I. und II., noch mehr aber
Eckhard der Ältere und der Jüngere: von diesen ist verschiedentlich bei Mabillon in den Annalen[45] und in den Benediktinischen Heiligenakten[46] zu lesen. Auch Viktor, ein Mönch desselben
Klosters und noch gelehrter als die übrigen, aber auch ungestüm
und nur recht wenig zum Gehorsam bereit, wird bei Mabillon zum
Jahr 937 notiert[47]. Dieser wurde später dennoch von dem Straßburger Bischof Erchinbald, seinem Blutsverwandten, herbeigeholt und brachte es zuwege, daß die Straßburger Schulen später
zu den blühendsten überhaupt gerechnet wurden[48]. Aus derselben
Schule von St. Gallen rühmt Trithemius[49] zum Jahre 926 den
Hirsauer Abt Diethmar, der vorher Mönch in St. Gallen und
Schüler von Hartmond gewesen war, des nach Notker in jeder Art
von Wissenschaft gelehrtesten Vorstehers der Schule. Diesem
folgte in der Leitung der Schule Adelhard nach, ebenfalls Mönch
von St. Gallen und Bruder des Noting, des Bischofs von
Konstanz, der vorher Mönch gewesen war. Später aber erwähnt
derselbe Trithemius[50] zum Jahr 941 den in jeglicher wissenschaftlicher Disziplin hochgelehrten Mönch Helperich von St.
Gallen, einen ehemaligen Mitschüler des Diethmar, *der nach dem
Tode seines Lehrers* (Adelhard) *zum Vorsteher der Schule bestimmt
wurde und sehr viele weitberühmte Hörer zu in jeglicher Wissenschaft hochgelehrten Männern heranbildete.*

Es dürfte nicht fernliegend sein, aus dem Leben des heiligen
Bischofs Meinwercus von Paderborn die Zahl der Disziplinen
aufzuführen, an der in den Schulen, vor allem in der von
Paderborn, zu jener Zeit festgehalten wurde[51]:

> Es gab dort damals Musiker und Dialektiker;
> Es glänzten die Rhetoriker und die berühmten Grammatiker,
> Damals betrieben die magistri artium das Trivium
> Und beschäftigten sich ganz mit dem Quadrivium,
> Wo sich die Mathematiker hervortaten und die Astronomen
> und wo man Physiker und Geometriker hatte.
> Lebenskraft besaß Horaz und der große Vergil

---

45 Vid. Annal. T. III. p. 619
46 Sec. V. p. 11
47 Annal. T. III. p. 438
48 Ibid. p. 523
49 Annal. Hirs. T. I. p. 67
50 L. c. p. 80
51 Apud Leibniz. Script. Brunswic. T. I. p. 546 n. LII.

und Crispus Sallustius und Urbanus Statius.

Und allen machte es Spaß, über Versen zu schwitzen
Und über Liedern und fröhlichen Gesängen,
Und sie hatten eine fortdauernde Beharrlichkeit
Beim Schreiben und Malen.

Lebendige Beispiele für all dies liefert uns auch für andere in dieser Zeit die Geschichte des Klosters St. Gallen, von dem aus überall auch andere Schulen, auch durch den Bekanntheitsgrad der Heiligen, ins Leben gerufen wurden, wie wir weiter oben schon von dem heiligen Udalrich aus Augsburg gesagt haben, der als vorzügliche Zierde der Schule von St. Gallen erblühte, wie auch der heilige Wolfgang von der Reichenau: Dies steht nach den Verfassern beider Heiligenleben fest. Es bestand damals zwischen den beiden Klöstern von St. Gallen und der Reichenau eine Rivalität nicht nur bezüglich der wissenschaftlichen Tätigkeit, sondern auch im gegenseitigen Ansehen, was bei Eckhard dem Jüngeren in seinem ›de casibus monasterii S. Galli‹ in Kap. 10 und 11 zu ersehen ist[52], wo er eine Visitation beschreibt, die unter dem Abt Burchhard von St. Gallen durchgeführt wurde; diese unternahm der heilige Konrad von Konstanz im Jahre 968 auf Befehl des Kaisers Otto d. Gr. ebendort; sie kam auf Drängen von Ruodmann zustande oder, nach Mabillon[53], eher durch Abt Eggehard von der Reichenau, der die Mönche von St. Gallen als sozusagen minder regular angezeigt hatte. Als Eckhard als Dekan anstelle des erkrankten Abtes und sogar der Arzt Notker hierzu Stellung nahmen, zollten die Visitatoren der Ordnung und der Zucht, die der Regel des heiligen Benedikt genau entsprach, ihre höchste Anerkennung. Und der heilige Bischof Konrad sagte abschließend, *Ruodmann* (von der Reichenau) *mag nur mit seiner Heuchelei gegen diesen Ort toben, so viel er will; der heilige Gallus hat heute trotzdem Mönche, die Ruodmann selbst unter seinen Leuten niemals erhalten wird.* Über die auch in diesem Jahrhundert berühmte Schule von Hirsau im Schwarzwald werden wir unten unter der Nummer XX. mehr darlegen.

Tatsächlich ragte damals unter den übrigen Klöstern unseres Ordens das von St. Gallen durch ein um so größeres und vorzügliches Lob heraus, weil allmählich anderswo das 10. Jahrhundert

52 Goldast. Antiq. Alem. T. I. P. I. p. 47
53 Annal. T. III. p. 615

einiges von dem Glanz verlor, durch den die Männer des vorhergehenden Jahrhunderts in jeglicher Art und Gattung der Wissenschaft in Blüte gestanden waren; allerdings darf man dieses 10.
Jahrhundert nicht um seine Anerkennung bringen, die vor allem
dem Benediktinerorden gebührt. Dies festgestellt zu haben ist
notwendig, um unserem 10. Jahrhundert den Makel wieder abzu-
waschen, den einige unmäßig übertrieben haben. *Golden waren
nämlich, wie Trithemius zum Jahr 932 schreibt[54], im Orden unseres
allerseligsten Vaters Benedikt diese Zeiten, zu denen sich die
Mönche durch ihr Leben und ihre Gelehrsamkeit allüberall und
unzählbar auszeichneten. Von diesen wurden viele bis zur höchsten
Zierde des Pontifikats emporgehoben, zumal im ganzen Römischen
Reich keine Diözese zu finden war, die nicht einen Bischof aus einem
Mönchsorden aufgewiesen hätte. Auch legte die Heiligkeit des
Lebens die genaue Kenntnis der heiligen Schriften nahe, und eine
Erziehung in der gesamten Wissenschaft bewirkte ein viel bedeu-
tungsvolleres Leben der Mönche. Dieser herausragende Ruhm unseres Ordens selbst hielt sich in fast fünf Jahrhunderten durch, solange
er jedenfalls innerhalb der lateinischen Kirche der einzige war und
entließ viele Tausende von Heiligen in die Ewigkeit: Ihre Zahl kennt
nur der, der alle Heiligen in seinen Schutz aufgenommen hat.*

Das 10. Jahrhundert wird in Schutz genommen ...

XI. Wer das 10. Jahrhundert seit der Geburt Christi nur mit
schwarzen Farben gemalt hat, hätte sich allein schon durch die
Geschichte des Ordens des heiligen Benedikt eines Besseren
belehren lassen können, wenn ihm schon damals das Licht
geleuchtet hätte, in dem jenes Jahrhundert heute erstrahlt; oder
aber hätte seinen Geist Baronius dahin geführt, der Vater vor
allem der Kirchengeschichte. Wir halten uns nämlich nicht mit
den anderen auf, mit jenen blutjungen und verhätschelten
Bürschlein, die sich viel lieber mit leeren Worten und kunstvoll
gedrechselter Rede befassen als mit Gewichtung und Abwägung
des Inhalts; sie bringen auf dem Umfeld der Wissenschaften und
genauso des christlichen Glaubens alles durcheinander und
verfinstern alles, wobei sie ganz unmittelbar Gefahr laufen, jenes
Schreckgespenst des Unglaubens wirklich werden zu lassen, das

54 Chron. Hirs. T. I. p. 71

schon vor 400 Jahren aufgeblasene Menschen, bar jeder gründlichen Ausbildung, in ihren schwülstigen Reden erzeugt haben. Damals im 15. Jahrhundert und dem folgenden hatte Conradus Celtes gelebt, der die Werke der gelehrtesten Nonne des 10. Jahrhunderts, Roswitha oder Roswida von Gandersheim, veröffentlichte; diese Dichterin wird für bedeutend angesehen, und Mabillon[55] preist sie mit vielen Worten und bringt zugleich das bedeutsame Zeugnis des Cuspianus vor, nämlich daß ihr *weiblicher Verstand bewunderswert sei, der in Sachsen und sogar in der Barbarei herangebildet und geschaffen worden sei;* diesem nicht unähnlich ist ein anderes Zeugnis desselben Conradus Celtes zusammen mit dem Wormser Bischof Johannes von Dalburg in der Vorrede zu den Werken derselben Roswitha, nämlich daß er sich wundere, *daß sie solches im Mädchenalter geschrieben habe und als Frau, die doch mitten in der Barbarei und in einem schrecklichen Heimatland geboren worden sei.* Wenn jene Autoren dies an einer einzigen Nonne des 10. Jahrhunderts bewundern, obwohl sie Verse geschrieben hat, die *nach der Art jener Zeiten weder elegant noch hinreichend kunstvoll waren,* wie derselbe Cuspian äußert, sollten sie doch, wenn sie überhaupt einer solchen Wahrnehmung fähig gewesen wären, zweifellos mehr über so gewaltige Leistungen des nur einen benediktinischen Ordens von Männern staunen, die sich nicht weniger durch ihre Gelehrsamkeit als auch durch die Heiligkeit ihres Lebens ausgezeichnet haben; auch wenn sie sich einfach ausgedrückt haben, wird doch durch sie die Geschichte unseres Vaterlandes mehr erhellt, als es bis jetzt in Deutschland durch die Schreiberlinge unserer Zeit geschehen ist, während vielleicht auf die älteren jenes berühmte Apostelwort[56] nicht unpassend angewendet werden kann: *Im Reden mag ich ein Stümper sein, doch nicht in der Erkenntnis.*

In seiner ›historia litteraria ordinis S. Benedicti‹[57] hat P. Ziegelbauer in vielen Beiträgen darauf hingearbeitet, eine solche Verleumdung, wie sie von Baronius und anderen diesem Jahrhundert aufgeprägt worden ist, abzuwehren und zu entkräften, indem er für alle Gebiete und Reiche aufzeigte, wie sehr damals in ihnen die Pflege der Wissenschaften in Blüte

---

55 Annal. T. III. p. 588
56 2 Kor 11,6
57 P. I. cap. V. p. 36 et seqq.

stand. Wir halten uns hier allerdings nicht damit auf, diese in vollem Umfange aufzuzählen, und begnügen uns mit der Wiedergabe dessen, was derselbe P. Ziegelbauer[58] für uns hier den Wissenschaften bestätigt hat, wobei er einen Traktat mit Namen *Eclaircissemens Litteraires* des Mönches P. Jakob Martin aus der Benediktinerkongregation von St. Maurus zugrunde legte: Als jener zweifellos hochberühmte Abt Fleurius eine Kirchengeschichte verfaßte und sie schon bis zum Ende des 9. Jahrhunderts geführt hatte, wurde er in tiefste Bestürzung versetzt und völlig davon abgeschreckt, sein Werk fortzusetzen, und zwar durch ein Schreckensbild von dem nun folgenden 10. Jahrhundert, das ihm Baronius und andere moderne Schriftsteller vor Augen geführt hatten. Aus jener Verwirrung des Geistes aber wurde er von dem Abt der *Longue-Rue* wieder zurückgeholt, indem dieser ihn dringend aufforderte, den 5. Band der von Mabillon herausgegebenen Akten des Ordens des heiligen Benedikt aufzuschlagen, in der Hoffnung, daß Fleurius daraufhin nicht nur seine Vorurteile ablege, sondern auch von Grund auf erfahre, daß sich die Menschen in diesem 10. Jahrhundert durch Tugend und Weisheit genauso ausgezeichnet hatten wie in den anderen Jahrhunderten, die jetzt so sehr geschätzt werden. Fleurius gehorchte dieser Mahnung, und fand schon, nachdem er lediglich die Einleitung zu diesem Jahrhundert durchgelesen hatte, Stoff in Fülle für eine Untersuchung, die er dem 13. Band seines Geschichtswerkes vorausschickte, und mit der er sozusagen eine gewisse Apologie für diese Zeiten verfaßte, doch so, daß er die Ursache seiner Gesinnungsänderung bis zu deren Ende hinausschob: *um aber zu zeigen, daß ich die Ursache sehr wohl kenne, durch die es kam, daß die Schande einer so schwerwiegenden Verleumdung auf diese Jahrhunderte, von denen ich spreche, versprützt wurde: Es ist dies eine böswillige Auffassung, die die Seelen der Humanisten in Beschlag genommen hat. Ich kenne Laurentius Valla, Bartholomaeus Platina und Angelus Politianus, die in den edleren Wissenschaften erzogen worden waren. Diese gelehrten Männer, oder besser: die dafür gehalten worden waren, mehr von der Wissenschaft erfüllt als mit Glauben und Klugheit begnadet, waren es gewohnt, am rein Äußerlichem hängenzubleiben. Nichts war nach ihrem Geschmack als nur die alten lateinischen und griechischen*

---

58 l. c. p. 43

Schriftsteller. Dadurch kam es, daß sie die Schriften des Mittelalters sogar mit höchster Verachtung bedachten und in der irrigen Meinung lebten, daß, wer den Glanz der römischen Rede und Schreibkunst der Alten verloren habe, alles verloren habe. Diese vorgefaßte Meinung hat sich auch in den Herzen der Protestanten tief eingenistet: Sie glauben, ihre Reformation sei nämlich aus der Erneuerung der Wissenschaften als ihrem klarsten Quell hervorgeflossen.

... und mit dem gegenwärtigen verglichen.

XII. Wenn es anderes nicht gäbe, würde wohl nur dies eine genügen, was in die Augen aller, gerade auch der erbittersten Feinde des Mönchsstandes, sticht, nämlich die überaus kunstvolle Schrift des 10. Jahrhunderts, in der uns die Dokumente einer verehrungswürdigen alten Zeit, von den Händen der Mönche geschrieben, erhalten sind. Diesen Fleiß und diesen unermüdlichen Eifer, der damals herrschte, steigerten noch die Äbte und Bischöfe, welche Schulen und Klöster in ihren Kathedralkirchen unterhielten: Dies bestätigt unter anderen auch Ditmar sehr häufig, der sich selbst als Geschichtsschreiber jener Zeit hervorgetan hat. Von dem heiligen Bernward, dem Bischof von Hildesheim, berichtet der Verfasser seiner Lebensgeschichte Tangmar[59], er habe sich *der Schreibkunst nicht nur im Kloster, sondern auch anderen Ortes* gewidmet, *von wo er sich eine umfangreiche Bibliothek sowohl theologischer als auch philosophischer Bücher erworben hat.* Über andere geben uns so viele hinterlassene handgeschriebene Dokumente nach so vielen Jahrhunderten und Widrigkeiten der Zeiten, Plünderungen und Brände noch Zeugnis; ich möchte auch die Nachlässigkeit der folgenden Jahrhunderte anführen, in denen die Schreibkunst niemals mehr zu einer solchen Ausgewogenheit und Eleganz zurückgefunden hat, wie sie dem 9. und 10. Jahrhundert noch zu eigen war, bis hin in unsere jüngste Zeit. Und die Kenner der altüberlieferten Literatur werden nicht abstreiten, daß in der Vergangenheit vom Beginn aller Zeiten an, aus denen uns Handschriften zur Verfügung stehen, die mehr oder weniger kunstvolle oder plumpe Gestalt der Buchstaben selbst uns den Zustand der Wissen-

---

59 Mabill. sec. VI. Bened. P. I. p. 205

schaften als mehr oder weniger blühend beziehungsweise gleichsam als heruntergekommen vor Augen stellt.

Wer das neunte oder zehnte Jahrhundert mit diesem unseren 18. Jahrhundert zusammengestellt und verglichen hat, wird bei dem Vergleich der wissenschaftlichen Tätigkeit etwas ganz Ähnliches entdecken. Es ist dies bei den Lateinern die dritte Epoche, wobei ihnen die höhere Bildung gleichsam den Gipfelpunkt erreicht zu haben schien, als das römische Reich noch in Blüte stand. Als dann aber unter den Karolingern das Westreich wieder erstand, gab es im wissenschaftlichen Bereich eine gewaltige Auseinandersetzung: indem nämlich ohne bestimmte Form und Ausprägung sozusagen eine gewisse Gesamtheit der Wissenschaften erreicht wurde, trat aber das ein, was man gemeinhin nennt: *von allem etwas, im gesamten aber nichts.* Jetzt aber halten unsere Zeitgenossen kein anderes Jahrhundert für bedeutender als dieses, in dem wir gerade leben, und rühmen es als *das aufgekärte*; doch wer eine gediegene Bildung seit Menschengedenken gut kennt und sich darum auch heute noch bemüht, hält dieses unser Jahrhundert eher für *finster*, wenn er in überreichem Maße sieht und darunter leidet, daß die Dinge nur mit Schminke überzogen werden und alles, was an den Wissenschaften gründlich und ernsthaft ist, allmählich zugrundegeht, so wie es auch nach der ersten römischen Epoche geschah, die wir schon erwähnt haben. In der zweiten Epoche aber, in der sich unsere Geschichtsdarstellung gerade befindet, macht gerade die Fülle hilflos und das allzu große Vielerlei der Dinge, obwohl es doch nicht allzu viele gab, die sich mit der Wissenschaft befaßten, und diese außerdem auch noch in hohem Maße mit anderen Dingen beschäftigt waren. Doch verblieb das wissenschaftliche Lehramt in der Regel bei den Mönchen und denen, die in den Klosterschulen zur Mönchsgemeinschaft gehörten; die Kollegien der Kanoniker nämlich, die als Gemeinschaften an den Kathedralkirchen lebten, lösten sich allmählich auf. Die Erfahrung lehrt aber immer dasselbe, wieviel es der Erhaltung und dem Fortschritt der Dinge nützt, gemeinschaftlich zu beraten, die Studien gegenseitig zu fördern und sich wechselweise zu beseelen. Aufgelöste Reisigbesen gehen leicht verloren, und auf Grund jener Auflösung der Kollegien gingen nicht nur das Leben nach der Regel, sondern auch die Gymnasien für Studenten und sehr viele Schulen verloren. Diese jedoch hielten sich in den Klöstern noch sehr lange, und der zu dieser Zeit so starke Andrang bei ihnen gibt Zeugnis für ihre wissenschaftliche Leistung; das Ergebnis davon zeigen auch heute noch die Bibliotheken von handgeschriebenen Bänden, die zu keiner Zeit jemals mehr als im 10. Jahrhundert so geschmackvoll ausgearbeitet worden sind, wobei gerade auch die Nonnen die Kalligraphie eifrig betrieben und sich dem Abschreiben von Büchern widmeten oder die Schreiber auf sonst eine Art unterstützten; wie zum Beispiel in der Lebensgeschichte der heiligen Wibaroda zu lesen ist, einer Reklusen in St. Gallen aus dem Eremitenorden gemäß Kapitel I der Regel des heiligen Benedikt, dem damals beide Geschlechter in großer Zahl angehörten. Diese Wiborada, von der wir oben schon gesagt haben, daß sie von den Ungarn umgebracht worden ist, *pflegte für bestimmte hochwürdigste Patres* in demselben Kloster *mit eigenen Händen Verzierungen aus Leinen zu weben, damit darin die Bände der heiligen Schriften eingewickelt werden könnten,* wie es bei Mabillon heißt[60].

Der erweiterte Gottesdienst im 10. Jahrhundert.

XIII. Es ist allerdings nicht zu leugnen, daß den Wissenschaften viel Zeit dadurch verloren ging, daß die Pflichtleistung der Mönchsgemeinschaft sich immer mehr zu erweitern begann. Wir haben schon erwähnt, daß im 9. Jahrhundert verschiedene Übungen der Frömmigkeit, vor allem für die Verstorbenen, sowohl öffentlich im Chor wie auch ganz besonders im privaten Bereich stark zunahmen. Auch vom heiligen Benedikt von Aniane haben wir berichtet, daß er täglich die Messe doppelt gelesen hat, nämlich nach dem römischen Kanon und dem monastischen. In der Lebensbeschreibung des heiligen Udalrich bei Mabillon[61] lesen wir, daß er außer dem Gottesdienst und der täglichen Messe an jedem Tag *einen Gottesdienst zur Ehre der heiligen Gottesgebärerin Maria,* auch für das heilige Kreuz und alle Heiligen gefeiert hat: diese Sitte wurde dann bei verschiedenen Klöstern aufgenommen, was schon P. Herrgott im Vorwort zur ›Vetus disciplina monastica‹[62] festgehalten hat, wie auch die Sitte in dem alten Kloster des heiligen Michael im Gebiet von Verdun, den Gottes-

60 Acta SS. sec. V. p. 46
61 l. c. praef. p. LXXVI.
62 pag. L.

dienst am Tag und in der Nacht doppelt abzuhalten, *nämlich nach der Kanonikerregel* und nach der Mönchsregel. Auch vom Kloster Gorze erzählt er ebendort von einem fast unglaublichen Übermaß an Vigilien, wo diese und andere allmählich immer mehr zunehmenden Anforderungen an den Chor nachgelesen werden können.

Hierher könnte auch gehören, was bei der Visitation des Klosters von St. Gallen, von der Eckhard berichtet, und die unter Vater und Sohn Otto durchgeführt worden war, der Mönch Sandratus von St. Pantaleon in Köln als Verantwortlicher für diese Visitation ebenda unter anderem als ihm mißfallend bezeichnet hat, nämlich *vor allem in der Kirche die verherrlichenden und keineswegs mönchischen Lobpreisungen,* wie bei Mabillon[63] zum Jahr 973 zu lesen ist.

Die Ernährung und Güterteilung in den Klöstern.

XIV. Ebendort tadelt er auch den *Genuß von Schweinsbrühe,* den er, wie auch Fleischstücke vom Schwein, durch Edikt des Königs allen Kranken und Gesunden streng untersagte. Nun aber wurden mit dieser Brühe – wie auch heute noch – die Hülsenfrüchte eingelegt, was in unserem Orden ein althergebrachtes Zugeständnis für die bedeutete, die sich sonst über die Regel hinaus der Fleischspeisen enthielten. Herrgott[64] verfolgt dies sehr ausführlich sowohl im Vorwort wie auch jeweils in dem Gesamtwerk der Bestimmungen für Mönche, wo es zum Beispiel um Speck und Schweineblut geht. Daß Schweine auch in Klöstern unseres Ordens, vor allem in dem von Cassino, aufgezogen worden sind, wollen manche aus der Handlungsweise Karlmanns ableiten, der als Sohn von Karl Martell und Bruder des Frankenkönigs Pipins Mönch in Cassino wurde und nach einer fälschlichen Überlieferung in eben diesem Kloster sein Leben als Schweinehirt verbrachte: Davon hat nämlich Mabillon weder etwas in seinen Annalen[65] noch in dessen Lebensbeschreibung[66]; und auch nicht Leo Marsicanus im ›chronicon Cassinense‹ bei Muratorius[67], der schreibt, daß jenem, um seine

---

63 T. III. Annal. p. 619
64 Herrgott l. c. p. XLIX. L. IV.
65 T. II. p. 132
66 Act. SS. Sec. III. P. II. p. 123
67 Script. Rer. Ital. T. IV. p. 268 seqq.

Demut auf die Probe zu stellen, die Sorge *für einige wenige Schafe*, die die Cassiner besaßen, für eine kurze Zeit übertragen worden sei, wobei er Schweine überhaupt nicht erwähnt[68]. Dies ist in bezug auf die Cassiner auch gar nicht wahrscheinlich, da in einem Brief des Theodemar an Karl den Großen über die Eßgewohnheiten jenes Klosters nur von Geflügel die Rede ist.

Auf die Mönche in Deutschland und Frankreich bezog sich vor allem folgendes: Hierzu kommt eine Urkunde gelegen, durch die im Jahre 963 *Theuto* in Anwesenheit und mit Zustimmung des heiligen Bischofs Konrad dem Kloster Rheinau auf der Gemarkung *Trullinchova* für jedes einzelne Jahr für die Tafel der Mönche vermachte: drei Scheffel Mehl, sechs Eimer Bier, einen Eimer Wein und zwei *Frischingen oder einen, der dem Wert eines Siklus entspricht*; gemeint sind Schweine, die noch nicht die richtige Größe erreicht haben und die auf deutsch *Frischling* heißen oder auch Jungtiere, wie Herrgott in seinen Anmerkungen zur Urkunde 193 verdeutlicht[69], mit der Kaiser Heinrich V. das Kloster Muri verpflichtet, seinem Stellvertreter an einem beliebigen Tag von drei Gerichtstagen außer einigen andere Kleinigkeiten auch einen *Früischingum* anzubieten. Über den Bedeutungsgehalt dieses in alten alemannischen und französischen Urkunden gegensätzlich verwendeten Wortes stellt Du-Changius in seinem ›Glossarium ad Scriptores mediae latinitatis‹ zum Wort *Friscinga* eine längere Untersuchung an[70]: Von den verschiedenen Interpretationen dieses Begriffs scheint uns am ehesten die zuzutreffen, die er von Vadinianus und anderen bezüglich des *erwachsenen Mutterschweins* herbeiholt, da den Mönchen jene Tiere zu Zuchtzwecken erlaubt waren und vielleicht zugleich auch, damit aus deren Haut die Deckel der von ihnen abgeschriebenen Bücher angefertigt werden könnten, wie wir sie tatsächlich in großer Anzahl bei alten Bänden beobachten. Daß aber die Mönche selbst dazu verpflichtet waren, ihrem Gerichtsherren jedes Jahr eine bestimmte Anzahl eben solcher Tiere, wie auch immer sie beschaffen gewesen sein mögen, abzugeben, zeigt ganz klar, daß sie Schweineherden besessen haben, die ihnen zu beliebiger Verwendung und wohl auch zum Essen erlaubt waren.

---

68 Herrgott vet. discipl. mon. p. 10
69 Gen. Habsb. diplom T. II. P. I. p. 133
70 T. III. p. 680

Was aber bei der genannten Visitation von St. Gallen in bezug auf den Verzehr von Fleisch untersucht wurde, den sich jene nicht in der Gesamtheit gestatteten, muß tiefergehend wiedergegeben werden. Wir haben weiter oben in Nummer X. diese Visitation erwähnt, die im Jahre 968 erfolgte, zu welchem auch Mabillon deren Ablauf in einer Zusammenfassung[71] schildert; wir jedoch geben die umfassendere Darstellung Eckhards des Jüngeren aus ›de casibus monasterii S. Galli‹ bei Goldast[72] wieder. Nachdem vor den vom Kaiser bestellten Visitatoren der Dekan Eckhard und der Arzt Notker die gesamte Lebensweise der Mönche von St. Gallen dargestellt hatten, sagten Abt Kebo von Lauresheim und die Äbte zu den Bischöfen: *In der Tat ist freilich all das, was wir gehört haben, die Regel Benedikts, das nur ausgenommen, daß sie zwar nach jener Regel arbeiten, aber sich nicht ihr entsprechend am Leben erhalten können. Doch der Grund hierfür ist der, daß sie sich von allen nur möglichen Seiten zu verschaffen suchen, womit sie ihr Leben fristen könnten. Und weil sie das mit Zustimmung des Abtes Erworbene auf seine Anordnung hin auch wieder zurückgeben und alles nur nach seiner Zustimmung und Entscheidung nutzen, wollen wir mit ganzer Entschiedenheit bekräftigen, daß dies nicht gegen die Regel ist.*

Es wird hier der Eigenbesitz der Mönche angesprochen, der neben der damals schon vom vorherigen Jahrhundert her stammenden, wie wir gesagt haben, Güterteilung zwischen Abt und Konvent bestand. Es ist zu lesen, daß auf Grund dessen den Mönchen auch je einzeln Legate übertragen worden sind oder bestimmte zugesprochene und vereinbarte Essensportionen: ein Beispiel dieser Art haben wir im vorherigen Buch aus einer Rheinauer Urkunde angeführt, nach der *Winithere* für sich die Ration für zwei Brüder und darüber hinaus noch eine dritte für einen Kanoniker reservieren ließ für den Fall, daß er Mönch würde. Bei Bernhard Pez[73] ist eine Urkunde des Königs von Deutschland, Ludwig III., nachzulesen, durch die er im Jahre 901 durch Vermittlung seiner gläubigen Grafen Pabo und Isangrim dem Religiosen Ekkepert, einem Mönch des heiligen Emmeram, des Märtyrers für Christus, aus seinen Weingärten in der Nähe der Ortschaft Mätingen einen Morgen Landes überließ. In den

71 T. III. Annal. p. 592
72 Script. Rer. Alem. T. I. P. I. p. 47
73 Thes. Anecd. T. I. P. III p. 38

Annalen des Klosters Schuttern wird bei Schannat in den
›Vindemiae litterariae‹ berichtet[74], der Abt Ewihard oder
Eberhard und der Konvent hätten etwa um das Jahr 958 einen
Streit um ein altes Privileg gehabt, demzufolge *die Priester auf
dem Lande alljährlich festgelegte Dienste ableisten mußten; nach
deren Tod fiel auch von ihrem ganzen Vermögen zwei Drittel an den
Abt und der dritte Teil an das Kloster.* Nachdem durch Leo VIII. in
Worms eine Synode einberufen worden war, wurden mit
Zustimmung des Kaisers Otho *solche Priester dazu gezwungen,
ihre Dienstleistungen wie früher zu erbringen.* Von dieser Wormser
Synode äußern aber die kirchlichen Dokumente unter Leo VIII.
nichts; dieser hatte den Sitz vom Jahre 963 bis 965 inne.

Bei jener erwähnten Visitation in St. Gallen wurde auch der
jeweilige Lebensmittelvorrat sowohl des Abtes wie auch der
Brüder genau untersucht: *Den Untersuchenden aber,* wie derselbe
Berichterstatter fortfährt[75], *sagte er* (der Dekan Eckhard): *Das
Privatvermögen der Brüder, das ich aufgezeigt habe, steht immer
seinem* (des Abtes) *Willen zur Verfügung. Und auch er selbst, weil er
ein solcher Mensch ist, benutzt keinen anderen Vorratskeller, denn
er bringt jährlich alles Erforderliche in den Vorratskeller der Brüder
ein. Und der Bischof Poppo von Würzburg sprach, zu den anderen
gewandt: Wenn sich die Sache zwischen Mönchen und Abt so
verhält, werden wir heute freilich keine bessere Regel und auch kein
gemeinschaftlicheres Leben schaffen können, auch wenn es hier
Vorräte in Fülle gibt. Der Abt sorgt, wie wir gehört haben, für die
Brüder, und die dafür geeigneten Brüder für den Abt, und nichts
geschieht gegen seine Erlaubnis.*

In gleicher Weise zugänglich hatte sich Abt Milo von Ellwangen
gezeigt, was den Verzehr von Fleischspeisen anbetraf: *Wenn ihr
über den Verzehr von Fleischspeisen im Zweifel seid,* sagte er, *sage
ich ganz offen, was ich darüber denke: Auch wenn Pferdefleisch im
Essen unerlaubt ist, wollte ich doch viel lieber, daß einer meiner
Mönche in Gehorsam mein Reitpferd aufäße, als von dem anderen
abzuweichen, was zur Regel gehört. Daher bestimme ich stellver-
tretend für das Urteil Benedikts, daß ein Mönch essen und trinken
soll, was die Entscheidung des Abtes anordnet. Als aber zu dessen
Worten einige lachten, warf Heinrich von Trier ein: Es ist verwun-*

74   Collect. I. p. 19
75   L. c. p. 49

*derlich, daß sich hier ein so breiter See erstreckt, es aber kaum
Fische darin gibt.* Darauf entgegnete Eckhard: *Weder gehört er uns
ganz, noch ist er mit Fischen sonderlich freigebig, so daß es gerade
noch manchmal für unseren Herrn Abt allein ausreicht, weil der See
eben so kärglich gibt.* Bischof Dietrich von Metz bekräftigte dies
und fügte hinzu: *Als ich einst hier studierte, vergingen mitunter
mehrere Tage, an denen ich meiner Erinnerung nach einen Fisch aus
diesem See gesehen hätte: doch nahm auch damals der größte Teil
der Brüder kein Fleisch zu sich, da sie offensichtlich allzu sparsam
waren. Es gab freilich auch andere, die erlaubtermaßen nur Geflügel
zu sich nahmen, da dies mit den Fischen zusammen erschaffen
worden ist; einige wenige aber verzehrten an vom Abt erlaubten
Orten innerhalb der Klosterwände auch Fleischspeisen von vierfü-
ßigen Tieren.* Daß sich aber die Scholaren auch zusammen mit
Mönchen der Fleischspeisen enthielten, geht besonders daraus
hervor, daß Bischof Salomo III. von Konstanz bei seinem
Übertritt zum heiligen Gallus, wie Heppidanus berichtet, in der
Vigil zum Fest der Erscheinung durch einen Sonderablaß jenen
und ihren Nachfolgern erlaubte, jedes Jahr sich drei Tage lang
nach diesem Festtag sogar in den Schulen von Fleischspeisen zu
ernähren und daß an jedem Tag drei Speisegänge aufgetragen
würden.

Nachdem sie aber ihre Meinungen untereinander ausgetauscht
hatten, faßten der Abt und die Brüder nach Abschluß der geschil-
derten Visitation freiwillig und fern von jeglichem Zwang bei sich
noch einmal folgenden Beschluß: *Alle kamen darin überein, daß
jeder jeglichen Privatbesitz in die gemeinsamen Vorratskeller bringe,
daß sich alle von Fleischspeisen enthielten, außer denen, die die
Regel zuläßt, und daß sie gemeinsame Mahlzeiten einhielten, auch
wenn diese kärglich ausfallen sollten.* Und so sah das fröhliche
Ende dieser Visitation aus: *Nachdem ihnen der Abt die Hände
aufgelegt hatte, trug sich jeder einzelne* (der Visitatoren) *im Buch
des Lebens ein; die zur Visitation bestellten Äbte nahmen an diesem
Tage zusammen mit den Brüdern an der Mahlzeit teil, es wurde aus
gemeinschaftlichem und privatem Besitz eine Sammlung durchgeführt, und sie hielten ein überreichliches Liebesmahl.* Nach der Non
wurden auch die Bischöfe wie auch *die eingeschriebenen Brüder*
darum gebeten, das Klosterinnere zu betreten; schließlich lud der
Abt alle *zum nachmittäglichen Trunk ein, wozu sie berechtigt seien.*

Darüber ist im achten der an die Mönche in Reichenau gerichteten Kapitel zu lesen, das bei P. Herrgott in der ›vetus disciplina monastica‹[76] zu finden ist.

Die Kleidung der Mönche.

XV. Die Kleidung der Mönche – um auch darüber etwas zu sagen –, die die Mönche von St. Gallen im 10. Jahrhundert trugen, habe ich schon im ›Iter Alemannicum‹ aus einem Kodex von St. Gallen grob skizziert[77]. In diesem wird der Mönch Liutherus gegen Ende des 10. Jahrhunderts dargestellt, der dem heiligen Gallus ein von ihm verfaßtes Buch entgegenstreckt. Seine Kleidung gleicht aber jener, wie sie Mabillon in seinen benediktinischen Annalen skizziert hat und wie sie nach unserer obigen Darstellung schon im Jahrhundert zuvor vorherrschte: Sie bestand in einer Kukulle, zu beiden Seiten mit Binden zusammengeschnürt und bis an die Fußknöchel reichend, von dunkler Farbe über einer Tunika von weißer Farbe, die auf der Haut aufliegt. Der heilige Odo erzählt[78] über Gauzlinus, einen Mönch von Dôle, daß dieser nach seinem Tode, auf der Bahre mit einer schiefergrauen Kukulle ausgestattet, dem Guido von Solesmes vor einem gewissen Abte oder dem heiligen Benedikt ausgestreckt erschienen sei, den jener jedoch zurückgewiesen habe und ihn nicht als den Seinen anerkennen wollte, bis er die Ordenstracht anlege. Man darf nämlich bei der Ausübung der Klosterzucht auch nach außen hin nichts nachlässig behandeln und auch nicht bei einer Ausstattung mit Gewändern, die sich zu wenig nach der monastischen Bescheidenheit ausrichtet, wie sie, wie wir erwähnt haben, schon im vorhergehenden Jahrhundert als pompös abgelehnt worden ist.

Im obigen Buch haben wir anhand der Rheinauer Urkunde vom Jahre 873 erfahren, daß die Versorgung mit Essen und Kleidung in bezug auf die Brüder, nämlich die Mönche und die Kanoniker, in ein und demselben Kloster unterschiedlich gehandhabt wurde, da nämlich Winithere seine Güter dem Kloster nur unter der Bedingung überließ, daß, wenn er Mönch werde, er den Tischproviant von zwei Brüdern und auch die entsprechende Kleidung

76 p. 21
77 p. 109
78 Lib III. collat. c. 22

erhalte und dazu noch eine dritte Portion, nämlich die eines Kanonikers, und dessen Kleidungsbedarf hinzugefügt werden müßten. Weiterhin konnten wir beobachten, daß Karl der Große in einem Schreiben an Alkuin in bezug auf die Religiosen des heiligen Martin von Tours festgestellt hat, daß sich die einen ›Mönche‹ nannten, und die anderen ›Kanoniker‹, allerdings solche, die vom Mönch zum Kanoniker geworden waren. Eben deren prächtige Gewandung wurde von Papst Leo VIII. in diesem Jahrhundert getadelt, wie in einem Brief an Hugo zu lesen ist[79]: Gegen diese schritt auch der heilige Odo in vielfacher Weise ein, der einst selbst bei ihnen Kanoniker gewesen war.

Die Anfänge der Reform von Cluny und auch der von Gorze.

XVI. Nachdem jener Mönch geworden war, wurde er dann zum Urheber jener berühmten Reform von Cluny, von wo später, wie wir noch sehen werden, sich die reichsten Früchte auch in unser Deutschland, vor allem aber in den Schwarzwald, ergossen haben. Die Anfänge dieser Reform gibt Mabillon[80] ab dem Jahre nach dem Konzil von Trosly wieder, dessen Klagen wir oben schon vernommen haben: Es geht um die Schwächung des Mönchsstandes und seiner Ordnung, die aus den unheilvollen Niederlagen in den Kriegen und dem Mangel an ordnungsgemäßen Vorgesetzten entstanden war, wobei zweifellos Laienäbte, die nur mit der Mehrung ihres Vermögens beschäftigt waren und die Mönche sich selbst überließen, überhaupt keinen Wert auf ein Leben nach der Regel legten. Von hier rührte auch die immer schlimmer werdende Erschlaffung der Mönchsdisziplin, da sogar selbst den regulären Äbten, wie sehr sie auch beunruhigt darüber in Sorge waren, geschehen konnte, daß sozusagen aus Unachtsamkeit sich etwas gegen die Ordnung Gerichtetes einschlich oder sich im Verborgenen ein noch schlimmeres Übel breitmachte. Genau dies bekannte der heilige Augustinus[81] in bezug auf sein eigenes Kloster und sagte: *Wie Großes auch immer durch die Ordnung meines Hauses zustande kommen mag: Ich bin Mensch und lebe unter Menschen, und ich wage nicht, für mich in Anspruch*

---

79 Dacker. Spicil. T. III. p. 373
80 Praef. ad T. III. Annal. Bened.
81 T. II. opp. epist. 78 p. 186

zu nehmen, daß mein Haus besser sei als die Arche Noah, wo doch unter acht Menschen ein Verworfener gefunden worden ist. Und nachdem er hierzu das Haus Abrahams, Davids und des Paulus und sogar die Familie Christi selbst und schließlich sogar den Himmel angeführt hatte, *von wo die Engel gestürzt waren,* fügt er schließlich hinzu: *Ganz schlicht gestehe ich eurer Liebe im Angesicht Gottes, unseres Herrn, der für meine ganze Seele bezeugt, woher ich begonnen habe, Gott zu dienen: Wie ich nur schwerlich Bessere kennengelernt habe als die, die in den Klöstern einen geistigen Fortschritt erzielten, so habe ich keine Schlechteren kennengelernt als solche, die in den Klöstern zu Fall gekommen sind.*

Wie aber immer dem auch sei, so ist doch gerade durch Erfahrung gesichert, daß diesem Verderbnis mit keinem Heilmittel beizukommen ist, sondern den Klöstern größter Schaden, ja sogar der Untergang droht, wenn weltlich Gesinnte sich in Angelegenheiten dieser Art einmischen und schlechten Mönchen Zuflucht und geneigte Ohren schenken: Dies ist aber um so gefährlicher, wenn sogar Laien am Steuerruder der Klöster sitzen. Um solche Übel auf irgendeine Weise abzuwenden, sahen die Väter des Konzils von Trosly in Kap. 3 in ihrer Weisheit vor[82], *daß der Zustand der Klöster unversehrt gemäß der alten Überlieferung der Regel und den Weisungen der Kanones beibehalten werden sollte, und daß die Äbte Personen aus dem Orden sein und die Mönchszucht genau kennen sollen: Die Mönche aber oder die Nonnen sollen gemäß ihrem Gelübde mäßig, fromm und einfach leben und für das Wohl der Könige, den Frieden im Reich und die Ruhe innerhalb der Kirche beten: Nicht mit weltlichen Sorgen und Tätigkeiten sollen sie sich beschäftigen, nicht das Gepränge der Welt suchen und nicht die kirchlichen Gerichte belästigen, sondern entsprechend der Eigenart ihrer eigenen Benennung in Ruhe die Muße lieben.*

Wie aber hier ›Muße‹ zu verstehen ist, und wie sie der heilige Odo bei der Durchführung seiner Reform von Cluny verstanden hat, kann schon irgendwie aus dem geschlossen werden, was wir oben von der Sorge des heiligen Abtes Benedikt von Aniane bei der Erneuerung der Mönchszucht im Frankenreich gesagt haben. Dessen Gebräuchen und Anweisungen ist Berno gefolgt[83], den

---

82 Conc. Labb. T. IX. p. 529
83 Mabill. Annal. T. III. p. 335

Wilhelm, der Herzog von Aquitanien, im Jahre 910 in dem von ihm erstmals gegründeten Kloster von Cluny als Abt eingesetzt hat. Dieser, wie in der Chronologie der Äbte von Cluny vermerkt wird[84], sah im Jahre 926 den Tag seines Todes voraus und *ordnete an, daß ihm seine gesamte Kongregation beiseite stehe und vertraute die Leitung des Klosters dem Vater Odo von Cluny an,* der in vorzüglicher Weise jene Disziplin pflegte, die später in der gesamten benediktinischen Welt so hoch berühmt und fast überall angenommen wurde: Seine Riten und Anweisungen hat später auf Bitten des heiligen Wilhelm von Hirsau der heilige Cluniazensermönch Udalrich in unserem Schwarzwald schriftlich niedergelegt, wie wir an der entsprechenden Stelle noch sehen werden. Die Klöster, die sofort von Anfang an unter dem heiligen Odo reformiert wurden, zählt Mabillon in seinen Annalen[85] zum Jahr 937 und in den Heiligenakten[86] auf. Wie groß aber gegen Ende des 10. Jahrhunderts der Umfang des Klosters von Cluny in bezug auf die Zellen und die dazugehörigen Besitzungen gewesen ist, vermerkte zu diesem Jahr derselbe Mabillon[87] anhand einer Bestätigung, die durch Vermittlung des Kaisers Otto III. im Jahre 996 von Papst Gregor V. vorgenommen worden war.

Doch darf hier die andere Reform des Klosters Gorze nicht völlig mit Stillschweigen übergangen werden, das nicht weit von von der Stadt Metz entfernt ist und uns auf Grund der örtlichen Gegebenheiten näher liegt. Über diese Reform berichtet Mabillon zum Jahr 933[88]. Wer über jene mehr zu wissen wünscht, möge den Abt Calmetus zu Rate ziehen, der in seiner Universalgeschichte die Klöster Lothringens und der benachbarten Regionen aufzählt, die jene Reform angenommen haben: Die Sache selbst aber behandelt er anhand eines Dokuments[89] in seiner Geschichte Lothringens.

84   Bibl. Clun. p. 1618
85   T. III. p. 436
86   Sec. V. p. 133
87   Annal. T. IV. p. 103
88   Annal. T. III. p. 413
89   T. I. p.860

Die Reform von Fruttuaria des heiligen Wilhelm.
Ebenso die von Farfa von Cluny aus.

XVII. Vom heiligen Majolus, dem vierten Abt von Cluny, der von Rom zurückkehrte, wurde der heilige Wilhelm nach Cluny geführt, ein Mönch im Kloster Locedia der Diözese Vercelli, später Caffala, *ein getreuer Kustos des Gottesdienstes und der Hauptschule an jenem Ort.* Für so bedeutend hatte ihn der heilige Majolus schon damals gehalten, daß er, als er jenen bei der Rückkehr bei sich hatte und in der Nähe des Klosters war, einen seiner Begleiter vorausschickte *und den Brüdern befahl,* wie in dessen Lebensgeschichte bei Mabillon[90] zu lesen ist, *daß sie ihm der Sitte entsprechend im Ornat entgegenkämen, weil sie jemanden in seiner Begleitung erwarten könnten, dem die Ehre eines Heiligen gebührt.* Doch kaum hatte sich Wilhelm ein Jahr lang in Cluny aufgehalten, als er vom heiligen Majolus zunächst die Leitung des Klosters des heiligen Saturnin an der Rhone erhielt, dann des heiligen Benignus in Dijon und anderer, wobei gerade auch er selbst als Reformator von Klöstern hervortrat, vor allem im Burgund, wo Herzog Heinrich seine Hilfe dringend wünschte. Dann aber, schon ein Greis, gründete er auf einer Rückreise von Rom noch in Italien oder in ›Gallia Subalpina‹ in der Diözese Eporedis das neue Kloster Fruttuaria: von diesem haben die ›Fructuarienses constitutiones‹ ihren Namen, die im folgenden Jahrhundert in der Kongregation von St. Blasien übernommen wurden, wie wir an der entsprechenden Stelle noch aufzeigen werden: Sie stammen aus der Ordnung des heiligen Wilhelm von Dijon, der schon eine einzigartige Kongregation, von Cluny getrennt, geschaffen hatte. Aus dieser Ordnung von Dijon, die mit der von Fruttuaria übereinstimmte, veröffentlichte P. Herrgott aus Handschriften von Bénigne des 11. Jahrhunderts Auszüge, die unter den ›monumenta veteris disciplinae monasticae‹ zu finden sind[91].

Dieser heilige Wilhelm selbst war es, wie in dessen Lebensgeschichte berichtet wird[92], der den heiligen Odilo dazu veranlaßte, das Mönchsleben im Kloster von Cluny aufzunehmen: *Auch war sein Lebenswandel Gott so lieb und denen, die Gott lieben, so süß,*

---

90 Act. SS. Sec. VI. P. I. p. 325
91 pag. 368
92 L. c. p. 329

daß derselbe hochheilige Majolus jenen noch im Leben in die ihm anvertraute Herde einreihen wollte, um ihn nach seinem Tode als Vater und Hirte zu haben[93]. Unter diesem heiligen Odilo, der nach der zitierten Chronik im Jahre 994 Abt wurde, erfolgte eine neue Pflanzung der cluniazensischen Ordnung nach Italien und sogar in die Hauptstadt Rom, wie Mabillon berichtet[94]. Bis hierhin reichte nach P. Herrgott[95] die Ordnung des Guido aus dem Kloster Farfa und St. Paul zu Rom, wo in der Vorrede von Romuald gesagt wird, er habe *die Regel der altüberlieferten Satzung für beiderlei Geschlecht und Stand* erneuert. *In Nachahmung seines guten Beispiels erneuerte der verehrungswürdige Abt Hugo* (von Farfa) *die altehrwürdigen* (Ordensregeln) *der heiligen Väter und des herausragenden Benedikt, des hochberühmten und bedeutenden Vaters, im Kloster der seligen, immer jungfräulichen Maria an einem Ort, der Acutianus genannt wird, wo der gesamte Orden und die Gemeinschaft der Mönche allzu sehr heruntergekommen war: In deren Hände legte er die Bräuche von Cluny, einem in Frankreich erbauten Kloster, das zu eben dieser Zeit überall in der Welt auf alle übrigen Klöster auf dem Weg des Ordenslebens einen großen Einfluß hatte.*

Disziplin und Äbte von Hirsau im 10. Jahrhundert.

XVIII. Es ist nicht sicher, ob uns die Cluniazenserordnung noch im 10. Jahrhundert erreicht hat: Keine Jahreszahl nämlich trugen die Bücher *de institutione vitae claustralis, et consuetudines monachorum,* die, wie Trithemius zum Jahr 983 bezeugt[96], der Hirsauer Mönch Arnold verfaßt hat, der auf Verlangen des Bischofs Hugo von Würzburg als Vorsteher der Schulen von Abt Leopold von Hirsau zum Kloster St. Burckhard bei Würzburg gesandt worden war. Wir könnten aber von dieser Quelle her etwas mehr über die Ordenszucht in Deutschland und vor allem über das Kloster Hirsau in Erfahrung bringen: Dies begann nämlich schon zu Beginn des 10. Jahrhunderts unter Abt Rudolph, der im Jahre 918 Harderad im Amt nachfolgte, ein wenig lau zu werden und allmählich von dem früheren Feuereifer abzukommen, vor allem *in bezug auf das Schweigen und den*

93   Bibl. Clun. p. 1620
94   T. IV. Annal. p. 119 et 206
95   Vet. discipl. mon. p. 37
96   Annal. Hirs. T. I. p. 125

Gehorsam der Berufenen, wie Trithemius zum Jahr 926, dem Todesjahr Rudolphs, bemerkte, wobei er einen großen unter den Brüdern entstandenen Streit bei der Wahl des Nachfolgers feststellte[97]. *Denn, sagt er, der verständigere Teil der Älteren, denen die Beobachtung der Ordensregel am Herzen lag, wünschte einen solchen Hirten zu haben, der jenen früheren, bei manchen schon fast erloschenen Feuereifer durch Wort und Beispiel wieder zum Leben erwecken wolle und könne: Sie dachten dabei an den Niedergang, den sie unter Rudolph, der dies kaum bemerkt zu haben schien, auf sich nehmen mußten. Doch demgegenüber suchte der größere Teil der Jungen, wenn auch nicht gerade sehr besonnen und an die frühere Nachlässigkeit gewöhnt, einen Abt, der ihren Sitten entsprach. Nach vielen Versuchen schließlich, wobei der hochwürdigste Abt Hildebert von Fulda beratend vermittelte, wählten sie einstimmig Diethmar, einen Mönch aus dem Kloster St. Gallen, der ihnen schon von früher her ein wenig bekannt war, da er sich unter dem Vorsteher der Schule von St. Aurelius* (Hirsau) *Euthelmus zwei Jahre lang bei ihnen aufgehalten hatte.*

Nachdem dieser in 26 Jahren *in aller Gläubigkeit und heiligmäßigem Leben* Vorsteher gewesen war, hatte er nach seinem Tode im Jahre 952 Siger zum Nachfolger, den bisherigen Dekan und Prior des Klosters; einen diesem Gleichen gab es später bis hin zum heiligen Wilhelm in der Abtei keinen mehr, wie Trithemius zum Jahr 982 bezeugt, in dem er nach seinem Tode die Leitung von Hirsau Lupold hinterließ bis zum Jahre 986, in welchem an dessen Stelle Hartfrid gewählt wurde. Derselbe Autor schreibt zum gleichen Jahr: *Wenn der allmächtige Gott diesem das Leben auf noch viele Jahre verlängert hätte, hätte er vielleicht den Niedergang von Hirsau nicht ertragen, der später erfolgte.*

Als aber im Jahre 988 durch Hunger und Pest eine ungezählte Menschenmenge dahingerafft wurde und auch im Kloster Hirsau insgesamt 60 Mönche, *die Besten von allen*, wegstarben und auch der Abt Hardfrid ihnen unmittelbar in den Tod folgte, begannen die zwölf überlebenden Mönche schließlich nach fast drei Monaten Überlegungen zur Abtswahl anzustellen, wobei sie untereinander völlig uneins waren. *Und nachdem sie*, so lauten die Worte des Trithemius[98], *angefangen hatten, sich gegenseitig mit*

97 l. c. p. 67
98 l. c. p. 132

Beschimpfungen zu verhöhnen, benannten sie in einer Wahl zwei völlig unterschiedliche Kandidaten, nämlich den Mönch Konrad, der seine Bestätigung vom Bischof von Straßburg erhielt, und Kellermeister Eberhardus, der bei seiner Flucht das Kloster ausraubte und den Grund und die Ursache für die Verödung dieses Ortes legte[99]. Eberhard freilich flüchtete mit den Speerspitzen seiner Partei, Hartung und Hermann, zum Grafen von *Calba*, nämlich dem Vogt des Klosters, der schon damals Hirsau gegenüber feindlich gesinnt war und nach dessen Gütern gierte und in seiner Unersättlichkeit auf eine Gelegenheit wartete, durch die er sich der Besitzungen der Brüder bemächtigen könne. Dennoch hielt Konrad mit seinen acht Mönchen an seinem Sitz fest, wobei ihm allerdings nicht alle günstig gesonnen waren; er war *niemals sicher, niemals frei von der Furcht vor dem Tyrannen, sondern traurig im Herzen und gram vor Kummer, und fürchtete für jeden Augenblick, daß ihm das Schlimmste zustoßen würde.* Als aber der Pseudo-Abt Eberhard ankam und für ihn nach Kerker und den Tod trachtete, ergriff Konrad im Jahre 990 die Flucht und kehrte erst ins Kloster zurück, als Eberhard nach zwei Jahren gestorben war. Dort verbrachte er aber das Leben bis zum Jahre 1001 und hinterließ nach seinem Tode eine leerstehende Abtei, da der vorhin genannte Graf von Calw, der doch hätte ihr Vogt sein sollen, die Wahl eines neuen Abtes verhinderte und die wenigen noch verbliebenen Mönche verjagte: Von dieser Zeit an blieb dieses berühmte Kloster unseres Schwarzwaldes verödet bis zum Jahre 1065 und bis zu den Zeiten des Grafen Adalbert, der ihre Ruinen schließlich wieder aufbaute.

Bedeutende Hirsauer Männer;
Bischöfe und Äbte, die von hier angefordert wurden.

XIX. Hirsau bietet uns ein sehr gewichtiges Beispiel dafür, wie leicht durch Untätigkeit der Äbte, Mißachtung der Disziplin, Zwietracht und gegenseitig feindselige Parteiungen der Brüder bei Eintritt eines einzigen verhängnisvollen Ereignisses auch voll in Blüte stehende Klöster zusammenbrechen und am Ende sein können. Das Kloster von Hirsau war tatsächlich noch im 10. Jahrhundert nicht nur für sich selbst, sondern auch für andere

---

99 Ibid. p. 132

Klöster und Kathedraldiözesen außerordentlich zum Nutzen, indem es Männer aufzog, und jenen seine Zöglinge bis zu den höchsten Würden hin zur Verfügung stellte, die sich nicht nur auf jedem Gebiet der Wissenschaften und der Tugenden, sondern vor allem durch ein heiligmäßiges Leben in besonderer Weise auszeichneten: Und doch erfolgte in kurzer Zeit nach dem einen oder anderen Mangel der vollkommene Zusammenbruch.

Wir haben die dortige Ordenszucht unter dem im Jahre 918 zum Abt gewählten Rudolph erwähnt, die in nur wenigen Jahren einen völligen Niedergang erlitt, nämlich bis zum achten Abtsjahr Rudolphs, d. h. bis zum Jahre 926. Diesem folgte Diethmar im Amte nach, der die Sache zu einem besseren Stand führte und, wie Trithemius zu dessen Todesjahr 952 schreibt[100], *sowohl durch Wort wie durch gutes Beispiel die Beobachtung der Regel auf erstaunliche Weise reformierte. Er bemühte sich, sich nicht nur in geistlichen Dingen als vorausschauender und nützlicher Hirte zu erweisen, sondern er war auch bei der Vergrößerung und Erhaltung der klostereigenen Besitzungen unermüdlich. Sein Kloster stattete er wunderbar mit Büchern und Schmuck aus, und alles, was er zur Mehrung der Verehrung Gottes beitragen konnte, wandte er mit großem Eifer auf. Unter seiner Leitung gab es eine große Anzahl von Mönchen: Viele von ihnen erstrahlten durch das Verdienst der Heiligkeit und erhielten durch ihre vielen Gebete von dem Herrn viele Wohltaten. Mehrere machten sich auch auf Grund ihrer herausragenden Gelehrsamkeit und ihres umfassenden Wissens über die heiligen Schriften einen hervorragenden Namen. Es wurden auch aus verschiedenen Klöstern Mönche nach Hirsau geschickt, die einen, damit sie in den heiligen Sitten unterwiesen würden, die anderen aber, um aus den besten Lehrern das Wissen über die göttlichen und menschlichen Schriften zu schöpfen.*

Vor Diethmar prägte dieses 10. Jahrhundert vor allem auch der verehrungswürdige Adelhard, dessen Testament Mabillon[101] aus Trithemius in den Heiligenakten des Ordens unter denen anführt, die aufgrund der Heiligkeit ihres Lebens genannt werden. Dieser, mit weltlichem und göttlichen Wissen ausgestattet, zeigte trotz der Blindheit seiner Augen und größten Schmerzen eine bewundernswerte Geduld; er war auch in anderen Tugenden beispielhaft und

---

100 L. c. p. 95
101 Sec. V. p. 41

wußte drei Jahre, bevor er starb, Tag und Stunde seines Todes voraus, der im Jahre 923 eintrat.

Hirsau zählte aber mehrere, die im 10. Jahrhundert, in jenem Kloster unter der Leitung der weisesten Äbte und der gebildetsten Schulmeister erzogen, zur Bischofswürde erkoren wurden: wie zum Beispiel unter Diethmar im Jahre 943 Reginbold zum Bischofsamt von Speyer, der von Kaiser Otto dem Großen hoch geschätzt war; diesen Bischofssitz aber lehnte später im Jahre 975 Werenbald ab, hochgelehrt und selbst Mönch von Hirsau, wobei er als Grund für seine Weigerung angab: *Wenn ich hätte der Welt dienen wollen, wäre ich nicht in diese Einsamkeit gekommen.* Egward wurde auf Geheiß desselben Otto d. Gr. Bischof von Schleswig im Gebiet von Sachsen und *gab allen das weithin sichtbare Zeichen der Heiligkeit,* wie Trithemius zum Jahr 965 berichtet[102], *denn er rief einen im Meer versunkenen Mann durch seine Gebete vor einer großen Menschenmenge ins Leben zurück. Daher gaben ihm die in Erstaunen versetzten Schleswiger die Bezeichnung eines Mannes Gottes, indem sie ihn auf Grund ihrer Hochachtung und Ehrerbietung ›Gottmann‹ nannten, da sie ihn durch dieses so große Wunder als Freund Gottes erkannten. Zu diesen Zeiten,* fährt Trithemius ebenda fort, *folgte nach dem Tode des Abtes Adelhard vom Kloster St. Alban bei Mainz der Mönch Wernher aus diesem Kloster Hirsau auf Anordnung des Erzbischofs Wilhelm von Mainz in der Abtswürde nach, ein Mann von großen Fähigkeiten und von einzigartiger Klugheit, der bei den Mainzern für seine Gelehrsamkeit und das Verdienst seines Lebens in hohem Ansehen stand. Auch der Mönch Bernold aus diesem Kloster Hirsau, einstmals Hörer und Schüler des Gelehrten Meginrad, wurde ebenfalls zu dieser Zeit wegen seines Lebensverdienstes und der überreichen Gelehrsamkeit in den göttlichen Dingen am Kloster des heiligen Ferrutius, das Bleidenstadt genannt wird, zum Abt bestimmt.*

Im Jahre 985 wurde der Hirsauer Mönch Adelbert auf die Bitte des Bischofs Balderich von Speyer hin nach Klingenmünster bei Landau als Abt gegeben, *der im ganzen deutschen Reich auf Grund seines hervorragenden Rufs Bekannteste; wenn dieser,* wie Trithemius sagt[103], *Vorsteher dieses seines Klosters Hirsau gewesen*

---

102 Annal. Hirs. T. I. p. 109
103 l. c. p. 128

wäre, wäre es niemals zu einer solchen Verödung als Ruine verkommen, zu welcher sie zu seiner Zeit auf so erbämliche Art und Weise zusammengefallen ist. Unter der unglückseligen Leitung des Abtes Konrad war freilich im Jahre 989 der Hirsauer Mönch Bernward aus dem Grafengeschlecht von Rothenburg ob der Tauber zum Bischof von Würzburg erhoben worden; dieser war allerdings schon vorher von Abt Lupold dem Arnold als Weggefährte beigesellt worden, den er von Hirsau aus für die Leitung der Schulen zum Kloster des heiligen Burckhard auf die Bitte des Würzburger Bischofs Hugo hin geführt hatte, wo er dann zusammen mit jenen Mönchen geblieben war. Schon zu Beginn des 10. Jahrhunderts aber, als Cunzigo wegen der Vorzüglichkeit seiner Weisheit zum Abt des heiligen Nazarius in Lorsch ernannt wurde, erblühte gerade in Hirsau Adalbero, der im Jahr 921 auf Befehl des Erzbischofs Heriger von Mainz zum Abt im Kloster des heiligen Ferrutius in Bleidenstadt ernannt wurde.

Die Lehrmeister der Schulen und andere in der Wissenschaft herausragende Hirsauer Mönche.

XX. Dieser Adalbero war ein Schüler des Luthelmus, der über 30 Jahre hinweg der gelehrteste Leiter der Schule zu Hirsau gewesen war, und da er *in jedem Wissenschaftsbereich als der Gebildetste* angesehen wurde, wurde er im Jahre 910 von dem Hirsauer Abt Harderad auf Verlangen des Abtes und des Konvents im Kloster des heiligen Alban zu Mainz zum Lehrer bestellt, wie Trithemius bezeugt[104]. Dieser schreibt zu demselben Jahr 921 über die Ablehnung der Abtswürde durch Adalbero und auch über den Tod seines Lehrers Luthelm, an dessen Stelle in der Leitung der Schulen von Hirsau Herbord berufen wurde, *ein Mann von hoher Bildung sowohl in den weltlichen Wissenschaften wie auch in den heiligen Schriften, geübt in der Metrik und in der Prosa, der für 16 Jahre die Leitung innehatte.* Gleich im folgenden Jahr 922 erwähnt er den Tod des Diethmar, eines bestens erfahrenen Geschichtsschreibers, der nicht *weniger durch die Heiligkeit des Lebens als durch die Darstellung der Wissenschaft ewigen Gedenkens würdig ist,* und in vielen Jahren der Stellvertreter Luthelms in der Leitung der Klosterschule war. Gleichen Namens war derjenige, der im

Jahre 938 nach dem Tode des Herbord *in der Vorstandschaft der Schulleitung unmittelbar nachfolgte: der Mönch Diethard, nicht weniger gebildet, der nach der Übernahme der Schulleitung reiche Früchte seiner Erziehung hervorbrachte und sehr viele in jeder Art von Wissenschaft hochgebildete Mönche heranzog. Er stand aber den Klosterschulen 14 Jahre lang vor und unterrichtete nicht nur Hirsauer Mönche, sondern auch solche, die von anderen Klöstern zu ihm geschickt worden waren, in allen Bereichen der Wissenschaft ganz umfassend.* Man darf übrigens diesen Diethmar auf keinen Fall mit jenem vorher erwähnten und im Jahre 922 verstorbenen verwechseln, der *einige durchaus lesenswerte Werke verfaßt hat,* wie Menfrid schreibt: *Diese können allerdings durch die Nachlässigkeit früherer Väter heute von anderen nicht mehr auseinander gehalten werden.*

Dieser Menfrid oder Megenfred oder Meginfrid war ein Mönch von Fulda, der den Schulen eben dieses Klosters über 24 Jahre hinweg vorgesetzt war; später war er Präfekt der Schule von Magdeburg und ein bedeutender Historiker seiner Zeit, dessen zahlreiche Werke Trithemius zum Jahre 986 aufzählt[105]. Genauso muß dieser von dem Hirsauer Scholastikus Meginrad unterschieden werden, der den im Jahre 952 verstorbenen Diethmar in die Leitung der Schulen für 13 Jahre aufnahm. Von dessen ausgezeichneten Ruf und Bildung begeistert, kam Windekind von Corbie mit mehr als 40 Jahren als Scholastikus nach Hirsau, wo er mit ihm eine ganze Reihe von Tagen zusammenwohnte und dabei viele Mönche vorfand, die nach dem Verdienst ihres Lebens als verehrungswürdig und in jeglichem wissenschaftlichem Gebiet als hoch gebildet anzusehen waren; so jedenfalls erzählt er über sich selbst in einem Büchlein, das er unter dem Titel *de studiis veterum monachorum* verfaßt hat, und in welchem er Meginrad mit folgenden Lobreden rühmt: *Jener hoch gebildete Lehrer der Mönche, sozusagen ein zweiter Hieronymus als tiefgründiger Vermittler der heiligen Schriften, versetzt uns durch sein Wissen in Erstaunen: So kann er mit Recht als Archiv der himmlischen Weisheit bezeichnet werden, denn nichts an Gelehrsamkeit bleibt ihm verborgen.* Dies sagt Trithemius zum Jahr 955[106]; unter die Werke Meginrads zählt er auch mehrere, recht kunstvoll verfaßte

105 l. c. p. 128
106 l. c. p. 98

Briefe an den erwähnten Windekind, und zwar zum Jahr 965, in dem der da Verstorbene als Nachfolger im Leitungsamt der Schule den Mönch Reginhard hatte, einen zwar hinreichend gebildeten Mann, *obwohl er nicht an die Größe Meginhards heranreichte und auch nicht auf allen Gebieten diese Gabe und den Eifer für das Lehren aufbrachte.*

Diesem schließt sich bei Martin Crusius im Paralipomenon zu den ›Suevicorum annales‹[107] unter den berühmten Mönchen und Lehrern der Mönche von Hirsau Wernher an, der von Wilhelm von Mainz zum Abt von St. Alban ernannt wurde, wie wir erwähnt haben. Für eben diesen Bischof schrieb er ein Buch ›de non ambienda dignitate‹, zwei Bücher mit Briefen und anderes, wovon Crusius berichtet; und gleich anschließend nennt dieser Wunibald, der sich außer den göttlichen und menschlichen auch auf die griechischen Wissenschaften verstand; daher wurde er an der Wissenschaftsschule von St. Alban in Mainz Vorsteher, und der Erzbischof am Ort nannte ihn wegen der Vorzüglichkeit seiner Beredsamkeit und Bildung *Wunibald der Große*. Hinzu kommt noch Theobald, der zehnte Rektor des aurelianischen Gymnasiums, der seine Hörer gleichzeitig in der Wissenschaft und der Moral unterrichtete und eine Lebensgeschichte und die Lobpreisungen auf Otto II. verfaßt hat. Oben schon haben wir Arnold erwähnt, der bei Crusius die Reihe bis zum heiligen Wilhelm hin abschließt.

Das Geschick des Klosters St. Blasien im 10. Jahrhundert.

XXI. Eine andere, tief im Inneren des Schwarzwalds in Erscheinung tretende Schule erwähnt der Anonymus, der die ›libri constructionis‹ der *Cella Alba* oder des Klosters St. Blasien verfaßt hat, die eben dort schon eingerichtet war, bevor sie in diesem 10. Jahrhundert zur Abtei erhoben wurde. Er schreibt nun folgendes: *Es geschah aber, daß in kurzer Zeit dieser Ort zu einer solch bedeutenden Stellung gelangte, weil die Adligen ihre Söhne jenem Vater und Konvent unter die Schutzherrschaft des heiligen Blasius übergaben: Diese Kinder, die dann als Erwachsene und zu den heiligen Weihen gelangt die Stufe zum Priestertum betraten,*

107 p. 54

verblieben dort so lange, daß sie bald die Schule durch ihre Anwesenheit am Ort halten konnten.

Einen anderen günstigen Umstand für das Patrozinium des heiligen Blasius an diesem Ort beschreibt fernerhin jener Anonymus, der ganz von dem verschieden ist, den wir oben in bezug auf die Reliquien des heiligen Blasius genannt haben, die von Rheinau aus in das benachbarte Gebirge oder den Schwarzwald nach der Mitte des 9. Jahrhunderts überführt worden waren. Diese glückliche und besonders verheißungsvolle Translation erfolgte im 10. Jahrhundert wegen der ständigen Angriffe und Einfälle der Ungarn auch in unseren Schwarzwald, wie wir nach Eckhard festgehalten haben. Wir haben darüber hinaus von vielfältigen Verwüstungen verschiedener Klöster ringsum in der Nachbarschaft auch aus anderen Chronographen berichtet; zu diesen rechnen die Rheinauer ihr eigenes Kloster, dem damals die Albzelle bis zu diesem Zeitpunkt noch angegliedert war, wenn auch unser Anonymus in seinem gesamten Werk über diese Union kein einziges Wort verliert. Bucelin zählt noch eher das Kloster St. Trudpert zu den von den Ungarn zerstörten, in welchem er im Jahre 1624 als Novizenmeister tätig war, bevor die ganz alten Dokumente dieses Klosters durch das Wüten der Schweden eingeäschert wurden. Daher konnte er durchaus gut gesicherte Erkenntnisse haben, wenn er den wiederholten Einfall der Ungarn vor allem in den Alpgau auf die Jahre 925 und 929 in der ›Chronologia Constantiensis‹[108] ansetzt, wofür das Chronikon von Villingen des 12. Jahrhunderts das Jahr 931 angibt.

In diesem allgemeinen Unglück bleibt aber das Geschick unserer Albzelle unbekannt; wenn man allerdings nicht irgendeine leere Mutmaßung anstellen will, kann man von ihr zu Recht behaupten, daß sie unversehrt fortbestanden hat, da sie von den offenen Rheinufern doch ziemlich weit entfernt war, für die es uns nach dem in Nr. I zitierten Zeugnis Eckhards sehr wahrscheinlich ist, daß nur sie allein von den Ungarn auf beiden Seiten des Oberrheins bis zum Bodensee hin verwüstet worden sind. Daher glauben wir gleichzeitig, daß dies so erfolgte, daß die Ungarn auf der anderen, weiter offen stehenden Rheinseite in die Frickau hinuntergegangen sind, wo sie sich noch einmal in der Ebene

108 p. 170 seq.

beider Ufer ausbreiten und nach Säckingen, den Ort des Heiligen Kreuzes, eindringen konnten, ja sogar bis in diese Gegend gelangten; noch nicht war nämlich damals, wie wir unten sehen werden, *Waldishutum* eine Stadt oder eine bewohnte Ortschaft, die die Ungarn zu ihrer Zerstörung hätte reizen können, so daß auf dieser Seite die *Cella Alba* insgesamt unversehrt erhalten bleiben konnte, wo immer im Alpgau sie auch genau liegen mochte. Was aber der zitierte Eckhard an derselben Stelle vermerkt, daß die Ungarn vom *Schwarzwalda* mit vielen gut ausrüsteten Schiffen ins Elsaß eingedrungen seien, stützt mehr eine andere Meinung; so nämlich kann man der Auffassung sein, daß die Ungarn zwar zweifellos mit aus unserem Schwarzwald gefertigten Schiffen ins Elsaß übergesetzt sind, wie dies früher schon nach unserer obigen Darstellung Ausonius Attila getan hatte: aber daß eben diese den Einfall ins Elsaß von jenem Teil des Schwarzwaldes aus unternommen haben, der jener Provinz näher liegt, so wie er auch dazu weitaus geeigneter ist, ein Heer gefangenzunehmen, als es dieser entlegene Winkel unseres Schwarzwaldes sein könnte, von wo aus der Übergang ins Elsaß doch allzu weit entfernt ist.

Von daher erhält auch die Meinung ein größeres Gewicht, daß die Brüder von Rheinau, die auf der Flucht vor der Ermordung durch die Ungarn Rheinau verließen, das auf offenem Rheingebiet liegt, und an dem die Ungarn nur in geringer Entfernung durchgezogen waren, sich in dieses benachbarte Waldgebirge zu ihren *Cellalbani* zurückgezogen haben, wo sie bei ihren eigenen Leuten und ohne Furcht vor einem Angriff der Feinde leben konnten, bis sich schließlich jene stürmische Zeit beruhigt hätte. Nachdem nach der Unterwerfung der Ungarn durch Otto d. Gr. im Jahre 956 die Ruhe wiederhergestellt war, oder weil diese sich vielleicht schon vorher aus jenem Gebiet zurückzogen, konnten die Rheinauer wieder in ihre Heimat zurückkehren und die angerichteten Schäden beheben, nachdem sie aus der Albzelle auch einen Teil des hier niedergelegten Schatzes mit sich genommen hatten, nämlich den Schädel des heiligen Blasius, wobei sie aber den rechten Arm desselben in der Albzelle des Schwarzwaldes zurückließen.

Und eben dies scheint der günstige Umstand gewesen zu sein, der zu einer Teilung zwischen beiden Klöstern geführt hat, wobei den maßgeblichen Anteil, wie die Rheinauer selbst anerkennen, der hochheilige Bischof Konrad von Konstanz hatte, der zur rechten Zeit in diesen Wirren im Jahre 934 gewählt worden war, im Jahre 976 aber starb und die ganze Zeit seines Pontifikats von 42 Jahren unermüdlich darauf verwandte, die Verhältnisse wieder neu zu ordnen und zwar sowohl durch seinen persönlichen Rat und seine Hilfe, wie auch ganz besonders durch seine Intervention bei Otto d. Gr.: Wie auf seine Bitte hin derselbe Otto den Rheinauern eine Urkunde des Königs Ludwig vom Jahre 973 bestätigte, so schrieb er auch dem Kloster St. Blasien den örtlichen Distrikt als eigen und unteilbar zu. Und die Rheinauer geben zu, daß in ihren Dokumenten niemals mehr irgendein Anspruch auf die Albzelle erwähnt wird; lediglich, daß sie in manchen Urkunden zusammen mit anderen Besitzungen im *Alpegowe* mit *Aluffin* (Alpfen), *Waltichilchim* (Waldkirch) als *Cella*, *Alba* genannt, aufgezählt wird; daraus darf man vielleicht folgern, daß hier diese frühere *Cella* als diese *Alba* bestanden hatte, worüber wir nun im folgenden unsere Untersuchung anstellen werden.

Das Kloster des heiligen Blasius, durch Vermittlung des Reginbert von Kaiser Otto dotiert.

XXII. Die Angelegenheit geht etwa auf Reginbert zurück, den die Blasianer sozusagen als Gründer ansehen, nachdem die Albzelle zweifellos schon längst vom Kloster Rheinau losgelöst war. In dem St. Gallener Buch der eingeschriebenen Brüder wird aus dem Kloster Rheinau, offensichtlich mit zweiter Hand, doch aus dem 10. Jahrhundert, Reginbert vermerkt: Dieser könnte freilich auf Grund seines Alters derselbe sein, der sich im Schwarzwald versteckt hat und dort *als erster* als Eremit zu leben begann, wie sich die für die Gründung von St. Blasien erlassene Urkunde Ottos ausdrückt. Das könnte wahr sein, wenn das ›als erster als Eremit zu leben begonnen haben‹ nach dem Einfall der Ungarn (ob die Albzelle zerstört wurde oder nicht) und noch vor der Mitte des 10. Jahrhunderts liegend aufgefaßt wird, einer Zeit, zu der Reginbert zum ersten Mal erwähnt wird. Doch welche Beweiskraft sich aus einer Gleichnamigkeit ergibt, geht aus ihr selbst hervor.

Wie nämlich der Anonymus von St. Blasien (der nach dem erfolgreichen Abschluß seines ›liber constructionis‹ die erste bekannte Chronik aufweist) ausführt, *verdiente sich Reginbert aus der Provinz Zurichey* (Zürichgau) (im Autograph fügte eine andere Hand am Rande von Seldenburen ein) *ab dem Jahr 936 nach der Geburt des Herrn, als die Bavaren zusammen mit anderen gegen den Kaiser Otto rebellierten, als tüchtiger Soldat seinen Sold in dessen Heer und war dem Kaiser lieb und wert und mit ihm freundschaftlich verbunden;* und nachdem er einmal mit diesem zusammen zum Kampf ausgerückt war, als die Feinde das römische Reich verwüsteten, soll er in der Schlacht eine Hand verloren haben. Dann aber kam er mit Erlaubnis des Kaisers *zu Brüdern, die an dem Ort ansässig waren, der ›bei dem heiligen Blasius‹ genannt wird,* welche er wegen der Zerstörung ihrer Kirche, die auf Grund ihres Alters zusammengebrochen war, in großer Traurigkeit vorfand, und er schenkte ihnen seine ganze Habe und empfing von dem Prior Beringer den Habit unseres Ordens: Mit diesem bekleidet sehen wir jenen auf dem Relief einer alten steinernen Statue, die wir hier abbilden[109]. Auf diesem wird er mit einer Tonsur dargestellt, auf Grund derer vermutet werden kann, daß jener damals zum Priester gemacht worden war, – eine Bezeichnung, die zwar Reginbert von Rheinau zuerkannt wird, doch, wenn ich mich nicht täusche, an einer unpassenden Stelle zwischen Laienbrüdern und -schwestern unter Abt Otto zu Beginn des 12. Jahrhunderts in dem St. Gallener Buch der eingeschriebenen Brüder. Auch stimmt damit überein, was Mabillon zum Jahr 963 vermutet[110], daß dieser unser Reginbert identisch sei mit Rambert, von dem die kurzen Annalen von Einsiedeln zum Jahr 959 sagen *Rambert wird zum Mönch gemacht,* und in einem sehr alten Kalendarium: *an den dritten Kalenden des Oktober wurde Rambertus zum Priester gemacht.* Ich übergehe mit Schweigen, weil es mit der Priesterwürde nur wenig zu tun hat, was von der im Kampf abgetrennten Hand Reginberts berichtet wird. Dennoch scheinen dies unsere Landsleute allgemein deshalb geglaubt zu haben, weil durch Zufall ein vollständiger Arm von einer sehr alten Figur des Reginbert abgerissen ist, die, auf einem Grabstein ausgemeißelt, wir hier abbilden[111], wo er,

109 Fig. I.
110 T. III. Annal. p. 566
111 Fig. II.

nach der Sitte von Kämpfern gekleidet, mit einem Schwert in der
Linken dargestellt wird, wie dies auch in den Diptychen des 12.
Jahrhunderts der Fall ist.[a]

> [a] Dieser wird auf einer Ziselierarbeit zusammen mit dem Abt Arnold auf
> einem wunderbar gearbeiteten, silbernen Behälter dargestellt, der dazu ange-
> fertigt war, das Evangelienbuch sowohl zu früherer Zeit bei Festmessen
> aufzubewahren, wie auch heute noch bei Prozessionen mitzuführen.

Im übrigen ist er mit beiden Händen ausgestattet sowohl auf der
eben erwähnten Statue und den Diptychen[112] zu sehen, wie auch
auf einem neueren Grabstein, wo er aufgebahrt dargestellt wird[113],
so wie auch auf einem Bild des 16. Jahrhunderts[114]. Für diese Art
von Gewandung gibt es bei einem Priestermönch sonst kein
anderes Beispiel, wenn auch bei Mabillon[115] zum Jahre 1094
Rogerius und Robertus, die Wohltäter des Klosters Pratella, die
ganz gewiß Mönche waren, dennoch durchaus nicht mit einem
Mönchsgewand ausgestattet dargestellt werden: Das gleiche gilt
auch für die heiligen Eremiten Trudpert und Fintan; es bezeugen
dies alte wie auch jüngere Bilder, auf welchen diese nicht mit dem
Gewand eines Mönches, sondern eines Fürsten oder Pilgers zu
sehen sind, genau wie auch der Eremit Reginbert, der mit einem
Soldatenmantel und der Rüstung bekleidet ist. So kann aus
solchen Statuen oder Bildern nichts Sicheres abgeleitet werden,
da deren Gestalter eher auf jenen Stand zu achten scheinen, in
dem sich vor ihrem Eintritt ins Kloster jene auszeichneten, die sie
darstellten, als den Stand, den sie später einnahmen.

Was die Zeit anbetrifft, zu der dieser Reginbert zu den Unseren
kam, ist auf dem genannten Bild ›das Jahr Christi 945‹ eingeschrieben, in dem er sich und seine Habe überstellte, nachdem er
Mönch geworden war. In der Chronikhandschrift von St. Blasien,
von der im letzten Jahrhundert in Stuttgart Exzerpte angefertigt
worden sind, wird zum Jahr 948 folgendes notiert: *der Ort des
Klosters des heiligen Blasius ist geweiht worden.* Auf der neueren
Grabinschrift ist das Jahr 964 als das Todesjahr Reginberts zu
lesen. Hinsichtlich der Zeit stimmen darin die meisten neueren

---

112 Fig. III.
113 Fig. IV.
114 Fig. V.
115 Annal. T. V. p. 329

Autoren überein: Munsterus[116], Urstisius in dem ›Chronicon Basileense‹[117], Mart. Crusius in den ›annales Sueviae‹[118], Henricus Pantaleon in ›de illustribus viris Germaniae‹[119] bei den Fortführern des Bolland, Henricus Murerus bei denselben[120] und Sudanus in der ›Basileia Sacra‹[121]. Dagegen sagt aber die Chronikhandschrift von Magdeburg bei Mabillon[122] zum Jahr 962: *Der Diener Gottes Reginbert ist gestorben. Dieser errichtete die Abtei des heiligen Blasius in Suevien.* Ebenso schreibt auch der Fortführer der Chronik des Regino bei Pistorius[123] zum gleichen Jahr: *Reginbert, der Diener Gottes, ist gestorben.* Von dem aber, was dort unmittelbar folgt: *Nachdem zu seinen Gunsten sogar ein Schreiben an den Kaiser gesandt worden war, wurde angeordnet, daß er dessen Rückkunft in der Pfalz abzuwarten habe,* meint Mabillon freilich, daß dies in bezug auf Adalbert, den Apostel der Rugen, zu verstehen sei, über welchen derselbe Chronist im gerade Vorhergehenden gehandelt hatte: Doch der Kontext der Worte und die Sache selbst legen nahe, daß dies auf Reginbert zu beziehen ist, der den Kaiser Otto d. Gr., der sich damals gerade in Italien aufhielt, darum ersucht hatte, daß die Gegend um den Ort, an dem er zuerst als Eremit gelebt hatte, dem neuen Kloster St. Blasien als Eigentum zugesprochen werde; doch es war ihm befohlen worden, abzuwarten, bis der Kaiser nach Deutschland zu seiner Pfalz zurückkehre.

Den Grund für diese Verzögerung erklärt unser Anonymus damit, daß der Kaiser deshalb nicht sofort zugestimmt habe, weil er zuerst die Lage des Ortes habe sorgfältig prüfen lassen wollen; dann aber *stimmte der Kaiser seiner Petition zu, als er von den Einwohnern die Lage des Waldes und die Rauhheit der Berge oder die entbehrungsreiche Unwirtlichkiet jenes Gebietes in Erfahrung gebracht hatte, und räumte ihnen, wie vorhin gesagt, Privilegien ein.* Reginbert ersuchte also beim Kaiser um eine Audienz, *nachdem ein Schreiben an ihn gerichtet worden war,* doch *es wird angeordnet, daß er auf seine Rückkehr in der Pfalz zu warten habe.*

---

116 Cosmogr. lib. III. p. 314
117 Lib. I. c. 21
118 P. II. lib. IV. c. 10
119 T. I. Febr. p. 333
120 T. I. Maii p. 309
121 p. 134
122 Act. SS. Sec. V. p. 315
123 T. I. Script. Rer. Germ. p. 109

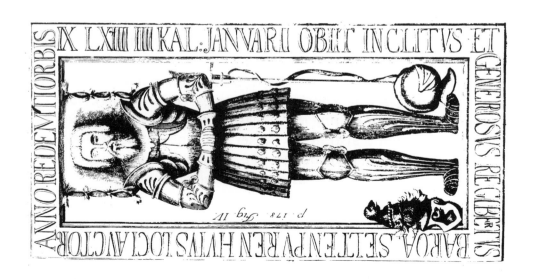

p. 178. Fig. V.

Otto I. hatte in diesem Jahr 962 in Rom von Papst Johannes XII. die Reichskrone erhalten, und als er schließlich im Jahre 965 von Italien wieder nach Deutschland zurückgekehrte, war Reginbert, der befehlsgemäß in der Pfalz auf seine Rückkehr gewartet hatte, gestorben, sei es, daß sich dies nach den klostereigenen Dokumenten im Jahre 964 ereignet hat, sei es, daß nach der Glaubwürdigkeit der erwähnten Chroniken dies im Jahre 962 geschah. Und so blieb die Urkunde in der Schwebe, die er für das neu erbaute Kloster St. Blasien erbeten hatte, so daß aber dennoch der anonyme Verfasser des ›liber constructionis‹ nach erhaltener Zustimmung des Kaisers behaupten konnte, Reginbert habe dies bei ihm erreicht: *durch seine Demut gegenüber Gott hat er in allem für sein Bittgesuch Genüge getan, indem er dem Kloster Weite und Landbesitz in festgelegten Grenzen verschaffte, so wie es in dem kaiserlichen Schreiben bestimmt ist, das bekräftigt und bestätigt ist durch das Siegel seiner kaiserlichen Majestät.*

Heute noch existiert im Archiv von St. Blasien eine eigenhändig verfaßte Urkunde Ottos, die das Jahr 963 trägt, gegeben zu Verona im 27. Regierungsjahr Ottos als König und im 2. Jahr als Kaiser, zur Zeit der 6. Indiktion, was nun alles mit dem Jahr 963 übereinstimmt: Doch daß an diesen Stellen im Autograph Spuren einer Rasur zu entdecken sind, vermerkte schon P. Herrgott[124] zur Immunitätsurkunde Heinrichs V. aus dem Jahre 1125, durch die dem Kloster St. Blasien der bestrittene Rechtsanspruch gegen den Basler Bischof zugesichert wird, wo Kaiser Heinrich mit ausdrücklichen Worten sagt und allen Christgläubigen öffentlich bekannt macht: *Der Streit beider Kirchen um die Verweigerung einer Vogtei sei gehört und immer wieder in seiner Anwesenheit vorgebracht worden, auch sei dieser in vielfältiger Überlegung geprüft und sorgfältig erörtert worden;* doch schließlich bestätigt der Kaiser *die von Kaiser Otto I. überkommene Freiheit des Ortes der Kirche des heiligen Blasius;* so macht ohne Zweifel Otto in der genannten Urkunde allen Christgläubigen öffentlich kund und zu wissen: *Wir haben die im Wald Schwarzwalda von dem seligen Eremiten Reginbert jüngst erbaute Zelle mit dem gesamten Umland und in ihren festgelegten Grenzen Gott und dem heiligen Blasius zum Heil unserer Seele und auch zum Antrieb für die Christgläubi-*

---

124 Gen. Habsb. dipl. T. II. P. I. p. 140

gen zum Eigentum übergeben, wir haben sie rechtskräftig bestätigt und sie für von aller menschlichen Macht frei erklärt usw.

Heinrich V. bezieht sich in der besagten Immunitätsurkunde vom Jahre 1125 auf die Schenkung, die dem seligen Reginbert von Otto I. gemacht worden war, der, als Reginbert schon tot war, nach Deutschland zurückkehrte, wie wir oben erwähnt haben; dann stellte Otto II., der Sohn des Ersten, im Jahre 983 eine Urkunde aus zur Bestätigung der Schenkung, die von Otto I. an Reginbert vorgenommen worden war, die dann zweifellos Heinrich V. in seiner Urkunde mit den Worten *die von Kaiser Otto I. überkommene Freiheit des Ortes der Kirche des heiligen Blasius* bestätigt. Diese Freiheit von St. Blasien griffen die Bischöfe von Basel an, die durch die Kraft dieser Privilegsurkunde auf ihren eigenen Rechtsanspruch verzichten mußten, den sie bisher ausgeübt hatten; die ottonianische Urkunde selbst wurde daher auf den Vollversammlungen zu Straßburg im Jahre 1125 in Anwesenheit Kaiser Heinrichs V. vorgelegt, geprüft und von all jenen Reichsfürsten bestätigt, deren Namen bei P. Herrgott[125] als Unterzeichner nachzulesen sind, wobei die Ziffern kein Hindernis darstellten, durch die diese Schenkung dem Kaiser Otto I., von dem sie zum ersten Mal vollzogen worden war, und dem Jahr 963 zugeschrieben wird, wie der Sachverhalt auch heute auf Grund der noch vorhandenen Urkunde ganz klar ersichtlich ist. Heinrich V. aber legt in seinem Diplom das mit Abstand gewichtigste Zeugnis ab, nämlich daß in seiner Anwesenheit der Sachverhalt *in vielfältiger Überlegung geprüft und sorgfältig erörtert worden ist, und schließlich durch Bekräftigung einer sehr alten und echten Privilegsurkunde und durch die überaus gründliche Sorgfalt der Fürsten nach Erkenntnis und Billigung des Wahrheitsanspruchs die Freiheit des Ortes der Kirche St. Blasien von Kaiser Otto I. gewährt und dann von unserem Vater seligen Angedenkens, Kaiser Heinrich, erneuert und bestätigt worden ist; sie hat daher auch die freie Vogtswahl nach dem Urteil der Bischöfe und aller anwesenden Fürsten behalten.*

Derselbe Heinrich V. begrenzt in einem zweiten Diplom, das zwei Jahre vorher im Jahre 1123 zu Speyer ausgestellt worden war, bei P. Herrgott[126] das Gebiet der zur Zelle von St. Blasien gehörenden Güter und stattet es mit vollem Recht aus, gewährt es und

125 Loc. cit.
126 L. c. p. 136

bestätigt es gemäß der Schenkung, die schon von seinem Vater Heinrich IV. im Jahre 1065 und von Kaiser Otto vorgenommen worden war; ob es sich dabei aber um den I. oder II. handelt, sagt er nicht ausdrücklich, da doch der Sachverhalt, wie wir gesehen haben, erst im Jahre 1125 auf den Zusammenkünften der Fürsten erörtert und das ottonische Diplom selbst anerkannt wurde. Im übrigen verschaffen diese Diplome Heinrichs dem Vermögen St. Blasiens Sicherheit und Unverletzlichkeit, und sie würden dies auch tun, wenn das ottonische Diplom gar nicht vorhanden wäre, oder wenn auf Grund der Rasuren an den Ziffern irgendetwas an Beweiskraft verloren gehen sollte.

Doch kam es bis auf den heutigen Tag niemals jemandem in den Sinn, irgendein Dokument wegen irgendeiner Rasur an Stellen abzulehnen, durch die der Angelpunkt einer Sache nicht verändert wird; so erklärte noch in eben diesem 12. Jahrhundert Alexander III.[127], daß ein päpstlicher Erlaß wegen einer Rasur an einer unverdächtigen Stelle nicht für fehlerhaft angesehen werden dürfe. Auch Innozenz III. bestätigt[128] in demselben Jahrhundert, daß Rasuren an einigen wenigen Buchstaben keineswegs die Gesinnung eines Weisen in Zweifel ziehen dürften. Es ist das, was wir schon bei anderer Gelegenheit am Zeugnis und Beispiel von in der Urkundenwissenschaft vorzüglichen Autoren dargelegt haben, und gilt sowohl für die erste Urkundenschrift, als auch für die später durch irgendeinen Zufall hinzukommenden Rasuren.

Das neueste Beispiel hierfür bietet in der ›Alsatia diplomatica‹ Schöpflins[129] die kupfergestochene Urkunde 115 Karl des Dicken, ohne Zweifel ein Bestätigungsdiplom für das Kanonikerkloster Honau aus dem Jahr 884, dem Grandidier in der ›historia ecclesiae Argentoratensis‹[130] eine Zweitschrift anfügt, und er gibt auch die Meinung anderer dazu wieder, die wir im folgenden anführen[a)]:

> [a)] Ces ratures et ces corrections temeraires ne doivent pas faire cependant taxer d'imposture les deux diplomes de Lothaire et de Charles le Gros, qui en soi sont très veritables. Elles n'intéressent point la substance de l'acte, et elles n'y portent point d'atteinte. La rature ne rend point la piece suspecte, et nuit pas à sa sincérité, dès qu'elle n'affecte qu'une partie de la narration. C'est la décision du Pape Alexandre III. suivie par les Docteurs de l'un et l'autre droit. Quelque rigide que fut Innocent III. sur les conditions des vraies bulles, il declara

127 L. II. decret. tit. 22. c. 3.
128 L. V. decret. tit. 21. c. 9.
129 T. I. p. 91
130 T. II. append. p. CCXXIII. seq. it. p. 31

cependant, que la rature d'un petit nombre de lettres ne donnait pas atteinte à leur authenticité. Msr. Gibert Corp. Iur. can. T. I. p. 469 *et le Maire* Nouveaux memoires du Clergé T. IV. col. 908 et suiv. 925 et suiv. *appuyent la même maxime sur l'autorité des Canonistes et des Iurisconsultes. Les savans Bénédictins auteurs du nouveau traité de Diplomatique, en traçant les règles générales sur la vérité des diploms, assurent T. VI. p. 370 que les effaçures d'un acte ne donnent point atteinte à sa vérité, ni à son autorité dans les choses, qui ne sont point effacées. Un endroit suspect radé, dit après eux,* ibid. p. 303 *Dom de Vaines,* Dictionnaire raisonné de diplomatique T. II. p. 217 *ne rend pas une pièce fausse, ni vicieuse.*

Unser ottonisches Diplom war schon vor langer Zeit kunstvoll ausgestaltet worden, die Urkunde wurde jedoch bei dem letzten Brand des Klosters im Jahre 1768 durch Feuer beschädigt, nunmehr zum zweiten Male; durch amtlichen Beschluß wurde es in Gegenwart des vorderösterreichischen Regenten zu Freiburg in Kupfer gestochen; und das *Vidimat,* wie man zu sagen pflegt, werden wir in der Öffentlichkeit vor den Augen aller im ›Codex probationum‹ vorzeigen und zwar zusammen mit der Abschrift des Doppels des Diploms Ottos II., dessen Autograph ich im Archiv des Klosters St. Emmeran zu Regensburg sorgsam untersucht habe; als Kupferstich aber ist die Urkunde im Vorwort des Chronikons von Göttweig mit demselben Tag wie in der unseren zu sehen, nämlich: *Gegeben zu den Nonen des Juni im 983. Jahr nach der Fleischwerdung des Herrn, im 25. Jahr der Herrschaft Ottos II. als König und im 15. Jahr als Kaiser, zur Zeit der 11. Indiktion, erfolgreich verhandelt zu Verona, amen.* Völlig übereinstimmt SIGNUM DOMINI OTTONIS MAGNI ET INVICTISSIMI IMPERATORIS AUGUSTI; ebenfalls der Siegelstempel; weiterhin die Unterschrift mit denselben Worten: HILDEBOLDUS EPISCOPUS ET CANCELLARIUS VICE WILIGISI ARCHICAPELLANI NOTAVI. Der Schriftzug schließlich und die ganze Bestätigung des Diploms stimmt völlig überein, sogar im genauen Abstand, wie die Freiburger Examinatoren scharfsinnig bemerkt haben, der auf Grund der Rasur im St. Blasier Diplom von den übrigen Ziffern XX, nämlich vom LXIII. Jahr bis zum LXXXIII. Jahr *der Königsherrschaft Ottos II,* freigeblieben ist. Somit bleibt keinerlei Zweifel zurück, daß die Worte *im 25. Jahr der Herrschaft Ottos II. als König und im 15. Jahr als Kaiser, zur Zeit der 11. Indiktion* im St. Blasier Diplom wieder zu ergänzen sind; indes ist schon im 12. Jahrhundert, in dem jenes Diplom, wie wir gesehen haben, für echt erklärt und bestätigt wurde, diese Änderung ganz sicher als solche festgestellt und auch nachdrück-

lich anerkannt worden. Dies steht fest auf Grund einer Abschrift
dieses Jahrhunderts im Archiv von St. Blasien, da die Aufschrift
Vidimus privilegii Ottonis I. und die Schrift auf der Rückseite
Privilegium cellae S. Blasii, deren Buchstabenzeichen auf das 12.
Jahrhundert hinweisen, und die Bemerkungen zur Chronologie
dieselbe Verfälschung aufweisen, die auch heute noch im Auto-
graph festzustellen ist. Eben dies ist aber insgesamt offenkundig
auf Grund des Chronikons von St. Blasien aus demselben Jahrhundert, das in den Klöstern von Muri und Engelberg aufbewahrt
wird, sehr wahrscheinlich von dem seligen Abt Frowein von
Engelberg verfaßt: In dieser ist zum Jahr 963 folgendes zu lesen:
*In diesem Jahr wurde das Edikt Ottos gegeben, im 27. Jahr seiner
Königsherrschaft, und im 2. Jahr als Kaiser, zur Zeit der 6.
Indiktion, verhandelt in Verona an den Nonen des Juni;* und in
derselben Chronik zum Jahr 1143: *Dies ist das 180. nach dem Jahr,
an dem das Edikt Kaiser Ottos des Großen erlassen worden ist.*

Wir haben gesehen, daß sich dies zu der Zeit abgespielt hat, als
sich Otto d. Gr. vom Jahr 962 bis 965 in Italien aufhielt und
Reginbert befohlen worden war, am Hof die Rückkehr des Kaisers aus Italien abzuwarten. Verhandelt und beschlossen wurde
das Diplom unter dem Kaiser Otto d. Gr., auch wenn es erst
zwanzig Jahre nach dem Tode Reginberts, während sich Otto
noch in Italien aufhielt, gegeben worden ist. Daß ein bekannter
Unterschied zwischen *verhandelt* und *gegeben* besteht, wissen die
Urkundenwissenschaftler genau. Und vielleicht hat eben dies
irgendeinen gelehrten Mönch dazu veranlaßt, diese Veränderung
in unserem Diplom vorzunehmen, der das *beschlossene* Diplom
Ottos I. für *gegeben* oder für ausgeführt hielt, weil er bemerkte,
daß dieses gar nicht vorhanden war und entweder glaubte, jenes
des Otto II. sei verderbt, oder, in der Meinung, das seiner
Auffassung nach entstellte Diplom Ottos I. sei zu ergänzen, dafür
hielt, daß in dies die ihm entsprechende Zeitspanne einzufügen
sei. Wie es sich aber auch immer verhalten mag, so beobachtete
Beselius in seinem Vorwort zur Chronik von Göttweig[131], daß die
Jahre Ottos des I. und des II. gerade bei Diplomen wechselweise
gerechnet werden, was damals vor allem deshalb geschehen
konnte, wenn der Sohn das vom Vater Beschlossene zur Durchführung brachte.

---

131 T. I. p. 90

Doch wie auch immer sich der Sachverhalt darstellt, was die Zeit des Reginbert und seinen Todestag am 29. Dezember angeht, wenngleich nach der Chronik von Magdeburg und nach dem Fortführer des Regino angenommen werden kann, daß er schon im Jahre 962 gestorben ist, wenn man dies dem letztgenannten Geschichtsschreiber entnehmen will: Diese Rechtssache ist von Reginbert schon vor seinem Tode vorbereitet und dem Kaiser zu Gehör gebracht worden, wobei dieser zwischenzeitlich die Anordnung erteilte, daß Reginbert seine Rückkunft am Hofe abwarten solle, bis der Kaiser nämlich – nach Aussage des Anonymus – sich über die örtliche Lage kundig gemacht habe; nachdem dies erfolgt war, konnte durchaus etwa um das Jahr 963 die Privilegsurkunde für das neu errichtete Kloster St. Blasien beschlossen werden, auch nach dem Tode des Bittstellers Reginbert, wenn nicht dieser nach den nicht hinreichend alten, klostereigenen Dokumenten sogar erst im Jahre 964 gestorben ist.

Die Weihe des Klosters und die Errichtung verschiedener Gebäude.

XXIII. Im folgenden berichtet unser Anonymus, daß Kaiser Otto auf die Bitten Reginberts hin verboten habe, daß seine Jäger, die sich bei *Waldshut* aufhielten, mit ihren Hunden dem Kloster über Gebühr lästig seien. *Zu jenen Zeiten nämlich,* sagt er, *unterhielt der Kaiser eine Herberge oder ein Jagdhaus an der Stelle, wo heute die Stadt Waldshut erbaut ist, die in der Nachbarschaft dieses Ortes liegt. Und so errichteten und vollendeten sie voll Freude das Kloster.* Allerdings ist ein nun folgender Anachronismus recht peinlich: *Geweiht wurde es von dem Bischof Gaminoldus von Konstanz im Jahre des Herrn 1036, am 16. September.* Es folgte Gaminoldus oder Gaminolfus dem heiligen Konrad auf dem Konstanzer Bischofssitz im Jahre 976 und hinterließ diesen im Jahre 980 nach seinem Tode dem heiligen Gebhard II. Es war möglich, ja, es mußte sogar so gewesen sein, daß innerhalb dieser Jahre die Zelle oder das Kloster an der Stelle errichtet wurde, *wo* nach dem Diplom Ottos Reginbert *als erster zu wohnen begonnen hatte* und mit Zustimmung von Otto durch den Neubau des Klosters sich das Land zu eigen machte; nach dem Tode Reginberts wurde es, wie es scheint, schließlich fertiggestellt, jedoch noch vor dem Jahre 983, da Otto II. in dem genannten Diplom jene Zelle als *vom seligen Reginbert neu erbaut* bezeichnet und damit gleichzeitig zu erkennen gibt, daß sie schon einmal bewohnt war, wobei er sie *allen, die eben dort Gott dienen,* zum freien Besitz übergibt. Der Bericht des Anonymus stimmt damit überein, außer daß er hier wieder einmal die Ereignisse des 10. und 11. Jahrhunderts miteinander vermengt, wie an der entsprechenden Stelle deutlich werden wird. Jener sagt aber folgendes: *Nach dem Dahinscheiden des ehrwürdigen heiligen Reginbert betrauerte Vater Abt Beringer zusammen mit seinen Brüdern wehklagend den Verlust des so großen Schutzpatrons: Derselbe ehrwürdige Vater überführte den Konvent von seiner früheren Behausung oder Kloster zu einem neuen Haus, das nach der Klosterordnung eingerichtet war; allerdings ließ er einige Laienbrüder zurück, damit diese die frühere Behausung bewohnten, und diese wurden ›auswärtige Brüder‹ genannt.* Sollte nicht bestätigt werden können, daß es bei uns schon im 10. Jahrhundert Laienbrüder gegeben hat, so muß man sagen, daß hier die Trennung eines internen Konvents von einem externen verwischt wird, die unter Abt Utto nach diesem Jahrhundert und in der Folgezeit vorgenommen worden war, wobei die Brüder zum ersten Mal an der Alb an der Stelle zusammenkamen, an der Reginbert als erster zu wohnen begonnen hatte, und die getrennt ist von der früheren Behausung der Brüder, die jene schon öfter erwähnte Albzelle gewesen sein dürfte, die etwa bis zu dieser Zeit hin mit Rheinau verbunden war, auch wenn unser Anonymus diese Union nirgendwo erwähnt. Doch wo genau die Albzelle zum ersten Male bestand, hat weder dieser, noch irgend ein anderer unserer Geschichtsschreiber geäußert. Doch muß sie mit Sicherheit von dem durch Reginbert hier neu erbauten Kloster St. Blasien verschieden gewesen sein. Daß aber die frühere Zelle für sehr lange Zeit schon von damals an Bestand hatte, macht der Anonymus deutlich, wenn er im Vorhergehenden gesagt hatte, daß zur Zeit eben dieses Vaters Beringer die gemauerte Kirche der Brüder auf Grund ihres Alters (und sie somit nicht durch die Wut der einfallenden Ungarn zerstört wurde) zusammengestürzt sei, woraus ihre Ursprünge mit Leichtigkeit bis auf das 8. Jahrhundert zurückgeführt werden können: Es ist dies, was wir im Vorhergehenden in bezug auf jenes Jahrhundert schon vermutet haben.

Später wurde in der Mitte des 9. Jahrhunderts in der Albzelle, die damals zunächst mit Rheinau vereinigt war, das Patrozinium des heiligen Blasius aufgenommen, da von Rheinau die Reliquien eben dieses heiligen Märtyrers dorthin übertragen wurden; dies schreibt allerdings unser Anonymus einer Erscheinung des heiligen Blasius zu, die den Brüdern zu der Zeit zuteil wurde, als sie selbst eifrig bemüht waren, die Kirche zu bauen. *Und so*, sagt er, *wurde dieses erhabene Bauwerk einer Kirche in Kürze zur Vollendung gebracht an dem Ort, wo man heute das alte Kloster vermutet; doch als Ort des Klosters wurde angesehen, wo sich heute die erbaute Kirche des heiligen Stephan befindet.* Daß hier von dem Anonymus die Zeiten völlig durcheinander gebracht werden, ist offensichtlich; nachdem er nämlich von jener Berühmtheit dieses Ortes berichtet hatte, die Berthold von Konstanz oder unser Bernold zum ersten Mal gegen Ende des 11. Jahrhunderts beschreibt, erzählt er trotzdem, daß dieser Ort bestanden habe *durch viele Abläufe von Jahren hindurch bis hin zur Zeit des Kaisers Otto d. Gr. und des Vaters Beringer,* d. h. bis in die Mitte des 10. Jahrhunderts. Derselbe nennt uns in seinem zweiten Buch zusammen mit dem Abt Beringer den Reginbert, der bei seiner Ankunft hier in der Albzelle *die Brüder in großer Trauer wegen des oben erwähnten Zerfalls der Kirche* vorgefunden hat, nämlich der gemauerten, wie wir eben gesagt haben, die *auf Grund ihres Alters* zusammengefallen war.

Jetzt aber wundere dich mit mir, ich verwende die Worte von P. Marquard Herrgott in seiner Handschrift über die Anfänge von St. Blasien, *über die Unbeständigkeit unseres Anonymus bei der Bestimmung in der Berechnung der Zeiten; als er nämlich über jene alte Holzkirche und deren erste Bewohner, die sich dort zusammengeschlossen hatten, handelte, fügte er gleich hinzu, daß jene bis zum Jahre 1084 gestanden habe und von Abt Gisilbert abgerissen worden sei... Als er aber von der gemauerten Kirche gesprochen hatte, die in einem sehr langen zeitlichen Abstand nach jenem Holzgebäude errichtet wurde, sagt er, eben diese gemauerte Kirche sei zur Zeit Ottos d. Gr., d. h. fast ein volles Jahrhundert früher als das Holzgebäude auf Grund ihres Alters zusammengestürzt.* Leicht zu erklären ist aber der Sachverhalt, wenn man sagt, wie wir auch weiter oben schon gesagt haben, daß diese gemauerte und aufgrund ihre Alters zusammengestürzte Kirche nicht jene war, die hier am Ort später errichtet wurde, sondern die, die an anderer Stelle, zweifelsohne an der Albzelle schon vor sehr langer Zeit erbaut worden zu sein scheint, von wo aus sich Reginbert noch tiefer in die Einsamkeit des Schwarzwaldes zurückzog, wo er, ein Eremitenleben führend, entsprechend dem Diplom Ottos *als erster zu wohnen begann.* Nach der Glaubwürdigkeit des zitierten Diploms muß man von ihm sagen, daß er mit den ihm allmählich aus der Albzelle und vielleicht auch von woandersher nachfolgenden Gefährten eine erste hölzerne Behausung errichtet hat und schließlich sogar eine Kapelle aus Holz. Jenes hölzerne Haus aber wurde, wie wir schon festgestellt haben, von Abt Gisilbert im Jahre 1084 abgerissen und an dieser Stelle die Kirche des heiligen Stephan erbaut. Jene hölzerne Kapelle aber wurde im Jahre 1092 von Abt Utto abgerissen und durch ein Heiligtum aus Stein für den heiligen Nikolaus ersetzt, wie wir im folgenden Buch noch darlegen werden; es sei denn, wir wollten dieses Ereignis auf das Jahr 1090 beziehen, das auf einem Stein im oberen Bereich eben dieses vor kurzem abgerissenen Heiligtums ganz deutlich vermerkt ist.

Was aber dieses 10. Jahrhundert angeht, so scheint der Mönch Otto von St. Blasien zu Recht in seiner Chronik, die Nauclerus und andere zitieren, auch wenn sie schon verlorengegangen ist, bei Abt Caspar aus dem 16. Jahrhundert in seinem ›liber originum‹ diese Epoche zu kennzeichnen, wenn er sagt: *Im Jahre 948 wurde der Ort des Klosters von St. Blasien erstmals geweiht,* zweifellos der Ort jenes Klosters, das dann nach dem Bericht desselben Anonymus von dem Konstanzer Bischof Gaminold feierlich eingeweiht wurde, obwohl er sich, wie gewohnt, bei der Berechnung der Jahre völlig getäuscht hat. Er fügt aber hinzu: *Dann ordneten die erbauenden* (Brüder) *das Haus ihres Wohnsitzes in folgender Weise an, daß sie alle Wirtschaftsräume, nämlich das Kapitel, Refektorium, Küche, Schlafsaal, Vorratskeller und andere kleine Zimmer in demselben Haus und unter demselben Dach einrichteten. Und gegenüber errichteten sie die Krankenabteilung, wobei sie dazwischen so viel Platz ließen, daß es ihnen noch als Kreuzgang ausreichte usw.* Dann berichtet er, daß danach Reginbert gestorben sei und nach dessen Tod der ehrwürdige Vater Beringer den Konvent vom früheren Wohnort oder Kloster in das neue, von Reginbert gebaute Kloster geführt habe, das wir schon nach demselben Anonymus erwähnt haben, der, die Zeiten nicht genau unterscheidend, auch die Ereignisse selbst durcheinanderbringt.

Am offensichtlichsten geht dies daraus hervor, wenn er auf ein und derselben Seite und in einem unmittelbar fortlaufenden Redetext behauptet, daß Kaiser Otto seinen Jägern bei Waldshut verboten habe, den Erbauern des Klosters nicht lästig zu fallen, das von Bischof Gaminold von Konstanz etwa im Jahre 1036 geweiht wurde, wobei diese letzte Zeitangabe völlig aus der Luft gegriffen ist, da die Weihe nach 976 anzusetzen ist, als Gaminold dem heiligen Konrad auf dem Konstanzer Bischofsstuhl nachfolgte.

Eben derselbe Anonymus schildert gegen Ende des ersten Buches, bevor er auf Reginbert überleitet, daß, als die Brüder wegen des Einsturzes der alten Kirche betrübt waren und sich somit noch an der Albzelle aufhielten, ihnen von dem gütigen Herrn Hilfe durch den ›belenensischen‹ Bischof und andere Gläubige zuteil wurde. Hierzulande ist dieser ›belenensische‹ Bischofsstuhl unbekannt. Es taucht zwar einer auf, doch erst im 15. Jahrhundert in einer Urkunde des Klosters St. Ulrich im Schwarzwald: *Daniel, durch die Gnade Gottes und des päpstlichen Stuhles bellinensischer Bischof und durch eine eben solche Gnade des hochwürdigsten Vaters in Christus und des Herren Otto Generalvikar in bischöflichem Dienste des Bischofs von Konstanz.* Dieser gehört allerdings zu den Bischöfen in *partibus,* wie sie dieses 10. Jahrhundert noch nicht kannte. In der Nähe dieser Gegend liegt der Episkopat von Basel, was ganz ähnlich wie ›Belicensis‹ klingt, und es gibt eine Bischofsstadt *Bella* oder *Bellica* in der fünften Provinz von Lyon, die gleichermaßen der Metropolis Besançon und Basel untergeben und von römischen Zeiten her bekannt und schon seit dem Jahr 412 mit einem Bischofssitz ausgezeichnet war. In Basel hielt nach dem Bischof Laudolf, unter dem die Ungarn die Stadt verwüsteten, Wilhelm, der viele Kirche wieder herstellte, den Hirtenstab: Vielleicht meint der Anonymus diesen, vor allem dann, wenn die Basler Bischöfe schon damals die Vogtei über St. Blasien inne gehabt hätten, und dies anfangs mit mehr Härte, während sie im Lauf der Zeiten diesem Kloster gegenüber freundlich auftraten.

Auch einen wohltätigen Basler Bürger und Kaufmann mit Namen Heinrich hat dieses Kloster erfahren, der sich selbst mit all seiner Habe nach Errettung aus einem plötzlichen Schiffbruch der Schutzherrschaft des heiligen Blasius weihte, den er zu Hilfe gerufen hatte. Er brachte in wahrem Gehorsam sein Leben zu und kam in einem guten Tod zur Ruhe. Die sanktblasianischen Häuser in Basel scheinen von dieser Stiftung ihren Ursprung genommen zu haben und wurden daher ›Zelle der Mönche‹ genannt, was den Basler Geschichtsschreiber Johannes Gros aus dem vorhergehenden Jahrhundert sogar dazu verleitete, anzunehmen, das Kloster des heiligen Blasius habe zuerst in Basel bestanden. Was den Zeitpunkt dieser Schenkung angeht, muß aber dieser etwas Gewisseres gehabt haben als wir, da sehr viele alte Dokumente dieser Zeiten und Ereignisse durch Gewaltanwendung verloren gegangen sind. Auch dies muß man bei ihm anerkennen, was er selbst von der Übertragung des Klosters St. Blasien von seinem ersten Sitz an einen anderen Ort weiß; darüber haben wir eben schon einiges gesagt, und auch aus unserem Anonymus gehen keineswegs unverständlich so umfangreiche Geschichten über zerfallende alte und ebenda neu errichtete Gebäude hervor, daß dieses Buch mit Recht *liber constructionum* genannt und als solches angesehen werden darf. Dennoch wird die Zeit dieser einzelnen Gebäude nicht bestimmt werden können oder der Ort, wenn nicht jenes System angewandt wird, das wir oben dargelegt haben, nämlich daß dies alles aus dem Bemühen Reginberts und der Schenkung Ottos auf die schon erklärte Weise hervorgegangen ist, daß die Übergabe zwar von Otto I. vorgenommen, von Otto II. aber durch ein amtliches Dokument in Kraft gesetzt wurde. Diese Schenkung bezog sich aber auf jenes Landgebiet, das auch heute noch jenen Ort umgibt und zu ihm gehört, in welchem Reginbert *als erster* wohnte und dort eine Zelle *neu* errichtete. Da aber nach dem Obigen die *Cella Alba* sehr wahrscheinlich schon im 8. Jahrhundert, nach unzweifelhaften Rheinauer Dokumenten mit absoluter Sicherheit aber in der Mitte des 9. Jahrhunderts bestanden hatte, zeigt dies alles einen anderen Standort eben dieser *Cella* an als den, wo sie vorher erbaut worden war, von wo Reginbert deren frühere Bewohner in diese tiefere Abgeschiedenheit des Schwarzwalds, anscheinend auch um einer größeren Sicherheit willen, zu der von ihm *neu erbauten* und von Otto I. geschenkten *Zelle* führte. Diese erhielt dann zur Zeit des Reginbert etwa um die Mitte des 10. Jahrhunderts ihren Namen nach dem heiligen Blasius, und niemals mehr benannten sich später ihre Bewohner nach der früheren Zelle, ihrem ersten Domizil; dieses mußte auf Grund seines Namens vorher am Fluß Alb gelegen haben und zwar an dessen Ablauf gegen den Rhein hin, da die Brüder kaum von wo anders von ihrem ersten Wohnort her zu diesem *neu* errichteten Ort, und wo sein Gründer Reginbert im 10. Jahrhundert *als erster zu wohnen begann,* und der unmittelbar in der Nähe des Albursprungs liegt, nicht durch einen Abstieg, sondern nur durch den Aufstieg gelangen konnten. Woher sie aber gekommen sind, und welches die erste Lage oder Ort der *Albzelle* gewesen ist, so gestehen wir, daß wir es nicht genau wissen, solange uns keine genaueren Dokumente zur Verfügung stehen. Es könnte aber vermutet werden, und zwar auf Grund der Schenkungen, die, wie wir im vorherigen Buch erwähnt haben[132], dem Kloster Rheinau in unserem Alpgau in *Alpfen und Waldkirch* etwa um 860 gemacht worden waren, daß jene angesichts der benachbarten *Cella Alba,* die schon damals mit den Rheinauern uniert war, an jene gekommen sind und daß eben dort am Albfluß die ursprüngliche Lage der *Albzelle* zu suchen ist; doch wir wollen nicht mit derartigen Vermutungen unsere hinreichend dargelegten Gründe von anderswo als von Ernstzunehmendem überbauen.

Beringer oder Bernger, der erste Abt.

XXIV. Dann erwähnt der Anonymus eine von den Brüdern vorgenommene Wahl eines eigenen Abtes, da anzunehmen ist, daß früher von der Zeit der Union mit Rheinau an beide Klöster einem einzigen Abt von Rheinau untergeben waren und zwar an zweiter Stelle dem Wolvenus aufgrund seiner ererbten Schutzherrschaft über den Ort, dann aber dem Abt; diesem übergab Sigemar mit Zustimmung seines Sohnes Liuther die Albzelle, die vom Kloster St. Blasien zu unterscheiden ist; dieses erhielt schließlich nach unserem Anonymus im 10. Jahrhundert einen eigenen Abt. *Sie begannen also,* sagt der Anonymus, *über die Beständigkeit des Ordens und des Klosters nachzudenken, als sie einsahen, daß sie unter der Leitung eines Priors keinen Bestand*

132 N. XXXI.

haben könnten.[a] *Und nachdem sie die gemeinsame Überlegung angestellt hatten, daß ein Abt eine größere Autorität und Würde besitze als ein Prior, wählten sie Beringer, einen Mann von hoher Heiligkeit, zum Abt; dieser bewahrte dieselbe Ernsthaftigkeit der Sitten, wie er sie vorher schon besaß; häufig nämlich saß er mit den Brüdern im Kloster zusammen zur Schriftlesung. Dies geschah aber zu den Zeiten des Papstes Agapet, als der heilige Ulrich als Bischof der Diözese Augsburg vorstand und der heilige Konrad Bischof der Diözese Konstanz war, der dann auch eben diesen Beringer zum Abt weihte und segnete.*

> [a] Der Grund dafür, warum die Brüder, obwohl sie ihre Angelegenheiten schon neu geordnet hatten, nicht unter der Leitung eines Priors bestehen konnten, wie es doch aufgrund des Zeugnisses eben dieses Anonymus zumindest schon ab dem 9. Jahrhundert unsere Albleute fertigbrachten, scheint kein anderer als der zu sein, daß zu früheren Zeiten dieser Prior von der Gehorsamspflicht gegenüber dem Rheinauer Abt abhängig war. Doch nachdem sich das Aussehen der Verhältnisse geändert hatte und die Trennung zwischen beiden Klöstern vollzogen war, war es sehr viel schwieriger, unter der Leitung eines Priors zu stehen, der von der Amtsgewalt irgendeines Abtes ausgenommen und sozusagen unabhängig war. Implizit spricht unser Anonymus diese frühere Union beider Klöster an, auch wenn er diese mit keinem Wort in seinem ›liber constructionis‹ erwähnt.

Papst Agapet II. regierte vom Jahr 946 bis zum Jahr 955. Der heilige Ulrich (im Kloster St. Gallen erzogen und im Jahre 923 Bischof geworden) war aber sehr eng befreundet mit dem heiligen Konrad, dem Vorsteher der Dözese Konstanz, der gleichzeitig zusammen mit der Sorge für das von den Ungarn verwüstete Kloster Rheinau auch höchstwahrscheinlich die Sorge für die Albzelle trug; nach dem Zeugnis von Eckhard[133] war er selbst sehr häufig im Kloster Rheinau anwesend und zwar gleichzeitig mit dem heiligen Ulrich, wie aus der Lebensgeschichte des heiligen Konrad zu entnehmen ist, die von Ulrich von Konstanz, gleichfalls einem Bischof, verfaßt und Papst Callixtus für dessen Heiligsprechung überreicht worden war; diese Vita gibt Manlius in der Konstanzer Chronik bei Pistorius[134] wieder. Somit erwähnt unser Anonymus auch den heiligen Ulrich nicht ohne Grund, auf dessen Vorschlag hin die Wahl Beringers zum ersten Abt von St. Blasien erfolgte, wobei ihn der heilige Konrad einsetzte und weihte und zwar mit der wohlwollenden Zustimmung derer von Rheinau.

133 Apud Goldast. T. I. p. 49
134 T. III. script. Germ. p. 714

Die genannten Brüder wissen dies und glauben, daß dieser Abt aus ihren Reihen genommen worden war, da sie selbst Beringer zu dieser Zeit unter ihre Mönche rechnen. Dies ist zwar nur eine Vermutung, doch wird sie von daher gestützt, daß Beringer vorher in der Albzelle Prior gewesen war, zu einer Zeit also, zu der die Zellalbaner zusammen mit Rheinau demselben Abt, dem heiligen Konrad, huldigten, durch dessen Hilfe und Fürsorge die Verhältnisse in beiden Klöstern neu geregelt wurden und die gegenseitige Trennung vollzogen wurde. Derselbe Anonymus aber bezeugt, daß zur Zeit Ottos d. Gr., als der Vater und Prior dieses Ortes gestorben war, die Brüder nach gemeinsamer Beratung und Überlegung sich einen aus ihren Reihen zum Prior auserwählt hätten, mit Namen Beringer, einen gelehrten und in allem bewährten Mann. *In die Würde dieses Amtes erhoben, begann er sofort, sich selbst und die ihm Anvertrauten nach dem Willen Gottes zu leiten. Einige seiner Brüder aber verschafften sich ohne Erlaubnis gewisse Dinge und behielten sie als Privatbesitz für sich; als er dies erfahren hatte, zündete der ehrwürdige Vater mitten im Kräutergarten des Klosters ein Feuer an und übergab eben diese Dinge den Flammen.* Später schildert er, bei dem lebenslangen Gelübde eines gewissen Mönches sei, nachdem dieser die Ermahnungen Beringers mißachtet habe, sein Wankelmut von Gott bestraft worden; und auch, daß durch das Vertrauen Beringers in die göttliche Vorsehung von Gott für die Brüder gesorgt wurde, als überraschend Gäste eintrafen, obwohl die Ernte geringer war als sonst.

Was die Abstammung unseres ersten Abtes Beringer anbetrifft, äußert sich freilich unser Anonymus mit keinem Wort, so daß es verwunderlich ist, nach welcher Grundlage die Autoren der ›Gallia christiana‹ jenen als Baron von *Hohenschwanden* bezeichnen[135]. Barone werden freilich schon im 10. Jahrhundert auf den Kapitularien des Kaisers Karl des Dicken und in den Briefen Hinkmars als Edle und Vornehme bezeichnet, wie Du-Cangius[136] berichtet, oder als solche, die Ländereien unmittelbar vom König erhalten haben. Es gibt auch ein unserem Kloster sehr nahe gelegenes Dorf dieses Namens *Hohenschwand,* das allerdings damals im 10. Jahrhundert gewiß nicht eine solche Bedeutung gehabt zu haben scheint, daß irgendein vornehmes Geschlecht

135 T. V. p. 1023
136 Gloss. med. lat. T. I. p. 672

davon seinen Namen herleiten würde, ein Dorf, wo erst gegen
Ende des darauffolgenden Jahrhunderts von Abt Otto von St.
Blasien eine *ärmliche Kirche* errichtet wurde, wie wir dort sehen
werden. Insgesamt also ist jene Behauptung von einem vornehmen Geschlecht Beringers in sich zusammengebrochen, oder es
wird andernorts in der Schweiz zu suchen sein, wo es allerdings
bis auf den heutigen Tag unbekannt ist. Im übrigen verlegt
Bucelin in der ›Chronologia Constantiensis‹ den Tod des Abtes
Beringer auf das Jahr 974, wie auch im II. Teil der ›Germania
sacra‹, wo er dessen Wahl zum Abt im Jahre 945 darstellt und
zugleich aus einer gewissen Handschrift das Verzeichnis der Äbte
von St. Blasien mitteilt, in welchem der Nachfolger Beringers und
der zweite Abt *Ipso* genannt wird.

Seine Nachfolger in diesem 10. Jahrhundert.

XXV. Dieser wird von unserem Anonymus *Yzo* genannt, den bei
seinem Vordringen zur Abtwürde die Brüder sofort wieder
absetzten: *Als die Brüder,* sagt er, *seine Rücksichtslosigkeit
bedachten, jagten sie ihn weg, damit er das Amt des Abtes nicht
einnehme, weil er noch nicht darin bestätigt worden war.* Die ›Gallia
christiana‹ sagt[137], daß dieser im Jahre 994 gestorben sei und
verwechselt ihn dabei mit *Engaher,* den Bucelin völlig übergeht,
und von dem unser Anonymus auf gut Glück, wie er es gern tut,
behauptet, er sei mit Werner, einem Abt erst des folgenden
Jahrhunderts, in Streit geraten; dies geht offensichtlich daraus
hervor, was er über diesen berichtet und bezieht sich sicherlich auf
das Ende des 10. Jahrhunderts; zugleich zeigt es aber auch die
Fürsorge, die von den Unseren bei der Kultivierung des Landes in
diesem Waldgebiet aufgewandt wurde. *Er baute auch bestimmte,
vorteilhafte Neulandgebiete des Klosters aus und erlangte von Otto,
dem dritten König dieses Namens, eine eigenhändig geschriebene
Urkunde über die Gemarkung des Klosters. Zu dessen Zeit wurde
der Ort Rheinau begründet, von dem sie auch ihre Privilegien
erhielten, wie die Berechnung oder Beschreibung der Chroniken
aussagt.* Letztlich entspricht dies insofern der Wahrheit, als das
Kloster Rheinau im Jahre 995 von Otto III. ein Diplom erhielt,
durch das ihm jegliche Freiheit und der Besitz der von den

---

137 L. cit.

Konstanzer Bischöfen beanspruchten Güter wieder verschafft wurde. Bei uns aber gibt es keinerlei Erwähnung irgendeines von Otto III. erhaltenen Diploms; ein solches erhielt allerdings Abt Werner von Heinrich IV. über die Gemarkung des Klosters am 8. Juni des Jahres 1065.

Vielleicht war das Kloster St. Blasien auf Grund des gleichen Geschickes, wie es Rheinau gehabt hatte, von den Konstanzer Bischöfen abhängig und blieb es auch noch auf sehr lange Zeit im Ablauf des 10. und weit über die Mitte des 11. Jahrhunderts hinaus; und von hier aus könnte man auf Grund dieser gleichsam verborgenen Ursache eine Vermutung bezüglich der Lücken anstellen, die bei der Reihenfolge der Äbte von St. Blasien zum großen Teil in diesem 10. und dem nachfolgenden 11. Jahrhundert bestehen, wofür nämlich die erwähnte Zurückweisung von Yzo nach dem Tode Beringers Anlaß gewesen sein konnte. In dem Diplom Ottos II. vom Jahre 983 wird kein Abt genannt; und es wird auch nicht zum Ausdruck gebracht, daß es einen Abt von St. Blasien gegeben hat, der in dem alten Nekrolog zum 27. Oktober als Abt Sigefrid geführt wird, unter welchem Namen es keinen, auch nicht in späteren Jahrhunderten, gegeben hat. Fr. Karl Haberer erwähnt[138] einen Basler Bischof aus der Zeit nach der im Jahre 1019 vollzogenen Weihe der Kirche von Basel namens Rothard oder Richard, der zusammen mit dem heiligen Kaiser Heinrich nach Italien gereist war, dort zusammen mit *dem Abt von St. Blasien* von der Pest in Troia dahingerafft wurde, das der Kaiser damals in Besitz hatte, und auf dessen Anordnung hin feierlich bestattet wurde. Dies setzt jener Autor allerdings für das Jahr 1024 an; doch nach der Chronik des Hermannus Contractus bei Pistorius[139] fand diese Unternehmung und der Tod im Jahre 1022 statt, womit die ›Annales Eremi‹ übereinstimmen[140]; den Namen des Abtes nennt allerdings der erwähnte Haberer nicht ausdrücklich. Diesen aber stellt uns die ›Gallia christiana‹ vor[141], nämlich als den im Jahre 1021 verstorbenen Sigerid oder Sigrefrid, während von diesem unsere klostereigenen Autoren überliefern, er sei als Prior von St. Blasien etwa um diese Zeit gestorben. Neu ist, daß dieser Sigefrid in der zitierten ›Gallia

138 Schweizerischer Ehrenspiegel P. II. p. 10
139 T. I. Script. Germ. p. 274
140 Herm. p. 118
141 T. V. p. 1023

christiana‹ *Grafinger* genannt wird, da doch die Verwendung von Beinamen damals noch nicht üblich war; dies gab einigen Anlaß zu der Vermutung, daß sich unter diesem Namen noch ein anderer Abt versteckt halte, vielleicht ein zweiter Beringer, der als zweiter dieses Namens wenigstens irgendeine Lücke in der Reihenfolge unserer Äbte im folgenden Jahrhundert füllen könnte; darüber zu dieser Zeit.

Von beiden schweigt Bucelin in seiner ›Germania sacra‹ und glaubt, daß nach Sigefrid der eine oder der andere in der direkten Reihenfolge unserer Äbte fehle, wie es auch die Autoren der ›Gallia christiana‹ tun, die ebendort erwähnen, daß der Bischof von Basel von dem Salier Konrad im Jahre 1025 zum Vogt von St. Blasien bestimmt worden sei, wobei freilich in jener Urkunde des besagten Klosters dieser Abt nicht erwähnt wird. Von da her nehmen sie zu der Vermutung Anlaß, daß wohl kaum vor diesen Zeiten dieser Ort zur Würde einer Abtei emporgestiegen sei, wobei sie auch folgendes als Grundlage ihrer Behauptung vorbringen: *Mit Sicherheit wird in einem in französischer Sprache verfaßten Geschichtswerk des Klosters Heremitanum* (Einsiedeln) *von einem gewissen Mönch Bernard aus Einsiedeln gesagt, er sei etwa um diese Zeit als Vorsteher nach St. Blasien weggegangen.* Mit welcher Glaubwürdigkeit dies aber behauptet wird, geht zum Teil aus dem oben Gesagten hervor, zum Teil wird es das noch darlegen, was zum folgenden Jahrhundert zu sagen sein wird. Unser Abt Kaspar II. des 16. Jahrhunderts stellt, so gut es geht, in seinem ›liber Originum‹ die Vermutung an, daß, nachdem er die Wahl des ersten Abtes Beringer auf das Jahr 946 und seinen Tod auf das Jahr 974 angesetzt hatte (andere auf das Jahr 973), daß nach ihm entweder ein Interregnum der Äbte eingetreten sei, oder aber jene Äbte nicht schriftlich beurkundet worden seien; diesem folgte im nächsten Jahrhundert P. Beringus Kofer in seinen ›elogia abbatum‹, indem er über Beringer, den im Jahre 974 verstorbenen ersten Abt und den im Jahre 1068 verstorbenen zweiten Abt Werner eine Erörterung anstellte: *eine außerordentlich große Zeitspanne,* sagt er, *ist zwischen der Regierung beider vergangen.* Folgendes ist wahrscheinlich: Nachdem Yzo, der Beringer auf eine wie auch immer geartete Weise schließlich im Amte nachgefolgt war, noch vor seiner Einsetzung wieder entfernt worden war, folgten danach unsere Vorsteher nur noch unter der

Bezeichnung ›Priores‹ oder ›Praepositi‹ und nicht mit dem Titel ›Abt‹ und zwar fast bis zur Mitte des 11. Jahrhunderts hin.

Wie es sich damit auch immer verhalten mag, so steht dennoch dieses gemeinsame Schicksal gleichermaßen unseres Klosters wie auch des von Rheinau nach dem Tode des heiligen Konrad wie auch anderer Klöster in unserem Alemannien aufgrund der ungewissen Reihenfolge der Äbte dem nicht entgegen, daß sie unter die blühenden Klöster des 10. Jahrhunderts gerechnet wurden. Hierzu vermerkt Bucelin in der Chronik von Konstanz zum Jahr 987, es habe zum großen Trost des heiligen Bischofs Gebhard von Konstanz niemals an Frömmigkeit und Bildung blühendere Klöster gegeben; er nennt vor allem das bischöfliche und Scotenkloster in Konstanz und die ihm nächstgelegenen, nämlich Reichenau, St. Gallen und dann Einsiedeln, Kempten, Altorf, St. Blasien, St. Georgen, St. Trudpert, Rheinau und andere; er tut dies allerdings wiederum vor allem deswegen, um dieses 10. Jahrhundert gegen den Ruf der Barbarei in Schutz zu nehmen.

Das Kloster St. Georgen.

XXVI. Von diesen gehören jene zwei Klöster St. Georgen und St. Trudpert zu unserer Darstellung, von denen über das erstere in diesem 10. Jahrhundert nichts zu finden ist außer dem, daß in der ›Gallia christiana‹[142] von Wigerich berichtet wird, er sei als Abt dieses Klosters im Jahre 923 zum Bischof von Metz ernannt worden und im Jahre 927 gestorben. Nach Calmet[143] wurde Wigerich schon im Jahre 917 zum Bischof von Metz geweiht, starb nach zehn Jahren Regierung an der Pest und wurde in Cluny bestattet. Er sagt, jener sei der Abstammung nach Alemanne gewesen, und Trithemius[144] rühmt ihn als einen Mann, der zu den Erlauchten des Benediktinerordens gehöre. Bucelin nennt ihn in der ›chronologia Constantiensis‹ zum Jahre 921 fälschlich Theoger oder Dieger, der zuerst in Hirsau Mönch war und etwa um das Jahr 921 schließlich als Abt von St. Georgen zum Bischof von Metz ernannt wurde.

142 T. V. p. 1001
143 Hist. Lotharing. T. I. p. 823
144 cap. 259.

Das Kloster St. Trudpert.

XXVII. Das Kloster St. Trudpert erblühte zu Beginn des 10. Jahrhunderts ein zweites Mal, nachdem ihm nach der ›Gallia christiana‹[145] Walderich als Abt vorangestellt worden war, die sich ihrerseits, wie es scheint, auf Bucelin beruft, der dasselbe in der ›Germania sacra‹ behauptet[146], auch wenn er in der Konstanzer Chronologie zum Jahr 882 sagt, dieser sei schon damals zur Ehre des Abtsamtes erhoben worden. Im vorherigen Buch haben wir nicht nur von einem Abt des 9. Jahrhunderts aus so vielen Pröpsten berichtet, die Keraslit aufzählt; dieses Amt des Propstes besteht nach der Benediktregel allerdings zusammen mit dem Amt eines Abtes in demselben Kloster. Ein Beispiel dafür haben wir in einem Briefwechsel, den das Kloster St. Trudpert mit dem von St. Gallen im Jahre 968 geführt hat, und dessen schriftliche Niederlegung bei P. Herrgott nachgelesen werden kann[147], wo nach dem Abt Burghard von St. Gallen der Propst Adalbero vermerkt wird.

In eben diesem Kloster St. Trudpert erfolgte kurz vor dieser Zeit, etwa im Jahre 962, durch den Heiligen Konrad, den Bischof von Konstanz, die letzte Translation des heiligen Märtyrers Trudpert unter Abt Erchanbald, der das Kloster wieder aufbaute, das von den Ungarn durch Brandstiftung etwa um das Jahr 930 oder, wie Guillimannus in den ›Habsburgica‹[148] hat, im Jahre 938 zerstört worden war; als Luitfrid mit diesen unterhalb von Basel zusammenstieß, wurde er im Verlauf eines tapferes Kampfes getötet; Schöpflin führt nach Eckhard in seiner ›Alsatia illustrata‹ aus[149], dieser sei im Jahre 925 in die Flucht geschlagen worden. Dieser Luitfrid wird in einem Dokument von St. Trudpert aus dem Jahre 903 zusammen mit seinen Brüdern, dem erstgeborenen Hunfrid und Hugo, Söhnen des gleichnamigen Luitfrid, unter den elsässischen Grafen ethiconischer Abstammung aufgeführt, nach P. Herrgott an sechster Stelle[150], für Schöpflin ist er der vierte[151]. Beide veröffentlichten[152] jenes ursprüngliche und von früheren

145 T. V. p. 999
146 P. II. p. 293
147 Gen. Habsb. T. II. P. I. p. 82
148 L. IV. p. 151
149 T. I. p. 782
150 Geneal. T. II. P. I. p. 197 et T. I. p. 154 seq.
151 L. cit. et Als. diplom. T. I. p. 100
152 Herrgott T. II. P. I. p. 197

Editionsfehlern gereinigte Diplom, das eingefügt ist in die Urkunde des Grafen Albert von Habsburg, Landgraf des Elsaß, aus dem Jahr 1186, ein Autograph, das im Archiv des Klosters St. Trudpert aufbewahrt wird: *Ein Privileg, sagt Albert am Anfang, zur allerglücklichsten Erinnerung an unsere Amtsvorgänger und Vorfahren, den Grafen Lutfrid und Otpert und Rampert, die Gründer des Klosters des heiligen Märtyrers Trudpert im Schwarzwald in der Diözese Konstanz, in früheren Zeiten den Mönchen, dem Abt und dem Konvent des vorgenannten Klosters gegeben.* In demselben Diplom übergab Luitfrid *jenen heiligen Ort dem Abt Walderich für alle Tage seines Lebens mit Zustimmung und Beschluß* seiner *Söhne und auch der zu diesem Zeitpunkt anwesenden Brüder,* deren Namen am Ende folgendermaßen angefügt werden: *auch die Unterschrift der Mönche Gerwich, Hildelin, Diethard, Gozhelm, Bernhard, Reginger, Othard, Williger, Wikari. Daher habe ich, Williger, aus diesem Kloster selbst, als Vizekanzler im dritten Regierungsjahr Ludwigs, des Sohnes des Arnolf,* (es war dies das Jahr 903) *unter dem Grafen Wolfilinus, am 21. Februar im Auftrag geschrieben und unterschrieben.*

Der Bruder aber dieses Luitfrid war Hugo IV., der Schwiegervater Lothars, von dem wir oben schon gesprochen haben, des hauptsächlichen Betreibers der Kriege zwischen Ludwig dem Frommen und dessen Söhnen; diese unseligen Kriege hätten mitunter im 9. Jahrhundert für das Kloster St. Trudpert verderblich sein können, da es ja gegen das Ostufer des Rheins hin gelegen war, ein Distrikt, der damals Ludwig dem Deutschen zugehörte. Es erhob sich endlich zu Beginn des 10. Jahrhunderts, wie wir gesehen haben, aus seiner unglückseligen Lage, wobei Luitfrid Hilfe brachte, von dem zugleich auch mit anderen in dem zitierten Diplom genannten Stiftern in einem Epitaph von St. Trudpert zu lesen ist, welches im 13. Jahrhundert Lazius und Guillimannus verfälscht haben, aber in seiner ursprünglichen Form bei Bucelin vorhanden ist, der es vor sich liegen hatte und somit auch genau beschreiben konnte; es war mit folgenden Worten abgefaßt: *Hier ruhen die Stifter dieses Ortes, die Grafen von Habsburg, Otpert, Rampert und Luitfrid, Landgrafen des Elsaß. Ebenso Hundfrid, Luitfrid und Hugo; die Herrin Ermentruda.* Was jeder von diesen für das Kloster beigetragen hat, wird im Diplom selbst zum Ausdruck gebracht; ebenfalls wird der genealogische Zusammenhang hergestellt, den Herrgott in seinem Werk über das Adelsgeschlecht des Hauses Habsburg erklärt[153].

Die Heilige Einöde von Einsiedeln, die dem Schwarzwald zugeschrieben wird.

XXVIII. In seiner ›Chronik von Hirsau‹[154] sagt Trithemius zum Jahr 955, es habe etwa um jene Zeit zwei außerordentlich fromme Männer unseres Ordens gegeben, nämlich den Priester Gregor und Eberhard, der zu dem gleichen Stand erhoben worden war: Der erste von diesen, Sohn eines anglischen Königs, war Cassiner Mönch geworden und hatte durch göttliche Eingebung die Aufforderung erhalten, *daß er sich auf den Weg nach Alemannien machen und im Schwarzwald einen Ort suchen solle, wo einstmals der heilige Reichenauer Mönch Meinrad sein Leben als Eremit verbracht hatte, weil Gott es wohl gefiele, daß er ebendort die Bleibe für sein Leben nehme. Als er erwachte und den Segen des Vaters erhalten hatte, kam er nach Suevien; und nachdem er sorgfältig gesucht hatte, fand er den ihm von Gott bereiteten Ort* im Schwarzwald *und begann, an diesem Ort als Einsiedler zu leben.* Schon am Anfang unseres Werkes haben wir gesagt, daß die *eremus Helvetiorum* sich zu Zeiten der Römer durch unseren Alpgau hinerstreckt hat, und daß sich ein Teil Alemanniens über den Rhein hinweg und in die Schweiz zum Vogetenberg, im Volksmund *Bözberg*, bis zu dem Landstrich erstreckt, wo die *heilige Einöde* liegt, in der Sprache der Einheimischen *Einsiedeln*, wo ein berühmtes Kloster aus einer Einsiedelei oder der Zelle des heiligen Meginrad herausgewachsen ist, nach welchem Märtyrer des 9. Jahrhunderts in diesem 10. Jahrhundert Benno wohnte, dann Gregor und schließlich Eberhard, die wir eben erwähnt haben und von denen wir gleich noch handeln.

Wie Christoph Hartmann berichtet[155], erwies sich der heilige Benno aus königlichem Geschlecht burgundischer Fürsten nach den Worten des Bruders Guillimannus[156] *als Nachfolger des heiligen Meginrad, und war der zweite, der dessen Kapelle und Unterkunft pflegte und bewohnte; er verbrachte in ihr fast 20 Jahre*

153 T. I. lib. II. cap. XI. et seqq.
154 T. I. p. 99
155 Annal. eremi Deiparae p. 27
156 De episcopis Argent. p. 129

*und begann, die Einsiedelei allmählich in Ordnung zu bringen und
für die Gründung eines Klosters passend einzurichten; auch einen
Berg in der Nachbarschaft, der nach ihm den Namen* Bennaw
*erhielt, machte er nach der Rodung von Wald zu Weidegebiet und
lud viele dazu ein, hier nach seinem Beispiel zu leben, und errichtete
mit deren Hilfe und Mitarbeit andere Wohnstätten, andere erweiterte er und schuf damit eine viel stärker besuchte Stätte, die bei
weitem angenehmere Möglichkeiten bot, das Leben zu ertragen.* Er
erwähnt dann, wie er in der folgenden Zeit weitere Schenkungen
hinzuerwarb, unter ihnen auch von seinem Nachbarn, dem
Bischof Adalbero von Basel, das Dorf *Sirns* unterhalb von Basel.
Dann aber wurde, wie er nach dem Fortführer des Regino bei
Pistorius[157] zum Jahr 925 berichtet, Benno aus dieser Einsamkeit
herausgerissen und auf den Bischofsstuhl von Metz erhoben. *Im
selben Jahr*, sagt er, *starb Bischof Witger, für den aus den Straßburger Ordinarien (oder den Kanonikern der Kathedraldiözese)
Benno, der einstmals in den Alpen ein Leben als Einsiedler
verbrachte, als Nachfolger gewählt wurde.* Derselbe Fortführer des
Regino hat gleich darauf zum Jahr 927 folgendes: *Bischof Benno,
der auch Benedikt genannt wird, wird von den Metensern geblendet,
und alle Urheber dieser Untat werden nach einer in Duisburg
abgehaltenen Synode exkommuniziert, und der Adlige Adalbero
wird für ihn als Bischof eingesetzt.*[a]

a) Damit stimmt nicht überein, was wir oben in Nr. 27 aus Calmet über das
Todesjahr 927 des Metzer Bischofs Witger oder Wigerich wiedergegeben
haben, da von Regino berichtet wird, dieser sei schon im Jahre 925 gestorben,
und er für dessen Nachfolger, unseren Benno, dasselbe Todesjahr ansetzt, in
dem nach der Meinung von Calmet und anderen erst dessen Vorgänger
Wigerich gestorben ist. Wir glauben, dies nach Calmet entscheiden zu sollen,
der in den *Hist. Lothar. T. I. p. 823* behauptet, daß nach dem Tode Wigerichs
am 19. Febr. 927 dieser unser Benno *ibid. p. 857* von Heinrich Aucupis ersetzt
worden sei, von dem er freilich unter Berufung auf die Chronik des Flodoard
erwähnt, daß er im Jahre 928 von gewissen Frevlern entmannt und seiner
Augenlichter beraubt worden sei; die Urheber dieses Verbrechens seien aber
von den Bischöfen auf dem Konvent von Duisburg exkommuniziert worden.
Diesen Konvent erwähnt Labbeus völlig zu Unrecht zum Jahr 927 in seiner
Sammlung ›Concilia‹ T. IX. p. 582, da dieser nach Flodoard zumindest für das
Jahr 928 anzusetzen ist, in dem Benno schon im zweiten Jahr Bischof war;
noch wahrscheinlicher dürfte der Konvent auf das Jahr 929 gefallen sein, in
dem Benno nach Aussage von Flodoard in Adalbero seinen Nachfolger fand;
für dieses Jahr wird auch das Duisburger Konzil angegeben. *Conc. Germ. T. II.
p. 600.*

157 Script. Germ. T. I. p. 102

Weiterhin fügt Calmet an, daß Benno sich nach der Abdankung in
seine frühere Einsiedelei zurückgezogen habe und ihm zu seinem
Lebensunterhalt eine Abtei zugesprochen worden sei, von der
Calmet selbst glaubt, es sei Einsiedeln, wo er auch am 3. August
des Jahres 940 gestorben und bestattet worden sei. Allerdings tritt
er unter den Äbten von Einsiedeln nirgendwo auf, und er wäre
damals sicher auch nicht ohne Schwierigkeiten geeignet gewesen,
dieses Amt wahrzunehmen. Deutlicher erhellen den Sachverhalt
die von Grandidier zitierten[158] Schenkungsurkunden: *Benno oder*
Benedikt war nach dem heiligen Meginrad der erste Einsiedler und
Vater dieses Ortes; er war Kanoniker von Straßburg gewesen, dann
verbrachte er hier ein Leben als Einsiedler und wurde schließlich
unter Zwang im Jahre des Herrn 925 Bischof von Metz. Von
irgendwelchen Leuten geblendet, kehrte er wieder in diese Einsiede-
lei zurück und lebte unter dem ersten Abt Eberhard als Mitbruder an
diesem Ort und wurde hier am dritten Tage des August im Jahre des
Herrn 940 beigesetzt.

Der dritte Bewohner eben dieser Einsiedelei, die schon von
Benno weiter ausgebaut worden war, war der heilige Eberhard,
von dem einige nach Trithemius[159] behaupten, er sei einstmals
Dekan von Straßburg gewesen, Grandidier[160] aber, Bischof eben
dieser Diözese, wobei er sich auf das Zeugnis des Hermannus
Contractus[161] zum Jahr 934 beruft, wo er folgendes hat: *Eberhard,*
Bischof von Straßburg, kam als nächster Einwohner in die Zelle des
Meginrad; dazu steht aber die Chronikhandschrift aus St. Blasien
im Widerspruch, in welcher statt *als nächster Einwohner*: *als erster*
Einwohner zu lesen ist, weil er nämlich der erste gewesen ist, der
nach dem Neubau des Klosters und dessen Erhebung zur Abtei
von den Kaisern Besitzungen und Privilegien erhielt. Und mit
Sicherheit berichtet P. Christoph Hartmann in den Einsiedler
Annalen über ihn[162], daß er im Jahre 946 von Otto d. Gr. zu seinen
Gunsten ein Diplom für das neue Kloster erhalten hat, in welchem derselbe Eberhard als Abt und Einsiedler bezeichnet wird,
der *eine Kirche zu Ehren der heiligen Maria und des heiligen*
Mauritius und der übrigen Heiligen Gottes mit dessen Hilfe von den

---

158 T. II. hist. eccles. Argent. p. 279 et seqq.
159 Annal. Hirs. T. II. p. 99
160 Hist. Arg. T. II. p. 310 seq.
161 Pist. script. Germ. T. I. p. 258
162 pag. 46

Fundamenten aus erbaut und für die Mönche noch andere Gebäude zum Wohnen errichtet hat, einen Ort, den er dann sowohl selbst in edler Weise lenkt, wie er auch den Mönchen vorsteht. Derselbe Eremit Eberhard wird in einem zweiten Diplom Ottos I. zum Jahr 950 bei Herrgott[163] genannt. Über jenen Eberhard tritt vor allem eine Bemerkung in Erscheinung, von der Herrgott selbst in den ›Origines Guelficae‹[164] meint, sie beziehe sich auf eben dieses Welfengeschlecht, zumal da er in den Diplomen Ottos I. von den Jahren 946 und 961 bei Hartmann[165] *der Herr Eberhard,* und in einem anderen desselben Otto I. vom Jahre 965 genauso[166], und in jenem Ottos II. vom Jahre 975 *der Vornehme Eberhard seligen Angedenkens* genannt wird[167]. Sehr ausführlich handelt darüber Grandidier[168]. Von seinem Tod sagt schließlich Hermann d. L. in seiner Chronik zum Jahr 958 folgendes[169]: *Bischof Eberhard von Straßburg trat mit großem Gepränge in die Zelle des heiligen Meginrad ein und begründete dort das Leben nach der Regel; im 25. Jahr nach seinem Eintritt ging er zum Herrn.*

Damit scheint überhaupt nicht übereinzustimmen, was wir gerade weiter oben aus Trithemius zum Jahr 955 vorgebracht haben, nämlich bezüglich der Priester Gregor und Eberhard, die nach dem Heiligen Meginrad zugleich die ersten Bewohner wie auch Gründer dieses Ortes gewesen sind. Eben dort nämlich berichtet dieser selbe Geschichtsschreiber gleich nach dem, was wir oben gesagt haben, daß bei seiner Erscheinung ein Engel Gottes dem Eberhard verkündigt hat: *Steh auf, geh zu dem Diener Gottes Gregor, der als neuer Bewohner einer Einsiedelei im Schwarzwald lebt und deine Ankunft mit großem Verlangen erwartet.* Diese Geschichte erzählt jedoch ein anonymer Verfasser des Lebens des heiligen Wolfgang anders[170], nämlich daß Gregor, als Eberhard schon Abt war, sich zum *Kloster der im herzynischen Wald lebenden Einsiedler wegen der strengeren Observanz der Mönchsdisziplin* zurückgezogen habe, *wo er auf Grund seiner herausragenden Tugenden nach zehn Jahren allen vorangesetzt wurde.* Daß dies im Jahre 959 geschehen sei, sagen die Kurzjahrbücher von Einsie-

163 Geneal. dipl. T. II. P. I. p. 75
164 T. II. p. 272
165 Hartm. l. c.
166 p. 46 et 63
167 Ibid. p. 73 et 86
168 Hist. Argent. T. II. p. 310
169 Pist. script. Germ. T. I. p. 263
170 Gall. Christ. T. V. p. 1012

deln[171], Hermann verlegt es aber auf das Jahr 960. Hieraus aber
würde folgen, daß der Vorgänger Gregors Thietland in einem von
diesen beiden Jahren schon gestorben war; das kann jedoch nicht
behauptet werden, da in dem Diplom Ottos I., das zugunsten der
Eberhardszelle (wie sie damals nach ihrem ersten Abt genannt
wurde) im Jahre 961 ausgestellt worden war, der Abt Dietland
erwähnt wird, *der sie in würdiger Weise leitet und den Mönchen
vorsteht, die dort unter der Regelzucht Gott dienen*, wie aus Hartmann in den ›annales eremi‹[172] hervorgeht, der behauptet, Dietland habe *fünf Jahre und neun Monate lang als Abt* gewirkt; auf
Grund dieser Berechnung ab dem Jahre 958, in dem Eberhard *an
den XVIII. Kalenden des September*[173] gestorben ist, wie ein altes
Kalendarium hat, hätte dieser Abt erst im Jahre 963 gestorben
sein können, wie Hartmann zu demselben Jahr schreibt, oder es
wäre sein Tod eher für das folgende Jahr anzusetzen. Dennoch
könnte der Sachverhalt aus demselben Hartmann gefolgert werden, wenn Gregor vielleicht im Jahre 960 die Leitung des Klosters
übernommen hätte, *als Thietland vom Alter gebeugt und durch so
viele Mühen und Sorgen nicht mehr fähig war, außer dem Titel noch
etwas anderes an der Herrschaft für sich Anspruch zu nehmen*:
Unter diesem Titel aber begegnet er uns, wie wir gesehen haben,
in dem Diplom Ottos vom Jahre 961.

Wie aber sich dies auch immer verhalten mag: Von Abt Gregor ist
bei Herrgott[174] in einer Urkunde des Kaisers Otto I. vom Jahre 965
zu lesen. Schon im vorherigen Jahr 964 gab es eine von Papst Leo
VIII. erlassene Bulle, in der eine nach göttlichem Willen vorgenommene Weihe der Kapelle der seligen Maria im Kloster des
Meginrad unter Abt Eberhard und dem heiligen Konrad, dem
Bischof von Konstanz, bestätigt wird; diese veröffentlichte Hartmann[175]. Jener Gregor wird noch zu Lebzeiten als *tiefgläubiger
und in allen Tugenden starker Mann* in dem Diplom Ottos d. Gr.
vom Jahr 965[176] und in einem anderen des Jahres 975[177] gerühmt.
Ein anderes Diplom des Kaisers Otto d. Gr. gibt es bei Herrgott[178],
in welchem er im Jahre 995 einen Tausch bestätigt, der zwischen

171 Mab. Analect. vet. p. 368
172 p. 63 et seqq.
173 Mab. Annal. T. III. p. 539
174 Gen. Habsb. T. II. P. I. p. 81
175 Annal. p. 71
176 Hartmann p. 73
177 Ibid. p. 86
178 Gen. Habsb. l. c. p. 92

dem Bischof Hildibald von Worms und dem Abt Gregor von der Meginratszelle von Ländereien in *Scaleia* nahe der Stadt *Burckheim* im Breisgau vorgenommen wurde; hier schenkte[179] auch Heinrich II. im Jahre 1004 demselben Kloster ein Gehöft in *Riegol* oder *Riogel,* das von uns oben schon nach einem Einsiedler Kodex zusammen mit anderen Orten vermerkt wurde, in denen dasselbe Kloster Besitzungen hatte, und deren Kirchenweihen aufgezählt werden. Erlassen wurde aber dieses Diplom zugunsten des Abtes Wirand, der Gregor nach seinem Tod um das Jahr 996 nachgefolgt war, und der bis ins nächste Jahrhundert im Amt blieb[180].

Schuttern.

XXIX. Wenn man Trithemius[181] Glauben schenken will, war Eberhard der erste Abt von Einsiedeln; bevor er im Jahr 934 hierher kam, war er Mönch im Kloster Schuttern gewesen und *lebte in aller Reinheit unter dem ehrwürdigen Abt Theobald,* mit dessen Zustimmung und Segen er den ihm vom Himmel vorher gezeigten Ort aufsuchte. Diepold wird als Abt zum 28. Februar in den Auszügen aus dem Schutterer Nekrolog notiert, die bei Schannat[182] in die Chronik von Schuttern eingefügt sind und gleich darauf zum 17. März und auch zum 8. November Folkernus als Abt dieses Ortes: Einer von diesen beiden folgte somit Ewihard oder Eberhard nach, den wir im vorigen Jahrhundert aus der Bulle Leos VIII. über die Güterteilung zwischen Abt und Konvent angeführt haben. Der genannte Chronist fügt hinzu, es stehe nicht fest, ob unter diesem Abt oder unter einem anderen seiner Vorgänger das anzusetzen sei, was Trithemius zum Jahr 938 berichtet, nämlich daß unter anderen Klöstern damals auch das von Schuttern durch Brand zugrundegegangen sei. Es wurde aber kurz darauf unter Abt Ewihard wieder aufgebaut und von Erchambald geweiht, der im Jahre 965 Bischof von Straßburg wurde[183]. Unter anderen, die im Jahre 963 an dem Konzil von Mainz teilgenommen hatten, ist bei Trithemius[184] auch von einem *Abt in Schutteren* zu lesen, der kein anderer war als Ewihard.

179 L. c. p. 97
180 Vid. Mab. sec. V. Benedict. p. 841
181 Annal. Hirs. T. II. p. 99
182 Vind. litter. p. 18
183 Grandidier, hist. eccl. Arg. T. I. p. 340
184 L. c. p. 108

Doch nirgendwo in den Verzeichnissen der Konzilien wird irgendein Konzil erwähnt, das in diesem Jahr in Mainz abgehalten worden wäre; auch nicht jenes zu Worms im darauffolgenden Jahr 964, an dem Kaiser Otto und andere anwesend waren, die in der Bulle Leos VIII. notiert sind, in welcher ein Streitfall gegen Priester in der Nachbarschaft zugunsten des Klosters entschieden wurde, wie derselbe Schutterer Chronist bei Schannat[185] bezeugt; allerdings hat er sich darin getäuscht, daß er sagt, Leo VIII. sei zusammen mit dem Kaiser Otto dort anwesend gewesen, da dieser Papst niemals nach Deutschland gekommen ist und der Kaiser selbst schon ab dem Jahr 962 bis zum Jahr 965 von hier abwesend war und sich in Italien aufhielt: Dies bezieht sich auch auf jene Mainzer Synode, von der Trithemius behauptet, sie sei von Otto einberufen worden. Übrigens wird in jener Bulle Leos VIII. Ewihard ›Guihard‹ genannt[186], von dem ein mir übermittelter Katalog und die Annalen berichten, er sei im Jahre 975 am 3. April gestorben.

Ihm folgte im Abtsamt Folkernus, wie wir aus einem Privileg auf Vogtei und freie Wahl erfahren, das Kaiser Otto II. eben diesem Folkernus in diesem Jahr auf die Fürsprache seiner Gattin Theophania hin und auch des Mainzer Erzbischofs Willigis und des Bischofs Erchambald von Straßburg erteilte; wenn der Abt auf Grund von Gewaltanwendung zurücktreten sollte, erhalten die Brüder die freie Möglichkeit, unter sich einen anderen zu wählen, solange unter ihnen jemand gefunden werde, der imstande sei, sie nach der Regel des heiligen Benedikt zu leiten[187]. *Die Unterschrift von Otho usw. im Jahre der Fleischwerdung des Herrn 975, zur Zeit der III. Indiktion, im 15. Jahr Othos als König und im 8. Jahr als Kaiser, gegeben zu Eschewe.* In der ›Austria sacra‹ liest man *Eysheim*[188], doch muß man offensichtlich *Erstein* lesen, wo Kaiser Otto im Jahre 975 das Geburtsfest des Herrn feierte. Das Dokument selbst aber blieb unter den Urkunden von Grandidier unveröffentlicht. Folkernus erhielt von Papst Gregor V. die Bestätigung der Privilegien, und nachdem er 33 Jahre lang der Abtei vorgestanden war, starb er im Jahre 1008, am 19. Mai, wie das Chronikon und der erwähnte Katalog aufweist.

185 L. c. p .19
186 Austr. Sac. P. II. vol. I. p. 408
187 Schannat. l. c. p. 19
188 L. c. p. 411

Gengenbach.

XXX. In der Nachbarschaft des Klosters Schuttern liegt in demselben Gau Ortenau das Kloster Gengenbach, das unmittelbar an die Schluchten des Schwarzwaldes angrenzt und von dem 52 Äbte bis zu Beginn des 12. Jahrhunderts mit ihren Namen in der Chronik eben dieses Kloster bei Lunigius[189] zusammengestellt sind, doch ohne irgendeine Zeitangabe. Es stimmen auch nicht, wie wir schon im 2. Buch beobachtet haben, die Namen mit denen überein, die in den Verzeichnissen der eingetragenen Brüder von St. Gallen und der Reichnau enthalten sind; und alle, die Mabillon[190] von hier aus festgestellt hat, setzt er für die Zeit vor dem Ende des 9. Jahrhunderts an. Er läßt aber dabei *Adalhelm Abb.* unberücksichtigt, der in einem jüngeren Kodex als dem 9. Jahrhundert von der Reichenau, von Hand hinzugefügt, auf dieses 10. Jahrhundert bezogen werden kann, auch wenn dieser Name bei Lunigius nicht in Erscheinung tritt, wo allerdings ein ähnlicher Name, nämlich Anselm, und zwar zweimal, aber unter den ersten Äbten, zu lesen ist; doch, wie wir anderswo schon sehen konnten, kommen die Äbte dort nicht in zeitlicher Reihenfolge vor, sondern sind nach dem Alphabet geordnet. Bei demselben Lunigius[191] wird angemerkt, daß die Stadt *Gengenbach* zur Zeit des Kaisers Arnulph, etwa um das Jahr 900, diesem Kloster angeschlossen war, dem es fern von allem Zweifel auch seinen Ursprung verdankt, wie wir es auch schon bei anderen Städten Deutschlands beobachten konnten, die in der Nähe von Klöstern gelegen sind, die mit ihrem Namen ihre Herkunft verraten.

Ettenheimmünster.

XXXI. Über die Äbte des Klosters Ettenheimmünster, das zwischen Ortenau und Breisgau an der Westgrenze des Schwarzwalds gegen den Rhein zu liegt, gibt es nichts, was wir aus den Verzeichnissen eingeschriebener Brüder berichten könnten. In der ›Gallia christiana‹[192] dürfen für die Zeit nach Wolfhard – über diesen später mehr – Littold oder Lichtold oder Luitold und

---

189 Spicill. eccl. T. III. p. 290
190 Annal. T. II. p. 78
191 L. c. p. 289
192 T. V. p. 865

Reginold oder Reginald, die beide zu einer unbestimmten Zeit gelebt haben, hier nicht angesetzt werden, da nämlich die unmittelbaren Nachfolger von Wolfhard Eberhard, Hermann I., Adalbero und Adelbert in den Katalogen der Äbte von Ettenheimmünster angenommen werden müssen, wie sie von Martin Stephan, dem Prior dieses Ortes, in der Geschichte vom Leben und Martyrium des heiligen Landelin aufgezählt werden, wo er auf Grund des Berichts eines gewissen Schriftstellers aus dem 13. Jahrhundert behauptet, die Wundertaten eben dieses Heiligen seien von diesen Äbten sorgfältig aufgezeichnet worden. Da aber der Todestag Wolfhards, ihres Vorgängers, nicht genau feststeht, kann deren Epoche zwischen dem 10. und 11. Jahrhundert nicht mit Gewißheit bestimmt werden.

Wolfhard wird in der Bestätigung einer Schenkung Ruthards namentlich erwähnt, die von dem Alemannenherzog Burchard vorgenommen worden war, und zwar zu Beginn seiner Herrschaft im Jahre 926, nachdem zwischen dem Kloster des Etto und dem von Waldkirch ein Vergleich geschlossen worden war. Der Vollzug ist in der Schenkungsurkunde selbst bei Willmann[193] und in den ›origines Guelficae‹ zu lesen[194], wo zuerst berichtet wird, Ruodhard und seine Gattin Wisigard hätten ihr Erbe übergeben *zum Eigentum der immer jungfräulichen heiligen Maria der Stadt Straßburg in der Gemarkung Ettenheim, was auch immer zu diesem Ort gehört.* Dann wird von einem bald darauf entbrannten *Streit* berichtet *zwischen den Nachbarn dieses Gebiets und den Familien, die zu einem Kloster gehören, das Waldkircha heißt.* Ruodhard wird zusammen mit seiner Ehefrau Wisigard als Ruthard in folgenden alten Versen des Klosters genannt:

> *Grund und Boden mit Wald gibt Ruthard und Wisigard,* der Fürst mit seiner Frau erstrahlte in vollem Glanz.

Man glaubt aber, daß dies eben der Ruthard ist, von dem wir oben schon gesprochen haben, der Gründer auch des Klosters von Schwarzach und von Gengenbach, wo er zusammen mit seiner zweiten Frau nach der Aussage der Gengenbacher Chronik bei Lunigius[195] bestattet worden sein soll, und im Nekrolog von

193 De episcop. Argent. p. 136
194 T. II. p. 481
195 Spicil. eccles. T. IV. p. 289

Schuttern folgendermaßen bezeichnet wird: *Ruthard, der berühmte Herzog und der Begründer vieler Kirchen.*

Auf eine Gründung Ruthards aber führen die Brüder von Ettenheim eben diesen Ort zurück, in dem das Kloster gelegen ist, zusammen mit einem ihm anliegenden Herrenhof und allen anderen, aus denen der Gau *Munsterthal* entstand, das Dorf *Dorlinbach,* der Weiler der Mönche (*Münchweiler*) und *Schweighausen,* wo nämlich allmählich Siedlungen eingeführt wurden und man nach Rodung der Wälder in jener Gemarkung Ettenheim Land bebaute; davon konnte im Testament des Etto nichts erwähnt werden, genausowenig wie von den Ländereien, die erst später durch die Mühe der Mönche bearbeitet wurden. Daß schon zu Beginn des 10. Jahrhunderts aber dieses Gebiet in der Nachbarschaft des Ortes und des Klosters Ettenheimmünster lag, machen gerade jene Angriffe der Familien offenkundig, *die zu dem Kloster gehören, das Waldkircha genannt wird,* wie aus jenem Provinzialerlaß vom Jahre 926 unter dem Schwabenherzog Burchard und dem Grafen Bernold hervorgeht *auf der öffentlichen Gerichtsversammlung in der Stadt namens Chincihdorf vor allem versammelten Volk beider Provinzen, nämlich sowohl der Mortenau wie auch des Breisgau usw.*

Nachdem Herzog Erchanger zusammen mit seinem Bruder Berchtold enthauptet worden war, wurde Burchard, wie Hermannus Contractus zum Jahr 917 bezeugt, Herzog von Alemannien und warf nach demselben Zeugen im Jahre 919 den Burgunderkönig Rudolph nieder. Durch diesen Sieg ermutigt nahm er sich vor, das Reich König Heinrichs an sich zu reißen; doch als er erkennen mußte, daß er keinen Erfolg haben würde, unterwarf er sich schließlich in Worms dem König. Den Ehrgeiz ihres Herzogs ahmten die Familien nach, die auf Grund der Schenkung Burchards zum Kloster Waldkirch gehörten, wie in der eben genannten Urkunde gesagt wird: *Als sie sahen, daß ihr Lehnsherr Burchard durch die Macht dieser Welt sehr weit emporgestiegen war, brachen sie in gleicher Absicht in das Erbe der heiligen Maria ein und warfen die benachbarten Orte, die am Kloster Ettenheim liegen, nieder, wie wenn sie noch unreifes Getreide gewesen wären, und schleppten die Einwohner von dort weg. Danach aber kamen die oben erwähnten Mönche zu Burchard und beklagten sich bei ihm über jene ungerechte Anmaßung, die ihnen gegenüber erfolgt war. Sowie dieser selbst das gehört hatte, geriet er außer sich vor Zorn und sorgte unverzüglich dafür, daß eben dieses Unrecht wieder gutgemacht werde, das seine Leibeigenen dem vorgenannten Kloster zugefügt hatten. Er übergab daher mit einer Urkunde seiner Gattin Regelinda zwei Siedlungen an das Kloster namens Waldkirch, eine in Wil, die andere in Gifidum, um jenen unseligen Streit zu schlichten, natürlich in der Absicht, daß die kleinen Brüder des Klosters Ettenheim zum Heil ihrer eigenen Seelen und dem ihrer Nachfolger das Vermögen an Land- und Waldbesitz, das der oben genannte Ruthard der heiligen Maria geschenkt hatte, ohne jeden Widerspruch in sicherem Besitz und Eigentum behielten.* So hat es jedenfalls eine Abschrift jenes Dokuments, die uns von den Brüdern von Ettenheim zur Verfügung gestellt worden ist, und die genauer ist als die bei Herrgott[196] oder jene bei Willmann weiter oben zitierte.

Das Nonnenkloster Waldkirch.

XXXII. Wie wir gesehen haben, wird in dieser Urkunde aber *Regilinda* als Ehefrau des Alemannenherzog Burchard bezeichnet, der in demselben Jahr 926 in Italien getötet wurde: *Hedwige* aber wird sie in einem Diplom des Kaisers Otto III. aus dem Jahr 994 genannt, das P. Herrgott aus einem Waldkircher Autograph ediert hat[197], und nach ihm, noch weiter verbessert, Schöpflin[198]: Nachdem diese nach der Zeit der Stiftung, die von Burchard *mit Zustimmung und Billigung seiner Hausgenossin Hedwige* vorgenommen worden war, als seine erste Frau verstorben war, nahm Burchard eine zweite mit dem Namen Reginlinda. Es folgt bei Schöpflin[199] ein anderes Diplom desselben Otto aus dem gleich darauffolgenden Jahr, in dem er beurkundet, *er habe auf Bitten und Vermittlung seiner geliebten Schwester Sophia hin, einer Nonne, geschenkt: fünf Hufe mit einem Marktplatz im Dominikat in einem Dorf namens Scafhuson, im so genannten Gau Brisgow, und in der Grafschaft des Grafen Birtilo gelegen, bei dem Kloster namens Waldkirch, das zu Ehren der Allerheiligsten Gottesgebärerin Maria und auch der heiligen Jungfrau Margaretha errichtet wurde, und zwar zum Nutzen von*

196 Gen. Habsb. T. II. P. I. p. 70
197 L. c. p. 91
198 Hist. Zar. Badens. T. V. p. 7
199 L. c.

Mädchen, die dort unter der Regel des heiligen Benedikt Gott dienen. Darüber hinaus haben wir ihnen auch einen Wald geschenkt, den man im Volksmund Hard nennt, zwischen dem Dorf Wila und Scafhuson gelegen, weil sie dort unter größter Not litten usw. Gegeben zu Erestetten, ein Dorf, das am Fuß des Schwarzwaldes liegt, von dem aus gesehen in nördlicher Richtung auch das Kloster Waldkirch liegt, wo nach der Überlieferung Gisyla, eine Tochter desselben Alemannenherzogs, als Beschützerin des klösterlichen Lebens verehrt wird. Somit täuscht sich Willmann[200], der dem Birchtilo die Gründung dieses Klosters zuschreibt, das heute als Kolleg für Kanoniker dient und dennoch in der ›Gallia christiana‹ nirgendwo erwähnt wird, wo es um die Diözese Konstanz geht; ebenso steht davon nichts bei Mabillon in seinen Annalen.

Ein anderes Kloster für dasselbe Geschlecht in Sulzberg.

XXXIII. Ebenfalls auf diese Zeiten gehen die Anfänge des dem heiligen Cyriak geweihten Nonnenklosters von Sulzberg zurück, das am Westrand des Schwarzwalds liegt. Henninges macht in seinem ›theatrum genealogicum‹ Cunzelinus zum Stifter, einen Grafen von Ergovia etwa um das Jahr 970, wo sein Bruder Beczo, gleichfalls Stifter, bestattet sein soll. Diese beiden, wie auch Bertilo und Gebizo, macht Willmann in den ›Habsburgica‹[201], und zwar im Vertrauen auf Heuterus, de Roo und andere, zu Söhnen des reichen Guntram. Ebendort aber fügt er an: *Jakobus Manlius, der all diese an Alter und Schrifttum überragte, versichert, daß er in verschiedenen Dokumenten und Schriften nur drei Söhne des Guntram herausgefunden habe, nämlich Bezelinus oder Bötzlin anhand eines alten Gemäldes, auf dem er bei dem Heiligen Cyriak abgebildet ist, Birchtilo oder Berchilo und Gebezo oder Gebzo, die mit vereinigten Kräften das Nonnenkloster Sulzberg unter Kaiser Otto III. gegründet haben, wo sie auch alle begraben sind.* Daß aber Gebzo unter dem Namen Gebhard in der Gründungsurkunde von St. Cyriak in *Sulzberga* in Erscheinung tritt, behauptet derselbe Willmann[202]. Während aber eben dieser den Tod des

200 Habsb. L. IV. c. I. p. 155
201 Lib. IV. c. 1. p. 154
202 L. c. p. 164

Beczelin bzw. des Landolin oder Lanzelin, der in dem Gebäude
des alten Kapitels bestattet ist, für das Jahr 991 angibt, führt er
aus, daß von eben diesem genauso wie von seinem Bruder
Birchthilo jenes Kloster von Sulzberg gegründet worden sei.
Somit wird er zu Recht von P. Herrgott in der *Genealogia
Habsburgica*[203] und Schöpflin in der *Alsatia illustrata*[204] geprügelt,
da er Lantolus oder Lancelin dem Birchthilo nur zu dem Zweck
als Bruder angedichtet hat, um den Birchthilo, den Stammvater
der Herzöge von Zähringen ebenso wie der Markgrafen von
Baden, mit größerer Sicherheit in den Stammbaum der
Habsburger einreihen zu können. *Doch,* bringt Schöpflin vor,
*kann einer solchen Einreihung ohne jegliche Verderbtheit der
Urkunden und sogar mit deren Begünstigung stattgegeben werden.
Was nämlich hindert uns daran, jenen Lantolus, den sowohl die
Überlieferungen wie auch das Totenverzeichnis von Einsiedeln als
Vorfahr des Grafen Berthold bezeichnen, nach der gemeinsamen
Überzeugung der jüngeren Geschichtsschreiber als unseren
Kanzelinus anzusehen? Dessen Sohn vielleicht jener Berchthilo war,
der das Kloster von Sulzberg gründete? Der vielleicht persönlich
oder doch mit Sicherheit durch seinen Bruder Gebehard der Stammvater der Bertholds, der Herzöge von Zähringen gewesen ist?*
Schöpflin veröffentlicht[205] des Grafen Birchthilo Gründungsurkunde für das Kloster St. Cyriak in Sulzberg und damit
verbunden auch ein Schenkungsdiplom Ottos III. im ›codex
diplomaticus‹ zur Zähringer-Badischen Geschichte aus einem
Baden-Durlacher Tabulatorium, die P. Herrgott gesondert aus
dem ›codex diplomaticus‹ der Diözese Basel im ›codex probationum‹ zur ›Genealogia Habsburgica‹ ediert hat[206]. In dieser
Urkunde nennt sich allerdings Bircilo nicht Graf, wohl aber in
den zwei darauffolgenden. Dort sind auch noch andere in der
Grafschaft von Birchthilo erlassene Diplome nachzulesen[207], auf
dessen Bitten hin Kaiser Otto III. dem Kloster Sulzberg
bestimmte Ländereien überließ[208].

203 T. I. L. II. c. 9 p. 149
204 T. II. p. 466
205 T. V. p. 5
206 T. II. P. I. p. 95 seq.
207 p. 82, 90, 91 et 92
208 L. c. p. 96

Und das von Säckingen.

XXXIV. Über das Säckinger Kloster für Mädchen habe ich nichts, was ich zu diesem 10. Jahrhundert berichten könnte, außer dem, was Hartmann in den *annales eremi Deiparae*[209] zum Jahr 915 von dem heiligen Benno erzählt, dem nach dem heiligen Meginrad zweiten Bewohner eben dieser Einsiedelei, der sich mit großem Eifer darum bemühte, jene völlig zu läutern, auszubauen und zu immer größerem Ruhm zu bringen: und er führte sehr viele zum Leben als Einsiedler. *Doch weil seine Lage außerordentlich rauh und wild und insgesamt für einen ergiebigen Baumbestand unfruchtbar war, trat er an die Sanktioner oder Säckinger Vorsteherin heran und erhielt von ihr die benachbarte und liebliche Insel Ufnovia am Tiguriner See zu ewigem Lehen. Diese schmückte er bald mit fruchtbaren Bäumen und edlerer Bepflanzung aus: die Erträge und den übrigen Gewinn daraus schenkte und verbürgte er der Zelle des heiligen Meginrad, wobei das gesamte Lehen freilich rechtlich gesehen der Säckinger Kirche erhalten blieb. Kaiser Otto I. löste später dieses Lehensrecht ein und überließ es den Eremiten, wies an seiner Stelle den Sanktionern andere Besitzungen zu und wandelte das Lehen und seine Nutznießung in ein Besitzrecht um.* Dann zählt er die Landgüter und Einkünfte auf[210], die dem Kloster von Säckingen zufielen *auf Grund des Tauschs legitimer Besitzverhältnisse,* wie das Diplom Ottos d. Gr. vom Jahre 965 aufweist, das er vollständig eben dort wiedergibt, das folgendermaßen unterzeichnet ist: *Erfolgreich verhandelt auf der Reichenau. Amen.*

209 p. 30 seq.
210 p. 75 etc.

Sechstes Buch

> Der Schwarzwald im 11. Jahrhundert nach Christus,
> im 6. Jahrhundert des Ordens des heiligen Benedikt.

Die Erneuerung des Mönchsstandes in der schlimmen Situation des 11. Jahrhunderts.

I. Völlig wirr und betrüblich waren die Verhältnisse des 11. Jahrhunderts nach Christi Geburt, welches ab den Anfängen des Ordens des heiligen Benedikt als sechstes gezählt wird: In diesem waren beide Gemeinwesen, das kirchliche wie das politische, in verschiedenen Streitigkeiten untereinander befangen. Sogar die Kirche selbst zerfleischte sich im Innersten, indem der Osten, so weit er reicht, dereinst der blühendste und bedeutendere Teil der Kirche, einen Niedergang erfuhr, der durch das auch jetzt noch fortdauernde schreckliche Schisma von der Gemeinschaft mit der römischen Kirche losgerissen wurde. In der Tat überfluteten die Kirche zu dieser Zeit so große Übel und, dadurch vervielfältigt, so überaus schwerwiegende Ärgernisse, daß Benignus Bossuet, jener hochberühmte Bischof von Meaux, in seinem Kommentar[a] zur Apokalypse die Meinung vertrat, daß zu diesem Zeitpunkt das Ende jenes tausendjährigen Reiches festgestellt werden könne, das von dem heiligen Johannes[1] vorausgesagt worden war und dessen Auslegung die bedeutendsten Kirchenväter so sehr in Anspruch nahm. Bossuet war der Meinung, daß dies mit dem Tode Christi seinen Anfang genommen habe, als der Fürst dieser Welt in den Abgrund geworfen und der Satan gefesselt wurde, bis er nach 1000 Jahren wieder freizulassen sei. Daß dieses letzte Geschehen gerade in diesem Jahrhundert vollzogen werde, glaubt er auf Grund jener erwähnten und anderer Wechselfälle der Verhältnisse, da gerade auch die Kirchenzucht von beginnenden Erholungen immer wieder in Schlechteres stürzte und die christliche Liebe nach dem Ausspruch des Erlösers[2] mehr und mehr erkaltete. Zum Gipfel des Bösen führte auch die wieder aufbre-

---

1 Apoc. c. XX.
2 Math. XXII. 11. 12.

chende Irrlehre der Mänichäer, deren hauptsächliches Kennzeichen der Haß gegen die römische Kirche war; nachdem diese Häresie in Armenien entstanden war, wo der erwähnte Gog des heiligen Johannes zu Hause ist, rückte sie von Bulgarien skythischer Herkunft, dem Magog, vor und breitete sich insgeheim über die ganze christliche Welt aus, wobei auch unser Deutschland nicht ausgenommen war. Wir erfahren dies von Hermann dem Lahmen und Trithemius zum Jahr 1052, wo berichtet wird, daß Kaiser Heinrich II. in Goslar einige häretische Manichäer bestraft habe[3]. Daß sich auch in dieser Gegend solche aufgehalten haben, wird auf dem Konzil von Arras[4] im Jahre 1025 vermerkt: Es gab auch einige Verurteilte auf dem Konzil von Orléans[5] vom Jahre 1017.

[a] Er verfaßte diesen nur nebenbei, wobei er beabsichtigte, gegen die Protestanten zu beweisen, daß Johannes unter dem Namen Babylon Rom versteht, und daß zu Beginn des 20. Kapitels das weltliche römische Reich *Rome conquerante et son Empire* dargestellt wird, aus dessen Untergang und gleichsam Trümmern das Reich der Kirche Christi auf Erden entstanden ist; daraus entsteht dann eine zweite, ganz andersartige Epoche des tausendjährigen Reiches in verschiedenen Weltgegenden; von uns wird an den entsprechenden dazugehörigen Stellen darauf verwiesen.

Wie unheilvoll sich aber dieses Jahrhundert für Kirche und Vaterland auch erwiesen haben mag, blühte dennoch die Mönchsdisziplin in dessen Verlauf mit einer ganz bedeutenden Fortentwicklung in fast allen Provinzen Europas wieder auf, nicht ohne größte Wirksamkeit schließlich gleichermaßen für Reich und Papsttum. Denn diesem Jahrhundert verdanken ihren Ursprung jene hochberühmten Reformationen des Mönchsstandes, nämlich die von Vallombrosa und Camaldoli in Italien: und auch von Grandmont sowohl für Italien wie für Frankreich[6]; schließlich die von Cluny und die der Zisterzienser in Frankreich und dem Alemannien benachbarten Burgund. Von diesen allen, die Fuß an Fuß an den alten Spuren der Ordensregel festhielten, floß früherer Glanz und Zierde noch in diesem Jahrhundert weithin nach ganz Deutschland und in unseren Schwarzwald zurück zum Schmuck und als Gewinn der gesamten Kirche, wie wir im folgenden gleich sehen werden.

3   Conc. Germ. T. III. p. 118
4   Ib. p. 68
5   Labb. conc. T. IX. p. 836
6   Mabill. Annal. T. V. p. 100

Vor allem dem Papst Leo XIII. verdankt diese Läuterung sehr viel, der, vorher Bruno genannt, in dem transrheinischen Alemannien, nämlich dem Elsaß im Bereich des Schwarzwalds, dem vornehmen Geschlecht der Grafen von Egisheim entstammte und den Bischofssitz von Tulle für sehr viele Jahre innehatte[7]. Schließlich wurde er auf der Vollversammlung der Synode von Worms im Jahre 1048 zum römischen Papst gewählt[8] und machte endlich dem verhängnisvollen Schisma der römischen Kirche ein Ende, durch das sich so viele Päpste in die Schuld der Simonie verstrickten und der eine den anderen vom Papstthron stürzte. In Rom zu Beginn des Jahres 1049 geweiht, berief er hier gleich als erstes ein Konzil gegen die Simoniaker ein, dann andere gegen die Häresie des Berengar und andere Verwundungen der Kirche sowohl in Rom wie auch überall anderswo, sogar selbst in unserem Deutschland; und drittens weihte er nach seiner Rückkehr hierher fast zahllose Kirchen und Altäre[9], auch auf der Reichenau und in Schaffhausen in unserer Nachbarschaft, und zwar im Jahre 1052, wie in der Chronikhandschrift von St. Blasien zu lesen ist. Dies geschah, sagt Tschudi[10], am 23. August.

Das dort in diesem Jahrhundert gegründete Kloster des heiligen Erlösers oder, wie es später genannt zu werden begann, ›Allerheiligen‹ blühte so schnell auf, daß es von dem Fortsetzer[11] des Hermann d. L. schon zum Jahr 1083 mit Recht jenen drei Klöstern zugerechnet wurde, die im Reich der Teutonen, mit ihren kleinen Zellen und nach der Regulardisziplin begründet, in hervorragender Weise wirksam waren, nämlich das Kloster St. Blasien im Schwarzwald und St. Aurelius, das Hirsau genannt wird, und St. Salvator, das Schaffhausen genannt wird, d.h. Haus der Schiffe. Um das hochberühmte Hirsauer Kloster vor dem Untergang zu retten, machte derselbe Leo IX. seinen Einfluß bei dem Grafen Adalbert von Calw geltend, was Trithemius[12] ganz deutlich herausstellt und Mabillon[13] seinerseits aus diesem.

---

7   Conc. Germ. T. III. p. 111
8   Mabill. Annal. T. IV. p. 500
9   Trith. ad annum 1050 et 1052.
10 Chron. Helv. T. I. p. 20
11 Urstis. Script. Germ. p. 353
12 Annal. Hirs. T. I. p. 187
13 Annal. T. IV. p. 507

Demselben Papst widmete der heilige Petrus Damiani[14] sein
7. Werk, das gegen die schändlichen Verbrechen der Gott Geweihten seiner Zeit gerichtet war, damit diese aus den heiligen
Diensten entfernt würden. Die außerordentlich heilbringenden
Erwägungen dieses tiefgläubigen Mönchs von Camaldoli und
Kardinals von Ostia und dessen unermüdliche Versuche bei den
Nachfolgern Leos IX. gegen die Nikolaiten seiner Zeiten, nämlich den Klerikern im Konkubinat, stellt Baronius zum Jahr 1065
ausführlich dar. Dieser machte sich auch in sehr vielen anderen
Bereichen um Kirche und Staat außerordentlich verdient, auch
um unser Deutschland, in welchem er anläßlich einer päpstlichen
Gesandtschaft bei Kaiser Heinrich IV. im Jahre 1069 tätig war,
gleichermaßen auch in Frankreich, wo er den allerfreundschaftlichsten Umgang mit dem heiligen Hugo von Cluny pflegte.

Diesen Hugo selbst, der durch ein Schreiben nach Rom gerufen
worden war, hatte Papst Gregor VII. in den schwierigsten Streitfällen der Kirche unter seinen Beratern, wie auch später Urban
II., der vorher Mönch in Cluny und ein Schüler Hugos gewesen
war. Dies bestätigen viele Aufzeichnungen und Briefe jener
Päpste, vor allem Gregors VII., durch die er sich sehr darum
bemühte, eben diesen gleich im ersten Jahr seines Pontifikats an
sich zu binden. Dieser nahm gleichermaßen die Hilfe des heiligen
Wilhelm, des Abtes von Hirsau aus unserem Schwarzwald, in
Anspruch wie auch die des Bischofs Altmann von Passau, mit der
er die nach dem Tode des Alemannenherzogs und Gegenkaisers
Rudolph von Rheinfelden getrennten Gemüter der Deutschen
miteinander versöhnte, nachdem er zu dieser Angelegenheit an
eben jene im Jahre 1080 einen Brief geschickt hatte. Beständig
verharrte auch Wilhelm im Gehorsam gegenüber Gregor, und er
konnte nicht dazu verleitet werden, an einer im Jahre 1085 in
Mainz abgehaltenen Versammlung gegen Gregor VII. teilzunehmen, obwohl er dazu gerufen worden war, *indem er für seine
Abwesenheit Gründe vorlegte, durch die er vernünftigerweise und
unzweifelhaft für entschuldigt werden zu müssen schien*[15], wie Trithemius[16] sagt, so daß Wilhelm in seinem Schwarzwald dennoch
sicher leben konnte, während andere, Gregor zugehörige Äbte,
überall verfolgt oder aus ihren Klöstern vertrieben wurden.

14   Opp. T. III. p. 63
15   Lib. XI. ep. 3.
16   Annal. Hirs. T. I. p. 263

Die Feldzüge in das Heilige Land, die der Mönchszucht schädlich waren.

II. Es starb in demselben Jahr 1085 in Salern Gregor VII., welchem im Jahre 1091 Wilhelm im Tod nachfolgte; dieser hatte zweifellos versucht, seine Entscheidungen und seine Autorität, durch die er gerade bei den Guten Einfluß hatte, einer allzu großen Freizügigkeit entgegenzusetzen, durch die selbst sogar Mönche und Nonnen den heiligen Krieg auf sich nahmen; dadurch blieben Klöster für beide Geschlechter weithin verwaist zurück, obwohl doch gerade damals eine nicht geringe Zahl von gottesfürchtigen Männern nötig gewesen wäre, jene neuen Klöster einzurichten, die nach der überaus zahlreichen Auswanderung der Adligen und Grafen an die heiligen Stätten zum Teil aus deren Gütern ausgestattet oder neu errichtet worden waren. *Zu jener goldenen Zeit nämlich,* wie Felix Faber in der ›historia Suevorum‹[17] bemerkt, *befanden sich fast alle Adligen des Abendlandes und gewissermaßen ganz Europas mit unendlichen Legionen auf der Fahrt ins heilige Land. Jene Adligen aber, die zurückgeblieben waren, verwendeten die Ausgaben, die sie der Sitte nach zu leisten hatten, zum Nutzen der Kirchen, der Klöster und der Armen.*

Auf der Synode von Piacenza vom Jahre 1095 waren Gesandte des Kaisers Alexis von Konstantinopel anwesend, die um Hilfe gegen die Mahometaner bitten wollten, deren Wünschen Papst Urban II. sowohl auf dieser, wie auch auf einer zweiten, noch im gleichen Jahr auf der anderen Seite der Alpen in Clairmont abgehaltenen Synode entschlossen nachkam. Der Fortsetzer Hermanns d. L., Bernold von St. Blasien, bekannter unter dem Namen Berthold von Konstanz, ein Zeitgenosse, fügt den Erklärungen zum Jahr 1095, indem er zum folgenden Jahr den Feldzug selbst schildert[18], folgendes an: *Doch jene Reise nahm allzu unbedarft eine unzählbare Menschenmenge auf sich, die es auf keine Weise verstanden oder vermochten, sich auf eine solche Gefahr vorzubereiten. Daher kam auch ein nicht geringer Teil von ihnen ums Leben, der vorher noch das Land der Ungarn in reichlich unkluger Weise verwüsten wollte. Der Menge, die den Restlichen unmittelbar nachfolgte, untersagte der König der Ungarn, jenes Land zu betreten; auch davon kam beim Eintritt nach Ungarn ein nicht*

---

17 Lib. II. c. 11. apud Goldast Script. rerum Suev.
18 Urstis. Script. Germ. p. 375

*unbeträchtlicher Teil ums Leben. So war es denn auch kein Wunder,
daß sie den vorgesehenen Weg nach Jerusalem nicht einschlagen
konnten, weil sie auf jene Reise nicht mit einer solchen Unterwürfigkeit und Demut (wie sie sie schuldeten) aufgebrochen waren.
Denn sie hatten viele Abtrünnige in ihrer Begleitung, die, nachdem
sie das Ordensgewand abgelegt hatten, sich vorgenommen hatten,
mit jenen in den Krieg zu ziehen. Doch scheuten sie auch nicht davor
zurück, unzählige Frauen mit sich zu führen, die ihre natürliche
Kleidung schamlos mit der männlichen vertauschten; mit diesen
trieben sie Unzucht, womit sie Gott außerordentlich beleidigten, so
wie es einstmals das Volk Israel getan hatte.* Insgesamt weicht dies
von jenen Äußerungen ab, die Otto von Freising ein wenig später
als diese Zeit schreibt, wobei er alle anderen an seinem eigenen
Gelübde mißt: *Etwa um diese Zeiten, zu denen das Römerreich
nicht nur auf Grund der politischen Verhältnisse, sondern auch
meuchlerisch durch Machtgier gespalten war, eilten andere nach
Jerusalem, nachdem sie ihre Habe für Christus aufgegeben hatten
und sich darauf besannen, daß sie nicht ohne Grund dem Ritterstande angehörten; und dort traten sie in eine neue Art von Ritterstand ein und erhoben ihre Waffen gegen die Feinde des Kreuzes in
der Weise, daß sie, den Kreuzestod Christi für immer an ihrem
Leibe tragend, durch ihr Leben und ihren gottesfürchtigen Wandel
nicht Soldaten, sondern Mönche zu sein schienen*[19]. Fern von allem
Zweifel brachten viele aus dem Ordensstand, die durch das
fromme Ziel zur Teilnahme veranlaßt worden waren, durch ihr
vorbildliches Beispiel auch sehr viele Laien zum Ordensleben;
allerdings konnte es bei einem solchen Wirrwarr von Menschen
durchaus auch geschehen, daß andere gegen die Ordensregel vom
rechten Wege abkamen und ohne Unterschied Geschlecht, Alter
und Stand ins Gegenteil verkehrt wurden. *An diesem so heiligen
und so notwendigen Feldzug,* wie Trithemius mit wenigen Worten
den Sachverhalt zum Jahre 1096 darstellt, *nahmen sehr viele
Mönche und Nonnen, Greise und Jünglinge, Mädchen und verheiratete Frauen mit Kindern und Säuglingen in unbestimmter Zahl
teil, und viele dieser Frauen wurden vielen zum Fallstrick und zum
Verderben.*

Für diesen Feldzug gab es für Verschiedene durchaus
verschiedene Beweggründe, und diese waren auch anderer Art als

---

19 Urstis. Script. Germ. T. I. p. 144

nur des Glaubens wegen; nachdem der Ursperger Abt in seinem Chronikon zum Jahre 1099 viele solcher Gründe in bezug auf Frankreich aufgezählt hatte, fügt er hinzu: *Aus der Bevölkerung der übrigen Nationen gaben die einen an, daß sie außer dem päpstlichen Edikt auch noch von etlichen, zwischenzeitlich neu erstandenen Propheten oder von himmlischen Zeichen und Offenbarungen zum Land der Verheißung gerufen worden seien, andere, sie seien durch gewisse mißliche Lebensumstände zu einer solchen Wallfahrt bewegt worden: ein großer Teil von ihnen war nämlich mit Frau und Kind und mit der gesamten Habe beladen auf die Reise gegangen. Den Ostfranken aber, den Sachsen und Thüringern, den Bayern und Alemannen erschallte dieses Signalhorn keineswegs und zwar vor allem wegen dieses Schismas zwischen Reich und Papsttum, das seit der Zeit des Papstes Alexander bis heute sowohl uns den Römern, als auch die Römer uns verhaßt und feindselig gemacht hat.*

Die Feindschaft zwischen Papsttum und Deutschem Reich.

III. Es werden hier vier Stämme des deutschen Volkes voneinander unterschieden, die, auch wenn sie heute unter verschiedene Fürsten aufgeteilt sind, dennoch gewisse Spuren ihrer früheren Größe in der Landessprache und in ihrem Dialekt bewahren. Diesen wird manchmal noch als fünfter der Stamm der Lothringer hinzugerechnet, wie zum Beispiel bei Wippo in der Lebensbeschreibung des Saliers Konrad[20]; damit wollte er die Vollständigkeit des Deutschen Reiches bezeichnen und seine Größe, die es, erweitert durch das Königreich Burgund oder Arles, im 11. Jahrhundert unter dem Salier Konrad II. hatte. Von diesem nimmt nach der karolingischen und sächsischen die fränkische Periode der deutschen Kaiser ihren Anfang, unter denen der Bestand der mit dem Reich einigen Kirche erweitert und die Herrschaft der Priester Gottes und Christi gestärkt wurde, das als tausendjähriges Reich vorausgesagt worden ist, angefangen von der Zeitepoche, als der Stand der Kirche und die heilige Republik selbst bis zu diesen späteren Zeiten Bestand hatte. Unter dem Geschlecht der Karolinger aber verblieb in gegenseitigen Beratungen auf

20 Pist. Script. Germ. T. III. p. 464

Zusammenkünften beider Gemeinwesen und mit vereinten
Kräften jeder Stand einmütig und gesichert; doch obwohl auch
die sächsischen Kaiser im 10. Jahrhundert den Stand der Kirche
in erfreulicher Weise achteten, und, nachdem zu Beginn des 11.
Jahrhunderts auf Konzilien der *Gottesfriede* gesichert worden
war, man um Frieden und öffentliche Ruhe außerordentlich
besorgt war, da begann schließlich nach der Mitte dieses Jahrhunderts der eine Stand mit dem anderen unter unglücklichen
Vorzeichen und mit jenem zutiefst zu bedauernden Schisma
zusammenzustoßen, das, wie wir gesehen haben, von Konrad von
Ursperg vermerkt, *zwischen Reich und Papsttum seit der Zeit des
Papstes Alexander bis heute* besteht, nämlich bis zu Beginn des 13.
Jahrhunderts und den Zeiten Friedrichs II., unter dem, wie auch
schon zur Zeit seines Großvaters Friedrich I., dieselben Feindseligkeiten zwischen dem Römischen Reich und der Kirche
aufwallten und dasselbe Schisma, das sowohl uns Deutsche *den
Römern, wie auch die Römer uns verhaßt und feindselig gemacht
hat.* Den Beginn dieser Übel führt der Ursperger auf die Zeiten
des Papstes Alexander zurück, den zweiten dieses Namens, der
vorher Bischof Anselm von Luca war und im Jahre 1061 zu Rom
gewählt wurde: Da dies ohne Zustimmung Heinrichs IV. geschah,
der damals noch ein Kind war, stellte die Anhängerschaft eben
dieses Königs auf Betreiben der ganz besonders schismatischen
und im Konkubinat lebenden Bischöfe vor allem der Lombardei
demselben auf der Pseudo-Synode von Basel den Bischof
Cadolaus von Parma unter dem Namen Honorius entgegen.
Diesen Anlaß mißbrauchte Heinrich IV. zum Verderb von
Papsttum und Reich, als er später eigenständig wurde, indem er
käufliche kirchliche Würden innehatte und dem Eifer der Päpste
bei der Bestrafung von Lastern, vor allem der Begehrlichkeit der
Kleriker, Widerstand entgegensetzte und es schließlich sogar
wagte, den Eifrigsten der Päpste, Gregor VII., auf dem Konzil von
Worms im Jahre 1076 abzusetzen. Die Römer, die diesem Wagnis
ein anderes hinzufügten, nahmen gegen Heinrich dasselbe Recht
in Anspruch – eine unerhörte Tat: Obwohl Otto von Freisingen
dies in Buch VI. Kap. 35 seiner Chronik schon angemerkt hatte,
greift er kurz darauf diese Angelegenheit noch einmal im Vorwort
zu Buch VII tiefgehender auf[21], als wir es hier können, und zwar

---

21 Apud Urstis. p. 137

ab den Zeiten des alten Theodosius gemäß dem, was er in Buch IV, Kap. 18 *Über die Herrschaft des Theodosius, den Frieden mit der Kirche und die Priester Christi* und in eben diesem Vorwort zu demselben Buch über die Regalien der Kirche erörtert hatte, die mit der Übernahme der Amtsgewalt auf das Reich selbst auf keinen Fall vermengt werden dürften. Diese hatten sich bis dahin zu Unrecht gleichermaßen die Päpste gegenüber den Königen und Heinrich IV. angemaßt, und andererseits besaß Heinrich IV. selbst seinem Willen entsprechend ein käufliches Priesteramt, wie die Bischofstitel, ebenso die Abtswürden und die übrigen kirchlichen Ehrenämter nicht mehr nach dem Verdienst des Lebens, sondern für Geld vergeben wurden.

Dieser Sachverhalt brachte den heiligen Hugo von Cluny nach Deutschland, auch weil er von Alexander II. damit beauftragt worden war, den Reichenauer Abt Rupert, der seinerseits von Heinrich in die Simonie getrieben worden war und deshalb Geldhändler genannt wurde, zur Ordnung zu rufen. Lambert von Schafnaburg berichtet[22], dies sei im Jahre 1072 auf dem Konvent von Worms vom heiligen Hugo durchgeführt worden, der zusammen mit der Kaiserin Agnes hierhin gekommen war und Rupert die Anordnungen und ein Schreiben des Papstes von Rom überbrachte: *nämlich daß er durch Bann des apostolischen Stuhles vom Leib der Kirche abgeschnitten sei, daß ihm jegliche gottesdienstliche Tätigkeit außer der Psalmodie untersagt sei, daß ihm für immer jeglicher Zugang zum Abtsamt der Reichenau oder irgendeiner kirchlichen Ehrenstellung verschlossen sei.* So gab er, vom König selbst dazu gedrängt, den Hirtenstab wieder zurück.

Auf dem benachbarten Bischofsstuhl von Konstanz wurde nach dem Tode von Rumold im Jahre 1070 dann Karl von Heinrich durch Simonie zum Bischof eingesetzt, allerdings auf der Synode von Mainz gleich im folgenden Jahr wieder entfernt; ihn ersetzte der Kaiser sofort auf die gleiche Weise durch Otto, der außerdem die nicht enthaltsamen Kleriker bevorzugte. Daher verpflichtete Gregor VII. den Mainzer Erzbischof, nachdem er der römischen Synode vom Jahre 1074 ein Dekret zugesandt hatte, das gegen die der Simonie schuldigen und nicht enthaltsamen Kleriker gerichtet war, dazu, daß er eine Synode mit seinen Suffraganbischöfen einberufe, zu denen auch die Bischöfe des Schwarzwaldes gehörten. Gregor schrieb auch Otto selbst zwei Briefe, den er schließlich als starrsinnig und der Simonie schuldig von der Gemeinschaft mit ihm ausschloß, nachdem er auch ein Schreiben an den Schwabenherzog Rudolph und an Berthold von Zähringen, den Herzog von Kärnten, gerichtet hatte – Dynasten aus dem Schwarzwald, von denen Otto im Jahre 1077 und ein zweites Mal im Jahre 1084 aus Konstanz vertrieben wurde[23]. Diese Herzöge begünstigten die Sache Heinrichs IV. von Anfang an; später wandten sie sich verbittert von seiner Seite ab, wie wir an einer anderen Stelle über Rudolph, den Grafen von Rheinfelden, dargelegt haben, den Herzog Alemanniens, der gegen Heinrich im Jahre 1077 von den Fürsten Deutschlands zum Kaiser gewählt wurde, aber im Jahre 1080 in der Schlacht an der Ellstra oder dem Fluß Elyster gefallen ist.

Mehr betrifft unseren Schwarzwald, was Heinrich, der sich nach der Niederlage Rudolphs gleich wieder in den Besitz der Macht gebracht hatte, nach dem Zeugnis des Trithemius zu diesem Jahr 1080 unternahm: *Später,* sagt er, *fiel er mit einem großen Heer seiner Anhänger in Schwaben ein, das ein Dukat des getöteten Rudolph gewesen war, zerstörte alles, nahm die Befestigungen, Burgen und sogar die stärksten Städte gewaltsam ein und zwang alle, die sich ihm widersetzten, zur Übergabe. Die Stadt des Pfalzgrafen Kuno aber, von der er den Namen und den Titel seines Prinzipats hatte, nämlich Tübingen, das sich lange der Einnahme zu widersetzen suchte, eroberte er schließlich, nachdem er den Stadtbewohnern viele Verluste und Schäden zugefügt hatte.* Obwohl Heinrich von hier aus der Zugang ins nahegelegene Hirsau offenstand, stieß eben diesem Kloster durch Gottes Schutz dennoch nichts Verderbliches zu, wie Trithemius ausführt. Und auch bei uns gibt es keinerlei Erwähnung eines erlittenen Schadens, obwohl sich doch unser Kloster St. Blasien in der Nähe des Wohnsitzes und der Residenz des Rheinfeldener Grafen Rudolph befand; diese aber konnte Rudolph als König niemals betreten, noch konnte er in das Grab seiner Familie im Kloster St. Blasien gebracht werden.

---

23 Gall. christ. T. V. p. 909

Innere Kriege und durch Waffen und Blut berühmte Adelsgeschlechter im Schwarzwald.

IV. Ein nicht unähnliches Schicksal, doch ein klein wenig aus einem unähnlichen Grund, erlitt der in den Tiefen des Schwarzwalds niedersinkende Alemannenherzog Ernustus oder Ernestus, ein Stiefsohn des Saliers Konrad, Sohn der Gisela, der gegen diesen wiederholt rebelliert hatte und daher von der Herzogswürde abgesetzt worden war. Als der Kaiser gegen die Ungarn losbrach, kehrte dieser aus Frankreich, das Wippo in der Lebensgeschichte des Saliers Konrad ›Latina‹ nennt, nach Alemannien zurück, wo er sich in einem *gewissen menschenleeren Raum,* wie Wippo sich ausdrückt[24], *das Schwarzwald genannt wird, in ganz sicherem Gebiet aufhielt und von erbärmlicher Nahrung eine gewisse Zeitlang lebte.* In diese so große Not war er von einem Vassallen des Kaisers getrieben worden; als er völlig an seiner Lage verzweifelt war, verließ er mit den Seinen das Versteck; *nachdem sie in ein Waldgebirge bei jenem Gebiet Alemanniens, das Bara genannt wird, gelangt waren, sahen sie die Burg verlassen, die die Feinde in der Nacht zuvor besetzt hatten; sogleich begriffen sie, daß man ihnen eine Falle stelle. Denn Graf Mangold, ein Vasall des Kaisers, der über die Abtei Reichenau ein großes Lehen vom Kaiser und von Warmann, dem Bischof von Konstanz, erhalten hatte, der damals anstelle des Herzogs Heremann* (des Bruders des Ernst, des Sohnes der Gisela) *Alemannien beherrschte, war als Schutzwache aufgestellt worden, damit nicht Herzog Ernst in dieser Gegend Raubzüge und Brandschatzungen durchführe.*

Hepidanus von St. Gallen stellt bei Goldast[25] zum Jahr 1036 dem Ernestus als Bundesgenossen Werner, den Grafen von Kyburg, zur Seite; mit diesem und seinem Vasallen hielt er eine gewisse Burg besetzt, die Falkensteig genannt wird, von wo aus er die Gegend in der Nachbarschaft mit nicht unerheblichem Schrecken heimsuchte, doch seien nach einem Gefecht mit Manegold zusammen mit diesem auch Werner und Ernst gefallen. *Der Leichnam des Herzogs Ernest,* wie Wippo anfügt, *der nach Konstanz gebracht worden war, wurde in der Kirche der heiligen Maria bestattet, nachdem zuvor durch bischöfliche Amtsgewalt Lossprechung von der Exkommunikation gewährt worden war. Der*

---

24 Pistor. script. T. III. p. 476
25 Rer. Alem. T. I.

Leichnam Manegolds wurde auf der Reichenau begraben. Es wird erwähnt, daß ebendort unter anderen auch der Graf Wecilo oder Wehelo, ein Vasall des Herzogs, gefallen sei, *auf Grund dessen sich dies alles ereignet habe*; von diesem hatte derselbe Wippo[26] zum Jahr 1030 berichtet, daß Ernest, aus dem Gefängnis befreit, das Herzogtum nur unter der Bedingung übernommen habe, daß er seinen Lehnsmann Wehelo, der durch viele Machenschaften das Reich durcheinander gebracht hatte, gleichsam als Feind des Staates mit allen seinen Anhängern verfolgen dürfe. *Obwohl der Herzog dies nicht tun wollte, wurde jener zum öffentlichen Feind des Kaisers erklärt.*

Daß die Grafen von Kyburg dem Guelfengeschlecht zugerechnet werden, haben wir schon im 4. Buch erwähnt, wo wir über die gleichnamigen Wolfard und Wolvenus gehandelt haben, die Stifter des Klosters Rheinau, dem nach der Mitte des 11. Jahrhunderts Sigemar die Albzelle überstellte, *die heute St. Blasien genannt wird,* wobei der Herr Wolvene zustimmte. Schon längst aber war im 11. Jahrhundert selbst diese Namensverwandtschaft zwischen den Grafen von Kyburg und den Guelfen oder Welfonen vergangen. Weiterhin berichtet Wippo[27], daß während des Aufenthalts des Saliers Konrad in Italien ein Graf in Schwaben namens Welf und der Bischof Bruno von Augsburg, die gegenseitig im Streit lagen, viele Leiden bei Raubzügen und Brandschatzungen im Reich verursacht hätten, vor allem in Augsburg; der Graf sei jedoch gezwungen worden, die Schäden zu ersetzen. Es ist dies unter diesem Namen der dritte und eben der, der seinen Palast in Altdorf den Mönchen zur Verfügung stellte, damit ihr abgebranntes Kloster auf einem Berg wieder aufgebaut werden konnte; es handelt sich dabei um das Kloster an den Weinbergen oder Weingarten, das heute noch in voller Blüte steht; es wurde von Welfo IV., dem Neffen von Schwesterseite des Fürsten Azo von Ateste in Italien und Universalerben, so sehr vergrößert, daß nach dem Zeugnis des Bucelin, eines Asketen aus demselben Kloster, in der Konstanzer Chronologie zum Jahr 1057 ein zweiter Stifter jenes Klosters angenommen wird *nach dem König Pipin* – Worte, die ganz gewiß nicht in bezug auf die erste Gründung für Nonnen zu verstehen sind. Genannt wird aber

26 l. c. p. 475
27 l. c. p. 473

derselbe Bucelin von P. Gerhard Heß in seiner vorausgehenden Erörterung[28] zum Prodromon der ›monumenta Guelficorum‹, das Heinrich und seine Ehefrau Beate, die Mutter des heiligen Bischofs Konrad von Konstanz, nur als Erneuerer jenes Frauenklosters festgestellt hatte, obwohl sie doch zu Beginn des 10. Jahrhunderts dessen Erstgründer gewesen sind. Nachdem seit dieser Zeit ein volles Jahrhundert vergangen war, faßte Welfo II. den Entschluß, die Altdorfer Nonnen nach *Altomunster* in Bayern, von dort aber die Mönche nach Altorf umzusiedeln, wie der Weingartener Anonymus bezeugt, was schließlich im Jahr 1047 Welfo III. zur Ausführung brachte, als die Mönche mit Abt Heinrich nach Altorf übersiedelten, und von dort, als acht Jahre später das Kloster abgebrannt war, auf einen Berg überwechselten, wo jenes Kloster bis auf den heutigen Tag besteht. Eben dieses Kloster erhielt noch im gleichen 11. Jahrhundert aus dem Kloster Hirsau im Schwarzwald den Abt Walicho, einen Schüler des heiligen Wilhelm; wie derselbe P. Gerhard feststellt[29], ist hier allerdings dem Trithemius ein Fehler unterlaufen, wenn er im Hirsauer Chronikon[30] zum Jahr 1085 schreibt, Walicho sei von Wilhelm nach Altorf in der Diözese Straßburg geschickt worden, anstatt in der Diözese Konstanz. Derselbe P. Gerhard zieht dort ein Dokument des Welfo IV. aus dem Jahr 1090 heran, das man als Gründungsurkunde bezeichnet.

Von diesen Welfonen her, an die im Jahre 1071 der Dukat Bayern zurückging, werden die ersten Anfänge jener berühmten Guelfenpartei abgeleitet, die in den nächsten Jahrhunderten als Gegenpartei zu den Gibelinen das Geschick unseres Vaterlandes so sehr mit dem eigenen verbunden hat. Von da an und ab den Zeiten der Heinriche, gegen welche diese Guelfen heftig Widerstand leisteten, hat Otto von Freisingen in den ›gesta Friderici I.‹ diese Streitigkeiten und Kriege wiedergegeben[31], die diese zwei berühmten Familien untereinander austrugen, *die eine der Heinriche von Gueibelinga, die andere der Guelfen von Altorfium.* Die Unternehmungen des ersten Guelfen unter den Herzögen Bayerns gegen Kaiser Heinrich IV. zugunsten vor allem des Rudolph von Rheinfelden, der – vorher Alemannenherzog – eben

---

28 pag. 13
29 l. c. p. 46
30 T. I. p. 268
31 Urstis. script. Germ. p. 447

diesem als König der Römer entgegengestellt wurde, habe ich an anderer Stelle weiterverfolgt.

Im 11. Jahrhundert aber wuchs allmählich wieder die Kraft und Macht des Guelfengeschlechts, auch außerhalb Deutschlands, als schon im Jahre 1047 Kaiser Heinrich III. dem Welfo III. die Markgrafschaft Verona anvertraut hatte. Als dieser im Jahre 1055 kinderlos gestorben war, heiratete seine Schwester Kunigunde Azon II., den Markgrafen von Ligurien. Von hier aus verbreitete sich das Adelsgeschlecht der Guelfen in Deutschland durch Welfo, den Sohn des Azo, dessen gleichnamiger Sohn durch Ehe eine Zeitlang mit jener berühmten Herzogin Mathilde von Tuszien verbunden war, die ihre Freigebigkeit auch gegenüber den Klöstern des Schwarzwaldes erwies.

Den früheren Guelfen entstammte auch Welfo, der Sohn von Rudolph und Itha; über ihn und anderen, die mit ihm zusammen gegen den Salier Konrad einen Aufstand gemacht hatten, schickt der genannte Wippo in der Lebensgeschichte eben dieses Konrad *über die Verschwörung gewisser Teutonen*[32] folgendes voraus, bevor er die Herzöge Kuno von Worms, Friedrich von Lothringen und Ernest von Alemannien erwähnt hatte: *Um von Unbedeutenderen zu beginnen und dann zu Bedeutenderen zu gelangen,* zerstörte *ein gewisser Graf in Schwaben, Welff genannt, reich an Landbesitz und mächtig an Waffen* Augsburg. Dies freilich kennzeichnet nicht jenen gewaltigen Umfang des Machtbereichs, den die Guelfen im Verlauf dieses Jahrhunderts erreicht haben, da später, wie gesagt, die Herrschaftsgebiete Italien und Deutschland zusammen-wuchsen, und Bayern am Lauf der Donau wieder hinzugefügt wurde. Wir haben schon oben gegen Ende des 4. Buches erwähnt, daß an deren Quellen im folgenden Jahrhundert die Guelfen die Macht an sich gerissen haben, und wir werden weiter sehen, daß sie dasselbe im Alpengebiet an der Donau im Bereich der Vogtei des Klosters Zwiefalten taten. Dieses ist von den Grafen Kuno und Luitold von Achalm gestiftet worden, die mit den Grafen von Urach zum selben Geschlecht gehören sollen, dessen Stammvater Egeno zu Beginn dieses Jahrhunderts auftritt, der Onkel von Kuno und Luitold. Die Nachkommen des Egeno herrschten weithin über den Schwarzwald und herrschen auch heute noch in der durchlauchtigsten Familie der Fürsten zu Fürstenberg.

---

32 Pistor. script. Germ. T. III. p. 473

In jenem Gebiet aber liegt zur Schwäbischen Alb hin auf der rechten Donauseite der alte Bergzug des herzynischen Waldes, der von dem unseren des Schwarzwalds in Richtung Neckarfluß getrennt ist, wo die Berge unseres Alpgaus sich nach Norden erstrecken; weiter entfernt ist aber der Allgäu an den rhätischen Alpen gegen Augsburg und nach Osten hin, während unser Schwarzwald auf der entgegengesetzten Seite im Westen sich nach Norden hin erstreckt. An diesem Bergzug sollen sich einst die Kimbern niedergelassen haben, die nach dem Zeugnis des Tacitus *unmittelbar am Meer in einer Ausbuchtung Germaniens wohnen*[33]. Zumindest der Name *Zimbern* ist auch heute noch an verschiedenen Orten erhalten geblieben, und es gab auch eine Adelsfamilie von Zimmern. Vor meinen Augen liegt der wuchtige Band über die Geschichte eben dieser Familie; das Wichtigste, das auch bestätigt ist, bezieht sich auf das 10. und 11. Jahrhundert. Es werden die ersten zwei Kunos vermerkt, der eine zum Jahr 920, der andere unter Konrad II. zum Jahr 1024, dessen Frau Mechthild, Fürstin von Tübingen, erwähnt wird, dann sein Sohn Werner, der mit Heinrich III. gegen den König Uratislaus von Böhmen ins Feld gezogen sein soll, der Ehemann der Sophia von Vöhringen, die Gotfrid gebar, den Ehemann der Agnes von Hohenberg. Diese Familie wird unter die vornehmsten Familien Deutschlands und ganz besonders auch des Schwarzwaldes gerechnet, wobei vor allem Gertrude oder Anna, die Frau des Habsburgers Rudolph I., in hellem Glanz erstrahlt, von dem die Mutter der vorzüglichsten Fürsten Deutschlands abstammte. Über diese, die zusammen mit anderen Toten aus dem Geschlecht der Habsburger aus der Schweiz in das Kloster St. Blasien überführt wurde, haben wir an einer anderen Stelle in einem eigenen Buch gehandelt[34].

Gotfrid von Zimmern, Ehemann der Agnes, ging in das Kloster von St. Georgen – weg von dem gleichnamigen Gotfrid, dem Ehemann der Elisabeth von Teck, der Tochter des Herzogs Friedrich; er verließ nach Crusius[35] im Jahre 1072 die Dynastie und lebte in vielen Nachkommen fort. Wie berichtet wird, hatte von seinen Brüdern Mangwald die Adelhaid von Wartenberg und

---

33 German. n. 36
34 Taphographia Habsb. Vol. II.
35 Annal. Suev. P. II. lib. IX. c. 17.

Wildenstein zur Ehefrau. Bei Crusius[36] werden Albert und Harprecht zum Jahr 1080 als Zeugen zusammen mit anderen bei der Übergabe von Reichenbach für die Zelle des Klosters Hirsau genannt: Es sind dieselben, die bei den Reichenbacher Schenkungen bei P. Martin Mack zum Jahr 1080 auftreten[37], in welchem ein gewisser Burchard, Edler von Jurenberg, Alberich ein Hofgut oder Allod schenkte, *damit er selbst jenes Gott und dem seligen Gregor in der Zelle weitergebe, die bei dem Fluß Murg im Schwarzwald liege.* Unter eben diesen Zeugen, die Crusius festhält, wird *Hartbrecht von Cimberen, Bruder des oben genannten Alberich* genannt. In der erwähnten Geschichte dieser Familie wird ein Sohn Wilhelm erwähnt, der in Augsburg bei einem Reitergefecht gefallen sei, Konrad und Albrecht in einer Schlacht bei Nizäa, Friedrich in Syrien, und Kuno starb in der Heimat; Georg, der mit Adelhaid von Klingen verlobt war, starb vor der Hochzeit. Von Bertrada wird berichtet, daß sie in Waldkirch Nonne gewesen sei.

An dieser Stelle soll auch die Erinnerung an eine sehr umfangreiche adlige Familie eingebracht werden, die weit und breit gleichsam als Stammesbezeichnung unter dem Namen Schnewlin bekannt ist. Ihr entstammten schon im Jahre 1070 14 Zweige, von denen jeder einzelne seinen Eigennamen nach ebensoviele Burgen im Breisgau hatte, wie in den amtlichen Urkunden festgehalten wird, die Kaiser Leopold I. im Jahre 1674 dem Wolf. Wilhelm Bernlapp von Bollschweil, Biezighofen und Weitenau ausgestellt hat, der damals der einzige Überlebende gewesen sein soll. Unter die Vornehmsten dieses Geschlechts werden die adligen Ritter von Blumenegg gerechnet, die im 13. und 14., vor allem bis ins 16. Jahrhundert hinein, ihren Machtbereich weithin im Schwarzwald ausdehnten.

In diesem 11. Jahrhundert erhoben hier die Zähringer ihr Haupt oder gaben sich vielmehr einen neuen Namen nach der Burg Zaringen, die im Breisgauer Vorgebirge des Schwarzwalds liegt, das oberhalb des Dorfes Zeringen zum Rhein hin blickt, nicht weit entfernt von Freiburg, der Hauptstadt des Breisgau am Fuße des Schwarzwalds. Sie sieht eben diese als ihre Gründer an, und zwar im folgenden Jahrhundert nach der Erbauung von

---

36   L. c. lib. VIII. c. 5.
37   Coll. Script. rer. hist. monast. eccl. T. II. p. 56

Zähringen durch Berthold II., den Gründer des Klosters St. Peter, wie wir noch sehen werden, und seinen Bruder, den seligen Hermann I., der in Cluny im Jahre 1074 als Mönch gestorben ist, nachdem er seine Frau Judith verlassen hatte, von der Schöpflin auf Grund der Freigebigkeit, die sie diesem Kloster gegenüber walten ließ, vermutet, daß sie der Familie der Grafen von Calw, der Stifter des Klosters Hirsau, entstammte. Schöpflin beschreibt im 3. Buch[38] die nach diesem Hermann benannte erste hermannische Periode in bezug auf die Geschichte der Badener, ein weithin berühmtes Herrscherhaus, das heute in Blüte steht, während der von jenen Birchtilonen oder Bertholden herrührende Name Zähringen im Jahre 1218 ausstarb.

Von diesen führte als erster, den wir genannt haben, nämlich der Vater des seligen Hermann und des Berthold II., Krieg gegen Ulrich III., den Abt von St. Gallen und späteren Patriarchen von Aquileia, einen Sohn jenes Marquard, dem Kaiser Heinrich IV. das dem Berthold entzogene Herzogtum von Kärnten anvertraut hatte, und nahm die überall im Breisgau und im Schwarzwald geraubten Güter des Klosters St. Gallen in Besitz. *Auf diese Weise entzog uns sogar,* fügt Burchard im 7. Kap. von ›de casibus S. Galli‹ seiner Schilderung an[39], *dessen Helfer Herzog Welff das in der Nachbarschaft liegende Vermögen eben dieses Klosters.* Später fügt er hinzu, daß von demselben Berthold, den er Markgraf zu nennen pflegt, das Kloster selbst durch Plünderung und Feuer zerstört worden sei. Bei P. Herrgott[40] und in der ›Alsatia diplomatica‹[41] ist eine Urkunde nachzulesen, durch die Heinrich IV. dem Bischof Wernher von Straßburg eine Grafschaft in Brisgowe, die *dem Berthold, der nicht mehr Herzog ist,* wie die Worte lauten, *durch ein gerechtes Urteil entzogen worden ist,* am 17. Juni 1077 zuspricht; Berthold stand nämlich auf der Seite des Gegenkaisers Rudolph zusammen mit Welfo, der damals gegen Heinrich wegen des aberkannten Dukats Bayern von Zorn erfüllt war.

Im Anhang des Berthold von St. Blasien bei Hermann d. L. zum Jahr 1078[42] nach der Auseinandersetzung bei dem Fluß Struva ist folgendes zu lesen: *Nachdem Rudolph nach Sachsen zurückgekehrt*

---

38 Hist. Zaring. Bad. T. I. p. 571
39 Goldast. Rer. Alem. T. I. P. I. p. 72
40 T. II. P. I. Geneal. Habsburg. p. 126
41 T. I. p. 176
42 Urstis. script. Germ. p. 349

war, verwüstete Heinrich urplötzlich nach dem Wiedererstarken
seiner Macht etwa um das Fest Allerheiligen herum Alemannien mit
Raubzügen, Schwert und Feuer, nämlich das Land der katholischen
Herzöge Berthold und Welfo, und begann, das der anderen Unter-
tanen des heiligen Petrus völlig zu vernichten. Damals wurden auf
jenem Feldzug auch weit über hundert Kirchen entweiht. Im
Anschluß daran erwähnt er eben dort den bald darauf folgenden
Tod von Berthold I., dessen Sohn, der zweite dieses Namens, sich
dann mit Welfo aus dem gleichen Grund verbündete; keinesfalls
aber darf dieser mit dem anderen Berthold, dem Sohn des Königs
Rudolph, verwechselt werden, der nach dem Tod seines Vaters
ebendort als Herzog von Alemannien bezeichnet wird[43] und im
Jahre 1090 starb. Dann aber fügt er zum Jahr 1092 folgendes[44]
über Berthold II. von Zähringen an: *Noch einmal kamen die
Fürsten Alemanniens einmütig zur Verteidigung der heiligen Mutter
Kirche gegen die Schismatiker zusammen und bestimmten sich zur
Ausführung dieser Aufgabe den Bruder des Bischofs von Konstanz*
(dies war Gebhard III. Über diesen bald mehr!) *Berthold, den
Herzog von ganz Schwaben, der noch über keinerlei Dukat verfügte,
obwohl er es schon pflegte, den Titel eines Herzogs zu führen,*
nachdem zweifellos sein Vater Berthold, wie wir gesehen haben,
des Dukats von Kärnten durch Heinrich IV. beraubt worden war.

Die Hierarchen des Schwarzwaldes, die Bischöfe von Konstanz.

V. Der soeben mit ›de casibus S. Galli‹ zitierte Burchard, in
welchem Buch er über die Zwistigkeiten mit den Herzögen von
Zähringen und Welfo unter dem St. Gallener Abt Ulrich
gehandelt hatte, sagt[45] zum Jahr 1088: *Unter diesen anderen Übeln
wurde auch Gebehard, der Bruder des Markgrafen* (oder des
Herzogs von Zähringen) *Berthold und Mönch von St. Aurelius*
(Hirsau), *auf Anstiftung des Herzogs Welfo von einem gewissen
Bischof von Ostia, wie man vermutet und gleichsam einem Legaten
des römischen Stuhles zum Bischof von Konstanz ernannt, obwohl
Bischof Otto noch am Leben war.* Zwar lebte damals Otto
tatsächlich noch, doch war er schon lange vorher von Gregor VII.

43 L. c. p. 363
44 Ibid. p. 367
45 L. c. apud Goldast c. 7.

gebannt und wiederholt auf Betreiben des Gegenkaisers Rudolph und der mit ihm verbündeten Fürsten aus Konstanz vertrieben worden, zu denen vornehmlich Herzog Berthold von Zähringen gehörte, dessen Bruder Gebhard damals jenen Bischofssitz erhielt[46]. Und Burchard hätte dies nicht geschrieben, wenn damals nicht die St. Gallener auf der Seite Heinrichs IV. gestanden hätten, dessen Verwandten, den Abt Ulrich III., die ihm feindliche Partei deshalb verfolgte. Zu allermindest wäre er es der Ordination des Gebhard, eines so ausgezeichneten und um die Kirche und seine Diözese so hochverdienten Mannes, schuldig gewesen, wenigstens die Bezeichnung ›unter diesen anderen Übeln‹ beiseite zu lassen.

Daß dieser Gebhard zuerst in Hirsau Mönch gewesen sei, bezeugt Trithemius[47] zum Jahr 1085, wo er auch folgenden weithin bekannten Ausspruch über eben diesen erwähnt: *Der wegen seines Lebensverdienstes zum Bischof der Diözese von Konstanz Geweihte stellte damit seinen bisherigen Feuereifer für ein Leben nach der Regel in keiner Weise ein, sondern zeigte sich in Wort und Beispiel immer als nützlicher und geeigneter Diener Christi.* Schon vor ihm aber, zu Beginn dieses 11. Jahrhunderts, wurden die meisten Konstanzer Bischöfe aus dem Mönchsstand entnommen, wie nach dem Zeugnis von Hermann d. L. zum Jahr 995 Lambert, der Nachfolger des heiligen Gebhard, *nach Lebensweise und durch Gelübde Mönch* gewesen ist, und zwar in Petershausen, wie es scheint, auf dessen Ersuchen hin auch Papst Gregor V. im Jahre 997 jenes Kloster durch eine päpstliche Vogtei schützte. Dieser war nach der Aussage desselben Hermann 23 Jahre lang Vorsteher; ihm folgte nach Ruthard und Haimon im Jahre 1026 oder im Jahr darauf Warmann nach, von dem die Autoren der ›Gallia christiana‹ mit einer Fülle von Zeugen nachweisen[48], daß er Mönch und zwar höchstwahrscheinlich in Einsiedeln gewesen ist, während andere ihn zu einem Mönch der Reichenau machen, da er nämlich dem Reichenauer Abt Berno die diesem vom Papst zuerkannten bischöflichen Insignien auf der Synode vom Jahr 1033 nach dem Zeugnis von Hermann auf schändliche Weise entriß. Daß diesem Warmann das Herzogtum Alemannien von dem Salier Konrad anvertraut worden war, welches er für den

46 Gall. christ. T. V. p. 909
47 Chron. Hirs. T. I. p. 266
48 T. V. p. 906

noch jugendlichen Hermann verwaltete, haben wir oben nach Wippo erwähnt. Als Nachfolger im Bischofsamt hatte er im Jahre 1033 seinen leiblichen Bruder Eberhard, wobei es zweifelhaft ist, ob auch er selbst Mönch in Einsiedeln gewesen ist. Unter diesem fand in Konstanz eine Synode statt, für die Hermann der Lahme zum Jahr 1043 und Marianus Scotus zum Jahr 1044 bezeugen, daß auch Kaiser Heinrich III. anwesend gewesen sei, *wo der Kaiser,* wie die Worte des Marianus Scotus lauten[49], *allen ihre Schulden erließ und, nachdem er alle Befestigungen hatte einreißen lassen, einen bis dahin unerhörten Frieden sowohl in ganz Schwaben wie auch in den anderen Provinzen seines Reiches durch Spruch des Königs per Erlaß bekräftigte. Dann veranlaßte er, daß Agnes, die Tochter des Fürsten Wilhelm, in Mainz zur Königin gesalbt wurde und vereinigte sich mit ihr in königlicher Vermählung zu Ingelheim.* Dasselbe sagt auch das Chronikon von St. Gallen bei Baluzius[50] zum Jahr 1044.

Eben dies bezieht allerdings Hepidanus im Jahr 1048 auf Theoderich, den Nachfolger des Eberhard im Jahr 1047, der nach dem Zeugnis Hermanns zu jenem Jahr von eben diesem Kaiser Heinrich als Bischof von Konstanz eingesetzt wurde, nachdem er schon in anderen Provinzen außerhalb Italiens Kanzler und Erzkaplan eben dieses Kaisers und auch Propst in Aachen gewesen war. Hepidanus sagt über ihn folgendes: Als König Heinrich aus Pannonien zurückkehrte, *hielt er in Ulm ein General-kolloquium ab und kam zur Zeit der Synode nach Konstanz, wo er mit außerordentlich vielen Bischöfen und den übrigen Fürsten seines Reiches einzog, den Vorsitz der Versammlung einnahm und amtlicher Schiedsrichter über alles dort zu Verhandelnde war. Am vierten Tag aber, der im Volksmund Indulgenz genannt wird, betrat er selbst zusammen mit dem Bischof als gewandter Redner die Kanzel und begann in einer vorzüglichen Predigt, das Volk zum Frieden zu mahnen. Zum Ende hin aber beschloß er seine Rede so, daß er selbst allen das ihm Geschuldete erließ und alle dort Anwesenden sowohl durch Bitten wie auch auf Grund seiner Macht dazu brachte, dasselbe zu tun. Das dort also glücklich Begonnene begann sich über sein ganzes Reich hin auszubreiten; und nachdem alles nach nicht langer Zeit in Frieden wohl geordnet war, nahm er*

49   Pist. script. T. I. p. 650
50   Miscell. T. I. p. 512

die Tochter des Herzogs Wilhelm von Poitiers zur Ehefrau. Jedermann sieht, daß es sich um dieselbe Synode handelt, die von anderen richtiger auf das Jahr 1043 oder das folgende bezogen wird[51], obwohl Heinrich nach Hermann jenes Kolloquium zu Ulm im Jahre 1048 abgehalten und sich auch auf der Reichenau aufgehalten hat, ohne daß dort aber irgend ein Konzil erwähnt wird.

Dem Theoderich ließ Hermann zum Jahr 1051 Rumold oder Rumald folgen, von dem die Einsiedler Annalen sagen, er sei vom Bischof von Goslar zum Mönch von Einsiedeln geworden. Es gibt bei Gratian den an ihn gerichteten 32. Brief des Papstes Alexander II., der fälschlicherweise Grimold zugeschrieben wird, in dem dieser ihn irgendwie einer ungelegenen Strenge gegen maßvolles Urteilen bezichtigt. Dies scheint auch Lambert von Schafnaburg zum Jahr 1069 mit folgenden Worten angesprochen zu haben[52]: *Rumold, der Bischof von Konstanz, starb als ein Mann von außerordentlich reifer Ernsthaftigkeit; ihm folgte Karl nach, ein Kanoniker aus Magdeburg.* Dieser wird in der Chronikhandschrift von St. Blasien Karlomann genannt, wo noch mehr über seinen Vorgänger Rumold und über diesen Karl selbst enthalten ist, was in der Chronik, die unter dem Namen Berthold von Konstanz veröffentlicht wurde, nicht zu lesen ist. Der Geschichtsschreiber beklagt aber die Sündhaftigkeit jener Zeiten, zu denen *der Irrglaube der Simonie nicht mehr wie einst im verborgenen herrschte, sondern vielmehr ganz öffentlich und überall in unserer Heimat, verwildert in sündhafter Majestät und ohne Ansehen der Person, und die taubenhafte Schönheit der heiligen Mutter Kirche durch die ansteckenden Berührungen mit seinem Eiter in häßlicher Weise entstellt hatte; dieser Irrglaube begann schließlich einzuziehen auf Grund eines gewissen Kanonikers Karolomann von Parthenopolis, der sogar Bischof von Harzburg gewesen war, und zwar nicht durch die Tür, sondern von allüberall her, nämlich durch die Mauern und Ritzen des Bischofsstuhls von Konstanz, nachdem er dem König selbst und dessen Beratern eine nicht geringe Summe gottlosen Geldes und sogar kirchliche Lehen gegeben und versprochen hatte.* Es war freilich dieser zunächst von den Konstanzer Klerikern mit Wohlwollen aufgenommen worden,

---

51 L' art de vérifier les dates p. 203 et conc. Germ. T. III. p. 110
52 Pistor. Script. T. I. p. 540

wie ebenda der genannte Lambert fortfährt: *Doch im Laufe der Zeit, als er seiner Aufgabe mehr nach seinem eigenen Gutdünken als nach vernünftiger Überlegung nachkam, begannen die empörten Kleriker sich des Umgangs mit ihm zu enthalten, und zwar wegen der Häresie der Simonie, durch die er ihrer Ansicht nach sich in den Besitz des Bischofsstuhls gebracht hatte; und auch dessen klagten sie ihn an, daß er sehr viele Kirchenschätze durch Diebstahl auf die Seite gebracht habe. Als diese Beschuldigung bis nach Rom gelangte, wies der Papst von Rom den Erzbischof von Mainz an, daß jener auf keinen Fall von ihm geweiht werden dürfe, bis dieser Streitfall unter seiner persönlichen Anwesenheit genauestens untersucht worden wäre.* In den ›concilia Germanorum‹ befinden sich[53] die Akten der Synode von Mainz vom Jahre 1071, ebenso zwei Briefe des Mainzer Erzbischofs Sigefrid an Papst Alexander II. in Sachen des Karl.

Was aber in dieser Angelegenheit, auch von Seiten Heinrichs IV., geschah, schildert der genannte Lambert von Schafnaburg[54] zum Jahr 1071, wo er nach der Darstellung dessen, was in dieser Sache auf der besagten Synode verhandelt worden war, auf der Karl dann abgesetzt wurde, schließlich folgendes anfügt: *Den Bischofssitz von Konstanz verlieh der König* (Heinrich IV.) *dem Kanoniker Otto von Goslar und ordnete aus Angst vor einem neuerlichen Beispiel einer Anklage an, daß dieser sofort geweiht werde, damit nämlich nicht nochmals Unruhe gegen diesen durch Aufschub der Weihe entstehe.* Schon von den Anfängen seines Episkopats an kann der Fall des Otto genau erkannt werden, den wir weiter oben überhaupt noch nicht berührt haben. Dieser war von Papst Gregor VII. sogar schriftlich mehrfach ermahnt worden, daß er zur Vernunft kommen möge und dafür Sorge tragen solle, die ihm zugekommenen Beschlüsse der römischen Synode genau zu beobachten; schließlich wurde er als halsstarrig von eben diesem Gregor auf einer anderen Synode zu Rom im Jahre 1074 exkommuniziert. Was aber von dem Schwabenherzog oder Gegenkaiser Rudolph im Jahre 1077 nach Ostern in Konstanz mit diesem verhandelt worden ist, lohnt sich anhand des Fortsetzers von Hermann d. L. nach der erwähnten Handschrift von Muri hier in Augenschein zu nehmen, da die

53 T. III. p. 154
54 Pist. l. c. p. 347

päpstlichen Legaten nach der Einberufung der Brüder hierhin eine Kapitelversammlung abhielten, die sich mit der Flucht, auf die sich Otto begeben hatte, nachdem er von der Ankunft Rudolphs gehört hatte, und mit seinem Ungehorsam befaßte: *Nachdem dort eine Gerichtsverhandlung anberaumt worden war, riefen sie den Bischof zu sich und ordneten kraft päpstlicher Autorität in aller Bestimmtheit an, daß niemand von jenem ein Lehen erhalten dürfe. Die simonistische und nikolaitische Häresie, die in jenem Episkopat, dem eine unendliche Volksmenge völlig unterworfen war, über das Maß hinaus herrscht, verdammten sie gemäß dem auf der römischen Synode gefällten Urteilsspruch in vollem Umfang und erwogen eine gesonderte Vorschrift vor den anderen, daß kein Christ auf Grund der Unenthaltsamkeit der verurteilten Kleriker irgendwelche Lehen erhalten dürfe usw.* Der von Urstisius unter dem Namen Berthold von Konstanz herausgegebene Fortsetzer des Werks Hermanns d. L. berichtet zum Jahr 1086 vom Tode Ottos mit folgenden Worten: *Zu eben dieser Zeit kamen der Pfalzgraf Heremann und Otto von Konstanz, die auf der Seite Heinrichs und außerhalb der kirchlichen Gemeinschaft standen, auf elende Weise ums Leben.* Wir zeigen an anderer Stelle auf, daß Heremann, wenn er zur Vernunft gekommen wäre, Schwiegersohn des Rudolph von Rheinfelden hätte werden können.

Als Nachfolger für Otto wurde im Jahr 1084 der genannte Gebhard eingesetzt[55], der Bruder des Zähringerherzogs Berthold, der zwar auf einem kleinen Konzil zu Mainz im darauffolgenden Jahr, an dem auch Heinrich IV. persönlich anwesend war, als Eindringling ins Bischofsamt zusammen mit dem Gegenkaiser Hermann abgesetzt wurde[56], den Bischofssitz aber dennoch beibehielt. Doch später wurde er sogar von Urban II., der ihn als Legat Gregors VII. zu Konstanz im Jahre 1084 geweiht hatte, im Jahre 1089 zum päpstlichen Gesandten bestimmt. Im Jahre 1085 konsekrierte er in Hirsau und im Jahre 1086 in Reichenbach die Kirchen. In den Akten des Klosters St. Georgen, wo er im Jahr 1085 eine Holzkirche einweihte, wird fälschlich die Zeit der Synode von Konstanz beschrieben, für die der hochgelehrte Abt eben dieses Klosters, Georg Geisser, das Jahr 1086 ansetzt, zweifellos in Übereinstimmung zu den Namen der Äbte, Herzöge

---

55 Gall. christ. T. V. p. 909 seq.
56 Conc. Germ. T. III. p. 201

usw., bei denen er zwischen zweien unterscheidet, nämlich Berthold von Zähringen, den Bruder des Bischofs Gebhard, und den gleichnamigen Bruder des Grafen Rudolph von Rheinfelden, der im Jahre 1090 starb, so daß diese Synode sorgfältig von der anderen unterschieden werden muß, über die wir gleich sprechen werden; allerdings wird jene in den ›concilia Germaniae‹ für diese Zeit erwähnt. Im Jahre 1091 nahm er in Hirsau an den Trauerfeierlichkeiten für den heiligen Wilhelm teil, seinen einstigen geistlichen Lehrmeister. Bald darauf wurde er von Arnold, einem Eindringling in die Diözese Konstanz, zur Auswanderung gezwungen und verbarg sich auch in den Schluchten des Schwarzwalds bei St. Blasien, wo er im Jahr 1092 die Kirche des heiligen Nikolaus weihte und nach der Aussage von Berthold im Anhang zu Hermann d. L. zum Jahr 1092 zusammen mit Erzbischof Thiemon von Salzburg und Bischof von Worms den Bischof Ulrich von Passau weihte, wie er auch in Konstanz den Hirsauer Abt Gebhard am Fest des heiligen Benedikt weihte; dies bezieht allerdings Trithemius auf das Jahr zuvor. Im Jahre 1093 weihte er Bischof Popon von Metz, wie Berthold bezeugt, und weihte das Kloster St. Peter im Schwarzwald, das von seinem Bruder Berthold gestiftet worden war, durch seine Konsekration ein, wie auch das von Weiblingen, Ochsenhausen und St. Georgen. In diesem gleichen Jahr wurde unter der glücklichen Leitung eben dieses Gebhard in seiner Eigenschaft als Gesandter des päpstlichen Stuhles für ganz Alemannien der Ulmer Konvent der Fürsten Alemanniens abgehalten, an dem auch die Herzöge Berthold von Zähringen, der Bruder von Gebhard, und Welfo von Bayern teilnahmen, auf welchem ein Bündnis der Katholiken gegen die Schismatiker beschlossen wurde[57]. Im Jahre 1094 beerdigte er Judenta, die Gattin des Welfo, in Weingarten *und hielt in der Karwoche vor Ostern zu Konstanz nach kanonischem Recht eine große Synode ab mit Äbten und unzähligen Klerikern und mit den oben genannten Herzögen und den übrigen Fürsten Alemanniens, und berichtigte dort vieles, was zu berichtigen war,* wie zu diesem Jahr derselbe Berthold[58] schreibt, aus dem wir auch entnehmen, daß Gebhard im folgenden Jahr am Konzil von Piacenza teilgenommen hat.

---

57 Conc. Germ. T. III. p. 220
58 Conc. Germ. T. III. p. 221

Gleichfalls in diesem Jahr konsekrierte[59] er die Kirche des Klosters von Alpirsbach und im Jahr 1098 in unserem Alpgau die Kirche des heiligen Pankraz in Berau, und er weihte im Jahr 1099 Adalbert zum Abt von Schaffhausen.

Die Bischöfe von Speyer.

VI. Auf der berühmten Synode von Quedlinburg im Jahre 1085 ist der anwesende Gebhard auf seinem Konstanzer Bischofssitz bestätigt worden; an deren Ende wurde unter dem Schein brennender Kerzen das Urteil der Synode über den Bann unter anderen gegen die Bischöfe Otto von Konstanz, Burkard von Basel und Huzmann von Speyer verkündigt[60], welch letzterer anderswo auch Rugker oder Rudeger genannt wird; er selbst nennt sich aber auch in einer Urkunde aus dem Jahr 1084 bei Philippus Simonis[61] Huzmann: *Ich, Rudeger, der ich auch den Beinamen Huzmann trage.* Es ist dies zweifellos der, dessen Enzyklika, mit der er die Bischöfe und Würdenträger der Lombardei auf das Konzil von Mainz zur Absetzung von Gregor VII. einlädt, Schannat als Abschrift aus der Kodexhandschrift vom Tegernsee seiner Sammlung der Konzilien einfügt; diese war jedoch mit dem Namen des Bischofs Hermann von Speyer betitelt, und zwar offensichtlich durch einen Irrtum der Amanuenser, die nicht auf die Sitte jener Zeit achteten, nach der nur die Anfangsbuchstaben von Eigennamen angegeben wurden: anhand des Buchstabens ›H.‹ vermuteten sie ›Hermann‹, obwohl sie doch hieraus ›Huzmann‹ hätten zum Ausdruck bringen müssen. Dieser war noch im Jahre 1087 Bischof, als die Fürsten Deutschlands, die dem rechtmäßigen Nachfolger Gregors VII., nämlich Victor III., ergeben waren, ein Gespräch mit Heinrich V. führten[62], um diesen dazu zu bewegen, mit der katholischen Kirche und ihrem Oberhaupt Frieden zu schließen. Als Nachfolger aber hatte er im Jahre 1090 Johannes, der im nächsten Jahr die neue Kirche von Hirsau feierlich konsekrierte; dieser erhielt zu Beginn des folgenden Jahrhunderts zum Nachfolger Gebhard, der als Abt von Hirsau zum Bischof von Nemetum, d. h. von Speyer bestellt wurde.

59 Gall. christ. T. V. p. 910
60 Conc. Germ. T. III. p. 201
61 Beschreibung aller Bischöffen zu Speyer.
62 L. c. p. 205

Ohne Unterschied waren, wie wir gesehen haben, in den vorhergehenden Jahrhunderten die Mönche von Weißenburg zu
Bischöfen von Speyer bestellt worden; so auch zu Beginn dieses
Jahrhunderts Rupert, dem Waltherius oder Walther nachfolgte,
der bei Baronius als Unterzeichner in einem Privileg des Kaisers
Heinrich in bezug auf dem seligen Petrus überlassene Regalien zu
lesen ist. Nach Sigefrid und Reginger, deren Regentschaft nur
nach Monaten berechnet wird, wurde Reginbald, der von
Kindheit an im Kloster Lorsch erzogen worden war und eben dort
– vorher und nachher Abt in St. Ulrich zu Augsburg und in St.
Sebastian zu Ebersberg in Bayern – schließlich im Jahre 1032 zum
Bischof von Speyer von Konrad II. ausgerufen, der als erster in
der neuen Basilika, die für die Bestattung der Kaiser bestimmt
und von ihm errichtet worden war, beigesetzt wurde in eben
diesem Jahr 1039, in dem auch Reginbald seinen letzten Tag
beschloß. Daß freilich diese Kirche im Jahr 1056, in welchem
Heinrich III., der Sohn Konrads, im Volksmund ›der Schwarze‹
genannt, in ihr beigesetzt wurde, noch nicht vollendet war,
erfahren wir von dem Fortsetzer des Hermann Contr., dem in der
Handschrift von Muri einiges angefügt ist, was hier wiederzugeben nützlich ist: *Der Kaiser lud den Papst zu sich nach
Deutschland ein, als dieser sich in Sachsen in Bottfelden aufhielt;
doch dann wurde er durch eine sich immer mehr verschlimmernde
Krankheit aufgezehrt und vergab, nachdem er sich in guter
Gesinnung und mit lauterster Reue und Beichte vorbereitet hatte,
allen seinen Schuldnern von Herzen und erstattete alles, was er nicht
rechtmäßig erworben hatte, den Anwesenden zurück; diejenigen
aber, die nicht anwesend waren: Für die ordnete er mit großer
Sorgfalt namentlich an, daß es ihnen durch die Kaiserin und seinen
Sohn zurückerstattet werde; und so richtete er seine ganze Hoffnung
auf Gott und starb glückselig am 5. Oktober im 39. Lebensjahr, zur
Zeit aber der 10. Indiktion seines 18. Herrschaftsjahres. Derselbe
wurde von dort weggebracht und in der Kirche der heiligen Maria zu
Nemetum, die er selbst errichtet hatte, aber noch nicht fertig gestellt
war, neben seinem Vater und seiner Mutter von dem Herren Papst
bestattet.* Dieser Heinrich III. überführte auf seiner Rückkehr von
Italien im Jahre 1047 den Leichnam des hochheiligen Wido oder
Guido, des Abtes von Pomposia, der in großer Heiligkeit vor noch
nicht einem ganzen Jahr gestorben und schon durch sehr viele
gewirkte Wunder hochberühmt geworden war, von der Stadt

Parma unter großen Ehrenbezeigungen nach Speyer, wie unter anderen Hermann d. L. zu diesem Jahr ausführt, *und hatte dort mit den Reichsfürsten eine Unterredung und veranlaßte, daß der Leichnam des genannten Abtes in einer gewissen, außerhalb der Stadt gelegenen, unvollendeten Basilika beigesetzt werde.*

Den Reginbald auf dem Bischofssitz vom Speyer löste im Jahre 1040 Sibecho oder Sigebotho ab, von dem Lambert von Schafnaburg zum Jahre 1050 folgendes sagt[63]: *Nachdem Papst Leo Rom verlassen hatte, um den Stand der Diözesen zu ordnen und den Galliern Frieden zu verschaffen, hielt er in Mainz eine feierliche Synode ab, der der Kaiser zusammen mit 42 Bischöfen vorstand. Dort entsühnte sich der Speyrer Bischof Sibecho von den Beschuldigungen, deren er angeklagt war, durch die heilige Kommunion.* Diese Synode verlegen andere in das vorhergehende Jahr[64]. Den Tod aber des Sibecho berichtet zum Jahr 1054 derselbe Lambert; diesem folgte Arnold oder Arnulf nach, der im Kloster Lorsch von Kindheit an erzogen worden war und ebendort schließlich Abt wurde, wie er vorher schon in den Klöstern Weißenburg, Limburg und Corbie mit derselben Ehrenstellung ausgezeichnet worden war. Nach dem Fortsetzer von Hermann starb er im Jahre 1055 oder, nach dem genannten Lambertus, im Jahre 1056, dem Konrad und diesem dann Einhart im Jahr 1060 nachfolgte, der nach der Aussage derselben Autoren Abt von Limburg gewesen ist, wobei es allerdings ungewiß ist, ob er auch Mönch war, da teilweise auch weltliche Bischöfe mit der Abtswürde ausgezeichnet wurden. Einhard, aus dem berühmten Geschlecht der heutigen hessischen Fürsten von Katzenelenbogen, soll nach einem zeitgenössischen Manuskript von Muri auf dem Weg nach Rom im Jahre 1067 gestorben und in Siena bestattet worden sein. *Diesem folgte Heinrich nach,* so die Worte des oft genannten Lambert zum Jahr 1067, *ein Kanoniker aus der Diözese Goslar, auf Grund seines Alters für eine solche Ehrenstellung noch kaum reif genug und nicht so sehr durch eine Wahl der Fürsten dahinein gelangt, sondern eher durch die Milde des Königs, mit dem er im Knabenalter auf das freundschaftlichste verbunden gewesen war.* Seinen Tod gibt Trithemius in der Chronik von Hirsau zum Jahr 1076 an. Auf eben diesen Heinrich bezieht sich, was derselbe zum

---

63 Pist. Script. T. I. p. 319
64 Conc. Germ. T. III. p. 112

Jahr 1071 sagt[65], daß nämlich die Kirche des St. Aurelius zu Hirsau geweiht worden sei *durch den Speyrer Bischof, den Ortsordinarius, nachdem die hierzu gebührenden und gewohnten Feierlichkeiten abgehalten worden waren. Auch im Jahr zuvor,* fügt er wenig später an, *empfing Abt Meginward in der Stadt Hildesheim zu Sachsen aus der Hand des Königs Heinrich, dem IV. dieses Namens, die bedeutende Abtswürde für St. Markus auf der Reichenau bei Konstanz, nachdem ihm, wie berichtet wird, der Zugang zu dieser durch eine Schenkung riesiger Geldsummen eröffnet worden war. Denn zu diesen Zeiten, in denen eben dieser König Heinrich IV. das Römische Reich beherrschte, hatte das Laster der simonistischen Häresie eine solche Geltung, daß von diesem Bischofs-, Abts-, Vorsteher-, Prioratsämter und die übrigen kirchlichen Ehrenstellungen nicht Würdigen durch Wahl, sondern Unwürdigen und keineswegs Geeigneten für die Schenkung von Geldmitteln verschafft wurden. Hieraus folgten in Deutschland viele Übel, weil er dafür und für ähnliches andere von den römischen Päpsten oft ermahnt und, nachdem er eine Besserung abgelehnt hatte, exkommuniziert wurde.*

Von diesen Übeln und der Lasterhaftigkeit dieses Jahrhunderts sind auch die Bischofssitze, denen unser Schwarzwald unterstand, wie wir bemerkt haben, fortgerissen worden, vor allem der Speyrer wurde durch das große Wohlwollen von Seiten Heinrichs IV. dazu verlockt, wie in dem kurzen Chronikon der Speyrer Bischöfe bei Eckhard[66] zu sehen ist. Von dem tragischen Tod aber des Heinrich von Speyer, der auf Grund einer tödlichen Krankheit an eben dem Tag eintrat, an dem er in Rom auf der Synode als Verstockter im Jahre 1075 exkommuniziert wurde, berichtet die erwähnte Chronikhandschrift von Muri, die einst St. Blasien gehört hatte, und nennt als dessen Nachfolger Ottmann, einen Kanoniker der Diözese Speyer oder Rudeger, der auch den Beinamen Huotzmann trägt, wie wir schon anhand einer Urkunde aus dem Jahre 1084 bei Philipp Simonis in der ›historia episcoporum Spirensium‹ bemerkt haben: Dort ist noch eine andere Urkunde aus dem Jahr 1090 vorzufinden, in dem er starb, wie im Chronikon von St. Gallen bei Baluzius zu diesem Jahr zu lesen ist[67]: *Der Speyrer Bischof Huozmann ist gestorben, für ihn wird*

---

65 T. I. p. 230 seq.
66 Corp. hist. med. aevi T. II. p. 2263
67 Miscell. T. I. p. 517

Ioannes eingesetzt; Gebhard als Nachfolger des Johannes haben wir schon erwähnt.

Die Straßburger.

VII. Nicht gar so unheilvoll waren diese Zeiten für die Diözese Straßburg, die nur wenige schismatische Bischöfe hatte, die von dieser simonistischen Schande angesteckt waren, sondern viele ganz ausgezeichnete Vorsteher. Unter diesen rühmt Mabillon in diesem beginnenden 11. Jahrhundert vor allem Alewich, vorher Abt der Reichenau, der jedoch allzu früh vom Schicksal dahingerafft wurde. Zum Nachfolger hatte dieser im Jahre 1002 Werner oder Werinharius I., den P. Herrgott in seiner ›Habsburger Genealogie‹ ausführlich gewürdigt hat[68], und dessen hochbedeutende Verdienste gegenüber Alemannien und unserem Schwarzwald wir ab diesem Zeitpunkt im Verlauf dieses Jahrhunderts verfolgen werden. Dieser war der Gründer der Burg Habsburg, des Stammsitzes im Aargau in der Schweiz, der seinen Namen dem kaiserlichen habsburgisch-österreichischen Geschlecht gegeben hat, um dessen letzten Zweig in der Person der Kaiserin Maria Theresia, die vor kurzem verstorben ist, die Welt auch jetzt noch trauert. Dieser unser Werner erweckte nicht nur die Stadt Straßburg aus den Trümmern und legte in ihr die Fundamente einer bedeutenden Basilika, die auch heute noch als Weltwunder gerühmt wird, sondern hinterließ auch durch den Bau von außerordentlich vielen Kirchen und Klöstern die unvergänglichen Denkmäler Habsburger Stärke. Auf das Kloster Muri, das er gegründet hatte und das von allen das bedeutendste ist, werden wir später noch eingehen. Nachdem die Verträge für diese Gründung geschlossen worden waren, reiste er auf Befehl des Kaisers Konrad als Gesandter nach Konstantinopel, wobei ihn unter anderen auch Manegold von Werden, der Gründer des Klosters Werden an der Donau, begleitete, wie bei Oefelius zu lesen ist[69], nämlich in der Geschichte Bertholds, des zweiten Abtes eben dieses Klosters, wo er erwähnt, daß von diesem Manegold eine Partikel des echten Kreuzes hierher von der Gesandtschaft nach Konstantinopel

---

68 Praef. sec. V. Bened. n. 20.
69 Script. Rer. Boic. T. I. p. 334

gebracht worden sei, wo Werner im Jahre 1029 gestorben und begraben worden ist[70].

Diesem folgte Wilhelm I. nach, der Sohn des Bayernherzogs Otto, ein Enkel Kaisers Otto I., Bruder von Papst Gregor V. und Onkel des Salierkaisers Konrad, der nach Hermann d. L. im Jahre 1047 gestorben ist. An seine Stelle setzte nach dem Zeugnis eben dieses Hermann Heinrich III. den Herrandus, der in der ›Gallia christiana‹[71] Hetzelo oder Hetzelinus genannt wird; dieser hatte sich um seine Diözese hoch verdient gemacht. Dieses Jahrhundert beschließt Otho von Hohenstaufen, der Bruder des Schwabenherzogs Friedrich, des Schwiegersohns von Heinrich IV., so daß es nicht sehr verwunderlich ist, daß er in einem historischen Fragment bei Urstisius[72] zum Jahr 1079 als Schismatiker bezeichnet wird, da er der Partei Heinrichs IV. gegen den Papst zugerechnet wird, und zwar mit *solch einem Eifer*, wie die Autoren der ›Gallia christiana‹ sagen[73], *daß er sogar, um* dem Kaiser *Beistand zu leisten, Klöster ausplünderte.* Zweifellos folgte er dabei den Spuren seines Vorgängers vor Theobald, des Garnerus oder Werner II., der nach der Aussage von Lambert nach Hezelin im Jahre 1065 gewählt worden war. Dieser stammte von den Grafen von Achalm ab, den Stiftern des Klosters Zwiefalten, wie aus Urkunden in den ›annales Suevici‹ des Crusius und in den von P. Sulger veröffentlichten ›annales Zwifaltenses‹ deutlich wird, und wie wir selbst schon festgestellt haben, als wir an anderer Stelle von Rudolph von Rheinfelden handelten. Wir erfahren aus den Briefen[74] Gregors VII., daß jener mit der *Zierde seines Ordensstandes* in unwürdiger Weise umgegangen sei, doch auf die Ermahnungen des Papstes Alexander hin davon wieder Abstand genommen habe und nach Büßerart nach Rom gekommen sei. Doch als er später ganz hartnäckig der Partei von Heinrich anhing, wurde er im Jahre 1076 von Gregor VII. seines Amtes enthoben. Von da an war er Heinrich ganz und gar ergeben und setzte gegen die Kirchen und Klöster all das in Gang, was der Fortsetzer des Hermann d. L. anhand einer Handschrift von Muri zum Jahr 1077 ganz ausführlich darstellt, ebenso Trithemius[75] an

70   Gall. christ. T. V. p. 793
71   L. c. p. 794
72   Script. P. II. p. 83
73   L. c. p. 796
74   Lib. I. epist. 77.
75   Annal. Hirs. T. I. p. 305

der Stelle, wo er zugleich dessen tragischen Sturz beschreibt, der nach der zuverlässigen Aussage des zitierten Fragments bei Urstisius sich im Jahre 1079 ereignete. Kurz zuvor aber oder auch im Jahre 1077 war er zusammen mit dem gleichfalls schismatischen Basler Bischof Burkhard in einer Waffenbrüderschaft gegen Berthold von Zähringen auf den Kampfplatz geschritten; als er dennoch unterlegen war, richtete er seine Wut gegen Hirsau, wie wir eben gesehen haben. Nachdem der Fortsetzer von Hermann d. L. in der Handschrift von Muri berichtet hatte, daß sich Heinrich IV. an den Bittagen in Straßburg aufgehalten und dort den Konstanzer Propst Thiebald, der auch sein Hofkaplan war, gegen den Willen der Domherren und gegen den Bann des Papstes zum Bischof eingesetzt hatte, erwähnt er gleich darauf, daß die Soldaten der Bischöfe von Basel und Straßburg vom Markgrafen Berthold, dem Herzog von Zähringen, niedergeworfen wurden.

Adalbero, Bischof von Basel. Die Vogtei von St. Blasien.

VIII. Die Bischöfe von Basel waren damals die Vögte des Klosters St. Blasien im Schwarzwald gewesen. Es ist sehr wahrscheinlich, daß von hier aus auch die Ursache für das gespannte Verhältnis geschaffen wurde, über welches wir noch sprechen werden, weil die St. Blasianer immer fest in der Einheit und im Gehorsam zum römischen Stuhl verblieben sind, von Basel aus aber gleichsam der Ursprung dieses so beklagenswerten Schismas zwischen Kirche und Reich entstand. Nachdem nämlich Papst Nikolaus am 27. Juli gestorben war, wie in beiden Anhängen des Hermann Contractus zum Jahr 1061 zu lesen ist, *übersandten die Römer dem König Heinrich die Krone und andere Kostbarkeiten und bestürmten ihn mit der Bitte, für die Wahl eines Papstes besorgt zu sein. Nachdem dieser alle Bischöfe Italiens,* d.h. der Lombardei, *zusammengerufen und in Basel einen Generalkonvent abgehalten hatte und ihm die Krone aufgesetzt worden war, wurde er feierlich zum ›patricius Romanus‹ ausgerufen. Sodann erwählte er mit der gemeinsamen Zustimmung aller den Bischof von Parma zum höchsten Bischof der römischen Kirche,* und zwar unter dem Namen Honorius, der allerdings niemals in das Papstamt gelangte.

Bei uns herrschte schon immer die Überzeugung, daß für die
Vergabe dieser Vogtei an die Basler Bischöfe der Mönch Adalbero
von St. Blasien die Ursache gewesen ist; unter diesem Namen als
›dem Zweiten‹ gab es schon zu Beginn dieses Jahrhunderts einen
Basler Bischof. Dessen Epoche läßt Bucelin in seiner ›chronologia Constantiensis‹ ab dem Jahre 1000 beginnen, und er rechnet
diesen überall den Mönchen von St. Blasien zu, wie es ja auch
unsere Klosterdokumente tun, wobei diese allerdings nicht so alt
und zuverlässig sind, daß es nicht geschehen könnte, daß dieser
Adalbero II. mit Adalbero III. verwechselt wird, einem Basler
Bischof des folgenden Jahrhunderts: Über diesen werden wir an
der entsprechenden Stelle Genaueres darlegen, auch wenn dies
Urstisius im ›chronicon Basiliense‹ und P. Sudanus in der
›Basilea sacra‹ nicht eigens erwähnen. Danach hätten sie sich sehr
gerne dem Adalbero, ihrem Zellgenossen, und dem Basler
Bischofssitz zugerechnet, und dies hätte sich zur Zeit des heiligen
Heinrich II. ereignet nach dem Beispiel anderer Klöster, die er
seiner neuen Diözese Bamberg zugewiesen hatte. Den
Sachverhalt schildert ein unveröffentlichter Geschichtsschreiber
des Klosters Petershausen folgendermaßen: *Als Heinrich die*
Herrschaft übernommen und die Diözese Bamberg neu errichtet
hatte, brachte er alles, was vorher dem Herzog Burchard von
Duellberg und seiner Gattin Hadewich gehört hatte, unter dem
Vorwand des Erbrechts in seinen Besitz und übertrug es der Diözese
Bamberg; aus diesem Grunde gelangte auch das Kloster Stein in
den Besitz eben dieser Diözese: doch unser Kloster, nämlich Peters-
hausen, behielt damals durch Privileg des Kaisers Otto Epfendorf
zurück: Dies hatte die eben genannte Hadewich dem seligen Bischof
Gebhard schon lange vorher zum Geschenk gemacht. Doch als der
eben genannte Heinrich von überall her alles, was geeignet war, den
von ihm errichteten Ort zu bereichern und zu verschönern, mit
größtem Eifer zusammenbrachte, raubte er durch seine diesbezüg-
lichen Bitten die anderen Orte aus, bis er seine eigene Stätte über
das Maß hinaus bereichert hatte. Daher kam es, daß er auch
Lampert, den Bischof der Diözese Konstanz, dringend darum
anging, daß dieser selbst, wie auch die anderen Bischöfe, ihm aus
seiner Diözese irgendeine Unterstützung gewähren sollte. Daher
kam es, daß eben dieser Lampert aus dem Kloster, das der selige
Gebhard errichtet hatte, vieles aus dem Schatz, den der eben
genannte Gebhard Gott und dem seligen Gregor geschenkt hatte,

gewaltsam wegschaffte und damit dem Willen des Kaisers entsprach.

Durch viele Beweise machte der heilige Kaiser offenkundig, daß der Basler Bischof Adalbero bei ihm in allergrößtem Ansehen stand, unter welchen sich nach Schöpflin[76] jene Tatsache ganz besonders auf unseren Schwarzwald auswirkte, daß er durch Vermittlung und auf die Bitte Adalberos hin der Diözese Basel das Jagdrecht in dem Waldgebirgszug des Breisgaus im Jahre 1008 einräumte. In einer Chronikhandschrift des 12. Jahrhunderts aus jenem berühmten Villinger Kodex, der durch den Brand von St. Blasien im Jahre 1768 vernichtet wurde, las man zum Jahre 1025 zur Zeit der 8. Indiktion: *In diesem Jahre wird die Zelle des heiligen Blasius dem Bischof von Basel übergeben.* Doch schon im Jahr vorher, am 13. Juli 1024, war Heinrich gestorben, wie Hermann und Wippo in der Lebensgeschichte des Saliers Konrad zu diesem Jahr bezeugen, in dem auch eben dieser Konrad zum König gewählt und am 6. September geweiht wurde. *König Konrad,* bezeugt Wippo, *feierte im ersten Jahr seiner Herrschaft den heiligen Tag Pfingsten in der Stadt Konstanz.* Es ist dies das Jahr 1025. Dann aber, *nachdem er seine Herrschaft über Schwaben wohl geordnet hatte, gelangte er zum Kastell Turcicum* (Zürich) *und kam wenige Tage später in die Stadt Basel. Diese Stadt,* fügt er an, *fand der König ohne Bischof vor; ihr bisheriger Bischof Adalbero war drei Monate, bevor der König kam, aus dieser Welt geschieden.* Das Pfingstfest des Jahres 1025 fiel auf den 6. Juni; zu dieser Zeit hatte sich Konrad in Konstanz aufgehalten, wohin er aus Bayern und Ostfranken gekommen war, nachdem er eben dort die Verhältnisse geregelt hatte. Wieviel Zeit aber zwischen seiner Ankunft in Konstanz und von da aus in Basel verstrichen ist, sagt Wippo nicht ausdrücklich; es muß aber eine kurze Zeitspanne gewesen sein, da Konrad sich schon am 15. Juli desselben Jahres in Speyer aufhielt und dort zugunsten des Klosters Einsiedeln ein Diplom ausstellte, das darüber hinaus der Kanzler Ulrich mit unterschrieben hatte, nämlich der Bischof von Basel, der vom König anstelle des verstorbenen Adalbero in Basel eingesetzt worden war. Jenes Diplom bietet P. Herrgott[77] dar. Doch wird daraus freilich deutlich, daß der Zeitpunkt der Niederschrift des

76 Cod. dipl. Hist. Bad. T. V. p. 13
77 Gen. Habsb. T. II. P. I. p. 106

Diploms des Saliers Konrad in die Irre führt, durch welches die von Reginbert zu Ehren des heiligen Blasius errichtete Zelle im Jahre 1025 der Diözese Basel übergeben wird und zwar gemäß der Urkunde und dem Verfasser der ›Basilea Sacra‹ am 14. Mai, zumal sie das, was sich im folgenden Jahrhundert um diese Vogtei abgespielt hat, unzweifelhaft wiedergeben. Freilich haben die Bischöfe von Basel im Vertrauen auf diese Urkunde Konrads ihre Rechtsaufsicht gegenüber den St. Blasianern wahrgenommen, bis diese Vogtei, wie wir sehen werden, auf Vollversammlungen von den Reichsfürsten abgelehnt und verworfen wurde.

Folgendes aber ist wert erwähnt zu werden in bezug auf das genannte Diplom des Saliers Konrad vom Jahre 1025, welches die Basler Bischöfe zugunsten ihres Vogteirechts vorschützten, nämlich daß in ihr von der von Reginbert zu Ehren des heiligen Blasius errichtete ›cellula‹ die Rede ist; diese ist in dem glühenden Streit mit den Basler Bischöfen um die Klostervogtei von den St. Blasianern selbst offenbar sorgfältig vom Kloster unterschieden worden, sei es, daß mit dem Begriff *Kloster* auch andere Örtlichkeiten des Ordens gemeint sind, die zum Kloster oder der Kongregation des heiligen Blasius gehören, wie zum Beispiel überall mit dem Begriff Kloster die ganz umfassende Ordensgemeinschaft mit Cluny und auch Hirsau bezeichnet wird, sei es, daß speziell jenes Kloster gemeint ist, das im Jahre 1094 Utto oder Otto, der Abt von St. Blasien, neben Berthold von Konstanz von Grund auf zu bauen sowie auch noch weitere Bauten diesseits des Bergbaches Steina zu errichten begann, wobei dieser sozusagen als Grenze zwischen der Zelle des heiligen Reginbert und dem später errichteten Kloster St. Blasien angesehen werden könnte. Bewiesen wird eine gewisse Unterscheidung aus den päpstlichen Bullen des folgenden Jahrhunderts, deren erste im Jahre 1120 auf die Bitten des Abtes Rustenus hin von Kallixt II. erlassen wurde mit folgenden Worten: *Weiterhin stimmen wir deinen Bitten, geliebter Sohn in Christus Rusteinus, gnädigst zu, nachdem das Kloster des seligen Blasius deiner Leitung anvertraut worden ist, unbeschadet der Ehrerbietung gegenüber dem Bischof von Konstanz und bestätigen die vom heiligen Reginbald errichtete Zelle im Gebiet des Schwarzwalds mit allen Besitzungen, Kirchen, Gütern und Ländereien, die dazu gehören.* Honorius II., der Nachfolger des Kallixt, bestätigt in der

Bulle vom Jahre 1126, mit der er das Kloster des heiligen Blasius wieder in den alleinigen Schutz übernahm, mit denselben Worten dem Kloster die vom heiligen Reginbald errichtete Zelle im Gebiet des Schwarzwalds mit allem Gütern und Ländereien, die zu ihr gehören; dann auch Innozenz II. in einer Bulle mit genau demselben Inhalt im Jahre 1130 und Hadrian IV. im Jahre 1157 in einer ausführlicheren Bulle, nachdem er alle anderen Zellen und Kirchen aufgezählt hatte, die zum Kloster St. Blasien gehören, und die übrigen Gnadenerlasse seiner Vorgänger bekräftigt hatte und eben das hinzufügt, was auch die im Gebiet des Schwarzwalds vom heiligen Reginbert errichtete Zelle betrifft und auf Grund der Bullen seiner Vorgänger zum Ausdruck gebracht worden war. Daher baten der Abt Rustenus und sein unmittelbaren Nachfolger für das Kloster und die Kongregation des heiligen Blasius darum, daß ihnen auch die im Gebiet des Schwarzwaldes von dem heiligen Reginbert errichtete Zelle bestätigt werde; doch man darf dies nicht so auffassen, als ob diese für sich allein, wie andere glauben, in der Weise vom Kloster unterschieden worden wäre, daß *das Kloster* aus jenen zahlreichen Gebäuden diesseits des Bergbaches Steina, dem neuen Kloster und der gegen Ende des 11. Jahrhunderts von Utto errichteten Kirche bestanden habe, während jene Zelle des heiligen Reginbert selbst die erste Behausung der Brüder jenseits des Bergbaches Steina gewesen wäre, die von dem Eremiten Reginbert zum ersten Mal bewohnt worden war: Vielmehr wurde diese nach der Zuwanderung der Brüder von der Alb, weil sie die vielen eben da zum Eintritt in Kloster Kommenden nicht mehr fassen konnte, durch neue und größere Gebäude erweitert (was nach klostereigenem Zeugnis Bertold veranlaßte), welchen sie die Bezeichnung *Kloster* gaben, wie damals größere Zellen genannt wurden; die Bezeichnung *Zelle des heiligen Reginbert* verliehen sie der alten Unterkunft der Brüder, da sie kleiner war.

Weil aber zu dieser Zelle des heiligen Reginbert aus einer sehr frühen Schenkung Besitzungen, Güter und Ländereien gehörten, die in dem Diplom Ottos aus dem Jahre 983 für diese bezeugt sind, forderten sie, daß eben diese insgesamt auch ihrem neuen Kloster bestätigt würden, wie sie außer den genannten Päpsten auch Kaiser Heinrich V. durch ein Diplom vom Jahre 1123 zwei Jahre nach Kallixt II. bestätigte. Und dieser Zelle fehlten keineswegs *Kapellen* oder *Kirchen*, die in diesen Bullen erwähnt sind, deren erste aus Holz durch Abt Utto in eine aus Stein umgebaute (die noch zu unserer Zeit jenseits des Bergbachs Steina gestanden hatte, bevor wegen des Neubaus das Flußbett geändert wurde) mit dem Namen St. Nikolaus im Jahre 1092 der Konstanzer Bischof Gebhard weihte; schon vorher hatte Abt Gisilbert im Jahre 1084 die Pfarrkirche St. Stephan anstelle der ersten Wohnstätte aus Holz (wie wir im vorherigen Buch ausgeführt haben) jenseits des Bergbaches Steina errichtet, der den Talhang von St. Blasien wie ein Meridian durchschneidet. Wenn man dies in Erwägung zieht, ist es nicht notwendig, zwei völlig voneinander unterschiedene Orte anzunehmen, da an ein und demselben Ort, wo wir auch jetzt noch leben, sowohl das Kloster St. Blasien als auch die Zelle des heiligen Reginbert bestehen konnten, jenes diesseits, diese jenseits des Bergbachs Steina; dazu stehen die Worte des Ottonischen Diploms nicht im Widerspruch, in dem die Rede ist von der *umliegenden Gegend und deren Begrenzung*, welche der Zelle des heiligen Reginbert geschenkt worden war, und jene, wie heute das Kloster St. Blasien, *umgibt* und auch in denselben Scheidelinien begrenzt wird, wie es einst in dem Diplom zugunsten der Zelle Reginberts zum Ausdruck gekommen war.

Ganz anders aber scheint sich der Sachverhalt bei den beiden *Zellen* darzustellen, nämlich der *des heiligen Reginbert* und der *an der Alb*, wie wir schon oben festgehalten haben. Die des heiligen Reginbert nämlich war schon von der Mitte des 10. Jahrhunderts an frei und besaß auf Grund des Ottonischen Diploms das Eigenrecht. Jene aber, nämlich *die Albzelle*, unterstand von Mitte des 9. Jahrhunderts an dem Recht der Rheinauer; diese wurde allerdings, nachdem die Ungarn im 10. Jahrhundert in diese Gegend eingefallen waren, entweder abgerissen oder, was wahrscheinlicher ist, verlassen, weil ihre Bewohner sich in tiefer gelegene Verstecke in diesem Wald flüchteten; sie lag an einem anderen Ort unseres Albgaus, bis dann dort die Zelle des heiligen Reginbert *von neuem* errichtet wurde, wo *dieser als erster zu wohnen begann*. Wenn aber diese *Albzelle* dieselbe wie *die Zelle des heiligen Reginbert* gewesen wäre, hätte diese entweder nicht in dem Diplom Ottos vom Jahre 983 *von neuem erbaut und* dann *zum ersten Mal begonnen, bewohnt zu werden* genannt werden können;

oder hätte jene *Albzelle* nicht schon ein Jahrhundert zuvor dem Kloster Rheinau übergeben werden können. Hinzu kommt, daß im Jahre 1049 die Rheinauer von Kaiser Heinrich III. eine Bestätigung ihrer Güter verlangten, unter welchen auch *im Albgowe die Zelle, die Alba genannt wird,* erwähnt wird. Wenn diese aber mit der Zelle des heiligen Reginbert identisch gewesen wäre, die doch von neuem erbaut, zum ersten Mal bewohnt und mit eigenen Besitzungen neu ausgestattet worden war, hätten diese nicht erst fast nach einem Jahrhundert verlangt, daß diese Zelle des heiligen Reginbert bestätigt werde, oder hätte der Kaiser ihnen das nicht bestätigen können, was von seinen Vorgängern schon längst vorher anderen zugesprochen worden war, während sich, durch ein eigenes Diplom gesichert, seit fast einem Jahrhundert die St. Blasianer, die Bewohner der Zelle des heiligen Reginbert, eines eigenen Abtes und eigener Rechte erfreuten. Das aber kann in bezug auf die Brüder der Albzelle überhaupt nicht gesagt werden, auch wenn, wie oben dargelegt, alles darauf hinzudeuten scheint, daß diese dann in der Mitte des 10. Jahrhunderts in die neue Zelle des heiligen Reginbert zugewandert sind.

Im übrigen legen jene Worte *unbeschadet der Ehrerbietung gegenüber dem Bischof von Konstanz,* welche in allen diesbezüglichen Bullen der Päpste zu lesen sind, ausgenommen die von Hadrian IV. aus dem Jahre 1157, nachdem der Streit um die Zelle von St. Blasien schon beigelegt war, nahe, daß es sich eben um jene selbe Zelle handle, auf welche die Basler Bischöfe das Vogteirecht bis zum Jahre 1141 in Anrechnung stellten. Diese Zelle hatten die Blasianer ihnen freiwillig übertragen und zwar, wie man vermuten darf, aus dem gleichen Grund, weswegen die Rheinauer im Jahre 995 von Otto III. nach dem Tode des Konstanzer Bischofs Gebhard ihre Güter wieder für sich zurückverlangten, welche bis dahin, nachdem die Abtei, nämlich vom heiligen Konrad, wieder hergestellt war, die Konstanzer Bischöfe für sich beanspruchten. Recht unklar und nach seiner Gepflogenheit sehr verworren stellt unser Anonymus den Sachverhalt dar, indem er behauptet, Werner, der Abt von St. Blasien, habe von König Otto, dem dritten dieses Namens, eine persönlich verfaßte Urkunde über die Markschaft des Klosters erhalten, und er fügt hinzu: *Zu dessen Zeiten liegen die Anfänge von Rheinau, und von ihm erhielten sie auch ihre Privilegien, wie die Berechnung oder Beschreibung der Chroniken aussagt.* Was er über das Kloster St. Blasien beibringt, haben wir schon im vorigen Buch erklärt, wobei wir auch die Gründe genannt haben, aus denen sich schließen läßt, daß der Anonymus wieder einmal das 10. mit dem 11. Jahrhundert verwechselt hat: in diesem nämlich, und zwar im Jahre 1065, erhielt, wie wir bald festhalten werden, Abt Werner von Heinrich IV. die Bestätigung für die Klostergemarkung.

Reginbert und Heinrich von Sellenbüren.

IX. In der oben zitierten Villinger Chronik von St. Georgen konnte man zum Jahr 1013 lesen: *In diesem Jahr wurde von dem Eremiten Reginbert begonnen, die Zelle des heiligen Blasius zu errichten.* Dies erlegte schon immer allen ein Kreuz auf, die es unternahmen, die Geschichte dieses Klosters zu behandeln. Nach der zuverlässigen Aussage des Diploms, das Kaiser Otto II. im Jahre 983 erlassen hatte, ist es nämlich sicher, daß der Kaiser hier *die Zelle im Schwarzwald, die von dem seligen Eremiten Reginbald von neuem errichtet worden war, Gott und dem heiligen Blasius mit dem umliegenden Land und in seiner Begrenzung zu eigen* übergeben, *nach dem Gesetz* bestätigt, sie *von dem Machtanspruch aller frei* gemacht und sie übergeben hat *eben diesem heiligen, der als erster dort zu wohnen begonnen hatte und allen, die eben dort Gott dienen, zum freien und unangefochtenen Besitz.* Dies wurde auch durch das Diplom Heinrichs IV. aus dem Jahre 1065 bestätigt und zwar zu Basel, wobei auch gleichzeitig die Bestätigung der vorgenommenen Schenkung durch dem Basler Bischof Theoderich etwa zum Jahr 1057 angefügt war. Woher also stammt hier nach insgesamt 30 Jahren dieser Bericht über die Zelle St. Blasien, die damals zuerst von dem Eremiten Reginbald gegründet worden war, die auf Grund der Bemerkungen im vorhergehenden Buch doch schon etwa um das Jahr 945 durch Reginbert erfolgte, der in diesem 11. Jahrhundert doch gewiß nicht mehr unter Lebenden hatte sein können? Zweifellos hatte der Verfasser jener Chronik im 12. Jahrhundert geschrieben, in dem die Streitigkeiten der St. Blasianer mit den Basler Bischöfen um die Vogtei noch frisch waren, hervorgerufen vor allem durch ein Diplom des Saliers Konrad, das die Bischöfe von Basel vorzeigten, um ihren Rechtsanspruch zu verteidigen. In diesem aber wird ein Reginbert, nach der Überlieferung ein Laie, erwähnt, der in einem Wald namens Schwarzwald eine kleine Zelle zu Ehren des heiligen Blasius errichtet habe; und etwas weiter unten wird der besagte Konrad angeführt, daß *er auf Drängen des ehrwürdigen Basler Bischofs Adalbero und auch auf Bitten des eben genannten Reginbert hin eben diesen Ort der heiligen Maria in der Dözese Basel bestimmt hat, um die Schlechtigkeit und die Verstocktheit der bösen Menschen einzudämmen.* Da dies einerseits der Geschichte und dem zeitlichen Geschehen, andererseits und, dies vor allem, einem älteren und unbezweifelt zuverlässigen Dokument widerspricht, kann es keinerlei Aussagekraft besitzen, was immer es auch behaupten mag. Dennoch glauben wir, daß dies aus jener Quelle geflossen ist, was wir an Auszügen aus der eben genannten Chronik wiedergegeben haben, weil diese genau so die Zeiten durcheinanderwirft, wie das auch unser Anonymus, wie wir schon beobachten konnten und wie wir bald noch weiter sehen werden, in seinen ›libri constructionum‹ überall getan hat. Obwohl nämlich etwa um diese Zeit vielleicht der Bau eben dieses Klosters begonnen wurde, das, wie wir weiter unten noch ausführen werden, im Jahre 1039 eingeweiht wurde, verstand der Autor dies in bezug auf den ersten von Reginbald vorgenommenen Bau der Zelle und brachte so die Zeiten durcheinander. Einzigartig an jenem Diplom des Saliers Konrad, wie immer es auch beschaffen sein mag, ist, daß Reginbert in ihm Laie genannt wird, von dem wir doch im vorigen Buch nachgewiesen haben, daß, wenn er schon nicht Kleriker, so doch zumindest Mönch gewesen ist. Später aber zur Zeit Reginberts im 10. Jahrhundert bestand jener Brauch, daß in den Klöstern *Laien*mönche oder *Novizen* von den Klerikermönchen oder Gelehrten auch dem Namen oder der Benennung nach unterschieden wurden, und es begegnet uns zu dieser Zeit kein Beispiel eines Vornehmen, der sich und seinen Besitz irgendeinem Kloster weihte, wobei er selbst im Laienstand und -gewand verblieb, bevor diese Einrichtung der Laienbrüder etwa in diesem Jahrhundert und vielleicht auch gerade im Kloster St. Blasien seinen Anfang nahm; doch darüber werden wir später sprechen. Dem widersprechen die Grabsteine unseres Reginbert nicht, die ihn als Laien im Ritterstande oder im Kriegsmantel zeigen und gepanzert oder mit einem Harnisch angetan; daß einstmals Mönche von adliger Herkunft auch in diesem Gewande auf Grabdenkmälern dargestellt worden sind, haben wir schon im

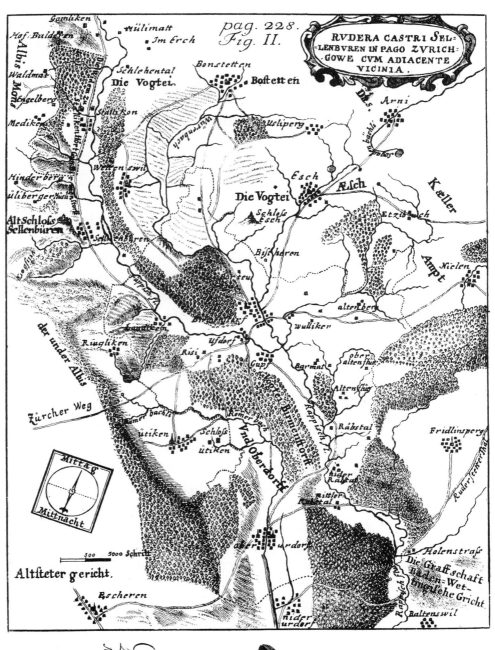

pag. 228.
Fig. II.

RVDERA CASTRI SEL=
LENBVREN IN PAGO ZVRICH=
GOWE CVM ADIACENTE
VICINIA.

Gamliken
Mülimatt
Im Erch
Hof. Balden
Bonstetten
Boftetten
Das Arni
Albis Mons
Waldmat
Schlehental
Die Vogtei
Stallikon
Uslipery
Kaeller
Engelberg
Wurenbach
Medike
Esch
Aelch
Hinderberg
Wettenswil
Die Vogtei
Etzbach
über gerMuli
Schloss
Esch
Alt Schloss
Sellenbüren
Bisicheren
Ampt
Sellenbüren
Nielen
der under Albis
Bonfteu
altenberg
Landiken
wulliker
Zürcher Weg
Riugliken
Ufdorf
Risi
ober
altenhut
Gupf
Barmat
Altenzug
ütiken
Schloss
Römer bach
Räbstal
Fridlinsperg
ütiken
Vnd Oberdorf
Ruderfchreiber
nider
Räbtal
Mittag
Mittnacht
nittler
Räbtal
Altfteter gericht.
Holenftrafs
500   5000 Schritt
urdorf
Die Graffchaft
Baden-Wet=
Escheren
Englische Gricht
Baltenswil
nider
urdorf

Conradus de Seldenbüren
über Barg Fundator
Monasterii Engelbergen,
sis

p. 228.
Fig. I.

vorigen Buch festgestellt. Auf einer alten Statue des Reginbert, auf der er in unserer früheren Basilika als Mönch dargestellt wurde, sieht man ihn sogar mit dem Knauf eines Schwertes in der Hand, zweifellos um gerade diese Unterscheidung des Glanzes der Abstammung wie auch des Mönchsstandes anzuzeigen. Es ist weiterhin bemerkenswert, daß man auf einem alten Grabstein, wo er in der Panzerung auftritt, in der Hand des Reginberts das Schwert an der Seite in gleicher Weise sieht wie auf der Statue, wo er als Mönch mit der Tonsur auf dem Haupt und der Unterschrift *S. Reginbert* dargestellt ist. Jünger ist ein Stein aus dem 16. Jahrhundert, auf dem er im Harnisch abgebildet ist mit der Aufschrift: *Es verstarb der berühmte und vornehme Reginbert, Baron von Seldenburen, der Förderer dieses Ortes.* Auch sieht man an seiner Seite einen Wappenschild; solche mit der Darstellung von Tieren gab es allerdings vor dem 13. Jahrhundert nur selten; häufiger war damals die Abbildung von Helmschmuck.

Hieran ist leicht zu sehen, daß alle diese Denkmäler, auch wenn sie nicht sehr alt und noch viel weniger zeitgenössisch sind, doch mit ein und demselben Reginbert übereinstimmen, der diesen Ort gegründet und dem heiligen Blasius eine Zelle errichtet hat, die von Otto II. im Jahre 983 bestätigt und ausgestattet worden ist. Dieselben stellen auch fest, daß jener Ritter der Baron von Sellenbüren gewesen ist, der sich selbst und seinen Besitz der von ihm errichteten Zelle übergeben hat, *ein Eremit* und deren erster Bewohner. Und da von anderer Seite aus keine gesicherten Dokumente zur Verfügung stehen, kann man auf Grund des auf den Reichskomitien abgelehnten Diploms Konrads II. vom Jahr 1025 gegen die unangefochtene Urkunde Ottos II. vom Jahr 983 keinen zweiten Eremiten Reginbert feststellen, der von einem ersten verschieden wäre, wie auch keine zweite von diesem errichtete Zelle des heiligen Blasius, die von jener ersten verschieden wäre, zugelassen werden kann: Sonst gäbe es nämlich zwei Zellen des heiligen Blasien zugleich, welche notwendigerweise zwei Reginberts erbauen mußten; wenn es sich nicht um ein von neuem errichtetes Gebäude in der schon vorher erbauten Zelle des heiligen Blasius handelt, geht es um die Zelle des heiligen Blasius selbst, die erbaut zu werden begonnen wurde. Ich schweige davon, daß derjenige, der dieses Diplom fabriziert hat, mit sich selbst überhaupt nicht übereinstimmt, wenn behauptet wird, auf Bitten Reginberts selbst sei jener Ort der Diözese Basel zugesprochen worden, zu einer Zeit, in der Konrad noch kaum ein halbes Jahr König war und sich auf Grund anderer Reichsgeschäfte weit weg in anderen Provinzen aufhielt. Gleichermaßen falsch ist weiterhin ist die Darstellung von der angeblichen Bitte des schon längst verstorbenen Reginbert wie auch jene von dem Drängen des ebenfalls schon toten Adalbero von Basel. Bei dem ebenda notierten Begriff Laie halten wir uns nicht auf; wir wissen, daß Reginbert Eremit gewesen ist und der erste Gründer dieser Zelle, mit welchem Gewand schließlich auch immer er einhergeschritten ist, oder wie auch immer er auf den Grabsteinen dargestellt sein mag. Deren Gründung und Ausstattung aber stellen sowohl der Ort des Stammschlosses des Geschlechts derer von Sellenbüren wie auch andere diesem zugehörige Gebiete, die auch heute noch von unserem Kloster abhängig sind, außer Zweifel. Wir fügen hier dem Geschlecht derer von Sellenbüren noch ein anderes, schön ausgeschmücktes Wappen des Konrad von Sellenbüren an, der im folgenden 12. Jahrhundert das Kloster Engelberg gegründet hat und dort Laienmönch wurde: Wir geben auch die Landkarte des Gebiets um Zürich wieder[78], auf der die Überreste des Schlosses Sellenbüren mit den benachbarten Gebieten skizziert werden, welche vornehmlich aus der Schenkung des Reginbert an das Kloster St. Blasien gekommen sind.

Wie ich schon in dem vorhergehenden Buch festgehalten habe, ist in dem Autographen unseres Anonymus von St. Blasien, wo es um Reginbert geht, von fremder Hand am Rande der Name *von Seldenburen* angefügt worden. Ich glaube, daß dieser der Familie Reginberts erst im 11. Jahrhundert nach dem Stammschloß gegeben wurde, vielleicht nach dem Beispiel des Schlosses Habesburg oder Habsburg, das nicht weit weg davon gelegen ist und mit Beginn eben dieses 11. Jahrhunderts von Werner, einem Grafen dieses Geschlechts und Bischof von Straßburg, erbaut, seinen Namen dem kaiserlichen Geschlecht seinen Namen gegeben hat, welches vor ganz kurzer Zeit in Maria Theresia, der Witwe des Kaisers Franz I., erloschen ist. Auch braucht freilich jene Bezeichnung *von Seldenburen*, was unseren Reginbert anbetrifft, niemanden vom richtigen Weg abbringen, denn unser Anonymus selbst hat jenen Gau, in dem die Stammburg Sellen-

78 Fig. I et II.

büren liegt, auf herkömmliche Weise beschrieben; er erwähnt nämlich, daß jener wohl *aus der Provinz Zurichey* oder Zürich stamme. In die Irre geführt wurde er aber, wenn er wiederum, was wir schon oft beklagt haben, das 10. und das 11. Jahrhundert durcheinanderbringt und behauptet, Reginbert habe im Jahr 936 unter Otto I. den Kriegsdienst geleistet, von dem er dann sagt, daß dieser dann schließlich nach einem ganzen Jahrhundert im Jahre 1036 gestorben sei. Wenn man eine Vermutung anstellen darf, so scheint dies daher gekommen zu sein, daß das Geschlecht Reginberts von Sellenbüren auch im 11. Jahrhundert fortfuhr, gegenüber unserem Kloster St. Blasien freigebig zu sein; zweifellos noch zu dessen Ende erweiterte Heinrich von Sellenbüren den Grundbesitz von St. Blasien im Jahre 1092 durch neue Stiftungen, wie I. I. Hottinger in der auf deutsch verfaßten *historia ecclesiastica Helvetica* zum Jahr 1083 anmerkt[79]. Weiter fügt derselbe Hottinger an, daß dieser Heinrich als Bruder des Konrad von Sellenbüren angesehen werde, von dem wir kurz zuvor bemerkt haben, daß er zu Beginn des 12. Jahrhunderts der Gründer des Klosters Engelberg gewesen ist.

Es gab daher solche, die, nachdem die Erinnerung an Heinrich geschwunden war, der Meinung waren, daß an seine Stelle jener Konrad als Bruder unseres Gründers Reginbert getreten sei; was jedoch einen gewaltigen Anachronismus darstellt, da doch dessen Tod nach Meinung des Anonymus erst auf das 11. Jahrhundert anzusetzen ist. Dieser beschreibt nämlich dessen Tod nach dem Jahre 1036 folgendermaßen: *Nach vielen Widrigkeiten, die der heilige Reginbert von schlechten Menschen erdulden mußte, und auch nach den Fallstricken und Versuchungen des Satans, die er alle durch die Fürsprache des herausragenden Märtyrers, des seligen Blasius, unseres Schutzpatrons, überwunden hat, legte er sich wegen eines aufkommenden körperlichen Unwohlseins zu Bett, nahm von seinen Brüdern Abschied und empfing mit Ehrfurcht das Sterbesakrament; nachdem durch ihn viele Wunder geschehen waren, von denen er auf Grund seiner Demut nicht wollte, daß sie schriftlich aufgezeichnet würden, empfahl er Gott seinen Geist und wurde am 29. Dezember durch Engel von dieser irdischen Pilgerfahrt in die Freude seines Herrn aufgenommen.* Diese Stelle bringt einige, die fälschlich hierin verwirrt worden sind, zu der Überzeugung, daß

---

79   Lib. IV. p. 590

Reginbert von Sellenbüren von jenem ersten Eremiten verschieden sei, und man daher zwei Reginberts annehmen müsse. Doch wenn man sich die Stelle sehr sorgfältig anschaut, zerstört sie diese Meinung vollständig; sie sagt nämlich, daß Reginbert nach der von dem Konstanzer Bischof Gamenold vorgenommenen Weihe des Klosters oder der Zelle gestorben sei: doch Gaminold starb im Jahre 979, als dieser erst vier Jahre den Bischofssitz innehatte, und die besagte Weihe ist zwischen den Jahren 975 und 979 anzusetzen, wenn sich nicht nach dem im vorigen Buch Gesagten sein Tod sogar schon im Jahre 964 ereignet hat. Indem er aber die Weihe des alten Klosters zum Jahr 1036 berichtet, verwechselt er wiederum das 10. und 11. Jahrhundert, wobei er sich allerdings doch irgendwie selbst korrigiert; denn er bestätigt, daß die Weihe von Bischof Gaminold vorgenommen worden ist, was sich auf das 10. Jahrhundert bezieht, zu welchem auch Abt Kaspar von St. Blasien in seinem Buch über die Anfänge die Weihe des alten Klosters oder der Kirche berichtet, wenn man nicht die Autorität des Mönchs und Geschichtsschreibers Otto von St. Blasien hinzuzieht, der auch im selben 14. Jahrhundert wie der Anonymus, der Verfasser der ›libri constructionum‹, gelebt und die Weihe des alten Klosters zum Jahr 1039 berichtet hat.

Weiterhin sagt derselbe Anonymus, die Leichname des Reginbert und seiner Vorgänger Werner und Giselbert seien von Abt Utto zu Beginn des 12. Jahrhunderts aus dieser Kirche oder dem alten Kloster in das neue, von ihm erbaute Kloster überführt worden, der des Abtes Beringer aber sei von Utto im alten Kloster belassen worden, *weil ihm offenbart worden war, daß dieser nicht überführt werden dürfe, sondern man ihm eine Bleibe in der Stätte seines Wohnens, und nicht in der seines Bauens lassen solle.* Ich selbst war als junger Mann dabei, als im Jahre 1739 die sterblichen Überreste Beringers aus dem alten Kloster, das damals abgebrochen worden war, überführt wurden in das neue Kloster oder die größere Kirche, die im Jahre 1768 vom Feuer verzehrt wurde. In dieser befand sich das Grab Reginberts auf der Evangelienseite des Hochaltars mit einem Epitaph, das sein Todesjahr 964 aufwies. Und nirgendwo gab es bei irgendeinem jemals den Gedanken an einen anderen Reginbert, der von dem Eremiten verschieden gewesen wäre. Wer aber könnte sich vorstellen, daß bei den St. Blasianern die Erinnerung an diesen Reginbert hätte verlöschen können, durch dessen Schenkung das Kloster St. Blasien bis auf den heutigen Tag noch Güter im Zürichgau besitzt, und daß bei den Späteren keinerlei Denkmal hinterlassen worden wäre, noch nicht einmal die Spur eines Grabes? Den Anlaß aber, jenen aufzuteilen, haben vor kurzem einige auf Grund der geschichtlich falschen Einordnung des Anonymus erhalten, den wir schon so oft genannt haben und der ganz klar an der Stelle überführt ist, wo er von der Weihe des alten Klosters unter Gaminold spricht. Leichter aber pflegt dieser Schriftsteller bei der Berechnung der Jahre zu irren als bei der Nennung von Personennamen. Wenn es aber auf Grund dieses Zeugnisses gestattet ist, zwei Reginberts anzusetzen, müßten gleichermaßen auf Grund dessen auch zwei Bischöfe Gaminold angenommen werden, nämlich einer im vorhergehenden Jahrhundert, in dem er lebte, und ein zweiter zum Jahr 1036, in dem er das Kloster weihte.

Die Gebäude und das erweiterte Vermögen des Klosters St. Blasien.

X. Wir haben eben die neue, im 10. Jahrhundert errichtete Kirche erwähnt; von dieser sagt irrtümlich, wie wir gesehen haben, Otto von St. Blasien in seiner Chronik eben dieses Klosters (von der Abt Kaspar im 16. Jahrhundert in seinem ›liber originum‹ nur noch einige Fragmente hinterlassen hat) zum Jahr 1039 folgendes: *es ist das Kloster St. Blasien eingeweiht worden, das jetzt das alte genannt wird.* Abt Werner, wie derselbe Anonymus berichtet, erbaute die Kapelle St. Michael, die sein Nachfolger Giselbert mit Erlaubnis des Konstanzer Bischofs Romold, der am 2. November 1069 verstorben ist, durch den Lehnsherren Beringer, den Bischof von Basel, am 28. Dezember konsekrieren ließ; Werner war schon am 28. September des Jahre 1068 verstorben; von Beringer aber, dem Bischof von Basel, ist zu lesen, daß er im Jahre 1072 gestorben sei. Weiterhin schreibt derselbe Verfasser der ›libri constructionum‹, daß im Jahre 1084 derselbe Abt Giselbert den alten Holzbau des Wohnhauses der Brüder, wo sie hauptsächlich zusammengeströmt waren, abgerissen und an derselben Stelle die Pfarrkirche St. Stephan für das Gesinde des Klosters errichtet habe, damit an den Sonn- und Feiertagen die gesamte Klostergemeinschaft zu den Festmessen zusammenkommen könnte. Eingeweiht wurde eben diese Kirche aber von Otto, dem Bischof von Ostia, der später Papst wurde und den Namen Urban II. erhielt, *der*, wie er sagt, *in der Zahlenfolge der 161. gewesen ist.* Im Jahr darauf errichtete derselbe verehrungswürdige Vater eine Kapelle für die Kranken, nämlich St. Benedikt, welche von dem heiligen Gebhard, dem Bischof von Konstanz, nämlich dem dritten dieses Namens, eingeweiht wurde.

Dies zeigt die wohlbekannte Größe des Klosters St. Blasien an, zu welcher es im 11. Jahrhundert unversehens anwuchs, was in dem Konstanzer Chronikon des Berthold oder im Anhang zu Hermann d. L. darüber angemerkt ist; weiterhin sagt er dann über das Kloster St. Aurelius in Hirsau und über das Kloster St. Salvator in Schaffhausen zum Jahr 1083: *zu diesen nahm in dieser unruhigen Lage eine erstaunlich große Menge Adliger und Gelehrter innerhalb kurzer Zeit ihre Zuflucht; und sie gelobten, nachdem sie ihre Waffen abgelegt hatten, die Vollkommenheit des Evangeliums unter der Ordensregel zu erstreben: In einer solchen Zahl, sage ich, daß man sogar die Klostergebäude erweitern mußte, weil man anders in ihnen keinen Platz mehr zum Aufenthalt gehabt hätte.* Daß bei uns ebenso eine Erweiterung des Klosters oder der Unterkunft für die Mönche vorgenommen wurde, ergibt sich auch daraus, was wir oben schon nach dem Villinger Kodex zum Jahr 1013 wiedergegeben haben. Der zitierte Anonymus bezeichnet das Kloster unter Abt Beringer zweifach, *der den Konvent vom früheren Wohnsitz oder Kloster in ein neues Gebäude gebracht hat, das nach der klösterlichen Ordnung erstellt war; allerdings waren einige Laienbrüder zurückgelassen worden, um den Ort des früheren Sitzes zu bewohnen, und diese wurden ›die Auswärtigen‹ genannt.* Wir haben schon beim vorigen Jahrhundert vermutet, daß dies von der Hinführung der Brüder in die neue Zelle des heiligen Reginbert aus der alten Albzelle zu verstehen ist, in welcher noch einige verblieben waren: sofern dieser nicht wieder die voneinander verschiedenen Klöster für die internen und externen Brüder und die separate Zelle miteinander vermischt, die vom heiligen Reginbert errichtet und von Kaiser Otto ausgestattet worden ist, welche die weiter oben erwähnten päpstlichen Bullen zunächst im Jahre 1122 dem Abt Rustenus und dann dessen Nachfolgern für das Kloster St. Blasien bestätigen.

Durch eine lange Zeitspanne ist davon jenes entfernt, was in dem von einem St. Blasianer Mönch verfaßten Chronikon von Muri und Engelberg des 12. Jahrhunderts zum Jahr 1092 zu lesen ist: *Die Kirche St. Nikolaus ist von dem Konstanzer Bischof Gebhard eingeweiht worden. Beginn des neuen Klosters St. Blasien.* Er verwendet hier das Wort *Kloster* anstelle von *Kirche*, womit diese von Abt Utto errichtete Kirche bezeichnet wurde, *das neue Münster* genannt, welche im Jahr 1768 in Flammen aufging, zur Unterscheidung der Kirche, *das alte Münster* genannt und von Gaminold im 10. Jahrhundert eingeweiht, die nicht mit der Kirche St. Stephan verwechselt werden darf, von der wir eben erwähnt haben, daß sie unter Giselbert im Jahr 1084 errichtet und von dem päpstlichen Gesandten Otto aber eingeweiht wurde, der später unter dem Namen Urban II. Papst wurde. Ich schweige darüber, was dieser unser Anonymus von dem Bauplan des neuen Klosters, von dem wir handeln, oder der Kirche in Form eines Kreuzes schreibt. Eine ähnliche Form bemerkt die ›Gallia christiana‹ auf Grund des Rupert von Deutz an der Basilika von Deutz, die zu Beginn dieses 11. Jahrhunderts errichtet wurde: Damit wetteifernd werden große und massive Kirchenbauten aus Stein anstelle von Holz erwähnt (da solche hölzernen Kirchen leicht abbrannten oder einfielen), wie es nach der Darstellung des Anonymus auch die St. Blasianer in Angriff genommen haben. Über jenes neue Kloster oder die Basilika St. Blasien schreibt Bernold oder Berthold, selbst St. Blasianer und ein weiterer Fortsetzer des Hermmann d. L., zum Jahr 1094 folgendes: *Im Schwarzwald begann an dem Ort, der nach dem heiligen Blasius benannt wird, am 3. September ein Kloster zu Ehren eben dieses heiligen von Grund auf gebaut zu werden. Denn der Herr hat jenen Ort überaus erhöht und bewirkt, daß so viele hierher zum Eintritt ins Kloster kommen, daß notwendig größere Gebäude errichtet werden mußten.*

Adelheid, Königin der Ungarn, Wohltäterin, aus dem Geschlecht der Grafen von Rheinfelden, in St. Blasien bestattet.

XI. Es wird im Kirchenschatz von St. Blasien ein außerordentlich kostbares Kleinod aufbewahrt, nämlich das Behältnis eines bedeutenden Partikels des heiligen Kreuzes, auf dessen vergoldetem Fuß aus Messing wir folgende Inschrift lesen: *Abt Uto fertigte dieses Kreuz.* Aus welchem Grund wir aber durch diesen kostbaren heiligen Schatz bereichert worden sind, beschreibt unser oft zitierter Anonymus in den ›libri constructionum‹ Punkt für Punkt, *wie es uns,* sagt er, *von unseren Älteren auf zuverlässigste Weise überliefert worden ist, wobei jeglicher Schleier des Irrtums ausgeschlossen ist. Aus den vornehmsten Vorfahren also,* fährt er fort, *nämlich dem glorreichen König Rudolph und der hochberühmten Königin Adelheida, der Tante Kaiser Heinrichs IV.* (nach unserer Rechnung des V.), *ging ein hell strahlender Stern hervor, der den König der Ungarn namens Kolmann ehelichte. Diese hochvornehme Königin zeichnete unseren Ort aus Liebe zu diesen und nach dem Beispiel ihrer Eltern durch viele und herrliche Schenkungen aus. Denn ihre Eltern bereicherten diesen Ort mit ihren Landgütern und unzähligen Wohltaten, schützten ihn durch ihre Hilfe und mehrten ihn durch ihren Schutz. Von diesen wollte ihre Mutter nach vielen diesem Ort erwiesenen Wohltaten, wobei sie andere würdige Orte hintangestellt hatte, daß hier auch die sterblichen Reste ihres Leibes der Erde anvertraut würden: Ihr Sohn Berthold, ein überaus tüchtiger Herzog, der Bruder unserer geliebten Königin, der selbst diesen Ort mit umfangreichem Grundbesitz beschenkt hatte, traf zusammen mit seinem Bruder namens Otto die Wahl, hier den Tag des Gerichts zu erwarten. Obwohl unsere Königin, die immer wieder nur mit großer Ehrerbietung zu nennen ist, diesen allen im Erbrecht nachfolgte, übertraf sie doch alle an Glanz vielfacher und edler Schenkungen. Sie übersandte uns nämlich das kostbare und wunderbare Holz, durch welches auch der Satan besiegt worden ist usw.*

Zu verzeihen aber ist dem Geschichtsschreiber des 14. Jahrhunderts ein Irrtum, an dem bisher alle Historiker festhielten, die Adelheid dem Ungarnkönig Kolmann als Gattin zuschrieben: Diesen Irrtum haben allerdings die Jüngeren durchschaut, da sie feststellten, daß Kolmann die Herrschaft über Ungarn erst im Jahre 1095 oder im folgenden nach dem Tode des heiligen Ladislaus angetreten hat, obwohl doch der Anonymus selbst behauptet, diese bedeutende Schenkung sei unter Abt Giselbert, der im Jahre 1086 starb, erfolgt. Doch indem nämlich außer Zweifel steht, daß der heilige Ladislaus nicht ehelos gestorben ist,

wie es die allgemeine Überzeugung ist[80], sondern daß er Adelheid
zur Frau und von ihr Kinder hatte, verschwindet hier jede Schwierigkeit, wie ich an anderer Stelle in bezug auf Rudolph, den Vater
Adelheids, und seine Familie nachgewiesen habe, die ebenfalls in
St. Blasien bestattet ist; zweifellos auch in bezug auf die gleichnamige Ehefrau zusammen mit den zwei Söhnen Berthold und
Otto, welche der Anonymus nennt, wobei Kuno außer acht
gelassen wurde, der Vater Rudolphs und Großvater der Söhne
Berthold und Otto, von dem die Geschichtsschreiber behaupten,
auch er sei hier bestattet, wie ich an der erwähnten Stelle
angegeben habe. Von daher wird gefolgert, daß Adelheid schon
vor dem Jahr 1077 mit dem heiligen Ladislaus vermählt wurde;
von diesem Holz des heiligen Kreuzes aber sagt man, sie habe es
von dem Bruder ihres Ehemannes, nämlich Geysa, erhalten, der
noch in diesem Jahre starb.

Dies erfahren wir darüber hinaus von den Verfassern der ungarischen Geschichte, was jetzt erstmals ans Tageslicht gekommen ist;
andererseits aber mag es richtig sein, daß auch eben diese uns in
dem nicht im Ungewissen lassen, was uns eigentlich wohlbekannt
sein könnte und was wir auch von unserem Anonymus als
dargelegt erkannt haben, was nämlich die Eltern der Adelheid
betrifft: den Gegenkaiser Rudolph von Rheinfelden und die
Markgräfin Adelheid von Turin, die Witwe des Herzog von
Savoyen und nach dem Tod ihres Gatten Herzogin, an welche ein
Brief des heiligen Petrus Damiani vorhanden ist[81]. Eher aber
denken wir, dem Berthold von Konstanz im Anhang zu Hermann
d. L. Glauben schenken zu müssen als dessen Glossator
Urstisius, der zum Jahr 1090 am Rande den Kontext zu verderben
trachtet[82] und wörtlich folgendes schreibt: *Hermann, frommen
Angedenkens Bischof von Metz, und Berthold, Herzog von
Alemannien und Sohn des Königs Rudolph, beschlossen in Treue zu
St. Petrus im Monat Mai ihren letzten Tag und hinterließen großen
Schmerz den Katholiken und Jubel den Schismatikern. Auch die
Schwester des vorgenannten Herzogs, die Königin von Ungarn,
starb in demselben Monat.* So bezeichnet auch unser eben zitierter
Anonymus aus St. Blasien, nachdem er Adelheid, die Gattin

---

80 Georg. Pray, Annal. Reg. Hung. T. I. p. 94 Steph. Katona, Hist. crit. regum Hung. T. II. A.
   Ganaczi, de S. Ladislao, p. 118
81 T. III. opp. p. 181
82 Urstis. Script. Germ. p. 363

Rudolphs, als in St. Blasien bestattet erwähnt hatte, gleich darauf
ihren Sohn Berthold, den überaus tüchtigen Herzog, ausdrücklich
als Bruder der Königin von Ungarn. Die große Menge der Zeugen
hierzu haben wir andererseits hinzugezogen, da zu ihnen auch die
einzigartige Autorität des Otto von Freisingen[83] nicht im Widerspruch steht, der dargelegt – wobei er Berthold, den Sohn
Rudolphs, mit Schweigen übergeht –, daß nach der Ermordung
Rudolphs dessen Schwiegersohn, nämlich Berthold von
Zähringen, sich den Dukat Schwaben angeeignet habe, wie wenn
er ihm von seinem Schwiegervater überlassen worden wäre; dies
tat er vielleicht eine Zeitlang unter dem Namen eines Vormunds
gleich nach dem Tode Rudolphs, da sein Sohn Berthold noch
nicht erwachsen war; nach dessen Tod aber im Jahre 1090 regierte
er jenen Dukat unter eigenem Namen und wurde von den
Vornehmen Schwabens im Jahre 1092 gewählt. Und eben diese
Wahl, die damals zum ersten Male stattfand, zeigt deutlich, daß
jener vorher nicht Herzog gewesen war; so jedenfalls haben es die
Worte eines zeitgenössischen Geschichtsschreibers dargelegt,
nämlich des Berthold von Konstanz oder Bernold von St. Blasien,
der damals persönlich anwesend war; *dieser*, sagt er zum Jahr
1092, *hatte noch nie irgendein Dukat, auch wenn er es schon längst
gewohnt war, den Titel eines Herzogs zu führen.* Eben dieser Titel
eines Herzogs, bezogen auf Berthold von Zähringen, konnte Otto
von Freising vom richtigen Weg abbringen. Da nun außerdem
Vater Rudolph unerwähnt geblieben, Heinrich IV. aber als Sieger
hervorgegangen war und sich der Herrschaft bemächtigt hatte
und die Macht des Sohnes Berthold, wie es sich schon vor dem
Tode seiner Mutter Adelheid verhielt, außerorderdentlich
geschmälert war und weil er außerdem den geschwächten Dukat
mehr dem Namen nach und auf Grund der Bestimmung seines
Vaters als von der Sache selbst her innehatte, konnte Otto von
Freisingen leicht in den Irrtum geführt werden.

Aus dem bisher Gesagten schwindet jeglicher Zweifel, der vor
allem daher rührte, daß überhaupt nicht bekannt gewesen ist, daß
Rudolph von Rheinfelden nicht nur die eine Ehefrau Mathilde,
die Schwester Heinrichs IV., gehabt hat, die ihn im Jahre 1059
heiratete, allerdings schon im darauffolgenden nächsten Jahr
verstarb, wie auch in der Chronikhandschrift des St. Blasier

83 Lib. I. de gestis Friderici I. Imp. c. 7.

Mönchs zu lesen ist, die seit dem 12. Jahrhundert in den Klöstern Muri und Engelberg, bisher noch unveröffentlicht, aufbewahrt wird. In eben dieser Handschrift ist zum Jahr 1079 ebenfalls folgendes zu lesen: *Adelheit, die Gattin des Königs Rudolph, ist gestorben und liegt in St. Blasien bestattet.* Dann aber findet sich in demselben Kodex von Muri, in dem Berthold, der Fortsetzer des Hermann d. L., oder der Priester Bernold enthalten sind, in ausführlicherer Schriftweise folgendes: *Im Jahre 1079 verstarb die Gattin des Königs Rudolph mit Namen Adelheit, die Tochter der Markgräfin Adelhaida, Schwester der Königin Bertha, der Gattin Heinrichs, nach welchem Jahr er selbst Sachsen betreten hatte; Sie hatte sich in der Diözese Konstanz auf dem Hohentwiel und anderen Burgen am Rhein wie auch immer aufgehalten* (wo sie vor der Verfolgung des Kaisers Heinrich IV. wegen der Macht des Berthold von Zähringen besser geschützt war), *wurde hart heimgesucht von Armut und verschiedenen widrigen Schicksalsschlägen; dann wurde sie geschwächt durch die Last von Krankheiten und zeitweilig lebensgefährlichen Fieberanfällen; nachdem sie ihr Haus wohlbestellt hatte und, wie es sich gebührte, für das Heil ihrer Seele ganz in Christus Vorsorge getroffen hatte, übergab sie auf dem Sterbebett nach dem seligen Empfang der Sterbesakramente in tiefster Demut ihren Geist in seine Hände und wurde im Kloster St. Blasien mit den gebührenden, allumfassenden Trauerfeierlichkeiten pflichtschuldigst bestattet. König Rudolph aber, nunmehr Witwer, beging feierlich das Osterfest in Goslar.* Die Gebeine dieser Adelheid und mit ihnen zusammen die ihrer Söhne Berthold und Otto haben wir vor kurzem ihrem Grab entnommen, um sie in die neue Kirche zu bringen, wir wir dies alles in dem genannten Buch *de Rudolpho eiusque familia apud D. Blasii sepulta* sehr ausführlich dargelegt haben. Ein Verzeichnis der Schenkungen, die diese Familie an das Kloster St. Blasien vorgenommen hat, wurde anhand des Autographen durch P. Marquard Herrgott veröffentlicht[84].

Die Äbte von St. Blasien im 11. Jahrhundert.

XII. Derselbe oben erwähnte, zu unserem Kloster gehörige Verfasser der Chronikhandschrift von Muri nennt als ersten Abt

---

84 Gen. Habsb. T. II. P. I. p. 124

St. Blasiens Werner, von dem mit Gewißheit feststeht, daß er im Jahre 1068 gestorben ist. Die Handschrift von Engelberg aber gibt eben diesem Werner in der Überschrift die Zahl II, was die Reihenfolge oder den Namen bezeichnen kann; das letztere kann jedoch von unserem Werner nicht angenommen werden, da keiner vor ihm mit diesem Namen erwähnt wird, und ein Werner mit der Bezeichnung ›II.‹ erst im folgenden Jahrhundert bekannt geworden ist. Schon in den früheren Büchern haben wir an verschiedenen Klöstern, wie z. B. St. Trudpert, Gengenbach und anderen, beobachtet, daß in deren Verzeichnissen eine große Liste früherer Vorsteher vorgefunden wird, doch ohne jeden Vermerk der Zeit, zu der sie gelebt haben und auch anderer aus den dort aufgezeichneten Klöstern, seien es Äbte oder auch Mönche, wobei sogar die Namen verfälscht worden sind, was nicht nur die Reihenfolge jener Äbte, sondern sogar ihre Namen unsicher und zweifelhaft macht. Dies kann allerdings von unserem Kloster St. Blasien kaum gesagt werden, da so etwas in den alten Büchern der eingeschriebenen Brüder überhaupt nicht zu finden ist: Lediglich die eigenen Nekrologien sind durch die Wechselfälle der Zeiten zugrunde gerichtet worden. Wir haben freilich beim vergangenen Jahrhundert einige Altehrwürdige genannt, wenn auch aus ungewisser Zeit, die ersten Vorsteher unserer Zelle; es sind dennoch nur sehr wenige: Daher glaubt sogar Bucelin in seiner ›Germania sacra‹[85] mit unseren klostereigenen Autoren, daß unter den Äbten der eine oder andere nach Sigefrid fehle; von diesem aber sagen unsere Urkunden, daß er als Prior im Jahre 1021 gestorben ist. Von diesem aber haben wir im vorherigen Buch gehandelt, wie auch von jenem Abt St. Blasiens, von dem von einem Basler Geschichtsschreiber erwähnt wird, daß er auf einer Pilgerreise nach Rom im Jahr 1019 an der Pest gestorben ist. Dieser wird allerdings in unseren Dokumenten nirgendwo erwähnt.

Unter eben diesen klostereigenen Denkmälern befindet sich ein Grabstein des Abtes Beringer, allerdings aus jüngerer Zeit und für ihn aufgestellt vor etwa 200 oder 300 Jahren, wie auch aus der ihm zugeteilten Mitra hervorgeht, die im 14. Jahrhundert zum ersten Male den Äbten von St. Blasien zustand. Auf diesem ist folgendes

85 T. I. p. 16

zu lesen[86]: *Im 1045. Jahre des Herrn am 29. März ist der ehrwürdige Herr Beringer verstorben, der erste Abt dieser Ordensgemeinschaft; kraft der Heiligkeit dieses hervorragenden Mannes ist dieses alte Kloster aufgebaut worden. Seine Seele möge somit im ewigen Frieden ruhen: Amen.* Es geht um eben diesen Beringer, von dem unser Anonymus sagt: *Im Jahre des Herrn 1036 ist das alte Kloster unter dem Vater Beringer eingeweiht worden:* Daß mit dieser Bezeichnung auch ein Abt verstanden werden kann, bezeugen die kurzen Annalen von Einsiedeln über Eberhard, den ersten Abt der Einsiedelei: *Vater Eberhard ist verstorben.* In bezug auf Beringer aber fährt unser Anonymus mit folgenden Worten fort: *Nachdem also das Kloster erbaut und geweiht worden war, wie oben* (zum Jahr 1036) *geschrieben wurde, lebte der fromme und gütige Vater Beringer noch neun Jahre in rühmlichem Greisenalter und nachahmenswerten Leben in großer Danksagung vor allen Brüdern; und versehen mit den Sakramenten der Kirche übergab er seinen Geist. Geschehen ist dies aber im 1045. Jahre des Herrn am 29. März.* Jedermann sieht nun deutlich, daß die Inschrift auf dem Grabstein des Abtes Beringer aus diesem Zeugnis des Anonymus geschaffen worden ist. Da dies aber keineswegs mit jenem Beringer übereinstimmen kann, von dem wir nach demselben Anonymus zum Jahrhundert vorher festgehalten haben, daß er der erste Abt gewesen ist, haben andere verschiedene Erklärungsmöglichkeiten versucht, ohne allerdings irgendetwas Gewisses feststellen zu können, da hier Dokumente von zweifelsfreier Zuverlässigkeit fehlen; einige nämlich meinen, hier müsse man den Namen Graffinger einsetzen, den die ›Gallia christiana‹[87] nach damals unüblicher Art dem Sigefrid als Beinamen zuweist; andere aber wollen Beringer, den II. dieses Namens, als einen Abt ansehen, über den die alten Dokumente schweigen. Wenn aber das nämlich, was der Anonymus im vorherigen Jahrhundert über Beringer als den ersten Abt hat, und zwar zur Zeit Reginberts, des Erstgründers seiner Zelle, mit dem verglichen wird, was er zu diesem Jahrhundert und zwar seiner Art entsprechend mit ausdrücklichen Daten über den Abt Beringer beibringt, wobei dann Reginbert, der Gründer der Zelle St. Blasien, ein zweites Mal lebte, muß notwendigerweise eines von beiden daraus folgen, nämlich daß entweder der Anonymus die Jahrhunderte und die

---

86 Fig.
87 T. V. p. 1023

Personen wieder einmal, wie schon so oft, durcheinanderbringt,
oder daß zwei Reginberts und somit auch zwei Beringers festzustellen seien, wobei alle Urkunden zwar nur einen einzigen
Beringer bezeugen, der der erste Abt dieses Ortes war, bei der
Festlegung der Zeit aber voneinander abweichen, und auch
keinerlei andere Dokumente außer dem anonymen Geschichtsschreiber der späteren Zeit zur Verfügung stehen.

Damit es nicht so aussieht, als wollten wir den Sachverhalt nur
mit Vermutungen abhandeln: Zwei Dinge zumindest stehen außer
Zweifel, nämlich daß es einen gewissen Beringer gegeben hat,
Vater der Zelle St. Blasien mit dem Titel Abt, und daß von diesem
ausgehend die folgenden Äbte eine Reihenfolge eingenommen
haben, sei es, daß er als erster diesen selbst unmittelbar vor-
angegangen ist, sei es, daß von seiner Regierungszeit an bis zu den
Anfängen des Abtes Werner gleichsam ein gewisses Interregnum
bestanden hat, in welchem die Vorsteher eben dieser Zelle, die
vielleicht niemals geweiht worden waren, nicht in die Zahl gerade
der rechtmäßigen Äbte aufgenommen wurden. Daß Beringer mit
Sicherheit der erste Abt gewesen ist, macht das deutlich, was wir
soeben oben auf Grund der Handschrift von Engelberg festgehalten haben, nämlich daß Werner nicht dem Titel, sondern der
Reihenfolge nach der zweite Abt von St. Blasien gewesen ist: was
genauso auf dessen Epitaph aus etwa dem 13. Jahrhundert folgendermaßen bestätigt wird: *Im 1048. Jahr des Herrn am 29. Oktober
verstarb der ehrwürdige Abt Wernher, der diesen Ort als zweiter zur
Regentschaft erhielt. Dieser erbaute die Kapelle des heiligen
Michael und den dritten Abschnitt des alten Klosters und richtete
den ihm anvertrauten Ort gemäß dem Willen Gottes ein. Und er
liegt begraben in der Apsis der heiligen Felix und Regula, an einem
glücklichen Ort daselbst.*

Damit stimmt auch überein, daß in der Chronik von Württemberg[88] bei Schannat Berthold der sechste Abt von St. Blasien genannt wird. Dann aber nennt sich auch Abt Otto von St. Blasien, jener berühmte Fortsetzer des Otto von Freisingen, ›zwölfter Abt‹ in einer Urkunde des Archivs von St. Blasien, die so beginnt: *Im 1223. Jahr nach der Fleischwerdung des Herrn. Ich, Otto, XII. Abt von St. Blasien.* Nach dieser festgelegten Zählordnung ist Beringer als erster Abt festzuhalten und zwar als einziger, zumindest in diesem Ehrenamt, dem, sei es in diesem oder sei es im vorherigen Jahrhundert (was wir annehmen), bald nach seinem Tod als zweiter dieser Werner nachfolgte, was die klostereigenen Akten als im Jahre 1045 erfolgt überliefern. Dieser erhielt von Kaiser Heinrich III. am 28. September des Jahres 1047 ein Privileg und ein zweites von Heinrich IV. im Jahre 1065[89]. Diesem folgte am dritten Tag nach seinem Tode Giselbert; auch dieser wurde von Kaiser Heinrich IV. im Jahre 1071 mit einem Privileg ausgestattet. Von ihm sagt der Fortsetzer des Hermann d. L. zum Jahr 1086: *Der Hochwürdigste Abt von der Zelle St. Blasien namens Giselbert ging heim zum Herrn am 10. Oktober, dem der ehrwürdige Prior desselben Klosters, Udo, in das Abtsamt nachfolgte.* Daß dieser Utto sein Blut von den Grafen von Kyburg erhalten hat, ist bei uns eine fortdauernde Überlieferung; und nur ein einziger, den ich gelesen habe, nämlich P. Ulrich Schenck, ein zum Kloster gehörender Geschichtsschreiber des vorgehenden Jahrhunderts, nennt jenen ›von Treiberg‹.

Männer verehrungswürdigen Lebens.

XIII. Von unserem Anonymus werden in seinen ›libri constructionum‹ auch andere, ihrer Herkunft nach vornehme, ihrer Tüchtigkeit nach noch weit bedeutendere Männer rühmend genannt, die zu dieser Zeit zum Eintritt ins Kloster hierher kamen; so zum Beispiel Ulrich von Usenberg unter dem ehrwürdigen Abt Giselbert, der, nachdem er die Gefahr des Schiffbruchs auf dem Rhein mit Mühe bestanden hatte, *nach sehr kurzer Zeit sich an diesem Orte dem Mönchsorden unterstellte. Nachdem wiederum nur einige wenige Tage verstrichen waren, wurde er auf eigenes Verlangen in einer winzig kleinen Unterkunft einge-*

88 Vind. litter. collect. II. p. 21
89 Herrg. Gen. Habsb. T. II. P. I. p. 124

schlossen. In dieser kleinen Zelle hielt er sich auf, um Gott zu dienen und wurde auf folgende Weise vom Teufel versucht: Als er zu einer bestimmten Stunde hingestreckt im Gebet lag, hörte er, wie jemand neben ihm lag und gleichsam vorlas oder murmelnde Worte von sich gab. Als er diesen fragte, wer er sei, antwortete dieser, er habe den Namen Roulcer. Dann erkannte er, daß dies ein listiger Anschlag des Teufels sei und machte jenem heftige Vorhaltungen und befahl ihm im Namen Gottes, daß er von ihm weichen solle. Auch gewisse andere Dinge sah er in derselben Zelle, welche er, von einem ihm teuren Bischof dringend ermahnt, sie niemandem zu eröffnen, ganz und gar verschwieg. Auch hatte er die Gewohnheit, beim Essen kein Schmalz, Käse und Eier zu verspeisen. Auch übte er sich während der ganzen Woche bis zum Samstag in Schweigen; am Samstag aber kam ein Priester aus dem Kloster zu ihm und nahm ihm die Beichte ab. Wenn er dies getan hatte, verkündigte er ihm das Evangelium der folgenden Woche und die Feiertage der heiligen, die in dieser kommen würden. Wenn er selbst irgend etwas nötig hatte, sagte er es dem Priester. Nachdem er dies gesagt und getan hatte, verharrte er wieder bis zum Samstag der nächsten Woche in Schweigen. An den Feiertagen aber empfing er den Leib des Herrn. Ich glaubte das vollständig aufschreiben zu müssen, was an Bemerkenswertem in bezug auf die kirchliche und monastische Ordnung zu dieser Zeit gehörte.

Dann erwähnt er den Priester Lutold von Bochingen, *der sich an diesem Orte der Mönchsordnung unterstellte. Dieser züchtigte sogar nach dem Wort des Apostels seinen Leib und benutzte sehr häufig statt des Untergewandes ein Büßerhemd* und zwar als Hemd oder Tunika, womit nämlich als einzigem unter der Kutte die Mönche dieser Zeit ihren nackten Körper bedeckten. Ich übergehe mit Schweigen, was Erstaunliches er von dem Diakon und Kellermeister Marquard von Esslingen berichtet, vor allem seine Visionen, und auch ebensolche, welche P. Bernhard Pez von Melk über eben diesen ehrwürdigen Marquard aus einem Kodex des 13. Jahrhunderts des Klosters von Bern wiedergibt und welche er am Ende des Buches ›de miraculis S. Dei genetricis Mariae‹, das von dem Mönch Potho verfaßt worden ist, angefügt hat.

Den Vasallen Arnold von Eiblingen aus dem Ritterstand erwähnt derselbe Anonymus nach anderen. *Obwohl dieser,* sagt er, *einst in der Welt Ritter war, erniedrigte er sich im Namen Christi nach seiner*

Bekehrung sogar dazu, daß er an diesem Orte sogar die Rinder hütete. Im folgenden nennt er noch derartige andere Beispiele niedriger Tätigkeiten des Lambert von Vanow, des Ulrich von Sulz, des Grafen Berthold von Frickingen, des Werner von Kaltenbach usw. und was auch der oft genannte Berthold von Konstanz im Anhang zu Hermann zum Jahr 1083 an folgenden drei Klöstern aufweist[90], nämlich *St. Blasien im Schwarzwald, St. Aurelius, das Hirsau genannt wird, und St. Salvator, das Schaffhausen heißt, das ist das Haus der Schiffe... In diesen Klöstern werden nicht einmal die äußeren Dienstleistungen durch Laien-, sondern durch Ordensbrüder verrichtet, und je vornehmer sie in der Welt waren, mit um so verächtlicheren Pflichten wünschen sie betraut zu werden: Die einst in der Welt Grafen und Markgrafen waren, erachten es jetzt für das höchste Vergnügen, in der Küche und der Bäckerei den Brüdern zu dienen und deren Schweine auf dem Felde zu weiden. Dort sind nämlich die Schweinehirten und Rinderknechte, abgesehen von dem Gewande, dieselben wie die Mönche.*

Durch Unterweisung in unserem Kloster bedeutende Männer.

XIV. Mit diesen Worten scheint der Stand auch der vornehmen Laien angesprochen zu werden, von dem wir allerdings später reden werden, wenn die Rede von der Unterscheidung zwischen den Laienbrüdern und den geistlichen Ordensangehörigen ist. Hier ist aber noch einmal in Erinnerung zu rufen, was wir schon im vorhergehenden Buch anhand des Verfassers der ›libri constructionum‹ festgehalten haben, nämlich daß unsere Altvorderen so früh wie möglich an den Aufbau einer Schule gedacht haben, wobei sie einen solchen Erfolg hatten, *daß in Kürze dieser Ort sich zu einer solchen Bedeutung erhob, daß die Adligen ihre Söhne jenem Vater* (Beringer) *und dem Konvent unter der Schutzherrschaft des heiligen Blasius anvertrauten; als diese Knaben erwachsen und zu den heiligen Weihen gelangt waren, verhielten sie sich auf ihrem Weg zur Stufe des Priestertums so rühmenswert, daß sie in kurzer Zeit die Schule von sich aus am Ort erhalten konnten.* Besonders berühmte Schulmeister waren Bernhard, der sich nach

der Mitte dieses Jahrhunderts hervortat, und Bernold bis zum
Ende eben dieses Jahrhunderts und dem Anfang des folgenden;
und Manegold wird wenig später bis zum Jahre 1111 in unseren
Urkunden als der *berühmteste Lehrer der Schulen* gefeiert.

Vor diesen allen aber ragte Abt Werner nicht weniger durch seine
Bildung als durch die außerordentliche Heiligkeit seines Lebens
heraus und erleuchtete dieses Jahrhundert. Von ihm bezeugen
klostereigene Urkunden, daß jener ein hervorragendes Werk über
das Geheimnis der Allerheiligsten Dreifaltigkeit verfaßt habe, von
dem aber nichts auf uns gekommen ist. Im übrigen darf er nicht
mit Werner II. verwechselt werden, einem anderen bedeutenden
Geschichtsschreiber, von dem wir zum nächsten Jahrhundert
sprechen werden.

Wie sehr auch die Namen Bernard, Bernald oder Bernold miteinander verwandt sein mögen, da sie doch früher zu jenen Zeiten
unterschiedslos gebraucht wurden, sind sie doch auf Grund der
klostereigenen Nekrologe untereinander zu unterscheiden. So
wird im ältesten, das im 11. und 12. Jahrhundert geschrieben
wurde, am 28. Mai der Todestag des *Priesters und Mönches
Bernard* notiert: wir glauben, daß dies der Ältere ist. Von dem
zweiten, Bernald oder Bernold, steht von anderer Seite her fest,
daß jener im Jahre 1101 am 16. September gestorben ist. Diesen
nennen Tengnagel und Gretzer, die einige seiner Werke veröffentlicht haben, Bernold, Mönch von St. Blasien; von diesem haben
wir aber aus einer alten Handschrift andere kleine Werke veröffentlicht, vor allem Briefe zur Dogmatik, deren ersten er überschreibt: *dem ehrwürdigen Adalbert, dem Bischof von Straßburg,
Bernald, letzter der Brüder von St. Blasien*, zum Schutz dieser
seiner Brüder gegen deren Verfolger. Nachdem er sich ständig mit
anderen Inhalten beschäftigt hat, bezeichnet er sich als Priester,
als welcher er auch bei den genannten Herausgebern benannt
wird. Die meisten seiner von uns zu veröffentlichenden Werke
werden bei Eisengrein unter dem Namen ›Bernard‹ in einem
Katalog von Zeugen der Wahrheit aufgezählt und bei Simler in
einem Auszug aus der Bibliotheca Gesneriana bei Zürich, wo sie
bis heute noch verborgen sind. Mit einigem aber aus diesen
kleinen Werken wird anderes verbunden, was zum Teil bei Tengnagel und Gretzer vorhanden ist, zum Teil bei dem Melker
Anonymus in ›de scriptoribus ecclesiasticis‹ festgehalten wird,

und zwar in der ›bibliotheca ecclesiastica‹ des Johannes Alb. Fabricius[91], Kapitel 101, mit folgenden Worten: *Der Priester Bernard (oder Bernold), Gelehrter und Katholik, hatte mit seinem Amtsbruder Alban einen nützlichen Streit über die Unenthaltsamkeit der Priester. Er schreibt dann ein ›Apologeticum supra decreta‹, welche der ehrwürdige Papst Gregor, der VII. dieses Namens, auf der Synode von Rom öffentlich bekannt machte gegen die Simoniaker und die unenthaltsamen Diener am Altar. Er schreibt außerdem ein Buch ›de potestate presbyterorum‹, ein Buch ›de concordia officiorum‹, auch ein Buch ›de confessione‹. Dazu schreibt er auch ein außerordentlich wertvolles Geschichtswerk.* Das Buch, das er hier mit dem Titel ›de concordia officiorum‹ bezeichnet, ist vielleicht dasselbe, welches Honorius von Autun in Kap. 13[92] und Trithemius in ›de scriptoribus ecclesiasticis‹ in Kap. 38[93] dem Berthold oder Bernold, einem Priester der Diözese Konstanz *von römischem Stand*, zuweisen. Fabricius bemerkt zu Honorius von Autun a.a.O. folgendes: *Bernald oder Bertold, Priester von Konstanz, ist, wenn ich mich nicht täusche, derselbe, der ein Chronikon vom Jahr 1054 ab (wo Hermann d. L. aufhört) bis zum Jahr 1100 geführt hat; er schrieb fünf verschiedene kleine Werke für Papst Gregor VII. gegen die Schismatiker.* Hierauf kann eine Kodexhandschrift des Klosters Muri aus dem 12. Jahrhundert ein Licht werfen, in der eine bedeutende Sammlung von Chroniken enthalten ist; daß dieser Kodex einst St. Blasien gehörte, ist aus dem vorausgeschickten Chronikon eines St. Blasier Mönchs zu schließen, das wir oft zitieren. Darüber aber mehr im folgenden Buch, wo wir vom seligen Frowin handeln werden, der vom St. Blasier Mönch zum Abt von Engelberg wurde, und von dem man glaubt, daß er nicht nur Autor der genannten Chronik ist, sondern auch der Verfasser des Kodex von Muri, in welchem jene enthalten ist.

Es folgt in jenem Kodex von Muri nach dem erwähnten Chronikon von St. Blasien eine umfangreiche Sammlung von Geschichtswerken, wo nach dem Jahre 906 folgendes notiert ist: *was aber von hier ab folgt, ist Schriften vierer Autoren entnommen, nämlich des vorhin genannten Abtes Bremo* (d.h. des Regino von Prüm), *des Herren Hermann Contractus, dessen Schülers Berthold und des Herren Bernold, eines Priesters von St. Blasien.* Von dem

---

91 T. I. p. 145
92 L. c. p. 91
93 L. c. T. III. p. 86

Melker Anonymus wird in ›de script. eccles.‹ in Kap. 92 gleich
nach Hermann d. L. notiert[94]: *Berthold, der dessen Hörer und
Schüler war, schreibt das Leben seines Lehrers und eine Chronik.*
Diese Lebensbeschreibung Hermanns findet man in den genannten Kodex von Muri eingefügt. Im Anhang Bertholds von Konstanz zu Hermann[95], der Gegenstand einer Untersuchung ist, liest
man zum Jahr 1088 folgendes: *Berthold, ein hervorragender Gelehrter und bestens gebildet in der Heiligen Schrift, ging in hohem
Alter, voll an Tagen, zum Herrn am 12. März.* Es gibt solche, die
meinen, daß er es gewesen sei, der von sich selbst zum Jahr 1086
folgendes sagt[96]: *Ich selbst bin der, der diese Chroniken vom 1054.
Jahr der Fleischwerdung des Herrn bis jetzt durchgeführt hat.* Was
aber hier folgt, glauben sie, sei von einem gewissen Mönch von St.
Salvator in Schaffhausen angefügt worden, aus welchem Kloster
die Handschrift in die Bibliothek von München gebracht worden
ist, wie Öfel bezeugt, der von den Verfassern der böhmischen
Geschichte aus jenem Kodex ein Spizilegium verschiedener Bücher herausgebracht hat. Doch selbst der verkürzte Titel eben
jenes Kodex verrät, daß dieser von woanders her an jenes Kloster
gekommen ist; der Titel lautet aber so: *Dies sind die historischen
Aufzeichnungen des Bernold, welche er dem Kloster ›Dominus
Salvator‹ übergeben hat.* Es war dies der am besten geeignete Weg,
wie diese hierher aus dem benachbarten Kloster St.Blasien gelangten, wo Bernold als Mönch lebte, am Ende seine Lebens aber
sich zu diesem Kloster St. Salvator in Schaffhausen begab und
dort auch gestorben ist; er liegt dort zusammen mit dem ehrwürdigen Albrecht in einem Grab bestattet, im Kreuzgang am Ausgang der Kirche, nahe der Tür auf der linken Seite, wie ich dies
und anderes anläßlich früherer Beobachtungen zu seinen Werken
sehr ausführlich dargelegt habe.

Wir haben schon festgestellt, daß dieser von dem Melker Anony-
mus ›Bernard‹ genannt wird; es ist derselbe, der von anderen mit
›Bernald‹ oder ›Bernold‹ bezichnet wird, wie auf Grund seiner
Werke zu erkennen ist, die eben dort aufgeführt sind, und unter
welchen an letzter Stelle auch das Chronikbuch steht, das in dem
Münchner Kodex an andere angefügt ist; *es folgt,* sagt es, *unser
Buch;* nämlich nach Hermann d. L., nach welchem, im Kodex von

94 Fabr. l. c. p. 155
95 Urstis. Script. p. 360
96 L. c. p. 359

Muri verbürgt, Berthold, ein Schüler Hermanns und der Priester Bernold aus St. Blasien aufgeführt werden. Dies haben wir ebendort als unsere Meinung dargelegt, daß die frühere Fortführung des Hermann d. L. bei Urstisius, die bei Pistor der Chronik Hermanns angefügt ist, Berthold, dem Schüler Hermanns, zugeschrieben wird; die andere aber, die im Kodex von Muri sehr ausführlich bis zum Jahr 1091, bei Urstisius aber unter dem Namen ›Berthold von Konstanz‹ veröffentlicht, bis zum Jahr 1100 voranschreitet, gehört zu unserem Bernold, der im folgenden Jahr 1101 gestorben ist, und zwar, wie wir eben festgehalten haben, in Schaffhausen, wohin er von unserem Kloster St. Blasien aus nach unserer Meinung nach dem Jahr 1091 gegangen ist, bis zu welchem hin er zweifellos sein Geschichtswerk im Kodex von Muri fortführt, das einst St. Blasien gehört hatte und von dem seligen Frowin abgeschrieben worden war; dieser wurde als Mönch von St. Blasien für das Abtsamt in Engelberg angefordert, wie wir im folgenden Buch noch ausführlich darlegen werden.

Die nach den Bräuchen von Fruttuaria reformierte Klosterdisziplin in St. Blasien...

XV. P. Marquard Herrgott bringt in seinem Buch ›vetus disciplina monastica‹ aus Handschriften von Benigne aus dem 11. Jahrhundert *Auszüge aus der Disziplin von Dijon, die mit der von Fruttuaria gemeinschaftlich war.* In einer jenen vorausgeschickten Erinnerung hielt er fest, aus welchem Grunde nach der Mitte des 11. Jahrhunderts die Ordensdisziplin von St. Blasien nach den Bräuchen von Fruttuaria reformiert wurde, etwa gerade um jene Zeiten, als in unserem Kloster der heilige Hugo, der Abt von Cluny, persönlich anwesend war, von wo der heilige Wilhelm von Dijon, von dem wir im vorherigen Buch gesprochen haben, unter dem heiligen Maiolus herangebildet, selbst ein bedeutender Reformator der monastischen Disziplin und teilweise auch Gründer vieler Klöster, hervorging und Vorsteher von fast 40 Klöstern war, wie Glaber in dessen Lebensbeschreibung aussagt.

Unter diesen ragte das Kloster von Fruttuaria heraus, das Wilhelm selbst zu Beginn dieses 11. Jahrhunderts auf dem väterlichen Grundbesitz des Welfengrafen Robert von Piemont in

›Gallia Subalpina‹ in der Diözese Eporeda erbaute, das durch die
Freigebigkeit seiner Brüder Godefrid und Nitard ausgestattet
worden ist. Es gibt bei Christ. Godofr. Hoffmann in einer neuen
Sammlung von Schriften und Dokumenten ein Privileg des
heiligen Kaisers Heinrich[97] bzw. die Bestätigung jenes Klosters
zum Jahr 1014, die auf Bitten des heiligen Wilhelm vorgenommen
worden war; ebenso eine Urkunde Lamberts, des Bischofs von
Langres, durch welche nach einem Synodenbeschluß dem Kloster
Fruttuaria die Unabhängigkeit zugesichert wird, *damit kein
Mönch oder Abt, nämlich ein Nachfolger des vorbezeichneten
Herren Abtes Wilhelm, gegen den eben genannten Ort irgendeine
Beschwerde oder Verleumdung vorbringt, oder irgendetwas an
Besitz oder Unterwerfung beansprucht.* Derselbe heilige Abt
Wilhelm wird in einer Tauschurkunde zusammen mit dem Grafen
Gerhard genannt[98] und in einem Privileg[99] des heiligen Kaisers
Heinrich II. vom Jahr 1023, *darum bittend, daß ein bestimmtes
Kloster durch unsere Autorität gestärkt werde, das an einem Ort
gelegen ist, der ›Fruttuaria‹ genannt wird, aus dem eigenen Erbe
seiner Brüder Gotofred, Nitard und Robert;* die beiden ersteren
sind, wie auch der heilige Wilhelm, dem Mönchsorden gefolgt.

Bei demselben Hoffmann findet sich ein Brief[100] des Jerusalemer
Patriarchen an Abt Almeus von Fruttuaria aus dem Jahr 1112.
Ebendort[101] in einem Privileg des Kaisers Konrad II. vom Jahre
1026 tritt als erster nach Wilhelm der Abt Johannes von Fruttuaria
auf, notiert auch von Mabillon[102] zusammen mit den Nachfolgern
Wilhelm, Andreas, Albert und Suppo, unter welchem im Jahre
1055 Kaiser Heinrich III. die Privilegien und Schenkungen in den
Diözesen oder Grafschaften Ypor, Turin, Vercelli, Novara und
vielen anderen bestätigt hat[103]; unter Albert aber auch Heinrich
IV. durch Vermittlung der Mutter Agnes, von der dort ein Brief an
den Nachfolger Alberts, nämlich Andreas, folgt[104], in dem ihn die
Demütigste aller Königinnen darum bittet, daß er entsprechend
der Milde Gregors gegenüber Trajan für sie vom Herrn
Verzeihung erlange. Ich meine, daß dies eben der Albert ist, der in

97 T. I. p. 345
98 L. c. p. 310
99 Ibid. p. 305
100 p. 298
101 p. 301
102 Annal. T. IV. p. 318 et 653
103 Hoffmann l. c. p. 299
104 Ibid. p. 303, 304

dem fast gleichzeitigen Nekrolog des Klosters St. Blasien als Abt Adelbert von Fruttuaria aufgeführt wird. Es wird auch das Ordinarium des Abtes Wippercht auf einem alten Pergament aus St. Blasien zitiert, auf welchem die Regel, wie zur Hände Arbeit fortzuschreiten sei, mit folgenden Worten vorgeschrieben wird: *Ganz in der Frühe, sobald wie möglich, läßt man die Prim ertönen, wie Abt Wippercht von Fruttuaria in seinem Ordinarium in Kap. 82 lehrt, dem wir in allen Dingen gehorchen müssen.* Der Schriftzug stammt aus dem 15. Jahrhundert, woraus deutlich wird, mit welcher Gewissenhaftigkeit bei unseren Alten die Sitten und Gebräuche aus Fruttuaria bewahrt worden sind.

Daß aber von hier aus mehr als von Cluny die neue Ordensregel und Observanz angenommen wurde, dafür gab uns fern von allem Zweifel Adelheid Veranlassung, die Mutter der gleichnamigen Adelheid, die die Ehefrau des Grafen Rudolf von Rheinfelden, des Alemannenherzogs und Gegenkaisers, war und mit ihren zwei Söhnen in St. Blasien bestattet ist, wie ich oben und an anderer Stelle anhand einer Urkunde dargelegt habe. Es gibt weiterhin an ihre Mutter, die nach dem Tode ihres Mannes die subalpinen Stämme und die Region Savoyen lenkte, eine Erörterung bzw. das 18. Opusculum[105] des heiligen Petrus Damiani gegen die zügellosen Kleriker, in welchem er ihr das Kloster Fruttuaria anempfiehlt und es überschwenglich rühmt; er beginnt folgendermaßen: *Im Kloster Fruttuaria, wo ich für zehn Tage lang Gastrecht erhalten habe, habe ich mit Gewißheit und ganz offenbar erkannt, wie menschlich und wie angenehm deine Herrschaft für die Kirchen ist: wo zweifellos unter dem Schatten deines Schutzes die Brüder Gott dienen, so wie sich ungefiederte Küken unter den mütterlichen Flügeln wärmen. Und wie passend ist jenem Ort der Name Fruttuaria gegeben worden! Wir glauben, daß dieser nicht durch die Klugheit menschlichen Sinnes, sondern durch göttliche Vorsehung geschaffen ist. Denn wenn Ephraim Fruchtbarkeit zugesprochen wird, so ist jener Berg zweifellos Ephraim, wo die wahren Israeliten leben.* Nachdem er dies und anderes weit und breit ausgeführt hat, schließt er dann mit folgendem Wunsch: *Ich bitte den allmächtigen Gott, oh Fruttuaria, mich noch von der Fessel dieses Fleisches zu befreien, bevor er zuläßt, daß ich von dir*

---

105 T. III. opp. p. 181

wahrheitsgemäß hören muß, du seist von dem Stand der Lebensweise abgefallen, in dem ich dich gesehen habe.

Dies bezieht sich auf eben diese Zeiten selbst, zu denen die Mönchsdisziplin im Kloster St. Blasien nach den Sitten und Gebräuchen von Fruttuaria unter dem Abt Giselbert erneuert worden ist, wie der Anonymus den Sachverhalt in seinen ›libri constructionum‹ mit folgenden Worten schildert: *Es entsandte auch dieser heilige Vater Giselbert seine Brüder, nämlich den Herren Utto und den Herren Rustenus, die nach ihm Leiter dieses Ortes wurden, zum Kloster Fruttuaria, damit sie von da die Lebensweise unseres Ordens in Empfang nähmen, wobei die Kaiserin Agnes hilfreich zur Seite stand. Denn die Kaiserin Agnes sorgte in allem für die eben genannten Brüder, für Kleidung und alles, was sie nötig hatten; daher ist eben diese Kaiserin mit Recht als Förderin der Ordensregel unseres Klosters zu bezeichnen. Diese Kaiserin war die Gattin des hochadligen Herzogs Wilhelm, des Herrschers über die beiden Gallien Pictavia und Aquitania. Sie war die Gattin des Kaisers Heinrich III. und die Mutter des Kaisers Heinrichs IV. Diese begab sich, gottesfürchtig lebend, angesichts der Veränderung der Verhältnisse zum Kloster Fruttuaria; und von dort kam sie nach Rom und hielt sich eine Zeitlang dort auf; sie schied aus dem Leben und wurde in der Kirche der seligen Petronella mit allen Ehren in einem marmornen Grab bestattet.* Eben dieselben Worte über das gottesfürchtige Leben der Agnes und ihren Tod sind auch bei Otto von Freisingen zu lesen[106]. Weiterhin untersucht zum Jahr 1062 Mabillon[107], ob Agnes in Fruttuaria das Ordensgewand erhalten hat. Zu diesem Jahr wird in der Chronikhandschrift von St. Blasien aus dem 12. Jahrhundert folgendes notiert: *Die Kaiserin Agnes hat sich unter dem heiligen Schleier Christus geweiht.* Alexander II. übersandte im Jahr 1070 dem Abt Albert von Fruttuaria eine Bestätigung der Privilegien, welche der zitierte Hoffmann anführt[108], die man durch Vermittlung der Kaiserin Agnes und auf das Ersuchen des Kölner Erzbischofs Anno hin erhielt.

---

106 Chron. lib. IV. c. 34.
107 Annal. T. IV. p. 617 etc.
108 L. c. p. 236

... und auch anderenorts.

XVI. Als dieser Kölner Erzbischof Anno auf der Rückreise von
Rom nach Deutschland sich im Kloster Fruttuaria von Abt Albert
getrennt hatte und voll Bewunderung vor dem außerordentlich
strengen und nach den Ordensregeln bestens eingerichteten
Leben der Mönche war, brachte er von dort zwölf Mönche zum
Kloster Siegburg[109] und richtete nach derselben Regel zwei
weitere Klöster in Westfalen ein, nämlich Grafschaft und
Saalfeld. Es berichtet Lambert von Schafnaburg in seiner
Chronik[110] zum Jahre 1071, daß dieser Anno nach der Vertreibung
der Kleriker aus Saalfeld dort das Mönchsleben eingerichtet
habe, nachdem er hierher von Siegburg und von St. Pantaleon
Mönche entsandt hatte: *Zu dieser Zeit*, fügt er hinzu, *bin auch ich
hierher gekommen, um mich mit diesen über Ordnung und Disziplin
des Klosterlebens zu beraten, weil nach der allgemeinen Meinung
über jene großartige und hervorragende Dinge verbreitet wurden.*
Weiterhin bezieht sich auf eben diese Observanz von Fruttuaria,
was derselbe weiter unten anfügt, nachdem daß er sich
ausführlich über die damals bei vielen gelockerte Regeldisziplin
geäußert hatte: *Dieses Unkraut auf dem Acker des Herrn*, sagt er,
*diese vertrockneten Reben im Weinberg Gottes und das Stroh, das
für das ewige Feuer gerichtet war, hatte den ganzen Leib der heiligen
Herde wie mit einer Pest angesteckt, und es hatte, wie der Apostel
sagt, ein wenig Sauerteig den ganzen Teig verdorben, so daß wir alle
für gleich angesehen wurden und niemand glaubte, daß es unter uns
einen gäbe, der Gutes vollbrächte, kein einziger bis zum letzten.
Daher riefen die Reichsfürsten Mönche von jenseits der Alpen, um in
Gallien eine Schule für den Dienst an Gott einzurichten; unsere
Leute aber, die von sich aus deren Einrichtungen nicht dulden
wollten, warfen sie aus den Klöstern mit Schimpf und Schande
hinaus. Ich aber, der ich, wie gesagt, zu ihnen kam und mich 14
Wochen lang bei ihnen zum Teil in Saalfeld, zum Teil in Siegburg
aufhielt, habe bemerkt, daß unsere Bräuche besser als die ihren mit
der Regel des heiligen Benedikt übereinstimmten, wenn wir nur
ebenso zäh als Vorsteher und ebenso streng als Nachahmer unserer
väterlichen Traditionen leben wollten.*

---

109 Pist. p. 399
110 Pist. Script. Germ. T. I. p. 349

Schließlich berichtet[111] er zum Jahr 1075 das, was wir schon über
Anno von seiner Rückreise aus Italien gesagt haben, von wo er
aus Fruttuaria Mönche mit sich brachte, *die sehr bewährt im
Dienst an Gott waren,* und die er bestimmt hatte, *den Galliern die
Regel eben dieser Disziplin nach Siegburg zu überbringen, nachdem
er die früheren Mönche, die er aus St. Maximus hatte holen lassen,
in Ehren an deren Ort entlassen hatte, weil sie ihren Regeln nicht
hatten zustimmen wollen. Dessen Beispiel folgten die übrigen
Bischöfe der Gallien, und es riefen die einen die Mönche aus Gorze,
die anderen aus Cluny und wieder andere aus anderen Klöstern
herbei und richteten jeweils in ihren Klöstern eine neue Gemeinschaft für den Dienst an Gott ein. Und so sehr nahm in kurzer Zeit
die Nachahmung dieser glückverheißenden Tat zu, daß wir
innerhalb Galliens nur wenige Klöster sehen können, die sich noch
nicht unter das Joch dieser neuen Einrichtung gebeugt und es auf
sich genommen hätten. Er selbst aber (Anno) entschied, daß seine
Mönche gemäß dem, was er in Fruttuaria erfahren hatte, nach den
strengsten Regeln lebten und nachdem er seine Lehrmeinung über
ihre Lebensweise lang und breit dargelegt hatte, dankte er Gott
überaus, daß sich viele für die Verachtung der Welt begeisterten und
sich deren Leitung auf dem Weg zur Erziehung für Gott anvertrauten, weil er ihn nicht gegen seine Erwartung habe zuschanden
werden lassen* und was dort weiterhin an Lesenswertem folgt. In
dem großen Geschichtswerk über Belgien bei demselben
Pistorius[112] wird von eben diesem Anno gesagt, daß er auf dem
Berge Sibergh eine dritte Niederlassung gegründet habe, und daß
er *hierher von Fructa aus* (nämlich dem Kloster Fruttuaria), das in
den Alpen liegt, den Konvent *herbeigebracht habe.*

Von St. Blasien zum Kloster Muri...

XVII. Bei uns wurde vom Kloster St. Blasien aus die erste
Verpflanzung der Bestimmungen von Fruttuaria auf jenes überaus
berühmte Kloster von Muri in der Schweiz vorgenommen, das
seine Anfänge Werner I., dem Bischof von Straßburg, verdankt,
der sich selbst in der Gründungsurkunde für eben dieses Kloster
vom Jahre 1027 als der Gründer des Klosters und der *Burg, die*

111 Ibid. p. 399 seq.
112 Script. Germ. T. III. p. 124

Habesburch genannt wird, zu erkennen gibt[113], von der das Kaiserhaus Habsburg seinen Namen hat und von seinem frühesten Ursprung an im Kloster Muri seine Grabstätte erlangt hat. Dies aber lag den Habsburgern, den Stiftern dieses Klosters, ganz besonders am Herzen, daß sie die bestmögliche Regel des Mönchsordens aus dem besonders nahe gelegenen Kloster bevorzugten, das allgemein Einsiedeln genannt wird. Als aber zu Werner, dem Sohn der Ita, die Kunde von der Regel von Fruttuaria gelangte, welche in St. Blasien im benachbarten Schwarzwald in Blüte stand, befahl er Ulrich, den er aus dem Kloster Disentis hierher geholt hatte, sich zu diesem unserem Kloster aufzumachen und dorthin Brüder mitzunehmen, die in jenem Brauch heranzubilden seien. Als es aber Ulrich ablehnte, von hier die Regel aufzunehmen und in sein eigenes Kloster Disentis zurückkehrte, machte sich Graf Wernhar *selbst auf den Weg zu der oben genannten Albzelle,* oder St. Blasien *und erlangte von jenem Abt, der Giselbert genannt wurde* (so die Akten von Muri), *die Erlaubnis, daß er seine Brüder hierher schicken könne, deren Namen folgende sind: Ruoprecht, der später hier Abt wurde, Oprecht, Heinrad, Rifrid. Bevor allerdings die Brüder selbst hierher kamen, gelangten auf Bitten des eben genannten Grafen zwei Äbte hierher, nämlich Willeberd,* oder St. Wilhelm, *der Abt von Hirsau und Sigfrid von Schafhusen,* die den Grafen dazu anhielten, den Ort in die Freiheit zu entlassen und selbst auf die Bitte des Grafen hin eine Urkunde hierzu verfaßten. *Als sie dies getan hatten, kam er* (der Graf) *hierher mit seinen versammelten Fürsten und Ministern in der Vigil zu St. Martin zusammen mit dem Abt Giselbert von der Zelle St. Blasien und mit jenen Brüdern, die ich oben namentlich genannt habe usw.* Als die Unabhängigkeitsurkunde verlesen war, nahm sie der Graf selbst entgegen *und übergab sie zur Vollmacht an Abt Giselbert und seine Brüder, die hierher abgeordnet worden waren, daß sie selbst den Ort und alles, was dazu gehörte, bewahrten, beschützten und behandelten in der Weise, wie sie Gott dem Herrn am Tage des Gerichtes darüber Rechenschaft ablegen wollten.*

Es war dies das erste Kloster bei der Bildung der Kongregation des heiligen Blasius nach den Sitten von Fruttuaria, wie nicht viel später der heilige Wilhelm von Hirsau eine solche nach den Sitten

---

113 Gall. Christ. T. V. append. p. 511

von Cluny eingerichtet hat, wobei er nämlich unter seiner Obödienz und äbtlichen Fürsorge die neuen derartigen Niederlassungen und Zellen hielt, die sozusagen eine zusammenhängende Kongregation bildeten. Und von daher kommt es, daß Bucelin in der Chronologie von Konstanz zum Jahr 1081 den Abt Giselbert von Muri nennt, der es nicht zuließ, daß Ruopert, den er selbst in Muri zum Prior bestimmt hatte, zum Abt geweiht wurde, wie die Akten von Muri fortfahren, und zwar deshalb, *weil er gewollt hatte, daß dieser Ort unter seiner eigenen Fürsorge verbleibe: Dieser machte nämlich, was er wollte, indem er entweder seine eigenen Brüder schickte oder die anderen von hier entfernte. Zu dieser Zeit entsandte dieser auch seine auswärtigen Brüder mit Schwestern, nach welcher Sitte sie auch jetzt noch da sind... Als dieser drei Jahre lang unter dem Titel eines Priors sich so aufgeführt hatte, ging Ruopert aber als Mönch auf Befehl eben dieses seines Abtes Giselbert von hier weg und kehrte in sein eigenes Kloster zurück. Die Brüder aber, die hier waren, sagten, daß der Ort unabhängig sei und daß es hier einen Abt geben müsse; sie baten daher den oft genannten Grafen, daß er ihnen behilflich sei, daß sie selbst ihren eigenen Abt haben könnten. Nach dessen Zusage kam dann Luitfrid von der Zelle St. Blasien hierher. Es war dies der zweite Abt dieses Ortes, ein außerordentlich frommer Mann und ein hocherfahrener Lehrer des monastischen Lebens.*

Von diesem Luitfrid sagt Bernold im Anhang zum Chronikon des Hermannus Contractus zum Jahr 1096 folgendes: *Luitfrid heiligen Angedenkens, Abt des Klosters St. Martin, schon fast 30 Jahre an der Welt gekreuzigt und für Gott allein lebend, beschloß im hohen Alter seinen letzten Tag am 30. April.* Die 30 Jahre aber, in denen Luitfrid der Aussage nach an der Welt gekreuzigt war, von welchen er kaum zehn Jahre in seinem Amt als Abt verbringen konnte, sind in bezug auf die Jahre seines Mönchslebens zu verstehen, und er ist eben dieser, der von unserem Anonymus in seinen ›libri constructionum‹ als der Priester Luitfrid von Ebersbach erwähnt wird, der schon damals durch eine himmlische Erscheinung erquickt wurde. *Danach also,* fährt er fort, *nachdem er Abt von Muri geworden, war er um den Dienst an Gott eifrig bemüht. Zuletzt aber, als er in den letzten Zügen lag, hörte er in gewissem Wechsel, wie er selbst seinen Brüdern erzählte, himmlische Stimmen ein überirdisches Lied süß psallieren. Mit*

solchen Tröstungen nämlich führte ihn der Herr zu seinem Tod.
Über ihn schreiben die Autoren der ›Gallia christiana‹[114]: *Viele*
Autoren überall in Deutschland gedachten dessen bewunderswerter
Heiligkeit; unter ihnen befinden sich Gabriel Bucelin im ›Calen-
darium Benedictinum‹, Berthold von Konstanz im Anhang zum
Chronikon des Hermann Contractus, Arnold Wion im ›martyro-
logium monasticum‹ und Philipp Ferrari in seinem ›catalogus
Sanctorum‹, auch wenn sie sich bei der Festlegung seines Todestags
irren. Diesen setzen sie mit unserem Anonymus für den 31.
Dezember an, und auch die Nekrologe von Muri und St. Blasien
bezeichnen diesen Tag, ebenfalls die Akten der Gründung des
Klosters Muri und zwar für das Jahr 1096, in dem auch Graf
Wernhari gestorben ist: *Nach dessen Bestattung,* fügen die Akten
hinzu, *wurde von den Brüdern Ruopert zum Abt gewählt, der hier*
vor der Ankunft des Abtes Luitfrid unter der Bezeichnung eines
Priors tätig war. Und der St. Blasier Anonymus aus dem 14.
Jahrhundert in dem Pergamentkodex, in dem die Gottesdienstordnung enthalten ist, und der Katalog der Äbte, die von St.
Blasien an andere Klöster berufen worden waren, sagen: *Zuerst*
war Luitfrid der zweite Abt im Kloster Muri unter dem Abt Gisil-
bercht. Danach wurde ebenda Ruopert als dritter Abt gewählt, der
gleichfalls nach unserer Regel ebendort das Mönchsleben einge-
richtet hat, nämlich nach der Norm der Bestimmungen von
Fruttuaria, gemäß dem Wunsche des Grafen Wernhari, von dem,
wie wir schon aus den Akten von Muri berichtet haben, *dieser Ort*
in die Freiheit geführt und bestätigt worden ist und von Abt Luitfrid
göttlichen Angedenkens in vollkommener und gelehriger Weise nach
einem Leben gemäß der Regel geordnet wurde: Die Akten haben
dasselbe und wiederholen es, wo sie von dem Tode beider
berichten.

... und Erlach.

XVIII. Etwa eben um dieselbe Zeit wurde eine neue Pflanzstätte
der Disziplin von Fruttuaria geschaffen; eine Niederlassung von
Mönchen mit dem Abt Ekehard wurde unter Utto vom Kloster St.
Blasien aus in eben dieses Land der Rauraker in der burgundischen Schweiz zum Kloster Erlach überführt. Dieses liegt am

114 T. V. p. 1038

Bieler See, schon im Herrschaftsbereich von Bern und wird dann auch in alten Dokumenten Mönchsgemeinschaft oder Kloster von Herilac genannt und Insel des St. Johannes bei Erlach: mit diesem Namen wird es auch jetzt noch bezeichnet. Als Erstgründer hatte es Kuno von Hasenburg, den Bischof von Lausanne; Burchard aber, ein Bruder des im Jahre 1090 verstorbenen Kuno und Bischof von Basel, vollendete jenes Kloster und förderte es durch Geldzuwendungen. Nach Hospinian und Car. Franc. Haberer[115] liegen seine Anfänge im Jahre 1089, heute ist es völlig verlassen. Die Gründungszeit der Niederlassung bringen die St. Blasianischen Dokumente nicht zum Ausdruck; es steht allerdings außer Zweifel, daß sich dies unter Abt Utto gegen Ende dieses Jahrhunderts zugetragen hat, wobei dies vor allem ihr Gründer Burchard, der Bischof von Basel und Vogt von St. Blasien, vorantrieb, der gegen Anfang des folgenden Jahrhunderts gestorben ist. In dem oben erwähnten Katalog der angeforderten Äbte wird nur dies notiert: *ebenso Ekehard, Abt von Erlach.*

Das Kloster Ochsenhausen, zur Kongregation von St. Blasien gehörig.

XIX. Im ›Iter Alemannicum‹ haben wir an der Stelle, wo wir über das bedeutende Kloster Ochsenhausen in Schwaben gesprochen haben, aus einer Kodexhandschrift die Ordnung bezüglich der Festtage des Klosters Fruttuaria notiert, die Utto, der spätere Abt von St. Blasien, von dort mitbrachte, und die Ochsenhausen mit uns zusammen in der Kongregation von St. Blasien gemeinschaftlich hatte. Daß dieses Kloster in Schwaben, zwischen Biberach und Memmingen gelegen, von dem Konstanzer Bischof Gebhard III. konsekriert worden ist, wird im Anhang zum Chronikon des Hermann Contractus zum Jahr 1093 mit folgenden Worten vermerkt[116]: *Zur gleichen Zeit weihte auch derselbe Bischof* (Gebhard) *für den genannten Abt* (Utto) *ein anderes Kloster, nicht sehr weit weg von da* (vom Kloster Wiblingen, das damals ebenfalls gerade geweiht worden war) *zu Ehren des heiligen Georg. Diesen Ort und alles, was dazu gehörte, übergaben ein gewisser Adliger namens Kuonrad und sein Bruder ohne jegliche Bedingung an St. Blasien und baten den eben genannten Abt, daß er an*

---

115 Eydgenossischer Ehrenspiegel P. II. c. 6 p. 98
116 Urstis. Script. Germ. P. I. p. 369

demselben Ort den Dienst an Gott begründe; derselbe Abt zögerte nicht, deren Wünschen zuzustimmen.

Es existiert eine Urkunde des Abtes Utto, datiert vom 31. Dezember 1100, welche folgendes sagt: *Doch ich, Uto, unwürdiger Abt von St. Blasien, belehrt durch das Mitleid mit den Brüdern und in Vorsorge für den künftigen Nutzen, habe nach etlichen Jahren unsere Brüder zu dem eben genannten Ort entsandt, um den Dienst an Gott unter dem Abt von St. Blasien gemäß unserer Regel einzurichten, die wir von Fruttuaria haben.* In dieser Urkunde ist enthalten, nach welchen Vereinbarungen und Gesetzen dem Utto das Kloster übergeben worden ist, als deren erste gleich eine bestimmte Gewohnheit von Fruttuaria angeführt wird, nämlich *daß eben dieser Ort mit allem, was zu ihm gehört, dem Kloster von St. Blasien immer in allen Dingen gehorche und untergeben sein solle, wie auch alle ihre Zellen dem Kloster von Fruttuaria gehorchen und unterworfen sind.* Dies wurde in Anwesenheit des Salzburger Erzbischofs, des heiligen Tiemon, des Konstanzer Bischof Gebhard und anderer Grafen und Adligen ausgehandelt.

Die Dokumente von St. Blasien nennen das Geschlecht der Stifter nicht namentlich, wie auch nicht den Ort, der nur aus dem Anhang zu Hermann entnommen ist, wo Konrad und sein Bruder erwähnt wird. Drei aber werden in dem ›Spicilegium ecclesiasticum‹ des Lunigius[117] genannt, nämlich Hawin, Adelbert und Konrad von Wolvoldeswende, welche Bruschius in seiner ›monasteriologia Germaniae‹[118] und Bucelin[119] ›von Wolfartswende‹ nennen. Bei dem Weingartener Mönch ist zu lesen, daß der heilige Konrad, der zum Bischofsamt aufgerückt war, aus dem Vermögen, das er von seinem Vater in Besitz genommen hatte, Altdorf (nach der Weingartener Handschrift Alidorf, heute im Volksmund Olidorf, allgemein Aulendorf, jetzt Sitz der Grafen von Königseck) und *Wolteswende* usw. seinem Bruder Rudolph im Tauschverfahren überlassen und von diesem entlegenere Orte erhalten habe. Wenn aber eine Verbindung der Grafen von Kyburg (wie man glaubt, stammte der Abt Utto von St. Blasien aus dieser Familie) mit den Welfen feststünde, welche die Dokumente der Stifter des Klosters Rheinau nahelegen, könnte

117 P. III. p. 365
118 Chronol. Constant. p. 225 etc.
119 Leibn. Script. rer. Brunsvic. T. I. p. 782

von hier aus auch ein Grund dafür gefunden werden, warum eben diesem Abt von den Stiftern das Kloster Ochsenhausen übertragen wurde. Dem Bruschius ist von Mönchen dieses Ortes berichtet worden, daß vor langer Zeit in dem uralten kleinen Heiligtum von St. Konrad eine Kongregation von Nonnen bestanden habe und zwar noch vor jener Stiftung, die wir genannt haben, der Edlen von Wolfardsschwendi. Wofhardtsschwendi ist heute ein Ort unter Herrschaft von Rauenburg und war von alter Zeit her berühmt durch die Quelle des heiligen Gangolf; es liegt nicht weit weg von Altorf oder dem Kloster Weingarten, wo von den Fenstern aus in Richtung Norden auch heute noch der Turm eines gewaltigen Bauwerkes zu sehen ist, den man im Volksmund *Hazen* oder *Azenthurn* nennt, nämlich nach Hatto, Hattwin oder Hawin, wie es scheint, von dem wir gesagt haben, daß er zusammen mit seinen Brüdern Güter zur Gründung des Klosters Ochsenhausen beigesteuert habe. Daß Hatto Ochsenhausen das Gut Hattenberg geschenkt hat, zeigt eine noch vorhandene Urkunde. Daß im benachbarten Gebiet zu Schwaben das Geschlecht von Wolfartswende in Blüte stand, das dem Namen nach einen welfischen Ursprung anzuzeigen scheint, bezeugt unter anderen auch P. Karl Meichelbeck in der Lebensgeschichte des Albert von Freisingen[120] in einer Urkunde zum Jahr 1182. Irrtümlich wird aber dieser bei Canisius von Basnag in seiner vorausgehenden Untersuchung zum Leben des seligen Heinrich von Zwiefalten[121], eines Priors von Ochsenhausen, am Buchrande auf das 11. Jahrhundert und zwar auf das Jahr 1065 bezogen, wie wir an der entsprechenden Stelle sehen werden. Der erste dort eingesetzte Prior Burkhard nämlich führte sein Leben bis ins nächste Jahrhundert hinein und zwar nach Bucelin in der ›chronologia Constantiensis‹ bis zum Jahr 1125, wie ein auffallender Grabstein, der von den Seinen gesetzt wurde, aussagt.

Der selige Werner, zum Kloster Wiblingen mit einer Siedlergruppe von St. Blasien geschickt.

XX. Weiterhin veranlaßte Bucelin in der ›Germania sacra‹[122] zusammen mit Crusius und Bruschius die Mitbrüder von St.

120 Hist. Frising. T. I. p. 371
121 Lect. antiq. T. III. p. 330
122 P. II. p. 323

Maurinus, die die ›Gallia christiana‹ verfaßten, die Ankunft des heiligen Werner auf das Jahr 1102 anzusetzen[123], des ersten Abtes, der von Abt Utto von St. Blasien von dort aus mit einer Siedlergruppe zum Kloster Wiblingen entsandt wurde, das am Fluß Iller nicht weit weg von der Stadt Ulm entfernt ist, in der oft die Versammlungen der Reichsstände Schwabens stattfanden. Ihn überzeugte nämlich, wie ich schon im ›iter Alemannicum‹ bemerkt habe, das Aussehen eines jüngeren Grabsteins, obwohl doch mir, der ich mich in Wiblingen aufhielt, seine benediktinischen Mitbrüder nicht einmal genau den Ort der Bestattung auf Grund irgendeiner Spur zeigen konnten. Diese selbst nennen auch in einem Buch, das sie mit *templum honoris* des Klosters Wiblingen betitelt haben und das im Jahre 1703 veröffentlicht wurde, das Jahr 1099. Doch in diesem Jahr wird in einer Bulle Urbans II. bereits Abt Werner genannt, in der ›historia Suevorum‹ des Felix Faber[124] gerühmt als *heiliger und außerordentlich frommer Mann, ein Edler aus dem Geschlecht Ellerbach und noch viel edler durch seine Frömmigkeit. Da dieser Abt*, fährt er fort, *überaus fromme Mönche heranzog, wurde er von vielen gottergebenen Jungfrauen darum gebeten, für sie einen Konvent oder ein Kloster neben seinem eigenen Kloster zu errichten. Er aber gab ihren Bitten nach und erstellte an der Seite des Konvents eine Klause, in der es für lange Zeit eine Kongregation von Gott ergebenen Jungfrauen neben einer Kapelle der seligen Jungfrau Maria gab, die heute auf dem Friedhof steht, auf dem die Grabstätte der eben genannten Schwestern war, unter welchen, wie man glaubt, viele Heilige gewesen sind.* In der Chronologie gab es eine irrige Stelle[125], weil man nicht beachtet hatte, daß sich Werner zunächst in der Kirche in Unterkirchberg niedergelassen hatte, wie der Verfasser des zitierten *templum honoris* aussagt, bis die Klosterkirche selbst fertiggestellt war und schließlich im Jahre 1099 eingeweiht wurde, während jene von Unterkirchberg schon im Jahre 1093 konsekriert worden war. Dieses spätere Jahr versteht dann der zeitgenössische Autor im Anhang zum Chronikon des Hermann d. L. und von diesem seinerseits Bucelin in der ›chronologia Constantiensis‹ in bezug auf das Kloster selbst, zumal da sogar der Monat September für dieses Jahr

123 T. V. p. 1058
124 L. II. c. 11.
125 Apud Goldast. rerum Suev. Script. P. II. p. 101

angegeben worden war, wobei allerdings Werner in keiner Weise erwähnt wurde, obwohl doch sonst der Fortsetzer des Hermann, der St. Blasier Mönch Bernold, vor allem ab dem Jahr 1086 das, was sich auf die Angelegenheiten von St. Blasien bezieht, äußerst sorgfältig und überaus genau verfolgt. So aber schreibt dieser zum Jahr 1093[126]: *Auch in Alemannien erbauten der Graf Hartmann und sein Bruder Otto ein neues Kloster auf dem eigenen Gut an der Stelle, wo die Flüsse Donau und Iller zusammenfließen, zu Ehren des heiligen Martin; dieses weihte der eben genannte Bischof von Konstanz* (Gebhard) *im Monat September durch persönliche Konsekration; doch der ehrwürdige Abt Otto von St. Blasien richtete eben dort die Disziplin nach der Regel ein.* Die Stifter Otto und Hartmann rühmt auch der genannte Ulmer Dominikaner Felix Fabri, allerdings folgendermaßen, daß endlich, *nachdem die heilige Stadt Jerusalem durch die Unseren befreit worden war und sie heil und unversehrt zurückgekommen waren, sie durch Baufachleute darüber belehrt wurden, daß das Gebäude nicht auf dem Berg neben der Pfarrkirche stehen könne; so entschlossen sie sich, das Fundament für das Kloster da zu legen, wo es Gott sei Dank auch heute noch steht; und nicht viel später zerteilte sich der Berg, auf dem zu bauen sie begonnen hatten.*

Dies bezieht sich aber auf das Ende des 11. Jahrhunderts, als die Stadt Jerusalem im Jahre 1099 eingenommen wurde, in welchem, wie eben dieser sagt, das Kloster grundgelegt wurde: *Zu jener goldenen Zeit,* sagt er, *und in dem versöhnlichen Jahr 1099, in dem die heilige Stadt Jerusalem vom christlichen Volk unter Führung des hochberühmten Gottfried von Lothringen eingenommen und in die Freiheit der christlichen Religion geführt wurde, wie oben. Zu jener goldenen Zeit nämlich waren fast alle Edlen des Abendlandes und sozusagen ganz Europas mit unermeßlichen Legionen auf der Reise ins Heilige Land. Jene Edlen aber, die zurückgeblieben waren, übertrugen die Aufwendungen, die sie der Sitte entsprechend machen sollten, zum Nutzen der Diözesen, Klöster und Almosen. Es gab aber damals zwei berühmte Gutsherren, ich glaube Grafen von Kyrchberg, die Brüder Otto und Hartmann, die, in Ergebenheit gegenüber dem Glauben entbrannt, zusammen mit den übrigen Fürsten, Grafen, Baronen, Rittern und Edlen das Kreuz aufnahmen als Zeichen zum Kampf gegen die Ungläubigen für die heilige Stadt*

---

126 Urstis. Script. Germ. p. 369

Jerusalem. Doch damit das heilige Kreuz, unter dem sie kämpfen wollten und dessen Zeichen sie an ihre Kleidung geheftet hatten, sie schütze und verteidige, spendeten sie zur ewigen Ehre des Kreuzes und zur Erinnerung an ihre Bezeichnung außer den Aufwendungen, die sie auf der Fahrt haben würden, eine große Menge Geld für Baumeister, die sie zur Grundlegung und Errichtung eines Klosters vom heiligen Kreuz des Ordens des heiligen Benedikt auf dem Berg neben der Pfarrkirche angeworben hatten. Hieraus haben wir nunmehr bezeugt, daß Otto und Hermann schon vor diesem Feldzug den Plan einer Klostergründung gefaßt und schon Baumeister zu diesem Zweck angeworben hatten; dieses Kloster wurde allerdings erst nach ihrer Rückkehr nach der Einnahme der Stadt Jerusalem im Jahre 1099 fertiggestellt. Und von daher ist auch die Berechnung klar, um die bisher angeführten Widersprüche auszugleichen, soweit es sowohl die Zeit der Klostergründung als auch die Zeit des ersten Abtes, des seligen Werner, angeht, auch in Übereinstimmung mit der Zuverlässigkeit der Aussage der zitierten Grabinschrift, wenn nämlich 24 Jahre Herrschaft ab der Grundlegung des Klosterbaus nach seiner Rückkehr an eben dem Ort gerechnet wird, *wo es Gott sei Dank heute steht.* Jene in Zweifel gezogene Grabinschrift hat folgenden Inhalt: *Werner aus dem Geschlecht von Elerbach, der erste Abt dieses Klosters Wiblingen von seiner Gründung an, war für alle das Richtmaß großer Demut und Heiligkeit und erweiterte das Vermögen seines Klosters durch Güter und machte diesen Ort durch viele schöne Schmuckstücke lieblich. Er starb im 1126. Jahre des Herrn und im 24. seines Abtsamtes in Frieden. Amen.* Es folgt auf dem Grabstein: *Zuerst war er Mönch in St. Blasien im Schwarzwald. Jener Stein mit der Inschrift wurde hier im 1492. Jahr des Herrn von Abt Konrad Ruch aufgestellt, der als erster an diesem Orte die Mitra hatte.* Auch wenn also dies durch ein Denkmal aus späterer Zeit festgehalten zu werden scheint, folgt daraus freilich nichts anderes, als daß, woran wir zum Teil schon erinnert haben, die Gründung für das Jahr 1093 festgestellt werden kann; ebenso die Erneuerung des Klosters auf dem Berg neben der Pfarrkirche, die zu diesem Zeitpunkt schon geweiht war, nachdem auch aus St. Blasien die Ansiedler mit Abt Werner herbeigeholt worden waren, bis die Gründer nach ihrer Rückkehr mit einer bedeutenden Partikel des heiligen Kreuzes nach der Einnahme von Jerusalem im Jahre 1099 für den neuen Klosterbau einen sicheren Ort auswählten, an welchem Werner mit den Seinen im Jahre 1102 das Klosterleben begann.

Als aber die ursprüngliche Kirche jenes Klosters auf Grund ihres Alters zerfiel und eine neue, bedeutende Basilika sich an deren Stelle erhob, so lange, bis am 29. Nov. 1781, wie mich die Brüder von Wiblingen unterrichten, die bei dem Ereignis anwesend waren, *in der exsekrierten Kirche des alten Klosters nach dem Ort des Grabes des seligen Werner von Ellerbach, eines Mönches von St. Blasien und des ersten Abtes von Wiblingen, gesucht wurde, fand man an der Stelle, die von dem Verfasser der Annalen von Wiblingen bezeichnet worden war, d. h. etwa in der Mitte des Schiffes der alten Kirche, eine längliche Grabstätte, die auf drei Seiten von einer Mauer eingefaßt war, zwei Fuß und neun Daumen breit und acht Fuß lang. Auf dieser Mauer war ein Grabstein angebracht, fein gemeißelt, der das Bild des seligen Werner zeigt, allerdings mit einer Mitra, welche Konrad II., der 19. Abt des Klosters von Wiblingen, als erster Mitraträger zu Ehren seines seligen Vorgängers dem Jahr 1492 zuschreiben ließ, wie unsere Annalen berichten. Er veranlaßte, daß eben diese Grabstätte sowohl aus Gründen der Verehrung als auch, damit nichts gegen kirchliche Bestimmungen verstoße, völlig unversehrt bis zur Zeit einer mit der geschuldeten Ehrfurcht vorzunehmenden Untersuchung in geziemender Weise wieder verschlossen werde und daß es, nachdem dieses Zeugnis schriftlich niedergelegt und mit den Siegeln des Abtes und von der Mehrheit des Konvents bestätigt worden war, verschönert werde, wobei als Zeuge für dieses ganze Geschehen der Vater von Rom anwesend war.* Zu beachten aber ist aus dem, was jetzt noch auf der Aufschrift, die in den Grabstein im Jahre 1492 eingemeißelt wurde, zu lesen ist, daß es bis auf den Buchstaben genau das ist, wovon wir kurz vorher schon dargelegt haben, daß es in den Annalen des Klosters festgehalten ist. Jetzt aber, nachdem in feierlichem Ritus am 20. und 21. März des Jahres 1782 die Gebeine des seligen Werner aus seinem Grab herausgehoben und in der neuen Kirche außerhalb des Chorraumes auf der Evangelienseite an einer hochragender Stelle, nämlich am Sockel einer Säule von jenen drei mal vier Pfeilern, die die Hauptkuppel der Kirche tragen, beigesetzt und unter Verwendung einer vergoldeten Tafel aus Kupfer wieder verschlossen worden sind, ist die folgende ihr eingemeißelte

Inschrift zu lesen: *die Gebeine des seligen Werner (von Ellerbach), eines Mönches aus St. Blasien, des I. Abtes in Wiblingen, aus dem früheren Grab nach 656 Jahren auf Veranlassung des hocherhabenen und hochwürdigsten Herrn Ordinarius Maximilian Christophorus, des Bischofs von Konstanz, am 20. März des Jahres 1782 ausgegraben und an diesen Ort der neuen Kirche am 21. März desselben Jahres feierlich überführt.* Einige seiner Reliquien wurden zurückbehalten, um sie ins Kloster St. Blasien zu überbringen, von wo der selige Mönch Werner mit Neusiedlern als erster Abt an das Kloster Wiblingen berufen worden war.

So auch der selige Hartmann an das Kloster Göttweig.

XXI. Nachdem in dem so oft zitierten Anhang zum Chronikon des Hermann Contractus, wie wir gesehen haben, zum Jahr 1093 eine Siedlergruppe aus dem Kloster St. Blasien für das neu gegründete Kloster Wiblingen erwähnt worden ist, wird gleich zum folgenden Jahr von einer anderen, weit entfernteren in Göttweig in Richtung Pannonien berichtet und zwar so genau und so übersichtlich, daß sogar selbst der Tag angegeben wird, nämlich der 11. September, an welchem das neue Kloster des St. Blasius erbaut zu werden begann. Dies deshalb, weil es die Anwesenheit des Verfassers an eben diesem Ort ganz klar beweist, nämlich des Bernold, von dem wir oben erklärt haben, daß dieser außer anderen Werken auch das Chronikon herausgegeben hat, von dem wir glauben, daß von ihm sowohl das Chronikon des Hermann wie auch das dessen Schülers Berthold geordnet worden ist, dem er das Übrige bis zum Jahr 1100 aus eigenen Stücken hinzugefügt hat, wie es auch im Kodex von Muri bis zum Jahr 1090 notiert wird; gesondert aber ist es im Münchner Kodex, der von ihm eigenhändig geschrieben ist, neu bearbeitet enthalten.

Gleich aber wollen wir ihn selbst in einer Erörterung bei Urstisius[127] zu dem erwähnten Jahr 1094 hören, wo irrtümlich das Jahr 1093 angegeben wird, da in dem Kodex von Villingen, aus dem ihn Urstisius veröffentlicht hat, das Jahr 1094 notiert ist, womit die übrigen Geschichtsschreiber bei Hieronymus Pez in ›de

127 Script. Germ. p. 371

scriptoribus rerum Austriacarum‹ übereinstimmen. So auch das Nekrologium von Zwiefalten: *Hartmann, Abt in Kuttwein, vorher Prior von St. Blasien, dorthin entsandt von Abt Otto im Jahre 1094, am 11. September.* Unser Bernold aber: *Im Schwarzwald an dem Ort, der seinen Namen von St. Blasius hat, begann das Kloster zu Ehren eben dieses Heiligen von Grund auf erbaut zu werden am 11. September. Denn der Herr hat jenen Ort so sehr erhöht und ließ so viele dorthin zum Eintritt ins Kloster kommen, daß notwendig weitere Gebäude errichtet werden mußten. EBEN AN DIESEM TAG DES BAUBEGINNS entsandte der ehrwürdige Herr Abt Otto dieses Ortes den Herren Prior Hartmann mit anderen seiner Mitbrüder in das östliche Reich, nämlich in eine mit Ungarn benachbarte Markgrafschaft, um in der Diözese Passau an dem Ort, der Cotewich genannt wird, eine neue Abtei zu errichten. Es gab aber an jenem Ort ein Kloster von Klerikern, die nach der Regel lebten, die das allerdings von dem Herren Papst und durch Vermittlung des Papstes von ihrem eigenen Bischof erreicht hatten, daß sie nach Ablegen ihres klerikalen Gewandes Mönche werden konnten. Aus diesem Grunde ordnete der Abt von St. Blasien auf Grund der Anweisung des Herren Papstes und der Forderung des Bischofs an, an eben diesem Orte eine Abtei zu errichten und entsandte seine Brüder hierhin, um dies auszuführen.*

Schon oben, als derselbe[128] zum Jahr 1091 den Tod des seligen Altmann, des Bischofs von Passau berichtet hatte, führte er aus, daß von diesem in seiner Diözese drei Klöster von Klerikern, die nach der Regel des heiligen Augustinus gemeinsam miteinander lebten, gegründet worden seien. Dasselbe wird vom Kloster Göttweig in der Lebensgeschichte des seligen Altmann bei Hieron. Pez im einzelnen ausgeführt[129]; dann aber berichtet er[130], daß nach dem Tode des seligen Altmann die Kraft der Ordensdisziplin dahinschwand, bis der Priester und dortige Mönch Johannes, vom seligen Altmann in Träumen ermahnt, in Kürze es dahin brachte, daß jene Kleriker ihren Sinn darauf richteten, die Regel des heiligen Benedikt anzunehmen. Und nachdem die Angelegenheit in Rom und durch Ulrich, den Nachfolger des seligen Altmann, so geregelt worden war, wurde Hartmann zum

128 Ib. p. 365
129 Script. rerum Austr. T. I. p. 128
130 Ib. p. 132

Abt gewählt[131]: *Der Ruf seiner Frömmigkeit,* so lauten die Worte eines anonymen Mönchs von Göttweig, *und seiner Redekunst breitete sich überall beim Volke aus; er versah zu diesem Zeitpunkt das Amt des Priors im Kloster St. Blasien. Diesem Hartmann, wie er selbst später den Brüdern berichtete, erschien Bischof Altmann an eben diesem Ort St. Blasien in Träumen, übergab ihm den Hirtenstab und vertraute ihm den Ort Göttweig an. Also brach Hartmann unter den Tränen aller von St. Blasien aus mit Ordensbrüdern nach Göttweig auf; dort wurde er von allen mit großer Freude aufgenommen und von Bischof Ulrich als Abt eingesetzt; unter ihm nahmen alle das Mönchsgewand an und beugten sich demütig der Regel des heiligen Benedikt. Unter dem Volk erhob sich große Freude, und sie sagten:* Dies ist eine Veränderung, die durch die rechte Hand des Erhabenen bewirkt ist.

Weiter berichtet derselbe Anonymus, daß durch die Ermahnung Hartmanns sich viele Vornehme Gott zuwandten, nachdem sie die Welt verlassen hatten, so daß die Ehre dieses Ortes durch Gebäude, Bücher, Gemälde, feine Tuche und fromme Männer gemehrt wurde und daß Hartmann selbst seine Zeiten durch Ansehen und Tüchtigkeit geziert habe. *Er war nämlich,* fügt er an, *dem größten Eifer für Frömmigkeit hingegeben, hochbegabt sowohl an weltlicher wie auch an geistlicher Klugheit, ausgezeichnet durch wortgewandte Beredsamkeit und überströmend an Feinheit der Sitten. Daher war er bei den Fürsten des gesamten Reiches überaus beliebt und ein eng vertrauter Freund König Heinrichs V, der auch anordnete, ihn in das Amt des Erzbischofs von Salzburg zu erheben; doch der Zorn des Passauer Bischofs Ulrich hinderte ihn daran, der darüber verärgert war, daß dieser ihm an Würde vorangestellt werde. Der König zog ihm dennoch diesen bei der königlichen Abtei von Kempten vor, und der Augsburger Bischof betraute ihn mit Leitung der Abtei St. Ulrich, und auch der Herzog von Kärnten übertrug ihm die Abtei St. Lambert. Außerdem war Papst Urban sehr eng mit ihm befreundet und bestimmte ihn für den ehrwürdigen Konstanzer Bischof Gebhard in der päpstlichen Gesandtschaft zum Adiutor.* Bemerkenswert ist, was ebendort angefügt ist[132]: *Aus dessen* (nämlich des Hartmann) *Schülerkreis stammen viele Äbte, die an verschiedenen Orten bestellt worden sind, welche alle den*

---

131 H. Pez Scriptor. rer. Austriac. T. I. p. 132
132 p. 133 n. 41.

Spuren ihres Meisters in seinen Fähigkeiten gefolgt sind. Unter diesen Schülern erstrahlte der Sohn des Königs H., der in das Bischofsamt von Speyer gewählt wurde; doch vom Tode ereilt, hat er dieses höchste Würdeamt nie ausgeübt. Wer dieser anonyme Sohn des Königs Heinrich gewesen ist, ist bis heute noch zweifelhaft. Die meisten halten ihn für Konrad, den älteren Sohn Heinrichs IV., der im Jahre 1074 geboren wurde. Dieser konnte allerdings als Erstgeborener kaum ins Bischofsamt gewählt werden oder Schüler des Hartmann von Göttweig sein, denn dieser herrschte nach dem Zeugnis des Dodechinus im Chronikon des Marianus Scotus[133] schon seit dem Jahre 1093 gegen seinen Vater in der Lombardei, wo er auch im Jahre 1101 in frühem Alter starb. Man kann dies auch nicht auf den jüngeren Heinrich, den Bruder Konrads, beziehen, der im Jahre 1099 von seinem Vater an der Stelle des rebellischen Konrad zum König ernannt wurde, dem er auch in der Herrschaft nachfolgte und im Jahre 1125 gestorben ist. Dies zumindest ist nach dem zitierten Biographen gewiß, daß Hartmann mit Kaiser Heinrich V. *eng vertraut* gewesen ist, der ihm das Erzbistum Salzburg bestimmte und auch die Abtswürde von Kempten zukommen ließ. Und eben diese Vertrautheit und Gunst, durch welche sich Hartmann bei Heinrich V. auszeichnete, gibt Anlaß zu der Vermutung, daß vielleicht ein anderer Bruder von ihm Schüler des Hartmann gewesen ist, welchen die anderen Geschichtsschreiber unter den übrigen Söhnen Heinrichs IV. außer acht ließen oder daß er den Historikern nicht bekannt war, weil er vorzeitig gestorben war, wenn er auch nach dem Alter von Hartmann ein Sohn des Gegenkaisers hätte sein können. Wie immer aber dem auch sei: Es gibt sehr wohl Beispiele dafür, daß im Laufe der Zeit manche Söhne von Fürsten entdeckt werden, die vorher als unbekannt verborgen geblieben waren. So haben wir in den ›fasti Rudolphini‹ auch nach Auffassung anderer verschiedene Söhne Rudolphs I., des Königs der Römer, aufgezählt[134], keinen aber mit dem Namen Samson, den aber dennoch Ab. Ruchat in dem ›Bullarium ecclesiae Lausanniensis msc.‹ an das Tageslicht bringt, wo er die Weihe der Kathedralkirche von Lausanne beschreibt, die am 19. November 1275 von Papst Gregor X. vorgenommen wurde, *in Anwesenheit des berühmten Rudolph, des Königs von Alemannien, und der berühmten Königin*

---

133 Pist. Script. Germ. T. I. p. 662
134 Cod. epistol. Rud. p. XV. etc.

Anna, Ehefrau des genannten Königs, zusammen mit deren Kindern Albert, Hartmann, Rudolph und Samson und mit den anderen vier Töchtern des genannten Königs. Es gibt welche, die auch einen anderen, bis dahin unbekannten Bruder Heinrich eben dieses Rudolph in den Mittelpunkt stellen anhand einer Urkunde, die in der Stadt Bremgart im Jahre der Gnade 1246 am 30. Nov. zur Zeit der 4. Indikt. ausgestellt wurde, mit der die Brüder Rudolph, Albert und Heinrich, Grafen von Habsburg, dem Kloster Wettingen die Schenkung eines Hofgutes bestätigen, die in Ruttenbach von dem Mundschenk und Hofbeamten Diethelm und seiner Frau vorgenommen worden war, wenn nicht doch ein Irrtum vorliegt auf Grund des Anfangsbuchstabens H., der vielleicht von dem Notar selbst anstelle des unbezweifelten Bruders von Rudolph, Hartmann, durch Heinrich ergänzt worden ist.

Notiert werden in dem oft zitierten Biographen bei Pez auch die Briefe der Päpste Urban II. und Paschalis II. an den Abt Hartmann, in deren letztem ihm die Gemeinschaft mit Exkommunizierten untersagt wird; aus diesem Grunde legte er auch das Abtsamt von St. Ulrich nieder. Während der Zeit aber, in der er die Leitung des Klosters von Kempten noch innehatte, übertrug er einem edlen Bruder mit Namen Erchinfrid mit Einverständnis des Bischofs Ulrich und nach Wahl durch die Brüder die Abtei in Göttweig zur Leitung. Nichts aber wird hier von Art seines Todes erwähnt[135], den er auf dem Schiffswege von Kempten nach Göttweig in den Fluten der Donau im Jahre 1114 erlitten haben soll. Zu diesem Jahr sagt das Chronikon von Garsten und Admont in kurzen Worten: *Der Herr Hartmann, erster Abt von Chotewing, ist gestorben.* Der Anonymus von St. Blasien sagt in einem anderen, weiter oben zitierten Verzeichnis der Äbte, die vom Kloster St. Blasien angefordert worden waren, folgendes: *Hartmann, Abt von Chetewic, der an diesem Orte sich der Mönchsdisziplin unterwarf, beendete am 1. Januar sein Leben in dieser Welt.*

---

135 Pez. Script. rer. Austr. T. II. p. 144. 183.

Kuno, im Kloster von Alpirsbach.

XXII. Zu demselben Jahr wird in dem eben zitierten Katalog auch *Chuono von St. Benedikt* genannt. Bei Besold[136] lautet in den ›documenta rediviva monasteriorum praecipuorum in ducatu Wirtembergico sitorum‹ die Überschrift zur Bestätigung einer Schenkung für das Kloster des heiligen Benedikt desselben Ordens in Alpirsbach vom Jahre 1101: *Bischof Paschalis, Diener der Diener Gottes, seinem geliebten Sohn Cono, dem Abt von Alpirsbach und dessen Nachfolgern zur Förderung des Lebens nach der Regel auf ewig.* In beiden Gründungsurkunden aus dem Jahre 1095 aber ist bei Crusius[137] und bei Besold[138] zu lesen, daß zusammen mit dem Konstanzer Bischof Gebhard als dem päpstlichen Gesandten auch der Abt Utto von St. Blasien anwesend war, mit folgenden Worten: »*Allen Christen der Gegenwart wie auch der künftigen Zeit sei bekannt gemacht, daß ich, Rotmann von Husin, und Adelbert von Zolro und Graf Alwich von Sulz, wir drei, entbrannt durch die Glut der Rückerstattung an Gott, in sorgfältiger Überlegung mit dem Rat des ehrwürdigen Gebhard, des Bischofs der Diözese Konstanz, der damals päpstlicher Legat gewesen ist, und des Mönches Utto, des Abtes der Zelle St. Blasien und auch anderer Kleriker und Mönche und Laien, die wir hinzuziehen konnten, danach geforscht haben, wie auf unserem Gut namens Alpirsbach, das nach dem Erbrecht an uns gekommen ist, ein Mönchskloster eingerichtet werden könnte.*«

Erwähnt wird dann in demselben Dokument, daß Gebhard, Bischof von Konstanz und apostolischer Legat, an den vorgenannten Ort gekommen sei, *um dort das schon vorbereitete Oratorium zu konsekrieren* im Jahre 1095. »Ein zweites Mal aber an denselben Ort gerufen, weihte er dort die Kirche im 1099. Jahr nach der Fleischwerdung des Herrn, zur Zeit der 6. Indiktion, am 28. August, an einem Sonntag. Dann, sage ich, als die Stifter eben dieses Ortes anwesend waren und eine große Volksmenge dabeistand, wurde noch einmal alles sorgfältig geprüft, was zur Festigkeit und Freiheit des Ortes gehört und zur inneren Ruhe derer, die dort dem Herrn und dem heiligen Benedikt dienen wollten. Dies wiederum bekräftigte Herr Gebhard, der Bischof

136 T. I. p. 145
137 Anal. Suev. P. II. Lib. VIII. c. 14
138 L. c. p. 140

von Konstanz, der damals auch die apostolische Statthalterschaft innehatte, aus Liebe zu dem hochheiligen Vater Benedikt durch päpstliche Autorität aufs ergebenste, bis die Brüder eben dieses Klosters nach Rom schicken und von dem Papst selbst das Privileg für Sicherheit und Freiheit in Empfang nehmen könnten. Als Garant für dieses Zeugnis dient Benno von Speichingen nicht nur einmal, sondern zweimal. Zuerst, wie schon gesagt, an dem Ort selbst, als dort das vorgenannte Oratorium konsekriert wurde: zum zweiten an dem Weiler, der Rotwilo genannt wird, vor dem Herzog Bertolf und anderen, sehr vielen Reichsfürsten und einer großen Volksmenge, als der Herr Adelbert von Zolrum, weil er dem Geschehen in der Welt absagen wollte, außer den Gütern, die er vorher schon geschenkt hatte, nochmals insgesamt alles Gott und dem heiligen Benedikt zu eigen gab, was er in den Weilern Uzin, Geroldistorf und Sulz besaß, ausgenommen das, was seine Diener, nämlich Reinwin, Rudolph und Reinboto ebendort nach eigenem Recht in Besitz hatten.«

Aus dem Gesagten ist nunmehr zu vermuten, daß das erste Jahr, in dem Kuno die Abtswürde erlangt hatte, vielleicht als jenes zu bezeichnen ist, zu dem, wie wir festgestellt haben, Paschalis die Bestätigung vorgenommen hat, nämlich das Jahr 1101, in welchem auch unser Bernold gestorben ist, wobei er dies in seiner Chronik an anderer Stelle keineswegs übergehen wollte. In der richtigen Reihenfolge aber wird in dem zeitgenössischen Nekrolog von St. Blasien dieses Kloster von Alpirsbach zusammen mit denen von Muri, Göttweig und Wiblingen notiert, zu welchen, wie wir gesagt haben, Siedlergruppen von Mönchen aus St. Blasien entsandt worden waren, doch in der Weise, daß für die Vorgesetzten eine Einzelaufstellung vorgenommen wurde und weiterhin, wie ich meine, daß eben jene notiert werden, die von St. Blasien aus hierher an diese Orte überstellt worden sind. So aber hat es das Nekrologium: *Die Vorgesetzten von Mura und von Chetewic und von Wibelingen und von Alpirsbach haben genau so vorzugehen wie die von Fruttuaria, wobei noch hinzukommt, daß an jenem Tag, an dem deren Brevis in unserem Kapitel verkündet wird, dies auch im Refektorium vorzunehmen ist und sie im Buch des Lebens eingeschrieben werden.*

Die Zusammenschlüsse des Klosters St. Blasien mit Cluny, Marseille, Hirsau und anderen.

XXIII. In jenem Nekrolog von St. Blasien oder dem Buch des Lebens, in dem die Namen der Verstorbenen aufgeschrieben wurden, deren man bei heiligem Opfer zu gedenken hatte, ist noch im 14. Jahrhundert sehr oft zu lesen: *der Überbringer der Breves war da*; diese Breves wurden nämlich geschickt, um den Tod der eingeschriebenen oder konföderierten Brüder anzuzeigen; und dies erfolgte durch spezielle Läufer, welche man von daher bis auf den heutigen Tag *Rotelboten* nennt, sozusagen Boten (von rotuli, wie jene Briefe auch genannt wurden). Allerdings geschieht dies häufiger und schneller in entferntere Gegenden durch öffentliche Läufer. Denn es war damals auch gar nicht anders möglich, als daß vor allem in sehr umfangreichen Kongregationen bei einer solchen Fülle von Zusammenschlüssen und bei einer untereinander so großen Entfernung die Träger von allen Seiten ausgesandt wurden, um die kurzen Nachrichten vom Tode der einzelnen Brüder zu überbringen.

Der Anlaß für ein solches Beispiel war im 11. Jahrhundert der Zusammenschluß des Klosters St. Blasien mit dem von Cluny, der unter dem heiligen Hugo erfolgte, von dem ein eigenhändig geschriebenes Dokument wir im ›cod. probat.‹ wiedergeben, mit dem Siegel des heiligen Hugo bekräftigt, durch welches kundgetan wird, daß *der Herr Abt Hugo von Cluny bei seinem Kommen nach St. Blasien mit allen Ehren von Werner, dem Herren Abt eben dieses Ortes und dem ganzen Konvent aufgenommen und auf ehrenvollste Weise behandelt worden ist. Daher gefiel es ihm selbst und dem Abt und den Brüdern eben dieses Ortes wegen der Liebe und des Gehorsams gegenüber dem Orden, welchen er dort fand, sich gegenseitig die Brüderschaft zu gewähren und zu bestätigen.* Werner, der Abt von St. Blasien, verstarb im Jahre 1068 am 28. September, so daß jenes Bündnis noch vor dieser Zeit errichtet worden sein mag, nämlich zwischen dem Jahr 1048, als der heilige Hugo das Abtsamt in Cluny übernahm, und dem Jahr 1068, in dem Werner starb. Was die Ursache und Gelegenheit für einen solchen Zusammenschluß gewesen ist, der unter Gisilbert, dem Nachfolger Werners, mit dem Kloster Fruttuaria, das am Apennin gelegen ist, begonnen wurde, haben wir vorher schon ausgeführt und damit zugleich auch den Grund dafür, warum Gisibert, wobei das schon früher geschlossene Bündnis mit dem Kloster Cluny nicht entgegenstand, als der heilige Hugo in St. Blasien persönlich anwesend war, die Bestimmungen für das Klosterleben aus dem so weit entfernten Kloster Fruttuaria holte, nachdem die Mönche Utto und Rustenus dorthin entsandt worden waren, seinen späteren Nachfolgern im Abtsamt.

Noch viel weiter entfernt ist aber das Kloster Marseille unseres Ordens, dessen Abt Bernard der gleichnamigen Eminenz, dem Kardinal Bernard, als Begleiter der päpstlichen Gesandtschaft zugeordnet war, die die Unstimmigkeiten und den Streit zwischen Kirche und Reich unter Papst Gregor VII. und dem Kaiser Heinrich IV. beilegen sollte. Als jener Abt auf dieser seiner Reise im Oktober des Jahres 1077 sich auf den Weg zu unserem Kloster St. Blasien gemacht hatte, schloß er persönlich zwischen beiden Klöstern einen Bund; von dort ging er dann nach Hirsau, wie Trithemius zum Jahr 1077 notierte[139].

Dieser Zusammenschluß mit dem Kloster Hirsau wurde unter den Äbten Utto von St. Blasien und St. Wilhelm von Hirsau vollzogen, dessen Urkunden von uns gegen Ende des II. Teils der ›monumenta Liturgiae Alemannicae‹ nach dem Nekrolog von St. Blasien aus einem Kodex der Wiener Bibliothek abgeschrieben sind, der etwa um diese Zeit verfaßt worden war; hieraus kann die große Zahl solcher Zusammenschlüsse erkannt werden. Es scheint ratsam, ein Verzeichnis von diesen in alphabetischer Reihenfolge anzuknüpfen [a)], wobei nur wenig angefügt ist, wie z. B. für die Reichenau ein Dokument im ›iter Alemannicum‹ enthalten ist, wo wir einen ähnlichen Katalog der mit der Reichenau zusammengeschlossenen Klöster veröffentlicht haben[140], wie für dieses und für das Kloster St. Gallen ein bedeutendes Dokument in den Listen der eingeschriebenen Brüder ab dem 9. Jahrhundert und darüber hinaus noch vorhanden ist. Es ist anzunehmen, daß Trithemius ähnliche Dokumente des Klosters Hirsau vor Augen gehabt hat, als er solche Kataloge in der Chronik von Hirsau[141] ab seiner Erneuerung verfaßte, die dann in diesem 11. Jahrhundert erfolgte.

a) Katalog der mit St. Blasien zusammengeschlossenen Klöster.
Männerklöster des Ordens des heiligen Benedikt.

139 Chron. Hirsaug. T. I. p. 250
140 Edit. I. p. 267
141 T. I. p. 296

Kloster St. Afra in Augsburg. St. Alban im Mainz. Alpirsbach. Altdorf. Reichenau. Au der heiligen Maria, bekannt als Mererau. Beinwyl, heute Marienstein. Bregenz. Beuren. Chaumonzey. Zell. Bamberg. Cluny. Einsiedeln. Engelberg. Erlach. Farfa. Fruttuaria. Gengenbach. St. Georgen in Württemberg, heute Villingen. St. Georg bei Regensburg. Göttweig. Hirsau. St. Jakob in Mainz. Isny. St. Leo in der Stadt Tulle. Marseille. Meigenmünster. St. Michael in der Diözese Bamberg. Muri. Murrhardt. Neresheim. Niederbach. St. Pantaleon zu Köln. Petershausen. St. Peter vom Berg im Schwarzwald. St. Petersberg in Bayern. Reginherisbrunnen. Rheinau. Schaffhausen. Schuttern. Siegburg. St. Trudpert. Wagenhausen. St. Waldpurga im Elsaß. Wessobrunn. Wiblingen. Wilc... Zwiefalten.

Nonnen.

In Altenmünster. In Andela. In Odilienstette. In Runilinsberg. Die Thurgauer. In Waldkirch im Breisgau.

Kanoniker.

Zelle der St. Afra. Zelle der St. Maria, heute St. Märgen im Schwarzwald. Die Harreidenser. Die Lautenbacher. Die Marbacher. Radolfzell. Die Reittenbucher. Die Thurgauer. Die von St. Zeno. Diesen sind im Laufe der Zeit noch andere Klöster hinzugerechnet worden, vor allem jene, welche ihre Siedlergruppen von den Unseren hatten, wie z.B. Garsten, Fornbach, Donauwörth, Ensdorf und andere, die im folgenden ausführlicher erwähnt werden sollen.

Die Erneuerung des Klosters Hirsau nach der Mitte des 11. Jahrhunderts.

XXIV. Ebenda berichtet Trithemius[142] zum Jahr 1039 und verwirft dabei gleichzeitig die erfundene Geschichte des Gottfried von Viterbo und ähnlicher anderer über Konrad II. und seinen Nachfolger Heinrich III., welchen jene nicht als Sohn, sondern als Schwiegersohn Konrads II. erdichten; und seinen Vater machen sie zum Grafen Leopold von Cala oder Calw, der wegen eines gebrochenen Friedensvertrags aus Furcht vor dem König sich zusammen mit seiner schwangeren Frau im Schwarzwald versteckt hielt; diese gebar ebendort angeblich, wobei sie König Konrad auf der Jagd überraschte, einen Sohn, der durch eine an diesen gerichtete Stimme bei herabsinkender Nacht als Schwiegersohn und Erbe des Kaisers bezeichnet worden sein soll. Sie erfinden, daß dieser Sohn, Heinrich III., sich später der Herrschaft bemächtigt und zur Erinnerung an diesen Ort, wo er geboren wurde, dieses Kloster namens Ursania errichtet habe: Dieses hat freilich seinen Namen von Hirsau oder Hirschau, nicht aber von Bären, wie es jenen gutdünkt. Offensichtlich war Hermannus Minorita in seiner Chronik zum Jahr 1011 dieser

142 p. 175

Meinung, wo er ein Edikt des Kaisers Konrad erwähnt, der festsetzt, *daß jeder, der den Frieden bricht, mit dem Tode bestraft werden soll.* Luipold von Calw, der gegen dieses Edikt verstieß, flüchtete aus Furcht vor dem Zorn des Kaisers in den Schwarzwald, nicht weit entfernt von seiner Heimatstadt und der Burg Calw mit wenig Gesinde und seiner Frau an eine Mühle, wo dann das Kloster des Ordens des heiligen Benedikt erbaut wurde, das *Hirsave* genannt wird.

Hirsau wurde zu Beginn des 11. Jahrhunderts nach dem Tode seines Abtes Konrad völlig entvölkert, und zwar auf Grund der üblen Machenschaften seines Vogtes, des Grafen von Calw, der, wie wir im IV. Buch gesehen haben, den gleichen Namen trug wie der frühere Gründer. Dieser Vogt nämlich, der schon lange nach den Gütern des Klosters trachtete, brachte die damals acht ansässigen Mönche gegeneinander auf, die in der Wahl des Abtes uneins waren, und vertrieb schließlich die sechs guten, die eine Zeitlang vergebens auf das Erlangen des Abtsamtes gehofft hatten und darin getäuscht worden waren; er selbst entriß ihnen das Vermögen des Klosters und brachte es in seinen Besitz. Trithemius[143] beschreibt zum Jahr 1001 diesen desolaten Zustand seines Klosters, der sogar bis zu dem Grafen Adalbert II. fortdauerte, dessen Mutter, mit Adalbert I. verheiratet, die Tochter Hugos IV. war, des Grafen von Eguisheim im Elsaß und damit auch die Schwester des Papstes Leo IX., wie Mabillon anhand der Chronikhandschrift von Sachsen herausgefunden hat[144]. Daher ging Leo IX. im Jahre 1049 nach Deutschland und besuchte, nachdem er seine Provinzen im Jahre 1050 durchreist hatte, den Grafen Adalbert von Calw, den Sohn seiner Schwester, und beschwor ihn unter Androhung des göttlichen Gerichts, *daß er das von ihm zu Unrecht besessene Kloster von Hirsau zurückgebe und sich darum bemühe, die Beobachter der heiligen Regel an demselben Orte wieder anzusiedeln, was der Graf selbst unverzüglich in die Tat umsetzte*; dies beschreibt Trithemius sehr ausführlich zum selben Jahr[145]. Dennoch wurde das Vermögen nicht sofort zurückerstattet, denn der Graf zog nach der Abreise des Papstes die Angelegenheit hin, und es wäre um die Erneuerung des Klosters geschehen gewesen, wenn er nicht,

---

143 Chron. Hirs. T. I. p. 145
144 Annal. T. IV. p. 507
145 L. c. p. 187

durch die Beschwörungen seiner Frau Wiltrud endlich besiegt, schließlich im Jahre 1059 seine Hand ans Werk gelegt hätte; dies notiert Trithemius zu jenem Jahr, wie wenn eine neue Epoche *der Erneuerung, Wiederherstellung und einer zweiten Gründung des Klosters* begonnen hätte, indem er zum Jahr 1066 folgendes anfügt[146]: »Obwohl das Werk des Beginns des Klosters St. Aurelius zu Hirsau mit größtem Eifer fortgeführt wurde, schien Wiltrud, der Gattin des Grafen, einer überaus frommen Frau, jegliche Verzögerung allzu drückend und belastend, zumals sie den Sinn ihres Herrn mit vielen Dingen beschäftigt fand und sie fürchtete, er werde bei irgendeiner Gelegenheit in seinem Vorhaben nachlassen. Daher faßte sie einen klugen Plan, weil sie glaubte, man dürfe die Vollendung des Klosters nicht abwarten, damit in der Zwischenzeit kein Hindernis auftrete, wenn etwa sie selbst oder der Graf durch die Macht des Todes dahingerafft würde. Sie mahnte also den Grafen durch viele Bitten und brachte ihn schließlich durch ihr Bitten dazu, daß er, auch wenn der Zeitpunkt der Vollendung noch nicht gekommen war, der noch allzu lange auf sich warten zu lassen schien, Mönche ins Kloster bringe, durch deren Entschlußkraft und Hilfeleistung er schließlich mit der Zeit leichter vollende, was noch zu tun war.«

Noch in demselben Jahr also wurde Friedrich mit zwölf Mönchen aus einem Kloster, das Trithemius zuerst als Schaffhausen, später aber sehr häufig als das der Einsiedler, bekannt unter dem Namen *Einsidlen,* bezeichnet (von dem wir im vorherigen Buch gezeigt haben, daß es seinen Namen auch vom Schwarzwald hat), herbeigerufen und zum Abt gewählt. »Als dieser (wie Trithemius fortfährt[147]) den Namen und die Würde der Seelsorge übernommen hatte, gab er nichts von seiner früheren Lebensweise auf, sondern hielt Tag und Nacht frei für das Lesen der heiligen Schrift, die Meditation und das Gebet und erlaubte nur schweren Herzens die Beschäftigung mit den Angelegenheiten der Welt. Das unstete Ausschwärmen aus dem Kloster, das viele Mönche dieser Zeit allzu häufig ausübten, liebte er nicht, sondern erwartete, wenn er sich in der Welt aufhielt, mit all seiner Kraft das Heil Gottes in der Stille: Durch Nachtwachen und Fasten stimmte er seinen Körper unaufhörlich auf die Liebe zu Christus

---

146 L. c. p. 211
147 Ibid. p. 214

ein und mühte sich tagtäglich unter Seufzen und Tränen, sich dem Herrn als lebendes und unbeflecktes Opferlamm darzubieten. Gegenüber den Armen war er außerordentlich barmherzig, denen er seine eigenen Kleider und die Speisen, die für ihn bereitet waren, oftmals überließ, während er selbst fastete. Seinem Namen entsprechend lebte er reich und überströmend an Frieden, er war fromm und voll Liebe und ließ gegen alle großes Wohlwollen walten. Obwohl er vor Gott groß war, zeigte er sich den Menschen immer als der Niedrigste, und es konnte niemals in irgendeiner Weise etwas an Hochmut festgestellt werden... In der tiefsten Demut eines unschuldigen Lebens wandelnd konnte Friedrich, jener hochwürdigste Abt, Gott und allen gerechten Menschen wohl gefällig, der Niedertracht böser Menschen nicht entkommen, sondern je mehr er sich bemühte, dem allmächtigen Gott in wahrer Einfachheit zu gefallen, um so mehr forderte er die Undankbarkeit der Gottlosen gegen sich heraus, deren Bosheit zu immer Schlimmerem voranschritt, dem Heiligen schließlich Fallen stellte und ihn, wie wir noch sagen werden, in schändlicher Weise umzingelte.« Den Grund für die Fallen und die Verruchtheit erhellt später zum Jahr 1069, in dem dieser selbst, von seinen eigenen Leuten falsch angeklagt, wie sich dann zeigte, aus seinem Amt entfernt wurde, der Umstand, daß »er den Mönchen, die er als Verwalter der äußeren Angelegenheiten eingesetzt hatte, jede nur mögliche Freiheit gewährte und diese (daher) begannen, ihn zu verachten und unter Anstiftung des Teufels auf seine Gelassenheit neidisch zu sein.« Friedrich konnte also als Abt die Vollendung des Klosters nicht mehr sehen, das, wie derselbe Trithemius anmerkte[148], im Jahre 1060 nach der Geburt des Herrn begonnen, im Jahre 1070 schließlich fertigge-stellt wurde.

Das Kloster des heiligen Erlösers zu Schaffhausen und das des heiligen Fides zu Grafenhausen im Schwarzwald.

XXV. Es soll hier nicht übergangen werden, was Trithemius zum Jahr 1085 berichtet[149], daß ein gewisser Graf von Calw namens Adelbert, der allgemein Azenbart genannt wurde, mit

148 p. 213
149 L. c. p. 265

Zustimmung und der Unterstützung seiner Gattin Willica, der
Tochter des Herzogs der Poloner (d. h. von Boullion, nämlich des
Gottfried II., des Herzogs von Niederlothringen), etwa um diese
Zeit ein Kloster unseres Ordens in Gundelfingen errichtet hat, in
welches er Mönche brachte, für die er bewirkte, daß ein Abt der
Regel entsprechend ordiniert wurde: Nach einigen Jahren jedoch
wurden alle Mönche von demselben Kloster aus nach Hirsau
verlegt und an ihrer Stelle Kanoniker eingeführt. »Hier soll (fährt
er fort) die Meinung einiger wiedergegeben werden, die
behaupten, daß jene ersten Mönche, von denen wir gesagt haben,
sie seien zusammen mit Friedrich, dem 11. Abt, anläßlich einer
Zweitgründung des Grafen Adelbert vom Kloster Schaffhausen
nach Hirsau gekommen, von Gundelfingen nach St. Aurelius
verlegt worden sind: und daß die Kleriker, die nach dem Tode des
10. Abtes Konrad und nach der Vertreibung der Mönche in
Hirsau angesiedelt worden waren, wie wir oben gesagt haben,
durch den Grafen Adelbert nach Gundelfingen verlegt wurden.
Wir können deren Behauptung nicht hinreichend gutheißen, aber
auch nicht leichtfertig verwerfen. Es gab auch andere, die sagten,
Abt Friedrich sei mit seinen Mönchen zum heiligen Aurelius nach
Hirsau aus dem Einsiedlerkloster gekommen, *das allgemein
Einsidel genannt wird.* Manche haben aber geschrieben, sie seien
vom Kloster Reichenau aus verlegt worden. Wir aber haben, wenn
wir diese Verschiedenartigkeit der Meinungen außer acht lassen,
einem durchaus überzeugenden Nachweis entsprechend, der uns
zu dieser Zeit zugegangen ist, nichts anderes herausfinden können
als das, was wir oben gesagt haben.«

Wir haben schon die Meinung des Trithemius wiedergegeben,
derzufolge er zweimal auf ein und derselben Seite behauptet, daß
eine Abordnung an das Kloster Hirsau im Jahre 1066 zusammen
mit Abt Friedrich vom Kloster der Einsiedler gekommen sei, *das
allgemein Einsidel genannt wird.* Dennoch sagt er kurz zuvor, zu
dieser Zeit sei das Kloster Schaffhausen in Schwaben von einem
gewissen Grafen Eberhard, dem Vater des Erzbischofs Otto von
Trier, neu gegründet worden, in welchem die Mönche gemäß der
Regel Unseres heiligen Vaters Benedikt nach dem Zeugnis aller in
der Nachbarschaft außerordentlich fromm lebten: deren löblicher
guter Ruf habe sich im ganzen Lande Schwaben überall hin
verbreitet. Der Graf Adelbert habe also, nachdem er eine

Gesandtschaft zu dem Abt des erwähnten Kloster geschickt habe, dringend darum gebeten, daß ihm zwölf Mönche und ein Abt übersandt würden: Auf dessen Bitten hin hätten der Abt und die gesamte Kongregation gerne ihre Zustimmung gewährt und, nachdem sie sich untereinander beraten hätten, zwölf Mönche zur Abordnung dorthin bestimmt, denen sie einen dreizehnten mit Namen Friedrich als Abt voranstellten und im Namen Gottes nach Hirsau geschickt.

Doch war damals das Kloster St. Salvator von Schaffhausen noch kaum aus seinen Anfängen herausgewachsen, wie auch Trithemius selbst bezeugt, der zum Jahr 1050 oder eher mit dem Jahr 1059 zu sprechen beginnt, in welchem die Erneuerung, Wiederinstandsetzung und Zweitgründung des Klosters St. Aurelius in Hirsau durch den Grafen Adalbert vorgenommen wurde: »Zu diesen Zeiten, (fügt er an[150]), stiftete ein gewisser Graf Eberhard in Schwaben unter Mitwirkung seiner Ehefrau namens Ida, die wünschte, daß Gott ihr einen Erben für ihre Güter schaffe, ein Kloster unseres Ordens, das Schaffhausen genannt wird, das er mit vielen Hofgütern und Besitzungen zum Unterhalt der Diener des Herrn ausstattete, in welchem später im Laufe der Zeit viele zutiefst gottergebene und ehrwürdigste Männer unter der Regel des heiligen Vaters Benedikt sich auszeichneten. Von diesem hatten auch sehr viele neue Klöster unseres Ordens Mönche und Äbte zu verschiedenen Zeiten als erste Bewohner.« Wir haben schon auf Grund einer Handschrift des 12. Jahrhunderts aus dem Kloster St. Blasien festgestellt, das kaum eine Tagesreise von Schaffhausen entfernt liegt, daß im Jahre 1052 der Altar von Papst Leo IX. geweiht worden ist. In derselben Chronik, deren miteinander übereinstimmende Exemplare in den Klöstern Muri und Engelberg aufbewahrt werden, wird zum Jahr 1064 notiert: *Das Kloster Schafhusen ist von Bischof Rumold konsekriert worden*, nämlich dem Bischof von Konstanz. Daß dies in dem angegebenen Jahr geschehen sei, habe er einer amtlichen Gerichtsurkunde entnommen: so versichert es uns der hochgelehrte, jener Stadt benachbarte Rheinauer Mönch P. Mauritius Hohenbaum van der Meer in seiner Geschichte, die er zur tausendjährigen Gründung eben dieses seines Klosters in seiner Muttersprache herausgegeben hat; und zwar zu Ehren des

---

150 L. c. p. 205

heiligen Erlösers und aller Heiligen[151] in Anwesenheit der Äbte
Hermann von Einsiedeln, Immo von Pfäfers, Heinrich von
Weingarten, Arnold von Petershausen, Gerung von Rheinau und
Werner von St. Blasien. Derselbe berichtet[152] später zum Jahr 1080
aus derselben amtlichen Gerichtsurkunde, daß zu dieser Zeit in
Schaffhausen in Anwesenheit des heiligen Wilhelm von Hirsau
durch Graf Burkhard von Nellenburg, dem Sohn des Stifters
Eberhard, das Kloster Schaffhausen übergeben worden ist, um
hier die Mönchsdisziplin zu begründen, wobei es sogar vom
Vogteirecht befreit wurde und darüber hinaus die Bestätigung
durch Papst Gregor VII. erhielt, wozu ein Schreiben eben dieses
Papstes existiert, das schon von Mabillon zu jenem Jahr wiedergegeben worden ist[153].

Mit Recht stimmt dies freilich überein, wenn Burkhard von
Nellenburg, der Sohn Eberhards, versichert, er habe im Jahre
1079 den heiligen Wilhelm herbeigeholt und ihm das Kloster des
heiligen Erlösers zur Leitung übergeben; Der heilige Wilhelm
wollte aber die Sorge für eben dieses Kloster nicht übernehmen,
bevor nicht Burkhard auf jenes sein Vogteirecht verzichtet hätte;
in diesem 11. Jahrhundert sollen es etwa 30 Mönche gewesen sein.
Daher ist es nicht verwunderlich, daß dieses Kloster von Berthold
von Konstanz im Anhang zum Chronikon des Hermann d. L. zum
Jahr 1083 unter die drei berühmtesten Klöster des deutschen
Reiches nach dem Kloster St. Blasien und dem Kloster Hirsau
gezählt wird[154]. In der ›Gallia christiana‹ wird als erster Abt dieses
Klosters Siegfried, ein Mönch aus Hirsau, gesetzt[155], nach dem
Zeugnis des Trithemius[156] vom seligen Wilhelm *aufs heiligste
ausgebildet, den er auf Grund seiner umfassenden Gelehrsamkeit in
jeder Art der heiligen Schriften und dem Verdienst seines Lebens für
die Mönche, die nach einem Abt für das Kloster Schafhusen
verlangten, bestimmte.* Dadurch wird noch überzeugender
bestärkt, was wir soeben anerkannt haben, daß Friedrich, der
erste Abt des erneuerten Hirsau, kaum aus dem Kloster Schaffhausen hatte herbeigeholt werden können, da er diesem selbst als
erster Abt aus Hirsau gegeben worden ist.

151 p. 58
152 L. c. p. 63
153 Annal. T. V. p. 168
154 Urstis. script. Germ. p. 383
155 T. V. p. 934
156 Chron. Hirs. T. I. p. 266

In der ›historia monasterii S. Salvatoris‹, die von dem Vogt der Schaffhausener Jo. Jak. Ruger im Jahre 1605 verfaßt wurde, wird erwähnt, daß Burkhard als junger Mann unter dem, was heute das Gebiet von Schaffhausen ausmacht, dem Kloster das Dorf *Hemmenthal* und das Vorgebirge geschenkt hat, das unter dem Namen *der Randen* bekannt ist, und das sozusagen den Rand oder das Grenzgebiet zum Schwarzwald bildet: Auch Siegfried habe außer dem Frauenkloster der heiligen Agnes noch eine Zelle der seligen Jungfrau Maria in Wagenhausen und des heiligen Fides in Grafenhausen gestiftet, die Propstei und Frauenkloster war, und wenig später notiert er, daß Hugo II., der Abt von St. Salvator aus der Propstei in Grafenhausen in Dokumenten von den Jahren 1256 und 1259 begegne. Urstisius ist in einer Bemerkung an Berthold von Konstanz vom Jahre 1093 der Meinung, daß diese Zelle vielleicht für Adlige geschaffen wurde; Abt Siegfried hat diese von Abt Richard aus Marseille erhalten und den Ort für sich und seine Brüder dort vorbereitet für den Fall, daß er in seinem Kloster wegen der Exkommunikation der Partei der Guibertiner sich nicht mehr aufhalten könne. Weiterhin irrt sich Franz. Petri in seiner *Suevia ecclesiastica*[157], wenn er dieses Kloster von Grafenhausen in der Nähe der Stadt Stein ansiedelt, da sich ganz in der Nähe der Wildbach *Steina* im Tal befindet, durch das die Straße von Grafenhausen nach Bonndorf führt.

Nach dem Tode Siegfrieds, wie Trithemius fortfährt, *wird der Mönch Dietpold von Hirsau zu eben diesem Kloster Schaffhausen gesandt und zum Abt erhoben; der Wechsel vollzog sich sehr angemessen und schön, weil Hirsau, das für für sich beanspruchte, nur den einen Abt Friedrich aus Schaffhausen und einige wenige Mönche zu haben, die Mutter schon längst an Fruchtbarkeit überragte und dieser zwei und im Laufe der Zeit anderen Klöstern noch sehr viele andere zukommen ließ.* Daß Trithemius anderswo eine andere Meinung hatte, und daß sie für ihn in bezug auf jenen Friedrich nicht feststand, haben wir oben schon beobachtet. Zu bemerken aber ist, daß jene zwei Äbte sich nicht unmittelbar im Abtsamt von Schaffhausen nachfolgten; im Anhang nämlich zur Chronik des Hermann d. L. berichtet Bernold, nachdem er zum Jahr 1091 notiert hatte, daß der heilige Wilhelm auch das Kloster Schaffhausen (daß er in diesem Kloster gestorben und bestattet

---

157 p. 365

ist, haben wir oben gesagt) und Petershausen am Rheinufer, die schon lange erbaut worden waren, für die Disziplin nach der Regel eingerichtet habe, nach einigem anderen dann zum Jahr 1094, was auf der Synode von Konstanz zugunsten des Siegfried gegen seinen Hörigen Dudo entschieden wurde. Den Tod des Siegfried, den er als einen Mann von großer Klugheit und bemerkenswerter Großzügigkeit rühmt, gibt er für das Jahr 1096 an; diesem soll der verehrungswürdige Gerhard *im Amt* nachgefolgt sein, der allerdings *aus Demut* seinen Ort verließ und vom Papst die Zusage erhielt, daß ein anderer eben diesem Ort als Abt vorangestellt werde. *Doch ein großes Unglück*, fährt er fort, *verfolgte diesen von seinem Hirten verlassenen Ort, so daß viele von den Brüdern jenen Ort verließen und Laien sich die Güter jenes Ortes auf frevelhafte Weise verschafften, weswegen eben dort auch für lange Zeit kein Abt mehr eingesetzt werden konnte,* nämlich bis zum folgenden Jahr, in dem Adelbert, der, wegen des sozusagen Hinauswurfs des früheren Abtes beschuldigt, sich vor der heiligen Kirche so rechtfertigte, daß er, nachdem er von Bischof Gebhard auf Grund des Gehorsams, den er der Regel schuldete, verhört worden war und sich jenes Vergehens für unschuldig erklärt hatte, für würdig befunden wurde, am Geburtstag des Johannes des Täufers als Abt eingesetzt zu werden. Tragisch ist, was in eben diesem Anhang zu lesen ist von einem Buß- und Bittgang, den die Mönche mit Kreuzen und Reliquien an die Festung unternahmen, die heute noch steht und von dem Vogt Adelbert, dem Grafen von Nellenburg, der sich die Güter der Abtei in frevelhafter Weise aneignen wollte, in der Nähe der Stadt befestigt worden war; diese hatte der heilige Wilhelm im Jahre 1087 von dem Grafen Burkhard in feierlicher Übergabe, doch ohne eine Urkunde erhalten, wie in dem erwähnten Dokument von Schaffhausen vermerkt ist.

Der heilige Wilhelm von Hirsau.

XXVI. Dieser heilige Wilhelm, ein hell strahlender Stern, erfüllte schließlich den Süden nicht nur unseres unwirtlichen und schrecklichen Schwarzwaldes, sondern breitete auch seine Strahlen überall in Deutschland und darüber hinaus zum Nutzen der Kirche und des Mönchsordens aus, der damals nur der der Benediktiner war, uns von Gott geschenkt durch eine einzigartige

Gnade. *Als* dieser heilige Vater *von einer schweren Krankheit gequält wurde,* wie in dessen Lebensbeschreibung sein Schüler Heymo[158], der zu dieser Zeit anwesend und nach dessen Tod an der Stelle des Nachfolgers Gebhard zum Prior bestimmt worden war, darlegt, *nämlich von einer, durch die er die Schuld Adams offenbar gesühnt hat, während er von vielen hochgestellten Persönlichkeiten der Nachbarprovinzen besucht wurde, unter anderen von dem Wormser Bischof, der der so schlichten Seele immer innigst vertraut war und dem der heilige Wilhelm sehr oft seine Geheimnisse eröffnete: dieser somit in der Kirche so herausragenden und bewährten Persönlichkeit offenbarte er anläßlich anderer freundschaftlichen Gespräche und bekräftigte dies unter Anrufung des Namens Gottes, daß, als er noch in Regensburg in St. Emmeran war und dort das Amt des Priors bekleidete, ihm in einer bestimmten Nacht ein Mann in vollem Alter erschienen sei, von wunderbarer, über das menschliche Maß hinausgehenden Schönheit und ihn so angesprochen habe: ich war darum besorgt, eine Schule einzurichten, der dich voranzustellen ich schon vor allen Zeiten vorherbestimmt habe; wenn du sie nach meinem Wohlgefallen geleitet haben wirst, wird dir mit hohem Lohne auf ewig vergolten werden. Zögere nicht, mein Freund; es ist derselbe, der dir zur Seite steht, wie der, der dir vergilt. Es traf sich aber, daß an eben diesem Tage Brüder aus Hirsau mit einem Schreiben da waren und gewissermaßen mit der Gewalt ihrer Bitten den Heiligen dazu zwangen, daß er ihnen als Abt vorstehe. Er kam in Hirsau an, als sein Vorgänger Friedrich noch lebte; er war darauf bedacht, daß dieser in seinem Amte verblieb und konnte nie dazu gebracht werden, zuzulassen, daß er vor dessen Tod zum Abt geweiht werde,* was nach Trithemius später im Jahre 1070 durch den Speyrer Bischof Heinrich erfolgte.

Er fand ein nur sehr dürftiges Vermögen des Klosters vor, das kaum dazu ausreichte, 15 Mönche zu ernähren; er selbst aber hatte, nachdem er auch auf der anderen Seite des Flusses Nagold im Jahre 1082 ein neues Kloster eingerichtet hatte, 150 Mönche unter sich. Darum aber bemühte er sich vor allem, daß er von dem Grafen Adelbert, der anfangs alles nach seiner Willkür behandelte, jede nur mögliche Freiheit für das Kloster durchsetzte. Zwar war er am Anfang von diesem getäuscht worden, da dieser das Kloster in seiner eigenen und seiner Nachfolger Macht

---

158 Mabill. act. SS. sec. VI. P. II. p. 740

behalten wollte, und stellte daher zunächst auch eine Urkunde
aus, welche die Freiheit des Klosters eher in Abrede stellte als daß
sie sie zusicherte: Doch nachdem der Betrug durch die
tieffromme Wiltrud, die Gattin des Grafen, entdeckt worden war,
brachte sie schließlich ihren Mann dazu, daß er die Angelegenheit
in Aufrichtigkeit regle, nachdem Gesandte sogar nach Rom
geschickt worden waren, um die Bestätigung eines Diploms zu
erhalten, durch das er dem Kloster jedmögliche Freiheit
einräumte, sogar die der Wahl des Vogts. Dieses überbrachte der
heilige Wilhelm persönlich dem Kaiser Heinrich IV., damit es
dieser mit seinem Siegel bestätige, was zum Jahr 1075 Trithemius
berichtet, womit zugleich die Bestätigung Gregors VII. dem
heiligen Wilhelm, der mit Gesandten auch des Grafen Adelbert in
Rom anwesend war, in die Hände übergeben wurde.

Es ist hilfreich, die Angelegenheit aus der zeitgenössischen
Handschrift von Muri, in der die Chroniken des Regino, des
Hermann d. L., dessen Schülers Berthold und des Priesters
Bernold aus St. Blasien enthalten sind, hier vollständig wiederzugeben: »Zu derselben Zeit im Herbst (des Jahres 1075) wurde das
Kloster Hirsau, das von einem gewissen Erlafred, einem
vornehmen und frommen Senator, schon vor langer Zeit, wie man
sagt, unter dem König Pipin ordnungsgemäß und ausreichend
eingerichtet; doch auf Grund einer gewaltsamen Inbesitznahme
seiner Nachfahren war es schon seit langer Zeit zerstört und
ausgeraubt, dann von dem Grafen Adelbert, seiner Ehefrau
Wieldruda und ihren Söhnen, die dazu ihre Einwilligung gaben,
schon seit einiger Zeit wieder aufgebaut worden und wurde jetzt
unter der Testamentsvollstreckung der königlichen Majestät nach
Recht und durch schriftliche Zusicherung der vollen Freiheit
allseitig Gott, dem Herrn, dem heiligen Petrus, dem heiligen
Aurelius und dem heiligen Benediktus übergeben. Und so, aus
jeglichem Anspruch auf deren Besitzanspruch gelöst und durch
eine nach dem alemannischen Gesetz übliche Verzichtserklärung
vor vielen Zeugen an eben diesem Ort und am Festtag des heiligen
Aurelius öffentlich vollzogen, entließen sie es dann in die volle
Freiheit und bestätigten es nach Recht und Gesetz zum Dienst an
Gott für den Abt Wilhelm und dessen Nachfolger zur freien
Verfügung und Fürsorge, und den Brüdern, die dort unter der
Mönchsregel leben wollten, zum notwendigen Unterhalt.« Er

berichtet dann von der tödlichen Krankheit, von der der heilige Wilhelm auf seiner Rückreise von Rom unterwegs befallen worden war, und wie ihn die Ärzte schon aufgegeben hatten. »Schließlich aber (fügt er an), nachdem die Zeit zur Trauer gekommen war, erbarmte sich der allmächtige Gott als Arzt; denn als er von seinen Brüdern schon mit dem heiligen Öl gesalbt und ihm der Nachlaß der Sünden gewährt war, rettete den Kranken das gläubige Gebet. So wurde er bald gesund und kehrte mit den erhaltenen Priviligien und Weihen der päpstlichen Freiheit mit Mühe und Not in seine Zelle zurück.«

In derselben Handschrift wird sehr ausführlich behandelt, was in der bei Urstisius veröffentlichten Chronik des Berthold zum Jahr 1077 mit wenigen Worten über Abt Bernhard von Marseille erwähnt wird, der von dem Grafen Ulrich von Lenzburg, einem Verbündeten Heinrichs IV., gefangen genommen wurde, »und zusammen mit diesem der überaus weise Mönch Christian, wobei sie sich darum bemühten, zum Papst zurückzukehren, von dem sie nach Deutschland gesandt worden waren, um Streitigkeiten der Unseren beizulegen, aber von einem gewissen Grafen Ulrich gefangengenommen, beraubt und in das Kastell Lenzburg eingekerkert wurden. Als König Heinrich erfuhr, daß diese gefangen genommen worden waren, befahl er, daß diese nicht entlassen werden dürften, obwohl er durch Eid mit dem Papst einen Vertrag geschlossen hatte. Der Abt von Cluny aber (es war dies der heilige Hugo) übersandte diesem kurz darauf ein Mahnschreiben, in dem er ihn nachdrücklich des Meineids bezichtigte: Es war ihm selbst nämlich der gesamte Vorgang um die Wiederversöhnung und Verbündung zwischen Papst und König bekannt, zumal er als Hauptvermittler daran persönlich beteiligt war. Nachdem ihm darüber hinaus die Sachlage bekannt geworden war, sprach er frank und frei aus, daß dies das sicherste Anzeichen seines Verrats (des Untergangs) sei, daß er so bedeutende und heilige Gottesmänner, die eingekerkert seien, aus Gründen der Gerechtigkeit als unmenschlicher Verächter des apostolischen Stuhles nicht befreie, sondern befehle, daß sie noch länger eingekerkert blieben. Durch diese Mahnung ganz uneingeschränkt widerlegt und fast zunichte gemacht, stimmte er zu, wenn auch nicht für Gott, so doch auf Grund der Schroffheit eines so bedeutenden Mahners, daß diese von ihren Ketten gelöst und frei, doch ihrer

ganzen Habe beraubt, von dannen ziehen dürften: Als diese aber
eine Zeitlang die Rückgabe der ihnen geraubten Dinge gemäß der
Anordnung des Königs forderten und schließlich lange hinge-
halten und verspottet worden waren, machten sie sich ohne ihre
Habe und fast nackt auf den Weg zum Kloster St. Aurelius.
Nachdem sie dort mit dem ganzen Eifer seiner Menschlichkeit
von Abt Wilhelm aufgenommen und fast ein ganzes Jahr mit
außerordentlicher Liebe behandelt worden waren, suchten sie mit
nicht geringer Liebenswürdigkeit nach der Stille des Friedens und
der Möglichkeit ihrer Rückkehr.« Soweit der Kodex von Muri;
der überall bekannte Berthold aber schreibt dazu, daß der König
Rudolph das Pfingstfest in der Zelle des heiligen Aurelius in
demselben Jahre 1077 begangen habe.

Es ist ein Schreiben Gregors VII. erhalten, welches er an den
heiligen Wilhelm nach dem Tode des Königs Rudolph im Jahre
1081 und zugleich auch an Altmann, den Bischof von Passau,
richtete, wie ich schon dargestellt habe, nachdem er von diesen
selbst um Rat gefragt worden war: »Und als zu jenen Zeiten viele
Äbte (wie zum Jahre 1085 Trithemius berichtet), die auf der Seite
des Papstes Gregor VII. standen, wegen der Tyrannei Heinrichs
entweder gewaltsam aus ihren Klöstern vertrieben wurden oder
freiwillig zurücktraten, da sie die Gemeinschaft mit Exkommunizierten verweigerten, schützte das Erbarmen des Allmächtigen
durch einzigartige Gnade den heiligen Wilhelm, und obwohl er
der Beständigste auf der Seite Gregors war, wagte dennoch keiner
seiner Feinde jemals, ihn anzurühren.« Ja sogar noch anderen
gewährte er persönlich in Hirsau Asyl; unter diesen ist an erster
Stelle der heilige Diemo oder Thiemo zu erwähnen, zuerst Abt
von St. Peter in Salzburg, später ebenda Erzbischof, der
schließlich nach Jerusalem aufbrach, unterwegs aber von den
Heiden gefangengenommen und mit vielen Foltern grausam
gequält wurde und schließlich, wegen seiner Treue zu Jesus
Christus mit dem Martyrium gekrönt, in das himmlische
Jerusalem einging. Als dieser noch Abt von St. Peter war und
»wegen der Exkommunikation des Königs Heinrich IV. aus
seinem Kloster entfernt wurde (wie Trithemius den Vorgang zum
Jahre 1084 schildert[159]), kam er zum heiligen Wilhelm nach Hirsau
und wurde, nachdem er den Abtstitel abgelegt und, wie es Sitte ist,

159 Chron. Hirs. T. I. p. 262

dem regulären heiligen Vater Gehorsam gelobt hatte, wieder Mönch in St. Aurelius; er lebte in tiefster Demut und Reinheit des Herzens mitten unter den Brüdern und dankte dem allmächtigen Gott, daß er ihn gewürdigt habe, einen Ort und eine günstige Stelle zu finden, wo er ihm in völliger Ruhe des Herzens und des Leibes zusammen mit so vielen Dienern Gottes dienen könne.«

Wie derselbe Zeuge weiter berichtet, waren viele gute und gottesfürchtige Männer, Grafen, Barone, Ritter, Adlige, Nichtadlige, Kleriker und Laien, Reiche und Bedürftige, die ihre Seelen von der Gemeinschaft mit Schismatikern rein erhalten wollten, unter Zurücklassung ihrer Burgen, Häuser und Kirchen zum Kloster Hirsau gekommen wie zu einer Stadt der Zuflucht: Viele von ihnen wechselten ihr Gewand und wurden Mönche, und viele dienten in ihrer alten Kleidung Gott und den Mönchen der heiligen Gemeinschaft bis an ihr Lebensende. Wir werden von solchen Arten des Ordenslebens später sprechen, für die jene äußerst schwierigen und stürmischen Zeiten eine günstige Voraussetzung geschaffen hatten, in welchen der heilige Wilhelm der Kirche und dem Staat auf jede nur erdenkliche Weise seinen Rat erteilte. »Zu dieser Zeit (es sind dies die Worte des Heymo, des Verfassers seiner Lebensgeschichte) wurde die katholische Kirche durch ein erbarmungswürdiges und verabscheuenswertes Schisma von den Feinden der christlichen Einheit auseinandergerissen. Doch weil dieser wahrhaftig Gottes Würdige durch das Feuer der göttlichen Liebe ganz erglüht war und im Eifer für die Seelen aufloderte, suchte er durch seinen heilsamen Rat jedermann dazu zu ermutigen, die Einheit der Kirche zu erhalten und zu bewahren. Und weil er einfachen und reinen Auges für eine solche Tätigkeit alles, was immer es auch war, einsetzte, war er den Seelen aller Ordensleute wohlgefällig: Was immer er auch sagte, erfreute die Herzen aller Guten durch eine innige Berührung mit der Liebe. Mit der Einfachheit der Taube lebte in ihm so viel Schlauheit der Schlange, daß er von den Klugen dieser Welt alle an Klugheit zu übertreffen schien und von der göttlichen Weisheit für die Weisen auf wunderbare Art gepflegt wurde um der Unschuld seines reines Herzens willen. Er floß über an einer so großen Mildtätigkeit der Nächstenliebe, daß er niemanden, der es wünschte, sich dem Dienst an Gott in vollkommener Weise hinzugeben, seiner Armut wegen verschmähte und niemanden

wegen seiner Unerfahrenheit zurückwies. Adlige und Nichtadlige, Reiche und Arme, Männer und Frauen ermutigte er zur
Verachtung der Welt und entzündete jeden einzelnen durch Wort
und Beispiel zur Liebe zum himmlischen Leben.«

Mit diesen Worten ist auch der Frauenorden angesprochen, der
sich damals neben den einzelnen Klöstern außerordentlich
verbreitete, die fast nur den Männern vorbehalten waren: Dies
wurde allerdings in Hirsau vom heiligen Wilhelm nicht in Angriff
genommen, obwohl er ebendort zwei Klöster errichtete, von
denen jenes größere Kloster, das vom heiligen Wilhelm auf der
anderen Seite der Nagold errichtet worden war, schließlich im
Jahre 1091 vollendet und von dem Speyrer Bischof Johannes neun
Wochen vor dem Tode des Heiligen geweiht wurde. Dieser kam
vier Tage vor seinem Tode »ins Kapitel, um die Brüder zu
besuchen und zu mahnen (wie Heymo sagt); und was er sie schon
immer gelehrt hatte, das begann er im einzelnen zu wiederholen
und sie dazu zu ermutigen, von Tag zu Tag besser voranzuschreiten. Vor allem von der beständigen Liebe Gottes, von
der Glut monastischer Frömmigkeit, von der Beobachtung der
gegenseitigen Liebe, von der Gastfreundlichkeit, die zu verfolgen
und mit aller Sorgfalt aufzuerlegen sei, von den Almosen, die
hochzuachten und gerne zu gewähren seien, und er riet vieles
dergleichen. Später brachte er mit jammervoller Stimme vor:
Eines gab es, was mich sehr erbittert und belastet hat und was ich
vor Gott und vor euch mit Wehklagen vorbringen will. Als wir alle
erstarrt waren, sagte er: Einige Brüder sind mit euch Mönch
geworden, doch mehr nach der Klugheit des Fleisches als nach
der geistlichen Einfachheit, und sie verwirrten mich sehr häufig
durch ihre Gespräche oder Ratschläge und handelten der
gelobten Einfachheit zuwider: Doch der allmächtige Gott hat sie
Mann für Mann von uns abgesondert und aus dem Kloster
entfernt.« Fast dasselbe berichtet Trithemius[160] zum Jahr 1091, für
welches er auch dessen glückseligen Tod am 4. Tag des Juli
bezeichnet.

160 L. c. p. 293

Gebhard, der Nachfolger eben dessen im Abtsamt von Hirsau.

XXVII. Dies macht deutlich, daß damals bei dem Tode des heiligen Wilhelm Heymo, der Verfasser seiner Lebensgeschichte, anwesend war, den der Nachfolger eben dieses heiligen Wilhelm im Abtsamt, Gebhard, als einen *verehrungswürdigen Mönch*, wie ihn Trithemius zu demselben Jahr 1091 nennt[161], *zum Prior seines Konventes von Hirsau einsetzte, da er nicht daran zweifelte, daß dieser zu einem solchen Amte fähig sei und dazu auch geeignet sein werde. Er war nämlich sowohl in den heiligen Schriften wie auch in den weltlichen Wissenschaften hervorragend gebildet, und nicht weniger in der Dichtkunst als auch in der freien Rede geübt; auch in den Sitten gut geschult, lebte er reif und außerordentlich gläubig und übertraf die Brüder in aller Lauterkeit der Beobachtung der Regel.*

Derselbe Trithemius[162] aber nennt uns als Heimat des Abtes Gebhard Schwaben und die Adelsfamilie der Grafen von Urach. Eine ausführliche Geschichte dieser Grafen von Urach verfaßte vor ganz kurzem Ioh. Christophorus Schmidlin in den ›additiones ad historiam ducatus Wirtembergici‹[163], die zum selben Stamm wie die Grafen von Achalm gehörten, den Stiftern des Klosters Zwiefalten, wie bei Sulger in den Annalen dieses Klosters und bei Crusius zu sehen ist, die etwa um das Jahr 1030 oder 1036 die zwei Brüder Rudolph und Egino notieren, den derselbe Schmidlin als den Stammvater der Grafen von Urach in Erfahrung brachte, dessen Sohn Egino II. diesen Gebhard von der Mutter Kunigunde gezeugt hat.

Nach demselben Zeugen Trithemius war er vorher Kanoniker in Straßburg gewesen; während er aufgeblasen das Kloster Hirsàu betrat, um sich mit dem heiligen Wilhelm über angerichtete Schäden auseinanderzusetzen, bekehrte er sich ganz plötzlich, *warf sich zu Füßen des hochwürdigsten Abtes Wilhelm und bat ihn um Vergebung für seine Sünden, und als er diese bereitwillig erhalten hatte, schenkte er zur Buße sich selbst und alles, was er hatte, dem Gottesmann und dem Kloster Hirsau.* Als dieser sich eine Zeitlang als Mönch unter den Mönchen und selbst außeror-

---

161 L. c. p. 302
162 L. c. p. 298
163 p. 112 seq.

dentlich fromm sein Leben geführt hatte, konnte er für ein Jahr und darüber hinaus keines seiner erstarrenden Körperglieder mehr gebrauchen, die Zunge ausgenommen. Nachdem ihm aber später vom heiligen Wilhelm die Gesundheit wieder zurückgegeben und er Prior des Klosters worden war, wurde er nach Rom zu Urban II. und nach Cluny gesandt, um heilige Reliquien zu erwerben. Nachdem aber der heilige Wilhelm in der Zwischenzeit verstorben war, wurde Gebhard selbst nach seiner Rückkehr aus Rom mit der Zustimmung aller Brüder zum Abt für diesen Ort am 1. August des Jahres 1091 bestimmt. Er selbst aber *verschob seine Ordination, die man Benediktion nennt, bis zum Fest Unseres Hochheiligen Vaters Benedikt im folgenden Jahr. Als er von den Brüder darüber befragt wurde, antwortete er: Ich wollte, ihr Brüder, bis jetzt deshalb ohne die gewohnte Benediktion sein, damit ich sowohl eure Sitten als auch eure Gefühle mir gegenüber besser erkenne, und damit ich meinerseits sie euch durch einen angemessenen Aufschub deutlicher zeigen könne. Ich belasse euch jetzt also in eurer Entscheidung, über mich zu befinden, was immer ihr auch vielleicht wollt und was euer Urteil sein möge, daß ich euch entweder Nachfolger des Abtes bin oder daß ihr einen anderen wählt.* Dann aber reiste er nach Konstanz und empfing von Bischof Gebhard die Gnade der Benediktion, *der vorher Mönch in Hirsau gewesen war und mit Papst Urban gut übereinstimmte, in Anwesenheit vieler.*

Und nicht viel später überführte er den Konvent aus dem alten Kloster St. Aurelius in das Kloster St. Peter und St. Paul, nachdem er im alten Kloster zwölf Mönche mit einem Prior zurückgelassen hatte. Welchen Haß aber des Kaisers Heinrich IV. ihm und seinen Hirsauern gegenüber Abt Gebhard erfahren hat und vom Tode des Straßburger Bischofs Werner, dessen Mitwirkung bei der Verfolgung von Hirsau sich Heinrich vor allem bedient hat, erläutert Trithemius zum Jahr 1093 ausführlich[164]. Was derselbe aber weiterhin von Gebhard schreibt, der sich allmählich verändert hatte, recht nachlässig handelte und den irdischen Gütern mehr als recht anhing, und ebenso seine Bewerbung um das Abtsamt von Lauresheim und die Bischofswürde von Speyer, gehört zum folgenden Jahrhundert.

---

164 L. c. p. 304

Der überaus blühende Zustand des Klosters Hirsau unter dem heiligen Wilhelm.

XXVIII. Gerühmt wird in dem oft zitierten Anhang zum Chronikon des Hermann[165] der oben erwähnte Graf Adelbert, der Erneuerer des Klosters Hirsau *frommen Angedenkens, der in Treue zu St. Peter schon von früh an gegen die Schismatiker eifrigst vorgegangen war und schließlich, nachdem er vom Grafen zum Mönch geworden war, glücklich seinen letzten Tag am 22. September beschloß und in dem Kloster, das er aus eigenem Vermögen erbaut und in dem er die Mönchskutte erhalten hatte, mit allen Ehren bestattet wurde, wobei der Herr Abt Gebhard den Vorsitz führte.* Diese Gesinnung verlieh dem Grafen noch der heilige Wilhelm, unter dem sich jener Eintritt ins Kloster ereignete. Schon zum Jahr 1084 nämlich wird von Trithemius Graf Bruno von Calw erwähnt, der Sohn des Stifters Adelbert, der, wegen seiner Freundschaft mit König Heinrich exkommuniziert, sich dennoch eigensinnig in die heiligen Ämter drängte, worüber Wilhelm den heiligen Anselm von Canterbury um Rat fragte, dessen Antwortschreiben Trithemius ebendort wiedergibt und dessen Anwesenheit in Hirsau und enge Freundschaft mit dem heiligen Wilhelm er beschreibt. Er lobt aber zum Jahr 1099 die sowohl der Zahl als auch dem Verdienst nach herausragenden und bedeutenden Männer des Klosters Hirsau unter dem Abt Gebhard, »die den Mönchsorden wie die den Himmel zierenden Gestirne erleuchteten. Es gab hier Mönche von hohem Blut geboren: es gab auch solche, von denen man sagte, sie seien von dem niedrigem Stande der Bauern und Armen. Dennoch herrschte unter ihnen immer die Zuneigung brüderlicher Liebe, es gab für alle dieselbe Art zu leben: Ein Freigeborener wurde einem aus dem unfreien Stand Eingetretenen nicht vorgezogen, und Blut konnte sich im Kreis der Mönche keine Ehrenstellung verschaffen, sondern nur die Tugend. Denn wie uns die Mönchsregel lehrt: sei es ein Knecht oder ein Freier, wir sind alle in Christus eins. Nach der Unversehrtheit dieser Regel lebten alle Mönche zu Hirsau: so sehr blühte an diesem Orte die Beobachtung der Regeldisziplin vor Gott und den Menschen, daß sie nach Meinung aller guten Menschen bestätigte, daß eine größere Lauterkeit des Mönchsordens in ganz Deutschland

---

165 Urstis. Script. Germ. P. I. p. 378

niemals zuvor gesehen noch von ihr gehört worden sei. Daher war nicht unverdient der Name der Hirsauer Mönche in ganz Europa bekannt und wurde im Munde aller auf Grund ihres guten Rufes gepriesen. Unter diesen gab es viele in allen Arten von Wissenschaft hochgelehrte Männer, und nicht weniger durch das Verdienst ihres Lebens als auch durch ihre Bildung in den Schriften verehrungswürdig.«

Er erwähnt auch die Eremiten oder Klausner in Hirsau: Da aber das Gelübde, in Einsamkeit zu leben, hart war, war es allgemein nicht jedermann erlaubt, ein solches auf sich zu nehmen. *Wir lesen sogar,* fügt er an, *daß viele unter den Hirsauer Mönchen von einer so großen Heiligkeit waren, daß sie sowohl im Leben wie auch nach dem Tode durch viele Wundertaten berühmt wurden. Viele wurden sogar durch eine Engelserscheinung für würdig befunden, die Süße der künftigen Glückseligkeit schon in diesem sterblichen Leben vorauszukosten. Nur ein solcher konnte zu dieser Zeit unter den Mönchen von Hirsau leben, den die erstrahlende Glut der göttlichen Liebe von jeglicher Unreinheit des Fleisches vollkommen absonderte.*

Für eines ganz besonderen Gedenkens würdig hält er auch die Priores des Kloster von Hirsau unter dem heiligen Wilhelm, unter welchen von denen, die sich gleichzeitig ganz in der Wissenschaft wie auch im Verdienst ihres Lebens vor Gott und den Menschen aufgingen, er als ersten zum Jahr 1088 jenen verehrungswürdigen Mönch Adelbert erwähnt, der einige Jahre lang unter dem Herren Abt Wilhelm das Amt des Priors mit Tatkraft ausübte. Nach dessen Tod setzte er zum Prior einen gewissen verehrungswürdigen Mönch namens Theoderich ein, *einen durch seine Weisheit und wissenschaftliche Bildung berühmten Mann, nicht weniger durch das Verdienst seines Lebens heilig als durch die Beschäftigung mit der Wissenschaft gebildet.* Diesen entsandte er später als Abt nach Petershausen bei Konstanz; an dessen Stelle war nach einigen Monaten Prior Otto (den er einen Mann von fortgeschrittenem Alter und reif nach Sitten und Lebensführung nennt) für viele Jahre Kellermeister des Klosters. An dessen Stelle im Amt des Priors erwählte er Gebhard, seinen Nachfolger im Abtsamt, den wir schon erwähnt haben; als dieser Abt geworden war, vertraute er das Amt des Priors Heymo an, den wir schon oft als den Verfasser der Lebensbeschreibung des heiligen Wilhelm zitiert haben oder besser als den Verfertiger eines Auszugs aus seinem umfangreichen Werk, da die bei Mabillon[166] erwähnte doppelbändige Lebensgeschichte des heiligen Wilhelm nicht vorliegt, in der, wie Trithemius erinnert, die Lebensführung und die Wundertaten des heiligen Abtes vom Verfasser voneinander getrennt worden sind. Dieser Heymo verfaßte nach demselben Zeugen auch ein kleines und nicht unbrauchbares Büchlein über die Musik; auch veröffentlichte er einige Predigten an die Brüder, die irrtümlich überall einem anderen, nämlich dem Bischof Heymo von Halberstadt zugeschrieben worden sind. Denselben Vorgang berichtet Ed. Martensius in bezug auf das Buch *De amore coelestis patriae*, dessen Vorwort zum heiligen Wilhelm er in einer sehr umfangreichen Sammlung von Dokumenten herausgegeben hat. *Da dieser unser Haymo,* wie Trithemius weiter sagt[167], *den manche Heymo nennen, die nach der Gewohnheit der Sachsen den fünften Buchstaben für den ersten nehmen, in allen Arten der Gelehrsamkeit überaus bewandert war, verwendete er die allergrößte Sorgfalt auf das Sammeln und Abschreiben von Büchern der heiligen Väter und forderte die Brüder eifrig durch Wort und Beispiel zum fröhlichen Schreiben auf. Daher trug er durch die ständige Sorge bei der Ermunterung zum Schreiben einen nicht kleinen und hochwertigen Bestand an Büchern zusammen.*

Schule und Bibliothek von Hirsau und ihre Gelehrten.

XXIX. Er tat dies nach dem Beispiel des heiligen Wilhelm, der in kurzer Zeit in seinem Kloster die Wissenschaft und die Schulen erneuerte, durch die einst Hirsau so berühmt gewesen war, und der letzte Schulvorsteher Theobald begab sich zusammen mit einem Gefährten, von dem Grafen vertrieben, nach Fulda. »Da aber der heilige Vater (vom heiligen Wilhelm spricht Trithemius erst zum Jahr 1070) wußte und durch Erfahrung in lobenswerter Weise belehrt war, daß die notwendige Speise der Seele das Lesen der heiligen Schriften sei, bestimmte er die zwölf Besten aus seinen Mönchen zu Schreibern, denen er auftrug, die Bücher der göttlichen Autorität und die Abhandlungen der heiligen Väter abzuschreiben. Es gab aber außer diesen auch noch andere

166 Act. SS. sec. VI. P. II.
167 T. I. p. 510

Schreiber von unbestimmter Zahl, die mit derselben Sorgfalt
Mühe darauf verwendeten, Bücher abzuschreiben. Und all diesen
stand ein einziger Mönch vor, der in jeder Art von Wissenschaft
der gebildetste war, der einem jeden irgendein gutes Werk zum
Abschreiben vorlegte und die Fehler der nachlässig Schreibenden
verbesserte. Die Brüder schrieben im Laufe der Zeit viele Bücher
ab, von denen allerdings nur ein ganz kleiner Teil in diesem
Kloster Hirsau verblieb. Der heilige Vater nämlich, der den
Gewinn und den Nutzen für die Seelen immer allen Dingen der
Welt vorzog, gab jedes Mal, wenn er Brüder zur Reformierung an
andere Klöster entsandte, Bücher und alles, was ihnen notwendig
schien, gerne und aus eigenem Antrieb mit.« Dennoch übermit-
telte er nicht nur Bücher an andere Klöster, sondern auch durch
ihre Kenntnisse berühmte Männer, wie wir am entsprechenden
Ort an dem seligen Abt Theoger, der nach St. Georgen entsandt
worden war, sehen werden und wie wir schon von Theoderich
vermerkt haben, der als Abt nach Petershausen entsandt wurde,
wo vorher schon eine Schule eingerichtet worden war.

In einer Chronikhandschrift eben dieses Klosters aus dem 12.
Jahrhundert wird unter anderen, die für frühere Hirsauer Brüder
Platz schufen und sich ins Kloster Reichenau begaben, der
Scholastikus Ruopert genannt. »Der schon Genannte aber (so
lauten die Worte der Chronik) war ein hervorragender Lehrer in
allen freien Disziplinen: aber auch Bernard, ebenfalls Mönch
dieses Klosters, war ein Mann von höchster Weisheit und Gelehrsamkeit, die damals beide eine große Anzahl von Schülern an
eben diesem Orte erzogen hatten, da sie den Schulen vorstanden
und sehr viele zur bestmöglichen Bildung herangeführt hatten.
Dieser Bernard aber und Werharius, der sich durch fast die
gleiche Bildung auszeichnete, hatten sich auf der Flucht vor dem
Bann schon lange zuvor dem Kloster Hirsau angeschlossen.«
Ebenda werden die von dem heiligen Abt Wilhelm überstellten
Hirsauer Mönche aufgezählt, außerordentlich fromme Männer;
als unter diesen die Petershausener den für sie zum Lehrer
bestimmten Otto, der für sie in kurzer Zeit zum Ärgernis wurde,
bei gewissen Dingen ertappt hatten, schickten sie ihn zu den
Seinen zurück und erhielten an dessen Stelle vom heiligen
Wilhelm den überaus verehrungswürdigen Theoderich, der mit
aller weltlichen und monastischen Bildung bestens ausgestattet
und für diese Leitungsstelle hervorragend geeignet war; dieser

übte das Amt des Abtes aus und konnte sich gleichzeitig auch der Schule mit außerordentlich förderlicher Einsicht und Erfolg widmen, wofür seine Schüler zum Beweis dienen, die derselbe Anonymus aufzählt: *hervorragende Männer, sehr fromm von bester Beschaffenheit und Bildung unter seiner Fürsorge, unter welchen sich befanden der ehemalige Abt Meinrad, ... der Scholastiker Bernard und Cuono und der blinde Wernhard von Alhusin, Gozolin und Eberhard und der Schreiber Heinrich: diese stammen alle von den früheren Brüdern; aber auch der Scholastikus Sigibert und Eppo und Gebhard, mein Oheim.*

Dieser Bernard, *den,* wie das Chronikon sagt, *wir oben schon erwähnt haben, war ein hervorragender Gelehrter, auch tat er sich hervor als außerordentlich gewissenhafter Wächter über die monastische Disziplin,* war möglicherweise derselbe, an welchen als seinen Lehrer Bernald oder Bernold von St. Blasien einen Brief richtete, der von Tengnagel und Gretser veröffentlicht worden ist, den späteren Präfekten von Corbie, wie auch Trithemius schon zum Jahre 1051 vermerkt hat. Es könnte derselbe sein, dessen Tod Bernold von St. Blasien im Anhang zum Chronikon des Hermann zum Jahr 1088 mit diesen Worten anzeigt: *Bernard, Vorsteher der Konstanzer Schulen, ein hervorragender Gelehrter, in Sachen des heiligen Petrus der glühendste, in Sachsen unter dem Mönchsgelübde stehend, ging zum Herrn ein.*

Eine welche Größe aber der heilige Wilhelm in der Wissenschaft gewesen ist, verraten seine Werke, die überall aufgezählt werden: in dem genannten Anhang zum Chronikon des Hermann zum Jahre 1091, bei dem Anonymus von Melk cod. 108 n. 352., bei Trithemius in ›de scriptoribus ecclesiasticis‹[168] und in der Chronik von Hirsau zum Jahr 1070. Schon Mabillon[169] hat in seinen vorausgehenden Beobachtungen zur Lebensgeschichte des heiligen Wilhelm, als er einen Katalog von dessen Werken zusammengestellt hatte, zutiefst bedauert, daß von all diesen kaum irgend etwas erhalten sei. Ein einziges Exemplar des Buches ›de musica‹ hat derselbe Mabillon in der Kodexhandschrift von Villingen festgestellt; als diese bei dem Brand bei uns im Jahre 1768 zusammen mit einer Abschrift vernichtet wurde, wäre es auch um dieses Werk geschehen gewesen, wenn ich nicht ein

168 Cap. 352. p. 222
169 Act. SS. sec. VI. P. II. p. 725

anderes Exemplar davon in der kaiserlichen Bibliothek zu Wien gefunden hätte, das dann von mir unter anderen Schriftstellern über die Musik veröffentlicht worden ist. Es sind noch seine Hirsauer Bestimmungen erhalten, von denen der genannte Mabillon bestätigt, daß er sie verstreut in Handschriften aus Deutschland gefunden habe; veröffentlicht aber wurden sie von P. Marquard Herrgott unter den ›monumenta veteris disciplinae monasticae‹[170] anhand von Handschriften aus Einsiedeln, genannt auch ›die Gengenbacher‹ nach dem Kloster in unserem Schwarzwald, wohin sie ursprünglich gebracht worden waren.

Disziplin und Bräuche von Cluny.

XXX. Jene Hirsauer Bestimmungen enthalten außer dem, was der heilige Wilhelm mehr dem Ort und der Gegend angepaßt anordnete oder was er von klein auf im Kloster St. Emmeran oder anderswo kennengelernt hatte, auch die Sitten und Gewohnheiten von Cluny. Wie groß aber seit Beginn des 11. Jahrhunderts die Berühmtheit dieser neuen Kongregation auch in unserem Deutschland gewesen ist, kann man daran erkennen, daß der heilige Kaiser Heinrich die ihm in Rom von Papst Benedikt VIII. dargereichte goldene Reichskugel mit dem Kreuz anschließend an das Kloster Cluny übersandte, wie zu jenem Jahr Baronius aus Glabrus notiert hat; dasselbe erklärt er auch zum folgenden Jahr aus dem seligen Petrus Damiani in der Lebensgeschichte des heiligen Odilo in bezug auf seine Krone, die durch denselben Kaiser dem damaligen Abt, dem heiligen Odilo, übersandt worden war. Unter demselben Abt, oder eher unter Hugo, wurde diese Ordnung in den Klöstern Italiens, nämlich in Farfa und St. Paul zu Rom, übernommen; veröffentlicht wurde sie bei Herrgott[171] unter dem Namen ›Guido‹, der dem Abt Hugo von Farfa im Amt nachfolgte, wie Herrgott vermutet. Es folgt bei demselben die Ordnung von Cluny durch den Geschichts- schreiber Bernhard[172] aus dem 11. Jahrhundert, die die Widmung trägt: *Dem hochwürdigsten und vorzüglichen Erneuerer des gesamten Mönchsordens, dem Herrn Abt Hugo.* Nach Hermann d. L. in der Handschrift von Muri verstarb *im Jahre 1048 der*

170 pag. 371
171 Vet. discipl. mon. p. 37
172 L. c. p. 133

ehrwürdige Odilo, Vater des Klosters Cluny und vieler anderer, am 30. Dezember, welchem Hugo, ein Mann von guter Lebensführung und Bruder eben dieses Klosters, im Amt nachfolgte. Unter diesen hochheiligen Äbten mag ein Zeuge der Disziplin von Cluny genügen, nämlich der zu dieser Zeit unerschütterlichste Verfechter des Mönchtums, der selige Petrus Damiani, der an der clunizensischen Gesandtschaft als Beobachter teilnahm, von der seine Briefe an Abt Hugo und die Mönche von Cluny sprechen. Im Vorwort zur Lebensgeschichte des heiligen Odilo sagt eben dieser: *Hugo war Leiter des Klosters von Cluny und Führer der geistlichen Heerschar und ein hervorragender Lehrer.* Auch in der Lebensgeschichte des heiligen Wilhelm bei Mabillon[173] wird der heilige Hugo ein *glühender Förderer unserer* (Hirsauer) *Kongregation deshalb* genannt, *weil wir von diesem die Anordnung erhalten haben, das Kloster zu errichten und nach der Regel zu leben.* Der heilige Wilhelm selbst legt im Prolog zu den ›Constitutiones‹ bei P. Herrgott[174] und Trithemius[175] zum Jahr 1074 dar, daß Abt Bernhard von Marseille, der sich im Kloster Hirsau aufgehalten hatte, damals den heiligen Wilhelm veranlaßt habe, *daß er, um ein volleres Verständnis des Mönchsordens zu erhalten, zwei seiner Mönche nach Cluny entsende: Er wies diese an, sich für einen Zeitraum eines Jahres ebendort aufzuhalten, um alle deren Sitten und Gebräuche genau kennenzulernen. Nachdem diese schließlich nach Hirsau zurückgekehrt waren, schickte er nochmals zwei andere und noch ein drittes Mal zwei andere: Diese alle nahm der heilige Hugo, der Abt der Cluniazenser, mit Freuden auf und zeigte und erklärte ihnen alle Gewohnheiten des Ortes. Auch schickte derselbe heilige Hugo dem Abt Wilhelm einen Kodex der Gebräuche des Klosters Cluny, welche der überaus fürsorgliche Vater, nachdem er einiges entsprechend den Gegebenheiten des Ortes, des Klimas und der Landschaft geändert hatte, in zwei Büchern zusammenfaßte und seine Mönche anwies, ihnen gemäß nach Wort und Beispiel zu leben.* Was wir aber hier nach Trithemius beschrieben haben, ist alles aus demselben Prolog des heiligen Wilhelm zu den Gewohnheiten von Hirsau bei dem zitierten Herrgott wiedergegeben.

---

173 Acta SS. sec. VI. P. II.
174 Vet. discipl. mon. p. 377
175 Chron. Hirs. T. I. p. 250

Der selige Ulrich von Cluny im Schwarzwald.

XXXI. Nachdem derselbe heilige Wilhelm ebendort erwähnt hatte, daß Bernhard von Marseille nach Abschluß der Gesandtschaft auf der Rückreise nach Cluny gegangen sei und dem Vater des Klosters St. Hugo persönlich die Angelegenheit übergeben habe, fährt er folgendermaßen fort: *Etwa um dieselbe Zeit wurde ein gewisser Presbyter namens Ulrich aus Cluny durch Fügung Gottes in einer Angelegenheit des Klosters nach Alemannien geschickt und blieb eine Zeitlang bei uns; und weil er uns damals so überaus vertraut und schon durch lange Erfahrung in den Ordnungen von Cluny geübt war, baten wir ihn darum, daß er uns seine Bräuche aufschreibe. Er willigte ein und sagte zu und verfaßte, wie er versprochen hatte, für uns zwei Büchlein über die eben genannten Bräuche.* Ich bin der Meinung, daß der Ursprung für diese so enge Freundschaft, von der er erwähnt, daß sie ihn damals mit Ulrich verbunden habe, auf Regensburg zurückzuführen ist, wo der heilige Wilhelm von Kind an in St. Emmeran erzogen, der selige Ulrich aber von dem Regensburger Bürger Bernold aus nicht dem untersten Stande, mit großem Vermögen und bei König Heinrich III. wohl angesehen stammte, wie in dessen Lebensgeschichte bei Mabillon[176] zu lesen ist. Dieser, vornehm erzogen und von Kind an zur Frömmigkeit angeleitet, gelangte später an den Hof des Königs und wurde in den Dienst der gnädigsten Kaiserin Agnes gestellt. Bald darauf wurde er von dem Freisinger Bischof, seinem Onkel väterlicherseits, zum Diakon geweiht und zum Propst der Diözese Freisingen bestimmt und begleitete den Kaiser nach Italien. Als er nach seiner Rückkehr von einer Pilgerfahrt nach Jerusalem einen anderen an seiner Stelle als Propst vorfand, schloß er sich in Regensburg dem gelehrten Gerald an, der später Bischof von Ostia war; beide machten sich sodann auf den Weg nach Cluny und wurden vom heiligen Hugo unter die Mönche aufgenommen, allerdings mit einem so großen Erfolg, daß Hugo nach Ablauf einiger Jahre Gerald zum Prior, Ulrich aber, der zum Priesteramt vorgerückt war, für sich zum Kaplan und Berater bestimmte. Den Neid, den er in diesem Amte ertragen mußte, beschreibt der Verfasser seiner Lebensgeschichte nicht lange nach seinem Tode; der Autor war ein Mönch des Klosters Zell, das auch heute noch im

---

176 Acta SS. sec. VI. P. II. p. 782

Schwarzwald seinen Namen von diesem heiligen Ulrich hat. Doch daß die gegen Ulrich gerichteten Bemühungen seiner Neider keinerlei Erfolg hatten, wird daraus deutlich, daß der heilige Hugo – nach demselben Zeugen – *weil er wußte, daß dieser ganz mit Tugend und Weisheit ausgestattet war, jenem auch für die ihm anvertraute Herde die Gelegenheit zur Beichte eröffnete. Daher,* fährt er fort, *kamen zu ihm sowohl die Alten wie auch die Jungen, die unter verschiedenen Schwächen litten, und erleichterten ihr Gewissen – je aufrichtiger, desto befreiter. Er selbst aber nahm sie alle mit großer Liebe auf und heilte einen jeden nach Art eines überaus kundigen Arztes durch ihrer Reue entsprechende Arzneien. Er liebte aber alle und wurde von allen geliebt. Doch am meisten glühte die Leidenschaft seines Geistes für die neuen Streiter Christi. Da diese zweifellos gleichsam roh und des Zuspruchs eines Älteren bedürftig waren, holte er sie häufig zu sich und lehrte, mahnte und unterwies sie: Und er hegte jene an der Brust seiner väterlichen Liebe so sehr, daß er deswegen mit Recht Vater und Führer insbesondere der Novizen genannt wurde.*

Später war Ulrich Präfekt der heiligen Jungfrauen im Kloster Marcigny, das der heilige Hugo in der Diözese von Westburgund errichtet hatte. Von diesem heiligen Abt einstmals nach Deutschland gesandt, um Geschäfte des Klosters am Hof des Kaisers zu besorgen, wie er selbst im 1. Buch der ›consuetudines Cluniacenses‹ den Sachverhalt darstellt, kam er zum Kloster Hirsau im Schwarzwald und lenkte noch öfter seine Schritte hierher: Da er hier großzügig behandelt und mit Wohltaten für seine Weiterreise überhäuft worden war, widmete er dem heiligen Wilhelm zwei Bücher über die ›consuetudines Cluniacenes‹, wie er versprochen hatte und ließ diesen dann noch ein drittes folgen, welches allerdings der Verfasser seiner Lebensgeschichte, der etwa gegen die Mitte des 12. Jahrhunderts schrieb, mit keinem Wort erwähnt. »Zunächst brachte er selbst (er schreibt[177] über den heiligen Ulrich) auf Bitten des hochwürdigsten Abtes Wilhelm vom Kloster Hirsau den Klöstern Alemaniens die Bräuche der Kirche von Cluny, welche die meisten Förderer des Mönchsstandes mit einem solchen Eifer und einer solchen Hochachtung beachten und lieben, wie wenn sie darüber frohlockten, daß sie königliche Schätze besäßen. Über diese verfaßte er zwei Büchlein

---

177 Mabill. acta SS. sec. VI. P. II. p. 798

in vortrefflicher Sprache, deren Niederschrift sowohl die Klöster Alemanniens wie auch anderer Gegenden durchflog: Solltest du sie vielleicht einmal lesen, wirst du in ihnen bestimmte niedergeschriebene Gesetze des Dienstes an Gott und anderer Pflichten, vor allem des Gehorsams, der Demut und der brüderlichen Liebe finden und ebenda den Eifer, auch den Geist und die Weisheit dieses Mannes klar erkennen können. Es war nämlich dieser gelehrte Mann ein Hausvater im Himmelreich, der aus seinem Schatz Neues und Altes hervorholte, womit er viele zur Wissenschaft führte; daher wird er wie ein Stern in alle Ewigkeit leuchten. Sooft er zur Visitation zu den Klöstern der Äbte in der Nachbarschaft oder der Mönche kam, nahm ihn die Ehrerbietung aller mit jeglicher Hochachtung und allem Eifer nicht wie einen Menschen auf, sondern in der Tat wie einen Engel von höchster Einsicht. Die Liebe zu ihm wohnte den Herzen jener so sehr inne, daß sie ihn Vater und Lehrer ihres eigenen Ordens nannten und man auch heute noch seines Namens und der Verdienste seiner Heiligkeit beim Lobpreis gedenkt.

Die von ihm errichteten Klöster.

XXXII. Von hier aus können auch die Äbte und Klöster des Schwarzwaldes verstanden werden, von denen jene Zelle des heiligen Ulrich gleichsam umringt wird, die er selbst im Breisgauer Winkel eben dieses Waldes zu einem Kloster ausgestaltete und welche heute noch nach seinem Namen *St. Ulrich* heißt. Deren kurzgefaßte Geschichte in der Landessprache veröffentlichte zusammen mit der eben genannten Lebensgeschichte des heiligen Ulrich Philipp Jakob, der hochverdiente Abt des Klosters St. Peter im Schwarzwald, dem diese Zelle des heiligen Ulrich, vormals St. Peter und St. Paul genannt, unter dem Titel eines Priorats untersteht, und der in diesem Gebiet die öffentliche Verehrung eben dieses Heiligen wiederherstellte. Vergebens wollte der heilige Hugo, da er in den letzten Jahren seines Lebens blind war, den heiligen Ulrich dazu bringen, in das Kloster Cluny zurückzukehren. »Als ihn nämlich auch der fromme Wunsch seiner Brüder bedrängte (wie der Verfasser seiner Lebensgeschichte schreibt[178]), entsandte er den ehrwürdigen Kuno, um

---

178 L. c. p. 803

diesen zurückzurufen, damit er jenem sowohl die Barmherzigkeit wie auch die Liebe schenke, um die er sich bei ihm durch sein heiligmäßiges Leben verdient gemacht habe und seine Kirche mit einem Mann solchen Verdienstes und mit dem Besitz seines Körpers ziere. Doch weil die Güte Gottes, die für alles gnädig sorgt, eben dieses Kloster nicht eines solchen Patroziniums berauben wollte, weigerte sich der heilige demütig, den Ort zu verlassen, den zu leiten er auf sich genommen hatte, den er zu seinen Lebzeiten liebte und den er durch den Ruhm seiner Wunder nach seinem Tode verherrlichen sollte. Als der ehrwürdige Abt nach der Rückkehr seines Abgesandten erkannt hatte, daß sein Wunsch in bezug auf den heiligen nicht erfüllt werden könne, bat er jenen um Verzeihung, falls er ihm gegenüber sich irgendetwas habe zuschulden kommen lassen, wie die menschliche Gebrechlichkeit nun einmal ist, und erhielt, vor dem eben genannten Kuno niedergefallen, die Vergebung, die bei dem seligen Ulrich an seiner Stelle zu erhalten sei, wenn er vielleicht selbst ihn in irgendeiner Weise gekränkt habe, was dann auch so erfolgte.« Auf Grund dieser Worte nimmt man allgemein an, daß Kuno später in den Schwarzwald zum heiligen Ulrich zurückgekehrt ist.

Es scheint dies eben dieser Kuno gewesen zu sein, den der heilige Abt Hugo viele Jahre zuvor von Cluny aus zusammen mit dem heiligen Ulrich nach Deutschland geschickt hatte, als er von Luthold von der Burg, die Rümlingen genannt wird (in einem anderen Kodex irrtümlich Limlingen), darum gebeten wurde, ein Kloster in seinem Herrschaftsgebiet zu errichten, da er selbst keinen eigenen Nachwuchs hatte. Nachdem er die örtliche Lage besichtigt hatte, gefiel dem heiligen Ulrich und seinem Gefährten Kuno der Berg Rotger; doch als es Winter geworden war, *verschmähten die hochwürdigen Mönche,* wie der Verfasser der Lebensgeschichte sagt[179], *die Behausung der Weltlichen und begaben sich in eine gewisse Höhle, die von dem eben genannten Berg zweitausend Schritte entfernt war und verbrachten dort die Fastenzeit, zufrieden alleine mit Brot und Wasser in geistlicher Freude.* Zu einer günstigen Zeit, als der Haß eines benachbarten Priesters überwunden und das Kloster schon errichtet und alles ordnungsgemäß geregelt war, kehrte der heilige Ulrich nach

---

179 L. c. p. 791

Cluny zurück, nachdem er den oft genannten Kuno zusammen mit den Brüdern, die sich dort angeschlosen hatten, zurückgelassen hatte. Von dort wurde er nach einiger Zeit vom heiligen Hugo zur Leitung des Klosters Peterlingen in der Diözese Lausanne und dann zum zweiten Mal nach Deutschland entsandt, da ihn in der Provinz Breisach der ruhmreiche Ritter Hesso darum bat, der in der *Suevia ecclesiastica* des Franz. Petri ›von Ulmberg‹ genannt wird. *Dieser, durch Eingebung der göttlichen Gnade,* fährt der Verfasser der Lebensgeschichte fort, *zum Förderer echten Mönchtums geworden, übergab alle seine Landgüter der Kirche von Cluny und verlangte, daß auf ihnen eine Schule für den Dienst an Gott errichtet werde, um dort Anhänger des beschaulichen Lebens zu versammeln. Da nach der Aufnahme von Mönchen auf seinem Besitztum aber die Wohnverhältnisse für eine monastische Lebensweise ganz ungeeignet erschienen, wandte er seine gläubige Gesinnung in eine andere Richtung. Ein bestimmter Ort also, in derselben Gegend gelegen, der, die Etymologie seines Namens von der blühenden Lieblichkeit der anliegenden Felder und Wälder her aufweisend, Gruningen genannt wird, wurde durch einen rechtlich abgesicherten Tausch mit dem Herzog Bertold, dessen Herrschaft er unterlag, durch die Bemühung und den Fleiß des hochberühmten Hesso zum rechtmäßigen Besitz der Mönche gemacht. Da dieser Ort für die Einhaltung der Regel für eine Zeitlang recht geeignet schien, wurden die Mönche nach der Errichtung von Gebäuden hierher überführt, doch sollten sie dort, wie später klar werden wird, nicht beständig bleiben können.* In einer für Hesso von Kaiser Heinrich IV. ausgestellten Urkunde vom Jahr 1072, die nachzulesen ist in der *Bibliotheca Cluniacensis* des Andr. Quercetanus[180], wird als Ort des ersten Wohnsitzes *Rimesigun* oder *Rimesingun* genannt, wobei der Name nur wenig von *Rumelingen* oder *Limlingen* abweicht, wenn der Buchstabe R durch den Buchstaben L ersetzt wird, wie es offenbar gemacht werden muß. Es gibt allerdings zwei Orte dieser Benennung nicht weit entfernt von Gruningen, ein Ober- und ein Unterdorf, allgemein bekannt als Ober-Rimsingen und Nieder-Rimsingen.

Obwohl aber den Cluniazensern dieser Ort übergeben und auch vom Kaiser bestätigt worden war, wurden dennoch *die Cluniazenser nicht dort angesiedelt, sondern an einem anderen Orte,* nämlich

---

180 p. 526

in Gruningen, wie Mabillon sagt[181], wo sie sich allerdings nicht lange aufhielten; vielmehr wurden die Mönche auf Betreiben Ulrichs an einen Ort namens *Cella* überführt. Dem heiligen Ulrich mißfielen nämlich wohl die Lieblichkeit der Gegend und die große Menge der Weltmenschen, die neben anderem der monastischen Ruhe in keiner Weise zuträglich war. *Daß dies alles, wie der Verfasser der Lebensgeschichte aussagt[182], dem geistlichen Stand außerordentlich entgegenstehe, bedachte der Mann der tiefen Einsicht sorgfältig und trachtete danach, seine Adoptivsöhne, von denen er wollte, daß sie weit entfernt von einem Leben und den Sitten der fleischbehafteten Menschen lebten, auch dem Orte nach von deren Sehen und Hören abzusondern. Aus der Sorge hierfür durchwanderte er verschiedene Winkel der Einöde, die am Breisgau liegt, und fand schließlich einen Ort, der nach der Tradition der Alten ›Cella‹ genannt wird, weit entfernt von der Unruhe der Welt entfernt, durch eine waldreiche Fülle von Bäumen zusammengefügt, befeuchtet von fließendem Wasser, lieblich durch blumentragende Wiesen und alles in allem wohlgeeignet für den Schutz des monastischen Lebens.* Hierher also verpflanzte er seine Mönche aus dem Kloster Gruningen und versammelte auch in einem Weiler, der Boleswiler genannt wird, in einer Entfernung von fast einer Meile von diesem seinem neuen Kloster Nonnen in einem ebenfalls neuen Kloster, das er errichtet hatte.

Es gibt im ›codex diplomaticus historiae Zaringo-Badensis‹ Schöpflins[183] eine Tauschurkunde aus dem Jahre 1087, durch welche der Basler Bischof Burkhard den Ort Zell im Schwarzwald dem heiligen Ulrich abtrat, wie auch bei dem schon öfter genannten Verfasser der Lebensgeschichte von demselben Basler Bischof Burkhard erwähnt wird, zu dessen rechtmäßigem Eigentum jener Ort gehörte, daß, nachdem von dem heiligen Ulrich mit den Edlen des Konvents *und unter dem Zeugnis vieler eine annehmbare Entschädigung vorgenommen worden war,* er *den Brüdern und deren Nachfolgern mit dauerhaftem Recht denselben Ort zum Wohnen* zugestanden habe.

Wir haben oben schon in Nr. VIII festgehalten, daß dem Basler Bischof Albero im Jahre 1008 vom heiligen Kaiser Heinrich das

---

181 Annal. T. V. p. 53
182 Mabill. acta SS. sec VI. P. II. p. 796
183 T. V. p. 27

Jagdrecht im Waldbezirk des Breisgaus eingeräumt worden war; hierzu muß man sich folgendes vor Augen halten: Was das Kirchen- oder Diözesanrecht anbetrifft, gehört dieser Ort zur Diözese Konstanz. Dies geht aus Bucelin hervor, der im ›Menologium Benedictinum‹ zum 10. Juli und in der Kirchengeschichte von Konstanz zum Jahr 1096 sagt, daß der heilige Hugo in einem Schreiben an Gebhard III., den Bischof von Konstanz, darum gebeten habe, daß der heilige Leib des verstorbenen Ulrich aus den Gewölben des Klosters, wo er zuerst bestattet worden war, in die Mitte der Kirche überführt werde, was dieser dann auch tat. Den Tod des Heiligen setzt Mabillon zum Jahr 1093 an[184], und sein Fest wird von den Cluniazensern und in der Diözese Konstanz am 10. Juli gefeiert.

Der selige Hermann, Markgraf von Baden.

In der oben erwähnten Urkunde wird von *jenem Ort, der Zell genannt wird,* notiert, daß er *im Schwarzwald im Breisgau gelegen sei, in der Grafschaft des Grafen Hermann,* von dem dort auch die Unterschrift nach Herzog Bertold zu lesen ist, nämlich Hermann, der II. dieses Namens, der Sohn jenes seligen Hermann I., von dem Bertold im Anhang zur Chronik des Hermann d. L. zum Jahr 1074 schreibt[185]: *Markgraf Hermann, Sohn des Herzogs Bertold, der in Cluny noch als junger Mann das Leben der Engel annahm, nachdem er seine Frau, seinen einzigen Sohn und alles, was er besessen hatte, verlassen hatte, ging als wahrer Mönch zum Herrn ein am 25. April.* In der ausführlicheren Handschrift von Muri wird von demselben Presbyter Bertold oder Bernold von St. Blasien zum Jahr 1073 gesagt, daß er *wenig mehr als dieses eine Jahr nach seinem Eintritt ins Kloster* eingegangen sei *zum Herrn und auch heute noch in zahlreichen wunderbaren Erscheinungen für seine verborgenen Nachlässigkeiten als Mahner der Brüder wirke.* Trithemius schreibt[186] zum Jahr 1082, daß derselbe bei der heimlichen Flucht aus seiner Heimat im Gewand eines armen Pilgers zum Kloster Cluny gekommen sei, wo er zum Schweinehirten gemacht wurde; seine Frau führte nach dessen Weggang trauernd ein Leben als Witwe, widmete sich den Almosen und

---

184 Annal. T. V. p. 321
185 Urstis. script. Germ. p. 345
186 Chron. Hirs. T. I. p. 254

guten Werken und ehrte mit ihrem Vermögen den Herrn Jesus, soviel sie vermochte; und als der heilige Wilhelm begonnen hatte, ein neues Kloster zu errichten, nämlich das von Hirsau, brachte sie Gaben und zahlreiche Aufwendungen zu ihm, um sich an diesem so großen Werk zu beteiligen. Es ist aber offensichtlich, daß sich nur dies letztere auf das genannte Jahr 1082 bezieht; was aber Trithemius in bezug auf den seligen Hermann schreibt, hat sich insgesamt schon einige Jahre voher ereignet, wie aus dieser seiner Darstellung überzeugend hervorgeht.

Die Niederlassung des Klosters Hirsau im Schwarzwald.

XXXIII. Die engste Verbindung zwischen dem Kloster Cluny und Hirsau war die Verwandtschaft der Disziplin und die gleiche Berühmtheit, *und es gab in Deutschland keine Mönche,* wie Trithemius zum Jahr 1073 sagt, *die den Cluniazensern in der Beobachtung der Regeldisziplin in allem ähnlicher waren,* als *die im Kloster Hirsau Gott in Wahrheit* dienenden. Als deshalb, wie derselbe Zeuge sagt, der Mainzer Erzbischof Siegfried, der sich zum Kloster Cluny zurückzog, wieder auf seinen Bischofssitz *auf Grund des Gehorsams, den er dem Abt des Klosters Cluny schuldete,* zurückgekehrt war, erbat er von dem Hirsauer heiligen Wilhelm Mönche für das von ihm eingerichtete Kloster in Hasungen und erhielt dreizehn zusammen mit dem Abt Giselbert, die er allerdings nach ihrer späteren Vertreibung, weil sie nicht Heinrich IV. anhängen wollten, in das Kloster Reichenbach im Schwarzwald, eine Hirsauer Niederlassung, wie wir ein wenig später sehen werden, überführte.

Es gab aber, wie derselbe schreibt[187], *einen Brauch des heiligen Vaters Wilhelm, daß er alle Äbte aus dem Kloster Hirsau, wohin immer sie entsandt oder wo immer sie aufgenommen worden waren, zur Erhaltung der Regeldisziplin unter seiner Gehorsamspflicht hielt und keinem der Seinen irgendeine Freiheit gestattete, die für viele verderblich und der Untergang der monastischen Demut zu sein pflegt. Nachdem aber diese lobenswerte Sitte im Laufe der Zeit ihre Geltung verloren hatte, begann jene hochheilige Reform der Hirsauer Kongregation und Union allmählich an Kraft*

187 L. c. p. 235

abzunehmen. Zwei Umstände aber haben nach der Aussage des Trithemius diesen für die Demut so notwendigen Brauch mit der Zeit zerstört, nämlich der Hochmut der Äbte und die gewalttätige Einflußnahme der Bischöfe. Als Beispiel führt er die Vorgänge um den heiligen Theoger an, den späteren Bischof von Metz, der, aus dem Hirsauer Konvent genommen, zum Abt des neuen Klosters des Märtyrers Georg im Schwarzwald durch den Bischof der Diözese Konstanz Gebhard ordiniert worden war, den dieser jedoch nicht früher weihen wollte, bevor der heilige Wilhelm jenen aus der Gehorsamspflicht und der Untertänigkeit ihm gegenüber entlassen hätte. Als aber Abt Giselbert mit den Mönchen nach Hasungen kam, wurde er von dem Erzbischof Siegfried ohne Rücksichtnahme auf den Gehorsam, den er dem Hirsauer Abt schuldete, ordiniert.

Die zwei oben erwähnten Klöster des Schwarzwaldes, das eine des heiligen Georg, das andere des heiligen Gregor, sind zwei vorzügliche Niederlassungen des Klosters Hirsau unter dem heiligen Wilhelm, die vor anderen im Anhang zum Chronikon des Hermann zum Jahr 1091 und in einem historischen Fragment eines ungewissen Autors bei Urstisius zum Jahr 1079 aufgeführt werden[188]. *Ebenso ein anderes an einem doppelten Gewässer in der Nähe der Donau namens Zwiefalten; ebenso ein anderes in der Diözese Würzburg an einem Ort, der Camberg genannt wird. Auch das Schaffhausener Kloster St. Salvator und das von Petershausen am Ufer des Rheins, welche er alle mit den Regeldisziplinen ausstattete.* Soweit der zitierte Autor.

Das Kloster Reichenbach.

XXXIV. An zweiter Stelle nach dem von Hirsau zählt Trithemius zum Jahr 1070 das Kloster in Reichenbach auf, das der heilige Wilhelm zu Ehren des hochheiligen Papstes Gregor im 14. Jahr seiner Regierung errichtete; in dieses legte er Brüder von Hirsau, denen er unter dem Titel eines Priorats einen gewissen Ernestus, einen tiefgläubigen Mann, voranstellte. Andere halten den seligen Theoger für den ersten Prior, der aus der berühmten Familie der Grafen von Metz stammen soll und nach Aufgabe seines Amtes als Kanoniker der Kirche St. Cyriak in Neuhausen bei Worms auf

188 Script. Germ. P. I. p. 364 et P. II. p. 83

Zureden und den Rat des Kanonikers Gerung von Marbach im
Elsaß etwa um das Jahr 1073 unter der Disziplin des heiligen
Wilhelm im Kloster Hirsau Mönch wurde, welchem auch die
Zelle von Reichenbach untergeben blieb. Noch zur Zeit des
Trithemius war diese am Schwarzwald und an der Murg gelegene
Zelle dem Abt von Hirsau gehorsamspflichtig, wie auch in der
Gründungsurkunde bei Trithemius zum Jahr 1083 ausgesagt wird,
was, wie auch andere Stiftungsurkunden, in einer Schriften-
sammlung über historisch-monastisch-kirchliche Angelegen-
heiten, zu Ulm herausgegeben, in Band II im Kompendium der
Geschichte und der Schenkungen des Klosters Reichenbach von
P. Martin Merck als Autor nachzulesen ist[189]. Dort wird von dem
Gründer Baron Berno von Siegburg (nicht weit entfernt von der
Stadt Horb am Neckar und dem Schloß Weitenburg) und
Haigerloch nur dies eine berichtet, daß er um das Jahr 1060 gelebt
hat und, nachdem seine Frau Anastasia vom Schloß Kirnberg im
Breisgau nicht weit entfernt von der Stadt Kenzingen (deren
Bruder Burkhard auch die Weihe vornahm) an einer Geburt
gestorben war, sich selbst zusammen mit seinem Sohn auf die
Pilgerreise nach Rom begeben hat, während sein leiblicher Bruder
Arnold, ein harter Mann, der in Haigerloch residierte, in der
Zwischenzeit die Burg Sieburg ausraubte: Berno aber habe nach
seiner Rückkehr von Rom gelobt, sich einem Orden
anzuschließen und sei im Jahre 1082 in das Kloster Hirsau
eingetreten. Anderswo wird von Berno gesagt[190], er habe sein
Leben in Reichenbach als Laienbruder verbracht.

Hierüber schweigt die Urkunde des heiligen Wilhelm, die nur dies
bezeugt, daß Berno sein kleines Landgut im Schwarzwald an
einem Ort, der nach dem Bach, der in die Murg fließt,
Reichenbach genannt wird, dem heiligen Aurelius von Hirsau in
Anwesenheit geeigneter Zeugen[a)] zum ewigen Erbbesitz
übergeben habe, wobei er nur dies allein forderte, daß ebendort
ein Kloster errichtet werde, und daß vom heiligen Wilhelm drei
Mönche und fünf Laien, nämlich solche mit Bart, geschickt
werden, *um an eben diesem Landgut, das von dichtem Gebüsch
überzogen war, nach Rodung des Waldes und Säuberung des Ortes
ein Kloster für den seligen Gregor zu errichten. Als nunmehr im*

189 Cap. 4. p. 38
190 Vid. Crus. annal. Suev. P. II. Lib. VIII. c. 5.

1082. Jahr nach der Fleischwerdung des Herrn, zur Zeit der 5. Indiktion, etwa Mitte Mai, eben diese Brüder zu dem genannten Ort gekommen waren, erfreuten sie sich für nicht wenige Tage anstelle eines schützenden Daches einer blanken Tanne. Einer von diesen aber wurde Ernestus genannt, ein rechtschaffener und zuverlässiger Mann, der sich und all seine Habe schon längst unserer Obödienz übergeben hatte, und den wir mit allen seinen Angehörigen eben diesem Ort zur Hilfe überließen. Derselbe Ernestus war für den Ort und die Brüder als Provisor tätig und gleichsam als stellvertretender Vater, der von sich aus all sein Vermögen aufwandte, um den Wald zu roden, das Gelände zu säubern, eine Zelle zu bauen und Wirtschaftsgebäude zu errichten, von wo auch immer er es sich in angemessener Weise erworben hatte. Ich habe es für rechtens erachtet, daß das Gedenken seiner und seiner Eltern wie mein eigenes und das meiner Angehörigen für erinnerungswert gehalten wird und dies gerne bestätigt. Wohl gegründet wurde das Fundament der Kirche im darauffolgenden Jahr, und sie wurde innerhalb von drei Jahren fertiggestellt. Soweit der heilige Wilhelm bei Trithemius und P. Martin Merck aus der eigenhändig geschriebenen Urkundensammlung von Reichenbach, in der dann gleich das Jahr 1085 notiert wird, zur Zeit der 8. Indiktion am 22. September, zu welcher Zeit die Weihe der Kirche durch den ehrwürdigen Bischof Gebhard der Diözese Konstanz vorgenommen wurde, der zu diesem Zeitpunkt in deutschen Landen als apostolischer Legat wirkte. Am selben Tag stattete der oben genannte Ernst die Kirche mit seinem Allod aus. Es folgen noch andere zahlreiche Schenkungen desselben und der Söhne seiner Schwester Folrad, Ernst und andere. Dann sind einzeln die Güter beschrieben, die der Herr Abt Wilhelm St. Gregor zukommen ließ. Auch das, was der Nachfolger des heiligen Wilhelm, Abt Gebhard, dem heiligen Gregor zukommen ließ.

[a] Zeugen waren Albrecht und Hartbrecht von Zimbern und dessen Bruder Berthold von Staufenberg, Gerold und dessen Bruder von Sterzingen.

St. Georgen.

XXXV. Dies ist ein offenbares Beispiel dafür, unter welchen Anfängen die Klöster des schrecklichen und unkultivierten Schwarzwaldes noch im 11. Jahrhundert lebten und aus welchen Kinderschuhen sie herauswuchsen. Wir haben freilich schon in den vorhergehenden Büchern die frühesten Anfänge des Klosters St. Georgen in demselben Schwarzwald beschrieben, doch sind sie unsicher und werden sogar von den St. Georgener Brüdern selbst abgelehnt, die jetzt zu Villingen leben, fern dem Ort ihrer Gründung. Von dort unterrichtete mich in einem Schreiben der Hochwürdigste Abt Anselm über seine Meinung und die seiner Vorgänger, vor allem des Georg Geisser (nach so vielen Aussagen überall in seinen Werken war Mabillon mit diesem Abt innigst verbunden, was vor allem im ›iter germanicum‹ gewürdigt worden ist), von dem Ursprung seines Klosters.

Diese also (auch wenn es, wie ich schon im zweiten Buch dargelegt habe, einige Dokumentenhandschriften aus dem St. Georgener Archiv gibt, die erwähnen, daß das Kloster St. Georgen schon im Jahre 682 gegründet worden sei und auch die Äbte aufzählen, andere Handschriften dagegen für die Gründung mit Crusius und Bucelin das Jahr 813 bezeichnen und ein gewisser Pergamentkodex das Jahr 823) halten es für der Wahrheit schon viel entsprechender, die Gründung des Klosters zum Jahr 1083 anzusetzen, und zwar in einer Ortschaft zwischen Schramberg und Villingen gelegen namens Wald, oder eher noch Hugoswald, ein ganz kurzes Stück abseits von Wald. Sie stellten nämlich fest, daß in Wald bis dahin noch Überreste einer Burg zu sehen waren, welche schon die Vorfahren des Gründers bewohnt hatten; in Hugoswald aber entdeckte noch zu seiner Zeit, in der Mitte des vorhergehenden Jahrhunderts, der genannte Abt Georg die Überreste eines Klösterchens und eines Glockenturms, Anzeichen eines eben dort gegründeten Aszeteriums. Weiterhin besteht die Vermutung, daß eben auf Grund der Nähe der Orte zueinander der heilige Wilhelm von Hirsau, der von den Stiftern hierher gerufen worden war, dazu veranlaßt wurde, keine Abordnung von Hirsau hierher zu führen, da die große Anzahl von Adligen in der Nachbarschaft der religiösen Ruhe zuwiderlief. Als die Stifter aber an ihrem Gelübde festhielten, durch das sie sich verpflichtet hatten, an diesem Ort ein Kloster zu gründen, wurde der selige Rupert, der spätere Abt von Ottobeuren, nach Rom entsandt, um eine Rücknahme des Gelübdes und die Verlegung des Klosters an den Ort zu erwirken, der später nach dem heiligen Georg den gleichen Namen erhielt und nicht weit entfernt von Wald gelegen war.

An jenem früheren Ort hatte schon Landold, ein Vorfahr der
Stifter des Klosters St. Georgen, zu Ehren dieses heiligen
Märtyrers eine Kirche errichtet, woraus vielleicht die Meinung
und Überlieferung von einem älteren Kloster stammt. In den
Nekrologien von St. Georgen und von Amptenhausen wird sogar
für den 29. September die Überführung der Vorfahren und der
Familienangehörigen des Stifters, des Herrn Hezelo, von Wald
aus zum Kloster St. Georgen erwähnt: von diesen wird Hezelos
Ehefrau Bertha genannt, sein Vater Ulrich, seine Mutter Adela,
sein Großvater Lantold, seine Großmutter Gisela, sein Urgroßvater Lantold, seine Urgroßmutter Bertha, sein Bruder Lantold,
sein Onkel väterlichererseits Adelbert, seine Base Irmengard und
die Kammerfrau Rustela. In der Chronikhandschrift von
Württemberg werden die Edlen von Degerau genannt, die im
Jahre 1083 das Kloster gestiftet haben. Die Überführung der
Gebeine der Stifter zum Kloster St. Georgen wird zum Jahr 1085
berichtet, in dem der Konstanzer Bischof Gebhard zusammen mit
dem seligen Wilhelm zum Kloster St. Georgen reiste und am 24.
Juni eine Kapelle aus Holz zu Ehren des heiligen Georg konsekrierte; und im darauffolgenden Jahr bestätigte er auf der stark
besuchten Konstanzer Synode die Schenkungen für eben dieses
Kloster. Prior Heinrich aber wird als Abt von St. Georgen am 6.
Dezember genannt, wie der hochgelehrte Abt Georg Geisser
anhand von Dokumenten seines Klosters festgestellt hat.

Es handelt sich dabei zweifellos um eben diesen Heinrich, den
durch einen offenkundigen Anachronismus das von uns häufig
zitierte Chronikon von St. Georgen zum Jahr 700 als ersten
gewählten Abt nennt und diesem die Wahl von Wilhelm im Jahre
737 folgen läßt, des heiligen Wilhelm von Hirsau nämlich, der im
Jahre 1086 wünschte, daß von den Seinen der eben erwähnte
Heinrich der erste Abt von St. Georgen sei. Und dennoch notiert
eben dieses Villinger Chronikon zum Jahr 1084 folgendes: *In
diesem Jahr begann man damit, die Zelle des heiligen Georg zum
ersten Male zu errichten.* Es ist jedoch festzuhalten, daß in dem
Autographen, der nicht mehr existiert, da er durch den Brand des
Klosters St. Blasien im Jahre 1768 vernichtet wurde, die Worte *St.
Georgen*, nachdem vorher ein anderer Name ausradiert worden
war, durch einen neueren Schriftzug ersetzt worden sind oder
vielleicht eher nach dem früheren Zustand der ersten Hand

wieder hergestellt wurden, die im 14. Jahrhundert abgeändert worden war. Dessen Abschrift aber verdanken wir dem hochangesehenen Jos. Garampius, dem derzeitigen päpstlichen Legaten am Kaiserhof, der bei seiner Anwesenheit im Kloster St. Blasien im Jahre 1762 dafür sorgte, daß jenes durch den außerordentlich gewissenhaften Sekretär Callixtus Marinius abgeschrieben wurde. Dieser notierte mit Hingabe alles ganz genau, was von fremder Hand dazugeschrieben worden war und auch welche Beachtung seiner Meinung nach die Stelle zum Jahr 1088 verdiene, wo zu lesen ist, daß *Hezil, der Stifter der Zelle St. Georgen,* gestorben sei und zum Jahr 1113 oder 1114 *Hesso, der Stifter der Zelle St. Georgen.*

Es ist dies das Kloster St. Georgen, das nach dem von Hirsau und Reichenbach das dritte ist, das der heilige Wilhelm errichtet hatte, wie Trithemius zum Jahr 1070 notiert, der zum Jahr 1085 schreibt, daß Hezilo zusammen mit Hesso, von denen wir schon oben im zweiten Buch bemerkt haben, daß sie von anderen schon nach Beginn des neunten Jahrhunderts als Stifter gerühmt werden, ein gewisses Hofgut in eigenem Besitz im Schwarzwald in der Diözese Konstanz dem heiligen Wilhelm zur Errichtung eines Klosters übergeben und großzügige Aufwendungen für die Fertigstellung des Werkes versprochen habe. *Dessen Wunsch,* fährt Trithemius fort, *und heiliges Begehren nahm der Gottesmann mit Freuden an, suchte persönlich den Ort auf, schrieb das Aussehen und die Art und Weise des Klosterbaus vor und ordnete von seinen eigenen Mönchen einige, die geeignet schienen, für die genannten Männer als Helfer ab. Nachdem schließlich das Kloster fertiggestellt und zu Ehren des heiligen Georg geweiht war, entsandte er Brüder aus seinem Konvent von Hirsau, denen er Heinrich als Abt voranstellte; doch diesen entließ er in keiner Weise aus seiner den Regeln entsprechenden Gehorsamspflicht.* So entfernte später derselbe heilige Wilhelm den Nachfolger Heinrichs, dessen Name vermutlich in Vergessenheit geraten ist, den die Brüder von St. Georgen jedoch Konrad nennen, aus seiner Stellung, da er für sein Amt in keiner Weise geeignet war. Dieser Vorgang jedoch mißfiel dem Konstanzer Bischof Gebhard derart, daß er, nachdem an dessen Stelle der selige Theoger getreten war, es ablehnte, die Weihe zum Abt vorzunehmen, bevor dieser nicht von der Gehorsamspflicht gegenüber dem heiligen Wilhelm befreit und entbunden wäre. Dieser tritt im Jahre 1095 als Abt in der Bulle des Papstes Urban II. in Erscheinung, durch die er das Kloster des Herren Georg in seine Zuständigkeit übernimmt und ihm bedeutende Freiheiten einräumt, wie in Schöpflins ›Alsatia diplomatica‹ zu lesen ist[191].

Unerhört ist, was im Anhang zum Chronikon Hermanns zum Jahr 1100 steht, nämlich daß in Alemannien der ehrwürdige Abt Manegold vom Kloster St. Georgen von einem seiner Mönche an demselben Ort auf scheußliche Art und Weise am 15. Februar ermordet wurde, *an welchem in diesem Jahr die Fastenzeit begann* (zweifellos fiel in diesem Jahr das Osterfest auf den 1. April); dieser überlebte jedoch bis zum Samstag, wobei er das Martyrium mit großer Demut auf sich nahm und beschloß endlich am 18. Februar seinen letzten Tag. Doch kann es nach Trithemius in der Reihenfolge der Georgener Äbte keinen Raum für Manegold geben, zumindest nicht zu dieser Zeit, als Theoger noch als Abt die Leitung hatte, der erst etwa um 1117 auf den Bischofssitz von Metz gehoben wurde, dem, wie bezeugt wird, Werner nachfolgte. Der genannte Manegold ist also nicht als Abt dieses, sondern des anderen Klosters St. Georg bei Stein am Rhein zwischen Konstanz und Schaffhausen anzusehen. Es kommt in einem Katalog der Äbte dieses Klosters von Stein etwa um diese Zeit ein Meningosus vor[192], der derselbe gewesen sein mag, den Berthold hier Manegold nennt und der bis dahin Abt von Twiel war, dem Trudewing als letzter Abt dieses Klosters und erster des Klosters Stein nachfolgte, wohin er sich zusammen mit seinen Mönchen zu Beginn des 12. Jahrhunderts begab; für diesen Ortswechsel freilich konnte eben dieser schicksalhafte Fall des Manegold einen Anlaß bieten. In gleicher Weise aber war jenes Kloster vom Twiel und das neue von Stein dem heiligen Georg geweiht, wie wir aus der ›Suevia ecclesiastica‹ des Franz. Petri erfahren[193].

Vom seligen Theoger gegründete Klöster, vor allem solche für Nonnen.

XXXVI. Der selige Theoger, der den guten Beispielen seines allerseligsten Lehrers, des heiligen Wilhelm, nacheiferte, richtete

191 T. I. charta 228. p. 177
192 Gall. Christ. T. V. p. 933
193 p. 755

auch selbst viele Klöster beiderlei Geschlechts ein, erneuerte andere und schenkte freilich auch anderen aus seiner Gemeinschaft des heiligen Georg bedeutende Vorsteher. Gerühmt wird vor allem die selige Herluca, eine Jungfrau aus Schwaben, die von den heiligen Wilhelm und Theoger in den Vorschriften des Ordenslebens unterrichtet worden war, nachdem sie, von Gott sehr häufig gezüchtigt, den Eitelkeiten der Welt entsagt hatte und im Gefolge von Adelheid, der Gattin des Pfalzgrafen Manegold von Tübingen, ein glückseliges Leben geführt hatte. Ferner erbaute nach dem Zeugnis des Trithemius[194] Theoger von Grund auf ein neues Kloster für Männer auf der Burg Luckesheim, das er seiner Oberaufsicht und der seiner Nachfolger für immer unterstellte. *Diese Burg Luckesheim, fährt er fort, übergab Graf Wolmar, aus einer französischen Adelsfamilie stammend, der durch die Gebete des seligen Theoger aus großen Gefahren durch seine Feinde errettet worden war, aus eigenem Entschluß zum Dank dem Kloster des heiligen Märtyrers Georg und bat inständig darum, daß sie in ein Kloster für die Diener Gottes umgewandelt werde. Nachdem daher das Kloster an demselben Ort fertiggestellt worden war, wo vorher die Burg gestanden hatte, verlegte Theoger, der eifrige Erforscher des Heils für die Seelen, hierher Mönche aus seinem eigenen Kloster, denen er einen heiligen und frommen Prior gab. Graf Wolmar aber, der jene Burg dem Allmächtigen zum Geschenk gemacht hatte, rief drei Tage vor seinem Tod den heiligen Vater zu sich und empfing sodann von diesem das Mönchsgewand und ruhte, nach der Sitte der Gläubigen mit den Sakramenten der Kirche versehen, im Herrn.* Diese Zelle liegt in der Diözese Metz und ist als erste unter vielen anderen in der Bulle Alexanders III. aufgeführt; nach dieser kommt an zweiter Stelle die Zelle des heiligen Johannes auf dem Grundbesitz von Megenhesweiler im Elsaß.

Zwar hat Trithemius diese übergangen, doch rühmt er gleich darauf ein anderes Kloster, das auch heute noch in unserer Nachbarschaft besteht, nämlich das von dem seligen Theoger erbaute Frauenkloster Amptenhausen auf der Seite eines Berges, von dem er sagt, daß er fast fünf deutsche Meilen vom Kloster St. Georgen entfernt ist, in dem er etwa hundert heilige Gottesdienerinnen unter der Regel unseres hochheiligen Vaters Benedikt zusammenführte. Deren denkwürdige Gewohnheit muß die

194 p. 284

Nonnen späterer Zeiten beschämen, die nach Art von Vögeln im Chor Dinge singen, die sie nicht verstehen. Ganz im Gegensatz dazu war es, wie in anderen Klöstern für Mädchen, auch in Amptenhausen nicht erlaubt, daß es eine gäbe, *die nicht täglich irgend etwas an Psalmen oder anderen heiligen Schriften erlerne. Daher hatten fast alle Kenntnis der lateinischen Sprache und verstanden alles, was vorgelesen wurde, was nicht wenig zur Gnade der inneren Zerknirschung beizutragen scheint. An den Festtagen widmeten sich alle dem Gebet oder der Lesung, und sie waren es nicht gewohnt, irgendeine Arbeit für vergänglichen Lohn zu verrichten. An den anderen Tagen aber widmeten sie sich dem ihnen zugeteilten Werk der Hände. Alle hatten das gleiche Gewand, das gleiche Essen und Trinken, die gleiche Art und Weise, nach der Regel zu leben, und keiner war es erlaubt, irgend etwas zu besitzen, ausgenommen den Lebensunterhalt und die Kleidung. Ihre Trennung von den Männern war so streng, daß, wenn sie einmal ins Kloster eingetreten waren, sie dieses nie mehr verließen.*

Später erwähnt er ein anderes Kloster, gleichfalls für Nonnen, namens St. Markus, das früher mittellos und bedürftig gewesen war, das Theoger mit Mauern, Gebäuden und Besitzungen so erweiterte, daß er in kurzer Zeit nicht weniger als hundert Nonnen in ihm zusammenführen konnte. Dann aber fügt er an, daß eine so große Menge von Menschen, die unter seiner Leitung Gott zu dienen wünschten, bei ihm zusammengeströmt sei, *daß er innerhalb eines Zeitraums von zehn oder zwölf Jahren die Seelen von nicht weniger als 700 Mönchen und Nonnen zur Fürsorge aufnahm.* Mehr dazu werden wir zu dem folgenden 12. Jahrhundert angeben.

Das Kloster Zwiefalten.

XXXVII. Am Gebirgszug des alten herzynischen Waldes, der das östliche Deutschland umgibt, in der Schwäbischen Alb, die mit dem Schwarzwald in einem gewissen Bündnis der Natur vereinigt ist, erhob im Jahre 1089 das bedeutende Kloster Zwiefalten sein Haupt, wie P. Arsenius Sulger, der Geschichtsschreiber dieses Klosters, am Anfang seines Werkes schreibt, in dem er die Stifter des Klosters, die Grafen Luitold und Kuno von Achalm würdigt, die ihren Namen von einer Burg oberhalb der Stadt Reutlingen am Neckar erhalten haben. Als Erbauer dieser Burg nennen uns Crusius in den ›annales Sueviae‹[195] und P. Arsenius Sulger in den ›annales Zwifaltenses‹[196] die zwei Brüder Egino und Rudolph, deren ersterer jedoch starb, bevor sie fertiggestellt wurde und von Crusius und Sulger Graf von Urache oder Urach genannt wird. Es vermutet jedoch J. Chr. Schmidlin in den ›Ergänzungen zur Geschichte des Dukats Württemberg‹ in einer hervorragenden Diatribe *über die Uracher und Achalmer Grafen,* daß beide zur gleichen Zeit die Burg bewohnt hätten, noch bevor jene von Achalm errichtet worden war: wie aber später die Nachkommen des Egino, die ihren Herrschaftsbereich weit über unseren Schwarzwald ausdehnten, den Namen der Grafen von Urach angenommen hätten, so hätte die Nachkommenschaft Rudolphs den Namen der Grafen von Achalm erhalten, und dessen Söhne[a] Kuno und Luitold seien die Stifter des Klosters Zwiefalten gewesen.

> [a] Bei Köhler (*Münzbelustig. P. II. p. 7*) sind die Insignien der Grafen von Achalm zu sehen, die nicht unähnlich sind denen, die mir Cl. Döpser, der Fürstenberger Archivar, aus einer Fürstenberger Handschrift abzeichnete; diese aber sind ganz verschieden von den Insignien der Grafen von Urach, die wir an anderer Stelle notieren, nämlich als Löwen mit aufgesperrtem Maul und erhobenem Schwanz.

Diese werden bei unserem Bernold im Anhang zum Chronikon Hermanns zum Jahr 1092 ›Grafen von Wulfelingen‹ genannt. *In Alemannien beschloß Graf Kuno, ein überaus tüchtiger Streiter des heiligen Petrus, an den Iden des Oktober seinen letzten Tag und wurde in dem Kloster, das er selbst zusammen mit seinem Bruder, dem Grafen Luitold, auf dem eigenen Freigut gegründet hatte, mit allen Ehren bestattet; und seine Güter nahm sein Bruder Luitold nach dem Erbrecht in Besitz, auch wenn er schon längst dem weltlichen Kriegsdienst entsagt hatte. Und er tat dies nicht in der Absicht, zur Welt zurückzukehren, sondern vielmehr, um das vorgenannte Kloster durch die eben genannten Güter zu bereichern.* Dasselbe bestätigt er zum Jahr 1099 in bezug auf den Mönchsstand des Luitolf: *Graf Luitolf seligen Angedenkens, der schon lange ein Fußleiden hatte, doch in Sachen des heiligen Petrus gegen die Schlechtigkeit der Schismatiker ein unermüdlicher Vorkämpfer war, ging schließlich, nachdem er aus einer weltlichen Ehrenstellung in den Mönchsstand übergewechselt war, am 18. August zum Herrn im Frieden ein und wurde in dem Kloster, das er selbst auf dem eigenen Freigut aus seinem Besitz gegründet hatte und in welchem er sich selbst zum Mönch gemacht hatte, mit allen Ehren begraben.* Unter die ersten vom heiligen Wilhelm eingerichteten Klöster rechnet Trithemius auch das ›an den zwei Wassern‹, wenn er zum Jahr 1085 folgendes schreibt[197]: *Zu diesen Zeiten erneuerte, errichtete und begründete von neuem der heilige Vater Wilhelm auf Bitten des Schwabenherzogs Bertold das Kloster am doppelten Gewässer in Schwaben, bekannt unter dem Namen Zwiefalten, das abgerissen, zerstört und völlig verwüstet war: In dieses verlegte er Mönche aus seinem Hirsauer Konvent, denen er den überaus verehrungswürdigen Mönch Notger als Abt voranstellte, der durch Wort und Beispiel die ihm anvertraute Herde in wahrer Unschuld weidete.*

Der hier genannte Berthold ist, wenn man die Zeiten beachtet, nicht als der Zähringer, sondern als der Sohn des Königs Rudolph von Rheinfelden zu verstehen, auch wenn beide bei den Getreuen des heiligen Petrus jenen Titel eines Alemannenherzogs im Gegensatz zu Friedrich von Staufen, den Schwiegersohn Heinrichs IV., erhalten haben. Der erstere Berthold, ein Alemannenherzog, wird im Anhang zum Chronikon Hermanns zum Jahr 1090, in welchem sein Tod berichtet wird, noch einmal Sohn des Königs Rudolph genannt. Zum Jahr 1092 aber erwähnt er, daß die Fürsten Alemanniens zur Verteidigung der heiligen Mutter Kirche gegen die Schismatiker einmütig übereingekommen seien und um dies in die Tat umsetzen zu können, sich Bertold von Zähringen, den Bruder des Konstanzer Bischofs, zum Herzog ganz Schwabens bestellt hätten, der noch keinerlei Dukat innehatte, obwohl er schon lange den Titel eines Herzogs zu führen pflegte.

P. Arsenius Sulger sagt in den Zwiefaltener Annalen[198], daß vom heiligen Wilhelm zunächst 17 Klosterangehörige entsandt worden waren, von denen zwölf für den geheiligteren Dienst an Gott bestimmt waren, wobei der Prior Wezilo, ein überaus frommer Mann, mitgerechnet ist; die übrigen waren wohl Laienbrüder. Als aber das Vermögen und die Zahl der Personen wuchs und nachdem der Prior Wezilo wieder nach Hause zurückgerufen worden war, gab ihnen der heilige Wilhelm im Jahre 1091 Notger zum

197 Chron. Hirs. T. I. p. 265
198 Sec. I. period. I. c. 5.

Abt, der kurz darauf in Hirsau an den Trauerfeierlichkeiten für seinen in demselben Jahr verstorbenen Lehrer teilnahm; auch er selbst starb nach Bruschius wenige Jahre später, nämlich im Jahr 1094 oder 1095. An demselben Tag aber, an dem der Weingartener Abt Walicho die Trauerfeierlichkeiten für Notger nach kirchlichem Ritus abhielt, wie derselbe Sulger aus Crusius entnimmt[199], weihte er den Novizen Ulrich zusammen mit zwei anderen auf das Verlangen der Väter hin zu Mönchen. Diesen Walicho zählt P. Gerhard Heß als vierten Abt von Weingarten[200] und hält einen Fehler des Trithemius bei dessen Darstellung fest[201], wenn dieser in der Chronik von Hirsau erwähnt, Walicho sei nach Altdorf in der Diözese Straßburg geschickt worden; und er zweifelt nicht daran, daß die Diözese *Konstanz* eingesetzt werden muß, in der dieses Kloster Altdorf oder Weingarten gelegen ist, zu dem seiner Vermutung nach Walicho, der im Jahre 1090 von Welfo IV. eine Schenkungsurkunde für sein Kloster erhielt, die wir veröffentlichen, als Abt von Hirsau aus gekommen sei. Mit diesem zusammen aber wurden zur Wahl eines neuen Abtes nach Zwiefalten Gebhard von Hirsau und Azelin von Blaubeuren zusammengerufen, der selbst vom heiligen Wilhelm eben diesem Kloster als Abt gegeben worden war: Diese wählten nach einer Übereinkunft der Väter zusammen jenen Ulrich, der noch kaum zehn Wochen im Mönchsstand war. Eben dort zählt Sulger eine große Anzahl überaus bedeutender Männer auf[202], die etwa um diese Zeit in jenem Kloster zum Dienst an Gott zusammengekommen waren: Und schließlich schildert er die Auswanderung der Zwiefaltener in das neue Kloster auf der anderen Seite des Flusses, das allerdings durch ein schreckliches Geschick, wie auch immer sich dies zugetragen haben mag, innerhalb von sechs Jahren zweimal in Flammen aufging.

Das Kloster St. Peter auf einem Berg des Schwarzwalds.

XXXVIII. Nach dem Kloster von Zwiefalten weist Trithemius die nächste Stelle einem anderen Kloster unseres Ordens zu, nämlich

---

199 Period. III. c. 1.
200 Prodr. monum. Guelph. p. 46
201 T. I. p. 101 et 102
202 Vid. Gall. christ. T. V. p. 1051, 1053 et 1061

in der Ortschaft Weilheim im Gebiet des Dukats Teck unterhalb
der Burg Teck, das durch den Zähringer Berthold I. gegründet,
aber vom heiligen Wilhelm eingerichtet worden war; dieses
erwähnt derselbe Trithemius[203] als siebtes unter den von eben
diesem errichteten Klöstern, *in welchem er Brüder von frömmster
Lebensführung zum Dienst an Gott nach der Regel unserers Herrn
Vaters Benedikt ansiedelte, das dann später auf den Berg des
heiligen Apostelfürsten Petrus verlegt wurde.* Dies geschah nämlich
deshalb, weil dem heiligen Wilhelm jener frühere Ort für das
Klosterleben wegen der benachbarten Burg nicht geeignet genug
schien, wie wir oben auch in bezug auf die nochmalige Verlegung
des Kloster St. Georg aus demselben Grunde dargelegt haben.
Wie es immer auch sich verhalten mag: Berthold II., der Sohn des
Ersten, verlegte jenes von dem Ort seiner ursprünglichen
Gründung mitten in die Abgeschiedenheit des Schwarzwaldes,
wo es näher an seiner Burg lag, nämlich auf den Berg des heiligen
Petrus, der nach dem Patrozinium dieses Apostelfürsten so
benannt wurde, und dem vorher auch das Kloster in Weilheim
geweiht gewesen war. An dieses verlegte Kloster *versetzte* der
heilige Wilhelm *Mönche aus seinem Konvent, denen er Adelbero,
einen um die Regelobservanz überaus bemühten Mann, zum Vorgesetzten machte;* den Titel eines Abtes aber gesteht ihm Trithemius
nicht zu[204], der dies zum Jahr 1085 berichtet und nennt dieses
Kloster lediglich *Zelle* des heiligen Petrus: Dies könnte der
Vermutung Raum geben, daß Adelbero nur mit der Würde eines
Priors, nicht aber mit der eines Abtes ausgezeichnet war. Dennoch
geben demselben die internen Dokumente[205] über ihn, die einzusehen allerdings nicht erlaubt war, und Besold den Titel ›Abt‹;
Trithemius fügt aber gleich darauf an: *Doch wurde später diese
Abtei zu einem Priorat umgewandelt und ist heute der Pfarrhof in
Gilheim, dem Kloster Hirsau völlig eingegliedert und dem Abt
unterstellt;* es ist kein Wunder, wenn sich jemand darin täuschen
läßt, daß er offensichtlich durch die Ähnlichkeit der Namen
Weilheim und Geilheim in Verwirrung geraten ist, obwohl es doch
auch heute noch der Abtei St. Peter unterworfen ist und es immer
der Ort der Erstgründung der Weilheimer war, dessen Einkünfte
jetzt noch von einem Ordensbruder desselben Klosters verwaltet

203 Chron. Hirs. T. I. p. 227
204 pag. 268
205 T. I. monum. monast. Wirtemb. p. 324

und an jenes abgeführt werden. Es gab also nach Trithemius zwei Zellen des heiligen Petrus, die von dem Kloster Hirsau durch Abordnungen eingerichtet worden waren, deren erste in Weilheim lag und von dort in den Schwarzwald verlegt wurde, die mit dem Würdetitel des eigenen Rechts und dem einer Abtei ausgestattet war: Die andere lag in Geilheim und war Hirsau unterworfen; manchen scheint[206], daß unter anderen Zellen auch diese in der Bulle des Papstes Urban II. vom Jahre 1095 auf dem Konzil von Piacenza vom 8. März erwähnt wird, durch die sie der Papst namentlich dem Kloster Hirsau bestätigt: *die kleinen Zellen des St. Gregor, welche Reichenbach genannt wird, und des St. Martin, die Vischbachoa genannt wird, und das Landgut, das Chilesten genannt wird, das für die Zelle des St. Petrus geschenkt worden ist, die Guilheim genannt wird.* Da aber eben diesem Kloster nicht die Zelle des heiligen Petrus selbst bestätigt wurde, sondern das Landgut, das zu seinen Gunsten geschenkt wurde, glauben wir, daß unter diesem Namen das Kloster St. Peter selbst zu verstehen ist, das schon zwei Jahre vorher auf den Berg verlegt worden war und nach dem früheren Namen von Guilheim oder Weilheim benannt wurde: Für dieses wurde von Berthold II. sozusagen zur Entschädigung dem Kloster Hirsau das Landgut Chilesten übergeben, das für dasselbe in der genannten Bulle bestätigt worden war. Hieraus scheint weiterhin zu folgen, daß die Zelle St. Peter, solange sie in Weilheim bestand, den Hirsauern unterstellt war; als sie aber von dort auf den Berg verlegt wurde, wurde sie frei und eigenen Rechtes: dies erklärt auch das folgende.

Zweifellos gibt es bei Schöpflin in seiner ›Historia Zaringo-Badensis‹[207] ein ganz ähnliches Unabhängigkeitsprivileg aus demselben Jahr von eben jenem Papst Urban II. für dieses schon verlegte Kloster St. Peter. Erlassen wurde die Bulle auf demselben Konzil von Piacenza vom Jahre 1095 und trägt die Überschrift: *Den geliebten Söhnen in Christus an dem Ort, der Zelle St. Peter genannt wird, den unter der Regel des seligen Benedikt Streitenden und deren nach der Regel zu substituierenden Nachfolgern auf ewig.* Die gesamte Abfolge aber der Ereignisse um diese Gründung schildert unser zeitgenössischer Bernold im Anhang zu Hermann d. L. zum Jahre 1093 mit folgenden Worten[208]: »In Alemannien

---

206 Besold l. c. p. 335
207 T. V. p. 29
208 Urstis. script. Germ. p. 369

errichtete Herzog Berthold (der nach dem oben Gesagten schon von den Fürsten zum Herzog Alemanniens gewählt worden war) ein neues Kloster zu Ehren des heiligen Petrus auf seinem Grundbesitz im Schwarzwald von Grund auf und stattete es mit vielen Gütern aus. Doch überführte er auch alle Güter eines anderen Klosters hierhin, das der Vater eben dieses Herzogs an einem anderen Orte (nämlich Weilheim) erbaut hatte. Dieses Kloster also weihte der Bruder eben dieses Herzogs, Bischof Gebhard von Konstanz und Legat des Apostolischen Stuhls, durch seine Konsekration: und der andere Gebhard, der Abt von Hirsau, begründete eben dort die Regeldisziplin der Mönche. Diese Weihe aber erfolgte in den Kalenden des August, an denen die Statio für ›St. Peter in Fesseln‹ liegt, von denen der ehrwürdige Abt Siegfried von der Zelle des heiligen Erlösers (in Schaffhausen) einen großen Teil an denselben Ort brachte und viele Reliquien anderer Heiliger. Bei derselben Konsekration wurde für diesen Ort auch ein Abt gewählt, und seiner Fürsorge wurden sowohl die Mönche als auch die Baulichkeiten des Ortes mit allem, was dazu gehörte, in Freiheit übergeben und der Ort selbst dazu bestimmt, einzig und allein dem apostolischen Stuhl zu unterliegen.«

Es verdient hier vor allem festgehalten zu werden, daß in der zitierten Bulle Urbans in der Überschrift kein Abt erwähnt wird, obwohl doch nach dem vorgelegten Zeugnis Bernolds oder Bertholds von Konstanz schon im Jahr 1093 für jenen Ort ein Abt gewählt worden war; es wird ebendort sogar sein Name ausdrücklich genannt. Darüber haben verschiedene Verschiedenes gedacht. Es gab solche, die der Meinung zustimmten, Adelbero sei nach seinem Wechsel von Hirsau noch in diesem Jahre zum Abt bestimmt worden; dem scheint jedoch zu widersprechen, daß dieser selbst, wie wir oben schon nach Trithemius gesagt haben, vom heiligen Wilhelm diesem Kloster zum Vorgesetzten bestimmt worden ist. Doch der heilige Wilhelm verstarb schon im Jahre 1091; also folgt daraus notwendigerweise eine der beiden Möglichkeiten, daß nämlich entweder Adelbero den Brüdern bis dahin nur unter dem Titel eines Priors vorgestanden hat, bis er in diesem Jahre 1093, anläßlich der feierlichen Weihe der Kirche mit der Würde eines Abtes ausgezeichnet, vom Konstanzer Bischof Gebhard, dem Bruder des Stifters, dem

Kloster vorangestellt wurde: oder falls Adelbero schon vorher Abt gewesen sein sollte, muß er schon in diesem Jahr 1093 gestorben sein, in dem ein anderer für denselben Ort zum Abt bestimmt wurde. Dies ist freilich die Meinung jener, die schreiben[209], daß dieses Kloster damals Abt Siegfried von Schaffhausen zur Leitung anvertraut wurde, und sich durch den vorgelegten Text offensichtlich täuschen ließen oder ihn falsch verstanden haben; wenn dort nämlich steht[210], daß für jenen Ort ein Abt gewählt worden sei, dessen freier Verfügung alles anvertraut wurde, bezogen jene dies auf den im gleich darauffolgenden namentlich genannten Siegfried, obwohl doch dies nichts anderes zu bestätigen scheint, als daß dieses Kloster damals von der Herrschaft des Hirsauer Abtes für unabhängig erklärt und einzig allein dem Apostolischen Stuhl unterstellt, und daß demselben ein eigener Abt zugebilligt wurde, vielleicht nach derselben Art und Weise, derzufolge schon früher Bischof Gebhard von Konstanz den seligen Theoger nicht zum Abt von St. Georgen weihen wollte, bevor er von der Gehorsamspflicht gegenüber dem heiligen Wilhelm von Hirsau befreit sei. Es ist also recht wahrscheinlich, daß der erste, im Jahr 1093 gewählte Abt kein anderer gewesen ist als Adelbero, der, wie wir vermuten, bis dahin unter dem Titel eines Priors die Zelle St. Peter unter dem heiligen Wilhelm und dessen Nachfolger, dem Abt Gebhard, leitete, von welchem Berthold sagt, er habe *die Regeldisziplin der Mönche eben dort schon lange* eingeführt: Dennoch wäre es besser, von ihm zu sagen, daß er die vom heiligen Wilhelm schon eingeführte Disziplin beibehalten hat, da Gebhard nicht *schon lange*, sondern erst seit zwei Jahren Nachfolger des heiligen Wilhelm war.

Daß im übrigen bei jener Weihe der Zelle St. Peter außer Abt Siegfried von Schaffhausen auch sehr viele andere und alle Schwarzwälder Äbte anwesend waren, lehren uns die internen Dokumkente, welche auch Bucelin in der ›chronologia Constantiensis‹ zu diesem Jahr nennt, nämlich Gebhard von Hirsau, Otto von St. Blasien, Heinrich von St. Georgen, Konrad in Ettenheim, Dietrich oder Theoderich in Petershausen bei Konstanz.

---

209 Gall. Christ. T. V. p. 1056
210 Mabill. annal. T. V. p. 321

Das Kloster Petershausen.

XXXIX. Zu unterscheiden ist die Zelle St. Peter im *Schwarzwald* von jener Zelle St. Peter in *Alemannien,* wie Berthold von Konstanz im Anhang zu Hermann zum Jahr 1094 das Kloster Petershausen nennt, wenn er schreibt: Die Wibertiner *hielten einen gewissen Abt von der Zelle St. Peter in Alemannien, der von dem Konstanzer Bischof Gebhard und dessen Bruder, dem Herzog Berthold, zum Papst entsandt worden war, durch Gefangennahme davon ab;* Mabillon vermutet[211], daß mit diesem Kloster das von Petershausen gemeint ist, dem damals Theoderich als Abt vorstand. Es ist dies jener von uns schon oben erwähnte Theoderich, ein Mönch des Klosters Hirsau, der, nach dem Zeugnis des Trithemius[212] zum Jahr 1085 unter dem seligen Wilhelm in aller Lauterkeit der Regelobservanz bestens unterrichtet, durch sich und die Seinen *viele durch Wort und Beispiel auf die Pfade eines besseren Lebens brachte und deshalb durch das Verdienst seines Lebens und umfassende Kenntnis der Schriften berühmt wurde; sein Name war über ganz Schwaben bei allen ruhmreich:* Er stellt fest, daß dieser zusammen mit einer aus dem Hirsauer Konvent genommenen Abordnung *zum neuen Kloster Petershausen in Konstanz* geschickt worden sei. Dieses, wie Trithemius ebendort aussagt, *errichtete und gründete ganz neu der oben genannte Bischof Gebhard, der Bruder Bertholds von Zähringen.*

Entweder irre ich mich oder hat sich Trithemius geirrt, der Gebhard III. von Konstanz mit Gebhard II., einem Bischof desselben Sitzes, vermengt, von dem wir im vorgehenden Buch gesehen haben, daß er als Gründer eben dieses Klosters in Erscheinung getreten ist, und wir haben die Schenkung erwähnt, die von demselben zu Beginn dieses Jahrhunderts für dieses uralte Heiligtum vorgenommen wurde. Wenn freilich hier nicht Trithemius von einer *Gründung* handelte, könnte sie doch irgendwie aus den Autoren der ›Gallia christiana‹ erklärt werden[213], wo erwähnt wird, daß unter diesem Theoderich im Jahre 1087 dieses Kloster von Heinrich, dem Grafen von Heiligenberg, zerstört und ausgeraubt wurde, von dem in gleicher

211 Annal. T. V. p. 323
212 Chron. Hirs. T. I. p. 267
213 T. V. p. 1033

Weise Gebhard von Konstanz vertrieben, später aber wieder eingesetzt wurde, der dann seinerseits das dem Theoderich und dessen Kloster angetane Unrecht wieder gutmachte und diesen sogar so hoch achtete, daß er ihn zu seinem Beichtvater erwählte. Wenn wir dies aber beiseite lassen, haben wir doch auf Grund der Petershausener Chronikhandschrift die Gewißheit, daß dieser Gebhard III. darunter litt, daß bei jenem Kloster, das zu seiner Diözese gehörte, die Kraft des Ordenslebens nachließ, und daß er feststellte, daß die Unzulänglichkeit des Dienstes an Gott immer größer wurde; daher bat er den ehrwürdigen Wilhelm dringend darum, daß dieser aus seinem Kloster Männer entsende, durch welche der Mönchsstand dort wieder zum Leben erweckt werde. Es seien aber, wie sie sagt, vom heiligen Wilhelm ausgezeichnete und tiefgläubige Männer geschickt worden und mit ihnen ein gewisser Otto, der deren Abt sein sollte, wenn denselben sein Leben und seine Sitten nach einer Probezeit zusagten. Doch als dieser nach kurzer Zeit den Brüdern mißfiel, wurde ihm befohlen, zum Kloster zurückzukehren, und an seine Stelle trat der genannte Theoderich, der vorher in St. Ulrich zu Augsburg Mönch gewesen war. *Doch da die Zuchtrute des Kirchenbanns,* fährt die Petershausener Chronikhandschrift fort, *zu den damaligen Zeiten nicht nur die Kleriker und Laien, sondern auch sehr viele Klosterangehörige traf, wollte sich der ehrwürdige Theoderich dieser Gefahr entziehen und begab sich nach Hirsau* (allerdings noch von Augsburg aus; wir haben in Nr. 21 von der dortigen Abtei berichtet, die von dem seligen Hartmann aus demselben Grunde verlassen worden war, der dann von St. Blasien aus an das Kloster Göttweig berufen wurde) *und unterwarf sich mit seinem Anschluß an dasselbe Kloster dem Vorsteheramt des Gott würdigen Abtes Wilhelm und wuchs unter diesem in jeglicher Disziplin des Ordenslebens innerhalb einer kurzen Zeitspanne so weit heran, daß es sich für ihn ziemte, nicht nur mehr untertan zu sein, sondern selbst vorzustehen. Dann wurde er zunächst einer gewissen Zelle vorangestellt, die Hasungen genannt wird; dann, wieder an das Kloster zurückgerufen und Prior der gesamten Kongregation genannt, versah er dort für eine Zeitlang mit Eifer das Amt des Vorstehers.* Daß er dieses Amt ebendort in hervorragender Weise geführt hat, haben wir schon weiter oben erwähnt; aus dieser Stellung heraus wurde er im Jahre 1086 am Fest des heiligen Apostels Barnabas zum Abt von Petershausen ordiniert, wie in der erwähnten Chronik gesagt wird. Dieser Zeitraum und das, was mit ihm verknüpft ist, scheint bestens mit dem übereinzustimmen, was wir eben aus der ›Gallia christiana‹ bemerkt haben, und tilgt andererseits nicht, was Franz. Petri in der ›Suevia ecclesiastica‹ hat[214], wenn man nur das dort bezeichnete Jahr 1159 löscht und dafür das Jahr 1087 einsetzt.

Unter dem vielen, das Theoderich so vorzüglich zustande gebracht hatte, erwähnt dasselbe Chronikon auch eine von ihm errichtete Zelle oder ein Kloster, das auch heute in der Nähe von Bregenz in Blüte steht; dort war Menard oder Meinrad aus Petershausen zum Abt eingesetzt worden. Über dieses aber, das nicht zu unserem Vorhaben gehört, machen die Verfasser der ›Gallia christiana‹ viele hilfreiche Angaben[215]. Ebendort wird erwähnt, daß er auch das Kloster Kastl in der Diözese Eichstätt zu Beginn des 12. Jahrhunderts errichtet habe, nachdem er persönlich auf die dringende Bitte des Bischofs Gebhard, mit dem er eng befreundet war, zusammen mit zwölf Mönchen zum Kloster Wessobrunn in Bayern zurückgekehrt sei, wobei sich die übrigen auf andere Klöster verteilt hätten. Diesem von ihm errichteten Kloster Kastl stellte er Altmann voran, wie dem von Neresheim ursprünglich den von Hirsau herangeholten Siegebot und als dieser zu seinem Kloster zurückkehrte, Werinher von Alshausen. In der ›Gallia christiana‹ wird gesagt, Theoderich sei mit den Seinen bald darauf nach Petershausen zurückgegangen: Nach dem genannten Chronikon aber bestimmten in der Zwischenzeit jene, die während seiner Abwesenheit in Petershausen zurückgeblieben waren, zum Abt den Werner von Epfendorf, einem Ort am Rande des Schwarzwalds, wo schon im Jahre 985 der heilige Gebhard II., der Bischof von Konstanz, aus den Gütern dieses von ihm gegründeten Klosters einen Tausch vornahm, wie wir aus der Urkunde 146 bei P. Herrgott[216] erfahren.

Und andere Klöster der Hirsauer Reform unter dem heiligen Wilhelm.

XL. Wir haben hier nach dem seligen Abt Theoger von St. Georgen ein weiteres Beispiel dafür, als wie strebsame Nachei-

214 p. 363
215 T. V. p. 970 seqq.
216 Geneal. dipl. Habsb. T. II. P. I. p. 88

ferer sich die Schüler des heiligen Wilhelm von Hirsau bei der
Weiterverbreitung der Regel des heiligen Benedikt erwiesen, die
bald darauf in andere Gegenden abgeordnet wurden. Jener hatte
insgesamt acht Klöster dieses Ordens gegründet, von denen die
meisten von uns schon aufgezählt oder noch aufzuzählen sind,
sowohl im Schwarzwald selbst als auch in dessen Nachbarschaft
oder in sogar noch weiter entfernten Gegenden, wobei allüberall
sein guter Ruf, sein Eifer und die Glut, mit der er entbrannt war,
bei der Förderung und Weiterverbreitung der Verehrung Gottes
bekannt wurde. Dieser war jedoch bei der Wiederherstellung und
Erneuerung der Mönchsdisziplin durch sich selbst und die Seinen
noch erfolgreicher, die er weithin in Deutschland als Niederlassungen in mehr als 100 Klöstern hatte, die durch eben diese zur
althergebrachten Beobachtung der Regeldisziplin gebracht
worden waren. Zum vortrefflichen Zeugen hierfür haben wir
Trithemius als klostereigenen Verfasser bei der Beschreibung der
Hirsauer Geschichte, welche er gleichermaßen sorgfältig wie
umfassend anhand jener Dokumente verfolgte, die ihm selbst zur
Niederschrift eines so umfangreichen Werkes notwendig waren
und ihm von Hirsau her zur Verfügung standen. Von daher
zögerte er nicht, zu behaupten, daß es, die Reform der Cluniazenser ausgenommen, die Anzahl der Klöster herausragte, wie es
im Benediktinerorden keine andere gegeben habe, die mit der
Hirsauer Anzahl sowohl an Klöstern wie auch an Adligen zu
vergleichen wäre.

Diesen Ruhm wird die Tochter Hirsau wie auch Fruttuaria
freiwillig ihrer Mutter Cluny zubilligen, auch wenn von dort aus
die Reform der Mönchsdisziplin um einige Zeit schneller nach
Deutschland, und zwar nicht nur durch den Kölner Erzbischof
Anno in Niederdeutschland, sondern auch in Oberdeutschland
und dem Schwarzwald bzw. dem Kloster St. Blasien, eingeführt
wurde; diese Reform war der von Cluny nicht unähnlich, ja, der
Substanz nach gleich und in manchem, wie wir später sehen
werden, etwas strenger, da in sie vieles aus dem heiligen Benedikt
von Aniane hineingenommen war, der den Beinamen *supra
regulam* erhielt. Er weicht von dieser Regel von Fruttuaria sogar
so weit ab, daß der heilige Wilhelm davor zurückschreckte, so daß
er selbst, als er persönlich zusammen mit dem Abt Giselbert von
St. Blasien diese in dem neuen Kloster von Muri einführte, eher

jene gefördert zu haben schien, nachdem sich die beiden Klöster Hirsau und St. Blasien sogar in einer gegenseitigen Konföderation verbunden hatten.

Von daher gesehen konnte es leicht geschehen, daß, auch wenn das Kloster St. Blasien die Bestimmungen von Fruttuaria erhielt, bevor der heilige Wilhelm die etwas veränderten Bestimmungen von Cluny in Hirsau einführte, dennoch eben dieses Kloster in die Aufzählung der vom heiligen Wilhelm reformierten Klöster gekommen ist[217], wie auch das mit diesem unierte Kloster Ochsenhausen. Vielleicht ist aber darunter auch das Kloster St. Blasien in Nordheim zu verstehen, dessen ersten Abt Waramund Bucelin[218] zum Jahr 1086 nennt oder ein anderes Kloster, das mit dem Namen eben dieses heiligen Bischofs ausgezeichnet wurde, wie auch sonstwo noch mehrere aufgeführt werden. Auf eines von diesen scheint sich *Abt Martin von St. Blasien* in der Bulle Leos IX. für die Heiligsprechung des heiligen Bischofs Gerhard von Tulle bei Mabillon[219] zu beziehen; es wird nämlich unter unseren Äbten bis zum 16. Jahrhundert keiner dieses Namens aufgeführt, am allerwenigsten aber zu dieser Zeit, nämlich im Jahre 1050, in welchem die besagte Bulle erlassen wurde; zu dieser Zeit ist die Reihenfolge der Äbte bei uns unzweifelhaft, so daß damals für keinen Martin Platz sein könnte. Und es wurde auch niemals irgendein Abt aus Hirsau oder von anderswo an unser Kloster St. Blasien im Schwarzwald gerufen, so daß derjenige, welcher laut Trithemius *als Abt nach St. Blasien geschickt wird,* zu einem anderen Kloster dieses Namens gehören muß.

Bischöfe und Äbte aus Hirsau.

XLI. Derselbe Trithemius verfaßte in der Chronik von Hirsau[220] eine umfassende Geschichte der herausragenden Vorsteher aus dem Kloster Hirsau, die in großer Zahl dazu genommen wurden, sowohl die Kathedral- wie auch die Abteikirchen zu leiten. Und unter den Bischöfen beginnt er mit dem heiligen Diemon oder Thiemon von Salzburg, der noch als Abt von St. Peter zu Salzburg aus Abscheu gegen die Gemeinschaft mit Schismatikern zunächst

217 Trith. Chron. Hirs. T. I. p. 295
218 Germ. sacr. T. III.
219 Append. T. IV. annal. Bened. p. 739
220 T. I. p. 266 seqq.

beim Kloster von Schaffhausen Zuflucht suchte, wie ein zeitgenössischer Verfasser seines Leidensweges bei Canisius[221] bezeugt:
von dort aber *zog sich der Gottesmann ganz und gar* in das Kloster
Hirsau *zurück, machte sich für seine Person den Brüdern in Wissenschaft und Lebensführung gleich, erwartete das Ende der unglückseligen Zeit und führte bei jenen sein Leben wie irgendeiner von ihnen.
Nachdem er dort auf diese Weise drei Jahre verbracht hatte,
unternahm er es, das Labyrinth seiner irrenden Heimat und den Ort
seiner Herrschaft wieder aufzusuchen;* dies stimmt fast genau mit
dem überein, was weiter oben aus Trithemius erwähnt wurde.
Vergebens aber versuchte Berthold, der Angreifer gegen den
heiligen Gebhard, den Inhaber des Bischofsstuhls von Salzburg,
Thiemon auf seine Seite zu ziehen, indem er ihm Hoffnungen
machte, sein Abtsamt wiedererlangen zu können; der Heilige aber
zog sich in eine angrenzende Einöde zurück, *wo er das Kloster
Admont aufgesucht haben soll, das von dem eben genannten Bischof
Gebhard vor kurzem gegründet worden war.* Als aber der heilige
Gebhard gestorben war, wurde für ihn als Nachfolger Thiemo
gewählt und von dem päpstlichen Legaten Altmann unter der
Assistenz der Bischöfe Adelbero von Würzburg und Meginward
von Freisingen für den Metropolitansitz Salzburg geweiht.
Allerdings stellt es Trithemius so dar, daß dieser vom Kloster
Hirsau aus zum Erzbischof gewählt worden sei, er aber dennoch
dieser Wahl nicht zustimmen wollte, bis er auf Grund seiner
Gehorsamspflicht gegenüber dem heiligen Wilhelm dazu
gezwungen worden sei, diese Wahl anzunehmen.

Bei demselben werden sehr häufig zwei ganz besonders bedeutende Hirten gerade auch unseres Waldes erwähnt, die aus Hirsau
berufen worden waren, nämlich Gebhard III. von Konstanz, der
die Sache des Mönchtums vor allem in unserer Gegend außerordentlich vorantrieb; und ein zweiter, gleichnamiger Gebhard, der
als Nachfolger des heiligen Abtes Wilhelm schließlich zum
Bischof von Speyer geweiht wurde und sich darum bemühte, am
Kloster Lauresheim Sitten und Mönche aus Hirsau einzuführen,
wenn auch in ganz böser Absicht, wie Mabillon über denselben
berichtet[222], wodurch er jenes Kloster eher zugrunde richtete als
reformierte. Einen anderen Weg beschritt ein gewisser schismati-

---

221 Lect. antiq. T. III. P. II. p. 104
222 T. V. Annal. p. 447

scher Bischof von Worms, der *schließlich Vernunft annahm,* wie im Anhang zu Hermann zum Jahr 1088 steht, *zur katholischen Kirche zurückkehrte, das Bischofsamt niederlegte und sich im Kloster von Hirsau der Buße hingab.* Allerdings findet sich im Verzeichnis der Wormser Bischöfe niemand, auf den dies zutreffen könnte, da nämlich etwa um diese Zeit diesen Bischofsstuhl Adalbert II. ab dem Jahre 1070 bis zum Jahr 1108 einnahm[223] und der Partei Heinrichs ganz und gar fernstand und von diesem auch aus seinem Bischofsamt entfernt wurde. Vielleicht ist dies aber in bezug auf Dietmar zu verstehen, der sich an die Stelle von Adalbert gedrängt hatte, oder in bezug auf Kuno oder Kono, ebenfalls ein Pseudo-Bischof von Worms. Den seligen Theoger, vom Abt von St. Georgen und Hirsauer Mönch zum Bischof von Metz geworden und ein bedeutender Förderer des Benediktinerordens, haben wir weiter oben schon ausführlich gewürdigt.

Ein Verzeichnis der Äbte aber, deren Geschichte Trithemius verfolgt[224], hier zusammenzustellen, würde zu weit führen, weil sich darin unter anderen schon P. Arsenius Sulger in seinen ›annales Zwifaltenses‹[225] und Besold in den ›Documenta rediviva‹[226] ausgezeichnet hat. Auch Crusius würdigt in den ›Paralipomena annalium Sueviae‹[227] Bischöfe und durch ihre Heiligkeit berühmte Männer und herausragende Mönche von Hirsau; und wir haben jene an den entsprechenden Stellen rühmend erwähnt, die den Schwarzwald in irgendeiner besonderen Weise erleuchtet haben.

Die Äbte von Gengenbach im 11. Jahrhundert.

XLII. Wir haben schon bei P. Herrgott beobachten können, daß die Bräuche von Hirsau auch die von Gengenbach genannt wurden: Nur in diesem Kloster wurden sie etwa gegen Ende dieses Jahrhunderts angenommen, als im Jahre 1094 Marquard mit zwölfen aus Hirsau von Gebhard, dem Nachfolger des heiligen Wilhelm, zur Leitung des Klosters Gengenbach bestimmt wurde: Nach diesem wurde noch ein anderer an denselben Ort geschickt, dessen Name nicht genannt wird, wie Trithemius

223 Gall. Christ. T. V. p. 670
224 Loc. cit.
225 P. I. p. 19
226 T. I. p. 324
227 Pag. 52

sagt[228]. Allerdings wurde dieser Gebhard selbst, nachdem Hugo, der Abt vor Marquard in Gengenbach, aus dem Abtsamt in Lauresheim verjagt worden war, nicht durch Wahl der Brüder, sondern auf Grund der kaiserlichen Autorität in dieses Amt eingesetzt: wie auch vorher schon Poppo, von dem in einer gewissen Kataloghandschrift der Äbte von Gengenbach gesagt wird, daß er im Jahre 1083 gestorben sei, von Rupert dazu gemacht wurde, von dem wir oben schon berichtet haben, daß er auf Grund einer päpstlichen Entscheidung durch den heiligen Hugo von Cluny vom Abtsamt auf der Reichenau abgesetzt wurde. Doch nachdem dieser die Entscheidung des Papstes mißachtet hatte, erhielt er von eben diesem König Heinrich IV., von dem er die Abtswürde auf der Reichenau erschachert hatte, auch die Leitung des Klosters Gengenbach und wurde dort nicht viel später etwa im Jahre 1077 von adligen Vasallen ermordet. In der schon oft zitierten Handschrift von Muri des zeitgenössischen Geschichtsschreibers Bernold aus St. Blasien wird zum Jahr 1073 von diesem *Rupert* gesagt: *Er wurde Abt in Genginbach und wurde wegen eines gewissen Lehens, das er einem Amtsträger der Kirche wegnehmen wollte, von eben diesem getötet.* Das Verzeichnis der Äbte dieses Klosters beginnt in der ›Gallia christiana‹[229] etwa ab diesem 11. Jahrhundert, wo als erster Abt Rusterno ohne Zeitangabe angesetzt wird, als zweiter Reginbold.

D. Grandidier erinnert mich daran, daß noch eine Urkunde des Kaisers Heinrich II. vorhanden ist, die zu Frankfurt im Jahre 1007 am 1. November ausgestellt wurde, mit welcher dieser das Kloster Gengenbach mit dem von ihm neu errichteten Episkopat von Bamberg durch eine Lehensverpflichtung vereinigte. Diese Union bestätigte auch der Salier Konrad Eberhard, dem ersten Bischof von Bamberg, durch ein Diplom, das zu Corbie im Jahre 1024 am 19. Dez. ausgestellt wurde und bald darauf nochmals am 13. Januar des folgenden Jahres mit allen Rechten und Besitzungen, wie Hoffmann bei Ludwig in den ›scriptores rerum Bamberg. episcop.‹[230] notierte. Damals stand Reginbold den beiden Klöstern Gengenbach und Schuttern vor, dessen Tod das Chronikon von Schuttern bei Schannat[231] zum Jahr 1027 am 19.

---

228 pag. 276
229 T. V. p. 870
230 T. I. p. 57
231 Vindem. litt. coll. I. p. 19

Juli berichtet, wie auch die ›Gallia christiana‹[232], wo sie vom Kloster Schuttern handelt; eben diesen versetzt sie aber später zum Jahr 1028 unter die Äbte und ordnet ihm zusammen mit dem Chronikon bei Lunigius Bruning als Nachfolger zu, der im Jahre 1028 gestorben ist, dem die ›Gallia christiana‹ gleich den oben erwähnten Rupert folgen läßt. Bei Lunigius aber werden zwischen diese beiden Thomas, Willo und Alberich eingeschoben und nach Rupert die Äbte Poppo und gleich darauf Hugo genannt, wobei die Entsendung der zwölf Mönche mit dem Abt Marquard aus dem Kloster Hirsau vom Jahre 1094 keinerlei Erwähnung findet und auch nicht, daß Hugo aus demselben Kloster berufen wurde: dennoch führt er ein Dokument für die von ihm vorgenommene Errichtung eines Zusammenschlusses mit dem Kloster Einsiedeln und einer Gottesdienstgemeinschaft, was auch die ›Gallia christiana‹[233] aus den ›annales Eremitani‹ so darstellt. Daß schon damals für das Kloster Gengenbach eine solche Gemeinschaft auch mit dem von St. Blasien bestanden hat, zeigt ein Katalog, der von uns in den ›monumenta veteris liturgiae Alemannicae‹ wiedergegeben ist[234].

Die Schutterer.

XLIII. In der genannten ›Gallia christiana‹[235] wird die Reihenfolge der Äbte des uralten und Gengenbach benachbarten Klosters in Schuttern (dieser Name ist zum ersten Mal in einem Diplom des Kaisers Konrad vom Jahre 1024 zu lesen; von diesem Kloster sagt Trithemius[236], daß es erst nach einem langen Zeitraum die Hirsauer Reform übernommen hat) in diesem Jahrhundert aus dem Schutterer Chronikon eines Anonymus bei Schannat[237] wiedergegeben, und zwar von Folkernus III. an, der nach 33 Jahren der Leitung im Jahre 1008 gestorben ist, wie auch in einem anderen Verzeichnis ausgesagt wird, das mir von den Brüdern von Schuttern zur Verfügung gestellt worden ist. Zum Nachfolger bekam er Ekbert oder Eggbert, der bei dem heiligen Kaiser Heinrich II. außerordentlich angesehen war, was die von

232 T. V. p. 853
233 Loc. cit.
234 P. II. p. 141
235 T. V. p. 853
236 pag. 280
237 Vindem. litt. coll. I. p. 19. 20

diesem erhaltenen Privilegien und Lehen beweisen, die von dem Anonymus bei Schannat berichtet sind. Ein Festtag des heiligen Heinrich als des hauptsächlichen Wohltäters und Wiedererneuerers des Klosters nach einem Brand und anderen Schäden, durch welche es in Armut gestürzt worden war, wird unter festlichem Ritus zu Schuttern gefeiert, wo dieser im Jahre 1007 auf einer Reise von Basel nach Straßburg übernachtete: Und er bestätigte und vermehrte auch die Privilegien Ottos durch ein für dieses zu Worms im Jahre 1009 am 3. November ausgestelltes Diplom, das sich bei D. Grandidier findet. Jenes aber, wie auch andere Klöster, machte sich derselbe Kaiser, was wir oben schon erwähnt haben, nachdem von ihm die neue Diözese Bamberg gegründet worden war, nach dem Lehensrecht untertan. Dies gereichte allerdings damals zum Vorteil des Klosters, solange der erste Bamberger Bischof Eberhard dafür sorgte, daß jenes mit Einkünften gefördert wurde, nachdem eine Schenkungsurkunde Heinrichs im Jahre 1016 zu Bamberg ausgestellt worden war: In dem genannten Verzeichnis ist zu lesen, daß in demselben Jahr dem Eggbert Regimbold nachgefolgt ist, unter welchem Konrad II. im Jahre 1024 *auf Bitten des Bamberger Bischofs die Privilegien seines Vorgängers Heinrich* (nämlich des zweiten) *bestätigt, die dem Kloster zugestanden worden waren,* und zwar durch ein in Corbie ausgestelltes Diplom aus demselben Jahr, am 21. Dez., wie es bei Schannat steht, wo berichtet wird, daß er im Jahre 1027 am 19. Juli gestorben sei. In diesem Punkt aber liegt ein Irrtum vor, wenn nämlich *Abt Sizicho von Stuchtern,* der auf dem Mainzer Provinzialkonzil, das zu Seligenstadt im Jahre 1022 abgehalten wurde, als Unterzeichner zu lesen ist[238], ein Abt von Schuttern sein sollte, wie die Autoren der ›Gallia christiana‹ meinen, mit welchen Trithemius zum Jahr 1022 übereinzustimmen scheint[239], bei dem der *Abt Sisicho von Schuchteren* genannt wird. Da aber zum Jahr 1025 noch einmal ein Abt Regimbold vorkommt, unter welchem Konrad II. das Dekret seines Vorgängers Heinrichs II. bekräftigt hat, daß nämlich die Abtei von Schuttern dem Bamberger Bischof unterstellt bleiben müsse, nehmen eben diese Autoren von daher gesehen mit Recht zwei Äbte eben dieses Klosters mit Namen Regimbold an, die ihm nachfolgten, wobei Sizicho in deren Mitte steht, von denen der erste nach den

238 T. III. Conc. Germ. p. 60
239 Chron. Hirs. T. I. p. 164

Annalen Schannats und dem uns übermittelten Verzeichnis etwa um 1022 und der zweite im Jahr 1027 am 19. Juli gestorben ist. Von dem Nachfolger des letzteren, Rustenus, wird bei Schannat notiert, er werde irrtümlich von manchen als Abt von St. Märgen im Schwarzwald angesehen, das jedoch kein Kloster des Ordens des heiligen Benedikt, sondern von regulierten Chorherren ist und zu dieser Zeit noch gar nicht eingerichtet war. Nach diesem im Jahre 1034 gestorbenen Rustenus hört ebendort die in diesem 11. Jahrhundert geordnete Reihenfolge der Äbte von Schuttern auf, und auch in der ›Gallia christiana‹ wird keiner mehr bis zum Beginn des folgenden Jahrhundert erwähnt. Nach dem uns übermittelten Verzeichnis ab dieser Zeit folgten dem Rustenus Folckernus dann Landolph, Robert und Eberhard II. nach, als welcher eben dieser zu Beginn des 12. Jahrhunderts in der ›Gallia christiana‹ notiert wird.

Die von St. Trudpert.

XLIV. Das uralte Kloster von St. Trudpert im Schwarzwald im Gebiet des Breisgau gegen unseren Albgau hin, das schon lange keine gesicherte Reihenfolge seiner Äbte mehr aufwies, beginnt eine solche erst in diesem Jahrhundert etwa um eben diese Zeit, zu der die von Schuttern aufhört. Ihre neue Reihenfolge aber beginnen die St. Trudpertiner mit zwei Dietrams, die sich nacheinander folgten, von denen von dem ersten feststeht, daß er zum Jahr 1036 bekannt wurde, der andere zum Jahr 1066. Es folgen Ulrich im Jahre 1070, Altmann im Jahre 1086 und Gebbo im Jahre 1097, wie diese Nachfolge in einer Chronikabschrift eben dieses Klosters Jak. Keraslith darstellt, der gegen Ende des 16. Jahrhunderts dort das Amt des Schulmeisters versah, und Bucelin, der gegen die Mitte des 17. Jahrhunderts an demselben Ort Novizenmeister war, in der ›Germania sacra‹[240]. Allerdings ließen diese beiden Männer damals außer den Namen nichts Genaues über jene verlauten, und es konnten die Brüder jenes Klosters auch heute nichts sagen, obwohl wir uns große Mühe gegeben haben, hierüber etwas in Erfahrung zu bringen. Daß der Grund für ein solches Fehlen von Dokumenten auf verschiedene

240 T. II. p. 292

unglückselige Wechselfälle dieses Klosters zurückzuführen ist, haben wir nicht nur an einer Stelle ausgeführt.

In Ettenheimmünster.

XLV. Kaum erfolgreicher waren im Kloster des Etto die Brüder, die, obwohl sogar ihr eigener hochwürdigster Abt seine ganze Sorge darauf verlegte, mir lediglich vier Äbte nach Abt Wolfard V. nennen konnten. Es sind dies nach einem Bericht eines anonymen Geschichtsschreibers aus dem 13. Jahrhundert Eberhard ab dem Ende des 10. Jahrhunderts, ebenso Hermann I., Adelbero und Adelbert, wenn nicht vielleicht diese beiden ein und derselbe gewesen sind. D. Grandider ist der Ansicht, daß hier Bruno eingeschoben werden müsse, der nach der Aussage von Trithemius in einem kleinen Verzeichnis der Äbte an anderen Klöstern von Hirsau angefordert worden war, dem dann Konrad nachgefolgt sei, von welchem wir oben erwähnt haben, daß er im Jahre 1093 an der Weihe des Klosters St. Peter im Schwarzwald teilgenommen hat. Somit zählen wir in diesem Jahrhundert sogar sechs Äbte von Ettenheim, die in der ›Gallia christiana‹ nicht aufgeführt sind[241]. Zu den Zeiten Konrads aber wurde dieses Kloster[242], sei es durch die Nachlässigkeit des Straßburger Bischofs Otto, sei es durch seine Raubsucht, in eine solche Armut gestürzt, daß der Ort, der für 30 Brüder errichtet worden war, kaum noch zwölf ernähren zu können schien[243]. Der Grund hierfür liegt freilich auf der Hand: Dieser Otto strebte nämlich als Bruder des Schwabenherzogs Friedrich, der der Schwiegersohn des Kaisers war, nach dem Besitz Heinrichs IV.

Der Zustand des Frauenklosters von Säckingen im 11. Jahrhundert.

XLVI. Schon die Anordnung und der Plan unseres Unternehmens erfordern es, daß wir auch einiges über die zum Schwarzwald gehörenden Nonnenklöster unseres Ordens sagen, unter welchen sowohl an Alter als auch an Würde an erster Stelle das Kloster St. Fridolin in Säckingen herausragte, das zwischen dem Gebiet der

241 T. V. p. 865
242 Herzog in chron. Argent. Lib IV. p. 78
243 Wimpeling. catal. episc. Argent. p. 45

Rauraker und dem Schwarzwald liegt; dieses hatte gegen die Mitte des 11. Jahrhunderts als Äbtissin Bertha, wie aus einer sehr bemerkenswerten Urkunde des Jahres 1029 hervorgeht, welche Franz. Willmann in ›syntagma de vera origine et stemmate Conradi II. Imperatoris‹ herausgab, ebenso Tschudi im ›Chronikon Helvetiae‹[244], und H. Chr. Senckenberg veranlaßte ihre Neuanfertigung[245]. In jener Urkunde aber legt der Gutsverwalter Rudolph aus Glarus, ein Mann aus freiem Stand, das Zeugnis ab, daß *er eben dieses Gut, dessen Eigentumsrecht mit dem gesamten Tal der Glarona bei der Klostergemeinschaft von Secconia liegt, zu Lehen erhalten habe von der ehrwürdigen Frau Äbtissin Berta und dem Kapitel eben dieser Gemeinschaft von Secconia, wie es auch* dessen *Vorfahren, hervorragende Männer, nämlich mein Vater Ulrich von Glarus, mein Großvater Johannes, mein Großvater Rudolph und mein Urgroßvater Johannes von dieser eben genannten Gemeinschaft zu Lehen gehabt haben und er deswegen derselben Äbtissin und dem Kapitel den gewohnten Diensteid* geleistet habe. *Gegeben wurde* die Urkunde *am 29. März, verhandelt aber im Kloster von Secconia im 1029. Jahr nach der Fleischwerdung des Herrn, zur Zeit der 12. Indiktion, als Papst Johannes XX. den Apostolischen Stuhl innehatte, Kaiser Konrad regierte, Warmann Bischof der Diözese Konstanz und Ernst der erlauchte Herzog Alemanniens war. Als Zeugen waren anwesend der Edle Herm. von Vezzenberch, Rudolph von Bilstein, Arnold von Mandach aus freiem Stande, die Lehnsmänner der Kirche von Secconia, Pfarrer Berchtold in Lauffenberg und sehr viele andere.*

Als wir an anderer Stelle *von dem Grafen Rudolph von Rheinfelden, dem Alemannenherzog und Gegenkaiser, und seiner Familie, die in St. Blasien bestattet ist, handelten,* haben wir eine Urkunde aus dem Jahre 1063 wiedergegeben, mit welcher jener Rudolph auf Befehl des Kaisers zusammen mit dem Grafen Burkhard von Nellenburg, dem Grafen Kuno von Wulfelingen und dem Grafen Arnold von Lenzburg die Güter beider Klöster, nämlich des Klosters der heiligen Felix und Regula von Zürich und des heiligen Hilarius von Säckingen in Glarus, in bestimmte und rechtlich festgelegte Grenzen eingeteilt hat. Es war nämlich dieses Frauenkloster von Säckingen ebenfalls nach dem heiligen

---

244 P. I. L. I. p. 11
245 Select. iur. et hist. T. III. p. 257 etc.

Hilarius benannt worden, zu dessen Ehren es der heilige Fridolin, wie auch anderswo, geweiht hatte; und dieser Abtei war das Glarner Herrschaftsgebiet in der Schweiz bis zum Ende des 14. Jahrhunderts lehenspflichtig gewesen. P. Herrgott erwähnt in der ›Genealogia Habsburgica‹[246] Arnold, der in den Dokumenten als erster unter dem Titel eines Grafen von Baden im Aargau etwa um die Mitte des 11. Jahrhunderts in Erscheinung tritt, und ist der Meinung, daß es sich um denselben handle, auf den sich die Schlichter eines Streites zwischen Graf Rudolph von Habsburg und der Säckinger Äbtissin im Jahre 1207 beriefen; bei demselben P. Herrgott findet sich[247] eine Urkunde dieses Schiedsspruches, der bestimmt, *daß der vorgenannte Graf die Ortschaft Säckingen und die gesamte Gemeinschaft der vorgenannten Kirche in dem Rechtszustand und in der Freiheit, deren sie sich zur Zeit des Grafen Arnold von Baden erfreute, unversehrt erhalte.*

Ohlsberg.

XLVII. In demselben Landstrich der Waldstädte in Richtung Basel bei Rheinfelden auf der Seite des alten, von den Helvetiern verlassenen Gebiets liegt das Kloster von Ohlsberg, einstmals ein Nonnenkloster des Benediktinerordens, das Dominik. Tschudi und andere dem Grafen Kadelaus dem Jüngeren als Stifter zuordnen, dessen gleichnamiger Vater in einem Dokument des Kaisers Arnulph vom Jahre 890 in der Basler Chronik bei Urstisius ›der Ältere‹ genannt wird. Dieser soll in dieser Gegend den Hunnen eine Niederlage beigebracht und seinen Sohn verpflichtet haben, an dieser Stelle zur Bezeugung seiner Dankbarkeit dieses Kloster einzurichten. Andere schreiben dies auch Landulus oder Lanzelin zu, dem Stammvater der Zähringer, andere den Grafen von Froburg, wieder andere schließlich den Grafen von Rheinfelden, Homburg und Thierstein, doch erst etwa um die Mitte des 11. Jahrhunderts, wie dies alles vor ganz kurzem in der *Austria Sacra* zusammen mit der Reihenfolge der Äbtissinnen, vor allem, nachdem die Nonnen die Reform von Cluny angenommen hatten, aus unverfälschten Dokumenten wiedergegeben wird[248]. Es wird dort auch einer silbernen Krone

---

246 T. I. L. I. c. 7. n. 6. p. 46
247 L. c. T. II. P. I. p. 209
248 P. II. p. 109 etc.

Erwähnung getan, die im Chor vor dem Bauernkrieg im Jahre 1525 mit den Insignien von Gallien und Lothringen aufgehängt worden war. Nichtsdestoweniger wird sie trotzdem einem gewissen Karl aus karolingischem Geschlecht oder dem Grafen Rudolph von Rheinfelden, dem Alemannenherzog und Gegenkaiser des Heinrich IV., zugeschrieben.

Ebenso das von Sulzburg.

XLVIII. Bei P. Herrgott ist die Urkunde 158 zugunsten des Klosters Solzberch oder St. Cyriak zu lesen[249], und Schöpflin sagt in der ›Historia Zaringo-Badensis‹[250], daß Kaiser Heinrich II. im Jahre 1004 dem Kloster St. Cyriak einen Marktplatz zugestanden habe an dem Ort Rincka im Breisgau, in der Grafschaft des Berthold, in welcher im darauffolgenden Jahr 1005 bei demselben ein Adelbero notiert wird, und im Jahre 1008 Birchtilo, der den gesamten ihm zustehenden Erbteil übergab, *mit Dokument,* sagt er in der Urkunde, welche nach dem richtigeren P. Herrgott Schöpflin[251] aus dem Autograph des Archivs des Bischofs von Basel wiedergegeben hat, *meines Bruders Gebehard für das Gotteshaus, das an dem Ort errichtet worden ist, der in Verehrung des heiligen Märtyrers Cyriak Salzberg genannt wird, im Gau Prisechewe, in der Grafschaft des Grafen Adelbero, zum Nutzen der heiligen Frauen, die ebendort Gott unter der Regel des heiligen Abtes Benedikt dienen, zum immerwährenden Besitz.* Angefügt wird ein Dokument des Birchtilo selbst, durch das er bekannt gibt, *daß ich,* sagt er, *zur Heilung meiner Seele ein Kloster zur Verehrung des heiligen Märtyrers Cyriak an dem Ort, der Sulziberc genannt wird, errichtet habe. Wo bis zum Tage des Gerichts zu ruhen ich wünsche.* Bei dem zitierten P. Herrgott[252] findet sich noch eine andere Urkunde aus dem Jahr 1010, durch welche der Graf Pircelo gewisse im Breisgau gelegene Landgüter eben diesem Kloster schenkt.

---

249 Geneal. Dipl. Habsb. T. II. P. I. p. 96
250 T. I. p. 34 etc.
251 Opp. T. IV. c. 23 p. 138
252 p. 102

Und Waldkirch.

XLIX. In gleicher Weise ist auch aufzufassen, wenn Willmann in seiner Schrift über die Habsburger[253] von dem selben Birchtilo aussagt, er habe das Kloster St. Margaretha zu Waldkirch im Schwarzwald eingerichtet, von dem wir schon aufgezeigt haben, daß es in einem früheren Jahrhundert gegründet worden ist. Auf diesen Ort aber, nicht jedoch auf das gleichnamige, uralte Dorf im Albgau (von diesem kommt im vorherigen Buch kein einziges Mal in der Geschichte der Rheingauer eine Erwähnung vor) ist zu beziehen, was in der Lebensgeschichte des heiligen Mönches Ulrich aus Cluny, des Gründers der nach demselben heiligen benannten Zelle im Schwarzwald, bei Mabillon zu lesen ist[254]: *Zu einer gewissen Zeit begab es sich, daß der selige Ulrich zu einer Ortschaft namens Waltchiretha kam, wobei er von einem seiner Mönche begleitet wurde. Als er dort aus Ehrfurcht vor dem Ruf seiner Heiligkeit mit Ehrerbietung von einigen in Gastfreundschaft aufgenommen worden war, wurde sein Mönch plötzlich von einer schweren Krankheit niedergeworfen. Als er frühmorgens aufbrechen wollte, der Kranke sich aber auf keinen Fall seiner Begleitung anschließen konnte, sonderte er sich von den anderen ab und betete unter Seufzen und Tränen zum Herrn für Gesundheit des Bruders und sprach zur verehrungswürdigen Jungfrau Margareta, von der es in eben diesem Orte eine Gedenkstätte gibt, unter anderem folgendes: Ist es dir, sagte er, etwa wohlgefällig, Margareta, daß mein Mönch, den ich als Gesunden an den Ort deiner Botmäßigkeit gebracht habe, von einer so schweren Krankheit gefesselt wird? Gib ihn zurück, gib ihn der Gesundheit zurück, den du gesund an deinem Orte aufgenommen hast. Nachdem er dies gesprochen hatte, kehrte er eilends zu dem kranken Bruder zurück und sagte im Wissen, daß dem Glaubenden alles möglich ist: Steh auf im Namen des Herrn, damit, wie wir zusammen hierher gekommen sind, wir so auch zusammen wieder von hier scheiden. Und unverzüglich erhob sich der Mönch auf die Stimme seines Herrn hin, wie wenn es ihm von Gott selbst befohlen worden wäre, ohne Zeichen irgendwelcher Spuren einer Krankheit, begleitete den Weg des Älteren, und Gott verherrlichte sich in ihnen.* Hier finden ein Kloster oder Nonnen keinerlei Erwähnung, deretwegen sie doch anscheinend dorthin

253 Lib. IV. c. 1. p. 155 et c. 2. p. 168
254 Acta SS. Sec. VI. P. II. p. 802

gegangen waren. Doch zweifle ich nicht daran, daß der selige Ulrich auf Grund der Ordensvorschrift im Dorf und nicht im Kloster eine gastliche Aufnahme gefunden hat, wo er dann auch übernachtete. Wir haben schon im vorhergehenden Buch erwähnt, daß Bertrada, die Tochter des Grafen Gottfried von Zimmern, ebendort Nonne gewesen ist.

Gemeinsame und getrennte Klöster von Mönchen und Nonnen.

L. Ulrich war noch als Mönch in Cluny vom heiligen Hugo nach Marcigny gesandt worden, um dort den heiligen Jungfrauen Christi vorzustehen, welche er an diesem von dem Kloster Cluny weit entfernten Ort eingeführt hatte. Aus eben diesem Grunde lobt derselbe selige Ulrich den heiligen Wilhelm in einem Brief, in welchem er diesem die Schriften über die Bräuche der Cluniazenser, die von ihm selbst auf dessen Verlangen hin verfaßt worden waren, ankündigt, daß er das *schwächere Geschlecht* sehr weit vom Kloster entfernt habe. Dem Beispiel seines Lehrers folgte auch der selige Theoger, wie wir festgehalten haben, der mehrere Klöster für Nonnen gegründet hat. Im Anhang zur Chronik des Hermann zum Jahr 1094 wird ein *ehrwürdiger Priester namens Percherus* erwähnt, *der tiefgläubige Sachwalter vieler heiliger Frauen, der zum Herrn ging am 30. Sept. und sowohl bei Männern wie auch Frauen große Trauer hinterließ.*

Es war damals überall Sitte, daß Doppelklöster für beide Geschlechter eingerichtet wurden. Ein Anonymus aus Muri, der über eine Gruppe berichtet, die aus dem Kloster St. Blasien von dessen Abt Giselbert im Jahre 1082 nach Muri entsandt worden war, fügt hinzu: *Zu dieser Zeit entsandte dieser auch seine außerhalb lebenden Brüder zusammen mit Schwestern; dieser Sitte entsprechend sind sie auch jetzt noch zugegen.* Und später sagt er, wie wenn er sich entschuldigen wollte: *In bezug auf die Sitte, Frauen zusammenzuführen, die hier schon seit vielen Jahren in Ansehen stehen, haben wir als Beispiel das Leben heiliger Väter, die selbst aus Liebe zu Gott ebenfalls Frauen zusammengeschart haben, deren Unterkunft und Leben so vollkommen von den Mönchen getrennt sein muß, daß unter diesen kein Verdacht bestehen kann, sondern ihr Leben und ihr Glaube allein vom Abt und den Vorstehern, die ihnen vorgesetzt sind, geordnet wird.*

Derselbe spricht dann später von einer Muriner Gründung in Hermentswil, erwähnt aber noch keine Verlegung von Nonnen dorthin: Dies erfolgte jedoch dann nach dem Beispiel der Jungfrauen von Berau, einer Gemeinschaft unseres Klosters St. Blasien. Diese aber, wenn wir richtig vermuten, wohnten ursprünglich drei Meilen vom Kloster St. Blasien entfernt, wo sich jetzt der weltliche Friedhof mit der Kirche St. Michael, früher St. Nikolaus, befindet; dort nämlich zeigen sich unterirdische Mauerfundamente, die ringsum aufgegraben worden sind, und der Ort wird auch noch zu unserer Zeit *der Frauengarten* oder Garten der Frauen genannt. Daß dort schon seit langer Zeit Nonnen gelebt haben, könnte man vielleicht auf Grund eines Verzeichnisses der Brüder und Schwestern von St. Gallen vermuten, wo es sich allerdings um das Kloster Rheinau handelt, mit dem das Kloster St. Blasien im 9. Jahrhundert verbunden wurde. Da aber entsprechend der Sitte des 11. Jahrhunderts, nach welcher solche Doppelklöster eingerichtet wurden, nach der Meinung von P. Mauritius Hohenbaum in seiner kurzen Geschichte zur tausendjährigen Gründung dieses Klosters, die im Jahre 1778 in der Landessprache veröffentlicht wurde, damals der Insel Rheinau gleichfalls ein Nonnenkloster angefügt wurde, könnte man nicht grundlos vermuten, daß die Nonnen in der erwähnten Handschrift von St. Gallen, die in nicht geringer Zahl den Mönchen angeschlossen worden waren, keine anderen seien als die Nonnen unseres Klosters, die vielleicht nicht allzu lange nach der Gründung der Zelle durch den seligen Reginbert im 10. Jahrhundert damit begannen, auch hier ihren Wohnsitz zu nehmen, bis von da aus nach der Mitte des 11. Jahrhunderts von Giselbert, wie wir gesehen haben, zusammen mit den Brüdern auch Schwestern an das Kloster Muri entsandt wurden.

Das Institut der Regulierten Chorherren im 11. Jahrhundert.

LI. In diesem 11. Jahrhundert erhielt die Einrichtung der in Gemeinschaft lebenden Kanoniker nochmals ein neues Gesicht, ein Institut, das zu den damaligen jüngst vergangenen Zeiten fast in Vergessenheit geraten war, nun aber in diesem Jahrhundert wieder neu belebt zu werden begann; daß aber zu dessen Anfang Beratungen über die Wiedererneuerung des kanonischen Lebens abgehalten worden waren, zeigt Caes. Benevenuti, der Abt der regulierten Chorherrn im Lateran, in seinem historischen Traktat *de vita et communitate clericorum ecclesiae* im elften Kapitel und Jahrhundert. Es wurden nämlich zu dieser Zeit viele Klöster für Kanoniker eingerichtet, von denen wir oben einige notiert haben, die von dem seligen Bischof Altmann aus Passau errichtet und der Ordnung des heiligen Benedikt ausgerichtet wurden, da dieser Mönchsorden damals als einziger im Westen bestand. Wir haben auch aus Trithemius das Benediktinerkloster in Gundelfingen erwähnt, das von einem gewissen Grafen von Calw namens Adalbert eingerichtet worden war, von wo nach einigen Jahren die Mönche nach Hirsau übersiedelten und an deren Stelle Kanoniker eingeführt wurden. Derselbe berichtet zum Jahr 1098 von einer Bulle des Papstes Urban II., die für das Kloster Hirsau ausgestellt worden war, und widerlegt damit jene, die, glauben – am Anfang ist nämlich zu lesen, daß das monastische Leben für die dortigen Kanoniker eingeführt worden sei –, *da sie uneinsichtig seien und die geschichtliche Wahrheit nicht kennten, daß es vor der Gründung des Grafen Adelbert in St. Aurelius keine Mönche gegeben habe.*

Zwar sind darüber zu unseren Zeiten schwere Streitigkeiten ausgebrochen, welche uns aber jetzt nicht betreffen und ab dem 8. Jahrhundert weniger Schwierigkeiten bereiten dürften, indem die Regel des Chrodegang für die Kanoniker von Metz hauptsächlich der des heiligen Benedikt entnommen wurde und zum Teil auch die Aachener Regel für die in Gemeinschaft lebenden Kanoniker unter Ludwig dem Frommen von den Benediktinern abgefaßt wurde, wie sie auch vorher schon bestanden hatte: nämlich so, daß die Einrichtung *der Kanoniker und Regularen* oder Mönche sich sowohl dem Namen wie auch der Sache selbst nach deutlich voneinander unterschieden und gegenseitig sozusagen im Widerspruch standen. Dies geht aus folgender Bestimmung eines Kapitulares Karls des Großen hervor: *Über diejenigen, die die Welt verlassen, daß sie eines von zweien auswählen und entweder vollkommen nach der kanonischen oder aber nach der regularen*

Satzung leben müssen[255]. Es kommt freilich noch hinzu, was in den vorherigen Büchern notiert ist, daß gerade auch in Mönchsgemeinschaften entweder jenes Doppelinstitut herrschte, oder das eine mit dem anderen vertauscht wurde, da ja beide dem Klerus angehörten, oder aber eines von beiden aufgegeben wurde, auch in der Nachbarschaft des Schwarzwalds. Daher werden auf dem Konzil zu Mainz vom Jahre 813 in Kan. 22 die ungebundenen Kleriker erwähnt[256], die nicht nach dem Kanon oder der Regel lebten. In dem eben vorangehenden Kan. 21 wird aber den Kanonikern vorgeschrieben: *Wenn sie aber Mönch werden wollen, sollen sie nach der Regel leben, wenn aber nicht, dann sollen sie ganz und gar nach dem Kanon leben.*

Doch schließlich im 11. Jahrhundert wurden diese beiden Begriffe zum ersten Male auf dem Konzil von Rom unter Nikolaus II. im Jahre 1059 im folgenden Kanon 4 miteinander vereinigt[257]: *Wie es sich für religiose Kleriker gehört, sollen sie zusammen essen und schlafen, und sie sollen sich bemühen, mit aller Kraft zum apostolischen, nämlich gemeinsamen, Leben zu gelangen.* Schon früher hatte jener Papst, noch als Bischof von Florenz unter dem Namen Gerard, seine Kanoniker auf diese Weise unterwiesen, denen auch der heilige Petrus Damiani einen Brief[258] gewidmet hat: *den religiosen Klerikerbrüdern der heiligen Kirche von Florenz, welche sowohl das Leben als Religiose rühmt, wie auch das Feuer der himmlischen Weisheit erhellt.* Hierher gehört auch sein 28. Opusculum[259] *contra clericos regulares proprietarios,* das Papst Alexander II. gewidmet ist: Man glaubt, daß derselbe Papst durch dieses sogar veranlaßt wurde, nicht nur die Bestimmungen des Nikolaus II. auf dem römischen Konzil vom Jahre 1063 zu bestätigen[260], sondern sogar jenes frühere kanonische Institut, das dem regularen entgegengesetzt war, wie es Petrus Damiani in seinem Kampf gegen die Aachener Regel wollte, durch welche sich die Kanoniker mit Besitz schützten, ganz und gar außer Kraft zu setzen, nachdem er in Kan. 4 gesagt hatte: *Wir schreiben verbindlich vor, daß die aus den vorgenannten Ständen* (Priester und Diakone), *die im Gehorsam gegenüber*

255 Conc. Germ. T. I.
256 Ibid. p. 410
257 Labb. Conc. T. IX. p. 1099
258 Lib. V. epist. 8.
259 Opp. T. III. p. 212
260 *Conc. Labb. ibid. p. 1176*

unseren Vorgängern die Keuschheit bewahrt haben, gemäß den kirchlichen Gemeinschaften, denen sie zugeordnet sind, wie es sich für religiose Kleriker gehört, zusammen essen und schlafen sollen und alles, was ihnen von der Kirche aus zukommt, gemeinsam haben. Und wir ermahnen die, die um Aufnahme bitten, daß sie sich darum bemühen mögen, mit aller Kraft zum apostolischen gemeinsamen Leben zu gelangen, damit sie in ihrem Streben nach Vollkommenheit verdienen, zusammen mit denen, die mit hundertfältiger Frucht belohnt werden, in der himmlischen Heimat aufgenommen zu werden. Von da an wurde also solchen Kanonikern mit denen, die ein Leben nach der Regel führen, gemeinsam, daß sie sich ebenfalls durch feierliche Gelübde zu Armut, Keuschheit und Gehorsam verpflichteten, *fast zu ein und demselben Gelübde,* wie Urban II. an die Regularkanoniker nach Bayern schreibt.

Zweifellos kam vor allem in Bayern im 11. Jahrhundert das Institut der Regulierten Chorherren zur Blüte, das im folgenden Jahrhundert auch in den Schwarzwald drang. Unter den Briefen des Mönchs Bernold aus St. Blasien, die wir aus einer klostereigenen Handschrift veröffentlichen wollen, findet sich einer mit der Anschrift: *den vielgeliebten Brüdern in Christus in Reitenbach, die die Form des apostolischen Lebens treu bewahren.* Es ist dies die Form der Urkirche zu Jerusalem unter den Aposteln, die alles miteinander gemeinsam hatten, welcher nachzueifern sich sowohl die Kleriker wie auch die Mönche zum Ziel setzten, wenn auch nicht nach ein und derselben Lebensweise. Vor allem auf dieser beharrt Petrus Damiani sowohl in dem zitierten Opusculum *contra clericos regulares proprietarios* in Kap. 4[261] wie auch im 27. Opusculum *de communi vita canonicorum* an die Kleriker der Diözese Fano, als nach einem Streit untereinander die einen von den in eins gebrachten Gütern der Gemeinschaft, die anderen jeder für sich alleine leben wollten: diese ermahnt er dringlich, daß sie der Sitte der Apostel und der Urkirche folgen sollten. In jenem ersteren Opusculum aber behandelt er die Angelegenheit auch von der Autorität der heiligen Väter her und an Beispielen, vor allem des heiligen Augustinus aus zwei Predigten über die Sitten seiner Kleriker, die er zweifellos in einem Kloster zusammenscharte, wobei die Güter zum gemeinsamen Besitz zusammengelegt wurden und jegliches Eigentum an Dingen abgelegt

261 T. III. opp. p. 223

wurde, und er fügt auch das Beispiel des heiligen Bischofs Eusebius von Vercelli an, der nach der Aussage des heiligen Ambrosius als erster im Westen und in seiner Diözese *die Kleriker zugleich auch zu Mönchen machte.*

Von diesem Institut waren allerdings die in Gemeinschaft lebenden Kanoniker abgewichen, die im 8. Jahrhundert von Chrodegang und im 9. Jahrhundert auf dem Konzil von Aachen gebildet worden waren, auf welchem mit ausdrücklichen Worten einem jeden das Eigentum an Dingen vorbehalten blieb, weswegen sich der heilige Petrus Damiani in seinem 24. Opusculum so sehr empörte. In dem anderen, soeben zitierten 27. im 2. Kap. aber schreibt er, *daß niemand Kanoniker genannt werden darf, der nicht Mönch ist*; obwohl aber in jenen früheren Zeiten und Einrichtungen die Kanoniker im Gegensatz zu den Mönchen standen, wurde jeder von ihnen ermahnt, *aber auch die Mönche, daß sie sich bemühen sollten, gemäß ihrem Stand als Kanoniker oder als Mönch zu leben; denn wie der Apostel sagt, möge ein jeder in der Berufung verbleiben, in die er berufen wurde;* so lautet das Dekret des Konzils von Arles vom Jahre 813 in Kan. 6[262] unter jenen vier Synoden, die damals im Frankenreich abgehalten wurden, aus welchen wir das damit übereinstimmende Dekret von Mainz, das sich eher auf unsere Gegend bezieht, vor kurzem an die Öffentlichkeit gebracht haben.

Doch in diesem 11. Jahrhundert änderte sich die Sachlage, und gemäß päpstlicher Anordnung wurde für die in Gemeinschaft lebenden Kleriker die Gemeinsamkeit der Güter und das Ordensleben nach der Regel des heiligen Augustinus wieder hergestellt, damit, wie es in der Unterweisung über das kirchliche Recht des heiligen Vincentius von Senlis vom Jahre 1061 nach der Meinung des eben erwähnten Nikolaus II. heißt, *die Gott dienenden Religiosen, die der Welt entsagen, dort ruhig und friedlich in vollem Umfange ein Leben nach der Regel, d.h. der schriftlich niedergelegten der heiligen Apostel und des seligen Augustinus, nach kanonischem Recht führen können.* Vom seligen Altmann ist in dessen Lebensgeschichte bei Hier. Pez[263] zu lesen, daß er eine solche Gemeinschaft zu Ehren des heiligen Nikolaus in einer Vorstadt von Passau gegründet und ihr Hartmann vorangestellt habe, *einen*

---

262 Labb. Concil. T. VII. p. 1236
263 Script. rer. Austr. T. I. p. 119

*mit jeglicher Weisheit und Beredsamkeit begabten Mann, der als
Hofkaplan des Königs Rudolph berühmt wurde und dem Papst
Urban und seinen Nachfolgern bestens bekannt war.* Dieser
versammelte Ordensleute um sich, sowohl Kleriker wie auch
Laien, welche er anwies[264], ein Leben in Gemeinschaft unter des
Regel des seligen Augustinus zu führen. Diesem Kloster erteilte
Alexander II. im Jahre 1073 ein Privileg, so daß dessen Kleriker in
ständigem Gemeinschaftsleben und klösterlicher Lebensweise
bestehen konnten. Als ein weiteres Kloster dieser Art haben wir
schon Göttweig erwähnt, das anfangs für Kanoniker eingerichtet
worden war. Denn *er errichtete*, wie der genannte Verfasser der
Lebensgeschichte darlegt, *für die zusammengescharten Ordensbrüder das Leben in Gemeinschaft unter der Regel des heiligen
Augustinus.* Ein drittes zählt Bernold im Anhang zum Chronikon
des Hermann[265] hinzu, wenn er anfügt, nachdem er den Tod des
heiligen Altmann im Jahre 1091 erwähnt hat: *dieser richtete in
seiner Diözese drei Klöster für Kleriker ein, die nach der Regel des
heiligen Augustinus in Gemeinschaft lebten, ... und ein drittes* (das
von Reitenbach, dessen Brüdern, wie wir soeben festgehalten
haben, nach der Aussage eben dieses Bernold ein Brief
geschrieben worden war) *in der Diözese Freising auf einem Freigut
des Herzogs Welfo ließ er durch seine Kleriker errichten und stattete
es mit der Disziplin nach der Regel aus.*

Nach demselben Bernold zum Jahre 1094 *begann der Magister
Manegold von Lutenbach ein Kloster für Kanoniker in Marbach,* im
Oberelsaß, *einzurichten und wollte, daß er einer von eben diesen
Kanonikern sei, die gemeinschaftlich und nach der Regel lebten.* In
bezug auf dieses heißt es in einem historischen Fragment bei eben
diesem Urstisius[266] zum Jahr 1090: *Gegründet wurde die kirchliche
Gemeinschaft des heiligen Augustinus zu Marbach von dem Ritter
und Edlen Burchard von Gebelsvilre, dessen treuester Helfer und
Mitarbeiter der Magister Manegold von Lutenbach gewesen ist.*
Von demselben Manegold wird in dem zitierten Anhang zum Jahr
1098 folgendes berichtet: *Der ehrwürdige Manegold, der Propst der
in Marbach lebenden Kanoniker, wurde von König Heinrich lange
in Haft gehalten, weil er den Schismatikern nicht gegen die kirch-*

---

264 Epist. XLIV.
265 p. 128
266 Script. Germ. P. II. p. 83

liche Autorität gehorchen wollte: Darunter litt die gesamte Kirche weit und breit.

Derselbe Bernold erwähnt zum Jahr 1095 ein anderes derartiges Kloster für Kleriker, *welches,* sagt er, *die Römer kanonisch nennen,* das in Tulle von Lutolf, dem Dekan der heiligen Kirche zu Tulle, in der Nähe derselben Stadt errichtet worden war: *In diesem vereinigte er Kleriker, die das Gelübde abgelegt hatten, gemäß der Regel des heiligen Augustinus zu leben, welchen er auch einen Vorgesetzten desselben Gelübdes voranstellte: Diesen weihte der Ortsbischof feierlich für eben diese Kongregation zum Abt. Es besteht nämlich in jener Gegend die Sitte, daß die Vorsteher solcher Kongregationen Äbte genannt und zu Äbten geweiht werden, nur dies ausgenommen, daß sie keinen Bischofsstab tragen. Auch der Herr Papst Urban schuf für eben diesen Ort ein Privileg, in welchem er aufs bestimmteste entschied, daß die Kleriker jenes Ortes die Regel des heiligen Augustinus für immer bewahren sollten und folglich auf ewig die Freiheit haben sollten, ihren Abt zu wählen. Es wurde aber jenes Kloster eigens zu Ehren des heiligen Papstes Leo erbaut und die Kirche zu Ehren eben dieses Apostels geweiht. Gegeben wurde dieses Privileg in der Lombardei dem ehrwürdigen Lutolf von dem Herrn Papst im 1095. Jahre der Fleischwerdung des Herrn.*

Was der Klerikerstand mit den Mönchen gemeinsam hat.

LII. In diesen Worten ist der besondere Grundsatz des Instituts der Regulierten Chorherren im 10. Jahrhundert enthalten: Der Orden umfaßt *Kleriker, die gelobt haben, nach der Regel des heiligen Augustinus zu leben,* d.h. sie haben sich durch feierliche Gelübde gebunden, welche vorher in Gemeinschaft lebende Kleriker oder Kanoniker nicht hatten, und sie haben sich auch auf Dauer an den Orden verpflichtet. Aus diesem Grunde wird im 11. Jahrhundert durch Dekrete Gregors VII. und Urbans II. den Mönchen verboten, *regulierte Kanoniker abtrünnig zu machen und zu einem monastischen Leben zu entführen,* weil sich zweifellos die regulierten Kanoniker des heiligen Augustinus seit dieser Zeit durch ein Gelübde auf ihren Orden und ihre eigene Regel verpflichteten, die von der Mönchsregel verschieden war, welche damals allein die benediktinische war.

Vergeblich sucht man dabei aber nach irgendeiner Bevorzugung durch die Hierarchie, wie schon der heilige Petrus Damiani in einer Verteidigungsschrift der Mönche gegen die Kanoniker im 28. Opusculum[267] beklagt, *daß, wie er sagt, ihr erklärt, wir dürften deshalb, weil wir der Welt gestorben sind, uns nicht um Kirchliches bekümmern.* So aber lautet dort die Anrede: *Allen vielgeliebten Klerikern und Kanonikern, die einmütig alles Mönche sind.* Es folgt in Kap. 1 *die Wehklage der Mönche über die Kanoniker* mit diesen Worten: *Wir klagen deshalb so sehr gegen euch, weil einer von euch es gewagt hat, mit leichtfertigem Munde zu sagen, daß mit den Mönchen keinerlei Gemeinschaft aufgenommen werden dürfe.* Dieser freilich muß durch Beispiele und die Autorität heiliger Mönche zutiefst erschauern, die Geistliche der Kirche und noch dazu die höchsten gewesen sind. Schließlich sagt er: *Laßt uns zu der Weihe kommen, welche wir mit Gottes Hilfe durch Bischöfe erhalten haben. Welcher Tor würde es wagen zu sagen, daß wir anders als die Kanoniker geweiht werden? Keiner. Denn für beide gemeinsam erfleht der Bischof vom Herrn, daß sie die Segnung überströmt. Und wenn er weiht, fleht er beim einzelnen inständig für alle Priester, indem er sagt:* Es sollen, Herr, jene Hände geweiht sein, damit alles, was sie segnen, gesegnet sei, und alles, was sie geweiht haben, möge geweiht sein. *Sieh hier die gemeinsame Segnung! Woher also der Streit? Es ist ein weites Gebiet, dies zu verfolgen.*

In kirchliche Ämter berufene Mönche.

LIII. Sodann fügt der heilige Petrus Damiani zur Bestätigung ein Dekret des Papstes Bonifatius IV. an, das von uns oben an der entsprechenden Stelle wiedergegeben worden ist, nach welchem Mönche, die vor anderen mit der Würde des Priesteramtes ausgezeichnet worden waren, als für priesterliche Ämter bei der Vollmacht des Bindens und Lösens geeignet angesehen werden. Dies bestätigte[268] in diesem 11. Jahrhundert Papst Urban II. mit fast denselben Worten auf dem Konzil von Nîmes vom Jahre

267 T. III. opp. p. 227
268 T. X. Conc. Labb. p. 607

1096, Kan. 3, mit folgender Aussage: *Es gebührt sich, daß diejenigen, die die Welt verlassen haben, einen größeren Eifer aufweisen, für die Sünden der Menschen zu beten und besser imstande sind, deren Sünden nachzulassen, als Weltpriester, weil diese gemäß der Regel der Apostel leben und, deren Spuren folgend, ein gemeinschaftliches Leben führen entsprechend dem, was in deren Acta geschrieben steht:* Sie waren ein Herz und eine Seele und hatten alles miteinander gemeinsam. *Und deshalb scheint mir, daß es denen, die das Ihre zugunsten Gottes verlassen haben, sehr wohl ansteht zu taufen, die Kommunion zu spenden, Buße aufzuerlegen und auch von Sünden loszusprechen. Daher müssen wir bedenken, in welch hohem Ansehen die bei Gott stehen, die in ihrem Verzicht auf die Welt der Weisung des Herrn gehorchen, der da sagt:* Verlasse alles, was du hast, und komm und folge mir nach. *Daher entscheiden wir, daß sie, die die Lebensweise der Apostel beibehalten, predigen sollen, taufen, die Kommunion spenden, die Reumütigen aufnehmen und die Sünden vergeben.*

Wenn aber damals den Mönchen die Seelsorge gleich wieder verboten worden zu sein scheint, muß man wohl zu der Auffassung kommen, daß dies zu einem Zeitpunkt erfolgte, als jenes Amt außerhalb der Ordnung und rechtmäßigen Sendung durch die Bischöfe mißbräuchlich in Anspruch genommen wurde. Daher wurde auf dem Konzil von Clermont, das unter Papst Urban II. im Jahre 1095 abgehalten worden war, in Kan. 4 folgende Maßnahme getroffen[269]: *Weil gewisse Mönche danach streben, den Bischöfen ihr Recht wegzunehmen, setzen wir fest, daß sie in Pfarrgemeinden, die sie innehaben, keine Priester ohne Einverständnis der Bischöfe einsetzen dürfen, sondern daß die Bischöfe die Seelsorge für die Pfarrei mit Zustimmung der Äbte einem Priester anvertrauen, damit solche Priester über die Seelsorge für das Kirchenvolk dem Bischof Rechenschaft ablegen.* Dieses Wort gilt für die zur Seelsorge ausgewählten Mönche; innerhalb der Klöster nämlich und in den Ordensgemeinschaften hatte man schon immer seit der Entstehung des Mönchsstandes Ordenspriester als Verwalter der Sakramente. Auch wurden die Klöster schon immer für bestens geeignete Pflanzstätten angesehen, woher gerade die besten Seelenhirten genommen wurden. Daher unterwies der heilige Hieronymus, der selbst Mönchspriester war,

---

269 Labb. cit. p. 589

den Rusticus, ebenfalls ein Mönch, mit kurzen Worten folgendermaßen: *Geh also so vor und lebe im Kloster, damit du würdig bist,
Kleriker zu sein.*

Wir haben schon gesehen, daß nach dieser Zeit unterschiedslos
und sozusagen institutionell Mönche zum Klerus hinzuge-
nommen wurden, was vor allem in diesem 11. Jahrhundert
deutlich sichtbar und geprägt war durch die Unterscheidung
zwischen geistlichen Brüdern und Laienbrüdern oder neu eingetretenen Brüdern, von denen wir später noch handeln werden.
Diese Unterscheidung zwischen den Brüdern pflegt in den
Nekrologien dieser Zeit festgehalten zu werden durch die
Buchstaben P., die die Priester, und F., die die übrigen Kleriker,
die Diakone und Subdiakone, bezeichneten, die meistens für viele
Jahre in diesem Weihegrad verblieben; die niederen Weihen oder
der Klerikat wurde im eigentlichen Sinne denen zuerkannt, die
sich von den Laienbrüdern, welche gewöhnlich mit dem
Buchstaben C. notiert wurden, unterschieden.

Man war aber mit Recht darum besorgt, daß keine Klerikermönche oder Priester nach Belieben außerhalb der Klöster unter
dem Vorwand kirchlicher Aufgaben umhergingen und ohne
Erlaubnis ihrer Oberen herumstreunten. Damit trieben vor allem
die Mönche in der Mitte dieses Jahrhunderts Mißbrauch, indem
sie eine Wallfahrt ins heilige Land unternahmen. Über sich selbst
schreibt Lambert von Schafnaburg zum Jahr 1058 bei Pistorius[270]:
*Ich wurde zu Aschaffenburg in der herbstlichen Fastenzeit vom
Erzbischof Lupold zum Priester geweiht und brach sofort aus Eifer
für Gott zur Wallfahrt nach Jerusalem auf, doch so, wie es eben
meinem Kenntnisstand entsprach.* Und zum folgenden Jahr:
*Nachdem ich meine Wallfahrt nach Jerusalem beendet hatte, kehrte
ich am 17. September zum Kloster zurück; und wie ich auf jener
meiner Wallfahrt vor allem von Gott erbeten hatte, fand ich Abt
Meginher noch lebend vor. Ich fürchtete nämlich, weil ich ohne
dessen Segen aufgebrochen war, daß, wenn er gekränkt und unver-
söhnt verschieden sei, ich bei dem Herrn als Angeklagter für ein
schweres Verbrechen behandelt würde. Doch der gnädige Gott
wandte sich bei der Rückkehr von mir nicht ab, der auf jener so
schwierigen Reise mich, der ich so oft in die äußerste Not geraten
war, in seiner übergroßen Barmherzigkeit beschützt hatte. Ich habe*

---

270 Script. rer. Germ. T. I. p. 324

den Abt unversehrt gefunden, er hat mir die Sünde vergeben und,
wie wenn ich aus den Tiefen wieder zum Leben erwacht aufgetaucht
wäre, nahm er mich, wie man sagt, mit offenen Armen freudig
wieder auf. Sigbert von Gemblach erwähnt in seiner Chrono-
graphie bei demselben Pistorius[271], daß die Türken gegen das Jahr
1096 schon zu einem großen Teil in das Gebiet der Christen
eingefallen seien und sagt, unter den Menschen jeglichen Standes
seien auch die Mönche von überall her zusammengelaufen, *alle*
eines Sinnes und keiner habe einen anderen dazu gedrängt. Wir
haben aber schon weiter oben erwähnt, welch große Übel aus
diesem Wirrwarr entstanden sind, die für keine Art von Menschen
furchtbarer waren als für die Gott geweihten Personen, die auch
durch das Gelübde des feststehenden Wohnsitzes gebunden
waren. Mit Recht mußte nämlich jede Gelegenheit zum Umher-
schweifen weggenommen werden, vor allem den Priestern, die
doch noch den heiligen Sakramenten verpflichtet waren, auch
wenn sie von einem gewissen religiösen Gefühl getrieben zu sein
schienen. Und von hier aus gibt es das Dekret 99 des Papstes
Alexander II., das auch von Gratian wiedergegeben ist[272]: *Dem*
Inhalt des überaus guten Konzils von Chalzedon entsprechend
schreiben wir den Mönchen vor, auch wenn es sich um Ordensleute
nach der Regel des heiligen Benedikt handelt, sich innerhalb des
Klosters aufzuhalten, und wir verbieten, Ortschaften, Dörfer und
Städte zu durchstreifen, und wir haben es für recht befunden, mit der
Verkündigung für die Volkscharen insgesamt aufzuhören.

Zu dieser Zeit noch nutzten manche Leute mißbräuchlich Dekrete
dieser Art aus, die sie falsch verstanden hatten, welche im
Gegensatz zu der Sitte vor allem der Jahrhundertmitte standen,
nach welcher den Mönchen, die in den Klerus aufgenommen
worden waren, die legitime Ausübung der Seelsorge und des
Predigtdienstes erlaubt war: diese aber greift nach Alexander II.
der Priester und Mönch Bernold aus St. Blasien mit dem Kan. 2
des Konzils von Nimes in einem Verteidigungsschreiben für seine
Mitbrüder an. *Wundert euch nicht,* sagt er, *wenn den Mönchen*
unserer Zeit das Predigtamt nicht insgesamt verboten ist wie den
früheren, von welchen das Konzil von Chalzedon und der heilige
Papst Leo geschrieben haben; denn jene hatten keine kirchlichen

---

271 L. c. p. 850
272 C. I. XVI. q. I.

Weihen, wie wir auf Grund der Bestimmungen eben dieses Konzils annehmen können. In diesen nämlich werden sie den Laien gleichgestellt, da sie für die Mißachtung der Kanones nicht degradiert, sondern exkommuniziert werden wie die Laien: Dies könnte aber auf keinen Fall geschehen, wenn sie kirchliche Weihen hätten. Denn die Kanones schreiben vor, daß Geweihte für ihre Verfehlungen degradiert, nicht aber exkommuniziert werden. Da die heutigen Mönche aber kirchliche Weihen haben – wer könnte da besudelt werden, da sie doch die Vollmacht haben, die Ämter ihrer Weihestufen auszuüben, wenn sie dazu gerufen werden? Zumal da sie sich bei der AUSÜBUNG DER KONSEKRATION IN NICHTS VON DEN KLERIKERN UNTERSCHEIDEN. Entweder nehmt ihr also jenen die kirchlichen Weihestufen ganz weg oder ihr könnt ihnen die Ausübung ihrer Weihestufen nicht verbieten.

Auch höchste Kirchenämter.

LIV. Bernold scheint auf das Dekret Alexanders II. oder eher auf jene Bezug zu nehmen, die dieses dazu benutzten, die Mönche abzuwürgen. Alexander II. selbst hat nämlich in seinem Pontifikat durch viele Argumente dargelegt, wie hoch er den Dienst der Mönche für die Kirche gerade auch in wichtigen Ehrenstellungen und sogar in den allerhöchsten Ämtern schätzte. Ein hervorragendes Beispiel hierfür bietet der 40. Brief an Abt Odorich, den Abt von Nîmes, den er mit dem Titel eines Kardinalpriesters der Kirche der seligen Prisca auszeichnete, und dem persönlich und seinen Nachfolgern er dieselbe Ehrenstellung für immer zusicherte, wobei er ihm den Vorrang einräumte, *daß es zwischen dem Papst auf dem ersten und Apostolischen Stuhle und dem Abt des Klosters von Vendôme keine Mittelsperson gebe, gleich welcher Ehrenstellung oder welchen Standes sie auch sei*[273]. Auch entsandte der Papst den seligen Petrus Damiani, den er vom Mönch zum Kardinal gemacht hatte, als seinen Legaten nach Frankreich mit einem Brief an die französischen Erzbischöfe, in dem er schreibt[274]: *Nach uns, dem Papst, gibt es in der römischen Kirche keinen Größeren als ihn, der zweifellos auch unser Auge ist und eine unerschütterliche Stütze des Apostolischen Stuhles.*

273 T. IX. Conc. Labb. p. 1144
274 Ep. 21. Labb. l. c. p. 1131

So wurde vor Alexander II. nicht nur einer, nach ihm aber fast alle Bischöfe von Rom des 11. Jahrhunderts sozusagen nach dem Erbrecht aus dem Benediktinerorden genommen, vor allem aus der Kongregation von Cluny, von der man in der Mitte dieses Jahrhunderts sagen konnte, was man bisweilen vom Kloster und der Insel Lire sagt: *Sie ist es, die hervorragende Mönche heranzieht und in allen Provinzen die vorzüglichsten Priester hervorbringt.* Diese breitete sich auch bis in unseren Schwarzwald hinein aus, wie wir gesehen haben, und hatte ihm in diesem 11. Jahrhundert eine neue und erhabene Gestalt des Mönchsstandes verliehen. Von den höchsten Hierarchen dieses Waldes, den Erzbischöfen von Mainz, haben wir schon im vorherigen Buche festgehalten, daß sehr viele aus den Mönchen von Fulda ausgewählt worden sind, auch noch in diesem 11. Jahrhundert; dieses beschloß und das nächste begann Rutard, der als Abt aus dem Orden des heiligen Benedikt zu Erfurt von St. Peter im Jahre 1088 zum Erzbischof ernannt und, von Heinrich IV. im Jahre 1098 vom Bischofsstuhl gestoßen, nach acht Jahren von dessen Sohn Heinrich V. jedoch wieder in sein Amt eingesetzt wurde.

Aus den vorzüglichen römischen Bischöfen, die sich in diesem 11. Jahrhundert durch ihre Heiligkeit auszeichneten, ragte Leo IX. hervor, *der,* wie Oderich sagt, *versuchte, die Verordnungen der heiligen Kanones wieder in Kraft zu setzen, welche im Laufe der Zeit bereits allzu sehr verfallen und fast aus dem Bewußtsein der Menschen verschwunden waren: Von diesem sagt später Victor III., er sei immer auf dem Wege der Apostel gewandelt und habe die Apostel sogar im Wirken von Wundern nachgeahmt.* Dieser wurde aus dem Bereich des Schwarzwaldes im Elsaß aus eben jenem hochberühmten Geschlecht geboren, das auf beiden Ufern des Rheins etliche Jahrhunderte vorher und auch kurz danach die Macht innehatte. Fünf Jahre lang und etwas mehr war er Papst und ordnete in dieser Zeit, wobei er dreimal in seine Heimat zurückkehrte und in Deutschland Konzilien abhielt, die Angelegenheiten der Kirche und erneuerte das Mönchtum, nachdem er überall die Klöster wieder in ihre Rechte eingesetzt hatte, unter anderen auch das von Hirsau, wie wir weiter oben berichtet haben. Er gründete auch andere Klöster des Ordens des heiligen Benedikt, vor allem in seiner früheren Diözese Tulle; und bei seinen Reisen pflegte er auch andere Klöster desselben Ordens aufzusuchen und weihte in diesen, die damals überall anstelle von sehr alten, hölzernen zum größten Teil aus festem Stein prächtig erbaut wurden, neue Kirchen und Altäre, wobei er alte Privilegien bestätigte und neue schuf.

Über Stephan IX., vom Mönch und Abt von Cassino zum Nachfolger Leos IX. nach Victor II. geworden, der ebenfalls nur für einen kurzen Zeitraum den Bischofssitz von Rom innehatte, schreibt der zeitgenössische Schriftsteller Lambert von Schafnaburg zum Jahr 1057: *Doch keiner in den vergangenen Jahren war mit freudigerer Zustimmung und größerer Erwartung zur Leitung der römischen Kirche geschritten: doch weh über diese so große Hoffnung! Ein unzeitgemäßer Tod hat sie vereitelt.* Dessen Nachfolger Gregor VII., gleichfalls vom Mönch zum Papst geworden, verfolgte sehr lange und beständig das, was Leo IX. begonnen hatte, nämlich bei den Dienern der Kirche ein reineres Leben nach dem Zölibat wieder herzustellen, die Simonie auszurotten und Besitzrechte an kirchlichen Würdestellen abzuschaffen und dies immer unbeugsamen Sinnes gegenüber allen Mächten und Käuflichkeiten, vor allem im deutschen Reich; von ihm sagt Hugo von Flavigny, *daß er als Bekenner und Märtyrer gestorben ist.* Der heilige Petrus Damiani aber nennt ihn *einen Mann von heiligster und reinster Gesinnung,* seinen Nachfolger aber, Victor III., einen Erzengel unter den Mönchen. Diese beiden aber mußten, wie auch Urban II., dazu noch gegen den Pseudopapst Wibert und dessen Anhänger in jenem unglückseligen Schisma kämpfen.

Dieser Urban, vorher Otto, vom Cluniazensermönch zum Bischof von Ostia und Kardinal geworden und nach dem heiligen Petrus Damiani päpstlicher Legat in Deutschland, fand in jenen wirren und äußerst schwierigen Zeiten auch in unserem Schwarzwald, wie wir oben gesagt haben, immer wieder einen Zufluchtsort. Bei so vielen und so großen Mühsalen der Kirche wegen konnte es nicht ausbleiben, daß er sich die Mächte der Welt zu Feinden machte und das ganz besonders, als er gegen deren Willen zum Bischofssitz von Rom gelangte. Und *daher,* wie Sigbert von Gemblach sagt[275], *mehren sich in der Kirche die Skandale und im Reich die Streitigkeiten, indem der eine zum anderen im Widerspruch steht, indem Reich und Kirche uneins sind, indem der eine*

---

275 Pistor. script. Germ. T. I. p. 847

den anderen exkommuniziert, der eine die Exkommunikation des anderen auf Grund einer Vorverurteilung entweder in der Sache oder in der Person mißachtet und indem der eine gegen den anderen die Vollmacht zur Exkommunikation mehr nach seinem Belieben als aus Achtung vor der Gerechtigkeit anwendet, und die Autorität jenes, der die Vollmacht zum Binden und Lösen erteilt hat, völlig mißachtet wird. Schlimmer noch ist, was er dann über jene damals allzu ausgedehnte, wie wir an anderer Stelle gesagt haben, Binde- und Lösegewalt gegen die sich widersetzenden Mächte der Welt hinzufügt.

Mönche im Osten und Westen treiben die Sache der Kirche mit Eifer voran.

LV. Unter dem Pontifikat Urbans II. gaben die heiligen Feldzüge nach Palästina dortzulande auch den Benediktinermönchen Raum, wie Oderich sagt[276], *nach Sitte der lateinischen Kirche der göttlichen Majestät Dienst zu leisten.* Ob damals schon auch die Ordnung von Cluny dorthin gelangt ist, ist mir nicht bekannt, doch hat zumindest später Petrus Venerabilis, der Abt von Cluny, in einem Schreiben den dort lebenden Mönchen gedankt, daß sie mit seiner Gemeinschaft *vereint seien nicht nur durch den gemeinsamen Glauben und nicht nur durch das Mönchsgelübde, sondern darüber hinaus auch durch die genaue Beobachtung der Regel von Cluny.* Anderes hierzu hat Mabillon[277] über die Mönche, auch die lateinischen, die in diesem Jahrhundert in Konstantinopel lebten, wie aus einem Brief des Papstes Leo IX. deutlich wird, in welchem er Michael Caerularius, den Patriarchen dieser Stadt, hart anführt, weil er bei sich alle Basiliken der Lateiner geschlossen und den Mönchen und Äbten die Klöster weggenommen habe.

Dieser Michael Caerularius hatte zum zweiten Male die segensreichen Pläne einer Vereinigung mit der Ostkirche durchkreuzt, welche Leo IX. gefaßt hatte, nachdem er zum Kaiser Konstantin Monomachus als Legaten den Kardinal Humbert, den Erzbischof Petrus von Amalfi und den päpstlichen Kanzler Friedrich entsandt hatte, der, später vom Mönch und Abt von Cassino zum

---

276 Lib. X. p. 779
277 In praefatione P. I. sec. VI. Ord. S. Bened. seu sec. XI.

Papst ernannt, unter dem Namen Stephan IX. sofort die vorher gescheiterte Unternehmung der Vereinigung wieder aufnahm und eine neue Gesandtschaft bestimmte, die allerdings durch seinen vorzeitigen Tod unterbrochen wurde und deren Haupt Abt Desiderius von Cassino war, der spätere Papst Victor III. Inzwischen wurde zu diesen Zeiten die Häresie des Berengar auf verschiedenen Konzilien zu Rom und anderswo in Italien und Frankreich von Leo IX. und anderen römischen Päpsten und Gelehrten, vor allem aus dem Benediktinerorden, derart niedergekämpft, so daß nirgendwo zu lesen ist, daß sie in unser Gebiet eingedrungen sei.

Auch im Streit um die Simonie und die Kleriker im Konkubinat.

LVI. Doch war damals vor allem gegen andere Ungeheuer anzukämpfen, durch welche überall die Schande der Häresie verspritzt wurde, wie es bei verwilderten und schlimmen Zuständen zu geschehen pflegt. Es schrieb der selige Petrus Damiani ein sechstes Opusculum[278], das er mit *Gratissimus* überschrieb, an den Erzbischof Heinrich von Ravenna gegen diejenigen, welche der Meinung waren, man müsse von simonistischen Bischöfen Konsekrierte nochmals weihen, in welchem er denselben außerdem darum bittet, daß er gleichzeitig mit anderen den Papst von Rom davon überzeugen möge. Daß es aber in Deutschland solche gegeben hat, denen diese Auffassung des heiligen Gelehrten nicht gefiel, ist aus der sanblasianischen Chronikhandschrift des Klosters Muri zu schließen, wo über den heiligen Petrus Damiani folgendes zu lesen ist: *Zu diesen Zeiten verfaßte der ehrwürdige Petrus Damiani, vom Einsiedler zum Kardinalbischof geworden, viele Werke und wies die Unenthaltsamkeit der Priester in seinen Schriften mit überzeugenden Vernunftsgründen zurück. Die von Simonisten Geweihten aber behandelte er allzu milde.*

Ausführlich habe ich darüber gehandelt in den Erinnerungen und Beobachtungen zu den Briefen und den Opuscula des sanblasianischen Mönches und Priesters Bernald oder Bernold, wo ich dargelegt habe, daß Bernald früher einmal von demselben Irrtum

---

278 Opp. T. III. p. 36

durch seinen Lehrer Bernhard angesteckt worden war. Allerdings hat eben dieser Bernald, eines Besseren belehrt, diesen später verworfen, er persönlich, der im Anhang zum Chronikon Hermanns zum Jahr 1091 diese Streitigkeit mit Bernhard, dem Leiter der Schulen von Konstanz, ausführlich dargelegt hat. In einem Brief an den Bischof Gebhard von Konstanz riet er jenem vor dessen Besuch der Synode dasselbe, wovon wir soeben erfahren haben, daß es von Petrus Damiani bei Heinrich von Ravenna erfolgt sei. Folgendes aber schreibt Bernald an Gebhard: »Ich zweifle nicht daran, daß man in bezug auf diejenigen, die bis jetzt bei Exkommunizierten geweiht worden sind, auf jener Synode ausführlich darüber sprechen muß, wie sie wieder in die Kirche aufgenommen werden können. Daher habe ich, euer Schutzbefohlener, der ich die authentischen Bestimmungen darüber mit außerordentlicher Sorgfalt durchforscht habe, allüberall in reichem Maße gefunden, daß keiner von diesen nach der Strenge der Kanones in der Kirche das Amt einer Weihe ausüben darf, welche er im Stande der Exkommunikation erhalten hatte. Doch weil eben die überaus große Notlage dazu zwingt, jene Strenge irgendwie zu mildern, wollen wir mit aller Kraft dafür Sorge tragen, daß wir eben diese Milderung keineswegs gegen die Kanones, sondern den Kanones entsprechend erreichen; nämlich in der Weise, daß, wenn die Notlage der Kirche dazu zwingt, einen von diesen, der sich von der Exkommunikation abgewandt hat, mit dem Priesteramt versehen aufzunehmen, wir ihm auf keinen Fall gegen die Kanones das Priesteramt entziehen, sondern ihn den Kanones entsprechend mit der Ordination aufnehmen.« Also faßt er die Kanones des Konzils von Rom vom Jahre 1079, durch welche solche Ordinationen für ungültig erklärt zu werden scheinen, nicht in dieser Strenge auf. Einen solchen Umgang mit den Kanones, zu welchem dieser riet, wandte Urban II. an, wie nach seinem Dekretale vom Jahre 1089 an Gebhard feststeht, der wegen dieser und anderer Fragen den seligen Egino nach Rom geschickt hatte.

Hier aber täuscht sich Sigbert von Gemblach in seiner Chronik zum Jahr 1074 nochmals[279], indem er ein völlig falsches Verständnis davon hat, was Gregor VII. verboten hat, nämlich daß die Gläubigen an den Meßopfern von Priestern in einer

---

279 Pistor. l. c. p. 841

eheähnlichen Verbindung oder im Konkubinat teilnähmen, wie
wenn daraus zu folgern sei, daß deren Sakramentenspendung
nichtig sei. In dieser Angelegenheit scheint der heilige Anselm in
einem Brief an den heiligen Wilhelm von Hirsau die Meinung des
heiligen Gregor sehr gut darzulegen, den wir oben aus
Trithemius[280] wiedergegeben haben, wie ihn schon Pagius zum
Jahr 1074 notiert hat. Baronius aber zeichnet zum Jahr 1063 die
vollständige Rechtfertigungsschrift des heiligen Petrus Damiani
an die Florentiner auf, welche unter seinen Werken als 30.
Opusculum gezählt wird. In dieser[281] rechtfertigt sich Petrus gegen
den Vorwurf, daß er mit dem Bischof jener Stadt Umgang gehabt
habe, der der Simonie angeklagt und danach auch durch den
Urteilsspruch des Feuers überführt wurde, welches Petrus nach
dem Entzünden des Scheiterhaufens auf dem öffentlichen Marktplatz von Florenz zum Beweis hierfür unversehrt durchschritt,
weswegen er *igneus* genannt wurde; später wurde er vom Mönch
von Vallombrosa unter dem heiligen Walbert zum Bischof und
Kardinal von Alba. In der genannten Handschrift von Muri
werden ausführlich einige Mönche von Vallombrosa erwähnt, die
gegen den Bischof von Florenz aus dem gleichen Grunde Stellung
bezogen hatten, den wir eben in bezug auf den heiligen Petrus
Damiani dargelegt haben, nämlich daß er von Simonisten
Geweihte allzu milde behandelt habe: Dieser Anklage konnte
freilich das Vorschub leisten, was wir eben ausgeführt haben und
auch die erwähnte Rechtfertigungsschrift selbst, in welcher er
gegen jene Mönche heftig vorgeht, die nicht nur die Gemeinschaft
mit jenem Bischof verurteilten, sondern sogar so weit gingen zu
behaupten, daß weder die Taufe noch irgendein anderes
Sakrament, das er gespendet habe, gültig seien. Dies weist Petrus
zurück und fordert die Florentiner dazu auf, die Angelegenheit
vor den Papst von Rom zu bringen, was der Klerus und das Volk
von Florenz nach jenem Feuergericht mit einem sehr ausführ-
lichen Schreiben an Alexander II. auch tat, welchem die
Absetzung des besagten Bischofs folgte.

---

280 Chron. Hirs. T. I. p. 359
281 Opp. T. III. p. 232

Wissenschaftliche Tätigkeiten bei den Mönchen.

LVII. P. Renatus Massuet, der nach dem Tode Mabillons den fünften Band der benediktinischen Jahrbücher herausgab, rühmt in dessen Vorwort den Fortschritt der Studien der Mönche im 11. Jahrhundert und stellt fest, daß es nach den unseligen Erfahrungen des 10. Jahrhunderts erwiesen sei, wie groß die Notwendigkeit sei, daß sich sowohl kirchliche wie auch monastische Frömmigkeit und Disziplin mit der Wissenschaft verbinde, so daß die eine kaum ohne die andere Bestand haben könne, und daß, wenn einmal die förderlichen Studien vernachlässigt worden seien, rasch ein überaus breiter Weg zu allen nur möglichen Lastern geöffnet werde. Als Beispiel führt er an, was wir soeben berührt haben, die Sache mit den Klerikern im Konkubinat und der Simonisten, dazu noch die aufgelösten Sitten schlecht unterrichteter Mönche, welche ihre schändliche Unkenntnis der heiligen Kanones und der Mönchsregeln kopfüber ins Verderben gestürzt hatte.

Wir haben schon einige Hinweise darauf gegeben, wie hervorragend Bernold eben diese Hauptpunkte der Kirchenzucht aus den alten Kanones und der Geschichte herausstellt, der in diesem Jahrhundert die Schule von St. Blasien, die Konkurrentin von Hirsau, zusammen mit dem bedeutenden Lehrer Manegold leitete. Noch mehr wird aus seinen Werken, die wir veröffentlichen werden, deutlich, daß jener in unseren klostereigenen Jahrbüchern nicht zu Unrecht der an Wissen Glänzendste genannt wird und auch bei anderen als Philosophenfürst seiner Zeit gerühmt wurde. Als einzigartiges Beispiel hierfür gilt ein Opusculum, das er zur Unterrichtung der Jugend verfaßte mit dem Titel *imago mundi ad instructionem multorum, quibus deest copia librorum*, wie das Vorwort sagt.

Dieses schrieb er also vor allem, weil damals den Mönchen eine große Anzahl an Büchern nicht fehlen durfte, denn die Mönche wandten so viel Mühe und Arbeit auf, Bücher abzuschreiben und sie vor ihrem Untergang zu retten. Wie ungeheuer groß aber in diesem Jahrhundert diese Anstrengung war, beweisen die Codices und Dokumente zur Genüge, die aus dieser Zeit noch vorhanden sind: Und schon weiter oben haben wir in dieser Sache die Fürsorge vor allem des heiligen Wilhelm von Hirsau rühmend erwähnt und die überaus große Sorgfalt der Mönche beim

Abschreiben der Codices und das Bemühen, daß die Bücher auch
ausreichend zur Verfügung stünden, welche er neu gegründeten
Niederlassungen übersandte, also nicht nur für die eigene
Bibliothek und Schule. Er scheute keine Mühe, diese einst so
berühmte Schule wieder zu erneuern – ganz nach dem Beispiel
auch der seligen Odilo und Hugo im Kloster Cluny, dessen
Regeln er selbst befolgte, *der von guten Lehrern bestens unterrichtet worden war* im Kloster St. Emmeran zu Regensburg, wie
wir gesagt haben, wo er von Kind auf unterwiesen wurde. *In allen
Disziplinen der Wissenschaft,* sagt Trithemius, *ging er als der
Gelehrteste hervor und, in kurzer Zeit höher als seine Lehrer gestellt,
durchforschte er alle Künste, die man die freien nennt. In der
Philosophie trat er als äußerst scharfsinniger Disputator auf, und in
der Musik besaß er eine einzigartige Begabung; so komponierte er
zum Beispiel sehr viele und verschiedenartige Gesänge zum Lobe der
Heiligen. Wie wissend er in der Astronomie, der Mathematik und
Arithmetik gewesen ist, beweisen seine Bücher,* von denen er einige
aufzählt, damit es nicht den Anschein erwecke, er habe nur
dahergeredet. Doch für noch gewichtiger wird das Zeugnis seines
Zeitgenossen Heymo angesehen, des Verfassers seiner Lebensgeschichte und des Priors in jenem Kloster nach dem Tode des
heiligen Wilhelm: Dieser konnte am besten wissen, in welchen
Disziplinen jener die Seinen hat erziehen wollen, die er in so
großer Zahl zu unterrichten hatte und welche auch an den
Schulen in verschiedenen Klöstern Vorsteher sein sollten. *Bei
deren Leitung,* fährt Heymo[282] fort, *hatte er außer den täglichen
Sorgen die nicht geringe Schwierigkeit, solche Personen in der
Brüdergemeinschaft zu finden, die nützlich und geeignet waren, die
Seelen zu gewinnen. Denn nach dem Wort des Herrn ist zwar die
Ernte groß, doch der Arbeiter sind wenige, da diejenigen, die
anderen vorstehen sollen, sowohl in Tat wie auch in Wort bewährt
und in der weltlichen Wissenschaft nicht weniger als in der geistlichen herangebildet sein müssen. Doch obwohl sich nur sehr wenige
finden lassen, die beides beherrschen, gibt es dennoch sehr viele, die
das eine ohne das andere im Besitz haben, d.h. entweder ein gutes
Leben ohne Wissenschaft oder gelehrte Beredsamkeit, oder aber
gelehrte Rede ohne Lebensführung aus dem Glauben: Jener kluge
Bauherr bemühte sich, jene wie Ecksteine, wo sie in Erscheinung*

---

282 Mabill. Acta SS. secc. VI. P. II. p. 734

traten, in seinem geistlichen Gebäude hervorzuholen, von denen er wußte, daß sie nach kultivierten Sitten rühmlich lebten, auch wenn sie in anderen notwendigen Bereichen weniger tauglich waren, wobei er darin dem denkwürdigen Beispiel des Papstes Gregor VII. folgte, der nämlich, wie er sagt, durch göttliche Eingebung unterrichtet worden ist.

Da es aber damals so verschiedenartige Studien der freien Künste und der Philosophie im Trivium, Quadrivium und anderen gab, mußte man sich auf jeden Fall mit aller Kraft davor hüten, vor allem in den Klöstern, daß durch die Menge von weltlichen Wissenschaften die Samenkörner der Theologie erstickt würden. Es hatte freilich der heilige Petrus Damiani ein Opusculum *Gegen die Unwissenheit und Nachlässigkeit der Kleriker* geschrieben, in welchem er es uneingeschränkt ablehnte, daß ein Unwisssender zum Priestertum gelangen dürfe; als er aber den Mönch Stephan unterrichtete, hatte er demselben etwa dies eine eingeschärft, *daß die Blätter der heiligen Schriften immer in seinen Händen umgewendet würden, daß er ganz in diesen sei, bei diesen verweile und in diesen ständig ruhe, und daß er keine Freude daran haben dürfe, seine Rede mit Weltlichem zu mischen.* Im 13. Opusculum aber *Über die Vollkommenheit der Mönche* in Kap. 10 *Über die Mönche, die danach verlangen, die Grammatik zu erlernen,* ärgert er sich über diejenigen, *die zur Masse der Grammatiker stoßen, die, nachdem sie die geistlichen Studien aufgegeben haben, danach begehren, sich die Albernheiten der irdischen Kunst anzueignen: wenn sie nämlich,* fährt er fort, *die Regel Benedikts gering achten, freuen sie sich, für die Regeln des Donatus Zeit zu haben. Wenn diese sogar die Kenntnis der Kirchenzucht verschmähen und nach weltlichen Studien lechzen, was ist das anderes, als daß sie im Brautgemach die keusche Gattin verlassen und zu feilen Dirnen hinabzusteigen scheinen?* Kein echter Mönch würde bestreiten, daß dies falsch ist. Und nicht leichtfertig würde irgendeiner (Berengar, auf den Petrus abzuzielen scheint, und Leute seiner Art ausgenommen) unter den meisten Schriftstellern jener Zeit ein allzu ausgedehntes Studium der Grammatik aufgenommen haben; dennoch wird es jedem genügen, wenn er bei anderen Schriftstellern, sei es kirchen- oder profangeschichtlichen, einen solchen Sprachstil finden sollte, wie er in den Schriften des heiligen Petrus Damiani anzutreffen ist: denn wie bei dem hochheiligen Petrus, auch wenn er von ständigem Fasten geschwächt, auch durch Geißelhiebe verwundet und durch die Fortdauer seiner Gebete abgehalten wurde, nichts vom Gefühl der Frömmigkeit verlorenging, so konnte es doch bei anderen geschehen, und man kann es gerade bei den heiligsten Männern jener Zeit genau so beobachten wie auch bei den gelehrtesten, die in solchen Disziplinen nicht nur selbst unterrichtet wurden, sondern auch deren Mangel feststellten und alle Mühe darauf verwandten, diesen zu beseitigen. In bezug auf den seligen Lanfrank bestätigt dies Milo Crispinus in dessen Lebensgeschichte: *diesen betrachtete die Latinität, die von ihm wieder zu ihrem früheren Status einer Wissenschaft gebracht worden war, mit der geschuldeten Liebe und Ehrerbietung als ihren höchsten Lehrer.* Und gleich darauf: *Bei seiner Durchwanderung Frankreichs, bei der er viele Scholaren mit bedeutendem Namen mit sich führte, gelangte er in die Normandie, und als er sich in der Stadt Abrincate niedergelassen hatte, lehrte er dort für einige Zeit:* So soll er auch später nach dem Willen seines Abtes Schulen geleitet haben. Über ihn, der auch im Kloster Bec Philosophie und Theologie lehrte, sagt Wimund in einer Schrift gegen Berengar, daß dieser, als er bei der Darlegung irgendeiner belanglosen Frage sich mißbräuchlich der Philosophie bediente, vom seligen Lanfrank schändlich in Verwirrung gebracht wurde; und als Berengar bemerkte, daß alle zusammenströmten, um jenen zu hören, *klagte er, daß er von seinen Schülern verlassen worden sei; und dieser in solchen Dingen völlig Unerfahrene machte sich daran, die Geheimnisse der heiligen Schriften schamlos auszuforschen.* Soweit Wimund. Lafrank selbst aber geht in seinem Buch über die Eucharistie, Kap. 7, gegen Berengar vor und sagt: *du hast die heiligen Schriftsteller verlassen und begibst dich nun auf die Flucht in die Dialektik. Und da ich über das Geheimnis des Glaubens hören und antworten möchte, was zur Sache selbst gehören müßte, würde ich lieber die heiligen Autoritäten hören als die Vernunftgründe der Dialektik. Doch es. wird unser Bemühen sein, auch dagegen zu antworten, damit du nicht glaubst, ich sei dir auf Grund meiner Unkenntnis dieser Kunst auf diesem Gebiet unterlegen.*

Es ist dies jene Verwirrung der Wissenschaften und das übersteigerte Verlangen, in allem geschult zu sein, welche wir im vorherigen Buch festgestellt haben: Es bestand die Gefahr, daß der

Streit durch akademische Studien noch gefördert wurde, vor allem, da auch Mönche zu diesen entsandt wurden. Ein anschauliches und zwar gleich ein doppeltes Beispiel hierfür in unserer Nachbarschaft liefert für das Kloster St. Gallen Konrad von Pfäfers in *de casibus monasterii S. Galli*, Kap. 5, *Über die Wahl des allergnädigsten Abtes Ulrich,* indem er sagt[283]: *Dieser unternahm es, ein Ästchen desselben Zweiges, eine leuchtende Blume aus lieblicher Pflanzung, die aus Felsgestein entstehen sollte und aus der ein Terebinthenast entwächst, einen Großen und mit den süßsprechenden Blumen der Grammatik und Dialektik Ausgestatteten zu unterrichten; und als er ihn ausgebildet hatte, schickte er ihn nach Paris und Bologna; als dieser mit größter Sorgfalt zum Rechtsgelehrten herangezogen und nach seiner Rückkehr in die Heimat mit allen Gütern ausgestattet worden war, brachte er ihn zu höchsten Ehren.* Wenn man dies gelesen hat, wird niemand auf den Gedanken kommen, daß der heilige Anselm in dem Brief *Über die Studien weltlicher Wissenschaften* an Mauritius, dem der heilige Anselm persönlich die Anfangsgründe der lateinischen Sprache beigebracht hatte, etwas gegen den Glauben unternommen hätte. Mauritius aber hatte sich später der Schule eines gewissen gelehrten Redners namens Arnulph angeschlossen, den er, wie ihn der heilige Anselm mahnte, nicht verlassen solle, bis er Vergil und andere profane Autoren, deren Lektüre nichts Unehrenhaftes an sich habe, zu erklären gelernt habe. Erfolgt ist dies durch ein gewiß besseres Lehramt als das, dem nach dem zitierten Konrad von Pfäfers Ulrich folgte und anderen darbot, – vielleicht sogar dem Schriftsteller selbst? *Dieser,* sagt er, *im Trivium der Grammatik, der Logik und der Rhetorik und Philosophie nicht schlecht ausgebildet, reichte alles, was er im weltlichen und kirchlichen Recht hatte ersinnen können, im schmucken Becher der Minerva allen Zuhörern weiter.* Es ist ferner nützlich, die Disziplin und die Künste, die er schon im 2. Kap. erklärt hatte, zu beschreiben, die allerdings nicht nach dem Geschmack der Notkers sind, deren Letzter zu Beginn dieses 11. Jahrhunderts gestorben war. So aber Konrad: *In den Äbten erstrahlte eine Vortrefflichkeit, die ihrem Vorrang eine Gestalt verlieh, mit der sie den Königen und den Fürsten dieser Welt hätten gefallen können, doch so maßvoll, daß sie auch den im Kloster dem Mönchsstand*

---

283 Goldast. Alem. rer. T. I. P. I. p. 78

*Verpflichteten zugute kam, und diese nicht weniger auf ihre Würde
bedacht sein konnten. In den Mitgliedern aber erblühte die geistliche Disziplin derart, daß sie nicht nur die Regel des Benedikt,
sondern auch die Philosophie und die gesamte wissenschaftliche
Betrachtung bis zum letzten Fingerbreit hin erforschten. Sie
erforschten alle Quellen des Plato, Sokrates, Aristoteles, Hippo-
krates und Boethius so weit, daß sie in ihren Versen nicht nur
Philosophen waren, sondern auch Nachfahren von Dichtern, wovon
sehr leicht einzuschätzen ist, daß dies harte Arbeit bedeutet, vor
allem gerade für jetzt lebende Menschen, die irgendeinen Zugang
zur Dichtkunst erst kennengelernt haben.*

Die Einrichtung der wissenschaftlich nicht gebildeten Mönche, der neu eingetretenen Laienbrüder.

LVIII. Wiederholt war schon die Rede von den gelehrten und
ungelehrten Brüdern; jene wurden für das Chor- und Priesteramt
abgeordnet, diese zu verschiedenen Klosterdiensten, konverse
Laien genannt seit dem 11. Jahrhundert, ab welchem sie sich auch
von der übrigen Mönchsgemeinde durch ihr Gewand und
teilweise auch der Örtlichkeit nach zu unterscheiden begannen.
Von deren schon viel früherem Ursprung aber ab dem 7.
Jahrhundert berichtet an einer bestimmten Stelle[284] Ed.
Martensius. Ausführlich behandeln die Sache auch zwei Männer,
Joh. Bapt. Mittarelli und Anselmus Costadoni, in Band I der
Kamaldulenser Annalen[285], in denen sie eine eigene Erörterung
anstellen *über die verschiedenen Erscheinungsformen der früheren
Laien im Orden des heiligen Benedikt und vornehmlich in der
Gemeinschaft der Kamaldulenser,* wo sie noch etwas höher hinauf-
steigen bis zum heiligen Romuald noch vor den Zeiten des
Johannes Walbert, der der Begründer der Gemeinschaft von
Vallombrosa war, von wo Mabillon im Vorwort zu den Acta
Sanctorum[286] den Ursprung der Laienbrüder herleitet.

All dies lassen wir in der Schwebe, da wir das weiterverfolgen
wollen, was zu unserem Vorhaben gehört und zum Schwarzwald,
dem Siedlungsgebiet des Ordens des heiligen Benedikt, in
welchem, wie man nach alter Überzeugung glaubt, diese Art von

284 Praef. T. VI.
285 Collect. ampliss. fol. XXXI.
286 Sec. VI. P. II. p. 11

Mönchen entstanden ist, die vor allem dazu geeignet war, Wälder zu roden, Felsen wegzuräumen, Gelände zu ebnen und vor allem jene Tätigkeiten und Arbeiten aufzunehmen, die in der Abgeschiedenheit der Wälder und an den von Städten und Dörfern weit entfernten Örtlichkeiten ganz besonders notwendig waren und gemäß der Regel des heiligen Benedikt in der Abgeschlossenheit des Klosters selbst in der Weise von den getrennt wohnenden Laienbrüdern getan werden konnten, daß die Brüder, die sich der Wissenschaft und den Studien widmeten, in ihrer Ruhe nicht gestört wurden. So jedenfalls wird es bei dem sanblasianischen anonymen Verfasser der ›libri constructionum‹ über den Abt Beringer gegen Ende des 10. Jahrhunderts vermerkt, wovon wir oben vermutet haben, daß es zum folgenden Jahrhundert und darüber hinaus gehört. Dort ist aber folgendes zu lesen: *Eben dieser ehrwürdige Vater überführte den Konvent von seinem früheren Wohnsitz oder Kloster zu einer neuen Baulichkeit, die nach Anordnung eines Klosters errichtet worden war, wobei freilich einige Laienbrüder zurückgelassen wurden, um den Ort des früheren Wohnsitzes zu bewohnen; und diese wurden externe Brüder genannt*, die nämlich auch dem Wohnsitz nach von den *internen*, den gelehrten und Priesterbrüdern getrennt waren. Gegen Ende des 11. Jahrhunderts entsandte Abt Giselbert aus seinem Kloster St. Blasien seine externen Brüder zusammen mit Schwestern an das Kloster Muri, wie die Akten eben dieses Klosters mit folgenden Worten aussagen: »Daß es hier aber Brüder gibt, die ›extern‹ genannt werden, kommt vom Kloster St. Blasien her, wo zum ersten Mal ein solches Leben von Laien zu entstehen begann. Da sich diese Sitte schon überall an den Regularklöstern findet, muß sie notwendigerweise auch hier vorhanden sein, doch in der Weise, daß diese selbst unter der Bestimmung und der Gehorsamspflicht gegenüber dem geistlichen Vater stehen und ohne Neid und ohne Hinterlist und ohne irgendeinen Streit in der Zelle mit den Mönchen zusammen leben.« Hier wird der Unterschied angesprochen, daß im Kloster St. Blasien (wo zum ersten Mal ein solches Leben zu entstehen begann) jene Laien oder externe Brüder getrennt, in der Zelle von Muri aber zusammen mit den anderen Brüdern wohnten. P. Hergott ist der Meinung[287], daß diese Einrichtung bei uns in dieser Gegend zum ersten Mal

287 Vet. disc. mon. p. 152

eingeführt worden ist und zwar nach dem Beispiel der Cluniazenser (wo sie in den Konstitutionen Bernhards bei Herrgott[288]
zum ersten Mal ›die Bärtigen‹ genannt werden) zusammen mit
den übrigen Bestimmungen von Fruttuaria unter Abt Giselbert.
Unter den eingeschriebenen Brüdern des Klosters Rheinau
werden im Nekrolog von St. Gallen unter dem Rheinauer Abt
Otto zu Beginn des 12. Jahrhunderts mehrere Laienbrüder notiert,
und nach dem Presbyter Reginbert, den man für einen von den
Unseren hält, auch mehrere Schwestern.

Der heilige Wilhelm erbaute für eben diese Laienbrüder am
Südteil seines Klosters auch ein abgesondertes Kloster zu Ehren
der heiligen Apostel Petrus und Paulus. Der selige Ulrich rühmt
ihn im Vorwort zum 2. Buch der ›consuetudines Cluniacenses‹,
weil er, als die Lieferung von Wein ins Stocken kam, dennoch den
Brüdern das gewohnte Maß an Wein nicht entzog und zwar nicht
nur den Mönchen, sondern auch jenen, die, außerhalb des
Klosters lebend, sich aus dem Kreise der Freien und Edlen von
selbst dazu verpflichtet hatten, Diener der Diener Gottes zu sein.
Ferner wird aus der Passion des heiligen Erzbischofs Thiemon
von Salzburg bei Canisius[289] deutlich, daß diese Art von Männern
in kurzer Zeit auch bei den Kanonikern Zugang gefunden hat;
dort wird nämlich ein gewisser Konrad erwähnt, *ein Ordensange-*
höriger von denen, die bei Kanonikern und Mönchen externe Brüder
in der Cappa genannt werden, dessen Ordenstracht und Kleidung,
wie berichtet wird, dieser (Thiemo) *als erster von allen auch in das*
Gebiet von Noricum eingeführt hat. Allerdings hatte zu derselben
Zeit diese Art ihren Ursprung von dem hochwürdigsten Abt
Willihalm von Hirsau in niedrigem Amt und niedrigem Stande
genommen. Daß er sie externe Brüder in der *cappa* nennt, ist
meiner Meinung nach als Kapuze zu interpretieren, die dem
Skapulier, das die Schultern bedeckte, angeheftet war, und dies
wegen der Unbeständigkeit des Wetters bei der Verrichtung der
Handarbeit.

Diese Einrichtung im Kloster Hirsau hebt Papst Urban II. in
einem Priveleg bei Trithemius und Besold[290] mit folgenden Worten
lobend hervor: *Es gibt noch einen anderen liebenswerten Umstand,*

288 L. c. Praefat. p. LXV. seq.
289 Lect. antiq. T. III. P. II. p. 107
290 T. I. Docum. rediv. monast. Wirt. p. 338

der den schon oben genannten Ort so empfehlenswert macht, *nämlich, daß manche aus Liebe zu Christus mit so glühendem Eifer und einer solchen Demut hierher gekommen sind, daß es ihnen nicht so sehr darauf ankommt, für Mönche gehalten zu werden als vielmehr für Diener der Mönche; und sie haben sich freiwillig auch zum Dienst für die Küche, die Bäckerei und andere menschliche Lebensbedürfnisse angeboten.* Heymo legt in der Lebensgeschichte des heiligen Wilhelm dar[291], daß von eben demselben in den Klöstern, die er formte, nachdem er Siedler zusammen mit Äbten oder Prioren hierher gebracht hatte, religiose Mönche zusammen mit Laienbrüdern abgeordnet wurden, und daß von jenem zum ersten Mal angeordnet worden war, *daß die Mönche den treuen Dienst der Laienbrüder bei der Besorgung der äußeren Geschäfte in Anspruch nehmen sollten, und daß umgekehrt eben diese Laien von den Mönchen das erhielten was zur Seelsorge gehöre und sie deren Klosterzucht ihrem Vermögen entsprechend außerhalb des Klosters zur Besserung der Sitten nachahmten.* Er fügt ebendort einen Abriß der Regel und der von jenen beobachteten Mönchszucht an, wie auch Trithemius[292], der damit zugleich mitbezeugt, daß diese Einrichtung der Laienbrüder oder bärtigen Mönche in Deutschland aus der Anordnung des heiligen Wilhelm hervorgegangen ist, *mit Hilfe derer* er selbst *so viele Klöster gründete und alle Lebensbedürfnisse der Mönche auf bewundernswerte Weise befriedigte.* Daher kam es, daß zu dieser Zeit die ungeheuer große Zahl an Laienbrüdern bei der Erbauung neuer Klöster die der Klerikermönche bei weitem übertraf, was P. Arsenius Sulger in bezug auf sein Zwiefaltener Kloster in den Annalen zur Erinnerung aufgeschrieben hat.

Die Profeß von Kindern.

LIX. Den Brauch, der in der Regel des heiligen Benedikt begründet ist, in Klöstern auch Kinder zum Mönchsgelübde darzubieten, verteidigt mit vielen Autoritäten der selige Petrus Damiani in seinem Opusculum XVI, Kap. 5. Daß er aber gleich darauf in Kap. 6 bei der Weihe von Jungfrauen das 25. Lebensjahr für erforderlich hält, kann in bezug auf jenen feierlichen Ritus der früheren Kirche bei der Verschleierung der Jungfrauen

291 Mabill. acta SS. sec. VI. P. II. p. 735
292 T. I. Chron. Hirs. p. 228

verstanden werden. Der selige Ulrich ist in einem Brief, den er
seinen Büchern über die Gebräuche von Cluny vorangestellt hat,
der Meinung, zur geistlichen Heerschar zu machen, *wo die Zahl
und das Ansehen jener sehr groß ist, die sich nicht in leichtfertigem
Alter dahin begeben haben und nicht auf Befehl der Eltern, sondern
aus eigenem Antrieb und in höherem Alter, allein auf den Ruf
Christi hin zu dessen Nachfolge und wenn sie den Dingen der Welt
entsagt haben.* Er hatte dies zweifellos zum Ruhme des seligen
Wilhelm geschrieben, der das Alter für die Profeß auf das 20.
Lebensjahr festlegte, was auch Papst Urban II. in der Bulle
guthieß, die gerade eben aus Trithemius und Besold zitiert
worden ist.

Mönch zur Heilung von Krankheit.

LX. In dem eben zitierten Opusculum behandelt der selige Petrus
Damiani das, was wir eben von der Profeß von Kindern wiedergegeben haben, nur am Rande; aus der Regel wettert er nämlich
gegen den Bischof Gisler von Osimo, der es gewagt hatte zu
behaupten, daß die von einem Mönch einmal angelegte Ordenstracht aus Krankheitsgründen wieder abgelegt werden dürfe: Im
1. Kap. bestreitet er energisch, daß dies erlaubt sei und legt im
folgenden 2. Kap. dar, daß es verboten sei, daß einer, der nach
Ablegung der Gelübde in schwerster Krankheit die Ordenstracht
angenommen habe, eben diese später zurücklasse und zur Welt
zurückkehre; und dies richtete sich gegen eben diesen Gisler, der
allerdings nach Anrufung des römischen Papstes von oben her
angewiesen wurde, seine Meinung zurückzuziehen.

Solche, die in ihrer letzten Stunde die Gelübde abgelegt hatten,
wurden *monachi ad succurrendum* genannt, und zwar nach einem
damals und auch in den nächsten Jahrhunderten nicht seltenen
Brauch, über den der heilige Ulrich in Buch II seiner ›Consuetud.
Cluniac.‹ im 28. Kap. sagt: *Wenn irgendein Kranker auch, wie man
sagt, zur Heilung die Weihe erhalten haben sollte und auf Grund
seiner Krankheit das Schweigen* (in der Regel für drei Tage) *nicht
halten konnte, bedeckt auch er selbst mit den anderen zu Weihenden
zusammen, wenn sie das Haupt verhüllen, sein Haupt und tut alles,
was jene tun, in diesen drei Tagen genau so, damit erfüllt werde, was
vorher versäumt worden war.* Dasselbe ist auch in den ›constitu-

tiones Hirsaugienses‹ im 75. Kap. bei P. Herrgott[293] zu lesen, und es folgt gleich darauf das Kapitel *über den Weltlichen, der im Angesicht des Todes verlangen sollte, daß er zum Mönch gemacht werde.* Viele Beispiele für diesen Sachverhalt bringt der Anonymus von St. Blasien in seinen ›libri constructionum‹ unseres Klosters, vor allem von Personen aus dem Adel; von diesen, um nur diesen einen zu nennen, wurde Bernhard von Warnbach, der von seinem Sohn hierher gebracht worden war, sogleich *von den Pferden, die ihn trugen, heruntergehoben und nachdem er Gehorsam gelobt und den Leib des Herrn empfangen hatte, noch an demselben Tag und zur selben Stunde von den Leiden dieses Lebens erlöst.*

Der Zustrom von Adligen an die Klöster.

LXI. Es gab damals zweifellos einen ungeheuren Zustrom von adligen und hochgestellten Persönlichkeiten an die Klöster, was freilich die zerrütteten und verworrenen Verhältnisse des 11. Jahrhunderts bei den Oberen und Vorstehern dringlich zu erfordern schienen, damit diese dann einen größeren Einfluß ausüben könnten. Und daß dies das einzige sei, was die Mönche an ihrem Abt hochschätzten, notierte der heilige Petrus Damiani in seinem Opusculum XXI über die Flucht vor den kirchlichen Ehrenstellungen, *nämlich wenn er bei den Mächtigen viel gilt; wenn er die freie Wahl hat, Hilfe zu versagen oder zu gewähren; wenn er nicht schamrot wird, in der Menge auch die eigenen Interessen zu vertreten. Daher kommt es, daß zu dieser unserer Zeit die Mönche wollen, daß ihnen niemand vorstehe, der nicht sowohl eine hochgewachsenen, gesunden Körper aufweise als auch durch berühmte Titel seiner Vorfahren ausgezeichnet sei.* Daher kam es, daß in den Klöstern überall einflußreiche und aus einem berühmten Geschlecht stammende Männer dringend gesucht wurden, sogar unter Ausschluß von Nichtadligen und der Abt für von jener Bestimmung[294] der heiligen Regel dispensiert gehalten wurde, die da lautet: *Der Freigeborene soll keinen Vorzug vor dem haben, der als Sklave eingetreten ist, außer es läge sonst ein vernünftiger Grund vor.*

293 Vetus Disc. monast. p. 444
294 Reg. cap. 2.

Freilich herrschte nicht bei allen diese Meinung vor: Dennoch fehlte es aber nicht an hochgestellten Männern aus jeder Art von Adel; die Würde des wahren Adels wurde nach dem Willen des heiligen Benedikt sogar hoch eingeschätzt, der in seiner Regel[295] auch ein eigenes Kapitel hat *über die Art und Weise, wie die Söhne von Vornehmen aufzunehmen sind.* Es verbietet allerdings nicht, wie wir gesagt haben, daß jene den anderen vorgezogen werden, wenn nur ein vernünftiger Grund vorliegt, den unstreitig die große Sorgfalt bei der Erziehung bot, eine einzigartige Frömmigkeit bei der Berufung und ein heldenhafter Sinn, der eher geeignet war, die Geschäfte der Klöster zu führen, wofür es zu jener Zeit sehr viel berühmte Beispiele gibt. Dies bezeugt Trithemius vor allem für das Kloster Hirsau, so wie der heilige Wilhelm es, das er selbst eingerichtet und ausgestattet hatte, seinem Nachfolger hinterließ. »Es gab nämlich (er schreibt zum letzten Jahr des 11. Jahrhunderts[296]) in eben diesem Kloster zu den Zeiten des Abtes Gebhard sowohl der Zahl als auch dem Verdienst nach herausragende und große Männer, die den Mönchsstand, wie strahlende Sterne den Himmel, erhellten. Von diesen lebten einige vor ihrem Eintritt ins Kloster in der Welt mit einem großen Namen und in hoher Würde. Es gab hier Mönche, die von hohem Blut geboren waren; es gab aber auch Nachkommen aus dem niedrigen Stande der Bauern und der Armen.«

Vor allem führte die unheilvolle Situation jener Zeiten dazu, daß Menschen jeglicher Herkunft und Stellung vornehmlich an abgelegenen Orten und damit auch in der Einsamkeit des Schwarzwaldes ihre Zuflucht und ein Versteck suchten: Ich meine, daß dies besser mit den Worten des zeitgenössischen Geschichtsschreibers als mit den meinen zum Ausdruck gebracht werden sollte, der im Anhang zum Chronikon Hermanns zum Jahr 1083 folgendes schreibt[297]: »Schon im siebten Jahr litt das gesamte Römische Reich unter einem Bürgerkrieg, nämlich der überaus heftigen Auseinandersetzung mit dem Schisma: Dabei standen die einen auf der Seite des apostolischen Herrn, die anderen aber begünstigten Heinrich, und deswegen zerstörten beide in schändlicher Weise das ganze Reich mit Raub, Schwert

295 cap. 59.
296 Chron. Hirs. T. I. p. 322
297 Urstis. script. Germ. P. I. p. 352

und Feuer: Es verblieben nur sehr wenige katholische Bischöfe
auf der Seite des Papstes, denen es, sogar von ihren eigenen Sitzen
vertrieben, nicht gestattet wurde, für ihre Herden sorgen. Aus
diesem Grunde hielten sich beinahe alle Religiosen, seien es
Kleriker oder Laien, in irgendeinem Versteck der Klöster von
solchen Übeln fern, um nämlich nicht der Zerstörung der heiligen
Kirche zusehen zu müssen, der sie auf keine Weise beistehen
konnten. Es schien ihnen nämlich besser, wenigstens sich selbst zu
retten, indem sie sich im verborgenen hielten, als sich für die
anderen vergeblich einzusetzen, mit denen zusammen sie dann
verloren wären.«

Auch bei Konversen
und solchen im Laiengewand.

LXII. Unmittelbar darauf fügt er diesem jene schon erwähnte
Lobrede an auf drei zur damaligen Zeit im deutschen Reich
berühmte Klöster »mit ihren Zellen, welche, unter Regeldisziplinen eingerichtet, einen herausragenden Einfluß ausübten,
nämlich das Kloster St. Blasien im Schwarzwald, St. Aurelius, das
Hirsau genannt wird und St. Salvator, das Schaffhausen genannt
wird, was Haus der Schiffe bedeutet. Zu diesen Klöstern strömte
zu dieser unruhigen Zeit in Kürze eine erstaunliche Menge an
Edlen und Gelehrten zusammen und gelobte nach Ablegen der
Waffen, die Vollkommenheit des Evangeliums unter der Regeldisziplin anzustreben: mit einer so gewaltigen Zahl, sage ich, daß es
notwendig wurde, die Gebäude der Klöster zu erweitern, weil sie
sonst keinen Platz mehr gehabt hätten, an diesem Ort zusammen-
zuwohnen. Daher werden in diesen Klöstern nicht einmal die
nach außen gerichteten Tätigkeiten durch Weltliche wahrgenommen, sondern durch Ordensbrüder, und je edler sie in der
Welt waren, um so mehr trachten sie danach, mit den verächtlicheren Pflichten betraut zu werden, so daß die, welche in der Welt
einstmals Grafen und Markgrafen waren, es nunmehr für die
größte Lust erachten, in der Küche oder der Bäckerei den Brüdern
zu dienen und deren Schweine auf dem Felde zu weiden. Dort
nehmen nämlich die Schweinehirten und Ochsentreiber, von der
Tracht abgesehen, den gleichen Rang ein wie die Mönche. Sie alle
aber entbrennen in einer solchen Glut der Liebe, daß ein jeder
von ihnen nicht so sehr auf sein eigenes als vielmehr auf das Wohl

des anderen bedacht ist und auf die Gewährung von Gastfreundlichkeit einen so erstaunlichen Wert legt, wie wenn sie alles
verloren zu haben glaubten, was immer sie den Armen Christi und
den Gästen nicht gegeben hätten.«

Zweifellos ahmten in der Mitte dieses Jahrhunderts viele Edle
und auf Grund ihrer Geburt Hochgestellte das Beispiel des
Markgrafen Hermann von Baden nach und ebenso das von
Karlmann selbst, des Bruders Karls des Großen, das wir weiter
oben wiedergegeben haben, von denen beide in keiner Weise
davor zurückschreckten, jener in Cluny die Schweine, dieser im
Kloster Cassino die Schafe zu hüten. Viele gleichartige Beispiele
im Kloster St. Blasien führt der oft genannte Anonymus in seinen
›libri constructionum‹ auf, wie etwa das des Ritters Arnold von
Iblingen, der *sich nach seinem Eintritt ins Kloster im Namen Christi
dazu erniedrigte, an diesem Orte sogar das Vieh zu hüten.* Auch
Berthold von Frickingen, Sohn des Grafen Reigilo, der in der
Bäckerei den Brüdern diente, *erinnerte sich damals sozusagen
nicht, daß er der Sohn eines Grafen sei und betrat wie der verach-
tetste Sklave das Backhaus, um im Ofen das Feuer zu schüren.*
Ebendort pflegte der edle Ritter Lampert von Varnau und
Reitenbuch, das für den Gebrauch der Brüder Notwendige zu
drechseln. Der an einer Hand gelähmte Ulrich von Sulz, der
gewohnt war, alles Holz für den Herd zu richten, diente in der
Küche. So sagt das Chronikon von Bürgeln des Anonymus von
Muri, der von P. Rustenus Heer bis auf den Grund enthüllt
worden ist, daß Wernher von Kaltenbach vom Vorsteher von
Bürgeln zum Rinderhirten gemacht wurde.

Dieser Anonymus zählt zu jenen auch einige der externen Brüder
aus dem Adel hinzu, wie zum Beispiel Hermann von Achbuch
und Engelhard von Westerheim: Gotebald von Tanne aber, der
durch himmlische Visionen beglückt wurde, nennt er einen
Konversen. Er ist in dem Diplom des Saliers vom Jahre 1023
schwachen Glaubens, während Reginbert, der das Kloster St.
Blasien ausgestattet *und die Zelle* ausgewählt hatte, *um dort Gott
zu dienen, Laie frommer und guter Erinnerung* genannt wird;
allerdings wurden Konverse sehr häufig auch Laien genannt.
Nach einer Sitte der damaligen Zeit war es, was wir schon aus den
Akten von Muri festgehalten haben, daß hierher externe Brüder
von der Zelle St. Blasien kamen, wo *ursprünglich ein solches Leben*

als Laien zu entstehen begann. Bei unserem Anonymus wird über Abt Utto von St. Blasien, *der die Brüder von ihrem außerhalb gelegenen Wohnort an die Stelle des alten Klosters ansiedelte,* weiterhin angefügt: *Er verfügte auch den Laienhabit von grauer Farbe, zur Unterscheidung von den vorgenannten Brüdern, und dieses Haus wurde Xenodochium genannt, weil dort sechs Werke der Barmherzigkeit zu vollbringen waren: hierzu waren deshalb eben diese Brüder zur Aufnahme von Armen und zur Fürsorge für die Kranken bestimmt worden, wie es vom Abt angeordnet worden war.*

Dazu sind die Worte des Heymo in der Lebensgeschichte des heiligen Wilhelm von Hirsau bei Mabillon[298] festzuhalten, von welchem er die in gemeinsamer Entscheidung der Ältesten gefaßte Bestimmung wiedergibt, *daß einige von den Laienbrüdern, die zum Neueintritt kommen, im Haus für die Armen im Laienhabit mit Eifer dienen sollen.* Es ist fast dasselbe, was wir aus dem Anhang Bertholds oder Bernolds zum Chronikon des Hermann Contractus eben angeführt haben, nämlich daß in den Klöstern St. Blasien, St. Aurelius und St. Salvator die Schweinehirten und Ochsentreiber, *vom Habit abgesehen,* denselben Rang einnahmen *wie die Mönche:* Von daher ist es offenkundig, daß jene nicht mit dem Mönchsgewand bekleidet gewesen sind. Damit scheinen die Worte Urbans II. in der Bulle oder dem Privileg für das Kloster Hirsau übereinzustimmen, die wir oben angefügt haben: *daß manche aus Liebe zu Christus mit so glühendem Eifer und einer solchen Demut hierher gekommen sind, daß es ihnen nicht so sehr darauf ankommt, für Mönche gehalten zu werden, als vielmehr für Diener der Mönche; und sie haben sich freiwillig auch zum Dienst für die Küche, die Bäckerei und andere menschliche Lebensbedürfnisse angeboten.*

Oblaten, religiose Diener der Klöster und Laien.

LXIII. Es sind dies allerdings Dienste von Laienbrüdern: Es konnte freilich auch Laien geben aus dem Grunde, nach welchem schon in früherer Zeit diejenigen so genannt wurden, die aus dem weltlichen Leben zum Eintritt kamen, um Mönche zu werden, oder auch solche, die im eigentlichen Sinne Novizen sind, wenigstens bis sie das monastische Leben gelobten, während jene unter

---

298 Acta SS. Sec. VI. P. II. p. 739

die Bezeichnung *Oblaten* gerechnet werden. Daß deren Einrichtung ebenfalls vom heiligen Wilhelm nach dem Beispiel von Cluny hervorgegangen ist, sagt Trithemius[299] zum Jahr 1070: »Er gestattete in heiliger Anordnung, daß die im früheren Gewande verblieben, deren Dienst er in vielen Dingen vernünftigerweise zu nutzen pflegte, am meisten in denen, welche mitten in der Welt durchzuführen waren, wohin Bärtige oder Mönche zu schicken nicht erlaubt war. Zu deren Aufgaben gehörte es, für Bauten und andere notwendige Dinge Bauholz und auch Steine an die Klöster heranzuführen, Kalk zu löschen, Wasser und Sand vom Fluß zu holen, für die Maurer Zement anzurühren und für die Bauleute alles Notwendige zu besorgen. Jene dienten auch im Krankenhaus den Armen und Kranken und erledigten frohgemut alles, was ihnen für diese an notwendiger Arbeit auferlegt war. Sie hatten aus dem Kreise der Mönche gleichfalls einen eigenen Meister und einen Ort zur Erholung, der von den Mönchen und den Laienbrüdern zu jeder Zeit abgesondert war, damit sie nach ihrer eigenen Ordnung unter Schweigen ihrer Arbeit nachgehen konnten und die Mönche nicht störten. Die Zahl der Oblaten war groß und betrug nicht weniger als 50 Männer.

Noch andere Diener in den Klöstern notiert Mabillon[300], nämlich die Freigeborenen, die sich den Klöstern für immer zum Dienst und Gehorsam angelobten: Dies gab es häufig vor allem an den Orten, wo die bedeutendsten Heiligen verehrt wurden, denen zuliebe sie dies taten; als solche haben wir schon den heiligen Fridolin und die heilige Verena in unserer Nachbarschaft festgehalten. Es gibt noch eine andere, enger an den Orden gebundene, doch laikale Art des Dienstes in den Klöstern, welche Bernold in dem oft zitierten Anhang zu Hermann zum Jahr 1091 folgendermaßen beschreibt: »Zu diesen Zeiten stand im deutschen Reich an vielen Orten das gemeinschaftliche Leben in Blüte, nicht nur bei Klerikern und Mönchen, die zu einer engen Ordensgemeinschaft gehören, sondern auch bei Laien, die sich und ihr Hab und Gut in tiefer Demut zu eben diesem gemeinschaftlichen Leben darbrachten: Auch wenn diese der Tracht nach weder als Kleriker noch als Mönche angesehen wurden, darf man dennoch keineswegs glauben, sie seien diesen den Verdiensten nach nicht

---

299 Annal. Hirs. T. I. p. 229
300 Praef. sec. VI. P. II. n. 99

gleichwertig: Sie machten sich nämlich zu Dienern derselben für den Herrn, indem sie ihn nachahmten, der nicht gekommen ist, um bedient zu werden, sondern um zu dienen und der seine Jünger lehrte, durch die Aufnahme der Knechtschaft zu Größerem zu gelangen. So entsagten eben diese der Welt und brachten sich und ihre Habe in tiefer Demut zu den Gemeinschaften sowohl von Klerikern wie auch von Mönchen, die nach der Regel lebten, um gewürdigt zu werden, unter deren Gehorsam gemeinschaftlich zu leben und zu dienen.« Er berichtet dort auch von der Ermutigung Urbans II. gegen die Feinde dieser Einrichtung, die dieser Papst mit eigenen Augen gesehen hatte, als er das Amt des Legaten in Deutschland versah. Dem nicht Unähnliches äußert Trithemius, daß zu jenen Zeiten sich nicht nur eine unzählbare Menge von Männern und von Frauen einer derartigen Lebensführung anschloß, um unter dem Gehorsam gegenüber Klerikern oder Mönchen in Gemeinschaft zu leben, sondern daß selbst in den Dörfern ungezählte Bauerntöchter, die in gleicher Weise der Welt wie auch der Ehe entsagten, danach trachteten, in Gehorsam gegenüber einem Priester ihr Leben zu führen. Eben derselbe sagt aus, daß sogar selbst Verheiratete auch in ihrem Stande wie Mönche gelebt und Ordensangehörigen mit tiefster Demut gehorcht hätten: dieses Bemühen kam ganz besonders in Alemannien zur Blüte, wo sogar viele Dörfer sich vollständig der klösterlichen Lebensweise überantworteten und mit allem Eifer danach strebten, sich gegenseitig an Heiligkeit der Sitten zuvorzukommen.

Die kleinen und großen Städte in der Nähe der Klöster.

LXIV. Allmählich aber kamen zu den benediktinischen Klöstern in Deutschland nicht nur Dörfer, sondern auch kleine und große Städte hinzu. Unter diese wird vor allem Fulda gezählt, zusammen mit den Landstädten und den großen Städten des einstigen Buchenwaldes, auch Kempten, St. Gallen, Füssen, Isny und Gengenbach, welche auch heute noch von eben diesen Klöstern ihren Namen beibehalten haben. Von diesen aber ist heute nur noch Fulda übrig, das auch jetzt noch von seinem Kloster abhängig ist, dem es auch seinen Ursprung verdankt, nachdem durch die Tätigkeit der Mönche die Wälder gerodet und

daraufhin auch jene ungeheuren Einöden des Buchenwaldes
kultiviert worden waren, wie das auch in den rhätischen Alpen,
dem Allgäu und dem Schwarzwald der Fall war, in welchen
zuallererst jene Klöster gegründet wurden: Dorthin wurden
Siedler gebracht, die Einwohner vermehrten sich, und schließlich
wurden die Wohnstätten sogar mit Schutzwehren und Stadtmauern umgeben und Häuser und Gebäude vor allem ab dem 10.
Jahrhundert angehäuft, um diese Örtlichkeiten gegen die Einfälle
der Ungarn sicher zu machen. Dennoch boten auch die Stadtmauern nicht jene Sicherheit und selbst noch nicht einmal die
Abgeschiedenheit der Berge und der Wälder, die dann unter
großen Mühen aufgesucht wurden, wie wir in bezug auf unser
Kloster St. Blasien festgehalten haben, wo doch, wie auch an
anderen ganz ähnlichen Örtlichkeiten, die steil abfallenden Berge
und das öde und unwirtliche Erdreich kleineren oder größeren
Städten keinen Raum ließen. Doch schienen wohl gerade deshalb
diese vom Volk und dem Zusammenströmen von Menschen weit
entfernten Gebiete frommen Stiftern und Erneuerern sehr
geeignet für einen Mönchsorden.

Einsiedler und Einsiedlerinnen.

LXV. Ein Beispiel hierfür haben wir schon oben beim heiligen
Wilhelm angeführt, der das Kloster St. Georgen einrichtete, und
die überaus glückliche Epoche des Klosters Hirsau in diesem
blühenden 11. Jahrhundert bekräftigt es, in welchem Trithemius[301]
zum Jahr 1099 unter anderen Glaubenskämpfern auch die
Eremiten oder Einsiedler rühmend erwähnt. »Von diesen nahmen
einige, nachdem sie sowohl unter großem Zeitaufwand als auch
durch beständige Mühe gelernt hatten, die Bestimmungen der
Ordensdisziplin bis ins kleinste einzuhalten, und im geistlichen
Kampf gut geschult und aus der brüderlichen Schlachtreihe zum
Einzelkampf eines Eremiten vorwärtsschreitend, die Lebensweise
eines Anachoreten auf sich; und sie sonderten sich mit Erlaubnis
des Abtes in die Einsamkeit des benachbarten Waldes ab, erneuerten das Gelübde der alten heiligen Väter und verachteten
angesichts des Himmelreiches alle Annehmlichkeiten dieser Welt.
Es war jedoch nicht überall und jedermann erlaubt, dieses

301 Chron. Hirs. T. I. p. 323

schwierige Vorhaben auf sich zu nehmen, sondern nur jenen, welche die Vollkommenheit, die sie nach dem vollzogenen Eintritt ins Kloster im Lauf von vielen Jahren in der Mitte der Brüder erreicht hatten, sicher machte, nur mit der Hand oder dem Arm ohne Beistand eines anderen gegen alle Schwächen des Geistes oder Körpers mit Gottes Hilfe über den bösen Feind triumphieren zu können.«

Es vervielfachte sich damals überall in den Klöstern auch die Zahl der Einsiedler und Einsiedlerinnen: Eine gewisse Anschauung davon bietet die immerwährende Klausur der Nonnen selbst, die ganz besonders in dieser Zeit von Papst Gregor VII. geschätzt wurde, wie aus dem zeitgenössischen Verfasser seiner Lebensgeschichte, Paul von Bernried, zu entnehmen ist, wo er ein gewisses wohlgefügtes Klosterleben darstellt[302] und nachdem er die bisher von uns erklärten Arten von Mönchen beschrieben hat, auch die Männer rühmend erwähnt, von denen wir festgestellt haben, daß sie hervorragende Bewahrer des Klosterlebens vor allem im Schwarzwald gewesen sind: »Wie sehr aber (sagt er) die Gnade Gottes auf denen ruhte, die der Einrichtung Gregors gehorsam waren, zeigt der durch den apostolischen Segen unseres Gregor wohlgefügte Orden, der in dieser Gegend seinen Anfang nahm und sich auf glückliche Weise weiterverbreitete, nämlich der der geschorenen Diener Christi und der diesen treu dienenden bärtigen Brüder, der Jungfrauen, die sich in einzigartiger Demut für immer einschlossen, und auch der Jungfrauen, die in einzigartiger Demut über ihren Eintritt und Austritt selbst bestimmten. Freilich gab es für diese Quadriga oder Viergespann vier hervorragende Lenker, nämlich den Erneuerer des kanonischen Lebens, den herausragenden Passauer Bischof Altmann, den Prior Odalrich von Cluny seligen Angedenkens und die ehrwürdigen Väter Wilhelm von Hirsau und Siegfried von der Zelle St. Salvator.«

Unter dem Abt Giselbert von St. Blasien, der zur gleichen Zeit lebte wie diese, stand diese Art von Klausnern bei uns in Blüte, wofür wir oben ein Beispiel aus unserem Anonymus in Ulrich von Susenberg dargeboten haben, der hierher zum Eintritt kam »und auf sein eigenes Verlangen hin in einem kleinen Gastraum eingeschlossen wurde und für den Zeitraum einer ganzen Woche bis

302 Mab. acta SS. sec. VI. P. II. p. 456

zum Samstag hin sich in Schweigen übte: An diesem Sabbattag kam ein Priester aus dem Kloster zu ihm und hörte seine Beichte. Danach verkündigte er ihm das Evangelium der folgenden Woche und die Festtage der Heiligen, die in dieser Woche kommen würden; wenn er dann selbst etwas nötig hatte, sagte er es eben diesem Mönch.«

Eremitenorden unter der Regel des heiligen Benedikt.

LXVI. Hier darf keinesfalls der von uns schon oft zitierte heilige Petrus Damiani übergangen werden, und zwar vor allem deshalb, weil er als bedeutender Förderer nicht weniger des Mönchsordens als auch eines neuen, damals zuerst in Italien erstehenden Eremitenordens unter der Regel des heiligen Benedikt hervortrat und mit Tat und Rat dem heiligen Hugo von Cluny zu Seite stand, dessen Disziplin er sogar so sehr schätzte, daß er, von Alexander II. hierher entsandt, den Cluniazensern das Zeugnis ausstellte, daß sie mit Ausnahme des Fastens *in allem so vollkommen seien, daß sie den Anachoreten in nichts nachstünden,* wie in der Bibliotheca Cluniacensis bei einem Anonymus zu lesen ist.

Er förderte und vervollkommnete das Institut der Eremiten des Ordens des heiligen Benedikt außerordentlich, das vom heiligen Romuald zu Beginn des 11. Jahrhunderts mit dem Bau von zunächst fünf kleinen Zellen in der Einöde von Camaldoli begonnen wurde; er schrieb später auf Bitten des heiligen Hugo auch die Lebensgeschichte dieses Heiligen und die des heiligen Abtes Odilo von Cluny. Er selbst aber, der in der Einsiedelei von Avella als Mönch unterrichtet worden war, übernahm später deren Leitung und errichtete verschiedene Orte für Eremiten. Er verfaßte auch Schriften, eine kurze Regel und vor allem Vorschriften und Mahnungen, die sich auf die Einrichtung und Vervollkommnung dieses Lebens beziehen. Jene werden sorgfältig einzeln im 1. und 2. Band der ›annales Camaldulenses‹ aufgezählt; die Kamaldulenser haben eine doppelte Ordnung, nämlich eine für Mönche und eine für Eremiten, der die Kongregation von Fonte Avellana angeschlossen war, von der wir gerade gesprochen haben, die in der Diözese Faenza im Jahre 1040 von Lutolf, einem Deutschen der Abstammung nach, begründet wurde, als Eugubinus Bischof war, doch, wie wir erwähnt haben, ausgebaut und weiterverbreitet vom heiligen Petrus Damiani.

Wir sind der Meinung, daß diese und andere derartige Eremitenorden zuerst in Italien und dann in Frankreich zu Beginn des 11. Jahrhunderts begründet zu werden begannen, weil entgegen der Vorstellung des heiligen Benedikt die Klöster im Laufe der Zeit ganz in der Nähe der Masse der Städte errichtet wurden, was nach dem heiligen Romuald auch dem heiligen Johannes Walbert, dem Begründer von Vallombrosa in Italien, in Frankreich aber dem heiligen Bruno, dem Urheber der Kartäuser, und dem heiligen Stephan von Thiers, dem Gründer von Grandmont, für dem Orden des heiligen Benedikt fremd und diesem nicht entsprechend schien. Dies scheint auch eben der Grund zu sein, daß diese Eremitenorden nirgendwo in die Abgeschiedenheit des Schwarzwalds eindrangen, da diese von der Gesellschaft der Menschen schon weit genug entfernt war, bis schließlich später irgendwo, wie wir an der entsprechenden Stelle sagen werden, der Orden der Kartäuser Fuß faßte, dessen Gründer, der heilige Bruno, zu Köln in Niederdeutschland geboren, als junger Mann in Reims Kanoniker des heiligen Kunibert war und später unter den berühmtesten Gelehrten seiner Zeit das Magisterium innehatte, *ein Leiter bedeutender Studien,* wie ihn Wibert in dessen Lebensgeschichte nennt. Als Gründe für sein Weggehen nennt er das schlimme Leben des Manasses, des Erzbischofs von Reims, das dieser auch nach dem Konzil von Lyon, auf dem er verurteilt worden war, nicht besserte; damals waren unter den Freunden einige Gespräche über die Nichtigkeit der Welt abgehalten worden. Nachdem er aber von Bischof Hugo von Grenoble die überaus rauhen Berge von Chartreuse zum Bewohnen erhalten hatte, begründete er im Jahre 1084 eine neue Art von Eremitenleben, das nach der Regel des heiligen Benedikt ausgerichtet war, wie bei Mabillon in seinen Annalen[303] ausführlich dargelegt wird. Über die einzelnen Orden aber, die wir gerade aufgeführt haben, handelt dieser gesondert im Vorwort zu den Heiligenakten[304].

303 T. V. p. 201 seqq.
304 Sec. VI. P. II.

Der Zisterzienserorden.

LXVII. Auf das nach dem Weggang des heiligen Bruno in die Einsiedelei von Chartreuse folgende Jahr 1085 legt derselbe Mabillon in seinen Annalen[305] den Weggang des heiligen Robert, des ersten Abtes von Molesme im Burgund, mit seinen Gefährten in eine Einöde, die Cistercium genannt wird, *ein Ort, der in der Diözese Chalon gelegen ist und, wegen der Dichte des Waldes und der Dornen zur damaligen Zeit dem Zugang von Menschen nicht üblich, nur von wilden Tieren bewohnt wurde:* Von dieser Einöde freilich erhielt der in kurzer Zeit weithin berühmte Zisterzienserorden seinen Namen, doch nach keiner anderen Ordnung als der der benediktinischen Regel. Wie nämlich in der zitierten Büchersammlung von Cîteaux berichtet wird, entbrannten einige Mönche, als sie täglich die Regel des heiligen Benedikt verlesen hörten, in dem Verlangen, diese bis auf den Buchstaben genau zu erfüllen: da sie nicht die Zuversicht hatten, daß dies im Kloster Molesme bewerkstelligt werden könne, doch durch eben diese Bestimmung der Regel darüber belehrt wurden, daß nichts ohne das vorherige Wissen des Abtes geschehen dürfe, suchten sie Abt Robert auf, der versprach, nachdem er ihr Vorhaben gebilligt hatte, daß er sich ihnen anschließen werde. Nachdem er auch von Hugo, dem Bischof von Lyon, die Erlaubnis zum Weggang erhalten hatte, begab er sich selbst mit dem Prior Alberich und 21 Mönchen von Molesme nach Cîteaux, wo er von dem dortigen Bischof ein Empfehlungsschreiben an Herzog Odo von Burgund erhielt, um ihre äußerste Bedürftigkeit zu mindern. Als aber Robert befohlen wurde, wieder nach Molisme zurückzukehren, wurde derselbe Alberich an dessen Stelle als Abt von Cîteaux begrüßt noch bis zum Ende des 11. Jahrhunderts, der für die Gründung der neuen Kongregation ungeheuer viel Mühe aufwendete, Beschimpfungen, Schläge und sogar auch Kerkerhaft erduldete, wenngleich dies in der Buchsammlung und im großen Exordium von Cîteaux nicht zu lesen ist.

---

305 L. c. p. 218

Die gegenseitigen Bünde unter Klöstern und Mönchen.

LXVIII. Das allerchristlichste Dokument des neuen Zisterzienserordens war eine Urkunde der Liebe, durch welche sie sich gegenseitig in einem ganz engen Bande zusammenschlossen, das alle Bündnisse und Verbrüderungen überstieg, deren immer stärkeres Anwachsen ab dem 8. Jahrhundert wir schon festgestellt haben, ganz besonders aber bei der umfangreichsten Kongregation von Cluny, die sich bis nach Spanien und auf die britannischen Inseln erstreckte, so daß die Cluniazenser überall auch als eigener Orden bezeichnet wurden, dennoch in unterschiedlicher und ungleicher Bindung zu den Klöstern und Zellen, die dem Kloster Cluny unterworfen waren. Meistens reichte nämlich jene Verbindung der Klöster mit Cluny kaum über das Maß einer gegenseitigen Sozietät hinaus, die die Klöster untereinander eingingen, um sich den lebenden und vor allem den verstorbenen eingeschriebenen Brüdern anzuempfehlen; eine solche Empfehlung wurde auch Personen herausragenden Verdienstes zur Fürsprache nach dem Tode und zu Jahresfesten gewährt. Wie dankbar der heilige Petrus Damiani diese Wohltat empfunden hat, die ihm von den Cluniazensern auferlegt worden war, verraten die Briefe, die er dazu nach seiner Rückkehr von der Gesandtschaft der Cluniazenser nach Italien geschrieben hat und die in seinen Werken und auch in der Bibliothek von Cluny noch vorhanden sind. Der erste von diesen Briefen greift nicht nur das dankbare Angedenken an diese Wohltat wieder auf, sondern fordert außerdem[306], *daß jene als kleines Zeichen eurer Verbundenheit so, wie sie im heiligen Kloster von Cluny aufgeschrieben ist, nichtsdestoweniger auch in den übrigen Klöstern, die der Herrschaft eurer Disziplin unterworfen sind, schriftlich niedergelegt sein soll.* Dasselbe Thema behandelt er im folgenden Brief an denselben heiligen Hugo und dessen Mönche.

Nicht weniger dankbaren Sinnes erneuern die Brüder der Kongregation von St. Blasien nochmals das Band des gegenseitigen Zusammenschlusses mit den Cluniazensern; das Dokument hierzu, das mit der eigenhändigen Unterschrift und dem Siegel eben dieses heiligen Hugo bei seiner Anwesenheit bestätigt ist,

---

306 p. 478

haben wir oben wiedergegeben. Eine solche Brüderschaft von
sehr vielen Klöstern mit Hirsau erwähnt Trithemius[307] zum Jahr
1091 und schreibt außerdem die Liste der Verbündeten ab. Eben
solche Konföderationen schildert zum Teil auch Mabillon in
seinen benediktinischen *annales* und in den *Heiligenakten des
Ordens*: ebenso Hartmann in den *annales eremi Deiparae;* P.
Carolus Meichelbeck in der *historia Frisingensi et Benedicto-
Burana,* und vor allem P. Arsenius Sulger in den Annalen von
Zwiefalten und P. Philibertus Hueber in *Austria ex archivis Melli-
censibus,* und andere. Wir haben aber immer wieder betont,
wieviel an Last im Chor und bei den privaten Gebetsübungen und
Gottesdiensten deswegen notwendigerweise hinzukommen
mußte.

Der Gottesdienst.

LXIX. Dazu kamen noch andere Belastungen des Chores, die im
11. Jahrhundert ihren Höhepunkt erreichten, vor allem nach den
Sitten von Hirsau und Cluny. Als vortrefflichen Zeugen hierfür
haben wir den seligen Petrus Damiani in einem Brief an die
Mönche von Cluny, in welchem er folgendes schreibt[308]: ferner
aber: *Wenn ich mir die so vielfach in Anspruch genommene und
dicht gedrängte Ordnung eurer heiligen Lebensführung in
Erinnerung rufe, komme ich zu der Meinung, daß hierin nicht der
Eifer für eine menschliche Erfindung waltet, sondern die Führer-
schaft des Heiligen Geistes.* Denn so groß war die Ausdehnung bei
der ununterbrochenen Fortdauer der Regelbeobachtung und eine
so große Beharrlichkeit wurde vor allem bei den Offizien der
Kirche aufgewiesen, daß selbst im Gestirn des Krebses oder
Löwen, wo die Tage doch recht lang sind, an einem vollen Tag
kaum die Hälfte auch nur einer Stunde übrigblieb, an der es den
Brüdern im Kloster erlaubt gewesen wäre, miteinander ins
Gespräch zu kommen. Der von uns schon zitierte Anonymus von
Cluny berichtet in dem Buch über die Wunder des heiligen Hugo,
daß eben dieser selige Petrus Damiani bei seiner Anwesenheit in
Cluny vom heiligen Hugo veranlaßt worden sei, die Belastung des
Chores für wenigstens acht Tage zu erproben, da er sehen wollte,
ob dieser der Meinung sei, daß irgend etwas bei der Enthaltung

---

307 Chron. Hirs. T. I. p. 294
308 Lib. VII. ep. 5.

von Speisen, wie er es gerne gehabt hätte, hinzugefügt werden müsse: *Nachdem jener einer solchen Erprobung zugestimmt hatte, soll er sich zu dem Geständnis gezwungen gesehen haben, daß ihm eine so große Last untragbar sei und deshalb nicht noch mehr beschwert werden dürfe.*

Wenn dies wahr ist, wird es denen merkwürdig vorkommen, die in den Werken des heiligen Petrus Damiani gelesen haben, wie viele Gebete und auch ganze Psalter mit Geißelhieben bei den Eremiten seines Kamaldulenserordens täglich verrichtet wurden. So erwähnt er in seinem 13. Opusculum[309] *›Von der Vollkommenheit der Mönche‹* Meinrad, der, noch als alter und matter Greis zum Mönch geworden, mit einem solchen Feuereifer begann, *daß er den hochbetagten und an tiefer Einsicht gereiften Männern zum Wunder, den leichtfertigen und mutwilligen jungen Männern des Klosters aber zum Gespött wurde. Obwohl ihn diese in der Tat mit Herabwürdigungen verletzten und mit beißenden Worten annagten, vermochten sie es niemals, ihn von der Strenge seines Gelübdes so weit abzulenken, daß er nicht noch an jedem einzelnen Tag vier Psalterien zu Ende brachte und dazu noch vier Tage der Woche, im Sommer wie im Winter, ohne jede Speise und Trank zubrachte.* Sodann nennt er den Eremiten Leo von Prez, dessen Gebetsordnung so aussah, daß er täglich im Verlauf des Lobgesangs ein Psalterium mit den Kantiken und den dazugehörigen Litaneien vor den nächtliche Vigilien der Kirche verrichtete, ein zweites Psalterium aber nach der Morgendämmerung bis zur sechsten Stunde für die Verstorbenen zusammen mit neun Lesungen sang, das dritte Psalterium aber wiederum mit dem *Gloria* mit dem Ende des abendlichen Tages abschloß. Dies darf jedoch keineswegs vom gesamten Psalter verstanden werden, das am Tag dreimal oder viermal verrichtet worden wäre, wie es einem denkenden Menschen an sich schon klar ist; dazu hätte nämlich auch der Zeitraum eines vollen Tages nicht ausgereicht, wenn man das von der Regel vorgeschriebene Pensum und die für die anderen menschlichen Lebensbedürfnisse notwendige Zeit dazu rechnet, sondern scheint eher für das Psalterium angenommen werden zu müssen, das nach irgendeinem Maß angeordnet und unterteilt war, vielleicht für ein einziges am Tag; zu diesem

---

309 Opp. T. IV. c. 23 p. 138

Beispiel der alten Väter ruft der heilige Benedikt auf[310]. Wie auch immer das gewesen sein mag, ging es hier doch um außerordentliche und private Demutsübungen, da die heilige Regel vorsieht, daß im Konvent das Gebet kurz ist und es jedem frei steht, was er im privaten Bereich hinzuzufügen wünscht. Auf diese Art ist auch die Psalmodie der Eremitenregel zu beziehen, von der derselbe Petrus Damiani im 15 Opusculum ›Über die Einrichtungen seiner Kongregation‹ im 9. Kap. sagt, es sei Brauch, daß, wo sich zwei zusammen in der Zelle aufhalten, sie zwei Psalterien am Tag verrichten, eines für die Lebenden und für die Verstorbenen das andere: und zwar jenes für die Lebenden zusammen mit den Zusätzen, die der selige Romuald hinzufügt.

Das Offizium der seligen Jungfrau Maria und andere.

LXX. Das wichtigste unter diesen war das Offizium der seligen Jungfrau Maria; der Haupturheber für dessen tägliche Rezitation war der heilige Petrus Damiani, und er empfiehlt es in dem schon zitierten Brief an den Mönch Stephan[311] zusammen mit einer Lesung aus der Heiligen Schrift besonders den Mönchen und sonstwo überall auch allen Klerikern, indem er die einzelnen Gnaden aufzählt, welche diejenigen durch die Schutzherrschaft der seligen Jungfrau Maria erhielten, die es immer wieder pflegten, wie auch der Priester Bernold von St. Blasien im Anhang zu Hermann zum Jahr 1092 berichtet. Der Brauch, dieses Offizium täglich zu rezitieren, hat schon seit den ersten Anfängen im Zisterzienserorden bis auf die heutigen Zeiten Gültigkeit und wurde schon vorher bei den Cluniazensern und Hirsauern häufig angewandt. Zu diesem kamen noch die eigenklösterlichen Psalmen, die auf dem Boden hingestreckt gesungenen Psalmen, die Gradual- und Bußpsalmen und andere Gebete auch zur Arbeit außerhalb des Chores, in der Küche, wenn die Hostien zubereitet wurden, beim Krankenbesuch, zur Anempfehlung der Seele und vor allem nach dem Tode, in einer so großen Zahl, daß die Zeit kaum auszureichen schien: vor allem nicht den Priestern, die, wie wir oben schon erwähnt haben, an ein und demselben Tage die Feier des heiligen Meßopfers so oft wiederholen mußten, daß auf dem Konzil von Seligenstadt vom Jahre 1022 in Kap. 5 es

---

310 Reg. cap. 18.
311 Lib. VII. ep. 29.

notwendig wurde, festzulegen[312]: *daß kein Priester sich vornehmen darf, am Tag mehr als drei Messen zu feiern.*

Verschiedene kirchlich-monastische Riten.

LXXI. Die Kirche verdankt den Cluniazensern das Gedächtnis aller verstorbener Gläubigen, das überall am zweiten Tag des November gefeiert zu werden pflegt, wie selbst im Martyrologium Romanum über den Abt Odilo zum ersten Tag des Januar notiert wird. In der Cluniazenserordnung des Mönches Bernhard, die er dem heiligen Hugo widmete, ist in P. II. c. 32 bei P. Herrgott[313] folgendes zu lesen: *Dies ist von unserem heiligen Vater Odilo beschlossen worden, daß, wie am vorangegangenen Tag aller Heiligen gedacht wird, so am folgenden das Gedächtnis aller verstorbenen Gläubigen begangen werden soll.*

Weiterhin ist in eben diesen Bestimmungen wie auch in denen von Hirsau bei demselben P. Herrgott[314] zu bemerken, daß der Leib des Herrn in Wein mit Wasser vermischt den Kranken einge-träufelt zu werden pflegte. Dies konnte unbeschadet des Kanons 28 von Clermont aus dem Jahr 1095 *aus Vorsicht* geschehen. Dieser Ritus wird aber ebenda erst nach dem Ritus für die letzte Ölung beschrieben.

Vom heiligen Wilhelm von Hirsau ist in seiner Lebensgeschichte bei Mabillon[315] zu lesen, daß er auf seinem Sterbebett *durch die Salbung mit dem Krankenöl und durch den Empfang des Leibes und Blutes des Herrn seinen Tod* geschützt habe: Diese Regel bezieht Trithemius auf das Jahr 1091, in dem der heilige Wilhelm starb. Bei dem Anonymus aus St. Blasien werden in den ›libri constructionum‹ beide Bräuche notiert, dieser hier und jener althergebrachte, dem gemäß die Sterbenden im Bußgewand oder in Asche gebettet wurden. In den ›consuetudines‹ von Cluny und Hirsau wird vorgeschrieben, daß der Kranke in einem solchen Bett zurechtzulegen sei, *das heißt in einem zur Erde gelassenen, so daß dort die Brüder ihn von allen Seiten umstehen könnten.*

In denselben verdient ferner entsprechend dem Verständnis der kirchlichen Riten vor allem das 35. Kapitel des Teils I ›*Über die*

312 Conc. Germ. T. III. p. 56
313 Vet. disc. mon. p. 354
314 L. c. p. 191
315 Acta SS. Sec. VI. P. II. p. 736

Sorgfalt im Umgang mit den Sakramenten‹ beachtet zu werden,
oder, wie in Buch I der ›Constit. Hirsaug.‹ das 84. Kap. deutlicher
überschrieben ist, ›*Mit welcher Sorgfalt die Konsekration des
Herrenleibes und die Kommunion gefeiert wird.*‹ Daß der alte
Brauch der Dankworte erhalten geblieben ist, ist hier in folgenden
Worten zu lesen: *An gewöhnlichen Tagen, die ausgenommen, an
welchen nur eine Hostie zur Messe dargebracht wird, werden die
nicht konsekrierten Hostien von zwei Sakristanen im Refektorium
herumgetragen..., damit sie durch die Hände zweier Priester jenen
ausgeteilt werden, die an diesem Tage nicht kommuniziert haben.*
So wurde auch beim Herrenmahl den Armen, denen die Füße
gewaschen worden waren, bevor sie sich zu Tische legten, je
einzeln ein Partikel ungesäuerten Brotes zum Zeichen der kirchlichen Gemeinschaft gereicht.

Wie aber in früheren Jahrhunderten, so wurde auch später das
ganze Mittelalter hindurch die Bußordnung zu großen Teilen von
der Sitte und der Mönchsregel abgeleitet. Häufig war im 11.
Jahrhundert der Empfang des Bußsakraments von Novizen,
wobei die Beichte der heiligen Kommunion voranging, oder von
anderen, die todkrank darniederlagen, durch das umfassende
Bekenntnis aller Sünden, zweifellos entsprechend den
Gebräuchen von Cluny und Hirsau. Meistens erfolgte diese
Beichte gegenüber dem Abt oder dem Prior: Auch wurde vor dem
Tode die Generalabsolution erteilt, die sie *indulgentia* nannten.
Dies aber wünschte sich in seiner Todesstunde sehnlichst
Marquard von Esslingen, ein Diakon des Kloster St. Blasien, den
wir oben schon erwähnt haben. *Wenn der Herr Abt,* sagte er nach
der getreulichen Überlieferung unseres Anonymus, *anstelle
Christi und des heiligen Petrus mir den vollkommenen Ablaß
gewähren würde, dann könnte ich hoffen, daß mir niemals mehr
weitere Sünden angerechnet würden. Was er gesagt hatte, erfüllte
der Herr Abt sofort: Der Abt ließ sich nämlich eine Stola bringen
und schenkte ihm an der Stelle Christi und des heiligen Petrus die
Lossprechung.* Es wird dann aber ebendort geschildert, daß er
nach seinem Tod, der gleich darauf eintrat, dem Abt erschienen
sei; danach habe er irgendeinen Mönch herbeigerufen und ihm
auferlegt, *daß dieser an seiner Stelle zur Beichte gehe, weil er, ohne
ein Recht darauf zu haben, ein Abtsamt habe erhalten wollen,*

zweifellos eines von denen, zu welchen damals unsere Leute überall berufen zu werden pflegten.

In den ›constitutiones Hirsaug.‹, Buch I, Kap. 43 steht die Überschrift: ›*Wann, zu wem und wie einer zur Beichte kommt und was ihm zur Buße auferlegt werden soll*‹. Nachdem dann aber der Beichtritus erklärt ist, wird das folgende angefügt: »Nachdem er aber alles vorgebracht hat, was er wollte (es soll dies freilich nicht allzu sehr in die Länge gezogen werden), wird er hierfür nach dessen (des Bekenners) Entscheidung eine Buße erhalten. Es kann dies eine solche Strafe sein, daß ihm auferlegt wird, das Gebet des Herrn mehrmals zu sprechen oder irgendeinen Psalm oder beides zugleich oder mehrere Psalmen. Es kann sich aber auch um ein so schwerwiegendes Vergehen handeln, daß sogar 60 oder 100 Psalmen oder sogar das gesamte Psalterium oder sogar dieses selbst mehrmals wiederzugeben sind; oder wenn es um eine entsprechende Person geht, werden mehrere Messen auferlegt. Geißelhiebe oder Fasten werden durch den Abt, oder, wenn dieser selbst abwesend oder solange dieser abwesend ist, durch den Prior verfügt. Diese Geißelungen aber werden zwischen den Horen und während der Frühmesse vorgenommen.«

Der heilige Ulrich handelt in Buch III Kap. 3 der ›consuetudines Cluniacenses‹ ausführlich von der schwerwiegenderen Schuld und anderen Arten von Schuld, nachdem er zu Beginn die Art und Weise der Geißelung, die im öffentlichen Kapitel vorgenommen zu werden pflegte, Punkt für Punkt erklärt hatte. »Es gibt aber (fügt er dann an) bei uns noch andere Arten der Zurechtweisung, welche nicht nur der Herr Abt verfügt, sondern auch, wenn es notwendig sein sollte, der Prior. Denn ich habe auch von dort vernommen, wie überaus wahr der Herr Abt (Hugo) gesagt hat: Keine Gemeinschaft von Mönchen wird wegen etwas entehrt, das von irgendeinem Bruder begangen wurde, sondern erst dann führt es ganz klar zu unserer Schande, wenn etwas in schändlicher Weise begangen und ohne angemessene Bestrafung verziehen wird. Wenn deshalb jemand wegen irgendeiner Schandtat beim Volk bekannt wird, wird er üblicherweise auch in Anwesenheit des Volkes bestraft, damit diejenigen, die von seiner Straftat Kenntnis haben, auch von seiner Sühne erfahren. Er wird nämlich ganz besonders dann, wenn alle zusehen, die zusehen wollten, mitten auf dem öffentlichen Platz entkleidet, gebunden und

geschlagen. Doch wenn die Schuld von nicht allzu schwerwiegenden Übeln herrührt, sondern er vielleicht mit irgend
jemandem auf ehrenrührige Weise und nicht nach Art eines
Mönches gestritten hat, wobei die Leute zuhören konnten: für
solche Vergehen steht eben dieser, wenn der Sonntag gekommen
ist, zu Beginn der Morgenmesse, wenn das Volk zur Kirche strömt,
mit nackten Füßen an der Kirchentür und hält einen recht
gewichtigen Band in der Hand: die Kapuze zieht er nicht über,
damit er von allen erkannt werden kann: Er spricht mit keinem,
der kommt oder geht: Ein Diener ist immer bei ihm, der den
Fragenden Auskunft gibt, weswegen diesem eine solche Buße
auferlegt worden ist. Und er geht nicht von dort weg, bis die
Messe beendet ist. Wenn er aber irgendwie ungehorsam oder
aufsässig gewesen ist, warten die Brüder dem Brauch nach nicht
ab, daß ihnen dessen Festnahme befohlen wird, sondern sie
stürzen sich von selbst sofort auf ihn und ergreifen ihn, und wenn
er festgenommen ist, tun sie, was ihnen richtig erscheint, schicken
ihn in den Kerker oder legen ihn in Fesseln (Fußfesseln): Der
Kerker ist so beschaffen, daß man in ihn auf einer Leiter hinab-
steigt; er weist keine Tür auf und hat kein Fenster. Auch gibt es
von den Fesseln leichtere und schwerere, so daß der Einge-
schlossene nicht in den Schlafsaal hinaufsteigen kann und dann
woanders im Gefängnis schläft.« Über diese und andere ähnliche
Arten der öffentlichen Genugtuung und Buße bei den Mönchen
handelt P. Marq. Herrgott in seiner Einleitung zur ›vetus disciplina monastica‹; dort stellt er zugleich auch fest, daß, auch wenn
die Strafe des Kerkers und der Fußfesseln im 11. Jahrhundert
häufig angewandt wurde, dennoch die Ausstoßung Unverbesser-
licher aus dem Kloster nicht völlig abgeschafft war.

Nichts aber war in diesem 11. Jahrhundert weiter verbreitet als
Ruten oder Geißeln zu festgesetzten Zeiten, eine Züchtigung, der
man den Namen *disciplina* gab. Der oben aus der anonymen
sanblasianischen Handschrift erwähnte ehrwürdige Marquard
von Esslingen, der todkrank im Bett darniederlag, bat den Prior
darum, *daß er ihm anstelle einer Buße die disciplina auferlege.*
Dazu antwortete der Prior, indem er sagte: In einer solchen
Krankheit, in der Ihr gerade befangen seid, dürft Ihr keine disci-
plina anwenden. Unter den Werken des heiligen Petrus Damiani
befindet sich das Opusculum 43 an die Mönche von Cassino

›Über das Lob der Geißeln und (wie man sagt) *der Disziplin‹*, in welchem er ihnen mit vielen Vernunftsgründen zu raten sucht, den bei eben diesen aufgegebenen Brauch des Geißelns jeweils am Samstag wieder aufzunehmen; und auch an anderer Stelle führt er überall Mahnungen und Beispiele an, vor allem des seligen Dominicus Loricatus, von dem er im Opusculum 50 Kap. 14 berichtet, *daß er hintereinander zwölf Psalterien mit der ›Disziplin‹ gesungen hat und dann das dreizehnte begann.* Daß diese aber irrtümlich für die Urheber der ›Disziplinen‹ gehalten werden, zeigt Mabillon im Vorwort zum 6. benediktinischen Jahrhundert[316] an den Beispielen des heiligen Abtes Guido von Pomposa, dessen heiliger Leichnam, wie wir oben schon gesagt haben, von Kaiser Heinrich III. im Jahre 1047 nach Speyer gebracht worden war, und des heiligen Abtes Poppo von Stablo in der Diözese Lüttich.

Die Mönchsdisziplin und deren Erneuerer.

LXXII. Dieser war unter den hauptsächlichen Erneuerern der Mönchsregel und -disziplin im 11. Jahrhundert dem heiligen Kaiser Heinrich II. besonders teuer. Mit diesem ist Richard von Verdun, der Abt von St. Vitonus, in Verbindung zu bringen und andere, welche Hugo von Flavigny diesem in seiner Chronik von Verdun hinzurechnet, nämlich *Odilo, den tieffrommen Vater der Gemeinschaft von Cluny und Wilhelm, den tüchtigen Leiter der Diözese Dijon und einen im Glauben ganz hervorragenden Mann, die, obwohl sie nicht zu seinem Reich gehörten, doch mit ihm in Freundschaft verbunden waren und durch deren Gebete die Reichsangelegenheiten in Friede geregelt wurden.* Und später nennt er von jedem einzelnen die Beinamen, die jedem von diesen beigelegt wurden, *nämlich Richard ›von Gottes Gnaden‹, wie auch der heilige Odilo auf Grund seiner tiefverwurzelten Frömmigkeit ›der Fromme‹ und Wilhelm nach der Strenge seines mit Glut abgelegten Gelübdes ›oberhalb der Regel‹ genannt wurde.*

Dieser heilige Wilhelm von Dijon ist der Erneuerer des Klosters und der Disziplin von Fruttuaria, von der wir oben gesagt haben, daß sie damals sowohl überall in Deutschland, wie auch ganz besonders in unserem Schwarzwald im Kloster St. Blasien aufge-

316 P. I. p. XXXI etc.

nommen worden ist, von wo aus in diesem 11. und dem folgenden
Jahrhundert sich die Ordnung von Fruttuaria mit einem solch
glückhaften Erfolg mit vielen neuen Niederlassungen in sehr
vielen Klöster ausbreitete, daß sich in demselben Jahrhundert die
Cluniazenserordnung von Hirsau aus, gleichsam der zweiten
Pflanzstätte des Schwarzwalds, weit und breit über die benediktinische Welt, hauptsächlich in Deutschland, hinerstreckte. Daß
mit Sicherheit unser Kloster St. Blasien dem von Hirsau und
Schaffhausen zugerechnet wurde, wenn es sich um die Reform
handelt, haben wir schon aus dem Anhang zum Chronikon des
Hermann ersehen. Weiterhin ist dies aber aus der in übler Weise
voreingenommenen Aussage Burkhards in dem Buch *de casibus
monasterii S. Galli* in Kap. 7 offenbar, der darlegt[317], daß diesem
seinem Kloster auch deshalb Anfeindung zugekommen sei, vor
allem bei Berthold von Zähringen: »Zu all diesen Übeln kam
auch noch hinzu (sagt er), daß einige Mönche mit einigen neuen
Erfindungen und ungewohnten Bräuchen aus den Zellen St.
Salvator, das ist Schaffhausen, St. Aurelius, das ist Hirsowe, und
St. Blasien in Erscheinung traten und eben diesen Ort des heiligen
Gallus, der einstmals wie das Paradies in dem ganzen Schmuck
der heiligen und regularen Ordnung erblühte, unter dem Vorwand
des Kirchenbanns, der zur damaligen Zeit weithin herrschte, dem
Markgrafen und anderen Laien so sehr verachtenswert und
verhaßt machten, daß sie eben diesen an Vermögen und Disziplin
gleichsam zum Nullpunkt gebracht hatten.« Dem Herrschaftsgebiet des Berthold gehörten nämlich die Klöster Hirsau und vor
allem St. Blasien an, die zwei Perlen des Schwarzwaldes: Daher
nahm offenbar Berthold die Gelegenheit wahr, die St. Gallener
wegen ihrer allzu nachlässigen Disziplin zu beschimpfen, und
zwar auf Grund der unbestreitbaren Strenge der Cluniazenserdis-
ziplin im Kloster Hirsau und der noch strengeren Disziplin von
Fruttuaria in St. Blasien. Was es aber mit der Disziplin von
Fruttuaria des heiligen Wilhelm von Dijon auf sich hat, haben wir
schon aus Hugo von Flavigny gehört.

Damit stimmt Sigbert von Gemblach in seiner Chronik schon zum
Jahr 1027 überein. *Es blühte,* sagt er, *zu dieser Zeit der Glaube der
Kirche durch berühmte Äbte, und zwar in Frankreich und im
Burgund durch Odilo von Cluny, der durch seine Frömmigkeit*

---

317 Goldast. Rer. Alem. T. I. P. I. p. 73

herausragte, und durch Wilhelm von Dijon, verehrungswürdig durch seine Strenge; in Lothringen durch Richard von Verdun, geziert durch fromme Strenge und strenge Frömmigkeit; durch Poppo von Stablo, durch Elias von Köln, durch Albert und Stephan von Lüttich und durch Berno von der Reichenau. Nochmals wird hier Wilhelm von Dijon eine außergewöhnliche Härte und Strenge zugeschrieben, der allerdings aus der Ordnung von Cluny die Disziplin von Fruttuaria geschaffen hatte, von der wir oben aus Lambert von Schafnaburg in ›de rebus Germaniae‹ festgestellt haben, daß sie durch Anno von Köln in den Klöstern Saalfeld und Siegburg eingeführt worden ist. Nachdem sich dieser Lambert in jenen Klöstern 14 Wochen lang aufgehalten hatte, schien er wahrgenommen zu haben[318], *daß unsere Bräuche besser mit der Regel des heiligen Benedikt übereinstimmen als jene, wenn wir nur als ebenso zähe Vorgesetzte und so entschiedene Nacheiferer der Traditionen unserer Väter auftreten wollten.* Er spricht von seinem Kloster Hersfeld, dessen Abtes Ruthards Tod er zum Jahr 1073 berichtet[319], eines Mannes, der in den heiligen Schriften hervorragend gebildet und so gut zum Reden gerüstet war, *daß niemand zu seiner Zeit das Wort Gottes ausführlicher, niemand tiefgehender, niemand eleganter darstellen konnte: Andererseits war er bei der Beobachtung der Regel ein wenig nachlässiger, als es die Sitten und Zeiten erforderten.*

Welche Bedrängnisse der Zeiten er hier kennzeichnet, haben wir oben hinreichend dargestellt, die so unsicher wie nur möglich und der Mönchsdisziplin äußerst unzuträglich waren, wenn nicht diese höchste Wachsamkeit der Vorsteher gepflegt und erhalten worden wäre. Trithemius, der in der Chronik von Hirsau zum Jahr 1066 die Überlegung des Grafen Adelbert von Calw zusammen mit seiner frommen Frau Wiltrud erwähnt[320], woher sie für das wiederhergestellte Kloster Hirsau Mönche bekommen könnten, die nach der Regel des heiligen Vaters Benedikt in aller Reinheit Dienst leisteten, sagt: *Es gab zwar zu dieser Zeit in Deutschland viele Klöster unseres Ordens, doch herrschte nicht in allen die volle Disziplin eines Mönchsordens. Es hatten nämlich viele Klosterleute in jener Zeit den Mönchsorden verdorben, die auf dem Weg der richtigen Lebensführung schlimm ins Schwanken gerieten. Denn die*

318 Apud Pistor. T. I. script. Germ. p. 350
319 Ibid. p. 378
320 T. I. p. 211

Mönche des Klosters Fulda, aus dem nämlich im 9. Jahrhundert die erste Gruppe hierher geführt worden war, *waren, wie auch viele andere, vom Pfad der Regeldisziplin abgewichen und schienen zu jener Zeit kaum noch des Namens ›Mönch‹ würdig.* Der heilige Petrus Damiani, der sich auch in unserem Deutschland als Legat ein Zeitlang aufgehalten hatte und zusammen mit der allgemeinen Verderbnis jener Zeiten auch diese Verschlechterung des Mönchsstandes beklagt, sagt zu Beginn seines Apologetikums ›über die Verachtung der Welt‹[321]: *Denn diese an sich schon schlechte Welt entwickelt sich täglich zu einem solchen Abschaum herab, daß nicht nur die Ordnung jeden weltlichen oder kirchlichen Standes aus seiner Stellung zusammengebrochen darniederliegt, sondern sogar die Mönchsdisziplin selbst sozusagen auf dem Ruhebett fernab von jener gewohnten Vollkommenheit seiner Erhabenheit dahindämmert.* Mit nicht unähnlichen Klagen beginnt das 13. Opusculum ›Über die Vollkommenheit der Mönche‹ mit dem 1. Kap. *›Über das Nachlassen der Glut des heiligen Ordenslebens‹. Deshalb wißt ihr genau, meine Brüder, wovon ich seufzend spreche, wie tief der Fall der heiligen Glut ist und unser Orden nicht aufhört, in einen immer abschüssigeren Abgrund zu stürzen, so daß wir schon fast alle unsere Aufgaben in nachlässiger Weise vergessen haben und mit dem Gewand dieses Gelübdes allein schon zufrieden zu sein scheinen. Unter dem Schein des Ordenslebens leben wir weltlich und, nachdem wir den Geist der Regel entweiht haben, indem wir auf Grund der einströmenden Verlockungen uns selbst vernichten, gleichsam uns von den Titeln unseres Adels herabwürdigen, besitzen wir den Namen ›Mönch‹ nur zum Schein.*

Hier ist jedoch eben der Geist dieses außerordentlich strengen Eiferers[322] für die Sache gleichermaßen des Mönchs- wie Eremitenordens zu bedenken, der gleich darauf selbst kundtut, um welche Vollkommenheit der Mönche es ihm geht. Dazu hat er nämlich die Allegorie von der Landnahme verwendet und fügt jenes Wort aus Josua 17 an: *Wenn du ein so zahlreiches Volk bist, dann steige doch hinauf ins Waldgebiet und rode für dich dort im Land der Perisiter und Rafaïter, wenn dir der Wohnraum im Gebirge Efraim zu eng ist.* Dies freilich erklärt er seinem Vorhaben

---

321 Opusculo XII. opp. T. III. p. 106
322 Opus. XIII. cap. 3.

entsprechend, so daß mit jenem, dem der Besitz des Gebirges Ephraim zu eng ist, der gemeint ist, der sich entschlossen hat, sich nur mit der Regel des seligen Benedikt zufrieden zu geben. »Doch höre (fährt er fort), wie dich der neue Josua zum Berg treibt und dir befiehlt, zu breiteren Rodungen zu eilen: *Wir haben, sagt er, diese Regel aufgeschrieben, damit wir durch deren Beobachtung darlegen können, daß wir bis zu einem gewissen Grade sowohl die Ehrenhaftigkeit der Sitten als auch den Anfang eines gottesfürchtigen Lebenswandels erreicht haben.* Siehe, der Berg Ephraim. Doch da er genau erwogen hat, daß hier der Besitz zu eng sei, schickt er dich zu Höherem und Weiterem. *Was aber schnell zur Vollkommenheit führt, sagt er, das sind die Lehren der heiligen oder die Überlegungen und die Einrichtungen der Väter usw.*« Dann aber ist er weiterhin in demselben Werk der Meinung, daß von einem Novizen oft das Große erstrebt werden müsse, *damit das Kleine durch eigenes Bemühen leichter zu erreichen sei.* Schließlich führt er folgendes und ähnliches als Beispiel an: *Oft wird trübes oder lauwarmes Wasser in der Absicht getrunken, daß einer, der die Lust auf Wein ablegen möchte, zu dem Urteil gelangt, daß sauberes und frisches Wasser völlig ausreicht. Oft wird Brot aus Kleie vorgesetzt, damit, indem man Verlangen nach gewöhnlichem hat, keiner mehr nach Weizenbrot fragt.*

Die Nahrung der Mönche.

LXXIII. Wenn Otto von Freising in seiner Chronik Buch VII Kap. 9 auf eben diese Zeiten, die wir beschreiben, zu sprechen kommt[323], schreibt er darüber etwas zu milde: *Auch begann die Strenge sowohl im Kloster wie im Klerikerstand von da an bis auf den gegenwärtigen Tag immer stärker anzuwachsen, so daß nach dem gerechten Urteil Gottes, während sich die Bürger der Welt im Schmutz immer mehr verunreinigen, ihre eigenen Bürger durch seine Gnade mehr und mehr zur höchsten Tugend voranschreiten.*

Es ist hilfreich, hier als nur ein Beispiel den eben genannten heiligen Petrus Damiani heranzuziehen, der, wie der Verfasser seiner Lebensgeschichte aussagt[324], *seinen Schülern das, wozu er durch sein Reden mahnte, anhand von Beispielen deutlich machte:*

323 Urstis. script. Germ. T. I. p. 144
324 Opp. T. I. p. 13

Ich halte es nicht für unnütz, daß wir von diesen die folgenden erwähnen. Ich habe nämlich gesehen, daß jener 40 Tage lang nichts als Speise zu sich genommen hat, was durchs Feuer gegangen wäre, sondern er sich lediglich mit Äpfeln und den ungekochten Gewächsen der Erde und dazu noch ohne jeden Trank zufriedengab: Dies habe ich nämlich persönlich wahrgenommen. Etwas anderes, was ich sagen will, habe ich von Älteren gehört, die es meinen Mitschülern berichteten, nämlich daß eben dieser einmal an ebenso vielen Tagen überhaupt kein Essen zu sich genommen hat, außer einer kargen Gemüsesuppe: Wenn er aber bemerkte, daß er vielleicht durch dieses Fasten doch allzu sehr mitgenommen werde, hielt er es dennoch keineswegs für verachtenswert, der Schwäche seines Körpers duch besonnenen Verzicht wieder etwas aufzuhelfen: Wenn er dadurch wieder zu Kräften gekommen sei, könne er wieder gestärkter zu einem weiteren Kampf antreten. Er fügt dann an, daß eben derselbe zu Beginn beider Fastenzeiten – er beging nämlich zwei im Jahr – sich für drei Tage lang vollkommen jeder Speise enthalten habe, *wozu er allerdings selbst niemanden überredete, auch wenn er der Meinung war, es müsse denen, die danach fragten, irgend etwas vermittelt werden, was zum Fortschritt ihres geistlichen Eifers diene, wodurch er sich gerade zu Beginn des unternommenen Fastens dem Herrn empfehlen könne.* In dieser Weise aber regelt er selbst im 15. Opusculum *Über die Einrichtungen seiner Kongregation* in Kap. 6[325] dieses dreitägige Fasten nicht nur für die Mönche, sondern auch für Laien, *daß diejenigen, die sich nicht des Verzehrs von Nahrungsmitteln vollständig enthalten können, dennoch allein mit Brot zusammen mit Wasser zufrieden leben sollen.* Dies geht weit über die Regel des heiligen Benedikt hinaus, wie auch das, was er gleich darauf über die Aufteilung in zwei Portionen anfügt, wenn sie zweimal am Tag speisten; daß dies jedoch seltener vorgekommen ist, als es die Regel vorschreibt, geht aus demselben 6. Kapitel oder der *Regel des Fastens und des Essens* hervor. Von dort erfahren wir, daß an fast allen Tagen, auch wenn nur eine einzige Mahlzeit stattfand, dennoch in jener Einsiedelei nur eine Portion gereicht wurde; und daß man sich des Weines für eine gewisse Zeit vollständig enthielt, bis die Gesundheit des Körpers es anders verlangte: Dieser Strenge wegen wurden allerdings sehr viele davon abgeschreckt, die

---

325 L. c. T. III. p. 146

Einsiedelei zu erstreben. Wegen dieser, wie es ihm selbst vorkam, Weichheit fuhr er gegen den Mönch Wilhelm los[326] und ließ auch die Entschuldigung nicht gelten, daß ohne Wein die Gesundheit nicht erhalten werden könne. Schließlich im 14. Opusculum *Über die Ordnung der Eremiten* legte er fest[327], daß nur jene wirklich fasten, *die Brot mit Salz und Wasser zu sich nehmen: sowie aber außerdem noch etwas hinzugefügt wird, wird es nicht vollkommenes Fasten genannt,* wie der Heilige meint.

Niemandem wird es daher merkwürdig vorkommen, daß der Verfechter eines so strengen Fastens in Cluny an der Menge der Speisen, die den Mönchen vorgesetzt wurden, und an der Verwendung von Fett, womit der Kohl und das Gemüse zubereitet wurden, Anstoß nahm. Doch war Petrus Damiani, wie der Anonymus in ›de miraculis S. Hugonis‹ von ihm sagt[328], *durch die Anwendung einer beispiellosen Enthaltsamkeit und die Klammer eiserner Fesseln von allen Seiten so geschwächt, daß kaum ein Weg gefunden werden konnte, wie die Schwäche seines Körpers dazu gebracht würde, die schwere Last des Reitens irgendwie aushalten zu können.* In angemessenem Ton beschwor er also den heiligen Hugo, daß sie sich doch wenigstens an zwei Wochentagen des Fettes enthielten. Dieser sagte ihm: *Wenn, liebster Vater, ihr uns durch diesen Zusatz zum Fasten eine Verdienstkrone verschaffen wollt, dann erprobt vorher mit uns zusammen die Last der Arbeit.* Wir haben oben schon gesehen, daß der heilige Petrus Damiani, nachdem dies erfolgt war, von seiner Forderung Abstand genommen hat.

Der Anonymus von St. Blasien hebt in den ›libri constructionum‹ in bezug auf den ehrwürdigen Ulrich von Susenberg dies als besonders bemerkenswert hervor, *daß er Fett, Käse und Eier nicht verzehrte.* Dies ist aber jedoch für die übrige Zeit des Jahres außerhalb der Fastenzeit zu verstehen, da etwa gerade um diese Zeit im Jahre 1085 auf der Synode von Quedlinburg es selbst Laien verboten wurde, in der Fastenzeit Käse und Eier zu sich zu nehmen und dies auch in unserem Schwarzwald bis zum 16. Jahrhundert hin beachtet wurde.

---

326 Opp. T. I. lib. VI. ep. 23. p. 96
327 Opp. T. III. p. 141
328 Biblioth. Clun. p. 461

Die Kleidung der Mönche.

LXXIV. Ich erinnere mich nicht, irgendwo von einem Streit unter den Alumnen der Benediktiner in diesem 11. Jahrhundert bezüglich der Nahrung gelesen zu haben: Scharf aber und heftig war er bezüglich der Kleidung, wie ein Gedicht der Mönche von Lauresheim gegen die Hirsauer beweist[329], das Kaiser Heinrich V. zu Beginn des 12. Jahrhunderts überreicht worden war; doch war die Veranlassung hierfür dadurch entstanden, daß Abt Gebhard von Hirsau, der von Heinrich IV. auch den Lauresheimern aufgedrängt worden war, »die neuen Hirsauer Bräuche (wie in der Chronik von Lauresheim bei Freherus zu lesen ist[330]), die vor kurzem aufgetaucht waren, durch auswärtige Mönche und Fremde, eher Larven als Personen, eingeführt hat. Als sich diesen die Brüder, die Erzieher der Kirche selbst, zur Verteidigung der Ordnung von Gorze oder Cluny, die sie seit altersher überliefert erhalten hatten, heftig widersetzten, sind sie durch die Partei der Hirsauer fast alle aus dem Haus gejagt und eine Zeitlang verstreut worden.« Von daher steht freilich fest, daß bei den Lauresheimern eben diese Observanz der Cluniazenser bestand, wie sie die Hirsauer hatten; dennoch nennen sie diejenigen ›Fremde‹, die sie in dem Gedicht als *bocksbartähnliche* Konverse verhöhnen, obwohl sie vorher schon ihr Ausehen bemerkt hatten, *die großen Tonsuren und die großen Kapuzen.*

Eben diese Mönche von Hirsau verspottet bei demselben Freherus[331] auch Waltram im 2. Buch ›de unit. eccles.‹ Kap. 42, der den Streit und die Zwietracht um das Mönchsgewand erwähnt; *eine Cuculla aber,* wird demselben erwidert, *ist ein Gewand mit Kapuze, die das Haupt bedeckt.* Und dann: *Also ist eine Cuculla ein bis zu den Knöcheln reichender Rock mit Kapuze und langen Ärmeln, der das Aussehen eines Kreuzes hat, das sich nach vier Seiten hin erstreckt, damit dieses Viergespann den, der der Welt gekreuzigt ist, auf jeder Seite einschließt und zum Himmel bringt.* So sah der heilige Petrus Damiani in der Form des Mönchsgewandes noch im 11. Jahrhundert gewissermaßen eine Nachahmung der himmlischen Seraphim, wie wir schon oben im

329 Apud Freher. T. I. script. rer. Germ. p. 140
330 L. c.
331 Ibid. p. 320 etc.

2. Buch zum 8. Jahrhundert aus einem Dekretale von Bonifatius IV. festgehalten haben.

Auch zum 9. Jahrhundert zeigt Mabillon[332] das Bild einer recht kurzen Mönchskutte, wie sie auch eben dieser Waltram beschreibt und die er so noch im 11. Jahrhundert irgendwo gesehen hat: »Wir haben einmal ein Mönchsgewand gesehen, das zwar kurz war, doch so geschneidert, daß es von oben bis zu den Nieren herabfloß und auf beiden Seiten bis zu den Enden der Schultern reichte: Eine solche Form und Abmessung wird im eigentlichen Sinne Skapulier genannt, das den Mönchen ihrer Arbeiten wegen nur auf Grund einer Bestimmung der Regel zugeteilt wird: Damit wird nämlich ein Doppeltes zum Ausdruck gebracht, nämlich daß einerseits der Mönch durch sein Mönchsgewand über seine Würde wacht und er andererseits insgesamt durch dessen Kürze und durch die Blöße seiner Arme bereiter und fleißiger für die Arbeit wird. Heute ist aber ein solches Gewand bei den Mönchen selten und nicht mehr üblich, weil nur wenige oder überhaupt keine Mönche mehr nach der Sitte der Väter auf Arbeit oder Ausführung eines Werkes bedacht sind.« In den ›constitutiones Hirsaugienses‹ Buch 1, Kap. 2 bei Herrgott[333] wird der ›froccus‹ von der ›cuculla‹ unterschieden, was nach heutiger Gepflogenheit nicht mehr geschieht. Es wird dort von Mönchen gehandelt, die von einem fremden Kloster kommen, welchen ein den übrigen gleichartiges Gewand vorgeschrieben wird, *davon abgesehen, daß sie keine Cuculla haben, solange sie ohne Benediktion sind. Später wird dem ›froccus‹ eine Kapuze angenäht, damit sie nicht, wenn sie mit uns zusammen leben, durch ihre Verschiedenartigkeit auffallen.* Daß der ›froccus‹ bis zu den Knöcheln herabgeflossen ist und auch für die Novizen das übliche Gewand war, geht aus Bernhards ›ordo Cluniacensis‹ Teil 1, Kap. 18 hervor[334], wo dem zur Lesung sitzenden Novizen befohlen wird, *die Vorderseite seines Froccus immer so in den Schoß zusammenzuziehen, daß die Füße gut gesehen werden können.*

In eben diesen ›constitutiones Hirsaugiensium‹ Buch 2, Kap. 37, wo dargelegt wird, was einem jeden Bruder für jedes Jahr an Kleidung zugeteilt werden soll, wird folgendes zur Vorschrift

332 Annal. T. I. p. 548
333 Vet. disc. mon. p. 380
334 Ibid. p. 175

gemacht: *Ein jeder Bruder aber muß ständig einen Froccus haben
und, wenn dies möglich ist, zwei Kutten. Ein neuer Pelzrock wird,
wenn dies möglich ist, jedes Jahr ausgegeben.* Die Verwendung
dieses Pelzrocks wird in Buch 1, Kap. 26[335] ›Wie sich der Bruder
zur Nacht hin waschen soll‹ folgendermaßen beschrieben, *daß er
auf dem Bett sitzend sich in die Kutte hülle; nachdem er sich aber
erhoben hat, wird er solchermaßen im Stehen einen anderen
Pelzrock über die Kutte anlegen, und ist damit, wenn er will,
dennoch verborgen,* unter dem Froccus nämlich. Wenn er so
bekleidet ist, ist er unserem kalten Schwarzwald angepaßt.
Nirgendwo aber wird in jenen Konstitutionen eine Tunika
erwähnt, die der heilige Benedikt in seiner Regel mit der Kutte
verbindet. Waltram setzt die Tunika nach einer anderen
angeführten Stelle der heiligen Regel mit einem Hemd gleich[336]:
Obwohl die Tunika nämlich, sagt er, *ein Kleidungsstück verschie-
denartiger Beschaffenheit ist, sei es aus Leinen, sei es aus Wolle, sei
es aus Pelz und vieles dergleichen andere, ist hier sicherlich eine
solche Tunika gemeint, wie ein Hemd beschaffen ist... Daß er aber
bestimmt hat, daß man der Nächte wegen auch solche Tuniken
besitze, kommt daher, daß er in einem anderen Kapitel seiner Regel
vorschreibt, daß die Mönche bekleidet schlafen sollen und mit dem
Zingulum gegürtet, weil ein Hemd gegürtet zu werden pflegt.* Doch
diese beiden Bezeichnungen fehlen in den Hirsauer Konstitutionen, wo in Buch 2, Kap. 37 folgendes zum Mantel aufgezählt
wird, den ein jeder Bruder haben soll: *nach der Regel und der
allgemeinen Gepflogenheit zunächst zwei Kutten und ein Froccus,
dann zwei Obergewänder, zwei kurze Beinkleider, zwei Paar
Sandalen, davon eines mit Schuhriemen für die Nächte, zwei Paar
Stiefel, zwei Pelzröcke, eine Kapuze aus Schaf- oder Katzenfell und
fünf Paar Strümpfe.*

Es scheint somit, daß die Stelle der Tunika zum Teil die Kukulle
eingenommen hat, zum Teil die Obergewänder, welche unsere
›interulae‹ oder Übertuniken aus Leinen oder Wolle sind. Ferner
wird aus den ›Consuetudines Cluniacenses‹ des seligen Ulrich
deutlich, daß diese Übertuniken auch Kapuzen hatten. Dieser
beschreibt nämlich in Buch 3, Kap. 3, wie sich der Mönch rüsten
muß, um die Züchtigung vorzunehmen; *zuerst,* sagt er, *entblößt er*

---

335 Ibid. p. 401
336 Pistor. T. I. cit. p. 322

die Füße, auch wird die Kapuze seiner Übertunika durch einen Einschnitt auf der rechten und linken Seite gelöst, damit er die Arme durch sie herausziehen und die Übertunika zusammen mit den Ärmeln um die Beinkleider binden kann: mit der rechten Hand empfängt er das Rutenbündel und, wenn in der linken die Kukulle geziemend zusammengefaltet herabhängt, schreitet ein hierzu bestimmter Bruder voran usw.

Es soll nicht übergangen werden, was kurz darauf über den Mönch folgt, der zur Strafe in der Öffentlichkeit an der Kirchentüre zu sitzen hat: *Er setzt die Kapuze nicht auf, damit er von allen erkannt werden kann.* Hierzu passend ist zu bemerken, was in der Lebensgeschichte des heiligen Wilhelm von Hirsau bei Mabillon[337] zu lesen ist, daß dieser oftmals, wenn er auf einer Reise war, heimlich von seinem Weg abgewichen ist, wenn ihm ein nackter Armer begegnete und dem Nackten einen aus dem Verborgenen geholten Lendenschurz schenkte, durch den die unteren Körperteile bedeckt wurden, weil er meinte, daß ein Kleidungsstück aus Leinen, das er benutzte, dem Armen wegen seiner Rauheit wenig angenehm wäre. Ich interpretiere den Lendenschurz als Beinkleid, das Kleidungsstück aus Leinen aber als Übertunika oder Kukulle, die wir Toga nennen, welche man, wie wir gesagt haben, anstelle der in der Regel vorgeschriebenen Tunika trägt.

Eine Kukulle ist das, *was wir mit einem anderen Namen Kasel nennen,* wie wir oben im zweiten Buch aus den Gebräuchen von Cassino des Theodemar bei P. Herrgott[338] notiert und insgesamt aus der Lebensgeschichte des heiligen Othmar entnommen haben; jene Tunika oder Kukulle, die wir nach lateinischer Sitte Toga nennen, war auch in Deutschland im allgemeinen Gebrauch, da ja der heilige Othmar gewohnt war, die Armen mit jener Tunika zu bekleiden.

Erst im 11. Jahrhundert aber scheint jene Wandlung eingetreten zu sein, gegen die Sigfrid, der Abt des Klosters Gorze, in einem Brief so heftig anging, der handschriftlich in der Bibliothek von Wien in dem Urkundenkodex XXXIII., früher theol. 546, erhalten ist. Geschrieben ist er aber an Poppo, zweifellos jenen seligen Erneuerer von Stablo und so vieler anderer Klöster, der im

337 Acta SS. sec. VI. P. II. p. 799
338 Vet. disc. mon. p. 12

Jahre 1048 gestorben ist; diesen bittet er darum, daß er die zweite
Ehe des Kaisers Heinrich III. mit Agnes wegen des allzu nahen
Verwandtschaftsgrades verhindern möge. In jenem Brief wettert
er nun aber gegen die französischen Sitten und Kleider, die nach
Deutschland eingeführt worden waren; wir glauben, daß es dem
Leser nicht unangenehm ist, wenn wir diese Anekdote hier
aufschreiben. »Dennoch gibt es eines, das uns außerordentlich
beunruhigt und uns ganz unmöglich schweigen läßt, nämlich daß
die Ehre des Reiches, die zu den Zeiten der früheren Kaiser in
Kleidung und Aussehen und ganz besonders in den Waffen und
der Reiterei aufs geziemendste in Blüte stand, in unseren Tagen
hintangestellt und die schändliche Sitte französischer Torheiten
eingeführt wird: nämlich im Schneiden der Bärte, in der schimpf-
lichsten und allen keuschen Blicken zu verfluchenden Verstüm-
melung und Entstellung der Kleider und in vielen anderen
Neuerungen, die aufzuzählen zu weit führen würde, welche zu
Zeiten der Ottonen und Heinriche einzuführen niemandem
erlaubt gewesen wäre; doch jetzt achten sehr viele die heimischen
und ehrenvollen Sitten gering und erstreben die Kleider und alle
Verkehrtheiten der Ausländer, und sie wünschen, denen auch in
allem gleich zu sein, von denen sie wissen, daß sie ihre Feinde und
Wegelagerer sind: und was noch mehr zu beklagen ist: solche
Leute lassen sich nicht nur nicht bessern, sondern werden sogar
beim König und einigen anderen Fürsten als enge Vertraute
angesehen, und jeder wird mit einem um so größeren Lohn
beschenkt, je bereitwilliger er bei solchen Albernheiten angesehen
zu werden scheint. Da nun aber andere dies sehen, schämen sie
sich nicht, diesen gleich zu werden, und weil sie danach trachten,
ungestraft davonzukommen und auch noch dafür belohnt zu
werden, sputen sie sich, noch größere Unsinnigkeiten an
Neuerungen auszudenken. An diesem und ähnlichem werden wir,
oh seliger Vater, deshalb so außerordentlich leiden, weil wir
sehen, daß sich mit den fremdländischen Veränderungen zugleich
auch die Sitten ändern und in dem sonst so ehrenhaften Reich
Mord, Raub, Meineid, Bestechung und Betrug aller Art
allmählich immer mehr zunehmen; und wir fürchten, daß dies
erst die vorläufigen Anzeichen noch größerer Übel sind. Deshalb
flehen wir Euch inständig an und beschwören Euch durch die
Liebe Gottes, daß Ihr durch den Herrn König und durch alle, auf
die Ihr Einfluß habt, dafür sorgt, diesen so großen Übeln nach

Vermögen und Kenntnis zu begegnen und sie abzustellen. Lebt wohl.«

Was er vom Scheren der Bärte sagt, erhellt aus dem ›ordo Cluniacensis‹ Bernhards bei P. Herrgott[339], wo er in seiner Rede, durch welche äußere Zeichen ein Laie erkennbar werden soll, vorschreibt, das Kinn mit der Rechten zu halten *wegen des Bartes, den diese Art von Menschen in alter Zeit, nicht wie heute, rasiert hatte.* Daß die Mönche sich sehr selten und sich selbst und mit einer Psalmodie rasiert haben, geht aus den Ordnungen von Farfa, Cluny und Hirsau hervor[340], wo nur für die Riten und die Hauptfeste das Jahr über, nicht aber für die Fastenzeit festgesetzt wird, wie es auch schon auf dem Aachener Kapitulare vom Jahre 817 in Kap. 6 festgesetzt worden war[341], *daß in der Fastenzeit nur am Karsamstag rasiert werden darf, in der anderen Zeit des Jahres aber nur einmal innerhalb von 15 Tagen und an der Oktav von Ostern.* Daß sich die Mönche aber nicht bis zur Haut rasiert haben, zeigen alte Bilder, so wie sie auch den Anstand und die Ehrfurcht in jedem Gewand zeigen; ebenso auch die Bänder des bis zu den Knöcheln herabwallenden Skapuliers, wie sie heute noch die Kartäuser tragen, was auch auf diesen Bildern hinsichtlich der Tunika oder Kukulle und der Kappa oder dem Froccus zu erkennen ist.

Daß in diesen Dingen auch bei den Hirsauern Bescheidenheit und Mäßigung bewahrt worden ist, zeigt Trithemius, wenn er zum Jahr 1067 über den Abt Friedrich von Hirsau schreibt: *In seiner Gewandung unterschied er sich in nichts von den anderen, der unterhalb der Kukulle gemäß der Regel mit jeglicher wohlfeiler Ausstattung zufrieden war, wie auch alle Mönchen des oben genannten Klosters und darüber eine Kappa schwarzer Farbe aus grobem Tuch trug.* Nach dieser Kappa oder Froccus schwarzer Farbe wurden die Benediktiner ›schwarze Mönche‹ auch zu der Zeit genannt, wenn sie eine weiße Tunika oder Kukulle gebrauchten. Und so werden sie in der Schriftensammlung der Zisterzienser[342] ›schwarze Mönche‹ genannt und unterscheiden sich dadurch von den Zisterziensern.

---

339 L. c. p. 171
340 L. cit. p. 102, 215, 528 etc.
341 Concil. Germ. T. II. p. 3
342 T. I. p. 23

Die Sorge für das Vermögen.

LXXV. Der heilige Petrus Damiani erhebt im 29. Opusculum *Von der wohlfeilen Gewandung der Kirchenmänner* Vorwürfe gegen den Abt Mainard, der es gewohnt war, sich mit allzu kostbaren Gewändern zu kleiden. Nachdem sich nämlich damals auf wunderbare Weise das Geld und Vermögen vermehrt hatten, bestand äußerste Gefahr, daß Äbte und Mönche von dieser Eitelkeit weggerissen würden. Als eben dieser heilige Petrus Damiani, *jener zweite Gregor,* wie von ihm der Anonymus in ›de miraculis S. Hugonis abbatis Cluniac.‹ berichtet[343], die Bildung und die Disziplin gesehen hatte, *begann er zu stocken und zu staunen, wie sie heilig sein oder heilige Gründer haben könnten, die einen solchen Überfluß an Gütern hätten, oder andersherum, wie diejenigen nicht heilig sein oder vergehen könnten, die doch so demütig eine solch schwere Arbeitslast und Bewahrung der Mönchsdisziplin auf sich nähmen.* Einzig durch diese Einhaltung der Observanz der Mönchsdisziplin aber kann es geschehen, daß die Mönche gemäß dem Apostelwort bestehen können, *wie wenn sie nichts hätten und doch alles besitzen.* Wir haben schon oben erwähnt, was Trithemius zum Jahr 1102 notiert, daß etwa um diese Zeiten Gebhard, der Nachfolger des heiligen Wilhelm im Abtsamt von Hirsau ab dem Jahre 1091, begonnen hat, allmählich in den Dingen, die das Heil der Seelen anlangen, ein wenig nachlässiger vorzugehen und den zeitlichen Dingen mehr als recht anzuhangen, nachdem sogar die Armen vernachlässigt worden waren. Davon weit entfernt aber war der Lehrer und Vorgänger Gebhards, der heilige Wilhelm, auch wenn er von weit größeren Sorgen in Anspruch genommen war bei der Gründung, Erneuerung, Neuordnung und Verwaltung von so vielen Zellen und Klöstern, die er entweder selbst gegründet oder für die er sicherlich genau so in zeitlichen wie in geistlichen Dingen unermüdlich gesorgt hatte. Dies hatte zweifellos dieser heilige Abt, wie auch der heilige Hugo von Cluny, deshalb getan, damit weder sie selbst bei der Übernahme der Seelsorge für so viele Gemeinschaften irgendeinen Schaden nähmen, noch sie zuließen, daß die Ihren, die sie an so vielen ihnen anvertrauten Orten so weit verstreut hatten, durch Sorgen für weltliche und zeitliche Güter unter Verlust des geistlichen Fortschritts und der Regeldis-

---

343 Bibl. Clun. p. 461

ziplin aufgezehrt würden. Hierzu existiert die *imprecatio S. Hugonis*[344] oder sozusagen das Testament, in dem er den Brüdern vor allem dies ans Herz legt, daß, da der Ort über verschiedene Gebiete hinweg allüberall sowohl mit Brüdern als auch mit Besitzungen reich ausgestattet sei, je größer die Zahl der Orte und der Brüder sei, ihm selbst als Sünder eine um so größere Furcht vor ihren Verfehlungen eingejagt werde.

Weiterhin vermehrten diese Besorgnis der Äbte gerade jene, die zu dieser Zeit als Vorgesetzte verschiedener Obödienzien oder der von ihren Klöstern weit entfernten Zellen aus verschiedenen Quellen zusammengescharrte Gelder zum eigenen Gebrauch verwendet hatten, so daß sie sogar von der kirchlichen Aufsicht zur Pflicht gerufen werden mußten. Aus diesem Anlaß verordnete, wie Mabillon aussagt[345], Leudegar, der Erzbischof von Vienne im Gebiet der Allobroger, zusammen mit dem Abt des Klosters St. Andreas in derselben Stadt, *dem Herrn Iterius und der Gemeinschaft, aus Liebe zur himmlischen Heimat zum dauernden Beispiel für die Lebenden, daß in jenen Obödienzien ein Gehorsamspflichtiger nichts von den Einkommen, nichts beim Wechsel von Hofgütern oder Lehnsträgern, nichts von den Opfergaben für den Altar und der Zahlung des Zehnten und ähnlichem anderen zum eigenen Nutzen verwenden darf; sondern überhaupt alles soll entsprechend der Zustimmung des Abtes zum gemeinsamen Nutzen der Brüder abgegeben werden. Wer anders handelt, den bestraft der Bischof schrecklich.* Schon im vorherigen Buch haben wir von einem klostereigenen Beispiel berichtet, als von den ersten Vätern des Klosters St. Blasien an einem Bruder Vergeltung geübt wurde, bei dem nach seinem Tode einige wenige Münzen gefunden wurden; es ist hilfreich, diesem ein zweites Beispiel zu diesem 11. Jahrhundert aus derselben anonymen Handschrift von St. Blasien anzufügen: *Ein gewisser Bruder nämlich kam zum Eintritt ins Kloster, der für sich heimlich Silbermünzen zurückbehielt. Als dies bekannt geworden war, wurde auf dem Konvent der Brüder entschieden, daß das, was törichterweise gegen die Sitte des gemeinsamen Lebens zurückbehalten worden war, niemandem in einer körperlichen Notlage zum Vorteil gereichen solle. Es war dies aber eine mit Münzen fast gefüllte*

344 Bibl. Clun. p. 495
345 Annal. T. IV. p. 313 n. 76.

Schale. Dann wanderte der, der törichterweise das Geld versteckt hatte, zusammen mit einigen Brüdern, die zusehen sollten, ob es auch geschehe, an einen bestimmten Ort, wo die Alb von einem Felsen mit Macht herabstürzt und warf eben diese Silbermünzen in das Wasser.

Fern von der Pracht und dem Hochmut der Äbte.

LXXVI. Doch viel größer ist hier die Gefahr bei eben jenen und sie war es immer, denen das Vermögen, das Geld und die Macht des Klosters anvertraut worden waren, daß sie im eigenen Interesse die günstige Gelegenheit an sich reißen, dies alles zur Prachtentfaltung und zur Befriedigung ihres Ehrgeizes zu mißbrauchen, ganz besonders die Äbte, wenn sie sich auf Grund ihrer Ehrenstellung hervorheben und den Zuwachs an Vermögen für ihren Hochmut und den Prunk der Welt verwenden und glauben, ihre Autorität durch fremden Aufwand und Glanz aufrecht erhalten zu müssen. Der heilige Wilhelm von Hirsau zeigte sich aber von einer solchen Bescheidenheit und Mäßigkeit, daß, wie Heymo in dessen Lebensgeschichte bei Mabillon[346] sagt, er nicht »zur Feier des Gottesdienstes aus Demut sich mit einem prächtigen Gewand bekleiden (wollte), welches mit Goldfransen oder Stoff aus irgendeinem kostbaren Metall geziert war. Auch verabscheute er das Küssen der Hand und der Knie des Abts, und er hätte überhaupt eine solche Sitte abgeschafft, wenn nicht die Älteren ihn dazu gebracht hätten, von ihnen diese Ehrbezeigung anzunehmen. Wenn er irgendwo dem vorangehenden Konvent der Brüder nachfolgte und sie sorgsam betrachtete, betete er unter Seufzen und Klagen inständig für sie, wobei er seine Augen von Herzen zum Himmel erhob. Wenn ihm bei Tisch etwas besonders gut Zubereitetes gereicht wurde, fragte er den, der ihn bediente, ob allen das Gleiche vorgesetzt würde. Wenn dieser bejahte, kostete er ein klein wenig davon; wenn aber nicht, verteilte er es sofort an die Kranken. Er verachtete die reiche Auswahl an Delikatessen und Speisen, die Anreize zum Luxusleben sind und begnügte sich mit Geringem und Bescheidenem. Wenn ihn die Notwendigkeit dazu veranlaßte, irgendwohin zu reisen, erfreute er sich nicht eines stolzen Hengstes, sondern ritt auf einer Stute

---

346 Acta SS. sec. VI. P. II. p. 728

oder dem Rücken eines billigen Eselchens. Vor glänzenden
Kleidern und ganz besonders vor Ärmeln und Kukullen mit
kostbarem Vliesbesatz schreckte er zurück, welche er sogar unter
Androhung der Exkommunikation untersagte und verbot mit dem
schärfsten Bann, daß die gebräuchlichen Dinge für verschiedene
Zwecke mit überflüssigem und prunkhaftem Schmuck verziert
würden.«

Später schließt derselbe Verfasser der Lebensgeschichte und
Schüler ein Geschehen an, das eines Heiligen würdig ist[347]: »Ein
gewisser Abt (sagt er) war mit kostbaren Gewändern ausgestattet,
mehr, als es sich für eine solche Persönlichkeit und einen so
hochgestellten Vorgesetzten ziemte: Diesen schätzte der
Gottesmann wegen vieler ihm von Gott verliehen guten Gaben,
doch wies er ihn in diesem Punkt im Eifer für Gott häufig hart
zurecht, auch wenn es wenig nützte.« Und er ließ es auch nicht zu,
daß er von diesem Abt hintergangen werde, der ihm ein kostbares
Bettuch in der Absicht anbot, »daß er in diesem seine Eitelkeit
beim Streben nach kostbaren Gewändern ein wenig zudecken
könne; wenn nämlich ein so lobenswerter und in jeglichem
Mönchsgelübde vollkommener Mann so etwas benutze, werde er
selbst in einem anderen ähnlichen nicht allzusehr getadelt.« Es
geschieht zwar leicht, doch muß man sehr auf alle Güter bedacht
sein und darauf hinarbeiten, daß, wie in der Beispielgeschichte
des Petrus Damiani, jeder beliebige Abt sich nicht nur in seinen
eigenen, sondern auch in fremden Kleider verbirgt, was er selbst
in dem zitierten Opusculum 29 *Von der wohlfeilen Gewandung der
Kirchenmänner* dem Abt Meinard eingeschärft hat[348]: »Und da
(sagt er) ich und die übrigen Brüder in deiner Anwesenheit immer
mit billigen abgelegten Kleidern zufrieden waren, habe ich, indem
ich vorher getan habe, wozu ich mahnte, vorher gleichsam ein
Gegengift getrunken und habe dich so zu dem Trank gerufen, den
ich dir vorgesetzt hatte. Doch habe ich schließlich sogar ein
glühendes Brenneisen eingeprägt, indem ich dem Glanz der
Kleider mit dem Feuer der Hölle gedroht habe.«

Doch nichts hiervon hatte eben dieser Petrus Damiani gegen den
heiligen Hugo von Cluny nötig, ja er hob er eben diesen und die
ihm anvertraute Gemeinschaft mit höchsten Lobsprüchen in

347 L. c. p. 733
348 Opp. T. III. p. 230

freundschaftlichen Briefen an ihn hervor, die er nach seiner Rückkehr geschrieben hatte. Und der heilige Hugo stand ihm gewiß in nichts an Einfachheit und Bescheidenheit nach, auch wenn er an die Höfe des Kaisers und von Königen berufen wurde, auch päpstlichen Gesandtschaften zugeordnet wurde, sich dazu noch seine Gemeinschaft über fast ganz Europa ausgebreitet hatte und seine Güter und Besitzungen sich auftürmten, wie wir aus seinem eigenen Munde soeben gehört haben. Von ihm aber schreibt Hildebert in dessen Lebensgeschichte[349]: *Niemand aber soll glauben, daß der Gottesmann gleichsam aus Geldgier angebotene Reichtümer gesucht oder angenommen habe. Mit deren Fülle diente er nicht der Habsucht, sondern der Barmherzigkeit, nicht sich, sondern den Bedürftigen. Er sprach mit dem Propheten: ›Herr, ich habe den Glanz deines Hauses liebgewonnen und den Wohnort deines Ruhmes‹; und was immer ihm die Demut der Gläubigen zubrachte, widmete er ganz entweder dem Schmuck der Kirche oder den Aufwendungen für die Armen. Seine Seele erhob weder der Zufluß an Vermögen, noch warf sie dessen Verlust nieder. In jeder Lage stellte er das Irdische hinter das Himmlische, hinter das Ewige das Vergängliche.*

Wem im 11. Jahrhundert die Bischofswürde überall zufiel.

LXXVII. Es sind in der Schriftensammlung von Cluny[350] zwei Bullen Urbans II. vorhanden, durch die er dem heiligen Hugo die Verwendung der Amtstracht eines Bischofs gestattete, wie auch anderen Äbten, vor allem dem von Cassino, dem Leo IX. nach der Mitte des 11. Jahrhunderts dieses Privileg urkundlich *gemäß der Sitte seiner Vorgänger* verleiht, wie in der Chronik von Cassino Buch 2, Kap. 81 zu lesen ist. Auch Hermann d. L. berichtet zum Jahr 1032, daß eben dieses Privileg auch Abt Berno von der Reichenau zu Beginn des nach seinem Glauben und seiner Bildung hochberühmten 11. Jahrhunderts erteilt worden war, das allerdings schon vorher dessen Vorgänger innehatten; authentische Urkunden hierüber übersandte Berno dem Papst Johannes XX. nach Rom; doch war sicherlich der Papst der Meinung, daß er den übrigen Privilegien wegen der Verdienste des so bedeu-

349 Bibl. Clun. p. 420
350 p. 514

tenden Mannes auch noch dieses hinzufügen müsse. Doch tat ihm dann der Konstanzer Bischof Warmann, ein früherer Mönch von Einsiedeln, ein Unrecht an, welches Hermann beschreibt: *Abt Bern von der Reichenau erhielt, nachdem er die Privilegien seines Klosters nach Rom übersandt hatte, von Papst Johannes wieder ein Privileg mit Bändern zurück, daß er die Messen mit Bischofsgewändern feiern dürfe. Daher wurde er von dem Konstanzer Bischof Warmann beim Kaiser als sozusagen Eindringling in sein Amt angeklagt, und er wurde von beiden so sehr bedrängt, bis er eben dieses Privileg mit Bändern dem Bischof selbst übergab, damit es öffentlich auf seiner Synode, d.h. am Gründonnerstag des folgenden Jahres, verbrannt werde.*

Diese Untat, die eher für den Papst als für den tiefreligiösen Abt Berno schmachvoll war, scheint dann im Verlauf dieses 11. Jahrhunderts die Bischöfe von Rom eher dazu gereizt zu haben, noch häufiger jenen Gebrauch bischöflicher Amtstrachten den Äbten zuzubilligen; darauf wies schon Mabillon in mehreren Beispielen hin[351]: Den Berno aber ließ sein gutes Gewissen ohne Mühe ruhig sein, indem er zeigte, welche Kenntnis er in den kirchlichen Bräuchen und deren Ursprüngen, Ursachen und Mysterien hatte, dann aber auch in anderen Werken, vor allem aber in *Über gewisse Dinge, die zum Gottesdienst gehören.* Und es blieb ihm nicht verborgen, daß ursprünglich, zumal im Abendland, die Vorrechte der Äbte umfangreicher gewesen waren, als man sie bis jetzt wiedererlangen konnte, allerdings nicht in bezug auf den Erwerb jener Ornate, deren Ursprung und Vorrecht unterschiedlich war, wobei deren Verwendung und Alter nicht dasselbe waren: doch in eben diesem selbst, was diese eine Eigentümlichkeit beim Bischofsstand ausmacht, nämlich in den heiligen Weihen: Zu diesen wurden nach der Regel des heiligen Benedikt, Kap. 62 *Wenn der Abt einen Priester oder Diakon für sich weihen lassen will* die zu weihenden Mönche dem Bischof vorgestellt.

Cotelerius aber weist in den Bemerkungen zu den Bestimmungen der Apostel nach, daß die Äbte, zumindest im Osten, wenn sie Priester waren, die Vollmacht hatten, Subdiakone zu weihen. Dies wird im Westen durch den Brauch selbst aus dem zitierten Kapitel

---

351 Praefat. in sec. VI. Bened. P. I. p. 17

der Regel bestätigt, und Thomasinus war der Überzeugung[352], daß das monastische Leben die Stelle der unteren Weihen und eben auch des Subdiakonats eingenommen habe, indem er ein Argument aus dem heiligen Gregor dem Großen verwendet, der in Buch 12, Brief 12 *Von der Untersuchung, ob ein geeigneter Laie zum Bischofsamt zugelassen werden soll* sagt[353], dieser sei zu ermuntern, *entweder Mönch oder Subdiakon zu werden, und nach einer gewissen kurzen Zeit, wenn es Gott gefallen habe, solle er zur Seelsorge aufsteigen*. Der heilige Epiphanius rechtfertigt sich in einem Brief an den Jerusalemer Bischof Johannes, der darüber erzürnt war, daß dieser einem Mönch Zugang zur Sakramentenspendung gewährt habe, spricht jedoch nicht von den niederen Weihen oder dem Subdiakonat und sagt: *Aber wir haben ihn zum Diakon geweiht und, nachdem er gedient hatte, noch einmal zum Priester*. Den Äbten im Westen wurde, gerade nachdem die Riten für jede einzelne Weihestufe von der ersten Tonsur an sehr sorgfältig und feierlich eingeführt worden waren, mitunter die Weihe der Subdiakone übertragen; um die niederen Weihen zu erteilen, wurde aber die Weihegewalt mit bischöflicher Amtstracht ausgeübt.

Im Osten regelt die 2. Generalsynode von Nizäa vom Jahre 787 in Kanon 14 den Sachverhalt in bezug auch auf die Weihe des Abtes und fügt hinzu, daß es jedem Abt innerhalb seines Klosters erlaubt ist, einem Lektor die Hände aufzulegen[354], *wenn nur die von dem Abt vorgenommene Handauflegung vom Bischof anerkannt wird gemäß der Sitte der Abtsernennung, indem nämlich feststeht, daß jener Priester ist*. Dieser Ritus findet sich in allen alten Ritualen, wie wir ihn in den ›monumenta Veteris Liturgiae Alemannicae‹ aus einem Manuskript der Kaiserlichen Bibliothek zu Wien abgeschrieben haben[355], der allerdings ursprünglich, wie man überall annimmt, aus dem Kanon des Theoderich entnommen ist; dann folgt ein andere *Weihe, wenn ein Abt oder eine Äbtissin im Kloster ordiniert wird*. Der Ritus jedoch und die Weihe selbst, die sich daran anschließt, betrifft nur den Abt, und es folgt, nachdem das übliche Gebet *Schöpfer aller guten Werke usw.* vorangeschickt worden war, die Rubrik: *Dann legt er ihm die*

---

352 Vet. disc. eccl. P. II. L. I. C. 85 n. 6
353 Opp. T. II. p. 312
354 Conc. Labb. T. VII. pag. 607
355 Vol. II. p. 104

Hand auf das Haupt, wobei er folgendes Gebet nach Art der Präfation spricht: Omnipotens sempiterne deus affluentem spiritum etc.

Gemeinschaftlich freilich und allgemein haben wir ebenda und anderswo die Verwendung des Weihewortes festgehalten und auch die Art und Weise, wie die Hände aufgelegt werden; doch ist trotzdem die passende Sinnbedeutung nach dem Brauch der Kirche und der ihr anvertrauten Vollmacht zu verstehen, die sie nach der Erfordernis und den Umständen der Verhältnisse ausrichtet. Und von daher schien es wegen der Größe der Diözesen überall richtiger, daß die Verwaltung des Weihesakraments den Äbten anvertraut wurde, als daß so viele tausend Menschen wegen der Abwesenheit eines Amtsinhabers ohne dieses Sakrament aus diesem Leben scheiden sollten. So legen auch Äbte bei der Weihe von Bischöfen die Hände auf, konsekrieren Altäre und nehmen andere bischöfliche Pflichten dieser Art auf sich.

Siebtes Buch.

**Der Schwarzwald im 12. Jahrhundert Christi,
im 7. Jahrhundert des heiligen Benedikt.**

Veränderungen des 12. Jahrhunderts
auch im Mönchsstand.

I. Das 12. Jahrhundert nach Christi Geburt war von allen Seiten her unruhig und für unser Deutschland gefahrbringend und unheilvoll. Der Mönchsstand, der im Jahrhundert zuvor trotz der Wirren und unglückseligen Kriege, die vor allem zwischen Kirche und Reich entstanden waren, so herrlich ganz besonders in unserem Schwarzwald aufblühte, hielt den Übeln dieses folgenden 12. Jahrhunderts nicht ohne Schaden stand: Er nahm sie allerdings in der Abgeschiedenheit der Wälder erst später wahr, und auch da nicht überall. Während allmählich die Gemeinschaft von Hirsau von ihrem Glanz einbüßte, schien demgegenüber der von St. Blasien fast von Tag zu Tag zuzunehmen, wobei mit der Zeit die Gestirne der ersten Größenordnung eine Finsternis erdulden mußten, ich meine jene hochangesehenen Abteien, welche Trithemius zum Jahr 1114 den kaiserlichen und königlichen zuordnet[1]. Von diesen aber *stürzte* jenes *Kloster*, das derselbe Trithemius als ehemalige Mutter des Kloster Hirsau vor alle anderen stellt, *das reichste,* wie Konrad von Ursperg sagt[2], *und in ganz Deutschland berühmteste und vorherrschendste Kloster Fulda in tiefste Not, selbst in die der notwendigen Nahrung.*

Der wirre Zustand des Reiches.

II. Doch die Ursache für diesen Niedergang liegt auf der Hand, weil nämlich jene bedeutenden Klöster, da sie ja, vom Reich mit Regalien ausgestattet, gezwungen waren, sich in öffentliche Angelegenheiten einzumischen, notwendigerweise auch in die

---

1   Chron. Hirs. T. I. p. 358
2   In chron. ad an. 1116 p. 274

unglückseligen Auseinandersetzungen, die zwischen den beiden Gemeinwesen untereinander ausgetragen wurden, einbezogen und somit von beiden Seiten her erschüttert wurden. Vergebens hatte freilich Heinrich IV. auf den Versammlungen von Mainz den Reichsfürsten versprochen, daß er zwischen Reich und Kirche die katholische Einheit stärken wolle, die in so vielen Jahren zerrissen blieb, wie zusammen mit anderen der genannte Ursberger Geschichtsschreiber zum Jahr 1102[3], Otto von Freising aber in seinem Chron. Buch VII, Kap. 8 bezeugt. Ebendort benannte er auch seinen Sohn Heinrich zu seinem Nachfolger im Königsamt (den er nicht lange darauf als seinen Rivalen erfuhr), wobei ohne Zweifel auf dem Konvent von Nordhausen im Jahre 1105 Erzbischof Rothard von Mainz den Vorsitz führte und auch Gebhard von Konstanz als päpstlicher Legat anwesend war, der dann im folgenden Jahr zusammen mit anderen von Heinrich dem Jüngeren in feierlicher Gesandtschaft nach Rom entsandt, doch von der Partei des Vaters, Heinrichs IV., in Trient an der Weiterreise gehindert worden war.[a]

[a] Wir fügen diesem die Verse des Vaters Heinrich an seinen Sohn aus dem Jahr 1106 an, welche Martenius aus einer Handschrift von Stablo in T. I. der ›Monument.‹ p. 609 veröffentlicht hat:
Weil ich arm bin, ist kein zweiter geringer als ich;
Weh mir! Was soll ich tun? Wohin soll ich mich wenden? Wem soll ich glauben?
Suevulus und Saxo geben dir jetzt nur zum Scheine nach.
Wahrlich schändliches Geschlecht, durch welches viele zugrunde gingen.
Wenn ich aber vertrieben werde, wirst auch du vertrieben werden: und dieser
Irrtum wird schlimmer sein als der erste, mein liebes Kind, sei auf der Hut.

Heinrich V. eilte nach dem Tode seines Vaters im Jahre 1111 nach Rom, und, nachdem er seinen Sinn geändert hatte, erzwang er von Paschalis II., den er gefangen hielt, die Rechte zur Investitur und die Reichskrone. Nachdem aber die Angelegenheit auf dem Laterankonzil neu verhandelt worden war, wurde schließlich durch die im Jahre 1121 erfolgte Vermittlung des Bischofs von Châlon-sur-Marne und ganz besonders des Abtes Pontius von Cluny (dessen Unterstützung beim Papst der König früher nach der Aussage des Ursbergers in Anspruch genommen hatte) beim König zu Straßburg und durch eine in Worms einberufene Versammlung der Fürsten im Jahre 1122 im Reich wieder der Friede hergestellt. Diesen bewahrte auch der Nachfolger Heinrichs V., Lothar II., unversehrt und erreichte die Versöhnung beider Ge-

3   L. c. p. 254

meinwesen, woran auch die dem zuwiderlaufenden Bemühungen
der Herzöge Friedrich und Konrad nichts änderten: Diese wurden aber durch Vermittlung des heiligen Bernhard schließlich
wieder in die Gnade des Kaisers aufgenommen, wie bei dem Abt
von Ursperg notiert wird.

Die unglückseligen Kreuzzüge des 12. Jahrhunderts oder die Heiligen Kriege, an welchen sich auch Mönche beteiligten.

III. Daß der Abt Pontius von Cluny sich mit öffentlichen Angelegenheiten beschäftigte, haben wir soeben erwähnt; dies tat er
nach dem Beispiel seines Vorgängers, des heiligen Hugo, der zu
der Behandlung höchster Staatsgeschäfte beider Gemeinwesen im
11. Jahrhundert herangezogen worden war. Eben dies trifft auch
in diesem 12. Jahrhundert für den heiligen Bernhard von
Clairvaux zu; wie groß sein Ansehen sowohl bei den höchsten
Würdenträgern der Kirche als auch bei den Königen und Fürsten
gewesen ist, und wie weit er in beiden Gemeinwesen herausragte,
machen seine Briefe deutlich, die von seinen Schülern niederge-
schriebenen Taten und die Reisen, die er auch in unser Gebiet
unternahm, um das Signalhorn gegen die Sarazenen im Heiligen
Land zu blasen. Es war dorthin seit Beginn des 12. Jahrhunderts
eine unzählbare Menge Christen zusammengeströmt und
verschiedene Heere unterschiedlicher Völker, um die gegen Ende
des 11. Jahrhunderts zurückgewonnene Stadt und das Königreich
Jerusalem zu beschützen: *Unter diesen,* wie Trithemius zum Jahr
1101 schreibt[4], *befanden sich viele adlige und mächtige Männer, die
ihr Vaterland, die Freunde und alles für Christus und seine heilige
Heerschar im Stich ließen. Mit diesen waren mehrere Erzbischöfe
zugegen, auch viele Äbte und Mönche, die alle das eine im Sinne
hatten, nämlich die Glaubensfeinde aufzureiben und den Ruhm des
gekreuzigten Jesus Christus überall in der Welt nach Kräften zu
verbreiten.* Dann fügt er das Martyrium des heiligen Diemon oder
Thiemon in Syrien an, eines Mönches aus Hirsau, der zuerst Abt
von St. Peter in Salzburg war, dann aber Erzbischof von Salzburg
wurde. Dieses Martyrium haben wir im vorhergehenden Buch
erwähnt.

4 Chron. Hirs. T. I. p. 325

Es war unter diesen Äbten als Teilnehmer am heiligen Feldzug auch der Abt Pontius von Cluny, der oben schon genannt worden ist, der, wie das Chronikon eben dieses Klosters berichtet[5], den Apostolischen Stuhl aufsuchte und *in einer Urkunde des Herren Papstes Callixtus II. auf die Abtswürde von Cluny freiwillig verzichtete und sich demütig auf den Weg nach Jerusalem machte.* Bei Bulaeus in der *Historia universitatis Parisiensis*[6] ist ein bedeutsamer Brief des Petrus Venerabilis, des Abtes von Cluny, zur Empfehlung an König Ludwig VII. von Frankreich zu lesen; in diesem nämlich klagt er darüber, daß er nicht mit anderen zum Heiligen Krieg aufbrechen dürfe, doch hebt er die Frömmigkeit des Königs hervor und verheißt ihm einen glänzenden Sieg über die Feinde des Namens Christi und reiche Beute. Geschrieben wurde aber dieser Brief, bevor Ludwig im Jahre 1146 mit seiner Frau und einem Heer aufbrach, wozu ihn vor allem der heilige Bernhard aufgefordert hatte. Dies bezeugt unter anderen Otto von Freisingen im 1. Buch der ›Gest. Frid.‹, Kap. 36 und folgende[7], wie auch in bezug auf König Konrad, den nach anfänglichem Sträuben eben dieser heilige Bernhard zu Speyer mit Predigten und Wundertaten dazu bewegt hatte. *Bei diesen Wundern,* die Trithemius zum Jahr 1147 ausführlich darstellt[8], *und Predigten des heiligen Vaters war Abt Wolmar* von Hirsau *mit den zwei älteren Mönchen Burckard und Konrad anwesend, mit diesen zusammen aß und trank er und empfahl sich und seine gesamte Gemeinschaft dessen Gebeten.*

Einen Brief des heiligen Bernhard, der dazu aufforderte, den heiligen Kriegsdienst aufzunehmen, und an die Erzbischöfe, Bischöfe, den gesamten Klerus und das Volk Ostfrankens und Bayerns gerichtet war, gibt der genannte Otto von Freising wieder[9], der Bruder des Königs Konrad, der selbst an dieser Fahrt teilnahm. Eine zeitgenössische Handschrift von Petershausen sagt, daß sich dieser von dem Heer, das dem König folgte, getrennt habe, um auf der königlichen Straße mit einem Heer von etwa 30 000 Bewaffneten nach Jerusalem zu gelangen: Allerdings überfielen diese die Truppen der Heiden und vernichteten sie fast

---

5   Bibl. Clun. p. 1646
6   T. II. p. 219
7   Urstis. script. Germ. T. I. p. 428
8   Chron Hirs. T. I. p. 415
9   L. c. cap. 41. p. 430

alle. Hervorzuheben ist ein Feldzug des Herzogs Konrad von Haringen oder Zähringen, von welchem später in derselben Handschrift berichtet wird, gegen die Völker im Norden, wobei er unzählige andere mit sich führte, zweifellos auch solche aus seinem Schwarzwald, denen die Reise nach Palästina allzu beschwerlich erschien, um sich *durch Sachsen hindurch gegen jene Heiden aufzumachen, die jenseits des Flusses namens Alba* (oder Albis) *wohnen. Als sie dorthin gelangt waren, fanden sie unwegsames Gelände vor, das überaus wasserreich und voll von Sümpfen war; die Einwohner jenes Landes aber wohnten nicht beieinander, sondern waren so weit verstreut, daß sie nicht ohne Mühe aufgefunden werden konnten. Das Christenheer, durch die Unkenntnis der örtlichen Verhältnisse in Verwirrung gebracht, kehrte somit ohne jeglichen Erfolg zurück.* Und so verliefen letztlich alle jene heiligen Feldzüge, die im 12. Jahrhundert unternommen worden waren, erfolglos, und auch Jerusalem wurde im Jahre 1187 von den Sarazenen wieder zurückerobert. Kaiser Friedrich aber, der im Jahre 1189 zu einem Angriff nach Palästina aufbrach und nach verschiedenen Widrigkeiten unglückseligerweise in einen Fluß stieg, um sich zu erfrischen, *versank sterbend in den Fluten, da ihm die plötzliche Kälte die natürliche Wärme raubte,* wie Otto von St. Blasien, der Fortsetzer des Werks des gleichnamigen Otto von Freising, den Sachverhalt darstellt[10] und ausführlich jenen Feldzug schildert, bei welchem auch der Schwabenherzog Friedrich, der Sohn und Gefährte des Kaisers, bei der Belagerung von Akko vom Fieber befallen und durch einen frühzeitigen Tod dahingerafft und unter der größten Trauer der Christen ebendort beigesetzt wurde.

Die Parteien der Welfen und der Gibellinen.

IV. Dieser Kaiser Friedrich, der erste dieses Namens, hatte sich früher einmal zusammen mit dem Schwabenherzog Konrad III. unter dem Zeichen des Kreuzes nach Jerusalem begeben, wie Otto von St. Blasien in Kap. 2 aussagt[11]; nach dem Tode eben dieses Konrad III., seines Onkels väterlicherseits, wurde er im Jahr 1152 mit der einhelligen Zustimmung der Fürsten als König begrüßt, dies freilich in der nutzbringenden Absicht, endlich die Partei der

10 Urstis. script. Germ. T. I. p. 211 etc.
11 L. c. p. 197

Welfen und Gibellinen auszutilgen. Die märchenhafte Schilderung dieser Partei durch Sigismund Meisterlin in dem Kalendarium des Rudolph[12] haben wir schon wiedergegeben, nämlich von den zwei Brüdern Welf und Gibel, die schließlich unter Friedrich II. auf der Burg Neresheim nahe der Stadt Nördlingen zur Zeit des großen Interregnums die Anstifter zu Untaten gewesen sein sollen. Man darf vermuten, daß dennoch etwas Wahres daran ist, zumindest was die örtliche Lage betrifft, von wo heute die Geschichtsschreiber von Württemberg selbst den Ursprung der Hohenstaufer herleiten, die den Gibbelinen den Namen gegeben haben, nämlich von einer zerstörten Burg namens Altstaufen in der Region Hertfeld, in welcher am Fluß Kocher die Ortschaft Waiblingen zu sehen ist; dies ist aber eine andere als die anderen gleichnamigen Ortschaften, von denen die eine in der Pfalz und in der Diözese Worms liegt, die andere in der Diözese Konstanz und dem Dukat Württemberg: jene aber, um die es hier geht, liegt in der Diözese Augsburg neben dem Kloster Neresheim des Ordens des heiligen Benedikt. Den überall bekannten Sachverhalt schildert der Priester Andreas in seiner Chronik von Bayern[13], daß nämlich der Anlaß, warum diese Namen einen so verderblichen Ruf erhielten, die Belagerung und die Schlacht von Weinsberg im Jahre 1140 unter Konrad III. war, der als erster aus dem Geschlecht der Hohenstaufer den Thron des Deutschen Reiches bestiegen und diesen seinem Neffen hinterlassen hatte, *weil* (wie Konrad von Ursperg zum Jahr 1152 sagt) *dessen Onkel Welfo und andere Fürsten Alemanniens zu ihm in nächster Linie der Verwandtschaft standen.*

Den Sachverhalt aber erklärt Otto von Freising ausführlich in seinen ›de gestibus Friderici I. Imp.‹, Buch II, Kap.2[14]. *Es gab,* sagt er, *im römischen Weltreich im Gebiet Frankreichs und Deutschlands bis jetzt noch berühmte Familien, die eine der Heinriche von Weiblingen, die andere der Welfen von Altdorf; die eine war es gewohnt, Kaiser hervorzubringen, die andere große Fürsten. Diese, wie es unter großen und ruhmsüchtigen Männern zu geschehen pflegt, rivalisierten häufig miteinander und brachten dadurch viele Male die Ruhe des Staates durcheinander. Nach dem Willen Gottes, wie man glaubt, der für den Frieden seines Volkes in künftigen*

12   Cod. epist. Rudolph. I. R. p. XXIV.
13   Schilter script. Germ. p. 25
14   Urstis. script. Germ. p. 447

Zeiten Sorge trifft, geschah es unter Heinrich V., daß Herzog Friedrich, der aus der einen, nämlich der Familie der Könige, entsprossen war, von der anderen, nämlich der des Norikerherzogs Heinrich, eine Tochter zur Frau nahm und aus ihr Friedrich zeugte, der derzeit lebt und herrscht. Doch dieses glückliche Vorzeichen und der Wunsch trog, denn es war weit davon entfernt, daß durch diese Blutsverbindung die Parteiungen zu bestehen aufgehört hätten, so daß vielmehr aus der Vermählung von Agnes, der Tochter Heinrichs IV., mit dem Vater Friedrich, dem ersten Schwabenherzog, wie wenn die Feindschaft mit dem Blut aufgenommen worden wäre, jene unselige Parteinamen die schlechte Vorbedeutung neu aufbrechender Feindseligkeiten in der schwäbischen Periode zwischen Kirche und Reich hatten, wie schon früher in der fränkischen Periode der Heinriche, nämlich des vierten und des fünften.

Dies ereignete sich vor allem unter Papst Alexander III.; den diesem entgegengestellten Gegenpapst Oktavian hatte Kaiser Friedrich begünstigt, bis zu dessen Absetzung hin in einem für die Kirche unheilvollen Wagnis Alexander auf dem Konzil von Rom im Jahre 1067 gegangen war, verbunden mit einer überaus großen Gefahr für unseren Schwarzwald, weil ihn auf der einen Seite die Gibellinen in Schwaben schwer bedrängten, auf der anderen Seite aber sowohl hier wie auch im Breisgau die Zähringer Herzöge den Welfen anhingen: Da es sich hierbei um die den Gibellinen entgegengesetzte päpstliche Partei handelte, die zu verlassen den Mönchsgemeinschaften Bedenken verursachte, mußten diese notwendig von allen Seiten her in schlimmste Bedrängnis geraten. In bezug auf Hirsau beklagt sich Trithemius zum Jahr 1175 hierüber[15], wo er, nachdem er die Verwirrung des Deutschen Reiches erwähnt hatte, anfügt: *In dieser Zeit folgte Abt Rupert zusammen mit seiner heiligen Gemeinschaft von Hirsau gemäß einer alten und lobenswerten Sitte dieses Klosters, die vom heiligen Wilhelm eingeführt worden war, in Treue der Seite der heiligen Kirche von Rom und der Gehorsamspflicht gegenüber dem Papst Alexander, und sie erduldeten deshalb von den Schismatikern viele Leiden an Sachen wie an Personen. Alle nämlich, die Gott fürchteten und in Gehorsam dem römischen Papst folgten, wurden durch verschiedene schlimme Rücksichtslosigkeiten seiner Verfolger in*

---

15 Chron. Hirs. T. I. p. 466

*Drangsal gestürzt; und da die Tage von Bösartigkeit überflossen,
brachten sich die Guten deshalb entweder durch Flucht in Sicherheit
oder versteckten sich in den Klöstern.*

Die Zähringer.

V. Freilich war Friedrich mehr Italien als Deutschland feindlich
gesonnen, vor allem Mailand, von dessen Bürgern er nicht nur
einmal herausgefordert worden war. Nachdem die zeitgenössische Petershausener Chronikhandschrift dessen im Jahr 1162
erfolgte Zerstörung geschildert hatte, fügt sie an: *Er beschloß, daß
von dem also und anderem, was er sich vorher und nachher, unter
welchen Umständen auch immer, verschafft hatte, den Klöstern
sowohl in Italien wie auch in Deutschland der Zehnte als Almosen
gegeben werde. Aus diesem Grunde bestimmte er auch für uns fünf
Ländereien, und davon wurde allmählich von Tag zu Tag die
Basilika des heiligen Gregor durch einen Bau erneuert, wobei ein
gewisser Kleriker namens Wezilo von Konstanz der Baumeister war.*

Besonders fürsorglich gegenüber der Kirche und den Kirchen-
männern war im 12. Jahrhundert der Onkel und Vorgänger Friedrichs, Konrad III., der die Kirche bis zu seinem Todesjahr 1152 im
Frieden erhielt, *in demselben Jahr nämlich, in welchem er in der
Stadt Freiburg verweilte,* wie Otto von St. Blasien in Kap. 4 sagt[16].
Diese Stadt wurde zu Füßen des Schwarzwalds im Breisgau von
dem Zähringer Berthold III. erbaut und im Einvernehmen mit
dem König und den Fürsten zum Markt erhoben, als sie
allmählich vorher aus den Werkstätten der Silberbergbaus
entstanden war: Sie wurde mit einer Mauer umgeben und durch
Gesetze entsprechend den Rechten von Köln geordnet, wie die
Urkunde aus dem Jahr 1120 bei Schöpflin[17] aussagt. Dem fügte
später Konrad III. in der Mitte eine Basilika mit einem bedeutenden Turm hinzu, der auch heute noch Bewunderung erregt.
Den Konrad III. bekriegte in seiner Burg Zähringen, die nicht
weit weg von Freiburg liegt, im Jahre 1138 der noch junge
Friedrich, wie Otto von Freisingen in den ›de gestibus Friedrici I.‹
Buch I, Kap. 26, aufweist[18]. Er fügt allerdings an, daß diese und
andere Kriege, von denen er verschiedene aufzählt, auf Grund des

16   Urstis. L. c. p. 198
17   Hist. Zaringo-Bad. T. V. p. 50
18   Urstis. L. c. p. 422

Feldzuges, den Friedrich damals nach Jerusalem unternommen hatte, zum Erliegen kamen.

Dann legt er dar, daß sich die Zähringer mit Friedrich, der bald darauf Kaiser wurde, deshalb versöhnten, weil Berthold IV., der Sohn des eben genannten Konrad, sich auf dem Feldzug gegen Italien im Jahre 1158 dem Kaiser gegenüber insofern gefällig gezeigt hatte, daß durch ihn neben anderen Fürsten die Mailänder die Friedensbedingungen entgegennahmen, wie Otto von St. Blasien aussagt[19], und ihm in der Schlacht bei Crema eben dieser Kaiser sein Banner anvertraute, wie der Ursberger berichtet. Allerdings entzweiten sie sich zwangsläufig wieder, da nach der Aussage Ottos von St. Blasien in Kap. 21 der Kaiser im Jahre 1167 Berthold die Herrschaft über das Burgund entriß; dies wird auch durch das bestätigt, was derselbe zum Jahr 1164 in Kap. 18 von diesem Berthold gesagt hatte, der sich mit Welfo gegen den Tübinger Pfalzgrafen Hugo verbündet hatte, der seinerseits unter dem Schutz des Kaisers Friedrich stand. Ich glaube, daß in bezug auf eben diese Auseinandersetzungen von *der Gefangenschaft* berichtet werden muß, von der die zeitgenössische Handschrift von Muri Mitteilung macht, *in welche mehr als 900 Reiter unter dem Grafen Hugo bei Touingen gerieten.* Die übrigen Geschichtsschreiber schweigen darüber, was in einer zeitgenössischen Chronikhandschrift, die früher dem Kloster St. Georgen gehörte, zum Jahr 1175 erwähnt wird, daß nämlich Herzog Berthold bei dem Kastell *Gillum* viele seiner Reiter durch eine Niederlage vollständig verloren habe; ebenfalls den Krieg zwischen Herzog Berthold und den Zollern, in welchem der Herzog im selben Jahr 1175 die Burg Fürstenberg besetzte. Fernerhin wird nach dem Zeugnis Ottos von St. Blasien in Kap. 24 zum Jahr 1177 wiederum das Vertrauen Kaiser Friedrichs gegenüber Berthold deutlich, von welchem er bei seiner Rückkehr nach Deutschland erbat, daß er ihm mit dem Heer nach Italien entgegengehe, was dieser dann auch tat.

Dies alles bezieht sich auf Berthold IV., dem dann im Jahre 1186 sein Sohn Berthold V. nachfolgte; um diesen zu bekriegen, schickte, wie das Chronikon von Admont bei Hier. Pez aussagt[20], Kaiser Heinrich VI. seinen Bruder, den Schwabenherzog Konrad,

19 Urstis. L. c. p. 201
20 Script. rer. Austr. T. II. p. 192

wegen eben dieses Dukats Schwaben, wie Trithemius zu jenem Jahr
anfügt[21], *welches für sich zu beanspruchen eben dieser Berthold
versuchte, und zwar gemäß einem Versprechen, das ihm von Kaiser
Heinrich darüber gemacht worden war. Doch noch bevor dieser
gefährliche Streit unter den Fürsten ein Ende nahm, beschloß der
Schwabenherzog Konrad, der sich gerade in der Stadt Durlach
aufhielt, seinen letzten Tag;* dies ereignete sich in der Nachbarschaft des Schwarzwalds. Nach dem Tode Konrads aber wurde
Berthold wiederum getäuscht und war zutiefst empört, wie
derselbe sagt, da Kaiser Heinrich seinen Bruder Philipp zum
Herzog über Schwaben bestimmte, dem er auch noch auf seinem
Sterbebett im Jahre 1199 die Leitung des Römischen Reiches und
dazu noch Siziliens übertrug, bis dessen kleiner Sohn Friedrich
erwachsen wäre; nachdem er aber dies so angeordnet hatte,
wählten die anderen Fürsten, die damit nicht einverstanden
waren, den Herzog Otto zum König von Sachsen.

Gegen Philipp leistete auch Papst Innozenz III. Widerstand.
Wenn aber, fügt Trithemius hinzu[22], *jemand die Gründe genauer in
Erfahrung bringen will, weswegen Innozenz es ablehnte, daß Philipp
die Herrschaft erlange, möge er seinen Brief lesen, den er an den
Herzog Berthold von Zähringen schrieb (in welchem er ihn dazu
ermahnte, von jenem abzulassen und sich Otto anzuschließen, den
er von seiten der Kirche als Kaiser anerkannte): Eine Abschrift
dieses Briefes findet sich im ersten Dekretalienbuch, wenn auch
verstümmelt, unter dem Titel ›de electione‹ im Kapitel ›Venera-
bilem‹.* Es gibt auch noch andere Briefe desselben Inhalts, die von
Innozenz an Berthold gerichtet waren, der sogar selbst die Kaiserherrschaft zurückwies, die ihm von den Erzbischöfen von Köln
und Trier und etlichen anderen Bischöfen angeboten worden war,
wie auch von Heinrich von Rhein-Pfalz zusammen mit anderen
Baronen jener Gegend, wie Otto von St. Blasien in Kap. 46
aussagt: *Von seinen Ratgebern war ihm empfohlen worden, deren
Wahl abzulehnen, und zwar wegen des Widerspruchs der Fürsten im
Osten und der schon vorgenommenen Wahl des Sohnes des Kaisers.*
Er weist hier auf Philipp hin, den Sohn des Kaisers Friedrich I.,
den Bruder des schon verstorbenen Heinrich VI., dem Berthold
nach Annahme einer Geldsumme auf Dauer treu blieb und von

21 Chron. Hirs. T. I. p. 486
22 L. c. p. 493

dem er sich niemals, auch nicht durch die päpstlichen Briefe, lossagte.

In der Geschichte von Neumünster bei Martenius[23] wird berichtet, die Fürsten Sachsens und Deutschlands hätten Berthold von Zähringen herbeigerufen, *der zu dieser Zeit das Burgund erobert hatte,* um die Herrschaft über diese Provinz wieder zu erneuern, ein Dukat, das, wie wir gesagt haben, Kaiser Friedrich an sich gerissen hatte. *Dieser (Berthold),* fährt die zitierte Geschichte fort, *eilte nach Köln, wie wenn er die Aufgabe übernehmen wollte; doch nach kurzer Zeit, in der er die schwere Last und den finanziellen Aufwand bedachte und von seinem Vorhaben abließ, kehrte er mit Schimpf und Schande wieder in seine Heimat zurück.* In bezug auf Philipp schildert der Ursberger die Angelegenheit folgendermaßen und schreibt: *Als der eben genannte Herzog von Zähringen begann, bezüglich der Ausgaben, die zur Erlangung der Kaiserwürde notwendig waren, in Zweifel zu geraten, kehrte er in die Gunst des Königs Philipp zurück und erhielt von diesem Lehen, für deren Übertragung an ihn er Sorge getragen hatte und machte sich ihm lehnspflichtig und hörig; und die Bürgen, nämlich seine Neffen, die er in Köln für die Ausgaben gestellt hatte, löste er nicht aus. Als diese in der Stadt festgehalten wurden, lösten sie sich selbst für einen ungeheuren Preis aus, nämlich der Herr Konrad und Berthold, die Söhne des Grafen Egino von Urach: Von diesen begab sich danach Konrad zum Zisterzienserorden und war Abt von Cîteaux; nachdem er von dort durch den Apostolischen Stuhl versetzt worden war, war er in Rom Kardinalbischof, nämlich von Porto und der heiligen Ruffina. Der andere aber, nämlich Berthold, war Abt in Luzinach; denn in der Gefahr der Gefangenschaft hatten beide Gott gelobt, daß, wenn sie befreit würden, sie sich dem Mönchsleben zuwendeten.*

Andere Dynasten des Schwarzwaldes.

VI. Diese Neffen des Berthold von Zähringen stammten von seiner Schwester Agnes, die mit Egeno, dem Grafen von Uren oder Urach verheiratet war; sie kamen von dem Stammschloß an einem Bach dieses Namens zwischen Freiburg und Villingen im Schwarzwald, wie manche glauben, während in der Nachbar-

---

23   Thes. Anecd. T. III. p. 1151

schaft, in der Schwäbischen Alb in Württemberg oberhalb der Stadt Aurach ein einst berühmtes Schloß herausragt, von dem auch heute noch das Grafengeschlecht Urach seinen Namen hat. Doch darf das Tal im Schwarzwald, in dem der Bach Urach fließt, nicht mit der Burg dieses Namens verwechselt werden, deren Überreste in der Nähe von Lenzkirch zu sehen sind, eine Dynastie, die mit der vom Urachtal verwandt ist. Schöpflin sagt mit völliger Bestimmtheit[24], daß die Grafen von Freiburg und Fürstenberg ihren Namen und ihre Herkunft von Urach im Schwarzwald herleiten, die freilich zu der Dynastie eben dieses Waldes gehörten und mit einem Herrschaftsgebiet ausgestattet waren, welches die Zähringer im 12. Jahrhundert in dieser Provinz besessen hatten, was der Inhalt des folgenden Buches sein wird, in dem wir uns ausführlich mit der gegenwärtigen Frage beschäftigen werden.

Im Nekrolog des Klosters Zwiefalten tritt Berthold von *Urach* in Erscheinung: *ebenso Gero von Ura: dieser gab uns Wilere. Egino, Graf von Urach.* Und nicht viel später *Cunrat von Hyrspile, Gräfin Werndrut von Sunnemtingin. Egeno von Ura, der Jüngere. Graf Hartmann von Wirtinberc. Gräfin Hadewic von Urah. Gräfin Cunegund von Urah. Gräfin Udilbild von Zolre. Graf Egino von Urah.* Von diesen ist für das 11. und 12. Jahrhundert zu berichten. In dieser Aufzählung werden die drei Eginos genannt, die wir schon im vorherigen Buch erwähnt haben, als wir von Abt Gebhard von Hirsau handelten, der der Onkel väterlicherseits des gleichnamigen Straßburger Bischofs Gebhard war, von dem wir gleich sprechen werden. Es war dies der Bruder des Egino, dessen Urkunde des Jahres 1181 im Archiv von St. Blasien mit dem vollständigen Siegel aufbewahrt wird, das einen springenden Löwen mit geöffnetem Maul und gestrecktem Schwanz zeigt. Dieser Egino hatte fünf Schwestern: Mathilde, die Ehefrau des Manegold von Sunemottingen, das heute zum Herrschaftsgebiet von Ochsenhausen gehört, Halevic, die Ehefrau des Grafen Hartmann von Württemberg, wie das Nekrologium von Zwiefalten sagt, wo Udelhildis, die Witwe des Friedrich von Zollern, und ihre Schwester Alberadis Nonnen waren; von Irmengart, der fünften der Schwestern, ist etwa um das Ende des 12. Jahrhunderts als der Ehefrau des Schweikhard von Gundel-

24 Hist. Bad. T. I. p. 200. 201

fingen zu lesen. Nach Aussage von P. Sulger in den Zwiefaltener Annalen[25] wurde etwa um das Jahr 1130 Alberadis, die Tochter der Grafen von Urach Egeno und Kunegundis, die leibliche Schwester des Straßburger Bischofs Gebhard, von der Lindauer Äbtissin zur Nonne von Zwiefalten. *Und der Edle Mangold von Sunemotingen und seine Ehefrau Matilt, die Schwester des Grafen Egino von Urach, und seine Söhne Egino und der Zwiefaltener Mönch Ulrich und seine Tochter, die Nonne Mihtilt, schenkten dem Kloster Zwiefalten bei der Ortschaft Altheim vier Hufen usw.*

Dies bezieht sich auf die Grafen von Urach aus demselben Stamm der Grafen von Achalm, den Gründern des Klosters Zwiefalten, die doch sehr weit von dem Schloß oder der Burg Urach entfernt waren, das zwischen den Städten Freiburg und Villingen liegt, die im 12. Jahrhundert zum Zähringer Herrschaftsgebiet gehörten, so daß doch, was wir im folgenden Buch sehen werden, den Grafen von Urach in der Umgebung dieser Burg, die einen dunklen Ursprung hat und erst im 14. Jahrhundert unter der Bezeichnung Burg auftritt, Besitzungen gehörten; und andererseits besaßen die Grafen von Fürstenberg, auch von Urach genannt, aus dem Erbe der Mutter einen Teil des Schlosses und der Herrschaftsgebiete in Württemberg. Von diesen ist als erster Egino der Ältere, der Bärtige genannt, der fünfte dieses Namens unter den Uracher Grafen, in der Geschlechtertafel bei Jo. Christoph Schmidlin in seinen Anfügungen und Hilfen zur Geschichte Württembergs zum Jahr 1175 genannt[26]. Es ist vielleicht derselbe, der bei P. Herrgott[27] zum Jahr 1181 als Graf Egeno *von Uren*[28] und zum Jahr 1185 als *Graf Egeno von Urach*[29] bezeichnet wird. In diesem 12. Jahrhundert bemächtigten sich dann im Schwarzwald die Nachkommen des Hermann von Baden aus dem Geschlecht der Zähringer der Herrschaft, die von Hermann dem Ersten abstammten, der später vom Markgrafen zum Mönch von Cluny wurde, wie wir im vorherigen Buch gezeigt haben. Dessen Nachkommen besaßen auch das, was in den folgenden Jahrhunderten von den Markgrafen von Hachberg, ebenso von den Dynasten von Rötteln und den erlauchten Geschlechtern von

---

25 P. I. c. 23.
26 P. I. p. 193
27 Geneal. Habs. T. II. P. I.
28 Pag. 194
29 Pag. 197

Usenberg im Schwarzwald eben diesem erlauchten Geschlecht von Baden zufiel, und sogar das von den Herzögen von Teck: Für diese macht Schöpflin in seiner Geschichte von Baden den Grundsatz von der Zähringer Abkunft geltend[30], nachdem er die Meinung des Crusius, Rhenanus, Lazius und anderer verworfen hatte, die wollen, daß die Tectosagen nach ihrer Vertreibung aus Gallien durch Iulius Caesar sich hier am herzynischen Wald niedergelassen hätten.

Bei P. Herrgott[31] tritt in einer Urkunde Heinrichs V. vom Jahr 1125 *Wernherus comes de Hohenberc* in Erscheinung. In einem Diplom des Römischen Königs Konrad III. vom Jahre 1144 wird *Rodulfus de Hohenberg* notiert[32], welchen Tschudi, der in seiner Chronik dasselbe Diplom wiedergibt[33], als Grafen von Homberg bezeichnet. Bei demselben Herrgott[34] unterschreiben in einem Diplom des Kaisers Friedrich I. aus dem Jahre 1173 *Wernher und Friedrich, Grafen von Hornberch,* die beide auch als Unterzeichner in einem anderen Diplom des Kaisers Heinrich VI. vom Jahre 1185 zu lesen sind; diesen Wernher stellte derselbe Herrgott als den zweiten fest[35], der von dem vorherigen verschieden ist, und als den Bruder des genannten Friedrich und Burchard, die in einer Urkunde des Schwabenherzogs Friedrich auftreten, *Graf Burchard von Hochenberc und dessen Bruder Graf Friedrich.* Eben dieser *Graf Burchard von Hohenberc* findet sich bei Besold[36] auch in einer Urkunde des Tübinger Pfalzgrafen Rudolph aus dem Jahr 1191 zur Gründung des Klosters Bebenhausen. Ferner werden bei demselben Herrgott in fortlaufender Reihe andere Grafen von *Hochenberc* erwähnt[37], bis nach der Mitte des 14. Jahrhunderts; zu dieser Zeit ist der männliche Zweig dieses Geschlechts allmählich erloschen.

Im vorhergehenden Buch haben wir Agnes von Hohenberg erwähnt, die mit Gottfrid von Zimmern verheiratet war. Crusius erwähnt in den ›annales Sueviae‹[38] zum Jahr 1134 Albert von Zimmern, den Sohn des mit Elisabeth von Teck verehelichten

30 T. I. Lib. II. c. 9. conf. p. 453. 463 etc.
31 Geneal. Habs. T. II. P. I. p. 145
32 Ibid. p. 171
33 P. I. p. 68
34 L. c. p. 191
35 Ibid. p. 195
36 Docum. rediv. T. I. p. 218
37 L. c. indice III.
38 P. II. Lib. IX. c. 17.

Gottfried, wie wir ebendort festgestellt haben, der mit Beatrix von Urselingen verheiratet war. Aus diesem Geschlecht, welches, wie auch jenes der Markgrafen von Schiltach im Schwarzwald, nach der Meinung des Lazius seinen Ursprung von den aus Spoleto vertriebenen Markgrafen nimmt, tritt Egnolf in einer Urkunde des Kaisers Friedrich in Erscheinung, durch die er Egino, den Bischof von Chur, vom Dienst an seinem Hofe und dem Reich im Jahre 1170 freistellt. Und eben dieser nahm an der Übereinkunft vom Jahre 1185 zwischen dem römischen König Heinrich und dem Basler Bischof Heinrich bezüglich des Berges von Breisach teil. Von den Angehörigen des Hauses von Zimmern werden noch zu Beginn des 12. Jahrhunderts Rudolph, Werner und Eberhard als Brüder des Gottfried notiert, des Onkels von Albert, dessen Schwester Sophia als Ehefrau des Friedrich von Zollern erwähnt wird, und sein Bruder Wilhelm, der im Jahre 1146 in Lorch bestattet wurde. Johannes, den Sohn des Albert, der etwa um das Jahr 1150 die Gräfin Anna von Monheim heiratete, findet Crusius noch im Jahre 1179 lebend vor; er wurde dann in Frauenzimmern beigesetzt: In diesem Kloster, das von Albert gegründet worden war, war dessen Tochter Beatrix Äbtissin; weiterhin Wilburgis, die Frau von Burchard von Hornberg: Deren Bruder Wilhelm heiratete nach der Aussage des Crusius eine Edle von Heideck aus dem Schwarzwald, der andere Albert aber war Komtur des Deutschordens in Krauten. Bei Besold[39] wird Arnold von Horenberg als Zeuge in einem Diplom Heinrichs VI. vom Jahre 1193 angeführt, durch welches die Privilegien des Klosters Lorch bestätigt werden. Im 14. Jahrhundert werden die Edlen von Hornberg als Ministeriale der Grafen von Württemberg notiert, denen im 15. Jahrhundert die Stadt und die Dynastie zu einem Kaufpreis überlassen wurden, zum Teil im Jahre 1423, zum Teil im Jahre 1443, in welchem Bruno von Blumeneck, der Ehemann der Margarethe von Hornberg, und Konrad von Hornberg in den Urkunden als gleichberechtigte Herren in Hornberg auftreten.

Ich erinnere mich nicht, irgendwo in den Dokumenten des 12. Jahrhunderts Edle von Heideck gefunden zu haben, sehr häufig aber in denen des 13. Jahrhunderts, nach dessen Mitte Bischof Otto von Konstanz dem Heinrich von Krenkingen (diese Adelsfamilie begegnet uns in den Dokumenten des 12. Jahrhunderts sehr

---

39   Monum. rediv. T. I. p. 449

häufig) das Schloß zusammen mit der Stadt Thiengen in unserem Alpgau, welche in einer Urkunde aus dem Jahre 866 bei P. Herrgott[40] Toingen genannt wird, zu Lehen gab. Nachdem es aber im 15. Jahrhundert von Dietrich aus der Hörigkeit losgekauft worden war, fiel sie dann als Pfand zuerst den Rittern von Blumeneck zu und später im Jahre 1471 dem Bilgner von Heudorf, dann kam sie im Jahre 1482 in die Herrschaft der Grafen von Sulz. Verwandt ist dieses Geschlecht mit der Landgrafschaft von Stühlingen; wir erörten aber diese und andere Adelsfamilien des Schwarzwaldes hier nicht ausführlich.

Einige von ihnen werden zusammen mit dem Zähringer Konrad in einer Urkunde von St. Peter aus dem Jahre 1152 bei Schöpflin[41] aufgeführt. *Conradus de Swarzinberc. Bertholdus de Tanegga. Cono de Kunringen. Dietricus de Rotenleim. Liutoldus de Tegervelt. Conradus de Krenchingen. Truturinus de Waldegga. Adalbertus de Swerza. Eberhardus de Eistat. Rudolphus de Bocheim. Itemque ex hominibus ducis Egilolfus de Blanchenberg. Wernherus de Roggenbach. Gotefridus de Stoufen. Heinricus de Baden. Hiltibrand de Tonsola. Hugo de Amparingen. Reginboto et frater eius Conradus de Ofmaningen. Godefridus de Marhtela. Reginbaldus de Briulingen. Rodolphus de Altinchoven. Reginhardus de Veristat. Conradus de Zaringen, et alii quamplures.*

Konrad von Swarzinberg (vom Stammschloß, dessen Überreste heute noch bei der Stadt Waldkirch im Breisgau zu sehen sind) wird in einem Diplom des Königs Konrad als Zeuge notiert[42], in welchem er im Jahre 1152 dem Kloster St. Blasien die Zelle Ochsenhausen bestätigt hat. Eben dieser Konrad war schon im Jahre 1144 als Zeuge zusammen mit Berthold von Tanneck zugegen, als derselbe König einen Streitfall um die Grenzen zwischen Abt Rudolph von Einsiedeln und den Suitensern in Straßburg beilegte. In der Gründungsurkunde des Klosters Tennenbach vom Jahre 1161 wird unter anderen derselbe zusammen mit seinem Bruder Wernher notiert: Und es wird deutlich, daß diese auch ›von Falckenstein‹ genannt wurden: Diese Familie entspringt nicht einem einzigen Geschlecht, wie das Wappen verrät, und war nicht nur im Schwarzwald durch

---

40   Geneal. dipl. Habsb. T. II. P. II. Ind. I.
41   Hist. Bad. T. V. p. 95
42   Ex archiv. San-Blas.

verschiedene überall verstreute Stammschlösser im 12. Jahrhundert berühmt; sie trat auch unter der Bezeichnung ›Grafen‹ in Erscheinung, wie zum Beispiel bei Schöpflin[43] Graf Peter von Falckenstein, der an anderer Stelle in der Neuburger Urkunde vom Jahr 1122 Graf von Lützelburg genannt wird. Es tritt bei P. Herrgott[44] in einem Diplom Konrads III. vom Jahre 1141, durch welches ein Vergleich zwischen der Diözese Basel und dem Kloster St. Blasien bezüglich des Vogteirechts bestätigt wird, ein Graf Reginald von Valckenstein in Erscheinung. Zum Jahr 1243 wird ein *Edler* namens Walter als Vogt von Swarzinberg notiert, dessen Tochter die Frau des Rudolph, Graf von Habsburg und Landgraf des Elsaß, war, von dem zu lesen ist, daß er kinderlos in Straßburg gestorben ist. Im Jahre 1229 zog Rudolph Kücheli, Komtur des Deutschordens zu Freiburg, als Zeugen den Johannes von Swarzinberg (*einen edlen Herrn*) hinzu. Im Jahre 1339 übertrug Ulrich, *Herr* von Swarzenberg (ein im Schwarzwald dem Kloster St. Peter benachbartes Adelsgeschlecht und Schloß bei Waldkirch im Breisgau), gewisse Lehnsgüter dem Johannes Viztum, später aber im Jahre 1349 war er Bürge für den Grafen Konrad von Freiburg. Kunegund von Schwarzenberg, eine geborene Gräfin von Nellenburg, hatte in der Mitte des 15. Jahrhunderts Sigismund, einen Grafen von Lupfen, zum Schwager, ihr Bruder aber war Graf Heinrich von Tengen und Nellenburg.

Walcho, Hugo, Konrad und Albrecht von *Tannek* wohnten in St. Blasien als Zeugen den Schenkungen bei, die Walcho von Waldeck im Jahr 1113 dem Kloster St. Blasien gemacht hatte, auch der Ritter Erlin von Tanneck, während Heinrich von Radeck derselben Kirche von St. Blasien auf dem Schloß Kussaperch ein Landgut in Pircbrunin bestätigte. Der Ritter Peter von Tannegg, wobei wir andere übergehen, war im Jahre 1312 Bürge für Eberhard und Hugo von Lupfen. Hiltburgis, die Ehefrau des Peter und Tochter des Wilhelm im Thurn, kaufte im Jahre 1329 von Elisabeth von Bisingen verschiedene Güter in Bonndorf. Elisabeth aber, Gräfin von Wertenberg und Witwe des Johannes von Rechberg, verkaufte im Jahre 1460 dem Grafen Johannes von

---

43 Alsatia illustr. T. II. p. 232
44 Geneal. Habs. T. II. P. I. p. 166

Lupfen die Burgen Bonndorf, Boll, das neue und das alte Tannegg und andere.

Im 12. Jahrhundert sind in den Urkunden drei Eberhards von Eistat zu finden, der Sohn, der Vater und der Großvater, dessen Söhne Burchard und Eberhard alle Güter, die sie durch einen Tausch von Adelgoz von Werra erworben hatten, an das Kloster St. Blasien im Jahre 1113 übergaben, in welchem Burchard ebenda das Mönchsgewand anzog. Im Jahre 1122 zeigten sich die Söhne dieses Eberhard, nämlich Eberhard, Egino und Heinrich, demselben Kloster St. Blasien gegenüber gleichfalls sehr großzügig. Der *edle* Ulrich von Eistat, wobei ich andere mit Schweigen übergehe, nahm einen Platz in einer Urkunde ein, mit welcher Graf Heinrich von Ura und sein Bruder Gotfrid, ›von Fürstenberg‹ genannt, dem Abt Werner von St. Trudpert im Jahre 1258 das Kastell Tonsol bestätigten, das Anna, die Ehefrau des Ritters Rudolph von Razzinhusen, von ihrem Vater, dem Ritter Rudolph von Tonsol, erhalten hatte und auf welches sie in eben diesem Jahr zugunsten dieses Abtes verzichtete, wobei Graf Konrad von Freiburg anwesend war, der im Jahre 1256 demselben Kloster die Güter, die vorher den Rittern Burchard und Berthold von Tonsol gehörten, bestätigte. Zeugen hierfür waren Gottfrid der Ältere, Marschall von Stophen, sein Sohn Otto und Gottfrid der Jüngere von Stophen, ebenfalls in einer Urkunde aus dem Jahr 1258 des Grafen Heinrich von Ura und dessen Bruders Gottfrid, genannt ›von Fürstenberg‹.

Hiltibrand von Tonsol wird aus der Reihe der Gefolgsleute des Herzogs Berthold, des Gründers des Klosters St. Peter, aufgezählt, wie auch Egilolph von Blanchenberg, vielleicht auch Blanchenburg, aus welcher Familie Ulrich und Hermann als Zeugen in einer Urkunde aus dem Jahr 1203 genannt werden, mit der Ritter Berthold von Habechisperg das Patronatsrecht in Loppenhausen dem Kloster St. Blasien abtrat. Werner von Rokinbach und Konrad von Badin waren im Jahr 1168 als Zeugen anwesend, als der selige Abt den Brüdern von St. Blasien das Zinsrecht in Guph, in Wittnowe und in Staine überließ. Ritter Dietrich von Rokenbach stimmte im Jahr 1272 einem Verkauf zu, der von Walther von Nuwen Valkenstein zugunsten des Klosters Oberried vorgenommen worden war. Zu Beginn des 15. Jahrhunderts wird Elisabeth von Roggenbach im Frauenkloster Sizenkilch von der Gemeinschaft von St. Blasien als Äbtissin notiert. Im Jahre 1501 schließt Franz von Roggenbach, Präfekt der Markgrafschaft Hachberg in Badenwiler, mit Abt Gregor von St. Blasien einen Vertrag, Johannes Jakob von Roggenbach aber mit dem Vogt von St. Blasien in Gutnow im Jahre 1542. Diesen wählten im Jahre 1557 die Äbte von St. Blasien und St. Trudpert auch zum Schiedsrichter. An der Hochzeit des Jakob von Rotberg mit Elisabeth von Reinach im Jahre 1584 aber nahm, wie zu lesen ist, Katharina von Baden teil, geborene von Roggenbach, zusammen mit Johannes Jakob, Johannes Michael und Johannes Christophorus von Baden in Liel.

Ich meine, daß man nach der Urkunde von St. Peter hier auch Heinrich von Baden anführen muß (*aus der Reihe der Gefolgsleute des Herzogs*, unter welchen sich auch adlige Ministeriale befanden), dem man wohl Rudolph von Baden zurechnen muß, der von dem Zähringerherzog ausgesandt worden war, um einen Streitfall zwischen dem Kloster Bürgeln von der Gemeinschaft St. Blasien und den benachbarten Pfarreien in Liel gütlich beizulegen: Dies erfahren wir aus einer Urkunde des Konstanzer Bischofs Ulrich vom Jahre 1130, wobei das Chronikon von Bürgeln, herausgegeben von P. Rustenus Heer, auch noch Berthold, den Bruder des Rudolph, hinzufügt. Erwähnt wird in einem Diplom des Königs Konrad vom Jahre 1152 aber Werner von Baden, dazu kommen noch in Urkunden von St. Blasien im 13. Jahrhundert Berthold und Gottfrid und dieser und Luthold noch im 14. Jahrhundert, in welchem Jakob von Baden als Mönch von St. Blasien im Jahre 1357 gestorben ist.

Ich schweige von den anderen dieses Jahrhunderts und der folgenden, die sich dem Kloster und der Gemeinschaft von St. Blasien gegenüber sehr oft gefällig gezeigt haben bis hin zum Jahre 1585 im Streitfall um die Vogtei Sitzenkirch, nachdem dort das Frauenkloster schon zu bestehen aufgehört hatte. Diesem bezahlte im Jahre 1289 Peter von Amparingen seine Schuld wegen eines Erbes der Anna von Örensteten, der Äbtissin von Silzenkilchen, wie der Ritter Otto der Jüngere von Amparingen bezeugt, der, oder zumindest ein Gleichnamiger, im Jahre 1320 ein Urteil zugunsten der Kirche St. Blasien fällte; sein Sohn aber, der Herr Franz, war Zeuge, als der Abt von St. Blasien im Jahre 1323 gewisse Lehen dem Johannes von Crozingen im benachbarten

Breisgauer Land übertrug. Schon zum Jahr 805 wird in einer
Urkunde bei P. Herrgott[45] die Gemarkung Antparinga notiert,
ebenso ein Dorf in der Lebensgeschichte des heiligen Ulrich, von
welchem wir im vorhergehenden Jahrhundert als dem Gründer
des Klosters gesprochen haben, das später nach seinem Namen
benannt wurde: Und noch einmal werden in einer Bulle des
Innozenz II. vom Jahre 1139 zugunsten des Basler Bischofs in der
Grafschaft Breisgau Stouffen, Amperingen und Oeristetten als
Filialkirchen in Cilchhoven erwähnt; zu diesen kommt auch noch
Offmenningen hinzu; zu diesem Dorf scheint in einem Schreiben
von St. Peter Konrad von Offmanningen zu gehören, oder, wie es
heute genannt wird, Offeltingen, von welchem, wie auch von den
beiden anderen Ortschaften Ampringen und Erenstetten,
berichtet wird, es gehöre in beständiger Fortdauer zum
Geschlecht Kirchhofen, das jetzt St. Blasien untergeben ist: wie
auch die Stadt und das Geschlecht Stauffen, das bei dem eben
Genannten im Breisgau und im Zugang zum Schwarzwald liegt,
von welchem die Adelsfamilie ihren Namen hatte, die wir im
folgenden noch oft erwähnen werden und welche die Burgen
Scharfenstein und Regelsberg besaß, wohin auch der in dem
zitierten Schreiben Gotefrid von Stoufen gehört.

In der Rheinauer Schenkungsurkunde des Bernhard von
Griesheim vom Jahre 1124 habe ich zum ersten Mal Gerung
erwähnt gefunden und dessen Bruder Luithold von Stuolingen. In
den Urkunden St. Blasiens dieses Jahrhunderts aber werden sehr
viele solcher Adelsfamilien des Schwarzwaldes erwähnt, nämlich
im Jahre 1113 Wernher, Berkher und Mangold von Alaphen,
Luitolph von Wilhaim, Bercker und Rudolph von Gurtwil. Im
Jahre 1128 Heinrich von Krenckingen, Rudolph von Guttenburg,
Truchseß Kuno von Rinfelden, Heinrich von Togern. Im Jahre
1150 Heinrich von Birctorf. Um das Jahr 1168 Anno von Tufen
und Stuzinga. In einer Urkunde Friedrichs I. im Jahre 1181 Ernst
von Stuzelingen[46]. Im Jahre 1168 Herimann von Tombrugg und
sehr viele adlige Ritter; man darf somit nicht annehmen, der
Schwarzwald sei in früherer Zeit an Kultur ärmlich gewesen.

Ich verstehe gut, wie gerne man im Mittelalter einen Adligen mit
einem einfachen Bauern verwechselt: Wenn zum Beispiel sich

---

45   Gen. Diplom. T. II. P. I. p. 16
46   T. II. Orig. Guelph. p. 30

jemand lediglich mit ›von Griesheim‹ bezeichnet, konnte es geschehen, daß einer, der nur ein ortsansässiger Einwohner war, für einen adligen Lehnsmann oder Ritter von Griesheim gehalten wurde. Folgendes kann allgemein in bezug auf Bauern oder Männer der Kirchen oder Klöster gebräuchlich werden, die sich ›Männer Gottes, des heiligen Petrus, des heiligen Blasius usw.‹ zu nennen pflegten, daß doch derartige Männer oder Bauern eines bestimmten bedeutenden Bezirks zum adligen Ritter emporstiegen. Außer Bernhard von Griesheim aber, den wir aus den Rheinauer Verzeichnissen genannt haben, tritt in denen von St. Blasien nach der Mitte des 12. Jahrhunderts ein Arnold von Criesa in Erscheinung. Nach Beginn des 13. Jahrhunderts aber schreiben sich Ulrich, Johannes Werner usw. Ritter von Griesheim, nachdem sie ihre Burg außerhalb des Schwarzwalds errichtet hatten: Allerdings erwarben sie sich im Laufe der Zeit überall im Schwarzwald Besitzungen, nachdem sie ihren Wohnort nach Waldshut verlegt hatten. Heinrich von Alaphin wird unter anderen Adligen als Mönch der Reichenau in einer Urkunde des Jahre 1209 genannt. Daß Gurtweil schon im 9. Jahrhundert öffentlicher Gerichtsort war, wo das gesamte Volk des Alpgau zusammenkam, um das Urteil entgegenzunehmen, lehren uns die Dokumente jener Zeit. Im Jahre 1084 begegnet uns Rudolph von Gurtweil und dann im Verlauf des 12. Jahrhunderts noch andere; erst zum Jahr 1225 finde ich Volchard von Gurtweil als Ritter notiert.

Ritter Heinrich von Wile oder Wilheim und seine Söhne Johannes und Heinrich treten schließlich zu Beginn des 14. Jahrhunderts in Erscheinung. Über die mächtige Familie von Krenckingen wird im folgenden zu sprechen sein. Diese, schwäbischen Ursprungs, besaß vier Burgen: Die erste ist Altkrenckingen in der Nähe der Stadt Engen, die zweite in der Nähe des Dorfes Krenckingen; sie ist heute dem Erdboden gleich gemacht; schließlich die dritte in der Nähe von Dietlingen, Gutkrenckingen genannt und die vierte bei Büele im Klettgau. Überall in den Urkunden des 12. Jahrhunderts, die zugunsten des Klosters St. Blasien ausgestellt wurden, sind als Zeugen und auch als Schiedsrichter in Streitfällen Adlige dieser Familie zu lesen, vor allem Konrad, der ab der Mitte dieses Jahrhunderts im Gefolge des Königs Konrad und in dessen Urkunden im Jahre 1150 auftritt, was den Streitfall des Klosters

St. Blasien mit dem des heiligen Erlösers in Schaffhausen anlangt, ebenfalls im Jahre 1152 wegen der Zelle Ochsenhausen, die von König Konrad für die Kongregation St. Blasien bestätigt wurde. Eben dieser wurde auch in demselben Jahr von jenem König selbst zu Konstanz zum Vogt des Klosters Luzelnheim bestimmt, und er wird noch einmal persönlich in der Vergleichsurkunde zwischen dem Kloster Stein und St. Blasien erwähnt. Dazu noch wird er bei Schöpflin[47] zusammen mit anderen als Zeuge in einer Urkunde Bertholds von Zähringen aus dem Jahr 1177 notiert und in noch einer anderen Urkunde desselben aus dem Jahr 1187. Zweifellos war vor allem in diesem Jahrhundert die Familie der Edlen von Krenckingen zu einer solchen Macht gekommen, daß von ihr urkundlich später sogar Ministeriale in Erscheinung treten.

Heute noch sind in der Nähe von Gurtweil die Überreste des Schlosses Gutenberg oder Gutenburg zu sehen, das noch im Jahrhundert vorher errichtet und von Ritter Suecus im dreißigjährigen Krieg zerstört wurde. Von Ritter Eberhard von Gotinburc aber ist zu lesen, daß er im Jahre 1178 als Schiedsrichter zwischen dem Kloster Rheinau und St. Blasien wegen des Patronatsrechts tätig gewesen ist. Im 13. Jahrhundert aber sind jene überall in den Urkunden Adlige genannt worden: Doch wurde von diesen als erster Ulrich von Gutenburch auch als einer von Bernowe bezeichnet, eine Burg, die am Schweizer Rheinufer zwischen den Waldstädten Waldshut und Laufenburg liegt. Unter diesen ist *Rhenofelda* die bedeutendste; nach der Bestattung seiner Grafen und Herzöge Rudolph und seinem Sohn Berthold zusammen mit der Mutter und dem Großvater im Dom von St. Blasien, wovon wir im vorherigen Buch berichtet haben, werden im 12. Jahrhundert und später auch die Edlen und Truchsesse von Rheinfelden notiert, wie sich auch in der Nachbarstadt Basel und anderswo in der Schweiz und Schwaben Truchsesse von Diessenhoven, von Habsburg, von Froburg, von Walburg usw. finden.

Ich erinnere mich nicht, in den Urkunden außer von dem erwähnten Heinrich noch von einen weiteren ›von *Togern*‹ gelesen zu haben.

Als Ulrich von Gutenburch im Jahre 1276 dem Kloster St. Blasien verschiedene Hofgüter verkaufte, bat er einen Scultetus von

47 Alsat. diplom. T. I. p. 264

Birchidorf zum Zeugen in Waldshut, wo, wie gesagt wird, auch im 14. Jahrhundert Heinrich von Burchidorf gewohnt hat. Zu Beginn des 15. Jahrhunderts aber wird Erlawin von Birckendorf Junker und Knappe genannt.

Die Burg Tuffinstein in unserem Alpgau, die von dem römischen König Rudolph I. der damals noch Graf war, erobert worden war, gab der gleichnamigen Familie ihren Namen, von der Ägidius Tschudi glaubt, daß sie eben die von Tuffin gewesen ist, die sich dann später in Schaffhausen niederließ. Daß aber diese beiden Familien untereinander verschieden waren, zeigt unter sehr vielen anderen Dokumenten vor allem das vom Jahre 1243, nach dem Ritter Hugo von Tuffin den Hugo von Tuffenstein in eben dieser Burg Tuffinstein dazu veranlaßte, daß er gegenüber dem Kloster St. Blasien sehr freundliche Pläne faßte. Zu Beginn des 13. Jahrhunderts ragten die Edlen Hugo und Diethelm von Tuiffenstein heraus, von denen jener Mönch von St. Blasien war, dieser aber in der von ihm errichteten Neo-Cella, eine Wegstunde von St. Blasien entfernt, die aus dem Kloster St. Georg in Stein geholten Mönche ansiedelte, wobei er selbst unter jenen Mönch wurde.

Im östlichen Gebiet des Klosters St. Blasien sind heute noch die Überreste der Burg *Tombrugg* an der Quelle der Alb zu sehen, nach der einstmals die Brüder ›an der Alb‹ genannt wurden, die später ihren Namen vom heiligen Blasius erhielten. In einer Urkunde des Abtes Ulrich von St. Gallen kommt aber im Jahre 1168 der Ritter Herimann von Tombrugg vor, und ein anderer unter dem Abt Rudolph desselben Klosters, Hermann der Jüngere von Tombrugg, Vasall von St. Gallen, und später im 13. und 14. Jahrhundert noch andere Ritter von Tombrugg.

Mit Schweigen übergehen wir hier die anderen Adelsfamilien unseres Alpgaues nach den Grafen ab dem 8. Jahrhundert bis etwa zum 12. Jahrhundert hin, welche P. Herrgott in seiner ›Genealogia diplomatica‹ des Habsburger Kaisergeschlechts aufzählt[48] sowie deren Wohnsitze und Burgen. Unter diesen wird in besonderer Weise Almut genannt, auf der, wie zu lesen ist, der Straßburger Kanoniker Heinrich von Lupfen im Jahre 1297 eine Urkunde ausgestellt hat, und wo einstmals der Sitz der vornehmen Familie von Reischach war. Nicht weniger vornehme

---

48 T. II. P. II. Indice III.

Besitzer hatte die Burg von Bonndorf; auch die, die nicht weit davon entfernt ist, nämlich die Burg Boll am Wildbach Wutach, die eine adlige Familie dieses Namens aufwies. Zu eben dieser Aufzählung gelangen auch andere Adelsfamilien in der Nachbarschaft, nämlich die von Guggelsberg, Munchingen, Birckendorf bei Grafenhusen, Ewatingen oder früher Egleotingen, Tillendorf, Ebersspach, Staineck, Tannegg, Steinbach, Isenegge, Blumenegg, Bettmaringen, Gruningen, Wisenburg oder Roggenbach und Signau; zwar sind von einigen dieser Letztgenannten kaum noch mehr die Namen erhalten geblieben, doch wurden sie von P. Stanislaus Wülperz von St. Blasien in seinen handschriftlichen Sammlungen mitvermerkt. Vieles hierzu hat auch Crusius in den ›annales Suevici‹ festgehalten.

Der Zustand der Kirche unter dem Metropoliten von Mainz.

VII. Der Zustand der Kirche im Schwarzwald ließ sich zu Beginn des 12. Jahrhunderts nicht aufrecht erhalten, als der Mainzer Erzbischof Ruthard und der Konstanzer Bischof Gebhard die Stelle der päpstlichen Gesandtschaft übernahmen und sogar die höchsten und schwerwiegendsten Angelegenheiten des deutschen Reiches behandelten, vor allem nachdem zwischen dem Vater Heinrich IV. und seinem Sohn Streit entstanden war, wie wir zum Teil schon angemerkt haben. Doch weil eben diese Legaten nur das zugestanden, was auf der Synode von Troyes vom Jahre 1106, bei der damals Heinrich freiwillig auf seine Investitur verzichtete, in bezug auf die freie Bischofswahl verhandelt worden war, werden sie in den Hildesheimer Annalen zum Jahr 1107 als von ihrem Amt suspendiert bezeichnet. Es gibt bei Edmund Martenius[49] einen Brief Ruthards an den Konstanzer Bischof Gebhard vom Jahre 1106, in dem er ihn zur Ordination eines Gewählten von Halberstadt einlädt, die am 30. März in Mainz stattfinden sollte, sowie ein anderes Schreiben des gewählten Rainhard von Halberstadt mit dem gleichen Inhalt an denselben Gebhard und dessen Entschuldigungsschreiben an Ruthard, daß er nicht teilnehmen könne. Von diesem Gebhard, der vom Kloster Hirsau auf den Bischofssitz von Konstanz berufen worden war,

---

49   T. I. collect. ampliss. monument. p. 607

werden wir gleich unten noch mehr dazu sagen, was wir schon im vorherigen Buch von ihm teilweise ausgeführt haben.

Über Ruthard handelt die ›Gallia christiana‹[50] sehr ausführlich, wie auch über dessen Nachfolger Adelbert I. etwa um das Jahr 1110 eine sehr weitläufige Erörterung stattfindet, sowohl dort, wie auch in einer Note[51] an das Konzil von Mainz, das im Jahre 1124 abgehalten wurde. Dieser, vorher schon Kanzler Heinrichs V., war im vorherigen Jahr zusammen mit anderen von eben diesem König nach Rom gesandt worden, um die Krone zu erhalten, und als sich der König im Jahre 1111 nach Rom begab, begleitete er ihn und war die Hauptursache für die Gefangennahme des Papstes Paschalis II. Er zog sich aber zurück und wurde deshalb vom Kaiser als Rebell angesehen; im Jahre 1112 wurde er gefangengesetzt und drei Jahre lang als Gefangener im Kerker gefoltert; auch mußte er die Plünderung seiner Diözese Mainz durch den Schwabenherzog Friedrich hinnehmen, was in der Chronikhandschrift von Petershausen zum Jahr 1121 erwähnt wird. Nachdem er mit dem Amt eines päpstlichen Legaten betraut worden war, hielt er nach der Aussage des Ursbergers auf dem Konvent vom Worms im Jahre 1122, wo Kaiser Heinrich wieder in die kirchliche Gemeinschaft aufgenommen wurde, den Frühgottesdienst. Als er schließlich im Jahre 1137 gestorben war, hatte er seinen gleichnamigen Neffen, der von seinem Bruder Friedrich, dem Grafen von Saarbrücken, abstammte, zum Nachfolger, der ebenfalls Erzkanzler des Kaisers und päpstlicher Legat war.

Dieser starb im Jahr 1141, als er sich für einen Feldzug nach Jerusalem rüstete; ihm folgte Marculsus nach, ein Bischof von kurzer und ungewisser Regierungszeit: diesem aber im Jahre 1142 Heinrich mit dem Beinamen der Glückliche; obwohl er von dem Propst von St. Peter und Kämmerer von Mainz Arnold in dieses Amt gebracht worden war, fand er dennoch in eben diesem, der nach Rom geschickt worden, um sich für das Vergehen zu rechtfertigen, dessen er beschuldigt war, einen Ankläger gegen sich und einen Mann, der den Mainzer Bischofssitz für sich in Anspruch nahm, wie den Sachverhalt Konrad oder Christian in der Chronik von Mainz bei Urstisius darstellt[52]. Diese ganze

50 T. V. p. 466 seq.
51 T. X. Conc. Germ. p. 698
52 Script. Germ. p. 569

Schilderung des Konrad aber oder des um ein volles Jahrhundert
späteren Geschichtsschreibers geben die Verfasser der ›Gallia
christiana‹ zumindest zweifelhaft wieder[53], sogar auch in der
Hauptsache, wovon der zeitgenössische Geschichtsschreiber Otto
von Freising sagt[54], daß eben dieser Heinrich mit Recht abgesetzt
worden sei als *ein Mann, der für die Verteidigung (die Plünderung)
der Kirche oft bestraft, doch nicht gebessert worden ist:* dies scheint
auch Trithemius[55] anhand eines Briefes der heiligen Hildegard an
eben diesen Heinrich anzudeuten, aus welchem er schließt, daß
die Absetzung eben dieses Heinrich (durch Eugen III.), *die nach
seinen Verdiensten erforderlich war, auf Grund der göttlichen
Ordnung erfolgt sei.*

Wie immer sich dies verhalten mag: dieser Heinrich wurde nach
Sachsen verbannt, wo er, wie Mabillon in seinen Anmerkungen
zum 302. Brief des heiligen Bernhard erwähnt[56], noch im selben
Jahr in einem Zisterzienserkloster fromm und selig seinen letzten
Tag beschloß. Hierzu sind aber Serrarius und Baronius zum Jahr
1153 zu lesen[57]. Arnold aber, der Nachfolger Heinrichs, mit
denselben Ehrentiteln wie seine Vorgänger ausgezeichnet, wurde,
als er im Jahre 1160 auf der Pseudo-Synode von Papia eine
Unterschrift gegen Alexander III. geleistet hatte, in demselben
Jahr im Kloster St. Jakob von seinen eigenen Leuten auf
unmenschliche Art ums Leben gebracht, wie Trithemius[58] zu
diesem Jahr und aus ihm die Verfasser der ›Gallia christiana‹[59]
berichten.

In der Folgezeit aber gab es in der Diözese Mainz ein schweres
Schisma, wobei für sie drei Bischöfe von verschiedenen Seiten aus
ernannt wurden, nämlich Radulph oder Rudolf von dem noch
immer wütenden Volk, Christian aber von dem Pfalzgrafen Hasso
und schließlich von Kaiser Friedrich I. Konrad, der Bruder Ottos,
des Grafen von Wittelsbach. Jener vom Volk mit Gewalt eingesetzte Rudolph war der Bruder des Zähringerherzogs Berthold
IV., von dem bei Freher[60] unter dem Titel eines Herzogs von

---

53 T. V. p. 472
54 Lib. II. de vita Friderici I. imp. cap. 9.
55 Chron. Hirs. T. I. ad ann. 1153 p. 426
56 T. I. Opp. p. 284
57 Rer. Mogunt. T. I. p. 557
58 Chron. Hirs. T. I. p. 441
59 T. V. p. 473
60 Rer. Germ. T. I. p. 310

Burgund an den Frankenkönig Ludwig ein Bittschreiben
vorhanden ist, daß er durch dessen Einfluß und den des Papstes
Alexanders III. wieder auf den Bischofssitz von Mainz gelange,
von dem ihn Kaiser Friedrich I. entfernt hatte, nachdem seine
Stelle von Konrad von Wittelsbach eingenommen worden war. Er
wurde schließlich um des Friedens willen zum Erzbischof von
Salzburg ernannt und hatte im Jahre 1163 Christian zum
Nachfolger auf dem Bischofssitz von Mainz, der von Papst
Alexander III. bestätigt wurde, nachdem er dem Schisma
abgesagt hatte. Eisengremius ist zum Jahre 1168 der Meinung[61],
daß es eben dieser Christian gewesen ist, der jenes unheilvolle
Zeugnis über den Mainzer Erzbischof Arnold gegen seinen
Nachfolger Heinrich abgelegt hat, von dem wir gerade eben
gesprochen haben. Doch täuscht er sich erstaunlicherweise;
dieser Geschichtsschreiber führte in der Tat seine Chronik bis
zum Jahre 1251; und sei es, daß man an Konrad als dem Mainzer
Erzbischof festhält, dessen Tod er auf jede Weise betrauert, sei es
Christian: niemals hätte er sich selbst so großes Lob gezollt wie
jenem, dessen Tod er dazu noch beklagt; und er verfolgt die
Geschichte seiner Nachfolger bis hin zum 13. Jahrhundert.

Derselbe Verfasser der genannten Chronik von Mainz geht
weiterhin schwer in die Irre, wenn er schreibt, daß Rudolph von
dem rasenden Volk und mit gewaltsamer Unterstützung des
Klerus auf den Bischofssitz von Mainz gewählt, vom Papst
abgelehnt und mit dem Bann belegt worden sei und daß dieser auf
der Reise gestorben sei, noch bevor er nach Rom gelangte. Es ist
nämlich falsch, was dieser annahm, daß Rudolph der Bruder des
Zähringerherzogs Friedrich gewesen sei, da er doch der Bruder
Bertholds IV. war, wie wir gesehen haben. Und es entbehrt auch
der Glaubwürdigkeit, daß dieser exkommuniziert worden wäre
und auf dem Wege nach Rom gestorben sei. Denn es steht mit
Sicherheit fest, daß eben dieser später in das Bischofsamt von
Lüttich gelangte, was die Autoren der ›Gallia christiana‹ zum Jahr
1158 bestätigen[62], wo er bis zum Jahre 1191 Bischof war, in
welchem er bei der Rückkehr von einem heiligen Feldzug
unterwegs gestorben ist. Dieser machte einen Teil des Hauptes des
heiligen Lambert, des Bischofs von Utrecht und Märtyrers,

61 Catal. Test. verit. p. 105
62 T. III. p. 875 seqq.

seinem Bruder zum Geschenk; diese heiligen Reliquien wurden
dann aus der Kirchenschatzkammer der Grafen von Freiburg in
die größere Basilika eben dieser Stadt überführt, wie in der
Widmungsurkunde des Phil. Engelbrechtus Egentinus an die
Konsuln und den Senat von Freiburg zu lesen ist, die der Lebensgeschichte in Metren des heiligen Lambert vorangestellt ist, der
dann die ›Friburgica‹ desselben Verfassers an Hier. Husaerus
Pludentinus folgen, auch ein kurzes Gedicht an Hier. Pappius,
was alles im Jahre 1519 zu Basel gedruckt wurde. Von hier
entnahmen auch die Bollandianer ihre Darstellung[63].

Die Bischöfe von Konstanz.

VIII. Häufig haben wir schon im vorhergehenden Jahrhundert
Gebhard aus eben diesem Geschlecht der Zähringer erwähnt, den
Bischof von Konstanz und apostolischen Legaten, ein Amt, das
ihm von Paschalis II. übertragen worden war, wie Bernold im
Anhang zum Chronikon des Hermann zum Jahr 1100 mit
folgenden Worten vermerkt: *Der Herr Paschalis feierte zu Rom die
Geburt des Herrn in tiefem Frieden und anvertraute durch ein
persönliches Schreiben dem ehrwürdigen Bischof Gebhard von
Konstanz in Deutschland die apostolische Statthalterschaft, welche
er auch von seinem Vorgänger schon viele Jahre lang innehatte.* Das
Schreiben dieses Papstes an Gebhard liegt in zweifacher
Ausführung vor: einmal in Band X der ›Conc. Labb.‹[64] an
Oderich von Passau, zum anderen bei Martenius[65]. Doch als er im
Jahre 1103 in die Verbannung getrieben wurde, begab er sich
schon zum wiederholten Male in das Kloster St. Blasien, wo sich
auch der selige Egino verborgen hielt, den er später als Boten
nach Rom zum Papst verwendete. Doch da er glaubte, daß er in
der Abgeschiedenheit des Schwarzwaldes nicht lange sicher sein
könne, begab er sich zu seinem Bruder Berthold II., dem Herzog
von Zähringen. Mit Gewißheit behauptet Kuno in seiner zeitgenössischen Chronik von Bürgeln[66], daß sich dieser im Breisgau,
dem Sitz der Zähringer, aufgehalten habe.

63 T. V. Sept. p. 568
64 p. 645
65 T. I. anecdot. p. 336
66 Rust. Heer anon. Mur. p. 368

In der Petershauser Chronikhandschrift wird Ulrich genannt, der vom Abt von St. Gallen zum Patriarchen von Aquileia geworden war; dieser hetzte Heinrich IV. dazu auf, den ehrwürdigen Bischof abzusetzen und an seine Stelle einen anderen zu bestimmen, *weil er selbst niemals mit diesem oder einem seiner Anhänger in irgendeiner Weise übereinkommen wolle. Es war aber zu dieser Zeit eben dieser Gebhard Legat und Stellvertreter des Papstes in Deutschland. Nachdem nun der genannte Ulrich lange mit dem König die Verschwörung ausgeheckt hatte, schlug er diesem einen von seinen Mönchen namens Arnold vor, der von Heiligenberg stammte, und versprach, daß, wenn er diesem das Bischofsamt gebe, er ihn auch ohne Mitwirkung des Königs einkerkere. Als daraufhin der König seinen Wünschen entsprochen hatte, kehrte jener nach Hause zurück und brachte mit einer großen Heerschar Arnold nach Konstanz; doch als die Bürger zu den Waffen eilten und mit großer Hartnäkkigkeit Widerstand leisteten, zogen sie unverrichteter Dinge wieder ab. Auch Heinrich, der Bruder Arnolds und Vogt von Heiligenberg, rückte mit der gesammelten Streitmacht der Seinen an und übte im Kloster des heiligen Gregor eine Tyrannei aus. Denn er war mit seiner verwegenen Schar in das Proviantlager der Brüder eingedrungen, sie erprobten ihre Schwerter an deren Vieh und verübten viele Schandtaten. Während dieser verschiedenen und vielartigen Auseinandersetzungen errichtete sich Bischof Gebhard am Rhein eine Burg, damit er dort sicher verbleiben könne. Zum Schluß wurden sowohl sein Bruder Berthold wie auch fast alle anderen durch Geschenke bestochen, und es wurde ihm Abscheuliches angetan, und es gab keinen mehr, der ihm Gutes tat bis auf Theoderich allein* (den Abt von Petershausen), *den er in allen Wirrungen als Getreuen fand. Daher gab er deren Treulosigkeit nach und zog sich zurück und übte überall im Reich die Statthalterschaft des apostolischen Herren mit großem Ruhm aus. Sodann brachten sie, sozusagen entfesselt, unter großem Getöse Arnold herbei und setzten ihn im 1103. Jahre der Menschwerdung des Herrn am Fest Mariä Reinigung auf den Bischofsstuhl der Diözese Konstanz. Der Streit, der sich zwölf Jahre lang hingezogen hatte, wurde nunmehr bis zum äußersten Übelstand gebracht.*

Gebhard nahm im Jahre 1104 an dem Konvent von Regensburg teil[67], auf der durch die Beschlüsse der Parteien eine Übereinkunft

---

67 T. III. Conc. Germ. p. 247

erzielt wurde; im folgenden Jahre 1105 führte er auf der Synode
von Nordhausen als apostolischer Legat den Vorsitz, nachdem
Heinrich IV. wieder zur Ordnung gebracht und die Wiederein-
setzung der von Pseudo-Bischöfen geweihten Bischöfe durch die
katholische Handauflegung beschlossen worden war[68], die er am
Samstag der Pfingstwoche zu Goslar vornahm. In der genannten
Petershauser Chronik wird weiterhin zum Jahre 1105 berichtet,
daß, nachdem mit Zustimmung der Fürsten und auf Betreiben
von Gebhard der Sohn Heinrich die Herrschaft gegen seinen
Vater an sich gerissen hatte, *er auf der Stelle Arnolf absetzte und
Gebhard unter großen Ehrenbezeugungen wieder in sein
Bischofsamt* eingesetzt wurde. *Dann,* fügt er an, *hielten Heinrich
der Ältere und Heinrich der Jüngere in Mainz eine allgemeine
öffentliche Versammlung ab, auf der der Vater seinem Sohn das
Reichsszepter und die Krone zusammen mit den übrigen Reichsklein-
odien übergab und sich selbst vor Gebhard als dem Legaten des
päpstlichen Stuhles zu Boden warf und unter Tränen danach
verlangte, von der Exkommunikation gelöst zu werden. Jener lehnte
es deshalb ab, dies zu tun, weil er fürchtete, daß, wenn er ihn etwa
losgelöst hätte, die Herrschaft wieder an ihn fiele und der spätere
Fehler schlimmer wäre als der frühere.*

Als Heinrich nicht lange danach zu Speyer gestorben war, erhielt
er durch die Fürsprache seines Sohnes bei Papst Paschalis ein
kirchliches Begräbnis, da er eben diese Buße auf sich genommen
hatte, die zu leisten er sich, öffentlich vor dem Klerus und dem
Volk auf den Boden gestreckt, nicht gescheut hatte. Daß Gebhard
im Jahre 1107 den Altar und die Kirche des heiligen Kreuzes im
Kloster Amptenhausen geweiht hat, berichtet der oft genannte
Abt Georg Geisser auf Grund einer Handschrift eben dieses
Frauenklosters: und ebenso weihte er im Jahre 1108 in St. Blasien
die Kirche und das neue Kloster, das dann im Jahre 1768 durch
Feuer vernichtet wurde. Daß von eben diesem auch im Jahre 1109
die Kirche oder das Kloster Zwiefalten geweiht wurde, berichtet
Crusius in den Annalen von Schwaben, ebenso eine Kapelle in
Fulshausen zu Ehren des heiligen Michael am 7. Januar des
Jahres 1110.

Zu eben diesem Jahr für den 12. Nov. berichtet das Petershauser
Chronikon den Tod des *Gebhard ehrwürdigen Angedenkens,*

68 Ibid. p. 248

nämlich dieses Bischofs von Konstanz, und dasselbe tut Mabillon in seinen Annalen[69], auch wenn er, verleitet durch Bruschius, in den ›acta SS.‹ sagt[70], daß dieser im Jahre 1116 gestorben sei, nachdem er 27 Jahre lang jenen Bischofssitz in schwierigsten Zeiten innegehabt habe.

Zu dieser Zeit hielt sich König Heinrich V. in Rom auf, wo er Papst Paschalis in Haft hielt. Nachdem ihm die Nachricht von dessen Tod zusammen mit dem Bischofsstab und -ring überbracht worden war, zeichnete er mit jenen Ulrich aus, den Sohn des Grafen Hartmann von Dillingen und bestimmte eben diesen für die Konstanzer zum Bischof. Dieser war der erste dieses Namens; obwohl er aber durch den Stab und den Ring vom König investiert worden war, welches Recht ihm Paschalis absprach, konnte Ulrich nie, solange dieser Papst lebte, obwohl er sich mit Heinrich versöhnt hatte, seine Weihe erreichen, der deshalb acht Jahre lang, solange Paschalis lebte, das Bischofsamt ohne Weihe innehatte, wie in der ›Gallia christiana‹[71] und bei Mabillon[72] notiert wird. Dennoch unterschrieb er im Jahre 1111 ein neues Privileg Heinrichs V. für die Speyrer am 14. August, als er auch an den Komitien zu Straßburg teilnahm und einem Diplom eben dieses Königs seinen Namen hinzufügte: *Ulrich, Bischof von Konstanz*[73], wie auch einem anderen zugunsten des Klosters Einsiedeln vom Jahre 1114[74]. Die genannte Chronikhandschrift von Petershausen erwähnt aber zum Jahr 1116, daß Theoderich, der Abt eben dieses Klosters, wiederholt von Ulrich nach Rom zum Papst entsandt worden sei, um für sich die Anerkennung zu erhalten; dennoch habe dieser nichts erreicht; Ulrich habe die Partei Heinrichs ergriffen und sei bei dem Kaiser verblieben, den der Papst zu dieser Zeit zusammen mit anderen als Exkommunizierten im Banne hielt. Sie berichtet allerdings, daß Ulrich unter Papst Gelasius, der im Jahre 1118 Paschalis nachfolgte, vom Mailänder Erzbischof zum Bischof ordiniert wurde und in der Folgezeit mit den Römern in einem Vertrauensverhältnis stand. Als daher später unter Callixtus II. im Jahre 1121 der Kaiser zur Reichenau gekommen war, um eben dort das Fest des heiligen

69 T. V. p. 464
70 Sec. VI. P. II. p. 801
71 T. V. p. 912
72 Annal. l. c.
73 Conc. Germ. T. III. p. 266
74 Hartman. annal. Eremi. p. 177

Markus zu feiern und von da aus zusammen mit der Gattin des
Königs, der Tochter des Königs der Anglen, in Konstanz eingezogen war, hielt sich dort fast keiner der Kleriker auf, weil auch
der Bischof die Stadt verlassen und den anderen verboten hatte,
zusammen mit dem König die Kommunion zu empfangen, da
dieser schon von Papst Callixtus verurteilt worden sei; dennoch
sei der König deshalb nicht von Zorn erregt gewesen und er habe
auch das Kloster Petershausen nicht betreten, sagt dasselbe
Chronikon.

Derselbe Ulrich unterschrieb auch im folgenden Jahre die
Wiederherstellung der Investiturrechte, die von Kaiser Heinrich
V. auf dem ersten Laterankonzil vorgenommen worden war; und
im nächsten Jahr erhielt er nach einem Schreiben an Callixtus die
Kanonisierung des heiligen Bischofs Konrad von Konstanz, was
bei Pistorius nachzulesen ist[75] und sich auch in den ›Origines
Guelphicae‹[76] findet; dort[77] ist auch derselbe Ulrich auf der
Vorderseite eines Schreibens der kirchlichen und weltlichen
Fürsten zu lesen, mit dem die Reichsstände für das Jahr 1125 nach
Mainz zusammengerufen werden, um einen neuen Kaiser zu
wählen. Er starb schließlich im Jahre 1127 in der Zelle der
Chorherren von St. Märgen im Schwarzwald, wie in der zeitgenössischen Chronikhandschrift von Muri notiert wird, *in deren
Gewand,* so fügt die oft zitierte Chronikhandschrift von Petershausen hinzu, *er erstrahlte, von der königlichen Krankheit erfaßt,
und er starb mit heftig aus dem Kopf getretenen Augen in einem
mühevollen Ende, ein Mann, der für seine Aufgabe als Bischof
bestens geeignet war, wäre er nicht von einer so harten Gesinnung
gewesen. Er begründete persönlich in St. Ulrich zu Konstanz die
Chorherren. Sein Leichnam wurde nach Konstanz gebracht und im
Chor der Basilika der heiligen Maria in Ehren bestattet.* Bemerkenswert aber ist, daß hier gesagt wird, Ulrich sei in deren
Gewand erstrahlt, nämlich in dem der regulierten Chorherren des
heiligen Augustinus; zu diesem Orden gehört auch heute noch
jene Zelle von St. Märgen; er begründete auch ein Kloster dieses
Ordens in Kreuzlingen bei Konstanz, wo schon früher der heilige
Bischof Konrad ein Hospital errichtet hatte, wie es aus einem
Diplom des Kaisers Heinrich vom Jahre 1125 ersichtlich wird, das

75   T. III. script. Germ. p. 709
76   T. II. p. 247
77   Ibid. p. 834

wir veröffentlichen. Es ist auch hinsichtlich dieses ersten Ulrich zu verstehen, was in dem handschriftlichen ›liber constructionum‹ von St. Blasien zu lesen ist, daß Rustenus, der Abt eben dieses Klosters, der im Jahre 1125 sich in sein Schicksal ergab, veranlaßt hat, daß die Kirche für die Kranken von dem Konstanzer Bischof Ulrich geweiht wurde, ebenso die Abtskapelle.

Ihm folgte in einmütiger Übereinstimmung der Kanoniker Ulrich II., Baron von Kastell, der vom Mönch von St. Blasien auf den Konstanzer Bischofsstuhl berufen wurde, wie Bucelin und der Annalist von Einsiedeln sagt. Dieser wurde im zweiten Jahr seiner Herrschaft im Jahre 1128 durch Geldgeschenke vom Bayernherzog Heinrich dem Stolzen dazu gebracht, den Frieden wieder herzustellen; weil Ulrich mit Welfo, dem Bruder Heinrichs, im Streit lag, hatte dieser Konstanz durch eine Belagerung eingeschlossen. Als auch Rudolph, Graf von Bregenz, im Jahre 1132 gegen den Bischof die Waffen erhob, zerstörte er die über der Stadt aufragende Befestigung, die, wie wir erwähnt haben, von Gebhard errichtet worden war, damit sie dem Feind keine Zuflucht biete. Daher glaubte Ulrich, es sei besser, das aufgebrachte Kollegium der Kanoniker und seinen Bischofssitz zu verlassen und kehrte in sein Kloster St. Blasien zurück, welchem, wie auch anderen Klöstern, der Bischof viele Lehen übergab, die wir an den entsprechenden Stellen aufzeigen werden. Mabillon behauptet irrtümlich[78], daß dieser damals erst Mönch in St. Blasien geworden sei. Nach elf Jahren Regierungszeit verzichtete er etwa um das Jahr 1139, und es wird überliefert, daß er dann noch zwei Jahre gelebt habe.

Zum Nachfolger bekam er im Jahre 1140 Hermann, an den in jenem Jahre der heilige Bernhard einen Brief gegen Arnald von Brixen schrieb, der aus Italien flüchtig war, wo er im Jahr zuvor auf dem II. Laterankonzil zusammen mit Petrus de Bruis verurteilt worden war und sich in Deutschland und auch in Konstanz verborgen hielt. Hierher führte später derselbe Bischof den heiligen Bernhard, der sich zusammen mit dem König Konrad in Frankfurt aufgehalten hatte; er war sein Wegbegleiter und Zeuge seiner Wunder, die der Bischof selbst zusammen mit seinem Kaplan Eberhard und seinen Gefährten Baldowin und Frowin

---

78 Annal. T. V. p. 464

schriftlich für die einzelnen Orte festhielt[79], die sie durch-
schritten hatten, in dem sie etwa den Umkreis unseres Schwarzwalds umgingen, nämlich *Friburg, Crozingen, Herteretheim*
(Heitersheim), *Stieng* (Schliengen), *Basiliae, Rinfeld, Sekingen,
Domingen, Schaffhausen, Constantiae;* und auf dem Rückweg
durch *Winterthur, Turegi, Birbovermesdorf, Rinfelt, Sekingen,
Ronacle, Berche, Argentinae* bis *Spira.*

Nach der Aussage des Trithemius[80] aber zum Jahre 1147 machte
der heilige Bernhard *auf dem Gebiet von Konstanz an einem
einzigen Tage durch seine Segenstaten und Gebete elf Blinde wieder
sehend, er heilte zehn an der Hand Verkrüppelte und Ausgezehrte
und gab achtzehn Gelähmten ihren Gang wieder zurück, als er den
Kreuzzug predigte,* nämlich um Soldaten für das heilige Land
einzuschreiben: *In der Stadt Konstanz selbst schickte der Abt des
Klosters Reichenau einen Blinden zu ihm, den er um Gotteslohn
verhielt, und bat darum, daß er jenen durch seine Gebete sehend zu
machen würdige: Doch der Gottesmann schickte, nachdem er seine
Gebete an Gott gerichtet hatte, den armen Blinden, der sofort
wieder sah, dem Abt zurück. In derselben Diözese machte er einen
anderen sehend, der von Geburt an blind war, und bewirkte, daß ein
Stummer sprach und ein Tauber hörte: Doch noch vieles andere
wurde eben dort durch ihn mit der Gnade Gottes gewirkt.* Und im
folgenden zählt er noch andere in Basel und Speyer gewirkte
Wunder auf; daß deren Aufzeichnung verlorengegangen ist,
beklagt der Verfasser seiner Lebensgeschichte in Buch VI außerordentlich.

Ein Buch über die Wunder des heiligen Bernhard widmete Warich
dem Bischof Hermann, der im Jahre 1146 in einer Urkunde des
Kaisers Konrad in Sachen der Abtei St. Maximin in Trier erwähnt
wird; und er weihte im Jahre 1147 am 28. Oktober das Frauenkloster von Berau, von dem noch die Rede sein wird. Im Jahre
1150 nahm er an den Speyrer Komitien teil und stellte das Kloster
der Scoten außerhalb der Stadt wieder her. Unter ihm hielt Kaiser
Friedrich I. im Jahre 1153 zu Konstanz einen außerordentlich gut
besuchten Konvent der Fürsten beider Gemeinwesen ab,
nachdem er mit allen Reichsfürsten Frieden geschlossen hatte;
dort wurde dann auf einem Konzil eine gegenseitige Überein-

79 Bibl. Cisterc. T. I. p. 146
80 Chron. Hirs, T. I. p. 414

kunft zwischen Papst Eugen III. und Friedrich vereinbart, wobei
Bischof Hermann von Konstanz dieses nach dem Kölner Erzbischof untersiegelte[81]. Eben dieser Friedrich stellte im Jahre 1155,
in dem Hermann an dessen Amtseinsetzung in Rom zugegen war,
wie wir von Otto von St. Blasien im Anhang Kap. 7 erfahren, ein
Diplom bezüglich der Grenzen der Diözese Konstanz aus, das in
der Chronik des Manlius, in der ›Constantia sacra et profana‹ des
Bucelin und noch einmal von Martenius und auch in der ›Gallia
christiana‹[82] veröffentlich ist und zwar entsprechend den
Grenzen, die von König Dagobert gezogen worden waren.
*Nämlich gegen Osten in der Mitte der Bischofssitze von Konstanz
und Augsburg, wie der Fluß Iller zur Donau strömt, und dann bis zu
unserer Stadt Ulm: gegen Norden aber zwischen der Diözese
Würzburg und Speyer bis zum Gebiet der Franken und Alemannen:
nach Westen aber durch den Schwarzwald im Breisgau, zur Diözese
Straßburg hin bis zum Fluß Bleichach, der die Ortenau und den
Breisgau trennt: von dort entsprechend dessen Flußlauf bis zum
Rhein und weiterhin entsprechend dem Rheinufer innerhalb des
eben genannten Schwarzwaldes bis zur Aare und dann zur Diözese
Lausanne am Aareufer entlang bis zum Thuner See, von dort zu den
Alpen und an den Alpen entlang bis zum Gebiet des kurischen
Rhätien bei dem Ort Montigel.*

Otto von St. Blasien sagt zum Jahr 1158 in Kap. 10[83]: *Etwa um
diese Zeiten hielt Kaiser Friedrich einen allgemeinen Reichstag
unter größter Beteiligung der Fürsten in Konstanz ab; dort verstieß
er in Anwesenheit des Bischofs Hermann im Konstanzer Chorraum
seine Gattin, die Tochter des Markgrafen von Vohihurch, namens
Adelheid, die schon oft des Ehebruchs verdächtigt worden war, und
nahm nach einiger Zeit an ihrer Stelle die Tochter des Reginbald,
des Fürsten und hervorragenden Grafen vom Burgund, namens
Beatrix. Mit dieser Beatrix zeugte er den Schwabenherzog Friedrich, den Kaiser Heinrich, den Herzog Konrad, den Burgunder-
grafen Otto und den König Philipp, die aber alle in kurzer Zeit
starben.* Diese Scheidung aber zwischen Friedrich und Adelheid,
die in Konstanz vollzogen worden war, bezieht Albert von Stade
auf das Jahr 1162. Kaiser Friedrich hielt bei seiner Rückkehr von
einem Umsturz in Mailand zuerst eine öffentliche Versammlung

81 T. III. Conc. Germ. p. 370
82 T. V. inter instrum. col. 509
83 Urstis. script. Germ. p. 200

in einer Stadt ab, die Tula genannt wird, eine zweite in Ulm und eine dritte in Konstanz, bei der Bischof Hermann zugegen war.

Bischof Hermann starb im Jahre 1166. Zum Nachfolger erhielt er Otto aus dem Grafengeschlecht von Habsburg, den Stiftern des Klosters Muri; eine Urkunde von ihm zugunsten dieses Klosters aus dem Jahre 1168 ist bei P. Herrgott[84] unter der Nr. 238 nachzulesen, ebenso auch die dieser vorhergehende Urkunde Nr. 237[85], durch die Streitigkeiten um den Zehnten in Schönau beigelegt werden; sie stammt aus dem Archiv von St. Blasien: von dort zeigen wir auch eine andere seiner Urkunden aus dem Jahre 1170, mit der er eben diesem Kloster St. Blasien die Kirche in Effringen gegen Arnold von Warta zugesprochen hat. Korrigiert werden müssen hier Crusius und Herrgott[86], die annehmen, daß Otto im Jahre 1169 gestorben sei, ein Irrtum, den auch die Verfasser der ›Gallia christiana‹ begingen[87], die aus demselben Crusius zum Jahr 1169 dem verstorbenen Otto den Berthold folgen ließen, auch wenn sie auf Grund der Annalen des Hartmann von Einsiedeln bemerkten, daß im Jahre 1173 Werner von eben diesem Otto zum Priester und Abt dieses Klosters geweiht worden ist. Im übrigen tritt dieser Berthold als Nachfolger des Otto in den Urkunden von St. Blasien zu den Jahren 1175, 1179 und 1181 in Erscheinung. Eben dadurch lassen sich wiederum die Verfasser der ›Gallia christiana‹ von ihrem Irrtum überzeugen[88], die im Vertrauen auf die Chronik von Konstanz, Bucelin und Bruschius schreiben, daß er im Jahre 1179, in dem er am Laterankonzil unter Alexander teilnahm, gestorben sei. Dies aber berichtet der Annalist von Einsiedeln zum Jahr 1184[89].

Doch auch dies stimmt nicht mit der Glaubwürdigkeit der Dokumente überein; denn schon zum Jahr 1183 wird in unseren Urkunden Hermann als Nachfolger des Berthold auf dem Konstanzer Bischofssitz notiert, wie zu dessen Zeiten in den Jahren 1187 und 1189 oder im Jahre 1183 *Kaiser Friedrich in Konstanz eine Versammlung der transalpinen Fürsten abhielt, wo er am 25. Juni einen öffentlichen Frieden anordnete und beschloß,* wie

---

84 Gen. Habsb. T. II. P. I. p. 186
85 Ibid. p. 185
86 L. cit. p. 186
87 T. V. p. 914
88 T. V. loc. cit.
89 p. 220

die ›Gallia christiana‹ aufweist[90], worüber auch Trithemius zum Jahr 1184 handelt[91]. Diesem folgte im Jahre 1191 Diethelm, vorher Abt auf der Reichenau und aus der vornehmen Familie der Schwarzwälder Edlen von Krenckingen stammend, der in unseren Urkunden zum Jahr 1194 und 1199 notiert ist. Diesem überantwortete nach dem Zeugnis des Otto von St. Blasien in Kap. 44 der Alemannenherzog Philipp, der von Alemannien aus nach Sizilien zu Kaiser Heinrich geholt worden war, seine Amtsgeschäfte für den gesamten Dukat.

Die Bischöfe von Speyer.

IX. Schon im vorherigen Buch haben wir von Gebhard gesprochen, dem Grafen von Urach, der, vom Kanonikus in Straßburg zum Mönch geworden, unter der Leitung des heiligen Wilhelm Prior von Hirsau war und schließlich nach dem Tode des Heiligen Abt. Von da an verhielt er sich den Armen gegenüber sehr geringschätzig und geizig und erfuhr die Strafe Gottes, wie ihm der heilige Wilhelm angedroht hatte; *denn nach wenigen Jahren, wie Trithemius zum Jahr 1102 schreibt[92], wurde er durch die Vorhersehung Gottes der Leitung des Klosters beraubt und mußte seine Stellung einem Besseren überlassen und erregte gegen sich, nachdem er in der Diözese Speyer zur Bischofswürde erhoben worden war, wie wir an der entsprechenden Stelle noch sehen werden, durch seine unschicklichen Sitten als Strafe Gottes den Haß und den Hohn fast aller; und nachdem er nicht lange danach von einer beklagenswerten Krankheit erfaßt worden war, beendete er in kurzer Zeit sein diesseitiges Leben.*

Als er von Heinrich IV. auf dem Konvent von Regensburg öffentlich zum Bischof erklärt worden war und zwar in Anwesenheit des Erzbischofs Ruthard von Mainz, des Heinrich von Magdeburg, des Bischofs Rupert von Würzburg, Udo von Hildesheim, Heinrich von Paderborn, Friedrich von Halberstadt, Gebhard von Konstanz, Adelbert von Worms, für welchen Trithemius den Eppo nennt, und zusammen mit vielen anderen Bischöfen und Fürsten, versuchte er seine Hirsauer dazu zu bewegen, daß sie ihn auch zugleich als Abt beibehielten. Darüber

90 T. V. p. 915
91 Chron. Hirs. T. I. p. 474
92 Chron. cit. p. 328

begann unter den Mönchen ein Streit auszubrechen, wie Trithemius zum Jahr 1105 sagt[93]. *Denn,* sagt er, *den einen schien es, daß es für den Frieden unter den Brüdern und den Nutzen der Ordensgemeinschaft nicht wenig förderlich sein könne, wenn sie eben diesen zum Abt hätten wie auch zum Bischof, da dieser sie dann nicht nur in keiner Weise unterdrücke, sondern sowohl willens als auch dazu in der Lage sei, sie gegen Unannehmlichkeiten irgendwelcher anderer jederzeit zu schützen. Doch die übrigen Mönche, die vernünftiger dachten, sagten demgegenüber genau das Gegenteil aus, indem sie sprachen: ein Bischof könne einem Kloster nicht mit Nutzen vorstehen; auch werde dies kein Heilmittel zum Schutz sein, sondern eher ein nicht wieder gutzumachender Schaden für die Regeldisziplin: außerdem werde der Bischof, von einer Menge Soldaten umgeben, häufig ins Kloster zu Besuch kommen oder doch sicher auf den Gütern des Klosters immer wieder Wohnung nehmen, und dann werde er in Kürze alles aufbrauchen, was durch die Besorgnis der Brüder über lange Zeiten hinweg erworben worden sei. Auch dies dürfe man nicht wenig fürchten, daß er vielleicht die Güter des Klosters mittels seiner Macht wegnehme und sie entweder seinen Freunden zum Geschenk mache oder sie seinen Söldnern zu Lehen gebe: es sei hinreichend bekannt, wie es vielen Klöstern in Deutschland ergangen sei.* Daher wählten sie aus ihren eigenen Reihen den Mönch Bruno zum Abt. Unter diesem Bischof Gebhard starb im Jahre 1106 Kaiser Heinrich IV. und wurde in Speyer beigesetzt; zu einem früheren Zeitpunkt hatte er von diesem schon dringlich erbeten, ihm die Bestattung zu gewähren, als er gerade von seinem Herrscherthron abgesetzt worden war, die Erlaubnis aber dennoch nicht erhalten können, da er exkommuniziert war, wie von ihm Helmold in Buch I, Kap. 33 berichtet.

Gebhard versah das Bischofsamt für fünf Jahre und hatte im Jahre 1110 Bruno zum Nachfolger, der nach der Aussage von Trithemius zum Jahre 1110 vorher Benediktinermönch in Limburg gewesen war. Dieser unterschrieb in einem Diplom Heinrichs V., durch welches bestimmt wurde, daß es niemanden erlaubt sei, Güter von Mönchen oder Kanonikern zu besitzen oder für sich in Anspruch zu nehmen, auf dem Konvent zu Straßburg vom Jahre 1111 unter den ersten. Im Jahre 1119 nach

---

einer Gesandtschaft nach Rom, die unternommen worden war, um das Schisma zu beseitigen, wurde er von Kaiser Heinrich V. von seinem Sitz vertrieben, wie auch der Bischof von Worms und etliche andere, die, wie Konrad von Ursperg sagt, keinen Widerstand leisten konnten, aber sich zum Gehorsam gegenüber dem Papst bekannten und, von ihren Bischofssitzen verjagt, umherirrten. Er unterschreibt noch als Zeuge in einer Urkunde des Adelbert von Mainz vom Jahre 1124, innerhalb dessen er aber gestorben zu sein scheint, da schon im folgenden Jahr in einem Schreiben, mit dem die Fürsten zusammengerufen wurden, um nach dem Tode Heinrichs V. den neuen Kaiser zu wählen, Arnold von Saarbrücken als Bischof von Speyer zu lesen ist, der vorher gleichfalls Benediktinermönch von Limburg gewesen war, dann aber gleichzeitig Abt von Corbie in Sachsen und Weißenburg. Er unterschrieb dann schon zu Beginn des Jahres 1125 am 27. Dezember auf einer Urkunde Heinrichs V., der zu diesem Zeitpunkt noch lebte, zugunsten der Freiheit des Klosters St. Blasien, zugunsten dessen er auch später ein Schreiben an Papst Honorius richtete. Ihm folgte Sigfried von Leyningen im Jahre 1128 nach, in welchem und dem darauffolgenden Jahr Speyer von Lothar besetzt gehalten wurde. Notiert wird aber Sigfried bei Gudenus in der 1. Zusammenstellung verschiedener Diplome[94].

Unter dessen Nachfolger und Neffen schwesterlicherseits Gunther von Speyer wurde vom heiligen Bernhard das vollbracht, was wir oben erwähnt haben. Von diesem wurde, wie Trithemius berichtet, Mangold, der Abt von Hirsau, in der Großbasilika benediziert. Er tritt auch bei P. Herrgott[95] in einem Diplom Konrads III. aus dem Jahr 1151 in Erscheinung, und in der >Gallia christiana< ist zu lesen[96], daß er schon im Jahre 1146 am 4. Januar seine eigenhändige Unterschrift unter eine andere Urkunde desselben gesetzt habe. Er wird auch bei Willmann[97] noch im Jahre 1161 als Zeuge anläßlich der Bestätigung des Klosters Wigolsbehr durch den Kaiser Friedrich I. notiert.

Dessen Nachfolger Ulrich wird in demselben Jahr 1161 in einem Diplom Friedrichs I. zugunsten des Klosters Pfäfers bei P.

94   p. 565 et 568
95   Geneal. Habsb. T. II. P. I. p. 174
96   T. V. p. 726
97   p. 243

Herrgott[98] erwähnt. Im Schisma aber gehörte er der Partei eben dieses Friedrich an: *daher,* schreibt Trithemius zum Jahr 1176, *weil die Hirsauer Brüdergemeinschaft niemals ein schändlicher Haufe von Schismatikern war, sondern mit der römischen Kirche und deren rechtmäßigen Päpsten immer rein und unbefleckt blieb, wollte der gewählte Abt Konrad nicht von dem Neometenser Bischof Ulrich oder irgendeinem anderen geweiht werden, der keine Gemeinschaft und Gnade beim apostolischen Stuhl hatte.* Es ist dies eben dieser selbst, den Trithemius zum Jahr 1188 als zweiten dieses Namens bezeichnet, dem nach seinem Tode in demselben Jahr Otto nachgefolgt ist.

Die Bischöfe von Straßburg.

X. Im vorhergehenden Buch haben wir Bischof Otto von Straßburg behandelt, den Bruder des Schwabenherzogs Friedrich und den Schwager des Kaisers Heinrich IV., von welchem zum Jahr 1100 das zeitgenössische Chronikon von St. Gallen bei Balzius sagt[99]: *Hottho, der Bischof des Sitzes Straßburg, ist gestorben: für ihn wird Baldenius eingesetzt, der zwei Monate lang gelebt hat und stirbt.* Ebenso Albert, wie es scheint ein Straßburger, in einem geschichtlichen Fragment bei Urstisius[100] zu demselben Jahr: *Auch Otto,* sagt er, *aus Straßburg, der als Schismatiker von der Fahrt nach Jerusalem zurückgekehrt war, doch sich nach allgemeiner Überzeugung nicht vom Schisma abgewendet hatte, beschloß seinen letzten Tag, dem Baldwin, der nur noch sechs Wochen lang zu leben hatte, nachfolgte. Diesem folgte noch im selben Jahr Kuno nach. Im Jahre des Herrn 1122,* fährt er fort, *wird Berthold, Herzog von Zähringen, bei Molsheim getötet. Kuno, Bischof von Straßburg, wird von seinem Sitz vertrieben; diesem wird Bischof Bruno nachgesetzt.* Den Grund für dessen Absetzung bringt der Annalist Saxo bei Eckhard[101] zum Jahr 1123 mit folgenden Worten zum Ausdruck: *Kuno, nur dem Namen nach Bischof von Straßburg, weil er mit dem Tode des Herzogs Berthold einverstanden war, wird von seinem Bischofsamt abgesetzt und Bruno, Kanonikus der Diözese Babenberg, wird eben dort zum Bischof bestimmt.* Damit stimmt das handschriftliche Verzeichnis

98 L. c. p. 185
99 T. I. Miscel. p. 519
100 Script. germ. T. II. p. 84
101 Corp. hist. med. aevi T. I. p. 650

der Bischöfe von Straßburg im 12. Jahrhundert überein, die aber keine zeitliche Bestimmung enthält, ausgenommen die über Bruno: *Dieser war etwa um das Jahr des Herrn 1130.*

Dieser wird als Zeuge in der Unabhängigkeitsurkunde für das Kloster Engelberg bei P. Herrgott[102] genannt. Es folgt dort[103] ein Brief eben dieses Bruno an Königin Richenza, geschrieben etwa um das Jahr 1129, in welchem er ihr dafür dankt, daß sie ihm den Sitz seiner Würdestellung, der ihm gegen das Recht entrissen worden sei, mit Hilfe ihrer Frömmigkeit wiedergegeben habe. Aus Dodechinus im Anhang zum Chronikon des Marianus Scotus[104] erfahren wir nämlich, daß Eberhard, der ihr unterstellt war, im Jahre 1127 gestorben ist und im Jahre 1129 *Bruno, Bischof von Straßburg, durch Vermittlung der Königin* (Richenza) *und der Bischöfe, nachdem er vier Jahre lang vertrieben war, die Gunst des Königs* (und damit den Bischofssitz) *erlangt.* Doch war es ihm nicht vergönnt, darüber beruhigt sein zu können; im Jahre 1131 *wurde nämlich in Mainz ein Konzil abgehalten,* wie Dodechinus ausführt[105], *an dem König Lothar teilnahm, und Matthäus von Alba zusammen mit dem Mainzer Erzbischof den Vorsitz führte, wo Bruno, Bischof von Straßburg, in Anwesenheit der Bischöfe von Augsburg, Einstedt, Babenberg, Wurzeburg, Speyer und Worms, der vom Klerus und dem Volke wegen Gewalttätigkeit bei seiner Einsetzung und Weihe angeklagt worden war, sein Bischofsamt von Straßburg in die Hände des Erzbischofs und Kardinals zurücklegte: ihm folgte Gebhard nach,* wie der Annalist Saxo bei Eckhard[106] sagt. Dennoch wird in dem zitierten geschichtlichen Fragment bei Urstisius[107] *eine Schlacht zwischen dem Straßburger Bischof Gebhard und dem Alemannenherzog Friedrich bei Gugenheim* erwähnt, die im Jahre 1130 stattfand, was freilich in bezug auf Gebhard nur als Vorwegnahme aufgefaßt werden zu können scheint, da er zu diesem Zeitpunkt noch nicht Bischof war, sondern erst wenig später *mit der Hilfe der Kanoniker* oder, was Willmann glaubt, *durch die Autorität und das Wohlwollen des Kaisers Lothar* dazu ernannt wurde, auch wenn er zu diesem Amt

102 Geneal. Habsb. T. II. P. I. p. 145
103 p. 151
104 Pistor. script. Germ. T. I. p. 672
105 L. c. p. 673
106 L. cit. p. 664
107 L. cit. p. 8 5

von Lothar vorherbestimmt war, der nach dem Gesagten Bruno gegenüber schon vorher feindlich gesinnt war.

Crusius in den ›annales Sueviae‹[108] und P. Sulger in den ›annales Zwifaltenses‹[109], denen auch Willmann in ›de episcopis Argentiensibus‹[110] zustimmt, bezeichnen zu diesen Zeiten den Straßburger Bischof Gebhard als den Bruder der Aberada, der Tochter Eginos von Urach, aus welcher Familie, die mit den Grafen von Achalm denselben Ursprung hat, Bischof Werner II. von Straßburg stammte, wie wir im vorherigen Buch dargelegt haben. Diese beiden Autoren sprechen dem Egino viele Besitzungen im Elsaß zu, und insbesondere Sulger weist darauf hin, daß nicht wenige aus eben diesem Geschlecht in der Basilika von Straßburg vor dem Altar des heiligen Laurentius bestattet worden sind[111]. Die ›Gallia christiana‹[112] bezeichnet für Gebhard kein Geschlecht; vielleicht aber wurde er mit dem eben erwähnten Gebhard verwechselt, ebenfalls einem Grafen von Urach, dem Bischof von Speyer.

Dieser Bischof Gebhard von Straßburg wird noch im Votum der Stadt Rouffac vom Jahre 1142 erwähnt. Doch hat sich Martenius[113] bei der zeitlichen Bestimmung dieses Votums geirrt, da nach Dodechinus vom Tod Gebhards schon im Jahr 1140 oder auf Grund des Fragments des Urstisius doch sicher im folgenden Jahr 1141 berichtet wird. Dies kann schon daraus als gesichert gelten, daß sein Nachfolger Burchard schon im Jahre 1141 am 10. April in einer Urkunde Konrads III. für das Kloster St. Blasien bei Hergott[114] als Zeuge angeführt wird. Wir vermuten daher, daß sich der Irrtum zu der Zeitangabe 1142 eingeschlichen hat, die bei Martenius a.a.O. am Rand angefügt ist. Eine Urkunde eben dieses Burchard für das Kloster Schwarzach vom Jahre 1154 ist bei Gudenus in seiner ›Sylloge variorum diplomatum‹[115] vorhanden. Daß derselbe zusammen mit Heinrich von Troyes ein Kloster in der neuen Burg im Jahre 1158 geweiht hat, wird in dem genannten Fragment ausgeführt. Er selbst starb im Jahre 1162.

---

108 P. II. L. IX. cap. 6.
109 P. I. p. 77
110 p. 237
111 Annal. Zwifalt. l. c. p. 11
112 T. V. p. 798
113 Martene thes. anecdot. T. I. p. 396
114 Gen. Habs. T. II. P. I. p. 167
115 p. 463

Zum Nachfolger erhielt er Rudolph, der im Jahre 1179 auf dem III. Laterankonzil unter Alexander III. zusammen mit anderen Schismatikern abgesetzt wurde. *In demselben Jahr wird an der Vigil des Apostels Thomas Konrad gewählt, der im nächsten Jahr an demselben Tag bestattet wurde, und Heinrich wird dem Bischofssitz vorangestellt,* wie dasselbe Fragment bei Urstisius notiert[116]; es nennt auch Heinrich seligen Angedenkens, von dem notiert wird, er sei im Jahre 1190 an Mariä Verkündigung am Ostertage aus diesem Leben gegangen; ihm folgte Konrad nach, über den es anfügt: *später, im Jahre 1193, wird Konrad, der Bischof von Straßburg, von einigen Ministerialen eben dieser Stadt gefangengenommen.* Er erlitt dann viele Leiden von den Bürgern, die dem Schwabenherzog Philipp gegen Otto von Sachsen anhingen, dem Konrad zugehörte, der zweite Gründer des Klosters Allerheiligen des Prämonstratenserordens im Schwarzwald.

Die Bischöfe von Basel.

XI. Noch nicht hinreichend dargestellt ist die Reihe, Nachfolge und Chronologie der Bischöfe von Basel im 12. Jahrhundert. Denn es ist unsicher, in welchem Jahr genau zu Beginn dieses Jahrhunderts Rudolph aus dem Grafengeschlecht von Honberg dem Burchard nachfolgte, auch wenn bei Sudanus notiert wird, dies sei im Jahre 1107 geschehen, in dem Verzeichnis bei Imhof[117] aber schon zum Jahr 1102, in welchem jedoch irrtümlich sein Tod zum Jahre 1111 angezeigt wird; in demselben Jahr nämlich am 1. Oktober ist von ihm als Teilnehmer auf dem Straßburger Konvent unter Heinrich V. zu lesen, auf dem verboten wurde[118], daß es irgend jemandem erlaubt sei, Güter der Mönche oder Chorherren zu besitzen oder für sich in Anspruch zu nehmen. In den ›libri constructionum‹ aus dem 14. Jahrhundert wird erwähnt, daß er etwa um diese Zeiten in der Hauptkirche von St. Blasien zwei Altäre geweiht habe, den einen zur Ehre der heiligen Märtyrer Felix und Regula, den anderen zur Ehre des heiligen Abtes Gallus. Dieser Rudolph, Bischof von Basel, unterzeichnete noch im Jahre 1114 ein Diplom Heinrichs V. für die Unabhängigkeit des Klosters Muri (bei Herrgott[119]), und auf einem anderen, kurz

116 L. cit. p. 85
117 Notit. Proc. imp. p. 132 nov. edit.
118 Concil. Germ. T. III. p. 267
119 Geneal. Habsb. T. II. P. I. p. 133

darauffolgenden aus demselben Jahr, bestätigte derselbe Kaiser der Diözese Basel die Union mit der Abtei Pfäfers *auf die gerechtfertigte Bitte unseres treuen Rudolph hin,* wie er sagt, *des Bischofs eben dieses Sitzes.* Daß er auch noch im Jahre 1115 lebte, geht aus einer Urkunde des Abtes Pontius von Cluny bezüglich der Gründung des Klosters Sölden hervor, die aus eben diesem Jahr datiert ist und sich bei Mabillon[120] findet. Noch im Jahre 1120 am 1. April wird er in einem Dokument als persönlich anwesend bezeichnet, das von uns unten in der Nr. 12 zu zitieren sein wird.

Somit gibt es also zwischen diesem und Berthold für den Grafen Ludwig von Pfirt keinen Platz mehr, den ihm Urstisius in seiner ›Chronik von Basel‹ und Sudanus in der ›Basileia sacra‹ nach Rudolph einräumt, dessen Tod derselbe Katalog bei Imhoff zum Jahr 1120 notiert, in welchem, wie auch bei Urstisius, Friedrich überhaupt nicht erwähnt wird, den Sudanus hinter Ludwig ansetzt. Ich vermisse aber beide, nämlich Ludwig und Friedrich, in der sanblasianischen Kataloghandschrift der Bischöfe von Basel, die etwa um die Mitte des 12. Jahrhunderts verfaßt worden ist, in welcher direkt und unmittelbar nach Rudolph Berthold angesetzt wird, der das Privileg Heinrichs V. aus dem Jahr 1123 für das Kloster Alpirsbach unterschrieben hat (bei Crusius[121] und Besold[122]). Von ihm ist auch im Jahre 1125 in dem Diplom Heinrichs V. für die Unabhängigkeit des Klosters St. Blasien von der Basler Vogtei bei Herrgott[123] zu lesen und ebenfalls in einem zweiten desselben Jahres für das Kloster Engelberg[124]. In bezug auf seinen Tod stimmen die Autoren nicht überein; er begegnet nämlich noch im Jahre 1131 am 24. Juli in einer Urkunde des Kaisers Lothar, mit der er eben diesem die Silbergruben der Diözese Basel im Breisgau bestätigt[125]. Fälschlicherweise wird also als dessen Nachfolger Adalbero auf einem Konvent eingesetzt, von dem Urstisius und Sedanus wollen, daß er im Jahre 1130 zu Basel abgehalten worden sei.

120 Annal. T. V. p. 694
121 Annal. Suev. P. II. p. 332
122 Docum. rediv. T. I. p. 148
123 Geneal. Habsb. T. II. P. I. p. 139
124 Ibid. p. 145
125 Ibid. p. 156

Bei Mabillon[126] wird der Nienburger Abt Adalbero zusammen mit anderen als Begleiter Lothars auf dessen Reise nach Rom notiert, wie Lothar selbst in einem Schreiben an die Bischöfe, Fürsten und alle Gläubigen bezeugt, das er in Rom verfaßt hatte und welches Dacherius in seinem ›Specilegium‹[127] wiedergibt und auf das Jahr 1131 datiert; allerdings irrtümlich, da Lothar erst im Jahre 1133 in Rom gewesen ist. Als er im September von dort zurückgekehrt war, hielt er sogleich in Würzburg einen feierlichen Fürstenkonvent ab, wo, *weil der Basler Bischof Heinrich,* wie der Annalist Saxo schreibt[128], *vom Papst aller seiner Ämter enthoben wurde, Abt Adalbero von Nurenburg, vorher Prior des Klosters St. Blasien im Schwarzwald, eben diesem in kanonischer Wahl des Klerus und des Volkes durch den Beschluß des Kaisers nachfolgte.* In bezug auf jenen Basler Bischof Heinrich bleibt uns, wie auch Mabillon[129], nichts Handfestes, da nirgendwo anders von ihm zu lesen ist, und er wurde vielleicht auch deshalb nicht in das Verzeichnis der übrigen aufgenommen, weil seine Regierungszeit nur ganz kurz und lasterhaft gewesen ist, weswegen er es verdiente, bald darauf vom Papst seiner Ämter enthoben zu werden.

Sehr gering scheint die Schwierigkeit in bezug auf Adalbero zu sein, der vom Nienburger Abt zum Bischof von Basel gewählt worden war, von welchem ein zeitgenössischer Pergamentkodex der Bibliothek von St. Blasien unter Abt Berthold I. vor der Mitte des 12. Jahrhunderts, der die aus St. Blasien berufenen Äbte aufzählt, folgendes sagt: *Auch Adelberch, Abt in Numburg in Sachsen, später Bischof von Basel.* Auch bei dem zeitgleichen Verfasser der Chronik von Bürgeln bei P. Rustenus Heer[130] wird von demselben Prior Adalbero von St. Blasien notiert, daß er nach Rom entsandt wurde; er merkt an, daß er später zum Bischof von Basel ernannt wurde: All dies stimmt somit mit der vorherigen Darstellung genauestens überein. Der oben zitierte Anonymus berichtet in dem Verzeichnis der Bischöfe von Basel richtig, verwechselt allerdings nur die Gegend, wo Adalbero Abt gewesen war, nämlich Sachsen, indem er sagt: *Dieser war Mönch des Klosters St. Blasien, gebürtig aus Sachsen,* der nach Urstisius und

126 Annal. T. VI. n. 1 p. 225
127 T. III. p. 485
128 Eccard. corp. hist. med. aev. T. I. p. 666
129 Annal. l. c. p. 230
130 Anon. Mur. append. c. 10. p. 372

Sudanus aber von den Grafen von Froburg, nach Mabillon von Friburg stammen soll. In dem schon erwähnten Diplom Heinrichs V. aus dem Jahr 1125 zugunsten des Klosters Engelberg tritt ein *Graf Adalbero von Froburc* in Erscheinung. Und für dieselben Autoren stammte aus eben dieser Familie auch der Nachfolger Adalberos Ortlieb oder Ortwin, wie er sich in einem in Speyer ausgestellten Diplom Konrads aus dem Jahre 1149 nennt[131]. Dieser war, mit dem Kreuz bezeichnet, mit Konrad III. im Jahre 1146 nach Syrien gezogen und begleitete nach seiner Rückkehr von dort später noch einmal Friedrich Barbarossa mit seinem Heer nach Italien. In Urkunden wird er bei Herrgott[132] vom Jahr 1139 bis zum Jahr 1161 häufig erwähnt.

Zwischen diesen und dessen Vorgänger Adalbero stellte Bucelin in der ›Germania sacra‹ den Hanno, der vom Abt von Lüneburg zum Bischof von Basel geworden war. In der zitierten sanblasianischen Kataloghandschrift der Äbte, die von St. Blasien aus berufen worden waren, ist folgendes zu lesen: *Anno, geborener von Tufin und Stunzingen in Sachsen, wird in Lüneburg zum Abt gewählt. Er ist in der Lebensgeschichte des Abtes Gunther zu suchen.* Doch nach dieser Lebensgeschichte sucht man heute noch vergebens, und auch Bucelin hat sie niemals gesehen; auch nicht jenen Autographen unseres Anonymus, in welchem Albrecht Abt und Bischof von Nunburg, Anno aber nur Abt in Luneburg genannt wird. Es konnte nun leicht Anno oder Hanno, der vom Mönch von St. Blasien zum Lüneburger Abt in St. Michael berufen worden war, mit dem Nienburger Abt Adalbero verwechselt werden, der gleichfalls zuerst Mönch von St. Blasien war und dann Bischof von Basel. Dies bot sich an aus einer schlecht verstandenen Stelle des zitierten Briefes Lothars: in Anwesenheit *der Äbte Heinrich von Fulda, Albero von Noemburg und Luneburg:* Aus diesen beiden letzten Angaben, die tatsächlich voneinander unterschieden waren, schlossen sie auf nur einen einzigen Abt Adalbero, von dem sie annahmen, er habe auch das Abtsamt in Lüneburg innegehabt. Indem sie von woanders her aber wußten, daß Anno damals der Abtei von Lüneburg vorstand, glaubten sie, daß er genau derselbe sei wie Adalbero von Nienburg, der dann Bischof von Basel war. Und tatsächlich wird

131 Walther Lex. diplom. T. II. tab. IX.
132 Geneal. Habsb. T. II. P. I.

dieser hier auch Anno genannte Bischof in der Cassiner Chronik des Leo Marsicanus in Buch IV, Kap. 120 bei Muratorius erwähnt[133], der im Jahre 1137 den Kaiser Lothar nach Italien begleitete und sich große Mühe gab, die Brüder von Cassino, die wegen einer Abtswahl untereinander in Streit gekommen waren, wieder miteinander zu versöhnen. Daher ist er offensichtlich von Anno, dem Abt des Klosters Lüneburg, zu unterscheiden, da ebendort gesagt wird[134], er habe an dieser Verhandlung persönlich teilgenommen. Daß aber dieser Basler Bischof Anno kein anderer gewesen ist als Adalbero oder Adalbert, ist aus dem Annalisten Saxo offenbar, der, nachdem er von der eben genannten Ordination Lothars auf dem Montecassino erzählt hatte, berichtet, daß eben dieser später nach Aricia gekommen sei. *Dort,* sagt er[135], *starb der Basler Bischof Adalbert,* nämlich im September des Jahres 1137. Dies stimmt mit dem überein, was in der Chronikhandschrift von St. Blasien zu lesen ist: *im Jahre 1137 starb der Basler Bischof Adalbero.* Somit täuschen sich Sudanus und Urstisius, wenn jener dessen Tod zum Jahr 1139, dieser aber zum Jahr 1140 angibt. Und mit Gewißheit gibt es bei P. Herrgott[136] die Bulle des Papstes Innozenz II., in der dem Ortlieb, dem Nachfolger Adalberos im Bischofsamt von Basel, im Jahre 1139 sehr viele Besitzungen, befestigte Städte und Lehen bestätigt werden.

Nach Ortlieb, dem Nachfolger Adalberos, von dem Urstisius auf Grund von Dokumenten aus Lützeln in der Abfolge der Bischöfe von Basel schreibt[137], er sei im Jahre 1167 gestorben, wird bei P. Herrgott[138] in einer Urkunde des Kaisers Friedrich I. Ludwig notiert, dessen Partei er hartnäckig verteidigte, deshalb als Schismatiker bezeichnet und von Alexander III. auf dem Konzil von Rom im Jahre 1179 abgesetzt wurde, wie ein Fragment des Urstisius[139] berichtet. Wenn dies wahr ist, kann nicht Bestand haben, was derselbe Urstisius schreibt[140], nämlich daß Hugo von Hasenburg für fünf Jahre vom Jahre 1172 bis 1177 Bischof war, der diesem dann vor dem Jahre 1179, in welchem Ludwig

133 Script. Rer. Ital. T. IV. p. 495
134 Cap. 119. p. 593
135 Eccard. corp. hist. med. aev. T. I. p. 679
136 Gen. Habsb. T. II. P. I. p. 162
137 Scriptor. rer. Basil. T. I. p. 303
138 L. c. p. 191
139 T. II. p. 85
140 Script. cit. p. 303

entmachtet wurde, nicht nachfolgen und auch nicht über das Jahr
1185 hinaus leben konnte, da zu diesem Jahr im Juli schon sein
Nachfolger Heinrich in einer Urkunde des Königs Heinrich VI.
bei P. Herrgott[141] in Erscheinung tritt. Diesen nennt Urstisius in
seiner Chronik ›Baron von Hornberg aus Württemberg‹; doch
wird von ihm aber in den Lützelner Fasten des Buchinger[142]
überliefert, er entstamme den elsässischen Grafen von Horburg
und sei vom Zisterziensermönch von Lützeln auf den Bischofsstuhl von Basel berufen worden. Als er im Jahre 1189 dem Kaiser
Friedrich gegen die Ungläubigen ins heilige Land gefolgt war,
starb er dort im selben Jahr zusammen mit vielen anderen Fürsten
an der Pest. Zum Nachfolger hatte er Lutold von Rötinleim,
gleichfalls einen Schwarzwälder.

Sie verzichten auf die Vogtei über St. Blasien.

XII. Im vorherigen Buch haben wir die in diesem Jahrhundert
erlassenen päpstlichen Bullen wiedergegeben, durch die dem
Kloster St. Blasien die von dem heiligen Reginbert errichtete Zelle
als Eigenbesitz bestätigt wird; wir vermuten, daß dies gegen die
Basler Vogtei zum ersten Mal von dem Abt Rustenus bewirkt
worden ist, auf dessen Betreiben hin schließlich dem Kloster die
volle Unabhängigkeit wiedergegeben wurde. Daß nun unter
diesem Abt in bezug auf die sanblasianische Vogtei, welche die
Diözese Basel innehatte, eine freundschaftliche Einigung im
Jahre 1120 in Basel zustande kam und diese durch den Kardinal
Gregor von St. Angelo (der später im Jahre 1130 Papst Innozenz
II. war) und durch den Abt Pontius von Cluny bestätigt wurde, ist
im ›Spicilegium‹ bei Dacherius[143] und Lunigius im ›spicilegium
ecclesiasticum‹[144] zu lesen. In jenem Dokument nennt sich Gregor
selbst Kardinalpriester, auch wenn, vielleicht wegen des Titels,
Franz. Pagius in dessen Lebensgeschichte[145] von ihm sagt, er sei
erst zum Priester geweiht worden, als er schon Bischof war.

Die Urkunde lautet aber folgendermaßen: *Wir, der Kardinalpriester Gregor und der Abt Pontius von Cluny, die wir durch Gottes
Gnade als Vertreter des Herren Papstes Callixtus tätig sind, treffen*

141 Geneal. cit. p. 195
142 p. 31
143 T. III. p. 477
144 P. II. p. 139
145 Breviar. Rom. Pont. p. 613

folgende Entscheidung, nachdem wir den Streitgrund beider Teile gehört haben; wenn andere Erzbischöfe oder Reichsbischöfe, die nach dem Recht ihrer Diözese in den Abteien anderer Diözesen Vögte sind, aus der Erlaubnis oder der Duldung des apostolischen Stuhles heraus auf Grund ihrer bischöflichen Gewalt für die Abtswahl ihre Erlaubnis gegeben haben sollten, möge eben dasselbe auch der Bischof von Basel für die Äbte nach ihrer Wahl tun, die in der Gemeinschaft des seligen Blasius für die Leitung zu berufen sind. Da aber die römische Kirche den übrigen Bischöfen eine solche Erlaubnis auf Grund der bischöflichen Gewalt entzogen hat, möge sich auch der Herr Bischof von Basel so verhalten, wie sich auch die übrigen Erzbischöfe auf Grund der Anordnung der Kirche von Rom verhalten haben. Im übrigen möge der Herr Bischof die genannten Brüder von St. Blasien so schützen, daß die Lebensweise der Brüder und der Besitz ihres Klosters durch seine Mühewaltung nicht gemindert, sondern vielmehr von Tag zu Tag gemehrt werde. Außerdem gilt jene alte Gehorsamspflicht, die von den Bischöfen bewahrt und schriftlich bestätigt worden ist, nämlich daß ein Vogt aus dem Laienstand, den ihnen der Bischof gegeben hat, von demselben Bischof wieder entfernt wird, wenn er bei den Besitzungen und Menschen des Klosters eine Tyrannei ausgeübt hat und daß an seine Stelle ein anderer, Guter, eingesetzt wird.

Ein Beispiel für eine Amtseinsetzung, die mittels der Bischofsgewalt oder des Bischofsstabes vorzunehmen war, bietet der heilige Bischof Otto von Bamberg, der Apostel der Pommern, zu dessen Gunsten Kaiser Heinrich V. im Jahre 1123 eine Urkunde für das Kloster Ensdorf ausstellte, das eine Niederlassung des Klosters St. Blasien war, nachdem von dort als erster Abt Walchunus mit den Brüdern geholt worden war, wie wir später noch ausführen werden. Die Urkunde veröffentlichte Abt Anselm Meiler von Ensdorf in seinem Buch mit dem Titel *Mundi miraculum etc.* auf Seite 255 und auf der unmittelbar vorhergehenden die Bulle des Callixtus II., durch die er eben diesem seligen Otto auch andere von ihm errichtete Klöster im Jahre 1123 anvertraut, also drei Jahre nach unserer Urkunde, um die es sich handelt. Diese wird folgendermaßen unterschrieben: *Öffentlich verhandelt zu Basel in St. Alban, in Anwesenheit und unter Zustimmung des Herrn Bischofs Rudolph von Basel* (es ist dies eben der Rudolph, der im vorhergehenden Kapitel genannt wurde) *und des Herrn Abtes Rostanus von St. Blasien. Zeugen dieser unserer Verhandlung waren der Herr Bischof Girardus von Lausanne und der Kanzler des eben genannten Kaisers* (Heinrichs V.) *und der Kämmerer Wichardus, der Marschall Hugo, der Bibliothekar Petrus und Wilhelm, der Prior von St. Alban, Mönche von Cluny. Auch Kanoniker von Basel, Propst Hesso, der Klostervogt Hermann, der Kantor Hugo und viele andere. Auch Mönche von St. Blasien, Drutmann, Giraldus und sehr viele andere. Von den Laien aber Graf Adelbero von Vroburg, Warneritus, Advokat der Diözese Basel, Graf von Honberg, der Erste Minister Warnerius, Germ. Vizthumb. Von den Pröpsten der Diözese Basel aber Propst Sigenand von St. German und Buceo, Propst von St. Ursinus.* Dieser Sigenand, Gründer des Klosters Belleley, tritt noch einmal in der erwähnten Urkunde Konrads III. aus dem Jahre 1141 in Erscheinung, in welchem diese ganze Streitigkeit schließlich beigelegt wurde. Diese Urkunde aus dem Jahre 1120 wird aber als bis zum Ende *durch die Hände des Herrn Priors Adelbert von der Zelle des heiligen Petrus von Cluny im Schwarzwald geschrieben,* gewiß der Zelle St. Ulrich, von der unten noch die Rede ist.

Nach dem Tode des Adalbero brach der Streit um die Unabhängigkeit des Klosters von der Vogtei der Basler Bischöfe erneut auf, obwohl Bischof Berthold, wie wir oben erwähnt haben, höchstpersönlich die Immunitätsurkunde, die von Heinrich V. im Jahre 1125 ausgestellt war, unterzeichnet hatte; hauptsächlich deshalb, weil die Diözese Basel fest behauptete, daß die Immunität dem Kloster nur von dem Untervogt Adelgoz von Werra zugestanden worden sei, der in einer Urkunde Konrads III. aus dem Jahre 1138 bei P. Herrgott[146] genannt wird. Trotz jener Immunitätsurkunde führte die Angelegenheit zur offenen Flammenglut, und man eilte zu den Waffen, als Abt Berthold von St. Blasien, um der Gewalt mit Gewalt zu begegnen, seine adligen Ministerialen und Gönner aus der Nachbarschaft und sogar die Lehnsmänner im ganzen Schwarzwald und die Vasallen aller Art, die er an ihr Treuegelöbnis erinnerte, zusammenrief und sich mit Hilfe der Bauern durch Wälle und Gräben, deren Spuren heute noch zu sehen sind, und durch Verhaue von Bäumen schützte. Schließlich ging man vor das königliche Gericht und kam dort überein, daß, nachdem er vom Kloster die vier Gehöfte Sierenz, Loufen, Ottingen und

146 Geneal. cit. p. 159

Filnacker erhalten hatte, in Anwesenheit des Königs Konrad III. zu Straßburg im Jahre 1141 am 13. April der *zusammen mit dem Grafen Werner, seinem Rechtsbeistand, und einem großen Teil des Basler Klerus und Volkes* anwesende Bischof Ortlieb die Vogtei abgebe, wie die Urkunde bei P. Herrgott[147] lautet: anwesend war auch Abt Berthold von St. Blasien zusammen mit seinem Rechtsbeistand Konrad, dem Herzog von Zähringen, und seinen Brüdern.

Eben diesen Rechtsbeistand Konrad, den Herzog von Zähringen, den die Sanblasianer zur Wahrnehmung ihres Rechts auserwählt hatten, erwähnt das Chronikon von Bürgeln in Kap. 16, wo es die Schenkungen nennt, die gewöhnlich im Zusammenhang mit den Reliquien von Heiligen vorgenommen wurden[148], und den Erwerb des Wipert, eines Mönches von St. Blasien und Vorstehers in Bürgeln. *Doch weil,* sagt es, *Wipert keine Heiligenreliquien zugegen hatte, bat er den Herzog Chonrad, den Rechtsbeistand von St. Blasien, die eben genannten Landgüter in seinen Schutz zu nehmen, um mit ihnen dann das zu tun, worum er gebeten wurde, was er auch tat. Denn als derselbe Herzog Chonrad an einen Ort namens Scovnouwa im öffentlichen Jagdgebiet kam, waren gleichzeitig Wipertus und auch Oudalricus zugegen, der das Amt des Priors versah. Nachdem Herzog Chonradus an seinen Schutz erinnert worden war, übergab er unter Bezug auf die Reliquien des heiligen Blasius und des heiligen Johannes ohne jeden Widerspruch das genannte Landgut, und von diesem Tag an ging es in das Recht des legitimen Besitzes des Klosters St. Johann in Bürgeln ein.* Wie ebendort im folgenden Kapitel notiert wird, *schenkte derselbe Herzog Chounrad von Zeringen* eben dieser Gemeinschaft von Bürgeln noch *zur Rettung seiner Seele eine Scovpoza in der Ortschaft Scalfingen.*

In der Chronikhandschrift von St. Blasien aus dem 12. Jahrhundert, die im Kloster Muri und Engelberg sorgfältig aufbewahrt ist, werden in diesem Streit um die Unabhängigkeit des Klosters St. Blasien von der Unterwerfung und der Vogtei des Basler Bischofs verschiedene kaiserliche Erlasse vermerkt. Und zwar als erster ein Erlaß des Kaisers Heinrich V., *gegeben zu Speyer im Jahre 1123, zur Zeit der I. Indiktion, am 27. Dezember,*

---

147 L. c. p. 165
148 Vid. Mabill. annal. T. I. p. 453

wie eine Stelle bei P. Herrgott[149] wiedergegeben werden muß, wo entweder der Schreiber oder der Drucksetzer die Ziffern I. und V. gegen die zuverlässige Handschrift miteinander verbunden hat, die im Archiv von St. Blasien aufbewahrt wird. Eine andere Urkunde desselben Inhalts wird in jener Handschrift dann gleich zum Jahr 1125 vermerkt, nämlich das *Privileg des Kaisers Heinrich, gegeben zu Straßburg, am 28. Dezember, zur Zeit der III. Indiktion,* wo sich bei P. Herrgott[150] der *27. Dezember* findet. Es folgt in der Chronik: *Gegeben wurde ein Erlaß von Lothar III., im ersten Jahr seiner Regierung,* welcher bei demselben P. Herrgott[151] steht: bei eben diesem geht noch ein anderes Diplom desselben Kaisers Lothar voraus[152], das an demselben Tag erlassen wurde wie das vorhergehende, nämlich am 2. Januar. In diesem erklärt er sofort zu Beginn, daß sein Sinn auf den Nutzen für die Kirche gerichtet sei und approbiert die Mönchszelle, die von Utto, dem Abt von St. Blasien, in Ochsenhausen errichtet worden war: *Dazu nämlich,* sagt er, *hat uns der Herr zum Fürsten und Verteidiger der Kirche bestimmt, daß wir uns seiner Gnade nicht unwürdig erweisen, sondern uns nach unserem Vermögen darum bemühen sollen, den Dienst an ihm zu fördern.* Dieser Urkunde folgt ebendort gleich noch eine zweite für die Immunität des Klosters St. Blasien und der freien Vogtswahl.

Wie sehr aber Lothar diese Angelegenheit am Herzen lag, macht er auch daraus deutlich, daß er deswegen einen Brief, den wir im ›Codex probationum‹ wiedergeben werden, an Honorius II. geschrieben hat, mit dem er eben diesen Papst bittet, *daß der genannte Bischof eine so strenge Aufsicht über euren Bereich durch euch verspürt, daß er sodann von der Bedrückung eurer Söhne abläßt: dies haben wir nämlich auf Bitten hin durch ein Urteil bestimmt, euch aber steht es an, dieses durch eure Autorität zu bekräftigen.* Dieselben Beschwerden in dieser Sache trugen damals dem Papst der Herzog Heinrich von Bayern und der Mainzer Erzbischof Adalbert vor; der Speyrer Bischof Arnold aber erklärte den Hauptinhalt und den wichtigsten Punkt der ganzen Streitigkeit (der von uns im vorhergehenden Buch dargelegt wurde) auf folgende Weise: *als einige unserer Brüder, die*

149 Geneal. T. II. P. I. p. 137
150 L. c. p. 138
151 L. c. p. 149
152 p. 147

Bischöfe nämlich, in Anwesenheit vieler Fürsten vor Gericht Beisitzer waren, haben wir durch Sehen wie auch durch Hören erfahren, daß Kaiser Heinrich (zweifellos dem V.) zwei Privilegien bezüglich des Streits zwischen der Diözese Basel und dem Kloster St. Blasien vorgelegt wurden: das eine nämlich von St. Blasien in bezug auf die Unabhängigkeit ihrer Körperschaft bei der Investitur, das andere, nämlich das von Basel, aus einer alten Tradition stammend: Von diesen wurde das eine (das Basler) durch ein unparteiliches Gericht sowohl auf Grund der alten Chroniken als auch auf Grund der Taten des Konrad (nämlich des III.) zurückgewiesen, das andere wurde angenommen und von allen (zweifellos den Blasianern) bestätigt. Du aber bestätige nunmehr sowohl schriftlich wie auch mündlich, wovon wir wissen, daß richtig geurteilt worden ist, was wir selbst gesehen haben, woran wir teilgenommen haben und welchem wir in Freiheit zustimmen können, damit sich die Bewohner des genannten Ortes in ihrem Ruhebett erholen können und nicht mehr die Bisse von Wölfen und ihre Hinterhältigkeiten befürchten müssen.

Der Papst tat dies dann. Dazu noch wurde nach dem Tode Lothars, der im Jahre 1137 eintrat, gleich im folgenden Jahre 1138, wie in der genannten Chronikhandschrift angemerkt wird, *ein Edikt von Konrad III. im ersten Jahr seiner Regierung erlassen.* Die Chronik übergeht aber die Vergleichsurkunde Konrads III. zwischen der Diözese Basel und dem Kloster St. Blasien vom Jahre 1141, die wir erwähnt haben, und hat dann zum Jahr 1143 folgendes: *Es ist dies das 180. Jahr, nach welchem das Edikt des Kaisers Otto des Großen erlassen worden ist.* Diese Rechnung entspricht dem Jahre 963, welches das Diplom Ottos aufweist, wie es von uns, in Kupfer gestochen, dargeboten wird, und es wurde auf den Reichskomitien vorgelegt und nach sorgfältiger Prüfung von Heinrich V. im Jahre 1125 als solches anerkannt (wie wir soeben und schon in Buch V an der entsprechenden Stelle angezeigt haben) und approbiert, wobei die Rasur nicht beachtet wurde, die an ihm zu erkennen ist. Doch haben wir anhand eben dieser Rasur, vor allem aber aus dem Namen des Mainzer Erzbischofs Willigis, in dessen Vertretung der Wormser Bischof Hildebold unterschreibt, zusammen mit P. Herrgott jenes Diplom Ottos II., des Sohnes des ersten, wieder hergestellt, der in Diplomen auch nicht selten *der Große* genannt wird: auch benutzte in den Urkunden der eine die Zeitangabe des anderen, nämlich der Vater die seines Sohnes, und dieser die seines Vaters, wie schon von anderen bemerkt und von uns an anderer Stelle notiert wurde.

Die Kirchen und Äbte des Klosters St. Blasiens.

XIII. In der oft zitierten sanblasianischen Chronik ist zum Jahr 1092 zu lesen: *Es wurde die Kirche St. Nikolaus von dem Konstanzer Bischof Gebhard geweiht. Beginn des neuen Klosters St. Blasien.* Diese letzteren Worte werden im Anhang Bernolds oder Bertholds zum Chronikon Hermanns d. L., des zeitgenössischen Geschichtsschreibers, der zu dieser Zeit in St. Blasien zugegen war, auf das Jahr 1094 angesetzt. Wir haben freilich im vorherigen Buch unter Bezug auf eben diesen Geschichtsschreiber wie auch auf den anonymen Verfasser der ›libri constructionum‹ erklärt, daß dies sowohl hinsichtlich der erweiterten Unterkunft, die nach internen und externen Brüdern getrennt war, aufzufassen ist, als auch in bezug auf die Kirche oder das neue Kloster, wie es bis auf den heutigen Tag als erstes unter so vielen anderen Kirchen des 11. und 12. Jahrhunderts, die in St. Blasien errichtet wurden, genannt zu werden pflegt, *das neue Münster,* das sich von dem alten Kloster oder der alten Kirche unterscheidet, *dem alten Münster.* Außer diesen gehörte zu unserem Kloster auch die Pfarrkirche St. Stephan, ebenfalls St. Michael und St. Nikolaus, wie wir eben notiert haben; außerdem gab es eine Kapelle der seligen Jungfrau Maria des heiligen Benedikt eigens für die Kranken und den Abt, von Abt Rustenus errichtet.

Dieser folgte im Jahre 1108 dem Utto nach, nachdem schon die neue Basilika vollendet und feierlich geweiht worden war; er war seinem Vorgänger früher einmal als Gefährte zum Kloster Fruttuaria beigesellt worden, um von dort die Form der Mönchsdisziplin zu empfangen. In unseren Dokumenten wird er *liebevoller Wächter über die monastische Lebensführung und den Orden, allen ein Beispiel heiliger Einfachheit und frommer Unschuld* genannt. Für die Immunität des Klosters suchte er wegen des Streits mit dem Basler Bischof persönlich Kaiser Heinrich V. auf und erhielt von diesem die erwähnte Immunitätsurkunde, die zu

Straßburg im Jahre 1125 veröffentlicht wurde; Rustenus war aber schon vorher am 21. September gestorben, wie das genannte Chronikon aufweist.

Rustenus erhielt zum Nachfolger Berthold I., der, wie in einem alten Brief des Johannes von Ochsenhausen zu lesen ist, *das Vermögen seines Klosters durch Landgüter erweiterte und diesen Ort in einer für die Regierung gefährlichen Zeit übernahm; er selbst legte den Streit und die Meinungsverschiedenheit zwischen diesem Kloster und den Baslern bei, die ihm von seinen Vorgängern hinterlassen worden war, und schuf durch seine Weisheit und sein Bemühen Frieden.* Er starb in demselben Jahr 1141, in welchem die Angelegenheit geregelt wurde, am 2. August; zu diesem Jahr vermerkt das genannte Chronikon seinen Tod mit diesen Worten: *der Herr Abt Berthold hat in Frieden sein Leben ausgehaucht.* Daß dieser bestrebt war, auch das Schrifttum zu erweitern, indem er viele Kodizes abschreiben ließ, vermag unsere Hausbibliothek nicht zum Ausdruck zu bringen, da sie im 14. Jahrhundert durch Feuer und im 16. Jahrhundert durch den Bauernaufstand zu einem großen Teil vernichtet wurde; es kann dies aber die Bibliothek von Rheinau, die einen Kodex des 12. Jahrhunderts mit folgender Aufschrift aufbewahrt: *Daß die Werke dieses Buches aufgeschrieben würden, befahl der erhabene Abt Berthold, ein Freund des Herrn.*

Von dessen Nachfolger Gunther aus der erlauchten Familie von Andlau sagt der Pergamentkodex in einer Aufzählung der Äbte, die von St. Blasien an andere Klöster berufen worden waren: *Ebenso wurde Gunther aus unserer Kongregation Abt in Lyon; nachdem er bald darauf von Papst Callixtus erwählt worden war, verließ er sein Abtsamt und wurde hier Abt.* Dieser Geschichtsschreiber verdient aber eine um so größere Glaubwürdigkeit, weil er sich auf derselben Seite häufig auf die Lebensgeschichte dieses Abtes beruft, die er vor Augen hatte. Doch schweigen von ihm unsere alten anderen Dokumente. Im 16. Jahrhundert stimmt Caspar I. in seinem ›liber Originum‹ mit der zitierten Handschrift überein, und sein Nachfolger Caspar II. nennt jenen in den Blasier Verzeichnissen Abt von Lyon: die ›Gallia christiana‹ bezeichnet ihn da, wo sie von den Äbten von St. Blasien handelt, als Bischof[153], doch begegnet ebendort nichts über ihn, weder in

153 T. V. p. 1024

der Reihenfolge der Bischöfe noch in der der Äbte der Kirche von Lyon[154], zu dessen Erzabt ihn aber Bucelin in der Handschrift ›Constantia Benedictina‹ macht[155], der zwar von Papst Callixtus II. dazu bestimmt, doch von den Seinen ohne Mühe wieder zurückgeholt worden war: allerdings sagt der klostereigene Geschichtsschreiber Joh. Bapt. Eifelin, er sei dem Dünkel seiner Rivalen gewichen. Im übrigen tritt dieser Abt Gunther bei P. Herrgott[156] in einer Urkunde des Bischofs Otto von Konstanz aus dem Jahre 1166 in Erscheinung, in der ein Vergleich in bezug auf den Zehnten in Schönau bestätigt wird.

Den Abt Gunther rühmt der anonyme Verfasser der ›libri constructionum‹ in besonderer Weise wegen einer bedeutenden Partikel des heiligen Kreuzes, die, wie wir im vorherigen Buch berichtet haben, von Adelheid, der Gattin des heiligen Ungarnkönigs Ladislaus und der Tochter des Grafen Rudolph von Rheinfelden und Gegenkaisers, dem Kloster zum Geschenk gemacht worden war. Diese Partikel hielt eben dieser Abt in großen Ehren und schloß sie, nachdem sie in feierlicher Prozession wieder in die Kirchenschatzkammer gebracht worden war, in einem Reliquiar ein, das in Gestalt eines Kreuzes gefertigt war und heute noch vorhanden ist; auf der Vorderseite war es zum großen Teil mit alten, bebilderten Edelsteinen verziert, deren Motive aus dem heidnischen Aberglauben entnommen sind[a]; auf der Rückseite waren mittels Stützen die heiligen Reliquien angebracht. Eingraviert ist heute noch folgende Inschrift zu lesen: *Christus, du Spender des Lebens, den alles loben möge nach altem Brauch, bereite dem neu Gebildeten würdigen Lohn auf dem Kreuzesaltar. Hier ist ein Teil des des heiligen Kreuzes würdigen Holzes eingeschlossen. Der Herr Abt Gunther hat dieses Kreuz vollendet.* Guntherus hatte aber den Fuß des Kreuzes aufbewahrt, das im vorigen Jahrhundert Abt Utto zur Aufnahme eben dieser heiligen Partikel hatte anfertigen lassen, wie wir im vorhergehenden Buche dargelegt haben. Im übrigen berichten unsere Dokumente den Tod Gunthers zum Jahr 1170 am 20. Januar.

[a] Es ist hier wohl angebracht, denen zuliebe, die sich an alten Edelsteinen und Skulpturen freuen, eine kurze Beschreibung jener anzufügen, die auf jenem Reliquiar des heiligen Kreuzes bis heute noch in unserer Kirchenschatzkammer aufbewahrt enthalten sind.

154 T. IV.
155 T. III. p. 457
156 Geneal. T. II. P. I. p. 185

I. Auf dem oberen Teil.

1. Ein Lapislazuli; auf diesem befinden sich drei Figuren, nämlich Jupiter in der Mitte stehend, zu seiner Rechten stehend Mars mit helmbewehrten Haupt, zur Linken aber ein Soldat, ebenfalls behelmt.

Auf Münzen der römischen Kaiser treten jene Figuren nicht nur einmal miteinander verbunden auf, vor allem auf den Münzen des Diokletian und Maximinian.

2. Ein Karneolstein, auf den ein nackter Apoll eingraviert ist, stehend mit umstrahltem Haupt, mit der Rechten Zweige haltend, mit der Linken eine Lyra.

3. Ein Sardonyx. Ein nackter, stehender Herkules stützt sich mit dem rechten Arm mit einem Löwenfell auf einen Schildknauf, wie er nicht selten auf alten Münzen des Gordian III., Diokletian und Maximinian unter der Aufschrift *virtus* oder *virtuti Augusti* zu sehen ist. Auf dieser Gemme selbst erblickt man auch einen gefügelten Heroldsstab, der von zwei Schlangen umschlungen wird.

4. Auf einer Sarda ein halbnackter stehender Mars mit behelmten Haupt; in der Rechten hält er eine Lanze, auf der linken Schulter ein Siegeszeichen. Auch diese Figur ist oft auf alten Münzen zu sehen, vor allem auf solchen des Flavius Vespasian.

5. Ein Agates, auf welchem das Haupt eines Mannes eingraviert ist, doch von so unkünstlerischer Fertigung, daß es kaum mit Sicherheit zu erkennen ist.

6. Ein Karneol; eine Sonne mit einer Strahlenkrone, auf einer Quadriga sitzend; in der Rechten hält sie eine Geißel, die Linke ist hoch erhoben. Es ist der Typus der aufgehenden Sonne, wie er wiederum häufig auf alten Münzen des Probus, Aurelian, Konstantin d. Gr. und anderer auftritt.

7. Auf einem Karneol wiederum ein Mars Gradivus, auf der rechten Schulter ein Siegeszeichen haltend, auf der linken eine Lanze.

8. Wiederum auf einem Karneol einen Kranz mit Kreuz und Siegespalme. Diese Gemme ist zweifellos von irgendeinem Christen geschnitzt worden, um den Triumph im Kreuzeszeichen anzuzeigen.

9. Ein großer Karneol, in den eine stehende Pallas mit behelmtem Haupt eingraviert ist; die Rechte ist über einen brennenden Altar ausgestreckt, wie wenn sie opfern wollte, mit der Linken hält sie ein Weihrauchgefäß und eine Lanze.

10. Auf einem Karneol ein Skarabäus, zweifellos als Amulett benutzt, wie er auf alten Gemmen sehr häufig auftritt.

11. Auf einem Karneol eine nackte, stehende, männliche Figur, mit der Rechten Ähren nach unten haltend, in der Linken eine Schale. Typus der Ernte.

12. Wiederum auf einem Karneol, doch einem sehr blassen, ein laufendes Pferd, unterhalb diesem Palmzweige.

13. Das Haupt der Domitia, der Frau des Domitian, so genau graviert, daß es leicht erkannt werden kann.

II. Auf der rechten Seite.

1. Ein Lapislazuli, dem die Figur eines Skarabäus eingraviert ist.

2. Ein Karneol trägt vorne eine halbnackte, männliche Gestalt, die mit der Rechten einen Stab über einem Brotkorb ausstreckt und mit der Linken ein mit Früchten gefülltes Rohrkörbchen hält: auch sind zwei entleerte Ähren abgebildet.

3. Das Sechseck eines großen Lapislazuli, auf dem eine halbnackte, männliche Gestalt eingeschnitzt ist, die mit der Rechten eine Schale ausstreckt und mit der Linken ein Trinkhorn hält. Es ist hier ein Genius zu sehen, dem die vier Buchstaben G. L. C. D. beigefügt sind, die vermutlich diesen Sinn haben: *Genius Loci, Caesar Diocletianus.*

4. Ein Karneol, dem eine nackte, stehende Venus eingeschnitzt ist.

5. Nochmals auf einem Karneol eine geflügelte Victoria, die bei einem Kamel steht, das mit den Zähnen einen Zweig hält. Vielleicht kann diese Gemme auf den Sieg Trajans über Arabien bezogen werden, der auf Münzen unter demselben Typus eines Kamels dargestellt wird mit der Inschrift: *Arabia acquisista.*

6. Ein Karneol gibt eine männliche Gestalt im Kriegsmantel wieder, stehend und mit behelmtem Haupt, die in der Rechten einen Schild vor den Füßen hält, in der Linken eine Lanze. Der Typus des Mars.

7. Nochmals ein Karneol, dem kunstvoll ein Adler eingeschnitzt ist, der ein Schaf reißend; darüber liegt der Buchstabe I; es ist dies eine Gemme, die zweifellos zu Istrus oder Istria gehört, einer Stadt des alten Italien, auf deren Münzen sich eben diese Abbildungen finden mit der Inschrift ISTRIAS.

8. Nochmals zwei Skarabäen, deren einer einem Amethysten, der andere einem Karneol eingeschnitzt ist.

III. Auf der linken Seite.

1. Ein Haushahn in Marmor graviert, mit dem Schnabel Mohn haltend. Diese Gemme bezieht sich zweifellos auf Merkur, dem der Hahn damals heilig war.

2. Ein Karneol mit einem schlafenden Wolf oder einem anderen wilden Tier, davor Palmzweige.

3. Ein Lapislazuli, dem eine schreitende männliche Gestalt eingraviert ist, in der Rechten einen Stab haltend; doch von kunstloser Fertigung.

4. Ein Karneol, auf dem Mars mit behelmtem Haupt an einem entzündeten Altar steht, mit der Rechten einen Stab haltend; vor dem Altar ein Schild.

5. Ein Karneol mit der Keule des Herkules, einem Speer und einer Ähre.

6. Ein Karneol, der eine Ziege im Laufen zeigt oder ein anderes Tier; darunter ein Palmzweig.

7. Ein Lapislazuli, dem die siegreiche Venus eingraviert ist, mit der Rechten einen Helm haltend, mit der Linken eine Lanze; diese Art ist auf alten Müzen überall zu sehen.

8. Ein Stein oder eine Gemme von weißer Farbe, der ein halbnackter sitzender Jupiter eingraviert ist, mit der Rechten eine Lanze haltend, mit der Linken eine Schale, vor seinen Füßen ein Adler, der im Schnabel einen Zweig hält. Alte Münzen zeigen diese Gestalt sehr oft.

9. Ein Karneol, auf dem eine kunstlose stehende Gestalt mit behelmten Haupt in der Rechten einen Schild hält, in der Linken einen Zweig, zweifellos der Typus des Mars.

IV. Auf dem unteren Teil.

1. Ein Lapislazuli, dem eine weibliche, sitzende Figur eingeschnitzt ist, die in der Rechten eine Schale hält.

2. Ebenfalls ein Lapislazuli, auf dem eine stehende Gestalt mit der Rechten ein Kreuz hält; es handelt sich um eine ganz minderwertige Arbeit.

3. Ein Karneol, auf dem ein Männerkopf mit Strahlenkranz zu sehen ist; er gibt das Bild des Claudius Goticus wieder.

4. Ein Lapislazuli, dem eine Eidechse eingeschnitzt ist.

5. Noch ein Karneol mit dem Kopf des lorbeergeschmückten Vitellius.

6. Ein Onyx; auf ihm ist eine männliche, halbnackte Gestalt abgebildet, stehend und mit einem Reisehut, in der Rechten einen geflügelten Heroldsstab haltend, in der Linken eine Lanze; der Typus des Merkur.

7. Ein Karneol, auf dem ein männliches, lorbeergeschmücktes Haupt gezeigt wird; eine sehr minderwertige Arbeit.

Diesem folgte in demselben Jahr Wernerus von Küssaberg, den wir in der folgenden Nummer unter den durch ihre Gelehrsamkeit

und ihre Schriften herausragenden Männern St. Blasiens ausführlicher würdigen werden. Er erreichte aber kaum das vierte Jahr
seiner Regierung und starb im Jahre 1174 am 27. Mai. In der
Chronikhandschrift von St. Georgen aber wird gesagt[157], daß zu
diesem einen Jahr 1173 gleichsam in Gemeinschaft die Äbte von
Alpirsbach, St. Blasien, Gengenbach und Stein gestorben sind,
wobei aber keiner von diesen mit seinem Namen genannt wird,
die wir noch nicht einmal in deren Verzeichnissen in der ›Gallia
christiana‹ finden konnten. Dem Werner von St. Blasien folgte
zum Jahr 1174 Theoperus oder Deotbertus oder Trepertus nach,
der sich in einer Tauschurkunde bei Herrgott[158] einen niedrigen
Verwalter der Klöster von St. Blasien nennt, dem im Jahre 1186
Mangoldus nachfolgte.

Es ist dies der letzte Abt, den unser Anonymus in seinen ›libri
constructionum‹ mit Namen nennt (außer Johannes, unter welchem er im 14. Jahrhundert lebte), wo er sehr viele verehrungswürdige und durch ihre Heiligkeit herausragende Männer unter
Mangoldus und den diesem vorhergehenden Äbten aufzählt, den
hochheiligen Wächtern über die Regelobservanz: Dies beweisen
wohl auch deren Schüler, deren Angedenken auch jetzt noch
gepriesen wird, und die in den erwähnten Büchern in so großer
Zahl gerühmt werden, daß es gewiß zu lange währen würde, sie
hier alle aufzuzählen. Diese müssen aber in eigene Annalen von
St. Blasien aufgenommen werden, damit die Späteren erfahren,
welcher Geistesgaben die Mönche durch göttliche Fügung für
würdig befunden worden sind und sie dazu noch Gott und seinen
Heiligen auf Erden zutiefst verbunden waren, als die Klosterdisziplin in Blüte stand und insgesamt das Leben nach der Vorschrift
der Regel des heiligen Benedikt ausgerichtet war.

Männer, die sich durch Gelehrsamkeit und Schrifttum auszeichneten.

XIV. Nicht weniger standen im 12. Jahrhundert im Kloster St.
Blasien wissenschaftliche Studien und die Schule in Blüte, deren
Leitung Bernold, von dem wir im vorherigen Buch schon
gehandelt haben, dem Scholastikus Mangold hinterließ, nachdem

---

157 T. V.
158 Geneal. cit. p. 201

er sofort zu Beginn dieses Jahrhunderts durch den Tod dahingerafft worden war; diesen Mangold nennen unsere Dokumente
einen hervorragenden Schulmeister und einen vorzüglichen
Lehrer. Ihm folgte nach seinem Tod zum Jahr 1111 am 23. Mai
Giraldus nach, der sich auch um den Schutz der Rechte des
Klosters bemühte, und zwar zusammen mit Trutmann, von dem
der Anonymus behauptet, er stamme aus dem Thurgau und ihn
unter die sich durch ihr heiligmäßiges Leben auszeichnenden
Männer rechnet und ihn auf Grund göttlicher Erscheinungen
sogar als Seligen bezeichnet; dieser ist von dem Priester Trutto
von Gundolzheim zu unterscheiden, der nach demselben Zeugnis
durch eine Schenkung von Büchern dem Kloster zu großem
Nutzen gereichte. Beide, Giraldus und Trutmannus, nahmen auch
an dem erwähnten Konvent in Basel teil, als im Jahre 1120 der
Kardinalpriester Gregorius und Abt Pontius von Cluny auf
Geheiß des Papstes Kallixt II. den Streit zwischen dem Basler
Bischof Rudolph und Abt Rustenus von St. Blasien wegen des
Vogteirechts und der Investitur unter zahlreicher Beteiligung des
Klerus und der Fürsten erörterten. Über Giraldus hat der
Anonymus von Melk in Kap. 116 dies: *Geraldus, ein gelehrter
Mann und in St. Blasien Mönch geworden, führte eine Zeitlang ein
Klosterleben und verfaßte unter anderem einen Kommentar über
die Dialektik; er verfaßte außerdem eine sehr hilfreiche Sentenzen-
sammlung.*

Als Giraldus im Jahre 1130 starb, konnte nunmehr dessen Schul-
meisteramt Arnoldus von Straßburg übernehmen, der, wie über
ihn der Anonymus in den ›libri Constructionum‹ schreibt, *einer
von unseren Mönchen war; er war ein Mann zwar einfacher Natur,
doch trotzdem so, daß ihm tiefer als den anderen die heiligen
Schriften offen standen. In langer Mühsal von seiner Jugend an
ergraute er bis zum höchsten Greisenalter im Dienst an Gott und
hielt nach Sitten und Leben das Mönchsgelübde in vorbildlicher
Weise ein. Keiner wurde im Chor als noch eifriger befunden als er
und noch mehr bemüht, die Knaben zur Wissenschaft zu erziehen.
Als ihm irgendeiner der Mönche in seiner tödlichen Krankheit
beistand, begann dieser, ihn zu fragen, wann er hoffe, daß er seinen
Körper verlassen werde. Dieser sagte zu ihm: Ich werde nicht
sterben, bevor ich nicht auf Grund der Anwesenheit der Fürsten ein
ehrenvolles Begräbnis haben werde. So sagte er; und seinem*

Ausspruch folgte bald die Bestätigung. Denn in der heiligen Pfingstnacht, die in diesem Jahr auf den 16. Mai fiel, vollendete er sein Leben. Dies geschah im Jahre 1182 unter dem Abt Theotpertus, und er wird von dem Anonymus unter die ›Venerabiles‹ eingereiht. Hieraus wird offenbar, welch hohen Rang er damals auf Grund seiner Frömmigkeit, der Beobachtung der Regeldisziplin und seines Wissens eingenommen hat.

Zu dieser Zeit bestand nämlich dieses Gedeihen und diese Fruchtbarkeit der Kongregation von St. Blasien nach innen wie nach außen, wohin sie sich weithin durch ausgesandte Abordnungen verbreitete, die mittels der Sitten von Fruttuaria zusammen mit der Regeldisziplin auch die Ordnung des Gottesdienstes in andere Klöster brachten; zwar folgten sie später dem Ritus der römischen Kirche und wichen allmählich von der Vorschrift der Regel des heiligen Benedikt wegen der Gleichgestaltigkeit des allgemeinen Kultus ab, wie aus den Ritualbüchern dieses Mittelalters offenbar ist. Doch darf man vermuten, daß es sich eben um diese Ordnung oder das ›Ordinarium Romanum‹ handelt, das von den Geschichtsschreibern überall unserem Bernold zugewiesen wird; und das Manuskript wird sowohl hier wie auch an manchen anderen Orten aufbewahrt, zu welchen die Abordnungen aus St. Blasien in verschiedenen Provinzen entsandt worden waren, wie zum Beispiel Ochsenhausen in Schwaben; in Österreich Lambach aus den benachbarten Klöstern Göttweig und Garsten; in Bayern Ensdorf; hierhin kam es durch Walchanus aus St. Blasien, der von dem heiligen Bischof Otto von Bamberg gerufen worden war und einen eigenhändig abgeschriebenen Kodex der Sitten von Fruttuaria mit sich führte, welcher bis in die jüngste Zeit wegen der aus religiösen Gründen entfachten Wirren dort aufbewahrt wurde.

An der entsprechenden Stelle in den Akten von Muri sehen wir bezeugt, daß die Sitten von Fruttuaria schon im 11. Jahrhundert vom Kloster St. Blasien aus in die Schweiz zum Kloster Muri gebracht worden sind. Daß der Verfasser dieser Akten aber, zumindest zum größten Teil, Chuno gewesen ist, der in der Mitte dieses Jahrhunderts, wie wir sehen werden, von St. Blasien aus zum Nachfolger des Abtes Ronzelinus von Muri berufen worden war, zeigt nunmehr P. Rustenus Heer in seinem ›anonymus

Murensis‹[159]; anstelle eines Anhangs hat er auch das bisher unveröffentlichte Chronikon von Bürgeln eben dieses Chuno angefügt.

Von eben diesem Geschichtsschreiber darf die Bedeutung des seligen Abtes Frowin von Engelberg nicht zurückgedrängt werden, der ebenfalls, wie wir unten noch ausführen werden, aus St. Blasien genommen war, obwohl Hartmann in den ›annales Eremi B. M. V.‹ und von ihm aus Mabillon[160] der Meinung sind, daß eben dieser dem Kloster Einsiedeln zuzuschreiben sei, in welchem zweifellos seine Werke ›*de libero arbitrio et in orationem dominicam*‹ aufbewahrt werden, die hierher vom Kloster Engelberg oder Mons Angelorum gebracht worden waren. Im Kodex von Einsiedeln, in welchem das in sieben Bücher unterteilte Werk des seligen Frowin *de libero arbitrio* enthalten ist, ist folgendes zu lesen: *Dieses Buch gehört dem Kloster Mons Angelorum; es wurde dem Herrn Schatzmeister des Klosters Einsiedeln H. von Ligertz überlassen, und die Biblia werden ebendort für denkwürdig angesehen.* Daß Heinrich von Ligritz das Amt eines Schatzmeisters versehen habe, erwähnt derselbe Hartmann in seinen Annalen zum Jahr 1338. Derselbe sagt zum Jahr 1178, wo er über Abt Berthold von Engelberg handelt, welchem, dem Nachfolger nach seinem Tode, der selige Frowin ein Buch zum Herrengebet widmete: *auf Veranlassung des uns zugehörigen Frowin.*

Mit größerem Recht sprechen wir Sanblasianer in dieser Weise von einer Chronikhandschrift, von der wir meinen, daß sie eben diesem seligen Abt zuzuweisen sei, deren Autograph im Kloster Muri aufbewahrt wird und bisher sehr häufig von uns zitiert worden ist, weil sie von sich selbst überall aussagt, daß sie von einem sanblasianischen Mönch zu der Zeit verfaßt worden ist, in der der selige Frowin Abt des Klosters Engelberg war, dessen Ursprung es für das Jahr 1120 berichtet, was wir weiter unten noch sehen werden. Und es fehlt nicht an Gelehrten, die der Auffassung sind, sie hätten in dieser Chronik die Handschrift auch des seligen Frowin oder doch gewiß die seines Schreibers entdeckt, wie sie sich in anderen Engelberger Handschriften findet, die sie mit eigenen Augen durchforscht haben. Unter

159 Lib. I. c. 12.
160 Annal. T. VI. p. 209

diesen zitiert in allerjüngster Zeit jenes Chronikon unter dem Namen des seligen Frowin Cl. P. Mauritius Hohenbaum van der Meer in seiner kurzen tausendjährigen Geschichte ab der Gründung des Klosters Rheinau. Daß aber jener Murenser Kodex früher dem Kloster Engelberg gehört hat, belegen in der vorangestellten Chronik, über die wir handeln, folgende Worte zum Jahr 1120: *In demselben Jahr wurde diese Zelle von Abt Adilhelmus begonnen.* Diese Worte, die zwar in demselben Schriftzug, aber mit verschiedener Tinte geschrieben worden sind, dienen zum Beweis dafür, daß der Verfasser dieser Chronik, die schon früher anderswo geschrieben worden war, jene Worte erst in Engelberg ergänzt hat, was jedenfalls am besten auf den seligen Frowin zutrifft, der von St. Blasien aus dorthin angefordert worden war, wie wir schon gesagt haben und noch sagen werden.

In dieser Chronik werden nicht nur die Äbte, sondern auch die Diplome des Klosters St. Blasien aufgezählt, was ganz und gar auf einen klostereigenen Verfasser hinweist. Sie beginnt aber ab dem Jahre 398 nach Christus und dem Tode des heiligen Ambrosius und schließt mit dem Jahre 1175; drei Jahre später im Jahre 1178 schied der selige Frowin aus diesem Leben. Da er aber dieses sein Chronikon in den zwischen den Verzeichnissen anderer Klöster leeren Zeitraum hineingeschrieben hat und deshalb der Zeitraum zu dem in den Verzeichnissen notierten Jahr fehlt, stimmt nicht selten die Chronologie nicht: Ja, der Verfasser nimmt sogar mitunter die geschichtlichen Ereignisse um viele Jahre vorweg, welche er durch das Fehlen des Zeitraums an der passenden Stelle dort einsetzte, wo er zuvor den Zeitabstand freigelassen hatte. Nach diesem Chronikon fehlen einige Seiten, nämlich der Anfang der Zusammenfassung der Chroniken, welche zweifellos mit der Fleischwerdung des Herrn begonnen hatte. Nach jener Lücke aber ist dies der Anfang: *Der Philosoph Justinus schrieb zugunsten der Christen dem Antoninus ein Apologetikum.* Dies wird bei Hermannus Contractus zum Jahr 143 entsprechend dem Reichenauer Kodex berichtet, mit welchem sie weitgehendst übereinstimmt, wie auch mit dem Kodex von Einsiedeln bei Regino: Aus diesem nämlich und Hermannus Contractus und dessen Fortsetzern sowie sogar auch aus Beda Venerabilis stattete er seine Zusammenfassung aus, wie er selbst zum Jahre 741, in dem sich der Tod von Karl Martell ereignete, mit diesen Worten anmerkte: *Bis hierhin führte der Priester Beda Venerabilis seine Chronik in dem umfangreichen Buch ›de temporibus‹, das nach der Wahrheit der Hebräer 4670 Jahre seit der Entstehung der Welt umfaßt. Doch ist vieles daruntergemischt von den Chroniken eines gewissen Abtes Regino Bremensis* (lies: Prumensis), *der schrieb, indem er mit der Fleischwerdung des Herrn begann und bis zum Jahre 906 fortschritt. Was aber von da an folgt, ist aus den Schriften von vier Autoren entnommen, nämlich des eben genannten Abtes Berno, des Herren Hermannus Constractus und seines Schülers Berthold, und des Herren Priesters Bernold von St. Blasien.*

Es folgt zum Jahr 768 *De generatione S. Arnulphi,* eine Genealogie des Karolingergeschlechts, welche bei keinem Autoren dieser Sammlung enthalten ist. In der Reichenauer Handschrift des 14. Jahrhunderts, in der das Leben des heiligen Fintanus enthalten ist, wird jene Genealogie, die ausführlich ausgearbeitet im Kodex von Muri zu lesen ist, auszugsweise mit folgenden Worten dargestellt: *Aus der Chronik von St. Blasien: Arnolphus erzeugte den Anchisus, der erzeugte den Pipinus, der erzeugte Karolus, der erzeugte Pipinus, der erzeugte Karolomannus, der Mönch wurde, der erzeugte Karolomannus und den Kaiser Karolus den Großen, der erzeugte Karolus, Pipinus und den Kaiser Ludovicus.* In der Handschrift von Muri aber wird zum Jahr 1054 angemerkt: *Bis hierhin reicht die Chronik des Hermannus, ab hier beginnt Bertholdus.* Es folgt dann die *vita Hermanni,* die bei den veröffentlichten Fortsetzern des Hermannus Contractus fehlt, verfaßt von dessen Schüler Berthold, von welchem wir, wie auch von dem Priester Bernold von St. Blasien, schon im vorhergehenden Buche gesprochen haben, deren Chroniken in diesem Kodex von Muri enthalten sind, der bis zum Jahre 1091 fortschreitet.

Eine wie sorgsame Mühe aber der selige Frowin aufgewandt hat, die Bibliothek von Engelberg mit Büchern auszustatten, bezeugen die vielen Bände, welche er selbst zustande brachte oder dafür Sorge trug, daß sie vor allem durch seinen Sekretär Richinus geschrieben wurden und die heute noch dort vorhanden sind, in leoninischen Versen notiert. Einer von diesen steht auch in unserer Bibliothek mit folgendem Verschen: *Abt Frowin hat dieses Buch gefertigt.* Im übrigen wird auf diesen Frowin bald noch einmal die Rede kommen.

Den sanblasianischen Geschichtsschreibern des 12. Jahrhunderts ist auch noch Berthold zuzurechnen, der zusammen mit dem seligen Theoderich und anderen von St. Blasien aus als Kolonist an das Kloster Wörth an der Donau entsandt worden war; als Theoderich Abt geworden war, wurde er von diesem nach Konstantinopel abgeordnet, um die Geschichte und sichere Beweise bezüglich der Partikel des heiligen Kreuzes zu sammeln, die von dem Gründer jenes Klosters, Manegoldus, von dort im Jahre 1028 mitgebracht worden war; dies tat er auch und legte den gesamten Sachverhalt schriftlich nieder, wie bei Oefelius zu lesen ist[161], wo auch der Ausspruch des Khammius in seiner ›Hierarchia Augustana‹ in bezug auf unseren Berthold wiedergegeben wird[162], daß er *in der griechischen wie auch in der lateinischen Sprache außerordentlich bewandert gewesen sei und überragend in Prosa und Dichtung;* auch hinterließ er verschiedene Denkmäler seiner Geistesgaben.

Unter unseren klostereigenen Geschichtsschreibern aber ist vor allem Werner zu rühmen, der zweite Abt dieses Namens, der dem ersten dieses Namens im Lob seiner Gelehrsamkeit gleichkommt. Von diesem gibt es ein Werk, das zu Basel im Jahre 1494 als Druck veröffentlicht wurde; es trägt die Überschrift: *Deflorationes oder Auszüge aus der honigfließenden Lehre verschiedener Väter, insbesondere des Augustinus, Hieronymus, Ambrosius, Gregorius, Hilarius, Chrysostomus, Maximus, Origenes, Remigius, Cassiodorus, Beda, Alcuinus und anderer rechtgläubiger Lehrer.* Er wird von Trithemius in der Chronik von Hirsau gerühmt[163], auch wenn dies später geschah, als es richtig gewesen wäre, nämlich zum Jahr 1201, da er doch schon im Jahre 1174 gestorben ist: *ein Mann, in den heiligen Schriften durch ein langes und beständiges Studium herangebildet und sehr wohl in den weltlichen Schriften bewandert, in der Auffassungsgabe schnell und hervorragend in der Rede. Er schrieb zur Erbauung der Leser das berühmte Werk ›deflorationes‹ oder Auszüge aus den heiligen Vätern: auch verfaßte er viele Predigten zur Unterweisung der Mönche und vieles andere, wodurch er seinen Namen der Unsterblichkeit anheimgab.*

---

161 Script. Rer. Boic. T. I. p. 334
162 p. 333
163 T. I. p. 502

Die Zellen des Klosters oder der Kongregation St. Blasien.

XV. Unter diesem Abt wurde im Jahre 1173 eine sehr umfangreiche Bulle erlassen, und zwar von Kallixt III., der als Gegenpapst zu Alexander III. von verschiedenen Bischöfen und Fürsten, die Kaiser Friedrich I. anhingen, für den Stellvertreter Christi angesehen wurde. Diese Bulle haben wir nur deshalb erwähnt, weil sie eine sehr ausführliche Aufzählung der Zellen und Kirchen enthält, aus denen damals die Kongregation St. Blasien bestand. Doch auch schon lange vorher wird in einem Diplom des Königs Lothar aus dem Jahre 1126 bei P. Herrgott[164] Utto als *Abt der Kongregation St. Blasien* bezeichnet, dem er die Schenkung des Ortes Ochsenhausen und ein Zelle für Religiose, die ebendort von jenem errichtet worden war, bestätigt und bestimmt, daß damit zugleich *auch unter der Autorität dieser Bestätigung auch die anderen Zellen der Kirche von St. Blasien, nämlich Berowa, Wittenowa, Buorgilun und Wihilinchovin* oder Wyslikoven miteinbezogen seien. In bezug auf diese letztere Zelle ist bei demselben Herrgott[165] eine gesonderte Bulle von Innozenz II. zu lesen, wo der Papst sagt: *Wir wollen, daß unter dem ganzen Nachdruck der Bestimmung auch eure anderen Zellen miteinbezogen seien, nämlich Ochsenhusen, Berowa, Wittnowa und Burglon und zwar sowohl diese wie auch die Kirchen, in welchen eure Mönche den Gottesdienst feiern; wir wollen, daß sie vom Diözesanrecht und jeglicher Besteuerung frei und unabhängig seien.* Sehr schön aber werden insbesondere diese Zellen mit ihren Kirchen in den Bullen Hadrians IV. aufgeführt, die eine vom 8. Juni 1157, die andere vom 10. Juli unter Abt Gunther und später im Jahre 1177 von Alexander III. unter Abt Theopert. Daher beginnt hier der Tauschvertrag zwischen dem Prior des Klosters in Wittnau und den Pfarrangehörigen von Varnau bei P. Herrgott[166] mit folgenden Worten: *allen Förderern des christlichen Glaubens, Deopertus, der niedrige Verwalter DER KLÖSTER St. Blasiens usw.* Schon damals nämlich waren von den Zellen, die zum Kloster und der Kongregation St. Blasien gehörten, manche so stark angewachsen, daß sie den meisten anderen Klöstern oder

---

164 Gen. Habsb. T. II. P. I. p. 147
165 L. c. p. 157
166 L. c. p. 201

Kolonien St. Blasiens gleichgestellt werden und nach ihrer eigenen Lebensweise bestehen und sich selbst genügen konnten.

Ochsenhausen.

XVI. Von diesen verblieb das Kloster Ochsenhausen, das eben unter die Hauptklöster der benediktinisch-schwäbischen Kongregation gerechnet wurde, lange Zeit unter dem Rechtsanspruch aus der Gründung mit der Kongregation St. Blasien vereinigt und wurde von Abt Utto von St. Blasien im ersten Jahr dieses 12. Jahrhunderts mit folgenden Gesetzen verpflichtet: daß eben dieser Ort mit allem, was zu ihm gehört, dem Kloster St. Blasien immer in allen Dingen gehorche und untertan sei, wie auch alle seine Zellen dem Kloster Fruttuaria gehorchten und untertan seien. Daß der Abt von St. Blasien nicht für sich in Anspruch nehme, die zu dem Kloster Ochsenhausen gehörigen Güter zu veräußern oder abzutreten. Es solle dort keinen Prior oder Vogt geben, außer dem vom Abt von St. Blasien dazu bestimmten. Der Prior dürfe keinen in sein Kloster zum Mönchsgelübde aufnehmen oder Geschäfte von größerer Bedeutung tätigen, außer mit dem Einverständnis des Abtes von St. Blasien und auf dessen Entscheidung hin. Alljährlich solle in St. Blasien mit den gewohnten Vigilien und Gebeten ein feierliches Gedenken derer stattfinden, die den vorgenannten Ort an eben dieses Kloster übergeben haben und der Prior von Ochsenhausen solle an eben diesem Tage anwesend sein und an den Brüdern ein Werk der Nächstenliebe üben, je nachdem, wie ihn der Abt dazu bestimmt hat.

Die kurze Notiz *durch die Hände Welfos IV.* dieser Übergabe ist in den ›origines Guelphicae‹ zu lesen[167], dieselbe, welche Lunigius anführt[168]. Der Erstgenannte weicht jedoch bei den Eigennamen sehr von dem Apographen unseres Archivs ab, aus dem wir später jenes Dokument im ›Cod. probat.‹ in vollem Wortlaut wiedergeben werden. Ebenso eine Charta oder eine Schenkungsurkunde, die von Konrad von Baldishusin und seiner Frau Richinza und deren Sohn Rapato im Jahre 1105 ausgestellt wurde, in welcher unter mehreren Zeugen als erste notiert werden:

---

167 T. II. p. 426
168 T. III. Spicill. eccles. p. 366

Heinrich, der Sohn des Herzogs Welfo von Altdorf, Berthold von Kirchberg, Okoz von Warmundsriet, der auch im Jahre 1110 St. Blasien Güter zusprach; und andere schenkten überall in Schwaben noch anderes, das aber im Laufe der Zeit getauscht oder veräußert wurde.

Der erste Prior in Ochsenhausen war Burchhard, ein Mönch aus St. Blasien, des Abtsstabes würdig, den Bucelin in seiner ›chronologia Constantiensis‹ zum Jahr 1125, in dem er starb, in besonderer Weise rühmt: er wird auch in der erwähnten Urkunde in den ›origines Guelphicae‹ namentlich genannt. Es gab aber außer dem Prior auch einen dort eingesetzten Propst, der für die zeitlichen Dinge Sorge zu tragen hatte, und als erster tritt zum Jahre 1125 Manegoldus in Erscheinung.

Im folgenden Jahr 1126 wurde dem Kloster St. Blasien vom König Lothar die Zelle Ochsenhausen bestätigt und in den nächsten Jahren durch verschiedene Güter erweitert, wie die Urkunden bei Lunigius beweisen[169]. So übergab im Jahre 1127 Graf Rudolph von Chur, der von dem Grafen Eberhard von Kirchberg im Tauschverfahren für seinen Landbesitz bei Waldprechtishofen das Landgut Hatteburg erhalten hatte, eben jenes an den Altar des heiligen Georg in Ochsenhausen. Auch die tieffrommen Stifter Konrad, Hawin und Adalbert aus der erlauchten Familie von Wolvoldeswendi, wie sie in einer Urkunde des Jahres 1128 genannt wird, erwiesen ebenso ihre Freigebigkeit. So vollzogen die Schwestern des Hawinus, die von Hatto als ihrem Vater abstammten, durch Urkunden des Woldbertus von Grunebach bei der Stadt Memmingen vor dem Norikerherzog Welfo eine rechtsgültige Schenkung des Weilers Ochsenhausen. Doch hatte eine von ihnen, Tutta, einen Sohn, der den Weiler für sich in Anspruch nehmen wollte: *doch von seinem Unrecht überzeugt und mit dem Geld seiner Brüder beschenkt,* bestätigte er durch eine Urkunde des Grafen Rudolph, des Rechtsbeistandes seiner Eltern, die Schenkung bei Thussen im Jahre 1128 am 26. März. Nochmals bestätigt wurde die Einigung im Jahre 1152 durch höchste Entscheidung des Königs Konrad zu Freiburg im Breisgau am 13. März, als *der ehrwürdige Abt Guntherus von St. Blasien,* wie die Worte lauten, *und seine Brüder untertänigst darum baten, daß diese rechtmäßige Schenkung erlauchter Männer des vorgenannten*

---

169 P. III. Spicill. eccles. p. 366 etc.

Ortes und auch die Verfügung des Abtes Utto seligen Angedenkens von uns mit königlicher Autorität und der Bekräftigung unseres Privilegs bestätigt werde. Derselbe Abt Guntherus übergab im Jahre 1164 am 15. November einen Teil des Kirchenbesitzes in Berckheim durch eine Tauschurkunde an Ottenus, den Vorsteher des Klosters Roth, für einen Teil der Lehen in Reinstetten, Solare und Herolfshaim.

Anwesend waren im Namen Gunthers Heinrich, der oberste Prior St. Blasiens, wie er genannt wird, der dann später Maior Prior hieß, und Konrad, Prior in Ochsenhausen: nach diesem tritt um das Ende des 12. Jahrhunderts im Jahre 1194 Herimannus in Erscheinung, lange vorher aber schon der Propst Rudolph, der im Jahre 1188 zur Leitung des Klosters Irsee berufen wurde.

Das Frauenkloster Berau.

XVII. Gleich nach Beginn des 12. Jahrhunderts schenkte Godefrid von Berau dem Kloster St. Blasien den ihm selbst gleichnamigen Berg. Jenen Berg Berau, zu dem auch heute noch ein von allen Seiten durch unwegsames und abschüssiges Gelände schwer zu bewältigender Zugang führt, hielt Abt Rustenus für überaus geeignet, auf ihn die Nonnen aus dem Tal, in welchem das Kloster St. Blasien liegt, unter dem Patrozinium des heiligen Nikolaus, des heiligen Blasius und der heiligen Felix und Regula zu verlegen, wo im Jahre 1117 am 4. Juli die erste Ordenskirche von Bischof Bruno aus der Diözese Trier geweiht wurde.

Dorthin hatte sich Ita von Kaltenbach begeben, als ihr Ehemann Werner noch lebte, der im Jahre 1125 am 31. August gestorben ist, wie in der Chronik von Bürgeln in Kap. 13 erwähnt wird. *Wenige Tage vor seinem Heimgang,* sagt sie, *war er zu der Zelle namens Sulzberg hinübergegangen, um seine religiose Ita zu besuchen, die hierhin um des Ordens willen vom Kloster Berau aus von dem Herrn Abt zusammen mit den übrigen Schwestern verlegt worden war.* Als die Nonnen im 11. Jahrhundert noch in St. Blasien lebten, wie wir im vorgehenden Buch dargelegt haben, wurde aus eben diesem Frauenkloster eine Abordnung nach Muri gebracht, damit sie dort ein Frauenkloster einrichteten. Später aber veranlaßte nach den Stiftungsverzeichnissen des Klosters Varenne bei P.

Herrgott[170] Lutolf von Regensburg, daß in das neue Kloster *die Regel und die Ordnung der Nonnen im Kloster Muri oder Peraugia eingeführt werde.*

Uns ist eine Namenlose von Lainek bekannt geworden, die Schwester des Mönches Adelbert von Lainek, die im Jahre 1130 das Kloster Berau geleitet hatte. Was aber der anonyme Verfasser der ›libri constructionum‹ über die Fertigstellung des Klosters durch Abt Rustenus kurz vor dessen Tod im Jahre 1125 sagt, ist bis aufs Wort genau in einer Urkunde des Konstanzer Bischofs Hermann aus dem Jahre 1158 nachzulesen, von dem persönlich der erhabene Tempel im Jahre 1147 geweiht worden ist, nachdem das Vermögen vermehrt worden war: nämlich daß der Abt Rosteinus das Kloster in Berau errichtet habe und daß er dem Herrn viele, vom Himmel inspirierte Schwestern zur Niedrigkeit der monastischen Lebensweise aus dem anderen Geschlecht und dem weltlichen Leben in dem vorgenannten Kloster zusammengefaßt habe und daß er ihnen zur Leitung und Fürsorge einen Prior und andere seiner Brüder vorangestellt habe.

Wo Luitgard Nonne war; auch die Grafen von Windenberg und Bogen, Mönche und Wohltäter von St. Blasien.

XVIII. In eben diesem Kloster Berau schloß auch die Witwe Luitgard den Ordensstand in ihr Herz, von der bisher alle fast einstimmig geschrieben haben, daß sie aus dem Geschlecht der Grafen von Württemberg war. Von diesen ist es der anonyme Verfasser der ›chronica Wirtembergiae‹ bei Schannat[171], Pregizer in der ›genealogia Wirtembergica‹[172] und Steinhofer in der ›chronica Wirtembergensis‹[173], die dafür streiten, daß sie die zweite Frau des Grafen Adalbert III. von Württemberg gewesen sei. Auch Oswald Gabelkofer vertritt in der Chronikhandschrift von Württemberg, deren Fragment Joh. Christoph Schmidlin in den ›Germanicae additiones ad historiam Wirtembergicam‹

---

170 Gen. Habsb. T. II. P. I. p. 153
171 Vindem. litt. coll. II. p. 21, 3
172 T. I. p. 12 seq.
173 P. I. p. 37 seqq.

bietet, dieselbe Ansicht; er war im Jahre 1595 in unserem Kloster persönlich anwesend, wo er aus unserem ›liber constructionum‹ schöpfte, was er in seiner Geschichte schrieb.

Doch wollen wir die Angelegenheit anhand unseres anonymen Verfassers jenes ›liber constructionum‹ erörtern: Aus jenem nämlich, das man falsch gelesen und mißverstanden hatte, entstand diese allgemeine Überzeugung; doch haben sie dieses Buch freilich meistens mit dem Namen ›Chronik von St. Blasien‹ bezeichnet. »Adalbert (schreibt dieser Anonymus), aus einer Hochadelsfamilie der ungestümen Noriker entsprossen, war der Sohn des Grafen Adelberchtus von Wirtenberg und Bogen (so nämlich lasen sie), eines Mannes, der sich in aller Art von weltlicher Ehrenstellung auszeichnete und in Kriegsdingen überaus tüchtig war; er hielt die verstockten Hälse der ins Vaterland eindringenden Feinde mit beharrlicher Zähigkeit auf, indem er sich und seine Seite überaus glorreich verteidigte. Die Mutter dieses hervorragenden Grafen, die hochedle Gräfin Luikarda, überhäufte dieses Kloster (St. Blasien) mit Heiligenreliquien, Meßgewändern und anderen unzähligen kostbaren Zuwendungen. Als diese schließlich jeglichen Stolz ihres Geschlechts und den Luxus der Welt abgelegt hatte, bekleidete sie sich mit der Niedrigkeit und der Armut Christi; und als sie endlich Christus in vollkommener Weise nachgefolgt war, verleugnete sie sich selbst, stellte die törichte Weisheit der Welt hintan und unterwarf sich der Torheit Gottes und dem klösterlichen Gewand in unserer Zelle Berau in aller Zerknirschung des Herzens, wie der Leser es an der entsprechenden Stelle ausführlicher finden wird. (Doch tritt im Verlauf des Werkes keinerlei weitere Erwähnung mehr auf.) Auch deren Bruder (fährt der Anonymus fort) mit Namen Konrad von Wirtenberg stattete persönlich diesen Ort mit seinen Gütern aus, schützte ihn durch seine Hilfe und mehrte ihn durch seinen Schutz.«

Nun wollen wir einmal diese Worte des Anonymus ganz genau anschauen. Vor allem wenden wir uns der Grundlage zu, daß Adelbert oder Albert *einer Hochadelsfamilie der ungestümen Noriker* entsprossen sei; diese Worte weisen keineswegs auf Schwaben hin, von wo die Grafen von Wirtenberg ihren Ursprung haben, sondern eher auf das Norikum oder Bayern. Woher aber diese Familie gewesen ist, erklärt der Anonymus selbst sehr deutlich, indem er mit erster Hand schreibt: *er war der Sohn des Grafen Adelberchtus von WINDEBERG und Bogen,* wie es im Autographen geschrieben war und auch jetzt noch ohne Mühe gelesen werden kann, wobei eine Vertauschung des einen Buchstabens *n.* mit dem Buchstaben *r.* von irgendeinem Besserwisser vorgenommen wurde, der, in die Irre geführt, weil noch auf derselben Seite ihr Bruder Konrad *mit dem Namen von Wirtenberg* notiert wird, dies in bezug auf Adelbert verstand, wie wenn Konrad dessen leiblicher Bruder gewesen wäre, obwohl doch, wenn man den Kontext betrachtet, Konrad hier nicht als der Bruder Adelberts, sondern Luitgards bezeichnet wird. Da er es nun so verstand, daß aus ein und derselben Familie zwei Brüder hervorgegangen sein müßten, und weil er bemerkte, daß der erste *von Windenberg,* der andere aber *von Wirtenberg* genannt wird, und deshalb glaubte, er habe einen Irrtum begangen, wie es ja in der Tat auch zutrifft, änderte er fälschlicherweise den Namen der ihm weniger bekannten Familie in den anderen um, der zu seiner Zeit berühmter und naheliegender war: Nirgendwo ist nämlich zu lesen, daß den Grafen von Wirtemberg die Bezeichnung *von Bogen* zugelegt worden wäre, wie sie doch hier dem Grafen Adelbert zugeschrieben wird.

Bei P. Herrgott wird in einer Urkunde des Kaisers Heinrichs V. aus dem Jahr 1123 zugunsten des Klosters St. Blasien unter anderen Zeugen ein *Conradus von Wirdeneberch* notiert, der an anderer Stelle auch ›von Beutelspach‹ genannt wird, über den sich der erwähnte Schmidlin ausführlich äußert[174]: dazu sprach er auch noch von der Schwester Luitgard, die nach der Aussage eben dieses Cl. Schmidlin[175] den Grafen Bernhard von Scheuren heiratete, der im Jahre 1101 verstarb. Es konnte dies auf Grund eben dieser Gleichnamigkeit des Bruders und der Schwester mit Leichtigkeit der Anlaß zur Entstellung und des Irrtums in unserem Kodex sein, von wo aus er auch in die anderen Schriftsteller einfloß, ganz besonders deshalb, weil dieser Konrad von unserem Anonymus ›von Wirtemberg‹ genannt wird; doch fälschlicherweise, wie man zumindest aus dem Gesamtzusammenhang des Autors ersieht. Wenn er nämlich schreibt: *Auch DESSEN (oder DEREN) Bruder Konrad von Wirtemberg usw.,*

---

174 L. c. p. 94 seqq.
175 L. c. p. 100

versteht er dann unter dem Relativpronomen *cuius* entweder den Bruder des Adelbert von Windenberg und Bogen, den er am Anfang erwähnt hatte; oder aber den Bruder der Luitgard, über die er im gerade Vorgehenden gehandelt hatte? Wenn das erstere zutrifft: ich sehe nicht, wie zwei Männer aus vollkommen verschiedenen Familien leibliche Brüder sein konnten: ganz besonders, da in der gesamten Genealogie von Württemberg kein Konrad als Bruder des Adelbert auftaucht, und dazu noch keinerlei Beziehung zwischen den beiden Familien, nämlich der von Wirtemberg und der von Windenberg, bestanden hat, wie wiederum Schmidlin erkennt[176]. Also war Konrad der Bruder Luitgards, wie es der Anonymus auch will. Doch der Meinung, nach der man glaubt, beide gehörten zu dem Stamm der Wirtemberger, scheint zweierlei entgegenzustehen: Wenn nämlich erstens dieser Konrad tatsächlich von Wirtemberg gewesen wäre, hätte auch seine Schwester Luitgard demselben Stamm entsprossen sein müssen. Dies war aber nach der Aussage des Anonymus die Mutter des Grafen Adelbert *von Windenberg und Bogen,* sei es des ersten, sei es des zweiten. Doch tritt in deren gesamter genealogischen Reihenfolge nirgendwo irgendeine Luitgard oder sonst irgendeine Frau aus der Familie von Wirtemberg auf. Oder hat etwa diese Luitgard in jenem Stamm der Wirtenberger selbst geheiratet, aus dem sie hervorgegangen war? Das zweite ist, daß gesagt wird, diesem Konrad sei *der Sohn seiner Schwester* nachgefolgt, nach der Meinung des Anonymus freilich eben dieser Luitgard, die mit dem Grafen von Bogen verheiratet war; Luitgard aber, die Schwester des Konrad von Wirtemberg oder Beutelsbach, war, wie gesagt, mit dem Grafen Bernhard von Scheuren ehelich verbunden.

Es ist nunmehr angebracht, hierzu jene Worte unseres Anonymus noch genauer zu überprüfen: *Diesem* (Konrad, dem Bruder der Luitgard) *folgte der Sohn seiner Schwester nach (nämlich eben dieser Luitgard) und zwar von einem Kastell aus, das denselben Namen trug.* Konrad wird vorher aber *von Wirtenberg* genannt; auch wenn diese Lesart ursprünglich wäre, gibt sie dennoch zum Zweifel Anlaß, ob die Worte: *von einem Kastell aus, das denselben Namen trug* zu verstehen sind hinsichtlich der Burg *Windenberg* oder *Wirtenberg,* da nämlich beide im Vorhergehenden erwähnt

176 L. cit. p. 77

werden. Auch besteht ein Zweifel, ob die Worte: *das denselben Namen trug* in bezug auf das Kastell zu verstehen sind oder hinsichtlich des Sohnes der Schwester, des Nachfolgers Konrads, der zweifellos ebenfalls Konrad hieß. Dies geschah freilich im Stamm Wirtenberg; in der Tat wird nämlich bei Cl. Schmidlin[177] ein Konrad von Beutelsbach notiert, der Sohn Luitgards von dem Grafen Bernhard von Scheuren, der Nachfolger des älteren Konrad, der im Jahre 1138 zusammen mit seinem gleichnamigen Sohn in bayerischen Dokumenten begegnet. Da aber auf Grund des oben Gesagten hier die Rede von Luitgard sein soll, der Mutter des Adelbert von Windenberg und Bogen, sind jene Worte des Anonymus *desselben Namens* nicht auf den Nachfolger, sondern auf das Kastell zu beziehen und dies nach dem Sinn des Anonymus nicht von Wirtenberg, sondern von Windenberg, wie er vorher geschrieben hatte. Und es hat keine Bedeutung, daß hier nicht *und von Bogen* angefügt wird, wie an der ersten Stelle: dort nämlich ist die Rede von dem Grafen Adelbert I. von Bogen, der zugleich die Burg Windenberg oder Windberg als erster nach dem Rechtsanspruch aus dem mütterlichen Erbe mit der von Bogen miteinander vereinigte; daher konnte Konrad, der Bruder der Luitgard, manchmal mit ›von Windenberg‹ bezeichnet werden, von wo sie ja auch selbst stammte.

Aus dem bisher Gesagten scheint eines von beiden geschlossen werden zu können, daß nämlich unser Anonymus an zweiter Stelle wohl aus Unachtsamkeit von Konrad *von Wirtenberg* anstatt *von Windenberg* geschrieben hat oder auf Grund der Ähnlichkeit der Herkunftsbezeichnung und der Gleichnamigkeit der Personen sich hat täuschen lassen, die in diesen beiden Familien und fast zur selben Zeit vorhanden war: In jedem Falle nämlich wird auf Grund von unbezweifelbaren Dokumenten Konrad als Bruder der Luitgard bezeichnet, dessen Sohn eben diesem Konrad nachfolgte. Einem Autoren, der erst nach Jahrhunderten schrieb, lag somit nichts näher, als diese beiden Herkunftsbezeichnungen verschiedener Familien miteinander zu verwechseln.

Doch wollen wir unserem Autoren weiter folgen, der Luitgard zur Mutter des Grafen Adelbert machte. Doch wessen? Des ersten oder des zweiten? Seine Worte können nämlich auf beide passen,

177 L. cit. p. 108

wie es für den Leser ersichtlich ist; auch wenn er nämlich im folgenden schreibt, Adalbert der Jüngere stamme von *solchen Vorfahren* ab, sagt er doch niemals, daß Luitgard die Ehefrau des Adelbert des Älteren gewesen sei; und von anderer Seite her gilt in bezug auf Luitgard, daß sie mit Recht als Großmutter unter seine Vorfahren gerechnet wird. Doch lassen wir die Meinungen anderer beiseite; wir suchen Luitgard, Adalbert und die übrigen von dem Anonymus Aufgezählten in einer anderen Familie, nämlich der von Bogen und Windenberg, welche alle uns auch die Ahnentafel jener Grafen darbietet, die in den ›Monumenta Boica‹ ausgeführt ist[178]. Dort tritt an erster Stelle Hartuicus I. von Bogen auf, der Stammvater der Grafen von Bogen, und als zweiter dessen Sohn Ascuinus von Zidlarn, den andere auch Aschwinus oder Äschwin nennen, dem ebendort als Ehefrau *Luitgardis de Windberg* zugeordnet wird, welche Albert oder Adelbert I. von Bogen hervorgebracht hat. Und wir sind der Meinung, daß es sich hier um eben diese Luitgard handelt, die später im Kloster Berau den Schleier nahm. Es gab zwar solche, die jene nicht zur Mutter, sondern zur Ehefrau Adelberts I. machen wollten, doch gegen die zuverlässige Aussage der genannten Ahnentafel, wo dem Adelbert als Gattin Hadwigis von Cileia, die nach dem Tode ihres Mannes im Jahre 1147 noch über 13 Jahre lebte und schließlich im Jahre 1162 starb. Also konnte Luitgard, die als Witwe ins Kloster eingetreten sein soll, weder die erste noch die zweite Frau Adalberts I. gewesen sein, sondern war vielmehr seine Mutter, die Ehefrau nämlich des Ascuin. Von diesem ist in den zitierten ›monumenta Boica‹ zu lesen[179], daß er unter drei Äbten, von denen der erste im Jahre 1062, der letzte aber im Jahre 1098 gestorben ist, Vogt der Kirche von Niederaltaich war. Über sein Todesjahr ist nichts Genaues bekannt: Mit Sicherheit übte etwa um das Jahr 1118 schon sein Sohn, Adalbert I., die Rechtsaufsicht über die genannte Gemeinschaft aus. In einer Urkunde des Jahres 1104 wird *Leukart von Windberg und seine zwei Söhne Bertholdus und Adalbertus* notiert[180]; und in einer anderen[181] ebenfalls die *Herrin Luitgard und ihr Sohn, Graf Adalbert*; von da her könnte vielleicht vermutet werden, daß ihr Ehemann Ascuin zu diesem

---

178 T. XII. p. 22
179 T. XI. p. 20
180 L. c. T. XII. p. 15
181 Ibid. p. 19

Zeitpunkt schon gestorben war. In den ›monumenta Boica‹[182] findet sich ein Marmorrelief, auf dem das Bild des Askuin und seines Bruders Friedrich dargestellt ist, auf dem zu lesen ist: *Aschwinus, Graf von Pogen.*

Wie dem auch immer sei: Luitgard, bereits Witwe geworden, zog sich in das von Rustenus, dem Abt von St. Blasien, neu errichtete Frauenkloster von Berau zurück, in welchem dann im Jahre 1117 die Kirche geweiht wurde; somit hätte Luitgard schon vor dem Jahre 1120 hierher gelangt sein können, auch wenn dieses Jahr von dem Anonymus nicht notiert wird, sondern aus neuerer Hand an den Rand gefügt wurde, ab welchem sie dann auch Eingang in das Chronikon von Wirtemberg fand. Woher aber der Verfasser dieser Chronik die Zeitangabe genommen hat, daß Luitgard unter dem sechsten Abt von St. Blasien Berthold zum Herrn einge-gangen sei, ist nicht klar, zumindest hat der ›liber constructionis‹ nichts darüber. Im übrigen war dieser Berthold Abt vom Jahre 1125 bis 1141; der Tod der Luitgard wäre dann innerhalb dieser Zeit anzusetzen. Dies muß auf jeden Fall so gewesen sein, da sie selbst schon in vorgerücktem Alter in das Kloster eintrat, da sie doch die Mutter Adalberts I. war, der, wie wir gesehen haben, schon im Jahre 1104 eine Urkunde unterzeichnet hat und dann in in einer anderen vom Jahre 1115 zusammen mit seiner Ehefrau in Erscheinung tritt.

Eine andere Frage ist, warum Luitgard ihr Ordensgelübde lieber in dem fast unbekannten und so weit entfernten Schwarzwald ablegen wollte als in ihrer Heimat Bayern. Doch aus dem, was zum vorherigen Jahrhundert gesagt wurde, geht klar hervor, daß damals schon der Ruf des Klosters St. Blasien auch bei weit entfernt im Ausland Lebenden hervorragend war und daß von hier aus noch ins jenseitige Österreich Abordnungen entsandt worden waren: daß sogar gerade nach Bayern und zum Kloster Heiligkreuz von Donauwörth gleich zu Beginn des 12. Jahrhun-derts eine Abordnung von St. Blasien angefordert worden war, werden wir gleich unten noch sehen: Eben dadurch erstrahlte der große Name dieses Klosters und seiner Zellen immer mehr. Luitgard scheint vor allem durch diesen guten Ruf angelockt worden zu sein, das neu errichtete Kloster Berau auszuwählen, da es doch dem Kloster St. Blasien unterstellt war, dessen hervorra-

---

182 T. XII. ad p. 7

gender Ruf hinsichtlich der Disziplin verschiedene Klostergründer in Österreich und Bayern dazu veranlaßte, für die von
ihnen neu gegründeten oder noch einzurichtenden Klöster
Siedlergruppen aus St. Blasien anzufordern.

Wir waren zu der Meinung veranlaßt worden, daß der Grund für
diesen Weggang Luitgards in den Schwarzwald in der Verwandtschaft zu suchen sei, durch die sie wegen ihres Mannes Askuin mit
Adelheidis verbunden war, der Gattin des heiligen Königs
Ladislaus von Ungarn und der Tochter des Grafen und Gegenkaisers Rudolph von Rheinfelden, dessen Familie im Kloster St.
Blasien eine Grablege besaß, in die im Jahrhundert davor die
Mutter dieser Adelheid gebracht worden war zusammen mit den
zwei Söhnen, Herzog Berthold und Otto, also den Brüdern der
Ungarnkönigin Adelheid. Diese wird nach Dan. Cornides[183] aus
eben diesem heiligen Ladislaus Mutter der Bertha genannt, die
die Frau des Grafen Hartwicus von Bogen war und die Mutter des
Ascuinus, der in der Reihenfolge der Vögte des Klosters Niederaltaich[184] schon etwa um das Jahr 1062 Vogt eben dieses Klosters
gewesen sein soll. Den hier kaum entwirrbaren Knoten knüpft die
Abfolge der Zeiten. Jener Rudolph nämlich hatte im Jahre 1059 in
erster Ehe Mathilde, die Schwester des Kaisers Heinrich IV.,
geheiratet, von der er nach ihrem Tode im Jahre 1060 keine
Kinder hatte, wohl aber von der zweiten Frau, der verwitweten
Gräfin Adelheid von Savoyen, die er dann später geheiratet hatte.
Aus dieser Ehe ging Adelheidis hervor, die sich dann mit dem
heiligen Ladislaus verband, was allerdings erst kurz vor dem
Jahre 1077 geschehen sein konnte, wie wir schon im vorigen
Buch[185] erwähnt haben. Wie konnte somit Bertha, die Tochter
dieser Adelheid aus dem heiligen Ladislaus, die Gattin des
Grafen Hartwich I. von Bogen sein, der in einem Diplom des
Kaisers Heinrich III. vom Jahre 1054 notiert wird[186], oder die
Mutter des Askuin, der schon im Jahre 1062 Vogt war, wie wir
soeben erwähnt haben? Eben diese Schwierigkeit hört fast zu
bestehen auf, wenn jene Bertha als Tochter des Ungarnkönigs
Geisa I. angenommen wird, der erst im Jahre 1074 jene Herrschaft
an sich riß.

183 Geneal. Reg. Hung. p. 117
184 Monum. Boic. T. XI. p. 19 seq.
185 Nr. XI.
186 Monum. Boic. T. XII. p. 95

Diese Bertha, die Frau Hartwichs, wird in der Chronik von
Weingarten bei Leibniz[187] die Schwester der Sophia genannt,
deren Bruder der Ungarnkönig Kolomann gewesen ist. Nach der
Aussage desselben Geschichtsschreibers heiratete Sophia freilich
zunächst den Markgrafen Udalricus von Kärnten, von dem sie
den Markgrafen Popo gebar, *der zwei Töchter hatte, deren eine er
mit dem Grafen Berthold (II.) von Bogen vermählte.* Diese nennt
der Annalist Saxo[188] zum Jahr 1106 *Schwester des Ungarnkönigs
Ladislaus,* aus welchen beiden Zeugnissen sich die Brüder Geisa
I. und der heilige Ladislaus ergeben. Die Tochter jener Sophia,
Wulfildis, die aus einer zweiten Ehe mit dem Sachsenherzog
Magino stammte, war die Frau des Bayernherzogs Heinrich des
Schwarzen; sie starb mit ihrem Mann zusammen im Jahre 1126[189].
Daher entsteht in bezug auf die Berechnung der Zeiten und der
Chronologie wiederum bei Sophia dieselbe Schwierigkeit, die wir
soeben bei ihrer Schwester Bertha festgestellt haben.

Damit aber verweilen wir uns nicht und begnügen uns damit, die
Schwierigkeiten aufgezeigt zu haben, die aus dem Stammbaum
des Cornides oder auch aus dem des Cl. P. Schollner zu entstehen
scheinen. Wir empfehlen, diese zur Entwirrung dem so hochgebildeten Kollegium der erlauchten Böhmischen Akademie zu
überlassen: wie auch jenes, ob sie zwei Ascuini, nämlich einen
Vater und einen Sohn, in dieser Genealogie derer ›von Bogen‹
zulassen wollen, auf Grund welcher Meinung, nachdem sich die
Generationen vervielfacht haben, Bertha, die Ehefrau des
Hartwich von Bogen und Mutter des Ascuinus, in immer größere
Entfernung rückt.

Die Ehefrau jenes Askuin, der der Vater des Grafen Adalbert I.
von Windenberg und Bogen war, ist mit Sicherheit unsere
Luitgard gewesen, sei es, daß wir jenen Askuin den ersten nennen
wollen, sei es den zweiten. Und wir stellen auch keine Untersuchung an über die Namen Zidlaren oder Ceidlaren und
Windenberg, welche in Schollingers Tabelle derer ›von Bogen‹
auftreten: uns genügt es nämlich, das darzustellen, was wir aus
unserem Anonymus, dem Verfasser des ›liber constructionis‹, hier
dem Urteil anderer zur Entscheidung anheimstellen. Im übrigen

187 Script. Brunswic. T. I. p. 785
188 Orig. Guelph. T. II. p. 314
189 L. c. p. 323

wären hier auch die Verfasser der ungarischen Geschichte zu Rate zu ziehen, der zitierte Daniel Cornides, die Untersuchung des Anton Ganoczy über den heiligen Ladislaus und vor allem die ›Historia critica regum Hungariae‹ von Stephan Katona[190], ein Autor, der höchste Glaubwürdigkeit verdient, da er unter den untereinander uneinigen Erstgenannten einen mittleren Weg beschreitet.

Wir halten also Luitgrad nicht mehr, wie man bis jetzt noch geglaubt hat, für eine ›von Wirtenberg‹, sondern ›von Windenberg‹, die Ehefrau des Grafen Askuin von Bogen, Schwester aber des Konrad von Windberg; dieser wird aber von dem Anonymus mit Recht als der Onkel des Grafen Adalbert I. von Bogen und Windberg bezeichnet. Als Vater der Luitgard wird in dem zitierten Stammbaum Ulrich oder Oudalricus notiert, der in einer Urkunde zugunsten des Klosters Formbach in den ›monumenta Boica‹[191] in bezug auf das Jahr 1096 *Herr Oudalricus von Windeperge guten Angedenkens, Bruder des Herren Hermannus* genannt wird, der in dem zitierten Stammbaum[192] zu ergänzen wäre, wie auch Konrad, der Sohn des besagten Udalricus und Bruder der Luitgard, der zusammen mit seiner Mutter, der Ehefrau Ulrichs, Mathilde, in derselben Urkunde erwähnt wird: *dieses* (nämlich Ulrichs) *Ehefrau, die Herrin Mathilt und ihr Sohn Conradus*; es ist dies aber derselbe, der in einer anderen Urkunde[193] des Jahres 1122 *Chonradus von Ratilingberge seligen Angedenkens* genannt wird, da als sein Onkel väterlicherseits Graf Hermann von Windeberge bezeichnet wird, der, wie wir gesehen haben, der Bruder Udalrichs war und somit der Onkel des Konrad.

Dieser tritt auch bei Scheidius[194] im Vorwort zu den ›origines Guelficae‹ in Erscheinung, wo er gleichermaßen *Conradus von Ratilinberge* genannt wird, ein Sohn des Grafen Odalricus von Windenberg und der Mathilde. Der Bruder dieses Odalricus wird als Graf Hermann von Windenberg notiert, ebenso dessen Ehefrau Hedewig, als Vater beider aber Graf Meinhardus, der als Sohn des Grafen Ulrich bezeichnet wird, dessen Vater Thiemo

190 T. II. p. 280 usque ad finem.
191 T. IV. p. 13
192 L. c. T. XII. p. 22
193 L. cit. p. 21
194 T. III. p. 15

war, den er über Sigehard auf den Kaiser Lothar zurückführt, unter dessen Vorfahren er auch die Grafen von Formbach erwähnt, auf die sich die Grafen von Windenberg zu berufen pflegen. Dies stimmt bestens mit der zitierten Urkunde[195] in bezug auf das Jahr 1096 zugünsten des Klosters Formbach überein, in der, wie wir gesehen haben, Udalricus von Windeperge notiert wird, der Bruder des Herren Hermann, und der Sohn Konrad des Udalricus und der Mathilde, ebenso auch die Ehefrau Hermanns, die Gräfin *Hedewig mit ihrem Sohn Hermann,* die in der anderen Urkunde vom Jahre 1122 aufgeführt werden[196]. Ganz besonders aber ist hier in der ersteren Urkunde der als solcher bezeichnete *Großvater Thiemo* des besagten Udalricus anzumerken, dessen Sohn Konrad von Ratilinberge war und Bruder unserer Luitgard. Jene Burg Ratilinberge war vielleicht eben diese befestigte Stadt, die heute Ratenburg oder Ratenberg genannt wird, im Zugang zu Tirol, nicht weit entfernt von der reichen Hall oder Reichenhall im Grenzgebiet von Bayern und Tirol, woher auch Graf Engelbert von Hall seinen Namen erhalten haben konnte; doch von diesem weiter unten. Im übrigen muß Konrad in der besagten Genealogie vielleicht dem Friedrich beigesellt oder an seine Stelle gesetzt werden, der dort als Bruder der Luitgard von Windberg notiert wird: Es muß auch die Gattin des besagten Hermann hinzugefügt werden, die in derselben Urkunde als *Gräfin Hedwig mit ihrem Sohn Hermann* notiert ist, und andere von Windenberg, die von hier aus überall in eben diesen Monumenta auftreten. Dies zu tun, werden die Mitglieder der Akademie als Herausgeber der ›monumenta Boicorum‹ gebeten und noch sorgfältiger hierzu Forschungen anzustellen, wenn sie die ›monumenta Windbergensia‹ veröffentlichen werden, wobei es ihnen vielleicht möglich sein wird, vieles zu entdecken, was unsere Auffassung bestärken könnte.

Nach dem Tode dieses Konrad folgte ihm der Sohn seiner Schwester nach, wie der Anonymus sagt, der aber den Namen nicht ausdrücklich nennt; doch kann es sich nach dieser Hypothese um keinen anderen als den oben genannten Albert oder Adalbert I. von Bogen handeln, der Sohn Luitgards aus Askuin, der Konrad zum Onkel mütterlicherseits hatte: Nachdem

195 Mon. Boic. T. IV. p. 13
196 Ibid. p. 21

dieser gestorben war, folgte ihm auf Windenberg auf Grund des mütterlichen Erbanspruchs Adalbert nach. Gerade aus dieser Stelle geht hervor, daß Luitgard nicht die Ehefrau Adalberts I. gewesen ist, sondern seine Mutter; und er hätte auch nicht von Adalbert II. sagen können, daß dieser Konrad nachgefolgt sei, da er auf jeden Fall vor seinem Vater gestorben ist. Dieser Adalbert I. wandelte die Burg Windenberg in ein Prämonstratenserkloster um, worüber Hundius in der ›Metropolis Salisburgensis‹[197] anhand der ›annales Boici‹ des Aventinus[198] ausführlich berichtet, der folgendes schreibt: *Graf Albertus von Bogen, der Sohn des Hartuicus und der Litogarda* (man sehe: wiederum nicht der Ehemann, sondern der Sohn Luitgards), *seine Gattin Heduica und seine Söhne Albertus, Berchtoldus und Hartuicus übergeben die Burg Windenberg der Gemeinschaft des heiligen Erzbischofs Norbert von Maidenburg.* Fälschlich nennt Aventinus den Albert I. einen Sohn des Hartuicus, da entsprechend dem bisher Gesagten dieser der Vater des Askuin gewesen ist, der aus Litogarda oder Luitgard diesen Albert hervorbrachte: Mit Sicherheit nennt Aventinus selbst[199] eben diesen Ascuinus oder Asuinus und dessen Bruder Fridericus Söhne des Hartuicus. Da aber hier Albert der Jüngere genannt wird, mußte jene Schenkung zumindest noch vor dem Jahre 1140 vorgenommen worden sein, in welchem dieser Albert gestorben ist, auch wenn sie erst im Jahre 1142 vollzogen wurde, wie in der ›farrago historica‹ bei Oefelius[200] und in der Gründungsurkunde bei Henricus Canisius[201] zu lesen ist. In welchem Jahr aber eben dieser Albert I. gestorben ist, steht nicht genau fest; in der zitierten Ahnentafel nämlich wird das Jahr 1147 notiert, in einer Bulle des Papstes Eugen III. aber[202], die im Monat Dezember des Jahres 1146 zugunsten des Klosters Windberg erlassen worden war, wird er ›Graf Albert *seligen Angedenkens*‹ genannt; dies scheint darauf hinzuweisen, daß jener zu diesem Zeitpunkt schon gestorben war.

Dunkel aber ist, was dann unser Anonymus anfügt: *nachdem er viele andere Orte durchwandert hatte, erwartet er an diesem Orte den Tag des Gerichts,* was auf jeden Fall bezüglich seiner in St.

197 T. III. p. 336
198 L. VI. c. 3. p. 593
199 L. V. c. 14. p. 552
200 Script. rer. Boic. T. II. p. 502
201 Lect. antiq. T. III. P. II. p. 213
202 Hund. I. c. p. 339

Blasien ausgewählten Grabstätte zu verstehen ist. Doch bezüglich wessen? Er hatte nämlich vorher zwei genannt: Adalbert I., den Sohn der Schwester oder Luitgards und dessen Onkel Konrad, den Bruder Luitgards. Doch kann dies nicht bezüglich Adalbert I. aufgefaßt werden; eben dieser hat nämlich sein Grab in dem von ihm gegründeten Kloster Windberg erhalten, wie nach der ›farrago historica‹ bei Oefelius[203] feststeht: *Im Jahre 1142 gründete der erlauchte Graf Albert von Pogen das Kloster des Prämonstratenserordens in Windberg und wurde ebendort zusammen mit seinen Söhnen begraben, nämlich Hartwicus und Perchtoldus;* der zweite Albert nämlich, dessen Sohn, ruht nicht bei uns, wie wir gleich sagen werden. Es bleibt also nur übrig, daß wir dies so verstehen, daß Konrad, der Bruder Luitgards, nachdem er viele andere Orte durchwandert hatte, hier seine Grabstätte gewählt hat oder an dem ganz in der Nähe liegenden Ort des Frauenklosters Berau, wo sich seine Schwester Luitgard aufhielt. Damit ist auch zugleich der Grund klar, warum Albert II. so sehr wünschte, sich den Sanblasianern anzuschließen.

Nachdem wir nun dies untersucht haben, wollen wir zu Adalbert II. kommen, dessen Schicksal der Anonymus in dieser Weise weiterverfolgt: »Von solchen Vorfahren also (nämlich von Adalbert I., dem Grafen von Windenberg und von Bogen und seiner Mutter Luitgard) entstammte der hochvornehme junge Adelberchtus, wie bezüglich des seligen Gregorius zu lesen ist, und erhob sich in Taten und Worten über sein Geschlecht. Denn es wohnte ihm von frühester Kindheit an ein so tiefes und ehrenhaftes Gespür für die guten Sitten inne, daß er mit dem glänzenden Schmuck seines Körpers, den ihm die Freigebigkeit des Allmächtigen verlieh, in Taten und Worten dem Gemüt aller wohlgefiel und um der Unschuld seines reinen Geistes willen in einer wundersamen Gemütsbewegung von allen geliebt wurde. Er war nämlich, wie wir auf Grund des Berichtes bestimmter Leute wissen, körperlich keusch, *so daß er niemals irgendeine Frau erkannte,* überaus bescheiden in seinem Auftreten, rechtschaffen im Verhalten, lauter in der Rede, wahrhaftig in den Worten, maßvoll in den Sitten; er zeigte in der Heiterkeit seiner Miene die Aufrichtigkeit seiner Gesinnung und brachte in der Sanftheit des Sprechens die Frömmigkeit eines überaus gütigen Herzens zum

---

203 Script. Rer. Boic. T. II. p. 502

Ausdruck. Raub lehnte er mit einer solchen Heftigkeit (der Korrektor schrieb *Verfluchung*) ab, daß er, obwohl er von frühester Kindheit an oft im Heer des Königs Kriegsdienst leistete, es niemals zuließ, daß seine Knechte irgend etwas raubten oder etwas Geraubtes verzehrten. Immer suchte er, sich nach Möglichkeit vor den Lastern zu hüten, auf die sich dieses Menschengeschlecht einzulassen pflegt. Denn auf wunderbare Weise atmete die außergewöhnliche Kindheit des erlauchten Knaben von fast den ersten Jahren an mehr eine heiligen Demut, und er begann, sich nach der Vollkommenheit der Mönche zu sehnen, die er auch ohne Aufschub ergriffen hätte, wenn das Recht *der Eltern* dem nicht entgegengestanden hätte.«

Er fährt dann fort, damit wir zur Sache zu kommen: »Doch dieser Aufschub machte sie wenig froh; denn *noch bevor das Jahr zu Ende war, in dem er die Waffen genommen hatte, wurde er, als er wiederum auf einem Feldzug des Königs Conrad mit dem Bayernherzog Lupold zusammen war, oh Schmerz!, von einem Pfeil durchbohrt und schwer verletzt.* Sogleich lief die gesamte Menge schmerzerfüllt zusammen, die an seinem Wohl verzweifelte, und Tränen benetzten ganz besonders das Antlitz der Fürsten des Königs, nämlich aller Herzöge und Grafen. Nachdem er selbst aber den Prunk der Welt verschmäht hatte, strebte er mit seinem ganzen Sinnen und Trachten nach dem Ordenshabit und der monastischen Vollkommenheit: was er sich schon vorher immer sehnlichst gewünscht und wonach er ohne Aufschub gestrebt hatte, wie wir gerade gesagt haben, wenn dem nicht der Wille der Eltern entgegengestanden hätte.

Es war ebendort auch sein *Bruder Berchtoldus und sein Onkel Engelberchtus, der Graf von Hall, und der Bayernherzog Lupoldus zugegen,* die dies alle einmütig untersagten und seinem Willen ein Zeitlang Widerstand leisteten. ›Nur an euch, meine Freunde, geht meine Rede (sprach er); sagt mir, ich bitte euch, was für ein und welches das gegenwärtige Leben ist, daß ihr eure Freunde, die zum ewigen Leben gehen wollen, mit unrechtem Plan zu diesem ungläubigen und unsicheren Leben zurückruft? Was, sage ich, besitzt ihr, die ihr in diesem Leben tätig seid, so Ergötzliches, wonach ihr sucht, daß ihr eure Freunde und Söhne, die sich auf dem Weg zum himmlischen Hofstaat, zur unvergänglichen Ehre und zur Freundschaft mit dem ewigen Herrscher befinden, zurückruft und nicht zuläßt, daß sie dorthin gehen?‹ Schließlich, durch seine vielen Bitten umgestimmt, willigten sie ein und waren mit seinen Wünschen einverstanden; sie entsandten ihre Boten und riefen den ehrwürdigen *Gozbertus, den Prior des Klosters, zusammen mit unseren anderen Brüdern herbei, die nicht weit entfernt waren.* Die eilten sodann schleunigst herbei, legten ihm das lange ersehnte Gewand an und machten ihn zum Mönch von St. Blasien; sie versahen ihn durch Salbung mit dem heiligen Öl für seinen Tod und vollzogen an ihm in größter Andacht andere Dienste, wie sie der Brauch der Kirche erfordert. Dieser ging *nach wenigen Tagen* aus diesem Tal der Tränen glücklich erlöst zum Herrn ein.« Soweit unser anonymer Autor, und zwar völlig übereinstimmend mit dem Vorgehenden, wie wir gleich sehen werden.

Adalbert oder Albert II. der Jüngere, der Sohn des Früheren, wird in der erwähnten Geschlechtertafel der Grafen von Bogen als mit der vierten Tochter des Markgrafen Leopold des Schönen von Österreich vermählt notiert; über diese stellen wir jedoch in keiner Weise eine Untersuchung an, wie auch nicht darüber, ob er mit ihr die Jungfräulichkeit bewahrt hat, zumal der Autor selbst dies nur auf Grund des Berichts irgendwelcher Leute behauptet. Es steht fest, daß er kinderlos gestorben ist und zwar zu der Zeit, als er im Heer des Königs oder Kaisers Konrad III. Kriegsdienst leistete, der nach seiner Wahl im Jahre 1138 Heinrich dem Stolzen den Dukat Bayern wegnahm und ihn dem Markgrafen Leopold von Österreich gab. Dieser belagerte im Jahre 1140 mit unglücklichem Kriegsausgang in dieser seiner eigenen Burg zwei Brüder, die Grafen von Phaleia, Phalaia oder Fallaia; doch wurde er von Welfo, dem Bruder des Herzogs Heinrich, nach dem Tode vieler seiner Leute zum Rückzug gezwungen, wie Otto von Freising schreibt[204]. Und bei eben dieser Belagerung wurde unser Adalbert, *von einem Pfeil durchbohrt und schwer verletzt,* doch nicht sofort getötet, wie in den ›monumenta Boica‹ zu lesen ist[205]. Durch eben dies oder durch unseren Anonymus allein werden alle die des Irrtums überführt, die zu Graf Adalbert II. von Wirtemberg berichten, was auch Steinhofer und Pregizer schreiben, nämlich daß er im Kampf gegen den Herzog Leopold von Bayern nach

204 Chron. L. VII. c. 25
205 T. XI. p. 20

einer Verwundung im Jahre 1110 gestorben sei: zu dieser Zeit
nämlich war weder Leopold Herzog von Bayern, noch kämpfte
dieser Adalbert gegen diesen, sondern für ihn und mit ihm
zusammen, wie unser Anonymus und aus ihm das oft zitierte
Chronikon von Württemberg bestätigen; das letztere berichtet
dies weiterhin zum Jahre 1127 mit einem bedeutenden Anachronismus, da auf jeden Fall zu dieser Zeit Konrad noch nicht König
und Leopold noch nicht Herzog von Bayern war. Den gesamten
Sachverhalt aber beschreibt Aventinus in seinen ›Annales Boici‹
sehr genau[206], wo er erwähnt, daß Graf Albert von Bogen am 13.
August bei eben dieser Belagerung durch einen Pfeil getötet (oder
besser: durchbohrt) worden sei. Jene Burg aber ist Phalaia oder
Valley in Oberbayern nahe Holzkirchen, an dem Fluß Mangfall
gelegen.

Weiter schreibt der Anonymus, daß der von einem Pfeil durch-
bohrte Albert nicht sofort gestorben sei, sondern durch sogleich
entsandte Boten den Prior Gozbertus mit anderen Brüdern von
uns herbeigerufen habe, *die nicht weit entfernt waren.* Daraus geht
hervor, daß jene nicht aus dem Kloster St. Blasien selbst herbeigerufen wurden, das doch von dem Ort der Schlacht so weit entfernt
lag, sondern von irgendeinem näher gelegenen Ort, an dem sie
damals vermutlich lebten.

Möglicherweise handelt es sich hierbei um eben denselben Prior
Gozbert von St. Blasien, der vielleicht zusammen mit einigen
Brüdern eine Siedlergruppe aus St. Blasien in ein bestimmtes
benachbartes Kloster gebracht oder sich dorthin begeben hatte,
um die Disziplin zu regeln. Und wir widersprechen nicht, wenn
jemand jenen Gozbert als Prior der Zelle Ochsenhausen, die
damals mit unserem Kloster uniert war, bezeichnen wollte, der
dann, zu dem verwundeten Adalbert gerufen, eben diesen mit
dem Mönchhabit bekleidete und jenen zum Mönch von St.
Blasien machte, was ja die Ochsenhausener selbst auch waren.
Wie immer aber dem auch sei: Eben diese sorgten dafür, daß der
neue Bruder, *der nach wenigen Tagen gestorben war,* zum Kloster
St. Blasien überführt wurde; es ist nämlich nicht wahrscheinlich,
daß eben dieser, der so schwer verwundet und schon mit dem
heiligen Öl versehen war, noch lebend dorthin gebracht wurde,

206 L. VI. c. 4. p. 598

vor allem, da gesagt wird, daß er wenige Tage nach dem Erhalt des Habits gestorben sei.

Wie der Anonymus weiter berichtet, war bei dieser unseligen Belagerung auch *sein Bruder Berchtoldus und sein Onkel Engel-berchtus, Graf von Hall,* zugegen. Den ersteren haben wir oben schon erwähnt, den Ehemann von Luitgard der Jüngeren, die eine Enkelin der Sophia war, mit welcher in erster Ehe der Markgraf Udalricus von Kärnten verheiratet war, eine Schwester der Bertha, der Mutter des Askuin, aus dem durch unsere Luitgard Adalbert der Ältere hervorging, der Vater Bertholds II. und Adalberts II., und durch den Markgrafen Udalricus von Kärnten, den sie zuerst geheiratet hatte, deren Urenkelin.

Es bleibt noch Graf Engelbert von Hall, der Onkel mütterlicher-seits des Adalbert II. von Bogen und damit Bruder der Mutter dieser Haduica oder Hedwig, welche Adalbert I. geheiratet hatte, und von der die häufig zitierte Ahnentafel sagt, sie eine *von Cileia.* Dies erörtern wir aber hier nicht, sondern überlassen es lieber anderen, denen mehr daran liegt, es auf Grund des schon Gesagten zu untersuchen. Graf von Buat hält in den ›Origines Boici‹[207] Hadwiga für eine Gräfin von Formbach und leitet sie von dem Grafen Thiemo I. von Hall in direkter Linie über fünf Generationen hinweg ab. Nach der Aussage unseres Anonymus war nun der Bruder dieser Hadwig Engelbert von Hall, obwohl sich die Familie der Grafen von Formbach in mehrere Linien aufgeteilt hat. Diesen Engelbert stellt uns Aventinus in den ›excerpta diplomatica Passaviensia‹ bei Oefeus[208] vor Augen, indem er zum Jahr 1158 folgendes sagt: *Bischof Chunradus von Passau gibt öffentlich bekannt, daß Graf Engelbertus von Hall, seine Ehefrau Hadewig und ihre Söhne Gebehardus und Theode-ricus einige Hufen geschenkt haben.* Hierauf bezieht sich auch das Chronikon von Reichersberg[209], wenn es schreibt: *Im Jahre 1169 verließ einer unserer großen und vornehmen Reichsfürsten, der Herr Graf Gebhard von Hall, Sohn des Herren Grafen Engelbert ebenfalls von Hall, den Ruhm der Welt und ungeheuren Reichtum, als er noch ein junger Mann war und begab sich zusammen mit seiner Mutter, der ehrwürdigen und vornehmen Frau Herrin*

207 P. II. p. 222.
208 Scriptor. rer. Boic. T. I. p. 711.
209 Ludewig script. rer. Germ. T. II. col. 305.

Haedwig zum Kloster von Richersperg, wo auch seine zwei Schwe-
stern, Töchter eben dieser Gräfin nach der Regel und religios lebten,
um für den Herrn dann dort Kriegsdienst zu leisten, nachdem er für
die Welt fast dreizehn Jahre hindurch in Waffen Kriegsdienst
geleistet hatte; von eben dieser Gräfin Hadewich wird aber gesagt,
daß sie bald darauf im folgenden Jahre gestorben sei. Wir
entdecken an dieser Stelle fast die gesamte Nachkommenschaft
Engelberts, außer seiner Schwester Hadwig und seinem Vater, von
dem aber der genannte Graf von Buat äußerst scharfsinnig
nachweist, daß er ebenfalls Gebhard genannt wurde. Auf diese
Weise hätten wir auch den Vater der Hadwiga, von der Cl.
Schmidlin mit Recht vermutet[210], daß sie die Schwester des
besagten Grafen Engelbert von Hall gewesen ist, der ab dem Jahr
1130 bis zum Jahr 1156 und sogar bis 1158 sehr oft in Erscheinung
tritt. Diese Vermutung freilich steht für uns jetzt durch die
Aussage unseres Anonymus, welcher auch die Berechnung der
Zeiten entspricht, völlig außer Zweifel. Weiter verdient bemerkt
zu werden, daß über eben diesen Engilbertus in den ›monumenta
Boica‹ von ihren Herausgebern in Anmerkungen gesagt wird[211], er
entstamme dem Geschlecht von Wasserburg: Er selbst aber
bezeugt[212] als *Graf Engilbertus von Hall* in einer Urkunde über
eine von ihm vorgenommene Erneuerung des Klosters Attl zum
Jahre 1137, daß er seinen Stammsitz von seiner Burg Lintpurt auf
die Burg Wasserburg verlegt habe; so daß er doch wohl vorher
anderswo gewohnt haben mußte.

Die Burg Lintpurt aber riß er ab zur Restaurierung des Ortes oder
des Klosters Attl, das, wie er selbst sagt[213], *von den Fürsten von*
Diezzin gegründet wurde, doch *von schlechten Menschen und ganz*
besonders von einem gewissen Fridericus mit dem Beinamen Rocke
zerstört wurde. Dieser Friedrich von Rocke oder Rochus war der
Bruder des Grafen Arnold von Dießen, von dem um das Jahr 1040
auf dem Berg Attl das Mönchsleben eingerichtet worden war,
welchem dieser Friedrich aber um das Jahr 1070 wieder entsagte;
er selbst war auch einer von Dießen und der Stammvater der
Grafen von Wolfratshausen. In den ›miscellanea genealogica‹ der

---

210 Beyträge P. I. p. 83
211 T. I. p. 15
212 L. c. p. 266
213 Loc. cit.

Grafen von Andechs wird von ihm gesagt[214], daß er im Jahre 1075 gestorben ist, und er wird im Nekrolog des Priesters Luitold von Dießen zum 24. Januar notiert[215] als *Graf Fridericus, Onkel unseres Gründers Berthold, BEGRABEN IN ST. BLASIEN IM SCHWARZWALD.* Auch Aventinus hat dies in seinen ›annales Boici‹[216]: *Fridericus III. mit dem Beinamen Rochus ist im herzynischen Gebirge ... in der Kirche des heiligen Blasius begraben worden.* Wir haben über ihn anhand einer Urkunde in einer gesonderten Untersuchung über den Grafen und Gegenkaiser Rudolph von Rheinfelden gehandelt; hier aber haben wir ihn nur wegen des Grafen Engelbert von Hall beiläufig erwähnt.

Doch wir ersparen es uns, seine Taten genauer zu untersuchen, da sie nicht zu unserem Dokument gehören, und wir waren nur um dies eine besorgt, die Darstellung unseres Anonymus bezüglich der Luitgard und deren Enkel, den Grafen Adalbert II. von Bogen und Windberg, wenigstens irgendwie zu durchleuchten, wobei wir eine umfassende Erörterung dieses Sachverhalts jenen überlassen, denen mehr daran gelegen ist, und die mit den hierzu gehörigen Dokumenten besser ausgestattet sind: doch wir werden jenen dankbar sein, die beabsichtigen sollten, uns darüber genauere Auskunft zu geben. Damit aber die gesamte Abfolge unseres Anonymus gemäß der vorgelegten Hypothese mit einem einzigen Blick erfaßt werden kann, fügen wir die folgende Tabelle an.

214 Monum. Boic. T. VIII. p. 298
215 L. c. p. 301
216 L. VII. c. 6. n. 22. p. 659

Askuin tritt schon etwa um das Jahr 1062 als Vogt von Niederaltaich auf. Ehefrau ist Luitgard, die später um das Jahr 1120 in Berau Nonne wurde.	Luitgard, Mutter Adalberts I., Ehefrau des Askuin, von dem der Anonymus schweigt.	Konrad von Ratilinberge, Onkel des Adalbert I., in St. Blasien bestattet.
Adalbert I., Sohn des Askuin und der Luitgard, wird zusammen mit seiner Mutter in Urkunden des Jahres 1104 und in einer anderen, nunmehr zusammen mit seiner Ehefrau, aus dem Jahre 1115 notiert, welche Hadwica oder Hadwiga oder Hedwigis war, die Schwester des Engelbert von Hall. Adalbert starb um das Jahr 1146.	Engelbert, Graf von Hall, Bruder der Hadwica, der Ehefrau Adelberts I., Onkel Adelberts II., ab dem Jahre 1130 bis zum Jahr 1158.	
Adalbert II., Sohn des Adalbert I. und der Hadwig, Ehefrau ungewiß, keine Kinder. Bei der Belagerung der Burg Valley von einem Pfeil durchbohrt, nahm er im Jahre 1140 von den Brüdern des heiligen Blasius den Habit und wurde ebendort bestattet.		
Berthold II. Bruder des Adalbert II., Ehefrau Luitgardis, Tochter des Markgrafen Poppo von Kärnten, der der Sohn des Markgrafen Udalricus aus Sophia war, der Schwester der Bertha, der Mutter Askuins, mit dem Luitgard die Ältere verheiratet war.		

Obwohl nun aber diese ganze Nachkommenschaft nicht zu den Wirtembergern gehört, wie es sehr vielen schien, sondern zu den Grafen von Windenberg bzw. von Bogen, gibt es dennoch eine Reihe von Leuten, die, aus dem erlauchten Geschlecht derer von Wirtemberg stammend, sich gegenüber unserem Kloster gnädig und freigebig zeigten oder auch den Mönchshabit in eben diesem Kloster in Empfang nahmen. Unter diese zählt Bucelin[217] zum Jahr 1110 den Grafen Eberhard aus Württemberg, einen

217 Constant. Bened. MS. T. III. p. 374

Wohltäter und Mönch; und vermutlich ist es eben derselbe, den Ladislaus Sunthemius in der ›familia Wirtembergica‹ bei Oefelius[218] einen bärtigen Bruder im Kloster St. Blasien nennt und den Pregizer und Steinhofer[219] für einen Sohn des Grafen Konrad von Wirtemberg und der Gertrud, der letzten Gräfin von Beutelsbach, halten; so auch Bucelin, der zum Jahr 1110 folgendes schreibt: *In St. Blasien bewahrte dem Kloster Rustenus, der Abt nach Utho, mit Entschlossenheit den Ruf der Heiligkeit, von dem angelockt sehr viele der erlauchtesten Herren aus eigenem Antrieb die Armut Christi dem Reichtum vorzogen und sich ebendort seinem Dienst weihten: unter diesen brachte Graf Eberhard oder Albert von Wirtemberg, der Sohn des Konrad und der Gertrud, der letzten Gräfin von Beutelsbach, nicht wenige auf Grund ihrer Bewunderung für ihn eben dorthin.* Und entsprechend dieser Aussage wäre dieser Eberhard der Sohn jenes Konrad von Wirdeneberch gewesen, auf dessen Bitte hin Kaiser Heinrich V. im Jahre 1123 die Güter des Klosters St. Blasien bestätigt[220]. Dennoch will Schmidlin jenen Eberhard nicht gelten lassen, da er sonst nirgendwo in den alten Dokumenten notiert ist. Doch stehen uns hierüber keine zuverlässigen Beweismittel zur Verfügung.

Die Zelle Wittnau im Breisgau.

XIX. Im 12. Jahrhundert gab es verschiedentlich Zuwachs für die Kongregation von St. Blasien, zum Teil in der tiefsten Abgeschiedenheit des Albgaus, nicht weit vom Kloster selbst entfernt, zum Teil im östlichen Gebiet Schwabens; noch viel mehr geschah dies aber im Westgebiet des Schwarzwalds, dem Breisgau. Und zwar übergaben gleich zu Beginn dieses Jahrhunderts in Anwesenheit der zwei Bertholds, nämlich des Herzogs von Zähringen und des Grafen von Neuenburg, die Gebrüder Arnold, Heinrich und Erchinbold, Edle von Warth, dem heiligen Blasius eine Kirche und Grundbesitz in Wittnau. *Doch später,* sagt unser Anonymus, *erbaute der ehrwürdige Utto, Abt dieses Klosters, ebendort ein Kloster.* Daß es zu Ehren des heiligen Gangolph als seinem Hauptpatron geweiht worden ist, zeigt eine Urkunde aus dem Jahre 1168, mit der Abt Berthold von Stein dem Guphus ein

218 Script. Rer. Boic. T. II. p. 591
219 Chronol. Constant. p. 232
220 Herrg. Geneal. Habsb. T. II. P. I. p. 136

Landgut überließ *zum Nutzen der Brüder des heiligen Blasius und des heiligen Gangolph in Wittnau*. Von den Stiftern von Warth, die wir genannt haben, wurden Arnold und Erchenbold Mönche, und dieser übte auf Geheiß des Abtes das erste Vorsteheramt der neuen Gründung aus, solange er lebte.

Die Zelle Bürgeln.

XX. Schon kurz vorher haben wir den Edlen Werner von Kaltenbach erwähnt und dessen Frau Ita, die mit einer Abordnung von Jungfrauen zum Kloster Sulzberg von Berau aus entsandt worden war, wo sie zusammen mit ihrer Tochter Himmeltrud den Schleier genommen hatte. Ihre Söhne Werner und Wibert aber empfingen, nachdem auch ihr Vater eingetreten war, in St. Blasien den Mönchshabit und übergaben demselben Kloster ihre Güter in Bürgeln, Ekinhelm, Kaltinbach und alles, was sie im Breisgau, im Burgund und in Rhätien besessen hatten, um das Jahr 1120 unter dem Abt Rustenus, dessen Nachfolger Berthold nach dem ausdrücklichen Willen des Stifters das Kloster Bürgeln in Sausenharda errichtete, das nicht weit von der Burg Sausenberg und der Stadt Kandern entfernt liegt, im Vorgebirge zum Schwarzwald. Außer anderen Wohltätern aber zählt Kuno in seiner Chronik von Bürgeln in Kap. 17 den Dietrich von Rotenleim auf, einer Burg am Zugang zum Wiesental, das seinen Namen einem Wildbach verdankt, der zwischen lieblichen Wiesen in Richtung Basel fließt, wo der Rhein gleichsam einen Winkel schlägt und sich aus der Gegend im Süden nach Norden wendet, nahe an der Westgrenze des Schwarzwaldes bei Grenzach und damit dessen Namen anzeigt. Daß Thedericus von Rötelein an einer Schenkung von Gütern an das Kloster St. Blasien zum Jahre 1114 beteiligt war, geht aus einer Bulle des Papstes Innozenz II. vom Jahre 1138 bei Herrgott[221] hervor. An Thedericus richtete im Jahre 1132 Udalricus II., der vom sanblasianischen Mönch zum Bischof von Konstanz geworden war, ein Schreiben, in welchem er ihm zuverlässig bestätigt, was in bezug auf die erwähnte Zelle von Bürgeln durch seine eigene Autorität und die des Erzbischofs von Mainz abgesprochen worden war, wie bei demselben Herrgott zu lesen ist[222]. Im Archiv von St. Blasien wird

221 Geneal. Habs. T. II. P. I. p. 157
222 L. c. p. 154

ein anderer Brief an Papst Innozenz II. aufbewahrt, in welchem derselbe Konstanzer Bischof Udalricus sagt: *Auf die Bitte des Abtes von St. Blasien und seiner heiligen Kongregation und nach Befragen des Erzbischofs von Mainz und auf Grund des Einverständnisses unserer Brüder haben wir gestattet, daß eine gewisse Zelle auf dem Grundbesitz von St. Blasien namens Burgelun, wo vorher die Pfarrkirche stand, neu gepflanzt werde. Daß Ihr die Beständigkeit dieses Ortes durch Eure Autorität und ein Privileg zu schützen und zu festigen Euch herablassen möget, darum haben wir Euch, heiliger Vater, schon in Lüttich untertänigst gebeten. Doch da Ihr, von vielen hochbedeutenden Geschäften in Anspruch genommen, unserer damaligen Bitte nicht nachkommen konntet, belästigen wir Euch, heiliger Vater, noch einmal mit unserer damaligen Bitte, damit jene Zelle weiterhin in Ruhe fortbestehen kann: möget Ihr Euch herablassen, sie durch das Privileg Eurer Autorität gemäß der von uns verfaßten Bestimmung zu schützen.* Nachdem diese Bestätigung erfolgt war, weihte Theodewinus, Kardinal und päpstlicher Gesandter für Alemannien, im Jahre 1136 ebendort die Kirche zu Ehren des heiligen Johannes des Täufers und des heiligen Johannes des Evangelisten. Hierzu ist eine authentische Urkunde vorhanden, und Kuno hat sie in der zitierten Chronik von Bürgeln angeführt.

Das Frauenkloster in Sitzenkirch.

XXI. Es gab außerdem nach der Sitte der Kongregation von St. Blasien am Fuße eben dieses Berges Bürgeln ein Nonnenkloster in Sitzenkirch, dessen Anfänge unser Anonymus auf den Abt Rustenus selbst zurückführt und auf Ita von Kaltenbach und auf deren Tochter Himmeltrudis: Nachdem diese kurz darauf gestorben war, soll sich Ita in das Kloster Berau begeben haben. Heribordus und seine Schwester Friderun mit ihrer Tochter Agnes, ebenso mit Reginlint und Engela, hatte dort ein Landgut in Sitzenkirch, das er von Rudolph von Madelberg und Oudelricus von Messun erworben hatte, im Jahre 1125 dem Kloster St. Blasien geschenkt. Später wurden die Einkünfte für einen ausreichenden Unterhalt der Nonnen durch die Äbte Berthold und Gunther von St. Blasien erweitert, wie aus einer Urkunde des Jahres 1151 hervorgeht, in der Gunther sagt: *Wir haben die Schwestern, die sich zu den Zeiten unseres Vorgängers, des Abtes*

Berthold, in der Nähe unserer Gemeinschaft in Sitzenkirch niedergelassen haben, unter unsere Gehorsamspflicht und Unterwürfigkeit aufgenommen, und haben eben diesen Ort mit allem zu ihm Gehörigen, sei es, was sie im Augenblick in Besitz haben, sei es, was sie in der Zukunft noch dazu erworben haben werden, mit dem Rechtsanspruch auf die Eigentümerschaft und die geschuldete Unterwürfigkeit aufgenommen, und wir bestätigen, daß dieser Ort sowohl uns als auch unseren Nachfolgern für immer untertan ist. Daher haben wir verfügt, daß sie gemäß der Regel des heiligen Benedikt und der Ordnung von Berau für immer Gott dienen, und wir haben sowohl ihrer Verstorbenen wie auch derer von Berau im Gebet gedacht. Bertha, die Äbtissin dieses Klosters, begegnet in klostereigenen Dokumenten zum Jahr 1177. Eine Bestattung an diesem Ort erhielten nicht wenige von den Markgrafen von Hachberg. Auch ist im Archiv von St. Blasien eine Urkunde des Jahres 1223 vorhanden, mit der der Straßburger Bischof Berthold von den Herzögen von Teck *die Klöster Burgelen und Siccenkilchen mit deren Gütern und Menschen sowie auch andere Güter unserer Blutsverwandten, nämlich der Söhne des Markgrafen guten Angedenkens* in seinen Schutz aufnimmt. Doch dies gehört zusammen mit dem folgenden Kloster ins nächste Jahrhundert.

Und Guttnau.

XXII. Dem Jungfrauenkloster Guttnau in der Nähe von Neuburg am Rhein gab den Namen und Ursprung gegen Ende des 12. Jahrhunderts Gutta, eine Nonne des Frauenklosters Sitzenkirch. *Es gab nämlich,* wie unser Anonymus sagt, *eine fromme Nonne namens Gutta: diese hatte einen überaus reichen Bruder, dessen Wohnstätte diesseits des Rheins am Fuße einer Anhöhe gelegen war, wo er ein feuchtes Haus besaß, nämlich in einer Aue, und auch ein Gelände mit anderen Häusern, die für den Ackerbau notwendig waren; auch hatte er einen ersprießlichen Besitz an Äckern, Wiesen, einer großen Fülle an Weiden, Wäldern und anderen Besitzungen. Als dieser aus dem Leben schied, folgte ihm die oben genannte Gutta als rechtmäßige Erbin nach. Nachdem sie das Erbe erhalten hatte, nahm sie eine von ihren Schwestern mit sich, verließ den Ort Sitzenkirch, begann ein Kloster an dem Ort zu bauen, den sie nach ihrem Erbanspruch in Besitz genommen hatte, und gab ihm den Namen Guttenau, der aus ihrem eigenen Namen und dem des Ortes* zusammengesetzt war. *Es war aber eben dieser Ort von einer so außergewöhnlichen Feuchtigkeit, daß dort eine übergroße Menge von Schlangen heranwuchs, die sie so sehr zugrunde zu richten begannen, daß sie nicht länger an diesem Orte bleiben konnten: daher kam es, daß der Ort sich in eine Einöde verwandelte. Danach erbauten sie oben auf der Anhöhe ein Kloster mit Hof und Innenraum, wie es jetzt noch zu sehen ist.* Soweit jener im 14. Jahrhundert über das Kloster Guttnau. *Unter der Leitung einer Äbtissin stand es im Jahre 1256 in Blüte, in welchem Papst Alexander IV. am 28. Juli mit einer Bulle jenes Kloster in seinen apostolischen Schutz nahm, die an ›die geliebten Töchter in Christus der Äbtissin der heiligen Maria von Guttnaw und ihre Schwestern‹ gerichtet war,* wie die Verfasser der ›Gallia christiana‹ sagen[223]. Daß dieses Kloster im Jahre 1323 bis auf die Grundmauern abgebrannt ist, ruft Abt Caspar I. in den ›origines San-Blasianae‹ in die Erinnerung. Daß diesem nach einem Jahrhundert dasselbe Schicksal widerfahren ist, bezeugt ein Schreiben des Bischofs Johannes von Basel und des gleichnamigen Abtes von St. Blasien aus dem Jahr 1426, mit welchem die Nonnen angewiesen wurden, Almosen zu sammeln. Dennoch erhob sich das Kloster nicht mehr zu seinem früheren Stand.

Die Zelle Wislighofen in der Schweiz.

XXII. In den päpstlichen Bullen und königlichen Urkunden, mit denen der Kongregation von St. Blasien im 12. Jahrhundert ihre Zellen ab Kaiser Lothar II. und dem Jahre 1126 bestätigt werden, ist auch die Zelle Wislighofen auf Schweizer Gebiet im Gau Zürich inbegriffen, wie in einer Bulle von Innozenz II. aus dem Jahre 1138 bei Herrgott[224] zu lesen ist: *Wie gewisse edle Männer, nämlich Algerus und Adelbero, eine Zelle auf ihrem Landgut errichtet haben, das allgemein Wyslikon genannt wird und im Thurgau liegt, übergaben sie sie um des Glaubens willen Gott und dem heiligen Blasius zum ewigen Erbe zusammen mit allem, was dazu gehört, nämlich den Häusern, Feldern usw. Dies wurde recht-gemäß im Kloster von St. Blasien verhandelt und zwar in Anwesenheit des ehrwürdigen Abtes dieses Klosters, Rusteinus, und vieler Edler, deren Namen folgende sind: Reinhardus und dessen*

223 T. V. p. 938
224 Gen. Habsb. T. II. P. I. p. 157

Bruder Waltherus von Goesenstein, Thedericus von Roetelein, Diethelmus von Eun, sein Sohn Bernardus, Bil. von Misachum, Bern. von Altwise, Volkerus von Lengnach, Hiltiboldus von Turchin, Diethelmus von Helwile im 1114. Jahre der Menschwerdung des Herrn, am Samstag, dem 27. Dezember. Von dem sanblasianischen Anonymus werden in den ›lib. constr.‹ Adelbero und Alkerus von Walthusen genannt, und die Ehefrau des Alker wird als an der Schenkung Mitbeteiligte bezeichnet; und schließlich wird angefügt: *Nach der schon genannten Schenkung erbaute Abt Berchtoldus eine Zelle nach der Art eines Klosters;* er spricht nämlich nach der Sitte seiner Zeit, des 14. Jahrhunderts, in dem sich allmählich der Begriff *Zelle* änderte. Wislikhofen wird aber ›Zelle‹ genannt, nachdem sie Berthold zum Nutzen der Mönche erweitert hatte, der im Jahre 1125 Nachfolger des Abtes Rustenus wurde und im Jahre 1141 gestorben ist. Es ist dasselbe, was vorher eben dieser Anonymus gesagt hatte, nämlich daß diese Stifter alles insgesamt diesem Kloster geschenkt und übertragen haben, *wo später der Klosterbau errichtet wurde.* Ähnliches in bezug auf diese Schenkung hat weiterhin Aeg. Tschudi[225] zum Jahre 1114, und er benennt Waldhausen als Burg der Stifter, der Barone Alzer (wie er ihn selbst nennt) und Adelbero, im Thurgau, nicht weit entfernt von der Stadt Kaiserstuhl. Derselbe zitiert[226] zum Jahr 1137 eine Urkunde vom 28. November eben dieses Jahres, in der Bischof Udalricus II. von Konstanz, Herzog Konrad von Zähringen und der Schirmherr des Klosters St. Blasien bezeugen, daß eben diese Zelle Wislinkoven diesem Kloster zu eigen sei. Ferner wird in der erwähnten Bulle des Innozenz II. verboten, daß irgend jemand Prior dieses Ortes sei, *wenn ihn nicht der Abt für brauchbar und geeignet hielte.* Allerdings wurde diese Bezeichnung ›Prior‹ bald darauf in jenen eines ›Propstes‹ umgeändert, unter welchem Titel unter anderen im Jahre 1241 der edle Hugo von Tufinstein geführt wird und nach diesem noch andere.

---

225 Chron. Helvet. T. I. p. 50
226 L. c. p. 64

Eine Siedlergruppe aus St. Blasien an das Kloster des heiligen Kreuzes von Donauwörth.

XXIV. Bisher war nur von den Zellen die Rede, aus denen sich die Kongregation von St. Blasien zusammensetzte, und von denen die meisten im 12. Jahrhundert durch überaus wachsame Äbte neu eingerichtet worden waren: nun aber ist auch von Abordnungen zu sprechen, die aus eben dieser Kongregation auch in ferne Räume und Gegenden weit und breit geführt wurden. Die erste von diesen im ersten Jahr des gerade begonnenen 12. Jahrhunderts war jene, die an das Kloster des heiligen Kreuzes gerichtet war, das auch heute noch in Blüte steht, und innerhalb der Mauern einer Stadt auf einer Halbinsel der Donau gelegen ist, wovon es auch den Namen Donauwörth hat. Anfangs war dieses für Nonnen gegründet worden und zwar von den Grafen Manegold von Dillingen und Mangoldstein um das Jahr 1030 neben der gleichnamigen Burg, die von Mangold I. auf einem Berg errichtet worden war.

Dieser wurde von dem Salier Konrad als Begleiter dem Straßburger Bischof Werner beigegeben, der um das Jahr 1030 nach Konstantinopel entsandt worden war, von wo Manegold, wie Wippo und Berthold, der zweite Abt von Wörth, bezeugen und was wir oben schon dargelegt haben, einen bedeutenden Teil des heiligen Kreuzes mit sich brachte, der heute noch mit seinen griechischen Inschriften vorhanden ist, und von Carolus Stengelius in seiner Monasteriologie beschrieben wurde. Zum Dank für diesen Schatz errichtete Manegold jenes Kloster, dem seine Schwester Irmentruda als erste Äbtissin vorstand, als zweite aber die Tochter eben dieses Stifters, Gunterada, die von Papst Leo IX. auf seiner Rückreise von der Mainzer Synode im Jahre 1045 zur Äbtissin ordiniert wurde, wie der Papst selbst in einer Bulle bezeugt hat, von dem dann zugleich auch die Kirche geweiht wurde. Gunterada der Ersten folgte im Jahre 1080 die Zweite, die Tochter des Grafen Hartmann.

Nachdem aber jene gestorben war und die Zahl und die klösterliche Lebensweise immer mehr abnahm, rief Mangold III., der Sohn des Zweiten, Papst Paschalis II. an, daß er es gestatte, an die Stelle der Frauen Männer zu setzen. Mit dieser Aufgabe betraute dieser den Konstanzer Bischof Gebhard, der im Jahre 1101 aus St.

Blasien Theoderich mit fünf Priestern und sechs Laienbrüdern hierher kommen ließ: Abt Theoderich nahm hauptsächlich deren Hilfe in Anspruch, um das Kloster an den Ort zu verlegen, wo es nun steht. Vollendet wurde es im Jahre 1128 unter Manegold, dem Sohn des Dritten, wie ihn Innozenz II. in einer Bulle[227] nennt, die er an Abt Theoderich im Jahre 1136 gerichtet hatte, den im Jahre zuvor der Augsburger Bischof Walter als Zeugen für die Gründung des Klosters Kaisersheim hinzugezogen hatte, und der dann im Jahre 1155 gestorben ist. Bei den Brüdern von Wörth ist seinem Bild, das sein Haupt mit einem hellglänzenden Heiligenschein zum Zeichen seiner Heiligkeit umgeben zeigt, folgende Aufschrift angefügt: *Theoderich, der erste Abt, den, aus dem Kloster St. Blasien berufen, im Jahre 1101 Gebhard, Bischof von Konstanz und Legat des Papstes von Rom, fünf Patres und sechs Laienbrüdern voranstellte. Auf seine Veranlassung hin nimmt der Wohnort des Klosters, indem er die Höhen des Berges dem heiligen Märtyrer Vitus überläßt, durch sein anhaltendes Wachstum den untersten Bergfuß ein und hat nunmehr hier seinen festen Sitz. Er war 53 Jahre, fünf Monate und 10 Tage lang Abt; sein Ruf der Heiligkeit war offenkundig.*

Zum Nachfolger erhielt er Berthold, der von den Siedlern aus St. Blasien noch überlebt hatte und, wie wir oben schon gesagt haben, als wir von den sanblasianischen Geschichtsschreibern des 12. Jahrhunderts handelten, der griechischen und lateinischen Sprache außerordentlich kundig war; dieser hatte sich im Jahre 1118 nach Konstantinopel begeben, um den genauen Hergang um den dem Mangold geschenkten Teil des heiligen Kreuzes aus den Quellen selbst zu schöpfen, wie er bei Oefelius[228] veröffentlicht zu lesen ist. Der Abt aber, der in dreiundzwanzig Jahren höchsten Ruhm erlangte, starb im Jahre 1179. Unter diesem Abt übertrug der Bischof Konrad von Eichstätt alle Pfarrechte in Buirvelt auf die Klöster Kaisersheim und Wörth.

An seine Stelle trat nunmehr Eberhard aus der Gemeinschaft von Wörth, unter welchem Manegold, der letzte Sproß der Grafen von Kyburg und Dillingen, im Jahre 1191 in der Stadt Ptolemais in Palästina an der Pest gestorben ist: Auch Eberhard selbst versank auf seiner Fahrt nach Palästina in den Fluten und starb im Jahre

227 T. III. Conc. Germ. p. 330
228 T. I. Rer. Boic. p. 332

1200. Diesem folgten Berthold II. und nach neun Jahren
Heinrich, von dem noch vorhandene Urkunden sagen, mit welch
großen Gütern er sein Kloster bereichert hat.

In der Folgezeit stand das Kloster Wörth im 13. Jahrhundert in
Blüte, vor allem aber im folgenden 14. und 15. Jahrhundert, zu
dessen Beginn Abt Johannes Hager sich so sehr auszeichnete, daß
er, der am Konzil von Konstanz im Jahre 1414 zugegen war, wegen
seiner Redekunst und seines sittlichen Ernstes von den Konzilsvätern zu dem französischen König Karl VI. abgesandt wurde.
Nach seiner Rückkehr und dem Abschluß des Konzils im Jahre
1418 durfte er den Kaiser Sigismund für zehn Tage als Gastfreund
begrüßen. Zum Nachfolger hatte er den hochgerühmten Abt
Johannes II. und später Heinrich und schließlich Konrad, einen
für die Stadt bedeutsamen Abt, der auf den Zusammenkünften
der Kongregation von Bursfelden im Jahre 1467 und zu Erfurt im
Jahre 1470 vom Konvent der Patres zum Visitator der Klöster des
Benediktinerordens in der Diözese Augsburg bestimmt wurde. Im
16. Jahrhundert werden nach Johannes IV. vor allem Thomas
Boemer und Stephan Leutz in den lutherischen Wirren gerühmt,
welche hauptsächlich auf Grund des Schmalkaldener Bundes
zustande kamen und für die Stadt und das Kloster verderblich
waren, wie es auch jene des 17. Jahrhunderts auf Grund des
dreißigjährigen Krieges gewesen sind. Doch allen diesen Übeln
und Zusammenbrüchen entging dieses bedeutende Kloster des
heiligen Kreuzes glücklich, und bis auf den heutigen Tag erfährt
es einen Zuwachs vor allem an guter Wissenschaft und Kenntnis
unter seinem hochwürdigsten Abt Gallus, der heute hochgelehrte
Ordensbrüder heranzieht.

Der selige Abt Berthold von Garsten.

XXV. Wir haben im vorherigen Buch erwähnt, daß eine Siedlergruppe von Mönchen aus St. Blasien zusammen mit dem seligen
Abt Hartmann zum Kloster Göttweig in Niederösterreich
gebracht wurde. Dieser erhielt zu Beginn des 12. Jahrhunderts
von dem Markgrafen Otacherus oder Ottokar von Steyr, der der
Chorherren überdrüssig geworden war, welche er in Garsten
angesiedelt hatte, auch dieses Kloster, um es mit Mönchen auszu-

statten und es zu leiten, *und er führte einen Prior mit Namen Virnt,* *den er mit anderen Mönchen zusammen hatte gewinnen können,* *nach Gersten,* wie in der Lebensgeschichte des seligen Abtes Berthold von Garsten bei P. Hier. Petz[229] zu lesen ist. Ebendort[230] wird dargelegt, was sich hinsichtlich der Veränderung des Ordenslebens ereignete, von der die Annalen von Admont berichten, sie sei im Jahre 1108 erfolgt, und eben diese wie auch die von Garsten sagen zum Jahr 1111, daß der Herr Berthold zum Abt von Garsten gewählt worden sei.

Die Admontenser, denen in Steyr ein bedeutendes Kloster gehört, das dem heiligen Blasius geweiht ist, möchten gerne, daß dieser eben der sei, der im Jahre 1105 unter dem Abt Heinrich V. Prior von Admont gewesen ist, wie in der Diplomensammlung[231] des Dukats Steyr zu sehen ist: dort ist der Verfasser der Reihenfolge oder des Katalogs der Äbte von Admont der Meinung, daß Berthold ein Schüler beider St. Blasien gewesen sei und zwar zuerst des herzynischen St. Blasiens, nämlich im Schwarzwald, und dann in Admont, bevor er nach Göttweig kam. Demgegenüber vertritt der regulierte Chorherr Aquilinus Iul. Caesar aus Voravia in den ›annales ducatus Styriae‹ die Hypothese, daß dieser Berthold vorher in Admont und dann erst in St. Blasien im Schwarzwald Mönch gewesen sei und vermutet: dieser sei in jener Verwirrung der Diözese Salzburg und des Klosters Admont um der Sicherheit und des religiösen Friedens willen von dort weggegangen und habe sich dann wahrscheinlich nach St. Blasien begeben. Doch entzieht diese Vermutung den Admontensern Berthold als Prior des Jahres 1105.

Nachdem der eben genannte Verfasser der Lebensgeschichte des heiligen Berthold in Kap. 2 dargelegt hatte, was sich bei der Aufnahme des Mönchsordens in Garsten ereignet hatte, beginnt er in Kap. 3 gleich folgendermaßen: *Nachdem dies so geschehen* *war, gewannen die Göttweiger für sich den Herrn Berthold von St.* *Blasien, wo er zu dieser Zeit das Amt eines Priors gleichermaßen für* *das Bibliothekswesen wie für das Kloster versah, als Prior an die* *Stelle des Herren Wirnt, einen Mann heiligen Lebenszeugnisses und* *Verwalter der Güter nicht nur vor Gott, sondern auch vor allen*

229 Scriptor. rer. Austr. T. II. p. 89
230 Ibid. p. 183
231 P. II. p. 235

Menschen. Doch als eben dieser Wirnt an das Kloster Formbach geholt worden war, wurde sodann der Herr Berthold von den Garstensern und dem Markgrafen selbst zum Abt auserwählt und zwar mit dem bestmöglichen Glück, da ab jener Zeit dieser Ort niemals mehr von der göttlichen Vorsehung im Stich gelassen worden ist.

Auf die gleiche Weise wird auch von Hartmann (dessen Tod eine Pergamenthandschrift der Bibliothek von St. Blasien aus dem 14. Jahrhundert in Übereinstimmung mit den österreichischen Chroniken bei Pez[232] für das Jahr 1114 ansetzt) in der Lebensgeschichte des seligen Altmann gesagt, er sei von St. Blasien aus nach Göttweig geholt worden; mit diesem Namen wird immer auf dieses unser Kloster im Schwarzwald verwiesen, wohin sich im 12. Jahrhundert auch andere Adlige aus dem Gebiet Bayerns begeben haben, wie wir kurz zuvor gesehen haben.

In bezug auf die Familie dieses seligen Berthold trägt Hier. Pez in seinen ›praeviae observationes‹ zum Leben eben dieses Heiligen die Ansichten verschiedener Autoren vor[233]. Die erste ist die des Martinus Crusius, der jenen auf die Grafen von Wirtemberg zurückführt[234] und ihm als Vater den Albert zuweist, den Sohn des Ulrich, als Schwester aber Luitgard, die den Grafen Bernard oder Berchtold von Scheuren geheiratet hatte, als Gattin jedoch, bevor sie in das Kloster St. Blasien eintrat, die Gräfin Adelhaid von Lechmund und als Brüder schließlich Konrad und Bruno, nämlich den Abt von Hirsau; nach eben dieser Ahnentafel von Pregizer und Steinhofer wäre er der Sohn unserer Luitgard der Älteren gewesen und der Bruder Alberts des Jüngeren, der ebenfalls in St. Blasien begraben ist. Doch nach dieser Ansicht vervielfachen sich noch die Schwierigkeiten, die von uns weiter oben dargestellt worden sind[235]. Man müßte nämlich zwei Brüder namens Berthold von Wirtemberg zulassen und Söhne der Luitgard der Älteren, von denen aber einer, nämlich der Ehemann der Gräfin Adelhaid von Lechsgmund, schon gleich nach dem Jahre 1110 gestorben sein soll. Doch jener Ehemann aber wird von Crusius als unser Berthold von Garsten bezeichnet, der erst um jene Zeit herum jene Abtei zur Leitung erhielt bis zum Jahre

232 L. c. T. I. p. 132
233 T. II. Script. Austr. p. 81
234 Annal. Suev. T. III. P. II.
235 Nr. XVIII.

1142, in welchem er gestorben ist. Wie aber hätte unser Berthold verheiratet gewesen sein können, da er doch nach der Aussage des Verfassers seiner Lebensgeschichte *von den ersten Jahren seiner Kindheit an sich im Gelübde des Ordenslebens darum bemühte, mit Entschlossenheit für Gott den Kriegsdienst zu leisten?* Oder folgte er dem Kriegsdienst im Jahre 1110, von dem doch nachgewiesen wird, daß er schon im Jahre 1093 in das Kloster St. Blasien eingetreten ist?

Legen wir also diese Württemberger Genealogie des seligen Berthold beiseite, welche I. Chr. Schmidlin für falsch hält[236] und betrachten wir die andere! Diese bieten uns die Handschriften von Garsten, auch wenn sie nicht sehr alt sind, da sie die Herzöge von Württemberg erwähnen, die sich auf spätere Zeiten und das Ende des 15. Jahrhunderts beziehen. In jenen aber wird zwar unser Berthold, ebenfalls in Übereinstimmung mit dem zuerst Genannten *Graf von Wirtemberg* genannt, *Bruder des Grafen und des Abtes Bruno von Hirsau, sowie der Luitgard, der Ehefrau des Bernard von Steyr, VERWANDT mit den HERZÖGEN von Wirtemberg und den Baronen von Landau in Österreich.* Jene Barone von Landau haben wir wenigstens bis jetzt noch nicht ausfindig gemacht. Weiterhin wird Berthold in jenen Manuskripten *VERWANDT mit den Grafen von Ragaz und mittels derer mit dem heiligen Markgrafen Leopold von Österreich, der ehelich mit der Gräfin Adelheid von Lechmund verbunden war; nachdem diese gestorben war, starb auch er selbst der Welt; er legte nämlich im Jahre 1093 in St. Blasien in Herzynien das Ordenskleid an.* Diese Ahnentafel stimmt mit der vorigen fast überein, außer daß sie uns hier eine *Verwandtschaft* mit den Grafen von Ragaz und mittels derer mit dem heiligen Markgrafen Leopold von Österreich vermeldet[237]. Dies wird zudem aus einem Diplom des Herzogs Luitpold von Österreich bestätigt, in welchem dieser selbst den Grafen Konrad von *Regiz* seinen Verwandten nennt, mit dem zusammen er die Schutzherrschaft über zwei Weiler in *Regiz*, die zum Kloster *Garsten* gehörten, aufgibt und sie dem Abt zur freien Verfügung überläßt. Zu dieser Meinung kommt die nicht gering zu veranschlagende Überzeugungskraft des Verfassers der Lebensgeschichte Bertholds hinzu, bei dem ein

---

236 Beyträge P. I. p. 107
237 Ludewig. Reliq. MSS. T. II. p. 200

gewisser Edler von *Rache* oder, wie andere haben, *Ragtz* oder *Rachez* als Verwandter dieses heiligen Vaters erwähnt wird. Auf Grund der örtlichen Lage wird von daher gesehen eine Verwandtschaft der Familie Regiz oder Ragaz, da es sich hier um ein und dieselbe handelt, mit dem heiligen Berthold sehr wahrscheinlich, auch wenn das andere noch fehlen sollte, wovon wir gleich noch berichten werden. Und damit wäre Berthold auch mit dem Steyrer Markgrafen Ottokar verwandt, von dem er als Abt an das Kloster Garsten angefordert wurde, denn dieser hatte Elisabeth, die Schwester des besagten Markgrafen Luitpold von Österreich, zur Ehefrau. Ausführlich geht dieser Ahnentafel der erwähnte Pez[238] anhand des Valentinus Prevenhueber auf den Grund, der in den ›annales Styriae‹[239] das Geschlecht unseres Berthold als aus der slawonischen oder venedischen Familie der Grafen von Rachez oder Rochaz stammend angibt, nachdem er an anderer Stelle versucht hatte, dies auch anhand des gemeinsamen Wappens mit der Familie jener Grafen nachzuweisen. Sollte sich dies auf ganz sichere Grundlagen stützen können, würde dies von daher vermutlich die Folge haben, daß dieser Berthold auch blutmäßig mit dem seligen Hartmann verbunden wäre, von dem wir im vorigen Jahrhundert[240] erwähnt haben, daß er im Jahre 1093 von St. Blasien aus zusammen mit einer Siedlergruppe an das Kloster Göttweig in Österreich geholt worden war und von dem manche annehmen, daß er aus dem Geschlecht der Markgrafen von Kärnten abstamme. Doch wäre damit auch erklärt, warum von den Gründern oder Erneuerern jener Klöster aus St. Blasien sowohl Hartmann nach Österreich, als auch Berthold nach Steyr gerufen wurden, welche in jener Ahnentafel durch eine gewisse Blutsverwandtschaft miteinander verbunden waren.

Es kommt noch ein weiteres Indiz aus dem Verfasser des Lebensgeschichte des heiligen Berthold hinzu, daß eben dessen Familie im Norikum oder seiner Nachbarschaft zu suchen ist. Dort wird nämlich im 13. Kap. der Abt Udalricus in Kremsmünster notiert[241], der Sohn des Bruders eben dieses Berthold, den dieser noch als Knabe von dessen Mutter in seinem Kloster zur Erziehung und Unterrichtung erhalten hat: Daher scheint

238 L. c. p. 82
239 p. 15 et 394
240 Nr. XXI.
241 Pez Script. Austr. T. II. p. 100

vermutet werden zu können, daß seine Eltern nicht allzu weit entfernt gewesen sind. Wenn aber die hochgebildeten Brüder von Krems anhand ihres klostereigenen Archivs dieses ihres Abtes Udalricus III., der wiederholt in der Lebensgeschichte des Heiligen, seines Brudersohnes, genannt wird, sorgfältig erforschen wollten, würde insgesamt als Ergebnis feststehen, wo die Familie unseres Bertholds von Garsten angesiedelt sein könnte. Nicht weniger würden dazu die Gleinker beitragen, die Nachbarn der Garstenser, da in einem handschriftlichen Kodex des 15. Jahrhunderts ihres Klosters folgendes bemerkt wird: *Die Geschichte des seligen Abtes Berthold von Garsten ließ Bruder Johannes schreiben, Lehrer am Kloster St. Andreas in Gleunk vom Orden des heiligen Benedikt in der Diözese Passau, aus Verehrung für den ersten Abt in Gleunk frommen Angedenkens namens Udalricus. Mag derselbe auch nicht durch Wunder bekannt geworden sein, so ist er doch auf der Stufe der Verwandtschaft mit ihm* (nämlich dem heiligen Berthold) *verbunden.* Damit müssen auch die Gleinker dazu ermuntert werden, das Geschlecht ihres ersten Abtes aufzuspüren.

Doch noch ein anderes Zeugnis für die norische Abstammung unseres seligen Berthold führt Bucelin in der ›chronologia Constantiensis‹ an[242], wo er zum Jahre 1202 den Grafen Berthold von Haimberg, den Abt von Weingarten, als *mit dem heiligen Berthold, dem Abt von Garsten in Oberösterreich, DEM BLUT und der Heiligkeit seines Lebens nach VERWANDTEN* bezeichnet. Es ist aber Haimburg oder Hainburg, für andere wieder Heimburg, heute noch von alters her eine überaus mächtige Stadt, im Grenzgebiet Niederösterreichs an der Donau gegen Ungarn hin gelegen, von der die Geographen überall der Meinung sind, daß es das alte Comagenum sei, zu dessen Herren sie die Grafen von Haimburg machen, die vermutlich auch mit den Ragaziern und den Markgrafen von Österreich blutsverwandt sind, die dort häufig zu residieren pflegten, und von denen wir schon oben sagten, daß sie mit dem seligen Berthold von Garsten verwandt seien.

Wir legen hier den gelehrten Brüdern der Böhmischen Akademie noch eine andere Schwierigkeit zur Lösung vor, die uns derselbe Bucelin darbietet, indem er zum Jahre 1147 folgendes schreibt[243]:

242 p. 258
243 L. cit. p. 244

Aus der Einöde Herzyniens leuchtet in diesem Jahre mit großem Glanz der erste Berthold hervor, der den Titel eines Grafen von Pogen, Hohenpogen und Windberg trägt und aus dem Geschlecht der Karolingerkönige und -kaiser stammt; dieser gesellte sich im Kloster St. Blasien den übrigen Heiligen im Streben nach Vollkommenheit bei und brachte durch seinen guten Ruf viele seines Namens dazu, die Welt zu verschmähen und nach Höherem zu streben, zu dem nämlich, was um Gottes willen zu suchen ist. Hier ist es zweifelhaft, in bezug auf welchen unseren Berthold Bucelin zu verstehen ist, da nämlich im Zeitraum eines einzigen Jahres zwei desselben Namens gestorben sind: der erste Abt unseres Klosters und Nachfolger des Rustenus ab dem Jahre 1125, der am 2. Aug. des Jahres 1141 in den Himmel einging, und der heilige Abt Berthold von Garsten am 27. Juli 1142; insgesamt nämlich muß hier von beiden Äbten die Rede sein, und zwar wegen des Zahlwortes *der Erste,* was sich auf keinen Fall auf den Grafen beziehen kann, und er andererseits auch nicht einen einfachen Mönch als den Ersten bezeichnet hätte. Nur in der Berechnung der Jahre hat sich Bucelin getäuscht, da er dies zum Jahre 1147 berichtet und dabei überhaupt nichts in bezug auf das Kloster Garsten erwähnt: von daher gesehen könnte es scheinen, daß er eher von Abt Berthold von St. Blasien spricht, unter welchem, wie wir gesehen haben, die vormalige Gräfin Luitgard von Windberg, die dann Nonne in Berau war, gestorben ist, deren Bruder oder Neffe leicht dieser Berthold hätte sein können, um welchen es sich auch immer handeln mag. Und es spielt dabei auch keine Rolle, daß in den böhmischen Dokumenten kein solcher Berthold auftritt, da nämlich beide, was von dem von Garsten feststeht, von Kindheit an im Kloster erzogen wurden, so daß somit kein Anlaß bestand, sie in Ahnentafeln oder -verzeichnissen aufzunehmen.

Die Verbindung der Familie der Grafen von Ratilinberge mit den Grafen von Windenberg und Bogen haben wir oben schon aufgezeigt, wo sowohl der Vater Udalricus wie auch der Bruder Konrad der Luitgard bald ›von Windenberg‹, bald ›von Ratilinberge‹ genannt werden. Wenn die Verbindung derer von Ratilinberge mit der Familie der Ragezier oder Rachazier mit der gleichen Sicherheit feststünde, nach der zumindest Berthold von Garsten verwandt war, wäre die Angelegenheit in bezug auf dessen Windenberger Abstammung geklärt und die zitierten Worte

Bucelins wären auf diesen zu beziehen. *Doch nachdem wir diese Widrigkeiten um die Genealogie beiseite gelegt haben,* um die Worte des zitierten Pez zu gebrauchen, *aus welchen du dich unter der Gefahr von vielen Irrtümern niemals oder nur unter größten Mühen herauswinden kannst, wenn dir nicht die allerbesten Dokumente und solche unstrittiger Zuverlässigkeit zur Verfügung stehen, wollen wir unseren Griffel anderem und besser Erforschtem zuwenden, was sich näher auf die Geschichte des seligen Berthold bezieht.* Es ist nämlich leichter, bei Untersuchungen dieser Art das zu verwerfen, wovon durch sichere Dokumente feststeht, daß es widersprüchlich ist, als dem zuzustimmen, was einer soliden Grundlage entbehrt.

Am Anfang der Legende oder der Lebensgeschichte des heiligen Berthold ist bei dem zitierten Pez zu lesen, daß alle, die sich damals zum Eintritt ins Kloster veranlaßt sahen, nach der Neueinrichtung des Mönchsordens in Garsten davon ihren Nutzen hatten und einen glücklichen Ertrag ihrer monastischen Lebensführung erfuhren. *Es gab aber solche,* sagt er in Kap. 2, *die dazu gezwungen wurden, zurückzubleiben: der Herr Udalricus, der später in St. Lambert Abt werden sollte, und der Herr Eberhardus, bald darauf ein treuer Mitarbeiter im Herrn und frommer Kaplan.* Ich glaube, daß dieser eben der ist, der später der Prior war, den Berthold auf seinem Sterbelager zur Abtswahl empfohlen hat; nachdem er aber nach dessen Tod von den Brüdern abgelehnt worden war, erschien ihm dieser selbst und berief ihn zu den Seligen, wie in der Lebensgeschichte in Kap. 19 zu lesen ist. Der heilige Berthold aber starb im Jahre 1142; noch in diesem Jahr wurde zu seinen Gunsten von Kaiser Konrad III. ein Diplom ausgestellt, das bei Ludewig in der Diplomensammlung von Garsten zu lesen ist[244]: *gegeben mit Zustimmung unseres geliebten Bruders, des Markgrafen Henricus, und auf untertänige Bitte des ehrwürdigen Abtes Berthold der Gemeinschaft von Garsten, die zu Ehren der heiligen Gottesgebärerin Maria geweiht ist.* Sein Todestag, der 27. Juli, wird von den Garstenern und den Sanblasianern nach dem offiziellen Ritus der Kirche gefeiert.

An seinem Begräbnis nahm unter anderen Abt Godefridus von Admont teil, der vormalige Mönch und Prior des Klosters St. Georgen im Schwarzwald, der von dem Salzburger Erzbischof

---

244 Reliq. MSS. T. IV. p. 203

Konrad nach dem Tode des Wolfoldus hierher geholt worden war, welchen selbst eben dieser Konrad aus demselben Kloster St. Georgen und dem Orden des seligen Theoger im Jahre 1115 zum Abt von Admont berufen hatte, vier Jahre später, nachdem der heilige Berthold von den Garstenern im Jahre 1111 zum Abt gewählt worden war. Wie aber hätte dieses Kloster Admont aus den Reihen seiner Brüder einem anderen Kloster einen Abt geben und die neue Abtei Garsten bilden können, zu einer Zeit, zu der er selbst gezwungen war, seine Äbte von woandersher und zwar aus unserem Schwarzwald anzufordern? Wir haben die wirren Verhältnisse des Klosters Admont von seinen ersten Anfängen im Jahre 1074 an schon angesprochen, auf das der Anonymus von Admont bei Hansizius[245] seine Gründung *durch Kaiser Heinrich IV. am 15. September zur Zeit der 12. Indiktion* ausdrücklich ansetzt. Denn bald darauf im Jahre im Jahre 1078 mußte sein Gründer, der selige Gebhard, wegen einer Verfolgung wieder auswandern, die von dem Salzburger Erzbischof ausgelöst worden war. Diesen Zeitpunkt der Gründung haben die Verfasser der ungarischen Geschichte und nach Cornides und P. Schier Stephan Katona in seiner ›historia critica regum Hungariae‹[246] bestätigt.

Eine doppelte Lebensgeschichte des seligen Berthold findet sich, wie wir gesagt haben, bei Pez, deren eine kürzere mit der Überschrift ›vita Berntoldi Confessoris‹ für das Offizium seines Festes verfaßt ist, wie auch die Hymnen und Gebete, die ebendort zu lesen sind. Wenn sich aber auch beide hauptsächlich damit befassen, die Wunder in dessen Leben und nach seinem Tode zu schildern, stellen sie uns doch in Auszügen jenen als einen Mann vor Augen, der, durch die Formung seiner Herde nach der Vorschrift der Regel des heiligen Benedikt zum Vorbild geworden, der Bedeutung des Titels ›Abt‹ auch durch Taten gerecht wurde: *Er war ein so sorgfältiger Richter seines Lebens,* wie die Lesungen über sein Leben aussagen, *daß er verdientermaßen zum Richter und Wächter über das Leben anderer wurde. Daher durch göttliche Bestimmung im Kloster Garsten zum Abt gewählt und bestätigt, wurde er auf Grund seines sittlichen Empfindens zum Vorbild der Gemeinschaft. Er hielt die Härte seiner Strenge durch Milde im*

245 Germ. sac. II. p. 177
246 T. II. p. 336 et 526

Zaum, so daß er wirklich Vater und Lehrer genannt wurde und war: und er brachte den Orden so weit voran, daß das Kloster, das durch den guten Ruf seiner Lebensweise weithin bekannt geworden war, aus den Zuwendungen der Gläubigen in kurzer Zeit reich wurde. Dasselbe erklärt ausführlich die umfangreichere Lebensgeschichte in Kap. 3, wie von hier aus deutlich wird, daß auf eben ihn zutrifft, was Christus denen zugesprochen hat, die zuerst das Reich Gottes und seine Gerechtigkeit suchen, und denen das übrige dann noch hinzugegeben wird.

Daß außerdem von diesem Kloster Garsten und ebenso von dem Kloster Göttweig aus die Gewohnheiten von St. Blasien und die Riten von Fruttuaria auch in andere Klöster Österreichs gelangt sind, zeigt eine Kodexhandschrift des Klosters Lambach, die eine Gottesdienstordnung gemäß den Gewohnheiten von Fruttuaria enthält, welche in der Kongregation St. Blasien beobachtet wurden: wir fügen im folgenden wenigstens deren Hauptkapitel an[a].

[a] 1. Quando debeat meridiana dimitti, & aqua ad miscendum post nonam. 2. Was zu den Nokturnen im Oktober gelesen oder gesungen werden muß, und wann jene zwei Hymnen angestimmt werden müssen *Primo dierum,* und *aeterne rerum.* 3. Von der Regel zur Winterszeit. 4. Vom Lässen des Blutes. 5. Von der Prozession am Mittwoch und Freitag. 6. Vom Sabbatgebot. 7. Zu welcher Zeit Prozessionen beginnen müssen, die den ganzen Sommer hindurch am Mittwoch und Freitag abgehalten werden. 8. Was an den Nokturnen im November zu lesen und zu singen ist, und was an den freien Tagen nach den Nokturnen in der Zwischenzeit zu tun ist. 9. Von dem Fest Allerheiligen. 10. Vom Festtag des heiligen Martin. 11. De tricesimis, die im Jahr abgehalten werden. 12. Zu welcher Stunde vom Fest Allerheiligen ab bis zur Reinigung der heiligen Maria das *Deus auribus nostris* gesungen werden muß. 13. Von der Ankunft des Herrn. 14 Vom Fasten zu den vier Zeiten vor der Geburt des Herrn. 15. Vom Fest des heiligen Thomas. 16. Von der Vigil zur Geburt des Herrn. 17. Von der Geburt des Herrn. 18. Vom Fest des heiligen Stephan. 19. Vom Fest des heiligen Johannes. 20. Von der Geburt der Unschuldigen Kinder. 21. Von jenen zwei Tagen nach der Geburt der Unschuldigen. 22. Von der Oktav des Herrn und des heiligen Stephan. 23. Der heilige Johannes und die heiligen Unschuldigen. 24. Von der Erscheinung des Herrn und der Historie *Domine ne ira.* 25. Von der Bekehrung des heiligen Paulus. 26. Von der Reinigung der heiligen Maria. 27. Vom Fest des heiligen Blasius. 28. Zu welcher Stunde an den freien Tagen die Totenmesse gelesen werden muß und bei der 12. Lesung die Laudes für eben diese Toten, und *Deus auribus* von der Reinigung der heiligen Maria ab bis zur Fastenzeit. 29. Von der Reinigung der heiligen Maria, wenn sie auf Septuagesima fallen sollte, wie dann in bezug auf die Septuagesima und die Quinquagesima gefeiert werden soll. Von der Hauptsache des Fastens. Vom ersten Sonntag der Fastenzeit. Vom 2. und 3. Werktag in der ersten Woche der Fastenzeit und was die ganze Fastenzeit hindurch an den freien Tagen zu tun ist. Von der Ordnung der Psalmodie in der Fastenzeit. Wann die Alltagskleidung in der Fastenzeit ausgezogen und angezogen werden muß. Was zur Frühmesse am 2., 4. und 6. Wochentag in der

Fastenzeit zu singen ist. Vom Fest der Heiligen, die mit 12 Lesungen innerhalb der Fastenzeit zu feiern sind. Von der Passion des Herrn. Von der Nachricht von Verstorbenen, die von anderswo hergebracht wurde und an den Tagen der Fastenzeit im Kapitel bekanntzugeben ist. De transitu per cortinam et palmis. Was zu den Nokturnen am 2., 3. und 4. Tag in der Palmwoche zu lesen ist. Vom Mahl des Herrn. De Parasceve. Vom Karsamstag. Vom Tag der Auferstehung des Herrn. Von der Osterwoche. Von der Oktav zu Ostern. Was zu den Nokturnen in der ersten Woche nach der Osteroktav gelesen oder gesungen werden muß. Über das Fest von heiligen III. lectionum innerhalb der österlichen Festtage. Von der Hände Arbeit, die nach dem Kapitel zu tun ist, und der übrigen Ordnung, die den Sommer über zu beachten ist. Von den Historien *dignus es* und *si oblitus fuero* und was in der Zwischenzeit bis zu den Nokturnen zu lesen ist, wenn sie selbst gesungen werden. Vom Fest des heiligen Markus. Von der Auffindung des heiligen Kreuzes und die Messe am sechsten Wochentag, die für eben dieses heilige Kreuz zu singen ist. Von den Fürbitten. Von der Himmelfahrt. Von den Heiligenfesten, die in die Oktav von Himmelfahrt fallen sollten. Von der Pfingstvigil. Vom heiligen Pfingsttag. Von der Pfingstwoche. Von der Pfingstoktav. Von der Kurzlesung, die an den freien Tagen zu den Nokturnen zu lesen ist. Vom Fasten an den vier Zeiten, das im Juni abgehalten zu werden pflegt. Von der Prozession, die am 4. und 6. Wochentag durchzuführen ist. Von der historia *Deus omnium*. Von der Vigil zu Johannes dem Täufer und dessen Geburtsfest. Vom Geburtsfest der Apostel Petrus und Paulus. Von der Mahnung des heiligen Paulus. Von der Berufung und dem Fest des heiligen Martin. Von der Historia *in principio*. Vom Fest zu den Ketten des heiligen Petrus. Von der Himmelfahrt der heiligen Maria. Von der Geburt der heiligen Maria. Von der historia *si bona suscepimus*. Von der Enthauptung des heiligen Johannes des Täufers. Vom Fasten nach der Regel, das an den Iden des September beginnt. Von der Erhöhung des heiligen Kreuzes. Vom Festtag des heiligen Mauritius. Vom Gedächtnis des heiligen Michael.

Dann enthält es, wie das Fest des heiligen Blasius zu begehen ist. Zur Vesper nach dem *Benedicamus domino* soll das Responsorium vom heiligen Blasius begonnen werden: Sancte Deo dilecte, und sie sollen zur Prozession in die Kirche des heiligen Blasius gehen, und die Brüder sollen, wenn sie sich der Ordnung nach aufgestellt haben, zum Altar schreiten und nach Beendigung des Responsoriums den Vers mit dem *Gloria* singen. Danach soll von einem Knaben der Vers gesprochen werden: *Magna est gloria eius.* Dann aber zum Evangelium das *Adest nobis* wird der Altar inzensiert. Zum Invitatorium sollen drei Brüder in der Cappa bekleidet werden. Auch sollen zwei Brüder zwei Responsorien singen, und sie sollen den ganzen Tag in geistlicher Freude und Fröhlichkeit verbringen; sie sollen sein Gedächtnis acht Tage lang festlich begehen.

Nachdem das oben Geschriebene dargelegt ist, folgen andere Kapitel und zwar die über die zum Gottesdienst gehörigen Responsionen, über die Responsionen, die sich auf den Abt beziehen, auf den Prior, auf den Kantor, auf den Sekretär, auf den Speisemeister, auf den, der in der Küche Wochendienst hat, auf den Kämmerer, auf den Vorsteher des Spitals, auf den Pförtner, auf den Almosenar, auf das gemeinsame Gut, auf die Reisenden, auf die Kranken, auf die Verstorbenen.

Äbte aus St. Blasien an das Kloster Muri.

XXVI. Daß die Gewohnheiten aus Fruttuaria von St. Blasien aus im Kloster Muri eingeführt worden sind, haben wir im vorherigen Buch gesehen, und wir haben den seligen Luitfried rühmend erwähnt, *einen überaus frommen Mann und einen hervorragenden Begründer der Mönchsdisziplin,* wie die Akten des Klosters Muri sagen, an das nach der Abordnung von Mönchen auch der erste Abt abgegeben worden war. Dieser verzichtete nach einiger Zeit auf die Abtswürde, nachdem er schon fast dreißig Jahre der Welt gekreuzigt war und nur noch für Gott lebte und nach der Aussage Bernolds im Anhang zum Chronikon Hermanns ein seliges Ende nahm; als Nachfolger und zugleich als Nachahmer im Verzicht auf die Abtswürde im Jahre 1108 oder im folgenden erhielt er den Prior Rupert, der schon vorher mit der ersten Abordnung von Abt Gisilbert von St. Blasien an das Kloster Muri entsandt worden war; er war den Murensern so lieb und wert, daß sie ihn schon damals zum Abt machen wollten, und sie legten ihm nach seinem Tod folgendes Zeugnis ab: *durch das Vorbild seiner religiosen Vollkommenheit erleuchtete er unser Muri, solange er als Prior und Abt Vorsteher war, auf das beste.*

Dem Beispiel Luitfrids und Ruperts bei dem Verzicht auf die Abtswürde in Muri im Jahre 1166 folgte als dritter der ebenfalls aus dem Kloster St. Blasien im Jahre 1145 nach Muri berufene Abt Kuno, nach Meinung von P. Rustenus Heer der Autor der Akten von Muri, die sich als etwa um das Jahr 1150 geschrieben zeigen, jedenfalls nach Ronzelinus, dem Vorgänger Kunos, bis zu dem Zeitpunkt hin, zu welchem der Autor mit den folgenden Worten seine Aussage beendet: *So wie wir nunmehr den Bestand jener heiligen Gemeinschaft, die sich sowohl vor uns wie auch zu unseren Zeiten hierher versammelt hat, beschrieben haben, so mögen es auch jene tun, die nach uns kommen werden.* Das wenige, was dann folgt, ist erst weit später im 13. Jahrhundert angefügt worden. Diese Akten erwähnen nämlich den Anselm, den wir auf Grund einer Urkunde zum Jahre 1185 als Abt ansetzen, mit folgenden Worten als schon längst verstorben: *mit Erlaubnis des Herren Anselm, der damals Abt war.* Dies bemerkte und erwähnte schon vor mir der hochgelehrte Baron von Zurlauben; diesen, der sich in der Auseinandersetzung zwischen P. Rustenus Heer von St. Blasien und P. Joh. Bapt. Vieland von Muri so überaus

entschlossen auf ihre Seite gestellt hat, werden die Brüder von
Muri gerne als Schiedsrichter anerkennen. Möglicherweise
schreibt er den erwähnten ›additiones‹ zum seligen Luitfrid auch
manches zu, was der Verfasser der Akten im 13. Jahrhundert ohne
Mühe hinzufügen konnte, wie die feste Meinung von P. Heer
lautet.

Die ersten Äbte von Engelberg.

XXVII. Für uns Sanblasianer gibt es noch eine andere Streitfrage,
die sich auf das 12. Jahrhundert bezieht, und zwar in bezug auf
zwei bedeutende Männer, nämlich Adelhelm, den ersten und
Frowin, den vierten oder eher zweiten Abt des Klosters Engelberg
in der Schweiz, das zum Anfang dieses Jahrhunderts um das Jahr
1120 gegründet zu werden begonnen wurde, wie eine zeitgenössische Handschrift zu demselben Jahr mit folgenden Worten
bezeugt: *In demselben Jahre wurde diese Zelle von Abt Adselinus
begonnen.* Ihren Stifter Konrad von Seldenburen nennt Papst
Callixtus II. in einem Diplom des Jahres 1124 *einen edlen Mann,*
und er ist zweifellos aus derselben Familie, aus der unser bedeutender Gönner und sogar zweiter Gründer St. Blasiens Reginbert
von Seldenburen oder Salenburon, wie er bei P. Herrgott genannt
wird[247], stammt, einer Burg im Gebiet von Zürich, wo diese beiden
Klöster heute noch Güter aus jener Schenkung in Besitz haben.
Mit unserem Reginbert haben wir uns schon zum 10. Jahrhundert
auseinandergesetzt: und von hier scheinen auch die Sanblasianer
einen gewichtigen Beweisgrund dafür abzuleiten, daß sie den
seligen Adelhelm, den ersten Abt von Engelberg, für sich in
Anspruch nehmen dürfen; doch Hartmann weist in den ›annales
Eremi Deiparae‹ als Grund auf[248], jenen seinem eigenen Kloster
zuzurechnen, daß die Einsiedler Tagebücher Adelhelm häufig
erwähnen; dies ist aber lediglich auf eine Namensgleichheit
zurückzuführen, weswegen ein überzeugender Beweis nicht
anzutreten ist. Die ›Gallia christiana‹ fügt diesen beiden Klöstern
Einsiedeln und St. Blasien, die sich um diesen Adelhelm streiten,
sogar noch das dritte von Hirsau hinzu[249], obwohl weder in dem
Verzeichnis aller aus Hirsau angeforderten Äbte, das den Annalen

247 Geneal. Habsb. T. II. P. I. p. 143
248 Ad an. 1119 p. 181
249 T. V. p. 1065

von Hirsau vorangestellt ist, noch in der Chronik von Hirsau selbst, wo Trithemius eben diesen Sachverhalt ausführlich behandelt[250], irgendetwas von Adelhelm oder auch nur vom Kloster Engelberg erwähnt wird.

Die Autoren der ›Gallia christiana‹ lassen die Angelegenheit in bezug auf Adelhelm offen, ebenso auch in bezug auf den seligen Frowin, seinen Nachfolger nach Luitfrid, Welfo und Hesso, welche eher Mietlinge als Hirten waren, *um den die Klöster St. Blasien und Einsiedeln einen Streit führen, daß er ihr Zögling gewesen sei.* Mit Absicht übergehen sie sogar die Brüder von Engelberg selbst mit Schweigen, mit denen wir, die wir einen Zwist ablehnen, überhaupt keinen Streit haben und bestens damit zufrieden sind, daß er schließlich irgendwoher genommen wurde, dem deren klostereigene Annalen diesen Satz widmen: *ein hochgebildeter, überaus weiser und tieffrommer Mann, der von seinen Konventualen sehr viele Bücher abschreiben ließ und nicht wenige davon durch seine Gelehrsamkeit und Begabung selbst veröffentlicht hat.* Darüber haben wir weiter oben, als wir von den Gelehrten der Kongregation St. Blasien im diesem Jahrhundert handelten, sehr ausführlich gesprochen. Den vielgeliebten Brüdern von Einsiedeln aber, die mit uns freundschaftlich um diesen seligen Frowin streiten, möchte ich, damit sie nicht auch mich des Fehlers der Gleichnamigkeit bezichtigen, hier eine Urkunde des Königs Konrad III. bei P. Herrgott[251] entgegenhalten, in welcher unter den Äbten unterschreiben: *Bertholdus, Abt von St. Blasien, und seine Brüder, Abt Wernherus von Ettenheim, Berckerus, Abt von St. Leonard, Frowinus, Erlewinus, Gerungus, Wernherus;* laut dieser Urkunde sind diejenigen, die nach den Äbten genannt werden, selbst Äbte und gleichzeitig Brüder von St. Blasien, zu deren Gunsten jenes Diplom ausgestellt wurde. Mit größerem Vertrauen aber berufe ich mich auf unsere klostereigenen anonymen Geschichtsschreiber des 14. Jahrhunderts, da ältere nicht mehr vorhanden sind, weil sie im Jahre 1323 bei dem Brand des Klosters zusammen mit der Bibliothek vernichtet wurden. Der erste dieser Anonymi aber ist der Verfasser eines Verzeichnisses der Äbte, die von St. Blasien an andere Klöster angefordert wurden, in welchem sich vom seligen

---

250 T. I. p. 267 etc.
251 Geneal. Habsb. T. II. P. I. p. 166

Frowin folgendes findet: *Unter dem Abt Diepertus wurde der Herr Frowinus zum Abt in Engelberg bestellt.* Der zweite, auf den wir uns berufen, ist der von uns häufig zitierte Anonymus, der nach jenem besagten Brand des Jahres 1323 die verlorengegangene sanblasianische Geschichtsschreibung in seinen ›libri constructionum St. Blasii‹ zusammenstellte, wo er unter anderem von einer gewissen Erscheinung berichtet, die *der ehrwürdige Frowin* gehabt habe, *der danach Abt von Engelberg war,* da er nämlich zu dieser Zeit noch in St. Blasien lebte, bevor er im Jahre 1147 zum Abt von Engelberg erklärt wurde. Es geschah nun aber, daß der Zeichner der Geschichtstafeln, welche Abt Caspar II. von St. Blasien im 16. Jahrhundert abgefaßt hatte, die Reihenfolge der letzten Ziffern vertauschte, weswegen mancher das Jahr 1174 für den Anfang seiner Regierung als Abt hielt, ganz gegen die Zuverlässigkeit des mit eigener Hand geschriebenen Blattes Caspars II., wo das Jahr 1147 zu lesen ist.

Der zuerst genannte Anonymus scheint in demselben Irrtum befangen zu sein, indem er behauptet, Frowin sei unter Diepert zum Abt bestellt worden, obwohl wir doch oben in Nr. XIII festgestellt haben, daß Diepert oder Theopert ab dem Jahre 1174 bis zum Jahre 1186 das Abtsamt von St. Blasien innehatte. Zwar stand der selige Frowin Engelberg als Abt zur Zeit des Abtes Theopert von St. Blasien vor, doch nicht unter eben diesem, sondern er wurde ebendort Abt unter Gunther, als dieser noch Vorsteher von St. Blasien war, da eine vom Jahr 1148 am 20. Dezember datierte Urkunde des Konstanzer Bischofs Hermann eben diesen als Abt ausweist. Den Tod Frowins aber berichten die Dokumente in großer Übereinstimmung zum Jahr 1178, den Todestag aber, den 27. März, hielt eine zeitgenössische Hand im Nekrologium von St. Blasien fest. In dem oft zitierten Chronikon, von dem wir bemerkt haben, daß es von Frowin selbst mit eigener Hand verfaßt worden ist, schrieb zum Jahre 1178 eine andere zeitgenössische Hand folgendes hinzu: *Der Herr Frowinus, unser II. ehrwürdiger Abt, ist verschieden.* Daher irrt Bucelin, wenn er in der ›chronologia Constantiensis‹[252] dessen Tod schon für das Jahr 1173 ansetzt; dennoch fügt er mit Recht hinzu, es stehe nach den Dokumenten von Engelberg fest, daß der selige Frowin von St. Blasien in Herzynia angefordert worden sei. Unter diesen

Dokumenten ist sicherlich das wichtigste das oft zitierte Chronikon, das von dem seligen Frowin eigenhändig verfaßt worden ist, in welchem er vom Kloster St. Blasien gleichsam als dem eigenen, von jenem von Einsiedeln oder der Zelle des heiligen Meginrad sozusagen als einem fremden spricht. In bezug darauf ist in einem alten Engelberger Kodex dieser kurze Ausspruch zu lesen: *Frowinus lebte mit den Brüdern nach der Regel.* Auf einer sehr alten Statue im Bogengang der Kirche war zu lesen: *Der selige Frowinus, der II. Engelberger Abt. Unter meiner Leitung wurde, oh Heiliger, die Regel beobachtet. Unter ihrer Führung oder ihren Federn strebe ich als Dädalus zu den Sternen.*

Die Pflanzstätte Ensdorf von St. Blasien aus.

XXVIII. In demselben 12. Jahrhundert berief der heilige Otto, Bischof von Bamberg und Apostel Pommerns, eine andere Siedlergruppe aus dem Kloster St. Blasien auch in die Oberpfalz an das Kloster Ensdorf. Dieses war von dem Grafen Friedrich von Kastel, dem Schwiegervater Ottos von Witelinespach, im Jahre 1121 am 23. Mai neu eingerichtet worden, nachdem es in dem Dorf Willensbach begründet worden war; nach dessen Tod aber wurde es von dem genannten Pfälzer und seiner Frau Helica, vor allem aber durch die Hilfe, Fürsorge und Freigebigkeit des besagten heiligen Otto vollendet und im Jahre 1123 am 25. Juli zu Ehren des heiligen Apostels Jakobus in feierlichem Ritus geweiht. Schon vorher aber hatte der heilige Otto, den der Ensdorfer Abt Anselmus Meiller in seinem Werk *Miraculum mundi* als Hauptförderer seines Klosters preist[253], den Walchunus, *einen Mann von großen Fähigkeiten, der aus dem hochberühmten Aszeterium des heiligen Blasius im herzynischen Wald mit etlichen Mönchen des heiligen Benedikt* (im allgemeinen waren es zwölf) *herbeigerufen worden war, zum ersten Abt für die neue Pflanzstätte* bestimmt. Derselbe Meiller führt sodann die Bestätigungsbulle des Callixtus II. aus dem Jahre 1123 an[254] und dann ein Diplom Heinrichs V. aus dem folgenden Jahr sowie eines des Lothar II. aus dem Jahre 1130 und eines des heiligen Otto selbst aus dem Jahre 1139[255],

253 Lib. X. cap. 1. p. 249
254 cap. 2. p. 254
255 Lib. IV. c. 6. p. 94

dessen Schreiben, das an die Äbte seiner Klöster gerichtet war, er vorher schon wiedergegeben hatte, nämlich *an den ehrwürdigen Bruder Wulfram, Abt des Klosters St. Michael, an Wiganus Tharisiensis, Baldewinus Banzensis, Eggehardus Uraugiensis, Imbrico Michelfeldensis, Walchunus de Entsdorf, Eribonus de Pruveningen, Fridericus de Gengenbach, Eberhardus Scuturensis, Otto Steinensis etc.* Diese drei letztgenannten Klöster gehören unter dem Titel der Schirmherrschaft zur Diözese Bamberg; Otto von Stein aber, der, wie wir gesagt haben, aus der Gemeinschaft von St. Blasien angefordert worden war, war Abt[256]. Die beiden von demselben heiligen Otto gegründeten Klöster Urach und Aura gehören unserem Orden an; auf das erste von diesen ist der anonyme Uracher zu beziehen, der die Lebensgeschichte der heiligen Hiltegund verfaßt hat, die von Oefelius herausgegeben wurde[257], den dieser aber irrtümlich auf das Kloster Urach in Württemberg bezieht, da er von Crusius in den Paralipomena in den ›annales Sueviae‹ c. 7. hierin getäuscht wurde.

Ferner nennt der Verfasser der Lebensgeschichte des heiligen Otto bei Canisius[258] dort, wo er von den von diesem gegründeten Klöstern handelt, einige *vom Cluniazenserorden*, unter welchen er auch das von Ensdorf aufzählt. Dies durfte er freilich auch tun gemäß dem, was wir im vorigen Buch über die Gleichförmigkeit der Bestimmungen von Cluny mit denen von Fruttuaria gesagt haben, welche Walchanus aus St. Blasien in dieses Kloster brachte. Von diesem sagt der genannte Abt Meiller folgendes: *Er ordnete, bestens ausgestattet, alles nach der Norm der Regelobservanz seines Klosters St. Blasien und der Riten* (nämlich derer von Fruttuaria) *und verfaßte mit eigener Hand ein Büchlein, das mit ›liber consuetudinum‹ betitelt war und in unserer Bibliothek bis zu den unseligen Zeiten Luthers aufbewahrt wurde, damit hieraus auch die Späteren die zu bewahrende Disziplin ihrer Vorgänger ständig vor Augen haben könnten.* Er schreibt, daß diese durch Walchanus eingeführte Disziplin von dessen Nachfolger Dietwinus etwas verändert wurde gemäß der Regel seines eigenen Klosters, aus dem er geholt worden war, nämlich des Berges des heiligen Michael in Bamberg, welche von Hirsau aus von Wolfram hierher gebracht worden war. Es ist aber ein Brief des in der

256 Meiller I. c. p. 84
257 T. I. Script. rer. Boic. p. 625
258 Lect. antiq. T. III. P. II. p. 47

ganzen wissenschaftlichen Welt wohlbekannten Ensdorfer Abtes Anselmus Desing vorhanden, der an uns gerichtet ist, in welchem er aussagt, es gehe aus der Chronikhandschrift des P. Jak. Parfus aus dem 15. Jahrhundert, die in der kurfürstlichen Bibliothek zu München aufbewahrt wird, hervor, daß dieser Dietwin auch von der sanblasianischen Observanz *(der auch einer war von der observanz aus S. Blasii)* und somit früher Blasianermönch war. Daß es mit Sicherheit auch in St. Michael zu Bamberg Sanblasianer gegeben hat, ist aus dem Nekrologium eben dieses Klosters zu schließen, in welchem *Wezil, Mönch aus St. Blasien, ein hervorragender Maler* notiert wird, wenn dies nicht vielleicht hinsichtlich des Klosters St. Blasius von Admont zu verstehen ist, von wo aus, wie Bruschius schreibt[259], Imbertus oder Imbricus im Jahre 1160 zum Vorsteher des besagten Klosters St. Michael bestellt wurde. Ferner erwähnt der zitierte Anselmus Meiller[260] auch das Kloster der Inklusen oder Nonnen in Ensdorf, das von Helica von der Pfalz gegründet worden war, und zwar als nach der Gewohnheit der Kongregation von St. Blasien eingerichtet. Im übrigen notiert[261] er aus der Gründungsurkunde eben dieser Helica *Hartindus, der Reihenfolge nach der dritte Abt dieses Ortes, dem Hingelangen nach der erste,* das heißt, wie er weiter unten erklärt[262], *der als erster Abt im Amte gestorben ist; seine Vorgänger Walchunus und Dietwinus nämlich verzichteten auf die Abtswürde. Walchunus aber ruht in einem Grab im Eingang zum Kapitolium* oder Kapitelsaal. Den Verzicht des Walchunus und wenig später dessen seligen Tod notiert derselbe Meiller zum Jahr 1136.

Die Äbte von Alpirsbach.

XXIX. Doch wir kehren zu unserem Schwarzwald zurück, in dessen Kloster Alpirsbach Kuno noch zu Beginn des 12. Jahrhunderts seine Siedlergruppe führte, welche er etwa gegen Ende des 11. Jahrhunderts aus St. Blasien dorthin gebracht hatte, wie wir im vorigen Buch dargelegt haben. Wir erfahren dies aus einer Bulle, welche Paschalis II. im Jahre 1101 an *seinen geliebten Sohn Cono, den Abt von Alpirsbach, und seine Nachfolger, die für immer der Regel entsprechend zu befördern sind,* richtete. Es gibt aber eine

259 Monast. Germ. chronol. p. 89
260 L. c. p. 286
261 p. 289
262 p. 328

Bestätigungsurkunde für eine vorhergehende Schenkung aus dem
Jahre 1095, die *Rotmannus de Husin, & Adelbertus de Zolro &
comes Alawicus de Sulzo* vorgenommen haben: alle diese drei
werden wiederum in einer Bestätigung genannt, die für eben diese
Gründung von Kaiser Heinrich V. im Jahre 1123 ausgestellt
worden war; sie steht bei Besoldus in den ›documenta rediviva
monasteriorum praecipuorum in ducatu Wirtembergico
sitorum‹[263]; allerdings wird in ihr kein Abt erwähnt. Auch ordnet
Trithemius in seinem ›chronicon Hirs.‹[264] Konrad von der
Kongregation der Hirsauer Brüder, der für eben dieses Kloster
zum Abt bestimmt war, keine Zeitangabe zu; dieser pflanzte mit
höchstem und rühmlichem Eifer die Mönchsdisziplin, so wie er
sie von seinen Lehrern in vollem Umfange kennengelernt hatte, in
eben diesem Kloster ein, das zu Ehren des hochheiligen Gesetz-
gebers Benedikt geweiht ist: Eben dieser Konrad ist vielleicht
unser Konrad von St. Blasien. Da freilich Trithemius in Erfahrung
gebracht hatte, daß später von Hirsau aus Berthold, der vorherige
Prior in Reichenbach, nach Alpirsbach als Abt entsandt worden
war, konnte er leicht zu der Überzeugung kommen, daß auch
Cono oder Konrad der Hirsauer Kongregation zuzurechnen sei,
obwohl die Erstgründung von Alpirsbach erfolgte, als von den
Äbten einzig und allein Abt Utto von St. Blasien als Befürworter
anwesend war und mit ihm der Bischof und päpstliche Legat
Gebhard von Konstanz.

Dennoch möchte ich gerne mit der ›Gallia christiana‹[265] Kuno
von Konrad unterscheiden, den deren hochgebildete Autoren
etwa auf das Jahr 1130 ansetzen, und zwar zur Zeit des Abtes
Werner von Solitarium oder Einsiedeln, da Kuno schon im Jahre
1114 gestorben ist, wie von ihm in unserem handschriftlichen
Verzeichnis der Äbte, die an andere Klöster entsandt worden
waren, mit diesen Worten zu lesen ist: *Im 1114. Jahre des Herrn
beschloß Chono, Abt von St. Benedikt, der sich nach dem Verlassen
der Welt und der Seelsorge an diesem Orte der monastischen
Lebensführung unterwarf, am 25. Dezember sein Leben in dieser
Welt.* Daher wird angeführt, daß Kuno schon zum Priester
geweiht worden war und sich der Seelsorge gewidmet hatte, bevor
er in das Kloster eintrat; denn dies ist nicht so zu verstehen, wie

263 T. I. p. 147
264 T. I. p. 278
265 T. V. p. 1064

wenn er sich bei uns erst der Ordensdisziplin überantwortet hätte, nachdem ihm die Abtwürde angetragen worden war, wie aus einem ganz ähnlichen Beispiel hervorgeht, das ebendort gleich darauf folgt: *Abt Hartmann von Chutowic, der sich an diesem Orte der Mönchsdisziplin unterwarf, beschloß am 1. Januar sein Leben dieser Welt.* In der oft zitierten Chronikhandschrift von St. Georgen wird zum Jahr 1173 gesagt, daß unter anderen Äbten auch der von Alpirsbach gestorben sei, wobei jedoch kein Name genannt ist. Bei P. Herrgott[266] wird in der bekannten Urkunde des Grafen Albert von Habsburg zugunsten des Klosters St. Trudpert vom Jahre 1186 zusammen mit anderen anwesenden Äbten Abt Burchard von Alpirsbach notiert.

Crusius sagt aus[267], daß auch die Zelle Kniebis auf den rauhen Höhen der Württemberger Berge in Obödienz zu diesem Kloster Alpirsbach gestanden sei, die zu Beginn des 16. Jahrhunderts vom Feuer verzehrt wurde, und deren Prior in den Akten zur Wahl des Abtes von Alpirsbach vom Jahre 1523 namentlich erwähnt ist[268].

Die Äbte von Wiblingen aus St. Blasien.

XXX. Dem Kloster Alpirsbach, wie auch vielen anderen, schenkte in der Folgezeit das Kloster Wiblingen seine Vorsteher, das selbst gegen Ende des 11. Jahrhunderts den seligen Werner als ersten Abt zusammen mit einer Kolonie aus St. Blasien in Empfang nahm, wie wir im vorigen Buch dargelegt haben; allerdings behaupten sehr viele Autoren wie Crusius, Bruschius, Bucelinus und die ›Gallia christiana‹[269], daß dies erst zum Jahre 1102 erfolgt sei. Wir aber haben oben[270] versucht, an der Stelle jene Widersprüche aufzulösen, wo wir auch die Gründer dieses Klosters, die Grafen Hartmann und und Otto von Kirchberg, aus dem Sanblasianermönch Bernold erwähnt haben und hierin im Gegensatz zu der Meinung des Guillimannus[271] stehen. Dieser war nämlich der Meinung gewesen, daß der *Graf Hartmann von Alemannien,* welchen der zitierte Bernold oder Berthold von

266 Gen. Habsb. T. II. P. I. p. 200
267 Crus. Annal. Suev. L. X. P. III. c. 3.
268 Franc. Petri Suev. Eccles. p. 71
269 T. V. p. 1058
270 L. VI. p. 252
271 De episc. Argent. p. 213 seq.

Konstanz anführt[272], ein Graf von Kyburg gewesen sei. Freilich
wird bei Burchard in dem Buch ›de casibus monasterii S. Galli‹
ein Graf Hartmann von Kiburg erwähnt, dessen Burg Vodalricus,
Abt von St. Gallen und Patriarch von Aquileia, zerstört haben soll.
Doch ist dieser von jenem Grafen Hartmann von Kirchberg ganz
und gar verschieden, der zusammen mit seinem Bruder Otto auf
dem Feldzug nach Jerusalem zugrunde gegangen war und dessen
dortige außergewöhnliche Taten insbesondere ein zeitgenössischer Autor beschreibt, der im Jahre 1118 tätig war, nämlich der
Kanoniker Albert aus Aix-en-Provence in seinem Chronikon von
Jerusalem, wo er Hartmann *einen der Großen Alemanniens*
nennt[273], *reich und edel, einen der Mächtigen Alemanniens*,
erstmals herausgegeben im Jahre 1584 von Reinerus Reineccius
sowie auch in den ›gesta Dei per Franciam‹[274]. Hinzuzufügen ist
Guillielmus oder Wilhelm, Erzbischof von Tyrus. Von diesem
heiligen Feldzug also nach der Eroberung Jerusalems im Jahre
1099 zurückgekehrt, brachten diese beiden Stifter des Klosters
Wiblingen jene neue bedeutende Partikel des heiligen Kreuzes in
das von ihnen gegründete Kloster ein, dem vorher schon der
selige Werner von Ellerbach aus St. Blasien als Abt vorangestellt
worden war, wie wir im vorhergehenden Buch bemerkt haben.
Übrigens könnte dieser Werner *von Ellerbach*, wie ihn Felix Faber
in der ›Historia Suevorum‹[275] und nach diesem Bruschius und
Crusius in Übereinstimmung mit dessen Grabinschrift nennen,
leicht aus eben jener vornehmen schwäbischen Familie gewesen
sein, aus der Burchardus von Ellerbach stammte, der vom Jahre
1373 bis 1404 den Bischofssitz von Augsburg innehatte.

Nach dem Tode Werners im Jahre 1126 fügt Bruschius gleich zwei
Hermanns an, und die ›Gallia christiana‹ stellt in Vertauschung
der Reihenfolge den Arnold bzw. Lutold dem Berthold voran, von
dem wir nach den Dokumenten von St. Blasien in Übereinstimmung mit denen von Wiblingen festgestellt haben, daß er *im
Tempel der Ehre* der unmittelbare Nachfolger des seligen Werner
gewesen ist und von den aus St. Blasien hierher entsandten
Siedlergruppen stammte; und ihm als nächsten stellen wir den
Lutoldus, wie in der schon öfter erwähnten Kataloghandschrift in

272 Urstis. script. rer. Germ. p. 377
273 L. II. c. 30. & lib. IV. c. 54.
274 Bongarsii Gesta Dei per Franc. p.649. 668. & 727.
275 Goldast. script. Lib. II. c. XI.

dieser Reihenfolge aufgezählt werden: *Wernherus, Abt in Wiblingen, ebenso Bertholdus und Lutoldus ebenda.* Diesen Lutold nennt das Nekrologium von Wiblingen ›Arnoldus‹ mit folgenden Worten: *Am 28. Juli verstarb Arnoldus frommen Angedenkens von St. Blasien, Abt unseres Klosters.* Die Regierungsjahre sind unsicher, nur daß für die Brüder von Wiblingen auf Grund einer Bulle Eugens III. vom Jahre 1147 sein Nachfolger Stephan als bestätigt angesehen wird, von dem die ›Gallia christiana‹ sagt, daß er in demselben Jahre im Oktober gestorben sei.

Zu der von St. Blasien erhaltenen Einrichtung gehört, was Felix Faber[276] bei seiner Rede über das Kloster Wiblingen und dessen ersten Abt Werner aussagt, den er als einen heiligen und überaus frommen Mann rühmt, edel von Geschlecht und noch um vieles edler in seiner klösterlichen Lebensweise. *Da dieser Abt,* fügt er an, *überaus fromme Mönche heranzog, wurde er von vielen gottergebenen Jungfrauen darum gebeten, auch für sie einen Konvent oder ein Kloster neben seinem Kloster zu erbauen. Er gab aber ihren Bitten nach und errichtete an der Seite des Konvents ein Reklusorium, in welchem für lange Zeit eine Kongregation gottergebener Jungfrauen neben der Kapelle der seligen Jungfrau Maria war, die auf dem Friedhof steht, auf welchem sich die Grabstätte der eben genannten Schwestern befand, unter welchen es, wie man glaubt, viele Heilige gab. Denn von alter Zeit an bis heute besuchen viele Menschen von Ulm und anderen Bezirken jene Kapelle, um drei Jungfrauen zu verehren, die sie die drei heiligen verborgenen oder versteckten Jungfrauen nennen. Es blieb aber diese Schwesternkongregation im eifrigen Dienst an Gott bestehen bis zum Niedergang der Brüder; als diese in ihrer Gottergebenheit nachließen, wurde auch die Schwesternkongregation aufgelöst. Denn die Brüder begannen überall auszuschwärmen und sich in Gemeinschaften einzumischen, vor allem zusammen mit den Brüdern ihres Ordens vom Konvent der Reichenau, die auf die Genüsse von Ulm verzichten mußten, und sie luden die von Wiblingen und Elchingen ein, ihre Helfershelfer zu sein bei der Verschwendung der Güter der OwiaMagna (der Reichenau), die sie in Ulm besaßen; und die Mönche kamen zu einer solchen Schamlosigkeit herunter, daß sie sogar an Schauspielen der Weltmenschen, an Turnieren und Reigentänzen und Hochzeitsfesten teilnahmen.*

276 Hist. Suev. L. II. c. 11.

Das Kloster Elchingen.

XXXI. Als er schon vorher vom Kloster Elchingen handelte, notierte er dort ein Doppelkloster[277], das nach der Ordnung der sanblasianischen Kolonien eingerichtet war; als nun die Sanblasianer in bezug auf diese Notiz von den Elchingern, deren alte Dokumente durch wiederholte Brände vernichtet worden waren, befragt wurden, konnten sie ihnen nichts Genaues antworten, da sie dieselben Verluste hatten hinnehmen müssen. Dort aber heißt es: *Sie dienten Gott gleichermaßen in Heiligkeit, indem sie in Demut und Keuschheit lebten. In Gemeinschaft nämlich waren an die Konvente der Männer des Ordens des heiligen Benedikt vor unseren beklagenswerten und von Verbrechen erfüllten Zeiten die Konvente der Frauen desselben Ordens angeschlossen. Solange aber die Herren wohlgefällig lebten, solange gab es auch heiligmäßige Nonnen; doch als die Mönche in ihrer Kraft nachließen, ließen auch die Nonnen nach.*

Kurz zuvor hatte er erwähnt, daß die Elchinger in der ›silva Baccenia‹, die wir den Schwarzwald nennen, nicht wenige Ortschaften, Grundstücke und Besitzungen in den Grenzen des Klosters St. Blasien hatten und andererseits die Sanblasianer in den Grenzen der Elchinger. Aus diesem Grunde kamen im Jahre 1150 die Stifter beider Klöster, etliche Fürsten und viele schwäbische Adlige in der Ortschaft Naw zusammen, wo sie die Ortschaften, Grundstücke und Besitzungen in der Weise aufteilten, daß die Sanblasianer die den Elchingern näherliegenden Gütern eben diesen abträten, die Besitzungen der Elchinger aber, die dem Kloster St. Blasien näher gelegen waren, diesem zugeordnet würden, damit die Patres der beiden Konvente nicht gezwungen wären, sich in allzu weit entlegene Gebiete zu begeben. Dieser Tausch der Ortschaften und Grundstücke wurde durch Urkunden der Vögte beider Klöster vorgenommen, nämlich des Königs Konrad, des Vogtes des Klosters Elchingen und des gleichnamigen Herzogs Konrad von Zähringen, der der Vogt des Klosters St. Blasien war. Dies alles steht auf Grund der Tauschurkunde fest: *Dies aber wurde verhandelt,* wie das Dokument sagt, *im 1150. Jahre nach der Menschwerdung des Herrn am 23. September in der Stadt Nawin, als König Konrad in der vorgenannten Ortschaft mit den Reichsfürsten eine Versammlung abhielt*

---

277 l. c. cap. 7.

usw. Unter den Zeugen steht an erster Stelle Bischof Hermann von Konstanz, der im Jahre 1158 die Kirche in Kirchdorf, die auf Grund des Tauschs an St. Blasien fiel, eben diesem Kloster bestätigte, *welche,* wie er sagt, *sie zusammen mit der Hälfte der Zehnten und anderen Gütern von den Brüdern von Alchingen erhalten haben, wobei im Gegenzuge Landgüter an eben dieses Kloster gingen, wie wir bei unserer persönlichen Anwesenheit gesehen und gehört haben zu den Zeiten des Königs Chunrad in der Ortschaft Nawin, wo eben dieser Chunradus vormals mit einer überaus großen Zahl von Fürsten zusammengekommen war und dieser Tausch beider Gemeinschaften vor seinen Augen nach Recht und Gesetz vollzogen wurde.*

Das Kloster Fultenbach, von St. Blasien aus wiedererneuert.

XXXII. Um das Jahr 1130 wurde von St. Blasien aus eine neue Siedlergruppe an das Kloster Fultenbach in der Burgau und der Diözese Augsburg entsandt, das vom heiligen Bischof Wicterpus von Augsburg um das Jahr 739 gegründet worden war. Was aber Zeiller sagt, nämlich daß jenes erst im Jahre 1130 von dem Augsburger Kanoniker Gebeo gegründet worden sei, ist unschwer in bezug auf die Wiedererneuerung eben dieses Klosters zu verstehen; dieser Gebeo hatte, wie eine eigenhändig geschriebene Urkunde des Augsburger Bischofs Hartmann aufweist, im Jahre 1130 von St. Blasien erbeten, *in Dienst genommen zu werden,* nachdem von dort, wie wir gesagt haben, eine Siedlergruppe von Mönchen herbeigeholt worden war, wie Stengel in seiner ›Monasterilogia‹[278] den Sachverhalt ausführlich darstellt. Und daher hat im Jahre 1681 der Fultenbacher Abt Benedikt zusammen mit dem Prior Bonifatius und dem Konvent die Kongregation von St. Blasien als *ihre Mutter* bezeugt, und vor kurzem im Jahre 1739 war der hochwürdigste Abt Michael von Augsburg, der Präses der Kongregation St. Benedikt, der Meinung, es müsse eine Bekundung der Dankbarkeit von höchster Stelle und in einem amtlichen Schreiben gegeben werden, als unsere Brüder von Fultenbach in eben diesem Jahre das tausendjährige Jubiläum seit der Erstgründung feierlich

---

278 P. II. cap. 5. et 33. etc.

begingen: jetzt freilich sind sie seit neuestem mit dem Kloster Ottobeuren vereinigt.

Die Äbte von St. Ulrich und St. Afra in Augsburg.

XXXIII. Oben schon haben wir von dem Konstanzer Bischof Gebhard III. gesprochen, der sich in St. Blasien zusammen mit dem seligen Egino, damals noch Mönch von St. Ulrich in Augsburg, als Verbannter aufhielt; dieser suchte dort wegen des Schismas durch Heinrich Zuflucht und Aufnahme als Zögling in jener Schule, die zu dieser Zeit sowohl in der Regeldisziplin wie auch in der Wissenschaft von außerodentlich großer Bedeutung war. Als er nun dahin gelangte, wie die Worte seines Nachfolgers im Abtsamt und untrennbaren Gefährten Udalsalcus bei Canisius[279] lauten, *wird er in der Zelle des heiligen Blasius, die im Schwarzwald gelegen ist, von allen wohlwollend aufgenommen, und er hält sich dort so lange als gelehriger Schüler auf, bis er in das Amt des Konstanzer Bischofs Gebhard guten Angedenkens genommen wurde, der von seinem Sitz gestoßen worden war.* Nachdem aber Dietmar, Abt von St. Udalricus und St. Afra, gestorben war, riefen ihn die Brüder von Augsburg durch entsandte Boten zu sich zurück und wählten ihn zum Abt.

Schon vorher wurden in Folge drei Männer durch einen schismatischen Augsburger Bischof als Äbte eingesetzt, und nach dem Tode des Sigehard wurde Hartmann, ein Mönch aus St. Blasien, Abt von Göttweig. *Weil es,* sagt Udalscalus[280], *der Kirche unerträglich schien, daß nämlich eine solche Person von einem schismatischen Bischof die Leitungsgewalt erhalten habe, was er freilich unbedacht getan hatte, korrigierte er dies, indem er in seine ursprüngliche Stellung zurückkehrte.* Doch wurde ihm nicht viel später ein anderer an seine Stelle gesetzt, nämlich der Mönch Beringarius von Fulda, bis der selige Egino, nachdem die kirchlichen Verhältnisse in Ruhe geordnet worden waren, als nach kanonischem Recht Gewählter im Jahre 1109 zum Abt eingesetzt wurde, in welchem ihn gleich am Anfang Udalscalus als Inthronisierten bestätigt und dann fortfährt: *Es entstand Streit, weil der eben genannte Abt von Göttweig* (Hartmann) *nach Augsburg kam*

---

279 Lect. antiq. T. III. P. II. p. 6
280 Loc. cit. p. 7

und an dieser Amtseinsetzung unseres Vaters teilnahm. Da aber hättest du ein großes Spektakel sehen können usw. Hartmann nämlich legte nun öffentlich, *was er bisher nicht getan hatte, das Amt und den Titel dieser Herrschaft nieder, nachdem ihm das Gehorsamsgelübde gegenüber seinen Brüdern erlassen und auch der Eid seiner Ordensgemeinschaft, durch den sie sich ihm verpflichtet hatte, gelöst worden war.*

Doch hatte Egino später mit dem simonistischen Bischof von Augsburg eine schwerwiegendere Auseinandersetzung, da dieser die Kirche beraubte und ausplünderte. Nach zehn Jahren seiner Herrschaft entstehen neue Wirren um die Wahl des seligen Egino, und er wird wiederum aus seinem Amt vertrieben, wobei er sich zunächst zu Abt Theoger von St. Georgen flüchtete, wiederum im Schwarzwald. Und vielleicht stammt von hier auch das Geschlecht der Grafen von Urach, die in gleicher Weise wie auch die erlauchten Zweige desselben Stammes von Freiburg und Fürstenberg den Vornamen Egeno, Egino oder Egon trugen. Daß dann diesen Namen die Grafen von Urach von eben diesem Egino selbst, von dem wir handeln, angenommen haben, vermutet der hochgelehrte Abt von St. Georgen, Georgius Geisser, ›Mabillons Auge‹, wie wir schon wiederholt angemerkt haben. Derselbe glaubt auch, daß ein gleichnamiger Egino der Bruder Gebhards gewesen sei, des Nachfolgers des heiligen Wilhelm im Abtsamt von Hirsau und späteren Bischofs von Speyer: Der Sohn dieses Egino soll der Straßburger Bischof Gebhard gewesen sein, der Bruder der Alberada, die Äbtissin in Lindau gewesen war und Nonne in Zwiefalten wurde; von Schwesterseite her hatte er als Neffen Egino und Ulrich und als Nichte Mathilde. Richtig aber unterscheidet dieser hochgelehrte Abt zwei Bischöfe aus derselben Familie mit dem Namen Gebhard, nämlich den von Speyer und den von Straßburg, von welchen wir kurz zuvor in der Num. IX. folgende besprochen haben; dessen Mutter oder die Ehefrau des Egino besuchte einmal, wie Trithemius bezeugt, mit großem Gefolge ihren Schwager Gebhard, als dieser noch in Hirsau lebte. Einen dritten Egino macht Schmidlin[281] in seinen ›additiones ad historiam Wirtembergicam‹ kenntlich; doch gibt er keine so genaue genealogische Reihenfolge der Uracher Grafen

---

281 p. 138

wieder, daß nicht unter so vielen Gleichnamigen auch noch unser seliger Egino als Mönch Platz finden könnte.

Die Ankunft unseres seligen Egino im Kloster St. Georgen setzt derselbe Abt für das Jahr 1113 an, seine Rückkehr aber zum folgenden Jahr, nachdem ihm vom seligen Theoger eine Siedlergruppe von Religiosen aus St. Gallen zugesellt worden war, die aber später, als sie wiederum von Schismatikern verfolgt wurden, sich zusammen mit ihrem Abt Egino auf die Flucht begaben. Die Augsburger Bürger werden durch vorgebrachte falsche Anschuldigungen in Aufruhr versetzt, wegen derer sich Egino durch ein Schreiben rechtfertigt, das an die Gläubigen von Augsburg beiderlei Geschlechts gerichtet war, und in dem er auch seine Reise nach Rom mitteilt. Auf der Rückreise von dort verlor er durch Schiffbruch seinen Gefährten Udalscalus; in Pisa erkrankt erhielt er denselben jedoch wieder zurück, der den Tod seines seligen Vaters so beschreibt[282]: *Unter Beistand der tieffrommen Kongregation des Kamaldulenserordens* (in Pisa) *vertauschte er nach der Salbung mit dem hochheiligen Öl und versehen mit den Sakramenten des Herrn am 15. Juli den Tod der gegenwärtigen Welt mit dem ewigen Leben. Beigesetzt aber wurde er im Kloster St. Michael neben den unvergleichlichen Schätzen der Pisaner im besten Mausoleum der Erzbischöfe, wo man von Dunkel nichts weiß, das von der Sonne oder der Öllampe ferngehalten wird.* Ausführlicher verfolgen dies die Kamaldulenser Annalen an der Stelle[283], wo sie anfügen: *zu unseren Zeiten wurde das Grab des Abtes Egino aufgefunden, von dem manche angenommen hatten, daß es das Grab des seligen Bonus sei, des Abtes und Gründers des Klosters St. Michael.* Dessen Tod setzen mit Mabillon eben diese Annalen zum Jahre 1120 an, Basagnius zum Jahre 1119, und wir glauben, daß er erst später erfolgt ist. Die Antwerpener Hagiographen[284] legen ihn auch unter den übergangenen Heiligen auf den Tag des 15. Juli.

Wiederholt schon haben wir von dem Tod des seligen Abtes Hartmann von Göttweig, des vormaligen Sanblasianer Mönches, im Vertrauen auf die Zuverlässigkeit einer Kodexhandschrift aus der Bibliothek von St. Blasien berichtet, wo allerdings, wie auch

282 Canis. loc. cit. p. 19
283 T. III. p. 185. seq.
284 T. IV. Iulii p. 3

in den Chroniken von Garsten und Admont bei Hier. Pez[285], zum Jahre 1114 ein Schiffbruch nicht erwähnt wird, bei dem er nach der Behauptung mancher Autoren auf der Rückreise zum Kloster Göttweig in der Donau untergangen ist: sein Leichnam aber wurde nach Kempten zurückgebracht, wo er ebenfalls Abt gewesen war. Siehe hierzu P. Corbinianus Khamm in der ›Hierarchia Augusta‹[286].

Ich glaube, daß ich dem Leser einen hochwillkommenen Gefallen tun werde, wenn ich aus einem Manuskript der Kaiserlichen Bibliothek zu Wien eine Lobrede über Udalscalcus, den eben genannten unzertrennlichen Begleiter des seligen Egino, hier wörtlich niederschreibe: »Udalscalcus war ein hervorragender Mann, und ich kann seinen Wert mit Worten kaum aussprechen; er wurde der fünzehnte Abt des Augsburger Klosters der heiligen Udalricus und Afra etwa um das Jahr 1126 und stand im fast gesamten Deutschland in allerhöchstem Ansehen usw. Seine Kenntnis der Kunst der Musik wuchs über alle so weit hinaus, daß ihm darin keiner überlegen war. Er verfaßte außer anderen Gesängen auch die gesamte Geschichte über die heilige Märtyrerin Afra, ebenso eine zweite über den heiligen Augsburger Abt Udalricus, welche er dem Bischof von Konstanz widmete, und noch eine dritte über die heilige Magdalena, die heute in vielen Kirchen aufgesucht wird usw. Auch schrieb er ein ausgezeichnetes Buch über die Kunst der Musik und auch die Grabinschrift für den hochheiligen Abt Egino, dem er selbst nach Rom gegen den schismatischen Bischof Hermann von Augsburg als unzertrennlicher Begleiter gefolgt war und dessen Leichnam er zu Pisa der Erde anvertraute; er besaß einen solchen Scharfsinn, daß du, wenn du jenes und andere seiner Schriften richtig betrachtet hast, zugeben wirst, daß ich nur wenige und unangemessene Lobeshymnen auf einen solch bedeutenden Mann angestimmt habe. Ebenso schrieb er auch die Lebensgeschichte des hochheiligen Bischofs Adalbero von Augsburg, und indem er das Kloster selbst in bestem Hexameter und Pentameter und überall mit Bildern verherrlichte, schuf sich dieser großartige Mann ein ewiges Angedenken seiner Person usw.« Die Lebensgeschichte des seligen Adalbero ist in einem anderen zeitgenössischen Kodex der

285 Script. rer. Austr. T. II. p. 144. 183
286 P. III. Reg. c. 1. sect. 8.

Wiener Kirchengeschichte auf Seite 135, früher auf Seite 28, enthalten zusammen mit einem Vorwort von Udalscalcus an den Augsburger Bischof Walther.

Äbte und Verwalter von St. Walpurga und St. Ottilien im Elsaß.

XXXIV. In der Kodexhandschrift aus der Bibliothek von St. Blasien wird in dem Verzeichnis der Äbte, die aus St. Blasien an andere Klöster berufen worden waren, gleich nach den im 11. und 12. Jahrhundert an das Kloster Muri entsandten Äbten Abt Berthold von St. Walpurga genannt; dies ist ein Kloster des Elsaß im heiligen Wald oder heiligen Forst zwischen Hagnau und Weißenburg. In der ›Alsatia diplomatica‹[287] ist von einer Schenkung des Kaisers Heinrich V. aus dem Jahre 1106 zu lesen *auf Grund des untertänigen Ersuchens des Mönches Wilbertus für das Kloster, das von diesem selbst zur Ehre der allerseligsten Apostel Philippus und Jakobus und der heiligen Walburga im Wald Heiligenforst in der Diözese Straßburg errichtet worden war.* Bernardus Herzog führt in seinem ›chronicon Alsatiae‹[288] und ebenso Guillimannus in ›de episcopis Argentinensibus‹[289] eine Inschrift an, von der er sagt, daß sie unterhalb des Wappens der Herzöge Schwabens in der Kirche der Walpurga bei der Sakristei stehe und den folgenden Wortlaut habe: *Im Jahre Christi 1074 zur Zeit des Papstes Gregor VII. wurde von dem Herren Theodericus, dem hochedlen Grafen des Berges Peligardus, jenes Kloster des Ordens des heiligen Benedikt in Angriff genommen, dessen erstem Abt Berchtoldus im Jahre 1116 der durchlauchtigste Fürst Fridericus, Herzog von Schwaben, zusammen mit seiner Ehefrau Iudentha und seinem Miterben, dem Grafen Petrus, die Landgüter zum Geschenk machte, welche er innerhalb und außerhalb des Forstes, der der heilige genannt wird, in Besitz hatte und wo er dem Leibe nach ruht. Er starb im Jahre 1146.* Dieser Schwabenherzog Friedrich war der Vater des Kaisers Friedrich I., seine Ehefrau Iudentha oder Iudith aber die Tochter des Bayernherzogs Heinrich des Schwarzen. Auch Trithemius[290] erwähnt nun diese

287 T. I. chart. 238.
288 L. III. p. 56
289 p. 207
290 Chron. Hirs. T. I. p. 393

Gründung, die durch den Grafen von Montbelgard erfolgte: *in diesem* Kloster, sagt er, *siedelte er ständig Mönche an, die unter der Regel des heiligen Benedikt und der Befehlsgewalt des Abtes für den Herrn stritten,* wobei er allerdings keinerlei Entsendung aus Hirsau erwähnt[291]. Schon vorher aber hatte er gesagt, daß an jenes Kloster der Walpurga von der Hirsauer Kongregation Wolfram als Abt zusammen mit zwölf Mönchen unter Abt Bruno von Hirsau entsandt worden seien, der eben diesem Kloster vom Jahre 1106 bis zum Jahre 1120 vorstand.

Wir sind der Meinung, daß sich Trithemius hier getäuscht hat und daß ihm die Verfasser der ›Gallia christiana‹ gefolgt sind[292], die in die Mitte zwischen Berthold I. und den II., von dem sie sagen, daß er aus St. Blasien geholt worden sei, den Wolfram stellen, der von dem Hirsauer Bruno zusammen mit zwölf Mönchen hierher entsandt worden war; diese Hirsauer Entsendung konnte nämlich nicht vor dem Jahre 1116 erfolgt sein, da von Berthold auf der zitierten Inschrift gesagt wird, daß er in demselben Jahr *der erste* Abt dieses Kloster gewesen sei: Bruno von Hirsau aber, unter welchem nach der Aussage des Trithemius Wolfram entsandt wurde, ist schon im Jahre 1120 gestorben, und zu Beginn des Jahres 1125 wird Berthold wiederum als *Abt von St. Walburga* erwähnt, und zwar in einer Immunitätsurkunde des Kaisers Heinrich V. vom 13. Januar, die für die Immunität St. Blasiens ausgestellt wurde und bei Herrgott steht[293]. Es bleibt also für Wolfram und dessen aus Hirsau gerufene Siedlergruppe kein Platz, wenn wir nicht gegen alle Wahrscheinlichkeit einräumen wollten, daß innerhalb eines Zeitraums von acht oder neun Jahren drei Äbte und zwei Siedlergruppen von Mönchen und zwar aus verschiedenen Klöstern, in das besagte Kloster der heiligen Walpurga gebracht worden seien. Weiterhin glauben wir aus denselben Gründen, daß keine zwei Äbte namens Berthold zulässig sind und stellen uns damit in Gegensatz zur Meinung der Sammarthiner in der ›Gallia christiana‹, die sich durch die Aussage des Trithemius täuschen ließen, der den Wolfram zwischen die Jahre 1106 und 1120 als Abt ansetzt. Wir glauben also, daß dieser Berthold derselbe erste Abt von St. Walpurga ist, der in der zitierten Urkunde Heinrichs V. aus dem Jahre 1125 als

291 L. c. p. 280
292 T. V. p. 836
293 Geneal. Habsb. T. II. P. I. p. 140

Zeuge unter jenen Äbten auftritt, die in großer Zahl von St. Blasien aus zur Leitung an andere Klöster überstellt wurden, wie wir weiter unten nochmals darlegen werden.

In eben dieser ›Gallia christiana‹[294] wird als Nachfolger Bertholds erwähnt: *Eberhard, Mönch aus St. Blasien, dann Ökonomus in St. Walburga, schließlich zum Abt ausgerufen im Jahre 1186, der nach kurzer Zeit auch das bedeutende Nonnenkloster der heiligen Odilia von Hochenburg zur Leitung übernahm.* Fast gleiches findet sich in der zitierten Kataloghandschrift der Angeforderten: *unter Abt Mangoldus der Gubernator Eberhard von St. Walpurga und danach von St. Ottilia in Hochenburg.* Manegoldus, unter dem Eberhard diese Leitungsämter übernahm, starb im Jahre 1204; zum Abt gewählt wurde er im Jahre 1186, mit welchem Jahr Abt Caspar II. diesen Vorgang in seinem ›liber originum S. Blasii‹ verknüpft.

Gleichfalls zwei Äbte aus St. Blasien im Kloster des Etto.

XXXV. In dieselbe Diözese Straßburg, zu der das Kloster St. Walpurga gehört, das aber in der rechtsrheinischen Schwarzwaldregion liegt, wurden in der Folgezeit aus St. Blasien zwei Äbte an das uralte Kloster des Etto oder Ettenmünster berufen. Der erste von diesen, Wernerus, ist zusammen mit dem genannten Berthold von St. Walpurga unter den Zeugen des erwähnten Diploms Heinrichs vom 8. Januar 1125 zu lesen. Daher kann der Beginn dessen Regierungszeit ohne Bedenken zumindest auf das Jahr 1124 zurückgeführt werden. Ihm folgte Friedrich nach, von dem P. Bern. Muggius, ein Mönch von Ettenheim zu Beginn dieses Jahrhunderts (in den ›annotationes Alsaticae et Brisgicae‹, welche als Manuskript im Kloster St. Peter aufbewahrt werden), aussagt, er sei dem überaus lieblichen Duft der Tugenden seines Vorgängers Werner gleichgekommen, und er sei auf die Bitten des Konvents von Ettenheim aus St. Blasien herbeigeholt und an die Stelle des Werner gewählt worden. Hierzu ist in der oft zitierten Kataloghandschrift zu lesen: *auch ist unter Abt Gunther der Bruder Wernherus vom Thurgau zum Abt in Ettenheim erhoben worden, nach welchem der Bruder Fridericus aus unserer Kongregation gewählt wird.* Dort wird offenbar, daß das Jahr der Wahl

---

294 L. cit. p. 836

und des Todes Wernhers mit dem Wahljahr Friedrichs unter
Gunther, der in St. Blasien zum Jahr 1141 als Abt bekanntgemacht
wurde, vermengt wird; Wernherus nämlich wurde, wie wir eben
gesagt haben, schon im Jahre 1124 und somit unter Abt Rustenus
von St. Blasien zum Abt erhoben.

Otto, Abt in Stein.

XXXVI. In derselben Kataloghandschrift wird angefügt: *Otto von
Almundishart, der hier als Kustos des Klosters tätig war, wurde
sodann in Stein zur Abtswürde erhoben.* Hierbei ist dieselbe
Beobachtung zu machen, daß nämlich Abt Otto von Stein bis zu
Gunther hin dieses Kloster leitete, denn dieser wird in dem oft
erwähnten Diplom Heinrichs V. aus dem Jahre 1125 als Zeuge vor
Werner von Ettenheim mit folgenden Worten notiert: *Otto, Abt
von Steina; Wernerus, Abt von Ettenheim.* Der heilige Bischof Otto
von Bamberg richtete sogar an eben diesen Otto, wie wir
angemerkt haben, zusammen mit anderen Äbten, auch
Walchunus von Ensdorf, einen Brief, den die ›Gallia christiana‹[295]
auf das Jahr 1109 zurückdatiert; doch mit Recht fügt sie hinzu,
daß dies vielleicht auch später geschehen sein könnte; Walchunus
nämlich wurde nach übereinstimmender Überzeugung aller erst
im Jahre 1123 aus St. Blasien als erster Abt nach Ensdorf geholt.
Eine Urkunde aus dem Archiv von St. Blasien belehrt uns, daß im
Jahre 1168 Abt Berthold in Stein dem Kloster St. Blasien das
Zinsrecht im Breisgau übertragen habe. Daß im Jahre 1173 unter
anderen auch der Abt in Stein gestorben sei, der vielleicht eben
dieser Berthold gewesen ist, haben wir oben auf Grund der
Chronikhandschrift von St. Georgen angemerkt. Daß eben
diesem Kloster von Stein, nicht weit von St. Blasien entfernt, die
Zelle Ibach gehört hat, werden wir im folgenden Jahrhundert
sehen.

Abt Berkerus von St. Leonard.

XXXVII. Von Abt Berkerus von St. Leonard ist in einem Diplom
Konrads III. aus dem Jahre 1141 zu lesen, in welchem nach P.

---

295 T. V. p. 933

Herrgott[296] endlich der Streit zwischen dem Basler Bischof Ortlieb und Abt Berthold von St. Blasien um die Vogtei St. Blasien beigelegt wurde. Dabei ist sehr wohl zu beachten, daß alle Äbte Mönche von St. Blasien gewesen sind, die nach den Bischöfen und Kanonikern von Basel und dem Abt Berthold von St. Blasien mit folgender Formulierung unterschreiben: *Bertholdus, Abt von St. Blasien, und seine Brüder Werner, Abt von Ettenheim, und Berkerus, Abt von St. Leonard,* welches einmal ein Kloster des Ordens des heiligen Benedikt im Elsaß gewesen ist, nunmehr durch Chorherren ersetzt. Es folgt dann die Unterschrift des Frowinus, von dem wir glauben, daß er später Abt von Engelberg geworden ist.

Anno oder Hanno, Abt von Lüneburg.

XXXVIII. Als wir oben in Num. XI von Adalbero, dem Sanblasier Mönch und Bischof von Basel handelten, haben wir uns auf Bucelinus berufen, der diesem als Nachfolger den Abt Hanno von Lüneburg zuweist. Es wird aber in dem oft zitierten Katalog der aus St. Blasien angeforderten Äbte *Anno von Tuffin und Stunzingen, Abt in Lüneburg* notiert, den Abt Caspar I. von St. Blasien Adalbero von Tuffingen und Stunzingen nennt, den späteren Bischof von Basel: Dies führte Bucelin in die Irre, so daß er Adalbero und Hanno oder Anno als zwei verschiedene Basler Bischöfe auffaßte. Abt Caspar aber scheint sich deshalb getäuscht zu haben, weil er in den klostereigenen Dokumenten nach der Sitte des Mittelalters nur den Anfangsbuchstaben A. zu lesen bekam; da er aber wußte, daß fast zur selben Zeit zwei Äbte aus St. Blasien nach Sachsen berufen worden waren, der eine, Adalbero, nach Nienburg, der andere, Anno, nach Lüneburg an das Kloster St. Michael, nannte er den letzteren auf Grund dieser naheliegenden Irrtumsmöglichkeit Adalbero, weil der erstere, nachdem er vom Abt von Nienburg zum Bischof von Basel ernannt worden war, in der oft erwähnten Kataloghandschrift Adelberchtus genannt wird, den er für von Adalbero verschieden ansah. Nach Caspar I., den wir als den Verfasser des ›liber originum‹ bezeichnet haben, kam unmittelbar ein Nachfolger mit demselben Namen, aber auch in der Hinsicht, daß er in den

---

296 Geneal. Habsb. T. II. P. I. p. 166

Blasier Verzeichnissen den Abt von Lüneburg ebenfalls Adalbero von Tuffin und Stunzingen nennt, ihn aber nur als Abt von Lüneburg etwa um das Jahr 1140 bezeichnet und nicht auch als Bischof von Basel.

Aus St. Blasien angeforderte Äbte, die aber dann auf ihr Amt verzichteten.

XXXIX. Wenngleich es aber in diesem zwölften Jahrhundert sehr viele Äbte gegeben hat, die aus unserem Aszeterium St. Blasien an andere Klöster berufen wurden, bezeugt deren handschriftliche Auflistung, die wir immer wieder zitieren, daß sich doch einige nach Niederlegung ihres Leitungsamtes, das sie angenommen hatten, wieder an ihren Herkunftsort zurückgezogen haben; in diesem Katalog wird folgendes notiert: *Guntherus aus unserer Kongregation, der zum Abt von Lyon gemacht und von Papst Callixtus dazu auserwählt worden war, verläßt nach einiger Zeit sein Abtsamt und wird hier Abt. Ebenso,* was sich unmittelbar daran anschließt, *der Herr Ulrich, der zweite dieses Namens, verläßt das Bischofsamt von Konstanz und unterwirft sich hier der Regeldisziplin.* Von diesem haben wir aber oben in bezug auf die Bischöfe von Konstanz ausführlich gehandelt. Ebendort wird weiterhin angefügt *Diethelm, Abt des Klosters Rheinau, vorher Bruder unserer Kongregation,* welchen die ›Gallia christiana‹ zum Jahr 1144 erwähnt[297]. *Ebenso verzichtete unter eben diesem Abt Gunther Cuonrad von Gunthelfingen auf das Abtsamt von Schaffhausen und beschloß hier sein Leben.* Dem stimmt der Katalog eben dieses Klosters in der zitierten ›Gallia christiana‹[298] mit diesen Worten zu: *Conradus I., aus St. Blasien herbeigeholt, verzichtete im Jahre 1141 auf das Abtsamt und kehrte zum Kloster St. Blasien zurück:* Dies fällt freilich mit dem ersten Jahr Gunthers zusammen. Was aber der Grund für diese Verzichte gewesen ist, wird allerdings sehr selten angezeigt; vielleicht war der Hinderungsgrund die allzu große Strenge der Disziplin von Fruttuaria, die diese Äbte, die von der Kongregation von St. Blasien an ihre Klöster angefordert worden waren, einführten, deren vornehmlicher Begründer der heilige Wilhelm von Dijon gewesen ist, der deshalb schon zu seiner Zeit *supra regulam* genannt wurde. Doch

297 T. V. p. 1008
298 p. 935

scheint dieser Grund nicht zu Recht angeführt werden zu können, da doch diese echten Söhne des heiligen Benedikt nicht nur dem Vorbild eben dieses heiligen Vaters folgten, sondern auch seiner Lehre und damit dem Geiste der ›discretio‹, welche jener in seiner Regel als die Lehrerin der Tugenden bezeichnet, damit sich nicht solche einmal rühmen könnten, Schüler gehabt zu haben, deren Sitten, wie Gregor der Große über den heiligen Benedikt schreibt, mit den seinen überhaupt nicht übereinstimmten. Außerdem konnten auch politische Gründe vorhanden gewesen sein.

Der Streit mit dem Kloster Rheinau.

XL. Damit aber nicht auch er zurückträte, wurde Diethelm von Ottweiler, den wir soeben genannt haben, vorher vom Tode ereilt; er war auf die Fürsprache sogar des Bischofs Hermann von Konstanz hin vom ›Prior maior‹ des Klosters St. Blasien zum Abt von Rheinau ernannt geworden. Dieser trug Kaiser Friedrich I., der im Jahre 1158 in Ulm mit dem Grafen von Lenzburg, dem Vogt von Rheinau, Verhandlungen führte, die Forderungen der Brüder vor und erreichte, daß Diethelm durch Anordnung des Königs den Rheinauern vorangestellt wurde, wie bei Ägid. Tschudi im ›chronicon Helveticum‹ zu lesen ist. Nachdem nun Bischof Hermann von Ulm aus nach Rheinau gekommen war, setzte er persönlich ebendort den neuen Abt ein und bestätigte an demselben Ort am 12. April St. Blasien durch eine amtliche Urkunde das Nonnenkloster in Berau und die Kirche in Höchenschwand. *Als nun der ehrwürdige Abt Diethelm nach drei mit der Leitungsaufgabe erfüllten Jahren an die letzte Grenze seines Lebens gekommen war, ließ er sich mit dem heiligen Salböl und dem Sakrament des Herrenleibes versehen, verließ am heiligen Palmtag, der in diesem Jahre 1161 auf den 9. April fiel, zur dritten Stunde, wenn man von jeder Kirche aus dem zu seinem Leiden schreitenden Herrn mit Palmen entgegengeht, selbst das Gefängnis des Fleisches und erhielt vom Herrn zusammen mit der Siegespalme den Lohn des Lebens und die Krone der Unsterblichkeit,* wie in einem alten Dokument des Rheinauer Archivs zu lesen ist. Es tritt auch im Nekrologium von Rheinau der Name des Abtes Rustenus von St. Blasien in Erscheinung, der im Jahre 1125 gestorben ist, eingefügt zum 20. September, woraus ersichtlich ist, daß es damals zwischen den beiden Klöstern keinerlei gespanntes Verhältnis gegeben hat.

Zwischen jenen entstand aber erst gegen Ende des Jahrhunderts ein Streit wegen des Patronatsrechts in dem Dorf Griesheim im Klettgau, das mit dem Zinsrecht verbunden war, und man kämpfte hart um Nachweise *für Berechnungen, Rechtfertigungen, Zeugen und Privilegien* sowohl vor dem Bischof von Konstanz wie auch vor dem Mainzer Erzbischof. Als sich aber der Rechtsstreit unter Abt Theopert von St. Blasien und Abt Heinrich von Rheinau durch eingelegte Berufungen immer mehr in die Länge zog, wurde die Angelegenheit schließlich unter Abt Manegold von St. Blasien, der der leibliche Bruder des vormaligen Abtes von Rheinau gewesen war, im Jahre 1187 beigelegt und in Stein die Eintracht wieder hergestellt; Zeugen hierbei waren Lutholdus, der Abt dieses Ortes, Heinrich von Schaffhausen, Rudolph von Wagenhausen, Lutholdus von Bettmaringen und Konrad von Krenkingen, alles Adelsangehörige des Albgaus.

Die Verhältnisse des Klosters St. Salvator in Schaffhausen und der Zelle in Wagenhausen.

XLI. Schon lange vorher war der Streit beigelegt worden, der zwischen dem Kloster St. Blasien mit dem von Schaffhausen bestanden hatte, und dies durch die Autorität des Papstes Innozenz II., als er sich in Pisa aufhielt, wie ein Autograph unseres Archivs verrät, in einem unbestimmten Jahr, doch noch bevor unter Abt Gunther Konrad, der von St. Blasien aus als Abt nach Schaffhausen berufen worden war, auf sein Abtsamt verzichtete, nachdem er an sein Kloster St. Blasien zurückgekehrt war: dies berichtet die ›Gallia christiana‹[299] zum Jahr 1141, in welchem Gunther gewählt wurde. In den Verzeichnissen der Äbte von Schaffhausen tritt nur Konrad von Klingenberg zum Jahr 1154 in Erscheinung. Unser Konrad aber wird als ›von Gundelfingen‹ notiert, und er ist noch vor jenem anderen anzusetzen: nach diesem findet sich Eberhard zum Jahr 1167 und in der eben erwähnten Urkunde aus dem Jahr 1187 Heinrich und dann Rudolph von Wagenhausen.

Das Kloster Wagenhausen am Schweizer Rheinufer im Bereich der Stadt Stein wurde gegen Ende des 11. Jahrhunderts von Tuoto

299 T. V. p. 935

gegründet, über den die Chronikhandschrift von Petershausen aus dem 12. Jahrhundert folgendes aussagt: »Es gab einen Edlen mit Namen Tuoto, der sein Landgut bei Wagenhusin und alles andere, was er hatte sowie auch sich selbst Schaffhausen übergab und dort für eine gewisse Zeit im heiligen Gelübde lebte: später zog er sich und alles, was er dorthin geschenkt hatte, zurück und machte diesen so große Schwierigkeiten, daß sie ihm schließlich drei Landgüter übergaben und auf sie verzichteten, nämlich Waginhusin, wo sie schon eine Zelle errichtet hatten, sowie Capella und Honestin, damit sie wenigstens das übrige in Frieden besitzen könnten. Nachdem er dies erreicht hatte, übergab eben dieser Tuoto die schon genannte Zelle Waginhusin mit all ihren Anhängseln der Diözese Konstanz, wobei der Schaffhauser Abt Adalbertus (von Messingen, der im Jahre 1102 Abt geworden war) und dessen Rechtsbeistand Adilbertus Graf von Morisberchk und sehr viele von den Brüdern zugegen waren, die aber keinen Widerspruch erhoben. Die Verhandlung wurde auf der öffentlichen Synode von Konstanz vor sehr vielen tauglichen Zeugen geführt. Bischof Gebhard aber vertraute den ihm übergebenen Ort dem Abt (*von Petershausen*) Theodericus an und brachte persönlich geeignete Brüder dorthin, durch die er eben diesen Ort in vielen Jahren vervollkommnete. Danach begannen die Schaffhausener und die Erben des Tuoto, auf eben diesen Ort Ansprüche zu erheben, indem sie behaupteten, daß er ihnen rechtmäßig durchaus zustehe und waren dadurch seinem Wachstum bis in die Gegenwart hinein außerordentlich hinderlich.« Später wiederholt er dies nochmals und fügt an: »Doch wurde damals ein greiser Priester namens Tolkmandus hierher überstellt, unter dem auch ich damals hier lebte, und wir hatten als Verbündete sowohl die Schaffhausener wie auch die Steiner, die in gleicher Weise darum stritten, daß eben dieser Ort der ihre sei, und sie hatten vorher schon oft genug gewütet und wüten heute noch. Aber als sich damals die göttlichen und die menschlichen Dinge wieder einigermaßen geordnet hatten, schickte uns Bischof Uldaricus weg, weil er glaubte, er könne dann schneller etwas Großes zustande bringen und ernannte dort einen gewissen Uto zum Abt und leistete ihm nach seinen Möglichkeiten Beistand. Doch war er nur für kurze Zeit Vorsteher.« Daß dies auf die Zeiten des Bischofs Udalricus I. von Konstanz zu beziehen ist, macht das deutlich, was derselbe dann gleich zum Jahre 1126 schildert. Später aber zum Jahre 1129 erwähnt er eine Kapelle mit Oratorium des heiligen Johannes des Täufers, die von seinem Onkel Gebino wieder erneuert und von Udalricus II. geweiht worden war. Dennoch sagt er nicht ausdrücklich, ob es sich hier um den Gebino handelt, von dem er später ausführt, daß er nach der Absetzung das Abtes Otto von Wagenhausen durch Bischof Ulrich II. aus dem Kloster Petershausen herbeigebracht und für diesen Ort als Abt ordiniert wurde. Als er dort einige Jahre lang tüchtig sein Leitungsamt versehen hatte, wurde ihm auch eine neue Zelle anvertraut, die Wishina genannt wird, die durch ihn in der Ordnung des monastischen Lebens ihren Anfang nahm: weiterhin berichtet er zum Jahre 1156 von dem Tode des Abtes Gebino von Wagenhausen.

In dem alten Nekrologium von St. Blasien aus der gleichen Zeit wird folgendes notiert: *die Mönche von Waginhusin müssen genau so verfahren wie die von Hirsau.* Erwähnt wird dieses Kloster in einem Diplom des Kaisers Friedrich I. aus dem Jahre 1155 bezüglich der Grenzen der Diözese Konstanz zwischen den Klöstern, die nahe an das Bistum heranreichen. Abt Johannes von Wagenhausen tritt im Jahre 1415 auf dem Konzil von Konstanz als letzter unter den Äbten in Erscheinung[300]. Unter die anderen Benediktinerklöster, die von eben diesem Konstanzer Konzil zum Generalkapitel nach Konstanz gerufen worden waren, zählt Trithemius[301] zum Jahr 1417 auch das Kloster Walfeinhausen oder Waginhausen. In demselben Jahre aber wurde es, nunmehr in Armut gekommen, in eine Propstei umgewandelt, die dem Kloster St. Salvator zugesprochen wurde. Heute noch ist das Mauerwerk von ihm erhalten, das sich im 16. Jahrhundert demselben Schicksal fügte wie seine Mutter, das Kloster des heiligen Erlösers, nachdem es zu neuem gottesdienstlichen Gebrauch und auch zur weltlichen Nutzung überführt worden war.

Die Äbte von Maursmünster und der eine von Wessobrunn.

XLII. Ich kehre zu den Äbten des 12. Jahrhunderts zurück, die von St. Blasien aus überallhin in verschiedene Gegenden entsandt

---

300 Pistor. script. Germ. T. III. p. 696
301 Chron. Hirs. T. II. p. 347

worden waren. Unter diesen notiert die ›Gallia christiana‹[302] auch
den Udalricus in dem uralten Maursmünster im Elsaß, früher
Zelle des heiligen Leopard genannt, der im Nekrologium der
Reichenau *Liuberat. abb.* genannt wird, dem *Wolarat abb.*
Herifrid abb. Venerandus abb. folgt. Dann *Maurus abb.*, von dem
als Gründer des Klosters und Lehrer des heiligen Pirmin das
Kloster noch heute seinen Namen hat. Diesem schließt die
›Gallia christiana‹ unmittelbar den Celsus an, der in dem
erwähnten Nekrologium ohne Würdetitel an die dritte Stelle nach
den Äbten Hardibertus und Benedictus gestellt wird.

Obwohl die Verfasser derselben ›Gallia christiana‹ vermerkt
hatten, daß Ruthard nach der Aussage des Trithemius aus dem
Kloster Hirsau im Schwarzwald im Jahre 1131 hierher entsandt
worden sei, erklären sie aber hierzu, es gehe aus verschiedenen
Urkunden hervor, daß Werner nach Meinhard und Anselm in den
Jahre 1169 und 1170 das Vorsteheramt innegehabt habe: *Wir
selbst aber,* fügen sie an, *haben gelesen, daß der Mönch Udalricus
von St. Blasien im Jahre 1169 Abt von Maursmünster geworden ist.
Wir haben die Schwierigkeit aufgezeigt und überlassen sie zur
Lösung anderen.* Wir aber haben in den Verzeichnissen von St.
Blasien Werner und Ulrich als von St. Blasien angeforderte Äbte
gefunden und zwar als Nachfolger Konrads, des Abtes der Zelle
St. Leopard oder Maursmünster; diesen aber als Abt des Klosters
Wessobrunn in Bayern, über welchen ich in dem erwähnten
Katalog der an andere Klöster entsandte Äbte dies lese:
Udalricus, Abt in Munstere, danach Abt in Wezisprunnen. Die für
sehr viele Klöster gemeinsame Bezeichnung *Münster* kann auch
auf das Kloster Maursmünster zutreffen; doch dem in der ›Gallia
christiana‹ festgesetzten Zeitraum, nämlich dem Jahr 1169, das
sich auf Ulrich bezieht, widersprechen die Urkunden aus dem
Archiv dieses Klosters, die von P. Martin Zungmayer, dem Prior
dieses Ortes im Jahre 1729, unserem Geschichtsschreiber P.
Stanislaus Wülperz übermittelt worden sind.

Aus diesen ergibt sich, daß Abt Werner von Maursmünster, der
auf Grund des Gesagten von St. Blasien dorthin entsandt worden
war, ein Allod in Esbach, welches Graf Regenold von Luzelnburg
in Anwesenheit des Straßburger Bischofs Burchard und des
Vogtes Otto dem Abt Meinhard geschenkt hatte, wegen schwerer

---

302 T. V. p. 867

Belästigungen und Bedrängnisse durch schlechte Menschen dem Kaiser Friedrich für hundert Silberpfunde verkauft haben: von diesem Geld aber kauften sie sich im Jahre 1166 mit Zustimmung ihrer Mönche verschiedene andere, angenehmere Güter; zu dieser Zeit waren Wolframus und Garsilius Prior, Werner war Abt, Ebronius Kustos, Hibelbungus Kämmerer und Waltherus Kellermeister. Zu diesem Jahr nahm Abt Werner mit dem Bischof Rudolph von Straßburg einen Tausch vor, wie in der ›Alsatia diplomatica‹ zu lesen ist[303]. Weiterhin erhielt Warnerius im Jahre 1179 von Papst Alexander III. ein sehr weitgehendes Freiheitsprivileg oder dieser Wernerus, da diese Namen andernorts ununterschieden auftreten, auch in unseren Urkunden, wo Wernerus in einer Bulle des Papstes Honorius II. aus dem Jahre 1127 als erster Abt von Wiblingen bezeichnet wird; in einer anderen wird Warnerius und Aquipertus ›Wernerus und Wipertus von Kaltenbach‹ genannt, um doch wenigstens diese zeitgenössischen und klostereigenen Beispiele anzuführen. Da verschiedene Autoren dies nicht beachten, setzen sie an die Stelle des im Privileg Alexanders III. erwähnten Warnerius einen Abt Garnerius oder Garnelius, sogar einen Cornelius, was auch in der ›Gallia christiana‹ geschehen ist. Dennoch lassen sich diese auf Grund einer Verständigungsurkunde, die durch den Einfluß des Bischofs Heinrich von Straßburg zwischen Abt Werner von Maursmünster und Heinrich von Moyenmourtier im Jahre 1181 zustande gekommen war, ohne Schwierigkeit des Irrtums überführen; in dieser tritt Werner noch als Abt in Erscheinung und auch sein Siegel, das immer sein Abbild zeigt, wie der erwähnte P. Martinus Zungmayer in seinen Schriften aussagt, nämlich mit dem Bild eines mit einer Kasel bekleideten Abtes, der einen Ring und ein Buch hält; auf der Umrandung ist aber folgende Inschrift zu lesen: *Wernerus, Abt von Maursmünster.*

Wernerus, ebenfalls von St. Blasien nach St. Lambert.

XLIII. Auf dieses Jahr 1181 verlegen Bucelinus in seiner ›Germania sacra‹ P. II. und die ›historia Salisburgensis‹ von P. Mezgerus den Tod des Wernerus oder Bernerus, der von St. Blasien aus für das Kloster St. Lambert in der Steiermark

---

303 T. I. p. 257.

angefordert worden war und nach dem Verzeichnis der Äbte von St. Lambert im Jahre 1170 dem Magnus nachfolgte und somit noch unter dem Abt Werner von St. Blasien, dem dann im Jahre 1174 Dietpertus nachfolgte, unter welchem der anonyme Sanblasianer in dem oft genannten Katalog diesen Wernerus ansetzt, wobei auch dieser Anonymus, wie wir oben angemerkt haben, wohl eher dessen Todesjahr im Auge hatte oder besser: das Jahr seines Amtsantritts mit seinem Todesjahr verwechselte. An derselben Stelle und für dieselbe Zeit aber berichtet er von dem Tode des seligen Abtes Frowin von Engelberg im Jahre 1178 mit folgenden Worten: *Unter Abt Dietpertus wird der Herr Frowinus auf dem Berg der Engel zum Abt bestellt;* dann fügt er hinzu: *Unter dem eben genannten Abt wird Wernherus Abt von St. Lambertus.* Unter den aus unseren Reihen genommenen Äbten eben dieses Klosters war Hartmann der erste, der auch Abt von Göttweig gewesen ist, von welchem wir schon im vorhergehenden Buch ausführlich berichtet haben.

Und Heinrich, Abt des Klosters Lorch.

XLIV. In demselben Verzeichnis wird unter Abt Mangold von St. Blasien, der das 12. Jahrhundert abschloß, der aus St. Blasien angeforderte *Abt Henricus Lauriacensis* erwähnt. Dieses einst bedeutende Kloster unseres Ordens, das oberhalb des Remstals in Württemberg und in der Diözese Augsburg gelegen ist, mit dem anderen Namen *Lorch,* erhielt aus Hirsau nach dem Zeugnis des Trithemius[304] eine erste Siedlergruppe von 12 Mönchen mit dem Abt Herbert. Dies geschah aber auf Bitten seines Erstgründers Friedrich von Stauffen mit dem Beinamen ›der Einäugige‹, der Herzog von Schwaben war und Vater des Kaisers Friedrich I., dessen Gründungsurkunde Franc. Petri in seiner ›Suevia ecclesiastica‹[305] wiedergibt und auch Besoldus[306], datiert vom Jahre 1102 am 3. Mai. Dieser hinterließ nach seinem Tode ebendort im Jahre 1105 auch für seine Nachkommen die von ihm gestiftete berühmte Grablege, nachdem er das Vermögen seiner Familie von Hohenstauffen durch die Heirat mit Agnes gemehrt hatte, der Tochter Heinrichs IV., von dem er nach dessen Sieg über den

304 Chron. Hirs. T. I. p. 280
305 p. 536
306 Docum. monast. Wirt. T. I. p. 441

Gegenkaiser und Schwabenherzog Rudolph von Rheinfelden den Dukat über jenes Gebiet erhielt: und nachdem er gegen die Guelphen so überaus erfolgreich gewesen war, brachte er von dort aus seine Nachkommen sogar auf den Kaiserthron. Er gab aber jenen unseligen Parteien der Guelphen und Gibellinen, von denen wir schon am Anfang dieses Buches gesprochen haben, sogar Raum auf einem freilich schon recht alten Schloß namens *Altstauffen,* und es mag jenes sein, das in der Nähe dessen in Württemberg das Kloster Lorch oder das Laureacense gegründet worden ist. Auch haben wir dort auf eine andere Ortschaft namens Waiblingen oder Giblinga hingewiesen, wonach die Gibellinen benannt wurden. Dies erwähnen wir hier aber zu dem Zweck, daß daraus deutlich wird, daß es zu Recht nahelag, aus Wernerus oder Warnerius, von dem wir eben gesprochen haben, einen Abt ›Garnerius‹ von Maursmünster zu machen, wie aus Waiblingen Giblinga oder die Gibellinen namentlich abzuleiten; so ist es bei benachbarten Stämmen verwandter Sprache, die nichts anderes tun, als unsere, in der Aussprache härteren Buchstaben, durch weichere zu ersetzen. Im übrigen handelt Besoldus[307] ausführlich über dieses Kloster Lorch, ebenso Crusius, der bei demselben zitiert ist. Ebendort gibt es auch eine Bulle des Papstes Innozenz II. aus dem Jahre 1136, mit welcher er jenes in den Schutz des apostolischen Stuhles aufnimmt und seine Güter und Rechte bestätigt: ebenso ein Diplom des Kaisers Friedrich I. aus dem Jahre 1154, mit dem jene Gründung durch seine Eltern bestätigt wird. Die Urkunde aber, welche ebendort[308] nachgelesen werden kann und von Kaiser Heinrich VI., dem Sohn des Kaisers Friedrich I., im Jahre 1193 zugunsten eben dieses Klosters ausgestellt wurde, bezieht sich zweifellos auf die Zeiten unseres Heinrichs, auch wenn in ihr der Name des Abtes nicht ausdrücklich genannt ist.

Abt Rudolph von Irsee.

XLV. Nunmehr ist, um wieder auf uns zurückzukommen, zum Ende des 12. Jahrhunderts als einziger Rudolph aus dem Kloster St. Blasien, wie wir oben schon erwähnt haben, aufzuführen, der nach Ochsenhausen entsandt wurde, um hier das Amt des

307 Loc. cit.
308 p. 448

Propstes zu übernehmen; von dort aber wurde er berufen, den Hirtenstab des Klosters Irsee zu ergreifen, das nicht weit entfernt von der schwäbischen Stadt Kaufbeuren gelegen ist und im Jahre 1182 gegründet wurde. Als erster stand diesem unter dem Titel eines Klosterpriors Wernerus aus dem Kloster Isny vor, dem im Jahre 1185 Kuno als erster Abt nachfolgte, der aus dem Kloster Ottobeuren geholt worden war, welchen Bucelin in der ›chronologia Constantiensis‹ übergeht; die Ankunft unseres Rudolph jedoch setzt er für das Jahr 1185 an. Unsere Dokumente aber, wie auch die von Irsee, verlegen jenen auf das Jahr 1188, nachdem Abt Kuno in der Zeit gestorben war, als das Kloster auf Kosten seines Stifters Heinrich von Rumsberg und dessen Sohn Godefrid vom Berg an dessen Fuß und die anliegende Ebene überführt wurde. In bezug auf dieses Kloster möge Franc. Petri in seiner ›Suevia ecclesiastica‹[309] eingesehen werden, welches im 14. Jahrhundert durch den Krieg zwischen Ludwig von Bayern und Friedrich von Österreich, später durch eine Feuersbrunst und schließlich im 16. Jahrhundert wegen Unruhen, die aus Glaubensgründen entstanden waren, gleichermaßen beraubt und zerstört wurde, jetzt aber unter den bedeutenden Klöstern Schwabens in Erscheinung tritt und keinem anderen in der Beobachtung der Regeldisziplin und der Pflege der Wissenschaften nachsteht, unter den Äbten insbesondere Aemilianus, der heute seine Leitung innehat, und dessen Vorgänger Bernardus, den wir für seine Verdienste schon in unserem ›Iter Alemannicum‹ in ehrenvoller Weise gewürdigt haben.

Der Zustand des Klosters Hirsau im 12. Jahrhundert.

XLVI. Wir kehren zum Schwarzwald zurück, indem wir das Geschick des hochberühmten Klosters Hirsau weiterverfolgen wollen, welches in diesen verworrenen Zeiten der Schismata von Kirche und Reich *gemäß der alten,* um die Worte des Trithemius zum Jahr 1175 zu gebrauchen[310], *vom heiligen Wilhelm eingeführten rühmenswerten Gewohnheit dieses Klosters* der Partei des Sitzes von Rom immer mit Hingabe angehörte und dennoch unversehrt überdauerte. Es gab allerdings solche, die jenes Kloster immer wieder in Bedrängnis brachten; dafür aber, daß sie

309 p. 823
310 Chron. Hirs. T. I. p. 466

dies nicht ungestraft tun durften, ist derselbe Trithemius Zeuge. So spricht er zum Jahr 1102 von einem gewissen edlen und leichtfertigen jungen Mann, der sich an die klösterlichen Besitzungen in der Ortschaft Almendingen, die von einem gewissen Konversen namens Wintherus unter der Leitung des heiligen Wilhelm in rechtmäßiger Schenkung überstellt worden waren, heranmachte und sie an sich riß: Er stürzte vom Pferd und fiel nach dem Verlust von Sprache und Kräften in Wahnsinn; als er jedoch nach einigen Tagen wieder zur Besinnung gekommen war, änderte er seinen Sinn und stellte das Vermögen zur Verfügung, weil er die Strafen Gottes fürchtete und veranlaßte, daß er nach Hirsau gebracht werde, wo er Mönch wurde und sein Leben in gottesfürchtigem Wandel beendete. Ebenso berichtet er zum Jahr 1136, daß, als gewisse Weltmenschen das Vermögen des Klosters raubten und die Ruhe der Brüder störten, Abt Wolmarus seine Klagen Kaiser Lothar, der sich damals gerade in Speyer aufhielt, vorbrachte und diesen um seine Hilfe anflehte; nach der Ächtung der Räuber sorgte Lothar in der Weise vor, daß es zu seinen Lebzeiten niemand mehr wagte, die Hirsauer weiter zu belästigen.

Crusius erwähnt[311] den Pfalzgrafen Godefrid, der ein Landgut in Heilbrunnen, das von seiner Schwester Uta dem Kloster Hirsau geschenkt, doch von ihm zurückgehalten worden war, schließlich gegen Ende seines Lebens erstattete, wie es später auch Herzog Welfo tat, sein Schwiegersohn. Jenes Landgut wird unter anderen in einem Diplom des Kaisers Friedrich II. vom Jahre 1215 bei Besold[312] notiert. Trithemius notiert zum Jahr 1148 den Tod des Godefrid, der vom Pfalzgrafen von Tübingen zum Mönch von Hirsau geworden war, und dessen Begräbnis in der Kirche eben dieses Klosters. *Dieser*, fügt er an, *war ein Sohn des Grafen Adelbert von Galba (Calw), des Erneuerers des Klosters St. Aurelius, der die Tochter eines Bayernherzog namens Welfo zur Frau hatte: Nachdem diese schließlich gestorben war, legte er aus Liebe zu Christus seine Krone ab und nahm in diesem Kloster den Mönchshabit. Nachdem dieser Mönch geworden war, verachtete er alles Weltliche und, sich ganz dem ewigen Gericht zuwendend, starb er innerhalb kurzer Zeit, als er ein kranker Greis geworden war.* Er erzählt, daß dieser nach seinem Tod dem Wormser Bischof

311 Annal. Suev. P. II. L. X. p. 430
312 Docum. rediv. T. I. p. 553

Konrad im Traum erschienen sei und um die Gebete der Hirsauer gefleht habe, da er doch als einstiger Vogt des Klosters die Dienstleistungen und Steuern zugunsten der Vogtei mit Nachdruck eingetrieben habe. Derselbe rühmt zum Jahr 1186 noch einen anderen Godefrid, der, gleichfalls vom Pfalzgrafen zum Hirsauer Mönch geworden, in eben diesem Jahr verstorben sei, *ein Mann, einst mächtig und tüchtig in der Welt, im Mönchsorden demütig und gottergeben; jetzt aber, woran wir in keiner Weise zweifeln, verherrlicht in der himmlischen Heimat.* Dann aber erwähnt er zum Jahre 1196 den Grafen und Vogt Adalbert, der die Hirsauer heftig in Bedrängnis brachte.

Das Kloster Hirsau war in diesem Jahrhundert auch durch klostereigene Auseinandersetzungen durcheinandergebracht, welche die heilige Hildegard ebendort vorhergesagt hat, wie Trithemius beobachtet, und er bringt zum folgenden Jahr, in welchem der Streit ausbrach, gegenseitige Briefe des Abtes Manegold, der heiligen Hildegard und der Hirsauer Brüder an eben diese bei sowie deren Antwort, wodurch sich die aufgebrachten Brüder wieder mit ihrem Abt versöhnten. Da aber nichts näher liegt, als daß durch einen gestörten innerklösterlichen Frieden auch die Disziplin selbst Schaden leidet, ist es nicht verwunderlich, daß eben dies auch der sonst so überaus blühenden Regeldisziplin in Hirsau widerfuhr, die allmählich matt zu werden begann, wie derselbe Trithemius zum Jahr 1166 bemerkt, wo er die Wahl des Abtes Rupert erwähnt: Auch wenn dieser in der Regelobservanz überaus eifrig und glühend war, hielt er es für besser, zunächst dem Zeitgeist nachzugeben, damit nicht alles verloren sei; dann aber nahm er mit glücklichem Ausgang die große Mühe auf sich, die Regeldisziplin allmählich wieder zu erneuern.

Die Äbte von Hirsau im 12. Jahrhundert.

XLVII. Schon zum Jahr 1102 hatte Trithemius notiert, daß Gebhard, unter dem heiligen Wilhelm Prior von Hirsau und dessen Nachfolger im Abtsamt, begonnen habe, allmählich in den Dingen, die sich auf das Heil der Seelen beziehen, ein wenig lockerer vorzugehen, vor allem auch dadurch, daß er die Armen vernachlässigte, und mehr als recht den zeitlichen Dingen anzuhängen.

Schon im obigen Buch haben wir erwähnt, daß er auf Grund einer kaiserlichen Erlaubnis auch das Abtsamt von Lauresheim innehatte; die Geschichte eben dieses Kloster sagt[313], daß er dessen Vermögen verschleudert und die Mönche davongejagt habe; hier wird auch von Unruhen erzählt, die wegen der hier eingeführten Brüder und Gewohnheiten von Hirsau entstanden seien. Als der von hier aus im Jahre 1105 von Kaiser Heinrich V. eingesetzte Bischof von Speyer hatte er in den fünf Jahren, die er noch zu leben hatte, keinen besseren Erfolg: wir haben von ihm oben in der Nr. IX im Zusammenhang mit den Bischöfen von Speyer ausführlich gesprochen.

Nachdem Gebhard auf den Bischofssitz gelangt war, wählten die Hirsauer Mönche, die seine Bemühungen, das Abtsamt beizube- halten, abgelehnt hatten, im Jahre 1105 aus ihren Reihen Bruno zum Abt, der der Meinung war, man müsse andere Grundlagen schaffen; er war es gewohnt, nur wenige Geschäfte persönlich zu erledigen und vertraute vielmehr fast alles den Kellermeistern und Verwaltern an, *ein ausgezeichneter Mann,* wie derselbe Trithemius zu diesem Jahr urteilt, *sozusagen immer dem Lesen der heiligen Schriften und den Gebeten hingegeben und außerordentlich beflissen in den Dingen, die sich auf die Regelobservanz bezogen; weltliche Geschäfte aber überließ er den Mönchen und dafür geeig- neten Konversen; er selbst aber, der zusammen mit den anderen Heiligen in der Kongregation für das Innere Sorge trug, zeigte sich seinen Untergebenen als Vorbild aller Tugenden und guten Werke.* Er erzählt zu dessen Todesjahr 1120, daß die Hirsauer auch seinen Wohlgeruch erfahren hätten und daß aus seinem im Jahre 1460 geöffneten Grab ein überaus lieblicher Duft entströmt sei, der durch seinen Wohlgeruch alle Umstehenden mit einer gewissen unsagbaren Süßigkeit erfüllt habe und daß einem damals anwesenden Blinden und Lahmen das Gesicht und der vollständige Gebrauch der Glieder wiedergegeben wurde.

Vom Stammbaum dieses Bruno wurde von uns oben gleichfalls schon einiges gesagt, was hier nicht weiter erörtert werden soll. Bei Schannat wird in der Chronik von Wirtenberg aus Nauclerus

313 Cod. Lauresham. T. I. p. 223

berichtet[314], daß zu derselben Zeit, als Graf Adelbert der Ältere von Wirtemberg (nach dem oben gesagten besser: von Windenberg) sich durch Ruhm auszeichnete, *um das Jahr 1100 im Kloster Hirsau Schriften über zwei andere Grafen von Wirtemberg aufgefunden wurden, welche Brüder waren. Von diesen wurde der ältere Conradus genannt, ein mächtiger Mann unter den Schwaben: der andere hieß Bruno und war Kanonikus der Diözese Speyer und wurde nachher Mönch in Hirsau.* Später wird er als gewählter Abt von Hirsau bezeichnet, der, *obwohl er der Abkunft nach Adliger war, dennoch niemals in seinem Verhalten etwas an Hochmut* gezeigt habe und nach 14 Jahren Regierungszeit am 23. März gestorben sei: dies alles stimmt freilich mit dem überein, was Trithemius zum Jahr 1105 und 1120 sagt.

Ladislaus Sunthemius läßt bei Oefelius[315] die Familie der edlen Grafen von Wirtemberg mit Konrad beginnen, dem Bruder des Abtes Bruno von Hirsau, und er ordnet diesen als Schwester die Gräfin Leutgardis von Wirtemberg zu, die Ehefrau des Grafen Bernardus von der Steiermark in Oberösterreich, wie er sagt. Da nun aber einst auch ein Teil Bayerns an diese fiel, müßte es ein merkwürdiger Zufall sein, wenn dieser nicht eben dieser Graf Bernardus von Schura wäre, von dem bei dem oft zitierten Schmidlin erwähnt wird[316], er habe dem Kloster Hirsau 20 Silberpfund geschenkt. Auch Crusius sagt[317], daß Luitgard, die Schwester des Abtes Bruno und Konrads von Wirtemberg, zwei goldene Armbänder mit daran hängenden 15 Silbermünzen geschenkt habe, um einen Kelch anzufertigen. Bei P. Herrgott[318] wird in dem Diplom Heinrichs V. aus dem Jahre 1131, in dem die Grenzen der zur Zelle St. Blasien gehörenden Güter festgelegt werden, unter anderen Zeugen auch Conradus von Wirdenberch notiert, sonst auch von Beutelspach. Sunthemius schreibt bei Oefelius[319]: *N. residierte als erster Graf von Wirtenberg in Peutelspach, welches eine Burg und ein großes Dorf war.* Vielleicht ist dieser eben der Conradus, der von Crusius um das Jahr 1076 als erster Graf von Wirtemberg bezeichnet wird und auch von Beutelpach; und bei demselben wird aus dem ›liber traditionum

314 Vindem. litt. coll. II. p. 22
315 Script. rer. Boic. T. II. p. 591
316 Addat. histor. Wirt. p. 43
317 Annal. Suev. P. II. L. X. c. 15
318 Geneal. dipl. T. II. P. I. p. 136
319 Loc. cit.

Hirsaugiensium‹ notiert: *Bruno, Abt von Hirsau, der mit Zustimmung und Urkunde seines Bruders Conradus von Beutelspach ein Landgut in Pfrundorff mit allem Recht an St. Petrus übergab usw. Doch auch der Sohn von dessen Schwester, Conradus, bemühte sich noch zu Lebzeiten seiner Mutter darum, daß ein Teil dieser Landgüter auf Grund des mütterlichen Rechts an ihn falle.* Wir glauben, daß dieser jener ist, der das vorgenannte Diplom zugunsten von St. Blasien unterschrieben hat, ein Kloster, dem gegenüber er sich außerordentlich wohltätig zeigte. Daß eben dieser Konrad der Jüngere von Beutelspach in einer bayerischen Urkunde aus dem Jahre 1138 zusammen mit seinem gleichnamigen Sohn vorkommt, bezeugt der oft genannte Schmidlin[320], der außer diesem Bruno, dem Bruder des Conradus, und dessen Schwester Luitgard niemanden gefunden hat, den er der Ahnentafel der Grafen von Wirtemberg zum Ende des 11. Jahrhunderts und Beginn des 12. einfügen könnte, ausgenommen Richenza, die Tochter des Conradus des Älteren, die mit dem Grafen und Herrn von Sigmaringen verheiratet war. In der Vergleichsurkunde zwischen der Diözese Basel und dem Kloster St. Blasien über das Vogteirecht vom Jahre 1141 bei P. Herrgott[321] ist außer vielen anderen auch Ludovicus von Wirtemberc als Vorletzter unter den Grafen als Unterzeichner zu lesen.

Weiterhin wird hier Konrad der Ältere von Beutelspach genannt, der erste, der von Kaiser Heinrich IV. den Grafentitel von Wirtemberg wegen seiner entschlossenen Hilfeleistung erhielt, die er demselben zusammen mit Friedrich von Hohenstaufen gegen den Gegenkaiser Rudolph zukommen ließ, so daß damit unser Abt Bruno von Hirsau nur im uneigentlichen Sinne ›Graf von Wirtemberg‹ genannt wird; vielmehr ist er der Bruder des ersten Wirtemberger Grafen und sonst als ›von Beutelspach‹ zu bezeichnen; diesen wählten nach Aussage des Trithemius die Hirsauer auch in der Absicht zum Abt, daß er mit Hilfestellung seiner Blutsverwandten die Versuche des Gebhard von Speyer abwehren könne, der, wie wir gesagt haben, nach seiner Ernennung zum Bischof danach strebte, das Abtsamt von Hirsau, das er vorher innegehabt hatte, beizubehalten.

---

320 p. 108
321 Geneal. cit. p. 166

Als der Nachfolger Brunos Volmarus noch Kanoniker *der Diözese Konstanz* war, wie Trithemius zum Jahre 1120 schreibt[322], *und wahrnahm, daß viele über die Abgründe der Laster in die Tiefe des Todes stürzten,* sorgte er sich um die eigene Gefahr, überlegte eifrig, wie er der Mitte Babylons entrinnen könne und bekleidete sich sodann in Hirsau unter Abt Bruno im 24. Lebensjahr mit der Mönchskutte. Als er nach neun Jahren zum Abt ordiniert worden war, *sorgte er nach Kräften dafür, sich den Brüdern als nützlicher Hirte zu erweisen und bemühte sich, die ihm anvertraute Herde nicht nur durch ermahnende Worte, was er hervorragend verstand, sondern vielmehr durch sein gutes Beispiel zu formen.* Das Abtsamt aber hatte er für fast 37 Jahre mit allerhöchstem Lob inne.

In dem Kodex aus Lauresheim ist ein Schreiben des Papstes Coelestin II. zu lesen[323], mit welchem den Äbten Folmarus von Hirsau und Adamus in Ebera die gerichtliche Untersuchung bei der Wahl des Abtes Baldemarus von Lauresheim übertragen wird, der der Simonie angeklagt war. Diesem Schreiben schließt sich ein Brief des Folmarus an Papst Eugen III. an, mit welchem er erklärt, daß eben dieser Abt von Lauresheim, den er Folcnandus nennt, von dem ihm vorgeworfenen Verbrechen gereinigt sei. Bei Schöpflin ist eine Urkunde über eine Schenkung zu lesen[324], die dem Kloster St. Peter im Schwarzwald im Jahre 1148 gemacht worden war *in der Stadt Offinburg, wobei Ordensleute als Augen- und Ohrenzeugen anwesend waren, nämlich Abt Volmarus aus Hirsau, Gotefridus aus Gengenbach, Conradus von Schuttern und ebenso Conradus von Schwarzach.*

Hartwigus übernahm im Jahre 1157 als Nachfolger des Volmarus trotz größten Widerstandes den Hirtenstab, womit er deutlich machte, daß er nicht, durch die Hoffnung auf diese Würdestellung verleitet, vom Speyrer Kanonikus zum Mönch geworden sei. Dies darf freilich für Volmarus als gesichert angesehen werden, der noch als junger Mann seinen Stand wechselte. Der ursprüngliche Stand, nämlich der monastische, ist überall in den Kathedralkirchen erhalten worden, und zwar in der von Konstanz länger als in der von Speyer; da er nun klar vor Augen stand, konnten beide auf dem Wege des Heils die daraus entstehenden

322 Chron. Hirs. T. I. p. 371
323 T. I. p. 241
324 Hist. Bad. T. V. p. 91

Vorteile und Nachteile genau gegenseitig abwägen. Hartwigus aber war durch die Predigt des heiligen Bernhard in Speyer zum Eintritt ins Kloster bewogen worden und hatte als Mönch überaus fromm gelebt. Die Abtswürde übernahm er dann im Vertrauen auf die Barmherzigkeit Gottes; *aus Liebe zu ihm,* sagte er, *bin ich Mönch geworden; er wird nicht zulassen, daß ich lange in dieser Sterblichkeit lebe, wenn diese Bürde des Abtsamtes dem Heil meiner Seele Schaden zufügen könnte,* wie Trithemius zum Jahr 1157 wiedergibt; es sind dies auch die Worte, mit denen ihn die heilige Hildegard ansprach und damit ermutigte.

Und jene prophetische Voraussage des Hartwigus war nicht leer, denn er starb nach zwei Monaten und hinterließ das Abtsamt dem Prior Manegoldus von Hirsau; und dieser hinterließ es im Jahre 1165 dem Rupertus, gleichfalls Prior von Hirsau, von wo er vorher zur Leitung der Abtei Göttweig entsandt worden war, welche er verließ, als er in Hirsau Abt wurde. Doch nach fast elf Jahren gab er das Amt an Abt Konradus II. ab, der vom Kanonikus von Straßburg zum Mönch geworden war. Nachdem er aber zum Abt geweiht worden war, erwies er sich, wie Trithemius zum Jahr 1176 sagt, für seine Herde in Beispiel und Wort zugleich als Vorbild und bewahrte das Maß seiner Bescheidenheit, das er als Mönch gehabt hatte, zu jeder Zeit auch als Abt; gestorben ist er im Jahre 1178.

Sein Nachfolger Heinrich, ursprünglich Mönch von Hirsau, war vorher zum Abt von Brauweiler erklärt worden; er gab allerdings dieses Abtsamt auf, nachdem er in seinem eigenen Kloster Abt geworden war. Dieser, mit der Zeit durch ängstliche Sorgen um die Dinge der Welt im Gemüt bedrückt, begann die Strenge des Geistes zu lockern und in der Feuerglut eines Vorgesetzten von Mönchen nachzulassen. Nachdem er acht Jahre im Abtsamt verbracht hatte, rief er sich deswegen die Verfehlungen seines bisherigen Lebens in Erinnerung; und da er die Strafe der göttlichen Vergeltung fürchtete und wollte, daß er durch das Heilmittel der Buße Erbarmen finde, verzichtete er auf das Amt der Abtswürde, wie der oft genannte Trithemius zum Jahr 1188 von ihm berichtet und zum Teil auch zum Jahr 1196, in welchem Marquardus an dessen Stelle trat.

Äbte aus Hirsau an andere Klöster.

XLVIII. Wir haben bisher die Hirsauer Äbte erwähnt, die vorher aus den Mönchen ihres Klosters an andere Abtssitze angefordert worden waren, auf welche sie jedoch verzichteten, nachdem sie hierher zurückgekehrt waren. Über Gebhard, den Nachfolger des heiligen Wilhelm und später auch Abt von Lauresheim, haben wir schon im letzten Buch gesprochen, der allerdings bei der Einführung seiner Hirsauer Gewohnheiten anstelle derer von Gorze oder Cluny in das Kloster Lauresheim keinen Erfolg hatte, und wir haben aus dem Lauresheimer Kodex[325] von den deshalb entstandenen Unruhen berichtet. Unter diesem aber, der noch zu Beginn dieses Jahrhunderts in Hirsau tätig war, wie Trithemius zum Jahr 1102 anmerkt, wurde der unter der Disziplin des heiligen Wilhelm ausgebildete Burchard Abt des Klosters St. Peter in der Stadt Erfurt in Thüringen, wohin er zusammen mit zwölf Mönchen hervorragender Lebensführung entsandt worden war; zum Nachfolger erhielt er später im Jahre 1128 Wernerus, gleichfalls aus dem Kreis des Hirsauer Konvents, wie derselbe zum Jahr 1085 bei einer Aufzählung solcher Kolonien notiert. Von eben diesem Gebhard wurde an das Reichskloster St. Peter und Paul in der Stadt Weißenburg der Diözese Speyer aus Hirsau Abt Ludwig mit einigen Brüdern geschickt: An das Kloster Heilig-kreuz in Limburg in derselben Diözese wurde Erchenbertus entsandt, der Rupert in den Mönchsstand aufnahm, welchen Trithemius als gelehrten Mann rühmt[326] und als den späteren Abt von Limburg; von dort aber wurde er von dem Speyrer Bischof in die Hirsauer Niederlassung Breitnau unter Abt Drutwin verbannt, wie er zum Jahr 1124 erwähnt und dabei dessen Werke aufzählt.

Bei demselben Ekhardus wird zum Jahr 1107 notiert, vom Kanonikus und Scholastikus der Diözese Worms zum Hirsauer Mönch geworden und in jeder Art von Wissenschaft hoch gebildet, der nach elf Jahren im Jahre 1118 zum ersten Abt in Aura in der Nähe von Würzburg geweiht worden ist. Zum Jahr 1108 aber sagt er folgendes: *Es war zu diesen Zeiten Burchardus Abt des Klosters St. Jakobus bei Mainz, der von der Pflanzstätte Hirsau aus zusammen mit einem gewissen Erkenbaldus durch den*

325 T. I. p. 223
326 p. 280

heiligen Wilhelm dorthin entsandt worden war, ein kluger Mann und tieffromm in einzigartiger Demut. Diesem vertraute der Mainzer Erzbischof Ruthard auch das Kloster St. Disibodus zur Erneuerung an, nachdem er dort Mönche vom Kloster St. Jakob angesiedelt hatte. Dies geschah unter dem Hirsauer Abt Bruno, zu dessen Zeiten ebenfalls, wie derselbe zum Jahr 1114 schreibt, der heilige Ermenoldus, unter der Disziplin des seligen Wilhelm von Hirsau zum vollkommenen Leben in Heiligkeit herangebildet, sowohl durch einstimmige Wahl der Brüder wie auch mit dem Einverständnis Heinrichs V. zur Leitung der Abtei Laurissa oder Lauresheim bestimmt wurde: wie er diese aber gegen seinen Willen übernahm, so gab er sie auf eigenen Wunsch nach einem Jahr wieder ab, nachdem er zu seinem Kloster Hirsau zurückgekehrt war, *wobei ihm nicht weniger als vierzig Schüler folgten, welche er in Laurissa im Zeitraum eines einzigen Jahres, in welchem er dort Vorsteher war, im Herrn um sich geschart hatte, die auf keine Weise von ihm getrennt werden konnten.* Dennoch hielt sich Ermenoldus nicht lange in Hirsau auf, da er von dem heiligen Bischof Otto von Bamberg an das von ihm neu errichtete Kloster Prüfening bei Regensburg als sein erster Abt berufen wurde, wo er sieben Jahre lang Vorsteher war und in seinem Leben und nach seinem Tode durch viele Wunder berühmt wurde, wie derselbe Trithemius zum Jahre 1121 darlegt.

Dieser selbe berichtet an einer anderer Stelle[327], daß zu dem genannten Kloster Lauresheim als Abt mit 20 Mönchen aus Hirsau Sigehardus entsandt worden ist, unter welchem die vorherigen Mönche, die zweifellos den Gewohnheiten von Gorze anhingen und die neue Observanz der Hirsauer nicht hinnehmen wollten, von dort wegzogen, wie wir kurz zuvor aus dem Lauresheimer Kodex erwähnt haben. Derselbe Trithemius fügt noch die darüber hinaus entstandenen Klagen über solche hinzu, die versuchten, den Ruf der Guten durch Lügen herabzuwürdigen. Schon vorher aber hatte der heilige Wilhelm den Mönch Azelinus in das Kloster Beuren, allgemein bekannt als Blaubeuren in der Diözese Augsburg, entsandt, einen Ort, dem später Otto vorangestellt wurde, der nach der Aussage des Trithemius[328] für seine Klugheit so hoch geschätzt wurde, daß er auch Verwalter des

---

327 Chron. Hirs. T. I. p. 274
328 L. cit. p. 269

Klosters Rheinau wurde. Man liest von ihm, wie wir noch sehen werden, daß er bei der feierlichen Einweihung des Klosters St. Peter im Schwarzwald anwesend war und zwar zusammen mit dem Abt Bruno von Hirsau, unter welchem Manegoldus, der von Kaiser Heinrich V. zum Abt erhoben worden war, zum Hauptkloster Kempten entsandt wurde und im vierten Jahre eben dieses Bruno oder im Jahre 1109 durch ein günstiges Geschick Sigefridus mit einigen Brüdern an das Kloster Klingenmünster in der Diözese Speyer[329].

Weiterhin werden unter Abt Volmarus von demselben Trithemius mehrere Äbte aufgezählt, die von Hirsau aus für andere Klöster bestimmt wurden: Unter diesen befinden sich der mit zwölf Mönchen an das Kloster Posa im Land Sachsen entsandte Egbertus; an das Kloster St. Felicitas in Schwarzbach in der Diözese Würzburg Wolframus[330], und nach dessen Tod gleich im folgenden Jahre 1137 Theodoricus; an das Kloster in Odenheim in der Diözese Speyer Eberhardus als erster Abt zusammen mit zwölf Mönchen[331]: Wernherus[332] an das Kloster St. Petrus in Erfurt: an das Kloster St. Stephan in der Stadt Würzburg aber Berengerus als dritter und ebenso Reffoldus als fünfter Abt. Auch Henricus mit einigen Mönchen nach Neuweiler in der Diözese Straßburg, zu der auch Maursmünster gehört, für welches Ruthardus bestimmt wurde: ein anderer Henricus an das Kloster in Breitenau, Fridericus[333] mit bestimmten Brüdern an das Kloster Murrhardt in der Diözese Würzburg; Godebaldus schließlich an das Kloster St. Michael in Syncheim in der Diözese Speyer. P. Gerardus Hess aber weist in seinem Vorwort zu den ›monumenta Guelphicorum‹[334] nach, daß noch unter eben diesem Volmarus, und nicht, wie Trithemius irgendwo sagt, daß es für ihn selbst nicht feststehe, unter Manegoldus Burchardus an das Kloster Weingarten berufen worden sei, der als Nachfolger den Diethmarus hatte, dem noch in eben diesem 12. Jahrhundert nach Marquardus und Wernerus Megingosus nachfolgte, gleichfalls ein Hirsauer Mönch in der Zelle Reichenbach, welcher er, bevor er zum Abt von Weingarten berufen wurde, nach Aussage des

329 p. 277
330 p. 272
331 p. 273
332 p. 377
333 p. 394
334 p. 53.

alten Verzeichnisses der Weingartener Äbte in dem zitierten Vorwort[335] vorstand.

In der Petershausener Chronikhandschrift wird von dem alten Grafen Hartmann von Dillingen berichtet, daß er den Petershausener Abt Theodericus, von dem wir im vorherigen Buch gezeigt haben, daß er mit einer Siedlergruppe aus Hirsau hierher gekommen war, darum gebeten habe, Mönche auf einen Berg namens Nernistheim (Neresheim) zu bringen, wo er selbst regulierte Chorherren angesiedelt hatte: Theodoricus, schon ein alter Mann, habe seiner Bitte entsprochen und den aus Hirsau berufenen Sigibato zum Abt eingesetzt. P. Sulger stellt demgegenüber in den ›annales Zwifaltenses‹ fest, daß aus diesem seinem Kloster Zwiefalten zu Beginn des 12. Jahrhunderts die Äbte Henricus und Piltgrinus abgegeben worden seien; Zwiefalten selbst war im 11. Jahrhundert eine Hirsauer Kolonie, in die aus Hirsau im 12. Jahrhundert wieder Godefridus als siebter Abt eingebracht wurde, nicht aber der selige Ernestus, der fünfte Abt, den zwar Eisengrenius zum Mönch von Hirsau macht, während Sulger schreibt[336], daß jener schon als kleines Kind in Zwiefalten die Mönchskutte empfangen habe. Im übrigen handelt über dieses berühmte Kloster Neresheim Franc. Petri in der *Suevia ecclesiastica* aus Bruschius und Stengelius ausführlich, in welches *zwölf Mönche aus dem Kloster Zwiefalten geholt* worden seien, *von denen sechs für die Sakramente geweiht worden waren, die anderen aber Arbeiten mit der Hand ausführten, welche wir auch gemeinhin als Konverse zu bezeichnen pflegen.* Dort weihte auch im Jahre 1119 der apostolische Legat des Papstes Kallixt II. Azzo eine Kirche auf Bitten des Konstanzer Bischofs Udalricus II., den Stengelius einen Sohn des Grafen Hartmann von Dillingen und Gründers des Klosters Neresheim nennt, mit dem wir uns oben in Nr. VII auseinandergesetzt haben; gleichwohl bezeichnet Manlius dessen Vater in der Chronik von Konstanz bei Pistorius[337] als Hugewaldus.

335 p. 36
336 Annal. sec. I. Per. III. c. 19. p. 634
337 Script. Germ. T. III. p. 743

Hirsauer Kolonien und Zellen.

XLIX. Wie wir von Trithemius erfahren[338], waren für alle Klöster, denen aus dem Konvent von Hirsau Äbte geschickt wurden, diesen immer auch einige Mönche erprobten Klosterlebens beigesellt, die gleichermaßen durch ihren Rat wie durch ihre Hilfe ihren Hirten zur Erhaltung der Regeldisziplin beistanden. Doch gehört unter die anderen Kolonien, von denen wir schon im vorherigen Buch und soeben viele aufgezählt haben, zu diesem 12. Jahrhundert vor allem auch die von Lorch, von anderen auch Laureacensis genannt, in Wirtemberg und der Diözese Augsburg, von der wir schon einiges angemerkt haben und von denen Besoldus in den ›Documenta rediviva monasteriorum Wirtembergiae‹ ausführlich handelt[339].

Wir haben auch kurz zuvor die Siedlergruppe erwähnt, die von Hirsau aus an das Kloster unseres Ordens Breitenau geführt wurde, das nach den Anfängen des 12. Jahrhunderts Graf Wernerus von Grüningen gegründet hatte, *ein reicher und Christus ergebener Mann*, wie ihn Trithemius zum Jahr 1119 rühmt[340], indem er von dessen Tod und Begräbnis in eben diesem Kloster zum Jahr 1121 berichtet: *Dieser*, fährt er fort[341], *dem Stamm nach Schwabe, war mit Kaiser Heinrich V. in irgendeiner Angelegenheit unterwegs nach Hessen; als er die Lieblichkeit der ländlichen Gegend gesehen hatte, wo die zwei Flüsse Werra und Fulda zusammenkommen, begann er durch Eingebung des heiligen Geistes in Breidenawe ein Kloster unseres Ordens zu errichten, wofür der Kaiser seine Zustimmung gab und den Grund und Boden zur Verfügung stellte, um Mönche aus der damals wahrhaft heiligmäßigen Kongregation von Hirsau herbeizurufen. An dieses Kloster wurde von dem ehrwürdigen Vater Bruno der Mönch und Kantor Drutwinus als erster Abt zusammen mit zwölf Brüdern entsandt... Graf Wernerus aber, vom Tode überrascht, konnte den Aufbau des begonnenen Klosters nicht vollenden, welchen aber Abt Drutwinus und dessen Nachfolger, der heilige Henricus, mit den von diesem zuvor geregelten Aufwendungen in Herrlichkeit zu Ende führten.*

338 Chron. Hirs. T. I. p. 271
339 T. I. p. 441
340 Chron. Hirs. T. I. p. 367
341 L. cit. p. 373

Dasselbe berichtet Nauclerus in seiner Chronologie und sagt in der 37. Generation, daß dies in eben diesem Kloster sorgfältig aufgezeichnet zu finden sei. *Es war aber,* fügt er hinzu, *dieser Graf Wernerus von Grieningen aus dem Geschlecht der Grafen von Wirtemberg: allerdings hatte eben diese in drei Teile geteilte Grafschaft drei untereinander dem Namen und dem Schloß nach verschiedene Herren. Denn der erste hatte seinen Wohnsitz in Urach, der zweite in Beutelspach, der dritte in Grieningen. Doch im Laufe der Zeit kam sie in zwei Teile zusammen, so daß der eine Stutgarten, der andere Urach besaß: In allerjüngster Zeit aber wurde sie in einen einzigen Herrschaftsbereich zusammengefaßt und stieg schließlich zu einem Herzogtum auf.* Von Wernherus von Gruningen wird in dem Schenkungsbuch des Klosters Hirsau bei Crusius[342] gesagt, daß er ein Hofgut in Effingen mit dem dazu gehörenden Gesinde und den Gütern und all seinen Besitz im Elsaß, auch drei Hufen bei Vilowa, St. Peter geschenkt habe. Zu eben dieser Familie gehört vielleicht auch *Wito von Groningen,* der in der Gründungsurkunde für das Kloster Lorch oder Laureacense bei Besoldus[343] zum Jahr 1102 erwähnt wird, und in einer anderen des Kaisers Heinrich VI. aus dem Jahre 1193 *Burcardus von Groningen* und der unmittelbar darauf folgende *Henricus von Loreche.* In einer anderen Urkunde des Kaisers Friedrich I. des Jahres 1154 erscheint[344] unter anderen Zeugen Graf Ludewicus und dessen Bruder Emicho von Wirtinniberch.

Unter die Hirsauer Kolonien des 12. Jahrhunderts wird auch Gottesaue gerechnet in der Diözese Speyer und der Grafschaft Worchheim oder der Markgrafschaft von Baden im Albgau oder Alpgau am Ufer des Flusses Alb im Nordschwarzwald, der unserem südlichen Alpgau, wo das Kloster St. Blasien liegt, entgegengesetzt ist, so daß aber doch beide, wenn auch aus unterschiedlichen Richtungen, sich nach Westen hin wenden. Die Gründung dieser Kolonie aber setzt Bucelin[345] fast ein Jahrhundert früher zum Jahre 1050 an, als es Trithemius tut, der sie für das Jahr 1110 berichtet, in dem ein gewisser Graf Bertholdus von Henneberg mit dem Einverständnis seiner Gattin Lucia sie zur Ehre des seligen Jungfrau Maria im Wald Lushart im

---

342 Annal. Suev. P. II. Lib. X. cap. 15.
343 Doc. rediv. T. I. p. 441
344 L. cit. p. 447
345 Germ. sacra P. II. p. 40

östlichen Frankreich gründete mit dem lateinischem Namen
›Augia Dei‹ oder auf deutsch ›Gottesaue‹. Hierher aber entsandte
Abt Bruno von Hirsau aus seinem Kloster Mönche, die in der
Beobachtung der Regeldisziplin bestens herangebildet waren,
welchen er den ehrwürdigen Mönch Volpoto als Abt voranstellte.
Die Bestätigung dieses Klosters aber, die von Kaiser Heinrich V.
im Jahre 1110 vorgenommen wurde, geben wir vollständig wieder,
welche Schöpflin in der ›historia Zaringo-Badensis‹ nur zum Teil
zitiert[346] und zugleich zum Jahr 1122 ein Schreiben des Papstes
Callixtus II. an den Abt Burchard anfügt[347], den unmittelbar
nächsten Nachfolger des Volpoto, wie Trithemius sagt. Diesem
ließ er Rupertus nachfolgen, von dem wir kurz zuvor nach dem
Zeugnis desselben gesagt haben, daß er nach dem Verzicht auf das
Abtsamt die Leitung des Klosters Hirsau übernommen habe,
nachdem er der Gottesaue Rudolphus als Nachfolger hinterlassen
hatte, ebenfalls Mönch von Hirsau. Daher muß der kurze Katalog
der Äbte dieses Klosters korrigiert werden, welchen die ›Gallia
christiana‹ wiedergibt.

Oben schon haben wir Ermenoldus erwähnt, welchen Bruno von
Hirsau als Abt mit Brüdern an das neu gegründete Kloster
Prüfening bei Regensburg überstellt hatte. Hier ist auch noch ein
anderes Kloster unseres Ordens in Odenheim in der Diözese
Speyer zu nennen, das von dem Trierer Erzbischof Bruno und
dessen Bruder Popo, dem Grafen in Bertheim, gegründet und dem
Hirsauer Abt Volmarus und seinen Brüdern zum Bewohnen
übergeben worden war, nach deren Absicht dieser zwölf Mönche
zusammen mit Eberhard als Abt für dorthin bestimmte, wie
Trithemius zum Jahr 1123 sagt. Eben dieser gibt zum Jahre 1139
auch die Bestätigung des Würzburger Bischofs Embrico wieder,
die auf die Bitten seines Abtes Volmarus zugunsten des Klosters
Schönrein in seiner Diözese erfolgte, welches der heilige Wilhelm
einstmals zu errichten begonnen hatte und sein Nachfolger
Gebhard fertigstellte. Mit dieser Urkunde wird die besagte Zelle
in Schönrein in vollem Rechtsumfang als dem Hirsauer Abt
unterstellt erklärt, wie wir dies schon im vorhergehenden Buch in
bezug auf Reichenbach erwähnt haben, dessen Prior um die Mitte
des 12. Jahrhunderts für mehrere Jahre Rupertus war, der von da

346 T. V. p. 22
347 Ibid. p. 63

aus als Abt nach Gottesaue kam und schließlich im Jahre 1165 Abt von Hirsau wurde, wie weiter oben vermerkt wurde.

Das Kloster St. Georgen.

L. Aus eben dieser Zelle Reichenbach wurde ihr erster Prior, der selige Theogerus, zum Abt des Klosters St. Georgen im Schwarzwald bestellt und zwar nach Heinrich, der vom heiligen Wilhelm von Hirsau dorthin entsandt worden war. Diesen haben wir zwar schon im 11. Jahrhundert gewürdigt und dabei zugleich eine Zweifelsfrage in bezug auf Manegoldus geklärt, von welchem Bernoldus im Anhang zum Chronikon Hermanns sagt, er sei im Jahre 1110 als ehrwürdiger Abt von St. Georgen im Schwarzwald durch einen seiner Mönche an demselben Orte in beklagenswerter Weise ermordet worden. Nach der zuverlässigen Aussage des Trithemius erhielt aber Theoger oder Dietger die Bestätigung seiner Privilegien von Papst Paschalis II. im Jahre 1105, in welchem er auch an der Weihe des Abtes Bruno von Hirsau teilnahm. Darüber hinaus wurden demselben seine Privilegien von Kaiser Heinrich V. in den Jahren 1108 und 1112 bestätigt. Im Jahre 1115 aber nahm ihn Abt Pontius von Cluny mit seiner gesamten Gemeinschaft in die Gebetsbrüderschaft seines Klosters auf. Zu ihm begab sich, wie wir schon berichtet haben, im Jahre 1113 der selige Egino, Abt von St. Ulrich in Augsburg, und wurde von dort mit etlichen Mönchen von St. Georgen im darauffolgenden Jahr in allen Ehren wieder verabschiedet. Er nahm auch in demselben Jahre 1113 an der Weihe der neuen Basilika von St. Peter im Schwarzwald teil. Schließlich wurde er um das Jahr 1117 vom Abt zum Bischof ernannt und hinterließ nach der Aussage der Verfasser der ›Gallia christiana‹[348] den Hirtenstab des Abtes dem Baron Wernherus von Zimbern und wurde im Jahre 1118 zum Bischof geweiht. Nachdem er aber nach zwei Jahren von seinem Bischofsamt abgesetzt worden war, legte er in Cluny das Mönchsgelübde ab; ebendort ist er auch gestorben und wurde da auch begraben und erlangte durch Wunder hohen Ruhm: so sagt es auch die ›Gallia christiana‹[349] aus Paulus von Bernried in der Lebensgeschichte des Papstes Gregor VII., auch wenn der Geschichtsschreiber Saxo berichtet,

---

348 T. V. p. 1001
349 T. V. p. 1001

er sei in der Kirche von Metz bestattet worden und von Cluny überhaupt nichts erwähnt. Von ihm handelt ausführlich Trithemius in seiner Hirsauer Chronik[350], Mabillon in den ›annales Benedictini‹[351] und Calmetus in der ›historia Lotharingiae‹.

Die Unterschrift dessen Nachfolgers im Abtsamt von St. Georgen, des seligen Wernher, ist in der Immunitätsurkunde für das Kloster St. Blasien aus dem Jahre 1125 bei Herrgott[352] zu lesen. In der Gründungsurkunde des Frauenklosters St. Johannes bei Zabern aus dem Jahre 1126 wird er in Schöpflins ›Alsatia diplomatica‹[353] *frommen Angedenkens* genannt und auch unter den Dokumenten in der ›Gallia christiana‹[354], auch wenn dort angegeben wird, er sei erst im Jahre 1134 gestorben, wo auch von seinem Nachfolger Friedrich zu lesen ist, der im Jahre 1135 gewählt wurde, im Jahre 1138 aber auf sein Amt verzichtete. In demselben Jahr erhielt der an die Stelle Friedrichs gewählte Johannes von Falckenstein von Innozenz II. eine Bulle, mit der die Besitzungen seines Klosters bestätigt werden. Als dieser im Jahre 1141 zurücktrat, wurde an dessen Stelle wieder derselbe Friedrich gesetzt; diesem folgte im Jahre 1154 Gunthram nach, der im Jahre 1168 Werner II. zum Nachfolger hatte, dieser aber im Jahre 1170 Manegold.

Dieser letztgenannte ist der Abt Manegold, der in der oft zitierten Chronik von St. Georgen im 12. Jahrhundert zum Jahr 1169 mit einer von jener abweichenden Handschrift notiert wird, die die übrigen Teile dieser Chronik geschrieben hat. Dieses Chronikon wurde an ein Osterverzeichnis angefügt, das vom ersten Jahr nach Christi Geburt bis zum Jahr 1152 reicht, doch in der Weise, daß die ursprüngliche Handschrift weiterschreitet bis zum Jahr 1154, ausgenommen das, was sich auf das Kloster St. Georgen selbst bezieht, wobei überall nicht nur eine einzige Handschrift aus dem 14. Jahrhundert eingeschoben ist, die verschiedene falsche Angaben zum 7. und 8. Jahrhundert bezüglich des ersten Ursprungs eben dieses Klosters anfügt. Von jener Handschrift aber weicht ab, was wir eben in bezug auf den sicheren Ursprung

350 T. VI.
351 T. II. p. 299 seqq.
352 Geneal. Habsb. T. II. P. I. p. 140
353 T. I. p. 204
354 T. V. col. 479 Pag. 1001

jenes Klosters gegen Ende des 11. Jahrhunderts angemerkt haben, in welchem aber dieses Chronikon keinen seiner Äbte mit Namen nennt bis zum Jahre 1119, zu dem mit neuerer Hand folgendes notiert wird: *Werinh wird zum Abt gewählt, Theogerus Bischof von Metz und Abt von St. Georgen.* Mit anderer Tinte, aber vermutlich aus derselben Hand: *es verstarb Abt Werimher von St. Georgen, und Fridericus wird nach einem Streit zum Abt von St. Georgen bestimmt.* Und dann zum Jahr 1138: *Friedricus wird vom Abtsamt von St. Georgen entfernt, und Johannes wird durch den Papst ernannt.* Dann zum Jahr 1144: *Fridericus wird mit Erlaubnis des Papstes unter großen Ehren in das Abtsamt von St. Georgen zurückgerufen.* Ebenso zum Jahr 1154: *Es verstarb Fridericus, Abt von St. Georgen, dem Sintrammus in das Abtsamt nachfolgte;* dieser wird in der ›Gallia christiana‹ Gunthrammus genannt. Schließlich zum Jahr 1168: *Es verstarb Sintramnus, Abt von St. Georgen, es folgt Prior Wernherus nach.* Zum Jahr 1169: *Es verstarb Abt Werinher, dem Manegoldus nachfolgte.*

Dieser Manegold erhielt im Jahre 1178 von Papst Alexander III. eine Bulle, mit der dieser das Kloster St. Georgen und seine Besitzungen in den Schutz des apostolischen Stuhles aufnahm, welche dort einzeln bei Schöpflin in der *Alsatia diplomatica*[355] aufgeführt sind. Eine andere Bulle, die Manegold von demselben Papst Alexander III. und Papst Lucius III. gegeben wurde, erwähnt die ›Gallia christiana‹[356], mit der eben diesem und seinen Nachfolgern der Gebrauch der bischöflichen Amtstracht gestattet wird. Aus der Urkundensammlung von St. Georgen haben wir die Bulle des Lucius III. veröffentlicht, die Abt Manegold gegeben worden war, der nach dem zitierten Chronikon von St. Georgen im Jahre 1187 das Abtsamt dem Albert übergab: nachdem dieser nach vier Jahren von den Seinen abgesetzt worden war, wurde derselbe Manegold wieder eingesetzt. Allerdings sind die St. Georgianer der Ansicht, daß in diesem Jahre Theoderich zum Abt gewählt wurde, der dann im Jahre 1209 gestorben ist: Sie behaupten aber, Manegold sei als Abt in Tegernsee und Kremsmünster angefordert und schließlich im Jahre 1206 zum Bischof von Passau ausgerufen worden und er sei ebendort im Jahre 1215 gestorben. Bei Hansizius in der *Germania sacra* ist unter den

355 T. I. p. 266
356 T. V. p. 1002

Bischöfen von Passau ein gewisser Manegoldus notiert[357], der als vorheriger Abt von Tegernsee und Cremf im Jahre 1206 herbei-geholt wurde, wobei allerdings eine Anforderung aus St. Georgen in keiner Weise erwähnt wird. Auch stimmt die dort bezeichnete Zeitangabe nicht überein, derzufolge von ihm zu lesen ist, daß er schon im Jahre 1183 in das Abtsamt von Krems gekommen sei, und er tritt in den Dokumenten jenes Klosters im Jahre 1190 auch als Abt von Tegernsee in Erscheinung, in welchen er als *Schwabe aus dem Samen des Königs,* nämlich Philipps, bezeichnet wird, weswegen er auch in einem Diplom des Kaisers Friedrich II. aus dem Jahre 1215 *unser Blutsverwandter* genannt wird[358]. Hundius schreibt in der ›Metropolis Salisburgiensis‹[359], daß er ein Sohn des Grafen Diepold von Bergen und der Gräfin Gisela von Andechs gewesen sei. Dasselbe tut Hansizius[360], und er weist ihm als Brüder Heinrich und Dietbold zu, gleichfalls Passauer Bischöfe vor ihm, den Mönch Bertold von Zwiefalten, Bischof Otto II. von Freising und den Prinzen Ulrich von Bergen. Wenn es sich hier aber um diesen Manegold selbst handelt, der im Jahre 1187 auf das Abtsamt von St. Georgen verzichtet hat, ist zu sagen, daß er dieses einige Jahre lang gleichzeitig mit dem von Krems innegehabt haben muß, bis er dann vermutlich das von Tegernsee erhielt.

Und von da aus andere Klöster, die unter der Leitung des seligen Theoger eingerichtet wurden.

LI. Es war aber der selige Theoger zweifellos der bedeutendste Schüler des heiligen Wilhelm von Hirsau und Kolonist in St. Georgen, zu dem nach seiner dortigen Einsetzung als Abt unter seiner Führung eine so große Menge an Dienerschaft Gottes zusammenströmte, daß er nach der Aussage des Trithemius in einem Zeitraum von zehn oder zwölf Jahren nicht weniger als siebenhundert Mönche und Nonnen unter seiner Fürsorge zählen konnte. Aus diesen bestimmte er für das Kloster Ottobeuren in der Diözese Augsburg den ehrwürdigen Rupert, voll an Heiligkeit und Gnade, und stellte ihn den heruntergekommenen Mönchen

357 T. I. p. 350
358 Ibid. p. 359
359 T. III. p. 271
360 L. cit. p. 327

als Abt voran, der seinen Untergebenen durch Wort und Beispiel den Weg des Herrn in Wahrheit zeigte, wie Trithemius von ihm berichtet[361]. In dem oft zitierten Chronikon aus St. Georgen ist zum Jahr 1102 und 1103 folgendes zu lesen, doch wohl von einer fremden und vermutlich neueren Hand: *Ropertus, Prior von St. Georgen, wird zur Wiederherstellung des monastischen Lebens auch gegen seinen heftigen Widerstand nach Ottoburon überstellt.* Wie die Dokumente von Ottobeuren aussagen, brachte nach dem Tode des Abtes Heinrich von Ottobeuren im Jahre 1104 Rupertus von Ursin, der Sohn des Vogtes Reinhard, den seligen Rupertus herbei, *um das Leben der Mönche zum Besseren hin umzugestalten und diesen heiligen Ort davor zu bewahren, daß er völlig zugrunde gerichtet würde,* wie das Chronikon von Ottobeuren aufweist, und es erwähnt, daß Adelhalm das Kloster neu zu errichten begonnen habe und daß es durch den heiligen Abt vollendet worden sei. Dieses Chronikon von Ottobeuren auf Pergament nimmt seinen Anfang mit dem Todesjahr des seligen Rupert im Jahre 1145 in folgender Weise: *Im oben genannten Jahre verstarb der Bekenner Rupertus würdigen Angedenkens, ein großartiger Wundertäter in und außerhalb des Leibes, zum Abt geweiht für 40 Jahre, am 7. November; er lebte fast hundert Jahre lang.* In einer anderen Chronik werden sogar noch zwanzig Lebensjahre hinzugerechnet. In der zitierten Chronikhandschrift von St. Georgen wird zum Jahr 1146 folgendes notiert: *Der selige Abt Rupertus ist verstorben und erlangte durch seine Wunder Berühmtheit.* Es existiert ein Ablaßbrief, den bei dessen feierlicher Überführung im Jahre 1279 Bischof Hartmann von Augsburg und Erzbischof Werner von Mainz für das Überführungsfest gewährten[a].

a) Die Ablässe, die bei der Überführung des seligen Rupert von einigen Bischöfen bei dessen Überführung im Jahre 1279 gewährt wurden, haben folgenden Inhalt: »Hartmannus, von Gottes Gnaden Bischof der Diözese Augsburg, an alle Christgläubigen usw. Da vom Lob des Schöpfers die Leidenschaft der fleischlichen Zunge menschlicher Beschaffenheit nicht schweigen darf, muß sie zum Lobe ihres Heilandes desto glühender streben, je mehr sich der Herr daran erfreut, daß die Seinen in ihm und er in den Seinen mit Hingabe geehrt würden. Wir, die wir darum bemüht sind, den Kult und die Verehrung des Namens Gottes nach unseren Kräften zu mehren, geben mit der Autorität der Anwesenden hiermit den Geliebten in Christus, dem Abt und dem Konvent in Ottoburen, die Erlaubnis, daß sie den Leib des seligen Abtes Rupert, dessen überaus lieblicher Duft seiner Verdienste und guten Rufes sich durch die Gnade Gottes weit und breit verströmt hat, an den geziemenden und dem Lob Gottes angemessenen Ort seines Klosters zu überführen: allen

Christgläubigen, die zu dem Tag seiner Überführung (zusammenkommen)
und ebendort den Namen des Herrn in Demut anrufen und für eben diesen
Ort Werke der Menschlichkeit verrichten sollten, erlassen wir barmherzigst
durch den gegenwärtigen Ablaß vom Tag der eben genannten Überführung an
bis zum dreißigsten Tag danach vierzig Tage für Todsünden und ein Jahr für
läßliche Sünden und die vierzigtägige Bußzeit und das jährliche Fasten
hinsichtlich der ihnen auferlegten Buße, die vergessenen Sünden, die gebrochenen Gelübde, damit sie sie wieder einhalten können, die Angriffe auf Väter
und Mütter, wenn sie keine schweren Verletzungen nach sich zogen, Verfehlungen gegen den Glauben und Meineide ohne tödliche Folgen. Und damit
die Erinnerung an diese Überführung nicht zum Erliegen kommt, haben wir
im Vertrauen auf Gott bestimmt, daß ihr Jahrestag festlich zu begehen sei.
Allen, die an eben diesem Jahrestag und den nachfolgenden acht Tagen
zugegen sind und den vorgenannten Ort in Demut aufgesucht haben, erlassen
wir durch die uns von Gott übertragene Vollmacht vierzig Tage für Todsünden;
dieser Ablaß wird dann für immer Gültigkeit haben; denn wir haben in
unserer Diözese gnädige und gültige Ablässe, welche unsere ehrwürdigen
Brüder, die katholischen Bischöfe, dem vorgenannten Ort gewähren zu dürfen
glaubten. Gegeben zu Augsburg im Jahre des Herrn 1279, am 1. Juni.« Eine
andere Ablaßverordnung für das besagte Überführungsfest lautet so: »Wernherus, durch Gottes Gnade Erzbischof des heiligen Stuhles zu Mainz usw. Da
wir die Verehrung des Namens Gottes, soweit es in unseren Kräften steht, mit
leidenschaftlichem Eifer zu fördern bestrebt sind, erlassen wir barmherzig
allen Christgläubigen, die an dem Tag der Überführung des Leibes des seligen
Abtes Rupertus in Ottenbeuren, einem Kloster des Ordens des heiligen
Benedikt in der Diözese Augsburg, teilgenommen haben und dabei den
Namen Gottes mit Demut anriefen und eben diesem Orte Werke der Mildtätigkeit zukommen ließen, dreißig Tage der Sündenschuld hinsichtlich der
ihnen auferlegten Buße durch den vorliegenden Ablaß vom Tag der vorge-
nannten Überführung an bis zum dreißigsten Tag danach, der auch über die
Oktav des Jahrtages hin für immer Gültigkeit hat. Wir haben auch wohlgefäl-
lige und gültige Ablässe, welche die ehrwürdigen Brüder, die katholischen
Bischöfe, gewährt haben. Gegeben zu Mainz im Jahre des Herrn 1279 am 1.
Oktober.«

Im Jahre 1554 am 25. März verwahrte Abt Casparus Kindelmann
nach einem vorausgehenden dreitägigen Fasten und einer Syn-
axis, als er die Kirche mit neuen Baulichkeiten verschönert hatte,
den heiligen Körper mit Hymnen und Psalmen unter dem Altar
der heiligen Apostel. Auf dem Stein, mit dem der mit Sandalen
und einem violetten Rock ausgestattete Leichnam bedeckt wurde,
waren die Worte eingemeißelt: *Hier ist der große Gelehrte Rupertus.*

An das Kloster Hugshofen in der Diözese Straßburg hatte schon
der heilige Wilhelm aus Hirsau Konrad mit zehn Mönchen
entsandt; nach dessen Tod ersetzte ihn dort der selige Theoger
durch einen seiner Schüler als neuen Abt, einen sehr frommen
und heiligen Mann, dessen Namen aber Trithemius nicht ausdrücklich nennt, wie auch nicht des seligen Abtes Egino von
St. Ulrich zu Augsburg, von dem er schreibt, er habe aus dem

Verlangen nach einem strengeren Leben sein Abtsamt aufgegeben und sich der Führung des seligen Theoger unterworfen, wie wir oben schon gesagt haben.

Dann erwähnt er noch einen anderen, wobei er gleichfalls dessen Namen verschweigt, einen Mann von großer Gelehrsamkeit und hoher Heiligkeit, der die Seelsorge, mit der er betraut war, hintanstellte und sich im Kloster St. Georgen der Disziplin des seligen Theoger unterstellte; später wurde er Abt des bedeutenden Klosters Admont. Es ist dies aber der ehrwürdige Wolfoldus von der Abtei Eisenhofen, die dann unter Abt Bruno nach Scheyern verlegt wurde, der zweite Abt, von dem das Chronikon von Admont bei Hier. Pez[362] zum Jahr 1115 folgendes berichtet: *Erzbischof Chunradus* (von Salzburg)*, der aus der Verbannung zurückgerufen worden war, kam zu unserem Kloster und fand dieses völlig heruntergekommen und ohne Hirten vor; darüber war er zutiefst erschüttert und entsandte sofort seinen Legaten mit Namen Oudalricus von Elsindorf, der später Mönch unseres Klosters wurde, mit einem Schreiben nach Schwaben zu dem hochwürdigen Abt des Klosters St. Georgen namens Theoger und bat diesen inständig darum, ihm den ehrwürdigen Mönch seines Klosters, den Herren Wolfoldus, zur Leitung der Gemeinschaft von Admont zu überstellen.* Dieser folgte dem guten Beispiel des seligen Theoger und *brachte eine große Ernte von gläubigen Männern wie auch Frauen ein,* wie der Verfasser sagt, *und begründete bei uns als erster Nonnen, von denen sich in kurzer Zeit eine solche Glut von Ehrenhaftigkeit und Gläubigkeit verbreitete, daß auch einige Fürsten und Grafen, aber auch viele Edle ihre Töchter darboten, damit sie ebendort unter der Ordensregel Gott dienen sollten, und sie machten damit eben dieses Kloster berühmter als fast alle anderen Nonnenklöster in Deutschland.*

Nachdem aber derselbe Chronist den Tod des Wolfonus erwähnt hatte, berichtet er auch gleich von der Art und Weise, wie er sich von dem Verdacht der Unenthaltsamkeit befreite, welcher sich bei Übeldenkenden wegen des starken Zustroms von Nonnen in dem von ihm gegründeten Frauenkloster Admont wie auch in dem von ihm reformierten Parthenon in Kärnten eingestellt hatte. *Über deren Vorteile,* wie er schreibt[363]*, Zuträglichkeiten und Bildung zu*

362 T. II. Script. rer. Austr. p. 183
363 L. c. p. 186

*wachen, waren ihm als dem ersten Bearbeiter jener neuen Pflanzung
ein ständiges Anliegen. Um aber den Verdacht einer schweren
Verfehlung von sich abzuwenden, bestimmte er einen Zeitpunkt, an
welchem er nach der Darbringung des Meßopfers mit drei älteren
Brüdern, nämlich dem Kustos Oudalricus, Oudalricus von Elsindorf
und Witilo, die ihm zur Seite standen, das Pferd bestieg und zu dem
benachbarten Erzbergwerk Plaberch ritt, wo schon in der Esse die
Eisenmasse kochte. Er ließ nun die Mündung des Ofens öffnen, die
Masse mit Zangen herausholen und über den Amboß gießen.
Nachdem sich dann alle entfernt hatten und nur noch die drei
Brüder anwesend waren, reinigte sich jener als lauterster Nachahmer der drei Jünglinge von dem Vorwurf der Unzucht, indem er mit
bloßen Händen die tropfende Masse ergriff, in die Luft hob, wobei
die Anwesenden erstarrten und nach rückwärts wichen, da sie
solches nicht für möglich hielten, zum Anfassen reichte und schließlich wieder ohne jede Verletzung auf den Amboß zurücklegte. Diese
Art der Verteidigung ist schwierig, die Form der Rechtfertigung
unerhört und nicht weniger staunenswert, als daß Unschuldige
unversehrten Leibes in ein Faß mit siedendem Öl gesteckt werden.
Im übrigen bedurfte es, wie über den seligen Martinus zu lesen ist,
keiner großen Anstrengung, daß die eben genannten Brüder sich von
ihrem Abt die Verzeihung verdienten, da sie sich nicht weniger gegen
eben diesen versündigt zu haben schienen, als Brictius gegen Martinus.*

Soweit jener; und er legt gleich zum folgenden Jahr 1138 dar, daß
durch Botschaften und Briefe desselben Erzbischofs Chunradus
dringend darum ersucht wurde, an die Stelle des Wolfoldus als
Abt den Herren Gottfridus zu setzen, den Prior von St. Georgen.
Nach der Meinung dieses fast zeitgleichen Geschichtsschreibers
irrt sich Bucelin, der behauptet, daß dieser Mönch Gottfrid von
St. Georgen, den er einen Adligen von Venningen nennt, zunächst
Abt von Weingarten und später von Admont geworden sei. P.
Bern. Pezius, der die in zwei Bänden zusammengefaßten Predigten dieses Gottfrid zu Wien im Jahre 1725 herausgegeben hat, hält
dennoch, auch wenn er zugesteht, daß die alten und zeitgenössischen Geschichtsschreiber über sein Weingartener Abtsamt
schweigen, die Autorität des Bucelin für gewichtig, da dieser
selbst Mönch in Weingarten war. Vor ganz kurzer Zeit aber hat P.
Gerardus Hess in seinem Vorwort zu den ›monumenta Guel-

phica‹ vorgebracht[364], daß, wenn eine Meinung nach den klostereigenen Archiven zu bilden wäre, Gottfried nicht den Äbten von
Weingarten zugeschrieben werden dürfe, da ihn keine der alten
Urkunden erwähnt. Dennoch nennt er aus der Lebensgeschichte
des heiligen Erzbischofs Gebhard von Salzburg einen Fundort[365],
nach welchem beides feststeht, nämlich daß Gottfried als Prior
von St. Georgen zuerst zum Abtsamt von Weingarten und von da
nach Admont berufen worden ist: *Dieser Herr Gotfridus nämlich
war vorher an dem Ort Wingart in das Abtsamt gegeben worden;
doch da dort der Weinbau ohne Früchte blieb, wurde er auf Bitten
des Herren Theodwinus von dem Herren Papst Innozenz nach
kanonischem Recht von dort entpflichtet und zur Leitung unserer
Kirche freigestellt.* Obwohl allerdings diese Aussage dem nicht
entgegensteht, glaubte P. Hess, daß dieser in dem Verzeichnis der
Weingartener Äbte zu übergehen sei; den Grund hierfür entnimmt er den Dokumenten von Zwiefalten, die zweifellos der
zeitgleiche Abt Bertold verfaßt hat: *Auf Drängen unseres Vogtes,
des Herzogs Henricus von Bayern, wird der Mönch Arnoldus und
unser Prior* (von Zwiefalten) *Abt in Weingarten.* Er vermutet aber,
daß die San-Georgianer vielleicht nach wie vor auf der Seite des
Schwabenherzogs Friedrich und seines edlen Schwagers Heinrich
gestanden hätten. *Und was?* fügt er hinzu, *wenn wir annehmen,
daß dieser Gotfried entweder der Bruder der Itta, der Ehefrau des
Guelfo VI. oder ein Nachkomme des Gottefrid von Calwe und
Bruder des Grafen Albert von Wartenberg oder Wurtemberg wäre?
In beiden Fällen mußte er* (Heinrich) *befürchten, daß er bei seinem
Erbe eine Einbuße erleiden würde, wenn Gottfrid in Weingarten Abt
wäre.* Es verstarb dieser Gottfrid als Abt von Admont im Jahre
1165, *für welchen der Herr Lictoldus, sein Zögling und Mönch,
gewählt wird,* wie das zitierte Chronikon sagt. Zum Ende dieses
Jahrhunderts, nämlich zum Jahr 1199, berichten die San-
Georgianer von dem Tode eines gleichnamigen Gottfrids, des
Patriarchen von Aquileia, der ebenfalls aus ihren Reihen stammte,
welchen Papst Lucius III. in einer Bulle erwähnt, die wir im ›Cod.
probat.‹ vorlegen.

Der hochgelehrte Abt Georgius Geisser von St. Georgen nennt
uns als einen weiteren Schüler des seligen Theoger den heiligen

364 p. 50
365 Canis. Lect. ant. T. III. P. II. p. 443

Erbo, einen Abt, wie er glaubt, von Prüfening, in bezug auf den und dessen Vorgänger die Anfänge der Fragmente der Lebensgeschichte des heiligen Theoger aufzufassen sind, welche folgendermaßen lauten: »In jenen Tagen nahm das bayrische Land nichts Ruhmreicheres und nichts Liebenswerteres in seinem Innersten auf als ihn, der, berühmt durch seine vielen Tugenden, am 6. Januar, also am Fest der Erscheinung des Herrn, bei seinem Dahinscheiden gewürdigt wurde, den ihm im Himmel geoffenbarten Sohn der Jungfrau zusammen mit den Magiern zu sehen und so, in seinem Stall das Lobpreisopfer darbringend, mit jenen zusammen anzubeten, die an diesem Tage nach der Darbietung der mystischen Gaben ihn schreien sahen und den in Windeln Gewickelten anbeteten; sogleich singt er in Übereinstimmung mit dem Propheten: *Ich aber werde in Gerechtigkeit erscheinen usw.* Nachdem er nunmehr in der Vorhalle der Kirche, einem Ort nämlich, der seinen Verdiensten entspricht, beigesetzt ist, leitet er, wie wir glauben, diesen seinen Amtssitz, den er dem Körper nach verlassen hat, mit Gebeten; auf diesem Amtssitz hatte er als seinen Nachfolger aus den alten Schülern des Theoger den ehrwürdigen Erbo, der uns zum Schreiben gedrängt hat und uns das zu Schreibende darbot und zwar um so wahrer, da er alles umfassend wußte. Die Taten seines Lehrers mußte der Schüler wohl genau kennen, der jenem nicht nur zuhause und außerhalb ein unzertrennlicher Begleiter, sondern auch in der Fremde Tröster und Gefährte war und ihm selbst bis zur Tracht des von ihm übernommenen Bischofsamtes nachfolgte. Er trieb uns dazu an, die freundschaftlichen Gefühle beider zueinander nicht ohne die Bewunderung des Theoger darzustellen, der das Verdienst hatte, nicht nur solche Kollegen, sondern auch Schüler zu haben usw.«

Unter dem seligen Erbo soll im Kloster Prüfening der heilige Graf Eberhard von Hippoltstein gelebt haben, welchen jener nach der Errichtung des Klosters Biburg durch seine leiblichen Brüder im Jahre 1133 zum Abt bestellte, aus welchem er dann in das Amt des Erzbischofs von Salzburg berufen wurde, wie in dessen Lebensgeschichte bei Hansizius[366] zu lesen ist. Über Friedrich aus dem Magisterium des seligen Theoger, der zur Leitung der Abtei Gengenbach berufen wurde, wird gleich später zu sprechen sein.

---

366 Germ. Sacra T. II. p. 246 etc.

Und die Zellen.

LII. Die Zellen, die früher einmal zum Kloster St. Georgen gehörten und zum Teil auch heute noch dazu gehören, werden in der schon zitierten Bulle des Papstes Alexander III. bei Schöpflin[367] mit folgenden Worten aufgezählt: *Unter diesen glaubten wir mit ihren Eigennamen diejenigen benennen zu müssen, welche eben dieses Kloster nach dem Besitzrecht innehat: die Zelle Lukesheim in der Diözese Metz, die Zelle St. Johannes auf dem Landgut Megenhelmeswilre, die Zelle St. Nikolaus auf dem Landgut Ripoldesowe* (Rippolzau), *die Zelle auf dem Landgut Fridenweiler, welche in rechtmäßiger Umwandlung durch Tausch von der Reichenauer Gemeinschaft erworben wurde, die Zelle Amienhuisen* (Amptenhausen), *die Zelle Urspringen.*

Die Zelle oder das Kloster Lukesheim oder Luxheim bestätigte Kaiser Friedrich II. im Jahre 1163 als Eigentum des Klosters St. Georgen dem Abt Gunthram von St. Georgen, der auch Sinthrammus genannt wird. Diese Gründung aber, die von dem Vater Formarus und seinem Sohn für die Metzer getätigt worden war, machte Kaiser Heinrich V. im Jahre 1112 rechtskräftig. Von dieser Zelle handelt Trithemius zum Jahr 1087[368].

Die Zelle St. Johannes auf dem Landgut Megenhelmeswilre oder Magehem-Wilre wird in der Gründungsurkunde dieses Frauenklosters in der Nähe von Rheinzabern im Elsaß bei den Verfassern der ›Gallia christiana‹ notiert[369], mit welcher der Graf Petrus von Lutzelnburg jenes im Jahr 1126 dem Abt Wernherus von St. Georius oder St. Georgen schenkt. In dem Totenbuch von St. Georgen und Amptenhausen ist von einem Grafen Reginaldus von Lutzelburg zu lesen, Sohn des Petrus und der Itha, der Stifter des Klosters Neuburg im Wald, der ebendort im Jahre 1150 bestattet wurde.

Die Zelle St. Nikolaus auf dem Landgut Ripoldeshowe, oder, wie es heute genannt wird, Rippoldsau an den Heilquellen im Schwarzwald erscheint in der zitierten Bulle Alexanders; sie war einst zu einem Ort zur Unterrichtung von Klosterzöglingen bestimmt gewesen und besteht bis heute noch in Abhängigkeit vom Kloster St. Georgen.

367 Alsat. diplom. T. I. p. 266
368 L. cit. p. 190
369 T. V. append. p. 479

Das Landgut Friedenweiler, gleichfalls im Schwarzwald, fiel im Jahre 1123 unter Abt Werner durch ein Tauschverfahren von der Gemeinschaft Reichenau an St. Georgen, wie die Urkunde zeigt, welche wir im ›Cod. prob.‹ abdrucken; hier wurde auch ein Nonnenkloster des Ordens des heiligen Benedikt gegründet: aus welchem Grunde es an die Zisterzienser überging, werden wir unten an dem ihm entsprechenden Ort sagen.

Die Zelle Amitenhuisen oder das Frauenkloster Amptenhausen haben wir schon zum vorigen Jahrhundert besonders hervorgehoben, obwohl wir anderswo lesen können, daß es erst im Jahre 1111 gegründet wurde; es steht heute noch in Blüte und gehört in den Sorgebereich des Abtes von St. Georgen; ebenso das Kloster Urspring; daß dieses von seinen Stiftern im Jahre 1127 dem Vernerus oder Wernherus übergeben worden ist, bezeugt ein Schreiben eben dieses Abtes, das in der Chronik von Buren wiedergegeben ist[370], welche Fr. Christianus Tubingius dem Abt Gregorius in Blaubeuren gewidmet hat. Das Schreiben lautet: *Durch die Vorsehung Gottes tun wir, der niedrige Abt und der Konvent des heiligen Märtyrers Georgius im Schwarzwald, allen Söhnen der Kirche, die alle das vorliegende Blatt zur Kenntnis nehmen, kund: daß es in der Grafschaft der Alb einen Ort gibt, waldreich und lieblich durch dazwischen gestreute Wiesen, von Wassern durchzogen; nach deren Quellen erhielt er auch seinen Namen Urspring. Er liegt aber auch in der Nähe einer Burg und eines Dorfes, welche beide den gleichen Namen Schälkalingen tragen und in das Erbe dreier leiblicher Brüder aus dem Ritterstande einer vornehmen Familie fallen, nämlich seiner Besitzer Rudegerus, Adelbertus und Waltherus, wovon hier die Rede ist. Es übergaben also im 1127. Jahr nach der Menschwerdung des Herrn im ersten Herrschaftsjahr Lothars die drei vorgenannten leiblichen Brüder den besagten Ort zusammen mit einer Kirche, die vor vielen Jahren an diesem Ort errichtet worden war, Gott und dem heiligen Georgius zur Rettung ihrer und ihrer Eltern Seelen für alle Zeit usw.* Mehr von diesem Frauenkloster unseres Ordens sagt aus Fel. Fabri und Bruschius Franc. Petri in der ›Suevia ecclesiastica‹[371].

Es bestätigte weiterhin der genannte Papst Alexander III. bei dem zitierten Schöpflin eben diesem Kloster St. Georgen *außerdem*

---

370 T. IV. Hist. comit. Wirtemb. p. 374
371 p. 826

alle Zellen, welche nicht dem Eigentumsrecht nach, wie die eben genannten, sondern der Obödienz nach euch und eurem Kloster unterworfen sind; diese, sagt er, *verpflichten wir durch päpstliche Autorität unter das Joch des Gehorsams, durch den sie euch erhalten werden, und bestätigen sie und vertrauen sie euch und euren nach kanonischem Recht zu bestimmenden Nachfolgern an, daß ihr für sie immer in der Furcht vor Gott gemäß der Regel des heiligen Benedikt durch euch und eure Brüder sorgt und sie leitet: die Zelle Wargavilla, die Zelle in Crouchtal* oder Kraffthal, *die Zelle St. Markus, auch im Elsaß.* Diese, die vor Zeiten einen Mangel an Nonnen aufwies, behielten bis in das gegenwärtige Jahrhundert hinein die St. Georgener seit der Zeit des seligen Theoger, der jenes Kloster, das schon vor etlichen Jahrhunderten errichtet wurde, *aber unvermögend, klein und unfertig war,* wie Trithemius zum Jahr 1087 berichtet[372], *derart mit Mauern, Gebäuden und Besitzungen vergrößerte, daß er innerhalb kurzer Zeit nicht weniger als hundert heilige Frauen gleichzeitig in ihm zusammenscharte, die unserem Herrn Jesus Christus in echter Frömmigkeit des Geistes und des Leibes ohne Unterlaß in Gemeinschaft dienten. Und nicht nur solche aus dem Volk, sondern auch viele Vornehme beiderlei Geschlechts unterwarfen sich demütigst der Führung des Theoger, nachdem sie glänzende Schätze aus Liebe zu Christus verachtet hatten: Viele aus der Zahl der Vornehmen übergaben in der Furcht des Herrn ihre Söhne und Töchter zur Erziehung und zum Dienst für den zu aller Zeit lebenden Gott unter der Regel des heiligen Vaters Benedikt usw.*

Die Äbte des Klosters St. Trudpert.

LIII. Auf der anderen Seite des Schwarzwalds hatte das uralte Kloster St. Trudpert im 12. Jahrhundert ebenfalls Äbte, die sich durch Heiligkeit auszeichneten, und zwar nach Benno im Jahre 1117 und Udalrich im Jahre 1140 den seligen Bernhard, der in besonderer Weise in der Lebensgeschichte des heiligen Trudpert bei den Bollandianern gerühmt wird[373], wo von der Bestrafung von Rechtsbrechern gegen den heiligen Trudpert und die Seinen berichtet wird, vor allen Dingen von Bergleuten in den Silberminen, welche unter dem Abt Eberhard *in einem bestimmten*

---

372 Chron. Hirs. T. I. p. 285
373 T. III. April. p. 434

benachbarten Berg in großer Fülle gefunden wurden, deren
Bergleute Eberhard gleichfalls angriffen, als er *mit der vorschrifts-
mäßigen Begleitung seiner Brüder und der Klostergemeinschaft*
vorüberging. Zu diesem Eberhard gibt es bei Herrgott[374] eine
Bulle des Papstes Lucius II. aus dem Jahre 1144, mit welcher er
das Kloster St. Trudpert mit allen seinen Besitzungen, die rechtmäßig und nach der Vorschrift der Kanones erworben worden
waren und in langer Reihenfolge aufgezählt werden, in seinen
Schutz aufnimmt. Er erscheint auch in einer Urkunde, mit der
Bischof Hermann von Konstanz in Zartun im Jahre 1145 auf
Anordnung des Papstes Lucius in dem Streitfall zwischen der
Zelle St. Ulrich und der Pfarrkirche Bikensol seine Entscheidung
fällte, wie der hochwürdigste Abt Philippus Iacobus von St. Peter
in seiner kurzen Geschichte des Priorats St. Ulrich notiert[375]. Das
›necrologium Benedictinum‹ erwähnt ihn zum 12. Aug. und im
Jahre 1156; es wird notiert, er sei berühmt gewesen; zu diesem
Jahr schreibt von ihm auch Bucelin in der ›chronologia Constantiensis‹, wo er sagt, daß jener im Jahre 1160 zum Himmel
entflogen sei.

Nach diesem war Rudigerus Abt, von dem mit seiner Unterschrift
als Zeuge in einem Schreiben des Priors Berthold von St. Ulrich
an Papst Lucius III. vom Jahre 1181 zu lesen ist[376]. Es folgte ihm
der durch seine Heiligkeit nicht weniger als durch seine Herkunft
bekannte selige Hugo, an welchen gerichtet eine Bulle des Papstes
Lucius III. aus dem Jahre 1184 existiert, die wir aus dem
Autograph wiedergeben und die vorherige, von Lucius II.
erlassene, bestätigt. Da die Knechte der Vögte von Staufen, die
auch die benachbarte Burg Scharfenstein in Besitz nahmen,
diesen in unwürdigerer Weise behandelten, als es seinem Amt und
Titel zukam, und das Vermögen des Klosters vernichteten, brachte
der Mann in seiner Not seine Klagen vor die Breisacher, denen
die Angeklagten genau bekannt und die sogar bereit waren, an
diesen Vergeltung zu üben. Doch Hugo geriet bei seiner Rückkehr
von Breisach in einen Hinterhalt, wie Bucelin, der in diesem
Kloster eine Zeitlang das Amt eines Novizenmeisters versehen
hatte, in der ›chronologia Constantiensis‹ erwähnt und zwar zum
Jahr 1189, obwohl doch schon im Jahre 1186 auf das Drängen

374 Geneal. Habsb. T. II. P. I. p. 169
375 p. 109
376 Hist. S. Ulr. p. 132

dessen Nachfolgers Heinrich Albert von Habsburg und Landgraf des Elsaß eben diesem Kloster die Bestätigung eines Privilegs erteilt hatte, das von dem früheren Grafen Luitfrid und dessen Söhnen Hunfrid, Luitfrid und Hugo gewährt worden war und das bei P. Herrgott nachzulesen ist[377], in welchem die Gründer Otbert und Rampert erwähnt werden, über welche ich schon im dritten Buch ausführlich gesprochen habe. Dort ist von Otbert zu lesen[378], daß er *einige Jahre* nach dem Tode des heiligen Trudpert, der im Jahre 643 oder dem folgenden gestorben sein soll, noch am Leben gewesen sei. Doch kann es sich hier auf Grund des Alters nicht um den handeln, der nach der Aussage von Fr. Guillimannus[379] zum Jahr 724 im alemannischen Krieg gegen die Bayern unter Karl Martell nach der Überlieferung der meisten vermißt oder getötet wurde. Dieser Otbert wird bei Guillimannus Hettobertus genannt, der kurz zuvor durch diesen Feldzug dem angezündeten und beinahe zerstörten Kloster St. Trudpert durch seine Freigebigkeit und Fürsorge zu außerordentlichem Glanz verholfen hatte. Dies stimmt in etwa mit dem überein, was wir an anderer Stelle wiedergegeben haben[380], daß *nämlich nach dem Ablauf vieler Jahre,* nach dem Tode des heiligen Trudpert, jener Ort *durch uneinige Erben fast zur Einöde geworden wäre,* den dann ein Mann *namens Rambertus, ein Nachkomme des Otbertus,* wieder erneuerte, nachdem eine feierliche Überführung des heiligen Leichnams im Jahre 816 vorgenommen worden war.

Diesen Rampert macht derselbe Guillimannus zum Sohn des Otbert oder Hettobert, was allerdings nicht zugelassen werden kann. Wir geben freilich gerne zu, was kaum zu bestreiten ist, daß jener Hettobert oder Otbert, der Stifter des Klosters St. Trudpert, der um das Jahr 724 getötet wurde, verschieden ist von dem Otbert, dem ersten Patron von St. Trudpert, und daß er vielleicht auch der Sohn eben dessen gewesen ist[381], wie wir schon aus der von den Bollandisten zitierten Reichenauer Handschrift vermutet haben; wir sehen jedoch nicht, mit welcher Begründung Rampert ein Sohn auch dieses Otbert des Jüngeren genannt werden kann, der schon etwa ein Jahrhundert zuvor gestorben ist. Es bleibt also

377 Geneal. dipl. T. II. P. I. p. 197
378 p. 49 seqq.
379 Habsburg. L. III. c. 3. p. 106
380 Lib. III. p. 50
381 L. cit. p. 51

nur übrig, daß wir diesen Rampert nach den Straßburger Akten
von St. Trudpert freilich einen *Urenkel* Otberts des Älteren, aber
einen *Enkel* Otberts des Jüngeren nennen, wie es andere Akten
haben; eben damit scheinen jene Akten leicht in Übereinstimmung gebracht werden zu können, wenn sie Rambert bald
einen *Enkel,* bald aber einen *Urenkel* des Otbert nennen: sie
haben nämlich nicht die beiden Otberts als Vater und Sohn
hinreichend unterschieden, von denen der erstere zwar der
Urgroßvater, der zweite aber der Großvater des Rambert gewesen
wäre, von dessen Vater wir hingegen nichts wissen. Doch wir
vermuten, daß sich Guillimannus nicht nur in der Abstammung
Otberts des Jüngeren, sondern auch in dessen Todesjahr getäuscht
hat, wenn er dieses etwa zum Jahr 724 ansetzt. Mit Sicherheit ist in
den Annalen bei Marquardus Freherus aus dem Codex
Nazarianus, deren Verfasser ein zeitgenössischer Mönch aus
Murbach ist, zum Jahr 748 folgendes zu lesen[382]: *Otbertus ist
getötet worden und Grifo ist in Sachsen zugrunde gegangen.* Dieser
letzte gibt dazu noch den Grund für den Krieg an, der zwischen
dem Frankenkönig Pipin und dessen Bruder Grypho entstanden
war, welcher nach der Aussage von Marianus Scotus in seiner
Chronik zu diesem Jahr 748[383] tatsächlich nach Sachsen geflüchtet
war; wobei aber doch unsicher ist, auf welcher Seite von den
beiden dieser Otbert stand, von dem wir der Meinung sind, daß er
der Sohn Otberts des Älteren und der Großvater Ramberts
gewesen ist.

Doch kehren wir von den Gründern des Klosters St. Trudpert zu
dessen Äbten zurück. Von diesen brachte eben derselbe Heinrich,
den wir oben verlassen haben, die Leute, die die Güter der
Klosterfamilie für sich in Anspruch nahmen und sich weigerten,
den dem gewählten Abt von altersher geschuldeten und durch
Urkunde Luitfrids bekräftigten Zins zu geben, und auch noch
vom Konstanzer Gerichtshof aus beim Straßburger und
schließlich Mainzer Metropolitangericht Berufung einlegten, zur
Bezahlung. Auch erhielt er von Papst Coelestin III. im Jahre 1192
päpstlichen Schutz. Mehr Erwähnenswertes über ihn wird zum
13. Jahrhundert wiederkehren.

382 Scriptor. rer. Franc. P. I. p. 86
383 Pistor. script. Germ. T. I. p. 632

Die Äbte in Ettenheim.

LIV. Den beklagenswerten Zustand des Klosters Ettenheim gegen Ende des 11. Jahrhunderts, sicherlich unter Abt Konrad, dem ersten dieses Namens, haben wir schon im vorherigen Buch beschrieben. Es geschah dies aber durch die Verschwendungssucht des Straßburger Bischofs Otto, der sich wegen seines Bruders Friedrich, des Alemannenherzogs und Schwiegersohns des Kaisers Heinrich V., auf die Seite der Heinriche geschlagen hatte, wie Wimphelingus in dem Verzeichnis der Straßburger Bischöfe aussagt; daß auch dessen Nachfolger Cuno ein Verschleuderer der Diözese und von Klöstern gewesen ist, schreibt Guillimannus in *De episcopis Argentinensibus*[384]. Doch gebot Kaiser Heinrich V. dessen Raffgier Einhalt, nachdem dem Abt auch das Vermögen auf Zeit wiedergegeben worden war. Es ereignete sich dies im Jahre 1111, in welchem auf einer Zusammenkunft in Straßburg eben dieser Kaiser *auf die inständige Bitte der Ettenheimer Mönche hin, die darüber Klage führten, daß ihnen von irgendwelchen Leuten ihre Besitzungen gegen das Recht vorenthalten würden, einen Erlaß veröffentlichte, daß es niemandem erlaubt ist, die Güter von Mönchen und Kanonikern zu besitzen oder in Zukunft für sich in Anspruch zu nehmen,* wie derselbe Gullimannus ebendort berichtet.

Abt Konrad I., der um das Jahr 1116 gestorben ist, hatte den zweiten Konrad zum Nachfolger, unter dessen Regierung das Testament des Etto wieder in Kraft gesetzt wurde, wie dies ein lateinisches Exemplar mit folgenden Worten bezeugt: *Diese Urkunde ist wieder in Kraft gesetzt und geschrieben worden von dem jüngeren Abt Konrad des Klosters Ettenheim im Jahre 1121 in der 13. Indiktion.* Diesem folgte um das Jahr 1124 der von St. Blasien angeforderte Wernher nach, dessen Unterschrift gleich im folgenden Jahre 1125 auf der Immunitätsurkunde Heinrichs V. für das Kloster St. Blasien zu lesen ist, wie wir schon oben in Nr. XXXXV erwähnt haben, wo wir auch nach dessen Tod im Jahre 1141 seinen Nachfolger Friedrich, der ebenfalls aus St. Blasien genommen war, notiert haben. Diesen löste in der Leitung vermutlich Burchard ab, der in dem oben genannten Streitfall zwischen dem Prior der Zelle St. Ulrich und dem Pfarrer von Bikensol, welcher im Jahre 1181 dem Papst Lucius III. vorgelegt

384 p. 217

worden war, unter anderen Äbten als der Zeuge *Abt Burchardus von Ettenheim* auftritt.

Das Kloster Gengenbach.

LV. In derselben Urkunde werden vor jenem Heinrich zwei andere Äbte des Schwarzwaldes notiert, nämlich Burchard von Alpirsbach und Gotfrid von Genginbach. Über das Kloster Alpirsbach haben wir oben schon unsere Überlegungen angestellt, indem wir jene Kolonie für St. Blasien in Anspruch genommen haben, nachdem Trithemius sich durch die Ähnlichkeit der Namen hatte täuschen lassen, weil er keine genaue Zeitangabe vor Augen hatte, welche er sonst selten übersieht. Dafür aber, daß vor jenem an das Kloster in Gengenbach in der Diözese Straßburg Abt Marquard mit zwölf Mönchen entsandt wurde, ist Trithemius Zeuge[385], und zwar von dem ehrwürdigen Vater Gebhard, der dem heiligen Wilhelm im Abtsamt von Hirsau im Jahre 1091 nachfolgte. *Dieser,* sagt er, *hochwürdigste Abt Marquardus, der das ihm übergebene Kloster Gengenbach in beiderlei Zustand wieder erneuerte, gewann in kluger Weise die verlorengegangenen zeitlichen Güter wieder zurück und vermehrte innerhalb kurzer Zeit die Anzahl der Mönche beträchtlich. Nach diesem wurde noch ein anderer an denselben Ort entsandt, dessen Name aber nicht in Erscheinung tritt.* Es bezieht sich dies vermutlich darauf, was Mabillon zum Jahr 1104 mit folgenden Worten berichtet[386]: *Nachdem er seine Schüler an das Kloster Gengenbach entsandt hatte, begann* der selige Theoger, *eben dort die frühere Ordnung wiederherzustellen, bevor er in das Bischofsamt von Metz gelangte;* daß dies später eintrat, haben wir kurz zuvor festgestellt. Der Mönch P. Michael Scherer von St. Georgen erwähnt in der Chronikhandschrift der Lebensgeschichte des seligen Theoger zum Jahre 1117, daß von diesem in Gengenbach die Regeldisziplin durch seinen Schüler Friedrich wiederhergestellt worden sei, und er nennt dann gleich zum Jahr 1118, in welchem Theoger zum Bischof von Metz geweiht wurde, eben diesen Friedrich, einen aus Gengenbach angeforderten Abt. Dieser wird auch in einem Rundschreiben des heiligen Bischofs Otto von Bamberg namentlich erwähnt, welches er an die Äbte

385 Chron. Hirs. T. I. p. 276
386 Annal. T. V. p. 472

seiner Klöster gerichtet hatte, wie wir oben (Nr. XXVIII) festgehalten haben. Zwar behauptet die ›Gallia christiana‹[387], daß
dieses schon im Jahre 1109 verfaßt worden sei, doch fälschlicherweise, da jenes auch an den Abt Walchanus von Ensdorf gerichtet
war, der nach dem a.a.O. Gesagten erst im Jahre 1123 zusammen
mit einer Siedlergruppe von St. Blasien aus hierhin als Abt
entsandt wurde; damit läßt sich noch ein zweiter Irrtum der
Verfasser der ›Gallia christiana‹ widerlegen, die sagen, daß dieser
Friedrich von Gengenbach im Jahre 1120 gestorben sei.

Davon ausgehend ist auch noch Mabillonius zu nennen, der in
seinen ›annales Benedictini‹[388] erwähnt, daß Abt Gero von
Einsiedeln im Jahre 1123 am 3. Febr. gestorben ist, *nachdem er,*
wie er sagt, *kurz zuvor zum Kloster Gengenbach gelangt und dort,*
von Abt Hugo und den Mönchen dieses Ortes in Ehren aufge-
nommen, mit diesen einen Bund brüderlicher Liebe geschlossen
hatte. Dies läßt sich allerdings mit dem eben Gesagten kaum
vereinbaren, da Friedrich zumindest schon seit dem Jahre 1118
Abt war; so daß somit für einen Abt Hugo *kurz vor* dem Tode des
im Jahre 1123 verstorbenen Gero kein Platz sein kann. Eher
scheint dies auf frühere Zeiten oder auf den Beginn des 12.
Jahrhunderts bezogen werden zu müssen, wo in der Gengenbacher Chronik, die bei Lunigius[389] zu finden ist, schon um das
Jahr 1100 von einem Abt Hugo zu lesen ist, der im Jahre 1106 von
Kaiser Heinrich V. auch die Leitung der Abtei Lauresheim erhielt,
die er allerdings nur für ein Jahr innehatte[390]. Im übrigen berichtet
Hartmann in den ›annales Eremi‹ von jener zwischen Gero
und Hugo geschlossenen Gottesdienstgemeinschaft erst zum
Lebensende des Gero, da ihm für diese Angelegenheit keine
genaue Zeitangabe zur Verfügung stand. Somit wird in der ›Gallia
christiana‹ ganz zu Unrecht Hugo dem Marquardus vorangestellt,
dem er nach dem Gesagten hätte nachgestellt werden müssen,
während ihm dann Friedrich I. nachfolgte, wie wir gesagt haben.
An dessen Stelle trat dann Gotfridus I., der am 28. Febr. zur Zeit
der 2. Indiktion im Jahre 1139 von Innozenz II. im zehnten Jahr
seines Pontifikats die Bestätigung der Privilegien und Besitzungen erhielt; er begegnet auch in einer Schenkungsurkunde des

387 T. V. p. 870
388 T. V. p. 107
389 Spicil. eccles. P. III. p. 290
390 Cod. Lauresh. diplom. T. I. p. 222

Klosters St. Peter aus dem Jahre 1148 bei Schöpflin[391]: gestorben sein soll am 20. Febr. des Jahres 1162 Friedrich II., der als dessen Nachfolger angenommen wird; er wird in einem Schreiben notiert, das im Jahre 1181 im Streitfall der Zelle St. Ulrich gegen den Pfarrer Luitold in Bikensol an Lucius III. gerichtet war; es wird erwähnt, daß er dann im folgenden Jahre 1182 am 17. Dez. gestorben sei. Doch zwischen Gotfrid und Friedrich II. ist noch ein anderer Abt einzuschieben, wenn das wahr ist, was in der Chronikhandschrift von St. Georgen steht, daß nämlich innerhalb des einen Jahres 1173 die Äbte von Alpirsbach, St. Blasien, Gengenbach und Stein gestorben seien. In dieser Reihenfolge aber werden die Äbte von Gengenbach auch in der zitierten Chronik bei Lunigius zusammengestellt, und dann folgt noch Landofridus, wobei Gotfrid überhaupt nicht erwähnt wird, der doch in einer Urkunde von St. Trudpert aus dem Jahre 1186 bei Herrgott[392] als Zeuge auftritt und somit Gotfrid II. ist; und derjenige, der in der zitierten Chronik und der ›Gallia christiana‹ als der im Jahre 1218 nach Gerboldus, Salomo und Eggenhardus verstorbene Gotfrid II. notiert wird, wäre dann auf Grund der Zuverlässigkeit des besagten Diploms als der dritte zu bezeichnen.

Schuttern.

LVI. Das Kloster Schuttern wie auch das von Gengenbach, beide in der Ortenau gelegen, wurden von dem heiligen Kaiser Heinrich mit der von ihm gegründeten Diözese Bamberg durch das Band des Lehens verknüpft, was bis auf den heutigen Tag fortdauert. Und daher kommt es, daß das genannte Rundschreiben des heiligen Otto von Bamberg auch an den Abt *Eberhardus von Schuttern* gerichtet ist. Diesen kannte der Schutterer Chronist bei Schannat[393] nicht, der erdichtet, daß nach dem Tode des Rustenus im Jahre 1034 am 5. Sept. das Abtsamt für hundert Jahre verwaist war bis hin zu Konrad I., dessen Tod im Martyrologium zum 23. Juli des Jahres 1162 notiert wird. Dieser ist auf einer bei Schöpflin erwähnten Schenkungsurkunde von St. Peter aus dem Jahre 1148 als Zeuge zusammen mit Gotfrid von Gengenbach zu lesen. Auch

391 Hist. Zaring. Bad. T. V. p. 92
392 Geneal. Habsb. T. II. P. I. p. 200
393 Vindem. lit. coll. I. p. 20

erhielt er eine Protektionsbulle von Papst Innozenz II., die am 28. Okt. zur Zeit der 15. Indiktion im Jahre 1136 im siebten Jahr seines Pontifikats ausgestellt wurde, wie in der zitierten Chronik gesagt wird. Dem Konrad soll als nächster Swiggerus nachgefolgt sein, wobei keine Zeitangabe gemacht wird. Notiert wird aber Swiggerus in einem an Papst Lucius III. gerichteten Schreiben in Sachen des schon oft genannten Streitfalles der Zelle St. Ulrich aus dem Jahre 1181; sein Tod wird zum Jahre 1187 berichtet.

Die Erweiterung des Klosters St. Peter zur Grablege der Grafen von Zähringen.

LVII. Das Kloster St. Peter hatte Berthold I. von Zähringen in Weilheim ob der Teck in Schwaben erstmals gegründet, Berthold II. aber hatte es in den Westteil des Schwarzwaldes verlegt, da er die dortigen örtlichen Verhältnisse für die Ausübung des monastischen Lebens nicht für hinreichend geeignet ansah, nachdem dort die erste Kirche oder ein Oratorium von dem Konstanzer Bischof Gebhard und dem Bruder des Gründers im Jahre 1093 geweiht worden war, wie wir im vorherigen Buche erwähnt haben. Jenes Kloster aber wurde in diesem 12. Jahrhundert bedeutend erweitert, wie aus Auszügen des Gründungsbriefs zu ersehen ist und aus anderen Urkunden bei Schöpflin[394] und Schannat[395], wo zum ersten Mal eine Bestätigung der Zähringer Herzöge Berthold III. und Konrad für das von ihren Eltern gegründete Kloster St. Peter aus dem Jahre 1112 nach dem Tode Bertholds II. in Erscheinung tritt, wie sie auch von Schöpflin aus dem zitierten Brief vorgelegt wird; und gleich danach aus demselben Brief eine Urkunde über die Weihe des Klosters, das heißt, der Kirche dieses Klosters, die im folgenden Jahre vorgenommen wurde *in der 7. Indiktion, im achten Jahr des Königs Heinrich des Fünften am 30. Sept. von dem ehrwürdigen Bischof Witto aus Chur zur Ehre der heiligen und ungeteilten Dreieinigkeit und des allersiegreichsten Kreuzes und des seligen Apostels Petrus und aller Apostel, in Anwesenheit und mit Zustimmung des gewählten Herren Udalricus der Diözese Konstanz zusammen mit sieben religiosen Vätern, das heißt, dem Herrn Eppo, dem damaligen Abt eben dieses Klosters, Bruno von Hirsau, Rustenus von St. Blasien, Adalbertus von Schaff-*

394 T. V. histor. Zaring. p. 39
395 L. c. p. 160

hausen, Dieggerus von St. Georgen, Otto von Rheinau und Egon von Augsburg, die zu dem so großen festlichen Ereignis zusammenkamen und sich in allem nach ihren Möglichkeiten demütigst aufführten. Doch nicht nur solche Personen, sondern auch sehr viele andere Menschen aus dem Kloster, das heißt, Kleriker, Mönche und Konverse, aber auch Laien und nicht wenige Edle und Freie, dazu noch eine überaus große Menschenmenge beiderlei Geschlechts, welche an jenem Tage von überallher zusammengeströmt war, von der man sah, daß sie an dem Geschehen teilnahm.

Es ist aber der Mühe wert, hier die Namen dieser edlen Herren anzufügen, welche in diesem Brief zum Zeugnis des Geschehens mit ihrer Unterschrift zu lesen sind: *Graf Adalbertus von Gamertingen, Adalbertus von Horenberc, Fridericus von Wolvach und sein Sohn Arnoldus, Waltherus von Wilheim, Gerunc von Brunne, Ruom. von Asach, Wernerus von Cimbere, Limpolt von Merderburch, Erkenboldus von Kencingen, Conradus von Zaringen, Erkenboldus von Vorcheim, Eberhardus und sein Bruder Burchardus von Eistat, Henricus von Wictelisberg, Udalricus von Anemutingen, Rudolphus von Bucheim, Walecho von Waldegge, Otto von Reginesberch, Litoldus von Teyerwelt, Rudolphus von Gurtweil, Egino von Burbach, Erchengerus von Steinunstat, Craft von Opfingen, Wido von Wilare, Roggerus von Blidoluesheim, Rupertus von Hufen, Berchtoldus und Foleloch von Deningen, Lampertus von Adelhusen, Burchardus von Gundolfingen.*

Schon damals hatte der Gründer Berthold II. zusammen mit seiner Frau Agnes, die beide im Jahre 1111 gestorben waren, im 12. Jahrhundert eine Bestattung in diesem Kloster St. Peter als der Grablege der Herzöge von Zähringen erhalten, in die später auch ihr Sohn Konrad im Jahre 1152 am 8. Jan. und dessen einzige Frau Clementia im Jahre 1159 gebracht wurden, ebenso Berthold und Rudolph, die Brüder Konrads, die noch im Jugendalter gestorben waren: die Söhne eben dieses Konrads Berthold IV., Konrad und Bischof Rudolph von Lüttich im Jahre 1190 am 5. Aug., von dem das Haupt des heiligen Bischofs und Märtyrers Lambert von Utrecht nach Freiburg im Breisgau gebracht worden war, wie wir weiter oben erwähnt haben. Es gibt solche, die der Meinung sind, daß dessen Bruder Berthold IV. erst später im Jahre 1195 gestorben sei: Doch wir behaupten dessen Tod schon früher zum Jahre 1186 in Übereinstimmung mit Schöpflin, der in seiner ›Zaringo-Badensis historia‹ aus Schannat Auszüge aus der Bestätigung dieses Berthold für die Gründung des Klosters St. Peter im Jahre 1152 vorlegt[396].

In dieser wird auch Gozmann erwähnt, der Abt dieses Ortes; die Dokumente von St. Peter bezeugen, daß nämlich nach dem Tode des genannten Eppo im Jahre 1132 am 1. Juni und des Gerward am 11. Okt. des Jahres 1137 diesen auch Gozmann im Jahre 1154 am 9. Febr. im Tode gefolgt sei. Dies geht auch aus einem alten, im Jahre 1181 verfaßten Nekrologium der Diözese Straßburg hervor, in welchem, wie mir D. Grandidier mitteilt, dies zu lesen ist: *Am 9. Febr. ist Abt Gozmann von St. Peter gestorben. Von Criecherheim 4 Dukaten, was in das Amt des Dekans fällt.* Dieselben Dokumente von St. Peter belegen, daß die unter diesem Abt zusammenfallende Kirche im Jahre 1148 wieder erneuert wurde. Von dessen Nachfolger Marquard wird in der zeitgenössischen Chronikhandschrift von Petershausen erwähnt, daß er nach dem Brand des Klosters Petershausen im Jahre 1158 auch einen Beitrag dorthin gegeben habe: *Die Hirsauer ein gutes Pallium und einen Weinkelch, von der Zelle St. Peter einen Kelch, von der Zelle Zwifulden eine Kasel, eine Albe und eine Stola; andere aber* (gaben) *andere kleinere Geschenke, die alle Gott wohlgefällig waren.* Es wird außerdem dieser Abt Marquard von St. Peter im Jahre 1181 in dem oft genannten Schreiben an Papst Lucius III. im Streitfall der Zelle St. Ulrich notiert. Nachfolger des am 8. Okt. 1183 verstorbenen Marquard war Rudolph von Reutenhalden, der am 29. Dez. des Jahres 1191 gestorben ist. Dessen Nachfolger Berthold I. aber führte seine Regierungsjahre bis zum Jahr 1220.

Die Zelle St. Ulrich im Schwarzwald zur Kongregation von Cluny gehörig.

LVIII. Nach der Aussage von Mabillon[397] zum Jahre 1115 gewährte Abt Pontius von Cluny Eppo von St. Peter und Theoger von St. Georgen, den Äbten von im Schwarzwald bestehenden Klöstern, deren Mönchen und bärtigen Konversen, ebenso den Nonnen und Konversen, die Gemeinschaft mit der Brüderschaft von Cluny. Eben dieser Pontius, der, wie wir schon gesehen

396 T. V. p. 97
397 T. V. Annal. p. 615

haben, später zum Jahr 1120 dem Kardinalpriester Gregor beigesellt wurde, saß als Richter in St. Alban zu Basel im Streitfall um
die Vogtei zwischen dem Basler Bischof und Abt Rustenus von St.
Blasien. Als Zeugen für dessen Schiedsspruch waren unter den
übrigen auch der Prior Wilhelm von St. Alban zu Basel und
andere Mönche aus Cluny anwesend. Das Dokument aber wurde
*geschrieben durch die Hand des Herren Prior Adelbert von der Zelle
St. Peter von Cluny im Schwarzwald am 1. April,* wie bei Dacherius
zu lesen ist[398].

Zweifellos hatte in jener Gegend des Schwarzwaldes die Kongregation von Cluny eine ihnen untertane Zelle von St. Peter, im
Volksmund nach ihrem Gründer St. Udalrich benannt, wie wir im
vorherigen Buch aus dem anonymen Verfasser seiner Lebensgeschichte dargelegt haben, welche Mabillonius den ›acta
Sanctorum Ord. S. Benedicti‹ einfügte[399] und vor dem Jahre 1119
oder dem folgenden geschrieben ist, nämlich noch bevor der
heilige Hugo in das Heiligenalbum Eingang gefunden hatte. Der
Verfasser dieser Lebensgeschichte aber war ein Mönch von der
Zelle St. Ulrich, der aus dem, was er von seinen Mitbrüdern im
Kloster über den heiligen Ulrich gehört und was vor ihm schon
ein anderer Schüler des Heiligen niedergeschrieben hatte, jene
Lebensgeschichte verfaßte, wie er gleich am Anfang[400] mit
folgenden Worten erklärt: *Zwar hat schon vor uns einer seiner
Schüler seinem Wissen entsprechend eine Lebensgeschichte des
heiligen Vaters in schriftlicher Form herausgebracht; doch viele und
vorzügliche Tugenden, von denen man weiß, daß er sie zu seinen
Lebzeiten bei uns verwirklicht hat, überging er, weil sie ihm
vermutlich nicht bekannt waren; diese wurden später von eifrigen
Brüdern aufgeschrieben und verstreut in die Seiten eingefügt, doch
in keiner Weise mit der ihnen zugehörigen Stelle verknüpft. Doch wir
wissen, daß auch noch zu unserer Zeit an seinem Grabe sich
außerordentlich viele ruhmreiche Wunder ereignet haben, welche
noch nicht durch die Mühewaltung eines Schreibers im Busen der
Erinnerung geborgen sind. Doch ich werde entsprechend meinem
Auftrag, überall das Feld des vorherigen Buches durchschreitend
und die herrlichen Taten wie Blumen vorsichtig pflückend,
versuchen, das weniger Wichtige zu beschneiden, das Vergessene zu*

398 Spicill. T. III. p. 477
399 Sec. VI. P. II. p. 779
400 Ibid. p. 781

*ergänzen und mich um Kürze zu bemühen, damit ich es dadurch um
so deutlicher mache.* Hier erklärt er, daß er auf Anweisung anderer
schreibe, sei es auf die des Abtes der Cluniazenser (bei diesen gibt
es auch heute noch jedes Jahr im Gottesdienst zum 10. Juli ein
heiliges und festliches Gedenken, das vor kurzem auch in unserer
Diözese Konstanz kraft Amtsgewalt des Papstes Benedikt XIV.
wieder eingeführt wurde) oder seiner Zellmitbewohner von St.
Ulrich in cluniazensischer Obödienz. Im übrigen geben wir einen
kurzen Ablauf des Lebens des heiligen Ulrich im ›Cod. prob.‹, der
aus einem handschriftlichen Lektionar von St. Blasien aus etwa
dem 13. Jahrhundert in Auszügen entnommen ist und einige
Einzelheiten über ihn enthält, die wir sonst noch nirgendwo
gelesen haben.

Notiert wird als erster Prior dieser Zelle nach dem heiligen Ulrich
Eberhard in einer kurzen geschichtlichen Notiz zu diesem Priorat,
die, wie wir oben erwähnt haben, von Philippus Iakobus heraus-
gegeben wurde, dem Abt des Klosters St. Peter im Schwarzwald,
einer Abtei, mit der dieses Kloster seit einigen Jahrhunderten
vereint ist. Allerdings bekennt er, daß von ihm eine sichere
Zeitangabe weder für diesen Eberhard noch für dessen
Nachfolger gemacht werden könne, zwischen die er den zweiten
Adalbert ansetzt, von welchem, wie wir eben gesagt haben, im
Jahre 1120 die Vergleichsurkunde zwischen dem Bischof von
Basel und Abt Rustenus von St. Blasien geschrieben wurde. Auf
dessen Zeit bezieht derselbe hochwürdigste Abt auch eine
Urkunde des Kaisers Konrad III., die im Jahre 1139 ausgestellt
wurde, mit welcher ein Tausch des Basler Bischofs Burchard
bestätigt wird, der, wie wir im vorhergehenden Buch gesagt haben,
diese Zelle mit St. Ulrich getauscht hatte; zu diesem Jahr setzte er
auch die Schenkung der Kirche und Pfarrei in Wolfenweiler mit
allen zu ihr gehörenden Gütern für die Zelle St. Ulrich an, die von
dem Edlen Erlewin zusammen mit seiner Frau Williburga vorgenommen wurde; diese Schenkung wurde, wie er schreibt, von dem
Markgrafen Herimann von Baden bestätigt.

In derselben Notiz folgt Prior Gebehard, unter dem Bischof
Hermann von Konstanz der Anordnung des Papstes Lucius II.,
den Streit zwischen dieser Zelle und dem Pfarrer von Bickensol
im Jahre 1145 beizulegen. Eugen III. aber bestätigte im Jahre 1147
den Abschluß dieses und anderer Verfahren und nahm das

Kloster in den päpstlichen Schutz auf, was ebenfalls im Jahre 1157 von Adrian IV. unter Girardus erfolgte und im Jahre 1179 von Papst Alexander III. unter dem Prior Berthold, unter welchem auch der wieder aufflammende vorgenannte Streit im Jahre 1183 vollständig beseitigt wurde, wobei hier das Priorat auch ›Kloster St. Peter und Zelle des Villimarus‹ genannt wird. In der ›bibliotheca Cluniacensis‹ werden in einem Verzeichnis der Kongregation von Cluny aufgezählt: *von der Provinz Alemannien das Priorat von Sella, sonst St. Ulrich im Schwarzwald in der Diözese Konstanz, wo, den Prior mit einberechnet, sieben Mönche sein müssen; und es müssen dort täglich zwei Messen gefeiert werden, und es muß zweimal in der Woche eine Speisung der Armen stattfinden und täglich für die Vorübergehenden.*

Der Umfang der Kongregation von Cluny und ihre Disziplin.

LIX. Aus jener Aufzählung wird weiterhin der Umfang der Kongregation von Cluny ersichtlich, die sich auf die britannischen Inseln, Spanien und sogar bis zur orientalischen Kirche hin erstreckte. Den Mönchen von Fruttuaria, deren Regel mit der von Cluny übereinstimmte, übergab im Jahre 1112 der Patriarch von Jerusalem und das ganze Kapitel des heiligen Grabes in Jerusalem an den heiligen Stätten eine Kirche, wie aus der ›bibliotheca Sebusiana‹ in der Sammlung Hoffmanns[401] feststeht.

Die Kongregation von Cluny leitete noch im 12. Jahrhundert der heilige Hugo und brachte sie zur höchsten Höhe; nach seinem Tod im Jahre 1109 erhielt er Pontius zum Nachfolger, von dem wir kurz zuvor gesagt haben, daß er eine Gebetsgemeinschaft mit den Klöstern St. Georgen und St. Peter gebildet hatte und auch Schiedsrichter im Streitfall des Basler Bischofs und des Klosters St. Blasien war; dieser aber, noch in jugendlichem Alter, erhielt weder die Würde der Kongregation noch seine eigene aufrecht, auch wenn er zu Anfang auf Grund seiner herausragenden Begabung nur das allerbeste für sich hoffen ließ; doch später, hochmütig geworden, maßte er sich auf dem Laterankonzil den Titel ›Abt der Äbte‹ an und brachte durch sein gewandeltes Verhalten die Gemüter der Seinen gegen sich auf, und es entstand

401 T. I. p. 298

in Cluny ein Schisma, als er dort kaum drei Jahre Abt war, worunter die Kraft der Mönchsdisziplin nur leiden konnte.

Nicht zu Unrecht glaubt man, daß der heilige Bernhard aus diesem Anlaß seine Apologie abgefaßt hat, die er beunruhigt an Guilielmus, den Abt von St. Theodoricus in Reims, schrieb, mit welcher er den Hochmut der Äbte unter Pontius anprangerte, da es zwischen den Zisterziensern und den Cluniazensern Feindschaft bezüglich der Beobachtung der benediktinischen Regel gab, wie im *exordium magnum ordinis Cisterciensis* zu lesen ist[402], und scharfe Angriffe der Zisterzienser gegen die Cluniazenser. Diese schwächte der heilige Bernhard im ersten Teil seiner Apologie ab, im zweiten aber legt er deutlich dar, was seiner Meinung nach an den Cluniazensern auszusetzen wäre. Es gab aber außerdem noch andere Hauptanklagepunkte der Zisterzienser gegen die Cluniazenser, auf welche alle Petrus Mauritius, der ›Ehrwürdige‹ genannt, antwortet, Abt in Cluny nach Pontius ab dem Jahre 1122. Es sind aber in der ›Bibliotheca Cluniacensis‹ unter seinen Briefen außer dem apologetischen noch sehr viele andere[403] dieses Inhalts, und im Gegenzug solche des heiligen Bernhard, aus welchen zwischen diesen Streitereien die gegenseitige Liebe deutlich wird.

Dann aber folgen nach anderen seiner Werke die Grundsätze eben dieser Kongregation von Cluny, welche, wie er selbst in der vorangestellten apologetischen Vorrede bezüglich einiger zu seiner Zeit veränderter Gewohnheiten sagt[404], er erst nach 24 Jahren seit seiner Übernahme des Abtsamtes veröffentlichte, auch wenn er gleich im ersten Regierungsjahr den ehrwürdigen Matthäus von St. Martinus de Campis in Paris als Prior hinzuzog, weil *nachgewachsen war, was man kurz zuvor auf jenem großen und edlen Acker eines Mönchsordens zurückschneiden oder gar ausreißen mußte, was im Gegensatz zum Zuträglichen stand und was durch die Schuld gewisser Brüder, die ich,* wie er sagt, *nicht namentlich nennen will (denn zum großen Teil waren sie schon aus dem Leben geschieden), und durch deren Trägheit entstanden ist und nunmehr insgesamt ausgerottet werden muß. Zur großen Hilfe für dieses Unterfangen habe ich diesen und nicht müßigen Arbeiter*

---

402 Biblioth. Cist. T. I. p. 22
403 Lib. II. ep. 29; Lib. IV. ep. 16. 17.; Lib. VI. ep. 17. 18. 29. 31. 41.
404 L. c. p. 1354

im Weinberg Christi, wie ich schon sagte, herbeigeholt und ihn als wahrhaft bedeutenden Helfer erfahren. Denn indem er alles Schädliche oder Überflüssige in den Speisen, in den Getränken und in den Sitten unerbittlich aufspürte, auch wenn er hat hinnehmen müssen, daß darüber in Vielem Stillschweigen zu bewahren ist, führte er dies dennoch, wenn auch nicht sofort, zu einem guten Ende, wobei ihm Gott und ich mit einigen anderen zusammen nach Kräften zur Seite standen. Vieles bewirkte auch der ehrwürdige Abt Petrus im Jahre 1132 auf dem Generalkapitel, an dem zweihundert Priores mit eintausendzweihundert Mönchen aus England, Italien und anderen Reichen zugegen waren, *um,* wie Ordericus sagt, der an dem Konvent teilnahm, *die strengeren Vorschriften der monastischen Lebensweise, als sie sie bis dahin eingehalten hatten, zu hören... Er vermehrte das Fasten, schaffte die Gespräche ab und gewisse Hilfen für den kranken Körper, welche ihnen die maßvolle Güte der ehrwürdigen Väter bisher gestattet hatte.* Es gab aber solche, die ihm Hugo, Maiolus und Odilo vor Augen stellten, denen er, schließlich weicher geworden, *sehr vieles von den schweren Regeln, welche er ihnen auferlegt hatte, erließ.*

Diesen Petrus Venerabilis hatte Petrus Abaelardus, der so vieles in seinem Leben durchgemacht hatte, zum Beschützer und Verteidiger, der, in Cluny von diesem zum Lehren zurückgehalten und mit dem heiligen Bernhard wieder versöhnt, als wahrer Christ und Katholik im Jahre 1142 gestorben ist, wie Bulaeus in der ›historia Universitatis Parisiensis‹ sagt[405].

Das Frauenkloster der Kongregation von Cluny Bollschweil im Schwarzwald.

LX. Das Nonnenkloster, das der selige Udalricus von Cluny nach dem Vorbild des heiligen Hugo ein wenig entfernt von dem Kloster der Zelle, welche, wir wir gesagt haben, dann den Namen vom heiligen Udalricus erhielt, in Bollschweil im Schwarzwald errichtet hatte, verlegte in diesem 12. Jahrhundert im Jahre 1115 Geraldus von Scherzingen in sein Allod Sölden, das eine Stunde Wegzeit von der Zelle St. Ulrich entfernt ist, nachdem er es dem Kloster von Cluny zum Geschenk gemacht hatte. Hierzu gibt es bei Mabillon[406] eine Urkunde des Abtes Pontius von Cluny, in welcher er festsetzte, *daß das Kloster Seleden weder einer Zelle noch irgendeinem anderen Kloster jemals unterworfen sein dürfe, außer allein dem von Cluny. Wir untersagen also, daß in das Kloster der eben genannten Nonnen jemals irgendeine Frau aufgenommen werde, die ihre Vorschriften nicht durch den Abt von Cluny erhält. Auch haben wir beschlossen, daß die Nonnen alle Güter, welche zur Aufnahme und zum Unterhalt der Nonnen den Brüdern von der Zelle irgendwann einmal geschenkt worden sind, die für lange Zeit für diese Sorge getragen haben, in vollem Umfange als ihr Eigentum besitzen sollen. Auch haben wir festgelegt, daß die Mönche aus der Zelle alles, was immer sie aus ihren eigenen Besitzungen zum Unterhalt der Nonnen in Liebe erbracht haben, in vollem Umfange wiedererhalten sollen.*

Das von Waldkirch.

LXI. Von Geraldus oder Geroldus von Scherzingen, dem Erneuerer des Klosters Sölden, ist bei Schöpflin in der ›historia Zaringo-Badensis‹[407] unter den Zeugen nach dem Herzog Berthold und dessen Bruder Konrad von Zähringen, dem Markgrafen Heremann und Konrad von Waldkirch bei einem Tausch zu lesen, der etwa um das Jahr 1111 zwischen dem Kloster St. Peter und den Nonnen von Waldkirch vorgenommen wurde; der Vogt dieser Gemeinschaft, Konrad von Scwarcinberg, wird bei demselben in der Urkunde 56 notiert, beide aber, Gerold und Konrad, in der Urkunde 39, durch welche die Kirche in Woluenwilare durch den Edlen Erlewinus von Woluenwilare dem Kloster St. Peter im Schwarzwald übereignet wird, unter welchem Namen aber hier die Zelle St. Ulrich zu verstehen ist, welche, da sie dem heiligen Petrus geweiht war, dann auch Zelle oder Kloster St. Peter genannt wird, wie wir kurz zuvor gesehen haben. Den Gründer eben dieser Zelle, den heiligen Udalricus, der zu diesem Kloster Waldkirch wegging, haben wir im vorherigen Jahrhundert erwähnt.

Oben[408] schon haben wir unter den Zellen des Klosters oder der Kongregation St. Georgen im Schwarzwald die zwei Nonnen-

406 Append. annal. T. V. p. 694
407 T. V. p. 41
408 N. LII.

klöster in Friedenweiler und Amtenhausen genannt, die beide zu
unserem Orden gehören: deren erstes errichtete Baron Wernherus
von Cimberen, Abt von St. Georgen, um das Jahr 1123 auf einem
Landgut, das er durch Tausch vom Kloster Reichenau erhielt. Die
Geschichte dieser Gründung beschreibt Franc. Petri in der
›Suevia ecclesiastica‹[409], wo er jenen Abt Johannes nennt, wie
auch aus demselben die Verfasser der ›Gallia christiana‹[410],
obwohl sie doch selbst im Verzeichnis der Äbte von St. Georgen
um jene Zeiten Wernherus, den Baron von Cimberen, als Abt
dieses Klosters führen, den Nachfolger des seligen Theoger, von
dem wir auch oben[411] schon gehandelt haben. Abt Johannes aber,
der ab dem Jahre 1138 ebendort Vorsteher war, wird ›von
Falckenstein‹ genannt. Somit hat man sich in dem Namen des
Abtes geirrt, und anstelle des Johannes ist Wernerus einzusetzen.
Warum aber Lazius[412] die Gründung dieses Frauenklosters den
Grafen von Fürstenberg zuweist, bleibt uns verborgen.

Das von Säckingen.

LXII. Es ist nur weniges, was uns über das zweite Frauenkloster
unseres Schwarzwaldes als erwähnenswert entgegentritt. Dessen
einzige Äbtissin ist lediglich durch den Anfangsbuchstaben G. in
einer Urkunde bekannt, mit der ein *Gutsverwalter Henricus von
Glarus, Schudi genannt, eben dieses Gut in Glarus von der ehrwürdigen Frau Äbtissin G.* (Gertrud oder Gutta) *und dem Kapitel der
Gemeinschaft von Secconia zu Lehen* erhält für sich und seine
Söhne. *Verhandelt im Kloster Secconia selbst. Als Zeugen
anwesend waren die Edlen Henricus von Chrenchingen, Rudolfus
von Guttenburch. Die Gemeinfreien Truchseß Chuno von
Rhinfelden, Heinricus von Toggern, Ulricus von Beronne und viele
andere. Gegeben am 25. Febr. im 1128. Jahr nach der
Menschwerdung des Herrn zur Regierungszeit Lothars III., des
Königs der Römer, zur 6. Indiktion.* Schon die San-Mauriner[413]
beobachteten in ihrem ausgezeichneten Werk *L' art de vérifier les
dates,* daß Lothar II. wiederholt auch in Diplomen ›der Dritte‹
genannt wird, vermutlich wegen des Lothars, des Sohnes des

409 p. 339 seq.
410 T. V. p. 1101
411 N. L.
412 De migr. gent. Lib. VIII. p. 521
413 p. 443

Hugo, der im Jahre 945 in Italien zum König gewählt worden war. Diese Urkunde aber gibt Ägidius Tschudi in seiner Schweizer Chronik wieder[414]: Dort[415] schildert er auch, daß Kaiser Friedrich I. im Jahre 1173 am letzten Tag des Februar, als er sich in Säckingen aufhielt, von der Äbtissin und dem Kapitel erreichte, daß sein Sohn, der Burgunderherzog Otto, zum Vogt jenes Klosters und der Orte Glarus, Säckingen, Laufenburg und anderer, die zu ihm gehörten, bestimmt würde, ein Amt, welches vorher die Kaiser und Könige selbst ausgeübt hatten. Auch stellt er einen Irrtum des Nauclerus fest, weil dieser schreibt, Graf Adalbert von Habsburg habe von Kaiser Friedrich I. die Vogtei Säckingen zum Geschenk erhalten, obwohl doch der eben genannte Otto, der Sohn des Friedrich I., noch im Jahre 1196 als Vogt dieses Klosters urkundlich in Erscheinung tritt.

Das von Sulzburg.

LXIII. Schon im vorherigen Buch und in den früheren haben wir mitunter das Frauenkloster in Sulzberg oder Sulzburg erwähnt, das eine Stadt im oberen Herrschaftsbereich von Usenberg ist. Für dieses Kloster aber bestimmte nach den Anfängen des 12. Jahrhunderts Abt Rustenus von St. Blasien Itha, die Ehefrau Werners des Älteren von Kaltenbach, die zu dieser Zeit in Berau eine in der Mönchsdisziplin bereits bestens ausgebildete Nonne war, zusammen mit einigen Nonnen, welche die Gewohnheiten von Berau dort einführen sollten. Als Werner, der vom Ehemann der Itha zum Mönch von St. Blasien geworden war, eben diese schon dem Tode nahe, im Jahre 1125 besuchte, verstarb er, gerecht im Herrn, am 31. Aug. Itha aber folgte ihm im nächsten Jahr am 12. März ins unvergängliche Leben, wie in der von P. Rustenus Heer veröffentlichten Chronik von Bürgeln des Konrad in Kap. 13 berichtet wird, wo auch der damalige ehrwürdige Prior in eben diesem Kloster Sulzberg notiert wird, mit dem Namen ›Wirn‹ genannt. Im ›liber constructionum‹ von St. Blasien erscheint auch der ehrwürdige Prior Berthold von Sulzberg, dem Abt Gunther von St. Blasien ein kleines Stück des heiligen Kreuzes, das aus dem Kloster St. Blasien hierher gebracht worden war, zur Prüfung übergab, wie wir an der entsprechenden Stelle geschildert haben.

---

414 T. I. p. 62
415 p. 86

Dann aber, fährt der Verfasser fort, *legte er die Beschäftigung mit dieser Angelegenheit sowohl den Schwestern wie auch allen ihm Untergebenen ans Herz, daß sie den Herrn inbrünstig anflehten, er möge sie würdigen, ihnen die Wahrheit in dieser Sache zu offenbaren. Nachdem er sodann einige hochwürdige Priester und viele andere Verfechter des Glaubens zusammengerufen hatte, bewies er ihnen unter dem Urteilsspruch von kaltem Wasser die Wahrheit dieses so sicheren Sachverhalts, wobei unser Herr Jesus Christus dies allen durch offenbare Zeichen bestätigte, daß es eben dieses Holz sei, an welchem das Leben und das Lösegeld der Welt gehangen hatte.* Dieses Kloster *mit all dem, was zu ihm gehört,* und allen anderen Gütern, die im Breisgau schon erworben waren und deren Nutznießung, nahm im Jahre 1139 Innozenz II. nach ihrer Bestätigung für die Diözese Basel in den Schutz des seligen Petrus auf; damals war Ortlieb Bischof, auf dessen Tätigkeit hin später im Jahre 1157 der Streitfall zwischen eben diesem Kloster und dem Priester Konrad wegen des Zehnten in Runeffingen gütlich beigelegt wurde.

Die Klöster Frauenalb und Herrenalb.

LXIV. Es gab schließlich in diesem 12. Jahrhundert noch ein anderes Nonnenkloster, das im Bereich des Schwarzwaldes an dem Fluß Alb gegründet worden war, der von dort durch die Stadt Ettlingen nach Westen in den Rhein fließt, wie im Gegensatz dazu ein gleichnamiger Fluß am Kloster St. Blasien vorbeiführt, doch gegen Süden hin in eben diesen Rhein mündet: Daher haben beide den Namen Albgau. Das Kloster, von dem wir handeln, wird nach diesem Fluß *Alba dominarum* oder *Frauenalb* genannt. Als Gründer hatte es um das Jahr 1134 den Grafen Berthold von Eberstein und dessen Frau Utta, wie Crusius in den ›annales Sueviae‹ und aus ihm Franciscus Petri in der ›Suevia ecclesiastica‹[416] berichtet. In einer Bulle von Coelestin III. aus dem Jahre 1193 tritt noch eine andere Utta als Vorgesetzte jenes Klosters auf; die Bulle ist nämlich an Utta und die Schwestern von St. Maria gerichtet, das in der Diözese Speyer gelegen ist. Dieses Kloster besteht auch heute noch unter der Fürsorge des Klosters Zwiefalten, anders als der zitierte Franciscus Petri[417] und die

---

416 P. II. Lib. IX. c. 17. p. 18
417 Loc. cit.

Verfasser der ›Gallia christiana‹[418] meinen, welche jenes fälschlicherweise dem Zisterzienserorden zuschreiben, obwohl es immer ein Frauenkloster des Benediktinerordens war und es auch heute noch ist; vor kurzem wurde es durch verschiedene Unruhen in Verwirrung gebracht.

Eine andere Beschaffenheit hatte das zweite Kloster für Männer, welches *Alba dominorum* oder *Herrenalb* genannt wurde, und es hatte nicht viel später dieselben Gründer und liegt an demselben Fluß Alb, aber näher zu seinem Ursprung hin. Dessen Gründungsurkunde aus dem Jahre 1148 findet sich bei Besold[419] in die Bestätigung dieses Kloster eingefügt, welche von Otto dem Älteren von Eberstein im Jahre 1270 vorgenommen worden war, in welcher die Grenzen beider Klöster genau beschrieben werden: »Gemäß den unten festgelegten Grenzen. Zuerst im Süden oder Mittag beginnend haben wir als erste Grenze den Berg festgesetzt, der oberhalb des Tales liegt, das Albetal genannt wird, und wo der Fluß Albe entsteht, nämlich von dem Teil des Berges, wo der Schnee beim Schmelzen zu der eben genannten Quelle nach unten fließt. Und so erstreckt sich die Grenze des besagten Flusses Albe bis zum Rintbach. Und dort sich auf der linken Seite rückwärts wendend zieht sie sich durch den Aufstieg Rintbach gegen Westen hin bis zu der Stelle, wo Wydelbach und Rintbach zusammenfließen. Ebenso, über den Fluß Rintbach hinaufsteigend, geht sie bis zu den steilen Gipfeln des Berges, der auf der linken Seite anliegt, und wir übergeben zum Nutzen des Klosters den Teil eben dieses besagten Berges von der Seite her, wo der geschmolzene Schnee nach unten fließt. Sie erstreckt sich auch im Zuge von Rintbach nach Zwerebronnen, verläßt aber auch nicht das Flußufer, sondern, wenn sie den Fluß verlassen hat, überschreitet sie die Höhe des Berges Rintberg, über dessen ganze Länge sie sich ausdehnt: Indem sie sich auch ein wenig nach rückwärts krümmt, gelangt sie über die Anhöhe Michelbach. Dann aber gelangt sie vollständig über die Kuppe des Berges, der Ameizenberg genannt wird, in das Nachbartal, wo demgemäß vom oberen Teil mitten durch das Nachbartal des schon genannten Berges und des anderen Berges, der Machelberg genannt wird, ein Bach fließt und abwärts strömt und weiter

418 T. V. p. 761
419 Monast. rediv. T. I. p. 68

unten in die Mosalb mündet. Von hier aber führt sie in gerade Linie über den Berg Mittelberg und wendet sich einem bestimmten Ort zu, der Smitta heißt, von dem sie über einen Abhang eben dieses Berges sich nach der Überquerung des Flusses Alb nach Multenthal fortsetzt usw.« Damit werden die beiden Klöster Frauenalb und Herrenalb scharf voneinander getrennt.

Mit Schweigen übergehen wir hier, was bei dem genannten Besold und Franciscus Petri von einer aus einem merkwürdigen Zufall dem Berthold gebotenen Gelegenheit erzählt wird; dieser Zufall soll dem Baron Albert von Zimbren bei der Burg Mogenheim im Zabergau zugestoßen sein, wo sich damals gerade Bertholdus von Eberstein aufhielt, der spätere Gründer beider Klöster. In derselben Gründungsurkunde wird die Anwesenheit des Abtes Bertholdus von Neuburg des Zisterzienserordens in der Diözese Straßburg erwähnt; *auf dessen Rat hin als eines gleichsam geistlichen Vaters wurde die besagte Gründung begonnen und eben dieses Kloster dem genannten Orden eingegliedert und gewissermaßen als Tochter des Herren* (Abtes) *von Neuburg unterworfen gemäß den Regeln des eben erwähnten Ordens.* Dieser Berthold wird als zweiter Abt in dieser Würdestellung des im Jahre 1128 im Unterelsaß gegründeten Klosters Neocastrense oder Neuburg in der ›Gallia christiana‹ erwähnt[420], wo auch dargelegt wird[421], daß er als erster Abt mit zwölf Mönchen herausgeführt wurde. Es war vermutlich dieser Berthold, den die ›Gallia christiana‹ unter den Äbten von Herrenalb an die erste Stelle stellt und von ihm sagt, daß er aus dem Kloster Neuburg geholt worden sei; diesem lassen sie zum Jahr 1150 den Mönch Diethericus aus demselben Kloster nachfolgen. Nach diesem setzen sie Ulrich, den sie mit dem anderen Namen Eberhard nennen, der von Papst Alexander im Jahre 1177 verschiedene Privilegien erhielt; bei Besold[422] und Franciscus Petri[423] findet sich eine Urkunde, die für *Abt Ulrich des Klosters St. Maria von der Alb und dessen Brüder* ausgestellt ist. Im übrigen wird in den ›annales Cistercienses‹ des Angelus Manrique[424] diese Gründung schon für das Jahr 1146 berichtet,

420 T. V. p. 886
421 p. 758
422 L. cit. p. 74
423 L. cit. p. 21
424 T. II. p. 49

die aber erst mit einer umfangreichen Schenkung zum Jahre 1148 bestätigt wurde.

Der Zisterzienserorden in Deutschland und im Schwarzwald.

LXV. Herrenalb war unter den frühesten Klöstern des Zisterzienserordens in Deutschland und das erste Kloster im Schwarzwald etwa zu der Zeit, als der heilige Bernhard im Jahre 1147 bei einem Aufenthalt in Speyer den Kaiser Konrad III. für den heiligen Feldzug mit dem Kreuz bezeichnet hatte. Schon im Jahre 1146 aber wird bei Hier. Pez[425] ein *Kloster des grauen Ordens* in Bayern notiert. Daß die Zisterzienser nach dem Wanderkleid als ›die Grauen‹ bezeichnet werden, meint Mabillon in den ›annales Benedictini‹[426] zum Jahr 1109, zu welchem er den Tod des Zisterzienserabtes Alberich berichtet, der als Urheber des bei den Zisterziensern vorgenommen Wechsels des Habits gilt, nämlich der schwarzen Kutte zur weißen. Seit dieser Zeit werden sie nunmehr als unterschieden von den schwarzen Mönchen des Ordens des heiligen Benedikt im ›exordium magnum ordinis Cisterciensis‹ notiert, dessen Verfasser der vom Mönch von Clairveaux zum Abt von Eberbach in Franken gewordene Konrad ist. Dort[427] aber beklagt er sich, daß *die Mönche des schwarzen Ordens, die vor allem in den Provinzen Deutschlands leben, wo auch immer und bei wem auch immer sie es vermögen, nicht aufhören, unseren heiligen Orden zu verleumden, indem sie behaupten, daß unsere heiligen Väter unter skandalösen Umständen und in Ungehorsam gegenüber dem Willen ihres Abtes das Kloster Molesme verlassen hätten; wie unverschämt deren Lüge sei, wird er deutlich klarstellen, indem er den Sachverhalt im Text der nachfolgenden Schilderung vor aller Augen stellt.* Sodann beschreibt er den Auszug des Abtes Robert von Molesme zusammen mit einundzwanzig Mönchen in die Einsamkeit von Citeaux.

Dies haben wir schon im vorhergehenden Buch kurz dargelegt, als wir die Anfänge des Zisterzienserordens im Burgund beschrieben, welchen in diesem 12. Jahrhundert der heilige Bernhard auf wunderbare Weise vergrößerte und auch in unserem Deutschland

---

425 T. I. Script. Rer. Austr. p. 231
426 T. V. p. 531
427 Biblioth. Cist. T. I. p. 23

ausbreitete, dessen Apologie wir kurz zuvor erwähnt haben, mit
der er zunächst die Verfolgungen der Zisterzienser gegen die
Cluniazenser scharf zurückweist; dann tadelt er aber in mehreren
Kapiteln auch die Sitten und Gebräuche der Cluniazenser, die
gegen die Regel des heiligen Benedikt eingeführt worden waren,
welche als Maßstab beizubehalten sich der neue Zisterzienserorden vorgenommen hatte; davon spricht er auch sonst überall in
seinen Briefen; und er ließ nicht nach, bis er seinen Neffen oder
Cousin Robert, der sich nach Cluny zurückgezogen hatte, wieder
nach Citeaux zurückgebracht hatte. Dennoch behandelte der
heilige Bernhard dies alles mit einer solchen Liebe, Demut und
Geduld, daß er in keiner Weise von jener Regel abwich, an der in
seinem ganzen Leben festgehalten zu haben er selbst noch auf
seinem Sterbebett bekannte und den Seinen gleichsam anstelle
eines Testamentes hinterließ; ihrer würdig ist, was wir hier aus
Alanus, seinem Schüler und Verfasser seiner Lebensgeschichte,
anführen wollen. *Weil*, sagte er[428], *ich nicht glaube, daß ich euch
großartige Beispiele an Frömmigkeit hinterlassen kann, anempfehle
ich euch, drei Dinge nachzuahmen, welche ich in dem Stadion, in
dem ich gelaufen bin, meiner Erinnerung nach entsprechend meinen
Möglichkeiten beachtet habe. Ich habe meinem eigenen Gefühl
weniger vertraut als dem eines anderen: Wenn ich gekränkt war,
habe ich nicht danach gestrebt, mich an dem Beleidiger zu rächen;
ich habe niemanden ein Ärgernis geben wollen, und wenn es doch
geschah, habe ich es nach meinen Möglichkeiten beseitigt.*

In diesem Bemühen aber, dem Ordensstand wieder zu seinem
ursprünglichen Glanz zu verhelfen, handelte der heilige Bernhard
mit aller Umsicht und einer bewundernswerten Klugheit und
machte sich so um den Zisterzienserorden verdient, daß dieser
überall nach seinem Namen der ›bernhardinische‹ genannt
wurde. Über jenen Orden schreibt Petrus Plesensis[429], der im 12.
Jahrhundert lebte, an den Abt selbst und den Konvent von
Citeaux folgendes: *Unter allen Verschiedenheiten der Orden, mit
denen die Braut Christi geschmückt ist, ist kein Orden an Tugend
glühender und keiner lieblicher durch den Duft des heiligen Namens
in Christus als der eure. Einhellig ist die Meinung aller, daß die dem
Zisterzienserorden Zugehörigen um so deutlicher vor allen anderen*

428 Mabill. T. II. opp. Bern.
429 Epist. 82.

*die ruhmreichen Kennzeichen der Heiligkeit tragen, je ausdrück-
licher sie den Spuren des apostolischen Glaubens folgen: in der
Einfachheit der Speisen, in der Rauheit der Kleidung, in den
durchwachten Nächten, in den Sündenbekenntnissen, in den
Regeln, in den Psalmen, in der Demut, in der Gastfreundschaft, dem
Gehorsam, der Nächstenliebe und allem, wodurch die Frucht des
Lebens hervorgebracht wird, in der Unterdrückung des Fleisches auf
Erden und der Aufrichtung des Geistes.*

Abt Frowin I. von Salem.

LXVI. Schon oben wurde von uns Frowinus erwähnt, der
Begleiter des heiligen Bernhard auf der Reise durch Deutschland,
bei der er auch in die Nähe des Schwarzwaldes gelangte, der als
Mönch von Bella Vallis aus dem Kloster Lützel zusammen mit
zwölf anderen Mönchen gerufen wurde, um der erste Abt in
Salem zu sein, einem Ort, den ihm Gunthramus übergab, wie in
einer Urkunde des Schwaben Konrad aus dem Jahre 1142 zu lesen
ist[430]: *Ein freier Mann übergab sein Erbe, nämlich die Gemeinschaft
von Salem, die von altersher Salamannes Wilare genannt wurde
und in der Diözese Konstanz gelegen ist, wo die Mönche nach der
Regel des seligen Benedikt und den Gewohnheiten von Citeaux für
Gott Dienst tun, mit allen seinen Anhängseln und auch noch andere
Orte mit ihren Anhängseln im Gerichtsbezirk von Konstanz durch
unsere Urkunde Gott und der heiligen Maria und dem Zisterzienser-
orden in öffentlicher und freier Schenkung und vertraute sie auf
Bitten des Abtes Frowinus eben dieses Ortes unserem Schutze an.*
Schon damals nämlich, wie in einer Pergamenthandschrift von
Salem steht, *im Jahre des Herrn 1138 am Martinstag war der eifrige
Streiter Gunthramus, der Erstgründer des Klosters von Salem,
gestorben:* Die Anfänge dieses Klosters gehen allerdings unter
Lothar II. auf das Jahr 1134 zurück.

Das Kloster Tennenbach im Schwarzwald.

LXVII. Unter die Töchter dieses weit ausgedehnten Klosters
Salem wird heute das Kloster Tennenbach gerechnet, das im
westlichen Teil des Schwarzwaldes liegt. Daß über dessen

430 Apiar. Salemit. p. II.

Ursprung am Eingang der Vorhalle folgende Inschrift zu lesen war, stellte Schöpflin[431] aus der handschriftlichen ›historia Badensis‹ des Joh. Gamansius fest: *Im Jahre 1158 nach der Menschwerdung des Herrn wurde zum Lob des allmächtigen Gottes und der allerseligsten, immer jungfäulichen Gottesgebärerin Maria dieses Kloster Himmelspforte, nach dem gebräuchlichen Namen Tennebach errichtet,* nämlich nach dem vorbeifließenden Bach. Derselbe macht die Beobachtung, daß dem Berthold IV. von Zähringen bei seinem Aufenthalt in der Schweiz der neue Zisterzienserorden wohl gefallen hatte, weswegen er eine Siedlergruppe von zwölf Mönchen mit dem Abt Hesso aus dem Kloster Frienisberg im Schweizer Burgund hierher führte, nachdem zuvor der Edle Cuno von Horwin jenes Grundstück mit den dazugehörigen Gütern den Mönchen für 30 Mark und ein Maultier verkauft hatte, wobei in Anwesenheit *des Herzogs Berthold dieser selbst vermittelte und mit seinem Siegel bestätigte,* wie eine Aufzeichnung aus dieser Zeit, welche im Archiv von Tennenbach vorliegt, Schöpflin belehrt hat: Er fügt aber an[432], daß die Übergabe des Grundstücks an die Mönche im Jahre 1161 erfolgt ist, in welchem jene Aufzeichnung niedergeschrieben wurde, *vor dem Markgrafen Hermann auf der Burg Hachberg,* welche ganz in der Nähe des Klosters liegt, der der Herzog Berthold persönlich als Herrscher über das Burgund auch sein eignes Siegel aufdrückte, wie ebendort zu lesen ist: *Im Jahre 1161 nach der Menschwerdung des Herrn kam Abt Hesso von Frienisberg mit zwölf Mönchen an den Ort, der Tennibach genannt wird usw.* Schon oben haben wir die Gründungsurkunde aus dem Jahre 1161 erwähnt, in welcher unter den Grafen und Adelsgeschlechtern auch die unmittelbaren Nachbarn ›von Schwarzenberg und Usenberg‹ notiert sind, eine Burg, deren Überreste nicht weit von der Stadt Endingen im Breisgau zu erkennen sind; die Familie aber steht in den Akten des Klosters.

Das Kloster des Prämonstratenserordens
Allerheiligen im Schwarzwald.

LXVIII. Abt Robert von Bergen, der Fortsetzer des Sigebert von Gemblach, rühmt den Orden der Zisterzienser im 12. Jahrhundert

---

431 Hist. Bad. T. I. p. 40
432 Ibid. p. 465

und verbindet mit ihm den der Prämonstratenser, dessen Anfänge
er zum Jahr 1116 ansetzt und zum Gründer den heiligen Norbert
hat, den späteren Erzbischof von Magdeburg. Die Einrichtung
und das Leben der regulierten Chorherren haben wir im vorhergehenden Buch zusammen mit der Benennung der drei feierlichen
Gelübde notiert; er bindet sich ganz streng an die Regel des
Zönobitenlebens, welches der heilige Augustinus mit seinen
Klerikern im Kloster Hippo einhielt. Norbert beschloß, daß er
dieser Regel in seinem neuen Orden, der seinen Namen nach dem
Ort Prémontré in der Einsamkeit des Gebietes von Laon hat,
folgen wolle: Daher nennt Robert diesen Orden den der
Chorherren von Prémontré, der sich wie auch der der Zisterzienser und Kartäuser unter der Regel des heiligen Benedikt
damals in erstaunlicher Weise über den christlichen Erdkreis
ausbreitete. Beide bedenkt er mit gleichem Lob, zum Jahre 1130
bei Pistorius[433].

Später begab sich der Kartäuserorden in unsere Wälder, der
Prämonstratenserorden jedoch früher, als in der ›Gallia
christiana‹[434] am Rande der Gründungsurkunde des Klosters
Allerheiligen im Schwarzwald jenes Ordens notiert wird, nämlich
erst im Jahre 1220. Diese Gründung weist nämlich Schöpflin[435]
der Luitgard von Zähringen zu, welche um das Jahr 1130 lebte, die
Ehefrau des Grafen Gotefrid von Calw und Mutter der Utta,
welche dann um das Jahr 1150 mit Welfo verheiratet worden war,
dem Bruder des Heinrich des Stolzen. Diese Utta wird in der
erwähnten Urkunde *Herzogin von Scawenburg* genannt oder ›von
Schawenburg‹, und in der Beurkundung des Bischofs Heinrich
von Straßburg vom Jahre 1220 wird sie unter den Gründern des
Klosters zusammen mit ihrem Ehemann, dem Herzog Welfo, an
erster Stelle angeführt[436]; darunter wird dann der Vorgänger
Heinrichs, der Bischof Konrad von Straßburg, angefügt, Herzog
Hugo von Ulneneburg und Herzog Berthold von Ceringen oder
Zähringen, die ebenfalls Stifter waren. Da aber Konrad vom Jahre
1190 bis zu seinem Todesjahre 1202 Bischof von Straßburg
gewesen ist, muß ganz notwendig die Gründung dieses Klosters

433 Script. rer. Germ. T. I. p. 875
434 Append. T. V. p. 492
435 Hist. Bad. T. I. p. 86
436 Gall. Christ. append. T. V. p. 496

auf das 12. Jahrhundert angesetzt werden. Mehr hierzu sagt Franciscus Petri in der ›Suevia ecclesistica‹[437] und Schannat in den ›Vindemiae litterariae‹[438].

Die regulierten Chorherren.

LXIX. Das neue Institut der regulierten Chorherren war der Keim von Streitigkeiten und Auseinandersetzungen mit den Mönchen über die Vorzüglichkeit der Regel, wie wir im vorhergehenden Buch vermerkt haben. Im 12. Jahrhundert schlossen sich dann den übrigen auch die Prämonstratenser an, vor allem Philippus Harveng, der Abt des Klosters *Bona spes* im Hennegau: die Seite der Mönche aber mit Feuereifer zu verteidigen, unternahmen Rupertus von Deutz, Hugo von Amiens und Petrus Abaelardus, aus welchem Bulaeus in der ›historia universitatis Parisiensis‹[439] zur Sache einige Seiten füllte; freilich gab es auch zu jenen Zeiten in der Akademie von Paris und Oxford eine heftige Auseinandersetzung über die Vollkommenheit des Kleriker- und Mönchsstandes, wie aus dem zitierten Bulaeus hervorgeht. Diejenigen, die sich zu unserer Zeit die Meinungsverschiedenheit aus der Sicht unserer Leute in Erinnerung gerufen haben, führen den Ursprung der regulierten Chorherren des heiligen Augustinus, dessen Regel zum ersten Mal auf dem Konzil von Reims im Jahre 1131 und dem Laterankonzil im Jahre 1139 erwähnt wird, auf das 12. Jahrhundert zurück. Mabillon stellte in seiner Antwort an die religiosen Benediktiner der Provinz Burgund fest, daß diese Regel im Gegensatz zur schriftlichen Grundlegung der regulierten Chorherren derselben Provinz stand.

Im Schwarzwald.

LXX. Tatsächlich müssen wir hier nicht weiter nachforschen, da sich nun einmal dieser Orden im 12. Jahrhundert in unseren Schwarzwald zurückgezogen und sich sogleich freundschaftlich mit den Klöstern St. Peter und St. Blasien verbunden hat. Im Totenbuch von St. Blasien aus dem 11. und dem beginnenden 12. Jahrhundert wird notiert: *Die Kanoniker von der Zelle St. Maria*

---

437 p. 652
438 Collect. I. p. 142 &c.
439 T. II. p. 80 seqq.

im herzynischen Wald sollen es so halten wie die Hirsauer; dies bezeichnet ein enges Band des Zusammenschlusses. Bei Schöpflin in der ›Historia Badensis‹[440] liegt eine Vergleichs- urkunde bezüglich der Grenzen zwischen der Abtei St. Peter und der Zelle der seligen Jungfrau Maria der regulierten Chorherren vor. Als die Angelegenheit im Jahre 1136 wieder zum Streitfall wurde, legte sie der Legat Kardinal Theodoricus bei. Daß die Bestätigung für die Gründung dieser Zelle im Jahre 1125 durch Honorius erfolgte, stellt Franc. Petri in der ›Suevia ecclesia- stica‹[441] heraus. Ihr Gründer aber war der Propst Bruno von Straßburg, der in einer Urkunde aus dem Jahre 1125 erwähnt wird, in welchem der Streit aus dem Wege geräumt wurde, *der zwischen einer gewissen Kirchengemeinde des St. Gallus, welche Zartun genannt wird, und dem Kloster St. Maria, das der Propst Bruno von Straßburg auf seinem Landgut zur Rettung seiner Seele gegründet hatte, für lange Zeit wegen des Zehnten* ausgebrochen war. *Schließlich,* wie ebendort zu lesen ist, *habe ich, Oudalricus, Bischof und Diener von Konstanz, diese Auseinandersetzung zusammen mit dem ehrwürdigen Abt Managoldus der Kloster- frauen des heiligen Gallus und durch die Autorität des Chunradus, des Vogtes beider Kirchen, mit Zustimmung beider Parteien für diese Maßnahme und in dieser Begrenzung für immer beigelegt usw.*

Es ist dies eben dieser Bischof Udalricus I., von dem wir oben schon erwähnt haben, daß er im Jahre 1127 in diesem Kloster St. Märgen gestorben ist, der auch der Gründer eines anderen Klosters desselben Ordens bei Konstanz war, dessen Propst *Henricus von St. Oudalricus von Crucelina* (Creutzlingen) zusammen mit Abt Hartmann von St. Märgen als Zeuge mit den Äbten Gozmann von St. Peter und Eberhard von St. Trudpert auf einer Urkunde des Jahres 1145 zugunsten der Zelle St. Ulrich unterschrieben hat, wie in einer Kurznotiz zur Geschichte desselben Priorats zu lesen ist[442].

Von dieser zu unterscheiden ist eine zweite Zelle desselben Ordens in Tiezelheim oder Tezelen, einem Dorf des Schwarz- waldes und zu St. Blasien gehörig, welche, im Jahre 1152 kraft der Vollmacht des römischen Königs Konrad III. bestätigt, wovon wir

---

440 T. V. n. 26.
441 p. 233
442 p. 129

das Diplom veröffentlichen, Marquard von Weißenburg im Jahre 1111 gegründet hatte, ein freier und edler Mann, zu deren Vogt Konrad von Creinchingen bestimmt wurde. Doch noch während dieses Jahrhunderts wurde diese Zelle aufgegeben und nach Riederen verlegt und mit dem Kreuzlinger Kolleg vereinigt, wo sie auch heute noch zusammen mit der Kreuzlinger Propstei und, mit einer Mitra geziert, als Kloster des Chorherrenordens des heiligen Augustinus für Mädchen besteht. Daß im Jahre 1224 Friedrich von Weißenburg als Bürge für den Propst Eberhard in Riedern aufgetreten ist, sagt eine Urkunde. Mehr über diesen hat unter dem Titel ›das Kloster von Riedern‹ der oft genannte Franc. Petri in seiner ›Suevia ecclesiastica‹[443].

Mönche im Dienst der Seelsorge.

LXXI. Der Orden der regulierten Chorherren breitete sich im 12. Jahrhundert aus und stand in um so höheren Ansehen, als jene Laster, durch die der Weltklerus ganz besonders in Deutschland angesteckt war, wie wir im vorhergehenden Buch erwähnt haben, auch durch die Wachsamkeit der Päpste nicht ganz unterdrückt werden konnten, wie bei Bern. Pez[444] zu sehen ist, gesammelt aus einem Briefband des Propstes Gerhohus von Reichersberg aus dem Chorherrenorden des heiligen Augustinus oder dem ›Dialogus‹ an Papst Innozenz II. *über die Frage, welcher Unterschied zwischen den Welt- und den Ordensklerikern besteht.* Es behandelt dieses kleine Werk[445] zumindest indirekt den Streit um alle möglichen Regulierten, aber auch um andere, die dem Klerikerstand zugehörten, welcher damals in den Klöstern zahlenmäßig stark vertreten war und sich vom Laienmönchsstand der konversen Brüder unterschied, wie wir oben schon gesehen haben.

Doch gehörte Gerhohus nicht zu der Zahl dieser Kleriker, weder der weltlichen noch der regulierten, die den Mönchen ihre Vorrechte neideten: was aus seinem anderen Buch *de aedificio Dei*, das bei Pez zitiert ist[446], deutlich wird, wo er die Ansicht vertritt, daß das Leben der Kleriker nicht geringer zu schätzen sei

---

443 p. 715
444 T. II. Thes. anecd. P. II. p. 438
445 Ibid. p. 439
446 Ibid. p. 223

als jenes der Mönche und nach einer Sentenz des heiligen Ambrosius[447] das Leben beider so umschreibt, *daß nach dessen Sentenz weder der Mönch den Kleriker, noch der Kleriker den Mönch verhöhnen dürfe, weil dann der eine dem anderen an Kraft der Heiligkeit überlegen oder unterlegen erscheinen müsse, wenn sowohl der Kleriker als auch der Mönch sich auf dessen Lehrmeinung stützen wolle. Er schreibt nämlich in der Weise von ihnen, daß sie in der Heiligkeit gleich seien, doch merkt er an, daß sie im Kampf verschieden seien. Deshalb erklärten sich nämlich einst heilige Mönche nur mit großer Mühe damit einverstanden, an die vorderste Front der Kleriker gestellt zu werden und mit noch größerer Mühe zum klerikalen Kriegsdienst. Viele nämlich versehen innerhalb der Klostermauern den Dienst von Klerikern, sind aber nicht ohne Schwierigkeiten damit zufrieden, durch ihren Leitungs- und Predigtdienst sich im Kriegsdienst der Kleriker abzumühen. Doch ob sie wollen oder nicht: Insgesamt müssen die heiligen Mönche und die gut Regulierten dazu gebracht und gezwungen werden, so wie alle führungslose und unregulierte Kleriker abzuweisen sind.*

Später begegnet er Vorwürfen gegenüber den Mönchen[448], die zwar den vierten Teil des Zehnten für sich in Anspruch nehmen, obwohl sie doch nicht bereit sind, die Seelsorge auf sich zu nehmen, indem er sie mit folgenden Worten wieder dazu aufruft: *Wenn also Mönche als die wahren Verwandten des Erlösers den Zehnten einer jeden Kirchengemeinde auf die Weise besitzen wollen, daß sie durch ihre priesterliche Tätigkeit von ihr – gleichsam aus Ruth, was mit ›sehend‹ oder ›schwach werdend‹ übersetzt wird – die rechtmäßige Leitung erwerben (was durch David als rechtmä- ßigen König vorgebildet ist), kann dies wohl gebilligt werden. Denn so wird durch den Fleiß der Mönche der Chorherrenorden wieder zum Leben erweckt werden können; noch mehr: die Mönche selbst werden wahre Kleriker und Kanoniker sein, sozusagen in gewissem Sinne die Nachfolger der seligen Mönche Gregorius und Martinus, die unbeschadet ihrer Tugend als Mönche Kleriker geworden sind, indem sie die Schafe weideten, und Kanoniker, indem sie die Kanones einhielten, der eine im Papstamt, der andere als Erzbi- schof. Von daher steht fest: Was in großen Kirchen geschehen ist,*

---

447 Cap. 28. p. 341
448 Cap. 51. p. 418

kann auch in kleinen Kirchen geschehen, nämlich daß sie von Mönchen geleitet werden, die dann deren Zehnten für sich in Anspruch nehmen. Denn weder Mönche noch klösterliche Kanoniker nutzen den Zehnten des Volkes ohne Gefahr, wenn sie nicht auch seine Seelsorge innehaben.

Demgegenüber glaubt er im folgenden Kapitel 12, daß die Mutter- und Taufkirchen genauso von den Mönchen durch eine falsche Gerechtigkeit wie von den Soldaten durch offenkundige Ungerechtigkeit ausgeraubt werden. So wirft auch der heilige Bernhard den Cluniazensern den Besitz von Vorrechten und Zehnten aus Pfarrkirchen vor, welche aber Petrus Venerabilis für die Seinen in Anspruch nimmt, weil, wie er sagt[449], *die Mönche zum größten Teil für das Heil der Seelen sorgen, auch wenn sie die Verwaltung der Sakramente nur in geringem Maße wahrnehmen usw.* Dies taten damals die Mönche dennoch überall in der richtigen Weise, da sie gewöhnlich zum Klerikat und Priestertum herangezogen wurden, wie schon in diesem 12. Jahrhundert Rupertus von Deutz und im 11. Jahrhundert der heilige Petrus Damiani und Bernoldus von St. Blasien darlegen, die wir schon im vorherigen Buch genannt haben; von diesen entgegnet jener[450] einem regulierten Chorherren, der darüber abschätzig urteilte: *Mit denselben Insignien hat der weihende Bischof mich und dich bekleidet.* Gelesen werden kann auch dessen *Disput zwischen einem Mönch und einem Kleriker, daß es einem Mönch erlaubt sei, zu predigen* und ein Brief desselben Inhalts an Abt Eberhard von Brauweiler, der sich daran anschließt.

Was aber auf dem I. Laterankonzil vom Jahre 1123 in Kan. 17 den Äbten und Mönchen untersagt wird[451], nämlich öffentliche Bußen aufzuerlegen, Kranke zu besuchen, Salbungen vorzunehmen und öffentliche Messen zu feiern, ist in bezug auf die zu verstehen, die diese Aufgaben von Pfarrern und Bischöfen unrechtmäßig wahrnahmen, zu welchen sie nach Sitte, Ausübung und auch Rechtsprechung gehörten, welcher sie sich als Exempte entzogen. Um diese wieder zur Ordnung zu rufen, fügt er deshalb gleich darauf an: *Sie sollen die Salbung und das Öl, die Konsekration von Altären und Weihe von Klerikern von den Bischöfen erhalten, in*

---

449 Lib. I. epist. 28. Biblioth. Clun. p. 657
450 T. III. opp. p. 970
451 Labb. Conc. T. X. p. 899

deren Pfarreien sie sich aufhalten. Wir bestreiten freilich nicht, daß in diesem 12. Jahrhundert von den Päpsten immer wieder Beschränkungen vorgenommen wurden, wie zum Beispiel von Alexander III. in Kap. 3 von *de statu monachorum,* und zwar deshalb, weil irgendwelche von den Zisterziensern unter Mißachtung der ursprünglichen Bestimmung gegen die Ordensregel Dörfer, Kirchen und Altäre besäßen; er fordert sie dort jedoch nur *mit Bitten und Ermahnungen* dazu auf, *daß jene Häuser, welche von ihrem ersten Ursprung her im Orden selbst gegründet wurden, in den festgesetzten Grenzen gehalten bleiben sollten.* Dies wird durch ein Dekret desselben Papstes auf dem III. Laterankonzil in Kan. 9 näher erklärt[452], nämlich daß die Mönche *in ihren Kirchen, welche nicht nach vollem Recht zu diesen gehören, den Bischöfen Priester zur Einsetzung vorstellen, damit sie diesen in bezug auf die Sorge für das Volk entsprächen.* Und gleich in Kan. 10: *Mönche sollen nicht jeder für sich in den Dörfern und Städten an Pfarrkirchen gesetzt werden, sondern in einem größeren Verband oder mit einigen Brüdern zusammenbleiben.* Indem er sich auf dieses Dekret beruft, antwortet Innozenz III. auf Anfrage hin in ›de statu monachorum‹ Kap. 5, daß er von dem Pfarrer von Bonwic eine gültige Verzichtserklärung habe, der nur den Habit eines regulierten Chorherren trug, *auch wenn,* wie er sagt, *es aber auf dem Laterankonzil nur in bezug auf Mönche verboten wird, daß jeder für sich in den Dörfern und Städten an irgendwelche Pfarrkirchen gesetzt wird ...,* daß *dies aber speziell in bezug auf die regulierten Chorherren nicht verboten wird, weil, auch wenn sie sich nicht für von der Gemeinschaft der heiligen Mönche ausgeschlossen ansehen, sie doch einer freieren Regel dienen: und auf Grund alter Kanones können sogar Mönche für die Leitung von Pfarrgemeinden zu Priestern geweiht werden, auf Grund dessen sie das Predigtamt ausüben dürfen, das privilegiert ist.*

Als Pfarrer wiederholt mit Mönchen in Streit gerieten, sprachen Päpste und Bischöfe den Mönchen jenes Recht ausdrücklich zu. So legten die benachbarten Pfarrer Widerspruch ein, als im 12. Jahrhundert die weiter oben erwähnte Zelle Bürgeln der Kongregation von St. Blasien errichtet worden war; doch als sie zuerst von dem Konstanzer Bischof Ulrich II., einem früheren Mönch von St. Blasien, abgewiesen worden waren, legten sie beim Metro-

---

452 Conc. Labb. T. X. p. 1513

politen von Mainz Berufung ein, der diese Angelegenheit dem Bischof Ulrich mit den Worten überließ, *daß dort die Lebensweise der Mönche fortdauern und der Kleriker sich um das Weltliche kümmern möge.* Man traf aber im Jahre 1129 die Übereinkunft, daß die Mönche den Berg Bürgeln mit dem Zehntrecht frei besitzen dürften; es solle aber in Ekkinheim eine neue Kirche für das Volk entstehen, für das ein Weltgeistlicher die Sakramente verwalten solle. Dennoch schloß später im Jahre 1155 Bischof Hermann von Konstanz der Kirche von Bürgeln die von Kaltenbach an *mit allem Vermögen und mit der dazugehörigen Seelsorge unter der Bedingung, daß der Prior eben dieser Zelle zusammen mit seinen Brüdern frei und klug vorstehe und für eben diese Kirche und die dazugehörigen Menschen Sorge trage.* So bestätigte derselbe Bischof Hermann die Kirche Höchenschwand, die auf einem Berge über dem Kloster St. Blasien hervorragt, im Jahre 1158 in allen Zehntrechten und der Seelsorge für das Kloster St. Blasien, wie sie schon dessen Vorgänger Gebhard, Ulrich I. und II. gewährt hatten; Bischof Otto von Konstanz aber übergab im Jahre 1168 die Kirche des Tales von Schönau, welche früher zur Pfarrgemeinde Tegernau im Schwarzwald gehörte und von den Pfarrern hartnäckig für sich in Anspruch genommen worden war, dem Abt Werner II. von St. Blasien, wobei er folgende Bedingung anfügte: *Außerdem gewähren wir die Seelsorge mit allen Rechten, wie es bekanntlich auch unser Vorgänger getan hat, dem Abt und welchen dieser an seine Stelle treten lassen will und bestimmen, daß niemals irgendein Kleriker in die vorgenannte Kirche Schönowa auf irgendeine Weise oder durch List heimlich eingeführt werde.* In gleicher Weise sagt Papst Lucius III. in der schon erwähnten Bulle zugunsten des Klosters St. Trudpert aus dem Jahre 1184: *Auch die Seelsorge für die einheimischen Bauern vom Berg Bizzenberc bis zum Mezzinbach, von der wir wissen, daß ihr sie mit Erlaubnis der Konstanzer Bischöfe nach kanonischem Recht bis auf den heutigen Tag innegehabt habt, bestätigen wir euch und eurer Kirche kraft päpstlicher Autorität.* Und später im Jahre 1192 sagt Coelestin III. in einer Bulle, die für dasselbe Kloster gegeben worden war: *auch bestimmen wir, daß ihr an den Bittagen, wie es eure Gewohnheit ist, diejenigen, die die Reliquien des seligen Trudpert ins Freie tragen oder als Büßer zu euch kommen, im Angesichte Gottes aufnehmt und sie der heiligen Kirche wieder zurückgebt, indem ihr ihnen kraft eurer Autorität durch eure Fürsorge und den Rat der Pfarrer die Lossprechung erteilt.*

Es ist dies eine bestimmte Art von Ablaß und Lossprechung, deren folgende Formulare in einer alten Handschrift aus St. Trudpert zu lesen sind: *N., durch die Vorsehung Gottes Abt des Klosters St. Trudpert im Schwarzwald vom Orden des heiligen Benedikt in der Diözese Konstanz, dem Pfarrer N., Heil im Herrn. Wir bezeugen, daß N., euer Untergebener, bereut und bekannt hat und kraft der apostolischen Autorität, die uns übertragen wurde, wieder mit der hochheiligen Kirche versöhnt ist in bezug den von ihm begangenen Mord,* oder: *in bezug auf die uns dargelegten Punkte schicken wir ihn an euch absolviert zurück; wir tragen euch aber auf, die ihr an unserer Statt dieselbe Amtsvollmacht besitzt, daß ihr ihm eine heilsame Buße auferlegt,* oder: *wir haben ihn losgesprochen und ihm eine heilsame Buße auferlegt. Gegeben in unserem Kloster am ... Tag vor dem Fest der Himmelfahrt des Herrn. Zur Zeit der ... Indiktion.* In den handschriftlich niedergelegten Gewohnheiten von St. Blasien wird dem Klosterprior das Amt des Beichtvaters übertragen. Es ist zu lesen, daß im Kloster St. Blasien der selige Berthold dieses Amt versehen hat, bevor er in das Amt des Abtes von Garsten überwechselte und er habe ohne Unterlaß auf dem heiligen Richterstuhl gesessen, solange die Büßer dies verlangten, die zu ihm um die Wette liefen. *Es hatte der hochheilige Mann,* sagt der Verfasser seiner Lebensgeschichte in Kap. 6 bei Hier. Pez[453], *beim Hören der Beichten die Gewohnheit, in sorgfältigster Untersuchung alles zu erforschen, was der Mensch gegen Gott getan hätte, ob er am katholischen Glaube festhalte oder ob er das Herrengebet kenne. Und obwohl die Menge der Wartenden groß war und die Notwendigkeit ihn dazu drängte, auch anderes zu tun, entließ er dennoch keinen, bevor dieser durch strengste Prüfung zum Heil gebracht worden wäre.* Und gleich darauf in Kap. 7: *Doch um auf die Beichten zurückzukommen (denn für diese verwendete er den größten Teil seiner Zeit): bei ihm herrschte die Sitte, alle ohne Ansehen der Person zu geißeln, und er ließ es nicht zu, daß jemand ganz ohne Schläge davonkam.* Daß derselbe auch der persönliche Beichtvater des römischen Königs Konrad und dessen lieber Freund war, erwähnt er in Kap. 39[454].

453 T. II. Script. Rer. Austr. p. 95
454 Ibid. p. 120

Mönche übernehmen Ämter in der Hierarchie.

LXXII. Thomasinus beobachtet[455], daß im Orient im 12. Jahrhundert die Sitte, zur Verwaltung des Bußsakraments nur Mönche heranzuziehen und nur Mönchen Zugang zu gewähren, so weit Oberhand gewonnen hat, daß der Patriarch von Alexandrien unter vielen anderen Kapiteln seiner ›dubitationes‹ darüber auch den Balsamo befragt hat, ob Priester, die niemals ein Mönchsgelübde abgelegt hätten, mit Erlaubnis des Bischofs Beichte hören dürften. Auch das fügt er als in beiden Kirchen des Mittelalters ganz und gar üblich an, wie wir schon im vorherigen Buch angemerkt haben, nämlich daß es sich gehörte, daß Äbte mit dem Rang eines Priesters ausgezeichnet wurden, so wie der als Abt von St. Dionys verkündigte Sugerius, der zuerst zum Priester ordiniert und am folgenden Sonntag zum Abt geweiht wurde, wie Bulaeus in der ›historia Universitatis Parisiensis‹ aussagt[456]; daher sind sie auf Siegeln mit der Kasel geschmückt zu sehen: dies habe ich ständig in den klostereigenen Dokumenten von der Zeit des Utto ab beobachtet, der zu Beginn dieses 12. Jahrhunderts gestorben ist. So ist es auch üblich, daß sie mit priesterlichen Gewändern bekleidet bestattet werden, *wie es für Äbte Sitte ist,* sagt der Petershausener Geschichtsschreiber, wie auch Bischöfe mit päpstlichen. Daß damals diese Bestattungsart bestand, bezeugt er, als er von Bischof Wito von Chur sprach, der in jenem Kloster im Jahre 1122 beerdigt worden war.

Indem Gerhohus, der ja selbst Kanoniker war, in dem Buch ›de aedificio Dei‹ in Kap. 28 auch das erörterte, welche Gewänder ein zum Papst oder Bischof gewordener Mönch verwendet, bringt er einen Brauch der eben vergangenen Jahrhunderte in Erinnerung, welchen wir in den vorhergehenden Büchern vermerkt haben, nämlich ein gemeinschaftliches Leben in den Kathedralklöstern und denen anderer Gemeinschaften unter der kanonischen oder monastischen Regel zu führen. Und von da leitet er die Notwendigkeit zu seiner Zeit oder im 12. Jahrhundert ab, Mönche zum Klerus hinzuzunehmen, *was,* wie er sagt[457], – *wohingegen es zu unserer Zeit wegen des Mangels an regulierten Chorherren notwendig ist –, in früherer Zeit nur selten geschah, da alle*

---

455 De benef. L. II. c. 12. n. 15.
456 T. II. p. 118
457 Bern. Pez. T. II. thes. anecd. P. II. p. 341

Bischofs-, Tauf- und die übrigen Propsteikirchen das gemeinsame Leben der Kleriker förderten. Somit gab ein Mangel an Regularkanonikern hierfür keinen Anlaß, es sei denn, daß irgendeiner unter den Mönchen durch so große Fähigkeiten hervorragte, daß es nicht unverdient schien, ihn nicht nur mit dem Klerikerstand auszuzeichnen, sondern ihn auch in der Streitmacht der Kleriker zum Führer und ersten Mann zu bestimmen. Wenn er nämlich, in dieser Weise bestimmt, den heiligen Klerikerstand regierte, war er selbst nicht nur einer von den Klerikern, sondern auch ihr Meister: damit er immer durch sein Leben und Wirken erweise, daß ihm nicht die Heiligkeit des Mönches verlorengegangen sei, sondern er die Würde eines Klerikers erhalten habe. Sodann fährt er fort, ausführlich darzulegen, was auf dem IV. Laterankonzil unter Innozenz III. verboten wurde[458], nämlich *daß Mönche, die zum Bischofsamt gelangt waren, den Mönchshabit ablegten.*

Es folgt bei Pez[459] ein Briefband des Zönobiten Idungus von, wie es scheint, St. Emmeran über vier Quästionen, und in Kap. 8 wird zur vierten Quaestio geantwortet: *Ist es einem Mönch erlaubt, die Stimme der Predigt ertönen zu lassen?* Dazu sagt er: *Es gibt einige Kleriker, die sich in ihrem Klerikerstand brüsten und auf den Mönchsstand verächtlich herabsehen; sie sagen, es sei gegen die Vernunft und die Autorität, daß ein Mönch, der der Welt gestorben ist, mitten in der Kirche seinen Mund zum Predigen öffnet. Dieser Meinung stimmten zur Zeit des Bischofs Hartwig seligen Angedenkens auf einer seiner Synoden, welche sie Kapitel nennen, die dabeisitzenden Dorfpriester nach Kräften zu, und sie duldeten es nicht, daß an ihrem Konvent irgendein Mönch teilnähme. Denn als ein gewisser angeklagter Priester einen Mönch dort sah, beschuldigte er unter dem Beifall seiner Mitpriester den Armen als einen, der sich heimlich eingeschlichen habe, und antwortete durch den Rechtsbeistand seines Streitfalles nicht auf die Vorwürfe, sondern das, daß die Sache eines Klerikers in Anwesenheit eines Toten überhaupt nicht verhandelt werden dürfe. Nachdem man dies vernommen hatte, ereignete sich ein Wunder. Jener Tote* (nämlich der bei jenem Konvent anwesende Mönch, welchen er mit der Bezeichnung eines Toten belegte) *erstand auf und verließ den Konvent. Später aber, nachdem drei Jahre vergangen waren und*

458 Labb. Conc. T. XI. p. 169
459 Ibid. p. 528

Bischof Hartwic gestorben war, folgte als Bischof der Mönch Chuno nach – nach deren Aussage ein Toter, durch dessen Anhörung und Urteilsspruch alle ihre Streitfälle behandelt wurden[a]. Es ist klar, daß hier von dem Verfasser nur ironisch gesagt wird, es habe sich ein Wunder ereignet, nämlich der Kleriker wegen, die nur schwer einen Mönch als einen der Welt Gestorbenen unter den Kammerrichtern, wie sie genannt zu werden pflegen, ertragen konnten und dennoch eben einen solchen später als ihren Bischof und obersten Richter anerkennen mußten.

[a] Bei Hundius in dem Katalog der Regensburger Bischöfe (Metr. Salisb. T. I. p. 131 &c.) wird Hartwic als Bischof vom Jahre 1105 bis zum Jahre 1126 erwähnt: diesem soll in demselben Jahre Chuno nachgefolgt sein, der vorherige Abt von Siegburg, der im Jahre 1130 gestorben ist, nachdem er seinen Sitz für vier Jahre innegehabt hatte. Was hier geschildert wird, hat sich also zu diesen Zeiten ereignet.

Schon oben haben wir einige Mönche erwähnt, die aus Klöstern, insbesondere des Schwarzwaldes, zu verschiedenen hierarchischen Ämtern der Kirche berufen wurden. Unter diesen war Wolvoldus, der aus dem Kloster St. Georgen im Schwarzwald von dem Salzburger Erzbischof Konrad I. zum Abt von Admont bestellt worden war. *Als dieser angekommen war,* wie das Chronikon von Admont bei Hier. Pez[460] es darstellt, *und der vorgenannte Bischof in ihm große Klugheit und Weisheit erkannte, machte er ihn zum Teilhaber seiner Sorge und stellte ihn nach seiner Ordination zum Erzdiakon allen anderen Erzdiakonen der Diözese voran.* Aus demselben Kloster St. Georgen wurde der selige Abt Theoger auf den Bischofssitz von Metz, ebenso wie Udalrich II., vorher Mönch von St. Blasien, auf den von Konstanz berufen. Aber auch anderswo wurden überall in diesem 12. Jahrhundert Mönche auf den Bischofssitz erhoben: denselben Sachverhalt vom Größeren zum Kleineren stellt der genannte Idungus in Kap. 10[461] dar, wo er den Nachweis zu erbringen sucht, daß es nicht weniger Sache der Mönchskleriker sei, Pfarrgemeinden zu leiten, als der Weltkleriker. *Ich werde antworten,* führt er an. *Wenn es den Mönchen erlaubt ist, große Pfarreien zu leiten, warum sollte es nicht erlaubt sein, auch kleine zu leiten, da dies doch der monastischen Demut mehr entspricht? Was ist eine Diözese, wenn nicht eine große Pfarrei?* Dies war freilich in England noch im 12. Jahrhundert so sehr Allgemeingut, daß der heilige Thomas von Canterbury, als er

460 T. II. Script. rer. Austr. p. 184
461 Bern. Pez. l. c. p. 536

erfuhr, daß alle seine Vorgänger Mönche gewesen waren, zu der Überzeugung kam, daß ihm dies zur Sünde angerechnet würde, wenn er nicht selbst ein solcher sei und er das Mönchsgelübde ablegte, obwohl er schon Erzbischof war. So wurde selbst aus dem Kartäuserorden des heiligen Benedikt, obwohl er besonders streng ist, nach dem Tode des Bischofs Hugo von Grenoble, der den heiligen Bruno und dessen Gefährten in der Einsiedelei von Kartaus angesiedelt und sich diesen angeschlosen hatte, für eben diesen als Nachfolger Hugo II. bestimmt, wie in der Folgezeit von dort sehr viele Bischöfe eben dieser Diözese kamen; und überall hatten auch Zisterzienser- und Cluniazensermönche Bischofssitze und sogar den Papststuhl inne. Daher sagt Petrus Venerabilis[462]: *Was ist daran unschicklich, wenn ein religioser, weiser und gebildeter Mönch aus einer religiosen Gemeinschaft von dort aus zum Papst gewählt worden ist, von wo die Sitze der Bischöfe, der Erzbischöfe und Patriarchen und sogar die höchste Höhe von allem, den apostolischen und römischen Sitz, sich zu nehmen die Väter gewohnt waren?* Und so waren im 12. Jahrhundert Paschalis II. und Gelasius II. Cluniazenser, und Eugen III. war nicht der einzige Zisterzienser, auch wenn in bezug auf die übrigen, Hadrian IV., Alexander III. und Gregor VIII. die Sachlage nicht ganz sicher ist.

Exemtionen der Mönche,

LXXIII. Welcher Gesinnung weiterhin selbst die Päpste gegenüber dem Mönchsstand waren, zeigen die zahlreichen von ihnen gewährten Exemtionen von der, wie man sagt, ordentlichen Rechtssprechung. Eine solche forderten freilich die Klöster der meisten Orden dringend, was auch vielleicht auf die Lehrsätze der akademischen Studiengänge zurückzuführen ist. Indem nämlich die Rechtsformeln und die Art und Weise der weltlichen Prozeßführung auch in der kirchlichen Gerichtsbarkeit Zutritt fand, geschah es, daß deshalb durch diese strengen Gesetze der Rechtssprechung die Mönchsgemeinschaften überall angegriffen wurden und ermatteten. Außerdem wurde der Friede und die Einheit zwischen kirchlichen Personen monastischen und klerikalen, sowohl regularen wie auch säkularen Standes von jenen,

462 Lib. I. ep. 29.

welche wir oben genannt haben, durch Rivalitäten erheblich beeinträchtigt, und die Bischöfe hüteten sich nicht gut genug vor jener Herrschaft, von der Christus wollte, daß sie dem Apostelkollegium fern sei, dessen Nachfolge das Kollegium der Bischöfe übernommen hat: Ganz besonders aber wurde unter diesem schönen Titel ›Jurisdiktion‹ nicht so sehr die geistliche Unterwerfung der Mönche, die den Bischöfen nicht verweigert werden konnte, als vielmehr gerade die der weltlichen Güter betrieben.

Die Mönche legten nunmehr, wie es damals überall auch bei anderen kirchlichen Streitfällen geschah, bei den obersten Hirten der Kirche Berufung ein, deren Schutz sie sich und all ihre Habe anempfahlen und die sie damit auch zu Mitbeteiligten an ihren Gelübden machten. Ein erstes, unbestrittenes Beispiel hierfür bietet die Geschichte der Cluniazenser[463], als nämlich der Kardinal Johannes von Cremona auf dem Konzil von Reims im Jahre 1119, dessen Vorsitz Papst Kallixt II. führte, bekanntgab, daß die Gemeinschaft von Cluny einzig und allein dem Papst von Rom unterstellt sei, und erklärte, daß jene und die übrigen, welchen der Papst ein gleiches Privileg entweder schon ausgestellt habe oder beabsichtige, es bald auszustellen, von der Jurisdiktion und der Vollmacht der Ordinarien ausgenommen seien. Diese Aussage verletzte die Ohren und Gemüter der Anwesenden derart, daß zu einem Tumult nur wenig gefehlt hätte. Von hier, wie schon Bulaeus[464] aus Ordericus Vitalis in der ›historia Universatis Parisiensis‹ vermerkt hat, nahmen spitzfindige Sophisten und die Lehrer, die sich mit den heiligen Kanones und Schriften befaßt hatten, den Stoff zur Disputation. *Diese Frage freilich,* fügt er an, *und die Disputation darüber war in den Schulen häufig anzutreffen und wurde von sehr vielen Gelehrten behandelt. Den meisten schienen solche Exemtionen, wenn sie ohne Notwendigkeit erteilt wurden, unerlaubt zu sein: so nämlich würde in die Kirche eine überaus große Verwirrung getragen, die heiligen Kanones würden zugrunde gerichtet, die Rechte der Bischöfe, welche unangetastet sein müßten, erschüttert und durch ein schlechtes Vorbild ihre Autorität mißachtet und den Laien zum Gespött preisgegeben. Dagegen sagten einige: wenn das Recht zur Erteilung von Privilegien weggenommen würde, werde die päpstliche Amtsvollmacht,*

---

463 Concil. Labb. T. X. p. 871
464 T. II. p. 705

*welche in der Kirche die oberste sein muß, aufgehoben: die Erteilung
von Privilegien sei ein wesentlicher Teil der römischen Autorität: von
jeher seien vom heiligen Stuhl Wohltaten und Gnaden ausgegangen:
Rom sei das Haupt der Diözesen und der Papst der oberste Bischof
aller Bischöfe usw.* Dann gibt Bulaeus einige Beispiele wieder,
schließlich auch die, welche der heilige Bernhard hierzu an den
Erzbischof Heinrich von Sens geschrieben hat[465]. Von daher gibt
unter den Hauptanklagepunkten, welche die Zisterzienser
gegenüber den Cluniazensern erhoben hatten, Petrus Venerabilis
einem Zisterzienser eine Antwort am Beispiel auch vieler anderer
Klöster und auf Grund der Autorität des heiligen Gregor in einem
Brief, den dieser dem Bischof Castor von Rimini geschrieben
hatte[466], *er habe auf Grund eines Berichts des Abtes Luminosus
erfahren, daß in sehr vielen Klöstern die Mönche von den Bischöfen
Vorverurteilungen und Bedrückungen erduldet hätten.*

die die Kirche verteidigten ...

LXXIV. Die römischen Päpste aber hatten durch solche
Exemtionen in der katholischen Welt gegen die Irrlehren eine Art
Streitmacht geschaffen, die ihnen in besonderer Weise ergeben
war. Diese Gnade freilich verdienten sich damals die Regularorden, vor allem der heilige Bernhard für seinen Zisterzienserorden, auch noch nach seinem Tode, wegen seiner hervorragenden Leistung für eben diesen römischen Stuhl bei der
Austilgung von Schismaten, von denen jener zu dieser Zeit
erschüttert wurde, sowie auch bei der Bekämpfung von Irrlehren
und Häresien, welche er auch aus unseren Provinzen vertrieb. Wir
haben schon seinen Brief[467] an Bischof Hermann von Konstanz
erwähnt, daß dieser nicht bei sich oder in seiner Diözese eine
solche Pest in der Person des Verräters Arnold von Brixen
hinnehmen dürfe, eines Schülers des Petrus Abaelard: *denn
gebannt,* schreibt er in jenem Brief, *vom Apostel Petrus* (nämlich
vom päpstlichen Stuhl) *hatte er dem Petrus Abaelard angehangen,
dessen Irrtümer, die von der Kirche schon gerügt und verurteilt
waren, er alle sogar zusammen mit jenem und für jenen scharf und
hartnäckig zu verteidigen suchte;* deshalb nennt er jenen auch

---

465 Opp. T. I. ep. 42. p. 475
466 Opp. T. II. L. II. epist. 41. p. 603
467 T. I. ep. 195.

einen *Waffenträger des Abaelard.* Den Streitfall um Abaelard selbst aber beschreibt der heilige Bernhard so: *Wenn er von der Dreifaltigkeit spricht, riecht er nach Arius; wenn von der Gnade, riecht er nach Pelagius, wenn von der Person Christi, riecht er nach Nestorius.*

Dieser Abaelard hatte von Bischof Heinrich von Sens erbeten, daß es ihm erlaubt sei, mit dem heiligen Bernhard zusammenzutreffen, der ihn von allen Seiten her angriff; dies geht aus dem Brief 337 Bernhards an Papst Innozenz II. hervor, an welchen Abaelard persönlich appelliert hatte, wobei er unerlaubt an dem dort angesetzten Konvent teilnahm: dennoch verurteilte der Papst die Hauptpunkte, welche ihm von den Vätern des Konvents von Soissons überbracht worden waren, wie in der Lebensgeschichte des heiligen Bernhard Gaufridus[468] die Sache dargestellt ist. Dieser begleitete später im Jahre 1148 persönlich den heiligen Bernhard zum Konzil von Reims, auf welchem die Irrlehre des Gilbert de la Porrée untersucht und verurteilt wurde[469], an dem Abt Petrus Venerabilis von Cluny teilnahm und mitwirkte. Dieser Petrus ging auch gegen die Sarrazener vor, weswegen er veranlaßte, daß Alcoranus aus dem Arabischen in die lateinische Sprache übersetzt wurde; darüber verfaßte er einen Brief an den heiligen Bernhard, der in der ›Bibliotheca Cluniacensis‹ noch vorhanden ist[470] sowie auch später dessen Traktate gegen eben diese[471] und sodann gegen die häretischen Petrobrusianer. Diese beiden erlauchten Männer vernichteten weiterhin die Irrlehren des Eudon von Stella, die ›apostolische Heinricianer‹ genannt werden.

Doch am abstoßendsten waren im 12. Jahrhundert die auf dem Laterankonzil verurteilten Irrlehren der Albingenser und Waldenser, die mit anderen Namen auch genannt werden: Katharer, Kataphrygen, Publikaner, Popelianer, Pateriner, Piphren, Tiseraner und Bulgaren, nämlich die Abkömmlinge der Manichäer. Wie Otto von St. Blasien anmerkt, schrieb gegen diese Häresien vor allem Alanus, über welchen Bulaeus in seiner ›historia Universitatis Parisiensis‹ eine Erörterung anstellte[472], wo

---

468 L. III. opp. S. Bern. T. II.
469 Labb. Conc. T. X. p. 1130
470 p. 1109
471 p. 1118
472 T. II. p. 432

er diesen Bischof Alanus von dem Alanus von Clairveaux, einem Schüler des heiligen Bernhard, unterscheidet. Über die Waldenser hat weiterhin Abt Ekbert von St. Florinus vom Orden des heiligen Benedikt in der Diözese Trier in seinen Predigten, welche er gegen jene geschrieben hat, folgendes: *Diese nennt je nach Sprachgebrauch unser Deutschland ›Katharer‹, Flandern ›Piphlen‹ und Frankreich ›Tizerans‹.* Dieser Florinus war ein Bruder der seligen Jungfrau Elisabeth von Schönau, die zusammen mit der seligen Hildegard unsere Welt erleuchtet hat; und diese letztere brachte durch ihre Schriften und ihre erfolgreichen Bemühungen die Irrtümer der Katharer zum Erliegen.

... und sie mit der Wissenschaft erleuchteten.

LXXV. Von dieser heiligen Hildegard haben wir oben schon gehandelt, wie sie unseren Schwarzwald aufsuchte und vor allem, wie sie die Angelegenheiten des Klosters Hirsau regelte. Hierzu ist bei Martenius in seiner umfangreichen Urkundensammlung[473] ein Briefwechsel zwischen den Mönchen von Hirsau und der heiligen Hildegard vorhanden und noch viele weitere Briefe, die, an verschiedene Äbte Deutschlands gerichtet, dort enthalten sind. Auch der heilige Bernhard schrieb ihr Briefe und suchte sie auf seiner Rückreise von Frankfurt in Bingen auf; dieser veranlaßte dazuhin den Papst Eugen III., auf dem Trierer Konzil nach Prüfung ihre Schriften zu billigen, wie es Trithemius im ›chron. Hirsaug.‹ zum Jahr 1150 aus Theodor, dem Verfasser der Lebensgeschichte der seligen Jungfrau, darstellt: *Er hielt,* sagt er, *ebendort eine Synode sowohl von Bischöfen wie auch von Kardinälen und Äbten ab, auf welcher Erzbischof Henricus von Mainz und der heilige Abt Bernhard von Clairveaux eben diesem Papst das Wunderbare berichteten, das Gott in seiner Dienerin Hildegard, der Äbtissin des Berges des heiligen Bekenners Rupert, vollbrachte.* Auch sie selbst erklärt in ihren Briefen und sagt: *Als Papst Eugenius in Trier weilte, wurden ihm meine Schriften überreicht, die er gnädigst vor allem Volke vorlesen ließ und sie auch selbst las; und in großem Vertrauen auf Gott übersandte er mir in einem Schreiben seinen Segen und trug mir auf, das, was ich bei der Vision sähe und hörte, sorgfältigst den Schriften anzuvertrauen.* Der Brief des

473 T. II. p. 1117

Papsts Eugen an sie ist unter den ›acta concil. Labbei‹ aus Trithemius enthalten, der anfügt: *das päpstliche Schreiben mit dem Segen, das sie mit großem Dank erhalten hatte, beantwortete dem Papst die Dienerin Christi Hildegardis mit einem Brief, der ganz unter dem Einfluß der göttlichen Offenbarung verfaßt war, in welchem sie jenen über gewisse Geheimnisse unterrichtete, die sie in ihrem Herzen trage, und legte ihm den Willen und das wahre Wohlgefallen Gottes in dieser Sache dar.*

Unter denen aber, die er in großer Zahl aufführt, mit welchen sie einen Briefwechsel unterhielt, nennt er auch Eckhard, der vom Hirsauer Mönch zum ersten Abt von Aura geworden war, unter dessen anderen Schriften er zum Jahr 1118 ein Chronikon angibt, das vom Ursprung der Welt bis einschließlich zum Jahre 1124 nach der Menschwerdung des Herrn reicht, ein bedeutender Band, in welchem er die Taten der Könige und Kaiser in Deutschland und außerhalb in wohlgeordneter Abfolge wiedergibt. Die Gelehrten bei P. Ziegelbaur[474] sind der Meinung, es handle sich bei diesem Chronikon um das, was unter dem Namen des Abtes Konrad von Ursperg bekannt ist. Bei demselben[475] ist ein großes Verzeichnis von Geschichtsschreibern des Ordens des heiligen Benedikt zu lesen, die auch zu uns gehören, von Cluniazensern und Zisterziensern[476], wodurch das kurze Lebenslicht des heiligen Bernhard auch uns erreicht, wie wir gesehen haben. Dieser, wie er bei Pistorius[477] zum Jahre 1138 von dem Fortsetzer des Sigebert von Gemblach, Robertus de Monte, gerühmt wird, *Vollbringer vieler Wunder und glühende Prediger des Wortes Gottes und Gründer zahlreicher Klöster brachte Gott einen solchen Ertrag an Seelen ein, daß die Schulmeister mit einer großen Schar von Klerikern, die auch aus weit entfernten Gebieten zu seinem wünschenswerten Lehramt zusammenströmten, mit hundert oder noch mehr Novizen das Erprobungshaus anfüllten und an diesem einen Tag Quadragesima Mönche wurden.* Wie Bulaeus[478] es zum Jahre 1149 darstellt, bekehrte er in demselben Jahre viele, die noch Pariser Akademiker waren, zu seinem Orden: *Und als ein gewisser Lehrer mit seinem Schüler, vom Ruf*

---

474 Hist. lit. O. S. Bened. P. IV. p. 339
475 P. I. p. 560
476 P. II. p. 561 etc.
477 T. I. Script. rer. Germ. p. 877
478 Histor. univ. Paris. T. II. p. 251

und der Heiligkeit dieses so bedeutenden Mannes angelockt, von Deutschland an die Schulen von Paris kam und beabsichtigte, das Kloster von Clairveuax zu besuchen, blieb er, angerührt durch die Heiligkeit des Lebens, welche dort herrschte, ebendort zurück und bemühte sich vergeblich darum, seine Schüler davon abzuhalten, sich ebenfalls dem Joch der Stimme Gottes zu unterwerfen, wie er ebendort im *Exordium magnum Cisterciense* ausführlich schildert.

Dann aber führt er aus, daß der Streitfall um Petrus Lombardus von Rom an den Abt Sugerius von St. Dionys zurücküberwiesen wurde: nachdem nämlich unter den Scholastikern ein Aufruhr entstanden war, dessentwegen Iozelinus und Petrus nach Rom geschickt worden waren. Petrus Lombardus aber und Abaelard, ebenso Petrus von Poitiers und Gilbertus de la Porrée werden von M. Gualterus, der ›von St. Victor‹ genannt wird, als ›die Ungeheuer Frankreichs‹ bezeichnet, *Propheten und Apostel des Antichrist, weil sie sagen, Christus sei nichts.* Doch hierüber gleich mehr; in bezug auf die Studien der Scholastiker und die akademischen Grade werden wir sehen, daß sie erst von Petrus Lombardus und Gratianus eingeführt worden sind.

Wissenschaftliche Ausbildung in den Klöstern von Kindheit an.

LXXVI. Durch diese akademischen Studien ging im 12. Jahrhundert den Studien im Kloster viel ab, da durch in berühmten Städten eingerichtete öffentliche Schulen, welche man nach der Gesamtheit der Künste und Wissenschaften Universitäten nannte, in den Klöstern die Schulen allmählich zum Erliegen kamen, welche aber doch, wie wir oben gesehen haben, noch im 12. Jahrhundert im Schwarzwald in Blüte standen.

Doch gab es noch immer Anlaß, die Beschäftigung mit der antiken Literatur zu erwähnen, nämlich durch das Abschreiben alter Bücher und deren Weitergabe an uns Spätere, wie die von der Hand dieses Jahrhunderts ausgearbeiteten Codices selbst verraten, welche in so großer Anzahl vorhanden sind; auch zeigt der Schriftzug oder das Aussehen der Schrift und der Buchstaben, daß es an der Sorgfalt in der Kalligraphie nicht gemangelt hat. Ein Beispiel unermüdlicher Arbeit auch beim Malen von Buchstaben, gerade auch in den Nonnenklöstern, war jener unvergleichliche Codex, der beim Brand von St. Blasien im Jahre 1768 verlorenging: Man hätte diesen entsprechend der Sitte jener Zeit geradezu eine Bibliothek nennen können und eine Enzyklopädie der Fakultäten des Trivium und des Quadrivium; denn in ihm waren über fünfzig Autoren verschiedener Sachbereiche und unter diesen insgesamt zwanzig über die Musik enthalten, weswegen ich als noch junger Mann den Mut faßte, eine Geschichte der Kirchenmusik zu schreiben. Zum Hinweis, daß der gesamte Codex aus einer Hand von einer Nonne geschrieben war, diente eine in dem Anfangsbuchstaben mit der Schreibfeder abgebildete Nonne, wie ich an anderer Stelle schon angemerkt habe.

In den Akademien kümmerte man sich um die Schreibkunst und die Erstunterweisung der Jugend überhaupt nicht, wie sie überall als Bildungseinrichtung in den Klöstern, vor allem jenen unseres Ordens, ihren Platz hatte, wo nach der Regel des heiligen Vaters Benedikt die Gewohnheit bestand, Kinder noch in den Windeln durch ihre Eltern dem monastischen Leben darzubieten oder auch einer besseren Unterweisung sowohl in der Wissenschaft als auch in der Frömmigkeit, wie Mabillon[479] in den ›annales Benedictini‹ zum Jahr 1126 ein Beispiel anführt. Hier beschimpft derselbe die Hirsauer, weil sie es bei der Erziehung der Knaben und Brüder nicht zuließen, daß ihre Knaben oder Jünglinge ein Studium der heilbringenden Wissenschaft hätten: Unter der Bezeichnung ›Brüder‹ verstehe ich die ›Brüderchen‹, die mitunter als Fünf- oder Sechsjährige zur Profeß gebracht wurden; daher wird recht häufig in den alten Nekrologien notiert: *Knabe und Mönch.*

Erst zum Ende des ausgehenden 12. Jahrhunderts haben Clemens III. und Coelestin III., wie in dem Kapitel *cum scimus de regularibus* zu lesen ist, in bezug auf den auf diese Weise dargebrachten Sohn eines Ritters durch Erlaß angeordnet: *wenn aber der Knabe zu den Jahren des Unterscheidungsvermögens gelangt ist und möglicherweise den Mönchshabit nicht behalten will, und wenn er dazu auch nicht veranlaßt werden kann, soll er auf keinen Fall dazu gezwungen werden: weil er dann frei sein wird, für sich seine Entlassung zu verlangen sowie die väterlichen Güter, welche ihm auf Grund seiner Nachfolge zugute kommen.* Dennoch dauerte die

479 T. VI. p. 147

Darbietung der Knaben zum monastischen Leben fort, wobei aber doch den Knaben im Erwachsenenalter die freie Wahl überlassen wurde: es verblieb somit aber auch die Notwendigkeit, sie in der Wissenschaft auszubilden, und die Schulen in den Klöstern blieben erhalten. Daher wurde auf dem III. Laterankonzil vom Jahre 1179 in Kan. 18 feierlich festgesetzt[480], *daß die Vorgesetzten für die Schulmeister um das Nötige besorgt sein müssen,* sowohl in den Kathedralkirchen wie auch in den Klöstern; in diesen schienen die Schulen, was ihren starken Besuch betrifft, in gewisser Weise Akademien zu sein; wie in bezug auf die Schule, welche Petrus Abaelard, der nach seiner Verurteilung Mönch geworden war, in St. Dionys zu Paris gegründet hatte, Bulaeus in seiner ›historia Universitatis Parisiensis‹ zum Jahre 1117 aussagt, an welche von überall her Schüler zusammengeströmt seien, Italiener, Rumänen, Anglen, Britannier, Deutsche, Schwaben, Teutonen, Flamen, Spanier und vor allem Franzosen und Franzosenstämmige.

Akademische Studien auch der Mönche.

LXXVII. Abaelard hatte die Eifersucht der Akademiker gegen sich erregt, weil er nach dem Verlassen der Schule des Bischofs Anselm von Laon gegen die Gesetze der Akademiker selbst eine Schule gegründet hatte. Auf dem Konvent von Soissons vom Jahre 1120 oder dem folgenden war dies der Hauptanklagepunkt[481]: *daß es nämlich dem Gelübde eines Mönches ganz und gar widerspreche, sich mit dem Studium der weltlichen Wissenschaften zu befassen und daß er sich angemaßt habe, ohne Lehrer ein Lehramt für die heilige Schrift angenommen zu haben.* Dies ist hinsichtlich des Lehrstuhls der Theologie, den er geschaffen hatte, zu verstehen, auch wenn er dies nur im Vertrauen auf die Macht und Förderung des Kanzlers Stephan und anderer Vornehmer und Hofbeamten tat. Doch wurde es damals als ein gewisses Vorrecht der Akademiker angesehen, das öffentliche Lehramt der Theologie an öffentlichen Schulen oder Universitäten auszuüben, welche in diesem Jahrhundert auch Mönche in großer Zahl besuchten. Bulaeus vermutet[482] hier, daß eine Zelle

480 Concil. Labb. T. X. p. 1518
481 Conc. Labb. T. X. p. 885
482 Hist. cit. p. 24

oder eine Kapelle in der Vorstadt St. Victor, welche unter dem
Namen des heiligen Märtyrers Victor Gott geweiht war, eine alte
Wohnstätte und ein Priorat, vielleicht auch ein Kolleg der
schwarzen Benediktinermönche von Marseille gewesen ist, in
welchem sich jene, unter der Regel des heiligen Benedikt lebend,
als Gäste aufhielten, um die Pariser Schulen zu besuchen: so wie
derselbe danach im Kloster und den benachbarten Räumlichkeiten der Basilika St. Genovefa zahlreiche Wohnungen miteinander speisender Scholaren notiert, vor allem aber von
Theologen, die zum Kriegsdienst als Kleriker bestimmt waren,
um, in der Lebensweise und im vertraulichen Umgang mit den
Pariser Kanonikern herangezogen, den Kriegsdienst für Gott zu
erlernen. Er erwähnt, daß zu diesem Zweck auch Scholaren aus
Rom geschickt wurden und zwar in der Weise, daß der Papst
selbst und die Kardinäle dem Bischof von Paris ihre Zöglinge
anvertrauten, und, während damals aus allen Gegenden der Welt
Schüler an die Pariser Akademie zusammenströmten, auslän-
dische Fürsten, Senatoren von großen Städten, Vornehme und
Aristokraten der Staaten häufig an König Ludwig schrieben, daß
er gestatte, daß diese jungen Männer, die sie selbst aus ihren
Kreisen dorthin schickten, sich auf seiner Akademie der Wissenschaft widmeten; von diesen Briefen fügt er einige als Beispiel an.

Doch betrifft dies die weltlichen der verschiedenen Fakultäten,
aus denen jedoch sehr viele Akademiker, wie wir oben gesehen
haben, sich vor allem dem zu dieser Zeit aufblühenden Zisterzienserorden zuwandten und Mönche wurden; und zum Jahre 1174
bemerkte derselbe Bulaeus[483], daß es keinen religiosen Orden gab,
der mehr Anhänger aus der Pariser Akademie gehabt hat als der
der Zisterzienser für etwa hundert Jahre. Dafür aber, daß die
Schwarzen Mönche oder Benediktiner sich in Paris von der
Pariser Akademie fernhielten, dient das zum Beweis, was derselbe
zum Jahre 1192 bezüglich eines Aufruhrs berichtet, der zwischen
den Scholaren der Universität Paris und den Mönchen von
Saint-Germain-des-Prés ausgebrochen war.

483 p. 410

Die scholastische Theologie.

LXXVIII. Schon im vorhergehenden Buch haben wir die unheilvollen Früchte der Philosophiersucht innerhalb der Theologie in der Häresie des Berengar vom 11. Jahrhundert gekennzeichnet: dieses Tun führte im 12. Jahrhundert vor allem Petrus Abaelard fort, aber auch andere, die sich den Namen ›scholastische Theologen‹ erwarben, weil sie mit nach Art der Sophisten ausgeklügelten metaphysischen Spitzfindigkeiten in den Schulen ihre Dispute austrugen und sich mit verschiedenen Fragen herumschlugen, welche sie aus der peripatetischen Philosophie einbrachten, ganz besonders aber, als gegen Anfang des 12. Jahrhunderts der Araber Averroes von Cordoba eine Übersetzung des Aristoteles angefertigt hatte. Doch Petrus Abaelardus, der in diesem Jahrhundert der Vorkämpfer der Scholastiker war, räumte sowohl der heidnischen Philosophie ingesamt, dann aber ganz besonders vor allen anderen dem Plato in der christlichen Theologie einen allzu bedeutenden Platz ein, indem er die Geheimnisse des Glaubens, vor allem der heiligen Dreifaltigkeit, mit derartigen Begriffen befleckte, wo er seinen Geist auf die Theologie richtete, wobei er das Betreiben von Philosophie keineswegs beiseite gelegt hatte. Daher warfen ihm seine Gegner vor, daß er in allzu großem Vertrauen auf die Regeln der Dialektik Unvorsichtige durch seine sophistischen Fallstricke täusche, und beschuldigten somit die Dialektik selbst; diese greift er in einem Brief an, der von Bulaeus überliefert wird[484], welcher auch noch von anderem berichtet, was zu dieser Zeit hin und her debattiert wurde sowohl über die Methode selbst, als auch über den Gegenstand der Theologie, welche damals vorherrschte. Und es wurde nicht nur Petrus Abaelard angegriffen, sondern auch Gilbert de la Porrée, Petrus Lombardus und Petrus von Poitiers, welche besonders Gualterus von St. Victor als ›die vier Ungeheuer Frankreichs‹ angreift, wie wir schon angemerkt haben, obwohl Petrus Lombardus auch unter den Dogmatikern durch seine Sentenzenbücher einen bestimmten Rang einnimmt: als Fürst der systematischen Theologie der Summisten.

Dieser Methode folgten dann die Theologen ohne Unterschied, indem sie die Sentenzenbücher nach ihrer Art interpretierten und den Quaestionen andere Quaestionen anfügten und dann alle

484 L. cit. p. 77

möglichen seiner Standpunkte als ihre eigenen ausgaben. Dafür findet sich bei Trithemius zum Jahre 1124 das ausgezeichnete Beispiel[485] des vormaligen Professors an der Pariser Akademie Rupert, des Abtes von Limburg in der Diözese Speyer, der, vor allem in der Abstinenzfrage überaus streng, weit über die Regel des heiligen Benedikt hinausging. Daher wurde er von dem Speyrer Bischof Arnold, seinem Vorgänger im Amte des Abtes von Limburg, in bezug auf seine Lebensweise zu einer Überprüfung einbestellt und, als er mit vorgebrachten Offenbarungen nichts erreichte, die Sache mit einer Beweisführung aus der Dialektik anging und folgendes sagte: *Um nun diese ganze Angelegenheit mit der Kürze der Scholastiker zu erledigen: diese Art zu leben, welche nach Gottes Weisung fortzuführen wir auf uns genommen haben, ist entweder gut oder schlecht; wenn sie gut ist, wird man sie sicher nicht verbieten dürfen, zumal da sie niemandem gegen seinen Willen aufgezwungen wird und sie auch nicht untragbar oder mühevoll für jene ist, die sie aus freiem Willen auf sich nehmen. Wenn man aber meint, sie sei als schlecht zu beurteilen, warum wird sie dann bei St. Johannes empfohlen, der sich nur von Wurzeln und Blättern von Pflanzen ernährte? usw.*

Dies aber wurde im Verlauf des Jahrhunderts immer mehr deutlich, was derselbe Trithemius beklagt, daß ab dieser Zeit die weltliche Philosophie begonnen hat, mit ihrer nutzlosen Wißbegierde die heilige Theologie zu besudeln. Eine wie fruchtbare Mutter leerer und nutzloser Fragen in der scholastischen Theologie die Philosophie jedoch gewesen ist, wird von daher klar, was zum Jahre 1164 der Verfasser der Chronik von Reichensperg bei Ludewigius[486] über Papst Alexander III. äußert: *da,* sagt er, *in ganz Frankreich unter den einheimischen Lehrern Frankreichs viele und verschiedenartige Meinungen bezüglich des Glaubens herrschen, hat Papst Alexander, nachdem er in der Vigil zur Geburt des Herrn bis gegen dreitausend, wie berichtet wird, oder noch mehr Scholastiker und andere Gelehrte an einem Ort zusammengerufen hatte, zusammen mit den ihm zustimmenden Herren Kardinälen alle Tropen und disziplinlosen Quaestionen insgesamt verurteilt und untersagt und dem Pariser Bischof unter Gehorsam angeordnet, daß er diese in ganz Frankreich unterdrücke.*

485 Chron. Hirs. T. I. p. 381
486 T. II. script. rer. Germ. p. 288

Damals war die Pariser Akademie auch für unser Gebiet die einzige Lehrmeisterin, von welcher, wie wir wiederholt angemerkt haben, die Deutschen, auch die Schwaben, zu denen der Schwarzwald gehört, ihre Lehrbefähigung erhielten. Wie diese beschaffen war, erfahren wir von dem oft zitierten Bulaeus[487], insbesondere aus dessen 4. Erörterung über die theologische Fakultät und die scholastische Theologie, deren Bild er dort zeichnet, zunächst anhand eines Traktats von M. Robert von Meaux über die Dreifaltigkeit und danach den Grundgedanken der pseudo-scholastischen Theologie aus dem 1. Buch des Gualterus von St. Victor, wie wir kurz zuvor angemerkt haben, gegen die vier zu seiner Zeit berühmtesten Lehrer, nämlich Petrus Abaelard, Gilbert de la Porrée, Petrus Lombardus und Petrus von Poitiers, der damals im Jahre 1180 noch als einziger am Leben war, ein Schüler des Bischofs Lombardus von Paris und auch der Leiter der Schulen jenes hochberühmten Petrus Comestor, welchen, weil er die scholastische Theologie tiefgründiger und sorgfältiger als die anderen behandelte, Gualterus vor allem in seinem 4. Buch niederzukämpfen sich vorgenommen hatte, wie er auch Abaelard und Lombardus, die Führer und Oberhäupter jener Denkrichtung, in seinen vorhergehenden Bücher bekämpft.

Gualterus von St. Victor schrieb nun dies, wobei er keinerlei Rücksicht auf Petrus Lombard nahm, der, vorher Doktor und Professor der Theologie, im Jahre 1164 als Bischof von Paris gestorben ist. Und es fehlen solche nicht, die der Ansicht sind, daß er im Chorherrenhause Victorina den Habit genommen habe: somit behandelte ihn Gualterus nach dem Tode auf höchst unangemessene Art, wobei er zweifellos in besonderer Weise die Auswüchse der Kommentatoren der Sentenzen dieses Lehrers vor Augen hatte, von denen man annimmt, daß es im Laufe der Zeit mehr als dreihundert gewesen seien, welche seinem Scharfsinn über alles Maß gewogen waren und sogar noch über das Vorbild des Lombardus hinausgingen. Obwohl dieser bei den Psalmen und den Briefen des heiligen Paulus aus den Sentenzen der heiligen Väter die mit Gelehrsamkeit vollgefüllten Kommentare zusammengesucht hatte, schlug er sich demgegenüber in der Theologie allzusehr auf die Seite des Petrus Abaelard und hielt diesen beim Diktieren oft in den Händen, wie dessen Schüler

487 L. cit. T. II. p. 558

Johannes von Cornwall bestätigt: Dadurch eröffnete er jenes Feld oder den Irrgarten der unendlichen Erörterungen und unnützen Streitfragen der scholastischen Theologie mit einer allzu stark betonten und falschen Verwendung des Verstandes und der menschlichen Philosophie innerhalb der christlichen Theologie.

Das kanonische Recht aus dem Decretum Gratiani. Andere akademische Fakultäten, die den Religiosen verboten waren.

LXXIX. Zwar hielt Gratian sein Decretum oder die ›concordia discordantium canonum‹ von dieser Zusammenmischung rein: wenn er doch auch nur immer aus reinen Quellen geschöpft hätte und wenn nicht mit der Zeit immer mehr und mehr weltlicher Lärm und Streitereien in die Leitung der Kirche Eingang gefunden hätten! Es war dies ein Mönch des Ordens des heiligen Benedikt im Kloster der heiligen Felix und Nabor in Bologna, wo gegen Mitte des 12. Jahrhunderts die öffentliche Lehrtätigkeit im bürgerlichen Recht aufgenommen wurde, wie Sigonius bezeugt, wobei Irnerius oder Wernerus als erster jene Disziplin öffentlich vertrat. Von den meisten aber wird angenommen, er habe sein Dekret etwa um die Mitte dieses Jahrhunderts kompiliert, auch wenn sie in bezug auf das Jahr nicht miteinander übereinstimmen. In der Chronikhandschrift aus St. Blasien, welche im Kloster Muri aufbewahrt wird, lese ich, von einer Hand dieses 13. Jahrhunderts zum Jahre 1105 angefügt, folgendes: *In diesem Jahr verfaßte aufs feinste der Mönch Gratianus von St. Felix in Bologna eine Kompilation von Dekreten, die wir heute verwenden, nämlich mit den Anfangsworten* humanum genus, *wie man aus der Jahreszahl vermutet, welche er in der q. VI. mit dem Schriftzeichen §. versieht und die dieses Jahr bedeutet.* Es tritt aber das Schriftzeichen §. auf in caus. II. q. VI. capit. *de libellis amissis,* welches mit den Worten beginnt: *Post appellationem interpositam,* wo Gratian das Jahr 1105 angibt. In den Veröffentlichungen von Ferromontanus findet sich dieses Kapitel caus. II. quaest. VI. cap. 31. in einer Anmerkung; dort aber wird das Jahr 1141 angegeben, das der 4. Indiktion entspricht, welche Gratianus aufweist: denn dem Jahre 1105 entsprach die 13. Indiktion. In den Handschriften wird eine unterschiedliche Lesart notiert, und auch die Ausgabe Kobergs vom Jahre 1493 trägt die Jahreszahl 1105.

Wie immer es sich dabei auch verhalten mag: Man glaubt, daß als erster von allen Päpsten Eugen III. in der Mitte des 12. Jahrhunderts angeordnet habe, daß bei kirchlichen Gerichten die Meinungen gemäß der Kompilation des Gratian vorgetragen werden sollten; daher schuf er auch akademische Grade aus Furcht, das kanonische Recht könne unbedeutend werden, da sich alle Studenten dem neuen bürgerlichen Recht zuwandten, wie Pagius in den ›annales Baronii‹ zum Jahr 1151 anmerkt. Bulaeus geht in der oft zitierten ›historia Universitatis Parisiensis‹ ausführlich dem Ursprung der akademischen Grade zu diesen Zeiten nach[488], da Petrus Lombardus zu Paris in der Theologie dem Vorbild des Gratian gefolgt war.

Ebendort[489] zitiert er eine Beglaubigung des Kaisers Friedrich I. aus dem Jahre 1151 zugunsten und zur Förderung der Scholaren, die sich innerhalb eines Studium generale wissenschaftlich betätigten; dieses Beglaubigungsschreiben war insbesondere an die Professoren der heiligen Schrift und der heiligen Gesetze gerichtet, um die italienischen und deutschen Scholastiker durch ausgesetzte Belohnungen und Privilegien in seiner Heimat zu behalten. Wie aber derselbe Bulaeus notiert, strömten alle, die die freien Künste und die Theologie vollständig zu beherrschen wünschten, zur Pariser Akademie zusammen, und diejenigen, welche Kenntnis und Wissen beider Rechte an der Quelle selbst schöpfen wollten, suchten Bologna auf.

Unter die anderen fürsorglichen Maßnahmen, welche die römischen Päpste trafen, damit die immer stärker werdende Lehre des bürgerlichen Rechts nicht die Studenten von den Schulen der Theologie und der übrigen Disziplinen fernhalte, zählt Bulaeus auch das Verbot unter Androhung der Exkommunikation, daß Religiose oder auch andere Priester und in kirchlichen Würdenämtern Stehende zum Hören der Gesetze und zur Medizin zugelassen würden; diese zwei Disziplinen und Fakultäten gehörten nämlich zur weltlichen Akademie, wie das kanonische Recht und die Theologie zur kirchlichen. In bezug die Regularen ist dies im 8. Kanon des Konzils von Tours vom Jahre 1163 gemäß dem Dekret des II. Laterankonzils vom Jahre 1139 verboten, in welchem in Kap. 9 die falsche und verabscheuungswürdige

488 T. II. p. 255
489 p. 281

Gewohnheit vermerkt wird[490], welche sich eingewurzelt hat, *daß Mönche und regulierte Chorherren nach dem Empfang des Habits und nach Ablegung des Gelübdes unter Mißachtung der Regel der seligen Lehrer Benedikt und Augustinus um zeitlichen Lohnes willen die weltlichen Gesetze und die Medizin erlernen.*

Die nicht wissenschaftlich ausgebildeten, die konversen und bärtigen Brüder.

LXXX. Im vorhergehenden Buch haben wir aufgezeigt, daß im 11. Jahrhundert eine neue Art der nicht wissenschaftlich gebildeten Mönche entstanden ist, welche, wie unsere Dokumente aussagen, in diesem Mittelalter doppelt gewesen ist, und die der Verfasser der Lebensgeschichte des heiligen Abtes Berthold von Garsten genau unterscheidet; daß dieser nach seiner Berufung aus St. Blasien die sanblasianische Disziplin in die Steiermark gebracht hat, haben wir oben gesehen. Bei den Garstensern also[491] *wurden unter dem Vater Berthold die auferlegten Dienste durch wissenschaftlich nicht gebildete Mönche und die bärtigen Brüder geleistet, die Gebildeten aber und durch die heilige Regel Erhöhten waren in die Gottesdienste eingebunden. Den einzelnen Obödienzien standen jeweils zwei Brüder vor, sowohl wegen des Leumundes, wie auch wegen des gegenseitigen Beistandes.* Obödienzien sind abgetrennte Zellen der Mönche und andere Räumlichkeiten der Mönche außerhalb des Klosters, weswegen wir auch im vorhergehenden Buch die innerhalb und die außerhalb lebenden Brüder erwähnt haben; diese letzteren versahen die Dienstpflichten außerhalb des Klosters.

Nicht selten versahen Mönche adliger Herkunft und solche vorgerückten Alters die verschiedenen Ämter innerhalb und außerhalb, indem sie oft auch ihrer herausragenden Demut entsprechend Verachtenswertes auf sich nahmen, wie über Werner von Kaltenbach Cuno oder Konrad in der Chronik von Bürgeln in Kap. 14 erzählt[492], die von P. Rustenus Heer im Anhang des Anonymus von Muri herausgegeben wurde. *Zweifellos allen Brüdern lieb und wert wurde er von allen zum Propst gewählt. Doch er selbst als Wächter seiner Demut wollte lieber dienen als*

490 Concil. Labb. T. X. p. 1004
491 Hier. Pez. Script. Rer. Austr. T. II. p. 94
492 p. 376

herrschen. Daher kam es, daß er bald Propst, bald unter einem Propst, bald Armenpfleger, einmal auch Rinderhirt war. Schon im vorhergehenden Buch haben wir nicht wenige Adlige erwähnt, die niedrige Dienste verrichteten; wir haben den ›libri constructionum‹ diese Beipiele entnommen, welchen wir nun aus denselben noch andere anfügen. Vor allem wird Berthold von Frickingen, der Sohn des Grafen Reigilo, erwähnt, *der an dem Orte zum Eintritt kam und das Kloster mit Landgütern und Besitzungen überhäufte. Ihm aber wurde dies zur Pflicht gemacht, daß er in der Bäckerei helfe. Daraufhin betrat er, wie wenn er sich nicht daran erinnerte, der Sohn eines Grafen zu sein, wie der nichtswürdigste Sklave die Backstube, um das Feuer im Herd zu entfachen. Und als er in diesen und anderen guten Werken viele Jahre lang an diesem Orte dem Herrn gedient hatte, starb er am 8. Januar. An demselben Tag verstarb unser Konverser Conradus von Otholvingen. Udalricus von Walaschwiler kam an diesem Orte zum Eintritt. Auch dieser tat bei einem solchen Werke gerne und eifrig, was ihm aufgetragen worden war, so gut er es konnte.*

Andere geben auch an, aus welchem Stand sie gewesen sind, als sie dem Kloster ihre Güter übergaben. Von diesen *bemühte sich* Bernerus von Botingen *so sehr um gute Werke, daß er selbst in der Krankheit, die ihn sogar bis an den Rand des Todes führte, auf seinem Bett liegend nicht vom guten Werk abließ. Er legte sich selbst also jenes Instrument, in welchem der Faden zum Weben vorbereitet wird, über die Brust, und solange er die Hände dahin ausstrecken konnte, reichte er dem Bruder, der ein Tuch webte, das Garn.* Dann rühmt es den ehrwürdigen Udalrich von Sulz und sagt: *Diesem wurde auch die Pflicht auferlegt, in der Küche zu helfen. Dazu war er so glühend in seinem Eifer für das gute Werk, daß er die Holzscheite, die für das Feuer in der Küche nötig waren, zum größten Teil selbst, obwohl er an einer Hand gelähmt war, mit dem Beil spaltete. Und als ihn einmal der Kellermeister bei diesem Tun schonen und von dieser so schweren Arbeit abhalten wollte, war er darüber zutiefst betrübt. Auch war er häufig Bote des Kellermeisters zum See Schluochsew. Und als ihm einmal am Tag zuvor nach der None der Kellermeister sagte, er solle zum See gehen und dort über Nacht bleiben, damit er zur Frühe nach seiner Bequemlichkeit rechtzeitig wieder zurückgehen könne, antwortete er ihm darauf und bat ihn, daß er ihm erlaube, zur Morgendämmerung hier an den morgendlichen Laudes teilzunehmen, indem er versprach, er werde rechtzeitig das beibringen, weswegen er ihn zum See schicken wollte. Als der Kellermeister ihm dies gestattete, und nachdem zur Morgendämmerung die morgendlichen Laudes gefeiert worden waren, nahm dieser, als die anderen Brüder sich im Dormitorium zur Ruhe begaben, seinen Weg, soweit er sich durch den Wald bis hin zum See erstreckt und durchwanderte ihn völlig allein im Schrecken der Nacht und brachte, wie er es dem Kellermeister versprochen hatte, das, was er vom See herbeischaffen sollte, noch rechtzeitig vor der Stunde der Refektion herbei.*

Daraus aber, daß er an den morgendlichen Laudes teilnahm, darf noch nicht mit Sicherheit geschlossen werden, daß er der Zahl der wissenschaftlich nicht gebildeten Brüder zuzurechnen ist, von denen doch als einer der innen lebenden Brüdern Bernerus von Basel Priester war, den er gleich darauf als einen mit der Fürsorge für draußen Befaßten darstellt. *Dieser,* sagt er, *arbeitete sowohl an diesem Orte, als auch an anderen unserer Orte für sich und die anderen in nutzbringender Weise und am meisten in unserer Zelle Beraw, wo er bei der Errichtung des neuen Klosters oft die Last des Tages und Hitze trug. Auch hatte er an diesem Orte für einige Jahre das Amt des Kellermeisters inne und bemühte sich darum, seinen Mitbrüdern den Eifer für die Nächstenliebe nahezubringen. Und wenn er auch noch so sehr mit der Fürsorge für draußen ständig befaßt war, war er doch eifrig auf die Gottesdienste sowohl in der Feier am Altar als auch in der Beständigkeit, zusammen mit den anderen die Psalmen zu singen, bedacht. Auch hatte er nicht viel vor seinem Tode zeitweilig das Amt des Sakristans inne.* Doch konnten diese Gottesdienste mit den gebildeten Brüdern gemeinschaftlich sein, wenn auch durch die Unterscheidung von gebildeten und ungebildeten eine Verteilung der Arbeiten erfolgte. Dies machte der heilige Bernhard den Cluniazensern zum Vorwurf, welchen der Abt Petrus Venerabilis von Cluny entkräftete, indem er den Sachverhalt nicht in Abrede stellte[493], aber sich und die Seinen mit den Worten Christi verteidigte, der in Maria die geistlichen Übungen den körperlichen vorzog. *Also wird,* fügt er an, *wenn durch das Beten, das Lesen, das Psalmodieren, das Erfüllen der einem Religiosen auferlegten Pflichten oder durch das Tun jedwedes*

---

493 Bibl. Cluniac. Lib. I. ep. 28.

Guten der Geist in Anspruch genommen wird, die Regel, wie wir gesagt haben, vollkommen bewahrt.

Die Zisterzienser hatten aber gleichfalls konverse Brüder, von welchen die heilige Hildegard in ihrem von Mabillon[494] zitierten Brief an die *Grauen Mönche* an der Stelle spricht, wo sie unter anderen Mahnungen jene tadelt, *die diese selbst Bekehrte nennen, von welchen aber die meisten sich in ihren Sitten nicht zu Gott bekehren.* Sie mahnt, daß diese zu bessern und zurechtzuweisen seien: *weil der größte Teil von ihnen weder am Tage noch in der Nacht Gott dient.* Das *exordium coenobii Cisterciensis* in der ›bibliotheca Cist.‹[495] beschreibt uns deren Stand vom Anfang des Ordens und des Klosters der Zisterzienser an mit diesen Worten, welche genau so im Chronikon des Sigebert von Gemblach zum Jahr 1107 zu lesen sind[496]: *Und damals beschlossen sie, daß sie mit Erlaubnis ihres Bischofs bärtige Konverse aufnehmen wollten: und sie wollten diese in ihrem Leben und Tode, den Mönchsstand ausgenommen, genauso behandeln wie sich selbst: und auch Taglöhner, weil sie einsahen, daß sie ohne deren Hilfe die Vorschriften der Regel nicht im vollen Umfang am Tage und in der Nacht einhalten könnten.* Sie rechneten also, wie wir auch, die konversen Brüder zu den Ihren, die auch überall in den Totenbüchern auftreten, wie sie auch in den Verzeichnissen der eingeschriebenen Brüder einzeln notiert sind.

Die Zisterzienser haben, wie auch unsere Leute, die Hilfe der konversen Brüder überaus nutzbringend beim Bau von Klostergebäuden und Kirchen eingesetzt, sowie auch bei allen möglichen anderen Knechtsarbeiten: auch wenn sie dann bei der Landarbeit die allzu harte Disziplin und die Ungerechtigkeiten kaum ertrugen. Einige Beispiele dieser Art sind in der Chronikhandschrift von Petershausen zu lesen: »Zu den Zeiten also (es schreibt der Verfasser als Augenzeuge) des Abtes Bertolfus gab es bei uns einen Kämmerer, der seiner Unverschämtheit entsprechend den Brüdern beleidigende Antworten zu geben pflegte, wenn sie von ihm irgendetwas wollten, und er tat dies allzu oft. Eines Tages aber geschah es, daß wiederum irgendwelche von den draußen lebenden Brüdern recht ungestüm von ihm etwas verlangten, und

---

494 Annal. T. VI. p. 528
495 T. I. p. 7
496 Pistor. script. rer. Germ. T. I. p. 860

als jener im Gegenzug mit Beschimpfungen antwortete, stürzten sie sich wutentbrannt auf ihn und warfen ihn zu Boden und begannen, sowohl mit den Fäusten wie auch mit Holzprügeln auf ihn einzuschlagen, bis es ihnen und auch jenem selbst genug schien. Aus diesem Grunde wurden sie ausgestoßen, von diesem exkommuniziert und von allen verabscheut, weil hieraus weit und breit ein gewaltiger Skandal entstand. Endlich wurden sie nach langer Zeit auf die Bitte des Bischofs und vieler anderer hin zu einer Bußübung wieder aufgenommen und in Konstanz öffentlich unter den Augen des Klerus und des Volkes kahlgeschoren und ausgepeitscht, und es wurde ihnen befohlen, zur Buße alle Klöster aufzusuchen und allen die Freveltat und ihr Schuldeingeständnis bekannt zu machen. In ähnlicher Weise ist es auch vor kurzem geschehen, daß zwei externe Brüder, die zwei Interne übel behandelt hatten, gezwungen wurden, öffentlich Buße zu tun, und sowohl der Bischof, wie auch der Klerus und das Volk konnten es kaum erreichen, daß sie wieder aufgenommen wurden.« Wir waren der Meinung, auch wir sollten dies als Beispiel der damals üblichen öffentlichen Buße aufschreiben.

Daß diese Einrichtung wie auch die der Nonnen vom Kloster St. Blasien an das von Muri verpflanzt worden ist, haben wir im vorhergehenden Buch aus dem Anonymus von Muri angemerkt, der bei der Rede über seine Zeit oder das 12. Jahrhundert die Männer und Frauen erwähnt, welche zum Eintritt aus Ruffach im Elsaß kamen, *wo,* wie er hinzufügt, *wir immer einen von unseren externen Brüdern gehabt haben, der den klösterlichen Besitz bearbeiten und auch für jene Sorge tragen sollte, daß diejenigen, zu denen er gehörte, durch ihn hier sicherer leben könnten.* Unter den Regeln der Zisterziensermönche, die von Molesme kamen, findet sich in dem schon genannten Kap. 15[497] folgende: *Und als er irgendwo Bauernhöfe eingerichtet hatte, um dort Ackerbau zu betreiben, beschlossen sie, daß die vorgenannten Konversen jene Häuser führen sollten und nicht die Mönche, weil die Wohnung der Mönche gemäß der Regel innerhalb des Klosters sein muß.*

---

497 Biblioth. Cist. T. I. p. 8

Eremiten und Inklusen.

LXXXI. Daß in eben diesem Kloster Muri zur Zeit des aus St. Blasien angeforderten Abtes Kuno auch der Stand der Inklusen beiderlei Geschlechts in Blüte stand, wird aus dem Verfasser der Akten von Muri in den ›addimenta‹ zu der Geschichte jenes Klosters mit dem Titel *Murus et antemurale* erwähnt[498]. Auch in der genannten Petershausener Handschrift aus dem 12. Jahrhundert mit dem Titel *de Eremis* wird von einigen der Mönche gesagt, daß sie sich aus Liebe zu einem Leben als einzelne in die Einsamkeit zurückgezogen und dort ein mühevolles Leben geführt hätten. Unter diesen werden Winihard und Marquard genannt, *die beide nicht Gebildete waren, und der Priester Dieterich, die allerdings zu verschiedenen Zeiten und an verschiedenen Orten lebten. Diese alle aber vollendeten ihr Leben in gutem und gottesfürchtigem Wandel.* Dann aber unter dem Titel: *de inclusis: Ebenso der Priester Walconus und die bärtigen Brüder Meriboto und Hartmannus, auch Iudintha, eine überaus gläubige Frau, und auch Bertha von den Schwestern schlossen sich ein. Doch waren fast alle diese Männer von so schroffem Wesen, daß sie nicht ohne Schwierigkeiten hätten in der Gemeinschaft verbleiben können.* Als der Verfasser kurz vorher den Brand geschildert hatte, durch den im Jahre 1158 das Kloster Petershausen in Flammen aufging, fügt er an: *Es war ein gewisser ehrwürdiger Priester ganz in der Nähe eingeschlossen; als dieser während seiner Gebete die Vernichtung dieses Ortes betrauerte und sagte: Herr, warum hast du es zugelassen, daß ein so großes Unheil über diesen so großen Ort kommt?, hörte er plötzlich eine Stimme, die ihm sagte: Weil sie selbst die Zierde meines Hauses weggenommen haben.*

Die große Zahl der männlichen Inklusen oder Ermiten und ebenso der weiblichen Inklusen in den Alpen in unserer Nachbarschaft vom 12. Jahrhundert an belegen Exzerpte, die wir hier aus dem Totenbuch des Nonnenklosters Amptenhausen anfügen: *10. Januar die Konkluse Nochtild, 23. die Inkluse Agnesa, 5. Febr. der Eremit Ioannes, 8. April die Konkluse Gedrud, 25. Mai die Inkluse Richunta, 10. August die Inkluse Elsbeth, 19. der Konkluse Luthodus, Septemb. der Eremit Martinus, 1. Oktober der Eremit Ioannes, 7. Nov. die Inklusen Agnesa und Elisabeth, 11. die Inklusen Margaretha und Guotha, 29. die Inkluse Adelhaidt, 16.*

498 p. 27

Dezemb. die Inklusen Adelheidt und Lutgard, 29. die Eremiten Berthold in Schöntal, wie es Abt Georg Geisser liest, *31. die Inkluse Agnesa.* Es ist hier zu bemerken, daß die Männer Eremiten genannt werden, außer Luthold als einzigem Konklusen, unter welcher Bezeichnung auch einige Frauen von den Inklusen unterschieden werden, was gewiß nicht ohne Grund geschieht, vielleicht auf Grund der strengeren Einschließung: über das Lebensalter aber der einzelnen Männer oder Frauen kann nichts festgestellt werden. In demselben Totenbuch kommen überall unter der Bezeichnung *Pius Pater,* nämlich derjenige, der für die Nonnen zu sorgen hatte, mehrere vor, von denen die gelehrte Hand des Abtes Georg Geisser anmerkt, daß sie später, noch im 13. und 14. Jahrhundert, Äbte von St. Georgen oder auch von St. Peter im Schwarzwald gewesen sind.

Zum Ende dieses Jahrhunderts wird von der ehrwürdigen Rekluse Agnes im Kloster Berau der Kongregation von St. Blasien berichtet, deren Grab heute mitten im Chor dieser Kirche, wohin sie überführt worden war, zu erkennen ist; in dieser Kirche wollte sie auf der Rückseite des Altars in eine winzige Zelle einge- schlossen werden: nach ihrem Tode sollen ebendort die Glocken von selbst erklungen sein. Auf ihrem Grabstein sind auf beiden Seiten die eingemeißelten Worte auch jetzt noch zu lesen: *Agnes in clausura.*

Auch das Kloster von Cluny hatte seine Reklusen, unter welchen Mabillon[499] den Petrus und Gislebert aus den Briefen des Abtes Petrus Venerabilis von Cluny rühmt, welcher auf Bitten eben diesen Reklusen geeignete Regeln schrieb und welcher selbst, wenn er sich von seinen Tätigkeiten ein wenig erholen wollte, sich zu der Einsiedelei, welche seine Cluniazenser bewohnten, zurück- zuziehen pflegte.

Otto von Freising fügt am Ende des 7. Buches seiner Chronik bei Urstisius[500] eine Beschreibung verschiedener Orden an und schreibt dann, nachdem er diejenigen erwähnt hatte, die in der Menschenmenge *ihren Nächsten durch Wort und Beispiel den Maßstab der richtigen Lebensführung an die Hand geben,* über die Eremiten seiner Zeit auf diese Weise: »Einige andere, die das Zusammensein von Menschen verschmähen und mehr auf die

499 Annal. T. VI. p. 348
500 Script. Germ. P. I. p. 159

Ruhe bedacht sind, fliehen die Menge und begeben sich, weil sie sich Gott allein widmen wollen, in die Schlupfwinkel der Wälder und abgelegener Orte; diese lehnen es nicht ab, ihr Licht vor den Menschen zum Ruhme Gottes leuchten zu lassen; doch indem sie sich als der Welt gestorben betrachten, verbergen sie im Augenblick ihr Leben mit Christus in Gott und wollen nicht, daß ihr Ruhm erstrahle, bis ihr Christus in Herrlichkeit erscheint.« Und wenig später: »Es gibt außerdem an verschiedenen Orten das in der besten Schlachtordnung speziell zum Einzelkampf gerüstete heilige Kollegium der Anachoreten und Einsiedler, an Zahl zwar geringer, doch in der Strenge des Lebens den oben Genannten (den Zönobiten) entweder gleichwertig oder gar überlegen. Die einen von diesen bewohnen, unter einem Prior lebend, an entfernten und abgelegenen Orten jeder für sich einzelne Zellen, wie wenn es Gräber wären, finden ihren Unterhalt durch die Werke ihrer Hände, begnügen sich mit bescheidener Speise, erhalten am Samstag die Nahrung für die ganze Woche und führen ohne Anteil jedweden menschlichen Zuspruchs Gespräche nur mit Gott und beten. Nur an den Sonntagen kommen sie zum Oratorium zusammen, das in der Gemeinschaft liegt, und gehen in aller Eile wieder zurück, wenn sie von einem Wort der Ermahnung durch einen Älteren erquickt und durch die gottgewirkten Geheimnisse heilsam erfrischt worden sind. Die anderen wollen nur Gott zum Zeugen ihres Lebens haben und schließen sich in Grotten, Höhlen und Mauern ein, und man glaubt, daß sie als dem Himmel Geweihte um so glühender den Feiertag halten, je mehr sie außerhalb der menschlichen Gemeinschaft stehend erfunden werden. Es gibt aber auch solche, die schmutzstarrend die Einsamkeit aufsuchen, die Gesellschaft von wilden Tieren nicht fürchten, sich von Pflanzen ernähren; indem sie ein Tierfell als Bekleidung verwenden und von der Kälte der Nacht und der Hitze der Sonne nach Art der Äthiopier schwarzgebrannt sind, werden sie hart wie eine Paukenfell: und durch die irdische Wohnung auf der Erde gehalten und die Einschließung nicht mißachtend und nur den Himmel als Dach benutzend zeigen sie, daß sie nicht so sehr Menschen als vielmehr Zeltgenossen am himmlischen Hofe sind, usw.«

Die Art des Gottesdienstes.

LXXXII. Hier skizziert Otto Einsiedlereinrichtungen verschiedener Art, die damals vorhanden waren und sich auch als Sonderorden unter der Regel des heiligen Benedikt ausbreiteten, wie zum Beispiel die Kamaldulenser und Kartäuser, die im 11. Jahrhundert entstanden waren, wie wir an dem entsprechenden Ort dargelegt haben. Diese vereinigten gleichsam beide Ordnungen miteinander, nämlich die zönobitische und eremitische, in einer außergewöhnlichen Strenge der Lebensführung: dazu noch erweiterten sie sowohl die Gebete in der Öffentlichkeit wie auch im privaten Bereich, indem sie zu festgesetzten Zeiten zum Gottesdienst zusammenkamen oder jeder für sich in den Zellen sitzend betete, nämlich nach einer in den vorhergehenden Jahrhunderten unter Mönchen ungewöhnlichen Sitte, dem täglichen Pensum der von der Regel vorgeschriebenen Horen am Tag und in der Nacht noch weitere Gottesdienste hinzuzufügen und Psalmen sowohl im Konvent wie auch privatim zu rezitieren. Ein Beispiel hierfür aus dem Kloster nennt der Mönch Konrad von St. Blasien in der Chronik von Bürgeln bei P. Rustenus Heer[501] in Kap. 15 über den Sanblasianermönch Wipert, von dem er, nachdem er ihn in bezug auf verschiedene Tugenden und seine Sorge für das Klostervermögen, für die Armen und für die Fremden gerühmt hatte, anfügt: *auch wenn er in solcher Fürsorge mit Martha stark in Anspruch genommen war, erwählte er dennoch den besten (Teil) der Maria, in der er aus Gottes Gnade auch gerechtfertigt wurde. Er war nämlich dem Dienst an Gott derart hingegeben, daß er es in keinem Falle zuließ, durch irgendeine Tätigkeit behindert die von der Regel vorgeschriebenen Horen verstreichen zu lassen. Er hielt auch täglich für sich einen Gottesdienst ab zu Ehren der Gottesgebärerin Maria, wollte das Psalmgebet der Klosterfamilie auf keinen Fall versäumen, las mit Eifer das Psalterium, widmete sich sehr häufig den übrigen geistlichen Übungen und schlug seinen Körper heftig mit Geißelhieben und Züchtigungen.*

501 p. 379

Die Verwendung der heiligen Reliquien zu Zeugnissen auf den Altären, und deren Körper unter den Altären.

LXXXIII. Ebendort wird im folgenden Kapitel eine Schenkung erwähnt, die von demselben ehrwürdigen Wipert in Basel vorgenommen worden war; *doch weil, wie angefügt wird, er die Reliquien der Heiligen nicht zuhanden hatte, bat er den Herzog Chunradus, den Vogt von St. Blasien, in dessen Anwesenheit sich das ereignete, was wir eben genannt haben, daß er die gerade genannten Landgüter in seinen Schutz nehme, um mit ihnen das zu tun, worum er gebeten würde: was er auch tat. Denn als derselbe Chunradus an den Ort kam, der Scovnovwa (Schönau) genannt wird, war an der öffentlichen Jagd auch Wipert zugegen und mit ihm auch Oudalricus, der das Amt des Priors versah. An seine Schutzpflicht gemahnt, übergab Herzog Chunradus über den Reliquien des heiligen Blasius und des heiligen Johannes ohne jeden Widerspruch das vorgenannte Landgut, und von jenem Tage an ging es in das Recht legitimen Besitzes des Klosters St. Johannes in Bürgilun über.* Dies bezieht sich auf einen uralten Eidesritus über den Reliquien, von dem Mabillon ausführlich berichtet[502].

In demselben Chronikon von Bürgeln[503] in Kap. 17 *übergibt Roudolphus der Ältere von Madelberc, ermahnt und gebeten von seinem Blutsverwandten, dem ehrwürdigen Wipertus, über dem Altar des heiligen Johannes in Burgilun der Gemeinschaft ein Landgut, das er im Dorf Sicinchilcha in Besitz hat und zwar zur Hälfte.* Zweifellos wurden in diesem Mittelalter in den Altären die Reliquien von Heiligen meist in großer Zahl beigesetzt, wie überall in den Dokumenten jener Zeit, vor allem aber in dem oft zitierten Chronikon von Petershausen, erwähnt wird. Hier tritt auch der uralte Brauch in Erscheinung, die Altäre über den Gräbern von Heiligen zu errichten, indem es von der Überführung des Leichnams des seligen Bischofs Gebhard von Konstanz, des Gründers jenes Klosters, zum Jahre 1134, dem 152. Jahre nach der Gründung, in der 12. Indiktion auf folgende Weise berichtet: »Abt Konrad zog Ulrich von der Diözese Konstanz (vorher Mönch von St. Blasien und der zweite Bischof dieses Namens) hinzu und öffnete das Grab des seligen Bischofs

502 Annal. T. I. p. 453
503 p. 382

Gebehard und fand den kostbaren Schatz seines Körpers, reiner als jede Perle. Das Grab selbst aber war überaus sorgsam ausgestattet. Denn es lag auf der Südseite neben dem Eingang zur Krypta, und an seinem Haupt befand sich die Abbildung eines Kreuzes aus Gips und ein Altar des heiligen Benedikt; auf der rechten Seite an der Wand aber das Bild des heiligen Bischofs selbst und an beiden Seiten die Bilder seiner Lehnsträger, wie wenn sie den Altar umstünden, und Säulen und Bögen und Weinreben und eine Abbildung von Vögeln und Vieh, alles aus Gips aufs schönste gebildet. Auf der linken Seite aber stand eine schräg gestellte Platte aus Quaderstein, die aus dem steinernen Fußboden sozusagen mit zwei Palmzweigen herausragte, und ebenso noch eine zweite zu den Füßen, tiefer gelegen als die andere, und auf dieser ein Balken mit sieben Leuchtern; auf dem Grab aber lag ein in der Mitte angebrachter Stein, der alles überragte, wovon ich gerade gesprochen habe: Nachdem wir dies weggeschafft hatten, fanden wir einen aus Zement und Stein gefertigten Estrich; nachdem wir auch diesen beseitigt hatten, fanden wir wieder eine Tafel aus festestem Stein, auf welcher zwei eiserne Ringe mit Blei befestigt waren. Darunter nunmehr findet sich der heilige Körper, noch mit den Meßgewändern angetan, doch waren sie zum größten Teil vermodert, hingen aber noch an den Knochen, weil Hände sie nicht berührt hatten; und als man begonnen hatte, sie mit der Hand anzufassen, fielen sie sofort zusammen, ausgenommen die Stola und der obere Teil der Kasel, welche aus safrangelbem Tuch bestand. Von diesen Gewändern blieb somit ein gewisser Teil unversehrt. Im 152. Jahr nach der Gründung des Klosters kam Bischof Ulrich zum Grab und aus den Klöstern sieben Patres, die von Konrad, dem Abt des schon oft genannten Klosters, eingeladen worden waren; doch war auch eine überaus große Menge von Mönchen und Klerikern und anderen Gläubigen zugegen, und mit großer Freude und Jubel, mit Hymnen und Lobgesängen überführten sie in allen Ehren die Gebeine und das zu Staub Zerfallene des seligen Bekenners Christi und Bischofs Gebehard von der früheren Grabstätte aus, nachdem sie alles in einen Sarkophag gelegt hatten; sie zogen in einer Prozession um das Kloster herum und bestatteten ihn sodann unter großen Ehren in dem neuen Grab.«

Orgel und Glocken.

LXXXIV. Es wird weiterhin in demselben Chronikon die Orgel unter dem Abt Waltram erwähnt, welche zur Feier des Gottesdienstes in der neuen Kirche des Klosters Wagenhausen in Dienst genommen wurde; von jenem nämlich wurde ein Mönch, der der Kunst der Musik sehr kundig war, angestellt, *der für ihn eine Orgel von feinster Stimmung baute und sie in den Südteil eben dieser Basilika stellte. Dieser selbst hatte auch schon vorher ein Instrument derselben Art für die Kirche von Konstanz gebaut, wobei sie der damalige Vizeherr und Kustos der Kirche Herimannus vollendete,* der nämlich dafür gesorgt hatte, daß sie gebaut würde. Ebendort wird berichtet, daß auch solche Instrumente der Kirche von Petershausen im Jahre 1158 durch Brand vernichtet wurden, nämlich *viele unvergleichliche große und kleine Glocken und eine Orgel.* Über die Glocken aber hatte derselben Autor weiter oben geschrieben: *Danach fertigte Abt Konrad eine ganz wundervolle Glocke, und der Kustos der Kirche Heribertus eine zweite, und auch ich eine ganz kleine zu Ehren des heiligen Johannes, und sie wurden mit heiligem Taufwasser übergossen und mit Chrisam bezeichnet. Die eine aber wurde ›Osanna‹, die andere jedoch ›Alleluia‹, die dritte aber ›Benedictus‹ genannt; dann erbaute er über der Kirche ein Glockenhaus, weil sie vorher auf vier Pfeilern neben der Kirche hingen.*

Das Aussehen der Kirchen.

LXXXV. Auf alten Bauplänen der Kirchen sind solche Pfeiler zu sehen, auf denen die Glocken aufgehängt wurden. In der Beschreibung der Kirche aber, die im Kloster St. Blasien am Ende des 11. oder zu Beginn des 12. Jahrhunderts unter Abt Utto erbaut wurde, werden Kapellen erwähnt, in welchen Altäre aufgestellt wurden: die Kirche selbst aber war nach der Form eines Kreuzes errichtet, die von dem schon oft zitierten anonymen Verfasser des ›liber Constructionum‹ als vom Himmel offenbart bezeichnet wird in bezug auf das ›neue Kloster‹, wie es genannt wird, welches von dem ›alten Kloster‹ unterschieden ist, wie noch zu unserer Zeit jene beiden vorhandenen Kirchen genannt wurden. Damals soll aber Abt Utto angeordnet haben, daß die Messe, die früher in der Kirche St. Stephan, einer dritten Kirche, abgehalten wurde, in Zukunft im alten Kloster abgehalten werde: auch ordnete er hierfür zwei Priester aus dem Konvent ab, die dort alle nach der Regel vorgeschriebenen Horen zusammen mit einer täglichen Messe durchführen sollten.

Die Riten für die Sterbenden.

LXXXVI. Ein wichtiger Teil dieser ›libri Constructionum‹ befaßt sich mit der Schilderung herausragender Taten der seligen und ehrwürdigen Patres des Klosters St. Blasien und den heiligen Gnadengaben, welche ihnen Gott zuteil werden ließ. Wenn er aber insbesondere das, was sich in bezug auf deren Lebensende ereignete, schildert, treten viele außerordentliche Geschehnisse vor Augen. Ein solches ist zum Beispiel das von Heinrich von Straßburg, *der, als er nach seiner Salbung mit dem Öl mit weißen Gewändern bekleidet werden sollte, wie es bei einem solchen Anlaß zu geschehen pflegt, sagte: ich bin mit den weißen Gewändern der Engel bekleidet worden.* Und ein wenig später: *ich habe, sagte er, zwei Hemden, das eine ist die Hoffnung, das andere die Liebe usw.,* woraus die Art einer solchen weißen Bekleidung zu erkennen ist. Häufig erwähnt er auch das Bußgewand und die Asche, auf welche die Sterbenden gelegt wurden; für diesen Brauch nannte Martenius im Vorwort zu seiner umfangreichen Sammlung[504] einige Beispiele. Nachdem unser Anonymus dies in bezug auf den ungebildeten Bruder Hermann von Achenbach erwähnt hatte, fügt er kurz darauf folgendes an: *Er legte gewissenhaft seine Beichte ab und bat den Herren Abt darum, daß er ihm nach Anlegen der Stola den Losspruch erteilen möge, indem er versicherte, daß die Ordenspriester die Vollmacht hätten, die Sünden zu vergeben, und welchen sie die Schuld nachließen, denen ließe auch der Herr die Schuld nach.* Daß es Brauch war, daß die Absolution vom Abt erteilt werde, wird auch anderswo notiert. Nach der zitierten Chronikhandschrift von Petershausen *erflehte* der Abt Gebino von Wagenhausen *kurz vor seinem Tode, nachdem er die Klosterfamilie zusammengerufen hatte, ihnen die Verzeihung und bat darum, daß sie selbst ihm auch verziehen.* Und derselbe schon erwähnte Hermann von Achenbach betete mit Hingabe, solange er noch sprechen konnte, wie der Anonymus fortfährt, indem er ständig

504 T. V. p. XLII.

wiederholte: *Gegrüßet seist du Maria voll der Gnade, der Herr ist mit dir, du bist gebenedeit unter den Frauen, und gebenedeit ist die Frucht deines Leibes. Auch den letzten Psalm ›Exaudi domine*[a]*, den alle täglich in Gemeinschaft oder jeder für sich für unser Lebensende singen, sprach er damals sogar zehnmal hintereinander. Diesen sang er auch früher, als er noch gesund war, siebenmal täglich für sein Lebensende, wie er damals bekannte. Als er aber schon kurz vor dem Tode stand, schlug er an den Tisch; und als die Brüder zusammenliefen und er die Litanei und die dafür vorgesehenen Gebete gesprochen hatte, verschied er heiteren Gemüts.*

[a] Richtiger: *Domine exaudi*, Ps. 142, der letzte von denen, die wir die ›Bußpsalmen‹ nennen.

Wie derselbe aber später berichtet, bat der schon oben erwähnte Bernerus von Basel, als er zum Tode kam, einen ebenfalls kranken Bruder, einen Priester, und einen zweiten Bruder, daß sie kämen und an seiner statt schnell sieben Mal das *Vater unser* sprächen. *Nachdem diese, wie er gebeten hatte, es gesprochen hatten, rief er mit lauter Stimme die Herrin der Welt, die Königin des Himmels, dreimal an, indem er sprach: Heilige Maria, heilige Maria, heilige Maria! Es ist Zeit, daß du mir zu Hilfe kommst; und sogleich bat er darum, daß er ohne Verzug auf das Bußgewand gelegt und nach der üblichen Sitte an den Tisch geschlagen würde: Dies geschah dann auch, und als die Brüder sich um ihn gesammelt hatten, entschlief er mit großer Fröhlichkeit auf dem Antlitz in Frieden.*

Wie derselbe Anonymus berichtet, erhielt Arnold von Baden die letzte Ölung von eben dem Abt, den jener vorher zum Jahr 1186 Manegold genannt hatte und ließ sich für seinen Tod mit der Wegzehrung des Herrenleibes und des kostbaren Blutes versehen. Auch Heiligosus von Nunkilch, der fast drei Wochen lang in Krankheit darniederlag, empfing täglich den Leib des Herrn, *wobei er versicherte, daß er durch eine solche Speise so viel Kraft erhalte, daß es ihm an nichts ermangele und er immer satt und zu allem gestärkt sei.*

Wie mitleidsvoll aber damals das Bemühen war, den verstorbenen Brüdern beizustehen und wie sehr man in den Klöstern bei uns gegenseitig Anteil nahm, wird aus einem Verzeichnis der Brüderschaften deutlich, das zum Ende des 11. Jahrhunderts oder zum Anfang des 12. Jahrhunderts geschrieben ist, und das wir in den

›monumenta Liturgiae Alemannicae‹ wiedergegeben haben[505].
Der heilige Bernhard, vom Sanblasier Mönch zum Abt von
Garsten geworden, *führte* nach der Aussage des anonymen Verfassers seiner Lebensgeschichte bei Hier. Pez[506] *zwar einen Geldbeutel
mit sich, doch hatte er drinnen außer den Breves der Verstorbenen
nichts.* Die Ausdauer dieses Berthold beim Beichthören haben wir
oben schon gerühmt; und hier noch etwas, das dazugehört: *Als er
die Messe feiern wollte (was er freilich täglich mit großer Hingabe
und aus tiefem Verlangen tat) und sich schon darauf vorbereitete,
dahin zu schreiten, verschob er den Gottesdienst, wenn in dieser Zeit
Beichtwillige gekommen waren, und las jenen die Leviten.*

Die Mönchsdisziplin.

LXXXVII. Und mit einem nicht geringeren Eifer brauste der
Heilige auf, wenn es darum ging, die Mönchsdisziplin aufrechtzu-
erhalten. Welche Last er hierbei auszuhalten hatte, wird jeder
erahnen, der in dessen Lebensgeschichte gelesen hat, wieviel es
ihn gekostet hat, daß das Leben nach den Kanones, das im
Kloster Garsten ursprünglich eingeführt war, in eine monastische
Lebensweise umgewandelt wurde, wobei sich die Kanoniker als
Anhänger des bisherigen Lebens dagegen auflehnten. Unter
diesen wurde an erster Stelle Eberhard genannt[507], *der spätere
treue Mitarbeiter im Herrn und ergebener Kaplan des seligen
Bertoldus,* welchen dieser zweifellos gleich bei seinem Amtsantritt
für sich bestimmte[508] und zwar als Kaplan, *der dann zum unzertrennlichen Begleiter wurde im Dienst für Gott und bei den Mühen
der geistlichen Anstrengungen.*

Dieser Art war damals der Dienst des einen oder auch mehrerer
Kapläne bei den Äbten, nicht unähnlich dem der Diakone bei den
Bischöfen in den ersten Jahrhunderten, die am Tag und in der
Nacht Zeugen deren Lebens waren und gleichzeitig Begleiter und
Gefährten ihrer Mühsale: Daher folgten auch überall im
Leitungsamt die Diakone den Bischöfen nach und die Kapläne
den Äbten. Dies hatte freilich auch der selige Berthold in bezug
auf seinen Eberhard gewünscht; doch als die Mönche sich dem

---

505 P. II. p. 140
506 Script. rer. Austr. T. II. p. 93
507 L. cit. p. 89 cap. 2.
508 Ib. c. 3.

widersetzten, berief er jenen zu sich in die himmlische Heimat, wie in der zitierten Lebensgeschichte in Kap. 19 zu lesen ist. Gehorsamer aber gegenüber ihrem Abt Berthold II. von Petershausen zeigten sich hierin seine Brüder; obwohl nämlich dieser von den Seinen im Jahre 1127 abgesetzt worden war und er schon das Abtsamt niedergelegt hatte, erwählte er zuerst Konrad zum Kaplan; *dann trat der Konvent nochmals zum Kapitel zusammen, der Bischof aber entfernte sich, und die gesamte Kongregation wählte in freier Wahl den Conradus;* so sagt die oft zitierte zeitgenössische Chronikhandschrift. In den Dokumenten von St. Blasien wird das Amt des Kaplans vom Anfang dieses 12. Jahrhunderts an bei der Beschreibung der Kirche oder des neuen Klosters auch für die Folgezeit festgestellt. Aber auch bei den Cluniazensern versah, wie wir im vorherigen Buch angemerkt haben, den Kaplansdienst des heiligen Hugo der heilige Ulrich, der später zum hell leuchtenden Gestirn unseres Schwarzwaldes wurde.

Dieser hatte im vorherigen Jahrhundert in seinen drei Büchern der ›consuetudines Cluniacenses‹, welche er auf Bitten des heiligen Abtes Wilhelm von Hirsau verfaßt hatte, die im 11. Jahrhundert allüberall verbreitete Disziplin von Hirsau vorgeformt: wie andererseits die fruttuariensische Disziplin von St. Blasien in diesem 12. Jahrhundert in verschiedenen Gebieten Deutschlands sich ständig weiter ausdehnte; beide kamen aus der Abgeschiedenheit unseres Schwarzwaldes. Hier aber stand in diesem 12. Jahrhundert die Mönchsdisziplin überaus gefestigt da, während sie bei den Cluniazensern schon wenig nach den Anfängen dieses Jahrhunderts, wie auch bei den Cassinern, nach einer Spaltung zwischen den Mönchen und dem Abt einen Niedergang erlitt, wie bei Baronius[509] und anderen aufgezeichnet ist. Auch die Klosterdisziplin von Luxeuil, anderswo nach der Regel des heiligen Kolumban in voller Blüte stehend, findet man zu diesen Zeiten zusammengebrochen vor, während jene inzwischen in unseren Wäldern nicht nur erblühte und in Kraft stand, sondern sogar ihre Kraft und Blüte überallhin in die Welt ausstreute und in einzigartiger Weise verbreitete.

Und dies ist nicht verwunderlich; vom ersten Anfang des Mönchtums an wurden die von der Menschenansammlung weiter

---

509 Ad annos 1122. 1124. & 1142.

entfernt gelegenen Orte als für die Klostereinsamkeit geeigneter angesehen. *Glaube einem Fachmann,* schreibt der heilige Bernhard[510] in Epist. 106 an Heinrich von Murdach, einen bedeutenden Anwärter auf den Mönchsstand und früheren Schulpräfekten aus England, *du wirst in den Wäldern Wichtigeres finden als in den Büchern: Holz und Steine werden dich lehren, was du von Lehrern nicht lernen kannst.* Aus diesem Grunde, wie im ›Exordium ordinis Cisterciensis‹[511] in bezug auf die Regeln der von Molesme kommenden Zisterziensermönche in Kap. 10 zu lesen ist, *weil die heiligen Männer wußten, daß auch der selige Benedictus nicht in Städten oder in Dörfern, sondern an von der Menschenmenge entfernten Orten die Klöster errichtet hat, gelobten sie, dasselbe auch zu tun.* Ein jeder wird jedoch glauben, daß den Reformatoren der Mönchsorden dies vor allem am Herzen lag, das zu beseitigen, was bisher der Ermattung der Disziplin den Weg frei gemacht hatte: daher wurde bei allen Reformen des Benediktinerordens, welche am häufigsten im 11. und 12. Jahrhundert vorgenommen wurden, immer zuerst auf die Absonderung von der Menschenmenge geachtet; in den anderen Jahrhunderten aber beschritten Verschiedene unterschiedliche Wege, um die Regeldisziplin aufrecht zu erhalten und begründeten verschiedene Riten und Gewohnheiten.

Mabillon veröffentlichte in seinen ›annales‹[512] einen Brief der Mönche von Cassino an die Ratsversammlungen der Mönche ihres Ordens in Alemannien und Frankreich zu Beginn des 12. Jahrhunderts, in welchem sie auf die ihnen vorgelegte Frage, was sie über die unterschiedlichen Gewohnheiten verschiedener Klöster dächten, antworteten, daß jene Unterschiedlichkeit nicht zu tadeln sei, wenn sie nur nicht von der Regel abweiche. Dies war es, womit der im 12. Jahrhundert aufblühende neue Zisterzienserorden vor allem seine Not hatte.

Die Kapitel.

LXXXVIII. Als dieser sich in kurzer Zeit auf erstaunliche Weise ausbreitete, mußten die Patres feststellen, daß sie keinesfalls die Gleichförmigkeit und die Kraft der Regel bewahren würden,

510 Opp. T. I. p. 110
511 Biblioth. Cist. T. I. p. 8
512 T. IV. p. 462

wenn sie sich nicht in Gemeinschaft berieten. Um vor allem dafür
Sorge zu tragen, meinten sie in der berühmten ›Charta charitatis‹
aus dem Jahr 1119, die von Abt Stephan von Citeaux verfaßt
worden war, in Kap. 3, daß alle Äbte jedes Jahr zum Generalkapitel der Zisterzienser zusammenkommen sollten, um jegliche
Unbill auszuräumen. Diesem Beispiel folgten dann die übrigen
Regularorden unter der Regel des heiligen Augustinus wie auch
des heiligen Benedikt, die regulierten Chorherren, die Prämonstratenser, die Kartäuser, die Grandimontenser und die
Casalienser in der Dauphiné, wie von Martenius im Vorwort zum
4. Bd. des ›Thesaurus novus anecdotorum‹ angemerkt ist. Oben
schon haben wir das Generalkapitel unseres Ordens in Soissons
vom Jahr 1130 erwähnt, an welches der heilige Bernhard den
berühmten Brief 91 geschrieben hat, wie bei Mabillon[513] zu jenem
Jahr zu sehen ist. Diesem Brief gibt Bernhard die Überschrift:
Den ehrwürdigen, in Soissons im Namen Gottes versammelten
Äbten der Diener ihrer Heiligkeit, Bruder Bernardus, Abt von
Claravallis genannt. Was richtig ist zu sehen, zu bestimmen und
beizubehalten; in diesem Brief ermahnt er dieselben, die Disziplin
wieder zu erneuern, und daß sie nicht, durch unnütze Klagen
furchtsamer Mönche abgeschreckt, zulassen dürften, daß die
Mönchsregel verfalle. Mabillon aber beobachtet, daß dies das
erste Kapitel von schwarzen Mönchen gewesen ist nach jenem
von Aachen unter Kaiser Ludwig dem Frommen.

Derselbe bringt dann später einen Brief des Petrus Venerabilis,
des Abtes von Cluny, an das Zisterzienserkapitel zum Jahre 1132
und erwähnt gleich darauf ein Generalkapitel, das von Abt Petrus
von Cluny persönlich anberaumt worden war. Es gab dann in der
Folgezeit derartige Kapitel nach dem Vorbild der Zisterzienser,
die von den Unseren abgehalten wurden, wobei Innozenz II. diese
billigte und bestätigte, der, wie bei Martenius[514] zum Jahre 1136 zu
lesen ist, die auf einem anderen Kapitel versammelten Äbte dazu
beglückwünscht, *daß ihr,* wie er sagt, *als Schüler des seligen*
Benedictus der Beobachtung der Mönchsdisziplin anhängt und aus
dem Wunsch heraus, von Tag zu Tag in eben dieser Fortschritte zu
machen, euch darum bemüht, dem allmächtigen Gott immer mehr
zu gefallen. Und später: *Es gefällt uns freilich, und wir bekräftigen*

---

513 Annal. T. VI. p. 188
514 T. I. Thes. anecd. p. 389

dies mit apostolischer Vollmacht, daß ihr nämlich beschlossen habt, jedes Jahr in einem eurer Klöster eine Zusammenkunft in Gemeinschaft abzuhalten. Auf diesen Brief von Innozenz II. berufen sich die Äbte eines Generalkapitels in einem Schreiben an Hadrian IV., nachdem man auch in unserem Deutschland schon begonnen hatte, solche Kapitel abzuhalten. Es existiert bei Mabillon[515] nämlich ein Brief des hochberühmten Abtes Wibald von Neu-Corbie in Sachsen, der an die im Jahre 1149 versammelten Äbte gerichtet ist: *Wir haben uns an dem erfreut,* sagt er, *was uns berichtet worden ist, daß die hochwerten Patres und unsere Herren, nämlich die Äbte Sachsens, planen, gemeinsam zusammenzukommen und darüber mit großem Nachdruck und Eifer zu verhandeln und anzuordnen, was offensichtlich zur Besserung unseres Lebens und der Disziplin der Klöster beiträgt.* Dieses Kapitel notiert Mabillon als das erste in Sachsen. Daß auch ein Generalkapitel in St. Blasien abgehalten worden ist, bezeugt der anonyme Verfasser der ›libri Constructionum‹ an der Stelle, wo er von dem Mönch und Prior Adam aus Molesme spricht; als dieser von Basel, wohin er sich zum Besuch seiner Schwester begeben hatte, nach St. Blasien kam und hier auf den Tod krank wurde, bat er auf Grund einer Mahnung Gottes dringend darum, in die Gemeinschaft der Brüder von St. Blasien aufgenommen zu werden: wie derselbe Anonymus noch viele andere aufzählt, die nach der von uns schon aufgezeigten Sitte noch im Todeskampfe den Mönchshabit erhielten: Von diesen haben wir schon oben den Grafen Adelbert von Windenberg und Bogen erwähnt.

Tonsur und Habit.

LXXXIX. Heinrich von Straßburg aber, von dem wir kurz zuvor gesagt haben, daß er mit dem heiligen Öl gesalbt und mit weißen Gewändern bekleidet wurde, wie es bei einem solchen Anlaß zu geschehen pflegt, wird sodann, *wie er es erbeten und wie für sich ersehnt hatte, am siebten Wochentag zum Mönch von St. Blasien geweiht, nachdem die Kleidung nach gewohnter Art ohne Aufschub gerichtet und das Haupt geschoren war. Die Tonsur des Haupthaares aber nahm er mit einer solchen Fröhlichkeit und einer so großen Erwartung seines Herzen entgegen, daß, wenn er ein Scher-*

messer gehabt hätte, er sich die Haare selbst schon vorher abgeschnitten hätte, um die Erfüllung seines Wunsches zu beschleunigen. Es geschah dies unter Abt Rustenus nach dem Beginn des 12. Jahrhunderts, als die Cassiner den alemannischen und deutschen Mönchen in dem kurz zuvor erwähnten Brief ihre Antwort gaben. *Wenn aber,* sagen sie, *ihr uns nach unserer Tonsur und dem Habit fragt, so sollt ihr wissen, daß wir in beidem mit euch übereinstimmen.*

Viel haben im 12. Jahrhundert die Zisterzienser an unserer Bekleidung bemängelt, wie auch der heilige Bernhard selbst in einem Brief an seinen Verwandten Robert, um ihn von den Cluniazensern, zu denen er übergewechselt war, nach Clairveaux zurückzurufen, ebenso in der Apologie an den Abt Wilhelm von St. Theodoricus. Aus diesem Grunde beseitigten die Mönche, die zusammen mit ihrem Abt Robert von Molesme nach Citeaux kamen, vieles, wie zu lesen ist in Kap. 15 des ›Exordium coenobii Cisterciensis‹[516] und bei Sigebert von Gemblach[517] zum Jahre 1107: *Sodann beschlossen jener Abt und seine Brüder wohl eingedenk ihres Versprechens, die Regel des heiligen Benedikt an jenem Ort einzurichten und einzuhalten: indem sie alles von sich wiesen, was der Regel widersprach, nämlich Röcke und Pelzkragen und Kopfbedeckungen, auch Kapuzen und Beinkleider, wollene Unterlagen und Zudecken der Betten.*

Dennoch findet all dies, wenn überhaupt sonst wo, gewiß in unserem durch seine Kälte schrecklichen Schwarzwald seine Entschuldigung und hat hier seinen angemessenen Ort, wie Petrus Ven. vor allem in bezug auf die Verwendung von Pelzkleidern noch einen anderen Grund angibt, indem er sich auf die Regel des heiligen Benedikt bezieht[518]: *Wir wollen also,* sagt er, *vor allem die Worte der Regel erörtern, und wenn sie uns Pelze verbietet, werden wir sie sofort ablegen. Höret also, wonach ihr verlangt:* »Bekleidung *(sagt er)* soll den Brüdern entsprechend den örtlichen Umständen und der Lufttemperatur ausgegeben werden, weil sie in kalten Gegenden mehr brauchen, in warmen aber weniger. Eine solche Überlegung aber soll beim Abt liegen.« *Indem er dies sagte, gab er eine feste Zielbestimmung vor, machte*

---

516 T. I. Biblioth. Cist. p. 28
517 Pistor. script. rer. Germ. T. I. p. 859
518 Bibl. Clunic. p. 664. lib. I. epist. 28.

an dem Notwendigen keine Abstriche und überließ alles dem Ermessen des geistlichen Vaters: Er behielt sowohl in diesen wie auch in den übrigen ähnlichen Fällen das Notwendige bei und beseitigte nur das Überflüssige. Später beruft er sich auf die Beispiele des heiligen Benedikt selbst, den Hirten in einer Höhle versteckt und mit Fellen bekleidet fanden und für irgendein wildes Tier hielten. *Doch was auch,* fügt er an, *in der Regel in bezug auf die Tunika und die Kukulle folgt: wie weise, wie fürsorglich, wie liebevoll er gesprochen hat und wie sehr er sich von der Unmenschlichkeit eurer Maßlosigkeit unterscheidet: bemerkt es endlich, wenn ihr es noch nicht gegeneinander abgewogen habt.* »Wir glauben *(sagt er),* daß in gemäßigten Gegenden für jeden einzelnen eine Kukulle und eine Tunika genügt, im Winter eine härene Kukulle, im Sommer eine natürliche oder eine abgetragene.« *Was, frage ich, ist hier Vorschrift, was Zwang? Was wird hier gesagt, was von uns nicht beachtet wird? Er glaubt, es genüge einem Mönch eine Kukulle und eine Tunika, er schreibt nicht vor, und auch nicht überall, sondern nur in gemäßigten Gegenden. Ist ›glauben‹ denn etwa ›vorschreiben‹? Sind denn gemäßigte Gegenden etwa alle Gegenden? Wir überschreiten diesen Auftrag, von hier aus werden wir widerlegt, von hier aus werden wir falsche Sachwalter des Gelübdes genannt. Doch wenn wir durch das Anlegen von Pelzen, über die sich die Regel ausschweigt, pflichtwidrig handeln, handeln wir pflichtwidrig gegen uns und euch, die ihr euch nicht mit einem einfachen Rock oder eine Kutte zufrieden geben wollt und euch über die Bestimmungen der Regel hinaus, welche von diesen nichts sagt, mit vielfachen und allerlei Tuniken bekleidet und sie ohne jede Zurückhaltung tragt. Wenn ihr aber antworten solltet, was einige von euch einmal den unseren geantwortet haben, nämlich daß euch die Notwendigkeit dazu veranlaßt, werden auch wir mit derselben Notwendigkeit antworten, d.h., daß wir den Schutz der Pelze auf Grund der unerträglichen Rauheit der Kälte tragen.*

Otto von Freising war selbst Zisterziensermönch und Abt von Marimond; dennoch glaubte er, an der verschiedenartigen Bekleidung der religiosen Orden seiner Zeit nichts tadeln zu müssen, ja er rühmt sogar die Schönheit in jener Verschiedenartigkeit des äußeren Aussehens[519]: »So wie sie (sagt er) von innen durch das verschiedenartige Blitzen ihrer Tugenden schimmern,

---

519 L. VII. chron. cap. 35. apud Urstis. script. Germ. T. I. p. 159

so verwenden sie äußerlich Bekleidung verschiedener Farben nach jenem Wort des Psalmendichters: *Die Königstochter ist herrlich geschmückt, ihr Gewand ist durchwirkt mit Gold und mit Perlen.* Denn die einen führen das Leben der Apostel und tragen eine reine und linnene Toga und zeigen somit selbst durch ihr Gewand die Lauterkeit ihrer Unschuld. Andere Männer desselben Ordens bekleiden sich wegen der Vergänglichkeit des Fleisches sehr streng mit einer Tunika aus Wolle. Wieder andere, frei von allen äußerlichen Tätigkeiten, zeigen in ihrem Gewand das Leben der Engel und bringen symbolisch dessen Süßigkeit mehr durch das Aussehen selbst als durch seine Üppigkeit zum Ausdruck. Sie legen nämlich auf ihren Körper sehr harte Unterge-wänder und über diese noch andere, weitere, mit Kapuzen, die aus sechs Teilen bestehen, nach dem Vorbild der Seraphim mit ebenso vielen Flügeln. Von diesen zeigen sie sich mit zweien, d. h. mit der Kapuze das Haupt bedeckend, mit zweien, d. h. den Ärmeln, indem sie ihre ganze Tätigkeit wie Hände auf Gott richten, zum Himmel fliegend, mit zweien den übrigen Körper vorne und hinten verhüllend wie die Gnade Gottes, die ihnen zuvorkommt und nachfolgt, geschützt gegen alle tückischen Schlingen des Versuchers. Sie unterscheiden sich aber darin, daß die einen, um die Verachtung der Welt zum Ausdruck zu bringen, nur eben diese schwarze Tracht tragen: Die anderen aber, die sich nicht um die Farbe oder die Dicke des Stoffs streiten wollten, waren es gewohnt, eine weiße oder graue oder sonst eine Tracht zu tragen, wenn sie nur niedrig und hart war.«

Dadurch unterschied er ganz offensichtlich die schwarzen Benediktinermönche von den Zisterziensern anhand der schwarzen, weißen oder grauen Tracht; mit letzterer unterschied zu Beginn des 12. Jahrhunderts Abt Utto von St. Blasien die Laienbrüder von den übrigen, eine, wie es scheint, von den internen und den externen Brüdern verschiedene dritte Art, wie der Anonymus von St. Blasien bezeugt: *Er überführte,* sagt er, *den Konvent zu der neuen Wohnstätte und bestimmte die Brüder, die außerhalb lebten, für den Ort des alten Klosters, wie es auch heute noch ist. Er ordnete auch ein Laienhabit von grauer Farbe an, um sie von den vorgenannten Brüdern zu unterscheiden; und eben dieses Haus wurde Xenodochium genannt, weil dort die sechs Werke der Barmherzigkeit zu vollbringen waren, da ja die Brüder hierzu bestimmt worden waren, nämlich zur Aufnahme der Armen und zur Versorgung der Kranken, wie es vom Abt angeordnet wurde.*

Die Nahrung.

XC. Vom heiligen Berthold, der vom Mönch von St. Blasien zum Abt von Garsten geworden war, ist in dessen Lebensgeschichte Kap. 3 zu lesen[520], daß er auch diese Anordnung erteilt habe, *daß die Brüder zwar vom Kellermeister das Notwendige erhalten sollten, die Gäste aber im Gästehaus alles zugerichtet vorfinden sollten. Dies hatte der kluge Mann deshalb so angeordnet, damit wegen der großen Zahl der Ankömmlinge nicht die klösterliche Ruhe gestört würde, sondern dort alles vorhanden sei und somit keine Veranlassung bestand, wegen Kleinigkeiten zum Kloster zu kommen. Und wenn es auch fast nie an Gästen fehlte, vor allem, weil sie sich gerne durch seine Ratschläge und Belehrungen zu ihrem Heil bilden ließen, strömten doch die Diener Gottes an guten Werken über gemäß der Schrift: nichts fehlt denen, die Gott fürchten. Und jene erfreuten sich mit Dank seiner Hilfe, er selbst aber fügte seinem Brot selten etwas hinzu außer irgendeiner einzigen Speise: die guten Speisen aber, die ihm vorgesetzt wurden, ließ er immer entweder den mit ihm an Tisch sitzenden Brüdern oder draußen den Aussätzigen oder Armen zukommen. Er duldete es nicht, daß für ihn ein besonderes Brot oder eine spezielle Speise zubereitet werde, sondern er begnügte sich immer mit demselben Brot oder derselben Speise, wie sie auch die Brüder hatten. Durch seine Verdienste und Segnung wurde einmal ein kleiner Fisch und ein wenig Wein bei der Teilung so groß, daß keiner ohne seine Portion oder das ihm zugeteilte Maß blieb, obwohl man daran zunächst mehr als gezweifelt hatte.*

Bei Schannat[521] ist von der Schenkung des Landgutes Villingen zu lesen, die von Eberhard von Betebur dem Kloster St. Peter im Schwarzwald gemacht wurde, doch »mit der Absicht und dem Vorbehalt, daß sie unter Ausschluß jeden Zweifels jedes Jahr an dem Gedächtnistag für die gläubigen Seelen, welcher in der heiligen Kirche am Tag nach Allerheiligen begangen wird, den am Ort weilenden Brüdern, den drinnen und draußen Lebenden, Mönchen und Bärtigen ergebenst den vollen und umfassenden

---

520 Hier. Pez. Script. rer. Austr. T. II. p. 91
521 Vind. litt. col. I. p. 163

Ertrag zukommen läßt, damit die Brüder selbst durch diese Vereinbarung um so eifriger der Pflicht eben dieses Gedächtnisses nachkommen können. Gemäß dem Privilegsvertrag wird in der folgenden Klausel namentlich und gesondert festgelegt, was jedem einzelnen an Speisen und Getränken gereicht wird. Jeder einzelne Bruder soll ein schönes und weißes Brot erhalten und zwei Lagen Fisch, die eine gesalzen und die andere gepfeffert: zur dritten Lage aber werden sie Kuchen haben müssen, d. h. Fladen, welcher Tag es auch immer sei. Wenn aber der Freitag nicht als Hinderungsgrund auftritt (weil man sich an eben diesem Tag des Schmalzgebackenen enthalten muß), sollen Kuchen und Fladenbrot zur Verwendung der zusammen Essenden anständig und reichlich ausgegeben werden, und jeder soll dies in einer eigenen Schüssel haben, und es soll zur Sättigung ausreichen. Auch soll jeder einzelne zum zweiten Frühstück einen vollen Weinbecher guten Weines erhalten, später aber und nach der Vesper, auch wenn nicht gegessen wird, eine Mahlzeit desselben Ausmaßes, die zwischen zweien geteilt wird. Diese Ration, welche in dem eben Genannten besteht, weist einen Unterschied hinsichtlich der bärtigen Brüder auf: Den Bärtigen soll Brot von derselben Größe und Qualität wie für Mönche zugeteilt werden, eine Lage Fisch und eine zweite von Kuchen, und ihre Trinkgefäße sollen bis zum Rand gefüllt werden. Bei den Mahlzeiten der Brüder sollen an einer geeigneten Stelle 12 Arme Platz nehmen zu Ehren der 12 Apostel, und eine 13. Person soll in der Gestalt Christi hinzukommen; einem jeden Kämmerer usw.«

Hier steht aber nichts von Fleischspeisen, welche doch zu jener Zeit in der Kongregation von Cluny die meisten zu sich nahmen, wie aus der Apologie[522] des heiligen Bernhard an Abt Willermus von St. Theodoricus ersichtlich ist, wo er diese Sachlage gegen seine Widersacher mit folgenden Worten entschuldigt: *Doch sie sagen: Wie halten sie die Regel, die sich mit Pelzstücken bekleiden, unbekümmert Fleischspeisen oder Fett von Fleischstücken verzehren, an einem Tag drei oder vier Mahlzeiten erlauben (was die Regel verbietet), das Werk der Hände, das sie vorschreibt, nicht verrichten und schließlich vieles ganz nach ihrem Belieben entweder verändern oder vermehren oder vermindern? Richtig: Sie können dies nicht abstreiten. Doch vernehmt die Regel Gottes, der die Regel des*

522 Opp. T. II. p. 229

heiligen Benedikt auf keinen Fall widerspricht. Das Reich Gottes liegt in euch: es liegt nicht außerhalb in Gewändern oder in der Nahrung für den Körper, sondern in den Tugenden im Inneren des Menschen usw. Eben dieses Essen von Fleischspeisen bei den Cluniazensern ergibt sich aus einem Brief des Abtes Petrus Venerabilis[523], der an *die Priores* gerichtet war *und diejenigen, die überall als Wächter über die Regel eingesetzt waren,* welche er deswegen beschuldigt. Derselbe antwortet auch ausführlich auf einen Vorwurf der Zisterzienser, der aus der heiligen Regel entnommen war, daß allen Brüdern zwei gekochte Mahlzeiten ausreichten, und daß eine dritte von Äpfeln oder Gemüse, sofern vorhanden, hinzugefügt würde oder eine aus Fett, das sich die Zisterzienser ausdrücklich untersagten[524].

Bei Bern. Pez[525] findet sich der ›dialogus‹ eines anonymen Benediktiners, vermutlich eines Kartäusers, der wohl um das 12. Jahrhundert geschrieben hat, über das Essen von Geflügel, ob dies in der Regel des heiligen Benedikt kräftigen und gesunden Zönobiten erlaubt sei? Dies bejaht der an dem Gespräch mitbeteiligte Schüler und behauptet, daß der Genuß von Fett anstelle von Geflügel unter Ludwig dem Frommen gestattet gewesen sei: beides rügt der Leiter eben dieses Gesprächs und schließt sodann, daß jene Gewohnheit der Mönche, durch welche sie sich, ausgenommen zur Wiederherstellung der Kräfte nach schwerer Krankheit, das Essen jedweder Fleischspeise oder von Fett, was fast ein und dasselbe sei, gestatteten, sowohl dem Gesetz als auch der Vernunft und auch den Beispielen der ganz alten Väter widerspreche und deshalb mit der Sichel des Rechts abzuschneiden sei. Doch haben wir in den vorhergehenden Büchern darüber ausführlich gesprochen, und vieles trägt dazu P. Herrgott in seinem Vorwort zur ›vetus disciplina monastica‹ bei[526], unseren Mauriner Brüdern dabei keineswegs gerecht werdend.

Fett oder Fetthaltiges wird in der oben aus Schannat entnommenen Urkunde Schmalz genannt, weswegen auch, worauf Herrgott hinzielt, seine Verwendung bei den Mönchen Deutschlands gebilligt wird, ausgenommen am Freitag und zu anderen an

---

523 L. VI. ep. 15.
524 Biblioth. Cist. T. I. p. 7
525 Thes. anecd. T. II. P. II. p. 545
526 p. XII. seqq. & XLIX.

anderer Stelle schon genannten Zeiten. Bemerkenswert hierzu aus jener Urkunde ist die halbe Portion Wein, die den Brüdern zu geben ist, *später und nach der Vesper, auch wenn überhaupt nicht gemeinsam gegessen wird,* wieviel mehr also, wenn zusammen gegessen wurde: daß dieser Trank aber *Nonales biberes* genannt wurde, haben wir im vorhergehenden Buch in bezug auf die ›casus monasterii S. Galli‹ festgehalten. Siehe Mabillon in seinen Zusätzen zu den ›annales Benedictini‹[527].

Die zeitlichen Güter.

XCI. In diesen und allen anderen Dingen will der heilige Benedikt[528] jeglichen Eigenbesitz und Eigentum unter dem Begriff ›Geschenke‹ ausgeschlossen wissen, und er weist bezüglich des Privateigentums, das vielleicht auch versteckt war, den Abt an, die Schlafsäle zu untersuchen. Ein solches Beispiel, das in das 12. Jahrhundert fällt, wird im ›liber Constructionum‹ des Klosters St. Blasien mit folgenden Worten erzählt: *Ein gewisser Bruder, der im Sterben lag, hatte unbedacht und gegen die Regel unter sich im Bett verborgen einige Kleidungsstücke aufbewahrt. Als dies bekannt geworden war, wurde ein Urteilsspruch und eine Geißelstrafe, welche in dem Dialog über jenen Mönch beschrieben ist, der im Kloster St. Georgen drei Goldstücke verborgen gehabt hatte, über diesen Bruder verhängt und ausgeführt.* Bei einem so großen Zustrom von Menschen adliger Herkunft jeglichen Ranges und überaus vermögender Leute an die Klöster lag es sehr nahe, daß das üblich wurde, was der heilige Benedikt in ›*Wie bei der Aufnahme der Söhne von Vornehmen verfahren werden soll*‹ ingesamt von vorneherein verhindern wollte[529]: *Hinsichtlich ihres Vermögens aber sollen sie* (die Eltern) *in ihrem Bittgesuch, das sie vorlegen, unter Eid versprechen, daß sie niemals vermittels einer damit beauftragten Person oder auf sonst irgendeine Weise ihm* (dem Sohn) *etwas zukommen lassen oder ihm eine Gelegenheit geben, etwas zu besitzen. Wenn sie dies mit Sicherheit nicht tun wollen, doch dem Kloster irgendein Almosen als Entschädigung anbieten, sollen sie in bezug auf das, was sie geben*

527 T. VI. p. 592
528 Reg. cap. 54.
529 Reg. cap. 59.

wollen, dem Kloster eine Schenkung machen, wobei ihnen, wenn ihnen das gutdünkt, die Nutznießung vorbehalten bleibt.

So wurden auch solche Vornehmen leicht dazu gebracht, Schenkungen vorzunehmen, die aus ihren Familien einen erlauchten Namen hatten. Doch eben dieser Glanz der Herkunft und der Überfluß an Gütern der Welt, der äußere Prunk und die Großspurigkeit, die ihrem Inneren schon eingeprägt war oder nach kurzer Zeit wieder neu aufkam, bot auch in den Klöstern eine schlimme Gelegenheit für Luxus und Hochmut, wie der Geschichtsschreiber Gaudefredus aus dem 12. Jahrhundert in seiner Chronik mit dem Titel *Deformatio religionis* äußert[530]: *Die alten Zönobiten, die im Ordensstand erblühten, haben uns Manzariner zu Erben, die wir das Schweigen und alles Ehrenhafte aufgeben und über die kleine Haarkrone, über die geschnürten Schuhe, über die geschlossenen Kapuzen, über die Stiefel anstelle von Röcken, über die Röcke mit Mütze ohne Käppchen, über die mit Kamelhaar oder mit einem anderem Fell besetzten Hüte nach Art eines Skapuliers, über die regelwidrigen Kissen in den Betten und über den Genuß von Fleischspeisen maßlos und schändlich lachen. Daher schlich sich der Geist der Lüge in die Mitte von vielen ein, die durch ihre Wahl eine Spaltung bewirken.*

Als beklagenswert sind in dieser Zeit die Beispiele von Leuten anzusehen, die sich durch Bestechung die Abtswürden verschafften, wobei sie die bedeutenderen oder sogar mehrere zugleich anstrebten und mit Hochmut innehatten; insbesondere zeigte sich nunmehr ihr Sinn der Welt verhaftet, welchen immer mehr die Sorgen um das Zeitliche völlig in Anspruch nahmen, die Geschäfte und die weltlichen Ämter; sogar bis hin zur Führung einer ganzen Monarchie. Ein solches Beispiel im 12. Jahrhundert haben wir in Abt Sugerius von St. Dionysius, der das ganze Königreich Frankreich regierte: für dessen Sinneswandel dankte der heilige Bernhard im 78. Brief, den er an diesen gerichtet hatte und in dem er ihm freimütig eröffnete, wieviel Anstoß dieser durch sein Leben gegeben habe und wie sehr er sich durch die Sorgen für das gewaltige Königreich habe fortreißen lassen, nachdem er die Sorge um sein gleichfalls gewaltiges Kloster St. Dionysius hintangestellt habe.

530 P. I. p. 73

Ein völlig anderes Beispiel aber haben wir sowohl im heiligen Bernhard selbst, wie auch eines aus unserem Kloster in der Person des Abtes von Garsten, des seligen Berthold aus unserem Schwarzwald, dessen ausdauernden Eifer beim Beichthören wir schon erwähnt haben: *Daher,* so lauten die Worte des Verfassers seiner Lebensgeschichte bei Hier. Pez[531], *beklagten sich auch die Mönche, die in törichter Empörung wild geworden waren, daß eben diese Tätigkeit völlig unnütz und die Ursache schweren Schadens sei: weil nämlich alles sozusagen vernachlässigt liegenbleibe, was zur Aufgabe des Gottesmannes gehöre. Doch er ließ dies unbeachtet, wie wenn er nichts davon wüßte und kümmerte sich um diese ihre Beschuldigung in keiner Weise; da er wußte, daß seine notwendigen und unwiderlegbaren Tätigkeiten keineswegs die Ursache irgendeines Schadens, sondern vielmehr die Ursache vieles Guten sei: aus diesem Grunde hätten sein Prior und die anderen Hausverwalter mit seiner Erlaubnis die volle Amtsgewalt über die gesamte Leitung, und jene, zu deren Heil er selbst sich von Beratungen und Belehrungen frei mache, seien sowohl für ihn wie auch für die gesamte Kongregation und das Kloster Ursache großer Glückseligkeit.*

Gerühmt wird von dem Verfasser seiner Lebensgeschichte auch der ehrwürdige Abt Petrus von Cluny[532] *bei der Entgegennahme von Beichten, der zu seiner Zeit ein einzigartiges Ansehen genoß usw.,* und daß er, der zu seinen Zeiten durch seine außergewöhnliche Klugheit hervorstach, keinen neben sich hatte, der bedeutender gewesen wäre als er. Der Autor erklärt dies mit einem ungeheuer großen Verzeichnis der Schriften, die er *im Verlauf der Zeit seiner Leitung herausgab,* mit dem heiligen Bernhard durch den gleichen Umgang mit der Wissenschaft eng verbunden und von diesem außerordentlich geschätzt, wobei dem nicht entgegenstand, was sowohl der heilige Bernhard selbst wie auch seine Brüder von Citeaux den Cluniazensern vorwarfen. Dies alles aber entkräftet Petrus Venerabilis in dem oft zitierten 28. Brief in Buch I.[533], wie auch das andere bezüglich der weltlichen Besitzungen, auch von Pfarrkirchen, Altären, Opfern, Erntefrüchten und Zehnten, was alles *die Orden der Zisterziensermönche, die von*

531 T. II. Script. rer. Austr. p. 91
532 Bibl. Cluniac. p. 589
533 L. cit. p. 660

Molesme kommen in Kap. 15 ablehnen[534], ein Orden, der, später von der Zahlung des Zehnten befreit, deshalb mit den Cluniazensern in einen schweren Streit geriet: darüber sagt der zitierte Gaufredus: *Zwar verteilen die Zisterzienser viele Almosen aus dem Ertrag ihrer Arbeit, singen der Regel entsprechend im Chor die Psalmen und tun sehr viel Gutes; dennoch nehmen sie den anderen mit Gewalt und Hinterlist ihre Grundstücke weg, wie gerade die Obesiner denen von Vigeois ein bestimmtes Grundstück abgenommen haben.* Dies also veranlaßte den Gaufredus, der ja Prior von Vigeois war, zur Empörung, wobei er aber dem Zisterzienserorden nicht das Lob abspricht, das er sich vor allem im 12. Jahrhundert wohl verdient hatte, als er dem Orden und der Regel des heiligen Benedikt wieder zur vollen Geltung verhalf. Deswegen werden sie zusammen mit den anderen, die die Einhaltung der Regel gelobt hatten, von Johannes von Saarburg gerühmt: *Denn,* sagt er, *die monastische Lebensweise besteht bei diesen in einer so echten, so bewährten Form, daß sie keinerlei Stachel eines Tadels befürchten muß. Vor allem die Kartäuser als gleichsam Triumphatoren über die Habsucht sind überall berühmt geworden. Die Zisterzienser des heiligen Benedikt, von dem feststeht, daß er von dem Geist aller Gerechten erfüllt gewesen ist, folgen seinen Vorschriften und Spuren aufs genaueste. Die Cluniazenser haben die Gestalt der monastischen Lebensweise mit viel Umsicht weitergegeben usw. Dennoch finden sich in diesen allen Gläubige und Böse: doch wird deswegen die Wahrheit des Mönchtums und des Gelübdes nicht verunstaltet. Welches Gelübde nämlich gibt es, oder von welcher Gemeinschaft konnte man jemals lesen, in die sich nicht die Sünde eingeschlichen hätte? Wir lesen von dem abgefallenen Engel, vom Mord unter den ersten Brüdern, vom falschen Propheten, von dem Apostel als einem Verräter, von treulosen Jüngern Christi: Doch wird dadurch die Reinheit der verbleibenden Engel nicht befleckt; und nicht weniger heilig ist die Gemeinschaft von sich liebenden Brüdern; andernfalls wäre die Gnadengabe der Prophetie bei den Auserwählten tadelnswert oder das Apostolat bei den Gläubigen zu verachten, oder die Lehre Christi auf Grund mannigfacher Fehler von Irrenden schmachvoll.*

---

534 Biblioth. Cist. T. I. p. 7

Ende des 1. Bandes.